雷山年鉴

LEISHAN YEARBOOK

2016

雷 山 县 人 民 政 府　主办
雷山年鉴编纂委员会　　编

方志出版社
Pubishing House of Local Records

图书在版编目（CIP）数据

雷山年鉴．2016 / 雷山年鉴编纂委员会编． -- 北京 ：
方志出版社，2017.10
ISBN 978-7-5144-2578-9

Ⅰ．①雷… Ⅱ．①雷… Ⅲ．①雷山县—2016—年鉴
Ⅳ．①Z527.34

中国版本图书馆CIP数据核字（2017）第255632号

雷山年鉴（2016）

编　　者： 雷山年鉴编纂委员会
责任编辑： 罗　滔

出 版 人： 冀祥德
出 版 者： 方志出版社
地址 北京市朝阳区潘家园东里9号（国家方志馆4层）
邮编 100021
网址 http://www.fzph.org
发　　行： 方志出版社图书经销中心
电话（010）67110500
经　　销： 各地新华书店
印　　刷： 成都金雅迪彩色印刷有限公司

开　　本： 889×1194　1/16
印　　张： 38.75
字　　数： 1030千字
版　　次： 2017年10月第1版　2017年10月第1次印刷
印　　刷： 001～500册

ISBN 978-7-5144-2578-9　　**定价：** 380.00元

雷山县地图
内部用图
凯里市
剑河县
雷山县
丹江镇
西江镇
大塘镇
永乐镇
方祥乡
雷山县在贵州省位置图
遵义市
铜仁市
黔东南州
黔南州
雷山县城区规划图
雷山县简介
图例
三都水族自治县

雷山县交通运输局 编制

二零一七年九月

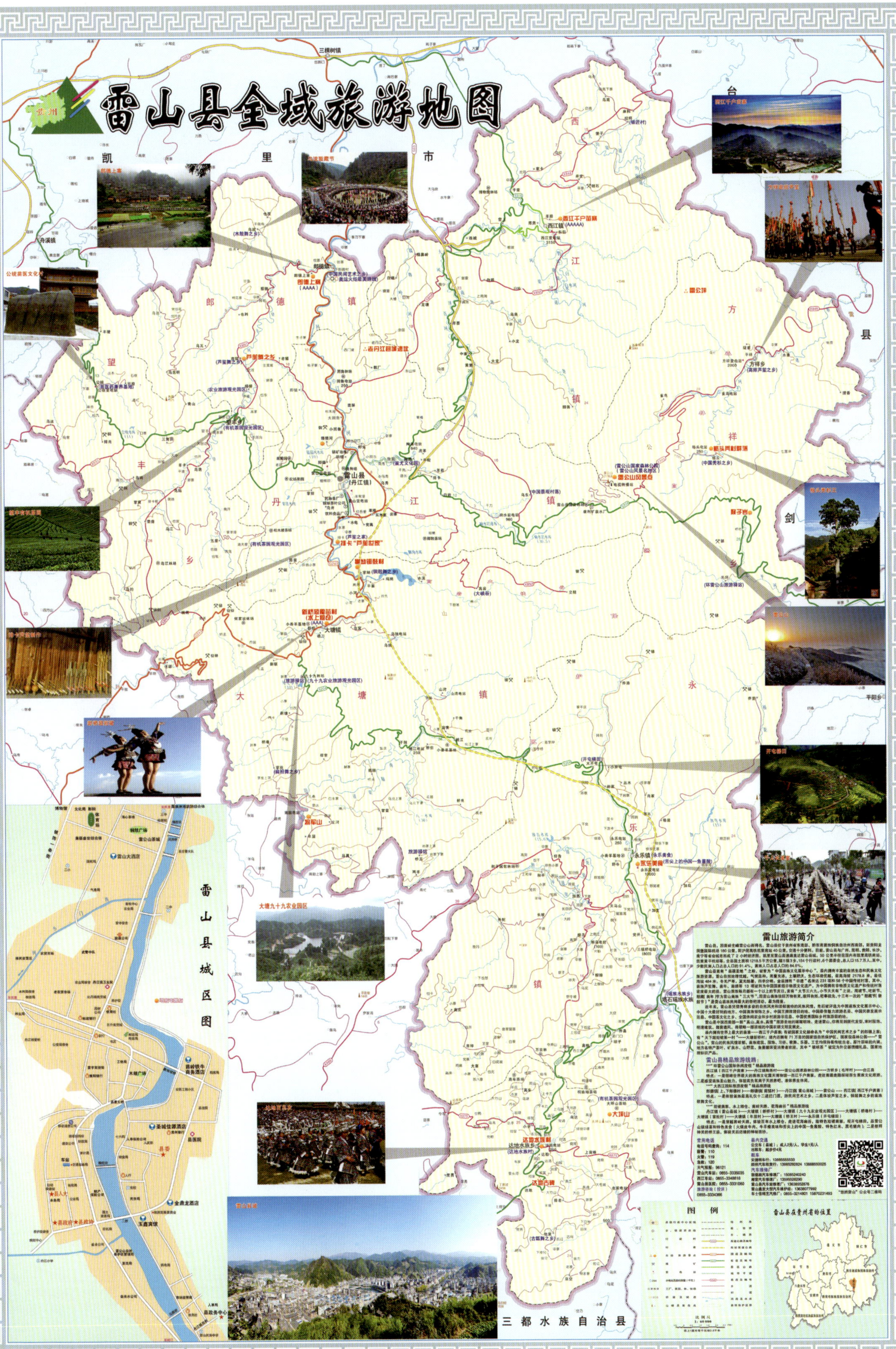

雷山县旅游发展委员会 编制

二零一七年八月

领导调研

2015 年 5 月 14 日，文化部副部长项兆伦（左）到雷山县西江镇西江村调研民族文化和手工艺品生产情况，县委副书记、县人民政府县长袁刚（右）作情况介绍

2015 年 8 月 18 日，中华全国总工会副主席江广平（前右三）一行到雷山县西江千户苗寨文化旅游发展有限公司职工服务中心调研

2015 年 10 月 19 日，贵州省委常委、省纪委书记宋璇涛（左二）到雷山县大塘镇也耶村调研民生监督工作，县委书记黄清发（前左一）等领导陪同调研

2015 年 6 月 2 日，贵州省人民政府副省长陈鸣明（前中）到雷山民族中学调研“申示”创建和灾后高考工作，州委副书记、州人民政府州长廖飞（前右二），县委书记黄清发（前右一）等州、县领导陪同调研

2015 年 6 月 27 日，县委书记黄清发（右二）到郎德镇乌吉明村开展遍访贫困村贫困户工作

2015 年 6 月 28 日，县委副书记、县人民政府县长袁刚（右二）到方祥乡格头村开展“七一”慰问活动

2015 年 10 月 22 日，县人大常委会主任刘光信（左一）到达地水族乡调研

2015 年 4 月 3 日，县政协主席陈正锋带领政协机关全体领导干部到望丰乡帮茶农采茶

重要会议

2015年12月26日，中共雷山县第十二届委员会第六次全体会议在县委五楼会议室召开

2015年2月9–11日，雷山县第十六届人民代表大会第四次会议在县委五楼会议室召开

2015年2月8–11日，政协雷山县第八届委员会第四次会议在县委五楼会议室召开

2015 年 2 月 13 日，中共雷山第十二届县纪委五次全会在县委五楼会议室召开

2015 年 1 月 20 日，全县经济工作会议在县委五楼会议室召开

2015 年 1 月 22 日，全县党的建设工作会议在县委五楼会议室召开

2015年1月23日，全县安全生产工作会议在县委五楼会议室召开

2015年3月13日，全县2014年度同步小康驻村工作总结暨2015年度动员部署会在县委五楼会议室召开

2015年3月25日，全县组织工作会议在县委五楼会议室召开

*部门工作剪影

2015年5月22日，雷山县Ⅰ类铸廉单位集中授牌仪式在县委五楼会议室举行

2015年10月17日，雷山县举办首届纪检监察系统运动会

2015年1月21日，参加全县基层组织建设现场观摩会的全体与会人员到方祥乡奇新特种养殖场观摩

2015年7月2日，雷山县乡科级领导干部培训班在州委党校开班

2015年7月7日，雷山县乡科级领导干部培训班转福建省龙岩市委党校异地办班，图为全体学员在古田考察学习时合影

2015 年，县综治办牵头组织开展群防群治、提高群众安全感满意度的义务巡逻活动。图为西城社区联防志愿队在县城街道义务巡逻中

2015 年 8 月 20 日，县调处办、县司法局、雷公山自然保护区管理局等有关人员到方祥乡提香村交就山实地开展山林土地矛盾纠纷调解

2015 年 4 月 22 日，雷山县 2015 年“水务杯“庆“五一”职工篮球运动会在县委篮球场开幕

2015 年 9 月 28 日，2015 年雷山县职工歌咏比赛在县城木鼓广场举行

2015 年 3 月 4 日，雷山县团县委、县妇联、县红十字会等单位联合组织 30 多名青年志愿者到县敬老院开展服务

2015 年 4 月 29 日，雷山县在木鼓广场举行以“葆品格先进・当时代先锋・创和美雷山”为主题的纪念“五四”运动 96 周年歌咏比赛

2015 年 3 月 6 日，县妇联在木鼓广场举办庆祝“三八”国际妇女节“信合杯”民族健身操大赛

2015 年 11 月 11 日，县妇联组织“家政女”到贵阳培训 7 天

雷山县信用联社被中华妇女联合会命名为全国巾帼文明岗

2015 年 5 月 20 日，“科普大篷车进校园”活动在雷山民族中学举办

2015 年 2 月 3 日，“雷山县 2015 年红十字博爱送万家”仪式在大塘镇咱刀村启动

2015 年 7 月 7 日，省文联、省红十字会慰问团在雷山县城木鼓广场为灾区人民举行慰问演出活动

2015 年，油路改造后的也弓至大塘村级公路

2015 年 6 月 30 日，雷山县城继 2014 年 12 月开通 1 路公交后，开通 2 路公交

2015 年 10 月 31 日，雷山县通村公路三年会战集中开工仪式在雷山至西江公路改扩建项目现场举行

2015 年 12 月 24 日，历时两年多、总投资 23.4 亿的凯里至雷山高速公路开通营运

凯里至雷山高速公路雷山收费站

2015 年 3 月，雷山县西江镇大龙渠道防渗改造工程开工建设，总投资 180 万元

2015 年 12 月，雷山县西江镇大龙山塘完工，总投资 143 万元，库容 6.3 万立方米

2015 年 6 月 22 日，锦鸡绣业有限公司开展织锦培训

2015 年 6 月 25 日，阿妮绣业公司为参加雨露计划“锦绣女”培训的妇女发放结业证和聘书

2015 年 5 月 1– 3 日，“游天下西江·品雷公山茶”茶文化周在西江千户苗寨举行

2015 年 5 月 18 日，“雷山银球茶”获贵州首届春茶斗茶大赛绿茶类金奖茶王。图为授奖仪式上毛克翕茶叶有限公司总经理毛华接受省领导颁奖

2015 年 5 月 28–30 日，2015 中国（贵州·遵义）国际茶文化节暨茶产业博览会在遵义市湄潭县会展中心举办，雷山县组织 8 家茶叶企业参展

2015 年 11 月 24 日，“2015 年中国·雷山苗年节非物质文化遗产展示茶事活动”在木鼓广场举办

2015 年 7 月 31 日，西江千户苗寨特产旗舰店暨黔东南州电子商务诚信体验店揭牌营业

2015 年 9 月 11 日，雷山县西江千户苗寨荣获“世界十大乡村度假胜地”称号

2015 年 11 月 13—15 日，雷山县参加澳门国际旅游（产业）博览会

2015 年 12 月 14 日，雷山旅游推介会在杭州举行

2015年，雷山县丹江镇林下养鸡

2015年，雷山县永乐镇永福肉牛养殖场

2015年，雷山县家庭农场熟食饲养的黑毛香猪

2015 年 1 月 18 日，雷山民族中学创建省级“示范性高中”评估工作反馈会在雷山大酒店召开

2015 年 8 月，雷山民族中学被省教育厅晋升为省级三类示范性普通高级中学

2015 年 8 月 29 日，雷山县纪念抗日战争胜利 70 周年党史暨抗战知识竞赛在县委五楼会议室举行，全县共有 27 个代表队参赛

2015 年 3 月 16 日，黔东南州信用工程观摩会在雷山县召开

2015 年 5 月 6 日，县信用联社在丹江镇党高村开展金融夜校培训

2015 年 11 月 9 日，雷山县丹江体育森林公园开工奠基仪式在羊排村羊排坳举行

2015 年，建设中的蚩尤大道

2015 年，永乐镇柳乌村实施一事一议财政奖补项目——寨内步道硬化建设连通每户农家

2015 年 9 月，大塘镇乔兑村阁老寨群众投工投劳实施寨内步道硬化建设共 5500 米，投入一事一议财政奖补资金 19 万元

2015 年 1 月 23 日，黔东南州政务系统工作经验交流会在雷山召开

2015 年 10 月 9 日，县委常委、县人民政府副县长汤敏（中）在县政务服务中心办事大厅为西江镇古苗乡旅游文化开发有限公司法定代表人颁发雷山县首张“三证合一、一照一码”营业执照

2015 年 11 月 27 日，县政务中心送服务下西江

苗年活动

2015 年 11 月 22 日，雷山县 2015 年苗年活动开幕式

2015 年 11 月 22 日，雷山县 2015 年苗年活动巡游

2015 年 11 月 22 日，雷山县 2015 年苗年活动巡游

2015 年 11 月 22 日，雷山县 2015 年苗年活动巡游宏大的芦笙队

2015 年 11 月，苗年期间丹江镇乌东村 300 多名姑妈姑爹回娘家过苗年

2015 年 11 月 29 日，雷山县举办第二届中国雷山"苗岭斗牛"高峰论坛

2015 年 11 月 22 日，雷山县 2015 年苗年活动巡游长龙

2015 年 11 月 30 日，雷山苗年"苗岭斗牛"大赛

2015 年 11 月 26 日，丹江镇乌秀村举行千名姑妈回娘家活动

抗洪抢险

2015 年 5 月 27 日至 6 月 21 日期间，雷山县连续遭受“5·27”等四次特大洪灾，造成直接经济损失 13.97 亿元，受灾 13.3 万人。图为“5·27”县城二中段洪水

2015 年 5 月 27 日，县人武部官兵在抗洪抢险救灾中将临产孕妇送到县医院

2015 年 5 月 27 日，泰穆塞尔大酒店片区积水

2015 年 5 月 27 日，民兵应急分队紧急出动抢险

“5·27”洪灾后，县自来水公司紧急抢修县城供水设备

2015 年 5 月 27 日，雷山县城至雷山民族中学路段被洪水全部冲垮

2015 年 5 月 27 日，丹江镇陶尧片区一度为泽国，车辆、农用机具、农田毁损严重

2015 年 5 月 27 日，雷山县方祥乡毛坪村洪水肆虐，冲垮房屋，全村一片狼藉

2015 年 5 月 27 日，县城供水主管道被冲毁

2015 年 5 月 27 日，郎德小学桥梁被冲毁瞬间

2015 年 6 月 3 日，开展向“5·27”洪灾灾区献爱心活动

2015 年 5 月 28 日，县城组织干部职工和群众清理道路淤泥

2015 年 6 月 9 日，省委常委、省纪委书记宋璇涛（前右一）到雷山县方祥乡毛坪村察看灾情

2015 年 6 月 2 日，省人民政府副省长陈鸣明（前左二）到雷山县指导救灾工作

2015 年 5 月 27 日后，建立救灾物资发放点及时将救灾物资发放到灾民手中

2015 年 5 月 27 日后，建立灾民紧急避险临时安置点，确保灾民有水喝、有饭吃、有衣被、有帐篷等生活保障

2015 年 6 月 2 日，雷山县向到雷山指导救灾工作的省、州领导汇报灾情

2015 年 6 月 9–10 日，雷山县向省委常委、省纪委书记宋璇涛及省有关部门负责人汇报"5·27"和"6·8"两次强暴雨灾情

2015 年 6 月 12 日，雷山县在县委五楼会议室召开全县灾后重建工作动员大会

2015 年 12 月 27 日，雷山县在县委五楼会议室召开全县抗洪抢险灾后重建表彰大会

2015 年 5 月 30 日，雷山县委书记黄清发（前中）带队深入大唐镇开展抗洪救灾工作

2015 年 5 月 28 日，县委副书记、县人民政府县长袁刚（中）到鸡鸠水库调研灾情

《雷山年鉴（2016）》编纂委员会

名誉主任 黄清发 袁　刚 刘光信 陈正锋

主　　任 周哲云

副 主 任 杨通权 杨胜星

成　　员 陈文俊 余炳章 杨彰郡 杨胜荣 潘国雄
潘仁定 李成奎 李光祖 陈继山 梁定华
宋子平 吴学农 李晓生 杨风华 陈明府
张建明 李显光 李　丹 张启通 潘承光

《雷山年鉴（2016）》编辑部

主　　编 吴学农

副 主 编 杨永芳 李永东

编　　辑 吴学农 杨永芳 余卫东 李永东 龙　云 丁光桥 向力子

图片提供 吴学农 滕东锋 李　雪 吴兴权 余国伟
李玉仪 黄连忠 吴健民
县委办 县人大办 县政府办 县政协办 县纪委 县委组织部
县委政法委 县总工会 团县委 县妇联 县科协 县红十字会
县交通运输局 县水务局 县茶叶局 县旅游局 县畜牧办
县信用联社 县财政局 县民政局 县政务中心

图片编辑 吴学农

校　　对 吴学农 杨永芳 余卫东 李永东 龙　云 丁光桥 向力子

编　　务 龙　云 向力子

编辑说明

一、《雷山年鉴》全面、系统地记述上一年度雷山县政治、经济、文化和社会发展变化，反映各行各业年度工作成效，为记录保存历史提供资料，为广大群众提供百科信息，为党政领导制订计划、科学决策提供可靠的依据和信息，为各行各业规划发展提供翔实的有价值的资料，也是社会各界宣传雷山、了解雷山、认识雷山的权威工具书。

二、本年鉴坚持以马克思列宁主义、毛泽东思想、邓小平理论、“三个代表”重要思想和科学发展观为指导，贯彻落实习近平总书记系列重要讲话精神和治国理政新理念新思想新战略，坚持辩证唯物主义和历史唯物主义的立场、观点和方法，客观反映雷山县的年度工作全貌。本年鉴在编纂委员会的指导下，由雷山县县志编纂委员会办公室编纂。

三、《雷山年鉴》于2016年创办，本年鉴为首部年鉴，今后每年出版一部年鉴。

四、《雷山年鉴（2016）》的资料收录起止时限为2015年1月1日至12月31日。但由于是首部年鉴，为保持事物的完整性，部分资料作了历史追溯。有的跨年度的工程或工作，也突破了年度时限。

五、《雷山年鉴（2016）》采用条目体，按事物分类的方法进行编辑，主体内容分为类目、分目、条目3个层次，条目下层次较多的分段记述，条目标题一般采用名词或名词性词组，用黑体字并加【】表示。

六、《雷山年鉴（2016）》设特载、大事记、县情概述、中国共产党雷山县委员会、雷山县人民代表大会常务委员会、雷山县人民政府、中国人民政治协商会议雷山县委员会、群众团体、武装与法治、经济监管、农村经济、工业与商务、城建与国土、交通邮电、财税金融、教育科技、文体旅游、医疗卫生、社会保障、乡镇概述、领导名录、雷山人物、附录共23个类目，每个类目下设分目，分目以下设条目。

七、《雷山年鉴（2016）》中的雷山人物是根据各相关单位报送的材料刊登，按姓氏笔画顺序排列。收录范围：在世人物为省部级以上表彰的人物，逝世人物为正县级（实职）以上人物。

八、《雷山年鉴（2016）》资料均由各部门（单位）指定专人撰写提供，并经单位领导审阅签字、盖章，具有可靠性和权威性。涉及全县的经济统计资料，均以统计局公布的数字为准，统计局没有的数据，以部门的数据为准。

《雷山年鉴》编辑部

2017年6月

目 录

中国共产党雷山县委员会

雷山县人民代表大会常务委员会

雷山县人民政府

中国人民政治协商会议雷山县委员会

人民团体

法治与军事

经济监管

农村经济

工业与商务

城建与国土

交通邮电

财税金融

教育科技

文体旅游

医疗卫生

社会保障

乡镇概述

领导名录

雷山人物

附录

公报、报告

重要文件目录

特载

LEI SHAN YEARBOOK

县委常委会工作报告

——在县委十二届六次全会上

（2015 年 12 月 26 日）

县委书记　黄清发

这次会议的主要任务是，认真学习贯彻落实党的十八届五中全会、省委十一届六次全会、州委九届六次全会精神，审议《县委关于制定雷山县国民经济和社会发展第十三个五年规划的建议》，回顾总结一年来县委常委会的工作，认真分析当前形势，安排部署“十三五”时期的工作，动员全县广大党员干部群众进一步解放思想，凝聚力量，坚定不移守底线、走新路、奔小康，奋力实现“十三五”时期雷山经济社会发展历史性新跨越。

一、深入学习贯彻习近平总书记系列重要讲话精神，全县经济社会持续健康又好又快发展

县委十二届五次全会以来，县委常委会认真贯彻落实党的十八大和十八届三中、四中、五中全会、省委十一届四次、五次、六次全会、州委九届四次、五次、六次全会精神，坚持以马克思列宁主义、毛泽东思想、邓小平理论、“三个代表”重要思想、科学发展观为指导，深入贯彻习近平总书记系列重要讲话精神，团结带领全县各族人民，把守底线、走新路、奔小康作为工作总纲，高举“发展、团结、奋斗”的旗帜，坚定不移地实施主基调、主战略，坚定不移地走现特显优、特色发展之路，坚持党要管党从严治党，克服了百年不遇的特大洪灾和经济下行压力加大带来的特殊困难，积极适应经济发展新常态，着力破解改革发展难题，在抢抓机遇中谋跨越，在狠抓大事中聚力量，在弯道取直中求奋进，全力推动全县经济、政治、文化、社会、生态文明和党的建设协调发展，全县上下呈现出经济持续向好、社会和谐稳定、人民安居乐业、干部团结奋斗、政治风清气正的良好局面。

（一）在深入学习中坚定了理想信念

我们怀着对党的绝对忠诚、对党中央的高度信赖、对习近平总书记的崇高爱戴，始终坚持把学习贯彻总书记系列重要讲话精神作为首要政治任务和长期战略任务，努力把讲话精神渗透在血脉里、贯彻到工作中、体现在行动上，更加自觉地在思想上政治上行动上与党中央保持高度一致。

坚持学到深处，武装头脑有了新提高。坚持第一时间学、原原本本学、联系实际学、带着感情学、落实责任学，通过县委常委会、县委读书学习会、县委中心组、邀请专家专题讲座、参加黔东南大讲堂等多种形式，先后进行了 12 次集中学习。通过认真研读原文原著，全面理解了讲话的重大意义、科学内涵和实践要求，准确领会了讲话提出的一系列重大战略思想和理论观点，真正把零散的感性理解上升为系统的理性认识，切实做到真学真懂、真信真用。总书记视察贵州之后，我们及时召开常委扩大会议、中心组学习读书会等进行深度学习，确保了对讲话精神领会得更全面、把握得更准确、贯彻得更坚决。县委常委率先垂范，主动深入到党员、干部、群众中去讲党课、作辅导、搞宣讲，形成了一级抓一级、一级带一级的良好局面。我们还以县乡村三级联动方式组建宣讲团，在全县组织开展学习报告会 100 余场次，受众达 1.2 万余人次，在全县上下营造了浓厚的学习氛围，推动讲话精神在雷山落地生根、开花结果。通过深入学习，我们深刻认识到，总书记系列重要讲话是当代中国最鲜活的马克思主义，指引开创了党和国家事业发展的新局面，指导开拓了“四个全面”的新境界，指明开启了我们后发赶超、同步小康的新征程。我们真切感受到，总书记对贵州的系列重要指示，是对全省各族干部群众的深情关爱、莫大关心、巨大鼓舞、强大鞭策，就像一盏明灯，照亮了我们发展的未来。我们深切体会到，总书记系列重要讲话既部署“过河”的任务、又指导解决“桥和船”的问题，对全国具有普遍指导性，对雷山具有现实针对性，只要我们牢记总书记的殷殷嘱托，谋划发展“扣扣子”，履行责任“担担子”，落实工作“钉钉子”，就一定能够走出发展新路、奔向全面小康。

坚持谋到新处，指导实践有了新思路。我们牢记总书记的各项重要指示，不断将学习的新认识转化为谋划发展的新理念、加快发展的新实践。注重以底线思维谋划发展新路，出台了守底线、走新路、奔小康的实施意见，把守住发展和生态两条底线作为走新路的核心内容，牢牢把握“五个突出”“五个注重”的新路特征，坚持把守住发展底线作为根本任务，坚决守好速度底线让经济实力强起来、守好收入底线让百姓腰包鼓起来、守好脱贫底线让小康步伐快起来、守好安全底线让公共环境优起来。坚持把守住生态底线放在突出位置，坚决守好山青底线让大地常绿、守好天蓝底线让空气长新、守好水清底线让碧水长流、守好地洁底线让土壤常净。注重以系统思维谋划“十三五”，围绕与全国同步全面建成小康社会、打赢脱贫攻坚战，县委常委会多次召开专题会研究，常委同志带头开展重大专题调研，精心筹备县委十二届六次全会，群策群力研究打赢脱贫攻坚战和全面建成小康社会决胜阶段的重大思路、重大任务和重大举措。注重以辩证思维谋划经济工作，坚持主基调主战略不动摇，不断增强因地制宜的道路自信和发展定力，坚定不移地走现特显优、特色发展之路，辩证处理速度与质量、经济与社会、城镇与农村、绿水青山与金山银山、深化改革与扩大开放、突出比较优势与补齐发展短板、提升传统产业与培育现代产业、特困群体小康与全县全面小康等关系，稳中求进、提速转型，不断增强发展的协调性和整体性。

坚持干到实处，推动工作有了新进展。我们不折不扣把总书记提出的各项任务，一件一件抓好落实，一项一项抓出成效。经济发展迈上了新的台阶，今年上半年，我们团结带领全县各族干部群众战胜了“5·27”“6·8”“6·13”和“6·21”四次特大洪灾，增比进位综合排位在全省10个取消GDP考核扶贫开发重点县中名列第2位。2015年全县地区生产总值完成23.53亿元，同比增长11.3%。财政总收入完成3.14亿元，同比增长5%。初步预计，全县50万元以上固定资产投资完成29.04亿元，同比增长25%；农村居民人均可支配收入6895元，同比增长13.7%，城镇居民人均可支配收入22727元，同比增长11.5%。生态环境取得了新的优化，深入推进全国生态文明示范工程试点县、全国生态保护和建设示范区、全省生态文明先行示范区、全州生态文明建设改革试点县建设，全县环境空气质量优良率达100%，集中式饮用水源地水质达标率100%，全县河流断面水质达标率100%。脱贫攻坚迈出了新的步伐，认真贯彻落实中央、全省、全州扶贫开发大会及全省、全州大扶贫战略行动推进大会精神，坚持以脱贫攻坚统揽经济社会发展全局，牢固树立科学治贫、精准扶贫、有效脱贫、防止返贫的理念，深入实施精准扶贫方略，在破除思想贫困上持续用力、在创新扶贫管理上持续用力、在探索扶贫路径方法上持续用力、在落实扶贫主体责任上持续用力、在强化扶贫组织保障上持续用力，全力推进全县扶贫攻坚决战决胜，预计今年贫困人口减少1万余人。民生改善实现了新的突破，就业、教育、医疗、社保、住房、文化等公共服务体系进一步健全，民生类支出较快增长，2015年全县全面小康实现程度预计达到89.6%，比2014年提高了3.5个百分点。改革开放激发了新的活力，“区镇合一”管理新模式、“智慧景区”综合服务体、“双语”诉讼服务、“暖心秘书”代办服务体系、“投资绿卡管理”等改革做法得到各方面充分肯定。全国农村小型水利工程管理体制改革示范县通过国家验收。雷山文化旅游产业园区、三个省级农业产业园区等开放平台使更多“金鸡蛋”装进了“金篮子”。

（二）在总揽发展全局中抓住了关键重点

县委常委会认为，发展是解决雷山一切问题的关键。面对复杂多变的经济环境，我们坚持把保总量、保速度、保位次作为首要任务，保持定力，科学施策，统筹做好稳增长、促改革、调结构、惠民生、防风险各项工作。

—扎实推动项目建设持续向好，保持了加快发展的好势头。狠抓统筹调度，坚持执行县人民政府分管副县长、县人民政府县长、县委常委会定期听取项目建设情况汇报工作机制，县四大班子主要领导每半月到重点项目建设点现场督查一次，确保了各个重点项目建设顺利推进。狠抓责任落实，严格落实“一个项目、一名领导、一套班子、一个方案、一抓到底”项目建设责任制，把重点项目建设任务分解到县级领导和部门负责人，做到人人头上有项目，个个肩上有任务。重点突破了凯雷高速公路、鸡鸠水库、通村油路（水泥路）、西江营上园区、苗疆盛世城市综合体、蚩尤大道等一批重点项目。狠抓要素保障，针对征地拆迁难和融资难等阻碍项目建设的瓶颈，县委、县政府成立了分别由县委、县政府主要领导担任组长的工作领导小组，统筹协调抓好融资、征地拆迁等工作。深入开展“服务企业服务项目”双服务活动，按照“缺什么补什么”的原则，抓好要素配套，帮助企业解决项目建设和生产发展中的困难和问题，加快项目建设，促进企业发展。目前，全县重点项目建设累计完成投资21.86亿元，较上年同期增加4.09亿元，同比增长23%。

—扎实推动产业发展持续向好，培育了竞争力强的好产业。文化旅游产业蓬勃发展，深入推进“美丽西江·和谐景区”建设，西江景区业态整治和管理取得明显成效，车子、房子、摊子、店子“四子”问题得到有效整治，营上综合服务区文化创意平台街区、文化艺术创作基地、生态停车场等项目建设取得重大突破，西江景区创建国家AAAAA级景区工作加快推进。全球顶尖度假村、酒店及休闲养生跨国运营开发商悦榕庄集团确定落户西江，并完成了概念性规划设计。扎实推进雷公山精品景区开发，24千米服务区和乌东服务区等项目建设步伐不断加快。郎德景区二次开发成效初显，南统服务区、非遗一条街、停车场、郎德上下寨连接线观光车道及郎德上寨田园景观打造有序推进，预计明年郎德景区整体打造完成并推向旅游市场。格头、新桥、掌坳等一批苗族村寨旅游开发稳步推进。全县文化旅游产业实现了提速发展，全县景区化、全域旅游化初步构建，以旅游业为主导的第三产业占地区生产总值的58.5%，成为全县重要的支柱产业。初步预计，2015年全县接待游客人次同比增长23.7%，实现旅游综合收入同比增长25.52%。现代山地特色农业生机勃勃，扎实抓好农业园区建设，农业园区化、园区景区化、农旅一体化成效初显，2015年省级现代高效农业园区总产值持续快速增长，农业“接二连三”步伐不断加快，以农业观光为代表的农村第三产业正在崛起。坚持把茶产业作为富民强县的支柱产业来抓，全县茶叶产业向基地规模化、生产规范化、加工集群化、产品品牌化、市场网络化和茶旅一体化发展。雷山银球茶荣获“贵州绿茶茶王”金奖和百年世博中国名茶金奖殊荣，雷山县成功创建国家级出口茶叶质量安全示范区。初步预计，全年完成茶青产量1.3万吨，同比增长31.78%，实现综合产值9亿元。特色生态工业稳步向好，坚持把特色生态工业作为经济发展的重要支撑，围绕旅游业、生态资源和特色农业抓工业，茶叶、中药材等农产品加工和民族服饰、银饰等手工艺品加工业集群发展，果蔬加工项目破土动工，装配式建房、同济堂中药饮片厂等一批项目即将落地建设，特色生态工业不断发展壮大。农村电子商务产业好戏开场，坚持把发展电子商务作为弯道取直、后发赶超的一件大事来抓，扎实开展县、乡、村三级电子商务培训，积极探索“大数据+现代山地特色高效农业+文化旅游业”融合发展的农村电子商务发展路子，今年将实现县、乡、村电子商务服务中心（站点）全覆盖，从根本上解决优质农产品“难卖贱卖”和农村常用生活品

"买难买贵"问题。

—扎实推动城镇建设持续向好，开创了城乡统筹的好局面。坚持以人为本、道法自然，努力走一条以人为本、保护环境、生态优良、文化传承、宜居宜游宜业的山地特色新型城镇化道路。苗疆盛世城市综合体建设成效初显，苗疆文化博物馆、室内剧场项目加快推进，累计完成投资2500万元。丹江镇省级示范性小城镇建设扎实推进，得到了省100个示范小城镇阶段性达标验收检查组一致好评。西江镇示范小城镇列入全省100个示范小城镇建设。丹江体育森林公园动工建设，红屯堡片区开发实质性启动。县城陶尧新区控制性详细规划编制工作完成初步评审，蚩尤大道即将建成通车。启动实施旧城改造项目，已完成入户摸底调查工作。制定出台了《雷山县查处违法占地违法建设责任追究办法（试行）》，坚决查处违法占地、违法建设行为。大力实施"四在农家·美丽乡村"建设，已在毛坪、公统等地启动"保老村、建新村"试点工作，强化民族村寨保护提升，城乡面貌发生明显变化。

—扎实推动基础设施建设持续向好，打牢了经济腾飞的好基础。坚持把以交通和水利为重点的基础设施建设作为事关全县发展全局和长远的战略任务，交通、水利等基础设施建设取得阶段性成果，支撑能力全面提升。强力推进交通基础设施建设，凯雷高速公路实现全线通车。雷山至榕江四格高速公路已完成工可编制报告，并纳入全州高速公路网规划，力争纳入全省"十三五"规划。通村油路（水泥路）建设取得历史性突破，基本实现油路（水泥路）村村通。强力推进水利基础设施建设，鸡鸠水库建设成效明显，预计明年4月下闸蓄水。西江水库、陶尧水库、脚尧水库前期工作加快推进，预计明年开工建设。完成农田水利建设项目86处，总投资4600万元，有效解决灌溉面积达1.95万亩。建成农村饮水安全工程16处，总投资918万元，有效解决农村饮水安全1.72万余人。同时，"四在农家·美丽乡村"六项行动计划扎实推进，农村基础设施明显改善。强力推进信息基础设施建设，深入实施信息基础设施建设三年会战，完成投资5690万元，全县所有行政村实现通宽带，所有自然寨实现通电话，农村广播电视综合信息网络行政村双向覆盖率达100%。

—扎实推动生态文明建设持续向好，保持了后发赶超的好优势。县委常委会认为，良好的生态环境是雷山实现跨越发展的后发优势。必须坚持算大账、长远账、整体账、综合账和明细账，书写好既要绿水青山又要金山银山这篇大文章。加大生态建设，山清水秀的生态优势明显提升。深入实施绿色贵州建设三年行动计划，完成造林面积4.6万亩，完成封山育林1.8万亩，全县森林覆盖率达68.49%，是全国平均覆盖率的三倍以上，比全省平均值高出近20个百分点。全县创建全国环境优美乡镇2个、国家级生态村2个、省级生态乡镇1个、省级生态村6个。加强环境保护，天蓝地绿的环境质量稳步提升。完成了雷山县生产、生活、生态空间规划和雷山县生态保护红线划定工作，深入实施森林保护"六个严禁"和环境保护"六个一律"利剑执法专项行动，在公安、法院、检察院分别设立了生态执法司法机构，强化生态红线保护和环境污染防治"两个问责"，生态环境违法行为明显减少。深入推进"多彩贵州文明行动"和"百村万户"环整治工作，全县城乡整脏治乱成效明显。加快绿色发展，资源节约利用水平不断提高。建设节能减排监察监测工程，全县节能环保产品政府采购率达56.37%。大力倡导城乡居民积极使用沼气池、太阳能等清洁能源，雷山苗岭风力发电场和大塘风力发电场建设项目已正式得到省能源局的路条批复，相关前期工作正在有序推进。大力弘扬生态文化，倡导合理消费，狠刹奢侈浪费，营造勤俭节约的社会氛围。

—扎实推动改革开放持续向好，形成了科学发展的好机制。县委常委会认为，全面深化改革是落实"四个全面"战略布局中具有突破性和先导性的关键环节。必须把改革作为第一动力，突出战略导向、问题导向、需求导向，精准出台改革事项，强化督查和跟踪问效，推动改革从"最先一千米"连通到"最后一千米"。深化经济体制改革，制定出台了《2015年雷山县深化经济体制改革重点工作实施方案》，统筹实施重点改革工作。积极开展全国扶贫小额信贷试点创建工作，设立扶贫小额信贷风险补偿基金和贷款贴息资金，实行“特惠贷”金融政策。深化行政体制改革，制定了《雷山县人民政府职能转变和机构改革实施意见》，顺利完成了政府机构改革。推进行政审批制度改革，积极推行县、乡、村三级联网审批，办理时限大大缩短，实现“让数据多跑路，百姓少跑腿”。探索开展西江景区所有权、管理权、经营权相分离改革试点，西江“区镇合一”体制机制试点改革成功入选省委改革办首批改革工作联系点。深化生态文明体制改革，严格划定生产、生活、生态空间开发管制界限，严格落实红线区域分级分类管理，加强对大气、水质、噪音等污染的监管，开展生态乡镇（村）创建工作，积极构建生产空间集约高效、生活空间更加宜居、生态空间山清水秀的生态环境格局。深化司法体制改革，全面实施立案登记制度，有效避免了当事人“立案难，诉讼累”。积极推行“阳光司法”机制改革，建立信息共享、案情通报、案件移送制度，建立健全领导干部干预司法活动、插手具体案件处理的记录、通报和责任追究制度，建立行政机关负责人依法出庭应诉制度等，大力推进依法治县工作。深化社会体制改革，创新农村社会管理服务体制机制，建立“暖心秘书”代办服务体系，为群众提供高效快捷的代办服务。积极推行城乡社区网格化服务管理，不断提升社会管理水平。深化党的建设制度改革，推行村干部实绩量化积分管理制，提高村干工作积极性。建立领导干部工作动态日报告系统平台，实现对党员干部的常态化监督管理。建立线索联享、力量联用、措施联办“三联机制”，扎实推进“铸廉行动”，在全县形成了“不敢腐”的强大震慑力。

——扎实推动民生改善持续向好，办成了和谐稳定的好事情。县委常委会认为，解决好民生问题是我县补齐发展短板的重要内容。必须坚持以人为本、民生优先，举全县之力抓好扶贫开发第一民生工程，办好民生事业，改善群众生活，让改革发展成果更多更公平地惠及广大人民群众。切实提高扶贫开发精准度，贫困群众实惠不断增加。牢记总书记扶贫开发只能打赢、必须打赢、能够打赢的指示，召开全县扶贫开发大会和大扶贫战略行动推进大会，打响科学治贫、精准扶贫、有效脱贫、防止返贫攻坚战，以全省扶贫攻坚示范县建设为抓手，在“精准”上下大气力、硬功夫，组织2145名领导干部遍访90个贫困村和所有贫困户，建档立卡、对症下药，真正实现对贫困人口的精细化管理、对扶贫资源的精确化配置、对贫困农户的精准化扶持。出台《关于全面落实大扶贫战略行动坚决打赢脱贫攻坚战的实施意见》和若干个专项方案，各级各部门齐心协力、齐抓共管的大扶贫格局加快形成，扶贫开发的实效性不断提高。2015年争取得到资金6696.4万元，“减贫摘帽”各项工作稳步推进，年内有望完成4个乡镇“减贫摘帽”目标，实现整县“脱贫摘帽”。切实抓好重点民生工作，群众生活条件不断完善。坚持把教育作为“拔穷根”的“撒手锏”来抓，深入实施教育“9+3”计划，统筹城乡义务教育均衡发展，雷山民族中学成功创建“省级示范性高中”，加快思源中学建设，启动在县城新建2所公立幼儿园和1所中学工作，教育基础设施更加完善，教育教学水平稳步提升。大力实施创业带动就业工程，认真落实“3个15万元”政策，全面落实更加积极的就业政策，目前新增城镇就业1906人，同比增长37.02%。着力提高社会保障水平，城低保保障标准从每月400元提高到每月442元；农低保保障标准从每年2100元提高到每年2580元。以户为单位的同步小康创建活动得到扎实推进，全县3000多户城乡居民户将挂牌认定为“小康家庭户”，脚尧村获“贵州省同步小康创建示范村”殊荣。加强住房保障，实施农村危房改造3500户。加快公共医疗卫生服务体系建设，召开高规格的全县医疗卫生事业发展大会，县医院成功创建“二甲”医院，县中医院建设稳步推进，城乡居民基本医疗保障水平得到显著提高，参保率达99%以上，基本实现全覆盖。高度重视食品药品安全工作，保障人民群众“舌尖上的安全”。申报创建国家级卫生县城工作稳步推进。大力开展关爱农村留守儿童、妇女、老年人“三关爱”活动。举全县之力抓好人口计生工作，即将实现“升位摘帽”目标。文化事业快速发展，群众精神文化生活不断丰富。切实加强和创新社会治理，社会和谐稳定局面不断巩固。深入开展矛盾纠纷和信访维稳“百日攻坚”，坚持领导干部接访下访和包案督访，2015年各级领导干部接访群众132批次，排查矛盾纠纷246件，化解243件，化解率98.8%。加强源头治理，重大决策、重大项目社会稳定风险评估实现全覆盖，最大限度增加和谐因素，最大限度减少不稳定因素。深入推进社会治安整治“十大行动”，完善“严打整治”工作机制，建立健全多警种巡逻治安防控体系，“天网工程”覆盖面不断扩大，163个行政村（居）全面推行“村级警务助理”农村社会治安管理模式。全面加强重点部位和关键环节的公共安全管理，遏制重特大公共安全事故发生，全县社会治安持续保持稳定，人民群众安全感名列全省前茅。

—扎实推动救灾防灾持续向好，取得了灾后重建的好效果。今年进入汛期以来，我县先后遭遇了四次特大洪灾，特别是5月26日至27日的强降雨，是贵州有气象记录以来的最大降雨。全县交通、水利、农业、房屋、供电、通信等损失惨重，造成了重大经济损失。全县受灾程度之深、灾害损失之大、受灾群众之多，是我县有历史记录以来前所未有的。灾情发生后，县委县政府在省委省政府、州委州政府的坚强领导下，带领全县各族干部群众万众一心、众志成城、迅速反应、精准调度、科学应对，全力以赴抗洪抢险，积极做好“防、抢、撤”等工作，妥善安排灾民基本生活，确保了全县抗洪救灾工作有力、有序、有效进行，将灾害损失降到最低限度，取得了抗洪救灾的全面胜利，得到了省委省政府、州委州政府和省、州主要领导的高度评价。抗洪救灾告一段落后，县委县政府迅速把工作重心转移到灾后重建上来，及时召开灾后重建动员大会，制定出台了灾后重建总体方案和18个灾后重建专项方案，灾后重建的总体规划通过省发改委评审，并获得省政府批复。积极争取上级灾后重建资金1.73亿元。1755户房屋受灾户全部纳入今年危房改造任务，目前已全部开工建设，有望春节前全部竣工。完成受灾户紧急避险临时安置300户1057人，完成生态移民搬迁户1179户4560人，正在实施移民搬迁1962户8352人。恢复水毁公路76条，完成投资1.67亿元。恢复农田水利设施15处，恢复农村供水工程90处，完成投资810万元。供电、供水、通信、市政设施等全面恢复正常，社会公共服务设施灾后重建、农业生产恢复、企业复工复产、地质灾害防治等工作成效明显，全县灾后重建工作取得了阶段性重大胜利，得到了上级的充分肯定。

—扎实推动党的建设持续向好，营造了风清气正的好环境。充分发挥县委总揽全局、协调各方的领导核心作用。支持人大依法履行职能，支持政府创造性地开展工作，支持政协充分发挥职能作用，支持“两院”依法行使审判和检察职能，高度重视发挥统一战线法宝作用，坚持群团工作的政治性先进性群众性，关心支持驻雷部队建设，最大限度地集中民智、凝聚人心，形成了团结和谐、干事创业的良好局面。从严开展“三严三实”专题教育。充分用好“两种教材”“两面镜子”，上党课、作辅导，扎实开展三个专题学习研讨，不断在修身做人、为官用权、干事创业等方面强化严和实的精神，县委常委带头主动把自己摆进去，通过个人对照查、集中研讨共同查、公示问题开门查等多种方式，深查细照修身不严、用权不严、律己不严等方面的突出问题119个，并列出清单进行专项整治，拓展了反“四风”、改作风、树新风的成效。从严落实管党治党责任。始终把纪律和规矩挺在前面，不断强化政治上讲忠诚、组织上讲服从、行动上讲纪律。出台关于深入推进党要管党从严治党的实施方案，召开党风廉政建设集中专项整治深化“铸廉行动”推进大会，开展党委书记抓党建述职评议，使每个责任主体知其职、明其责、尽其力。从严选好干部配好班子。坚持正确的用人导向，进一步贯彻落实省州《关于贯彻落实干部任用条例规范选人用人行为的实施意见》及《干部能上能下若干规定》等政策，注重把干部放到前沿阵地磨砺担当，突出用当其时、用其所长，着力解决“为官不正、为官不为、为官乱为”等问题，真正让吃苦的人“吃香”，让实干的人“实惠”，让有为的人“有位”。一年来，县委常委会讨论研究干部6批次182人次。认真开展“四项清理”整治工作，突出干部的过程管理和日常考核，实行干部日工作动态报告制度，强化干部讲规矩、重规范、守纪律的意识。从严建强组织育好队伍。牢固树立“抓党建是最大政绩”的意识，落实“书记抓、抓书记”工作责任制，构建县、乡、村三级基层党建工作新格局。认真抓好农村基层组织精品示范点建设，落实村“两委”和村干经费保障，村三大员报酬达到每月2400元。强力推进“党员创业带富”工程，培养党员创业带富能人459人，带动群众致富5439人。从县直机关选派61名优秀干部到村任“第一书记”，完成6个软弱涣散党组织整顿提升，消除集体经济空壳村5个。2015年全县被评为省级“五好”基层党组织2个，州级“五好”基层党组织4个，1名村支书获得省级“文朝荣式好支书”称号。认真开展“我是党员”专题教育活动和集中专项整治，干部作风建设扎实推进。从严惩治腐败筑牢防线。认真贯彻廉洁自律准则和纪律处分条例，严格落实党风廉政主体责任和监督责任，用最坚决的态度减少腐败存量，用最果断的措施遏制腐败增量。今年以来，全县纪检监察机关共立案67件，党政纪处分74人，查处违反中共“八项规定”精神问题44起，处理42人。深入开展“铸廉行动”，狠抓民生监督，开展了一系列民生监督专项行动，向社会持续释放执纪必严、违纪必究和驰而不息纠“四风”的强烈信号。大力加强宣传思想工作和精神文明建设。大力弘扬社会主义核心价值观，切实掌握意识形态主动权，大力构筑“精神高地”，对内凝聚力量、对外展示形象，切实把文化资源转化为发展资源，激发全县各族干部群众热爱雷山、建设雷山的巨大热情。

一年来，县委常委会高度重视自身建设，要求常委同志严格遵守党章、密切联系群众、狠抓工作落实、带头廉洁自律，为全县作出表率。坚持民主集中制，严肃党内政治生活。更加注重从全局和战略层面谋划全县工作，进一步增强了观大势、定大局、谋大事的能力。

（三）在不断探索实践中积累了宝贵经验

成绩来之不易，经验弥足珍贵。通过一年的实践，我们深深体会到，当前，我县已进入后发赶超、同步小康的决胜阶段，站到了一个新的历史起点上。在这样一个关键的历史时刻，我们要坚定不移地用习近平总书记系列重要讲话精神统一思想、统一意志、统一行动，坚持和完善已有的发展战略和发展思路，坚持和完善有效的工作措施和工作方法，不断开创雷山发展新局面。特别要清醒地认识到：贫困落后是我县的主要矛盾，加快发展是我县的根本任务，越是在新的历史起点，越要坚持发展为要，努力提升加速发展、协调发展的新水平；现特显优是我们的立县之本，越是在新的历史起点，越要坚持特色为径，努力厚植比较优势；生态环境是我们最宝贵的优势，越是在新的历史起点，越要坚持环境为重，努力创造绿色发展的新财富；创新是我们最强劲的动力，越是在新的历史起点，越要坚持创新为魂，努力激发创新发展的新动力；改革是我们最重大的红利，越是在新的历史起点，越要坚持改革为先，努力增强开放发展的新活力；民生是我们最根本的目的，越是在新的历史起点，越要坚持民生为本，努力扩大共享发展的新成果；党建是我们最坚强的保障，越是在新的历史起点，越要坚持党建为基，努力落实从严治党的新要求。只要我们深入贯彻总书记对贵州工作的重要指示精神，以奋发有为的精神状态和后发赶超的拼搏劲头，盯住目标不放松，持续奋斗不懈怠，就一定能够实现经济社会发展的历史性新跨越，就一定能够与全国同步全面建成小康社会。

同志们，以上报告的是县委常委会一年来的主要工作。这些工作成绩的取得，是在上级党委政府坚强领导下，全县上下同心同德、苦干实干的结果，是各位委员忠诚履职、无私奉献的结果，更是历届县委接续奋斗、开拓创新的结果。在此，我谨代表县委常委会，向在座的各位同志，向全县广大党员和干部群众，表示衷心感谢和崇高敬意！

在总结工作的同时，县委常委会也分析了存在的困难和问题。从经济建设来看，经济总量小、人均水平低、产业层次低、结构不合理、贫困面大、贫困程度深的突出矛盾没有得到根本解决，实现脱贫致富、全面建成小康社会任务十分艰巨；从政治建设来看，民主法治建设有待加强，群众法治意识淡薄，执法不严现象较为突出，司法不公问题仍然存在，法治工作队伍建设任重道远；从文化建设来看，民族文化挖掘不够深入，文化传承保护力度不够，文化与旅游融合度不高，文化产业集群发展不强；从社会建设来看，扶贫脱贫任务繁重，教育卫生等社会事业发展滞后，社会保障体系有待完善，保障能力和水平有待提高；从生态文明建设来看，生态环境脆弱，生态建设欠账多，环境宣传教育、生态创建和绿色创建活动力度还有待加强；从党的自身建设来看，从严管党治党的效果不够优，领导班子和干部队伍建设还有薄弱环节，基层党组织存在软弱涣散的现象，一些干部“怕”字当头，不敢为、不善为，还要在全面从严治党体制机制建设上下更大力气。对此，我们将高度重视，采取有力措施，认真加以解决。

二、全面贯彻落实中央、省委、州委重大战略部署，在新的起点谋划和推动雷山经济社会发展历史性新跨越

党的十八届五中全会是在我国全面建成小康社会进入决胜阶段召开的一次十分重要的会议。全会审议通过的《中共中央关于制定国民经济和社会发展第十三个五年规划的建议》（以下简称《建议》），是实现“两个一百年”奋斗目标第一个百年目标、全面建成小康社会的纲领性文件。“十三五”规划，是我国经济发展进入新常态后的首次规划，是用五大发展理念引领发展行动的全新规划，是全面建成小康社会的收官规划。习近平总书记代表中央政治局作工作报告并发表重要讲话，讲话具有很强的战略性、指导性和针对性。这次会议总结了新成就，提炼了新经验，分析了新形势，提出了新原则，宣示了新理念，明确了新要求，确定了新目标，提出了新举措，描绘了“十三五”时期我国全面建成小康社会新的宏伟蓝图，在党和国家的历史上必将产生重大而深远的影响。省委十一届六次全会、州委九届六次全会全面贯彻落实党的十八届五中全会精神，明确了全省、全州“十三五”时期发展的指导原则、总体要求、基本理念、奋斗目标、主攻方向、战略路径，是我们做好当前和“十三五”时期各项工作的基本遵循和行动指南。全县各级各部门要把深入学习贯彻党的十八届五中全会、省委十一届六次全会、州委九届六次全会精神作为当前和今后一个时期的重要政治任务，深刻理解和准确把握中央、省委、州委全会的精神实质，切实把思想和行动统一到中央、省委、州委的要求上来，真正把中央、省委、州委的各项要求部署转化为我县的重大工作举措，落实到经济社会发展的方方面面，进一步统一思想、凝聚力量、真抓实干，在新的起点上推动经济社会发展实现历史性新跨越。

*第一，要与时俱进把握发展态势。*经过这些年特别是“十二五”时期的奋力攻坚，我县发展已经进入后发赶超、同步小康的重要阶段，我们站在了新的历史起点上。今天的雷山，改革发展的局面持续向好，各级班子的状态持续向好，各族干部群众的精气神持续向好，加快发展正当其时，同步小康时不我待。要认真总结“十二五”时期我县的发展成绩。在即将过去的“十二五”，全县上下高举“发展、团结、奋斗”的旗帜，大力构筑“精神高地”，奋力冲出“经济洼地”，城乡面貌发生了明显变化，在交通、水利、城镇建设、民生改善等方面实现了一系列历史性突破，是我县历史上发展最好的时期之一。五年来，我县经济加速发展，经济总量突破20亿元，实现翻番，同期增幅高于全国、高于全省、高于全州、高于过去平均水平。固定资产投资始终保持高位增长，累计突破100亿元，年均增长35%以上；交通建设突飞猛进，凯雷高速建成通车，蚩尤大道即将竣工，基本实现油路（水泥路）村村通，是全省少有的县份；积极推进鸡鸠水库、农村安全饮水等水利工程建设。苗疆盛世城市综合体、丹江镇省级示范性小城镇、陶尧新区等一

批重大城镇基础设施建设项目快速推进；生态环境稳步提升，入选全国首批生态文明示范工程试点县、全国生态保护和建设示范区、全省生态文明先行示范区；民生持续改善，城镇、农村居民人均可支配收入预计分别年均增长 11.2% 和 17.3%，贫困人口从 2011 年年底的 6.39 万人减少到目前的 3.6 万人。教育均等化水平不断提升，实现幼儿园乡镇全覆盖，6 个乡镇初中集中县城办学。建成覆盖城乡的疾病预防控制体系和医疗救治体系，新型农村合作医疗基本实现全覆盖。这些成绩来之不易，得益于党中央、国务院和省委、省政府，州委、州政府的亲切关怀，得益于有关各方的大力支持，得益于历届县委、县政府打下的坚实基础，得益于我县发展思路举措的不断完善，得益于全县广大干部群众的团结拼搏和扎实苦干。要认真运用“十二五”时期我县的发展经验。“十二五”时期积累的经验弥足珍贵，必须牢牢守住发展和生态两条底线，做到既要绿水青山也要金山银山，推动两条底线一起守、两个成果一起收；必须深入实施主基调主战略，始终坚持“生态立县、文化兴县、旅游强县”，坚定不移地走现特显优、特色发展之路；必须全面推进改革开放，以改革促进开放、以开放倒逼改革，充分激发经济社会发展的动力活力；必须坚持发展为了人民、发展依靠人民、发展成果由人民共享，把扶贫开发作为第一民生工程，千方百计提高人民群众生活水平；必须履行从严管党治党的主体责任，全力维护政通人和、风清气正的政治生态。要认真分析“十三五”时期我县的发展形势。经过“十二五”时期持续快速发展，我县基础设施日益改善，发展环境不断优化，经济社会各项事业加速发展，呈现出改革开放以来发展速度最快、民生改善最为显著、老百姓获得实惠最多的良好态势。总体来看，“十三五”时期的发展条件好于“十二五”时期，我们完全可以乘势而上，顺势而为，取得比“十二五”更加辉煌的新成绩。可以说，“十三五”时期，是我县可以大有作为、必须奋发有为的重要战略机遇期，是实现弯道取直、后发赶超的最关键时期，是脱贫攻坚、同步小康的决胜时期，也是我县加速发展、缩小差距的黄金发展期和发挥优势、扬长补短的重大机遇期。同时，我们也要清醒地看到，我县贫困落后是主要矛盾、加快发展是根本任务的基本县情没有变，既要“赶”又要“转”的双重任务没有变，继续保持“三个高于”的发展速度没有变，在经济发展新常态下，加速发展、加快转型中一些深层次的矛盾和问题更加凸显。我们必须强化责任意识、机遇意识、忧患意识，坚定信心、保持清醒、扎实苦干，全力以赴推动经济社会发展实现历史性新跨越。要千方百计抢抓“十三五”时期我县的重大发展机遇。要抢抓“转方式”带来的重大机遇。新常态下，我国经济发展更加注重稳增长、促改革、调结构、惠民生、防风险综合平衡，我县经济基数小、体量不大，正处于加速发展期，只要走对路子，完全可以在别人放慢脚步的时候跑得更快，缩小与全国、全省、全州的差距。要抢抓“调结构”带来的重大机遇。中央把调结构作为转型发展的一项重大战略任务，围绕缩小城乡、区域差距和解决产业结构不合理等问题，将出台一系列政策措施，只要我们抢抓机遇，积极创造条件，选准产业，就能在调结构、转型升级中取得新的突破。要抢抓“补短板”带来的重大机遇。中央下大力气补齐短板，肯定有大量的投入，政策、资金、项目和人力物力财力都会有大的支持，我县发展的短板还很多，中央和省、州补齐短板，对雷山就是最大的机遇。要抢抓“大扶贫”带来的重大机遇。中央、省、州吹响了脱贫攻坚的冲锋号，并出台了系列扶持政策措施，蕴含着大项目、大投资，只要我们紧跟中央、省、州步伐，切实把脱贫攻坚作为“十三五”时期的头等大事和第一民生工程来抓，以脱贫攻坚统揽经济社会发展全局，就会赢得加快发展的重大机遇。要认真完善“十三五”时期我县发展思路。以党的十八届五中全会、省委十一届六次全会、州委九届六次全会精神为指引，保持战略定力，坚持“十二五”时期县委确定的重大决策部署不变，坚持既定的发展战略和发展路径不变，坚持正确的用人导向不变，坚持良好的精神状态不变，坚持现有的工作力度和节奏不变，坚持实践证明行之有效的方法抓手不变，把一张好的蓝图绘到底。要根据“十三五”时期的新情况和新要求，解放思想、锐意进取，与时俱进地完善具体的行动方法、工作抓手、政策措施，保持工作的延续性、开拓性和创新性。

第二，要积极主动转变发展理念。要认真贯彻中央提出的创新、协调、绿色、开放、共享五大发展理念，见诸于思想、付诸于行动，转化为方法、举措和能力。要坚持创新发展理念解决好发展动力问题。创新是引领发展的第一动力，是我县弯道取直、后发赶超的战略选择。面对困难和困境，“打破”才能得生机，“取直”自然出新路。在我县后发赶超路上，弯道取直是解决路径问题，创新是解决引擎问题。要把创新摆在我县发展全局的核心位置，全面推进制度创新、文化创新、管理创新、模式创新、市场创新、产品创新、业态创新，推动每个地方、每个行业、每个单位、每个干部都注重和加强创新，让创新无处不在，让创新蔚然成风。要坚持协调发展理念解决好发展不平衡问题。协调是持续快速健康发展的内在要求。要把解决发展不平衡问题作为想事情、抓工作的方式方法，坚持两点论和重点论相结合，处理好速度与质量、经济与社会、城市与农村、绿水青山与金山银山、突出比较优势与补齐发展短板等重大关系，促进新型工业化、信息化、特色城镇化、农业现代化、旅游产业化同步发展，注重补短板、破瓶颈、弥不足方面的工作，努力扬长补短、现特显优，不断增强全县各个方面、各个领域发展的协调性。要坚持绿色发展理念解决好人与自然和谐问题。老百姓过去盼温饱，现在盼环保；过去求生存，现在求生态。“十三五”时期，雷山的绿色机遇在扩大，绿色发展要提速。要更加凸显绿色优势，打好生态品牌，坚定走生产发展、生活富裕、生态良好的文明发展道路，努力实现百姓富、产业强、生态美的有机统一。要坚持开放发展理念解决好发展内外联动问题。打开山门走出去、引进来，我们才能更好地融入世界、创造未来。像雷山这样的山区县，开放到什么程度，就发展到什么程度。“十三五”时期，要坚持扩大开放不动摇，坚定开放不止步。紧紧抓住“高速”“高铁”时代带来的战略机遇，实行更加积极主动的开放战略，强化开放思维，开阔开放视野，搭建开放平台，创新开放手段，聚焦重点开放区域，探索内陆山区开放新局面，广泛引进先进生产力和生产要素，增强发展动力、激发社会活力，实现借船出海、借梯上楼，努力开出一条新路子，放出一片新天地。要坚持共享发展理念解决好社会公平正义问题。必须坚持以人民为中心的发展思想和以扶贫开发为第一民生工程的工作要求，把增进人民福祉、促进人的全面发展作为发展的出发点和落脚点，把共享发展作为重要的工作导向、政策取向，把科学治贫、精准扶贫、有效脱贫、防止返贫作为工作的主任务和主抓手，实行更有效的制度安排和政策举措，全力补齐全面建成小康社会的短板，推进经济社会包容性发展。

第三，要千方百计培植后发优势。“培植后发优势，奋力后发赶超”，是习近平总书记给全省提出的历史课题。我们要善于借力、借机、借势，把“扬长”与“补短”紧密结合起来，正确认识和重点培植雷山的后发优势，坚定不移地走现特显优、特色发展之路。要培植发挥路径选择方面的后发优势。作为后发地区，我县在发展路径的选择上，既可以充分借鉴发达地区的经验教训，少走或不走弯路，也可以通过运用新理念、新技术、新模式创新发展路径，实现弯道取直，因地制宜选择一条符合自身实际的发展路子。要培植发挥生态环境方面的后发优势。良好的生态环境越来越成为我县最突出、最响亮的品牌，雷山越来越在宜居、宜游、宜业上展现出不可替代的优势。要培植用好我县生态良好、气候宜人、海拔适宜的独特优势，吸引更多人才、客商到我县创业兴业置业，为雷山发展聚人气、生财气、汇文气。要培植发挥资源禀赋方面的后发优势。要把我县丰富的生态资源、民族文化资源、旅游资源充分挖掘好、利用好、保护好，把资源优势转变为产业优势、经济优势、文化优势，推动全县经济社会持续健康又好又快发展。要培植发挥干群精神状态方面的后发优势。这些年来，全县各级干部群众充分发扬“五加二”

“白加黑”的拼搏精神，聚精会神搞建设，如饥似渴抓发展，干部越来越能干、越来越会干，精神面貌焕然一新。新常态要有新状态，我们要把这种可贵的工作劲头保持下去、提升起来，以自身的奋斗指数提升全县的发展指数，以干部的辛苦指数换取群众的幸福指数。

第四，要敢闯敢试走出发展新路。关于发展新路的丰富内涵，省委已经作出了“五个突出、五个注重”的系统阐释。“十三五”时期，我们要全面准确把握走新路的内涵，积极探索实践，走稳走快走好这条发展新路。要在解放思想中走好新路。思路决定出路。只有吃透上情、摸清下情、了解外情，掌握实情，才能办好雷山的事情。要从雷山实际出发，紧贴时代前沿，把握发展规律，坚持实事求是，谋定新思路、谋划新举措、谋求新发展。要在开拓创新中走好新路。要发扬敢闯敢拼的精神，克服“怕”的心态，只要是符合上级精神、符合雷山实际，看准了的事，就要大胆地试、大胆地干，勇于打破传统思维定式的束缚、突破旧有条条框框的限制，敢于走别人没有走过的新路。要在学习借鉴中走好新路。要主动学习借鉴经验，广泛吸纳外部资源要素，尽量缩短我县探索时间，努力实现跨越式发展。要研究用好国家、省、州政策，积极争取上级给予更多支持，助推全县加快发展。要在苦干实干中走好新路。要在战略部署上“扣扣子”、在责任履行上“担担子”、在工作落实上“钉钉子”，一刻也不懈怠、一天也不耽误，以“功成不必在我”“功成必须有我”的境界，再干成一批大事、新事、实事。

第五，要坚守底线开创发展新局。到2020年与全国同步全面建成小康社会，是我县“十三五”时期要全力以赴实现的总目标。现在距2020年只有四年多时间，形势逼人、形势不等人，不进则退、慢进也是退。要深刻认识“全面”和“同步”的内涵，“全面”，就是小康覆盖的领域要全面、覆盖的人口要全面、覆盖的区域要全面；“同步”，就是雷山在全面小康征程中不能掉队，不能拖全州、全省、全国后腿。在这一过程中，我们必须坚守发展底线，在继续集中力量补齐短板的基础上，更加注重发挥比较优势和后发优势，更加注重突出我县的特色和亮点，更加注重在“赶”中“转”，打造升级版，开创新局面。要让经济强起来。全力保速度、保总量、保位次，以同步小康目标倒逼经济社会发展，推动投资消费“两个轮子”一起转、一二三产融合发展齐提升、大中小微企业“三种主体”齐发力，实现“十三五”时期GDP增速保持高于全国、全省、全州的两位数增长。主要经济指标平衡协调，转型升级成效明显，做到投资有更多效益、产品有更多市场、企业有更多利润、群众有更多收入、政府有更多税收，实现更高质量、更有效率、更加公平、更可持续的发展。要让百姓富起来。努力推进居民收入增长和经济发展同步，确保“十三五”时期城乡居民收入保持两位数增长。大力弘扬社会主义核心价值观，实现人民思想道德素质、科学文化素质、健康素质的明显提高。要让生态美起来。我们要坚守生态底线，倡导绿色生产方式和生活方式，稳步改善生态环境质量，实现大地常绿、空气常新、碧水长流、土壤常净，森林覆盖率稳定在70%以上，全县环境空气质量优良率、集中式饮用水源地水质达标率、出县河流断面水质达标率稳固在100%。城乡生活垃圾无害化处理率及城镇污水处理率稳固在90%以上。要让小康步伐快起来。坚持把扶贫开发作为第一民生工程，确保全县所有贫困人口全部脱贫，不让一个民族、一个乡镇、一个村寨、一个贫困户、一个贫困群众掉队，实现大多数群众同步小康。要让公共服务优起来。统筹抓好公共基础设施、公共事业、公共服务、公共安全，推动路、水、电、讯等公共基础设施体系更加完善，就业、教育、文化、社保、医疗卫生、住房等公共服务体系更加健全，尽力解决多年来想解决但无力解决的民生问题，逐步实现城乡公共服务均等化。要让体制机制活起来。各方面制度更加有活力，经济社会发展动力明显增强，开放型经济新体制加快形成，社会治理体系和治理能力现代化取得重要进展。

三、集中力量抓好“十三五”时期经济社会发展重点任务，确保如期实现全面建成小康社会

奋斗目标

“十三五”时期，是我县同步全面建成小康社会的决胜阶段。县委《建议》提出了“十三五”时期经济社会发展的总体要求，部署了14项工作，全县上下在事关“十三五”时期雷山发展全局的重大问题上，要切实统一思想，凝聚力量，紧紧围绕文化旅游产业抓特色山地农业、特色生态工业、特色服务业和特色城镇化，坚定不移地走现特显优、特色发展之路，努力保持“三个高于”发展速度，确保主要经济社会发展指标达到全州平均水平，接近全省、全国平均水平，确保同步小康，为下一步基本实现现代化打下坚实基础。具体来讲，要突出抓好九个方面工作：

第一，要千方百计把脱贫攻坚做实。贫困程度深、贫困面大是我县发展的一大短板。但我们也要辩证地看到，我县人口基数小，贫困人口总数相对较少，到今年底，我县仅有贫困人口2.5万余人。只要我们坚定信心，坚持把脱贫攻坚作为“十三五”期间头等大事和第一民生工程来抓，坚持以脱贫攻坚统领经济社会发展全局，就一定能够打赢脱贫攻坚这场硬仗。要深入落实精准扶贫精准脱贫基本方略。深入推进大扶贫战略行动，扎实抓好“六个精准”，坚持看真贫、扶真贫、真扶贫，解决好“扶持谁”“谁来扶”“怎么扶”“如何退”的问题，主动对表到2018年完成脱贫攻坚任务的目标，一刻也不能懈怠、一天也不能耽误，决战决胜扶贫脱贫。要深入实施“五个一批”工程，在所有的村搭一个好的村支两委班子、配一个好的“第一书记”、选一个好的主导产业、建一个好的由村支两委领办的大多数农户参与的合作社，确保通过发展生产稳定解决1万左右贫困人口脱贫；要以整村（寨、组）搬迁为重点，加快易地扶贫搬迁步伐，确保通过易地搬迁稳定解决1.5万左右贫困人口脱贫；要以自然保护区、公益林区等为重点让一部分贫困人口就地转成护林员等生态保护人员，确保通过生态补偿脱贫一批；要加快推进义务教育均衡发展和基本普及十五年教育，大力发展职业教育，完善贫困家庭学生资助体系，阻断贫困代际传递，确保通过发展教育脱贫一批；要不断提高农村低保标准，逐步推进农村扶贫标准和农村低保标准“两线合一”，确保通过社会保障兜底一批。特别强调的是，各级各部门要把易地扶贫搬迁作为“当头炮”来抓，确保2016年取得开门红。要全力推进精准扶贫精准脱贫重大工程。认真贯彻落实中央、省、州扶贫开发大会和全省、全州大扶贫战略行动推进大会精神和“1+10”“1+10+9”等配套文件，做到在脱贫攻坚中找到其他工作的位置，用脱贫攻坚聚焦各项工作，用脱贫攻坚聚集各种资源，用脱贫攻坚聚合各方力量，用脱贫攻坚争取项目资金支持，大力实施基础设施建设扶贫、产业和就业扶贫、生态移民扶贫、党建扶贫等“十大工程”，大力推进乡村旅游、转移就业、电子商务等特色扶贫行动，不断提高脱贫攻坚的针对性和实效性，增强贫困群众的获得感。要创新扶贫体制机制。要加快建立扶贫资金统筹使用机制，推进扶贫资金集中使用、滚动发展、量化到户、收益到人。要建立一批扶贫专业合作社，加快培育农村经营主体、信贷主体，扶持壮大贫困人口参与度高的区域特色产业，实现贫困农户和经营主体“双赢”。要加快建设“大数据+精准管理”的“扶贫云”，积极创新贫困对象识别、扶贫考核评价、扶贫资源整合配置、扶贫项目实施、扶贫工作督查推进等工作机制。要强化责任落实。紧紧围绕“一年有起色、两年见成效、三年大变化、五年打赢攻坚战”工作目标，紧紧扭住“党委主责、政府主抓、干部主帮、基层主推、社会主扶”这五个关键环节，紧紧抓住精准识别建档立卡、易地扶贫搬迁、组建村级合作社、选准主导产业、配强村支两委、配好“第一书记”六项重点工作，强化组织领导，实行挂图作战，层层签订责任书，层层传导压力，举全县之力、集全县之智，坚决打赢脱贫攻坚战，建成科学治贫、精准扶贫、有效脱贫、防止返贫示范县，决不让一个民族、一个乡镇、一个村寨、一个贫困户、一个贫困人口掉队，确保到2020年与全国同步全面建成小康社会。

第二，要千方百计把特色产业做强。对于县域经济来说，产业是稳增长的“顶梁柱”，是我们全部工作的中心和主题。我们要充分利用雷山的特色资源，把优势做得更优，把强项做得更强，把短板尽快补齐，实现富民强县目标。要加快推进传统优势产业转型升级。全力打造文化旅游产业升级版，按照“全县景区化、全域旅游化”的要求，努力把雷山打造成为山地旅游的典范。坚持把西江、郎德、县城作为一个大的旅游区域进行统一规划、统一设计、统筹推进、整体打造、联动开发，加快文化旅游创新区建设。积极稳妥地开展“美丽西江·和谐景区”创建活动，加快推进营上文化旅游产业园区建设，完成休闲度假酒店、综合服务中心、商业街区、文化创意平台街区、剧场、新村等项目建设，加快“智慧景区”建设，确保西江景区成功创建国家AAAAA级景区。要按照“城镇规划、景区规划”双规合一的原则，尽快做好西江景区城镇化、城镇景区化规划，加快西江景区提质扩容升级，全面打造以西江千户苗寨为核心的环雷公山古苗疆文化走廊。加快雷公山景区开发建设，积极申报国家生态旅游示范区，加快陶尧首开区和蚩尤文化园建设，加快推进陶尧—响水岩景交系统、千年古树景点、24千米服务区、乌东景区和响水岩景区建设，规划和打造一批户外康体旅游产品，大力发展徒步、露营、骑行、自驾等旅游业态。加快推进郎德景区整体开发，尽快完成非遗一条街、停车场、郎德上下寨连接线观光车道和步道建设及郎德上寨田园景观打造，确保明年郎德景区整体打造完成并推向旅游市场。按照国家AAAAA级标准加快打造县城，加快县城游客服务中心、陶尧新区、丹江镇示范小城镇、丹江体育森林公园等一批重大项目建设。以民族村寨和传统村落为依托，加快完成全县自驾游线路及自驾游营地规划和建设，因地制宜培育民族村寨或传统村落+农业观光、+森林康养、+手工艺品、+文化体验、+山水风光等各具特色的旅游业态，积极打造上下郎德—乌流—报德—南猛—杨柳—满天星乡村旅游和休闲农业观光旅游区及南部新旅游路线，打造一批特色小镇和风情小镇，促进南部大塘、永乐、达地等乡镇旅游产业发展。全面提升旅游服务水平，加强酒店、导游、地接等配套服务建设，构建高质、高效、完备的旅游服务体系。到2020年把雷山建设成为国内知名、省内一流的民族文化山地旅游目的地，力争旅游业综合收入年均增长25%以上，旅游人次年均增长20%以上，旅游人次突破1000万元。坚定不移地大力发展现代山地特色高效农业，坚持把解决好“三农”问题作为全县工作的重中之重，以“6个10万”工程为抓手，进一步巩固和强化农业基础地位，构建现代农业产业体系和经营体制。要以市场需求为导向，念好“山字经”，种好“摇钱树”，打好特色牌，实现农业“接二连三”。不断加大人、财、物的投入，完成组建银球茶叶集团，充分利用雷山银球茶“贵州绿茶茶王”和国家级出口茶叶质量安全示范区品牌，推动茶叶生产、加工、销售为一体的产业链，举全县之力促进茶产业大提升、大发展。要千方百计发展以黑毛香猪、牛、林下鸡为重点的特色养殖业，促进农民增收致富。加快完善农业生产技术规程，积极推进生产标准化，着力提高无公害农产品、绿色食品、有机认证农产品和地理标志保护农产品比重。积极推进农旅一体化，结合我县传统村落、农耕文化、民族文化等独特资源，加快发展休闲观光农业。积极推进农商一体化，大力发展农村电子商务，让雷山的农产品更多地走出大山，走进市场。加快培育农民合作社、专业大户、家庭农场等新型农业经营主体，培育新型职业农民。要加强农业基础设施建设，全面提升农业生产能力和产品档次，力争打造两个年产值10亿元以上的现代山地高效农业园区，提高特色农业、设施农业、观光农业发展水平，坚持走产出高效、产品安全、资源节约、环境友好的现代农业发展新路，着力把我县建设成为无公害、绿色、有机农业大县。要大力发展特色生态工业补齐发展短板。要坚持把特色工业作为经济发展的重要支撑，从旅游、生态和特色农业中抓出工业来，壮大全县经济总量，推动县域经济发展。要完成《雷山生态工业园区总体规划》编制，整合乌开工业小区和螺丝山生态工业园区资源，建设雷山大健康食药园区，加快以食品、药品、特色农产品、旅游商品加工和山泉水等为重点的特色生态工业发展，加大招商引资力度，打造从生产到加工、包装、储运、销售、服务的产业链条，把雷山大健康食药园区建设成为促进对外开放的大平台、招商引资的大平台、推动发展的增长极。要深入实施工业“百千万”工程，扎实开展“服务企业服务项目”活动，切实为企业和项目搞好服务，加快风力发电、优质山泉水开发、装配式建房、中药饮片厂等生态工业项目建设，切实把特色生态工业培育成为雷山的重要支柱产业。要加快提升现代服务业发展水平。陈敏尔书记强调，“大力发展现代服务业，是我省产业发展的重要战略方向。”要加快推进现代服务业发展，推动金融、现代物流、商贸会展等生产性服务业向专业化延伸，推动家政服务、社区服务、文化体育、休闲娱乐等生活性服务业向精细和高品质转变。要以扩大服务消费为重点带动消费结构升级，加快培育新的消费热点和经济增长点。要加快推动新兴产业发展壮大。陈敏尔书记强调，“大数据产业在我省新兴产业中最具引领性，在国家实施大数据战略中最有条件走前列。”我们要抢抓机遇，加快发展大数据产业，实施“互联网+”行动计划，推进大数据集聚、融通和应用，加快形成大数据产业链，加快“旅游信息云”“电子政务云”“民族文化云”“大健康云”“生态云”等平台建设，发挥好大数据的商业应用价值、民生服务价值和政府管理价值。要积极探索“大数据+现代山地特色高效农业+文化旅游业”融合发展的农村电子商务发展路子，加快推进各项工作，确保尽快实现县、乡（镇）、村电子商务服务中心（站点）全覆盖，积极建设农村电子商务发展示范县，从根本上解决优质农产品“难卖贱卖”和农村常用生活品“买难买贵”问题。要加快发展大健康医药产业，我县中药种类繁多，又是全州苗医药传承人最多的县份，发展大健康医药养生产业具有得天独厚的资源禀赋。要加强对中药材产业的扶持，进一步扩大天麻、青钱柳、淫羊藿等为重点的中药材种植和加工规模，建立雷山苗医苗药研究中心，将中药材的应用渗入医疗、养生、休闲、康体等行业。要抢抓全省大健康产业发展机遇，着力打造养生康体、文化旅游、休闲度假、民族医药等为重点的文化旅游养生健康产业集群，加快形成“医、养、健、管、食、游”齐备的大健康医药产业体系，建设苗乡大健康示范区。要培育壮大市场主体。发展产业归根结底要以企业为主体。要把发展实体经济和培育有核心竞争力的优秀企业作为制定和实施经济政策的出发点，千方百计引进一批平台型企业和大型企业集团，聚集一批中小企业，积极创造条件，鼓励吸引农民工返乡创业，形成大型企业顶天立地、中小微企业铺天盖地、创新型企业勇闯天地的局面。

第三，要千方百计把项目投资做大。“十三五”时期，投资在拉动我县经济社会发展中仍具有关键作用，一点都不能放松，一刻也不能放松。要开拓思路、创新方法，千方百计扩大投资规模，提高投资效益。要进一步优化投资结构。今天的投入就是明天的产出、后天的结构。要围绕“稳增长”抓投资，认真研究十八届五中全会、中央经济工作会、省委十一届六次全会、州委九届六次全会精神和中央、省、州系列政策措施，结合我县优势产业和优势资源实际，谋划、储备和实施一批基础设施、产业发展、民生改善的“顶梁柱”式大项目，进一步加大向上争取支持的力度，形成新的投资支撑力量。要围绕“补短板”抓投资，在扶贫、教育、医疗卫生和基础设施等薄弱领域加大力度、多上项目。要围绕“上水平”抓投资，跟踪把握国家重大战略实施及互联网经济、生态经济等发展新趋势，提高项目建设水平，避免搞重复建设、低水平建设。要进一步拓宽融资渠道。积极推进投融资体制机制创新，推广政府和社会资本合作模式，盘活和统筹使用好国有资产。要加快农商行的改制步伐，尽快做大做强。要实施“引金入雷”工程，动员更多的金融机构来雷山设立分支机构。要继续加强与国开行、农发行等金融部门对接协商，用好金融“源头活水”。要创新落实“特惠贷”操作方式方法，把这项惠民金融政策用足用好。要切实增强防控风险的意识和能力，注重化解政府性债务，守住不发生系统性区域性金融风险的底线。要进一步改善投资环境。要坚持发展为要、民生为本、企业为基、环境为重的基本理念，加快转变政府职能，以政府权力的“减法”换取市场活力的“加法”，以政府的工作效率换取企业的发展效益，营造招商、亲商、爱商的良好氛围，倾力把雷山打造成优质服务的高地、要素聚焦的洼地、投资创业的福地。要加大招商引资力度，继续落实行业招商，坚持一头向上跑，一头往外招，推动投资速度大幅提升、投资总量迅速扩张。

第四，要千方百计把基础设施做优。“十三五”时期，要毫不放松地抓好基础设施建设，持续用力、久久为功，以超前的眼光和扎实的工作，精心谋划和组织实施一批重大工程项目，加快推进城乡公共服务均等化。要加快现代综合交通运输网络建设。要积极争取涪陵—柳州铁路过境设站雷山，尽快启动建设雷山—榕江四格高速公路和雷山至凯里的城市干道，尽快建成环雷公山旅游公路，争取启动雷山旅游机场建设，大力优化雷山区位优势。要全力推进全县农村公路建设三年会战，加快提升县乡公路、通村公路等级，完善防护实施，完善农村公路路网规划建设，积极争取农村公路危桥改造、新建桥梁及“断头路”建设计划，加快通寨（组）公路和产业路建设，切实解决“最后一千米”问题。要加快现代水利工程网络建设。要把加强水利建设放在更加突出的位置，大力实施水利建设大会战，加快骨干水源工程、供水管网工程和民生水利保障工程建设。建成鸡鸠水库，启动排苟水库（中型）项目建设。实施乡镇供水工程建设，建成西江水库、陶尧水库、脚尧水库、柳乌水库、乌王水库，确保乡镇水源供应稳定、供水管道完善，农村安全饮水率达到100%。要加快信息基础设施网络建设。我县要发展好大数据，必须以强有力的信息基础设施为支撑。推进信息基础设施建设大会战，加快骨干网络优化、城乡网络覆盖、农村宽带延伸等重大信息基础设施建设，实施城镇光纤全覆盖、宽带乡村普及工程，大力推进无线网络接入建设，实现4G网络全覆盖，县城、乡镇初步建立5G网络。建设信息网络安全保障体系，推进宽带网络向自然村延伸覆盖，加快广播电视村村通户户响工程建设，强化面向农村的广播电视电信等信息服务，加快构建“速度快、覆盖广、资费低”的信息基础设施体系。加强基层邮政基础设施建设，努力实现邮政服务网点行政村全覆盖。要加快能源基础设施网络建设。加快电网基础设施建设，实施区域电网改造升级工程，加强电力输配网络建设，完成220千伏雷山变输变电工程、西江（营上）110千伏输变电工程和雷山10千伏配网改造等项目建设。加快推进农村电网改造，巩固提升村村通动力电水平，力争实现自然寨寨寨通动力电，满足农村生产生活用电需求。

第五，要千方百计把改革事项做成。“十三五”时期，要按照中央、省、州全面深化改革的决策部署，结合我县实际，运用五大发展理念指导改革，集中推出一批力度大、措施实、接地气的改革方案，在推动五个发展方面出实招、破难题、建机制，为经济社会发展形成更有力的制度保障。要围绕提升治理能力深化改革。深入推进行政管理体制改革，正确处理政府和市场的关系，继续推动简政放权、放管结合、优化服务，实行权力清单、责任清单、负面清单制度，进一步削减行政审批事项，规范行政审批行为，加快政府职能转变和效能提升。继续推进西江景区所有权、管理权、经营权相分离改革试点和西江“区镇合一”体制机制试点。启动乡镇扶贫工作站和社会事务办的整合，完成扶贫线与农村低保线“两线合一”试点。要围绕培育壮大市场主体深化改革。扎实推进国有企业产权制度改革，有序实施国有企业混合所有制改革，完成西江公司的改制并上市。加快完善现代企业制度和法人治理结构。全面推进注册资本登记制度改革、先照后证登记制度改革和“三证一照”改革，降低审批门槛，提高服务效率，推动民营经济创新发展。要围绕做好“三农”和扶贫工作深化改革。认真学习借鉴“资源变股权、资金变股金、农民变股民”的“三变”改革经验，积极稳妥加以推广，千方百计增加农民收入、保障农民合法权益。抓好扶贫专业合作社建设，确保今年内实现扶贫专业合作社贫困村全覆盖。积极推进农村产权制度改革、扶贫开发体制机制改革、规范土地流转机制改革、林权制度改革等，进一步解放和发展农村生产力。继续推进农村小型水利工程产权制度改革试点，积极开展“三地一房”确权抵押试点工作。要围绕加强生态文明建设深化改革。加快建立自然资源资产产权制度、国土空间开发保护制度、空间规划体系，健全资源有偿使用和生态补偿制度，完善生态文明绩效评价考核和责任追究制度，努力推动我县生态文明体制改革走前列、作示范。要围绕加快社会事业发展深化改革。深入推进教育、文化、医疗卫生、食品药品安全监管、社会治安综合治理等领域改革，全面提升社会事业发展水平。积极推进政府面向市场、面向社会购买公共服务改革，鼓励社会组织、中介机构、市场主体进入公共服务领域。

第六，要千方百计把生态建设做美。新常态更要重视抓生态。要像对待生命一样对待生态环境，像保护眼睛一样保护生态环境。要狠抓“护”。实施山水林田生态保护和修复工程，提升自然生态系统稳定性和生态服务功能。要积极倡导勤俭节约、低碳绿色、文明健康的生活方式，让绿色生活成为公众的自觉行为。要狠抓“建”。大力推进绿色贵州建设三年行动计划，狠抓退耕还林，加强天然林保护、封山育林、植树造林等生态工程建设，稳步提高森林覆盖率。以抓交通、水利建设一样的决心抓环保基础设施建设，加强污水、垃圾处理和环境质量监测等环保设施及配套建设，探索创新运营管理方式。积极申报建设雷公山国家公园，争取国家加大生态补偿力度。要狠抓“管”。严格按照主体功能区规划要求，加强生态环境监管，用好森林保护“六个严禁”和环境保护“六个一律”“两把利剑”，强化生态红线保护和环境污染防治“两个问责”，以零容忍态度严厉打击环境违法行为。积极推进全国生态文明示范工程试点县、全省生态文明先行示范区、全州生态文明建设改革试点县建设。积极争取列入国家重点生态功能区，争取中央财政转移支付。要狠抓“产”。要推动生态产业化、产业生态化，大力发展优质生态产品，积极培育茶叶、中药材、林业等生态产业，使之成为生态建设、产业发展和农民收入的增长点。大规模发展特色种植、养殖等各种类型的林下经济。加快发展森林康养产业，积极建设一批各具特色、功能完善的森林康养基地。充分发挥水资源品质优势，引进品牌龙头企业发展水产业。

第七，要千方百计把特色城镇做精。要始终坚持以人的城镇化为核心，努力走一条以人为本、保护环境、生态优良、文化传承、宜居宜游宜业的山地特色新型城镇化道路。要在编制城乡规划上下功夫。按照国家AAAAA级景区标准和“宜居住、宜旅游、宜创业”的县城定位，突出城乡风貌设计与特色建筑元素，精细编制八乡镇总规、乡镇所在地控规、传统村落发展规划、县城综合交通体系规划和重要旅游景区综合防灾规划，以“十三五”市县经济发展规划改革创新试点为契机，全面推进“多规合一”，实现县城建成区修建性详细规划100%覆盖、县城新区控制性详细规划100%覆盖、乡镇政府所在地控制性详细规划100%覆盖、传统村落保护规划编制100%覆盖、所有村的新村建设规划100%覆盖。要在城镇基础设施建设上下功夫。要坚持以产兴城、以城促产、以景靓城、产城一体，完善城镇商业业态，提高城镇要素聚集、产业发展和就业吸纳能力，提高城镇综合承载力，提升城镇品质，做到城市让生活更美好。以县城为龙头，尽快完成陶尧新区建设，加快推进苗疆盛世城市综合体、丹江镇省级示范性小城镇、丹江体育森林公园、棚户区改造等一批重大城镇基础设施项目建设。建成县城南部路网，并延伸至大塘莲花。高标准建设城镇道路、供排水、电力、通信、绿化、照明等基础设施，完善教育、文化、体育、卫生、休闲等公共服务设施，巩固提高全国文明县城，建成全国卫生县城，加强城镇精细化、网格化管理，提高服务管理水平，到2020年县城面积再扩大3平方千米以上，增加人口3万人左右，使县城建成区面积达到6平方千米左右，人口达到6万人左右，把县城培育成产业支撑强、地域文化特色鲜明、人居环境良好的精美小城。以西江为重点，依托西江景区，全面加快西江省级示范小城镇建设。以产业布局为导向，按照

"小而精、小而富、小而美、小而特"的要求，全面完善乡镇政府所在地的水、电、路等基础设施，支持郎德镇、大塘镇打造特色旅游精品小镇，支持望丰乡、永乐镇、达地乡、方祥乡打造特色产业精品小镇。要在美丽乡村建设上下功夫。按照建新村、保老寨的要求，全力推进"四在农家·美丽乡村"六项行动计划，深入实施农村"百村万户"环境综合整治行动，精心打造"亮点工程"，不断改善农村生产、生活、生态环境。城镇道路、供水、生活垃圾处理等基础设施逐步向农村延伸，公共交通、公共服务有序向农村拓展。加大传统村落保护力度，争取启动苗族村落申报世界文化遗产工作，按照"一村一档"要求，加快传统村落"建新村、保老寨"，保持民族村寨和传统村落的完整性、真实性和延续性，让居民望得见山、看得见水、记得住乡愁，使乡村让城市更向往。要在推动城乡发展一体化上下功夫。建立健全城乡发展一体化体制机制，推进城乡基本公共服务均等化、基础设施联通化、居民收入均衡化、要素配置合理化、产业发展融合化，促进新农村建设与城镇建设各美其美、美美与共。要有序推进农业转移人口市民化和就近城镇化，稳步提高户籍人口城镇化率。

第八，要千方百计把平台支撑做牢。要坚持"内容为王"，集中资源和力量打造几个重大平台，让"金篮子"装更多"金鸡蛋"。要千方百计申报并打造国家公园试点县。国家公园是一种科学处理生态环境保护与资源开发利用关系的保护管理模式。十八届五中全会明确提出，加快建设主体功能区，整合设立一批国家公园。省委十一届六次全会提出，要积极申报创建国家公园。近年来，我们始终坚持"生态立县"战略，大力实施生态建设，努力实现经济发展和环境保护的双赢，并成为全省范围内唯一一个同时荣获国家级、省级、州级三级生态文明建设试点的县。"十三五"期间，我们要充分发挥良好的生态资源优势，千方百计申报并打造国家公园试点县，高起点高标准把雷山建设成为区域竞争能力、经济增长能力、产业拉动能力、民生保障能力、城乡载体功能更强的"国家公园县"。要千方百计打造有机农产品大县。发展有机农产品，是促进农产品生产区域化布局、标准化管理、产业化经营、市场化发展的重要手段，也是实现农业比较优势和提高农业综合竞争力的重要途径。雷山山青天蓝水清地洁，在绿色发展方面，我们具有一定优势，要以生态茶园示范园区、休闲农业和乡村旅游示范园区、生态农业循环经济示范园区三个省级农业园区及乡镇农业产业园区为主平台，以雷山被列为国家创建有机产品认证示范区为契机，加大农产品有机认证力度，把生态、绿色、有机理念融入茶、畜、果、药、菜生产全过程，构建有机特色农业产业体系，建设有机农产品认证大县，促进农业生产方式转变，增加农民收入。要千方百计打造民族文化山地旅游大县。要紧紧抓住民族文化和良好生态这两个优势，以开发民族文化资源和山地旅游资源为重点，走以自然生态为基础，以民俗风情、民族特色旅游为主的山地文化旅游发展路子。坚持"保护优先、开发与保护并重"原则，通过健全保护机制、申报非物质文化遗产等方式，加强民族文化保护、传承与开发，丰富提升生态和人文内涵，把雷山苗年打造成为全国知名的传统节庆。积极开发山地观光、山地度假、山地风情、山地文化等特色产品，真正走好山路，唱好山歌，把雷山打造成为国内一流的山地文化旅游目的地。要千方百计打造运动康体养生大县。依托独一无二、不可复制的生态优势和养生资源，积极打造环雷公山苗族文化旅游健康养生圈，加快推动康体养生、互动体验、山地运动、休闲度假功能布局，积极发展森林生态度假型、农业休闲观光型、民族村落体验型、温泉水疗保健型等养生养老业态。充分利用苗医药优势，积极推广苗族医疗、养生、保健服务，促进苗族特色医疗康复保健服务业健康发展。加强山地户外运动基地规划建设，加快发展山地自行车、野外探险、徒步穿越、攀岩、骑行等新兴健康运动业态，打造一批有影响力的专业赛事。要千方百计打造特色村镇大县。随着新技术、新业态的不断兴起，国内发达地区在打造产业聚集区上已经发生了新的变化，正在从原来的依托城镇集中布局向特色小镇转变，依托特色小镇的良好生态环境和文化魅力来吸引各类人才，聚集各类要素，培育特色产业小镇。我县生态环境良好，民族村寨和传统村落富集，在这方面可以大有作为。我们要充分利用特色村镇，把宜居、旅游、文化、创意、创新、创业结合起来，积极争取传统村落峰会永久性会址落户雷山，加快建设一批产业特而专、形态小而美、功能聚而拢、机制新而活的特色村镇和产业社区，形成吸引投资、人才聚集和产业发展的新平台。

第九，要千方百计把民生工程做深。抓民生也是抓发展，可以增加社会消费预期，有利于扩大内需。“十三五”时期，要坚持把发展社会事业作为补短板的重点领域和惠民生的重大抓手，不断提高人民生活水平和质量。要深入实施教育提升工程。深入实施教育“9+3”计划和“4+2”突破工程，“十三五”期间，在县城新建2所中学、2所小学、2所公办幼儿园，实现中心村和人口较多的行政村公立幼儿园全覆盖。进一步优化教育资源布局，坚定不移地推进中小学校点布局调整，确保实现“中学集中到县城、寄宿制小学集中到乡镇、小学低年级和幼儿园建到中心村及人口较多的行政村”的目标，逐步实现城乡教育均衡发展。要深入实施就业创业促进工程。积极推进全民创业行动计划，做好重点人群就业、农村劳动力转移就业等工作，大力营造大众创业、万众创新的良好氛围。要用好国家支持农民工等人员返乡创业的政策，营造良好环境，让农民工在家乡创业就业。要满腔热情支持和吸引更多人才来我县创业，打造人才高地。要深入实施健康雷山建设工程。像这些年抓教育一样下更大决心抓好医疗卫生事业，聚焦解决缺资源、缺人才、缺活力、缺资金等突出问题，深化医药卫生体制改革，千方百计增加医疗卫生资源供给，加强医疗卫生人才队伍建设，完成县中医院建设，加快乡镇卫生院、村卫生室标准化建设，满足群众就近就医需求。积极发展体育事业和体育产业，以全民健康助推全面小康。要深入实施文化兴县工程。民族文化是我县的宝贵财富，“十三五”时期要打好文化牌，更加注重保护和传承传统优秀民族文化，加大民族村寨和传统村落等物质文化遗产保护力度，加强民间工艺品等非物质文化遗产保护，努力使之能够传承下去、传播开来。要加快推进面向群众的公共文化服务设施建设，大力发展文化产业，突出山水风光、民族风情、特色风物，推进文化与旅游深度融合，培育新型文化业态。要深入实施社会保障兜底工程。格外关注低收入人群、失业人员、残障人士等群体的基本生活，织牢保障基本民生的安全网。要全面加强对留守儿童、留守妇女、留守老人的关爱服务，建立政府、社会、家庭“三位一体”的关爱服务救助保护体系，让儿童能够健康快乐成长，让妇女能够安心就业生活，让老人能够愉快安享晚年。要扩大养老、失业、医疗等保险覆盖面，巩固新型农村合作医疗参合率，实行新农合、大病医保、医疗救助一站式服务。大力实施“全民参保”计划，积极推行新型农村社会养老保险制度，提高农村人口的社会保障水平。要深入实施城乡危旧房改造工程。住房问题既是民生问题也是发展问题。要加强城镇老旧住房隐患排查排除，统筹推进城镇保障房、易地扶贫搬迁房建设和农村危房改造，努力让人民群众住有所居、住得安全。要结合新区建设和旧城改造，结合“四在农家·美丽乡村”建设，深入推进“城中村”、城乡接合部，以及乡镇和村庄等环境整治，让城乡环境天蓝、地绿、水清，让百姓生活安居、乐业、幸福，使城镇让生活更美好，乡村让城镇更向往。

四、强化党的领导，为顺利完成“十三五”时期各项目标任务提供坚强保障

办好雷山的事情，顺利完成“十三五”时期目标任务，关键在党，关键在人。各级党组织要强化党的领导和依法治县两大保障，提高党领导经济社会发展能力，为经济社会发展定好向、掌好舵、护好航。

第一，要建设好风清气正的政治生态。政治生态的好坏对一个地方发展至关重要。各级党组织主要负责同志要带着责任、带着感情抓班子、带队伍，把风清气正的政治生态建设好。要坚定不移地建好管好干部队伍。坚持正确的用人导向，认真贯彻执行《党政领导干部选拔任用工作条例》和《干部能上能下若干规定》，结合县、乡、村换届，把好干部选出来。要在工作中发现、识别、培养、使用干部，坚持人岗相适，突出“一把手”的使用，选拔锻炼一批年轻干部、女干部、少数民族干部和党外干部，把好干部用出来。坚持从严管理，探索建立目标管理、岗位责任、激励保障、约束惩戒“四位一体”机制，常态化开展干部约谈，进一步突出抓好干部监督管理工作，持续不断改进干部作风，狠刹不作为、慢作为不正之风，提高机关办事效能，把好干部管出来。坚持以上率下，一级抓一级，把好干部带出来。要深化干部人事制度改革，推动干部能上能下，让那些想干事、肯干事、能干成事的干部有更好用武之地。要坚定不移地提振干事创业的精气神。倍加珍惜加快发展的好势头，倍加珍惜团结和谐的好局面，倍加珍惜干事创业的好状态，在全县上下进一步形成让干事的人有平台的用人导向，更加旗帜鲜明地保护改革者、鼓励创新者、支持干事者、宽容失误者、查处腐败者，进一步点燃全县上下干事创业的激情，凝聚起守底线、走新路、奔小康的强大正能量。要坚定不移地把纪律规矩挺在前面。坚持在党言党、在党忧党、在党为党，把严守政治纪律和政治规矩放在首要位置，自觉在思想上政治上行动上同以习近平同志为总书记的党中央保持高度一致，对党中央和上级党组织提倡的坚决响应，对党中央和上级党组织决定的坚决执行，对党中央和上级党组织禁止的坚决杜绝，维护中央、省委、州委、县委权威，确保政令畅通、令行禁止。要牢固树立“理想信念高于天，纪律规矩是底线”的意识，坚持纪法分开、纪在法前、纪严于法，严格执行《廉洁自律准则》和《党纪处分条例》，既要奔向高标准，坚定理想信念，以人格力量凝聚党心民心；又要守住底线，决不越雷池一步。要坚定不移地抓好党风廉政建设。各级党委（党组）、纪检机关要认真履行主体责任和监督责任，层层传导责任压力。要始终保持惩治腐败的高压态势，坚持“老虎”“苍蝇”一起打，以零容忍态度惩治腐败，不定指标、上不封顶，有腐必反、有贪必肃，发现一起查处一起，发现多少查处多少，以案件的查处对腐败分子形成震慑。要持之以恒反对“四风”，加大执纪审查力度，加强民生监督，深化“铸廉行动”，强化专项整治，切实解决干部身上的不正之风和群众身边的腐败问题，减少腐败存量，遏制腐败增量。要坚持以法治思维和法治方式反对腐败，紧紧围绕管权管人管事等重点领域和关键环节，加强体制机制创新，强化对权力运行的制约和监督，把权力关进制度的笼子里，真正形成不敢腐、不能腐、不想腐的长效机制。

第二，要发挥好党组织的领导核心作用。坚持总揽全局、协调各方，确保党始终成为引领发展的坚强领导核心。要进一步提升党委领导经济社会发展的能力。要支持人大、政府、政协依法依章开展工作。要健全完善财经、深改、扶贫等领导小组工作机制，建立健全经济形势定期分析调度制度，强化党委领导经济社会发展工作的制度化建设。要自觉用马克思主义中国化的最新成果武装头脑、锤炼党性、指导实践、推动工作，让党员干部成为既熟悉实际发展情况，又具有理论素养、政策水平的行家里手。要深入剖析发展面临的形势要求和群众的需求期盼，加强对发展的系统思考和谋划，协调推进稳增长、转方式、防风险、惠民生、促稳定各项工作。要始终把创新作为发展的根本动力，主动研究新事物、形成新思路、解决新难题，不断开创各项工作新局面。要更加注重抓基层打基础。全面落实基层党建责任制，深入推进同步小康驻村和选任“第一书记”工作，以乡镇管理为主，全面加强驻村干部和“第一书记”的管理，坚持精准选派、真蹲实驻，做到全覆盖、常年在、实在干。要把第一书记作为培养、发现、使用干部的一个重要平台，对工作用心、用情、用力，工作成效明显的第一书记要提拔使用一批。扎实抓好软弱涣散基层党组织整顿工作，配优配强农村党组织班子，以打造村级集体经济发展试点县为契机，着力解决集体经济“空壳”村，确保实现每年新增20个以上村级组织集体经济零的突破，到2020年前全面消除村集体经济“空壳”村。统筹抓好乡镇党委书记、村党组织书记和农村致富带头人

“三支队伍”建设，加大教育和实践锻炼力度，提升基层干部素质能力。进一步加强和改进机关党建工作，不断提高机关党建工作科学化水平。要满腔热情地支持基层干部工作，更加理解基层、体谅基层、关爱基层，帮助基层干部提高发展经济能力、改革创新能力、依法办事能力、化解矛盾能力、带领群众能力，为基层工作创造良好条件。要紧紧围绕发展聚才用才。坚持党管人才原则，打造平台载体，创新体制机制，改进评价方式，优化服务体系，让各类人才能够安心安身安业。要充分利用雷山政策、环境优势，紧扣发展需要，育管用之才，聚急用之才，让雷山成为优秀人才向往之地、集聚之地、创业之地。在抓好各类人才队伍建设的同时，着力抓实面向旅游、文化、山地农业、特色工业、特色服务业、特色城镇建设、金融、医疗卫生和大数据、电子商务等新产业、新业态的人才队伍建设，培养一大批务实管用的专业人才。要汇聚各方面智慧力量推动发展。巩固和发展最广泛的爱国统一战线，充分调动各级人大代表、政协委员、工商联、无党派人士和群团组织推动经济社会发展的积极性主动性创造性，找到最大公约数。广泛汇聚关心支持雷山的社会各界力量，形成全县一盘棋、上下一条心、拧成一股绳的强大合力。

第三，要提升好各级干部的素质能力。时刻牢记忠诚、干净、担当，与时俱进地提高干部素质能力，真正做到靠本事吃饭、靠作风吃饭，拿实绩说话、拿事实说话。要更加自觉地践行“三严三实”。巩固提升“三严三实”专题教育和“我是党员”教育活动成果，引导各级党员干部时时铭记、事事坚持、处处上心，凡是有利于党和人民事业的，就坚决干、加油干、一刻不停歇地干，凡是不利于党和人民事业的，就坚决改、彻底改、一刻不耽误地改。要更加注重立根固本，更加注重落细落小，更加注重改造提高，更加注重接受监督，把从严从实修身、用权、律己和谋事、创业、做人贯穿工作生活方方面面。要增强推进经济社会发展的能力。全县各级领导干部要加强学习积累，加强调研思考，加强实践历练，善于运用战略思维、辩证思维和创新思维谋划经济社会发展，增强把握和运用市场经济规律、社会发展规律、自然规律的能力，说管用的话，做管用的事，努力成为领导经济社会发展的行家里手。要进一步优化各级领导班子知识结构和专业结构，大力培养选拔一批讲政治、懂专业、会治理、善改革、敢担当的领导干部，提高领导经济社会发展的专业化水平。要增强推动工作落实的执行力。要把全面小康作为统揽全局工作的指挥棒和总抓手，抓紧健全完善工作考核机制，严格工作考核，严格监督管理。要将守底线、走新路、奔小康工作考核纳入机关效能建设和目标考核内容，强化考核结果运用，将考核结果作为干部选拔任用的重要依据。要加强各项工作任务的分解落实，并完善跟踪督查机制，加强督促检查，及时精准地把中央和省委、州委、县委的决策部署项目化、事项化、工程化落实，把工作抓得更加得法得效。

第四，要推进好法治雷山建设。良好的法治环境是我县发展重要基础。要扎扎实实地把法治建设各项任务落到实处，努力推动法治雷山建设迈上新台阶。要紧紧抓住领导干部这个“关键少数”。全县各级领导干部要强化法治意识，带头尊法学法守法用法，不断提高依法深化改革、推动发展、化解矛盾、维护稳定的能力。要积极推进依法行政。加强法治政府建设，坚持“法定职责必须为、法无授权不可为”，自觉按公布的权力清单、责任清单、负面清单办事。严格规范公正文明执法，全面落实行政执法责任制，坚决依法惩处行政执法中的不作为、乱作为及失职渎职行为。要有效维护司法公正。大力构建阳光司法机制，健全依法独立公正行使审判权和检察权的制度。强化司法活动的监督，决不允许办关系案、人情案、金钱案，让人民群众在每个司法案件中感受到公平正义。要深入实施“七五”普法，加强法律宣传、法律服务和法学研究，为推进法治雷山建设营造良好的社会氛围。要强化司法活动中的人文关怀，既讲法律，又讲人性；既讲法律效果，又讲社会效果；既讲合法性，又讲合理性；既讲惩处，又讲保护，在司法活动中关心人，不整人。

第五，要维护好和谐稳定局面。没有稳定的社会环境，发展就无从谈起。要坚持系统治理、依法治理、综合治理、源头治理，运用大数据等现代信息手段创新社会治理，坚决防范重大敏感事件、重大群体性事件、重大公共安全事故、重大刑事案件和重大网络舆情事件发生。要切实做好信访维稳工作。聚焦重要节点、敏感问题和关键环节，全力抓好社会面管控、风险预警、应急处置等各项工作。要以群众工作统揽信访工作，持续推动领导干部带头接访下访包案督访，推进阳光信访、责任信访、法治信访。要切实维护公共安全。牢固树立安全发展观念，深入推进平安雷山建设，加强山体滑坡等地质灾害、道路交通、农村消防、景区景点、公共场所等重点领域安全监管，实现安全生产形势持续向好。要加快建设社会治安立体防控体系，做到人防、技防、物防联动，不断加大违法犯罪打击力度和治安突出问题专项整治力度，深化基层平安创建，巩固提升人民群众的安全感和满意度。加强禁毒工作，巩固提升“无毒害县”创建成果，坚决打赢禁毒人民战争。要切实加强舆论宣传引导。坚持团结稳定鼓劲，加强正面宣传，谋划和安排好系列重大宣传，进一步讲好雷山故事，传播雷山好声音，凝聚雷山正能量。特别是各级领导干部要重视党报党刊等主流媒体，及时了解党的声音。要善用媒体、善管媒体，加强各类宣传思想文化阵地建设和管理，牢牢掌握意识形态工作主动权。要建立健全管理有效的责任落实机制和舆情处置机制，第一时间关注、第一时间反应、第一时间处理、第一时间发声，防止小事拖大、大事拖炸，为我县改革发展稳定营造良好氛围。

同志们，“十三五”是大有可为的五年，时代赋予光荣使命，奋斗成就崭新事业。让我们紧密团结在以习近平同志为总书记的党中央周围，坚持团结奋斗、艰苦奋斗、长期奋斗、不懈奋斗，鼓起劲来抓发展，弯下腰来拔穷根，携起手来奔小康，为全面完成“十三五”规划目标任务、实现经济社会发展历史性新跨越而努力奋斗！

雷山县人民代表大会常务委员会工作报告

——在第十六届人民代表大会第五次会议上

（2016 年 1 月 20 日）

县人民代表大会常务委员会主任　刘光信

各位代表：

现在，我受县人大常委会委托，向大会报告工作，请予审议。

2015 年主要工作

过去的一年，县人大常委会在中共雷山县委的领导下，认真贯彻落实党的十八大和十八届三中、四中、五中全会精神和习近平总书记系列重要讲话精神，依法履行宪法和法律赋予的职责，履行法律监督，加强工作监督，发挥代表作用，为促进雷山经济社会发展做了力所能及的工作。

一、立足监督本职，开展监督

2015 年共召开人民代表大会会议 1 次、常委会会议 10 次、主任会议 8 次；开展视察调研 16 次、执法检查 4 次、专题询问 2 次；对 4 个政府工作部门进行工作评议；听取和审议“一府两院”的专项工作报告 15 项。

（一）加强对宪法和法律法规实施贯彻情况的监督。一是强化财预算和执行情况的监督。听取和审议了县人民政府关于 2015 年上半年财政预算执行情况、2015 年上半年国民经济和社会发展计划执行情况的报告。保障了新《中华人民共和国预算法》对预算编制、审查、执行等的贯彻，强化了《中华人民共和国预算法》的约束力，推动了县人民政府向宽度发力，理财向深度作为，征管做到应收尽收，确保资金用在助推经济发展和民生事业的刀刃上。二是加强对行政执法的监督。针对我县国土资源管理、城乡规划管理、野生动物植物保护等存在的执法不够严密、监管不够有力的问题。先后开展了《中华人民共和国土地管理法》《中华人民共和国城乡规划法》《中华人民共和国野生植物保护条例》《中华人民共和国野生动物保护法》执法检查工作，向县政府提出了意见、建议和批评 21 项。有些突出问题得到有效解决，有些正在采取措施解决，有些我们将继续督促落实解决。三是加强对司法的监督。围绕公平正义开展了深入细致的调查研究，重点审议刑事审判工作和民事行政检察工作，听取了两院的报告。从审议的情况看，“两院”通过案件的审判和检察监督维护了公平正义，“两院”的工作人民群众是满意的，同时也体现了人大对司法监督的权威。此外，我们在全州率先执行向宪法的宣誓制度，有 5 批 17 人任前向宪法宣誓，彰显了敬畏宪法和法律的法治精神。

（二）加强对经济发展的监督。一是围绕经济发展中心工作开展监督。紧盯项目建设、统筹城乡发展、改善民生等重点工作展开监督，使监督重点更加突出。先后对凯雷高速公路、村村通油（水泥）路、鸡鸠水库、西江园区、郎德景区、蚩尤大道建设及城乡规划等进行专题调研，召开主任会议及其常委会会议研究，提出了意见、建议和批评，其中蚩尤大道和城乡规划建设得到县委的重视，黄清发书记作了批示。县人民政府强化了工作调度，加大资金调度力度，对项目推进产生了监督的效果。现在，高速公路已通车，通村油路效果好，西江园区、郎德景区、蚩尤大道和鸡鸠水库进展较快，群众较为满意。二是围绕产业结构调整开展监督。重点对茶叶产业发展、中药材产业和文化产业发展开展了监督工作。对龙头企业的扶持、茶叶品牌建设、质量监管等问题提出了审议意见；对中药材发展提出要科学定位，制定中药材产业发展规划，形成中药材产业链等意见；对文化产业发展提出了文化资源整理、突出特色、包装项目、建立文化产业资金等意见并形成决议。县政府目前正采取积极措施对我们提出的意见、建议、决议意见进行整改。

（三）加强对社会发展的监督。结合2015年社会发展的重点，围绕扶贫攻坚、教育、卫生等事业深入调研，召开了常委会、主任会议和询问，提出了15项意见、建议和批评。在扶贫工作方面，提出扶贫生态移民和产业扶贫上要找到切入点，善于创新探索雷公山区扶贫工作的新方式，高效决策解决扶贫工作中遇到的问题与困难，项目不能存在有钱用不好、用不出去的现状的意见；在教育卫生工作方面，提出了教育和卫生工作要求继续抓好基础设施建设和资源的整合，加强人才的引进和培养，对教师的工资和福利待遇不能低于公务员的待遇等的意见。较好地为“十三五”规划提供了设计的参考。

二、民主政治建设

（一）创新依法监督方式。注重执政意识、大局意识和发展意识，依法对事关经济社会发展工作全局的事项开展监督，对县人民政府《关于“四在农家·美丽乡村”基础设施建设六项行动计划项目融资的议案》等议案做出决议，审批了2.964亿元的银行融资，支持了美丽乡村、旅游产业发展和教育事业发展。依法行使人事任免权，一年来，任命国家机关工作人员17人，免去国家机关工作人员9人，补选县人大代表3名，接受常委会组成人员辞去职务2人，县代表辞职1人。依法开展工作评议，对公安局等4个政府部门开展了工作评议，评议让部门主要领导增强了工作责任感和紧迫感。

（二）激发代表履职活力。一是组织21名省、州人大代表对我县乡村旅游发展和农业结构调整等工作进行视察；人大代表列席常委会会议形成制度；开展代表培训96人次；通过定制《人大论坛》杂志、手机报、人大信息等向代表通报人大工作信息，保证代表的知情知政权；组织基层代表和发展产业的代表参与十三五规划（草案）的讨论，让代表议政有平台。二是发挥代表示范带头作用。代表风采不断展现，有的成为致富带头人，有的是产业发展的领军人，有的是为基层人民服务的贴心人。王增世、刘志奎、王焕文、吴江、张有凡等就是代表的典型。三是抓好代表意见建议的督办。县十六届人大四次会议以来，收到代表意见建议共118件。经努力，代表意见建议已全部答复，已经解决30件，占25.4%；正在解决61件，占51.7%；不能解决的23件，占19.5%（因政策限制4件，占3.4%）。通过办理代表意见建议，解决了人民群众普遍关心的热点、难点问题，密切了人政府与人民的关系。

三、强化自身建设

（一）切实加强思想作风建设。认真开展了“三严三实”专题教育活动，围绕“严以修身、严以用权、严以律己”开展专题学习和讨论，带头上党课，把“三严三实”专题教育做实、做长久。我们在人大建立爱心账户，在北京、浙江、江苏、深圳等地网罗爱心人士，人大机关干部积极融入，支持学校4个，学生200余人资金200余万元。人大机关深入联系贫困群众，联系基层代表，联系基层，了解民情民意，协调解决实际问题，共协调工作162项。在“5·27”“6·08”等4次特大洪灾面前，县人大常委会班子成员临危不惧，深入一线了解、指导抗洪救灾和灾后重建工作，为全县取得抗洪抢险全面胜利做了应尽的工作。围绕全县大局，对重点项目、产业发展、矛盾的化解身体力行，始终与县委、县政府、县政协共同担起责任。

（二）切实加强乡镇人大建设。支持乡镇人大工作确保乡镇人大与县人大常委会的工作衔接。县人大常委会领导联系乡镇人大工作形成制度，经常了解乡镇人大工作开展情况，督促乡镇人大组织代表开展活动。有计划地选派乡镇人大干部外出参加培训学习，进一步提高依法履职的能力。将各乡镇人大代表活动经费列入县财政预算，为基层代表活动的开展提供保障。

各位代表，县人大常委会一年来的工作成绩，是县委坚强领导的结果，是县人大常委会组成人员和各位代表共同努力的结果，也是“一府两院”积极配合和人民政协支持的结果，归根到底还是广大人民群众的智慧和创造。在此，我谨代表县人大常委会，向各位代表和关心支持人大工作的同志们表示衷心的感谢！

回顾过去的一年，我们也清醒地认识到，县人大常委会的工作与党的要求和人民群众的期待还有差距，表现在：监督的力度还不够，工作的创新还不足，为各位代表服务还有差距，人民群众的诉求期盼通过人大常委会协调解决还需努力，人大代表作用发挥的途径有待进一步探索。对此，县人大常委会将采取有效措施，在今后的工作中努力加以改进。

2016 年主要工作任务

各位代表，2016 年县人大常委会工作的总体要求是：全面贯彻落实党的十八大和十八届三中、四中、五中全会精神，认真贯彻省委十一届六次全会、州委九届六次全会、县委十二届六次全会精神，按照“四个全面”的战略布局，以创新、协调、绿色、开放、共享统领人大各项工作。坚持“生态立县、文化兴县、旅游强县”战略，认真履行法定职责，恪尽监督职责，为全面推进依法治县，为“十三五”时期全县经济社会发展历史性跨越奠定良好基础。

一、努力探索更加有效的法律监督

1. 围绕新《中华人民共和国预算法》开展对财政收支、基金、融资及债务开展监督。重点对保障发展、保障民生支出监督，督促人民政府稳步推进预算公开。听取和审议县人民政府 2016 年计划、预算报告以及 2015 年决算报告和审查批准 2015 年财政决算，强化预算支出约束和预算执行的监督。促进财政资金用在发展的关键点上和民生的刀刃上。2. 围绕民主法制建设开展监督，让宪法精神和依法治县植根在全县的方方面面。重点对人民检察院在反腐败和预防职务犯罪的专项审议；对县人民法院在职务犯罪审判和执行工作专项审议。《中华人民共和国义务教育法》《中华人民共和国城乡规划法》的执行情况进行询问；就城乡建设与规划和古村落建设管理中执行《中华人民共和国土地管理法》和《中华人民共和国城市规划法》的情况专项检查，促进行政执法水平，力求在有效治理城镇建设中的无序和加强古村落的保护与开发取得监督的实效。3. 坚持任后向宪法宣誓的制度，从 2016 年起，人民代表大会选举产生的和人大常委会任命的行政和司法机关的人员都要在宪法日集中到人大常委会向宪法宣誓。

二、努力在经济和社会发展工作监督中作为

发展仍然是第一要务，发展才是脱贫攻坚的根本，发展才能实现雷山人民幸福生活的中国梦。因此，我们将从经济和社会发展中找准监督的着力点。1. 围绕脱贫攻坚抓监督。对推进“1+10”“1+10+9”大扶贫进行调研和检查。2. 围绕城镇基础设施建设抓监督。以城镇建设为重点的基础设施建设开展调查研究和监督检查，将对陶尧园区规划与建设、雷公山景区建设、大塘新桥美丽乡村建设专题听取报告并作决议。3. 围绕交通建设抓监督。“四格”高速公路和通村公路安全防护项目为重点，开展专项调研并在省州人大会中作意见和建议，力争在“十三五”中得到优先建设。4. 围绕教育卫生抓监督。继续关注教育和卫生事业，专项检查思源中学、县城第三小学的建设和一所幼儿园的建设。

三、继续深化民主政治建设和自身建设

在中共雷山县的领导下，认真贯彻中共中央、省委《关于人大工作和建设的若干意见》，贯彻好新修改后的《各级人民代表大会常务委员会监督法》和《各级人民代表大会常务委员会地

方组织法》。1. 加强评议工作。将对人民政府副县长、人民法院院长副院长、人民检察院检察长副检察长、部分政府部门及部分省州驻县单位开展工作评议，为不断改进作风，提高工作效率和服务质量发挥监督效应，亦为换届营造良好的工作氛围。2. 加大代表建议意见办理督查力度。督促政府及其政府工作部门对代表的建议的办理，使全局性、有影响与群众利益紧密相关的建议得到有效落实，让群众满意，让政府有威信，为换届营造好的民意基础。3. 继续加强人大代表工作。让代表在 2016 年中作用得到更好发挥，以卓有成效的工作为下届代表做表率。4. 继续加强支持乡镇人大开展工作。加强教育培训，为乡镇换届做好准备。5. 坚持党管人才的原则。依法规范任免程序，维护和实现好组织意图，严格把好任前、任中、任后的监督，保证换届风清气正。6. 加强作风建设，践行“三严三实”。认真学习党的理论、党规党纪、法律法规，坚持不懈地纠正“四风”，深入推进“为官不为”“为政不廉”整治，树立敢于担当的精神开展人大工作。坚持党风廉政建设和“一岗双责”责任制，严格执行中央“八项规定”，落实《廉洁自律准则》和《纪律处分条例》，认真践行“三严三实”，努力营造人大机关干部清正、工作廉洁、政治清明的良好政治生态。

各位代表！回顾过去的一年，我们取得了不凡的成绩，展望未来，我们充满信心地迎接挑战。让我们在中共雷山县委的领导下，凝聚全县人民的力量，万众一心，锐意进取，为伟大的中国梦建设美丽雷山新篇章而努力奋斗。

政府工作报告

——在雷山县第十六届人民代表大会第五次会议上

（2016 年 1 月 19 日）

县人民政府县长　袁刚

“十二五”时期工作回顾

五年来，在县委的坚强领导下，在县人大、县政协的监督和大力支持下，我们坚持以邓小平理论、“三个代表”重要思想、科学发展观及党的十八大精神为指导，团结带领全县各族人民，牢牢守住发展和生态两条底线，统筹做好稳增长、促改革、调结构、惠民生、防风险等各项工作，主动适应新常态，经济提质增效稳中有进，社会和谐安定全面进步，城乡统筹发展日新月异，破解瓶颈制约凸显成效，较好地完成了“十二五”规划预期目标，开创了全县经济社会发展新局面。

—“十二五”时期，是我县综合实力提升最快的时期。地区生产总值从 9.02 亿元增加到 23.53 亿元，年均增长 15.7%，比“十一五”加快 2.4 个百分点；财政收入突破 3 亿元，年均增长 27.2%；一般公共预算收入从 0.55 亿元增加到 2.18 亿元，年均增长 31.7%，比“十一五”加快 6.2 个百分点；财政支出达 17.3 亿元，比“十一五”期末的 6.47 亿元增加了 10.85 亿元，增长了 2.7 倍；全社会固定资产投资累计突破 100 亿元大关，年均增长 41.1%，比“十一五”加快 2.8 个百分点。城镇居民人均可支配收入 22584 元，年均增长 10.8%，农村居民人均可支配收入 6840 元，年均增长 17.1%。

—“十二五”时期，是我县基础设施变化最大的时期。交通水利建设取得新突破，道路交通建设累计投入 32.54 亿元，年均增长 124.5%，凯雷高速公路建成通车，蚩尤大道基本建成，完成 308 省道永乐至大塘改造 30 千米，完成通村油（水泥）路建设 666.8 千米，基本实现村村通油（水泥）路目标。完成西江干荣至麻料、郎德至望丰等环线公路建设，全县公路总里程达 1262 千米，“一横二纵十联线”“乡村公路九环线”公路骨架网络基本形成。水利建设累计投入 4.68 亿元，年均增长 84.5%。建成高标准基本农田 5.2 万亩。完成公统水库、九十九水库等四座小型水库除险加固工程，鸡鸠水库等骨干水源工程建设顺利推进，新增有效灌溉面积 3.52 万亩，完成农村安全饮水工程 86 处，解决了 6.7 万人安全饮水问题。全县水利工程供水能力从 5900 万立方米提高到 6400 万立方米。电力、通信等基础设施扎实推进。城镇建设管理凸显新面貌，完成《县城总体规划》《丹江镇红屯堡片区移民安置修建性详细规划》等重点区域规划编制，实施丹江和西江省级示范小城镇、苗疆盛世城市综合体、红屯堡安置区、陶尧新区、县城生活垃圾填埋场等一批城镇基础设施项目，县城建成区面积扩大到 3.5 平方千米。常住人口城镇化率由 23.4%提高到 35.2%，年均提高 2.4 个百分点。城市人均拥有道路面积从 9.5 平方米增加到 14.94 平方米。雷山获得“全国文明县城”荣誉称号，“多彩贵州文明行动”考核连续名列全省二类县市第一名。农村生产生活条件变化巨大，累计投入 4.18 亿元，实施“四在农家·美丽乡村”六项行动计划，完成脚尧、也改、格头等 18 个新农村和小康村示范点建设。实施“一事一议”项目838个，实现行政村全覆盖。完成乌秀、下郎德等15个村庄环境整治。完成154个村级农家书屋、4个乡镇体育场、76个村级农民体育健身工程建设。行政村、旅游景点移动信号、广播电视“村村通”基本实现全覆盖。城乡居民用电实现同网同价。

—“十二五”时期，是我县发展内生活力最足的时期。我们实施重点领域和关键环节各项改革。推进“个改企”“营改增”和商事制度“三证合一”改革。完成政府机构、机关事业单位工资制度改革。农村产权制度改革有序推进，雷山被列为“全国小型水利工程体制改革示范县”。完成桃江、大塘撤乡建镇和丹江镇乡镇行政管理体制改革试点工作。西江“区镇合一”改革列为全省首批改革工作示范点。完成县国资公司等国有企业重组。积极搭建投融资平台，19.79亿元融资项目资金获得批复。招商引资累计引进资金136.8亿元。完成省、州农村金融信用示范县创建工作，启动全国小额信贷扶贫示范县创建。金融机构存款余额从11.64亿元增加到33.86亿元，年均增长23.8%，贷款余额从8.89亿元增加到21.68亿元，年均增长19.5%。

—“十二五”时期，是我县生态环境建设最好的时期。我们坚持守住绿色生态发展底线，成功入选全国首批生态文明示范工程试点县、全国生态保护和建设示范区、全省生态文明先行示范区、贵州省自然资源资产责任审计试点县，积极争取列入国家重点生态功能区；累计投入7588万元，实施林业产业种植和中低产林改造等林业生态工程3.3万亩，完成封山育林、退耕还林8.4万亩，森林覆盖率达68.49%，高于全州5.52个百分点；启动“生产、生活、生态”空间布局试点改革；扎实推进生态村镇创建，获得国家级优美乡镇、生态村4个，省级生态乡镇、生态村7个；以“治水、治气、治渣”为重点，编制完成《雷山县主体功能区建设试点实施方案》，成立雷山县生态保护法庭、雷山县生态保护公安分局。大幅削减主要污染物排放量，城乡生活垃圾无害化处理率达81.8%，集中式饮用水源地水质达标率达100%，城镇污水处理率达86.8%；实施地质灾害治理12个；建成负氧离子监测站点，城市环境空气质量达标率保持100%；单位地区生产总值能耗累计下降45.9%。扎实开展森林保护“六个严禁”和环境保护“六个一律”利剑行动，查处了一批生态环保违法案件。

—“十二五”时期，是我县产业结构调整最优的时期。文化旅游产业快速发展。我们围绕“全国旅游名县、贵州茶叶大县”两张名片，累计投入16.4亿元，实施西江国家AAAAA级景区创建、郎德二次开发、雷公山景区景点打造等建设。连续成功举办雷山苗年、环雷公山超100千米跑国际挑战赛和“雷公山之巅·巴拉河之夏”自行车赛、银饰刺绣大师赛、苗岭斗牛大赛等赛事活动。《我在雷山等你来》等苗族歌舞在国家大剧院成功首演，微电影《缘分西江》荣获亚洲微电影金奖。西江千户苗寨荣膺“世界十大乡村度假胜地”称号。全县拥有“非遗”名录达231项，是全国拥有“非遗”项目最多的县。“十二五”时期接待游客累计达2433万人次，是“十一五”时期的5.9倍；旅游总收入累计完成163.7亿元，是“十一五”时期的10.1倍。软实力逐渐增强，文化产业增加值占地区生产总值比重从3.1%提高到8.3%，三次产业结构从24.6∶24.4∶51调整为24.2∶17.3∶58.5。山地高效农业提质增效。粮食产量保持稳定，雷公山红米特色品牌初步形成。茶叶、黑毛猪、精品水果、中药材等特色农业持续发展，粮经比从4.9∶5.1调整到3.9∶6.1，农业增加值从2.2亿元增加到5.69亿元，年均增长7.9%。茶园无公害认证面积达11.5万亩，雷山被评为“中国茶文化之乡”，雷山银球茶被评为“中华文化名茶”。“银球茶”“乌杆天麻”被列为国家地理标志产品；红茶出口累计创汇800万美元。加快农业“优一接二连三”，投入资金8.2亿元实施生态茶园示范园区、休闲农业与乡村旅游示范园区、生态农业循环经济示范园区建设，引进企业30家，园区总产值完成30亿元。实施“6个10万”工程，培育规模养殖场265个、家庭农场138户，农民专业合作社42个。培育省、州农业龙头企业24家。充分利用“互联网+”平台，建成西江千户苗寨特产旗舰店等12家电商平台，开通45个农村电商服务网点，完成销售额2000万元。特色工业发展壮大。启动螺丝山工业园区规划建设。工业投资由1.5亿元增加到4亿元，淘汰落后产能5.5万吨，工业增加值能耗累计下降79%，超额完成“十二五”工业节能目标。各类企业从245户增加到1197户，增长4.9倍，规模以上工业企业由6家增加到8家，个体工商户从2838个增加到6185个，增长2.2倍，企业及个体工商户注册资本分别达2.44亿元和3.74亿元。民营经济增加值占地区生产总值比重从45.8%提高到55.4%。

——“十二五”时期，是我县群众得到实惠最多的时期。“9+3”义务教育工作顺利推进，累计投入教育资金11.67亿元，比“十一五”时期增加6.98亿元，增长2.5倍。完成雷山民中和雷山职校整体搬迁，将大塘、望丰、达地中学合并建成雷山一中。方祥等乡镇实现寄宿制学校集中办学，乡镇幼儿园实现全覆盖，村级幼儿园（班）建设扎实推进。学前三年入园率达78.28%，小学毛入学率达99%，九年义务教育巩固率达98.27%，高中毛入学率达75%，人均受教育年限从7年提高到7.9年。基本药物实现县、乡、村三级全覆盖。成功创建国家计划生育“优质服务先进县”。新农合参合率达99.8%，累计补助合作医疗补偿金2.24亿元，农村住院分娩率达97.7%，完成11.3万人的居民健康档案，建档率达96.7%。投入资金3.6亿元，建成保障性住房6000余套，解决2万余名群众住房困难。城乡居民基本养老保险顺利推进，城镇低保每月每人从220元提高到442元，农村低保每年每人从2100元提高2580元。累计发放养老金、低保资金、医疗救助金等3.07亿元，有8.62万人从中受益。累计投入资金1.49亿元实施危房改造1.68万户，实施农村电改4.17万户。累计下拨抗洪救灾资金3699万元，安置救助15.73万人次。累计发放学校寄宿生生活补助、营养餐资助、困难学生救助资金8561万元，补助资助学生12万人次。累计发放粮种补贴555万元，粮食直补182万元，综合直补6055万元，农机具补贴1058万元。农房保险参保率达94.8%。全面开展社会治安整治行动，以“天网工程”为重点的治安防控体系建设得到推进，特殊人群服务管理水平不断提升，“无毒县”创建成果得到巩固，群众安全感满意度持续保持全省前列。

——“十二五”时期，是我县扶贫攻坚效果最佳的时期。完成3194户13186人精准扶贫户建档立卡工作。累计投入资金37.27亿元，实施了一批基础设施、产业扶贫等项目，受益3.3万户。发放小额担保贴息贷款3654万元。培训农村劳动力1.1万人，转移就业1.26万人。完成扶贫生态移民搬迁1179户4560人。贫困人口从4.92万人减少到2.57万人，贫困发生率从35.6%下降到18.6%，基本实现全县“减贫摘帽”目标。全县同步小康创建活动扎实推进，挂牌认定“小康家庭创建达标户”3000余户，小康社会总体实现程度年均提高3.6个百分点。

——“十二五”时期，是我县政府自身建设最实的时期。严格执行中央“八项规定”，认真开展党的群众路线教育实践活动，践行“三严三实”要求，扎实推进“铸廉行动”，严肃查处了一批违法违纪案件。完成并公布政府部门权力清单、责任清单，梳理审核行政职权3327项，下放行政审批权力40项。建立政府重大决策法律顾问制度，制定产业准入负面清单，完成行政机关公车制度改革。圆满完成“六五”普法工作。认真接受人大法律监督、政协民主监督和群众社会监督，累计办理人大建议477件、政协提案723件、县长信箱615件，满意率均达98%以上。

此外，国防动员和后备力量建设成效明显，双拥共建活动取得新成果，军民团结不断巩固；第三次经济普查、全国1%人口抽样调查顺利完成；全国民族语言文字工作现场会在雷山顺利召开；应急救援、外事侨务、民族宗教、工商税务、科技气象、档案县志、金融保险、邮政通讯、烟草盐务、供销石油、智力支边、老龄残联、供水供电等工作取得新成绩，与工会、共青团、妇联等人民团体的联系得到加强。

各位代表，过去的一年，是“十二五”收官之年，在广大干部群众的共同努力下，全县经济社会发展稳中有进，稳中有新、稳中向好，年初确定的主要目标基本完成。

2015年，是推动跨越、富有成效的一年。初步预计，与上年相比，全县地区生产总值增长11.3%；50万元以上固定资产投资增长20.5%；社会消费品零售总额增长12.2%；财政总收入增长8.5%；一般公共预算收入增长7.1%；一般公共预算支出增长35.9%；金融机构存、贷余额分别增长27.7%和19.7%；农村居民人均可支配收入增长12.8%，城镇居民人均可支配收入增长10.8%；小康社会实现程度达89.6%；增比进位综合测评在全省10个国家扶贫开发工作重点县排第4位，比2014年上升2位。

2015年，是极不平凡、刻骨铭心的一年。我县遭受了百年难遇的四次特大暴雨袭击，雨量之大、覆盖面之广、群众受灾之深，为历史罕见，面对突如其来的灾害，县委、县政府始终把人民利益放在首位，带领全县干部群众与灾害开展了不屈不挠的斗争，出动运输车辆3600余台（次）、作业机械1100余台（次），参与抢险救灾的机关单位干部职工、武警消防、公安干警、民兵村干、社会各界达36000余人次，经过全县上下的团结奋战，把灾害损失降到了最低，在短期内交通、水利、供电、通信等设施得到了恢复，广大人民群众生产生活恢复了正常，灾后重建工作成效明显，得到了上级党委政府、广大受灾群众的一致"点赞"。目前，《雷山县灾后重建综合治理规划》已经得到省人民政府批复，新一轮灾后重建工作有序推进。

2015年，是硕果累累、信心满满的一年。全县实施重点项目建设33个，凯雷高速建成通车，蚩尤大道基本拉通，鸡鸠水库成功截流。品牌创建工作成效明显，文化旅游产业、现代山地特色农业、特色生态工业发展持续向好，全县景区化、全域旅游化进展顺利。成功创建国家级出口茶叶质量安全示范区、国家有机产品认证示范区，是贵州省2015年唯一申报成功的县。雷山银球茶包揽贵州省首届春茶斗茶赛金、银、铜奖，并荣获贵州绿茶"茶王"称号、百年世博中国名茶金奖。

2015年，是和谐稳定、民生普惠的一年。10件民生实事全面完成，全县"减贫摘帽"通过省级评估验收，3000多户城乡居民挂牌认定为"小康家庭户"，脚尧村获"贵州省同步小康创建示范村"殊荣。雷山民族中学成功创建"省级示范性高中"，县医院成功创建"二甲"医院。人民群众安全感满意度测评获全省第一名。"全国文明县城"得到巩固提升，"多彩贵州文明行动"考核再次排名全省二类县市第一位。

各位代表，五年的成就来之不易，积累的经验弥足珍贵，实践充分证明：必须坚持把现特显优、特色发展作为发展路径，立足于雷山良好的生态环境和多彩的民族文化，充分挖掘发展潜力，保持"三个高于"的发展速度，才能走出一条既符合中央、省委、州委精神，又符合雷山实际、发挥雷山优势、彰显雷山特色的发展新路。必须坚持把守住发展和生态两条底线作为总要求，做到"两条"底线一起守、两个成果一起收，才能实现生态空间、生产空间与生活空间深度融合，科学衔接，才能做到既保住绿水青山又得到金山银山。必须坚持把深化改革扩大开放作为根本动力，以改革促进开放、以开放倒逼改革，才能充分激发经济社会发展的动力活力。必须坚持以基础设施建设为龙头，以产业投资为重点，千方百计扩大投资规模，才能促进经济社会持续快速健康发展。必须坚持把改善民生作为根本出发点和落脚点，坚持发展为了人民，发展依靠人民，发展成果由人民共享，大力实施扶贫攻坚第一民生工程，才能不断提高人民群众的生活水平。必须坚持把激发人民群众干事创业热情作为源动力，旗帜鲜明地保护改革者、鼓励创新者、支持干事者、宽容失误者、处理诬告者，才能营造"发展要快、风气要正、作风要实、干部要干"的良好政治生态环境。

各位代表！"十二五"时期发展超乎预期，成绩令人鼓舞。这些成绩的取得，是县委总揽全局、正确领导的结果，是县人大、县政协有力监督、大力支持的结果，是全县上下凝心聚力、团结协作、奋力拼搏的结果。在此，我代表县人民政府，向各位人大代表、政协委员，向驻雷解放军指战员、武警消防官兵、公安干警及辛勤工作在各行各业的广大干部群众，向关心支持雷山发展的社会各界人士表示崇高的敬意和衷心的感谢！

在肯定成绩的同时，我们也要清醒地认识到发展中存在的困难和问题。主要是：经济总量小，人均占有量低，特别是人均地区生产总值、城镇化水平等小康社会主体指标与全国、全省相比还有相当大的差距；发展还不平衡，产业结构短板、城乡二元结构矛盾突出，区域发展差异大，经济所有制结构不合理；交通、水利等公益项目有待提升，交通网络还需完善，工程性缺水还未得到根本解决；民生保障任务艰巨，社会保障、医疗卫生等公共服务能力还比较弱，社会治理仍然面临不少挑战；少数干部不作为、慢作为、乱作为的现象还存在，一些政策措施落实还不到位，行政效能和作风建设有待加强。对此，我们将高度重视，采取有效措施，切实加以解决。

“十三五”时期目标任务

“十三五”时期，我们要按照县委十二届六次全会提出总体要求和目标任务，主动适应新常态，破解瓶颈制约，奋力实现赶超，确保全面实现小康社会。

“十三五”时期政府工作的总体思路是：高举中国特色社会主义伟大旗帜，全面贯彻党的十八大和十八届三中、四中、五中全会精神，以马克思列宁主义、毛泽东思想、邓小平理论、“三个代表”重要思想、科学发展观为指导，深入贯彻习近平总书记系列重要讲话精神，以全面建成小康社会为总目标，以守底线、走新路、奔小康为总要求，深入贯彻全面建成小康社会、全面深化改革、全面依法治国、全面从严治党的战略布局，深入落实创新、协调、绿色、开放、共享五大发展理念，以脱贫攻坚统领经济社会发展全局，坚持加速发展、加快转型、推动新跨越主基调，深入推进新型工业化和城镇化带动战略，切实抓好大扶贫、大数据、大健康三大战略行动，全力做好山地农业和山地旅游两大姊妹篇，坚定不移地坚持“生态立县、文化兴县、旅游强县”战略，围绕文化旅游抓特色工业、抓特色农业、抓特色服务业、抓特色城镇化，统筹推进经济建设、政治建设、文化建设、社会建设、生态文明建设和政府自身建设，走出一条现特显优、特色发展新路，确保到2020年与全国同步全面建成小康社会。

“十三五”时期我县经济社会发展的主要预期目标是：始终坚持“三个高于”不动摇，确保地区生产总值年均增长13%以上，确保总量达47亿元以上，人均生产总值达3.9万元以上。固定资产投资力争年均增长25%以上，规模工业增加值确保增长28%以上，旅游综合收入确保年均增长25%，社会消费品零售总额年均增长14%，民营经济比重达到62%以上，财政总收入年均增长10%以上。城镇、农村居民人均可支配收入年均增长分别为10%和11.5%以上，城镇登记失业率控制在4.5%以内，常住人口、户籍人口城镇化率分别提高到50%和25%以上，人口自然增长率控制在5.7‰以内，平均预期寿命达到76岁以上。三次产业结构调整到15∶30∶55，森林覆盖率达70%以上，节能减排控制在州下达指标以内；按国家标准贫困村全部退出，按现行标准农村贫困人口全部脱贫；全面建设小康社会实现程度年均提高2.6个百分点以上，如期通过“贵州省同步小康创建达标县”验收。

围绕上述目标任务，今后五年要全力实施好“三大行动”和“三大战略”，全面构建“五大体系”。

一、推进大扶贫行动，全力夺取脱贫攻坚新胜利。坚持以脱贫攻坚统揽经济社会发展全局，深入贯彻落实中央及省、州精准扶贫精准脱贫基本方略，全力推进“1+10”“1+10+9”大扶贫行动，全面建成脱贫攻坚示范县。

抓好易地移民搬迁。采取商贸集散型安置、旅游园区安置相结合方式，通过“五个一批”多批叠加、多策并用，形成组合拳，完成易地扶贫搬迁4889户2.2万人，确保1.1万以上贫困人口通过易地搬迁实现脱贫。

加快扶贫产业发展。大力发展茶叶、黑毛猪、稻田鱼、民族工艺品加工等特色产业，拓宽贫困群众致富门路渠道，力争每个村村级集体经济积累达3万元以上，确保1万以上贫困人口通过发展生产实现脱贫。

壮大乡村旅游产业。编制《乡村旅游扶贫规划》，加快乡村旅游扶贫村寨建设，拓展乡村旅游业态，引导培养一批乡村旅游从业人员，力争1万人以上通过从事旅游业发家致富。

加大就业创业扶持。利用财政扶贫贴息带动小额信贷投入5亿元以上，提升扶贫重点龙头企业、农村经济合作组织、家庭农场等辐射带动能力，带动贫困家庭、高校毕业生及返乡农民工创业就业1.5万人以上。

筑牢脱贫保障底线。整合各类社会保障资源，加快建立居民家庭经济状况核对机制，建立“五保户”供养标准自然增长机制，切实解决“三留四特”、特殊困难群体、优抚对象的住房、生活、医疗等问题。抓好教育精准扶贫工作，切实解决困难家庭子女入学问题。

创新扶贫体制机制。健全完善贫困对象识别、考核评价、资源整合、项目实施、工作督查等机制，提升扶贫开发的质量和效益。落实分级考核和排名公示制度，建立干部扶贫开发工作“一票否决”制。

二、推进大健康行动，全力打造康体疗养新高地。依托雷公山区“天然氧吧”“天然空调”禀赋，加快发展以养生休闲、健身康体的大健康产业，着力打造“养生乐园·养老圣地”示范区，建设大健康示范县。

实施好六项产业计划。围绕大健康“医、养、健、管、食、游”六项产业，集中力量打造国内知名的健康养生养老旅游目的地，全省中药材和绿色食品供应基地、苗族医药医疗示范基地及特色康体运动产业基地。

培育好医药养生产业。加快苗药植物园建设，做大做强苗医药等民族药产业，打造大健康产业一条街，鼓励苗医药传承人入驻经营。突出抓好西江、郎德、雷公山、县城健康旅游产业、雷公山康体产业园建设，培育一批健康旅游、健康食品、健康管理、户外运动等新业态；充分运用“互联网+”，积极发展健康体检、健康咨询、养老管理、健康保险等健康管理产业。

落实好政策保障措施。利用好健康养生产业税费、土地、价格等优惠政策，加大健康养生产业园区基础设施、重大项目建设和产品开发的金融支持。设立健康养生投资基金，支持健康养生企业开展融资，鼓励外资进入健康养生产业领域，支持商业保险机构通过股权、债券、资产等方式为健康养生产业提供资金支持。强化用地保障，优先保障5亿元以上投资项目用地。

三、推进大数据行动，全力开启弯道取直新引擎。贯彻落实省、州大数据战略行动，推进大数据开发应用，开启雷山“弯道取直”、后发赶超战略新引擎，建设电子商务示范县。

抓好大网络体系建设。构建“出县宽、县内联、覆盖广、资费低”的现代信息基础设施体系，加快推进“三网融合”，实施“宽带雷山”“数字雷山”行动计划。实施城镇光纤到户和行政村宽带普遍服务工程，并向自然村寨延伸覆盖，提高宽带接入能力、光纤覆盖家庭能力、家庭宽带普及率，确保互联网出县宽带能力达到40G以上。大力实施“无线网络·满格雷山”行动计划，实现4G网络全覆盖，县城、乡镇初步建立5G网络。推进企业、景区网络应用工程建设，县城和主要景区实现全域公共免费无线局域网络。完善地理、人口、税收、金融、统计、物联网等基础信息资源体系和公共信息服务综合平台建设，建设信息网络安全保障体系。

抓好大数据平台搭建。围绕生态、文化、旅游、扶贫等建设智慧景区、智慧城镇，实施“互联网+”行动计划，科学谋划大数据产业布局，主动融入“7+N贵州云”“电子政务云”“云上黔东南”建设，实现数据资源互联互通。

抓好大市场电商拓展。鼓励中小微企业融入电子商务，构建“一乡一站、一村一点”市场网络体系。积极扶持和培育农特产品、民族手工艺品等个人网店100家以上，培育2家以上有较强影响力的电商企业，打造电子商务示范乡镇2个、示范村5个。重点打造3个以上上线品牌，本地特色产品上线运行30个以上，实现“产品出山”“网货下乡”双向流通。加强基层快递物流基础设施建设，实现服务网点行政村全覆盖。

四、实施大旅游战略，全力打造民族文化旅游新品牌。按照“全县景区化、全域旅游化”要求，高水准、高质量打造民族文化山地旅游升级版，加快构建“快旅慢游”体系，旅游人数突破1000万人次，旅游综合收入突破100亿元以上，建设民族文化山地旅游大县。

加快配套体系建设。围绕建设“全国旅游名县”目标，合理布局民族文化体验旅游带、生态和康体养生旅游带、农业观光体验旅游带，按照国家AAAAA级景区标准打造县城，建成县城游客集散中心，将县城建设成为宜居宜游宜业的特色小城镇，申报国家全域旅游化示范区。突出以苗族文化为特色，创建西江千户苗寨国家AAAAA级景区，将西江打造成为世界苗族文化体验旅游区。突出以自然生态和康体休闲养生为特色，创建雷公山国家AAAAA级景区，规划建设环雷公山自驾游线路，加快建设“苗疆走廊”、蚩尤（陶尧）文化园，规划建设雷公山旅游观光火车项目，将雷公山打造成为国家级休闲养生、体育健身、生态旅游示范区。完成县城及重点景区多层立体停车场项目建设。完成郎德景区二次开发，创建郎德国家AAAAA级景区。打造巴拉河沿线民族村寨乡村旅游、郎德至满天星至九十九休闲农业观光旅游区。支持永乐、大塘、望丰、达地等乡镇发展乡村旅游业。

加快新兴产业培育。搭乘“两高”快车，规划好“一日游、二日游、三日游”等乡村游、观光游、自驾游系列精品线路。突出民族文化、山水风光、康体养生特色，打造和申报国家生态旅游示范区、世界苗族文化体验旅游区、乡村旅游和休闲观光旅游区。培育一批养生养老、探险游乐、婚庆婚恋等新兴产业。

加快服务水平提升。加快建设休闲度假酒店，力争在西江、县城各引进1家中高端精品度假酒店。引进培养旅游管理服务人才100人以上，组建旅行社4家以上。组建旅游车队，开通高铁站、机场、火车站至景区直通车，构建“快旅慢游”服务体系。引进一批国际国内品牌企业投资旅游休闲、主题文化园、演艺娱乐等项目，鼓励支持创办文化旅游产业企业。完成西江旅游公司上市，壮大本地旅游企业。

加快宣传平台建设，抓住国家推进“互联网+”发展机遇，推进智慧旅游景区建设。综合运用媒体宣传、举办主题活动等方式，全方位开展旅游宣传推介。以办好雷山苗年、苗岭斗牛、苗岭笙歌、山地自行车赛、环雷公山超100千米跑等为抓手，打造一批知名的民族文化旅游宣传展示平台。

五、实施大文化战略，全力树立民族文化新自信。全面推动民族文化大繁荣大发展，确保文化产业增加值占地区生产总值比重达到9%以上，文化支出占公共财政支出比重3%以上，居民文教娱乐服务支出占家庭消费支出比重达9%以上，使文化产业成为雷山重要的支柱产业，建设苗族文化展示体验大县。

加快发展民族文化事业。加强基层文化设施建设，推进博物馆建设，形成银饰刺绣、木作工艺、茶文化、苗医苗药等民族文化系列主题博物馆体系，建设民族文化主题博物馆大县。推进歌舞剧院、文化馆等文化设施建设；加强文化传播，编制出版一批苗族文化丛书、影视作品，推出一批民族特色歌曲，举办民族文化保护传承论坛；加强文化事业发展平台建设，继续办好雷山苗年、苗岭笙歌、苗族芦笙舞大赛、苗岭斗牛大赛等活动，活动搭台，文化唱戏，推出一批文化精品，提升文化自信。

加大“非遗”保护传承。坚持“保护优先、开发与保护并重”原则，加大文化遗产调查挖掘整理，建立健全民族文化传承保护机制，加强13项国家级非物质文化遗产的保护和传承。以银饰刺绣、民族歌舞、传统节庆等为重点，设立“非遗”保护基金、文化产业发展专项基金。突出“一寨一特色”，规划建设一批民族文化基地，打造郎德“非遗”一条街。探索制定民族工艺师职称地方评定办法，研究制定“非遗”保护管理办法，申报一批州、省、国家级非物质文化遗产名录。

严格民族传统村落保护。加快传统村落“保老寨、建新村”建设步伐，按照“一村一册、一户一档”要求，多渠道争取资金，做好国家级传统村落、民族特色建筑的保护，抓好苗族村寨世界文化遗产申报工作。适度开发一批国家级传统村落，增强传统村落生命力。完成中国传统村落保护峰会永久会址及综合服务配套设施建设。

加快民族文化产业培育。继续实施锦绣计划，打造一批具有地域文化特色的商品。积极发展文化创意、影视服务、文化会展等产业，培育一批民族工艺品研发、生产、销售龙头企业。鼓励企业和民间手工艺人对银饰刺绣、芦笙等进行产业化开发。探索民族手工艺品与电子商务商家合作，全力打造“苗族工艺品生产和交易基地”。建成雷山苗岭斗牛城，在县城、西江各推出一台全国知名的商业演出。

六、实施大生态战略，全力打造绿色发展新高地。坚持绿色发展、绿色富县、绿色惠民，以生态引领发展，守住绿水青山，做到生态建设产业化、产业发展生态化，筑牢雷公山生态安全资源屏障，稳定提高森林覆盖率，建设生态文明先行示范区。

坚持规划先行。按照主体功能区规划要求，推进“多规合一”，完成《雷山县生产生活生态空间规划》《雷山县生态文明旅游示范区规划研究》等规划编制。积极争取列入国家重点生态功能区，争取国家提高对雷山生态补偿标准。抓好雷公山自然保护区、国家森林公园申报国家公园工作。

坚持综合治理。加快推进风力发电等清洁能源的开发利用。实施“绿色雷山”行动计划，推进封山育林、植树造林、天然林保护、退耕还林等重点生态工程建设，确保森林蓄积保有量600万立方米以上。抓好境内主要河流整治，加大山体水质保护力度，完成水土流失综合治理2.6平方千米，确保自然水土流失治理面积达6.7%以上，力争建成一批生态文明示范乡镇、示范村和示范产业园区。

坚持管理创新。推进生态文明建设体制机制改革先行先试，落实领导干部任期生态文明建设责任制，生态环境损害责任终身追究制。建立空间规划、用途管理、领导干部自然资源资产离任审计、差异化绩效考核等空间治理体系。加快自然生态空间统一确权登记，编制自然资源资产负债表。完善污染物排放许可、环境信息公开制度。完善自然资源资产产权和用途管制制度，落实省以下环保机构监测检查执法垂直管理制度，确保我县环保监测能力达到西部控制标准，生态环境状况指数变化幅度达标。

坚持从严管控。实行最严格的水资源管理制度和节约用地制度，强化约束性指标管理，建立完善环境保护综合督查制度。大力弘扬生态文化，提高全民生态文明意识。继续开展森林保护“六个严禁”和环境保护“六个一律”“利剑”行动，严厉打击污染环境、破坏生态等违法行为，探索破坏森林植被补植补种惩戒机制。确保集中式饮用水源地水质达标率达100%，农村饮水安全达标率100%，城镇污水集中处理率达95%，城市环境空气质量达标率100%，城乡生活垃圾无害化处理率达100%。

七、坚持高新引领，全面构建高效新兴产业新体系。加快调整优化产业结构，念好“山字经”，种好“摇钱树”，打好“特色牌”，推进产业向园区集聚、集群、集约发展，着力构建现代山地、新兴高效产业体系，建设有机特色产业大县，创建国家级农产品质量安全县。中药材种植面积达6万亩以上，抚育面积4万亩以上，中药材产品达2万吨，产值达5亿元以上。全县工业总产值达20亿元，年均增长12%左右，工业增加值达7亿元。

发展壮大山地高效农业。严格执行耕地保护政策，稳定粮食生产，确保粮食产量稳定在4万吨左右。做大做强特色种养殖业，围绕建设“国家级出口茶叶质量安全示范区”“雷山银球茶”等著名品牌，全力构建茶产业科技支撑体系；推进茶旅深度融合，大力发展茶馆、茶文化体验游等延伸产业，在西江、县城各打造一条集销售、茶艺展演为一体的商业街。完成雷山茶叶集团组建。通过企业和品牌带动，实现种植、加工、销售三级跳，全力打造全省茶叶名县。茶叶种植面积确保18万亩以上、力争达到20万亩，实现产值14亿元以上。围绕黑毛猪、小香牛、娃娃鱼、雷公山红米、杨梅、葡萄等特色种养殖业，加大农业企业和专业合作经济组织的扶持，加强引进大中型农业企业或产业集团，加快推进农业产业化步伐。依托我县中药材种植资源，扩大乌杆天麻、青钱柳等中药材规范化种植规模，运用现代科技，大力开发中药材产品。抓好郎德、方祥、大塘等乡镇中药材种植园区和综合性中药材生态园区、中药材产地交易市场建设，力争实现“一乡（镇）一（多）基地”。大力推广“公司+农户+示范基地”等新型组织形式，积极开发药膳、药酒、药茶等产品。抓好“6个10万”绿色生态现代农业工程建设，集中人力、财力、物力加快九十九等3个省级现代高效农业示范园区建设。抓好省、州产业转移承接机遇，加快园区基础设施建设，提升园区发展、承接、服务能力。健全农业社会化服务体系。加快建设以茶叶为主的省级农产品检测体系，引导鼓励社会资本参与农业科技推广服务、质量检测等服务。建设农产品电子商务及冷链物流基地，大力打造农产品流通体系。推进农民合作社与超市、学校、企业、社区对接。学习借鉴省内外成功电子商务模式，支持农产品交易电子商务平台建设。积极发展农村金融组织，加大农业信贷支持。积极推进政策性农业保险和主要农产品目标价格保险。加强农民技能培训，推动职业学校与农业示范区、农业产业化联动，培育新型职业农民。加强农产品质量安全监管，大力发展资源节约、环境友好型农业。

发展壮大特色生态工业。做好茶叶精深加工，以红茶、绿茶、青钱柳加工为重点，加大茶叶加工厂和加工企业的扶持力度，通过企业和品牌带动，促进茶叶加工向精深加工发展，提高茶青下树率，提升茶叶附加值，确保全县茶叶加工逐渐走上规模化、品牌化发展之路。大力发展中药饮片产业，积极引进品牌龙头企业落户雷山发展中药饮片产业，力争建成一个中药饮片研究中心。做强山泉水加工业，充分利用雷公山丰富、优质的水资源，积极引进大企业，加快优质山泉水的开发利用。加强市场主体培育，深入实施工业“百千万”工程和“双服务”活动，围绕重点产业每年培育2~3家规模以上工业企业，全县规模以上工业企业达18户以上。深入落实“3个15万元”政策和“万户小老板工程”，鼓励吸引农民工返乡创业，促进民营经济和小微企业发展，不断壮大民营经济和市场主体规模。实行“非禁即入”，拓宽民营经济发展空间，鼓励大众创业、万众创新，进一步壮大个体工商户和民营企业队伍。加快产业平台建设，完成控制性详细规划、土地利用总体规划和环境影响评价报告的编制，加快园区基础设施建设，将乌开工业园与螺丝山工业园整合建设雷山大健康食药园区。按照黔东南州对我县发展工业经济的功能定位，健全配套体系，加大扶持力度，提升园区发展、承接、服务能力。

八、坚持功能完善，全面构建现代基础设施新体系。加快推进交通、水利、农业、电力等基础设施建设，构建现代基础设施体系，建设服务便捷先行县。

抓好交通运输设施建设。全力推进农村公路建设三年会战，实施乡村公路提质达标工程，确保80%以上的通组公路通水泥路，实现建制村通客车率、公路列养率、重点路段安全隐患治理率达100%。启动雷山至榕江四格高速公路建设，争取实施大塘经榕江寨蒿至黎平高速公路。争取完成雷山九十七至丹寨龙泉山、雷山大塘至榕江塔石、雷山至舟溪二级公路改扩建工程。力争建成凯里至雷山城市主干道，完成环雷公山生态公路项目建设。积极争取重庆涪陵至广西柳州铁路过境设站雷山。争取启动雷山旅游机场建设。

抓好农田水利设施建设。实施水利建设大会战，加快骨干水源工程、供水管网工程、民生水利保障工程建设。完成鸡鸠、西江、陶尧、脚尧、柳乌等水库建设，启动排苟、乌王等水库项目建设，城镇、农村自来水或集中供水普及率达100%。加强水质监测管理，重点区域实现水质智能化监测系统全覆盖。实施农田水利配套工程，完成防渗改造、修复渠道210千米，新增灌溉面积0.9万亩，改善灌溉面积2.6万亩，增加节水灌溉面积0.5万亩，确保有效灌溉面积率达到50%以上。建成全县防汛抗旱监测系统。

抓好电力保障设施建设。围绕产业发展用电需求，力争新建220千伏雷山变电站1座，建成西江营上110千伏变电站1座和35千伏变电站3座，新建、扩建、升级14条35千伏及以上输变电线路和31条10千伏配电线路。围绕“小康电”建设要求，完成农村低压配电网全面绝缘化升级改造，低压集抄设备安装覆盖100%，建成农村便民服务点90个。

九、坚持城乡统筹，全面构建特色城镇发展新体系。遵循山区城镇化发展规律，以县城建设为重点，强化产业支撑，增强城镇综合承载能力，建设产、城、景一体化示范县。

坚持规划引领。注重规划的协调性、衔接性和权威性，坚持依山就势、道法自然，按照国家AAAAA级景区标准和“宜居、宜游、宜业”定位，完成县城棚户区修建性详细规划、县城新区控制性详细规划、乡镇政府所在地控制性详细规划、传统村落保护规划编制和建制村新村建设规划编制。

坚持产城互动。围绕“一城三区一园”“一心三区”城镇产业布局，按国家AAAAA级景区标准打造县城，抓好丹江镇、西江镇省级示范小城镇建设，将县城打造成为集旅游服务、特色产品加工为一体的旅游服务中心，将西江、郎德、方祥打造成东北部山地民族文化旅游区，将大塘、望丰集中打造成为西部农业旅游产业经济区，将永乐、达地集中打造成南部农业商贸经济区，促进产业向城镇集聚。

坚持建管并重。完成县城南部新区、苗疆盛世城市综合体、陶尧新区、锑厂坡及固鲁片区、丹江体育森林公园等一批重大城镇基础设施项目建设。完成县城南部新区至大塘莲花路网延伸工程建设。完成县城供水改扩建（二期）工程、县城区排水（雨水）工程等项目建设。启动智慧城市、森林城市建设，积极争取海绵城市建设试点。继续巩固“全国文明县城”创建成果。加强城镇精细化、网格化、市场化、数字化管理，积极推进划行归市，探索城镇管理市场化运作，加强小区物业管理指导，规范物业服务企业经营行为。

坚持城乡统筹。全力推进“四在农家·美丽乡村”建设，继续加大乡村公路、产业路管建力度，完成所有自然寨寨内道路硬化。加快农村危房改造和城镇保障性住房建设。实施农村“百村万户”环境综合整治工程，完善村寨道路、供水、垃圾和污水处理等设施建设，推进垃圾分类处理，不断改善农村生产生活条件。

坚持以人为本。落实中央“三个1亿人”城镇化行动计划，深化户籍制度改革，加快推进农村转移人口市民化制度建设。统筹抓好扶贫生态移民、城镇棚户区和危房改造工程。推动园区、城区、安置区“三区”互动发展，促进农村人口有序向城镇转移。加大农业转移人口就业培训，解决好住房、社保、医疗卫生、子女教育等问题，切实维护进城落户农民土地承包权、宅基地使用权、集体收益分配权等权益。

十、坚持民生改善，全面构建现代社会保障新体系。坚守民生底线，筑牢民生网底，完善现代民生保障体系，让发展成果更多惠及广大人民群众，增强人民获得感，建设幸福雷山。

优先发展教育事业。完成思源中学建设，新建和改扩建县城2所公办幼儿园、2所小学和2所中学。完成县域内义务教育均衡发展和“普及十五年教育”工作；抓好职业高中教育，逐步分类落实中等职业教育免除学杂费政策。加强师资队伍建设，完善城乡教师交流机制，充实乡村教师队伍和学前教师队伍，改善乡村教学环境，提高乡村教师待遇。探索建立优秀校长特殊激励政策机制。配足配齐寄宿制学校宿管员、校医、保安。通过购买社会服务方式，鼓励社会力量参与农村学前教育，确保中心村有公立幼儿园（班）和低年级教学点。

提升卫计服务水平。完成丹江、西江、郎德卫生院项目建设，建成县民族中医院，完成乡镇卫生院标准化建设，配足配强全科医生和乡村医生。全面落实两孩政策，提高妇幼服务保障能力。健全县、乡、村三级农村医疗卫生服务体系，深化新农合、大病医保、医疗救助一站式服务。加强医疗质量监管，强化食品安全全程监督，健全突发公共卫生事件应急机制和重大疾病防控机制。

拓展创业就业渠道。实施“大众创业、万众创新”工程，健全和完善“3个15万”、妇女创业贴息贷款等创业扶持政策，支持和帮助高校毕业生、返乡农民工、失地农民、城镇就业困难人员、搬迁移民人员等重点人群就业创业。加强就业救援，推行终身职业技能培训制度，降低创业准入条件，优化创业环境。

增强社会保障能力。健全覆盖城乡居民社会保障体系，统筹城乡居民基本医疗保险，逐步消除城乡居民社保政策差异，确保城乡居民公平享有基本医疗保障。健全重特大疾病医疗保障机制，推进城乡居民基本养老保险制度，完善职工养老保险个人账户制度。全面放开养老服务市场，鼓励社会力量参与养老服务事业。健全失业保险制度，完善工伤、生育保险制度。完善社会救助体系，大力开展关爱留守儿童、妇女、老年人“三关爱”活动，落实残疾人和低收入群体基本生活保障制度。切实解决好城市低收入家庭、乡镇干部、农村教师、医疗卫生人员等住房困难。大力开展全民康体运动，促进群众体育和竞技体育全面发展。

健全防灾减灾体系。抓好《雷山县灾后重建综合治理总体规划》实施，完善县、乡、村三级监测预警、应急救援、灾后救助服务体系，加强基层减灾救灾队伍和专业救援队伍建设。加强地质灾害易发区域综合治理，提升水利、交通、通讯、电力、农村消防等设施的防灾抗灾能力。科学规划建设应急避难场所，提高救灾物资应急保障能力。加大防灾减灾宣传教育力度，提高灾害保险参保率。鼓励支持社会力量参与防灾减灾工作。

十一、坚持改革开放，全面构建创新动力支撑新体系。坚持把改革贯穿经济社会发展各领域，以开放倒逼改革，以改革促进开放，构建全方位、多层次改革开放格局，把发展基点放在创新上，赢得后发优势，增强动力支撑，建设活力雷山。

深化重点领域改革。全面落实中央、省委、州委各项重大改革决策部署，积极稳妥推进政府、国有企业股份制、行政审批制度、“三生”空间布局、文化旅游、农村产权制度、殡葬制度、扶贫开发体制机制、农村传统村落保护、土地流转机制、特色小城镇不动产产权登记、林权制度等改革，抓好社会事业改革，深化社会治理体制、科教文卫体等环节和领域的改革，鼓励金融产品创新和服务创新，探索PPP等多种投融资模式，组建文化旅游、特色农业、城镇化建设等3个以上股份有限公司，进一步解放和发展农村生产力。

构建开放合作格局。依托“两高”大通道，主动融入“一带一路”“长江经济带”“珠江—西江经济带”，深化与长三角、珠三角、成渝经济区和省内外重要城市的合作与交流，吸引更多企业落户雷山。加强与省内外高等科研院校、企业交流合作，争取获得更多的智力支持，确保科技进步贡献率提高到45%。优化投资环境建设，力争引进资金160亿元。强化政府在公共服务、市场监管、社会管理、环境保护等方面的职责履行，通过网上审批、并联审批等方式，提高办事效率。

2016年工作安排

今年是实施“十三五”规划的开局之年，也是脱贫攻坚、全面小康进入冲刺期的第一年，意义重大，富有挑战。我们要抓细抓实各项工作，为圆满完成“十三五”目标任务开好局、起好步。

2016年经济社会发展的预期目标是：地区生产总值确保增长13%以上；农业增加值增长6.5%以上；规模工业增加值确保增长13%以上；

服务业增加值增长15%以上；固定资产投资确保增长25%以上；社会消费品零售总额确保增长13%；财政总收入确保增长12%，一般公共预算收入确保增长10%以上；城镇、农村居民人均可支配收入分别确保增长11%和13%；城镇登记失业率控制在4%以内；城镇化率提高到39%左右；森林覆盖率达到69%左右；人口自然增长率控制在5.5‰以内；小康实现程度达93%左右；节能减排降碳指标控制在省下达计划范围内。力争在全省10个国家扶贫开发工作重点县综合排位要保4争3。

围绕实现上述目标，我们将全力重点抓好以下八个方面工作：

一、聚力抓脱贫助小康，打好脱贫攻坚第一仗。加快推进易地扶贫搬迁。按期完成省级西江、方祥、达地示范安置点和丹江、大塘、永乐、望丰等乡镇因灾新增安置点建设项目，完善红屯堡、西出口、观音阁移民小区配套设施，加强引导、积极稳妥完成5000移民对象搬迁入住。集中力量实施扶贫项目。全面落实“五个一批”“1+10”“1+10+9”政策，做到“六个精准”“四个切实”要求，大力推进产业扶贫项目，确保贫困人口发生率下降4.3%以上，农村居民人均可支配收入达7839元以上。强化考核机制，通过产业扶持、就业扶持、教育扶持、兜底扶持等方式，确保20个贫困村实现脱贫，完成精准脱贫退出7000人。加强整合扶贫助贫资源。加强与对口帮扶单位的交流合作，实现向外借力发展，加大资金、政策、工作等投入力度。加强产业扶贫基金和平台建设，建成1000万元以上产业扶贫风险补偿基金，积极引导社会民间资本参与扶贫，大力实施基础设施建设扶贫。建好用好“扶贫云”和“扶贫专线”，切实将项目、资金、资源和力量有序投向同步小康创建，形成合力，扎实推进。

二、重点抓文化兴旅游，提升业态打造品牌。传承弘扬民族文化。大力挖掘民族文化内涵，深入推进民族文化“六进”工程，开展抢救性保护工作，继续挖掘申报一批县、州、省、国家级“非遗“名录和传承人，启动实施“非遗”传承示范基地项目建设，启动“中国传统村落·黔东南峰会”永久会址项目建设。继续推进与苏州美院等高校或企业合作。办好雷山苗年、苗岭笙歌、苗岭斗牛、芦笙舞蹈、银饰刺绣等系列活动。强化景区配套设施。继续推进西江景区完善提升工程，完成西江文化创意平台街区、长荣服务区和风雨长廊、旅游步道、观景栈道、商贸长廊等项目建设，启动凯雷高速营上服务区、文艺创作基地（剧场）等项目建设。加快推进郎德景区整体开发，完成南统服务区、“非遗”一条街、停车场、游客服务中心、郎德上下寨连接步道建设，完成郎德上寨风貌整治和田园景观打造，建成乡村旅游驿站、旅游公厕、自驾游营地等服务配套设施。启动郎德镇养老公寓项目建设。加快县城景区化打造，完成游客服务中心建设，启动丹江体育森林公园、陶尧温泉、飞来福寺及雷山至郎德生态自行车专用车道等一批项目建设，全力打造国家级公园县。启动陶尧蚩尤文化园、陶尧服务区建设，督促和支持协调开发商尽快启动24千米、乌东和响水岩等景区景点建设，谋划启动雷公山旅游观火车项目建设，创建雷公山国家生态旅游示范区。同时，积极开发建设方祥、望丰、大塘等乡村旅游线，完成14个旅游村寨“四有”建设，加快全县景区化进程。提升服务质量水平。力争完成西江国家AAAAA级景区创建，开通西江景区与凯里、都匀高铁站和贵阳龙洞堡、黄平机场及省内重要景区之间旅游直通车。利用“大数据”手段，搭建“智慧旅游”平台，促进“互联网+旅游”互动发展，提高重点景区无线局域网覆盖率。内联外引借力造势。借助凯雷高速开通，我县进入“两高”时代的机遇，全力打造“苗疆走廊”品牌，拓展“京津冀”“珠三角”“长三角”和周边省、市等地区客源市场。整合旅游资源和要素，建立旅游整体营销长效机制。加大旅游宣传推介，进一步提升雷山知名度、美誉度和影响力，力争全年接待游客达660万人次以上，实现旅游综合收入56亿元以上。

三、着力抓产业调结构，加快转变发展方式。发展山地特色农业。以“6个10万”工程为抓手，实施粮食增产工程，稳定粮食生产面积在18万亩以上，粮食总产量稳定在3.9万吨左右。培植红米、半芒谷等特色稻4000亩，力争产值达1000万元以上。新建高标准无性系茶园面积5000亩，改造提升低产茶园、幼龄茶园2万亩，完成茶青产量1.5万吨，实现产品产值3.9亿元，综合产值10亿元以上；建成5个以上茶叶初级加工厂房和2个茶青交易市场；扩大红茶生产规模，注重产品质量，促进红茶产品外销，实现出口创汇300万美元以上。新增天麻、青钱柳、白芨等中药材种植5000亩，累计达3.5万亩；扩大黑毛猪养殖规模，力争年出栏7万头、存栏5万头，加大野猪、竹鼠、土鸡等特种养殖，完成肉类总产量7200吨以上；实施稻田养鱼、冷水养鱼工程及娃娃鱼、石蚌等特色水产养殖，水产品产量达1000吨以上。推进高效农业集聚。大力推进“公司+农户+合作社+农民经纪人”农业园区运营体制，进一步拓宽园区融资渠道，搭建融资平台，不断增强园区承载能力，确保农业园区总产值达到40亿元以上。推进新兴产业转型。深入实施工业“百千万”工程和“双服务”活动，引导和支持企业技改扩建，培育规模以上企业2家。加快中药饮片、果蔬加工、山泉水等一批生态工业项目落地建设。力争工业投资完成5亿元、工业总产值增速达12%。力争社会消费品零售总额增长13.5%。着力发展特色农产品、银饰刺绣加工，推进休闲养生、健康养老、体育竞技等新兴业态，积极开发森林疗养、森林氧吧、康体运动等康体养生产品，打造全国知名健康养生基地，力争产值达1000万元。培育产业经营主体。以市场需求为导向、以利益机制为联盟、以企业发展为龙头，通过政策倾斜、贷款贴息、资金奖励、税收优惠、项目申报等方式，培育省级农业龙头企业1家、州级2家。完成雷山黑毛猪生态原产地产品保护申报工作，年内新增无公害农产品、绿色食品、有机食品认证3个以上。充分利用“互联网+”，加大电子商务平台建设，完成电子商务网点建设100个，实现电商年交易额5000万元以上。

四、突出抓项目稳增长，构筑协调发展格局。加强基础设施建设。完成蚩尤大道、凯雷高速西江连接线、凯雷高速黄里互通至黄里坳二级公路建设，完成窄路面公路拓宽改造140千米，启动实施雷山至西江、郎德至望丰、营上至白水河农村公路“三年会战”项目建设；启动实施改造农村公路危桥1195平方米，力争实现村村通客运车辆。加快高速公路、省道干线前期工作，争取立项实施雷山至榕江四格高速公路项目、雷山至舟溪公路改造项目，力争交通完成投资15亿元。启动西江北大门、小北门及县城文体中心、县医院等区域多层停车场项目建设。以骨干水源工程建设为重点，积极推进水利建设“三大会战”，抓好在建工程续建，力争鸡鸠水库全面完工，启动实施西江、陶尧、脚尧3座水库建设，完成水利投资3.5亿元。加快推进城镇建设。完成马家屯坡脚至红屯堡环线公路建设。加快苗疆盛世城市综合体、丹江体育公园等丹江示范小城镇“8+X”项目建设，推进县城二期污水收集管网、垃圾填埋场及收运系统、供排水设施等市政项目施工进度，启动县城南部路网工程和永乐南路城市棚户区改造建设，启动锑厂坡片区、郎当河口至陶尧片区开发建设，加快县城扩容提质步伐。推进棚户区、城中村和背街小巷改造，完善市政配套设施建设，力争国家级卫生县城创建成功。抓好郎德、大塘、达地等特色小城镇建设，重点推进陶尧新区、营上服务区功能设施建设，促进产城互动，力争城镇化率提高4个百分点。加速产业项目建设。加大旅游业态、特色工业、高效农业项目投资，完成旅游公路改造提升40千米，完成苗岭斗牛城建设。完善乌开工业小区基础设施，启动螺丝山片区控规及基础设施建设，加快推进贵州同济堂中药材加工项目、敬旺绿野食品技改搬迁等项目落地建设。启动中国苗药园、雷山康体中心项目建设。启动陶尧温泉配套设施建设，推动理疗、康体等产业发展。完善现代高效农业园区水、电、路等配套设施。加大民生工程建设。实施好第二幼儿园建设；加快殡仪馆项目建设；完成丹江省级高标准基本农田土地整治项目，加大达地10个村省级高标准基本农田土地项目整治力度。完善电力通信设施建设。年内全面完成农村消防“电改”工程，启动实施输变电工程、配网改造等项目建设。加快信息骨干网络扩容、城乡网络覆盖、农村宽带延伸等重大信息基础设施建设，完成广播电视村村通、户户响工程建设，完善通讯、网络、广播电视等公共服务设施。加强基层邮政基础设施建设，扩大邮政服务网点村级覆盖面。

五、合力抓生态美城乡，构建绿色发展体系。实施生态工程建设。大力实施“绿色贵州”三年行动计划，以重大林业生态工程为载体，建设好雷公山区生态屏障，强化生态文明先行示范区建设，实施2000亩林业生态示范项目，完成天保工程封山育林3万亩划定落地，管护好52万亩公益林，实施4800亩退耕还林工程，确保森林火灾受害率控制在0.5‰以下。抓好小流域治理项目建设，积极开展省级水生态文明试点创建，巩固“生态雷山”水环境成果。加强生态环保治理。着力抓好沿河村寨及小流域治理项目建设，严格执行生产、生活、生态空间划定界限，推进垃圾分类处理，加强垃圾填埋、污水处理、危险化学品等重点行业、重点排污企业的执法监督，确保达标排放。用好森林保护“六个严禁”和环境保护“六个一律”两把“利剑”，制止破坏生态植被，严厉打击电鱼、毒鱼、炸鱼和捕鸟等违法行为，积极构建资源节约、环境友好消费模式。加大美丽乡村建设。深入实施“美丽乡村”基础设施建设六项行动计划，推进农村人居环境综合整治，改善农村生产生活环境。加快完善传统村落水、电、路以及消防等基础设施建设，统筹抓好农村建房审批，规范农村建房行为。培育和发展壮大村级集体经济，增强集体经济主导农村经济发展能力，实现生态美、家居好、农民乐。

六、全面抓重建复生产，注入持续发展动能。积极争取项目和资金支持。切实用好省委、省政府批复《雷山县灾后重建综合治理规划》政策，加强与省、州对接沟通汇报，积极争取项目和资金支持灾后重建，最大限度争取项目、资金的支持。强化项目调度和协作能力。坚持“整体推进，分级负责、分步实施，遵循自然、质量第一”重建原则，加强施工组织、管理、调度，强化部门之间协作、配合，有序推进重建项目。推进灾后重建和民生保障。加快骨干水源、乡镇供水、农村饮水、农田灌溉及防灾减灾工程恢复建设，重建堤防护岸及河道疏浚6.8千米，加快推进44个地质灾害隐患点治理项目建设，完成山洪泥石流毁损5000亩林地恢复重建，恢复重建特色种植1000亩以上、改良酸性土壤面积4000亩、复垦灾损耕地8686亩。要抓好灾区生活保障，确保受灾群众有衣穿、有饭吃、有房住。

七、稳步抓改革促发展，激发经济发展动力。深化重点领域体制机制改革。深入推进行政管理体制改革，正确处理政府和市场的关系，继续推动简政放权、放管结合、优化服务，落实权力清单、负面清单和责任清单制度，进一步削减行政审批事项，规范行政审批行为。加快建立自然资源资产产权制度、国土空间开发保护制度、空间规划体系，健全资源有偿使用和生态补偿制度，开展农村土地经营权确权登记颁证工作。完善生态文明绩效评价考核和责任追究制度，努力推动我县生态文明体制改革走前列、作示范。深化投融资体制改革。成立投融资管理中心，保障国家投资项目申报，扩大融资能力，加强项目资金链全流程跟踪监管，防范债务风险。努力探索采用PPP模式建设基础设施项目，着力破解融资难题。鼓励重点项目和企业采取股权投资、股权质押、风险投资等形式进行融资。引进贵州银行、贵阳银行入驻雷山设立分支机构，积极组建和完善小额贷款公司、融资性担保公司、村镇银行和农村互助社等新型农村金融机构。扎实推进国有企业产权制度改革，有序实施国有企业混合所有制改革。逐步建立现代市场化产业投融资机制，强化企业发展要素支撑。全面推进注册资本登记制度改革、先照后证登记制度改革和“三证一照”改革，降低审批门槛，提高服务效率，推动民营经济创新发展。注重财政收入质量和支出效益。依法征税，控制非税预算，全面统筹，整合资金，盘活存量资产资源。突出优势资源招商引资。坚定不移实施大开放主战略，利用“两速”时代发展机遇，主动参与和融入“一路一带”“长江经济带”国家战略，加大优势资源、特色产业和优势项目政策宣传推介，创新招商方法，改善招商引资环境，建立招商引资目标管理责任制、考核机制和有效激励约束机制，提高招商引资成功率、履约率和资金到位率，力争全年招商引资到位资金达到25亿元以上。

八、大力抓民生护和谐，推进社会事业发展。加大民生保障力度。落实各项强农惠农政策，严格民政保障资金管理，加强社会救助力度，抓好城乡低保审批，做好大病、重病医疗救助，保障困难群众最低生活水平。探索农村幸福院、居家养老等方式，提高养老服务水平，积极应对人口老龄化，确保老有所依、老有所养，全力推进全民参保工作，扩大社会养老保险覆盖面。办好人民满意教育。突出抓好“普及十五年教育”工作，深化实施第二个学前教育“三年行动”计划，加快乡村幼儿园建设，不断创新办学方式，确保学前教育普及率达85%以上，小学、初中、普高、中职辍学率控制在1%、2 %、5%和10%以内，九年义务教育巩固率达95%以上。提高医疗卫生水平。推动医疗卫生事业改革，启动实施新农合大病医疗保险，规范医疗服务行为，强化转诊转院管理，提升服务能力，确保新农合参合率保持在99%以上；落实全面两孩政策，严格控制政策外多孩生育，实行生育登记服务制度，减轻基层负担，切实提高人口素质。强化安全生产监管。严格执行“一票否决”，推动“五级五覆盖”和企业“五落实五到位”，落实“党政同责、一岗双责、齐抓共管”责任制，重点抓好道路交通、农村消防、建筑施工、燃气和危险化学品、烟花爆竹等领域安全监管，努力构建“大安监”长效机制。强化社会治理创新。启动“七五”普法，积极引导和支持公民、法人和其他组织依法表达诉求和维护权益。强化国家安全教育，依法加强生态环境、网络安全、社会安全等问题治理，积极探索司法调解、行政调解、人民调解有机结合，开展“和谐家庭”创建，提升基层组织应对公共事务控制力和引导力，切实维护社会和谐稳定，提高群众安全感。

着力办好民生实事。(1) 完成思源实验学校主体工程、雷山民族中学体育馆、丹江第三小学建设；确保义务教育基本均衡发展、基本“普及十五年教育”通过国家和省级验收。(2) 农低保标准提高到每人每年3060元，城低保标准提高到每人每月484元。(3) 扶持微型企业30户，新增农民专业合作社99个，城镇新增就业1900人。(4) 完成丹江卫生服务中心、县妇幼保健院、县疾控中心业务用房、乡镇卫生院公租房、49个农村卫生室项目建设；完成县医院二期工程建设并实现远程医疗。(5) 完成公路安全生命防护工程500千米。(6) 投入资金1.2亿元，实施57个传统村落水、电、路以及消防等基础设施建设。(7) 实施水利工程恢复重建，恢复灌溉面积1.3万亩，解决1.7万人饮水问题。(8) 完成生态移民集中安置2833户；完成农村危房改造3000户。(9) 建成县级电子商务产业园，完成乡镇电子商务服务站8个、村级电子商务服务点实现全覆盖。(10) 启动40个省级村集体经济发展试点创建工作。

推进法治政府建设

各位代表！打好打赢脱贫攻坚战，全面实现同步小康，对政府工作提出了新的更高要求，我们坚决维护中央权威，坚决服从省、州和县委的领导，加强法治政府建设，提高服务经济社会发展能力。

履行职责，打造法治政府。利用大数据改造升级政务服务，严格依照法定权限和程序行使权力、履行职责，把政府工作全面纳入法治轨道，坚持运用法治思维和法治方式深化改革、推动发展、化解矛盾。积极探索重大行动决策第三方评估机制，完善科学决策、协商民主机制，坚持重大事项集体决策、专家咨询、社会公示、风险评估等制度，提高决策的科学化、民主化、法制化水平。自觉接受人大法律监督，政协民主监督，新闻舆论和社会公众监督，全面接受人民监督，积极采纳社会各界合理意见，充分体现人民意愿。

简政放权，打造效能政府。加强权力清单和责任清单动态管理，全面清理和公开服务事项目录，推行行政审批标准化建设，精简办事程序环节，缩短办理时限，打通服务群众“最后一千米”问题。合理配置行政资源，推进事权和职权相统一，有效解决政府职能缺位、越位、错位等问题。主动顺应人民群众对提升政府工作效率的迫切要求，深化政府管理创新，大力提升行政效能，不断增强群众的获得感和幸福感。

担当作为，打造清廉政府。强化财政资金监管、行政监察和审计监督，坚持不懈纠正“四风”，深入推进“为官不为”“为政不廉”整治，以“钉钉子”精神和“马上就办”的作风狠抓落地落细落小落实，敢于善于担当，切实解决不作为、慢作为、乱作为现象。坚持党风廉政建设“一岗双责”责任制，严格执行中央“八项规定”，落实《廉洁自律准则》和《纪律处分条例》，认真践行“三严三实”要求，实打实干事创业，努力营造干部清正、政府清廉、政治清明的良好政治生态。

各位代表！回顾过去五年，我们取得了不凡业绩；展望未来五年，我们信心倍加坚定。决战决胜脱贫攻坚战集结号已经吹响，让我们在县委的坚强领导下，在县人大、县政协的监督支持下，万众一心，锐意进取，顽强拼搏，奋发有为，为全面建成宜居、宜游、宜业的和美雷山，夺取全面建成小康社会决胜阶段的伟大胜利而努力奋斗！

政协第八届雷山县委员会常务委员会工作报告

——在政协第八届雷山县委员会第五次会议上

（2016 年 1 月 18 日）

县政协主席　陈正锋

2015 年工作回顾

2015 年是人民政协事业创新发展的重要一年。一年来，县政协常委会高举中国特色社会主义伟大旗帜，坚持以邓小平理论、“三个代表”重要思想、科学发展观为指导，深入学习贯彻党的十八大、十八届三中、四中、五中全会及习近平总书记系列重要讲话精神，在县委的正确领导和县政府的大力支持下，组织广大政协委员、政协参加单位和各族各界人士，坚持团结和民主两大主题，认真践行“三严三实”，紧紧围绕县委、县政府中心工作，认真履行三大职能，为推动我县经济社会持续健康发展做出了积极贡献。

一、围绕中心、服务大局，协商民主成效更加明显

常委会始终立足全局、服务中心，紧扣全县经济社会发展中具有综合性、战略性、前瞻性的课题，多种形式开展协商议政，有效发挥了人民政协服务大局、助推发展的重要作用。

大会协商质量提高。在四次会议上，县委、县政府主要领导和分管联系领导及相关部门负责人莅临全会指导，听取了 12 名委员的大会发言，真诚与委员们交流沟通，许多建议得到采纳和落实。比如，委员就《关于进一步发展壮大我县茶叶产业的建议》的大会发言，县委书记黄清发同志高度重视，多次召开座谈会，广泛征求意见，县委研究出台了《关于加快推进茶产业提质转型升级发展的实施意见》，为茶产业提质转型增收提供了政策支撑和措施保障，委员们倍受鼓舞。会议期间，委员们还围绕我县全面深化改革、转变发展方式、保障和改善民生及促进社会稳定等重大领域，开展界别讨论，与领导面对面交流，提出建议 46 条，为县委、县政府科学民主决策提供重要参考。

专题协商成效明显。以全县经济社会运行、普法工作、美丽乡村建设等为议题，召开 4 次常委会协商议政。常委会就我县 2015 年上半年经济运行和社会发展情况进行协商，提出 32 条意见建议，一些建议转化为县委、县政府决策和职能部门工作措施，为圆满实现全年经济发展目标任务、助推“十二五”顺利收官起到了积极作用。又如，常委会就美丽乡村建设进行协商，提出“进一步统筹整合项目资金，打造美丽乡村建设整体效果”的建议，县委、县政府十分重视，采取项目整合、捆绑部门资金推进的方法，实施完成大塘镇新桥村临街房屋景观提升整治、水上粮仓污水处理、旅游休闲长廊建设等项目。以减贫摘帽、“6 个 10 万”工程、教育均衡发展、农村合作医疗等为议题，召开 4 次主席会议协商，提出 43 条意见建议，一些建议得到吸纳和落实。比如，主席会议就我县脱贫攻坚进行协商，提出“进一步调整充实‘减贫摘帽’工作领导小组”的建议，县委、县政府高度重视，及时调整充实组织领导，进一步建立和完善“减贫摘帽”联席会议制度，逐级落实工作责任，形成“一级抓一级，层层抓落实”的工作格局。

座谈协商实效增强。2015 年是“十二五”收官、“十三五”规划的承前启后关键之年。常委会围绕科学编制我县“十三五”规划的重大问题，开展了县长与委员的座谈协商。县政协组成7个调研组，分别就城镇建设、交通水利、工业发展、农业产业、文化旅游产业、教育卫生事业等领域深入调研，为编制全县“十三五”规划提出具有科学性、前瞻性和可操作性的建议。在座谈会上，袁刚县长与委员们倾心座谈，深入交流沟通，委员提出的23条建议被吸纳到全县“十三五”规划纲要中，为绘就我县“十三五”宏伟蓝图做出了积极的贡献，体现了委员参大政、议大事的高度责任感。围绕全县非物质文化遗产、传统村落保护与开发等方面的问题，开展主席与委员约谈协商，形成的意见建议，黄清发书记作出了“请晓玲并建设局认真研究，充分采纳建议，把传统村落保护和开发工作抓得更好”的批示。

调研视察重点突出。以灾后重建、生态文明建设、雷公山自然保护区开发、农业园区建设、传统村落规划、达地水族乡经济社会发展、农林水技术人才培养、村村通（硬化）公路建设、农业园区建设等为内容，开展专题调研视察。形成9个调研视察报告，提出56条意见建议，得到县委、县政府的高度重视。黄清发书记先后作出了重要批示，袁刚县长也在有关报告上作出批示。比如，针对《关于推动达地水族乡经济社会发展的调研报告》，以县委办、县政府办及时行文，把责任分解到县委、县政府相关领导和职能部门抓落实，推动了少数民族乡镇政策的兑现落实和经济社会健康发展。又如，《关于推进雷公山自然保护区保护与开发的建议》，被州政协选定为2015年州长与委员座谈会发言材料，一些建议被州政府吸纳。再如，《关于九十九农业园区建设情况的视察报告》，得到杨少辉副书记、龙志波副县长的批示，有效地推进农业园区基础设施建设进度，促使我县农业产业发展得到提质升效。其他调研视察成果，得到县委县政府相关领导的充分肯定，为推进我县各项改革发展提供了广泛的智力支撑。

提案协商效果凸显。常委会注重提案在政协职能中的重要作用，进一步健全和完善提案工作协商机制，着力提高提案质量和办理实效。四次会议以来，县政协委员提提案162件，立案149件。通过县领导领衔督办、“三办”联合督办、民主评议督办等方式，促进了提案的办理效率，提案办结率为100%，其中，已解决或采纳68件，占立案总数的45.64%。提案的有效办理，解决了群众关心、社会关注的一些热点难点问题，深得群众赞誉，充分体现了提案反映民意、集中民智、实现民愿的作用。

参政议政务实高效。常委会始终把发展作为履职第一要务，积极参与中心，服务大局，按照县委统一安排，县政协班子成员及部分政协委员积极投身于凯雷高速公路、蚩尤大道、郎德景区开发等重点项目建设，以及农业农村、茶产业发展、财税征收、引资引智、信访维稳、教育卫生等工作中去，全力以赴抓协调、抓服务、抓矛盾化解，为我县经济发展、社会进步、实现“十二五”圆满收官做出了积极的贡献。

二、关注民生、促进和谐，履职为民理念更加牢固

常委会坚持把履职为民作为政协工作的着力点和根本宗旨。委员们立足本职，发挥优势，主动当好政策宣传员、民情信息员、解困帮扶员，把履行职责与改善民生有机结合起来，努力促进民生问题的落实和解决，竭尽所能为构建和美雷山献计出力。

建言献策聚民声。委员们积极发挥提案、反映社情民意在解决民生问题中的重要作用，全年共收集编写社情民意专报23期32条，其中事关民生保障26条，占81.25%。比如“关于尽快开通县城2路公交车的建议”得到了采纳，方便了群众出行；又如“关于充实社区协管员网格员的建议”得到落实，面向全县公开推选34名网格管理员，60名网格信息员，社区管理工作得以加强。在立案的149件提案中，涉及民生发展和社会事业建设的有71件，占48%，内容涵盖就业就医就学、基础设施建设、养老保障、扶贫开发等多个方面，彰显了人民政协履职为民的宗旨。

抗洪救灾化民忧。去年我县连续遭遇了4次历史罕见特大洪灾，广大政协委员、政协参加单位情系灾区、心系灾民，弘扬“一方有难，八方支援”的中华传统美德，全力投入到抗洪救灾和灾后重建工作，捐款捐物350余万元，帮助灾民解决困难，渡过难关。许多政协委员用实际行动诠释了政协委员强烈的社会责任感。比如：吴志勇委员的厂房被洪水冲刷，他不等不靠，带领员工清理淤泥，同时他不忘边远偏僻灾区群众，主动为灾区群众献爱心、送温暖，给毛坪村、乔洛村灾民送去2万元的粮油。杨阿妮委员发挥自己企业优势，为安置灾民进行免费技能培训，通过“企业+绣娘”的模式，解决部分安置灾民的就业问题。王通洲、余江等4名政协委员和政协工作者在抗洪抢险和灾后重建中工作突出，受到县委、县政府的表彰。

扶贫攻坚解民困。我们牢固树立扶贫脱贫是第一民生工程的理念，带领广大政协委员深入开展帮扶工作。委员们身先士卒，在深入开展访贫问苦的基础上，结对帮扶，精准施策，精准推进。协调争取上级资金120多万元，为开屯、脚雄、乌达、中寨、乌响、交腊、陡寨等村寨修建通组公路、便民桥、公路安全防护栏、消防设施等50余件实事，贫困村寨基础设施进一步改善，受困群众生产生活水平有所提升，为这场输不起的扶贫脱贫攻坚战发挥了积极作用。

智力支边得民心。充分发挥智力支边联系面广的优势，积极与社会各界和爱心人士牵线搭桥，引资引智取得良好效果。一年来，争取获得民盟中央“暖梦行动”之温馨黔行捐赠200万元，支持我县教育基础设施建设，引进各类社会资金及物资60余万元，为全县1000多名贫困学生解决实际困难问题。着眼“三农”发展，在脚猛等村开展农业适应技术培训6期800余人次，帮助村民提高种植养殖技能，为农业增效、农民增收、实现同步小康奠定了良好基础。

三、发挥优势、汇集力量，团结民主氛围更加浓厚

常委会牢牢把握团结和民主两大主题，充分发挥协调关系、化解矛盾、汇聚力量的作用，密切联系社会各界，加强联谊沟通，不断扩大对外交流，努力为我县经济社会发展凝聚智慧和力量。

加强对外联谊交往。采取“走出去、请进来”的方式，组织委员到遵义、石阡等地学习“四在农家·美丽乡村”建设经验，委员履职视野不断拓宽；采取“下基层、接地气”的方式，组织委员深入到乡镇、边远贫困村寨向群众学习450余人次，使政协履职更加贴近群众、体察民情、了解民愿。与此同时，加强与省内外政协系统及社会友好人士学习交流40多批300余人次，县工商联等政协参加单位、商会、非公有制经济人士在引资引智和联谊交往中做了大量工作，为进一步提高雷山知名度、提升雷山影响力做出了贡献。

致力推进文化建设。加强文史资料工作的收集、整理、出版，着力挖掘和保存雷山珍贵的民族文化，征集编辑出版50万字的《雷山苗族巫文化》，收集历史资料7篇，较好发挥了文史资料“存史、资政、团结、育人”的作用。主动融入民族文化传承，积极服务于雷山苗年等民族文化旅游节庆活动。积极组织政协干部及政协参加单位参与全县职工国庆歌咏大赛、苗年篮球赛，取得了较好名次。既丰富了文化生活，又提升了履职精气神。

扩大对外宣传影响。邀请贵州电视台、贵州日报社、贵州政协报等7家媒体对县政协在助推经济社会发展的成果进行宣传，贵州电视台以《政协调研·政府给力·雷山大力发展茶产业》为题，对雷山政协履职成果作专题报道。全年有34篇文章被各大报刊媒体采用，香港文汇报发表题为《阖家融入雷公山》，报道陈至成委员在雷山发展茶产业的动人故事；《提高履行职能水平·促进经济社会发展》《雷山县政协推动教育文化事业发展纪实》和《雷山县政协精心设计2015年协商民主工作》还上了省政协报头版头条；雷山电视台开辟《政协委员风采》栏目，大力宣传政协委员先进事迹，彰显政协委员风采，增进全社会对政协委员的了解、尊重和支持；出版了《雷山政协》内部季刊4期，制作了宣传专栏4期。进一步扩大政协社会影响力。

四、开放创新、激发活力，委员履职途径更

加广泛

常委会坚持与时俱进发展理念，面对发展新形势、经济新常态、改革新要求，不断创新工作理念和工作模式，在服务中体现特色、在履职中增强实效。

委员履职形式多样。围绕群众关心、社会关注的服务窗口行业，常委会对县国土资源局、县供电局两个单位进行民主评议，通过评议两个单位为“满意”。在肯定成绩的同时，帮助被评议单位查找问题、分析原因，提出15条整改建议，被评议单位针对评议组提出的整改意见进行认真整改，改进工作方法，提高服务质量，工作效率得到明显提高，服务意识进一步增强；围绕依法行政工作，组织委员对《中华人民共和国旅游法》和《中华人民共和国环境保护法》的实施情况进行民主监督，形成了两个民主监督报告，提出12个方面问题和9条建议，为推进旅游产业和生态环境保护工作发挥了积极作用；坚持把提案办理民主评议工作纳入常委会工作重点，按照5%的比例遴选了《关于加强我县学前教育发展的建议》《关于制定〈雷山县农家乐地方标准〉的建议》等8件提案办理情况开展民主评议。通过民主评议，一些困难和问题得到及时发现和纠正，提案办理效果得到了进一步落实和巩固。此外，受聘在政法、监察、卫生、财税等部门担任监督员的委员，认真履行职责，积极发挥监督作用，为推动部门行风建设取得了良好效果。

委员作用发挥显著。常委会注重委员学习培训，以“委员活动日”为载体，组织委员开展学习与交流，有效增进了委员之间团结和友谊。加强与委员的沟通联系，全面掌握委员的履职情况，积极向县委推荐优秀干部，增强了委员履职信心。一年来，委员们在各行各业发挥自己优势和特长，展现委员好风采，树立委员新形象，为我县经济社会发展做出了应有的贡献。比如，顾永冲委员凭借自己过硬的锻造技艺，在银饰一条街开办了银饰品加工企业，年销售总额达到970万元，带动了20多人就业，为我县非物质文化遗产传承与保护做出了贡献。石昌凤委员巾帼不让须眉，艰苦创业，自己试种折耳根、玄参等产业成功后，带动了村里30多户共同种植，帮助村民走上脱贫之路。苗耀升委员8年前从杭州来到雷山后，融入了苗族大家庭，倾心苗族文化研究，行走在村村寨寨，拍摄记载雷山民风民俗2万多G，收藏1000余件民俗物品，抢救了一批面临消失的苗族非物质文化遗产，为推动雷山苗族文化的保护与传承做出了卓有成效的贡献。朱辉委员服从组织安排，在征地拆迁工作中，以“5加2、白加黑、晴加雨”的精神投入工作，深入到被征拆户中耐心细致做思想工作，真诚与群众交朋友，跟群众讲政策、说道理，赢得群众理解支持，为蚩尤大道、苗疆盛世城市综合体、红屯堡园区等重点项目建设顺利实施奉献了自己的一分力量。

五、坚定信念，增进共识，协商议政能力更加增强

常委会始终把自身建设作为提高履职能力和工作水平的基础性工作，注重理论修养、党性锻炼和业务知识的学习，持续加强自身建设，努力提升政协工作科学化水平。

认真践行“三严三实”。按照县委的统一部署，县政协党组及班子成员扎实开展“三严三实”专题教育活动，深入学习党的十八大、十八届三中、四中、五中全会和习近平总书记系列重要讲话精神，以及《中国共产党廉洁自律准则》和《中国共产党纪律处分条例》等重点篇目，组织机关党员干部到息烽集中营接受党性教育。扎实开展上专题党课和三次专题学习研讨，对照“三严三实”和“忠诚干净担当”的要求查摆问题，深入反思，深刻剖析，严格整改，树立正确的世界观、人生观和价值观，提升政治素养、增强担当意识，自觉做政治上的明白人，工作上的实干人。严守政治纪律和政治规矩，守住底线，不越红线，进一步把反“四风”、改作风、树新风引向深入，推进了廉政务实政协建设。

广泛增进思想共识。坚持把加强思想建设放在重要位置，积极引导政协委员和社会各界人士，增进对党委政府战略部署的思想认同。充分发挥党组中心组理论学习、常委会学习、界别委员学习的作用，深入学习习近平总书记视察贵州重要讲话精神以及中共中央《关于加强社会主义协商民主建设的意见》《中国共产党统一战线工作条例（试行）》《关于加强人民政协协商民主建设的实施意见》等文件精神，认真领会、深刻理解，把思想和行动统一到上级决策部署上来，贯彻到政协工作的各个方面，积极协助党委政府做好凝聚人心的工作，努力营造团结、民主、和谐的协商民主氛围。

全面提高机关效能。以建章立制为“抓手”，及时修订完善相关制度，在调研视察、会务会风、接待联谊、机关管理等方面提出了明确要求，为委员履行职能提供了制度保障。县委出台的《关于县委常委闭会期间联系部分县政协委员的实施意见》，明确每位县委常委联系2名以上农村或非公经济委员，帮助委员们解决困难和问题。县政协建立了《县政协机关干部联系走访委员制度》，明确主席、副主席每人联系10名以上委员，县政协机关科级以上领导干部每人联系5名以上委员，既增进了机关与委员的沟通联系，又帮助委员解决了一些问题和困难。积极探索政协协商延伸基层机制，在东城、西城两个社区设立了政协联络组，把辖区内的政协委员编入社区联络组管理，有效促进委员服务居民群众。积极引导政协机关干部察民情、转作风，精业务、提效能，强服务、树形象，有效提升了机关的服务保障能力。

各位委员，过去一年取得的成绩，得益于县委的正确领导和县政府及相关部门的大力支持；得益于全体政协委员及机关同志的不懈努力；得益于社会各族各界人士的积极参与和鼎力相助。在此，我代表县政协常委会，向所有关心、支持和参与政协工作的同志们、朋友们表示衷心的感谢，并致以崇高的敬意！

在看到成绩的同时，也清醒地认识到，我们的工作还存在一些不足和问题。主要表现在：协商民主的广泛性、全面性有待进一步增强，调查研究能力有待进一步加强，联系服务群众能力有待进一步提高，委员履职能力有待进一步完善，自身建设水平有待进一步提升。对于这些问题和不足，我们将在今后的工作中切实加以改进。

2016年主要工作

今年是实施“十三五”规划的开局之年，立足新起点、面对新形势、面临新挑战，2016年常委会工作的总体要求是：深入贯彻落实党的十八大、十八届三中、四中、五中全会及习近平总书记系列重要讲话精神，按照县委十二届六次全会的战略部署，高举爱国主义和社会主义旗帜，坚持团结和民主两大主题，牢固树立“创新、协调、绿色、开放、共享”五大发展理念，以脱贫攻坚统领经济社会发展，坚持主基调、主战略不动摇，坚定不移地坚持“生态立县、文化兴县、旅游强县”。着眼“十三五”规划，聚焦实施“大扶贫、大数据、大健康”三大战略行动，围绕做好山地农业和山地旅游两大姊妹篇，认真履行政协三大职能，扎实推进协商民主建设，深入调研视察，积极建言献策，为实现全面建成小康社会目标贡献智慧和力量！

一、强化学习，在思想意识上有新提高

要深入学习中共十八届五中全会以及习近平总书记系列重要讲话精神，省委十一届六次、州委九届六次、县委十二届六次全会精神，组织广大政协委员、政协参加单位认真学习贯彻落实中央、省、州、县经济工作会议和扶贫脱贫攻坚工作会议精神，全面把握小康社会建设的重大意义和奋斗目标，始终把“五大”发展理念融入政协履职的实践之中，着力提高推进“五位一体”和“四个全面”建设的履职水平。要深入学习和贯彻落实中共中央对新时期人民政协工作、统一战线工作和协商民主的新要求，切实做到真学、真懂、真用，着力提高政治把握能力、调查研究能力、联系群众能力、合作共事能力、开放创新能力，自觉成为推动科学发展的参与者、实践者。要继续巩固提升“三严三实”专题教育成果，采取形式多样的学习活动，提高能力和素质，强化勤政廉政建设，把从严从实修身、用权、律己、谋事、创业、做人贯穿于政协履职的始终，当好政协人！

二、突出重点，在助推发展上有新贡献

要把改革和发展作为履职重点，围绕大扶贫、大数据、大健康三大战略行动以及山地农业和山地旅游两大姊妹篇开展协商议政，积极为实现全面建成小康社会做出新贡献。

着眼“十三五”规划这条主线，在政治协商上有新实效。“十三五”时期是我县脱贫攻坚和全面建成小康社会的决胜阶段，我们要牢牢抓住这条主线履行职能，紧扣发展第一要务。围绕建设幸福雷山、活力雷山、法治雷山等重大战略部署，深入调研视察；围绕经济社会运行、民族文化山地旅游、生态工业、大健康产业等开展常委会协商；围绕有机农业、农村电子商务、教育卫生事业等开展主席会议协商；围绕热点、难点问题座谈约谈协商，为推进民族文化山地旅游大县、苗族文化展示体验大县、有机农业大县、农村电子商务示范县、苗乡大健康示范县、服务便捷先行县、产城景一体化示范县、生态文明先行示范区建设建言献策。

着眼扶贫脱贫这场硬仗，在参政议政上有新成果。牢固树立扶贫开发第一民生工程的理念，突出脱贫工作大格局目标，充分发挥政协联系广泛、资源富集等优势，努力为基础设施建设扶贫、农业产业扶贫、文化旅游产业扶贫、易地搬迁就业扶贫、教育扶贫、医疗健康扶贫、社会保障兜底扶贫等提供智慧和力量。着力在建立农村合作组织、扶贫资金统筹使用、培育农村各类经营主体以及村级集体经济等方面开展调研，提出更多有针对性、建设性的意见建议。动员和带领广大政协委员积极投身到脱贫攻坚的战场中，为打赢科学治贫、精准扶贫、有效脱贫这场输不起的攻坚战贡献力量。

着眼群众关注的民生问题，在民主监督上有新作为。牢牢把握民生是政协工作的落脚点，围绕守底线、走新路、奔小康以及社会热点、难点问题开展民主监督，鼓励委员提出批评性意见建议，有效开展监督活动。要更加注重提高提案质量，着力打造精品提案，强化提案办理措施，进一步促进提案办理落实，切实运用提案监督助推经济社会发展。要更加注重评议效果，选定1至2个部门或行业，继续开展民主评议工作，帮助部门提高工作效率和服务质量。要更加注重反映社情民意，进一步拓宽反映社情民意渠道，及时反映群众所需所盼所想，合理表达群众的利益诉求，着力解决群众关注的热点难点问题。

三、夯实基础，在履职能力上有新水平

要始终把加强自身建设作为一个永恒的课题，注重提升自身履职能力和素质，努力建设一支敢于创新、勇于担当、善于干事的政协队伍。

进一步发挥专委会基础作用。要以发挥专委会基础作用为依托，重视和支持专委会工作开展，着力加强专委会建设，增强专委会工作活力。积极组织专委会开展调研、视察、提案等履职活动，加强专委与社会各界联系，完善专委会协调协作机制，促进专委会与对口部门、联系界别之间的协作，扎实开展对口协商。

进一步激发政协委员主体作用。要运用现代信息网络平台，建立更为便捷联系服务委员机制，加强委员沟通管理工作。要继续采取多种形式加强委员学习培训，提高委员履职能力。要继续开展好委员调研视察、委员活动日、界别活动等工作，不断丰富委员履职内容。要严格委员考核管理，切实转变委员作风。

进一步提高基层组织纽带作用。要完善基层政协组织管理机制，不断规范乡镇、社区政协联络组管理，增加基层民主协商密度，推进协商民主广泛多层制度化、科学化、规范化发展。要积极为界别开展活动创造条件，加强对界别活动的组织和服务。要积极探索委员联系服务群众机制，扩大和延伸政协工作覆盖面。

进一步增强政协机关阵地作用。要始终按照“三严三实”要求，着力提高政协机关干部服务能力和担当意识，努力建设一支高效廉洁的政协干部队伍。要绷紧“作风建设永远在路上”这根弦，加强政协机关作风建设，改进工作做风，从严执行党纪国法，守住廉洁底线。要主动关心广大政协委员和政协干部的工作和生活，积极向县委推荐优秀政协干部及委员。在县委的统一领导下，切实做好新一届政协换届选举工作，为人民政协输入新力量、注入新活力。要建立电子信息化办公机关，努力提高政协机关工作效率。要深入挖掘、总结政协工作经验和亮点，加大宣传力度，树立政协对外良好形象，推进政协工作再上新台阶。

各位委员，蓝图已经绘就，团结凝聚力量，奉献成就伟业。让我们更加紧密地团结在以习近平同志为总书记的中共中央周围，高举中国特色社会主义伟大旗帜，在中共雷山县委的坚强领导下，进一步凝心聚力，求真务实，锐意进取，扎实履职，不断开创政协工作新局面，为推进“十三五”规划落实，助推扶贫脱贫攻坚，全面建成小康社会，创造雷山更加美好的未来，谱写人民美好生活新篇章而努力奋斗！

大事记

LEI SHAN YEARBOOK

1 月

3—4 日，“苗族版全国芦笙大赛”在雷山县丹江镇南猛村举行，来自全国各地的 65 个代表队，628 名选手参加传统芦笙、改良芦笙、集体芦笙 3 个组别比赛。

13 日，省住建厅厅长张鹏到方祥乡格头村就“美丽乡村”建设进行调研，对该村因地制宜建设“美丽乡村”取得的成效给予肯定。

27 日至 2 月 10 日，在凯里等地举行的 2015 年黔东南州青少年锦标赛暨省九运会选拔赛上，雷山县青少年代表队获得田径项目 13 块金牌、10 块银牌、13 块铜牌，跆拳道项目获 10 块金牌、2 块银牌、6 块铜牌，摔跤项目获 2 块金牌、4 块银牌，拳击项目获 2 块金牌、2 块银牌，乒乓球项目获 4 块铜牌，共获奖牌 68 块。

28 日，黔东南州书法家协会组织 10 多名协会成员自带笔墨纸张到大塘镇新桥村和咱刀村为苗族同胞书写春联 300 余幅，深受当地群众欢迎。

2 月

2—3 日，国务院扶贫办开发指导司副司长吴华、副处长段求明一行到雷山县西江镇西江村开展扶贫小额信贷调研工作。县委副书记杨少辉陪同调研。

2—11 日，雷山县妇联举办以“锦绣计划”为主题的农村妇女刺绣培训班，来自全县各乡镇的 42 位苗族妇女参训。

3 日上午，“雷山县 2015 年红十字博爱送万家”仪式在该县大塘镇咱刀村启动，现场向 20 户受助困难群众共发放大米 20 袋、食用油 20 桶、毛毯 20 床、棉衣 20 件，价值 7000 多元。雷山县红十字会 2015 年“红十字博爱送万家”活动得到省、州红十字会的大力支持，加上自筹资金，共购买大米 334 袋、食用油 120 桶、家庭包 65 个、毛毯 100 床、棉衣 100 件等物资，价值 7 万多元，活动惠及全县共 8 个乡（镇）45 个村、300 多户困难群众。

10 日，省民宗委副主任张和平到雷山县郎德镇也改村慰问困难党员群众和调研产业发展情况，并要求结合当地的自然资源，突出重点，推动经济发展，实现“减贫摘帽”目标。

26 日，州委常委、常务副州长王贵率州质监局等部门到永乐镇就鱼酱酸特色食品发展情况进行调研，并要求把鱼酱酸打造成为雷山地区的特色品牌，扩大群众增收渠道。

28 日，雷山县城再次被中央文明办命名为“全国文明县城”荣誉称号。

3 月

4 日，在第 52 个学雷锋纪念日来临之际，共青团雷山县委、县妇联、县红十字会、青年志愿者服务队等单位联合组织 50 余名青年志愿者，到县敬老院开展“学雷锋·送关爱”慰问孤寡老人活动，为敬老院里的 60 余名老人孤儿送去新春元宵节的祝福和问候。

6 日，雷山县妇联以“展示巾帼风采·共建和美雷山”为主题，在木鼓广场举行庆祝“三八”国际妇女节“信合杯”民族健身操大赛暨寻找“最美家庭”活动启动仪式。来自全县 11 支代表队、250 余名队员参赛。经角逐，映山红队获得一等奖。

27 日，由县委宣传部主办，县教育局、县文体广电局、县市政局协办，县邮政局承办的“全民阅读·书香雷山”首届正版精品图书普及惠民和助学活动在县城木鼓广场举行捐赠仪式，向偏远小学捐赠价值 2 万余元的图书。3 月 27 日至 4

月10日，在该广场展销千余种正版畅销图书。

29日至4月12日，广西电视台卫星频道大型原创公益扶贫节目《第一书记》拍摄组走进贵州雷山县开展节目的采点、拍摄和录制工作，草原歌后乌兰图雅及大陆歌手李行亮加盟拍摄。

4月

13日，雷山县委书记黄清发率队赴苏州工艺美术职业技术学院考察，并出席贵州雷山苗族文化展示馆开馆暨合作签约仪式，县人大常委会主任刘光信，县政协主席陈正锋，县人民政府副县长张晓玲等参加。参加签约仪式的还有苏州市人民政府、苏州市旅游局、贵州省旅游局等单位领导、嘉宾及新闻媒体记者等。仪式上，黄清发作开馆致辞，张晓玲与苏州美院签订《雷山县人民政府与苏州工艺美术职业技术学院项目合作框架协议书》；同时，县职校、西江旅游公司分别与苏州美院签订《雷山县中等职业学校与苏州工艺美术学院合作项目协议书》和《雷山县西江旅游公司与苏州工艺美术学院合作项目协议》。

19—20日，广东骏马慈善基金会会长陈辉龙一行到雷山县开展走访慰问贫困高中学生家庭和捐赠活动。陈辉龙一行先后到西江镇西江村、郎德镇郎德村、大塘镇咱刀村共走访慰问5名贫困高中学生的家庭。该基金会共向雷山民族中学45名家庭经济困难且品学兼优的学生发放每人每年1500元的助学金，捐助款项和人数一定三年不变。

21日，省政协民宗委主任龙德方率省政协调研组一行先后到雷山县方祥乡格头村和丹江镇乌东村，就少数民族地区古村寨保护与发展进行调研。龙德方对雷山县古村寨保护工作给予肯定，并要求加快民族古村寨打造建设进度。

22日，由雷山县总工会主办，贵州水投水务雷山县有限责任公司赞助的雷山县2015年“水务杯”庆“五一”职工篮球运动会在县委篮球场拉开序幕。来自全县71支代表队（其中男45支、女26支）共980余名运动员参加角逐。

23日，雷山县作家协会成立暨第一次会员代表大会在县委五楼会议室召开。州作家协会副主席余敏、县委副书记杨少辉出席并讲话，县政协副主席李彬等出席会议。县摄影家协会、书法家协会、芦笙协会及全县40多名作协会员参加会议。会议听取雷山县作家协会筹备工作情况报告，审议通过《雷山县作家协会章程》，选举产生第一届作家协会组织领导机构。

28日，由雷山县西江艺术团表演、鄢洪编导编排的苗族舞蹈《银匠哥》，在参加中央电视台3频道《舞蹈世界》栏目“舞蹈全民星”节目展播中荣获第三期冠军和特别荣誉奖。

28日，2015年全国劳动模范和先进工作者表彰大会在北京人民大会堂隆重举行，雷山县市政局环卫工作人员杨正芬获全国先进工作者殊荣。在这次表彰会上，贵州省共获全国劳动模范42名、全国先进工作者18名。

29日，受中国民族博物馆邀请，雷山县中等职业学校苗族“非遗”艺术团一行23人参加浙江省博物馆举办的武林馆开馆文艺演出，向中国美术学院服装设计专业的师生们展示苗族服饰、刺绣、银饰锻造、民族歌舞等苗族非物质文化遗产项目，深受学院领导专家以及师生喜爱。

29日，以“葆品格先进·当时代先锋·创和美雷山”为主题在雷山木鼓广场举行纪念“五四运动”96周年歌咏比赛。全县共有6所中学300名队员参赛，雷山一中获得第一名。

5月

1—3日，2015年中国·雷山“游天下西江·品雷公山茶”茶文化周万人品茗活动在西江“千户苗寨”景区广场举行，全县22家茶企参展，参加品茗游客达2万人次，日销售额达13万元左右。

6日，全国人大农业与农村委员会副主任欧广源、江帆率全国人大农委专题调研组一行到雷山县就农村扶贫开发工作情况进行调研。调研组对雷山县在农村扶贫开发工作中取得的成绩给予肯定，建议做大做强茶叶产业，带动群众共同致富，打赢扶贫攻坚战。

10日，县交通运输局、县公路管理段、县农村公路管理局、县道路运输管理局4家单位利用县城赶集日，联合在县城汽车站门前开展“路政宣传月”活动，共发放《中华人民共和国公路法》《公路安全保护条例》等宣传资料共3000余（册）份。

14日，省人大执法检查组一行到雷山县全国重点文物保护单位——郎德上寨及贵旅雷山大酒店、脚尧茶业公司等单位开展《中华人民共和国消防法》和《贵州省消防条例》执法检查，听取县有关工作情况汇报，对全县“一法一条例”的贯彻执行情况给予肯定，并要求全力构筑农村火灾防御体系，为群众生产生活提供消防安全保障。

15日，雷山县社会保险费划转地税机关征收启动仪式在县政务中心举行，县委副书记、县长袁刚宣布雷山县社会保险费划转地税机关征收工作正式启动。

16日至18日，县委副书记、县长袁刚率团先后到铜仁市的碧江区和松桃县、遵义市的习水县和仁怀县考察学习城镇规划和建设工作经验，副县长张晓玲及丹江镇、郎德镇、县住建局、县国土局等单位主要负责人随同考察。

18日，州人大党委会主任罗亮权，副主任唐斌、杨秀锡、龙世勇一行在县人大常委会主任刘光信、台江县人大常委会主任张运良及方祥乡党政主要负责人陪同下，到雷公坪就风景旅游区建设进行调研。罗亮权强调要立足黔东南旅游发展大格局，以西江千户苗寨为载体、雷公山分景区为中心、兄弟县市景区景点为链接，联动规划旅游线路，辐射带动雷公坪等景点景区的开发。

18日，贵州首届春茶斗茶大赛在贵阳落下帷幕。雷山县毛克翕茶叶发展研究所的“雷山银球茶”获绿茶类金奖茶王，为贵州五大新“茶王”之一。

20日，县科协与雷山民中联合举办全县科普活动，共向学生发放科普丛书600余本，发放小礼品300余件。

22日，国家卫生计生委中国人口与发展研究中心战略规划研究室主任杜旻调研组一行，到雷山县西江镇就基层人口和计划生育工作开展调研，听取西江镇开展人口计生工作情况汇报，并与村“两委”负责人和群众代表等进行座谈，就当地人口计生工作的热点难点问题进行交流。

22日，雷山县Ⅰ类铸廉单位集中授牌仪式在县委五楼会议室举行。县委书记黄清发作讲话，县委副书记、县长袁刚宣读Ⅰ类铸廉单位名单，县委常委、县纪委书记雷林多主持授牌仪式。全县创建Ⅰ类铸廉单位有289个，经过亮、判、查、评，达到Ⅰ类铸廉单位标准有157个单位。

24日，应贵州旅游创新产业发展基金邀请，国际著名影星杨紫琼随大型史诗电影《天佑我心》主创团队一行走进贵州省雷山县西江千户苗寨，进行《天佑我心》前期选景拍摄准备工作。

25日，国家旅游局公布首批“全国旅游价格信得过景区”名单。全国有1801家旅游景区成为首批“信得过”景区，雷山县西江千户苗寨景区榜上有名。

27日凌晨2时至7时，雷山县遭受特大暴雨袭击，最大降雨量367毫米，各条河流暴涨，造成达地、永乐、大塘、丹江、郎德、西江、方祥乡等乡（镇）不同程度受灾。至上午9时，县城上游在建的鸡鸠水库水位超过警戒水位。县城主要对外交通要道凯雷二级公路（省道炉榕线）多处桥梁、路基损毁，造成水利、交通、供电、供水等基础设施损害严重。据统计，这次特大暴雨使全县71380人受灾，农作物受灾面积3217.23公顷，损坏房屋4780间，直接经济损失共计9.88亿元。

27日，省政府党组成员、省水利厅厅长黄家培，与州长廖飞到雷山县考察指导抗洪抢险救灾工作。考察中，黄家培、廖飞一行听取雷山县抗洪抢险救灾工作情况汇报。黄家培要求精心组织，强化措施，落实责任，切实做好各项抢险救灾工作，确保万无一失。廖飞要求细化避险预案，及时清理河道，为广大人民群众生活生产安全打好基础。

26日20时至27日9时，鸡鸠水库库区发生特大暴雨，雨量367毫米，最大洪峰流量620立方米/秒，入库洪量1814万立方米，达到200年一遇洪水标准。10时，水库坝前达到最高水位931.4米，鸡鸠水库利用导流洞泄洪，库区拦蓄洪水近600万立方米，削减洪峰流量300立方米/秒，延宕洪水下泄时间，降低县城及下游洪峰流量，为县城及下游的防洪发挥作用。雷山县在建的重点工程项目鸡鸠水库工程，在发生特大洪水前，大坝填筑至933米高程，比度汛高程高出16.5米，

28日至30日，2015中国（贵州·遵义）国际茶文化节暨茶产业博览会在遵义市湄潭县会展中心举办，雷山县组织8家茶叶企业参展。

6月

2日，省财政厅副厅长、省农发办主任冉茂文一行在州财政局有关负责人陪同下，深入雷山县丹江镇的排卡、羊苟、陶尧等受灾村查看灾情，并指导灾后重建工作。

4日，省民宗委主任吴军在州民宗委主任霍胜红等陪同下，深入雷山县灾区一线调研民族村寨受灾群众的安置救援及民族文化保护传承情况。县委副书记、县长袁刚，县委常委、副县长毛珏梅及县民宗局负责人陪同调研。

5日至8月18日，由贵阳市红十字会志愿者协会、雷山县智力支边办、雷山县红十字会等组成团队，把856个壹基金温暖包先后发放到雷山县受灾严重的郎德小学、毛坪小学、乔洛小学等7所小学856名学生手中。

8日，州委副书记、州长廖飞在州政协副主席、州政府秘书长邓锦光陪同下，到达地水族乡开展遍访贫困村贫困户受灾情况，慰问贫困老党员、受灾困难群众，并察看乡政府驻地达勒村的小城镇建设情况。

9日下午，州委书记李飞跃到雷山县大塘镇山湾村，调研地质灾害防治情况和“5·27”灾后重建工作，要求各职能部门在大灾面前坚守岗位，确保灾民顺利转移安置。

9—10日，省委常委、省纪委书记宋璇涛率省民政厅、省交通厅、省水利厅、省旅游局、省信用联社等有关部门负责人到遭受“5·27”和“6·8”两次强暴雨袭击的雷山县进行灾情考察。州委书记李飞跃，州委副书记、州长廖飞，州委常委、州委秘书长耿生茂；县委书记黄清发，县委副书记、县长袁刚，县人大常委会主任刘光信，县政协主席陈正锋及四大班子其他领导陪同考察或参加工作座谈会。

15日，由县发改局牵头，县教育科技局、县农业局、县工信局、县生态移民局、团县委、县总工会、县妇联等单位在县城大十字启动以“节能有道、节俭有德”为主题的节能宣传周宣传活动，共发放宣传材料5000余份。

16日，全县举办“三严三实”专题讲座。省委党校（贵州行政学院）常务副校（院）长韩卫东教授应邀作“全球变局与共产党人人格力量”专题讲座。全县副县级以上领导干部，县直部门单位正科级实职领导，各乡镇党委书记、乡镇长、组织委员，县属国有企业主要负责人聆听讲座。

16日，国务院发展研究中心农村经济研究部博士、副研究员程郁一行到雷山县大塘镇山湾村，就农村扶贫开发工作进行调研。

17日，在凯里市民族风情园举行的中国（贵州）第一届国际民族民间工艺品文化产品博览会黔东南赛区顺利闭幕。雷山县有17项民族民间工艺品设计、能工巧匠在设计大赛中分别获得一等奖1个、二等奖6个、三等奖7个，穆修和的银器类《锦鸡舞》荣获中老年组一等奖。

25日，省国资委副主任薛宝军一行到雷山县调研旅游产业发展情况。县委书记黄清发，县人大常委员副主任郭建强、罗爵等陪同调研。

27日晚上，“爱心献灾区—重建美好家园”

"苗岭笙歌"音乐季专场赈灾义演晚会在县木鼓广场举行。晚会收到爱心捐款264万余元，其中中国电建集团贵阳勘测设计研究院有限公司捐款100万元、杭州市上城区人民政府捐款50万元。

30日，在继2014年12月开通县城1路公交车后，雷山县城开通2路城市公交车。开通的2路公交线共投入公交车6辆，途经15个站点，总里程4.5千米，双向对开行驶。

30日，雷山特色优势服务产业集聚区被贵州省发改委认定为全省第二批10个省级现代服务产业集聚区之一。雷山特色优势服务产业集聚区，以西江景区为中心，面积为280公顷。

7月

3日，州委常委、州委秘书长耿生茂到永乐镇柳乌村，开展遍访贫困村贫困户活动。在永乐镇政府召开会议室的座谈会上，耿生茂要求要高效有序推进精准扶贫工作，顺利实现"减贫摘帽"目标。

6日，雷山县领导干部公共管理能力提升专题培训班在杭州市委党校正式开班，县人大常委会副主任刘平方，县政协副主席杨慧萍及杭州市委党校有关领导和全体学员参加开班仪式。全县各级领导干部共45人参加此次培训。

7日，省文联、省红十字会慰问团在雷山县木鼓广场为灾区人民举行慰问演出。并向雷山灾区捐赠价值50万元的大米、食用油、家庭包、蚊帐等物资，捐款3万元。

9日，以"龙脉相传·青春中华"为主题的台胞青年千人夏令营贵州分营在西江千户苗寨开展交流活动。来自台湾长荣大学32名大学生和省台联、州台办、团州委、凯里学院学生代表参加。

21日，雷山县"人口福利·生育关怀基金"重大自然灾害紧急救助金发放暨圆梦女孩志愿行动启动仪式在县城木鼓广场举行，活动发放励志金、晚婚晚育奖、人口福利紧急救助金等共10.23万元。

27日下午，雷山吃新节万人游方苗族情歌大赛隆重开幕，来自凯里、雷山、台江、剑河等县市45个代表队参加比赛。比赛奖金总额为6.4万元，创下黔东南州同类比赛最高奖金纪录，来自雷山县的百灵组合夺得本次歌赛冠军，奖金1万元。

28日，省扶贫办纪检组长韦苇一行先后到郎德镇扶贫工作站和老猫村督查指导"精准扶贫"建档立卡工作，提出建档立卡是做好下阶段精准扶贫工作的基础和前提，要求摸清底数、找准对象、对症下药。州扶贫办主任杨黎及县扶贫办、郎德镇主要负责人陪同。

30日至8月4日，县政府副县长龙志波率团赴对口帮扶雷山县的杭州上城区南宋御街119号水云间风物馆开展茶旅交流推介活动。杭州电视台、杭州广播电视台、明珠快报社和杭州网等新闻媒体记者参加新闻发布暨推介会。

31日，西江千户苗寨特产旗舰店暨黔东南州电子商务诚信体验店正式揭牌营业。

8月

3日，雷山县贵州百佳尚品农业综合开发有限公司获食品生产许可认证（QS证）。该公司是贵州省唯一获得生产青钱柳茶的企业，也是国内仅获生产青钱柳茶4家企业之一。百佳尚品公司青钱柳种植面积达333.33公顷，是黔东南州最大的青钱柳种植、加工、销售企业，产品主要销往浙江、上海、广州等地区。

5日，州台办主任杨德敏、副主任蒋锦丽一行在县委统战部有关负责人陪同下，到雷山县走访台资企业贵州敬旺绿野食品公司。该公司是2005年台商简敬豪投资兴建，注册资金550万元，总投资3000万元，主要从事茶叶、竹笋、山野菜等食品的开发、生产、加工和销售经营活动。

15日，雷山县驻广东省流动人口计划生育协会成立大会在广州市京源酒店举行，会议选举产生会长、副会长及秘书长。据统计，雷山籍驻广东省的流动人口达3万余人。

16日，南方航空机上杂志《云中往来》编辑部、南航乘务员形象宣传片拍摄组、南航乘务员一行20人到西江千户苗寨拍摄乘务员走进苗寨专题片。

18日，中华全国总工会副主席江广平一行，在省总工会副主席杨兴举及州、县相关领导陪同下，到西江千户苗寨文化旅游发展有限公司职工服务中心、西江苗族博物馆工会、阿浓苗家工会调研，对雷山县的工会工作给予肯定。

18日，省纪委监察厅副厅长李豫贵到雷山县调研指导纪检监察工作，并召开座谈会，了解雷山县纪检监察工作开展情况，强调要做好“民生铸廉”工作。县委副书记宴贵福及县纪委相关负责人陪同调研。

21日至23日，2015中国·贵州国际特色农产品交易会在贵阳市国际会议展览中心举行。雷山县茶叶展区在3天时间里，有2.2万人次光顾雷山各展馆，直接销售收入3.1万元，达成合作意向42万元。

28日，贵州省教育厅公布2015年省级示范性普通高中学校升类及创建评估结果，黔东南州雷山民族中学晋升为省级示范性普通高中学校。

28日至29日，县人民政府副县长叶建文率县工信和商务局、县市场监管局、县供销社、县邮政局、县信用联社和八乡镇主要负责人组成的考察团赴铜仁市印江县电子商务（农村淘宝）服务中心、仓储物流中心、社区服务站、乡镇运营服务站、乡镇邮政运营中心考察学习电子商务平台建设。

29日，全县纪念抗日战争胜利70周年党史暨抗日战争知识竞赛在县委五楼会议室举行。共有27支代表队参加比赛，经过一天预赛、决赛两个阶段的角逐，县教育和科技局获第一名。

9月

2日，在纪念中国人民抗日战争暨世界反法西斯战争胜利70周年纪念日来临之际，县委副书记、县长袁刚，县政协主席陈正锋，县政府副县长叶建文一行走访慰问抗战老兵杨占德，为老人佩戴中共中央、国务院、中央军委联合颁发的中国人民抗日战争胜利70周年纪念章。

8日，雷山县2014年度扶持限上批零住餐企业奖励金在县工信和商务局会议室兑现。全县有圣城佳源酒店等9家限上企业获奖，奖金共11.2万元。

8日，中央统战部办公厅巡视员申占华一行到雷山县西江千户苗寨调研民族文化工作开展情况。省委统战部秘书长邵刚、州委统战部副部长何平勇等陪同调研。

10日，青春文学作家梅子黄时雨到雷山县上郎德苗寨采风。梅子黄时雨于2009年出版第一部小说《人生若只初相见》，累计销量超过40万册，跻身为当代言情小说畅销作家之列。

10日，由中央统战部、国资委、国家民委、全国政协民宗委支持拍摄的“同心圆梦·美丽中国行活动：全国苗歌大赛主题歌《习主席走进苗家寨》”MV摄制组到雷山县郎德镇郎德上寨拍摄。著名歌手春雷、阿幼朵和当地300余名苗族同胞参加拍摄。

11日，在浙江省湖州市举行的“2015国际乡村旅游大会”上，雷山县西江千户苗寨荣获“世界十大乡村度假胜地”称号，是贵州省唯一获此殊荣的景区。入选“世界十大乡村度假胜地”其他9个世界旅游点为中国婺源、湖州、台湾、郫县、栾川、锦江和越南沙坝、巴西亚马孙、塞尔维亚巴尔格莱德。

14日，省总工会党组书记副主席杨兴举到雷山县望丰乡工会职工之家、职工书屋和电子阅览室就基层工会工作开展情况进行调研。在听取工会工作开展情况介绍后，杨兴举要求要切实维护好职工的合法权益，共建和谐社会。

15日，杭州市工商联领导率部分民营企业代表，深入到雷山县达地水族乡也蒙小学开展捐赠活动，捐赠价值2.5万元学生校服150套。现金9万元。

17日，省监察厅副厅长李豫贵率省纪委监察厅机关青工委、共青团一行到郎德镇报德村小学开展爱心助学捐赠活动，共捐赠寄宿学生床上用品68套，校服165套。同时对郎德镇2015年考上二本以上的13名大学生每人奖励5000元，共计65000元。

20—23日，县委副书记、县长袁刚率县政府办、县投资促进局、县国土资源局、县水务局、县工信和商务局等有关部门负责人组成的招商团在广州、深圳开展招商引资项目推介及意向项目洽谈工作，初步与深圳市景田食品饮料有限公司达成投资雷公山优质山泉水项目合作意向，与广州佛山市中国中药集团就雷山中药饮片项目达成合作意向。

23日，省扶贫办党组成员、纪检组组长韦苇一行到雷山县望丰乡和丹江镇督查精准扶贫建档立卡工作，对全县精准扶贫建档立卡工作取得的成效给予肯定，并要求要进一步做好档案资料和系统平台数据信息核准工作，全面提升雷山县精准扶贫建档立卡工作质量。

24日上午，贵州省2015年中央财政现代农业生产发展资金（茶产业）项目重点县公开竞争立项陈述会在省财政厅举行。雷山县委副书记、县人民政府县长袁刚代表县委、县政府作竞争立项陈述报告。经专家组评审认定，雷山县综合成绩名列第六名，入围2015年中央财政现代农业生产发展项目资金（茶产业）项目重点县。此次成功立项后，中央财政对雷山县茶产业的财政补助资金将达1000万元。

25日至10月30日，雷山县举办第一届“卫生计生”摄影大赛。共有50多人投稿，参赛作品照片共600余张，经黔东南州摄影家协会摄影家组成的评选组评选，共评选出一等奖2名、二等奖5名、三等奖10名、优秀奖83名。获奖作品将在该县2015年11月下旬举办的苗年节活动期间展出。

28日，2015年雷山县“中国梦·劳动美·迎国庆”干部职工歌咏比赛在县木鼓广场举行，来自全县部分县直机关，省、州驻县单位基层工会职工16个队800余人参赛。每个参赛队由30人以上队员组成。经比赛，雷山民中、党群队两个代表队获第一名，雷山信用联社、县政府办、县政协3个代表队获第二名，县教育局、丹江镇等9个代表队获第三名。

10月

1—7日，“十一”国庆节期间，全县共接待游客95.41万人次，旅游收入达到8.21亿元，同比分别增长21.06%和28.9%。

1—7日，雷山县在西江千户苗寨举办“游天下西江·品雷公山茶”茶文化周活动，县内12家茶叶企业参加活动。活动期间，共免费向游客发放茶礼品46公斤、宣传折页5100余份，无偿品茗人数达1.4余万人次，茶产品销售额达16万元。

9日下午，县委常委、县政府副县长汤敏在县政务服务中心办事大厅为西江镇古苗乡旅游文化开发有限公司法定代表人颁发首张“三证合一、一照一码”营业执照，标志着该县“三证合一、一照一码”登记制度改革全面启动。

9日，县委副书记吴厚道率县委办、县政府办、县委宣传部、县财政局、县统计局、县扶贫办等部门负责人组成的考察团到麻江、岑巩两县考察学习“减贫摘帽”工作。

14日，州委副书记、州委政法委书记桑维亮，州委常委、副州长林朝盛在州政府党组成员、州公安局局长吴智贤及州委办、州政法委、州司法局等部门负责人的陪同下，到西江景区调研“美丽西江·和谐景区”创建工作。座谈会上听取工作汇报后，桑维亮对创建工作给予肯定，并要求把创建工作做成群众看得见、得实惠的民生工程。县委书记黄清发及县领导侯美彪、黄超群、郭建强等陪同调研。

15—16 日，省建档立卡检查验收小组到雷山县检查验收精准扶贫建档立卡工作，永乐镇、丹江镇代表全县接受检查，各项工作经量化考评，均达优秀等次，顺利通过验收。

19 日，省水库和生态移民局局长王应政率调研组一行到雷山县就扶贫生态移民和水库后期扶持工作进行调研。调研组一行到西江营上“千户苗寨西江新村”扶贫生态移民省级示范点，实地察看安置点项目施工情况，听取安置点规划、设计，安置模式、后续产业发展方向汇报。调研组要求，在保持原有的生态环境下要加大生态移民和水库移民后期扶持推进工作力度，扶持好发展好主导产业，带领移民安置户脱贫致富。

19—20 日，省委常委、省纪委书记宋璇涛带队到雷山县大塘镇九十九省级农业产业园区、也耶村、合兴红茶厂和郎德镇老猫村、南猛村、也改村等地遍访贫困村贫困户。宋璇涛强调，要准确掌握贫困群众贫困程度和致贫原因，分门别类精准施策扶贫。

20 日，雷山县大健康项目集中开工仪式在郎德镇举行。县委常委、副县长汤敏出席开工仪式，县发改局等 7 个部门和部分企业的代表 40 余人参加。全县有 15 个项目被纳入贵州省大健康产业发展规划，雷山县郎德镇养生文化体验度假区（传统村落健康养生基地）和雷山县养老基地（健康养老）被列入全州大健康示范基地。

20—21 日，省财政厅副厅长杨志、省财政厅农业处处长陈景德到雷山县毛克翕茶叶发展研究所、大塘镇掌坳村实地调研雷山茶产业发展和美丽乡村建设工作。在听取雷山县及部分企业、乡镇、村负责人的工作汇报后，杨志对全县发展茶叶、乡村旅游等工作取得的成效给予肯定，并要求要做大做强“雷山银球茶”品牌，让茶叶成为当地农民增收致富的“金叶子”。

21 日，省建设工程招标投标协会一行到郎德镇捐赠 50 万元，用于郎德镇下郎德村岩寨吊桥工程建设，方便当地群众出行。郎德镇先后遭受“5·27”“6·8”两次特大洪涝灾害，造成郎德镇基础设施损毁严重，郎德镇下郎德村岩寨与外界联系的唯一一条铁索桥被水冲毁，致使岩寨 35 户 152 人的出入境受阻。

22 日，国家质检总局发布 2015 年第 127 号公告，雷山县被列为茶叶类“国家级出口食品农产品质量安全示范区”。

23 日，雷山县水家学会在达地水族乡政府五楼会议室成立。大会上，50 名水族代表共同审议表决通过雷山县水家学会的各项章程，由 25 名理事会理事选举产生雷山县水家学会第一届会长 1 名、常务副会长 1 名、副会长 5 名、秘书长 1 名、副秘书长 5 名、常务理事 7 名；审议决定名誉会长 8 名。来自黔东南州水家学会、三都县水家学会、雷山县苗学会、榕江县水家学会、丹寨县水家学会代表到会祝贺。

26 日晚上，雷山县庆第 18 个环卫节 · 创“国家卫生县城”文艺晚会在县城木鼓广场举行。晚会上对 23 名优秀环卫职工和 4 个先进集体进行表彰。

27 日，贵州省粮食局局长沈健深入大塘镇龙河村和银枫、万城牧业、合兴生态等公司企业基地开展同步小康驻村工作调研，走访贫困户，为 20 户贫困户送去帮扶资金共计 2 万元。

30 日，雷山县举行农村公路建设“三年会战”项目集中开工仪式。集中开工建设项目为营上至白水河、郎德至望丰、响水岩公路、雷山至西江 4 条公路，总里程 62 千米，总投资为 1.13 亿元。

11 月

1 日，雷山县私立医院百信医院、五洲医院合并组建祥禾医院，成为全县首家以中医、西医、苗医结合的民营医疗机构。

5 日，省住房和城乡建设厅党组成员、总规划师王春一行到雷山县郎德镇、县城西出口响楼一号地项目、西江营上服务区调研城乡规划实施及新型城镇化建设工作。王春对雷山县的城乡建设工作取得的成效予以肯定，并要求要科学定位，因地制宜，抓好规划，推动雷山特色城乡一体化发展。

8日，州委常委、常务副州长王贵率督查组到雷山县县城观音阁、红屯堡、楼梯坝安置点，并采取现场督查、听取汇报、入户调查等方式督查指导扶贫生态移民工程工作。王贵要求要扶持好生态移民主导产业，为生态移民搬迁对象提供就业岗位。

9日，雷山县丹江体育森林公园开工奠基仪式在丹江镇羊排村羊排坳隆重举行。县四大班子领导出席开工奠基仪式，为公园奠基培土。

10日，由县委、县政府主办，县文体广电新闻出版局承办的“2015雷山苗年节第一届‘惠通杯’足球锦标赛”落幕。来自全县的13支代表队、260余名运动员参与比赛。经过10天角逐，西江旅游公司代表队夺得冠军，耕耘绿色农业代表队获得亚军，黑色狂人代表队获得季军。

10—19日，2015雷山县苗年第一届“信合杯”篮球锦标赛在县城举行，来自全县35支(男23支、女12支)代表队、420余名运动员参与比赛。11月19日晚大赛落幕，信合代表队、鸿雁代表队分别获得男子组、女子组冠军。

12日，由县委、县政府主办的“2015第三届‘和美雷山·银绣智慧’民族民间工艺品大赛”在雷山县城举行。来自全县的100名绣娘、50名银匠师登场展示刺绣、打制银饰技艺。最后，淳学娟等10名绣娘获得“十佳绣娘”，各获奖金2000元，有90名绣娘获得优秀奖；李发正等8名银匠获得“八强银匠”，各获奖金2000元，有42名银匠获得“优秀奖”。同时，大赛还评出创意产品设计类作品52件。

16日，2015年首届中国传统村落黔东南峰会乡域经济发展论坛暨招商推介会在凯里市民族文化宫隆重举行。雷山县人民政府副县长张晓玲代表县政府分别与贵旅集团雷山文化旅游产业发展有限责任公司、贵州雷山苗家大院民族文化产业有限公司签订雷山县乌东旅游服务景区建设项目、雷山县苗家大院民族文化产业园项目，签约资金总额2.88亿元。

22日，雷山县隆重举行主题为“走进蚩尤魂系家园，体验中国雷山苗年”的2015中国·雷山苗年非物质文化遗产大巡游活动，来自省内外22支代表队、3000余名演员载歌载舞参加展演。2015年雷山苗年活动为期2个月，在11月1日至12月30日期间举办2015年贵州环雷公山超100千米跑国际挑战赛、非物质文化遗产展演活动（开幕式）、千名姑妈回娘家过苗年等共19项民族民间文体活动。此次苗年活动是2000年举办该活动以来项目最多、持续时间最长的一次活动。

23日，2015中国·雷山苗年旅游暨招商引资客商座谈会召开。来自上海、杭州、重庆等64家旅行商，携程网、去哪网、云南远案文化传媒等14家媒体，广东草根民墅房屋制造公司、台黔投资管理（贵州）顾问公司等12家企业嘉宾参会。县委书记黄清发出席座谈会致欢迎词，县人大常委会主任刘光信，县政协主席陈正峰等出席座谈会。会上，参会嘉宾对如何发展雷山旅游产业、保护雷山传统村落和如何发展雷山中医药产业等建言献策。会后，副县长张晓玲代表雷山县和参会的企业签订合作协议，县旅游发展委员会负责人与杭州市上城区旅游局签订《旅游战略合作框架协议》。

23—25日，雷山县大塘镇掌坳村，丹江镇乌开、掌排、乌东、乌秀四村，西江镇开觉村等3个镇6个苗寨5218名外嫁他乡“姑妈”携“姑爹”一起浩浩荡荡回娘家过苗年。各村寨的娘家人在村头寨口树起青竹篷门，摆下迎客酒桌，吹芦笙敲铜鼓，列队鸣放鞭炮，夹道欢迎“姑妈姑爹”进寨过年。

24日，主题为“游苗疆圣地·品雷公山茶”的“2015年中国·雷山苗年节非物质文化遗产展示茶事活动”在县城木鼓广场成功举办，全县14家茶叶企业参展，现场销售茶叶金额3万余元，光顾品茗的游客约1.6万人次，发放雷山茶叶宣传折页0.5万份，免费发放茶礼品0.2万份，价值30万元；茶艺大赛评选产生一等奖1名、二等奖2名、三等奖4名、优秀奖若干名。

26日，省民政厅古丽亚调研员率省2015年第二批“城乡社区基层民主自治建设完善率”示范达标创建活动评估验收组第三组一行到雷山县丹江镇东城社区服务中心、大十字社区居委会、教厂坝社区居委会开展“和谐社区”创建评估验收，对雷山县创建省级“和谐社区”示范（达标）单位工作开展情况给予肯定。

27日，州人大常委会副主任龙世勇率执法检查组一行到雷山县贵州敬旺绿野视频有限公司茶叶种植基地、银枫公司黑毛猪养殖基地、大塘镇农产品质量安全监管站、县农资经营门店、县级农产品质量安全检查实验室等处就贯彻《中华人民共和国农产品质量安全法》和《贵州省农产品质量安全条例》进行执法检查。座谈会上，检查组听取雷山县贯彻实施“一法一条例”情况汇报，对雷山县贯彻执行“一法一条例”给予肯定，并强调要贯彻实施好“一法一条例”，强化农资监管，确保农产品质量安全。

27日，雷山县郎德镇南猛村举行“第二届苗族芦笙大赛”，来自黔东南各地的26个代表队、580名选手参加比赛。比赛活动主题为“相约芦笙舞乐之乡·传承民族优秀文化”。比赛分民族民间芦笙舞和创编芦笙舞2个组别。是日，参观游客达2.2万多人。

30日23时，“2015雷山苗年节苗岭斗牛大赛”落下帷幕。在A组比赛中，来自云南泸西的6号牛“过五关斩六将”夺得18万元大奖。本次大赛，分为A、B、C、D、E五个组别，来自全国各地的313头斗牛参战，历时5天，奖金累计68.5万元。

12月

2日，雷山县举行新一轮易地扶贫搬迁项目开工仪式。县委书记黄清发出席并宣布项目开工，开工仪式由县委副书记、县长袁刚主持。县人大常委会主任刘光信，县政协主席陈正锋，县委常委、副县长、县委宣传部部长韦通贤，县人大常委会副主任刘平方，县人大常委会副主任、丹江镇党委书记金光翔，县政协副主席邱兆娟出席开工仪式。新一轮易地扶贫搬迁工程项目整合保障性住房项目建设，安置点总占地面积53333.6平方米，总建筑面积54000平方米共450套住房，项目总投资9815万元，项目建设工期为2年。

11日，国家认监委在国家质检总局召开评审会，对雷山县创建国家有机产品认证示范区进行评审，经过实地考察评估、材料申报、陈述和答辩等环节，认定雷山县具备创建国家有机产品认证示范区的条件。

14日，全县举办首期村书记、村主任电子商务知识培训班。重点培训电商的基本概述、在国内的发展、组成要件以及农村利用电子商务创业知识，使村干部了解电子商务营销技巧。培训分两期进行，共300余人参加培训。

15日，国家认监委发布公告公示，正式批准雷山县为国家有机产品认证示范创建区。

20日，省扶贫生态移民局副局长张杰率省督查组一行在州移民局局长龙云茂、副局长姜达峻陪同下，到雷山县督查易地搬迁移民工作开展情况。在大塘镇高岩村，省督查组一行入户摸底调查，进一步核实易地扶贫搬迁整体搬迁自然村寨工作开展情况，认真听取当地村民对易地扶贫搬迁的意向和想法。省督查组一行到县生态移民局了解雷山县易地扶贫搬迁材料核实统计上报情况。督查组要求要积极推进易地扶贫整寨（组）搬迁工作，让生存条件恶劣的贫困群众彻底脱贫、根本脱贫、有效脱贫。

20日，州委常委、州委秘书长耿生茂一行到雷山县达地水族乡背略村、大坪山生态农业产业园开展遍访贫困村贫困户工作，向群众宣讲中共十八届五中全会和中央扶贫开发工作会议精神、征求对州委常委会民主生活会意见建议，提出达地乡要发挥区位优势，加快集镇建设，不断壮大优势特色产业规模，全面推动乡域社会经济发展，促进全面建设小康社会。

24日，历时两年多，总投资23.4亿元的凯里至雷山高速公路开通营运。凯雷高速公路是贵州省“678”高速公路网规划的“六横走向”的组成路段。凯雷高速公路起点位于凯里市三棵树镇，经过乌利、乌绕、摆底、南星、南尧、羊吾、黄里中寨、黄里大寨、虎阳、干皎、陶尧、雄水、乌秀13个苗寨。全长21.9千米，其中雷山县城连接线1.9千米，西江景区连接线4.9千米。沿线设西江服务区和下长坡、西江和黄里三处收费站。凯雷高速的建成开通，使雷山县告别没有高速公路的历史，极大改善西江千户苗寨、雷公山国家森林公园等景区交通条件。该公路将延线连接沪昆高速公路。

27日，雷山县发放首批持有注册商标的企业及自然人专利补助资金共52000元。2015年，雷山县共审定补助专利42件，绿叶香茶叶公司等10家企业40件，任福海2件。

27日，在县委五楼会议室召开全县抗洪抢险灾后重建表彰大会，县委书记黄清发在大会上作讲话，全面总结抗洪救灾和灾后重建工作，并要求全县大力弘扬抗洪救灾精神，搞好灾后重建工作，以先进为榜样，共同开创雷山科学发展和后发赶超、同步小康新局面。县委副书记吴厚道宣读《县委县政府关于表彰全县抗洪救灾和灾后重建先进单位和先进个人的决定》，授予县交通运输局等37个单位为“抗洪抢险灾后重建工作先进集体”；授予万继等92人为“抗洪抢险灾后重建工作先进个人”。副县长张晓玲在会上通报全县抗洪救灾和灾后重建工作情况。2015年，雷山县在5月27日至6月21日期间，连续遭受“5·27”“6·8”“6·13”“6·21”四次特大洪灾，造成直接经济损失13.97亿元，受灾人口13.3万人。6月12日上午，召开全县灾后重建工作动员大会，灾后重建工作全面启动。至年末，争取上级灾后重建资金2.54亿元，共收到社会捐赠资金176万元，下拨民政抗洪救灾资金1224.47万元。在灾后重建工作中，一批受损交通、水利、供电、通信、教育、卫生基础设施得到恢复或重建。至年末，全县地区生产总值完成23.76亿元，比2014年增长11.3%。

2015年，雷山县民政部门累计发放各类社会救助资金7247.37万元。其中：城市低保1148户2459人，844.42万元；农低保13349户36277人，5562.73万元；城乡医疗救助2516人次，救助金为689.80万元；临时救助1842人次，救助金150.42万元。

是年，全县安排重大工程和重点项目共97个（含22个预备项目），总投资254.88亿元，年度计划完成投资47.51亿元。截至12月底，97个项目开工建设60个，开工率62%，比2014年增长20%；完工16个、完工率16.5%；累计完成投资33.54亿元，比2014年增加10.4亿元，比2014年增长45%。

是年，全县实现农村广播电视综合信息网络全覆盖。完成干线光缆建设334千米，分配网光缆和-7、-5线敷设480千米；安装光机箱640个、分支分配箱1900个，整转安装用户6000余户；完成6个乡镇的机房装修及设备采购。累计完成投资3005万元。

县情概述

LEISHAN YEARBOOK

建置区划

【历史沿革】 明洪武年间，设镇远、清浪、铜鼓、五开、偏桥、古州、清平、兴隆8卫。

永乐十一年（1413年），废思州等宣慰司，置思州、镇远、黎平、新化4府，隶属贵州布政使司。

宣德九年（1434年），撤新化府并入黎平府。正统九年（1444年），置施秉、永从2县。弘治七年（1494年），置麻哈州及清平县，十一年（1498年），置镇远县。万历二十五年（1597年），置天柱县，二十八年（1600年），置黄平州。

清康熙年间，镇远、偏桥、清平3卫分别并入镇远、施秉、清平县，兴隆卫并入黄平州。雍正七年（1729年），置丹江厅驻丹江（今老丹江），属都匀府。同治十一年（1872年），迁丹江厅驻肇庆堡（今县城）。

民国2年（1913年），改丹江厅为丹江县，属黔中道。民国30年（1941年），撤销丹江县，并入台拱、八寨两县。民国33年（1944年），设置雷山设治局，属第一行政督察区。1950年，雷山设治局改为雷山县至今。

【地理位置】 雷山县位于黔东南苗族侗族自治州西南部，北纬26°02′—26°34′和东经107°55′—108°22′之间，东临台江、剑河、榕江县，南抵黔南自治州的三都水族自治县，西连丹寨县，北与凯里市接壤。全县总面积1218.5平方千米。距省府贵阳184千米，距州府凯里42千米。

【区划人口】 2015年，雷山县辖丹江镇、西江镇、大塘镇、永乐镇、郎德镇、望平乡、达地水族乡、方祥乡8个乡镇，共154个行政村、1305个村民小组。根据统计口径，2015年，全县年末常住人口数为11.7万人，比2014年增加0.02万人，年平均常住人口数为11.69万人。

按公安部门户籍管理统计，2015年末，全县有户籍总人口161004人。按民族构成，汉族人口为12613人，占总人口数7.8%，少数民族人口148391人，占总人口数92.72%，其中，苗族人口为135866人，占总人口数84.4%，其他各少数民族人口为12525人，占总人口数7.8%。主要有彝族、白族、傣族、壮族、苗族、回族、傈僳族、拉祜族、佤族、纳西族、瑶族、藏族、景颇族、布朗族、布依族、阿昌族、哈尼族、锡伯族、普米族、蒙古族、怒族、基诺族、德昂族、水族、满族、独龙族等民族分布。

自然资源

【地形地貌】 雷山县地处云贵高原湘、桂丘陵盆地过渡的斜坡地带，地势东北高，西南低。雷公山最高，海拔2178.8米，最低处海拔480米。矿产资源主要有铅、锌、铜、锑等。

雷公山为苗岭之巅，雷山县因此得名。雷山县雷公山国家级自然保护区群峰起伏，由冷塘山、乌东山、野草坡、木姜坳、雷公坪、冷竹山、猫鼻岭、九洞山等11座海拔1800米以上的山峰组成，地跨雷山、台江、剑河、榕江四县，总面积71万亩，其中雷山县辖区52.7万亩，占保护区总面积的74.23%，占雷山县总面积的29.08%。雷公山是母亲山，地处长江水系和珠江水系的分水岭地带，是清水江、都柳江主要支流的发源地，长江水系和珠江水系的重要维持者。雷公山又是神奇的山，它有三绝：“万木之王”秃杉、佛光胜景、雷公山“天书”；有七特：穿衣树、苗皇城、八封林、飞瀑群、猴啸谷、千角场、睡莲池。1997年4月，联合国专家考察雷公山后向世界公布：雷公山是当今保护得最好的一块未受污染的生态文化净地，是人们追求返璞归真、重返大自然的理想王国，是世界十大森林旅游区之一。

【水利资源】 雷山县地处贵州的暴雨中心，有大小溪流216条，总长647千米，年均径流量5.3亿立方米，可开发水能资源1.56万千瓦。境内流域面积 1218.5 平方千米，水力理论蕴藏量为 6.8 万千瓦。

【土地资源】 林地面积占全县总面积的 19.07%，草地面积占总面积的 28%。县境有黄红壤、黄壤、黄棕壤、山地灌丛土四个土带，含 7 个土类、33 个土属、77 个土种。

【林业资源】 全县森林资源丰富，林地总面积 8.47 万公顷，活林木储量 459.74 万立方米，森林覆盖率达 70.32%。

雷山县生产的银球茶、清明茶曾多次获省优、部优荣誉。银球茶、清明茶一直是中央办公厅、国务院办公厅，全国政协和省委、省政府机关的礼品茶及办公专用茶。2009 年，银球茶被评为“贵州十大名茶”。笋子、魔芋、蕨类产品等山野菜远销中国港澳台地区及日本等国家。

【生物资源】 全县有 2000 余种生物物种，含国家珍稀保护动植物资源 50 余种。县境内有黑熊、麝羊等 23 种二类保护动物和天麻、杜仲等 200 多种名贵野生中药材，素有“天然绿色聚宝盆”之称。

【气候特征】 县境内属中亚热带季风湿润气候，大部分地区年均气温 14℃ ~15℃之间，最高气温 35.6℃，最低气温零下 8.9℃。年降雨量 1310 毫米，年平均相对湿度 80%。无霜期 240 ~ 250 天，年均降水量 1375 毫米，年均日照 1225 小时。

【旅游资源】 全县主要民族旅游村寨有中国民间艺术之乡、国家重点文物保护单位郎德上寨，中国苗族第一寨“西江千户苗寨”，铜鼓发源地掌坳村，中国最美的苗寨乌东、百年水上粮仓新桥村；主要风景名胜区有国家级自然保护区、雷公山国家森林公园，响水岩瀑布，高岩大峡谷等；主要历史遗迹有雷公坪“点将台”、格头“秀眉营”等。

1997 年，郎德镇被文化部授予“中国民间艺术之乡”称号。2001 年，郎德上寨古建筑群被命名为“全国重点文物保护单位”。同年，雷公山经国家林业局批准在建立“雷公山国家级自然保护区”。2002 年，雷公山获国家林业局批准建立“雷公山国家森林公园”。

2004 年，雷山被中央电视台等媒体评为“全国十大最好玩的地方”之一。2005 年，国家民族博物馆批准在雷山县设立“中国苗族文化研究中心”“中国民族博物馆西江千户苗寨馆”。

2007 年，西江镇被批准列为“中国历史文化名镇”；同年，西江千户苗寨与郎德上寨被中国国土经济学会评为“中国景观村落”，乌东村被中评为“中国经典村落景观”。2008 年，雷山被评为“贵州十大影响力风景名胜区”，被授予“中国苗族银饰之乡”称号。

2008 年 12 月 30 日，贵州省人民政府批复《雷山风景名胜区总体规划》。被规划风景名胜区主要分布在雷山县的丹江镇、西江镇、郎德镇和大塘乡的行政区域内，总面积 63 平方千米。2009 年 4 月 25 日至 27 日，在世界旅游精英博鳌峰会上，雷山县被授予“中国旅游王牌目的地”荣誉称号。

【苗族节日】 全县苗族的建筑、服饰、习俗、歌舞、乐器、工艺等仍保留着传统、古老、原汁原味的丰富文化内涵，是活生生的“苗族历史文化教科书”。全县苗族有三大舞：铜鼓舞、木鼓舞、芦笙舞；有三大歌：苗飞歌、别福歌（苗族叙事史诗）、游方歌；有三大节：爬坡节、吃新节、鼓藏（苗年）节（雷山县苗族节日繁多，其中一年一度的“苗年节”和十三年一度的“鼓藏节”最为隆重。“苗年节”和“鼓藏节”主要是祭蝴蝶妈妈（羲和氏）祭姜央祖先，“苗年节”属小祭，十月岁首过头年，十一月过大年，十二月过末年。十三周年（一木星年）“鼓藏节”属大祭，以单数为吉数举行活动。“苗年节”一般活动三至九天，“鼓藏节”活动十三或十五天）；三大赛：斗牛、斗鸡、斗鸟；有三大传统手工艺：银饰、蜡染、刺绣。走进雷山，一个个苗寨能见到唐代发型、宋时服饰、明清建筑、魏晋遗风，可以品读到一部浓缩的中国农耕文明发展史。

【民族文化】 锦鸡舞：锦鸡舞是苗族芦笙舞中别具一格的一种民间传统舞蹈，发源于贵州省黔东南的丹寨县和雷山县境内，主要流传于“旮弄”支系中穿锦鸡服饰的苗族。主要分布在独南、乌的、桥港、新桥、掌批、排里、掌雷、南八、略显、略果、岩寨、桃江、干脑、南脑等苗寨。

古瓢舞：古瓢舞是以瓢琴为伴奏的一种舞蹈，在达地水族乡的也蒙、背略、达勒等地苗寨逢年过节都跳这种舞蹈。古瓢舞多为男性在前边拉古瓢琴，姑娘们踩着琴声，双手于胸前晃动列圆形队、扭腰、摇胯，步伐轻盈，身上佩戴的银饰随着舞姿的摆动叮当作响，悦耳动听，别有情趣。古瓢舞与芦笙舞有些相似，有二步、四步、五步，向右转一圈循环有序，所以，既可拉古瓢琴、又可吹芦笙。在同个芦笙场上姑娘们翩翩起舞，缓步前行，整个舞姿优美动人。简单而纯朴的古瓢琴和古瓢舞源于苗民久远的历史生活，其文化蕴含着苗族古老深厚感情。2002 年 9 月贵州电视台《发现贵州》栏目组一行到也蒙村采拍专题片。专题片播出后，引起专家、学者的极大关注。

铜鼓舞：铜鼓舞是当地苗族敲击铜鼓时踩着鼓点节奏所跳的舞。击鼓的方法是：把铜鼓置于宽敞的鼓柱中央，用绳将鼓侧的两只耳朵系好悬挂在鼓柱挑杭，然后由鼓手用右手持鼓槌击鼓面，左手持小木棒击鼓缘，可发出两种音响；有的还需另一人手提木制撮音桶（俗称回音桶），桶口对着鼓面进退循环地“撮音”，使鼓音抑扬顿挫，响彻云霄。铜鼓舞由于苗族支系不一，鼓点不同，其舞姿也各异。“铜鼓舞传承地”掌坳村仍保留有 11 种鼓点舞步，新桥村和郎德上寨各有异彩，舞姿经长久积累和创新改进，形成集鼓、跳、音、歌于一体，独具热烈奔放、古朴、庄重、豁达的特点。跳铜鼓舞和跳芦笙舞有的同时进行，舞动的男女老少围成一圈又一圈，苗族姑娘们穿着节日盛装，淡妆浓抹，身穿的银首饰光彩夺目，铿锵悦耳。在低沉浑厚的铜鼓敲击声和激越婉转、清脆动听的芦笙声伴奏下，苗族姑娘步履轻盈，婀娜多姿。

芦笙舞：芦笙舞是苗族独有的民族民间舞蹈。比较常见的是《祝嘎勒》，由三、五、七、九支大中小型芦笙，用同一曲调吹奏，并由芦笙头或芦笙手吹凑领舞，然后是着盛装的苗族姑娘、中年妇女、年迈老妪列队围圈牵手跟着跳，随着芦笙的曲调，迈着统一的步伐，徐徐向前挪步。较其它的苗族地区来说，雷山芦笙舞有其特点：一是突破女子不吹芦笙的传统桎梏，女芦笙手俯仰即是；第二是突破非重大节日不吹芦笙的禁忌，在任何时候都可以听到优美的芦笙曲，看到欢快的芦笙舞。早在 50 年代，南猛村青年杨炳芳，在莫斯科世界青年联欢节晚会上首次吹响雷山苗族芦笙，苗族芦笙名扬世界。

【风景名胜】 郎德上寨：郎德上寨是一个苗族村寨，距凯里市区 29 千米，距县政府雷山 7 千米，是贵州省东线民族风情游的重点村寨之一。郎德上寨系苗语“能兑昂纠”的意译，“能兑”即欧兑河下游之意，村以河名，“昂纠”即上寨。寨内苗民的服饰以长裙为特征，所以又称为“长裙苗”。郎德镇内有享誉海内外的“中国民间歌舞艺术之乡”“全国百座露天博物馆”和“芦笙之乡”。郎德上寨古建筑群被列为我国第五批重点文物保护单位。

雷公山森林公园：雷公山为贵州苗岭山脉东段之巅，海拔 2178. 8 米，位于雷山县城东北面，距县城 30 千米。雷公山，史称“牛皮大箐”，苗语称“方别勒”，意为雷公居住的地方，雷公山自然保护区由冷塘山、乌东山、野草坡、木姜坳、雷公坪、冷竹山、猫鼻岭、九洞山等 11 座海拔 1800 米以上的山峰组成，地跨雷山、台江、剑河、榕江四县，总面积 71 万亩。雷公山是长江水系和珠江水系的分水岭，是清水江、都柳江主要支流的发源地，山顶年均气温只有 9 摄氏度。

西江千户苗寨：位于贵州省黔东南苗族侗族自治州雷山县东北部的雷公山麓，距离县城 36 千米，距离黔东南州州府凯里 35 千米，距离省会贵阳市约 260 千米。由十余个依山而建的自然村寨组成，是中国乃至世界最大的苗族聚居村寨。西江是一个保存苗族“原始生态”文化较完整的地方，是领略和认识中国苗族历史与发展的首选之地。1982 年，西江被省人民政府列为贵州东线民族风情旅游景点，1992 年被列为省级文物保护单位，2004 年被列为全省首期村镇保护和建设项目 5 个重点民族村镇之一，2005 年 11 月“中国民族博物馆西江千户苗寨馆”挂牌。

独南苗寨：位于大塘镇境内，原名叫同南，而在神话传说和古歌巫辞中的名字为卧河略，意为云海苍茫的地方。苗寨地处雷公山南麓，与丹寨县接壤，辖党古、作谷、同南3个自然寨，共9个村民组。至2015年，苗寨有300余户，总人口约1500人。锦鸡舞是苗寨最重要的芦笙舞蹈。苗族人于斯已有五六百年的历史。

经济社会发展

【经济状况】　2015年，雷山县把守底线、走新路、奔小康作为工作总纲，坚定不移地实施主基调、主战略，坚定不移地走现特显优、特色发展之路，克服百年不遇的特大洪灾和经济下行压力加大带来的特殊困难，积极适应经济发展新常态，着力破解改革发展难题，在抢抓机遇中谋跨越，在狠抓大事中聚力量，在弯道取直中求奋进，全力推动全县经济社会协调发展，全县上下呈现出经济持续向好、社会和谐稳定、人民安居乐业的良好局面。2015年，全县地区生产总值完成23.76亿元，增长11.3%。其中：第一产业增加值6.24亿元，增长6.4%；第二产业增加值4.04亿元，下降9.3%；第三产业增加值13.48亿元，增长22.7%；三次产业结构为26.3：17.0：56.7。全县财政总收入完成3.17亿元，比2014年增长8.5%，其中公共财政预算收入完成2.18亿元，比2014年增长7.1%。全部税收收入2.66亿元，比2014年增长16.4%。公共财政预算支出17.32亿元，比2014年增长35.9%，其中一般公共服务支出1.87亿元，比2014年增长6.3%。全县实现社会消费品零售总额6.19亿元，比2014年增长12.2%。农村居民人均可支配收入达6810元，比2014年增长12.3%；城镇居民人均可支配收入达22564元，比2014年增长10.7%。

【农牧渔林】　2015年，全县实现农林牧渔业总产值10.01亿元，比2014年增长6.6%，增加值6.24亿元，比2014年增长6.4%；全年粮食作物播种面积12.96千公顷，实现粮食产量4.57万吨。全年畜牧业实现总产值28909万元，比2014年增长2.6%；牛存栏22597头，出栏6402头；猪存栏54228头，出栏61846头；羊存栏11190头，出栏4758头；家兔存栏1985头，出栏2031头；家禽出笼181626羽；肉类总产量6213吨，比2014年增长0.6%；禽蛋产量884吨，比2014年减少11.4%；水产品产量865吨，比2014年增长1.3%。茶青产量1.32万吨，茶产品产量3131吨，实现茶产品产值3.4亿元，完成红茶出口产量41吨，创汇200万美元；雷山银球茶荣获“贵州绿茶茶王”金奖和百年世博中国名茶金奖殊荣，雷山县成功创建国家级出口茶叶质量安全示范区；省级现代高效农业示范区总产值完成30亿元。省、州级农业产业化龙头企业达到24家，新增农民专业合作社42个，规模养殖场有265个。精准扶贫再上台阶，2015年省级以上财政专项扶贫资金到位6696.4万元，共计立项安排实施项目50个，启动实施31个，占62%；重点帮扶贫困户3194户13186人，实现8220人脱贫，贫困人口下降到2.576万人，贫困人口发生率下降到18.62%；全县“减贫摘帽”通过省级评估验收，城乡居民挂牌认定为“小康家庭户”3000多户，脚尧村获“贵州省同步小康创建示范村”殊荣。

【固定资产投资】　全县实施重点项目建设33个，重点抓好凯雷高速公路、鸡鸠水库、通村油路（水泥路）、西江营上园区、苗疆盛世城市综合体、蚩尤大道等项目建设。凯雷高速公路建成通车，蚩尤大道基本开通，鸡鸠水库成功截流。招商引资新签约项目22个，签约资金31.7亿元，其中到位资金28亿元；招商引资新增开工项目25个，新增投产项目11个。2015年，全县有50万元以上施工项目91个，其中当年新开工项目59个，完成固定资产投资28.04亿元，比2014年增长20.7%。

【交通邮政电信】　雷山至榕江四格高速公路完成可编制报告，并纳入全州高速公路网规划。通村油路（水泥路）建设成就取得历史性突破，全县基本实现油路（水泥路）村村通。全年交通运输、仓储和邮政业实现增加值9456万元，比2014年增长27.1%。社会货物周转总量20143万吨千米，比2014年增长8.2%；旅客周转量

19271万人千米，比2014年增长9.9%。凯里至雷山高速公路开通营运。年末全县境内公路里程1345.84千米，通水泥（沥青）路行政村有150个，通客运车辆的行政村有130个。全县有营运载货汽车751辆；营运载客汽车208辆。全年完成邮政业务总量1117万元，比2014年增长2.0%；电信业务（含电信、移动、联通）总量6410万元，比2014年增长7.4%。全县年末电信业用户达到（持卡）12.86万户。手机普及率90.2部/百人，固定电话普及率34部/百户，互联网普及率20.2户/百户。

【工业建筑业】 围绕旅游业、生态资源和特色农业抓工业、茶叶、中药材等农产品加工和民族服饰、银饰等手工艺品加工业集群发展，果蔬加工项目破土动工。2015年，全部工业增加值完成2.02亿元，比2014年下降19.0%；2000万元规模以上工业增加值完成3243万元，其中国有企业完成1125万元、其他类型企业完成2118万元。年底，全县发电总量2305万千瓦时、供电总量9956万千瓦时，胶合板总产量2400立方米，混凝土商品总量6.92万立方米，精制茶90.4吨。全年建筑业实现增加值20147万元，比2014年增长4.4%。

【城乡建设】 2015年，苗疆盛世城市综合体建设成效初显，苗疆文化博物馆、室内剧场项目加快推进，累计完成投资2500万元。丹江体育森林公园动工建设。完成农田水利建设项目86处，总投资4600万元，有效解决灌溉面积达1.95万亩。建成农村饮水安全工程16处，总投资918万元，有效解决农村饮水安全1.72万余人。通过信息基础设施建设三年会战，完成总投资5690万元，全县所有行政村实现通宽带，农村广播电视综合信息网络行政村实现双向全覆盖。

【文化旅游】 西江景区营上综合服务区文化创意平台街区、文化艺术创作基地、生态停车场等项目建设取得重大突破，西江景区创建国家AAAAA级景区工作加快推进。全球顶尖度假村、酒店及休闲养生跨国运营开发商悦榕庄集团确定落户西江，并完成概念性规划设计。扎实推进雷公山精品景区开发，24千米服务区和乌东服务区等项目建设步伐不断加快。郎德景区二次开发成效初显，南统服务区、“非遗”一条街、停车场、郎德上下寨连接线观光车道及郎德上寨田园景观打造有序推进。格头、新桥、掌坳等一批苗族村寨旅游开发稳步推进。成功举办雷山苗年、环雷公山超100千米跑国际挑战赛等系列活动，雷山影响力和知名度进一步提升，全县文化旅游产业实现提速发展。2015年，全县接待游客548.5万人次，比2014年增长24.9%；实现旅游综合收入45.16亿元，比2014年增长24.2%。

【金融保险】 2015年，全县金融机构各项存款余额33.86亿元，比2014年增长27.7%，其中：住户储蓄存款余额20.11亿元，比2014年增长11.7%。各项贷款余额21.68亿元，比2014年增长19.7%，其中中长期贷款15.73亿元，比2014年增长8.7%。全年各类保险费收入3073万元，比2014年增长18.3%；全年各类保险赔款支出1197万元，比2014年增长71.0%。

【计划生育】 2015年，出生人口1496人（常住人口年内出生1305人，政策内1275人，常住人口符合政策生育率94.6%），其中，出生男婴771人，女婴725人，出生人口性别比106.34。年内死亡人数1012人，人口出生率为12.40‰，人口死亡率为7.63‰，人口自然增长率为4.77‰。全年累计完成各种计划生育手术2124例。

【教育卫生】 实施教育“9+3”计划，统筹兼顾城乡义务教育均衡发展。雷山民族中学成功创建“省级示范性高中”。加快思源中学建设，启动在县城新建公立幼儿园2所和中学1所。教育基础设施更加完善，教育教学水平稳步提升。2015年，全县共有幼儿园16所，小学附设幼儿班47个，村民自办幼儿班3个，在园幼儿共4235人；小学68所（其中完全小学28所、教学点40所），在校生11051人；初中5所，在校生6587人；普通高中1所，中等职业技术学校1所，普通高中在校生3493人，中职在校生299人。各级学校有专任教师1633人，其中公办幼儿园专任教师87名，小学教师专任教师808名，专科以上学历占84.5%；初中专任教师418名，本科以上学历占71.8%；普高专任教师204名，本科学历占99.0%，研究生学历占2.0%；中职专任教师54人，本科学历占72.2%。学前一年毛入园（班）率140.4%，三年毛入园（班）率77.9%，小学入学率99.3%，初中入学率97.1%，九年义务教育巩固率98.3%，高中毛入学率90.8%。学生人均校舍建筑面积，为小学9.82平方米、初中10.69平方米、普通高中18.19平方米、中职27.99平方米。生均图书册数：小学30.2册，初中33.8册，普通高中34.4册，中职16.7册。2015年，雷山参加中考1877人，参加高考1204人，二本以上上线223人。

卫生事业健康发展。县中医院建设稳步推进，完成上郎德、乔兑等10个卫生计生室标准化建设，推进乡镇卫生院标准化建设，县医院顺利通过二级甲等医院评审，县妇幼保健计生服务中心、望丰、大塘等卫生院通过州级爱婴医院评审，城乡居民基本医疗保障水平有显著提高。2015年，全县共有医疗卫生机构177个，其中医院4个、卫生院8个、民办非企业（诊所）9个、村卫生室148个。医疗卫生机构共有床位650张、其中医院423张、卫生院184张、妇幼保健站43张。全县卫生机构在岗职工759人（卫生技术人员553人），其中执业（助理）医师295人（执业医师113人）、注册护士170人、药师（士）20人、技师（士）53人。全年医疗卫生支出累计完成16627万元，比2014年增长27.9%。全县医疗机构共诊疗30.6万人次，入院人数19490人，出院人数19219人。

【民生保障】 2015年，全县城镇居民人均可支配收入达22564元，同比增长10.7%；农民人均可支配收入达到6810元，同比增长12.3%；全县落实就业创业政策，发放小额担保贷款金额715万元，转移农村劳动力3500人，累计实现城镇新增就业1419人；累计发放养老金1344万元，1.98万老年人受益；累计发放低保资金6380万元，1.45万户3.87万困难群众受惠；新农合参合率达99.8%，发放医疗救助金656.57万元，2378名重特大病患者得到救助；发放粮种补贴资金137万元，完成生态移民搬迁1179户4560人。2015年，全县连续遭到4次特大暴雨袭击，造成经济损失13.97亿元，争取得到上级灾后重建资金2.54亿元，完成受灾户紧急避险临时安置300户1057人，1755户房屋受灾户全部纳入危房改造任务，并全部启动建设；下拨民政抗洪救灾资金1224.47万元，恢复水毁公路76条、农田水利设施15处、农村饮水工程90处。

【环保与安全】 全县森林覆盖率达68.49%，集中式饮用水源地水质达标率为100%，县城环境空气质量达标率为100%，城乡生活垃圾无害化处理率为81.8%。深入开展矛盾纠纷和信访维稳“百日攻坚”，坚持领导干部接访下访和包案督访。至年末，各级领导干部接访群众132批次，排查矛盾纠纷246件，化解243件，化解率为98.8%。全县社会治安持续保持稳定，人民群众安全感名列全省前茅。全县发生各类安全生产事故1起，死亡1人，比2014年减少4起。其中：道路交通事故1起，死亡1人。

中国共产党雷山县委员会

LEI SHAN YEARBOOK

重要会议

【全委会议】 12月26日，中国共产党雷山县第十二届委员会第六次全体会议开幕。会议的主要任务是审议《县委关于制定雷山县国民经济和社会发展第十三个五年规划的建议（讨论稿）》，动员全县广大党员干部群众进一步解放思想，凝聚力量，坚定不移守底线、走新路奔小康，奋力实现“十三五”雷山经济社会发展历史性新跨越，确保到2020年与全国同步全面建成小康社会。全会由县委常委会主持，县委书记黄清发受县委常委会委托作工作报告。县委副书记、县长袁刚就《中共雷山县委关于制定雷山县国民经济和社会发展第十三个五年规划的建议（讨论稿）》作说明。出席会议并在主席台上就座的县领导有黄清发、袁刚、刘光信、陈正锋、杨少辉、侯美彪、吴厚道、韦通贤、杨艳、雷林多、李红、黄超群、汤敏。

【常委会议】 1月13日，传达学习省委书记赵克志在黔东南州调研作出的重要指示精神、在民族村寨防火安全座谈会上的重要讲话精神、在省纪委办公厅呈报材料上的批示精神和九届州委常委会第128次会议纪要文件精神以及全州经济党建工作会议精神，并研究相关工作问题。会议要求：要贯彻落实好省委书记赵克志的重要指示精神，做好召开全县经济工作会的筹备工作，抓好全州“6个100万绿色生态现代化农业”工程和“建设生态文明示范州万亩造田”工程建设及党建、禁毒、安全生产等工作。会议原则同意召开全县2014年效能建设工作总结暨2015年效能建设推进会议和县委办、县政府办联合印发的《雷山县效能建设实施方案》。

1月19日，听取2014年全县经济社会各项指标完成情况汇报和研究2015年全县经济社会各项指标，并安排部署各项工作。会议原则同意县人民政府党组关于2015年全县各项经济指标预期目标的安排，并根据多数与会人员的意见和建议进一步修改完善，保证2015年全县各项经济指标科学可行，既符合雷山发展实际，又实现增比进位目标，确保在全省10个国家扶贫开发重点县综合排位中“保5争4”。会议原则同意县委办、县政府办提交的关于召开全县经济工作会议的方案；原则同意县人大常委会党组提交的《关于召开雷山县第十六届人民代表大会第四次会议的请示》；原则同意县政协党组提交的《关于召开政协雷山县第八届委员会第四次会议的请示》；原则同意县委统战部提交的《关于要求对增补政协雷山县第八届委员会第四次会议委员建议名单进行审批的请示》；原则同意县委组织部提交的《中共雷山县委关于进一步加强以党组织为核心的基层组织建设的实施意见（征求意见稿）》《中共雷山县委关于深入推进党要管党从严治党的实施意见（征求意见稿）》。会议提出，要在全县党的建设工作会议上征求各乡镇和县直各部门单位的意见建议，进一步对上述征求意见稿修改完善，按程序送审后印发执行。会议原则同意2015年1月21日至22日召开雷山县2014年党（工）委书记抓党建工作述职评议会议和全县党的建设工作会议。

1月31日，传达学习省“两会”、十一届省纪委四次全会、全省人口计生工作座谈会、全省全州组织部长会议精神，并研究县委常委会2015年工作要点和县人代会、县政协会相关工作报告及在县政府机构改革中重新组建部分县直单位党组的问题。会议决定：组建县卫生和计划生育局党组，撤销县卫生和食品药品监督管理局党组和县人口和计划生育局党组；组建县教育和科技局党委，撤销县教育局党委、县科技局党组；组建县市场监督管理局党组，撤销县工商行政管理局党组、县质量技术监督局党组；组建县生态文明建设管理局党组，撤销县林业局党组和县环境保护局党组；组建县工业信息化和商务局党组，撤销县工业信息化局党组；组建县发展和改革局党组，撤销县发展改革局党组；组建县民族宗教事务局党组，撤销县民族事务局党组；组建县水务局党组，撤销县水利局党组；组建县旅游发展委员会党组，撤销县旅游产业发展和风景名胜管理局党组；组建县文体广电新闻出版局党组，撤销县文体广电局党组；组建县扶贫开发办公室党组，撤销县扶贫开发工作办公室党组；组建县投资促进局党组，撤销县招商和商务局党组；组建县人民政府政务服务中心党组；组建县水库和扶贫生态移民局党组；撤销县新农村建设办公室党组。

2月7日，传达学习州人代会、州政协会“两会”精神、全州人口和计划生育工作座谈会精神，并研究2015年财政预算等相关工作问题；讨论2014年度乡镇和部门目标任务考核结果，研究2015年度乡镇和部门目标任务考核方案；研究召开十二届县纪委五次全会暨全县铸廉行动动员大会相关事项；研究雷山县播别勒文化旅游产业发展有限公司领导有关事项；听取县人民政府党组关于贵州同济堂中药饮片有限公司中药材加工项目情况汇报。会议原则同意县政府设立雷山特色生态工业发展专项资金、引进贵州同济堂中药饮片有限公司中药材加工项目和《贵州同济堂中药饮片有限公司中药材加工项目投资协议书》。

3月5日，传达学习国务院总理李克强在贵州考察时的重要讲话指示精神、省委书记赵克志在省委常委会议上的讲话精神和州委书记李飞跃在全州领导干部会议上的讲话精神；听取全县安全生产工作情况汇报，研究《雷山县安全生产党政同责一岗双责齐抓共管暂行规定》和《雷山县安全生产和安全监管一票否决办法（试行）》及相关工作；听取全县宣传思想工作情况汇报、县编委会关于机构编制工作情况汇报，及相关工作研究，确认西江旅游公司2014年各项目标任务完成情况；研究雷山县乡科级班子和乡科级干部2014年度考核评优建议方案。

3月17日，通报《中共中央关于徐才厚严重违纪违法案及其教训的通报》。传达学习州委书记李飞跃到雷山调研时的讲话指示精神、州委农村工作会议暨全州扶贫开发工作会议精神、全州第一季度经济指标调度会议精神；传达学习省、州政法工作会议精神，听取全县政法工作情况汇报，研究《雷山县创新基层社会治理机制推行网格化服务管理实施方案》等相关工作；听取全县组织工作情况汇报、县编委会关于机构编制工作情况汇报，并分别就相关工作进行研究。

3月23日，传达学习赵克志、陈敏尔、孙永春等在全省县以上党政主要领导干部专题研讨班上的讲话精神。会议要求：要提高认识，扎实推进依法治县各项工作，抓好“三个关键环节”，不断加快依法治县步伐。分级分层强化学习培训，不断提升领导干部的法律素质。要通过依法治县，推动全县经济社会持续健康又好又快发展。要坚持从严管党治党，为全县经济社会发展提供坚强的组织保障。要立足县情，扎实抓好各项具体工作。

4月3日，研究《雷山县机关事业单位工作人员调动管理若干规定（试行）》、《雷山县人民政府关于对县城区进行划行归市管理的通告》。

4月16日，传达学习全州民族工作会议精神，研究《关于加快推进茶叶产业提质转型升级发展的实施意见》《关于加强乡镇干部队伍建设的实施意见》《雷山县2015年全面深化改革工作要点》。会议原则同意设立丹江等8所乡镇中心幼儿园和开觉等21所村级幼儿园机构；乡镇中心幼儿园为正股级事业单位，村级幼儿园为副股级事业单位。原则同意从撤乡建镇中所空出的3名行政编制调剂给丹江镇，调剂后丹江镇行政编制为31名；原则同意将“雷山县人大常委会信访办公室”更名为“雷山县人大常委会机关信访办公室”，为县人大常委会办公室管理的副乡级行政机构，设主任1名；原则同意设立县人大常委会机关信息和代表服务中心，为县人大常委会办公室管理的财政全额预算管理正股级事业单位，核定事业编制9名；原则同意调整17个单位的纪检组和14个单位的监察室；原则同意设立县保密技术检查中心，为县国家保密局管理的财政全额预算正股级事业单位，核定事业编制3名。

5月8日，研究雷公山7千米等规划设计方案、《雷山县大十字片区和老国税局办公楼至雷劈岩棚户区改造及市政基础设施建设工程项目投资开发框架协议》。

5月20日，研究《关于在县处级领导干部中开展“三严三实”专题教育的实施方案》《雷山县2015年专项招聘乡镇事业单位工作人员实施方案》《雷山县2015年公开招聘县直事业单位工作人员实施方案》《关于推荐县委办等157个单位为“Ⅰ类铸廉单位”的请示》；研究调整中共雷山县委第十二届常务委员会成员工作分工问题；关于听取全县信访维稳工作情况汇报，并研究相关工作。

6月3日，通报“5·27”抗洪抢险救灾情况，研究《关于成立雷山县“5·27”特大洪涝灾害灾后重建工作指挥部的通知》《雷山县“5·27”特大洪灾灾害重建总体工作方案（讨论稿）》；传达全州精准扶贫暨“两山”地区扶贫攻坚推进会议、全州招商引资工作推进会议、全州二季度经济运行暨项目建设推进会议和全州党史工作会议精神，并研究相关工作。

6月26日，传达学习中共中央总书记习近平到贵州考察和在部分省（区、市）党委主要负责人座谈会上的重要讲话指示精神以及省委书记赵克志在全省领导干部会议上的讲话精神，并研究相关工作；传达学习省委书记赵克志在《宋璇涛在雷山县灾情工作汇报会上的讲话》的批示精神，并研究相关工作的问题；传达学习省、州领导在黔东南州第一届旅游产业发展大会上的讲话精神，并研究相关工作问题。研究灾后重建工作子方案、雷公山建设项目设计方案、《关于落实党风廉政建设党委主体责任和纪委监督责任的实施办法（试行）》；听取上半年增比进位工作情况汇报，并研究相关工作。

7月19日，听取雷山文化旅游产业园区工作情况汇报和郎德景区开发建设工作情况汇报及全县第二季度政法综治信访维稳、禁毒、安全生产工作情况汇报，并研究相关工作；研究《中共雷山县委常委十二项公开承诺》关于机构编制工作。

7月22日，传达学习省委工作会议、全省“三严三实”专题教育暨党风廉政建设集中专项整治推进大会及全州半年经济工作会议精神，并就相关工作进行研究。会议要求：要切实贯彻落实好省委工作会议精神、全省“三严三实”专题教育暨党风廉政建设集中专项整治推进大会精神、全州半年经济工作会议精神。全体干部要减少外出，集中精力抓建设，确保超额完成全县经济社会发展和增比进位各项目标任务。

8月7日，传达学习州委常委扩大会议精神，并研究相关工作。研究2015年雷山县深化经济体制改革重点工作实施方案，会议原则同意县人民政府党组提交的《雷山县深化经济体制改革重点工作实施方案》，要根据省、州要求，衔接好各项改革的启动时间，明确各项工作落实。研究雷公山飞来福寺项目建设、关于2015年招商引资工作。会议原则同意县人民政府党组提交的《雷山县2015年招商引资工作方案》《雷山县实施产业振兴行动计划奖励扶持专项资金管理试行办法》《关于成立雷山县投资绿卡活动工作领导小组的通知》《雷山县投资绿卡管理暂行办法》。研究郎德上下寨传统村落保护与发展规划。会议原则同意县人民政府党组提交的《关于审定郎德上下寨传统村落保护与发展规划的请示》，做好与《雷山县郎德景区修建性详细规划》的相互衔接工作，确保郎德景区开发建设项目顺利实施。

8月21日，传达学习全省第二次项目建设观摩会和全省电子商务发展大会会议精神，并研究相关工作；传达州委常委、州委秘书长耿生茂到雷山检查安全生产工作时的指示精神，并研究相关工作；听取西江景区维稳工作情况汇报，并研究相关工作的问题；研究《雷山县推进城市管理相对集中行政处罚权工作方案》。

9月2日，传达学习州委副书记、州委政法委书记桑维亮，州政府党组成员、州公安局局长吴智贤在听取西江景区（西江镇）信访维稳工作情况汇报时的讲话精神，并就相关工作进行研究。会议要求：要积极稳妥地把西江景区发展稳定的事一项一项解决好。要突出重点，统筹兼顾，不断加快“美丽西江·和谐景区”建设。同时加强领导，完善机制，确保“美丽西江·和谐景区”建设取得实效。

9月18日，通报四川南充拉票贿选案查处情况及其教训警示。传达学习州委工作会议、黔东南州文化旅游产业发展和改革领导小组会议、州十三届人民代表大会第六次会议、省委党的群众团体工作会议、省委统战工作会议和全州干部监督专题会议精神，并研究相关工作的问题。研究《2015年中国·雷山苗年活动总体方案》《关于创建“美丽西江·和谐景区”的实施方案》和全县“十三五”时期发展战略定位工作。会议原则同意将全县“十三五”时期发展战略定位为“生态立县、文化兴县、旅游强县”，可在官方微博等平台广泛征求意见，集思广益，确保“十三五”时期发展战略定位切合全县经济社会发展实际。

9月30日，传达学习全省医疗卫生事业发展大会、黔东南州第二届旅游产业发展大会、黔东南州留守儿童困境儿童关爱救助保护工作现场推进会会议精神，并就相关工作进行研究。要切实贯彻落实好全省医疗卫生事业发展大会会议精神、全州第二届旅游产业发展大会会议精神、全州留守儿童困境儿童关爱救助保护工作现场推进会议精神。

10月16日，传达全州招商引资工作推进电视电话会议精神，并对相关工作进行研究。研究《关于加快建设具有山地民族特色新型城镇化的实施意见》《雷山县查处违法占地违法建设责任追究办法（试行）》《雷山县棚户区改造实施方案》《雷山县城北文化旅游综合开发及西江干荣旅游开发项目投资框架协议书》、召开县委常委议军议警会议，并解决相关事项的问题。通报《黔东南州人民政府关于雷山县方祥乡“2·28”较大道路交通事故结案的批复》，并研究相关工作。研究《雷山县关于开展西江镇行政管理体制改革试点工作的实施意见》和有关机构编制工作。

10月27日，传达全省扶贫开发大会精神，并研究相关工作。会议要求：要认真抓好会议精神的贯彻落实，迅速把思想和行动统一到省委省政府的安排部署上来，精准施策，确保完成全县“减贫摘帽”工作目标。会议还传达学习省委常委、省纪委书记宋璇涛在雷山调研贫困村贫困户工作的讲话指示精神、全州第四季度经济工作安排部署电视电话会议精神、全州“十三五”规划编制工作推进会会议精神、州委党的群从团体工作会议精神、州委统战工作会议精神，并研究相关工作的问题。听取2015中国·雷山苗年节活动筹备工作情况汇报，并研究相关工作。学习新修订的《中国共产党廉洁自律准则》《中国共产党纪律处分条例》。研究补选雷山县第十六届人民代表大会代表。

10月30日，听取丹江森林公园规划情况汇报，并研究相关工作的问题。会议听取县人民政府党组关于台江农发行贷款资金6亿元的用款建议、扶贫生态移民工程项目工作推进方案及2015年西江千户苗寨苗王田、鱼田湾新村扶贫生态移民工程安置点修建性详细规划的情况汇报，就相关问题进行研究。会议听取县人民政府党组《关于加快全县大健康产业发展的实施意见》《关于研究雷山县2015年国家专项建设基金有关问题的请示》汇报，就相关问题进行研究。

11月14日，传达党的十八届五中全会、省委十一届六次全会精神、全省生态文明体制改革工作会议精神。研究《雷山县预防职务犯罪警示教育基地工程规划设计方案》《雷山县排苟水库工程前期工作单位比选方案和望丰水库等工程建设项目合作协议》《雷山县2015年茶园基地建设实施方案》《雷山县产业准入负面清单》、西江景区综合提升项目政府采购资金纳入预算管理和全县职务与职级并行相关事宜。

12月1日，传达学习中央扶贫工作会议精神、赵乐际在台江县考察时的讲话精神和省、州领导在传达学习贯彻中央扶贫工作会议及赵乐际在贵州省考察时的重要指示和讲话精神，并研究相关工作。研究《关于坚决打赢脱贫攻坚战确保同步全面建成小康社会的实施意见》、对凯雷高速公路西江镇出口服务区熊世伦户承包地依法强制增收的问题。听取全县经济运行和增比进位情况汇报，并研究相关工作。

12月8日，对《雷山陶尧概念规划》《雷公山响水岩景区游步道景观深化设计》《陶尧—响水岩电瓶车景交车道规划方案》《雷公山响水岩观瀑餐厅建筑方案深化设计》《蚩尤雕塑创意设计方案》进行评审。会议原则同意悉地国际提交的《雷山陶尧概念规划》《雷公山响水岩景区游步道景观深化设计》《陶尧—响水岩电瓶车景交车道规划方案》《雷公山响水岩观瀑餐厅建筑方案深化设计》及云南造型艺术研究院提交的《蚩尤雕塑创意设计方案》。

12月8日，提出对《中共黔东南州委关于制定黔东南州国民经济和社会发展第十三个五年规划的建议（征求意见稿）》《在州委九届六次全会第一次全体会议上的报告（征求意见稿）》和省委常委会工作的中肯意见建议。

12月16日，传达全州农信社改革发展会议精神，听取农商行股份制改制工作汇报，并研究相关工作。传达学习州委九届六次全会精神、全省贯彻中央扶贫开发工作会议精神，落实大扶贫战略行动推进大会和全州大扶贫战略行动推进大会精神，并研究相关工作。研究审定县城南部片区路网规划设计方案。提出对州委常委会工作的中肯意见和建议。

12月16日，会议听取并原则同意县人民政府党组提交的《关于审定雷山县国家专项建设基金支持项目的请示》，并根据与会人员的意见建议对请示作修改，以臻完善，组织实施。

12月25日，听取县委十二届六次全会筹备工作情况汇报，讨论《中共雷山县委关于制定雷山县国民经济和社会发展第十三个五年规划的建议（讨论稿）》和《县委十二届六次全会工作报告（讨论稿）》，并研究相关工作的问题。会议原则同意县委办提交的县委十二届六次全体会议工作方案，决定由县委办牵头，尽快做好会议筹备工作，以确保全会顺利召开；原则同意《中共雷山县委关于制定雷山县国民经济和社会发展第十三个五年规划的建议（讨论稿）》和《县委十二届六次全会工作报告（讨论稿）》，并需根据与会人员提出的意见和建议作进一步修改完善后，提交县委十二届六次全体会议审议。听取全县抗洪抢险灾后重建表彰大会筹备工作情况汇报，研究审定《全县抗洪抢险灾后重建先进集体和先进个人名单（讨论稿）》。通报研究省委第十七巡视组对雷山开展“回头看”巡视工作和政府工作部门权力清单和责任清单的有关事项。

12月29日，传达学习全省经济工作会议和全州2016年经济工作汇报座谈会精神，并就相关工作进行研究。会议要求：全县各级各部门要采取集中学习、专题讲座或个人自学等多种形式加强学习，特别是要学习省委书记陈敏尔和代省长孙志刚讲话中的新理念、新要求、新目标、新举措，确保把全省经济工作会议的精神学深学透，用讲话精神武装头脑、指导实践、推动全县经济社会持续健康发展，确保2016年增比进位在10个取消GDP考核县中排名第4位。

【常委专题会议】 1月6日，受县委书记黄清发、县长袁刚委托，县委常委、县人民政府常务副县长茹捷主持召开会议，就清理违法用地违法建设、水电和通信等配套基础设施审批、营业执照等证照的审批及房屋出租、严禁国家机关领导干部职工到涉违场所就餐消费有关问题进行专题研究。

1月26日上午，县委书记黄清发主持召开“6个10万”工程和土地开发造田工程及农业园区建设专题会议。是日，县委书记黄清发主持召开全县农村消防安全工作专题会议，就贯彻落实全州农村消防安全工作紧急电视电话会议精神，加强全县农村消防安全工作相关问题进行专题研究。

1月27日，县委书记黄清发一行赴达地乡就产业发展进行调研，并就达地乡茶叶加工厂建设问题和达地乡茶叶基地产权办理问题、达地乡茶叶基地以短补长问题、达地乡通村油路建设问题进行现场办公。

2月15日，县委书记黄清发一行赴郎德镇也改村进行调研，就基础设施完善提升、美丽乡村建设、产业发展、基层组织建设等问题进行专题调研。

2月27日，县委书记黄清发，县委副书记、县人民政府县长袁刚，县人大党委会主任刘光信，县政协主席陈正锋等一行到九十九生态茶园示范园区进行专题研究。

2月27日，县委书记黄清发、县长袁刚、县人大常委会主任刘光信、县政协主席陈正锋等一行到蚩尤大道就陶尧新区建设、项目建设推进、市政管网采购、蚩尤大道及陶尧园区“两违”整治、新村规划、资金保障、南秀地质灾害治理等问题进行研究。

3月11日，县委书记黄清发在县委常委会议室主持召开县国家安全工作领导小组会议。会议要求要进一步提高认识，增强政治敏锐性。加强内宣工作，进一步巩固宣传阵地。

3月13日，县委书记黄清发在县委常委会议室主持召开县扶贫开发工作领导小组会议。会议原则同意县扶贫办提交的雷山县2014年扶贫攻坚示范建设补差资金和2015年计划扶贫资金审批表，并根据与会人员提出的意见建议不断修改完善资金审批表，尽快按程序送审下发执行，及时启动各个项目建设。会议要求要正确把握扶贫资金的安排使用原则，明确产业发展导向，确保2015年全县实现“减贫摘帽”目标。

3月16日下午，县委书记黄清发一行到郎德镇和望丰乡就工作示范点和示范线路打造进行专题研究。围绕美丽乡村建设、乡村旅游、生态（茶叶）农业等打造示范线路：郎德下寨—郎德上寨—报德村—南猛村—杨柳村—望丰村—满天星茶场—掌排村—乌开村—县城（绿色生态工业小区）；围绕现代农业园区、生态工业、小城镇建设、乡村旅游打造示范线路：郎德—丹江镇大固鲁村—小固鲁村—县城（含铜鼓广场、茶城、苗疆盛世综合体、群众工作中心、银饰一条街、民俗博物馆、木鼓广场、乌开绿色工业小区、雷山民族中学）—铜鼓之乡掌坳村—新桥村—九十九省级现代高效农业示范园区（远期可逐步延伸至开屯—永乐村—达地大坪山—也蒙等地）；围绕民俗风情、乡村旅游、生态建设、基层党建打造示范线路：西江镇干荣村—西江千户苗寨—营上文化旅游产业园区—西江镇黄里村（脚尧）—丹江镇乌东村—雷公山（含响水岩、大塘湾、千年古树、苗岭之巅）—白岩村—县城的示范点和示范线路。

3月9日，受县委书记黄清发委托，县政协主席陈正锋主持召开会议，就茶产业发展的政策措施、去冬今春茶叶基地建设、县茶叶协会换届、银球茶地理标志产品保护、春茶收购、茶叶初级加工厂建设、资金筹措、组建新的银球茶叶（集团）公司等项工作进行专题研究。

3月24日，县委书记黄清发在县委常委会议室主持召开西江千户苗寨景区创建国家AAAAA级景区工作专题会议。会议听取县旅游发展委员会关于西江千户苗寨景区创建国家AAAAA级景区前期工作情况汇报，并就相关申报形式、强化工作力量、工作经费、确定咨询指导专家组和相关工作要求的问题进行专题研究。

3月30日，县委书记黄清发到方祥乡贵茶雷山分公司开展“三严三实”双服务调研活动，并就贵茶雷山分公司办公楼、方祥小学至方祥乡政府所在地沿线房屋包装美化、陡寨茶叶基地产业路和通组路、贵茶雷山分公司茶青供应等项目进行专题研究。

3月31日下午，县委书记黄清发、县长袁刚一行分别在凯雷高速公路、西江营上文化旅游产业园区调研，并就凯雷高速公路建设项目及征地拆迁、西江营上园区建设进行专题研究。

4月1日，县委书记黄清发在县委常委会议室主持召开营上商业街区项目建设协调会议，并就相关问题进行专题研究。会议认为：营上商业街区项目是营上文化旅游产业园区的重要服务设施项目，对于整个西江景区的完善提升具有重要的战略意义。会议要求：县国土局、县住建局、县房产局要负责办好相关证件。贵州中信巨能置业投资有限公司要倒排工期，进一步加大投入力度，确保营上商业街区项目建设按期竣工。

4月2日下午，县委书记黄清发一行到脚尧村调研，并就脚尧村公路及产业路建设、脚尧美丽乡村建设、脚尧产业发展和村级组织建设等问题进行专题研究。

4月19日下午，县委书记黄清发、县长袁刚一行到蚩尤大道调研，并就小郎当河口桥梁及线形设计变更、南秀地质灾害治理及搬迁安置、治安村安置户房屋建设规范、治安村斜对面边坡治理、防洪堤及路基工程建设、绿化工程建设、灯光工程建设、陶尧安置地排水工程及街道建设、蚩尤大道辅道路肩增设人行道、凯雷高速公路与蚩尤大道连接线、高速公路被拆迁的杨金福、唐仁林两户安置等问题进行专题研究。

4月28日，县委书记黄清发在县公安局二楼会议室主持召开贯彻落实省、州信访维稳工作电视电话会议精神专题会议，并就相关信访维稳问题进行专题研究。

4月30日，县委副书记、县新农村建设办公室主任杨少辉在县委四楼会议室主持召开会议，就大塘镇新桥村扶贫旅游“小康寨”项目建设进行专题研究。

5月5日，县委书记黄清发一行到郎德景区调研，并在郎德镇组织召开专题座谈会。会议着重研究如何正确处理好当前急需和长远布局、政府部门支持和公司企业运作的关系。

5月13日，县委书记黄清发在县委常委会议室主持召开县财经工作领导小组会议，就蚩尤大道绿化方案、蚩尤大道与凯雷高速公路雷山县收费站连接线建设、土地利用总体规划修编完善等工作进行专题研究。

5月14日，县委书记黄清发、县长袁刚一行到西江景区就干荣村景点打造和业态布局、西江营上文化创意平台街区建设、凯雷高速公路至营上园区连接线征地、剧场项目建设和营上西江新村建设工作进行专题研究。

5月19日下午，县委副书记杨少辉在县委常委会议室主持召开会议，就县草地生态畜牧业发展中心更名为雷山县中药材产业发展中心后有关人、财、物等事项进行专题研究。

5月21日上午，县委副书记杨少辉到望丰乡公统村就公统苗医药文化村建设、农产品交易中心建设、苗医药康复养生服务中心建设、“中国苗医药文化村—公统”网站等项目建设进行专题研究。

5月22日下午，县委书记黄清发、县长袁刚、县人大党委会主任刘光信等一行到蚩尤大道就蚩尤大道起点（小郎当河口）土地使用、小郎当8户拆迁户安置地、南秀地质灾害拆迁安置、凯雷高速公路与蚩尤大道连接线拆迁安置等问题进行专题研究。

5月27日，县委书记黄清发在县政府五楼会议室主持召开全县抗洪救灾抢险工作专题会议。会议贯彻落实省、州主要领导对抗洪救灾抢险批示指示精神，就全县抗洪救灾抢险工作再次进行安排部署。会议要求要以县城为中心，一件一件地抓好抗洪救灾抢险工作的落实，高度重视预防次生灾害，切实做好灾情统计核查上报工作，加强抗洪救灾抢险的组织领导和工作保障。

6月6日，县委书记黄清发在县委常委会议室主持召开县委财经工作领导小组专题会议，就蚩尤大道灾后恢复建设的问题、盘活国有土地的问题进行研究。

6月13日，县委书记黄清发在县委常委会议室主持召开蚩尤大道河堤建设工作专题会议，就蚩尤大道河堤建设设计方案、蚩尤大道河堤建设相关技术指标、施工组织、绿化和市政设施建设、组织保障、河道清理等问题进行研究。

6月21日，县委书记黄清发在西江镇政府三楼会议室主持召开“6・21”抗洪抢险救灾工作专题会议，就相关问题进行专题研究，会议要求：要尽快恢复受损的基础设施，切实做好环境卫生清理整治和消防安全工作，尽快恢复西江景区各项旅游服务设施同时加强全县的各项抗洪救灾工作。

6月30日，县委书记黄清发、县长袁刚、县人大常委会主任刘光信、县政协主席陈正锋一行到西江景区调研，就凯雷高速征地及建设、西江景区交通组织、旅游公路恢复建设、西江景区环境卫生整治、西江景区宣传营销等问题进行专题研究。

7月1日，县委书记黄清发在县委常委会议室主持召开全县扶贫开发工作专题会议。会议要求要全面深刻领会习近平总书记在部分省区市党委主要负责人座谈会上的重要讲话精神。要坚持2015年实现全县“减贫摘帽”目标不动摇，以问题为导向，采取有针对性的措施，结合实际开创性地推动扶贫开发工作。

7月13日，县委书记黄清发在县委常委会议室主持召开县委财经工作领导小组会议，听取红屯堡、锑厂坡土地盘活，风力发电项目工作进展、组建雷山银球茶（集团）有限责任公司工作等情况汇报，并研究相关工作。

7月16日，县委书记黄清发、县长袁刚、县人大常委会主任刘光信一行到蚩尤大道及丹江镇调研，就相关问题进行专题研究。

7月17日，县委副书记杨少辉、吴厚道一行到大塘镇掌坳村调研，要求各有关单位要充分利用乡村旅游扶贫项目实施的机遇，在围绕“古”与“鼓”上做文章，着力打造以“一馆五古”即掌坳苗族铜鼓陈列馆、百年古屋、百年古树、百年古井、百年古（鼓）舞、百年古战壕为重点的乡村旅游扶贫示范村。

7月29日，县委书记黄清发在县委常委会议室主持召开道路交通和农村房屋灾后重建专题会议，听取道路交通和农村房屋灾后重建工作情况汇报，就相关问题进行研究。

8月4日，县委书记黄清发，县委副书记、县长袁刚，县人大常委会主任刘光信，县政协主席陈正锋，县委副书记、县人民政府常务副县长侯美彪，县人大常委会副主任、丹江镇党委书记金光翔，县人民政府副县长张晓玲一行到县城区就包家冲片区开发建设、长丰堡片区建设、红屯堡移民安置小区建设、南部新区路网建设、蚩尤大道建设、北出口及大广场建设、县城西出口整体改造建设、西出口楼梯坝片区建设、学校布局及建设、棚户区改造等有关问题进行专题调研。

8月13日，县委书记黄清发在县委常委会议室主持召开全县安全稳定工作专题会议，传达学习和贯彻落实《省委办公厅省人民政府办公厅关于进一步做好安全稳定工作的紧急通知》精神，安排部署全县安全稳定工作。

8月15日，县委书记黄清发，县委副书记、县长袁刚一行到西江景区就凯雷高速公路建设、西江景区供水、西江景区1号风雨桥至观景台路面硬化提升、西江营上服务区南贵背坡悦榕庄酒店项目范围内“两违”整治、西江景区旅游安全、干部和教师队伍管理等问题进行专题研究。

8月25日，县委书记黄清发在县委常委会议室主持召开县委财经工作领导小组会议，听取营上综合服务区文化创作基地建设项目、营上综合服务区在建项目建设、电动公交等工作情况汇报，并研究电子商务发展工作实施方案及其相关工作的问题。

8月13日，县委副书记杨少辉、吴厚道带队深入方祥乡毛坪村就灾后重建工作进行调研，并组织相关部门在毛坪村“两委”办公室召开灾后重建工作会议，就毛坪村灾后重建定位、移民新村建设、游客服务中心停车场建设、步道硬化路灯寨门休闲长廊和芦笙场等建设、防洪堤建设、村卫生室建设、进村公路和移民新村公路建设、毛坪村灾后重建组织领导、各职能部门的职责分工等问题进行专题研究。

9月26日，县委书记黄清发、县人民政府县长袁刚一行到西江景区调研迎接中秋和国庆旅游“黄金周”前期工作，重点就交通保畅、旅游安全、做好景区优质服务和景区环境整治等项工作进行专题研究。

9月30日，县委书记黄清发、县人民政府县长袁刚、县人大常委会主任刘光信、县政协主席陈正锋一行到县城区调研，重点就县中医院、县残疾人托养中心、县疾控中心、丹江镇卫生院、县第二幼儿园、县第三小学、思源寄宿制学校、蚩尤大道、县第三幼儿园等建设项目进行专题研究。

10月10日，县委书记黄清发、县人民政府县长袁刚、县人大常委会主任刘光信、县政协主席陈正锋一行到凯雷高速公路，就强化协调力量、南星便民桥建设、羊吾村李成高户生产便道建设、黄里中寨隧道口边坡治理、凯雷高速西江连接线征地、施工组织等项工作进行专题研究。

10月23日，县委书记黄清发在县委常委会议室主持召开“美丽西江·和谐景区”建设暨西江景区创建国家AAAAA级景区工作专题会议，传达学习贯彻落实州委副书记、州委政法委书记桑维亮在西江调研时的讲话指示精神，并就“美丽西江·和谐景区”建设暨西江景区创建国家AAAAA级景区工作开展情况进行研究。

10月24日，县委书记黄清发、县人大常委会主任刘光信、县政协主席陈正锋一行到蚩尤大道进行专题研究。

10月26日，县委副书记杨少辉到大塘镇新桥村调研，并在大塘镇政府会议室主持召开专题会议，就新桥村风貌整治、寨内环境卫生综合整治、美丽乡村旅馆建设、旅游公厕建设、民族歌舞表演节目打造、景点打造、旅游线路策划、乡村旅游运行机制、督促检查管理等问题进行研究。

10月29日，县委书记黄清发在县委常委会议室主持召开扶贫生态移民工程建设专题会议，就相关问题进行研究。会议强调要按照统规统建要求，高标准做好营上西江新村移民安置点规划设计，千方百计加快征地和建设步伐，确保2015年11月全面动工。同时抓好县城的扶贫生态移民安置点建设；县水库和扶贫生态移民局要尽快下达其他乡镇扶贫生态移民安置点的建设任务和建设资金，一户不漏地按期做好鸡鸠水库建设的移民安置工作。

10月30日，县委书记黄清发在县委常委会议室主持召开县电子商务工作领导小组会议，传达学习和贯彻落实全州电子商务发展大会暨项目观摩会议精神，听取全县电子商务发展工作情况汇报，并就相关问题进行专题研究。会议强调：要提高思想认识，突出重点，加强领导，形成合力，共同搞好全县电子商务工作。

10月31日，县委书记黄清发、县人大常委会主任刘光信、县政协主席陈正锋一行到郎德景区调研，就各项规划建设、郎德上下寨的建设、基础设施建设项目和产业建设项目、时间节点和工作推进、旅游服务功能和政务服务功能、项目建设与景区运营管理等统筹协调关系进行专题研究。

11月3日，县委书记黄清发在县委常委会议室主持召开全县第四季度经济工作调度暨增比进位工作推进专题会议，就新调整的贵州省县域经济发展增比进位测评办法进行研究，会议要求：要抓紧上项目增投资。

11月24日，县委书记黄清发在县委常委会议室主持召开县扶贫开发领导小组会议。会议原则同意文稿起草小组提交的《中共雷山县委雷山县人民政府关于坚决打赢扶贫攻坚战确保同步全面建成小康社会的实施意见（讨论稿）》，并尽快征求县委常委、县人大党委会主任、县政协主席意见后，确保在2015年11月29日前以县委、县政府名义行文执行。会议强调：要在具体的组织形式上和资金使用方式上、在扶贫和民政“两线合一”上、在医疗救助扶持一批上都有所创新。会议听取全县扶贫开发工作情况汇报，原则同意《雷山县财政专项扶贫项目“先建后补”“委托实施”办法（试行）》。

12月5日，县委书记黄清发一行到县电子商务办公室调研，就县电子商务产业园（县级电子商务服务中心）建设、乡镇和村级电子商务服务站（点）建设、培训和合伙人招募、力量整合和加强宣传等工作进行专题研究。

12月6日，县委书记黄清发一行到九十九生态茶园示范园区调研，对区游客服务中心内部装修和布展、大塘镇城镇总体规划及景观打造、建设资金保障等问题进行研究。

12月11日，受县委书记黄清发委托，县委副书记杨少辉在县委常委会议室主持召开县扶贫开发领导小组会议，传达学习贯彻中央扶贫开发工作会议精神，落实大扶贫战略行动推进大会会议精神。会议要求在提高认识和强化措施上抓好落实。

12月30日，县委书记黄清发在县委常委会议室主持召开专题会议，传达学习省政协主席王富玉、州委书记李飞跃书记在《贵州日报内参》（2015第2期）上的批示精神，就苗疆走廊建设进行专题研究。会议要求要准确领会省、州领导的批示精神，要尽快制定苗疆走廊建设方案，强化政策支撑和强化组织保障。

【专项工作会议】 全县经济工作会议。1月20日召开。会议由县委副书记杨少辉主持，县委副书记、县长袁刚就全县经济工作进行安排部署，县委书记黄清发作重要讲话。会议全面总结2014年全县经济工作取得的成效和存在的问题，分析当前经济发展面临的严峻形势，安排部署2015年和今后一个时期全县的经济发展工作。2015年，全县经济工作的总体要求是：结合雷山经济发展和资源实际，坚持稳中求进工作总基调，坚定不移地走“现特显优、特色发展”之路，坚持以提高经济发展质量和效益为中心，切实守住发展和生态两条底线，进一步主动适应新常态、把握新机遇、创造新业绩，坚持以加快发展为中心任务，以全面建成小康社会为目标，竭尽全力全面完成“十二五”规划的各项目标任务，县人大常委会主任刘光信，县政协主席陈正锋以及县领导侯美彪、茹捷、韦通贤、杨艳、雷林多、李红、陈健、段玲、汤敏、毛珏梅等出席会议；各乡镇、县直各部门单位、各有关企业主要负责人参加会议。

全县安全生产工作会议。1月23日，在县委五楼会议室召开。县委副书记、县长袁刚主持会议。县委书记黄清发在会上讲话，要求把安全生产工作抓紧、抓实、抓细、抓好，确保2015年全县安全生产持续稳定。袁刚要求，进一步落实好“一岗双责”责任，确保2015年安全生产工作形势稳定。县委常委、县委宣传部部长、副县长韦通贤通报2014年安全生产工作情况，并对2015年的安全生产进行安排部署。

全县2015年效能建设推进会。1月24日，在县委五楼会议室召开。县领导杨少辉、杨艳、雷林多、李胜平、邱兆娟出席会议。会上，县委副书记杨少辉肯定全县2014年效能建设工作成效，要求各部门切实提高认识，将效能平台打造成为推进各项工作的抓手。县委常委、县纪委书记雷林多通报全县2014年效能岗位满意度测评情况，安排2015年效能工作。会议对2014年度10名“岗位标兵”进行表彰。

全县“6个10万”和土地开发造田工程启动会议。2月2日召开。县委书记黄清发在会上讲话，要求把“6个10万”工程和生态文明建设土地开发造田工程抓紧抓实抓出成效，推动农业转型升级，加快农民脱贫步伐。会上，县委副书记、县长袁刚与八乡镇签订“6个10万”工程和生态文明建设土地开发造田工程责任书；县委常委、常务副县长茹捷就全县生态文明建设土地开发造田工程的相关工作作安排；副县长龙志波就全县“6个10万”工程的相关工作作安排。

全县安全生产工作会议。3月5日，县委书记黄清发主持召开县委常委会议，专题听取全县安全生产工作情况汇报，并就安全生产工作进行安排部署。黄清发要求统筹抓好道路交通、农村消防、人员密集场所、森林防火、危爆物品等领域的安全生产工作，确保全县安全生产形势的持续稳定。

县委农村工作暨全县扶贫开发工作会议。3月27日，在县委五楼会议室召开。会议总结2014年“三农”和扶贫开发工作，安排部署2015年“三农”和扶贫开发工作。县委书记黄清发出席会议并讲话。会议由县委副书记杨少辉主持。黄清发要求要紧紧围绕农业强、农民富、农村美，努力开创“三农”和扶贫开发工作新局面。会上，杨少辉宣读2014年度各乡镇促进农民增收综合考核结果的通报和对2014年度“减贫摘帽”乡镇进行表彰奖励的决定，对2014年度如期实现“减贫摘帽”的西江镇、达地水族乡、方祥乡分别给予20万元的奖励；龙志波与各乡镇签订《雷山县2015年农业农村工作目标考核责任书》，县交通局、达地水族乡、“绿叶香”茶叶公司分别作经验交流发言，大塘镇就“6个10万”工程促进农民增收作表态发言。县直各单位主要负责人、8个乡（镇）党委书记、分管乡（镇）长、农技服务中心和扶贫工作站负责人，部分企业代表，县农业局、扶贫办股级以上干部参加会议。

洪水抢险应急救援紧急工作会。5月27日上午7时，县委书记黄清发主持召开全县洪水抢险应急救援紧急工作会。会上，县气象局、县水务局、县交通局、县民政局、县供电局、县自来水公司等分别汇报洪水灾情。袁刚、韦通贤、叶建文等县领导参加，并提出有关抢险救援要求。县委书记黄清发强调要抓好抢险救援工作，确保受灾群众有饭吃有水喝。县委、县政府高度重视，采取有效措施抓好抗洪救灾抢险。立即组织成立以县委书记黄清发为指挥长、县长袁刚为常务副指挥长、相关部门领导及县直部门主要负责人为成员的抗洪救灾抢险指挥部，对抗洪抢险救灾工作进行安排部署。并及时组成县抢险救灾工作组，由县四大班子相关领导分别带队，第一时间深入受灾区域县城指挥抢险救灾工作，带领各单位干部职工分片区组织县城、沿河两岸及全县92个重点地质灾害隐患点的广大群众有序疏散到安全地带，确保人民群众生命财产安全。各中小学校暂时停课一天，以确保广大师生安全。组织公安、交警、交通等部门及时上路巡查，对重点区域、损毁路段实行交通管制，确保道路交通安全。切实做好应急值班备勤工作，组织民兵应急分队和全县干部职工积极开展抢险救灾工作。组织交通、国土等部门及各乡镇、各村组加强重点项目、建筑工地、地质灾害隐患点的巡查监控，切实做好地质灾害隐患的排查和防范。切实做好道路交通保畅工作，确保救灾物资能及时发放灾区。组织供水、供电、通信、市政等部门对损毁的相关设施进行抢修，切实做好供水、供电、通信等保障工作，市政、消防等部门及时为广大群众提供生活用水，确保人民群众的正常生产生活。切实做好舆情导控和灾情上报工作，确保全县社会稳定。

全县灾后重建工作动员大会。6月12日上午，在县委五楼大会议室召开。县委书记黄清发作讲话强调要坚定信心，同心攻坚，奋力夺取灾后重建的全面胜利，全面完成全年经济社会发展目标任务。县委副书记、县长袁刚在主持会议时要求，各乡镇、各部门单位要尽快召开专题会议对灾后重建工作进行研究部署，结合实际制定和完善切实可行的工作方案，确保快速启动灾后重建相关工作。县委副书记杨少辉在会上宣读《雷山县“5·27”特大洪涝灾害灾后重建总体工作方案》。陈正锋、晏贵福、吴厚道、韦通贤、雷林多、陈健、毛珏梅、王松等县领导出席会议，各乡镇党政领导、县直部门，省州驻县单位负责人参加会议。2015年进入汛期，雷山先后遭遇“5·27”“6.8”两次特大洪灾，时间跨度短、降雨强度大、受灾范围广、灾害程度深。面对严峻的灾情，全县各级各部门，科学应对，深入灾区，进村入户，全力以赴抗洪抢险，妥善安排灾民基本生活。全县抗洪救灾工作取得阶段性胜利，为灾后重建工作奠定基础。

县委中心组“三严三实”专题学习研讨会。7月8日至13日，县委中心组在县委五楼会议室以“坚定理想信念，勇于务实担当”为主题举行“三严三实”第一次专题学习研讨会。县委书记黄清发主持研讨会。学习研讨会观看《求是》杂志社研究员、红旗出版社原副总编辑黄苇町作题为《严以修身，把牢思想和行动的“总开关”》的“三严三实”专题辅导报告。县委中心组“三严三实”第一次专题学习研讨会会期三天，采取自学、观看辅导报告录像、集中学习等方式进行专题学习。县委常委及县人大、县政府、县政协党员领导干部，县四大办、县委组织部、县委宣传部、县委统战部等有关负责人参加专题学习研讨会。

灾后重建工作专题会议。7月29日，县委书记黄清发主持召开相关部门会议，就灾后重建工作进行专题研究和部署。由于受到厄尔尼诺暖流影响，我国大部分地区2015年普遍遭遇强降雨，贵州首当其冲。尤其在5月27日、6月8日、6月13日、6月21日近一个月的时间内，雷山县连续遭遇4次暴雨袭击，县境内单次最大雨量达到367.6毫米，为贵州有气象记录以来之最，造成雷山百年以来的特大洪涝灾害。暴雨灾害波及全县8个乡镇154个行政村，受灾71380人，因灾死亡4人、失踪2人，紧急转移安置灾民7273人；农作物受灾面积3217.23公顷，毁坏耕地面积555.84公顷；房屋倒塌352户752间、严重损坏房屋793户1599间、一般损坏1203户2429间；通往县外公路多处中断。全县生产生活设施受损严重，经济损失达9.88亿元。会上，黄清发要求要把灾后重建工作作为全县当前和今后一个时期的重要工作任务来抓，全县上下要做到识大体、顾大局，同心合力、克难攻坚，全力确保全县灾后重建工作取得实效、惠及民生。

全县“三严三实”专题教育暨党风廉政建设集中专项整治深化“铸廉行动”推进大会。7月31日，在县委五楼会议室召开。县委书记黄清发出席会议并作讲话，强调坚守底线，以党要管党从严治党的要求为全面建成小康社会提供根本保障。会议由县委副书记、县长袁刚主持。会上，县委副书记杨少辉通报全县党风廉政建设集中专项整治工作情况，县委常委、县委组织部部长、县委统战部部长杨艳通报全县“三严三实”专题教育推进情况。县四大班子领导成员、县人武部、县法院、县检察院主要负责人、县直各部门主要负责人、省州驻县有关单位主要负责人、各乡镇党政主要负责人参加会议。

全县农业产业园区建设现场观摩会。8月5日至6日，县委书记黄清发，县委副书记、县长袁刚，县政协主席陈正锋率各乡镇党政主要负责人和县直有关部门负责人分别到各乡镇现场实地观摩农业园区建设，就上半年农业农村工作进行督查考核，并在县委五楼会议室召开全县农业园区建设现场观摩总结座谈会。会上，黄清发强调，要晒成绩，找差距，真正把农业做强，把农民带富，把农村做美，促进全县经济社会持续健康又好又快发展。县领导杨少辉、晏贵福、吴厚道、刘志涛、金光翔、郭建强、龙志波、杨莉等参加观摩总结座谈会。

全县维护社会稳定和社会治安重点整治工作视频会议。8月11日，在县公安局召开。会议分析全县当前维护稳定工作和社会治安形势，安排部署做好当前全县维稳和社会治安重点整治工作。县委书记黄清发出席会议并作讲话，要求突出重点，强化措施，扎实抓好各项整治工作的落实，确保实现群众安全感满意度双提升目标。县委副书记杨少辉主持会议，县委常委、县政府副县长、县委宣传部部长韦通贤，县委常委、县委政法委书记、县公安局局长陈健，县人大常委会副主任李胜平，县政协副主席李彬出席会议。

西江（悦榕）度假酒店概念规划汇报会。8月12日，在贵阳召开。会议听取雷山西江（悦榕）度假酒店概念性规划汇报，并就相关问题进行研究。会议要求加快规划设计项目建设步伐，把项目做成贵州旅游转型发展的标志性工程。省政府副秘书长张汉林，省旅游局局长傅迎春，省国资委副主任薛宝军，州委常委、副州长唐柏飞，贵旅集团董事长李三旗、副董事长程勇，悦榕集团总建筑师、高级副总裁何光正，县委书记黄清发、县委副书记县长袁刚等出席汇报会。贵旅集团、贵旅文旅公司及县直相关部门主要负责人参加会议。

全县同步小康驻村工作调度会暨“暖心书记”启动会。9月7日，在县委五楼会议室召开。会议总结第三季度全县同步小康驻村工作情况，分析存在的困难和主要问题，并就第四季度全县驻村工作进行安排和部署。同时，决定增派30名“暖心书记”到村工作，调整部分“第一书记”。各乡镇党委书记、副书记、组织委员，全县同步小康“第一书记”“暖心秘书”及驻村干部等180余人参加会议。

全县同步小康创建活动工作推进会。9月17日，在县政府五楼会议室召开会议。会议总结2013年以来全县同步小康创建活动工作情况，理清思路，明确重点，进一步安排和部署同步小康创建活动。县委常委、县委宣传部部长、县政府副县长韦通贤出席会议并讲话，要求增强全面建成小康社会的责任感，分类推进创建达标工作。县人大常委会副主任刘志涛，县政协副主席李彬出席会议，县直各机关单位、乡镇分管领导共80多人参加会议。

“美丽西江·和谐景区”创建动员大会。9月19日，在县委五楼会议室召开。县四大班子领导，县各部门和乡镇主要负责齐聚一堂，聚力推进“美丽西江·和谐景区”的创建发展。2008年后，西江景区各项建设投入资金5.2亿元，景区逐步成为全省乃至全国的乡村旅游发展典范。2014年，西江千户苗寨共接待游客101.78万人次，实现旅游综合收入1.09亿元。景区业态蓬勃发展，个体工商户由2008年的65户增加到2014年的523户，“苗家乐”接待户由40户发展到2014年的148户，民族工艺品店由28家发展到2014年的91家。西江村直接接待旅游人数达2800余人，景区村民人均纯收入从2008年的2050元增加到2014年的9640元；其中来自旅游收入占人均收入的70%以上。大会要求，“美丽西江·和谐景区”创建工作是一项长期性、群众性、社会性的系统工程，全县各级各部门要站在讲大局、讲政治的高度，强化工作措施，形成合力抓建设铸实效，使创建工作成为民心工程、发展工程、幸福工程。

“三严三实”第二次专题学习研讨会。9月

25日，县委理论学习中心组举行“三严三实”第二次专题学习研讨会。县领导黄清发、袁刚、刘光信、陈正锋、杨少辉、侯美彪、晏贵福、韦通贤、雷林多、黄超群、汤敏、王松等参加学习研讨。州委办机关党委书记李景捷到会指导。这次专题学习研讨，县委理论学习中心组成员围绕“严于律己，严守党的政治纪律和政治规矩，自觉做政治上的明白人”这一主题展开学习研讨。袁刚、刘光信、陈正锋、杨少辉、侯美彪、晏贵福、韦通贤、雷林多、黄超群、汤敏、王松先后发言。黄清发在研讨会上作总结讲话，要求严守党的政治纪律和政治规矩，保持战略定力，统筹抓好专题教育与改革发展稳定。李景捷要求做到学以致用，以务实的作风推进全县经济社会又好又快发展。县级党员领导干部、县四大办办公室负责人、县委组织部、宣传部、统战部等部门领导参加专题学习研讨。

“创国家卫生县城”文艺晚会。10月26日晚上，雷山县庆第18个环卫节·创“国家卫生县城”文艺晚会在木鼓广场举行，隆重庆祝环卫节，向“城市的美容师”们致敬。整台晚会通过歌曲、舞蹈、演讲、小品、合唱等形式，表达社会各界对环卫工人的理解和关怀，晚会上对23名优秀环卫职工和4个先进集体进行表彰。

全县民生监督工作总结部署会。11月11日，雷山县民生监督工作总结部署会在县委五楼会议室召开。州纪委常委、第四纪工委书记王再琼、州纪委党风政风监督室主任杨小平到会指导，县委常委、县纪委书记雷林多出席会议。王再琼、雷林多分别在会上讲话，县纪委六个纪工委和8个乡镇纪委分别就各自查办的民生案件进行交流发言。

县委中心组“三严三实”第三次专题学习研讨会。11月24日至26日，雷山县委中心组举行“三严三实”第三次专题学习研讨会。县委中心组成员围绕“严以用权，真抓实干，实实在在谋事创业做人，树立忠诚、干净、担当的新形象”专题开展学习研讨。县委书记黄清发主持会议并讲话，要求树立正确的权力观，按照“三严三实”要求掌权用权，深入学习贯彻落实中共十八届五中全会和省委十一届六次全会精神，推动中央、省委决策部署在雷山落地生根、开花结果。县委常委，县人大、县政府、县政协领导班子成员和党组成员，县法院院长、县检察院检察长，县直有关单位主要负责人参加学习研讨。

全县“民生铸廉严打整治百日行动”警示教育大会。12月1日，在县委五楼会议室召开。县委常委、县纪委书记雷林多出席会议并讲话，要求持之以恒抓好反腐倡廉工作。大会通报2015年全县党风廉政建设和反腐败工作情况，截至11月30日，全县纪检监察机关共立案57件65人，结案47件55人，移送司法机关4件4人，收缴违纪资金394.38万元。部分“两代表一委员”、群众代表以及乡镇、部分县直部门单位重点股室或关键岗位负责人及分管领导，部分党风廉政监督员共200余人参加会议。会上，与会人员还观看警示教育视频专题片。

全县精准扶贫精准脱贫暨农民专业合作组织推进大会。12月9日，在县委五楼会议室召开，大会传达学习中央、省、州扶贫工作会议精神，重点围绕“八个精准”“五个一批”等条件抓好全县扶贫工作。县委副书记杨少辉主持并讲话，要求提高认识、明确责任、强化督导、统筹兼顾抓好合作社组建和精准扶贫工作的落实。县委副书记吴厚道、县人大常委会副主任刘志涛、县政府副县长龙志波出席会议。会议期间，组织县直涉农部门主要负责人、各乡镇党政负责人及全县90个贫困村支部书记或村委会主任等到郎德镇也改村现场观摩学习农民专业合作组织的建设情况。

抗洪抢险灾后重建表彰大会。12月27日，在县委五楼会议室召开。县委书记黄清发讲话，全面总结抗洪救灾和灾后重建工作，并要求全县大力弘扬抗洪救灾和灾后重建精神，激励和引导全县人民以先进为榜样，团结拼搏，奋发进取，共同开创雷山科学发展、后发赶超、同步小康的新局面。会上，县委副书记吴厚道宣读《县委县政府关于表彰全县抗洪救灾和灾后重建先进单位和先进个人的决定》，授予县交通运输局等37个单位“抗洪抢险灾后重建工作先进集体”荣誉称号；授予万继等92人“抗洪抢险灾后重建工作先进个人”荣誉称号。副县长张晓玲在会上通报全县抗洪救灾和灾后重建工作情况。县委副书记杨少辉在会上宣读《雷山县“5·27”特大洪涝灾害灾后重建总体工作方案》。

（李剑、文永福）

领导考察与工作动态

【领导考察】 国务院扶贫办调研组赴雷山县调研小额信贷工作。2月2—3日，国务院扶贫办开发指导司副司长吴华、副处长段求明一行深入雷山县开展扶贫小额信贷调研工作。吴华一行到西江镇西江村进行实地走访，深入贫困农户杨合平、侯兴培、杨昌志3户农户家，详细了解扶贫产业资金信用贷款模式的具体做法和成效。座谈会上，雷山县委副书记杨少辉就全县精准扶贫小额信贷工作情况作汇报，吴华建议进一步加强扶贫小额信贷资金的管理，提高资金使用效益，更多更好地惠及扶贫对象和扶贫产业。

宋璇涛到雷山慰问贫困户。2月12日，省委常委、省纪委书记宋璇涛到雷山县丹江镇小固鲁村贫困户李成开和大塘镇新桥村贫困户王绍生家开展春节慰问活动。宋璇涛对“春节”期间困难群众的生活安排提出明确要求，县委、县政府和乡镇党委、政府要充分认识做好节日期间困难群众生活安排的重要性，领导干部要经常深入村组户实地察看，真切了解困难群众的心声，满腔热情地帮助困难群众解决生产、生活、住房、医疗等方面的实际困难和问题，把党和政府的关心真正送到贫困群众每家每户。

李飞跃到雷山县大塘镇调研地质灾害防治工作。6月9日下午，州委书记李飞跃到大塘镇调研地质灾害防治情况和“5·27”灾后重建工作。在大塘镇山湾村，李飞跃实地察看灾情和村民自救重建情况，听取村“两委”地质灾害及灾后自救重建工作情况汇报，与受灾群众代表、村干、驻村干部及州、县陪同人员进行座谈，听取灾民灾后“所思、所虑、所需”，鼓励他们要积极开展生产自救重建。同时指出要将灾区转移安置工作作为当前第一要务来抓，要求各职能部门在大灾面前坚守岗位，确保灾民顺利转移安置，保持社会的和谐稳定。

宋璇涛到雷山考察灾情。6月9—10日，省委常委、省纪委书记宋璇涛率省民政厅、省交通厅、省水利厅、省旅游局、省信用联社等有关部门负责人深入遭受“5·27”和“6·8”两次强暴雨袭击的雷山县进行灾情视察。州委书记李飞跃，州委副书记、州长廖飞，州委常委、州委秘书长耿生茂，县委书记黄清发，县委副书记、县长袁刚，县人大常委会主任刘光信，县政协主席陈正锋及其他四班子领导陪同考察或参加工作座谈会。考察中，宋璇涛一行实地查看灾情较为严重的郎德镇报德村、郎德小学、蚩尤大道、方祥乡毛坪村和大塘镇三湾村。每到一处，宋璇涛都详细询问受灾情况，受灾群众安置情况，并到县城西出口紧急转移村民过渡安置小区走访慰问受灾群众。在雷山召开的工作座谈会上，宋璇涛一行观看雷山县受灾视频，并听取廖飞就全州受灾情况汇报和雷山县委书记黄清发作的灾情汇报。宋璇涛要求，要加强对汛情、水情、雨情等方面的科学研判，最大限度地防范新的灾害和次生灾害的发生；要做好灾民过渡安置工作，确保灾民有饭吃、有房住、有衣穿、有干净水喝、有病能医；按照先易后难、先急后缓的原则，省、州各级各部门要力所能及地支持和帮助雷山；要搞好规划，科学统筹，全面推进灾后重建工作；各级纪检监察部门要发挥职能作用，加强对抗洪救灾的物资和灾后恢复重建工作督促检查，确保灾情物资发放公平、公正、公开和项目资金的安全。会上，李飞跃代表州委、州政府向省委省政府、省直有关部门对黔东南，特别是雷山县的大力支持表示感谢，并就做好下步工作特别是水情灾情预判、灾民安置和灾后重建等工作进行安排部署；省直有关部门结合各自职责就雷山抗洪救灾和灾后重建工作提出意见和建议。

耿生茂到永乐镇走访贫困村贫困户。7月3

日，州委常委、州委秘书长耿生茂到永乐镇开展走访贫困村贫困户。县委副书记杨少辉及永乐镇党政主要领导陪同走访。在柳乌村，耿生茂走访扶贫养牛户和贫困户家，详细了解养殖及收入情况，要求帮助贫困户发展产业，早日脱贫致富。在永乐镇政府会议室召开的座谈会上，耿生茂听取永乐镇扶贫工作情况汇报。耿生茂要求要通过改革创新，顺利实现“减贫摘帽”工作任务，高效有序推进精准扶贫工作，让群众享受到通过改革而创造的扶贫开发成果。

江广平到雷山调研。8月18日，中华全国总工会副主席江广平一行在省总工会副主席杨兴举及州、县相关领导陪同下，到西江千户苗寨文化旅游发展有限公司职工服务中心进行调研，听取公司工会负责人的汇报介绍，与公司员工进行交流，翻看公司工会会员档案，观看职工活动室，了解农民工在公司的人数，加入工会人数和公司对职工、农民工的服务工作；在西江，江广平一行还深入到西江苗族博物馆工会、阿浓苗家工会调研工会工作，并对雷山县总工会工作给予肯定。

中央统战部调研组赴雷山县开展民族文化工作调研。9月8日，中央统战部办公厅巡视员申占华一行赴雷山县调研民族文化工作开展情况。省委统战部秘书长邵刚、州委统战部副部长何平勇等陪同调研。申占华一行到西江千户苗寨详细了解民族工作服务管理情况，以及民族团结工作开展情况，听取雷山县经济社会发展情况汇报。申占华强调要充分利用优势资源，进一步加强对民族文化的保护及开发工作，做出特色，打造亮点。

桑维亮到西江景区调研。10月14日，州委副书记、州委政法委书记桑维亮，州委常委、副州长林朝盛在州政府党组成员、州公安局局长吴智贤及州委办、州政法委、州司法局相关负责人的陪同下，到西江景区调研“美丽西江·和谐景区”创建工作。县领导黄清发、侯美彪、黄超群、郭建强等陪同调研。桑维亮一行先后到西江旅游公司、西江社区服务中心、西江消防中队、西江派出所及营上服务区等进行实地调研，详细了解西江景区建设提升相关工作情况。并在雷山文化旅游产业园区会议室召开调研工作汇报会，听取雷山县及西江景区创建“美丽西江·和谐景区”工作情况汇报。桑维亮对雷山县开展的创建“美丽西江·和谐景区”工作给予肯定，并要求把创建工作做成群众看得见、得实惠的民生工程。

宋璇涛带队到雷山县调研扶贫工作。10月19日至20日，省委常委、省纪委书记宋璇涛带队到雷山县遍访贫困村贫困户，了解贫困群众生产生活、收入构成、帮扶期盼、增收举措等方面的情况。州委书记李飞跃，州委副书记、州委政法委书记桑维亮，州纪委副书记、州监察局局长李明德，雷山县委书记黄清发，县委常委、县纪委书记雷林多等陪同调研。宋璇涛一行先后到大塘镇九十九省级农业产业园区、也耶村、合兴红茶厂，郎德镇老猫村、南猛村、也改村等地走访贫困户以及企业，详细了解贫困农户生产生活、家庭创收、各村产业发展、企业发展等情况。宋璇涛强调，要弄清搞准贫困群众贫困程度和致贫原因，分类分层次精准施策。对鳏寡孤独、无劳动能力、重病等特困户，要通过政策兜底、救济救助等措施，确保贫困群众有饭吃、有衣穿、能看病、能上学；对有劳动力、有发展意愿的贫困户，要从产业、资金、技术等方面给予大力支持，发挥自然生态优势，大力实施产业扶贫，因地制宜发展养殖、种植等山地特色产业，鼓励外出务工人员回乡创业，通过产业发展，带动更多贫困群众脱贫致富。

耿生茂深入达地水族乡开展遍访贫困工作。12月20日，州委常委、州委秘书长耿生茂一行深入雷山县达地水族乡背略村、大坪山生态农业产业园开展遍访贫困村贫困户工作，向群众宣讲中共十八届五中全会和中央扶贫开发工作会议精神、征求州委常委会民主生活会意见建议，提出达地乡要发挥区位优势，加快集镇建设，不断壮大优势特色产业规模，全面推动乡域社会经济发展，促进全面小康社会的建成。

【工作动态】 1月27日，雷山县委书记黄清发一行到达地乡茶园基地、茶叶加工厂就产业发展情况进行调研。在听取乡党委、政府相关工作情况汇报后，黄清发要求以农民增收为目标，加快推进产业结构调整步伐，拓宽农民致富渠道。

1月28日，县委常委、县纪委书记雷林多到方祥乡就党风廉政建设、民生特派监督、经济社会发展、美丽乡村建设等工作开展调研。调研中，雷林多要求进一步深化党风廉政意识，坚持不懈地开展反腐倡廉教育。方祥乡党政主要领导陪同调研。

2月5日，县委副书记杨少辉率县卫生计生局一行到望丰乡督查卫生和计生工作。杨少辉一行到甘益村入户督查近期手术库存、全员信息等情况进行核查，认真了解春节期间流动人口情况。在望丰乡政府召开的座谈会上，杨少辉要求在春节期间要认真开展好“库存清理、双女户动员、早婚预防控制”等三项重点工作。

3月5日，县委书记黄清发主持召开县委常委会议，专题听取全县安全生产工作情况汇报，并就安全生产工作进行安排部署。

3月30日，县委书记黄清发率队到方祥乡贵茶雷山分公司开展“三严三实”暨服务企业、服务项目“双服务”活动，实地走访调研企业生产经营和基地建设情况，为企业发展和基地建设中存在的困难寻找办法、破解难题。黄清发要求领导干部要沉下去，到联系的企业和项目中去，用心、真心地帮助企业解决发展中遇到的具体困难，帮助解决项目建设中遇到的具体问题，确保企业顺利发展，项目尽快落地建成，为实现全年经济社会发展目标奠定坚实基础。

3月31日，县委书记黄清发，县委副书记、县长袁刚到县安监局调研。在听取县安监局汇报全县安全生产工作开展情况及存在的突出问题情况后，黄清发、袁刚要求进一步增强安全生产责任感和紧迫感，突出重点，加强培训，搞好宣传，严格追究责任，抓好全县的安全生产工作。县委常委、县委宣传部部长、县政府副县长韦通贤参加调研。

4月1日，县委副书记杨少辉到黔森绿色生态产业开发公司就黑毛猪养殖产业发展情况进行调研，县政协副主席李玉文、县农业局、县畜牧办等部门负责人陪同调研。杨少辉一行先后查看黔森公司黑毛种猪繁殖场和监控中心，听取企业负责人相关工作汇报。杨少辉充分肯定黔森公司黑毛猪产品对推进全县黑毛猪产业发展、促进农民增收的重要作用。针对企业项目建设用地难，杨少辉一行带领黔森公司负责人到县九十九农业园区考察项目用地，并拟定项目选址。调研中，杨少辉强调各级各有关部门要及时帮助农业企业解决困难和问题，让企业发展有“奔头”、农民增收有“盼头”。

4月8日，县委副书记杨少辉、县政府副县长龙志波到郎德镇和望丰乡就“美丽乡村”建设推进情况进行调研。在郎德镇报德村、南猛村、杨柳村和望丰乡望丰村，杨少辉、龙志波与村干部座谈交流，听取工作情况汇报，鼓励村组干部要充分发挥村“两委”的统筹协调和先锋模范作用，积极宣传农业、扶贫和美丽乡村建设等好政策，调动群众参与建设的积极性和主动性，切实发挥美丽乡村建设对促进产业发展、环境改善和农民增收的助推作用。县林业局、县新农村办及郎德镇、望丰乡有关负责人陪同调研。

4月10日，县委常委、县委组织部部长、县委统战部部长杨艳到方祥乡调研驻村工作开展情况。在毛坪、平祥、格头等村，杨艳详细了解驻村工作队的工作、生活情况，并与驻村工作队员、乡村干部就村级发展现状、扶贫规划、项目启动及驻村工作进行亲切交谈。杨艳要求，要加强对驻村干部的管理，严格执行驻村纪律。县委组织部有关负责人、方祥乡党委主要领导陪同调研。

4月23日，县委副书记杨少辉到西江镇干荣村就农村基层组织精品示范点和旅游产业亮点工程建设进行调研。杨少辉实地察看干荣村基础设施建设，基层组织的阵地建设等情况。在听取园区（西江镇）汇报干荣村州级农村基层组织精品示范点建设和旅游产业亮点探索情况、干荣村“两委”在实施党员创业带富“金种子”计划工作、环境卫生网格管理和计划生育网格化管理等方面的落实情况等汇报后，杨少辉要求做好州级农村基层组织精品示范点建设，加强阵地和干部队伍建设，围绕旅游产业不断探索新亮点新特色，全力做好精品线路亮点工程建设，高标准完成长荣服务区的项目建设任务。

4月27日，县委书记黄清发，县委副书记、县长袁刚到西江景区就“五一”小长假筹备工作情况进行调研。黄清发、袁刚一行到景区北大门、游方街、古街、观景台、营上服务区等地实地查看，并听取相关部门工作情况汇报，详细了解“五一”小长假前西江景区交通保畅、业态管理、旅游接待、环境整治等方面的筹备工作情况。黄清发要求要精心组织，精细管理，精诚服务，确保游客高兴而来，满意而归。袁刚就如何做好“五一”节筹备等相关方面工作进行安排部署。

4月28日，县委常委、县纪委书记雷林多到望丰乡就党风廉政、民生特派监督等工作开展情况进行调研。县监察局、县第一纪工委相关负责人，望丰乡党政主要领导等陪同调研。座谈会上，雷林多要求，要严格落实“党政同责、齐抓共管”工作机制，加大信访案件的办理力度，切实维护好群众的合法权益。

5月5日，县委常委、县委组织部部长、县委统战部部长杨艳到西江镇干荣、西江、中寨、脚尧等村就基层组织示范村建设等情况进行调研。县人大常委会副主任、雷山文化旅游产业园区党工委常务副书记、西江镇党委书记郭建强参加调研。杨艳要求加大对金种子示范户的支持，发挥“一户金种子带十户”的作用，形成产销一体化模式，打造西江原生态绿色产品，带动群众增收。县委党建办负责人和丹江、永乐、大塘、达地等乡镇组织委员参加调研。

5月5日，县委副书记杨少辉到丹江镇大十字社区、脚猛、阳苟、乌东等村（居）就基层党建工作进行调研。杨少辉要求创新基层党建工作，提升基层党建工作水平。

5月5日，县委书记黄清发，县委副书记、县长袁刚，县人大常委会主任刘光信，县政协主席陈正锋一行到郎德镇就郎德旅游景区开发建设情况进行调研。县委副书记杨少辉，县委副书记、副县长、雷山文化旅游产业园区管委会主任侯美彪，县委常委、副县长、县委宣传部部长韦通贤参加调研。黄清发强调，加强郎德景区旅游开发的领导，各级各部门要齐心协力，相互配合，确保郎德景区开发建设早竣工早见效。

5月6日，县委常委、县委组织部部长、县委统战部部长杨艳到郎德镇上郎德、下郎德、报德、也改、排夫、老猫等村调研指导农村基层党组织建设工作。县委党建办、永乐、大塘、望丰、达地等乡镇有关负责人参加调研。杨艳要求基层党建工作，常规工作要抓实，重点工作要抓出特色、抓出亮点，努力开创基层党建工作新局面。

5月25日，县委副书记杨少辉在县委县政府督查室、县农业局负责人陪同下，到望丰乡乌迭、乌局、乌响等六个地质灾害重点村就汛期安全生产各项工作进行检查。杨少辉要求加大汛期安全生产工作宣传力度，做好应急预案演练和各类预警信息的发布工作，确保当地村民安全渡汛。

5月28日，县委常委、县人武部部长李红深入达地水族乡达地、背略等村实地查看灾情并慰问受灾群众。李红要求尽快抢修供水、水利、交通、供电、通信等基础设施，全力帮助受灾群众恢复生产生活。

5月29日，县委副书记杨少辉，县委常委、县政府副县长毛珏梅，县人大常委会副主任李胜平等率队到大塘镇水溪村指导抗洪救灾工作，并送去救灾帐篷30顶、大米850公斤、水管1200米、发电机3台及肉、蔬菜、药品等灾区急需物资。指导该村组建临时指挥部，成立后勤保障组、应急保障组、安保组及清场组，开展抢险救灾工作。

5月30日，县委书记黄清发，县委副书记杨少辉，县委常委、县政府副县长汤敏、毛珏梅，县人大常委会副主任李胜平，县政府副县长张晓玲等到大塘镇水溪村检查指导抗洪救灾工作和走访慰问受灾群众。黄清发一行先后查看水溪村洪涝灾害和临时安置点等地的情况，详细了解灾情及抗洪救灾工作有关情况，慰问受灾群众。黄清发要求把安抚灾民作为当前救灾工作的重点，确保群众有饭吃、有房住、有水喝；尽快打通抢险救灾运输通道，保证救灾物资及时运达；迅速组织人力、物力开展生产自救，争取早日恢复正常的生产、生活秩序。

6月3日，县委常委、县委组织部部长、县委统战部部长杨艳，县政协副主席邱兆娟在丹江镇负责人的陪同下，到丹江镇排卡村、西门村等地查看灾情，走访慰问受灾群众，指导灾后重建工作。杨艳要求，乡镇党委、政府及村“两委”负责人要一手抓救灾安置和灾后重建，一手抓安全防范工作，确保防汛抗灾和灾后重建各项工作顺利进行。

6月9日，县委常委、县人武部部长李红带领县人武部10余名官兵到方祥乡毛坪村开展救灾工作，为毛坪村受灾群众清理淤泥及废渣100余立方米，疏通道路100余米。在听取各村干部有关灾害重建工作情况汇报后，李红要求发挥群众生产自救的主体作用，完善相关基础设施建设，为群众生产生活基本条件提供保障。

6月11日，县委常委、县纪委书记雷林多到方祥乡格头村指导灾后重建工作。雷林多要求干部要深入灾区一线了解灾情，引导和帮助群众开展灾后重建。

6月14日，县委书记黄清发深入西江镇长乌、乌高、开觉、堡子等村走访慰问贫困村贫困户，为贫困群众送去棉被、食用油、大米等物资，与村干座谈时强调要认真践行“三严三实”，坚决打赢精准扶贫攻坚战。县领导郭建强以及县直有关部门负责人陪同走访。

6月15日，县委常委、县纪委书记雷林多到郎德镇开展“三严三实”专题教育课。郎德镇全体干部及部分村干100余人听课。讲课中，雷林多要求领导干部要带头做到“严以修身、严以用权、严以律己”。

6月15日，县委常委、县人武部部长李红到达地水族乡开展“三严三实”专题课教育活动。李红要求准确把握“三严三实”的基本内涵和实践要求，在真学、真懂、真信、真用上下功夫。各村（居）党支部书记，全乡党员干部和乡属部门负责人共50余人参加学习。

6月16日，县委副书记杨少辉在大塘镇，为全镇干部职工和部分村党支部书记共80余人上一堂生动丰富的“三严三实”专题教育课。杨少辉在讲课中要求，要深刻理解“三严三实”的丰富内涵和重大意义，紧密联系单位和个人实际，在思想上严起来，在行动上实起来，从“严”处入手，从“实处”着力，认真自觉践行“三严三实”。要树立正确的世界观、人生观、发展观，聚精会神抓党建，从严从实打造一支对党忠诚、个人干净、敢于担当的干部队伍。要以“三严三实”为镜子，照照自己的真假，以“三严三实”为标尺，量量自己的长短，在践行“三严三实”中努力成为忠诚、干净、担当的“四有”干部。

6月17日，县委副书记杨少辉到西江镇龙塘、猫鼻岭等村调研指导农业产业园区建设。在听取西江农业产业园区建设规划情况汇报后，杨少辉要求要加强园区内村寨水、电、路等基础设施建设，改善群众生产生活条件，千方百计招商引资，助推美丽乡村建设。

6月17日，县委常委、县委组织部部长、县委统战部部长杨艳到方祥乡作“三严三实”专题党课教育。杨艳强调，要把准“三严”内在要求，践行“三实”行为取向；聚焦“不严”风险，认清“不实”之势；自觉践行“三严三实”要求，做忠诚干净担当的“好干部”。同时，作为一名党员干部，要将自己放在与群众平等的位置，坚持“情为民所系、权为民所用、利为民所谋”，做到让权力在阳光下运行，才能赢得百姓的信任与支持，赢得人民的爱戴和拥护。

6月27日，县委书记黄清发在县委副书记晏贵福及县直有关部门负责人的陪同下，到郎德镇乌瓦、乌吉明、杨柳、南猛、老猫5个村开展遍访贫困村贫困户工作暨“七一”走访慰问党员活动，强调要认真贯彻落实习近平总书记“六个精准”“四个一批”的重要要求，全力打好扶贫开发第一民生攻坚战，确保全县实现“减贫摘帽”目标。

6月30日，县委书记黄清发，县委副书记、县长袁刚，县人大常委会主任刘光信，县政协主席陈正锋一行到西江景区调研。黄清发要求，各级各部门要提高认识，统一思想，按照县委、县政府的安排部署认真抓好各项工作的落实，确保各工程项目扎实有效推进；同时多渠道、多方式加强对外宣传营销工作，吸引更多的游客到西江观光旅游。县领导侯美彪、韦通贤、郭建强、张晓玲、罗爵及县直有部门负责人陪同调研。

7月13日，县委副书记晏贵福、吴厚道到郎德镇指导精准扶贫建档立卡示范点工作。晏贵福、吴厚道要求，郎德镇作为全州示范点，建档立卡一定要把握好农户家庭真实信息，建立详细真实的贫困户档案，为下步帮扶脱贫打下坚实基础。

7月15日，县委副书记吴厚道到大塘镇指导"精准扶贫"建档立卡示范点工作。吴厚道要求围绕"六个到村到户"扶贫措施，及时认定扶贫对象，开展有针对性的扶贫。

7月16日，县委书记黄清发，县委副书记、县长袁刚，县人大常委会主任刘光信一行到蚩尤大道就工程项目建设情况进行调研。黄清发强调，各级各部门要密切配合，抢抓机遇，倒排工期，确保蚩尤大道工程项目扎实有效推进；抓紧做好丹江森林公园规划设计，真正把丹江森林公园做成一个功能齐全、设施完备、群众满意的工程。县领导侯美彪、金光翔、邱兆娟以及县直有关部门负责人陪同调研。

7月17日，县委副书记杨少辉、吴厚道到大塘镇掌坳村铜鼓场、陈列馆选地、古屋、古战壕调研民族村落保护开发工作。调研中，杨少辉、吴厚道还组织召开座谈会，听取相关部门就下步推进掌坳村民族村落的保护和开发的意见和建议。县旅发委、县民宗局等部门及大塘镇党委相关负责人陪同调研。

8月3日，县委副书记杨少辉到郎德镇就杨柳生态农业循环经济示范园区进行调研，县农业园区办等有关负责人陪同调研。杨少辉实地察看农业园区一期、二期的规划建设情况，认真听取农业园区建设进度汇报。杨少辉要求要加快农业园区的土地征收工作，创造良好的亲商环境和园区发展环境。

8月15日，县委书记黄清发，县委副书记、县长袁刚率队深入凯雷高速公路雷山段项目建设现场、西江景区以及部分宾馆酒店农家乐等地检查安全稳定工作，强调要强化工作措施，狠抓薄弱环节，确保发展上干成事、稳定上不出事。县领导侯美彪、韦通贤、陈健、郭建强、张晓玲以及雷山文化旅游产业园区工委副书记、雷山文化旅游产业园区管委会常务副主任罗爵等陪同检查。

8月17日，县委副书记杨少辉在县委县政府督查室、县安监局、县第三纪工委等部门有关负责人陪同下，到大塘镇山湾村、排里村、掌批村检查信访维稳、安全生产、消防、交通、地质灾害等工作开展。大塘镇党政主要负责人陪同检查。杨少辉要求要加强对信访维稳、地质灾害隐患的排查，做好信访维稳工作。

8月18日，县委常委、县委组织部部长、县委统战部部长杨艳到西江镇龙塘村，就村级班子队伍建设、村级活动场所建设、村级集体经济积累、生态特色产业发展等进行调研。杨艳要求要做好村级后备干部的储备和培养，加强村"两委"班子队伍建设。

8月18日，丹江镇召开2015年精准扶贫建档立卡示范点创建工作部署会。县委副书记吴厚道到会指导，县人大常委会副主任、丹江镇党委书记金光翔出席会议。吴厚道要求要严格标准，上下联动，抓实精准扶贫工作。金光翔要求要在做好精准扶贫户信息建档立卡的同时，要做好村级扶贫信息建档立卡工作。

8月19日，县委常委、县人武部部长李红到达地水族乡达地、达勒等村督查指导安全稳定工作。他要求要明确目标，强化措施，着力维护社会安全稳定。达地乡党政主要负责人陪同督查。

8月22日，县委书记黄清发在县直有关部门负责人的陪同下深入郎德镇上、下郎德村、郎望公路等地督查安全稳定工作，强调要时刻绷紧安全稳定这根弦，认真抓好督查整改落实，确保地方群众安居乐业。

8月25日，县委常委、县委组织部部长、县委统战部部长杨艳到丹江镇就计生、安全生产、信访维稳工作进行调研。他要求要发展、稳定两手抓、两手都要硬，确保丹江平安稳定和谐。

8月26日，县委常委、县委组织部部长、县委统战部部长杨艳到永乐镇柳乌村就村级组织建设、精准扶贫、驻村工作开展调研。杨艳与村“两委”班子成员座谈，要求村“两委”主要领导切实当好班长，大力发展村级集体经济，确保平安稳定和谐发展。永乐镇党政主要负责人陪同调研。

9月2日，县委副书记杨少辉在县卫计局有关负责人陪同下到望丰乡督查指导人口计生工作。在丰塘村，杨少辉入户督查近期手术库存、全员信息、流动人口等情况，详细询问村级计生工作台账及计生基础数据情况。在望丰乡政府召开座谈会上，杨少辉在听取近期人口计生工作情况汇报后，要求要加强组织领导，狠抓计生责任落实，确保人口计生工作上新台阶。

9月8日，县委副书记杨少辉在县委办、县财政局、县扶贫办等有关负责人陪同下到西江镇就农业产业园区建设、党建、扶贫等工作进行调研，西江镇相关负责人陪同调研。在龙塘村，杨少辉实地察看农业产业园区中药材种植、立体种养殖等项目建设后给予充分肯定，要求拓宽渠道，提升园区建设综合服务能力。

9月26日，县委书记黄清发，县委副书记、县长袁刚率队到西江景区营上服务区、观景台、西江苗族博物馆、表演场以及朗西路雷山段等地就中秋、国庆黄金周各项筹备工作开展情况进行调研，并要求要切实抓好各项工作落实，确保中秋、国庆黄金周全县旅游安全有序。侯美彪、黄超群、郭建强、罗爵等陪同调研。

10月13日，县委常委、县委政法委书记黄超群到永乐镇调研政法工作。永乐镇党政领导班子陪同调研。黄超群听取永乐镇党委、政府就信访维稳工作、群众安全感满意度工作、安全生产、党建及党风廉政等工作的情况汇报后，对永乐镇上述工作给予肯定，并要求要细化工作措施，进一步做好信访维稳工作。

10月14日，县委副书记杨少辉在县财政局、县旅发委、县水务局、县交通局、县民宗局等部门主要负责人陪同下，到方祥乡毛坪村就灾后重建工作进行督查调研。杨少辉一行实地察看毛坪村进村公路、防洪堤、寨门、停车场、游客服务中心等建设情况，详细了解项目推进过程中存在的困难和问题，并要求要强化跟踪督查，确保灾后重建项目如期完工。

10月15日，在“扶贫日”到来之际，县委副书记杨少辉到大塘镇也耶村就产业发展、精准扶贫等工作进行调研。杨少辉要求要强化金种子带富计划工程，促农增收，共同富裕。县委办、大塘镇相关负责人陪同调研。

10月15日，县委常委、县委政法委书记黄超群到方祥乡开展调研。方祥乡党政领导班子成员陪同调研。黄超群听取乡、村两级就当前群众安全感满意度、信访维稳、安全生产、社会管理创新、产业发展等工作汇报，对各项工作取得的成绩予以肯定，并要求要高度重视信访维稳工作，整合力量，齐抓共管。

10月20日，县委副书记杨少辉到大塘镇独南村、桃江村就“家庭农场”等扶贫项目建设进行调研。他要求要探索一条符合现代农业规模化、组织化、生态化和市场化的发展道路，实现现代农业更好更快发展。县扶贫办、大塘镇相关负责人陪同调研。

10月21日，县委副书记吴厚道率县财政扶贫资金项目督查小组到方祥乡督促指导扶贫开发工作。吴厚道一行实地查看方祥乡提香村七里冲小康路项目建设，与方祥乡党政领导班子座谈，听取扶贫资金项目工作开展情况汇报。吴厚道要求要提升项目管理水平和资金使用效率，确保有限的扶贫资金真正用在帮助扶持困难群众脱贫致富的工作上。

10月21日，县委常委、县委政法委书记黄超群到望丰乡调研政法工作。望丰乡党政领导班子陪同调研。黄超群在听取望丰乡就信访维稳、群众安全感满意度、安全生产、经济社会发展等工作情况汇报后，对望丰乡在信访维稳、群众安全感满意度、安全生产、经济社会发展等方面的工作给予肯定。黄超群强调要处理好稳定与发展的关系，围绕“富民和谐”目标，为全乡经济社会又好又快发展创造良好环境。

10月22日，县委副书记吴厚道、县政协副主席李彬在县财政局、县扶贫办、县住建局、县农业局、县经贸局等部门主要负责人陪同下，到方祥乡陡寨村就美丽乡村建设、乡村旅游发展、基础设施建设、产业发展、传统村落建设进行调研。吴厚道、李彬一行听取该村“两委”各项工作开展情况汇报后，要求要继续加大农业产业结构调整力度，把优势产业做大做强。

10月29日，县委常委、县委组织部部长、县委统战部部长杨艳到方祥乡督导基层党建工作。县委党建办、达地乡、方祥乡有关负责人陪同督导。在雀鸟、平祥、水寨、提香等村，杨艳实地查看村级活动场所，听取村“两委”关于村级发展思路、党员发展、“金种子”带富、远教站点及下步工作打算等方面情况汇报。在与乡党政班子成员座谈中，杨艳要求要充分发挥“第一书记”、同步小康驻村和“暖心秘书”的关键作用，做到真扶贫、扶真贫、真脱贫。

11月3日，县委常委、县纪委书记雷林多到大塘镇及该镇乔兑村就党风廉政建设、纪检监察工作和经济社会发展情况进行专题调研，大塘镇主要领导陪同。座谈会上，在听取大塘镇各项工作开展情况汇报后，雷林多要求要进一步创新方式推进农村党风廉政建设工作。

11月4日，县委副书记杨少辉到达地水族乡的乌达、小乌、高车等村督查扶贫开发项目建设推进工作情况，听取该乡2013—2015年扶贫项目建设情况汇报，要求要进一步加强项目调度，加快项目工程建设进度。县扶贫办、县财政局等部门负责人以及达地水族乡党政领导陪同督查。

11月5日，县委副书记杨少辉到大塘镇新桥村就“美丽乡村”建设推进情况进行督查。杨少辉要求要加快工程建设进度，确保工程保质保量如期完工。县委县政府督查室、县旅发委及大塘镇有关负责人陪同调研。

11月10日，县委副书记晏贵福率督查组一行到丹江镇督查第三季度基层党建工作。晏贵福一行走访脚雄、脚猛、羊排等村，通过明察暗访、实地查看和走访调查等形式，了解基层党建工作开展情况。晏贵福强调要加强基层党组织和党员干部队伍建设，不断提高服务群众、服务发展的能力和水平。

11月18日，县委副书记杨少辉到方祥乡毛坪村就灾后重建项目实施情况进行督查。方祥乡党政主要负责人陪同督查。杨少辉要求要及时解决工作中遇到的困难和问题，推进项目建设进度。

11月20日，县委副书记杨少辉到大塘镇就“精品示范村”建设推进情况进行督查。县委县政府督查室、县旅发委及大塘镇有关负责人陪同督查。杨少辉实地查看掌坳村百年古屋、古粮仓、古战壕等保护修复情况和新桥村乡村文化旅游提升建设情况，并听取建设情况汇报。杨少辉要求要明确责任，加强协调，加快工程建设进度。

12月10日，县委常委、县纪委书记雷林多深入方祥乡就灾后重建项目实施、党风廉政、民生监督、社会经济发展等工作进行调研。雷林多实地察看毛坪村进村公路、防洪堤、停车场、便民桥、移民安置点、游客服务中心等项目建设情况，详细了解项目推进过程中存在的困难和问题。雷林多要求要及时解决工作中遇到的困难和问题，加快推进毛坪村灾后重建各项目的施工进度。

12月25日，县委副书记杨少辉到凯雷高速雷山段丹江镇虎阳村，西江镇黄里村、连城村、营上村沿线村寨就“美丽乡村”风貌整治工作进行调研。杨少辉要求要科学规划，确保风貌整治体现民族特色。

（李剑、文永福）

重要活动与重点工作

【重要活动】 1月15日，经过省委组织部、州委组织部的逐级遴选推荐，县委书记黄清发参加中央党校第一期研修班学员培训结业。本期研修班培训时间从 2014 年 11 月 14 日至 2015 年 1 月 15 日，为期 2 个月。1 月 12 日，习近平总书记在人民大会堂主持召开座谈会，同学员畅谈交流“县委书记经”，反响热烈。在座谈交流会上黄清发表示，回到工作岗位后，一定把总书记的指示精神认真贯彻落实好，以自己的实际行动塑造一个共产党员和县委书记应有的形象，坚持以“人一之我十之、人十之我百之”的激情抓工作、惠民生、促转型、谋发展，精心打造实力雷山、活力雷山、生态雷山、和美雷山，真正做到为官一任、造福一方。

1 月中旬，在新春到来之际，雷山县利用城乡赶集日，组织宣传部、纪委、文体、司法、科技、卫生等 14 个部门单位深入到丹江镇、永乐镇开展雷山县 2015 年文化科技卫生“三下乡”暨廉政文化展活动。在为期 2 天的活动中，各部门结合业务开展问题接访、文艺演出、政策宣传、科技咨询、卫生体检、资料发放等工作，共发放各种宣传资料 8000 余份，接待群众咨询 300 余人次。

2 月 5 日，由贵州省委宣传部、贵州省文化厅、贵州省文联主办，孔学堂艺术团、贵州省各文艺家协会承办。雷山县委、县人民政府协办的“与祖国同行·与人民同心”贵州文艺工作者送欢乐下基层慰问演出活动于上午 10 时 30 分至 12 时在雷山县城木鼓广场举行。演出由孔学堂艺术团与雷山县演员同台献艺，节目包括歌舞、相声、小品、杂技等。

2 月 25 日，县委书记黄清发带领雷山县四大班子成员、相关部门单位干部和群众 200 余人，到大塘镇九十九农业产业园区参加绿色贵州三年行动计划雷山县启动仪式，带头参加义务植树绿化活动，身体力行号召全县干部群众植树造林美化家园，为建成“生态文明示范县”、绿色雷山贡献力量。是日，按照绿色贵州建设三年行动计划的统一部署，各乡镇均选定 1 个义务植树点，同步开展绿色贵州建设三年行动计划植树活动。

4 月 13 日，雷山县委书记黄清发率队赴苏州工艺美术职业技术学院考察，并出席贵州雷山苗族文化展示馆开馆暨合作签约仪式。县人大常委会主任刘光信，县政协主席陈正锋，县政府副县长张晓玲等参加签约仪式。参加签约仪式的还有苏州市人民政府、苏州市旅游局、贵州省旅游局等单位领导、嘉宾及新闻媒体记者等。仪式上，黄清发作开馆致辞，张晓玲与苏州美院签订《雷山县人民政府与苏州工艺美术职业技术学院项目合作框架协议书》。县职校、西江旅游公司分别与苏美院签订《雷山县中等职业学校与苏州工艺美术学院合作项目协议书》《雷山县西江旅游公司与苏州工艺美术学院合作项目协议》。在开馆仪式中，雷山苗族文化展示馆展示苗族文化，西江歌舞队在现场展演《苗族长桌宴》《吹木叶》等民族歌舞。贵州雷山苗族文化展示馆，是雷山县人民政府与苏州工艺美术职业技术学院在人才培训、产业研究、文化传承等领域方面的合作项目之一，旨在长三角地区建立一个苗族文化重要宣传窗口。

4 月 19—20 日，广东骏马慈善基金会会长陈辉龙一行先后到雷山县西江镇西江村、郎德镇郎德村、大塘镇咱刀村的 5 户贫困高中学生家进行走访慰问。该基金会共向雷山民族中学 45 名家庭经济困难且品学兼优的学生发放每人每年 1500 元的助学金，一定三年不变。州侨联主席吕江萍出席助学金发放仪式，县委常委、县委组织部部长、县委统战部部长杨艳在仪式上致辞。

4 月 23 日，雷山县作家协会成立暨第一次会员代表大会在县委五楼会议室召开。州作家协会副主席余敏、县委副书记杨少辉出席并讲话，县政协副主席李彬等出席会议。县摄影家协会、书法家协会、芦笙协会及全县 40 多名作协会员参加会议。会议听取雷山县作家协会筹备工作情况报告，审议通过《雷山县作家协会章程》，选举产生第一届作家协会组织领导机构，杨应光任主席。作家协会的成立，使该县 150 余名文学爱好者有了“家”。

5 月 18 日，“绿镜头·发现中国”系列采访活动记者团走进西江镇开展专题采访摄制工作。摄制组记者先后采访拍摄西江村农民多功能信息服务中心、杨树茶庄、农民画家李玉福、刺绣坊、银饰坊等处。采访组由人民日报社、新华社、光明日报社、经济日报社、中国日报社、中国气象报社等30多家媒体组成。贵州是2015年“绿镜头·发现中国”系列采访活动的第二站。

5月22日，雷山县Ⅰ类铸廉单位集中授牌仪式在县委五楼会议室举行。县委书记黄清发作讲话，县委副书记、县长袁刚宣读Ⅰ类铸廉单位名单，县委常委、县纪委书记雷林多主持授牌仪式。全县289个创建单位，经过亮、判、查、评，共有157个单位达到Ⅰ类铸廉单位标准。

6月7日，雷山县以讲专题党课的形式启动全县县级以上领导干部“三严三实”专题教育。县委书记黄清发主讲，县委副书记、县长袁刚主持讲座。黄清发要求每一位党员干部特别是县级领导干部，一定要认真领会“三严三实”和“忠诚干净担当”的深刻内涵和具体要求，把“三严三实”和“忠诚干净担当”作为修身之本、为政之道、成事之要、立世之基。县四大班子领导和雷山文化旅游产业园区领导班子成员，县法院、县检察院，县级离退休干部代表，各乡镇党委书记、副书记，县级国家机关各工作部门单位和人民团体主要负责人，县属国有企业主要负责人等参加讲座。

6月16日，雷山县举办“三严三实”专题讲座，省委党校（贵州行政学院）常务副校（院）长韩卫东教授受邀作“全球变局与共产党人人格力量”专题讲座。讲座主题鲜明、内容丰富、解读深刻、通俗易懂，具有较强的理论性和针对性。全县副县级以上领导干部，县直部门单位正科级实职领导，各乡镇党委书记、乡镇长、组织委员，县属国有企业主要负责人在场听讲。

6月26日，在省同步小康驻雷山工作队队长、省纪委常委、监察厅副厅长李豫贵的牵线搭桥下，省招标协会会长邱佩莹一行到郎德镇就灾后重建工作情况进行调研并开展献爱心活动，捐献50万元用于郎德镇下郎德村岩寨吊桥工程建设，方便群众出行，并表示将资助郎德镇10名2015年高考进入大学的困难学生完成学业。县委书记黄清发，县委副书记晏贵福，县委常委、县纪委书记雷林多等陪同调研。

7月6日，雷山县领导干部公共管理能力提升专题培训班在杭州市委党校正式开班，县人大常委会副主任刘平方，县政协副主席杨慧萍及杭州市委党校有关领导和全体学员参加开班仪式。在开班仪式上，刘平方作讲话，杭州市委党校有关负责人作课堂纪律要求。全县45名各级领导干部参加培训。培训内容为公共服务管理、招商引资、应急管理、依法治国、服务型政府建设等。

7月7日，省文联、省红十字会慰问团赴雷山县，在木鼓广场为灾区人民举行慰问演出活动。为灾区捐赠大米、食用油、家庭包、蚊帐等物资价值50万元，省文联捐款3万元。

7月7日，雷山县2015年贫困地区干部培训乡镇干部培训班开班仪式在县委党校脚尧分校举行。全县八乡镇、东城社区等共50名干部参加培训。培训采取教师课堂授课、经验交流、视频教学、分组讨论等多种教学方式相结合进行授课，主要学习“三严三实”、《中国农村扶贫开发纲要（2011—2020）》、2015年全国“两会”精神、中央1号文件、公务员道德修养。

7月27日下午，雷山吃新节万人游方苗族情歌大赛隆重开幕，来自凯里、雷山、台江、剑河等县市45个代表队参加比赛。情歌大赛以男女固定对唱为主，每组2男2女以上，参赛选手为黔东南州各县市苗族群众，歌手一律穿苗族服装，以游方对歌为原型，再现苗族的游方文化。大赛采取10分制评分，第一轮淘汰赛，第二轮从高分到低分取名次，整个比赛活动持续时间约两天两夜。比赛奖励总金额为6.4万元，创下黔东南州同类比赛最高奖金纪录。来自雷山县的百灵组合夺得本次歌赛冠军，奖金10000元；来自雷山县的大塘冷竹山组合和凯里巴拉河组合夺得本次歌赛第二名，奖金8000元；来自西江杨西丽组合、台江张文哲组合、雷山杨光英组合夺得本次歌赛第三名，奖金6000元。

8月29日，为以史为鉴，警示未来，热爱祖国，警惕战争，珍爱和平，雷山县纪念抗日战争胜利70周年党史暨抗日战争知识竞赛在县委五楼会议室举行。共有27支代表队参加本次比赛。经过一天预赛、决赛两个阶段的角逐，县教育和科技局获第一名，县法院和县审计局获第二名，县农业局、县纪委、县生态文明管理局获第三名。

9月2日，在纪念中国人民抗日战争暨世界反法西斯战争胜利70周年纪念日来临之际，县委副书记、县长袁刚，县政协主席陈正锋，县政府副县长叶建文一行走访慰问抗战老兵，送去党和政府的关怀。在抗战老兵杨占德家中，袁刚与杨占德老人亲切交谈，感谢他们为抗战胜利做出的贡献，嘱托老人要注意身体，并为老人佩戴中共中央、国务院、中央军委联合颁发的中国人民抗日战争胜利70周年纪念章。

9月9日至15日，雷山县赴京招商引资小组在县委书记黄清发的率领下，到北京开展系列招商引资和项目洽谈活动。黄清发一行先后拜访北汽福田汽车股份有限公司、中国交通建设集团有限公司、中关村建设集团、科际控股投资集团、北京金淮投资控股有限公司等企业，洽谈对接重点项目的合作。先后就凯雷高速公路延伸建设、大健康产业、陶尧县城新区开发、县城北部旅游综合体开发等项目达成初步合作的意向性协议。考察结束后，通过主动与考察过的公司进行密切对接和交流，并邀请北京金淮投资控股有限公司、北京科际控股集团有限公司等企业负责人到雷山实地考察。在“2015中国·雷山苗年旅游暨招商引资客商座谈会”上，成功与北京金淮投资控股有限公司签订《雷山县城北文化旅游综合开发项目投资合同书》和《雷山县西江千荣文化旅游综合开发项目投资合同书》，签约资金21个亿元。

9月10日，由中央统战部、国资委、国家民委、全国政协民宗委支持拍摄的“同心圆梦·美丽中国行活动——全国苗歌大赛主题歌《习主席走进苗家寨》”MV摄制组到雷山县郎德镇郎德上寨拍摄。著名歌手春雷、阿幼朵参加拍摄，随行拍摄还有当地300余名苗族同胞。在郎德上寨拍摄的MV主要场景为红军走进苗家寨。在雷山的拍摄点还有西江千户苗寨。

9月28日，2015年雷山县干部职工歌咏比赛在木鼓广场举行。歌咏比赛以“中国梦·劳动美·迎国庆”为主题，由县总工会、县国土资源局主办，县文体广电新闻出版局、县妇联、团县委承办，旨在以弘扬爱国主义精神，继承和发扬优良传统，唱响雷山歌曲主旋律。来自全县基层工会职工，省、州驻县单位职工16个队800余人参加。每个参赛队由30人以上队员组成。比赛设歌咏比赛奖、优秀组织奖项。经比赛，雷山民中、党群队获第一名，雷山信用联社、县政府办、县政协获第二名，县教育局、丹江镇等9个队获第三名。

10月9日，县委副书记吴厚道率县委办、县政府办、县委宣传部、县财政局、县统计局、县扶贫办等部门负责人组成的考察团赴麻江、岑巩两县考察学习。考察团主要采取查阅资料、观看视频、座谈交流等方式，详细了解麻江县、岑巩县2014年开展整县“减贫摘帽”工作情况，并就“减贫摘帽”工作的具体指标、主要措施、资料收集、验收流程、支撑条件以及扶贫项目推进等具体工作环节和细节进行深入交流。本次考察学习对2015年雷山县开展整县“减贫摘帽”工作提供经验借鉴。

10月23日，雷山县水家学会在达地水族乡政府五楼会议室挂牌成立。省水家学会发来贺信，州水家学会副会长、秘书长罗春寒，县政府副县长张晓玲，县政协副主席邱兆娟出席会议。成立大会上，50名水族代表共同审议表决通过雷山县水家学会的各项章程，由25名理事会理事选举产生雷山县水家学会第一届会长1名、常务副会长1名、副会长5名、秘书长1名、副秘书长5名、常务理事7名；审议决定名誉会长8名。来自黔东南州水家学会、三都县水家学会、雷山苗学会、榕江水家学会、丹寨水家学会代表到会祝贺。

10月30日，雷山县举行农村公路建设“三年会战”项目集中开工仪式。集中开工建设项目为营上至白水河、郎德至望丰、响水岩公路、雷山至西江4条公路，总里程62千米，总投资为1.13亿元。三年内，要建成县乡公路改造工程62千米，实施窄路面公路拓宽改造146千米、生命安全防护工程77千米、农村公路危桥改造

1195平方米。通过“三年会战”，全县实现农村通客运比例达100%、农村公路列养率达100%、重点路段安全隐患治理率达100%目标。县委书记黄清发出席并宣布项目正式开工，县委副书记、县长袁刚，县政协主席陈正锋，县政府副县长张晓玲，县政协副主席杨光泽出席开工仪式，县直各有关单位主要领导，交通运输系统全体干部职工，施工单位的代表参加开工仪式。

11月9日，雷山县丹江体育森林公园开工奠基仪式在丹江镇羊排村羊排坳隆重举行，县委、县人大、县政府、县政协四大班子主要领导及分管联系领导和县直各部门主要负责、施工单位代表齐聚奠基典礼，县四大班子领导为雷山县丹江体育森林公园奠基培土。项目地处雷山县城规划区内，东沿308省道、南临羊排村、西临雷山县老城区、北靠城北新区，规划总面积4.33平方千米，总投资约2.6亿元。丹江体育森林公园按“一心一带一廊五片区”布局建设，一心为综合服务中心，一带为文化风情带，一廊为人文观光休闲廊，五片区为综合服务区、科普休闲娱乐区、生态保育区、康体疗养区、文化休闲娱乐区。公园设计建有登山步道、骑行绿道、康体休闲步道等户外运动场所和垂钓、采摘、踩鼓场、斗牛场等设施，是一个集游览观光、康体养生、休闲度假三大主题为一炉的体育森林公园。项目分两期建设，第一期为步道、斗牛场、踩鼓场及康体疗养等项目建设，总投资1.8亿元；第二期为综合服务区建设，总投资为0.8亿元。

11月12日，雷山县第三届“和美雷山·银绣智慧”民族民间工艺品大赛活动在县铜鼓广场举行。来自全县100名绣娘、50名银匠进入复赛现场展示刺绣、打制银饰技艺。通过评委会精心评选，最后评出淳学娟、文轰构、顾宜诗等10名绣娘获得“十佳绣娘”，奖金各2000元；有90名绣娘获得优秀奖，奖金各300元。李发正、吴秋燕、潘秀林等8名银匠强手获得银饰“八强银匠”，奖金各2000元；有42名银匠能手获得“优秀奖”，奖金各300元。县委副书记杨少辉，县委常委、副县长、县委宣传部部长韦通贤，县政协副主席杨莉等到现场观看大赛并为获奖绣娘、银匠颁发荣誉证书。

11月22日，雷山县各族同胞欢聚县城，隆重举行主题为“走进蚩尤魂系家园，体验中国雷山苗年”的2015中国·雷山苗年活动非物质文化遗产大巡游活动，来自省内外22支代表队、3000余名演员载歌载舞参加大展演。全国政协民宗委副主任、贵州省政协原主席王正福，黔东南州、雷山县领导等，同来自省内外县内外数万群众和嘉宾一起，在雷山县城民族文体育中心共同观看盛大苗族歌舞展演。开幕式由县长袁刚主持，县委书记黄清发致辞，王正福宣布2015年苗年活动开幕。苗年系列活动为期2个月，在11月1日至12月30日期间举办第一届雷山苗年“惠通杯”足球锦标赛、第一届雷山苗年“信合杯”篮球锦标赛、第三届“和美雷山.银绣智慧”民族民间工艺品大赛、第四届“苗疆圣地·和美雷山”全国摄影艺术大展、2015年贵州环雷公山超100千米跑国际挑战赛、传统村落保护论坛、第二届毅行登雷公山挑战赛暨首届雷公山露营大会、贵州省民族节庆推动经济发展座谈会、非物质文化遗产展示巡游活动、非物质文化遗产展演活动（开幕式）、苗年专场晚会、旅游客商座谈会、万人品雷公山名茶活动及茶艺比赛、“苗岭斗牛”大赛暨高峰论坛、斗鸟大赛、千名姑妈回娘家过苗年、芦笙舞大赛、桥牌锦标赛、旅游形象大使选拔赛等十九项民族民间文体活动。2015年的雷山苗年活动内容之多、持续时间之长为历年之最。雷山县从2000年开始连续举办苗年文化活动至今，雷山苗年已成为国内外著名的民族文化品牌。

12月14日，雷山县首期村支部书记、主任电子商务知识培训班开班培训。培训内容为电商发展概况、组成要件和电子商务创业等。培训共分两期进行，共有300余人参加培训。

12月14日，雷山县委、县政府和杭州市上城区委区政府在浙江梅地亚新闻交流中心共同举办“2015贵州·雷山旅游（杭州）推介会”。浙江省100余家旅行社、旅行投资商、媒体等前来参加活动。推介会在雷山宣传片中拉开帷幕，神奇秀丽的自然风光、绚丽多彩的人文景观、浓郁迷人的民族风情，一幕幕人情风景让与会嘉宾心动神往。推介会上，浙江省中国旅行社有限公司、浙江省上铁旅游有限公司、中国国旅（浙江）国际旅行社有限公司等多家旅行社与西江千户苗寨旅游发展有限公司签订相关战略性框架协议。

【重点工作】 2月4日，在2014年度全省“多彩贵州文明行动”综合考核中，雷山县以93.80分的综合成绩位列全省35个一类考核县（市、区、特区）第一名。较上年度上升两个位次。2014年，该县整合2013年度、2014年度中央财政安排村级公共运行经费628万元（每个行政村2万元），用于各村开展环境卫生整治和村寨消防，建设村寨标准化焚烧式垃圾池215个，聘请村寨保洁员和消防协管员214人。制定《雷山县关于多彩贵州文明行动和全国文明县城复查工作责任追究办法》，实行月督查、季考核。出台《雷山县小区物业管理实施办法》，全面推行小区物业管理工作，努力改善人民群众的生活和工作环境。

4月28日，2015年全国劳动模范和先进工作者表彰大会在北京人民大会堂隆重举行，杨正芬获“全国先进工作者”殊荣。杨正芬为雷山县市政局环卫工作人员，因工作成绩突出，2012年被黔东南州妇联授予“巾帼建功标兵”称号，2013年获得住房和城乡建设部授予“全国优秀环卫工人”称号，2014年被人力资源社会保障部和住房城乡建设部表彰为“全国住房城乡建设系统先进工作者”。

5月27日凌晨2时至7时，雷山县遭受特大暴雨侵袭，最大降雨量达367毫米，造成各条河流河水暴涨。造成达地乡、永乐镇、大塘镇、丹江镇、郎德镇、西江镇、方祥乡等不同程度受灾，5月27日上午9：00，县城上游在建的鸡鸠水库水位超过警戒水位。县城主要对外交通要道凯雷二级公路（省道炉榕线）多处桥梁、路基损毁，造成水利、交通、供电、供水等基础设施严重损失。灾情发生后，省委省政府、州委州政府高度重视，赵克志、陈敏尔等省领导分别作重要指示批示，省委书记赵克志在5月28日新华通讯社刊发《贵州雷山遭遇历史最大暴雨灾情严重》［国内动态清样（第2245期）］上批示：“组织应对很有成效，灾后重建工作，省里要给予支持。”省政府党组成员、省水利厅厅长黄家培，州委副书记、州长廖飞，州政协副主席、州政府秘书长邓锦光率相关部门到雷山指导开展抗洪抢险相关工作。雷山县委书记黄清发，县委副书记、县长袁刚接到暴雨预警后，立即组织相关部门到现场开展抗洪抢险工作，并成立以县委书记黄清发为指挥长、县长袁刚为常务副指挥长、县级领导为副组长，相关部门领导及县直部门主要负责人为成员的抗洪救灾抢险指挥部，具体抓好抗洪抢险救灾工作。在抢险过程中，雷山县及时启动应急预案，及时疏散县城2万余人及下游沿河周边村寨1万人到周边高地紧急避险，经过除险和泄洪，截至下午13：00鸡鸠水库水位已降到安全水位线以下，险情排除。据灾后统计，这次特大暴雨使全县71380人受灾，农作物受灾面积3217.23公顷，损坏房屋4780间，直接经济损失共计9.88亿元。

5月28日，洪水平息，抗洪抢险全面转入灾后恢复重建。雷山县组织党员干部职工深入灾区重点对人畜饮水工程水毁情况进行摸底，并派出技术人员深入灾区，帮助村民抓好人饮灾后重建工作。5月29日，县委副书记杨少辉、县人大常委会副主任李胜平等带领团队，运Φ20水管1200米及人饮管件设备到大塘镇水溪村移民安置救灾点安装，解决88户130余人移民安置救灾点饮水困难。5月30日，县人民政府副县长龙志波带领团队，运送Φ50水管900米、Φ75水管150米、Φ90水管150米和Φ40水管100米等人饮管件设备分别送到丹江镇长丰村、水电村和掌排村安装，为3个村及时解决被洪水冲毁的输水主管道及配水主管道，让他们用上安全水。

8月11日，雷山县出台《雷山县投资绿卡管理办法》，营造“亲商、爱商、便商、富商”的良好社会氛围。投资绿卡发放的对象为实际注册资本达500万元以上的、年纳税额达30万元以上的、固定资产投资额达500万元以上的从事种养殖、农业科技、农产品深加工、文化旅游、新医药大健康等产业企业。持有投资绿卡的企业和法人，除享受该县的各项投资扶持政策以外，还可享受在窗口部门办事优先、在县内公立医院就医优先、在公共停车区免费停车、优先参加劳动模范评选、优先安排子女入学、优先办理本人配偶及子女入户等。

9月11日，在浙江省湖州市举行的“2015国际乡村旅游大会”上，雷山县西江千户苗寨被联合国世界旅游组织、亚太旅游协会评选为“世界十大乡村度假胜地”，是贵州省唯一获此殊荣的景区。入选“世界十大乡村度假胜地”其他9个世界旅游点为中国婺源、湖州、台湾、郫县、栾川、锦江和越南沙坝、巴西亚马逊、塞尔维亚巴尔格莱德，这十个旅游胜地代表受邀参加此次世界级的“乡村旅游盛典”。

省农业委员会第80号公告，雷山县脚尧茶业、云雾茶叶专业合作社、满天星茶叶科技等公司企业建设的77429.55亩生态茶园通过无公害茶园建设认证，覆盖52个行政村。至此，全县共有茶叶无公害、有机产地认证和产品认定茶园13.81万亩，其中无公害茶园13.5万亩、有机茶园0.31万亩，占全县生态茶园的85.99%，全县茶园基本实现无公害化。

12月2日，雷山县新一轮易地扶贫搬迁项目集中开工仪式在雷山县丹江镇楼梯坝安置点举行。县委书记黄清发出席仪式并宣布项目开工。县委副书记、县长袁刚主持，县委常委、县政府副县长、县委宣传部部长韦通贤作新一轮易地扶贫搬迁项目介绍和动员讲话。“十三五”期间，雷山县实施易地扶贫搬迁项目规模为4905户20495人，总投资12.3亿元。举行开工仪式的楼梯坝安置点占地面积53333.6平方米，建筑面积54000平方米，建住房450套，总投资9815万元，项目建设工期为2年。

12月24日，历时两年多，总投资23.4亿元的凯里至雷山高速公路开通营运。凯雷高速公路是贵州省“678”高速公路网规划的“六横走向”的组成路段。凯雷高速公路起点位于凯里市三棵树镇，经过乌利、乌烧、摆底、南星、南尧、羊吾、黄里中寨、黄里大寨、虎阳、干皎、陶尧、雄水、乌秀等13个苗寨。全长21.9千米，其中雷山县城连接线1.9千米，西江景区连接线4.9千米。沿线设西江服务区和下长坡、西江和黄里三处收费站。主要工程量有路基13.94千米、桥梁38座13.71千米、隧道9个13.291千米、T梁2082片，桥隧比达63%。凯雷高速的建成开通，使雷山县告别没有高速公路的历史，极大改善西江千户苗寨、雷公山国家森林公园等景区交通条件。该公路将延线连接沪昆高速公路。

（李剑、文永福）

工作综述

【概况】 2015年，以守底线、走新路、奔小康作为工作总纲，高举“发展、团结、奋斗”的旗帜，坚定不移地实施主基调、主战略，坚定不移地走现特显优、特色发展之路，坚持党要管党从严治党，团结带领全县各族人民克服百年不遇的特大洪灾和经济下行压力加大带来的特殊困难，积极适应经济发展新常态，着力破解改革发展难题，在抢抓机遇中谋跨越，在狠抓大事中聚力量，在弯道取直中求奋进，全县上下呈现出经济持续向好、社会和谐稳定、人民安居乐业、干部团结奋斗、政治风清气正的良好局面。2015年，全县生产总值完成23.53亿元，财政总收入完成3.14亿元，全县50万元以上固定资产投资完成29.04亿元，农村居民人均可支配收入6895元，城镇居民人均可支配收入22727元。增比进位综合排位在全省10名，取消GDP考核扶贫开发重点县中排位第4位。

【理论学习】 通过县委常委会、县委读书学习会、县委中心组、邀请专家专题讲座、参加黔东南大讲堂等多种形式，先后进行12次集中学习。通过认真研读原文原著，全面理解讲话的重大意义、科学内涵和实践要求，准确领会讲话提出的一系列重大战略思想和理论观点，真正把零散的感性理解上升为系统的理性认识，切实做到真学真懂、真信真用。习近平总书记考察贵州之后，及时召开常委扩大会议、中心组学习读书会等进行深度学习，确保对讲话精神领会得更全面、把握得更准确、贯彻得更坚决。县委常委率先垂范，主动深入到党员、干部、群众中去讲党课、作辅导、搞宣讲，形成一级抓一级、一级带一级的良好局面。还以县乡村三级联动方式组建宣讲团，在全县组织开展学习报告会100余场(次)，受众达1.2万余人次，在全县上下营造浓厚的学习氛围，推动讲话精神在雷山落地生根、开花结果。

牢记习近平总书记的各项重要指示，不断将学习的新认识转化为谋划发展的新理念、加快发展的新实践。注重以底线思维谋划发展新路，出台守底线、走新路、奔小康的实施意见，把守住发展和生态两条底线作为走新路的核心内容，牢牢把握“五个突出”“五个注重”的新路特征，坚持把守住发展底线作为根本任务，坚决守好速度底线让经济实力强起来、守好收入底线让百姓腰包鼓起来、守好脱贫底线让小康步伐快起来、守好安全底线让公共环境优起来。坚持把守住生态底线放在突出位置，坚决守好山青底线让大地常绿、守好天蓝底线让空气常新、守好水清底线让碧水长流、守好地洁底线让土壤常净。注重以系统思维谋划“十三五”，围绕与全国同步全面建成小康社会、打赢脱贫攻坚战，县委常委会多次召开专题会研究，常委带头开展重大专题调研，精心筹备县委十二届六次全会，群策群力研究打赢脱贫攻坚战和全面建成小康社会决胜阶段的重大思路、重大任务和重大举措。注重以辩证思维谋划经济工作，坚持主基调主战略不动摇，不断增强因地制宜的道路自信和发展定力，坚定不移地走现特显优、特色发展之路，辩证处理速度与质量、经济与社会、城镇与农村、绿水青山与金山银山、深化改革与扩大开放、突出比较优势与补齐发展短板、提升传统产业与培育现代产业、特困群体小康与全县全面小康等关系，稳中求进、提速转型，不断增强发展的协调性和整体性。

【机制创新】 生态环境取得新的优化，深入推进全国生态文明示范工程试点县、全国生态保护和建设示范区、全省生态文明先行示范区、全州生态文明建设改革试点县建设，全县环境空气质量优良率达100%，集中式饮用水源地水质达标率100%，出县河流断面水质达标率100%。

改革开放激发新的活力，“区镇合一”管理新模式、“智慧景区”综合服务体、“双语”诉讼服务、“暖心秘书”代办服务体系、“投资绿卡管理”等改革做法得到各方面充分肯定。全国农村小型水利工程管理体制改革示范县通过国家验收。雷山文化旅游产业园区、三个省级农业产业园区等开放平台使更多“金鸡蛋”装进“金篮子”。

【精准扶贫】 脱贫攻坚迈出新的步伐，认真贯彻落实中央、全省、全州扶贫开发大会及全省、全州大扶贫战略行动推进大会精神，坚持以脱贫攻坚统揽经济社会发展全局，牢固树立科学治贫、精准扶贫、有效脱贫、防止返贫的理念，深入实施精准扶贫方略，在破除思想贫困上持续用力、在创新扶贫管理上持续用力、在探索扶贫路径方法上持续用力、在落实扶贫主体责任上持续用力、在强化扶贫组织保障上持续用力，全力推进全县扶贫攻坚决战决胜，全年贫困人口减少1万余人。

民生改善实现新的突破，就业、教育、医疗、社保、住房、文化等公共服务体系进一步健全，民生类支出较快增长，2015年全县全面小康实现程度达到89.6%，比2014年提高3.5个百分点。

【项目建设】 狠抓统筹调度，狠抓责任落实，狠抓要素保障，针对征地拆迁难和融资难等阻碍项目建设的瓶颈，县委、县政府成立分别由县委、县政府主要领导担任组长的工作领导小组，统筹协调抓好融资、征地拆迁等工作。深入开展“服务企业服务项目”双服务活动，按照“缺什么补什么”的原则，抓好要素配套，帮助企业解决项目建设和生产发展中的困难和问题，加快项目建设，促进企业发展。2015年，全县重点项目建设累计完成投资21.86亿元。

【产业发展】 深入推进“美丽西江·和谐景区”建设，西江景区业态整治和管理取得明显成效，车子、房子、摊子、店子“四子”问题得到有效整治，营上综合服务区文化创意平台街区、文化艺术创作基地、生态停车场等项目建设取得重大突破，西江景区创建国家AAAAA级景区工作加快推进。全球顶尖度假村、酒店及休闲养生跨国运营开发商悦榕庄集团确定落户西江，并完成概念性规划设计。扎实推进雷公山精品景区开发，24公里服务区和乌东服务区等项目建设步伐不断加快。郎德景区二次开发成效初显，南统服务区、非遗一条街、停车场、郎德上下寨连接线观光车道及郎德上寨田园景观打造有序推进，2016年郎德景区整体打造完成并推向旅游市场。格头、新桥、掌坳等一批苗族村寨旅游开发稳步推进。全县文化旅游产业实现提速发展，全县景区化、全域旅游化初步构建，以旅游业为主导的第三产业占地区生产总值的58.5%，成为全县重要的支柱产业。现代山地特色农业生机勃勃，扎实抓好农业园区建设，农业园区化、园区景区化、农旅一体化成效初显，2015年省级现代高效农业园区总产值持续快速增长，农业“接二连三”步伐不断加快，以农业观光为代表的农村第三产业正在崛起。坚持把茶产业作为富民强县的支柱产业来抓，全县茶叶产业向基地规模化、生产规范化、加工集群化、产品品牌化、市场网络化和茶旅一体化发展。雷山银球茶荣获“贵州绿茶茶王”金奖和百年世博中国名茶金奖殊荣，雷山县成功创建国家级出口茶叶质量安全示范区。全年完成茶青产量1.3万吨，比2014年增长31.78%，实现综合产值9亿元。特色生态工业稳步向好，坚持把特色生态工业作为经济发展的重要支撑，围绕旅游业、生态资源和特色农业抓工业，茶叶、中药材等农产品加工和民族服饰、银饰等手工艺品加工业集群发展，果蔬加工项目破土动工，装配式建房、同济堂中药饮片厂等一批项目即将落地建设，特色生态工业不断发展壮大。

【城乡建设】 苗疆盛世城市综合体建设成效初显，苗疆文化博物馆、室内剧场项目加快推进，累计完成投资2500万元。丹江镇省级示范性小城镇建设扎实推进，得到省100个示范小城镇阶段性达标验收检查组一致好评。西江镇示范小城镇列入全省100个示范小城镇建设。丹江体育森林公园动工建设，红屯堡片区开发实质性启动。县城陶尧新区控制性详细规划编制工作完成初步评审，蚩尤大道即将建成通车。启动实施旧城改造项目，已完成入户摸底调查工作。大力实施“四在农家·美丽乡村”建设，已在毛坪、公统等地启动“保老村、建新村”试点工作，强化民族村寨保护提升，城乡面貌发生明显变化。

【基础设施建设】 强力推进交通基础设施建设，凯雷高速公路实现全线通车。雷山至榕江四格高速公路已完成编制报告，并纳入全州高速公路网规划，力争纳入全省“十三五”规划。通村油路（水泥路）建设取得历史性突破，基本实现油路（水泥路）村村通。强力推进水利基础设施建设，鸡鸠水库建设成效明显，2016年4月下闸蓄水。西江水库、陶尧水库、脚尧水库前期工作加快推进，2016年开工建设。完成农田水利建设项目86处，总投资4600万元，有效解决灌溉面积达1.95万亩。建成农村饮水安全工程16处，总投资918万元，有效解决农村饮水安全1.72万余人。同时，“四在农家·美丽乡村”六项行动计划扎实推进，农村基础设施明显改善。强力推进信息基础设施建设，深入实施信息基础设施建设三年会战，完成投资5690万元，全县所有行政村实现通宽带，所有自然寨实现通电话，农村广播电视综合信息网络行政村双向覆盖率达100%。

【生态文明建设】 加大生态建设，山清水秀的生态优势明显提升。深入实施绿色贵州建设三年行动计划，完成造林面积4.6万亩，完成封山育林1.8万亩，全县森林覆盖率达68.49%，是全国平均覆盖率的三倍以上，比全省平均值高出近20个百分点。全县创建全国环境优美乡镇2个、国家级生态村2个、省级生态乡镇1个、省级生态村6个。加强环境保护，天蓝地绿的环境质量稳步提升。完成雷山县生产、生活、生态空间规划和雷山县生态保护红线划定工作，深入实施森林保护“六个严禁”和环境保护“六个一律”利剑执法专项行动，在公安、法院、检察院分别设立生态执法司法机构，强化生态红线保护和环境污染防治“两个问责”，生态环境违法行为明显减少。深入推进“多彩贵州文明行动”和“百村万户”环境整治工作，全县城乡整脏治乱成效明显。加快绿色发展，资源节约利用水平不断提高。建设节能减排监察监测工程，全县节能环保产品政府采购率达56.37%。大力倡导城乡居民积极使用沼气池、太阳能等清洁能源，雷山苗岭风力发电场和大塘风力发电场建设项目已正式得到省能源局的路条批复，相关前期工作正在有序推进。大力弘扬生态文化，倡导合理消费，狠刹奢侈浪费，营造勤俭节约的社会氛围。

【改革开放】 深化经济体制改革，制定出台《2015年雷山县深化经济体制改革重点工作实施方案》，统筹实施重点改革工作。积极开展全国扶贫小额信贷试点创建工作，设立扶贫小额信贷风险补偿基金和贷款贴息资金，实行“特惠贷”金融政策。深化行政体制改革，制定《雷山县人民政府职能转变和机构改革实施意见》，顺利完成政府机构改革。推进行政审批制度改革，积极推行县、乡、村三级联网审批，办理时限大大缩短，实现“让数据多跑路，百姓少跑腿”。探索开展西江景区所有权、管理权、经营权相分离改革试点，西江“区镇合一”体制机制试点改革成功入选省委改革办首批改革工作联系点。深化生态文明体制改革，严格划定生产、生活、生态空间开发管制界限，严格落实红线区域分级分类管理，加强对大气、水质、噪音等污染的监管，开展生态乡镇（村）创建工作，积极构建生产空间集约高效、生活空间更加宜居、生态空间山清水秀的生态环境格局。深化司法体制改革，全面实施立案登记制度，有效避免当事人“立案难，诉讼累”。积极推行“阳光司法”机制改革，建立信息共享、案情通报、案件移送制度，建立健全领导干部干预司法活动、插手具体案件处理的记录、通报和责任追究制度，建立行政机关负责人依法出庭应诉制度等，大力推进依法治县工作。深化社会体制改革，创新农村社会管理服务体制机制，建立“暖心秘书”代办服务体系，为群众提供高效快捷的代办服务。

【民生工程】 以全省扶贫攻坚示范县建设为抓手，在“精准”上下大气力、硬功夫，组织2145名领导干部遍访90个贫困村和所有贫困户，建档立卡、对症下药，真正实现对贫困人口的精细化管理、对扶贫资源的精确化配置、对贫困农户的精准化扶持。2015年，争取资金6696.4万元，“减贫摘帽”各项工作稳步推进，年末完成4个乡镇“减贫摘帽”目标。切实抓好重点民生工作，群众生活条件不断完善。坚持把教育作为“拔穷根”的“撒手锏”来抓，深入实施教育“9+3”计划，统筹城乡义务教育均衡发展，雷山民族中学成功创建“省级示范性高中”，加快思源中学建设，启动在县城新建2所公立幼儿园和1所中学工作，教育基础设施更加完善，教育教学水平稳步提升。

【创业就业】 实施创业带动就业工程，认真落实“3个15万元”政策，全面落实更加积极的就业政策，2015年新增城镇就业1906人，比2014年增长37.02%。着力提高社会保障水平，城低保保障标准从每月400元提高到每月442元；农低保保障标准从每年2100元提高到每年2580元。以户为单位的同步小康创建活动得到扎实推进，全县3000多户城乡居民户将挂牌认定为“小康家庭户”，脚尧村获“贵州省同步小康创建示范村”殊荣。加强住房保障，实施农村危房改造3500户。

【医疗卫生服务】 加快公共医疗卫生服务体系建设，召开高规格的全县医疗卫生事业发展大会，县医院成功创建“二甲”医院，县中医院建设稳步推进，城乡居民基本医疗保障水平得到显著提高，参保率达99%以上，基本实现全覆盖。高度重视食品药品安全工作，保障人民群众“舌尖上的安全”。申报创建国家级卫生县城工作稳步推进。大力开展关爱农村留守儿童、妇女、老年人“三关爱”活动。举全县之力抓好人口计生工作，即将实现“升位摘帽”目标。文化事业快速发展，群众精神文化生活不断丰富。切实加强和创新社会治理，社会和谐稳定局面不断巩固。

【信访工作】 深入开展矛盾纠纷和信访维稳“百日攻坚”，坚持领导干部接访下访和包案督访，2015年各级领导干部接访群众132批次，排查矛盾纠纷246件，化解243件，化解率98.8%。加强源头治理，重大决策、重大项目社会稳定风险评估实现全覆盖，最大限度增加和谐因素，最大限度减少不稳定因素。深入推进社会治安整治“十大行动”，完善“严打整治”工作机制，建立健全多警种巡逻治安防控体系，“天网工程”覆盖面不断扩大，163个行政村（居）全面推行“村级警务助理”农村社会治安管理模式。全面加强重点部位和关键环节的公共安全管理，遏制重特大公共安全事故发生，全县社会治安持续保持稳定，人民群众安全感名列全省前茅。

【救灾防灾】 2015年，全县先后遭遇四次特大洪灾，全县交通、水利、农业、房屋、供电、通信等损失惨重，造成重大经济损失。灾情发生后，县委县政府带领全县各族干部群众万众一心、众志成城、迅速反应、精准调度、科学应对，全力以赴抗洪抢险，取得抗洪救灾的全面胜利。抗洪救灾告一段落后，县委县政府迅速把工作重心转移到灾后重建上来，积极争取上级灾后重建资金1.73亿元。1755户房屋受灾户全部纳入2015年危房改造任务，已全部开工建设，有望春节前全部竣工。完成受灾户紧急避险临时安置300户1057人，完成生态移民搬迁户1179户4560人，正在实施移民搬迁1962户8352人。恢复水毁公路76条，完成投资1.67亿元。恢复农田水利设施15处，恢复农村供水工程90处，完成投资810万元。供电、供水、通信、市政设施等全面恢复正常，社会公共服务设施灾后重建、农业生产恢复、企业复工复产、地质灾害防治等工作成效明显。

【党建工作】 发挥县委总揽全局、协调各方的领导核心作用。用好“两种教材”“两面镜子”，上党课、作辅导，扎实开展三个专题学习研讨，不断在修身做人、为官用权、干事创业等方面强化严和实的精神，县委常委带头主动把自己摆进去，通过个人对照查、集中研讨共同查、公示问题开门查等多种方式，深查细照修身不严、用权不严、律己不严等方面的突出问题119个，并列出清单进行专项整治，拓展反“四风”、改作风、树新风的成效。全年，县委常委会讨论研究干部6批次182人次，培养党员创业带富能人459人，带动群众致富5439人。从县直机关选派61名优秀干部到村任“第一书记”，完成6个软弱涣散党组织整顿提升，消除集体经济空壳村5个。2015年全县被评为省级“五好”基层党组织2个，州级“五好”基层党组织4个，1名村支书获得省级“文朝荣式好支书”称号。全县纪检监察机关共立案67件，党政纪处分74人，查处违反八项规定精神问题44起，处理42人。

（李剑、文永福）

县委办公室工作

【概况】 2015年，中共雷山县委办（含政研室、督查室、机要局、保密局）共有干部职工30人，其中大学26人，大专4人。2015年，县委办围绕“服务全局、争创一流”的工作目标，强化自身建设，充分发挥党委运转中枢的整体功能，尽心尽责，努力工作，在履行“三服务”的职责中，发挥参谋助手作用。完成产业发展、基础设施建设、党建及民生改善等方面综合性调研报告20余篇，全年起草县委领导重要讲话稿40余篇。印发县委文件112件，印发县委办公室文件315件，印发《县委常委会会议纪要》31件、《专题会议纪要》63件，接收并处理中央、省、州各类公文910件和省、州各类传真200件，起草县委常委会专题会议共31件。筹备各类大小会议70余次。报送省、州各类信息462条，被省委办公厅信息摘要采用1条，省委办公厅、省人民政府网站栏目刊登52条，被州委《黔东南信息》采用39条，州人民政府网站刊登28条。

编印《雷山信息》30期，整理《常委工作动态》52期。

【电子政务机房搬迁】 7月21日，顺利完成新机房搬迁工作。完成房屋改造、电力、照明、空调、防雷、消防等工程，彻底解决原机房功能不全、检修不方便、与主渠道机房未完全隔离等问题，为全县电子政务内网分级测评审批工作做好准备。

【政策研究】 2015年，完成《雷山县政研干部队伍建设调研报告》《关于雷山县西江“区镇合一”管理体制改革试点的调研报告》《雷山县民族地区全面小康建设情况综合报告》等文稿10余篇，其中《关于雷山县西江“区镇合一”管理体制改革试点的调研报告》被省委政研室《决策参考》2015年第12期刊用，并获得黔东南州委书记李飞跃批示。围绕上级党委、政府的政策要求和工作安排，把握政策，起草、修正关于本县的经济社会发展的政策性文件、重要决策文稿等。确保县委文件材料实现“零错误、零失误”。

【保密工作】 2015年，收到密电738份，明电673份；密电发报44份，明电发报7份。完成11名机要干部的政审工作。广泛开展学习宣传保密法咨询活动，活动中发放宣传资料1700余份、开展保密咨询140余人次、参观保密法宣传展板1800余人次。强化督查职能，共组织检查4次，共抽查计算机390余台（次），其中涉密计算机100余台（次）。共组织密码干部检查40多个单位的移动存储介质管理使用情况，发出整改通知书30余份。

【督查工作】 2015年，登记督促办理领导批示件343件，办结落实298件，完成领导交办事项78件。撰写上报督查调研信息50余篇，其中，州委州政府督查室采用9篇。完成工作督查情况通报118期，获领导抄批16期，完成情况督查督促与检查23期，完成领导督办件8件，下发督办通知28期，完成匿名网友给县委书记、县长留言答复件8件，回复群众在“信息直通车”上给省委书记留言1件，答复政协雷山县第八届委员会第三次会议委员提案1件，完成州级以上工作材料汇报、报告56篇，累计上报州委、州政府督查室月工作小结24篇。

【帮扶工作】 深入基层，切实做好帮扶工作。结合精准扶贫工作，组织干部深入所帮扶的也改村、也耶村、乔兑村开展入户调查20余次，主动帮助协调解决也改村产业路、太阳能、停车场、篮球场、休闲长廊等10余个项目建设，累计资金400余万元；发展竹鼠养殖大户1户，猕猴桃种植600余亩，中药材种植30余亩；协调帮助也耶村建设黑毛猪养殖小区项目资金30万元，发放猪仔150余头，发放稻田鱼苗756公斤，开展种养殖培训2期；为乔兑村贫困户发放黑毛猪仔20余头。与帮扶村党支部开展“七一”联谊活动。在建党94周年之际，办公室组织全体党员干部和也改村全体党员重温入党誓词，走访慰问困难群众和党员干部，送去慰问金3000元、菜籽油20桶、大米20袋。

【接待工作】 2015年，办公室牵头组织完成接待中央、省、州领导视察接待后勤服务工作100余次。特别是在组织筹办重要活动方面积累经验，确保环雷公山超100千米跑国际挑战赛和雷山苗年节等大型会议活动的顺利召开。

【机关党建】 2015年，中共县委办党支部有35人，其中女党员9人，少数民族34人。强化学习，提高干部队伍整体素质。利用每周一次的学习时间，组织干部集中学习习近平总书记系列重要讲话精神和相关政策文件，共组织办公室全体干部集中学习20次，集中观看《四风之害》《算好人生七笔账》《焦裕禄》等警示教育、先进典型5次。办公室有6名干部参加中央、省、州、县组织的各类学习共计7期，有2名干部到省外参加学习，有2名科级干部到州政府办和州财政局挂职学习。各乡镇、部门派人到办公室学习共计30人。同时，通过调动引进2名干部到保密检查中心，进一步增强干部队伍建设。开拓创新，全面开展党建工作。积极开展“三严三实”专题教育活动和“我是党员”主题活动，增强股室之间、干部之间工作上的向心力和凝聚力；严格党员教育管理，通过组织召开专题学习会、观看廉政教育片、撰写学习焦裕禄、文朝荣先进事迹心得体会等形式广泛开展党员教育活动；建立健全党员组织生活制度，党支部每季度召开党员大会1次、每月召开支部委员会议1次、每季度上党课1次。勤政廉政，推动机关廉政建设。严格执行中纪委关于领导干部廉洁自律的各项规定及中央“八项规定”、省委“十项规定”和州委“十二项规定”，不断加强纪律作风建设。2015年8月，办公室被授予“I类铸廉单位”。

（李剑、文永福）

纪检监察

【概况】 2015年，县纪委监察局内设13个职能机构，即办公室、第一纪检监察室、第二纪检监察室、第三纪检监察室、信访室、案件监督管理室、案件审理室、党风政风监督室、干部管理室、宣传教育法规室、举报中心、预防腐败协调中心、干部和派驻统管室。机关编制28名，其中，行政编制14名、事业编制14名。按照第三轮内设机构改革的要求及时调整机构，整合4个室、更名1个室、新增2个室，根据政府机构改革，撤销14个派驻纪检组，新成立14个派驻纪检组，增加3个监察室。在编28人，其中行政编14人，事业编人员14人。硕士研究生1名，大学本科12名，大学专科1人。2015年，在县委、县政府年度目标管理考核中，评为一等奖。

【廉政建设】 2015年，雷山县纪委监察局围绕县委、县政府的中心工作，开展以“责任、惩腐、正风、民生、制度”铸廉为主要内容的“铸廉行动”，扎实推进党风廉政建设和反腐败工作，各项工作稳步向前。全县纪检监察机关接群众信访举报392件，转立案22件。共立案67件75人，结案64件72人。其中立大案要案26件29人，立乡科级干部案13人。在67件案件中，经济类案件41件48人，“四风”类案件6件6人，民生案件34件41人，其他案件20件21人。67件案件中，涉案日期在中共十八大之前22件，中共十八大之后45件。收缴违纪资金427万余元。2015年5月25日至28日，州纪委监察局开展2015年第一轮“看听查评”会，以考核测评党风廉政精品示范村、一类铸廉单位创建、纪工委运行、民生监督责任区、案件查办工作为主要内容，对凯里、雷山、丹寨、麻江、台江、剑河6个县（市）进行检查考评。在五项考评内容中，雷山县获得两项第一名。

【重要会议】 2015年2月13日，中共雷山县第十二届纪律检查委员会第五次全体（扩大）会议在县委五楼会议室召开。县委书记黄清发出席会议并作讲话。县委副书记、县长袁刚，县人大常委会主任刘光信，县政协主席陈正锋，县委副书记杨少辉，县委常委侯美彪、茹捷、杨艳、陈健、段玲、毛珏梅，县人大常委会、县政府、县政协党组成员，县法院、县检察院主要负责人出席会议。县委常委、县纪委书记雷林多作工作报告；州纪委常委会主持会议，州纪委委员17人出席会议。会议分组学习讨论黄清发的讲话，审议通过县纪委常委会工作报告和十二届县纪委五次全会决议。4月3日，全县“铸廉行动”工作暨案件查办工作推进会在县纪委会议室召开，会议总结全县“铸廉行动”前段工作，对下步工作做安排部署。县委常委、县纪委书记雷林多出席会议。雷林多要求，要切实加大案件的查办力度，重点盯防民生领域和干部“四风”问题，严查严办、快查快办。在抓好“铸廉行动”工作的同时，继续抓好民生特派工作，做到“两手抓、两不误”。

【纪律检查体制改革】 推进“两个责任”落实。县委带头执行党风廉政建设责任制，认真落实民主集中制，抓好班子、带好队伍、做好表率。县委常委会牢固树立“两手抓、两手硬”的责任观念，严格落实“一岗双责”。县直机关各部门党委（党组）按照县委的要求，把责任主体落实到党委（党组）书记头上，切实按照党风廉政建设第一责任人的要求开展工作，把抓党风廉政建设和反腐败工作与经济工作同安排、同落实、同考评，做到年初有安排、年中有落实、年末有考评。纪委把好监督，集专项监督、日常监督、常态化监督于一体。各乡镇各部门党委（党组）建立双报告制度，党员干部向所属党委（党组）报告廉政情况，党委（党组）向县纪委报告。3月13日县纪委对存在公务接待不规范、公车私用等违反“四风”问题的8个乡镇、11个部门一把手进行集体约谈。3月26日县委书记对春节期间落实主体责任不力，存在“四风”问题的3名党委（党组）“一把手”进行提醒谈话。完善乡镇、部门纪委书记（纪检组组长）提名任免机制，明确纪委书记（纪检组组长）候选人由县纪委提名，会同县委组织部协商、考察。强化派驻机构管理，推进派驻监督全覆盖，县人大机关、县政府办、政协机关、县发展和改革局、县民族宗教事务局等44个部门设立纪检组，县档案局、县供销社、县医院、县民族中学、第二中学、第三中学等6个部门设立副科级纪检监察员，派驻统管监督基本实现全覆盖。

【执纪纠“四风”】 聚焦“四风”突出问题。全县纪检监察机关紧紧围绕中央“八项规定”，省委“十项规定”，以及州委、县委“十二项规定”精神，紧盯春节、清明节、“五一”、中秋节等重要时间节点，采取“摇号”检查、德廉巡查、纪工委交叉检查的方式，重点查纠公款吃喝、公车私用、违规发放津补贴等违纪违规行为。共查出19个部门存在公务接待不规范或超标准接待等问题，县纪委及时对其单位“一把手”进行集体约谈。全县4065名干部职工向所在单位党组织签订《领导干部拒收拒送“三礼一卡”承诺书》，共有6名领导干部（县处级干部4人，科级干部2人）主动向县纪委上缴茅台酒等13瓶、香烟6条、现金1.7万元、购物卡3张（0.15万元）。

【监督问责】 执纪监督问责再从严。把“四风”问题列入党纪的审查重点，坚持从严查处。春节前后，针对“四风”问题禁而不绝的现象，县纪委开展明察暗访，发现部分干部存在上下班不规范、擅自离岗、不假外出、公车私用等问题，共对107名干部进行问责，其中给予党政纪处分8人（涉及正科级干部1人，副科级干部4人），解聘8人，谈话、通报等组织处理91人。点名道姓曝光力度再加大。通过阳光雷山网、县电视台、《铸廉雷山》、情况通报等媒体报刊共8次点名道姓通报8件35人违反中央“八项规定”和存在“四风”问题的案件，使党员干部自觉引以为戒、筑牢防线，严防“四风”问题反弹回潮。

【民生监督】 全县设立8个民生监督组，16个监督责任区，民生监督实现全覆盖。4月上旬开展“两保一医医疗”民生领域专项行动，对8个乡镇16个行政村农低保资金和2个社区城低保资金、新农合资金发放情况开展监督检查，2个村的农低保发放存在问题，1个村已整改完成，另1个村违纪套用农低保资金被立案查处。5月中旬，组织开展“两金一补”专项地网行动，对全县2009年至2014年普通高中国家助学金、中等职业学校国家助学金和免学费补助资金的管理使用情况进行专项监督检查，共对7个学校10336人次进行核查，清查资金1094.17万元，收缴滞留免学费和滞留国家助学金77.22万元。8月下旬，民生监督组用时两周完成对全县2012年至2014年实施危改户13251户资金发放情况进行专项监督检查，共核查11986户受益户，核查覆盖面达100%，见面率为70.2%，发现问题线索95条，其中5条线索被立案查处。11月9日，启动对农村低保、民政救灾救济、“一事一议”资金物资管理使用进行专项监察。

【廉政教育】 利用好电视、广播、电子显示屏等传统媒介适时播出党风廉政建设及“铸廉行动”的通知、方案和公告，乡镇在辖区制作标语，抓宣传，塑造良好的外围环境。编撰信息简报，力争在宣传工作上升新台阶。通过编写工作信息简报广泛传播工作信息，已编撰57期，各乡镇、部门编发513期，被中央级媒体采用信息21条、省级媒体采用信息36条、州级媒体采用信息43条。创新宣传形式。编撰集领导讲话、指导性文件、案例分析、警言警句、廉政漫画等于一体的《铸廉雷山》（月刊），刊出7期。印制“铸廉行动”明白卡、“四不两严查”举报指南，订制“铸廉行动”宣传便民袋、水杯发放到干部职工和群众手中。成立“铸廉行动”文艺巡回宣传队，先后到永乐镇、达地水族乡和望丰乡三角田村等八个乡镇、村和县城木鼓广场开展“铸廉行动”文艺巡回宣传活动10场（次）。运用苗族语言、水族语言以及汉族语言“三语”，把“铸廉行动”的目的、要求和意义等内容制作成宣传光盘发放到各村寨，利用广播每天滚动播放，扩大宣传效果。

【惩治腐败】 全县纪检监察机关接群众信访举报392件，转立案22件。共立案67件75人，同比上升67.5%；结案64件72人，党政纪处分72人，同比增长77.78%；移送司法机关处理4件4人，同比增长33.33%。收缴违纪资金427万余元，同比增长57%。严肃决查处县审计局原干部李某某受贿、县水务局原干部李某某挪用公款等大案要案，查处杨某某等科级干部，查处莫某某、文某某海等基层村干。坚持联席会议制度，定期召开联席会议，通报重大案情，分析研判重要线索，部署反腐败工作，2015年通报重大案件2起，成功查办案件2件，涉案5人。

【纪检活动】 举行“铸廉行动”文艺巡回宣传活动。4月24日，雷山县“铸廉行动”文艺巡回宣传活动在永乐镇拉开序幕，来自永乐镇机关干部和附近村寨的群众500多人观看文艺宣传演出。“苗岭笙歌音乐季”演员们的苗族嘎百福曲艺《唱响苗乡颂清风》、快板《党的政策就是好、苗乡村寨新面貌》、诗朗诵《廉政兴邦》、歌曲《国家》以及小品《苗乡民生特派监督员》和舞蹈《东方红》《红苗伞》等精彩文艺节目引来观众阵阵喝彩和掌声。举行“铸廉工程建设领域净化雷山发展环境”签名活动。5月4日，雷山县纪委第三纪工委组织所负责部门涉及的项目建设单位、施工单位、监理单位100余人在县市场监督管理局会议室开展主题为“铸廉工程建设领域，净化雷山发展环境”集中签名活动。举办纪检监察系统举办职工运动会。10月17日，雷山县纪检监察系统举办首届职工运动会，来自委局机关、乡镇（社区）纪委以及六个派驻纪工委5个代表队120余运动员参加。运动会设立定跳远、拔河比赛、50米接力、定点投篮比赛、篮球比赛、女子800米长跑、男子1500米长跑7个比赛项目。经过1天角逐，7个比赛项目落下帷幕，各代表队共决出21枚奖牌。

【组织建设】 2015年，中共县纪委党支部有党员33名，其中男25名、女8名，大学本科以上25名，大专3名，中专及高中1名，初中4名。加强纪检监察机关自身建设，按照机构改革的要求，迅速整合4个室、更名1个室、新增2个室，撤销14个派驻纪检组，新成立14个派驻纪检组，增加3个监察室。共选派19名纪检监察干部分别参加中央、省、州级业务培训，组织30多人次到州纪委参加陪护学习，组织县级业务培训400余人次。及时组织学习新修订的《中国共产党廉洁自律准则》《中国共产党纪律处分条例》和《中国共产党巡视工作条例》，做到内化于心、外化于行，坚持高标准，守住底线。

【扶贫帮困】 2015年，县纪委为永乐镇坝子村、党开村和郎德镇下郎德村三个村的帮扶对象户谋划发展规划，理清发展思路，举办种养殖技能培训，到帮扶村开展“七一”联谊活动，密切联系群众。在帮扶工作中，为帮扶村协调资金31.6万元。通过帮扶，所帮扶的221户贫困户，至2015年年底有147户实现脱贫，脱贫率达66.5%。

（文寿）

组织工作

【概况】 2015年，县委组织部内设有办公室、组织股、干部一股、干部二股、干部监督股、信息股6个内设股室，管理部门有雷山县委非公有制企业和社会组织工作委员会、雷山县农村党员干部现代远程教育工程领导小组办公室、中共雷山县委党的建设工作领导小组办公室、雷山县干部综合考核办公室、中共雷山县委党代表联络工作领导小组办公室、雷山县人才工作领导小组办公室6个，其中县委非公有制企业和社会组织工作委员会为正科级事业机构，其余5个为副科级事业机构，编制共计31名，其中行政编8名、事业编23名。年末，共有干部职工26人，其中研究生2人、大学24人。2015年，县委组织部贯彻落实全国、全省、全州组织部长会议精神和全县组织工作会议精神，突出全面从严治党这条主线，围绕“常规工作抓扎实、重点工作见成效、创新工作有亮点、保障工作出实招”要求，加强统筹，狠抓落实，扎实推进党的建设和组织工作，有效服务全县中心工作，为雷山全面建成小康社会、全面深化改革、全面推进依法治县、全面从严治党提供坚强组织保障。

【“三严三实”专题教育】 把学习总书记习近平系列重要讲话精神作为专题教育和干部培训的必修课，坚持“忠诚、干净、担当”，着力解决“不严不实”问题，切实增强践行“三严三实”思想自觉和行动自觉。全县36名县级领导干部紧扣内容，联系实际，深入思考，精心准备，通过到乡镇到部门开展上党课活动，不断筑牢各级领导干部思想防线。按照原原本本学、带着问题学、结合工作学的要求，围绕主题抓好县级领导干部专题学习研讨，共发放自学书目20册，选编文件和讲话精神内容25项，开展专题学习研讨3次，查摆县级领导班子“不严不实”问题46个，提出整改措施141条，已整改问题24个；查找县级领导干部问题326个，提出整改措施985条，已整改问题218个。深入开展整改落实“回头看”工作，全县各级领导班子和班子成员共整改问题2363个，提出整改措施5061条，已完成整改4230条。县四大班子共列出“四风”方面突出问题整改清单59个，提出整改措施184条，已完成整改162条；列出专项整治问题共44个，提出整改措施122条，已完成整改120条；四大班子成员共列个人整改问题143个，提出整改措施439条，已完成整改396条。开展“敬畏人民群众”教育活动，查出不作为乱作为问题32个，查处查办干部31人。

【党建考评考核】 2015年，组织相关部门和股室召开专题讨论会和专项工作调度会25次，提交县委常委会议专题研究5次，内容涉及村干部报酬、社区建设、驻村帮扶、美丽乡村及精品示范点建设等，解决一批基层党建工作的困难和问题。制定《雷山县2015年党建工作目标管理责任书》，按照月调度、季督查、年考核模式，每月由党建办牵头进行调度，按照等次兑现抓农村基层党建工作奖励经费，对排名末位的党（工）委进行约谈。2015年，共开调度会12次，开展督查观摩活动4次，召开述职评议会议1次。深入推进“双培双带”工程。共举办村干培训班2期，培训村级党组织书记95人；举办扶贫攻坚专题培训班2期，培训村级党组织书记、村主任共320人；选派56名村（居、社区）党组织书记到山东省寿光市、江苏省江阳市华士镇华西村和省内遵义市湄潭县及州内锦屏县隆里乡华寨村等地考察学习。2015年，全县获省级“五好”基层党组织有2个，获州级“五好”基层党组织4个，命名为县级“五好”基层党组织8个，1名基层党支部书记被评为全省“文朝荣式优秀基层党组织书记”。

【同步小康驻村帮扶】 县委组织部选派306名干部组成61个同步小康驻村工作组，分赴61个中心村154个行政村开展驻村帮扶工作。选派61名机关优秀干部到61个中心村担任“第一书记”，增派30名实职科级党员领导干部到贫困村、软弱涣散村担任“暖心书记”。及时召开大会对同步小康驻村工作进行动员部署，并建立同步小康驻村电子信息报送平台，通过“一日一写、隔日一晒、一周一报、一月一查、一年一评”的形式，让驻村干部干有成绩、单位放心、群众满意。制定《同步小康驻村队员和第一书记管理和考核办法》，明确管理主体责任，把103名县派干部的管理、工资、考核权限下放到乡镇，破解乡镇“喊不动人”难题。按照“8+1”精准帮扶模式，通过田间解难、夜访农家，实地走访群众3.3万余户（次），收集意见建议1万余条，开展政策宣传1600场次，解决实际问题6561件次，化解矛盾纠纷306起，落实帮扶项目223个，协调帮扶资金1321.2万元。开展抽查督导33次，抽查驻村干部和第一书记1000多人次，发出督查通报6期，通报驻村干部32人次。

【"和谐乡村""金种子"带富计划】 研究制定《关于进一步规范和完善村规民约推行华寨经验建设"和谐乡村"的实施意见》，积极推广"华寨经验"，涌现出西江镇西江村"四个一百二"村规民约等农村基层创新管理经验，进一步强化村民自治管理。有乌东村、脚尧村、永乐村、乔兑村、郎德村、望丰村、达地村、格头村等8个试点村已严格按照标准完成建设任务，有效巩固传承农村良风习俗。印发《关于深化落实基层党建"七大工程"推行"金种子"带富计划的实施意见》和《关于推行"金种子"带富计划"1+X"网格化管理的通知》，在8乡镇选定23个村作为县级"金种子"带富计划示范村进行重点打造。选定489名党员"金种子"示范户挂牌，选出1086名"金种子"进行重点培养。举办"金种子"示范村党组织书记专题培训班1期培训36人，整合农业、扶贫、茶叶等部门资源举办"金种子"培训班8期，培训500余人次。强化政策扶持，发放"金种子"创业贷款银行卡10张，发放村级扶贫互助资金借款2307批次1005.26万元，安排"金种子"组织扶贫项目96个、"金种子"帮扶贫困户扶贫项目988个，扶持160户小微企业财政补助资金800万元。依托当地农业龙头企业建立"金种子"1+X网格化孵化园，采取"合作社+支部+基地+农户"发展模式，引导"金种子"领办各种新型经济合作组织，搭建合作创业平台。2015年建立生态银枫、万城牧业等5个"金种子"1+X网格化孵化园，带动1700户农户合作发展。

【"暖心秘书"服务计划】 制定《关于实施同步小康"暖心秘书"服务计划的实施意见》，组建一支由乡镇党委副书记担任组长，同步小康驻村干部、第一书记、大学生村干部等为成员的180人"暖心秘书"工作组。启动实施"暖心秘书"服务计划，全县180名"暖心秘书"走访群众1575户，收集群众意见建议1367条，帮助群众解决实际问题1288个，为群众代办事务3312件次。制定《关于进一步培育发展壮大村级集体经济的实施意见》，采取资产经营型、资源开发型、产业带动型、新型合作型、服务创收型、异地置业型的"六型"发展模式，积极配套项目实施、金融扶持、用地保障、税收优惠、激励引导等扶持政策，推动村级集体经济多渠道、多类型、多元化发展，增强村级集体经济实力，进一步夯实农村基层党组织推动发展、服务群众、凝聚人心、促进和谐的物质基础。2015年，争取省级财政支持村级集体经济资金180万元，重点培育村级集体经济"双超村"2个，投入扶贫项目资金150万元，消除集体经济空壳村5个。

明确村级运转经费纳入县级财政预算，每个村（居）每年运转经费在2014年基础上增加5000元，确保全县70个村（居）每年运转经费达到1.5万~5.5万元。进一步规范村干部的工作职责，改善村干部报酬，确保村党组织书记、主任、文书月报酬达到1600~2400元，宣传员、安监员月报酬达到1200元。

【党员发展与教育培训】 全年发展新党员164名，开展农村基层党组织书记进行专题培训4批次297人次、全县党务干部培训班1期75人次、农村基层党组织书记和致富带头人培训班1期64人次。印发《关于集团式帮扶部门到帮扶村进行灾后重建的通知》《关于发挥同步小康驻村队员作用切实做好救灾重建工作的紧急通知》等，动员驻村干部、第一书记及广大党员群众投身救灾重建工作，在抗洪救灾一线中涌现出赵军、万鹏等先进典型。开展村级活动室、农村公共服务设施灾后重建，通过采取向上级争取一点、财政划拨一点、党费列支一点的办法筹集村级活动场所灾后重建资金，累计投入360多万元，完成43个村级活动室和101个其他农村公共服务设施重建修复工作。建立党代表基本情况台账，全县共有省级党代表1名，州级党代表9名，县级党代表231名，乡镇级党代表358名。定期安排党代表开展调研视察工作，组织各级党代表列席党内重要会议6次，开展党代表视察调研活动10次，为群众办理好事实事300余件。

【基层党建精品示范点建设】 统筹推进县级8个基层组织示范点建设工作，重点投入打造西江干荣村州级基层党建精品示范点，累计完成投资3925万元，完成土地收储近300亩，实施停车场、旅游风雨长廊、拦河坝、步道建设、步道长廊、房屋整治、农家乐整治等一批基不出设施建设项目。依托乡村旅游市场，干荣村发展种植核桃1400亩、猕猴桃100亩、茶叶171亩、精品蔬菜200亩，发展黑毛猪养殖和林下养鸡大户10多家，实现旅游收入60多万元。

【非公有制经济和社会组织】 建立领导干部挂帮非公有制企业和社会组织党组织联系点制度，全县36位县级领导干部联系72户非公有制企业或社会组织党组织。从15个成员单位、县直部门和乡镇选派70名政治过硬、原则性强、经验丰富党员干部为党建指导员。全年70名党建指导员深入企业联系服务200余次，解决企业实际困难500个。组织开展企业联村助小康活动，鼓励和引导55家非公有制企业到61个行政村开展联村帮扶工作，累计开展技能培训152人次，指导创业18人，解决就业171人，实现创收10.4万元。按照有场所、有设施、有标志、有党旗、有书报、有制度的“六有”标准，投入2万元推进雷山县益明食品有限公司党支部、银枫公司党支部、雷山县茶叶协会党支部标准化建设。联合群团部门举办非公有制和社会组织党务干部能力提升培训班2期，共培训150人。从县级财政预算渠道解决非公有制企业党组织运转经费8万元，落实非公有制企业和社会组织党建指导员补贴4.2万元。全额返还非公有制和社会组织党费。开展创建信用示范户、民营企业服务年等活动，帮助20位党员企业主解决融资贷款800万元，发放妇女小额担保贴息贷款393笔2160.2万元，共贴息395.3万元，助力城乡妇女创业，带动城镇和农村劳动力就业2000余人。

【干部监管与选拔任用】 严格干部选拔任用工作，涉及干部调整182人次。常委会共研究干部6批（次），提拔科级领导干部18人，其中正科级8人、副科级10人。7名正科级干部中6名具有乡镇工作经历，10名副科级干部均具有2年以上乡镇工作经历，其中2名直接从乡镇基层一线提拔任用。部务会议研究人事议题8批（次），调（流）动干部181人（含科级干部任职调动97人），任免股级干部291人次，办理干部退休手续（含提前退休）18人，抽借调干部159人次。交流科级干部57人，其中县直部门之间交流44人，乡镇之间交流1人，县乡之间交流12人。认真抓好县政府机构改革人员配备工作，政府部门机构改革干部职务变更等其他职务调整67人，免职或职务自然免除34人。试用期满考察合格正式任职29人。结合县委干部选拔任用工作，共发布考察预告171人次。严格执行函询制度，2015年发函征求纪检监察、政法、计生等部门32批（次）。严格执行试用期制度，新提拔的9名委任制领导干部试用期为1年。以雷山县电子政务协同办公系统为依托，建立乡科级领导干部工作动态日报告制度，进一步加强对乡科级领导干部的日常管理监督。编辑日工作动态报告24期，开展审核工作24次，审核日工作动态8655份，并联合纪检、督查两部门开展抽样核查4次，核查日工作动态1486份。组织力量对干部个人有关事项报告的情况进行核实，全县509名县委管理干部按照规定要求详细、完整地报告个人有关事项。同时，要求确定为考察对象的干部必填《领导干部个人有关事项报告表》，如实报告个人有关事项。建成信件、电话、网络、短信“四位一体”“12380”选人用人监督举报平台。

【干部教育考核评价】 成立县委干部教育工作领导小组，将干部教育培训经费纳入县政府财政预算，共划拨15万元作为干部教育培训专项经费。举办乡科级干部培训班、乡镇干部培训班、村干部培训班共13期，培训各类干部850余人次，乡镇、村党组织书记培训，实现全覆盖。认真抓好上级调训工作，完成上级调训85人次，其中县处级28人次、乡科级57人次。抽借调乡镇干部到县直部门跟班学习58人次，选派干部到省、州上挂学习12人次，推荐6名干部到杭州上城区跟班学习，选派2名干部到乡镇挂职锻炼。认真完成全县89个乡科级领导班子629名乡科级干部2014年年度考核工作，并配合州委组织部完成34名州管干部2014年度度考核工作和2015年实绩公示和测评工作。同时，把干部德的考核与干部提拔考察相结合，共对17

名新提拔科级领导干部进行德的正向测评和反向测评。

【干部人事档案信息化建设】 制定《雷山县档案专项审核工作实施方案》，启动开展干部人事档案专项审核工作，涉及327个部门单位（含二级单位）干部档案共计1436本，其中公务员或参公管理正科级干部191本，副科级干部243本，其他干部409本；事业单位正副科级干部189本，事业单位其他股级干部402本。9月底全部完成初审工作，至11月底完成复审工作。接收县外调入和教育局转入干部个人档案29盒（人），转出调出县外干部个人档案53盒（人），新建2014年录用公务员、选调生和事业单位人员档案118盒（人）。接收各单位各部门上交干部考核登记表等各类干部材料6542份并分发装入卷中。完成科级领导干部电子档案纸质目录更新、复查、审核、扫描共568盒。完成“大组工网”分级保护建设，并通过省保密中心的安全保密测评。

【人才队伍建设】 制定《关于加强民族地区人才队伍建设的实施意见》，加大人才创新创业平台建设力度，积极做好人才培养、集聚和服务等工作。完成新型返乡青年农民农村电子商务培训20人，建立西江千户苗寨特产旗舰店暨电子商务诚信体验店并揭牌运营。积极做好州管专家、州级拔尖人才申报工作，雷山民族中学高级教师杨永清、雷山县阿妮绣业有限公司杨阿妮2人获得州级拔尖人才。选派1人参加“甲秀之光”访问学者活动。做好6名在职攻读硕士、博士学位人员的跟踪管理工作。收集整理“东西南北”雷山县高层次人才信息11人，建立“孔雀归巢”人才信息库15人。深入实施“产业聚才”工程，通过公务员招考、急需紧缺人才引进、事业单位工作人员招考等渠道共引进各类人才133人，其中招录公务员、事业参公、选调生和人民警察34人，办理基层法院定向招录2人，事业单位招考97人（含引进医务人员2人，免费师范生10人，急需紧缺人才1人）。接纳19名雷山籍在外工作人员调回雷山县工作。积极探索“校企合作、工学结合”的办学路子，采取“职校+园区”模式，职校民族歌舞班招生50人、导游班招生50人。兑现基层专业技术人才津贴，2015年共计发放基层专业技术人才津贴226.35万元，切实增强基层专业技术人才队伍的稳定性和凝聚力。

【信息与信访工作】 全年收集各单位上报信息专报695篇（条），调研报告19篇，择优编辑上报和刊发135期和6篇。围绕组织中心工作任务，有针对性地开展“抗洪抢险纪实”“暖心秘书”“‘七一’专题宣传”“第一书记”“金种子”等专题引导宣传，共编写组工信息宣传稿件500余篇（条），被中央、省、州媒体采用384篇（条），综合稿件采用率居全州县市第二位。2015年被州级以上单位采用信息专报42篇，其中省级4篇、州级38篇，组工专报采用率居全州县市第三位。认真做好网评宣传和舆情监测工作，2015年编辑原创网宣文章270篇，上报舆情信息3000余条，完成各项网络舆情监测工作任务。认真做好来信来访工作，共接待干部群众来访7人次，来信来电（含转办件）5件，涉及干部政策、老干部待遇、知识分子政策等各个方面问题，其中调查答复或说明7件，协助相关部门调查答复2件，转相关职能部门调查答复3件。完成3件政协委员提案和1件人大代表建议的答复工作，答复均得“满意”等次。

【党建帮扶】 组织部党支部共有党员26名，大专学历1名，大学本科以上学历25名。组织开展集中学习教育21次，开展业务骨干轮流上讲台19次，开展“读书会”活动3次。结合开展“铸廉行动”，组织全体干部职工系统学习《中国共产党党章》《中国共产党纪律处分条例》。充分利用8小时外时间多形式组织开展篮球、羽毛球、登山和晨跑等体育活动，共组织开展篮球等活动46次，开展徒步登山活动1次，组织干部参与全县性文体活动8次。结合年度目标绩效考核工作，建立完善目标管理方案，实行量化考核，做到人人肩上有担子，个个身上有责任。完善《雷山县委组织部工作规则》，对部机关领导岗位职责、考勤制度、学习制度、会议制度、议事决策规则、请示报告制度、办文工作制度、接待制度、财务管理制度、车辆管理制度、财产管理制度、信访制度、保密制度、公务活动制度、作风纪律制度、党务政务公开制度及班子民主生活会制度等进行完善，推动部机关内部管理运行制度化、规范化。累计组织干部职工深入帮扶点丹江镇乌东村和大塘镇龙河村开展走访调查活动6次，走访农户135户。通过与大龙德毅茶叶有限公司等2家企业联系，采取“企业+党支部+农户”模式带动农户发展种植生姜和山药，规模达100余亩，协调帮扶资金65万元，在乌东建立一个农民技能培训中心，发放700多头黑毛猪给龙河村农户喂养，帮扶27户农户实现脱贫。

（吴益美）

宣传工作

【概况】 2015年，县委宣传部内设机构有文明办、外宣办、文产办，内设股级机构有办公室、理论股、新闻股、网络股、互联网信息管理中心。编制17名（行政编6名、事业编11名）。2015年末，实有干部职工15人。其中行政编在职6人，均为大学本科以上学历和少数民族。事业编在职9人，均为大学本科以上学历和少数民族。全县宣传思想文化系统围绕党委、政府工作中心，深入学习宣传贯彻中共十八大，中共十八届三中、四中全会，省委十一届四次、五次全会，州委九届四次、五次全会精神及习近平总书记系列重要讲话精神，主动适应新常态、把握新要求，凝聚发展正能量、唱响时代主旋律，狠抓各项工作的落实，为雷山守底线、走新路、奔小康提供有力的思想舆论支持和精神文化力量。2015年，县委宣传部被中共雷山县委、雷山县人民政府评为“2015年度综治维稳目标考核二等奖”“雷山县抗洪抢险灾后重建工作先进集体”，被黔东南日报社评为“新闻宣传工作二等奖”，被黔东南州党报党刊发行工作领导小组评为“先进单位”。

【理论武装】 加强县委中心组学习。坚持把学习宣传阐释习近平总书记系列重要讲话精神作为理论武装工作的重中之重，制订《中共雷山县委中心组2015年学习计划》《雷山县党委（党组）中心组2015年度学习计划》，把《习近平总书记系列重要讲话读本》《习近平谈治国理政》作为必读书目和重要教材，全年县委共开展集中学习12次，举办“雷公山大讲堂”一季一讲专题讲座和专题报告5场次。强化理论宣讲工作。组建一支93人的县、乡两级宣讲队伍，建立道德讲堂总堂1个、县级露天大讲堂—雷山苗岭笙歌1个、机关道德讲堂34个、乡镇级讲堂8个、社区讲堂5个、村（居）讲堂61个。将“理论走基层·惠民好声音”活动与“雷山大讲堂”“道德讲堂”“宣传部长上讲堂”有效融合起来，按政策理论、法律法规、道德讲堂、教育科技、民族文化5个题材收集整理归档宣讲题材库，举办宣讲员培训4期、德师培训班2期，全县开展各类宣讲活动共300多场次，受众3万人次。抓好学习型党组织创建工作，2015年，经州、县考评验收小组的评估验收，全县学习型党组织已验收合格395个。统筹抓好干部职工理论学习考试，共征订和发放《黔东南州理论教育读本》5000多本，4460名干部职工参加年度理论考试，成绩合格率100%。

【舆论引导】 围绕县委、县政府的中心工作，推出“聚焦改革发展、依法治县、作风建设、扶贫攻坚、文化旅游、生态文明建设”6个贯穿全年的主题宣传，及时反映全县深化改革、加快发展的进展和成效及经验做法。在县电视台开辟“盘点2014·展望2015”“中国梦之我的梦”“聚力抓重建”“最美雷山人”“我们的节日——苗年”“谋划十三五推动新跨越”“高速到苗乡”等27个专栏，制作各类专题25个。全年县台播出新闻1506条，州台播出174条，省台播出28条，在全县营造浓厚的舆论引导氛围。开展抢险救灾宣传报道和舆情引导。制定下发《雷山县特大洪涝灾害灾后重建宣传报道工作方案》，邀请中央电视台等媒体进行实地采访直播，并播出全县灾情新闻28条；新华社发出专题通稿3次、综合通稿2次，各级网站转载报道1670余条，新浪微博、腾讯微博转载4000余条；全国各级各类媒体刊播2407篇（条）。同时，在《雷山手机报》编发100余条，“美丽雷山”转发信息500余条，《黔东南日报》（雷山专版）刊发60余篇（条）。另外，采集灾情资料并编辑成画册和光碟150套，提供给县委、县政府和各部门单位向上级汇报。特别是在这次灾情舆论引导和舆情处置中，得到贵州省委书记赵克志的批示和肯定。

【对外宣传】 全年各级各类媒体刊播雷山稿件（图片）共52688篇（幅、条）。其中报刊2231篇（幅、条）、广电975条、网络49482条，进一步提高雷山知名度和影响力。制定方案，完成驻村扶贫、铸廉行动、茶产业、文化旅游、抗洪救灾、生态文明建设、重点项目建设、通高速等10大主题的宣传报道。特别是在2015年12月21日，在2015第二期《贵州日报社内参》的一篇《惊喜·困惑·突围·跨越—西江旅游发展的调查与思考》文章，得到省政协主席王富玉的批示。抓好《黔东南日报》（雷山专版）、《雷山手机报》等常规工作，举办全县通讯员培训4期。注重高端媒体平台宣传，年初中央电视台新闻联播头条播出《贵州省雷山县望丰乡乌江村村民李志辉竖起大拇指：村长带领发财，我为村长点赞》新闻，使雷山在央视媒体宣传取得“开门红”。另外，在央视CCTV-1《中华民族》栏目播出大型纪录片《西江苗寨》《郎德苗寨》；CCTV-1、CCTV-2、CCTV-4、CCTV-7、CCTV-9、CCTV-10、CCTV-13全年播报雷山抗洪救灾、民族文化、民族手工艺等新闻和专题片68场（次）。组织拍摄形象宣传片《飞越多彩贵州》、大型电视纪录片《迈向跨越—雷山专辑》，并在贵州电视台新闻联播和其他频道展播；在《贵州都市报》进行两个整版的“峰会”特刊报道，并策划“2015贵州环雷公山超100公里跑国际挑战赛”“通高速”等重大活动的宣传报道。

围绕雷山对苗年活动进行重点宣传，共邀请74家媒体到雷山苗年活动进行采访报道。同时，通过“贵州发布”“掌上黔东南”“凯里人论坛”“贵州风行”“美丽雷山”五大微信公众平台发布苗年各种信息91条，总阅读量达1.77亿次，使“雷山苗年”“雷山姑妈回娘家”“苗岭斗牛”等成为网络热词，引起全国各方关注。全年外宣稿件采用位列全州前茅。2015年，全县抓住元旦、春节等节日契机，以少数民族的民风民俗、节庆活动为重点，加强与新华社、中央电视台、人民日报社等高端媒体的合作，截至2月中旬，新华社、中央电视台、《人民日报》、中新社、《光明日报》、新华网、人民网、腾讯网、新浪、网易网、中国网等各大主流媒体、门户网站刊发转载、播出雷山县民风民俗、节庆活动等新闻246条。

【网络宣传】 按照“正能量是总要求、管得住是硬道理、用得好是落脚点”的要求，加强网络管理和阵地建设，牢牢掌握网上舆论主导权。整合资源，完成外宣办、广播电视台、网络信息中心的合署办公。投入80万元对雷山电视台进行播出设备更新升级；投入3000万元年内全面完成全县广播电视进村入户工程，全县网络电视和广播实现全覆盖；投入18万元为全县干部职工和村干订阅《雷山手机报》，全年共编发手机报信息360期1800多条。加强新媒体建设，开通微信“和美雷山”“美丽雷山”“贵州风行”“雷山政务”“雷山新闻”“微雷山”等平台，对新媒体实行专人负责，及时更新宣传内容。加强通讯员培训管理。举办通讯员（网评员）培训班4期，使通讯员（网评员）宣传能力和水平不断提高，特别在几次洪灾舆情引导中发挥积极作用。

【精神文明建设】 围绕“24字”方针和“十个一核心价值观主题”工程大力开展宣传活动。县电视台共刊播“图说我们的价值观”公益广告600余次；雷山县政府网、中国雷山网刊播公益类广告263条（次）；共投入经费128多万元，在县城大小广场、公路沿线等制作大型公益广告宣传牌24幅，城区路旗牌366块，公路壁刷132块；各单位、乡镇、村寨制作木牌、墙体彩绘和喷绘等共2033张（幅）；273辆交通客运车和68块商场（店）LED屏进行滚动播放宣传标语。开展“明礼知耻·崇德向善”主题实践活动，出台印发《雷山县2015年“明礼知耻·崇德向善”主题实践活动实施方案》，于6月19日举办雷山县2015年“明礼知耻，崇德向善”文明礼仪知识竞赛活动；抓好道德讲堂和德师队伍建设，深入开展“知荣辱、树新风、促和谐”为主题的社会主义核心价值“六进”系列教育实践活动，全县共开展宣讲200多场次；组织开展“生态黔东南·我们在行动”志愿服务主题活动，相继开展义务植树、清理县城区牛皮癣、洪灾抢险应急救援、清理丹江母亲河两岸白色垃圾及关爱留守儿童和空巢老人等志愿服务活动20次，特别是在“5·27”“6·8”“6·21”特大洪灾抢险救灾中，践行志愿服务精神，受到广大灾民一致好评。抓好乡村学校少年宫项目建设。争取到省文明办经费60万元，完成永乐小学、方祥小学和掌雷小学3所学校少年宫项目建设；争取到省文明办经费9万元，完成5所乡村学校少年宫的灾后修复建设；加强辅导教师的配备和管理，大塘小学教师杨昌律被评为贵州省2015年度乡村学校少年宫“优秀辅导员”。抓好“四在农家·美丽乡村”“农民文化家园”项目，促进农村精神文明建设。争取到省文明办经费10万元，将大塘镇掌坳村作为2015年“四在农家·美丽乡村”创建活动省级示范点进行打造；争取到省文明办经费15万元，抓好望丰乡青山村、郎德镇也改村、大塘镇也耶村3个“农民文化家园”项目建设。争取到省文明办经费11万元，完成大固鲁、干荣、猫猫河、乌东、控拜、麻料、排告、公统8个村的“农民文化家园”灾后修复建设。

【“三创一满意”活动】 以“三创一满意”为目标，扎实推进多彩贵州文明行动，提高城乡文明程度。加大财政投入。县财政预算安排120万元作为办公经费，并投入4154.4万元完成县城区道路改造、排污处理、垃圾处理、灯光维修、购置垃圾清运车、人行桥建设、公厕改造建设、人行道路维修、绿化等市政基础设施建设。完成“省级卫生县城”的复查和丹江镇、西江镇2个“省级卫生乡镇”、9个“省级卫生村寨”、18个“州级卫生村寨”的创建；申报国家级卫生乡镇1个（西江镇）；雷山县成功保留“全国文明县城”荣誉称号。全县创建“国家文明村镇”2个，省级文明乡镇2个、村寨8个，州级文明乡镇1个、村寨4个；省级卫生县城1个、卫生乡镇2个、卫生村寨9个，州级卫生村寨18个、农村生活垃圾示范点村寨43个。全县154个村建成农村焚烧式垃圾池322座，落实村寨卫生保洁员312人。

【文化产业与文艺工作】 文化产业完成12家县级文化产业示范户（基地）的评审命名及挂牌工作。全县注册从事文化产业活动的中小企业有59个、个体户498户，文化及相关产业单位（户）有589个，文化产业增加值1.75亿元，增加值占GDP比重为8.34%，成为全县经济社会发展新的增长点。完成大型苗族实景歌舞节目《美丽西江》的打造和苗族嘎百福歌舞剧剧本《牛角坡》、苗族戏剧《西江故事》、歌曲《高速向苗乡》创作。出版《雷公山》文学季刊4期和《雷山苗族情歌选》，报告文学《脚尧人的小康路》出版发行。协助举办全省民族银饰艺术传承人高级研修班暨贵州省民族银饰工艺大师及银饰工艺精品评选命名活动。同时，西江艺术团还参加CCTV-3《舞蹈世界·舞蹈全明星》栏目等展示和对外交流活动，演出的节目《银匠哥》荣获第四期冠军和特别荣誉奖。西江旅游公司被省委宣传部、省文化厅表彰为2015年舞台演出先进单位，并获得文艺补助经费30万元。实施完成广播电视“村村通、户户通”工程，基本实现农村广播电视全覆盖。完善和发挥乡镇（村）公共文化服务建设及作用，全县累计举办各类群众性文化活动80多场（次）。协助举办“与祖国同行·与人民同心”—贵州文艺工作者送欢乐下基层慰问演出活动，同时在县城开展“苗岭笙歌”等群众性文化活动40多场（次）。组织开展春节期间“三下乡”活动，组织文艺演出6场，免费发放各类宣传资料和春联共计6000余份。

【党建帮扶】 县委宣传部党支部（含县文联）党员15人，其中在职党员12名，离退休干部3名；大学本科以上12名，大专2名，中专及高中1名。2015年，全面加强党支部的组织建设、思想建设和作风建设，增强党支部的凝聚力。加强干部队伍建设，组织宣传文化干部培训2次，派出干部到外面学习考察3次，派出1名副部长到杭州上城区挂职学习半年。狠抓干部队伍作风建设，使全县宣传思想文化工作各项任务落到实处，被县委、县政府表彰为“雷山县抗洪抢险灾后重建工作先进集体”。认真落实党风廉政建设责任制，重点抓好干部职工政治品质和道德品行教育、岗位廉政教育和警示教育，没有发生过一起违反党纪党规的行为，被县纪委挂牌为“铸廉行动”1类单位。抓好脱贫攻坚帮扶工作，帮助帮扶村争取到各级各类资金300万元，实施财政“一事一议”、农村危房改造、农村公路改造提升、“四在农家·美丽乡村”等项目建设。同时，积极向省州争取到项目经费15.4万元给帮扶村（西江镇控拜村、乌高村、堡子村）搞好项目建设，并资助多功能复印件1台，带各级媒体记者到帮扶村开展宣传16次。

【重要会议】 全县宣传思想文化暨多彩贵州文明行动工作会议。3月25日下午在县委五楼会议室召开。会议全面总结2014年全县宣传思想文化工作，安排部署2015年工作。县委副书记杨少辉主持会议，县直各部门单位主要负责人，各乡镇党委书记、宣传委员、社区（居委会）、村支部书记共200多人参会。县委书记黄清发指出，按照“紧扣一条主线，抓好五个重点，巩固一个格局”的工作思路，不断开拓创新，构建大宣传工作格局，在全县科学发展、后发赶超、同步小康中，进一步唱响主旋律，传递正能量，传播好声音。

全县“环卫节”业务技能培训暨争创“国家卫生县城”誓师大会。10月24日，在雷山县第一中学阶梯教室召开。县委常委、县委宣传部部长、县政府副县长韦通贤出席会议并作讲话。韦通贤代表县“四大班子”向奋战在一线的全体环卫工人致以节日的问候，希望广大环卫工人继续为全县建设美丽雷山做出更大的贡献。

【通讯员培训】 3月29日，县委常委、县委宣传部部长、县政府副县长韦通贤到丹江小学道德讲堂参加全县通讯员第一季度《新闻写作》培训会，为全县通讯员讲授新闻采写方法和技巧。

7月4日，雷山县2015年第二季度全县通讯员新闻写作培训会在县法院多媒体会议室举办，来自县直机关和各乡镇的通讯员60余名参加培训。培训会期间，邀请《新华社贵州分社》记者杨洪涛作《如何采访，采访后如何写稿》技巧的讲解，县摄影协会会员杨光才讲授《相机各功能使用介绍及新闻摄影构图》方法，县广播电视台记者作《摄像机如何使用》《雷山电视台用稿要求》培训。培训会上，还对2014年度优秀通讯员张希才、侯天智、李忠泽、余国德、杨华5人进行表彰。

【重点宣传活动】 《致永不消逝的青春》电影在雷山郎德杀青。1月12日至23日，高考励志电影《致永不消逝的青春》冬季戏在雷山县人民医院、西江千户苗寨景区、郎德镇上郎德景区、雷山县民族中学作最后补拍取景拍摄。1月23日下午，在郎德苗寨杀青。该电影讲述“感动中国网事人物”肖丽的故事。肖丽，贵州省遵义市湄潭县高台镇一农民家庭女孩，身患癌症，但她仍坚持参加高考，在只有一人的考场参加考试，最终以文科544分的优异成绩通过贵州省高考一类重点本科分数线，被网友称为“最坚强高考女孩”。

《苗疆圣地美丽村落》出版问世。为展现雷山苗族古村落原生态容貌及美丽自然风光，进一步加大对祖先留下来的苗族传统村落珍贵文化遗产的保护。雷山县组织人员走访乡村收集图文资料编辑的《苗疆圣地美丽村落》一书由中国大百科全书出版社出版发行问世。该书从2009年起开始收集资料，内容涵盖雷山154个行政村，50户以上的300多个苗寨，用镜头从不同角度定格每个村寨。全书共167页，14.5千字，约1000多张图片，以汉英互译的形式，从方位、人口、姓氏、特产和文化五个方面简介每个村寨的情况，展示雷山苗寨村容寨貌、美丽自然风光。

“与祖国同行·与人民同心”慰问演出走进

雷山。2月5日上午10点30分至12点，由中共贵州省委宣传部、贵州省文化厅、贵州省文联主办，孔学堂艺术团、贵州省各文艺家协会承办，中共雷山县委、雷山县人民政府协办的“与祖国同行·与人民同心”—贵州文艺工作者送欢乐下基层慰问演出活动在雷山县城木鼓广场举行。演出节目有歌舞、相声、小品、杂技等12个，内容丰富，演艺精彩，深受当地群众的欢迎和喜爱。

广西卫视节目《第一书记》到雷山拍摄。2015年3月29日至4月12日，广西电视台卫星频道大型原创公益扶贫节目《第一书记》拍摄组到雷山县进行采点、拍摄和录制工作。草原歌后乌兰图雅及大陆歌手李行亮加盟拍摄。在雷山录制的两期《第一书记》节目中，以方祥乡格头村和西江镇麻料村两名驻村“第一书记”为主角，以草原歌后乌兰图雅及大陆歌手李行亮与村民同吃同住同劳动为主线，拍摄麻料村的银饰加工产业和格头村的茶叶、青钱柳、黑毛猪等特色种养殖产业。

省委外宣办至脚尧村调研脚尧精神。4月15日，中共贵州省委宣传部部务会成员、省外宣办（省政府新闻办）专职副主任哈思挺一行7人，围绕“黔东南州艰苦创业奔小康典型宣传工作”，到雷山县就脚尧村“穷则思变、敢于梦想，自力更生、艰苦奋斗”脚尧精神进行调研，中共黔东南州委宣传部副部长杨俊、雷山县委副书记杨少辉等陪同调研。调研中，哈思挺一行先后实地调研脚尧村茶叶基地、茶叶加工厂、生态野猪养殖场、竹鼠养殖场等，并深入了解脚尧村各项产业发展情况，走访脚尧村在原村支部书记、全国劳动模范吴秀忠等人。

CCTV-5《体育人间》栏目到雷山县望丰乡乌江村拍摄“爬坡节”。4月24日至26日，是雷山县望丰乡乌江村一年一度的民族传统节日——爬坡节。此次爬坡节的一个重要内容是纪念苗族女神—“仰欧神”。在为期3天的节日里，当地举行最为原始的苗族男女青年游方爬坡赛和斗牛、赛马、斗鸟、斗鸡等民族民间传统赛事活动，吸引游客和当地群众上万人前来观光。CCTV-5《体育人间》栏目对此次活动进行全程跟踪采访拍摄。

雷山舞蹈《银匠哥》荣获“舞蹈全民星”冠军和特别荣誉奖。4月28日，在中央电视台3频道《舞蹈世界》栏目“舞蹈全民星”节目展播中，雷山县苗族舞蹈《银匠哥》荣获第四期冠军和特别荣誉奖。舞蹈采用现代编舞技法，把苗族原生态舞蹈元素贯穿其中，用银匠一天的生活作为主线，诙谐滑稽的情节加以点缀，表达苗族同胞对美好生活的向往。

雷山举行纪念“五四运动”96周年歌咏比赛。4月29日，由县文明办、团县委、县教育和科技局联合举行的以“葆品格先进·当时代先锋·创和美雷山”为主题的纪念“五四运动”96周年歌咏比赛在县城木鼓广场举行。县民族中学、第一中学等6所中学、300名队员参加角逐，县第一中学获得第一名，县第二、三中学获得第二名，县职校、民族中学、永乐中学获得第三名。

省文联、省红十字会到雷山开展慰问演出。7月7日，为向基层受灾群众送去党和政府以及社会各界爱心人士的问候，帮助受灾群众搞好灾后重建。贵州省文联、省红十字会慰问演出暨抗洪救灾物资发放仪式在雷山县城木鼓广场举行，现场捐赠的大米、食用油、家庭包、蚊帐等物质价值50万元，省文联还向雷山县受灾群众捐款3万元。

第八届世界华文传媒论坛参访团走进雷山西江。8月30日，由来自美国、加拿大、澳大利亚等国媒体记者组成的第八届世界华文传媒论坛媒体参访团到西江千户苗寨考察，雷山县委常委、县委宣传部部长、副县长韦通贤陪同。考察中，参访团一行先后实地参观考察西江千户苗寨大北门、西江博物馆和观景台，并在西江表演场观看原汁原味的苗族歌舞表演。参访团对雷山西江千户苗寨生态的保护、人与自然和谐相处等给予极高的评价。

“中国传统村落·黔东南峰会”媒体采访团聚焦雷山郎德上寨。10月30日，在2015首届“中国传统村落·黔东南峰会”即将召开之际，人民日报社、新华社、中新社、中国日报社、中央人民广播电台、央视网、光明网等17家主流媒体记者走进雷山县郎德上寨进行考察采访。在采访中，采访团成员亲身体验苗族传统迎宾礼节—十二道拦门酒，先后参观苗族银饰制作、芦笙制作、刺绣、织锦等非物质文化遗产作品。与当地民俗专家、“非遗”传承人代表、住建局部门负责人就有关非物质文化的挖掘、传承、发展和古村落建筑及文化的保护传承等问题进行交流座谈和专访。座谈后采访团一行欣赏苗族歌舞表演。

(龙云雄)

统战工作

【概况】 县委统战部、县台湾工作办公室合署办公，下设办公室，编制2名。2015年末在职6人，为少数民族，其中中专1人、大专2人、大学3人。2015年，县委统战部坚持围绕中心、服务大局，统筹兼顾政党、民族、宗教、阶层、海内外同胞、侨胞、侨眷、台属等关系，在工作实践创新、参与同步小康创建和信息工作等方面受到州委统战部表彰，1人被评为先进个人。

【服务经济建设】 2015年，雷山非公有制经济发展壮大，全年注册资金达10亿元，增长20%。先后成立方祥商会及方祥黑毛猪协会、湖南商会；组织非公有制经济人士、各族各界人士纷纷投入抗洪救灾、灾后重建和光彩事业活动；深化五好工商联创建方案；开展非公有制企业理想信念教育活动等。

【民族宗教】 抓好军警、机关、农村、社区、企业、学校等民族团结进步创建示范点工作。大力支持、认真指导做好民族节日文化传承工作。通过资金帮扶和专家指导，为郎德镇上郎德村和西江镇猫鼻岭村、龙塘村举办招龙节活动提供服务和帮助。同时支持大塘镇、望丰乡等乡镇欢庆爬坡节等民族节日，进一步宣传展示浓郁的苗族文化。以赶场天和民族节日为契机，深入开展民族团结进步宣传教育活动，营造民族团结和谐氛围。开展特色村寨文化普查工作，完成西江千户苗寨文化普查。支持《中国古代苗族天文历法研究》《雷山苗族理经》编写和出版工作。深入宗教场所开展活动宣传，通过教育引导，切实增强宗教人员和信教群众的安全意识、法制意识，不断规范宗教活动。加强基层宗教工作网络和队伍建设。不断巩固和强化对宗教场所的管理、督查工作，增强抵御境外利用宗教进行非法渗透的能力。不断加强县、乡、村三级宗教信息员网络建设，认真抓好宗教人士和宗教信息员的培训，丰富他们的文化知识，提高队伍整体素质。加强对民族宗教工作重点、难点和热点问题等信息的搜集、分析、整理，并及时反馈，确保社会和谐稳定。

【港澳台统战】 做好台湾友好人士的来访接待工作，向他们推荐本地民族风情，增进台湾民众对祖国大陆的了解和感情。全年共接待台湾及海外人士到雷山考察180多人。经常走访台资企业，帮助他们协调解决实际问题和困难。走访台胞台属20次，为解决生产生活各种困难和问题14次。

【党外代表人士队伍建设】 为县委当好党外代表人士队伍建设的好参谋。进一步规范党外代表人士培养、选拔、使用工作。出台县委统战部领导干部与党外代表人士联谊交友工作制度。至2015年末，党外后备干部占全县后备干部总数比例达18%；全年培训党外干部50多人次，占全县总数的16%；在39个政府工作部门中，有21个部门的领导班子配备有党外干部，占53.8%。建立党外知识分子联谊会，登记会员103人。

【党建帮扶】 2015年，县委统战部党支部共有党员7人，其中在职党员6人、退休党员1人。年龄结构为35岁以下1人、36岁至45岁1人、46岁至55岁4人。文化结构为大学文化3人、大专文化2人、中专及高中文化2人。民族结构为苗族6人、布依族1人。认真开展“三严三实”专题教育和党风廉政建设集中专项整治，深化“铸廉行动”工作，促进党风政风进一步好转，全面营造干净干事、奋发向上的良好政治生态环境。县委统战部帮扶丹江镇脚猛村，5月，支助帮扶村3000元用于村内开展计划生育“双诚信·双承诺”工作。6月，支助脚猛村7吨水泥用于修缮村内基础设施。7月，慰问脚猛村受灾党员2户，每户慰问金600元。

【外援资助】 在雷山县委统战部争取下，广东骏马慈善基金会会长陈辉龙一行到雷山县县民族中学举行助学金发放仪式，州侨联主席吕江萍，县委常委、县委组织部部长、统战部部长杨艳出席仪式并致辞。陈辉龙一行还先后到西江镇西江村、大塘镇咱刀村和郎德镇上、下郎德村共5户贫困高中学生家进行走访慰问。在助学金发放仪式上共向雷山民族中学45名家庭困难且品学兼优的学生发放每人每年1500元的助学金。本次捐赠活动款项和人数三年不变。

【交流访问】 6月下旬，为增进台湾少数民族对黔东南州少数民族的了解，根据全国台联的安排，台湾少数民族（赛夏族）头目长老文化交流团一行35人在全国台联台胞部联谊处调研员李永红和省、州领导陪同下，到雷山县西江镇参观访问。

（罗林本）

政法综治工作

【概况】 县委政法委为正科级县委工作部门，与县综治办、县维稳办、县防处办、国安办联合办公，内设股级机构办公室、政工科、综治科、维稳科、执法监督科和1个副科级事业单位见义勇为办、2个正股级事业单位社会治安综合治理信息中心和社会稳定风险评估指导中心。2015年，编制13名，其中行政编制5名，事业编制8名。在编15人，其中大学本科13人。2015年，全县政法各项工作按照“四个全面”战略部署，推进平安雷山、法治雷山建设，全县刑事案件明显下降，无重大刑事案件、无重大群体性事件、无突发性事件、无较大以上安全事故、无赴省进京上访事件、无影响社会稳定的政治事件发生，可控性案件发案率低，社会治安保持良好，人民安居乐业，为全县经济社会快速发展确保“十二五”规划收官，营造安全稳定的社会环境、公平正义的法治环境、优质高效的服务环境。

【防范恐怖活动】 对新颁布实施的《中华人民共和国反间谍法》和《中华人民共和国国家安全法》的学习宣传力度，不断增强广大群众的国家安全意识和责任，提升各级领导干部反间谍、反策反、反渗透的能力和水平，筑牢坚实的社会防护网。加强情报信息分析研判，做好预防预警工作，收集信息68条，完成3项专项调研工作和“两外”人员数据收集、调研等工作，完成综合性风险评估10期，专题风险评估1期。对进入雷山县活动的5个境外非政府组织和涉外团组、个人共21批1096人次进行有效监管和做好安保工作。加强防范和处理邪教工作，有效防止邪教组织渗透破坏和反宣活动。认真组织开展“百县千乡万村无邪教创建示范工程”活动，创建“无邪教创建”示范乡镇2个，“无邪教创建”示范村16个。严防暴力恐怖活动。注重收集涉恐涉暴情报信息，加强重点部位、重点区域的防范和社会面的巡查防控，加强对危爆物品的管理和寄递物流行业的清理整顿。做好涉疆涉藏人员的稳控服务工作，未发生涉疆涉藏事件。

【严打整治行动】 2015年，全县立刑事案件323起，破154起，破案率为47.68%，与上年同期（立377起，破199起）相比，立案下降14.32%，破案率下降5.11%。其中：八类案件立11起，破11起，破案率100%（发生命案1起，破1起）；盗窃案立206起，破66起，破案率32.04%；诈骗案立36起，破6起，破案率16.67%；涉毒案件立8起，破9起；其他刑事案件立62起，破62起。共抓获刑事作案人员186人，打击处理违法犯罪嫌疑人160人。受理治安案件590起，查处518起，查处率87%，查处治安案件违法人员624人。审判机关共受理刑事案件115件162人，共审结105件144人，结案率为91.3%。检察机关共受理审查逮捕刑事案件64件88人，同比件数上升10.34%，人数下降5.68%，审查批准逮捕60人；受理审查起诉刑事案件113件161人。全县6个乡镇无增加吸毒人员，全年未发现非法种植毒品原植物罂粟案件，实现9年“零种植”；破获毒品案件8起，打击处理8人，办理毒品行政案件70起，查获涉毒违法犯罪人员70人次。建立吸毒人员台账，截至11月全县共有吸毒人员211人，比2014年新增48人。共查处涉赌违法行为31起，查处31起，查扣麻将机12台、麻将24副、收缴赌博游戏机4台，抓获涉赌违法人员41人，处罚41人。查处“卖淫嫖娼”案件17起，抓获违法人员20人。

【社会治安重点整治】 加大中小学生上学、放学时段的警力巡逻防范和交通秩序疏导，确保学生上学、放学的人身安全。检查校园周边安全75次，上法制课及开展相关法律宣传157次，收缴非法刀具3把。发现安全隐患20处，下整改通知书20份。加大景区景点火灾隐患排查整治和治安管理，加强景区突出矛盾和信访问题的排查化解和“两违”整治工作，景区治安秩序保持良好。加大网络舆情整治力度。巡查发现本地互联网负面、敏感信息16条，处置16条，落地查证12人，删除负面信息10条，教育处理2人。

【完善治安防控体系】 建立多警种巡逻防控工作机制，公安、交警、武警等多警种联合开展错时交叉巡逻，采取动态巡逻与定点设岗、步巡与车巡、网上巡逻与网下巡逻、分散巡逻与集中巡逻、定时巡逻与随机巡逻、单一警种巡逻与多警种巡逻等相结合的巡逻方式，有效预防各类刑事案件发生；各学校、企业共建立警务室18个，有保安75人，加强校园及周边、企业及周边的治安防控；组建民兵应急分队50人，配合公安特巡警加强街面巡逻；坚持县城区、西江景区治安卡点卡口24小时值班守护制度。全面推行“村级警务助理”农村社会治安管理模式，配齐163个行政村（居）警务助理，签订村级警务助理工作责任书，制定考核细则，统一配发警务服装。村级警务助理在社会治安、矛盾纠纷调解、安全隐患排查、治安巡逻防范等方面发挥积极作用。完善网格化服务管理工作，县城社区按照200户至500户或1000人口左右标准，划分为34个网格，落实办公场所和格长、管理员、信息员；农村以自然村寨、村民小组或100户左右住户为基本单元共划分625个网格，明确格长和管理员。“天网工程”二期建设有序推进。已落实预建640个监控点选点，完成新建监控点34个。至年末，全县共有监控探头448个。

【特殊人群服务管理】 深入推进特殊人群服务管理“六项工程”建设，进一步巩固“平安雷山”建设成果。全面开展留守儿童的调查摸底，全县留守儿童有5266人；9所小学建立“农村留守儿童之家”，设立8个亲情视频室或语音聊天室，为留守儿童搭建与亲人沟通平台。民政、教育部门共同解决进城务工人员随迁子女入学等问题。采取手机定位，每月举办一次以上学习班等措施，确保社区矫正人员不脱管漏管失控，无重新犯罪情况发生。全县累计接收社区矫正人员247名，依法解除矫正195人，在册矫正人员52名，全年刑释解戒必接人员35人，接回率达97.14%，帮教率达到100%。全面排查精神障碍患者，做好建档登记和风险评估；精神障碍患者参加新型农村合作医疗达100%；救助治疗精神病患者66人。

【物流业安全管理】 全县有寄递物流企业9家，从业人员40余人。为确保寄递和物流安全运行，根据中央综治办安排部署，县综治办组织县公安、市场监管、交通运输局、安监等部门与各寄递物流企业签订《寄递物流企业安全管理责任书》。不间断地开展寄递和物流企业的清理整顿和矛盾纠纷排查化解专项行动，全县寄递物流业安全稳定发展。

【公共安全管理】 开展枪支弹药、易燃易爆剧毒等危化品、管制刀具排查整治，收缴烟花爆竹7箱、管制刀具220把。加强社会面巡逻防控。落实县城街面、广场、学校、车站等重点部位街面巡逻防范措施，加强出城卡口卡点盘查防范。加强景区景点特别是西江景区灾后期间的巡逻守护，全力维护景区稳定有序。全力做好道路交通安全排查整顿行动，有效打击违反道路交通安全的违法犯罪案件，确保全县道路交通安全。加强火灾防控工作。共检查单位、场所743家（次），督促整改火灾隐患和违法行为1060处，下发《责令改正通知书》444份、办理行政处罚案件22起，临时查封单位、场所3家，罚款225900元。共发生火灾2起，受灾户数2户，无人员伤亡，直接财产损失47450元。

【维护社会稳定】 加大重大矛盾纠纷和突出信访问题排查化解力度。全县共排查出各类民间纠纷246件，调解246件，调解成功243件，调解成功率98.8%；民商事案件收案637件，审结468件，结案率73.47%，其中判决170件，调解181件，撤诉108件，驳回起诉9件，调撤率为45.37%。加强突出矛盾纠纷和重大不稳定因素排查化解。全县组织开展11次突出矛盾纠纷和重大不稳定因素摸排工作，排查出突出矛盾纠纷和重大不稳定因素22件，采取“七个一”措施落实包保化解稳控责任单位和责任人，分解到各责任单位进行化解稳控，狠抓重点人员的包保稳控。大力推进重大决策、重大项目社会稳定风险评估全覆盖。完成蚩尤大道、环雷公山旅游民族村寨接待设施等8个重大项目的社会稳定风险评估工作，对评估出来的潜在风险制定防范化解预案，及时化解实施过程中遇到的矛盾和问题，完善相应措施，做到重点项目稳定和建设双推进，两不误。加强应急处置机制建设，妥善处理各类群体性事件。依法处置凯雷高速公路、红屯堡廉租房等重点项目建设阻工事件。抓好各种敏感节点、重大会议和重要活动期间的社会稳控工作。完成各级“两会”、春节、中共十八届五中全会等各种重大节假日活动，尤其是“4·25”“4·28”“5·13”“6·4”“7·22”“9·3”“生态文明国际论坛贵阳年会”“贵阳酒博会”“2015年苗年系列活动”期间的社会稳控和各级领导考察调研等维稳安保任务。及时预防和化解因特大洪灾引发新的不稳定因素。强化洪灾期间社会治安防控，全面排查化解因灾引发的矛盾纠纷，及时妥善处理救治因灾死亡、受伤人员，及时疏散安置存在地质灾害隐患地方的群众，确保灾后社会治安保持良好，社会和谐稳定。

【法治雷山建设】 建立涉法涉诉信访台账，把涉法涉诉信访问题纳入法制轨道解决。对州分解到全县的5件涉法涉诉信访案件，严格按案件性质归口交办，严格落实化解责任，办结3件，其他2件案件正在办理。对省委政法委交办的第二轮“百日攻坚战”涉法涉诉案件2件，已全部办结化解，化解率100%。对难解决或无法解决的涉法涉诉信访案件，落实好信访人的包保人员和包保责任，落实稳控措施。建立国家司法救助制度，落实司法救助资金。经审查，对符合救助条件的9件，按《雷山县国家司法救助实施办法（试行）》《雷山县县级国家司法救助资金使用管理暂行规定》有关规定发放救助金23.5万元，确保矛盾纠纷得到及时有效化解。

【基层基础建设】 加强信息网络工程建设，提高政法工作效能。推动政法机关信息化资源整合，强化对信息的深度应用，以公安大情报为龙头，不断提高打防管控的能力。深入推进公安机关金盾工程、审判机关天平工程、检察机关电子检务工程、司法行政工作业务网等建设，充分运用好信息共享系统，不断提升科技强警能力。加强基层基础建设力度。建成县法院、公安局业务用房主体工程，看守所起动征地工作，8个乡镇派出所改建全面启动，力争2016年年初投入使用。进一步整合乡镇综治、司法、群众工作站资源力量，加强乡镇综治工作中心规范化建设。

【政法宣传】 采取形式多样、内容丰富、群众喜闻乐见的方式全面加强政法宣传工作，为全县营造良好的和谐稳定舆论环境。充分利用“三下乡”活动、民族节日等活动开展宣传活动和开展“三项教育”活动，组织干部深入乡镇、村寨、学校、社区、企业以发放宣传资料、开设讲座、现场解答咨询等形式开展法制宣传教育。组织县政法部门及县直20多个部门在全县8个乡镇巡回宣传22场次，宣传法律援助知识以及法律法规，现场受理援助案件3件。

开展“平安雷山、法治雷山”集中宣传活动65场次，共发放各类宣传资料、宣传手册16万余份，制作防火、防盗、防骗及公共安全等提示牌4万张，制作、悬挂、张贴横幅标语458条；制作、张贴《中华人民共和国反间谍法》宣传专版200张；举办板报、墙报图片展116期次。各政法机关在《人民公安报》《检察日报》《贵州日报》《黔东南日报》刊发和州、县广播电视台及网络刊播政法各部门工作新闻发表1036篇(条)，受省委政法委表彰调研报告1篇。

【政法队伍建设】 开展“创优评优”活动，强化作风建设。全县政法机关通过开展“十佳最美卫士”评选活动，县法院执行局被州法院评为“先进集体”；县国安办连续五年获州评“先进集体”；县公安局国保大队被评为“2014年度全州先进国保大队”；永乐派出所被评为“2014年度国保基层基础工作先进派出所”；县公安局“5·30”特大虚开发票案专案组荣立集体三等功；县公安局胡光伟、唐家宇等13名干警荣立个人三等功；县法院黄启富被州法院评为“先进个人”；县公安局薛思涛被全州公安机关评为“破案能手”，县公安局干警杨刚被评为“全省岗位学雷锋标兵”入围奖。开展“铸廉行动”严格执行“五严禁”，强化党风廉政建设。实施“素质能力提升工程”，强化教育培训力度。按照“正规化、专业化、职业化”的方向，健全政法干警教育培训体系，大力实施政法干警能力素质提升工程，不断提升政法干警的“五个能力”。全县政法干警抗洪救灾，彰显政法干警核心价值观。“5·27”“6·8”等灾情发生后，县政法部门及时组织全体政法干警（含协勤）第一时间赶赴现场救灾，对危险地段、桥梁拉警戒线和派人坚守管制。对被洪水淹没的门面、住户逐一排查，对被困人员进行营救，共解救被困人员120多人，避免群死群伤事件的发生。对危险区域、路段实行交通管制，确保车辆、行人等安全。农村163名村级警务助理及时组织护村护寨队6000余人疏散群众，帮助群众抢险救灾，确保群众的生命财产安全。

【党建工作】 2015年年底有党员17名，大学专科文化4人，大学本科文化12人，硕士研究生1人。苗族12人，水族3人，侗族1人，少数民族占94.12%。开展“三严三实”教育实践活动、“铸廉行动”和“四严一树”等活动，严格执行贵州省党员干部政治纪律“十严禁”、作风“十不准”和贵州省政法机关执法办案“五严禁”有关规定，强化党风廉政建设。大力开展党建扶贫工作，深入到达地乡背略村开展联系帮扶活动5次30人次，帮助联系点理清社会治理工作思路4次，排查矛盾纠纷12起，化解矛盾纠纷7起，帮助联系点开展各类专题培训2次，走访群众50人次，帮助群众解决困难问题4件，帮助群众办理实事4件，投入帮扶资金达1.75万元。开展领导干部精准扶贫工作带动开展“结对帮扶”“党员领导干部下基层”“干部下村”等活动。班子成员积极带头，到帮扶村开展扶贫工作，协助背略村党支部抓好矛盾纠纷调解室建设，并配备办公桌椅，制作一张3米的驻廉行动喷绘展板，共计花费1.5万元。“七一”中国共产党建党日，给背略村6名贫困党员送上1200元慰问金。政法委党支部给背略小学贫困学生资助衣物、作业本、文具盒、篮球、羽毛球等生活和学习用品，给困难学生送去1500元慰问金。

（杨铁）

机关党建工作

【概况】 2015年末，中共雷山县直属机关工作委员会（以下简称县机关工委）内设综合办公室和组织股，下设中共雷山县县直纪律检查工作委员会（以下简称县直纪工委）。领导职数1正2副，其中书记1名、副书记2名（1名纪工委书记）。编制3人，均为行政编制。2015年末实有4人，其中参公1人，均为苗族，大学本科3人，大学专科1人。2015年末，县直机关党组织共有119个支部，其中党总支部15个、党支部104个。党员总数1412人，其中女党员361人，少数民族有1285人，大专以上文化有1089人。

【组织建设】 2015年，完成换届的党组织有14个，即：团县委，县妇联，县农机办，县雷公山国家森林公园管理局、县土地和城乡建设综合执法大队，县统计局，县住建局、县档案局、县民政局、县市政局、县司法局、县纪委、县工商联、县市政管理局党支（总）支部，增补支部委员的党组织有6个，即：县国税、县雷公山国家森林公园管理、县人大办、县人社局、县疾控中心，县审计局党（总）支部。更名的党组织有4，即：县银刺创艺中心党支部更名为民族文化交流中心党支部并换届选举，县招商局党支部更名为投资促进局党支部并换届选举，县发展改革局党支部更名为发展和改革局党支部并换届选举，县旅游局党支部更名为县旅游发展委员会党支部并换届选举。批准成立的党组织有：县妇幼保健和计划生育服务中心党支部、县国资经营管理公司党支部，县水库和扶贫生态移民局党支部、县卫生和计生党总支部、县政务中心党总支部、县政协机关党总支部、县生态文明建设管理局党总支部、县文体广电局党总支部、县农机办党总支部、县工信和商务局党总支部、县市场监督管理局党总支部、县森林公安局党支部。同时撤销：县妇幼保健站院党支部、县林业局党总支部、县招商引资局党支部、县卫生和药品食品管理局党支部、县政协党支部、县文体局党支部、县广电办党支部、县农机办党支部、县工信局党总支部、县工商局机关党委、县质监局党支部、县药品食品管理办公室党支部、县森林公安分局党支部。

【党员发展】 2015年，接收预备党员15人，其中县委办2人、县政府办2人、县委宣传部1人、县委党校1人、团县委1人、县妇联1人、县人社局1人、县住建局1人、县水务局1人、县审计局1人、县西江景区管理局1人、县法院1人、县弓山建筑开发限公司1人。2015年批准预备党员按期转为正式党员7人，其中县地税局1人、县市场监督管理局1人、县雷公山森林公园管理局1人、县卫计局1人、县茶叶局1人、县民族文化交流中心2人。截至2015年12月31日，收缴党费31.9万余元。在元旦、春节和“七一”期间，慰问老党员和困难党员21名，慰问金合计6300元。

【党员培训】 县机关工委在老年大学三楼会议室举办1期党务工作者骨干培训，受训党员干部78人。2015年7月21日至29日在县老年大学三楼会议室举办1期入党积极分子培训班，参加培训人员44人，其中女22人。年内，为结对帮扶丹江镇掌排村协调解决资金3500元。

（机关工委）

机构编制

【概况】 2015年，雷山县机构编制委员会办公室下设2个机构，即：雷山县事业单位登记管理局（正科级行政单位）、雷山县政务公益域名和信息管理办公室（副科级事业单位）。雷山县编委办下设综合股、机构编制管理股、事业单位登记管理股3个内设机构。行政编制6名，其中县编委办行政编制4名，县事业单位登记局行政编制2名。雷山县政务公益域名和信息管理办公室事业编制4名。在职人数8人，其中公务员5人、事业人员2人、工勤人员1人；大学本科7人，大学专科1人；汉族1人，少数民族7人。2015年，开展县政府机构改革、乡镇行政管理体制改革、事业单位分类改革、化解党政机关超编人员等工作。

【政府机构改革】 按照精简统一效能的原则，本着规范机构设置、理顺权责关系、完善体制机制、形成精干高效的政府组织体系的原则，在保持机构总体稳定的前提下，在卫生、计划生育、工商、质监、教育、科技、林业、环保等领域综合设置机构，加大机构和职责整合力度，切实解决部门职责交叉和分散问题。将卫生、计划生育、工商、质监、教育、科技、林业、环保等领域综合设置机构，从原政府机构28个精简为24个，政府直属事业单位从原来7个精简为4个，其他机构1个。

【乡镇行政管理体制改革】 根据省州文件精神，在丹江镇和西江镇开展乡镇行政管理体制改革试点工作。印发《雷山县乡镇行政管理体制改革试点工作方案》《雷山县丹江镇党政机构职能配置机构设置和人员编制规定》《雷山县丹江镇事业单位职能配置机构设置和人员编制方案》。设置9个党政机构和7个事业机构。梳理出丹江镇拟承接第一批县级经济社会管理权限，共下放40项。其中，行政服务6项，行政审批4项，行政处罚30项，并在雷山县人民政府网进行公告；签订《经济社会管理权限委托书》，明确委托机关、受托机关、委托范围、委托事项、委托期限、委托双方权利义务和法律责任。从撤乡建镇后空出的行政编制调剂3名给丹江镇，增设1名副乡级领导职数。

【卫生计生体制改革】 完成县计划生育宣传技术站的职责和县妇幼保健院的职责整合和乡镇卫生院职责与乡镇人口和计划生育服务站整合工作，分别组建县妇幼保健计划生育服务中心和乡镇卫生院（妇幼保健计划生育服务站）。

【事业单位分类改革】 完成全县事业单位分类改革317个。其中：行政类3个、公益一类268个、公益二类2个；生产经营类1个；暂未明确类别43个。

【政府工作部门权责清单】 在规定时限完成县政府工作部门权力清单责任清单的“清权、制权、晒权”工作。审核后28个部门和单位的行政权力事项共计3331项，其中：行政许可329项、行政处罚2446项、行政强制156项、行政征收22项、行政给付14项、行政检查76项、行政确认28项、行政奖励13项、行政裁决3项、其他权力244项。

【编制审查】 多措并举，切实做好全县县直党政机关行政编制超编人员工作，消化县直党政机关超编人员，超编人员从2012年年底的217名降至2015年年底的52名。审批用编补员265名；新设立股级事业机构38个，其中：股级17个，副股级21个。

【帮扶工作】 全年投入11100元和物资为帮扶村办实事。其中：慰问3名困难老党员、10双女结扎户和独生子女户3100元；资助村党支部开展“七一”活动和计生帮扶资金3000元；为6户特困家庭各解决棉被1床；羊乌自然寨协调水毁路段修复资金5000元。

【党建工作】 2015年，有党支部1个，党员7人，其中女党员3人；在职干部的党员6人、退休干部的党员1人；大学本科6人、大学专科1人；苗族5人，侗族1人，水族1人。2015年，签订领导干部廉政承诺书，贤内助家庭承诺书和开展廉政谈话。组织党员干部开展重温入党誓词等系列活动。通过开展宗旨教育、党性教育、社会主义核心价值观教育，进一步增强全体干部职工的政治意识、服务意识和廉洁意识。

（李芳芝）

老干部工作

【概况】 中共雷山县委离退休干部工作局为行政正科级机构，内设办公室，下设雷山县老干部活动中心。人员编制共5名。其中行政编制1名，事业编制4名。有在职人员3人。隶属管理单位有“雷山县老年教育办公室（雷山县老年大学）”和“雷山县关心下一代工作委员会办公室”。其中：“雷山县老年教育办公室（雷山县老年大学）”为正乡级事业单位，人员编制共2名（事业编制）。“雷山县关心下一代工作委员会办公室”为副科级行政机构，人员编制1名，实有1人。2015年，以省委老干部局、贵州当代传媒评选“贵州魅力老人”为契机，经过推荐评选，雷山民族中学退休老师唐千武被评为“贵州魅力老人”。

【组织老干部学习】 1月15日、4月15日，先后两次分批组织县直机关企事业单位的离退休干部共100余人到县老干部活动中心，观看中共中央总书记习近平在会见全国离退休干部先进集体和先进个人表彰大会代表的视频，学习全国离退休干部“先进个人”周定生的先进事迹。

5月20日，组织老干部100余人听取全国先进离退休干部周定生作个人先进事迹报告。7月20日，召开160余人参加“全国老干部‘双先’表彰会精神”宣讲工作会。8月19日，组织35名离退休老干部传达学习《在离退休干部中开展“展示阳光心态、体验美好生活、畅谈发展变化”为主要内容的为党的事业增添正能量活动宣传提纲》；2014年贵州魅力老人—雷山民族中学退休教师唐千武作《为党的事业，发挥余热不能停》事迹报告；县委党校老师李成杰作改革开放以来国际国内发展变化的形势教育报告。8月21日，组织31名老干部在雷山县老干部活动中心围绕“我看贵州‘十二五’”主题，畅谈改革开放30多年来、特别是中共十八以来各方面发生的翻天覆地的变化，更加坚定支持省委、省政府以及雷山的工作，带头做与党同心同向、同心同德的“幸福老人”。组织老干部传达学习县委、县政府相关文件3次；老干部代表参加全县经济工作、人事推荐、评议工作等重要会议25人次；向离退休干部通报2014年社会经济发展情况；动员离退休干部配合抓好“铸廉行动”工作，向离退休干部通报“铸廉行动”工作相关公告；向老干部通报雷山县“5·27”特大洪涝灾害及灾后重建工作。

【关心老干部生活】 组织老干部100余名观看老年养生保健讲座视频和邀请周定生作老年科学善食暨养生保健讲座；7月30日至31日，组织全县40余名离退休老干部在雷山县人民医院体检。春节期间，县委、县政府划拨慰问经费3.9万元，慰问离休干部16人，副县级以上退休干部25人。对生病住院和长期住院离退休老干部进行探望，全年探望住院老干部43人次。帮扶特困离休干部5名、特困退休干部3名、特困离休干部遗孀4人、特困实职县级退休干部遗孀4名，发放特困资金共5万元。

【落实老干部待遇】 按政策规定兑现发放2014年度15名离休干部特需费、健康休养费、烤火费及多得一至两个月的基本工资；兑现发放12名无工作遗孀医疗补助费每人1500元；兑现发放享受副县待遇退休干部45名的烤火费。对老干部按政策规定应领取的一次性抚恤金、每月护理费进行督查核实；对解放初期参加工作的退休干部生活费等补助进行自查核实，确保离退休老干部生活费医疗费按规定足额领取。

【开展老年文体活动】 春节期间组织退休干部义务为城乡居民写春联，参与活动退休干部11人，书写春联300对；组织离退休老干部、老年大学学员300余人参加雷山县委、县人民政府在县木鼓广场举行的春节民族歌舞、花灯等系列文体活动；5月25日，资助并组织老干部红叶健身班赴黄平县参加柔力球健身交流活动；5月26日，资助并组织老干部13人赴黎平参加老年人乒乓球比赛；7月16日，组织离退休干部60人参加在凯里举办的全州离退休干部纪念世界反法西斯战争胜利暨抗日战争胜利70周年红歌演唱比赛；9月16日至17日，组织离退休干部暨社会各界老年人在县老干部活动中心乒乓球室举行“迎国庆，庆中秋”乒乓球赛；10月21日，举办“‘感党恩·颂祖国·赞家乡’2015年‘敬老月’离退休干部暨社会各界老年人庆重阳文艺会演”在县城木鼓小广场举行，来自全县12支代表队、420余名老年人代表带着自编自演的24个节目参加会演；11月22日组织离退休老干部暨社会老年人210余人参加雷山县2015年苗年节非物质文化遗产展示巡游和开幕式表演活动。

【关心下一代工作】 3月31日，州、县关工委先后在乌这村、掌窝村举办200多人参加的魔芋种植技术培训；3月开始，全县各中小学开展不同形式的学习雷锋精神活动，反响积极。4月，利用清明节开展“网上祭英烈”主题活动，进一步强化学生的爱国精神。4月，组织人员深入部分乡镇、村关工委对组织建设等工作进行调研指导。7月20日，县委召开全县关心下一代工作会议。4月到7月，省、州、县三级关工委联动，在雷山县开展青年科技培训，举办培训10场（次），其中丹江镇乌东村和方祥乡雀鸟、陡寨、水寨村茶叶种植培训4场，参加培训572人。大塘、望丰两乡镇魔芋培训8场，参加培训765人。8月3日至7日，县关工委组织领导班子成员分成两个组，分别深入乡镇、学校、部分村（社区）对组织建设和创建“五好”关工委等进行调研、指导。9月24日，州、县关工委领导到永乐中学、永乐小学，对120名品学兼优学生及贫困生的助学金进行发放；得到青岛啤酒厂副总经理杨晓燕支持，资助大塘小学10万元的图书13684册。9月27日至29日，县关工委深入雀鸟等村关工委帮助、指导，完善工作制度。10月30日，县关工委和县教科局在县第一中学组织全县中小学生参加纪念抗日战争暨世界反法西斯胜利70周年和“三爱”教育演讲比赛活动，来自全县中小学的21名选手参加演讲。配合县教科局在全县74所中小学校建立“留守儿童之家”，通过积极争取，省、州关工委资助雷山茶叶、魔芋培训费52500元。至2015年末，全县建立关工委组织112个，其中达到“五好”关工委的40个，占35.7%；关工委成员有1089人，其中“五老”468人。

【老年大学】 2015年年初，按照教学计划，在2014年聘请5名任课老师的基础上增加3名任课教师，其中声乐教师1名、舞蹈教师1名、绘画教师1名。5月中旬、9月上旬分别召开辅导教师及班级干部教学研讨会，研究讨论2015年雷山县老年教学工作发展，了解各科教师的教学情况，听取教师对教学工作的意见和建议以及学员代表针对教学提出的要求，提高教学质量。县老年大学学员代表学校参加县苗岭笙歌周末演出18次，参加县赈灾演出2次，参加全县职工合唱比赛演出1次。组织老年大学映山红班、不老松班、丹江芦笙班、雷公山苗歌传习班、金花班、锦鸡班共243人参加2015雷山苗年非物质文化遗产展演活动的巡游及开幕式表演工作。

【党建帮扶】 县委离退局党支部共有党员9名，均为少数民族。年龄结构为36岁至45岁2名、46岁至54岁3名、55岁至59周岁1名、60岁以上3名、文化结构为大学本科以上2名，大学专科3名，中专及高中1名。2015年，认真开展“三严三实”专题教育和“铸廉行动”，党员干部做到政治上思想上行动上与党中央保持一致，遵纪守法、廉洁自律，爱岗敬业，努力工作。5月20日，组织全县100余名离退休党员代表在县老干部活动中心学习全国离退休干部“双先”表彰大会精神。出台《关于加强离退休干部党支部建设的意见》，加强离退休干部党支部的建设和党员的管理工作。组织干部职工深入望丰乡乌这、掌窝村开展扶贫工作；3月31日，邀请黔东南州科普专家服务团名誉团长周定生和雷山魔芋科技有限公司负责人杨志伟深入帮扶联系村为村民作魔芋、茶叶技术培训。6月30日，县委离退局党支部与乌这村党支部联合开展庆“七一”联谊活动，资助该村党建经费2500元。

（顾永恒）

党校教育

【概况】 2015年，党校内设办公室、教务处、科研处。领导职数1正4副，其中校长1名，常务副校长1名，副校长1名，校务委员2名。编制数18名，其中行政编制9名，事业编制9名。2015年末实在职16名，参公事业编5人，其中大学专科文化1人，大学本科文化4人；苗族5人。事业编11人，均为大学本科文化；侗族2人，苗族9人。2015年，在黔东南州党校教育学会第26届年会暨学术研讨会上，学校获得科研成果先进集体二等奖。

【教学培训】 举办中青班2期，妇干班、乡镇干部班、乡科班、党外班各1期，干部自选学习班2期，“致富带头人”培训班2期共10期培训班，其中有5个班次安排异地教学，共培训干部435人。此外，还举办2期短期村干培训班，共培训村干部610人。年终评选表彰优秀教师2人；引导教师申报教学新专题，教学专题更新率达85%以上。积极开展宣讲工作，选派教师赴各乡镇、部门宣讲13场（次），听讲领导干部600余人次。

【科研成果】 有11篇文章在省级以上刊物公开发表，完成州级调研课题5篇，县级调研课题10篇。在黔东南州党校教育学会第26届暨学术研讨会上，校长蒙昌元的《农村土地流转探索—以雷山县土地流转为个案》获得一等奖；李成杰、韦隆富两位老师合作的《传统村落的保护与开发之我见》和李中平、莫清云老师合作的《雷山县茶叶产业发展探析》分别获得二等奖。

【帮扶工作】 2015年，中共雷山县委党校教职工15人帮扶两个村共60户贫困农户，其中丹江镇羊苟村40户，白岩村20户。全年为计生户、贫困户和、孤寡老人、留守儿童送去各种物资折价和资金共1万多元。至年末，已有6户贫困农户脱贫。

【党建工作】 2015年，中共雷山县委党校党支部共有正式党员11名，预备党员1名。在正式党员中，在职党员8名，其中女党员2名；退休党员3名。大学本科以上文化9名，大学专科1名，高中1名。苗族10名，侗族2名。按照县委的安排部署，认真开展“三严三实”专题教育活动和“铸廉行动”，加强干部职工政治思想教育和政治理论学习教育，使干部职工廉洁自律意识不断增强，政治理论水平和业务能力不断提高，同时认真做好发展党员工作，2015年有一位入党积极分子光荣加入中国共产党。

（饶弦）

信访工作

【概况】 雷山县群众工作中心（雷山县信访局）实行一个机构、两块牌子、一套人马。内设综合股、接访调处室、信息股、办信股、督查股、复查复核股6个股室。编制14名，其中行政编制4名，事业编制10名。年末，在编在岗干部职工10人，其中少数民族干部9人，占职工总数的90%，大学本科8人，大学专科2人。

2015年，县群众工作中心（县信访局）围绕县委、县人民政府中心工作，按照县委、县人民政府“稳定压倒一切”的工作部署和要求，以维护全县社会大局稳定为己任，以解决人民群众困难和问题为一切工作的出发点和落脚点，认真接待和及时办理群众来信来访，认真排查信访突出问题及群体性事件隐患，从源头上遏制和化解信访矛盾纠纷，确保雷山县在全国、省、州、县“两会”及抗战胜利70周年纪念活动、中共十八届五中全会、生态文明贵阳年会等重大会议、重大活动敏感节点期间无群众到州赴省进京非正常上访、群访，实现“零非访、零群体访、零事件、零事故、零炒作、零失误”的“六零”目标。2015年，县信访局共接待群众来信来访66批（件）106人次，其中来信11件，来访55批106人次，办结66件，办结率100%。

【信访制度建设】 定期接访包案督访制度，2015年，有26名县级领导76人次到县信访局开展接待来访群众，共接待来访群众21批52人次；有9名县级领导包案督促化解18件重大疑难信访突出问题，化解办结率100%。群众来信来访件阅批制度，为真诚倾听群众呼声，真实了解群众所需所盼所愿，真情关心群众疾苦，解决群众生产生活实际困难，吸纳群众意见建议，更好地改进政府工作。在群众来信来访办理事项工作中，县级领导亲自阅批督办群众来信来访、上级转办38件，占立案办理信访件的44.19%。

【上级转办信访件办理】 按照“谁主管、谁负责、谁引发、谁化解和属地管理”原则，明确主体责任、加大督查督办，按时办结中央、省、州、省委书记、省长、州委书记、州长直通交流平台网上交办信访件共70件（中央转信4件、省转信2件、州转信14件、省委书记、省长、州委书记、州长直通交流台50件），办结70件，办结率100%。

【化解信访积案】 按照“三到位一处理原则”，对信访积案认真梳理、查找原因、研究解决办法、制定化解方案、落实处理意见、督促化解到位。全年共化解办结省信访联席办集中交办信访积案件43件、州级领导干部包案督访件6件，办结率100%。

【信访隐患排查】 把矛盾纠纷和信访突出问题排查化解工作制度化、常态化，坚持月排查、季度排查、经常性排查与集中排查相结合，坚持属地为主，条块结合，坚持信息汇集与分析研判相结合，确保排查不留死角死面，使矛盾纠纷发现得早、化解得了、控制得住、处理得好，把矛盾纠纷和信访突出问题化解在基层、解决在当地，把隐患消除在萌芽状态。全年共排查矛盾纠纷和信访突出问题141件，化解办结85件，另56件均为涉法涉诉类、行政调处类，按法定程序处理终结。

【信访信息录入】 按照“有访必录、应录尽录”原则将所发生的来信来访和网上信访事项全部录入系统，实现信访数据全面、准确客观地反映群众信访活动，不断推进信访信息化建设，逐步实现网上受理信访、阳光信访，信访办理全过程让群众监督，提高信访公信力，群众可查询、可跟踪、可评价，群众足不出户可通过网上提出办理信访事项。全年共录入155件，其中来信32件、来访99件、省州领导信箱22件、传真反映1件、电话投诉1件，录入率100%。

【信访管理创新】 按照省、州统一安排部署，全县8个乡镇163个村（居、社区）群众工作中心站室的群众网络一体化全覆盖，28个县直部门、8个乡镇已于2015年1月并入贵州省网上信访信息系统，信访业务查阅、登记、转办、交办、办理结果、上报、录入、查询、评价全面推行网上信访办理。

【党建工作】 信访局有党员8人，平均年龄40岁，党员文化程度均为大学专科以上学历。建立学习型党组织；开展部门联乡、干部驻村结对帮扶；开展在职党员到社区报到为群众服务工作；严格党员教育管理，建立健全党员组织生活制度；加大党建工作经费投入，强化党组织活动经费保障。在“创先争优·能力建设活动”中。抓学习，比能力素质；抓党性，比自身修养；抓作风，比工作效率；抓工作，比业务水平；抓教育，比奉献精神。局党组成员团结协作，凝心聚力，尽职守责，不断进取，切实抓好各项工作的落实，完成县委、县政府和上级信访部门各年度下达的各项目标任务。

（唐文科）

同步小康创建

【概况】 雷山县同步小康创建活动领导小组办公室于2013年3月10日设立，为县人民政府管理的正科级事业单位，核定事业编制6名。2014年6月，县机构编制委员会重新下发《关于设立雷山县同步小康创建活动领导小组办公室的通知》，设立“雷山县同步小康创建活动领导小组办公室”，为县委政策研究室管理的正股级事业单位，核定事业编制6名，设主任1名（由常务副县长兼任），常务副主任1名，副主任1名，兼职副主任4名，内设机构有综合股、监测指导股、宣传信息股、督查股。2014年11月，机构规格调整为副乡级。2015年在职在编8人，全县全面建设小康社会总体实现程度达到88.4%，比2014年提升2.3个百分点。其中经济发展、社会和谐、生活质量、民主法制、文化教育、资源环境实现程度分别为81.2%、80.8%、95%、92.1%、100%、87.7%。“三个核心指标”中，人均GDP完成20324元，实现程度为64.7%；较2014年提高7.5个百分点；城乡居民人均可支配收入中城镇居民人均可支配收入完成22564元、实现程度为100%、较上年提高2181元，农村居民人均可支配收入完成6810元、实现程度为97.3%、较2014年提高10.7个百分点；环境质量指数实现程度为84.5%，较2014年下降11.2个百分点。2015年12月，雷山县小康办在全州“同步小康在路上·聚焦美丽黔东南”同步小康创建图片征集活动中获组织奖。

【小康达标认定】 定期分析评估“十二五”期间同步小康创建工作，找准短板，协调推进，服务创建。“十二五”期间，全县全面建设小康社会实现程度由2012年的75.2%提升到2015年的88.4%，年均提升3.3个百分点。深入推进以户为主体同步小康创建活动，抓好乡（镇）、村（社区）及城乡居民户同步小康创建达标认定工作。县委、县政府出台《雷山县乡（镇）村（社区）及城乡居民户同步小康创建活动推进方案》《关于在全县范围内开展同步小康达标村（社区、户）创建认定工作的通知》《关于印发〈全县小康社会创建2015年度考核工作细则（试行）〉的通知》等文件，进一步明确思路，确定路径，确保全县8个乡镇、154个村（社区）、4.6万户城乡居民户同步小康创建得到有序分类推进。年内8个乡镇小康指数达到89.8%、新增城乡居民户同步小康创建达标户3100户。

【小康示范带动】 抓好西江镇脚尧村小康示范建设提升和经验推广工作，继续抓好全县小康家庭培训基地（脚尧）建设，弘扬“脚尧精神”，传承“脚尧经验”，提高小康创建示范带动面和覆盖面。启动抓好郎德镇也改村、大塘镇岩寨村、望丰乡青山村、永乐镇乔桑村、达地水族乡里勇村、丹江镇脚猛村、方祥乡格头村、西江镇干荣村等州级第二批同步小康创建示范工作。出台丹江镇、西江镇省级示范小城镇全面小康统计监测实施方案，制定监测办法，完成基础数据上报，推进示范建设。2015年，西江镇脚尧村分别获得“贵州省同步小康创建示范村”“黔东南州第一批同步小康创建示范村”，新增县级小康示范村8个。

【重点行业建设】 重点抓好雷山县“十三五”期间同步小康创建工作重点难点的研究工作，对重点区域、重点群体、重点产业，特别是对经济总量、城镇建设、茶叶产业、旅游产业、生态保护、灾后重建、精准扶贫、群众满意、社会管理、统计监测、深化改革等方面服务和覆盖小康建设的重点工作做深入研究，以求新突破；对区域经济发展不平衡、产业带动力不够强、高寒山区和无产业支撑村寨较多、特殊群体同步小康推进较难等方面服务和覆盖小康建设的难点工作做深入研究，以求新突破。形成《雷山县“十三五”期间全面建成小康社会重点难点研究报告》。

【小康创建宣传】 继续加强同步小康创建宣传和信息工作。2015年，向省、州小康办报送简报信息177期，获省采用5篇、州采用31篇，并获得“2015年度同步小康创建活动信息工作先进单位”。汇编完成《小康雷山进行时》（2014年度），从决策部署、领导关注、领导讲话、工作总结、示范典型、调研报告、乡镇小康、村级小康、户为主体、监测分析等不同的层面和角度总结阶段性小康工作。

【考核督查】 建立健全全县小康社会创建目标督查考核制度。按照“属地创建、分类指导、示范带动、综合推进”思路，将全县小康社会创建工作纳入年度乡镇共性目标管理考核和县直机关单位共性目标管理考核，不断扩大创建覆盖面，推进小康社会创建目标不放松。2015年，8乡镇和县直机关86个单位列入小康社会创建共性目标管理考核单位。

（杨正晴）

雷山县人民代表大会常务委员会

LEI SHAN YEARBOOK

重要会议

【人民代表大会会议】 2月9—11日，雷山县第十六届人民代表大会第四次会议在县城召开，出席代表152名，列席149名。大会听取和审议县人民政府县长袁刚代表县第十六届人民政府作《雷山县人民政府工作报告》；审查县发展改革局局长陈继山作《雷山县2014年国民经济和社会发展计划执行情况与2015年国民经济和社会发展计划草案的报告》；审查县财政局局长李光祖作《雷山县2014年财政预算执行情况与2015年财政预算草案的报告》；听取和审议县人大常委会副主任金光翔作《雷山县人民代表大会常务委员会工作报告》；听取和审议县人民法院院长王忠书作《雷山县人民法院工作报告》；听取和审议县人民检察院检察长郭苏斌作《雷山县人民检察院工作报告》。大会通过上述报告的决议。会议收到代表提出的建议、批评和建议111件，议案转作建议5件，共计116件。

【常委会会议】 1月13日，县第十六届人大常委会第24次会议在雷山县城召开，会议听取和审议《雷山县人民政府关于调整2014年财政总收支任务数的议案》《县人政府关于调整2014年财政总收支任务数的议案》；对县教育局局长刘俊、县文体局局长张德、县工信局局长杨昌海、县财政局局长李光祖、县旅游局局长张华等所作工作自查报告进行评议；听取和审议《县人大常委会代表资格审查委员会关于补选代表资格审查报告》；听取和审议县发改局、县司法局、县农业局等行政负责人的履职情况报告。

1月21日，县第十六届人大常委会第245次会议在雷山县城召开，会议讨论《关于召开雷山县第十六届人民代表大会第四次会议的决定（草案）》《雷山县第十六届人民代表大会第四次会议议程（草案）》《雷山县第十六届人民代表大会第四次会议预备会议日程（草案）》《雷山县第十六届人民代表大会第四次会议主席团和秘书长名单（草案）》《雷山县第十六届人民代表大会第四次会议列席人员名单（草案）》《雷山县人民政府关于雷山县民族中学贷款的议案》；听取和审议“一府两院”工作报告（讨论稿）和讨论雷山县人大常委会工作报告（讨论稿）。

2月15日，县第十六届人大常委会第26次会议在雷山县城召开。会议同意侯建群任雷山县卫生和计划生育局局长。

3月27日，县第十六届人大常委会第27次会议在雷山县城召开。会议审议县人民政府关于村村通油路（水泥路）工作情况报告；审议县人民政府关于茶叶产业发展工作情况工作报告；研究人事事项。

5月4日，县第十六届人大常委会第248次会议在雷山县城召开。会议同意侯美彪任雷山县任免政府副县长。

5月25日，县第十六届人大常委会第29次会议在雷山县城召开。会议听取和审议县人民政府关于全县人口计生“升位摘帽”工作情况报告；听取和审议县人民政府关于县城规划与建设工作情况报告；听取和审议县人民政府关于贯彻实施《中华人民共和国土地管理法》《中华人民共和国城乡规划法》工作情况报告；任命王松为雷山县人民政府副县长（挂职）。

7月29日，县第十六届人大常委会第30次会议在雷山县城召开。会议听取和审议县人民政府关于2014年财政决算及2015年上半年财政预算执行情况；听取和审议县人民政府关于雷山县2015年财政预算执行和其他财政收入审计工作报告；听取和审议县人民政府关于2015年上半年国民经济和社会发展计划执行情况报告；对农村公共医疗卫生工作情况开展专题研究。

9月29日，县第十六届人大常委会第31次会议在雷山县城召开。会议听取和审议县人民政府关于办理县十六届四次会议代表建议、批评和建议情况报告；听取和审议县人民政府关于开展扶贫攻坚工作实施开展情况报告；对县民宗局、县公安局、县人社局、县扶贫办进行工作评议；研究人事事项。

11月19日，县第十六届人大常委会第32次会议在雷山县城召开。会议听取和审议县人民法院关于刑事审判工作情况的报告；听取和审议县人民检察员关于民事行政检察工作情况的报告；听取和审议县人民政府关于《中华人民共和国野生植物保护条例》和《中华人民共和国野生动物保护法》实施情况的报告；听取和审议县人民政府关于西江景区综合提升项目融资贷款的议案；对保障性住房实施情况开展专题研究。

【主任会议】 1月16日，县人大常委会召开主任会议，会议听取县人民政府关于财政预算初审和部门预算编制工作情况汇报。3月16日，县人大常委会召开主任会议，研究关于老国税局至雷劈岩城市棚户区改造工作调研情况；研究县第四中学足球场旁拆迁对象莫应锋户的调查情况；研究关于县城蚩尤大道“两违”工作的调研情况；讨论雷山县人民代表大会常务委员会任命国家机关工作人员就职宣誓暂行办法（讨论稿）。3月27日，县人大常委会召开主任会议，会议讨论人事事项。4月27日，县人大常委会召开主任会议，听取县人民政府关于中药材产业发展情况汇报；讨论《关于呈报〈关于雷山县县级领导成员闭会期间联系县人大代表的实施意见〉的请示》；讨论《雷山县人大常委会机关工作规则（讨论稿）》；讨论《黔东南苗族侗族自治州人民代表大会常务委员会任命国家工作人员宪法宣誓试行办法（草案）》；讨论主任会议重点督办建议；研究人事事项。6月29日，县人大常委会召开主任会议，听取县人民政府关于国家卫生县城创建工作情况汇报；听取县人民政府关于乡镇卫生计生合并工作情况汇报。8月28日，县人大常委会召开主任会议，听取县人民政府关于郎德景区建设情况汇报；听取县人民政府关于陶尧园区建设情况汇报。10月30日，县人大常委会召开主任会议，听取县人民政府关于文化产业发展情况汇报；听取县人民政府关于工业企业发展情况汇报。12月22日，县人大常委会召开主任会议，听取县人民政府关于十件民生实事完成情况汇报；听取县人民政府关于茶叶生产企业情况汇报；听取县人民政府关于文化产业发展情况汇报。

领导视察与工作动态

【领导视察】 周忠良到雷山县视察。3月18日，省人大常委会副主任周忠良一行深入雷山县大塘镇视察指导乡村旅游、民族文化传承发展等工作，州人大常委会副主任石干昌、雷山县人大常委会副任向泽忠等陪同。

欧广源视察扶贫开发工作。5月6日，全国人大农业与农村委员会副主任委员欧广源，率全国人大农委“推进农村扶贫开发”专题调研组到雷山县就农村扶贫开发工作情况进行调研。省人大常委会副主任禄智明，州委书记李飞跃、州人大常委会主任罗亮权、州人大常委会副主任龙世勇及县领导黄清发、袁刚、刘光信陪同。调研组一行首先到望丰乡满天星茶园基地、雷山县脚尧茶业有限公司实地查看。在满天星茶园基地，调研组详细询问农户茶叶产业的增收入情况和产业带动周边农户就业的情况。在雷山县脚尧茶业有限公司，了解公司生产销售用工等情况。随后，调研组又来到西江镇农民画家李玉福、返乡创业农户“阿才”家进行调研，详细询问他们的生产经营和旅游业带来的增收情况。

罗毅到雷山县视察。5月14日，省人大常委会委员、省人大民族宗教委员会委员、黔南布依族苗族自治州人大常委会主任罗毅率执法检查组一行到雷山县开展《中华人民共和国消防法》和《贵州省消防条例》（以下简称“一法一条例”）执法检查。县人大常委会主任刘光信、县委常委、副县长韦通贤及相关部门陪同检查。检查组一行首先到全国重点文物保护单位郎德上寨对该村寨的消防泵、消防水袋、消防专用水池等基础设施配备情况进行检查。随后，检查组又来到贵旅大酒店、雷山县脚尧茶业有限公司等消防安全重点单位，对厂房和酒店的消防设施配备等情况进行实地查看。

州人大领导到县视察。3月12日，州人大常委会议副主任陈华英到雷山县开展文化旅游村寨人员密集场所安全管理立法调研。3月16日，州人大常委会副主任龙世勇带领州人大农业与农村委员会及州水务局相关负责人对雷山县鸡鸠水库骨干水源工程建设推进工作情况开展调研。5月20日下午，州人大内司委主任委员孙建军一行到雷山县开展扶贫工作评议。5月26日，州人大常委会常务副主任石干昌率调研组到县开展调研。到县法院开展工作评议座谈，在座谈会上听取县法院的工作汇报及建议和意见。到贵旅大酒店、雷山县自来水公司等单位检查施行《中华人民共和国劳动合同法》的情况；对大塘镇九十九省级农业产业园区、南猛村实地查看雷山县农业产业发展和美丽乡村建设情况。6月2日，州人大常委会第四工作评议调查组副组长孙建军带领州人大常委会评议调查组到雷山县，就州人民检察院的工作开展情况评议调查。6月17日，州人大教科文卫委主任委员张启英、副主任委员倪明栋，州卫监局副局长方文蓉等一行到雷山县就城镇饮用水卫生安全工作情况进行调研。8月24日，州人大常委会副主任莫章海深入西江镇开展遍访贫困村贫困户活动。11月27日，州人大常委会副主任龙世勇率执法检查组一行到雷山县对《中华人民共和国农产品质量安全法》《贵州省农产品质量安全条例》进行执法检查。

【工作动态】 2月16日，县人大常委会主任刘光信，副主任刘志涛、向泽忠、刘平方、金光翔、郭建强、李胜平在县委五楼会议室，参加2015年春节团拜会。

2月25日，县人大常委会主任刘光信，副主任刘志涛、向泽忠、刘平方、金光翔、郭建强、李胜平在大塘九十九园区，参加雷山县绿色贵州建设三年行动计划启动仪式。

3月6日，县人大常委会主任刘光信，副主任刘志涛在县委常委会议室，参加茶叶企业、种茶大户和合作社座谈会。

3月12日，县人大常委会主任刘光信，副主任李胜平在县人大五楼会议室，参加全州文化旅游村寨人员密集场所消防安全管理调研座谈会。

3月30日，县人大常委会副主任李胜平在县政府五楼会议室，参加全县第二季度安全生产暨道路交通消防安全会议。

4月14日，县人大常委会副主任刘志涛在县农业局、县茶叶局有关负责人陪同下，到方祥乡督查“6个10万”工程等当前农业农村重点工作。刘志涛先后到“早道算”农业产业园区、格头村、毛坪村等地，对农业园区建设、“6个10万”工程、扶贫项目、春耕备耕、美丽乡村及“百村万户”环境整治、农村饮水安全及小农水重点县项目等情况进行详细了解，并与种养殖农户进行亲切交谈，鼓励他们要树立产业发展信心，积极带领贫困群众脱贫致富。

4月21日至23日，县人大常委会主任刘光信、副主任刘平方陪同杭州上城区考察团到雷山交流学习。

5月11日，县人大常委会副主任刘平方率县人大第四调研小组到方祥乡就计划生育执法、土地管理执法、城乡规划执法进行调研。5月中旬，县人大调研活动共组成4组36人的调研队伍，在全县11个部门和乡镇展开。

5月18日，县人大常委会主任刘光信，副主任向泽忠、刘平方、李胜平陪同州人大一行到雷公坪考察。

5月19日，县人大常委会副主任、雷山文化旅游产业园区党工委常务副书记、西江镇党委书记郭建强到西江镇龙塘、猫鼻岭等村就农业产业园区建设和发展进行实地调研。西江镇农业产业园区覆盖龙塘、北建、猫鼻岭、白碧、连城等村，建设总面积4800亩。2015年将计划投入扶贫资金120.67万元，主要实施药用香菊花种植300亩、药用玫瑰290亩、青钱柳83亩、魔芋种植80亩及荷花30亩，实施生态稻田养鱼522亩，扶持“家庭农场”14户。

6月4日，县人大常委会主任刘光信在县人大办、县交通局、县农业局、县扶贫办等有关部门负责人陪同下深入达地水族乡调研指导救灾工作。刘光信一行认真听取达地水族乡“5·27”灾情情况及当前工作开展情况汇报后，在达地乡党政主要负责人陪同下，先后深入背略、达勒、乌达等村实地查看灾情情况，并就当前工作开展提出指导性意见建议。刘光信要求加大道路交通、房屋建筑、地质隐患等险情的排查，保护人民群众生命财产安全；围绕贫困户及受灾返贫户，推进扶贫项目实施，做好新一轮扶贫攻坚工作。

6月15日，县人大常委会主任刘光信到大塘镇就扶贫开发、农业产业园及灾后重建等工作开展调研座谈。座谈会上，刘光信听取大塘镇扶贫开发工作、农业产业园建设及灾后重建等工作的情况汇报，参会的县直各相关部门负责人就本部门工作发表意见和建议。刘光信强调乡镇党委政府要高度重视扶贫开发工作，将纳入重要议事日程，确保扶贫工作的顺利开展。县财政局、县农业局、县住建局、县扶贫办等部门有关负责人参加调研座谈。

7月14日，县人大常委会副主任刘志涛到望丰乡排肖村开展“减贫摘帽”中期评估督查工作，走访问慰受灾贫困户，为贫困户和受灾群众送去9袋米、9桶油，还与该村村民共同商讨建设芦笙场和风雨长廊等事宜。

8月3日，县人大常委会主任刘光信到县市政管理局进行调研，在听取市政管理工作汇报后，刘光信要求，创新城市建设管理机制，不断提高城市综合管理水平。县人大办、县政府办有关负责人陪同调研。

8月25日，县人大调研组一行针对郎德景区二次开发建设及产业规划进行调研。通过实地走访查看，调研组对上、下郎德及南统服务区统一规划打造效果前景给予肯定，要求对上、下郎德及南统服务区统一规划定位，充分展示山水田园风光，确保群众受益。

9月9日，县人大常委会主任刘光信丹江小学、雷山二中看望全体教师并与教师代表开展座谈。县人大常委会副主任刘平方及县财政局、县政府教育督导室负责人等陪同慰问。

9月16日，县人大常委会副主任刘志涛、刘平方率县人大调研组到大塘镇就扶贫开发、农业农村、灾后重建、计划生育等工作开展调研。座谈会上，在听取大塘镇扶贫开发工作、农业农村、灾后重建、计划生育等工作的情况汇报。调研组要求进一步整合资源，积极向上级部门争取项目，破解资金难题，优化农村基础设施建设。

10月9日，县人大常委会主任刘光信、县政协主席陈正锋一行在县教育科技局相关负责人的陪同下，到雷山民中和雷山一中进行调研。刘光信、陈正锋在听取汇报后，要求教育系统干部职工继续保持“创先争优”的干劲，不断提升雷山教育水平，为全县经济社会发展做出更大贡献。

12月15日，县人大常委会邀请县工业信息化和商务局、县茶叶局及7家茶叶企业负责人召开茶叶企业发展座谈会。县人大常委会主任刘光信，副主任向泽忠，县人大常委会各办事机构负责人参加会议。

【重要活动】 组织新任命人员向《中华人民共和国宪法》宣誓。第十六届人大常委会组织新任命的政府组阁局负责人、新任命法官和人民陪审员手持《（以下简称<宪法>）宪法》，面对国旗和《宪法》宣誓。这是县人大常委会根据《中共中央关于全面推进依法治国若干重大问题的决定》要求“凡经人大及其常委会选举或者决定任命的国家工作人员正式就职时公开向宪法宣誓”首次组织新任命人员向《宪法》进行宣誓。省州人大代表到雷山县开展视察活动。12月23日雷山县人大常委会组织省、州人大代表到雷山县开展视察活动。郭猛、张建波、钱晓明、石干昌、莫章海、龙兴安等省州代表参加，李胜平、龙志波等县领导陪同。视察组分别到西江镇、郎德镇和大塘镇就雷山县乡村旅游发展和农业结构调整等工作进行实地视察。现场听取有关情况汇报，详细了解存在的困难和问题。视察结束后，视察组召开座谈会，省人大代表、县人大常委会主任刘光信主持会议。会上，袁刚县长汇报全县乡村旅游发展和农业结构调整工作情况。与会的省州人大代表结合视察见闻，畅谈切身感受，就雷山县经济社会发展建言献策，对县人民政府工作提出意见和建议。

（陈锋）

工作综述

【概况】 2015年，县人大常委会内设办公室（内设信访室，副科级）、教科文卫工作委员会、财政经济工作委员会、内务司法与民族工作委员会、农村经济与环境资源保护工作委员会、选举任免联络工作委员会。2011年11月增设县纪委监察局派驻县人大机关纪检组；2015年4月增设县人大常委会机关信息和代表服务中心。2015年，县人大机关行政编制10名，事业编制9名。年末在职人数20人，其中，公务员14人、事业人员3人、工勤人员3人，少数民族20人，大专以上学历17人。2015年，县人大常委会坚持和完善人民代表大会制度，加强民主与法制建设，围绕县“生态立县、文化兴县、旅游强县”三大目标，认真履行法定职责，恪尽监督职责，为全面推进依法治县，为“十三五”时期全县经济社会发展历史性跨越奠定良好基础。3月被县委党的建设工作领导小组评为“2014年度同步小康驻村工作先进集体”；12月被县委、县政府评为“雷山县抗洪救灾后建设工作先进集体”。

【“一府两院”工作监督】 2015年，县人大常委会先后听取和审议“一府两院”关于茶叶产业发展工作情况、关于村村通油路（水泥路）工作情况、关于全县人口计生工作“升位摘帽”情况、关于县城规划与建设工作情况、关于2014年财政决算及2015年上半年财政预算执行情况、关于2015年度财政预算执行和其他财政收支的审计工作情况、关于2015年上半年国民经济和社会发展计划执行情况、关于办理县十六届人大四次会议代表建议、批评和意见情况、关于“十二五”规划执行和“十三五”规划编制情况、关于扶贫攻坚示范县实施情况的报告、关于刑事审判工作情况、关于民事行政检察工作情况等12个专项工作报告；为提升审议质量，在召开常委会议前，组织议题调研组深入基层、企事业单位、乡村、学校和社区等开展议题调研，为常委会审议报告提供依据。全年共开展议题调研12次，形成调研报告12篇。提出49条审议意见并转交“一府两院”办理落实。对凯雷高速公路、村村通油（水泥）路、鸡鸠水库、西江园区、郎德景区、蚩尤大道建设及城乡规划，茶叶产业发展、中药材产业和文化产业发展开展监督工作等重点项目进行专题调研，并提出意见、建议、决议和批评，其中蚩尤大道和城乡规划建设得到县委的重视，黄清发书记作批示。

【执法检查和工作调研】 完成对县人民政府贯彻实施《中华人民共和国土地管理法》《中华人民共和国城乡规划法》《中华人民共和国野生植物保护条例》《中华人民共和国野生动物保护法》4部法律法规的贯彻实施情况进行执法检查，形成执法检查报告，报常委会审议。提出21条审议意见转交县人民政府办理落实。在野生动物保护法执法检查后，县人民政府及时采取有效措施，群众反映强烈的猎捕野生动物问题得到有效解决。积极协助配合好省、州人大就贯彻落实《中华人民共和国劳动合同法》《中华人民共和国消防法》《中华人民共和国农产品质量安全法》《贵州省林地管理条例》等8部法律法规开展执法检查。对存在的问题提出改进意见；根据省、州人大要求，开展对《贵州省城市管理行政执法条例（草案）》《贵州省道路运输条例修正案（草案）》《贵州省人民代表大会代表议案和建议办理条例（草案）》《贵州省民用建筑节能与绿色建筑发展条例（草案）》等15部法规条例的征求修改意见工作，并提出修改意见。配合州人大开展各项工作调研，完成州人大对雷山县重点行业领域安全专项治理情况、农业示范园区建设、全州20个特色小城镇建设情况等16项专项工作调研。

【代表视察】 县人大常委会开展人大代表视察工作，组织21名省、州人大代表对雷山县乡村旅游发展和农业结构调整等工作进行视察；人大代表列席常委会会议形成制度；开展代表培训96人次；通过定制《人大论坛》杂志、手机报、人大信息等向代表通报人大工作信息，保证代表的知情知政权；组织基层代表和发展产业的代表参与“十三五”规划（草案）的讨论，让代表议政有平台。

【重大事项决定】 对县人民政府《雷山县人民政府关于将雷山县丹江镇水电村国有土地作为抵押物向县信用联社贷款的议案》《关于“四在农家·美丽乡村”基础设施建设六项行动计划项目融资的议案》《雷山县人民政府关于雷山县民族中学贷款的议案》等议案做出决议，审批2.96亿元的银行融资，支持美丽乡村、旅游产业发展和教育事业发展。

【部门工作评议】 2015年，县人大常委会对县公安局、县民宗局、县人社局、县扶贫办4个县政府工作部门开展工作评议。采取走访、座谈、听汇报、查资料、民意测评、征求县四大班子分管或联系领导和人大代表及有关单位人员的意见，写出评议报告。召开常委会进行评议和满意度（优秀、满意、基本满意、不满意）票决：四个单位均被评定为“满意”。

【专题询问】 2015年，县人大常委会对农村公共医疗卫生工作、保障性住房实施情况分别召开专题询问会，县人民政府、县直有关部门和乡镇共40余人参加询问会。适时开展一般询问，加大监督工作力度，促进各项工作落到实处。

【建议案督办】 县十六届人大四次会议后，收到代表意见建议118件。经努力，代表意见建议已全部答复，已经解决30件，占25.4%；正在解决61件，占51.7%；不能解决的23件，占19.5%（因政策限制4件，占3.4%）。通过办理代表意见建议，解决人民群众普遍关心的热点、难点问题，密切政府与人民的关系。

【代表联络和服务】 坚持联系代表制度，保障代表知情权、监督权、参与权、表达权的行使。每次常委会议有针对性地邀请3~4名县人大代表列席，全年共邀请30余名县人大代表列席县人大常委会议。加强与代表联系，组织21名省、州人大代表对乡村旅游发展和农业结构调整等工作进行视察；组织代表开展2期培训共67人次，对新修订的《地方组织法》《监督法》《预算法》《代表法》等法律法规的培训学习；推荐9名代表参加上级人大业务培训。通过定制《人大论坛》杂志、手机报、人大信息等向代表通报人大工作信息，保证代表的知情知政权，推动代表履职。为加强与县人大代表的联系沟通，每位常委会组成人员联系4~10名县人大代表，利用县人大代表手机信息群发平台，使县人大代表全面了解常委会工作。做好省、州人大做好代表的会议、培训等服务工作；在元旦、春节期间对代表进行走访慰问。全年，常委会领导深入基层走访慰问代表共80余人次，送去慰问金2.5万余元。

【人事任免】 坚持党管干部和依法任免相统一，做好国家机关工作人员的人事任免工作。2015年，任命国家机关工作人员17人次，免去国家机关工作人员9人次，补选县人大代表3名，接受常委会组成人员辞去职务2人，县代表辞职1人。任命前，县人大常委会组织拟任工作人员参加法律知识培训、考试，合格后再进行任命。

【乡镇人大工作】 支持乡镇人大工作确保乡镇人大与县人大常委会的工作衔接。县人大常委会领导联系乡镇人大工作形成制度，经常了解乡镇人大工作开展情况，督促乡镇人大组织代表开展活动。有计划地选派乡镇人大干部外出参加培训学习，进一步提高依法履职的能力。将各乡镇人大代表活动经费列入县财政预算，为基层代表活动的开展提供保障。

【信访工作】 县人大常委会全面落实县级领导干部下访、接访制度，加强走访联系，及时了解基层群众思想动态，参加县委安排的信访接待工作60余次。办理来信来访29件63人次，协调督促有关部门依法妥善处理，切实维护广大人民群众的合法权益，为构建和谐雷山发挥积极作用。

【服务经济发展】 积极服务凯雷高速等重点工程项目建设；深入帮扶乡镇、村、联系点及学校、企业、贫困户开展帮扶工作，2015年，县人大向上争取和协调物资、资金260余万元，完成也蒙村“四在农家·美丽乡村”项目建设工程，完成排肖村芦笙场的建设，并经常组织人大机关干部职工到联系村开展精准扶贫等工作，切实帮助挂点联系村办实事、做好事。在“七一”和“两节”期间，走访慰问特困党员和老党员、困难群众、困难人大代表，共送去慰问金3万余元。

【爱心账户】 在人大建立爱心账户，在北京、浙江、江苏、深圳等地网罗爱心人士，人大机关干部积极融入，支持学校4个，学生200余人资金200余万元。人大机关深入联系贫困群众，联系基层代表，联系基层，了解民情民意，协调解决实际问题，在常委会领导的带领下，多次深入白碧村、掌坳村、排肖村、也蒙村、排老村、提乡村等帮扶村开展遍访贫困村、贫困户工作，走访群众176余次。一年来，县人大积极向上争取和协调物资、资金共260万余元，完成也蒙村“四在农家·美丽乡村”项目建设工程，完成排肖村芦笙场的建设，并经常组织人大机关干部职工到联系村开展精准扶贫等工作，切实帮助挂点联系村办实事、做好事。

【机关党建】 人大机关支部有党员26人，年龄结构为35岁以下3名、36岁至45岁5名、46岁至54岁4名、55岁至59岁3名、60岁以上11名；文化结构为大学本科以上11名，大专2名，中专及高中7名，高中以下6名。2015年县人大常委会认真开展“三严三实”专题教育活动，围绕“严以修身、严以用权、严以律己”开展专题学习和讨论，带头上党课，把“三严三实”专题教育做实、做长久。一年来，县人大机关党组书记与各工委主任签订《党风廉政建设责任书》，全体党员干部签订《廉洁自律承诺书》，组织党员干部学习中央“八项规定”和省委、州委县委相关规定。召开党员专题组织生活会和专题民主生活会，认真落实“三会一课”制度，机关支部工会干部加强学习，定期研究工作，增补调整支部委员。坚持民主评议党员和“三测评”工作，不断提高民主评议党员工作的质量和效果。

（陈锋）

雷山县人民政府

LEI SHAN YEARBOOK

重要会议

【常务会议】 2015年，由于县人民政府忙于抗洪抢险和灾后重建工作，未召开全体会议。当年，县人民政府常务会议主要研究事项为大额资金使用、人事工作（含人事调动、人事任免、人事纪律），由县长主持，副县长参加，有关人员列席。2015年，县人民政府共召开常务会议22次，其中研究人事工作12次。

【办公会议】 1月12日，县长袁刚主持召开第十六届人民政府第六十三次县长办公会议，就生态农庄、精制茶叶和果脯产品生产建设项目、原国税局至雷劈岩棚户区改造、凯雷高速公路工程建设用地、2011年易地扶贫搬迁工程调整实施、排则铅锌多金矿普查探矿权延期申请有关问题等进行研究。

2月15日，县长袁刚主持召开第十六届人民政府第六十四次县长办公会议，就《雷山县安全生产党政同责一岗双责齐抓共管暂行规定》《雷山县安全生产和安全监管一票否决办法（试行）》《雷山县防空地下室建设和异地建设费征收管理办法》、雷山县国有土地上房屋征收与补偿实施方案有关事项、审批第二批县级非遗传承人有关事项、中国苗药生态产业园项目投资有关事项等有关问题进行研究。

3月10日，县长袁刚主持召开第十六届人民政府第六十五次县长办公会议，就雷山县2015年“整县摘帽”计划和申请雷山县2015年“减贫摘帽”乡镇、关于《雷山黑毛猪国家地理标志产品和生产原产地产品保护申报工作方案》《创建“国家有机产品示范区”和“国家级出口食品农产品质量安全示范区”实施方案》《雷山县银球茶地理标志产品保护管理办法》有关问题、公务接待方案和公务话费补贴方案有关问题、关于2014年度安全生产目标管理先进单位表彰有关问题等进行研究。

3月30日，县长袁刚主持召开第十六届人民政府第六十六次县长办公会议，就《民族民间手工产业发展规划实施意见》、《雷山县民族民间手工产业发展的实施意见》、县城划行规市管理、县城老水厂搬迁方案、加强乡镇干部队伍建设等有关问题进行研究。

4月23日，县长袁刚主持召开第十六届人民政府第六十七次县长办公会议，就雷山县“十三五”规划编制工作、审定《雷山县“十三五”规划编制工作方案》、审查2015年第一批基本建设前期工作经费、出让乌开工业小区7号及8号宗地国有建设用地使用权、小郎当河口特色餐饮一条街第二期供地、2013年扶贫生态移民工程搬迁入住实施方案、雷山县长丰堡小区廉租住房配套基础设施建设、处置县人民法院办公用房和土地国有资产、蚩尤大道绿化苗木采购、水利结余资金整合调整使用、社会保险费划转地税机关征收工作等有关问题进行研究。

5月5日，县长袁刚主持召开第十六届人民政府第六十八次县长办公会议，就《雷山县农村公路管养实施方案》《雷山县农村公路管养办法（试行）》《雷山县城市棚户区改造项目投资开发框架协议》、龙头加油站项目扩建、西出口垃圾收运系统管理用房和垃圾中转站选址及用地性质调整、县垃圾收运系统工程（大塘片区）建设用地、大塘镇敬老院项目选址及用地性质调整、县移动公司第二综合楼建设用地、陶尧和蚩尤大道文化旅游开发项目投资框架协议、丹江小学对面2号宗地“天然居”商住楼建设工程规划设计、县国税局参照执行州直目标办对中央驻地方目标管理奖等有关问题进行研究。

5月22日，县长袁刚主持召开第十六届人民政府第69次县长办公会议，就农村客运发展、审定《关于加快发展农村客运的意见》、3000吨/日老水厂搬迁选址及用地性质调整、妥善处理营上美丽新村招商引资项目遗留问题快速推进项目建设等有关问题进行研究。

6月19日，县长袁刚主持召开第十六届人民政府第70次县长办公会议，就收回2012年及以前年度结余资金和中央预算内投资存量资金清理及调整、雷山县特大洪涝灾害灾后重建方案等有关问题进行研究。

7月8日，县长袁刚主持召开第十六届人民政府第71次县长办公会议，就苗岭斗牛城选址、小郎当相关拆迁户安置、西江千户苗寨文化旅游有限公司2015年各项目标任务、《雷山县医院引进急需紧缺人才暂行办法》、凯雷高速陶尧出口至蚩尤大道连接线工程建设项目房屋征收安置补偿方案、县城东面羊排坳地块性质调整及规划设计方案、思源实验学校等项目规划设计方案等有关问题进行研究。

7月30日，县长袁刚主持召开第十六届人民政府第72次县长办公会议，就雷山县乡（镇）村（社区）及城乡居民同步小康创建活动、《2015年雷山县深化经济体制改革重点工作实施方案》、飞来福寺项目建设、雷山县特大洪涝灾害农村房屋灾后恢复重建实施方案、暂缓实施2015年坝子口至坝子等5条通村油（水泥）路项目、雷山县第一批出租车经营权到期延续经营许可有偿使用费收费标准、县城区街（路）、巷、小区命名、中国苗药生态产业园建设、雷山县2015年招商引资工作、郎德上下寨传统村落保护与发展规划、郎德景区修建性详细规划、郎德非物质文化遗产展示街建设项目、划拨疾病预防控制中心综合业务用房建设用地等有关问题进行研究。

8月10日，县长袁刚主持召开第十六届人民政府第73次县长办公会议，就县城镇投资开发有限责任公司（以下简称县城投公司）贷款、鸡鸠水库项目建设贷款、西江千户苗寨文化旅游发展有限责任公司项目建设第三期贷款、雷山一号房开项目合作开发、卸载县城南门坝观音阁廉租住房存在地质安全隐患楼房等有关问题进行研究。

8月30日，县长袁刚主持召开第十六届人民政府第74次县长办公会议，就营上生态停车场已硬化部分及管理用房遗留、西江营上文化创意平台街项目增加土石方开挖和工程资金均担、被征地农民就业和社会保障、雷山县“十三五”时期发展战略、康利优质山泉水系列产品生产建设项目、调整2014年农村饮水安全工程结余资金用于购置灾后重建人饮管材、2015年赴台湾开展茶叶考察项目、雷山县丰元担保有限责任公司、抗战胜利70周年纪念活动期间信访维稳暨安全生产等有关问题进行研究。

9月6日，县长袁刚主持召开第十六届人民政府第75次县长办公会议，就《雷山县下放经济社会管理权限监督管理办法》、《雷山县2015年文化和旅游建设工作实施方案》、2015年苗年总体活动方案、雷山县棚户区改造实施方案、凯雷高速陶尧出口至蚩尤大道连接线工程建设项目房屋征收生产经营场所补偿价格、县城西出口规划设计方案、调整实施雷山县长丰堡城市棚户区改造项目配套基础设施建设工程、贵州贵茶雷公山有限公司茶叶加工厂土地使用等有关问题进行研究。

9月28日，县长袁刚主持召开雷山县第十六届人民政府第76次县长办公会议，就雷山县苗族民居建筑传统工艺传习基地建设项目、划拨原二级路已征收空地作为大塘镇敬老院建设项目征拆安置、西江景区蓝莓酒庄项目用地指标、财政局办公楼灾后重建、雷山县郎当及陶尧河段河道整治及护岸工程“5·27”洪灾损失及工程量认定及工程续建等《雷山县旅游综合开发投资意向书》、雷山县陶尧村温泉小镇PPP项目建设合作框架协议、停止雷山县乌秀邵源农家乐对面1、2号宗地国有建设用地使用权挂牌出让等有关问题进行研究。

10月12日，县长袁刚主持召开雷山县第十六届人民政府第77次县长办公会议，就雷山县保障性安居工程存量房出售方案、陶尧地热水、朗德景区旅游基础设施建设项目国有土地上建筑物征收安置补偿方案、将二级路两旁48宗国有土地使用权无偿划拨至县城投公司、兑现支持企业发展政策性补助资金、雷山县2015年扶贫生态移民搬迁对象审核实施方案等有关问题进行研究。

10月29日，县长袁刚主持召开雷山县第十六届人民政府第78次县长办公会议，就《雷山县生态移民工程项目工作推进方案》、台江农发行贷款资金使用、《西江苗寨苗王田鱼田湾新村扶贫生态移民工程安置点修建性详细规划》《关于加快全县大健康产业发展的实施意见》、国家专项建设基金项目申报、蚩尤大道路灯建设工程、第三期安居工程和教厂坝安居工程存量经营性用房出售方案、2014 年度“现代农业、美丽乡村”达地水族乡达地村等 10 个村高标准基本农田土地整治项目实施方案、启动实施雷山县文化产业园区公租房配套基础设施建设项目、《雷山县电子商务硬件设施建设工作推进方案》、县城南部片区路网规划设计方案、县城苗族银饰刺绣一条街经营户营业补助兑现等有关问题进行研究。

11 月 9 日，县长袁刚主持召开雷山县第十六届人民政府第 80 次县长办公会议，就《二级公路存量零星宗地规划设计条件方案》、雷山县预防职务犯罪警示教育基地工程规划设计方案、鸡鸠水库管理用房项目选址及用地方案、雷山县排苟水库工程前期工程机构比选方案、雷山县望丰水库和翁养水库工程建设项目共同投资合作建设、2015 年茶园基地建设实施方案、丹江镇郎当河口国有建设用地使用权出让的、2015 年度全县土地利用总体规划空间布局局部调整方案、蚩尤大道与凯雷高速公路雷山县城收费站链接线弃土场实施方案、《雷山县产业准入负面清单》、将 2015 年农村公路永乐镇乔桑村至达地乡背略村项目资金调整用于雷山县公共体育场建设项目、调整教育项目资金、将西江景区综合提升项目政府采购资金纳入预算管理、县扶贫办挤占挪用财政专项扶贫资金进行归位等有关问题进行研究。

11 月 26 日，县长袁刚主持召开雷山县第十六届人民政府第 82 次县长办公会议，就《达地水族乡总体规划（2015—2030）》、依法制止凯雷高速公路西江镇出口服务区熊剑户违法违规建设行为和对熊世伦户承包地依法进行保护性施工、西江扶贫生态移民安置点房屋户型标准、雷山县国家专项建设基金项目、雷山县国税局整体资产与贵旅集团置换框架协议、雷山县苗疆盛世城市综合体第二、第三期项目拆迁安置选址用地方案、成立雷山县投融资工作领导小组、雷山县城供水改扩建二期工程建设、办理雷山城关加油站土地手续等有关问题进行研究。

12 月 17 日，县长袁刚主持召开雷山县第十六届人民政府第 83 次县长办公会议，就传达学习州委九届六次会议精神和全州大扶贫推进工作会议精神、雷山县农村公路建设三年会战实施方案、保障性安居工程建设、雷山县丹江体育森林公园项目建设实施方案、雷山县 2015 年度扶贫生态移民项目丹江镇移民安置点建设、丹江镇乌秀村南秀区域地质灾害治理工程项目房屋征收安置补偿方案、雷山县供电局生产调度楼建设项目用地规划调整及使用权划拨、丹江镇西门社区幼儿园和丹江第二幼儿园合建、县城社区网格管理员和网格信息员、郎德上寨风貌整治提升方案、雷山县复员退伍军人免费乘坐公交车工作实施方案、望丰等水库工程项目法人、国家专项建设基金项目等有关问题进行研究。

【专项工作会议】 全县政府机构职能改革推进会议。1 月 24 日，全县政府机构职能改革推进会议在县委五楼会议室召开。县领导袁刚、茹捷、杨艳、金光翔、郭建强、李胜平、邱兆娟出席会议。县委副书记、县长袁刚在会上讲话，要求高度重视，精心组织，确保政府职能转变和机构改革取得实效。县委常委、常务副县长茹捷宣读《关于雷山县人民政府职能转变和机构改革方案的实施意见》。雷山县政府机构改革后，政府设置工作部门 24 个，县政府直属事业单位 4 个，其他机构 1 个。

金融支持茶产业发展座谈会。3 月 23 日，县委副书记、县人民政府县长袁刚主持召开金融支持茶产业发展座谈会。县人民政府副县长龙志波参加座谈。座谈会上，县财政、工信、农业、茶叶、金融办及各涉农银行业金融机构负责人围绕优化信贷结构、不断加大农业产业化信贷投放、加大财政扶持力度、积极落实各项优惠政策等方面进行讨论发言。袁刚在讲话中要求，指出，加大对农业产业化企业、农民专业合作社和农户的金融支持，推动茶产业发展。

全县道路交通消防安全暨农村“电改”工作推进会。5 月 19 日，县委常委、县政府副县长、县委宣传部部长韦通贤在县政府主持召开全县2015年5月道路交通、消防安全暨农村“电改”工作推进会，通报当前消防、“电改”工作情况，安排部署夏季防火安全和汛期道路交通安全等工作。

全县扶贫资金审计进点会。5月19日，雷山县扶贫资金审计进点会在县人大五楼会议室召开。省审计厅副厅长游明进，省审计厅农业处处长张燕，州审计局副局长欧勤远，县委副书记、县长袁刚，县政府副县长龙志波等出席。会上，省审计厅审计组宣读贵州省审计厅关于对雷山县2012年至2014年扶贫资金审计通知书和审计工作组织纪律，并就有关审计事项和审计内容作说明和要求。袁刚代表县委、县政府承诺一定配合支持好审计组工作。省审计厅审计组有关负责人，县直有关部门主要领导及财务负责人参加会议。

全县民族民间手工产业发展动员大会。5月22日，雷山县民族民间手工产业发展动员大会在县政府五楼会议室召开。县委副书记、县长袁刚，县委常委、县政府副县长毛珏梅，县人大常委会副主任向泽忠，县政协副主席杨莉出席动员会。袁刚作讲话要求，各级各部门要加大手工产业扶持力度，推进手工产业人才培养，打造民族民间手工产品品牌，推动民族民间手工产业发展。会上，杨莉总结手工产业办成立以来工作开展情况，向泽忠组织学习《雷山县关于进一步加强民族手工产业发展的实施意见》文件精神。各乡镇代表、县政府办、县委宣传部、县妇联、县扶贫办、县文体广电新闻出版局及民族手工企业者、手工技艺传承人等参加动员会。

全县民族民间工艺品大赛活动动员大会。8月29日，雷山县民族民间工艺品大赛活动动员大会召开，安排部署2015年第三届“和美雷山·银绣智慧”民族民间工艺品大赛活动工作。县委常委、县政府副县长、县委宣传部部长韦通贤出席并讲话，要求加强协作，各司其职，努力把2015年民族民间工艺品大赛办成一届集中展示全县手工艺产业水平的赛事活动。县政协副主席杨莉宣读《雷山县2015年第三届“和美雷山银绣智慧”民族民间工艺品大赛活动实施方案》。各乡镇、县委宣传部、县妇联、县扶贫办、县文体广电新闻出版局有关负责人及民族手工企业者和手工技艺传承人等参加动员会。

鸡鸠水库移民安置与库底清理工作座谈会。9月6日，鸡鸠水库移民安置与库底清理协调工作座谈会召开，县国土资源局、县住建局、县水务局、县水库和生态移民局、大塘镇、丹江镇及鸡鸠水库项目业主、设计、监理等单位代表参加。会议要求，成立鸡鸠水库库底清理工作领导小组，由水库和扶贫生态移民局负责实施总方案，涉及水务、农业、生态文明建设管理、国土、住建、卫生防疫、乡镇政府等部门负责子方案，力争10月启动库底清理工作。

2015年中国·雷山苗年旅游暨招商引资客商座谈会。11月23日，2015中国·雷山苗年旅游暨招商引资客商座谈会召开。雷山县委书记黄清发出席座谈会并致欢迎词，县人大常委会主任刘光信，县政协主席陈正峰等出席座谈会。会上，参会嘉宾对如何发展雷山旅游产业、保护雷山传统村落和如何发展雷山中医药产业等建言献策。座谈会后，副县长张晓玲代表雷山县和参会的企业签订合作协议，县旅游发展委员会负责人代表县旅发委与杭州市上城区旅游局签订《旅游战略合作框架协议》。来自上海、杭州、重庆等64家旅行商，携程网、去哪网、云南远案文化传媒等14家媒体，广东草根民墅房屋制造公司、台黔投资管理（贵州）顾问公司等12家企业嘉宾参会。

（吴昌周）

领导调研与工作动态

【领导调研】 张和平到雷山县调研。2月10日，省民宗委副主任张和平到雷山县郎德镇也改村慰问困难党员群众和调研产业发展情况，与困难党员、困难群众亲切交谈，了解困难党员群众的生产生活情况，鼓励他们增强脱贫致富的信心，发展产业，实现脱贫，同步小康。张和平还实地调研该村猕猴桃种植基地，详细询问了解产业发展情况，要求结合自身的自然资源、民族文化资源、经济发展状况，抢抓机遇、突出重点，不断推动经济社会发展，实现“减贫摘帽”全面小康。

王贵到雷山县调研。2月26日，州委常委、常务副州长王贵率州质监等部门到永乐镇就鱼酱酸特色食品发展情况进行调研。调研中，王贵先后到永乐镇久桂鱼酱酸加工厂和冷府鱼酱酸厂进行实地考察，与企业负责人进行深入交谈，详细了解鱼酱酸的历史传承、制作工序、品牌打造、销售等方面的情况。王贵强调，要坚持民间传统美食工艺的制作方法，把民间技艺传承下去，保证质量，把鱼酱酸打造成为雷山地区的特色品牌，帮助群众增收，促进农村经济发展。

项兆伦到西江调研指导文化旅游发展。5月14日，文化部副部长项兆伦一行深入西江千户苗寨就“十三五”时期我国文化改革发展规划编制中的传统村落保护等工作进行实地调研。文化部非物质文化遗产司司长李雄，文化部文化市场司副司长周书生，省人民政府副省长何力，省文化厅厅长许明，省文化厅非遗处处长张诗莲，州委书记李飞跃，州委副书记、州人民政府州长廖飞，州委常委、州人民政府副州长林朝盛，县委书记黄清发，县委副书记、县人民政府县长袁刚，县委常委、常务副县长侯美彪等领导陪同调研。此次调研中，项兆伦副部长一行深入千户苗寨景区的北大门、观景台等地，就国家级非物质文化遗产名录—苗族吊脚楼制作技艺、银饰制作技艺、苗族刺绣等实地参观了解，就西江民族手工业、传统村落保护、民族文化传承保护以及文化市场健康发展等情况进行详细的了解，并与相关人员亲切交流，详细了解西江千户苗寨建设与发展的相关工作情况。

陈鸣明到雷山现场指导抢险救灾和灾后重建工作。5月27日，雷山县连续9个时辰的暴雨，致使全县河水暴涨，交通阻断，民房损毁、农田被淹，全县经济、基础设施损失惨重。6月2日，省委、省政府委托陈鸣明副省长率省直相关部门负责在州长廖飞的陪同下，到雷山县现场指导抢险救灾和灾后重建工作。副省长陈鸣明一行深入凯雷二级公路、郎德小学、县城西出口移民安置区、蚩尤大道、雷山民族中学等地实地察看灾情和灾民救助安置情况，随后到县委五楼会议室主持召开灾情汇报会，县委书记黄清发、县长袁刚代表县委、县政府就灾情和抗洪抢险救灾工作作汇报。陈鸣明要求，要妥善安置好受灾群众的生产生活，确保受灾群众有房（帐篷）住、有衣穿、有干净水喝、有饭吃、能就医。要全面推进灾后重建，尽快修改完善相关规划，提高交通、水利等基础设施建设标准，提升防灾抗灾能力。省直相关部门要进一步整合资源，加大帮扶力度，尽可能多给予雷山支持和帮助；雷山县在做好抗灾救灾工作的同时，要进一步强化措施，落实责任，做好防大灾、抗大汛的各项准备，严防次生灾害的发生，避免出现新的财产损失和人员伤亡。

黄家培到雷山县考察指导抗洪抢险救灾工作。5月27日，省政府党组成员、省水利厅厅长黄家培，州长廖飞到雷山县考察指导抗洪抢险救灾工作。考察中，黄家培、廖飞一行听取雷山县当前抗洪抢险救灾工作情况汇报。黄家培要求高度重视抗洪救灾工作，精心组织，强化措施，落实责任，切实做好各项抢险救灾工作，确保万无一失。州长廖飞在考察指导工作时要求，要做好舆情控制，并细化避险预案，及时清理河道，为广大人民群众生活生产安全奠定坚实基础。

冉茂文深入雷山县指导灾后重建。6月2日，省财政厅副厅长、省农发办主任冉茂文一行在州财政局有关负责人陪同下，深入雷山县查看灾情并指导灾后重建工作。县政协副主席杨慧萍及县财政局有关负责人陪同。冉茂文一行先后到丹江镇排卡村、羊苟村、陶尧村等灾情严重的区域实地了解受灾情况，并对受灾人口、转移群众、倒塌房屋、项目设施损毁等情况进行现场调研。在县财政局召开座谈会，听取雷山县“5·27”洪涝灾害及农业综合开发项目受灾情况汇报。冉茂文表示，省财政厅一定会全力支持灾区群众开展生产自救，从资金、项目上给予支持和倾斜，多方筹措资金帮助受灾群众尽快恢复正常生产生活，推动雷山县灾后重建工作顺利进行。冉茂文要求，县、乡财政部门要充分履职，协助当地党委、政府采取有效措施，积极开展灾后恢复重建，保证受灾群众有饭吃、有水喝、有地方住。要主动作为、协调配合，动员乡镇、项目村做好核灾、报灾工作，全面梳理排查项目实际损毁情况，做实恢复重建资金概算，在最短的时间内把灌溉水渠等损毁项目尽快统计上报。

吴军到雷山县调研。6月4日，省民宗委主任吴军在州民宗委主任霍胜红等陪同下，深入雷山县灾区一线调研民族村寨受灾群众安置救援及民族文化保护传承情况。县委副书记、县长袁刚，县委常委、副县长毛珏梅及县民宗局负责人陪同。吴军一行首先听取袁刚汇报“5·27”特大洪灾基本情况，深入郎德镇下郎德村、郎德小学，大塘镇水溪村，方祥乡毛坪村查看灾情。吴军要求民族宗教部门认真研究配套措施，从资金、项目等方面支持雷山灾后重建工作，让群众生产生活尽快稳定，维护少数民族地区社会长治久安。

廖飞深入达地水族乡开展扶贫工作。6月8日，州委副书记、州长廖飞在州政协副主席、州政府秘书长邓锦光陪同下，冒雨深入达地水族乡开展遍访贫困村贫困户活动，察看了解灾情，走访慰问贫困老党员、受灾困难群众。调研中，廖飞给小乌村困难老党员、受灾贫困群众带去慰问金和慰问品，送去党和政府的关怀，要求时刻把人民群众的安危冷暖放在心上，千方百计解决好受灾群众的生产生活问题。廖飞到达地水族乡政府驻地达勒村，察看了解小城镇建设和生态移民新区建设规划情况，并就该乡经济社会发展以及下步防汛救灾工作提出要求。

国务院发展研究中心调研组赴雷山县调研扶贫工作。6月16日，国务院发展研究中心农村经济研究部博士、副研究员程郁等一行赴雷山县就农村扶贫开发工作进行调研。调研中，听取雷山县扶贫开发工作情况汇报，随后深入大塘镇山湾村，查看“5·27”特大洪涝灾情，走访了解扶贫政策和扶贫项目贯彻落实情况，与村“两委”班子就村级基本情况、村级专项扶贫、行业扶贫和社会扶贫等项目实施情况进行座谈。通过座谈和实地调研，调研组对雷山县近年来在扶贫开发工作上取得的成绩给予肯定，同时就存在问题和困难提出意见建议。

薛宝军赴雷山县调研。6月25日，省国资委副主任薛宝军一行到雷山县就旅游产业发展进行调研。县领导黄清发、郭建强、罗爵等陪同调研。调研中，薛宝军一行到西江营上服务区、县城苗疆盛世城市综合体建设项目施工现场、雷公山景区等地进行实地察看，并认真听取情况汇报，详细了解该县旅游产业发展情况及各相关项目建设情况。薛宝军希望雷山县要积极做好协调，搞好服务，高标准推进项目建设，确保各个项目尽快竣工投产达效，为当地经济社会健康快速发展提供新的动力。

石秀诗考察西江文化旅游。7月30日，全国人大财经委主任委员、贵州省原省长石秀诗在雷山县委副书记、县长袁刚的陪同下，在西江千户苗寨考察。石秀诗说：贵州省旅游产业发展大会让西江苗寨从深山走向世界，也让山外的客人走进苗寨，西江不仅是个美丽迷人的地方，更是贵州推动山地乡村特色旅游发展的生动写照和成功样板。西江苗寨不仅是吊脚楼建筑群恢宏壮观，还有深厚久远的民族文化，这两个东西是苗寨的看点和精髓，要保护好，要挖掘、传承和弘扬好，让苗族同胞通过发展乡村旅游，同全国人民一道走上越来越好、越来越宽的同步小康之路。

省扶贫办赴雷山县督查“精准扶贫”建档立卡工作。7月28日，省扶贫办纪检组组长韦苇一行深入郎德镇督查指导“精准扶贫”建档立卡工作，州扶贫办主任杨黎及县扶贫办、郎德镇主要负责人陪同。督查中，韦苇一行先后到朗德镇扶贫工作站、老猫村等，采取听取汇报和查阅资料的方式，详细了解精准扶贫建档立卡工作情况。韦苇一行对雷山县建档立卡工作给予肯定，提出建档立卡是做好下阶段精准扶贫工作的基础和前提，务必要摸清底数、找准对象、对症下药，把改善贫困群众生产生活条件作为工作的方向和重点，大力发展产业，早日实现脱贫致富。

省水利厅专家组赴雷山县指导水库移民安置

工作。8月1日，省水利厅专家组一行赴雷山县大塘镇水溪村、高岩村指导水库生态移民安置工作，要求做好受灾后地质灾害的监测工作。县水库移民局及大塘镇有关负责人陪同。

叶建文率团赴铜仁印江考察学习电子商务。8月28日至29日，雷山县人民政府副县长叶建文率县工信和商务局、市场监管局、供销社、邮政局、信用联社和八乡镇主要负责人等组成的考察团赴铜仁市印江县考察学习电子商务平台建设。考察团一行先后到印江县电子商务（农村淘宝）服务中心、仓储物流中心、社区服务站、乡镇运营服务站、乡镇邮政运营中心等，通过实地参观、听取工作介绍、座谈交流等方式，对县、镇（乡）、村三级电商便民服务体系的进行学习，为加快雷山县域电子商务健康发展提供借鉴做法和经验。

徐元到雷山调研项目融资贷款及建设工作。9月10日，国家开发银行贵州省分行行长徐元一行，就项目融资贷款及建设到雷山调研。县委副书记、县长袁刚迎接并陪同调研。在调研中，调研组一行先后详细了解西江千户苗寨景区综合提升和县城棚户区改造项目的融资贷款及建设推进情况，并对雷山县的棚户区改造、西江旅游景区综合提升建设工作和成效给予肯定。徐元表示省国开行将全力支持雷山的各项建设。2013年，雷山县与省国开行建立长期战略合作关系，省国开行于当年授信于西江千户苗寨旅游发展有限公司5亿元贷款额度，用于打造提升西江旅游景区。

韦苇到雷山县督查精准扶贫建档立卡工作。9月23日，省扶贫办党组成员、纪检组长韦苇一行到雷山县望丰乡和丹江镇督查精准扶贫建档立卡工作。在督查中，督查组一行采取翻阅档案资料、查看系统平台，听取汇报等多种形式了解该县精准扶贫建档立卡工作进展情况。对该县精准扶贫建档立卡工作取得的成效给予肯定，特别是对丹江镇自主创新的“精准扶贫信息查询一体机”予以高度评价，认为是全省精准扶贫建档立卡工作的闪光点，同时要求做好查缺补漏，进一步做好档案资料和系统平台数据信息核准工作，全面提升雷山县精准扶贫建档立卡工作质量。

卢涛到雷山县调研。10月20日，省公务员局副局长卢涛一行在州委组织部、州人社局相关负责人陪同下，到雷山县就公务员考试录用、职务与职级并行、培训和考核等进行调研。县委副书记、常务副县长、雷山文化旅游产业园区管委会主任侯美彪陪同。座谈会上，侯美彪汇报全县公务员工作开展情况。卢涛对该县公务员工作取得的成绩给予肯定，要求进一步推进公务员管理工作规范化、标准化、科学化。县委组织部、县人社局、县编委办、县公安局、县检察院、县法院及部分乡镇等相关负责人参加调研座谈。

王贵到雷山县督导扶贫生态移民工作。11月8日，州委常委、常务副州长王贵率督查组到雷山县督查指导扶贫生态移民工程实施情况。王贵一行先后到观音阁、红屯堡、楼梯坝安置点进行现场督查、听取汇报、入户调查等方式了解雷山县生态移民2013—2015年项目建设及资金到位情况，并就项目落实过程中遇到问题探讨解决办法。王贵要求加快项目建设进度，扶持好生态移民主导产业，为生态移民搬迁对象提供就业岗位，确保移民搬得出，住得下，能发展。

张杰到赴雷山县督查易地扶贫搬迁工作。12月20日，省扶贫生移民局副局长张杰率省督查组一行在州移民局局长龙云茂、副局长姜达峻陪同下，赴雷山县督查易地搬迁移民开展工作。在大塘镇高岩村，省督查组一行走进农户家中进行摸底调查，进一步核实易地扶贫搬迁整体搬迁自然村寨开展情况，认真听取当地村民对易地扶贫搬迁的意向和想法。省督查组一行到县生态移民局了解雷山县易地扶贫搬迁核实统计上报情况。督查组要求积极推进易地扶贫整寨（组）搬迁工作，让生存条件恶劣的贫困群众彻底脱贫、根本脱贫、有效脱贫。

【工作动态】 1月3日，县委副书记、县长袁刚，县委常委、副县长韦通贤到郎德镇南猛村出席南猛首届苗族芦笙大赛开幕式。

1月5日，副县长张晓玲到雷山文化旅游产业园区管委会主持召开凯雷高速公路雷山段工作协调会。

1月6日，县委副书记、县长袁刚主持召开

西江景区夜场演出提升方案汇报会，副县长韦通贤、毛珏梅参加。

1月8日，县委常委、常务副县长茹捷主持召开“精准扶贫”工作协调会。

1月12日至16日，县委常委、副县长段玲率队赴四川、河北、河南等省考察。

1月13日，县委副书记、县长袁刚陪同省住建厅厅长张鹏一行到郎德镇上郎德村和方祥乡格头村调研传统村落保护情况。

1月14日，县委副书记、县长袁刚陪同桂林市党政代表团到西江镇考察。

1月15日至17日，副县长叶建文到雷山民族中学调度“申示”迎检工作筹备情况，陪同省级示范性高中评估专家组赴该县开展雷山民族中学“申示”评估工作。

1月19日，副县长龙志波主持召开专题会议研究九十九农业生态观光园项目、鱼酱酸项目、庵汤项目和果酒厂项目事项，主持召开雷山县与国品黔茶合作投资项目专题会。

1月21日，副县长张晓玲到郎德镇报德村和望丰乡望丰村调研。

1月25日，县委常委、副县长韦通贤陪同中国社会科学院当代中国研究所考察组一行到西江镇考察。

1月27日，县委常委、常务副县长茹捷主持召开西江营上扶贫生态移民试点工作会。

2月2日，副县长叶建文召集县民政局负责人研究2014—2015年度受灾困难群众冬春生活救助有关事宜，到大塘、郎德、望丰等乡镇察看凝冻天气群众受灾情况。

2月3日，县委常委、副县长韦通贤到方祥乡开展“送温暖”慰问活动并调研消防安全工作。

2月5日至7日，副县长张晓玲赴广西壮族自治区北海市对接青钱柳、绞股蓝基地化种植及相关产品加工项目事宜。

2月9日，副县长张晓玲陪同省交通厅党委副书记李程一行到雷山县调研凯雷高速公路雷山段项目建设情况。

2月14日，县委常委、副县长韦通贤陪同甘肃省酒泉市考察团到雷山考察。

2月15日，县委副书记、县长袁刚与县四大班子领导到县武装部、县消防大队和县武警中队开展春节慰问。

2月17日，袁刚县长与县四大班子领导到凯雷高速公路、鸡鸠水库等重点项目和县城公交公司开展春节慰问活动。

2月25日，县委副书记、县长袁刚，县委常委、副县长韦通贤、汤敏、毛珏梅和副助长叶建文、张晓玲、龙志波到大塘镇九十九农业园区参加雷山县“绿色贵州”建设三年行动计划启动仪式。

2月27日，县委常委、副县长韦通贤到县群众工作中心主持召开全国“两会”期间信访维稳和全县2015年矛盾纠纷信访问题集中排查化解百日攻坚战工作会。

3月2日，副县长张晓玲到县交通运输局主持召开县交通运输系统2015年第一季度暨全国“两会”期间安全生产工作部署会。

3月4日，县委常委、常务副县长茹捷主持召开苗疆盛世城市综合体房屋征收工作协调会，到丹江镇虎阳村等调研凯雷高速公路雷山段项目建设。

3月6日，副县长龙志波召集县水利局、县规划办、县生态移民办、县市政局、县交通局等部门研究鸡鸠水库设计方案审查工作事宜。

3月12日至13日，副县长叶建文到望丰乡乌江小学、羊卡教学点和大塘镇掌雷小学、新联小学、桥港小学及掌批教学点等调研撤点并校、学校管理、闲置校产管理等情况。

3月14日至16日，县委副书记县长袁刚率团赴福建省七匹狼集团公司考察并签订雷山县红屯堡民族特色产品加工贸易区项目框架协议。

3月16日，县委常委、常务副县长茹捷、副县长龙志波陪同县委书记黄清发到郎德镇、望丰乡、大塘镇调研美丽乡村及“亮点工程”建设情况。

3月19日，县委常委、常务副县长茹捷赴贵阳参加“美丽乡村·四在农家”六项行动签约仪式。

3月22日，县委副书记、县长袁刚，县委常委、副县长汤敏，副县长龙志波陪同国务院法制办主任宋大涵一行赴西江镇考察调研中医药立法和少数民族医药发展情况。

3月24日，县委常委常务副县长茹捷主持召开雷山县2015—2017年项目用地指标调度会和全县土地执法工作协调会，

3月29日，县委常委、副县长韦通贤到丹江小学出席全县通讯员第一季度《新闻写作》培训。

3月31日，县委常委、常务副县长茹捷调研蚩尤大道南秀段施工建设进展情况，到丹江镇雄水寨检查指导地质灾害防治工作。

4月2日，副县长张晓玲到丹江镇陶尧村等调研蚩尤大道、凯雷高速公路雷山段项目建设情况，到凯雷高速项目办参加凯雷高速公路征地拆迁协调工作会议。

4月6日至7日，县委副书记、县长袁刚率队赴遵义市红花岗区考察社会保险金代征情况，常务副县长茹捷陪同。

4月8日，县委副书记、县长袁刚，县委常委、副县长韦通贤，副县长龙志波陪同州委常委、州委秘书长耿茂生，州人大常委会副主任莫章海到雷山县开展“三严三实”调研活动。

4月8日至12日，县委副书记、雷山文化旅游产业园区管委会主任侯美彪，县委常委、常务副县长茹捷赴重庆、四川成都等考察文化旅游工作。

4月9日，县委常委、县政府副县长汤敏深入永乐镇柳乌村就扶贫项目落实情况进行调研。调研中，实地察看柳乌村农业专业合作社的养殖基地，走访社员养牛户、养猪户以及中草药种植户等，听取合作社社员的相关情况介绍。汤敏要求，要加大对项目资金的管理，确保扶贫项目资金落实到位；要加强民族法制宣传教育，确保群众知法、懂法、用法。

4月10日，县委副书记、县长袁刚一行深入郎德镇就郎望公路建设、报德千日红中药材基地发展、也改村产业发展情况等进行调研。袁刚要求，要科学谋发展，找准路子，加大以中药材、稻田养鱼等为主的特色产业发展。县交通局、县农业局、县扶贫办、县茶叶局、郎德镇等相关部门负责人陪同调研。

4月18日，县委副书记、县长袁刚到方祥乡格头村调研古村落保护与发展工作。袁刚实地查看格头村的公路扩建、寨道建设、芦笙场文化长廊建设等，详细了解征地工作和在建项目的进展情况以及存在的困难和问题。袁刚要求，格头村的风貌建设要与民族文化、古村落文化融为一体，突显“秃杉之乡”，打造“四在农家、美丽乡村”文化旅游新亮点。县委副书记杨少辉、县政府副县长龙志波陪同调研。

4月20日，县委副书记、县长袁刚深入西江镇就茶叶产业、手工产业发展及非物质文化传承等进行调研。调研中，袁刚实地察看麻料村茶叶基地建设情况，察看银匠龙太阳的家庭博物馆建设，了解控拜手工文化体验游及农家乐的发展现状，袁刚指出，控拜村既是传统文化村落，又是远近闻名的银匠村，要充分利用现有资源优势及地域优势，吸引更多高端游客体验原生村寨风貌及苗族优秀传统文化。县委常委、副县长汤敏，县文体广电新闻出版局、雷山文化产业园区（西江镇）等相关部门负责人陪同调研。

4月25日，县委副书记、县长袁刚在县委常委、县人武部部长李红陪同下，深入达地水族乡背略村大坪山生态产业园区、也蒙苗寨、乌空小学调研。袁刚要求，大力发展生态产业，加强村容寨貌整治，办好农村教育。达地乡党政负责人陪同。

5月19日，县委常委、县政府副县长、县委宣传部部长韦通贤到县统计局进行调研，听取当前经济运行情况和“增比进位”指标情况汇报。韦通贤要求依法统计，科学统计。

5月28日下午，县委副书记、县长袁刚率队徒步1个多小时，深入鸡鸠水库坝区就坝体基本情况及周边群众生产生活情况等进行调研。调研中，袁刚要求鸡鸠水库指挥部提高警惕，时刻关注气象信息，为雷山防汛抗旱工作作出应有贡献；交通、供电、通信等部门加快基础设施抢修进度，确保库区施工及周边群众生产生活秩序早

日恢复；大塘镇要尽快转移地质灾害隐患点附近的群众，县民政局要迅速保障好紧急避险群众的基本生活。县委副书记杨少辉，县委常委、县政府副县长毛珏梅及县水务局、县交通运输局等有关负责人参加调研。

5月29日，县委常委、县政府副县长汤敏携县农业银行负责人一行深入永乐镇乔洛村指导抢险救灾工作。汤敏一行对乔洛村严重受灾群众进行走访慰问，送去1万元慰问救灾资金。

5月30日，县委副书记、县长袁刚深入方祥乡重灾区毛坪村检查指导抗洪救灾工作，慰问当地灾民，并送上大米、棉被、食用油、餐具等救灾物资。袁刚要求持续抓好抗洪救灾各项工作，关心受灾群众的生活，积极开展灾后家园重建。

6月1日晚，县委副书记、县长袁刚，县政协主席陈正锋，县委常委、县委组织部部长、县委统战部部长杨艳，县政府副县长龙志波等到丹江镇西出口临时安置点看望慰问受灾群众。袁刚要求各责任单位要高度重视移民安置工作，确保安置群众能吃饱、有衣穿、住得下、病有医。县水库和扶贫生态移民局、县供电局相关负责人陪同。

6月1日，县委常委、县政府副县长毛珏梅到郎德镇乌瓦村实地调研地质灾害防治工作情况，毛珏梅要求进一步加强预警预报和巡查，完善避险应急预案，确保群众生命安全。县检察院检察长郭苏斌及县民宗局、郎德镇等主要负责人参加调研。

6月9日，县委副书记、县长袁刚在县委常委、县政府副县长汤敏，县人大常委会副主任向泽忠等陪同下，深入望丰乡查看灾情，走访慰问受灾群众。袁刚一行先后深入重灾区乌迭、羊卡、乌局、乌响等村实地查看水田损毁、道路交通、房屋损坏、地质灾害等情况，走访慰问受灾户。在听取该乡受灾情况和灾后重建情况汇报后，袁刚强调及时统计灾情，组织村民积极开展生产自救和灾后重建工作，力争把洪灾造成的损失降到最低限度。县民政局、县交通运输局、县农业局、县国土资源局、县水务局、县生态文明建设管理局、县扶贫办等部门及望丰乡党政主要负责人陪同。

6月14日，县委副书记、县长袁刚到大塘镇新联村、掌批村和方祥乡陡寨村、水寨村开展遍访贫困村贫困户活动，要求全县领导干部切实担当起扶贫攻坚的责任，让贫困群众切实感受到党和政府的温暖。

8月12日，县政府副县长龙志波，县政协副主席、县卫计局局长侯建群到方祥乡检查指导卫生和人口计生工作。龙志波对该乡卫生计生工作现阶段取得的成绩予以肯定，同时要求强化卫计整合后的管理工作，促进计生优质服务和医疗卫生工作更快更好的发展。

8月18日，县委常委、副县长王松深入大塘镇乔兑村调研“第一书记”和同步小康驻村工作。王松先后参观乔兑村魔芋种植示范基地和鸡花椒种植院，组织村“两委”班子成员和驻村干部召开座谈会，详细了解“第一书记”和同步小康驻村工作情况。王松要求，驻村工作组和“第一书记”要倾听群众呼声，理清工作思路，做好具体工作的落实。

8月22日，县委副书记、常务副县长、雷山文化旅游产业园区党工委书记兼管委会主任侯美彪就产业园区干荣干南稍长廊、干荣河口长廊、干荣2号风雨桥、干荣小寨风雨桥、干荣至大北门栈道、大北门道路拓宽、营上服务区生态停车场、营上西街、21号线道路拓宽、营上服务区5号线道路等在建项目进度情况进行调研，侯美彪要求在保证工程质量和安全生产的前提下，加快施工进度。雷山文化旅游产业园区管委会副主任、西江镇镇长罗爵等陪同。

9月1日，县政府副县长张晓玲率县政府办、住建、国土、水利等部门负责人深入达地水族乡达勒集中建房安置点督查集中建房工作，张晓玲要求各相关部门结合自身实际，加大对项目建设的支持力度，确保按期完成建设任务。达地水族乡党政主要负责人陪同调研。

9月7日，县委副书记、县长袁刚率县委常委、副县长、县委宣传部部长韦通贤，副县长张晓玲、龙志波及县住建局、县工信和商务局、县茶叶局、县市政局等部门相关负责人调研雷公山茶城电子商务发展，对雷公司茶城整体环境升级改造提出具体意见。袁刚要求在政策引导、载体建设、产业聚集、服务提升、协同发展和完善配套方面下功夫，进一步营造良好环境，推动“互联网+”，激发全县电子商务产业更好更快发展。

9月20日至23日，县委副书记、县长袁刚带队赴广州、深圳开展招商引资项目推介及意向项目洽谈工作。袁刚一行先后拜访深圳市景田食品饮料有限公司、广州佛山市中国中药集团等企业，初步与深圳市景田食品饮料有限公司达成投资雷公山优质山泉水项目合作意向，与广州佛山市中国中药集团就雷山中药饮片项目达成合作意向。县政府办、县投资促进局、县国土资源局、县水务局、县工信局等部门有关负责人参加招商引资活动。

10月23日，县政府副县长龙志波在县扶贫办有关负责人陪同下，到丹江镇就扶贫开发工作进行调研。龙志波听取丹江镇扶贫资金使用情况汇报，详细了解扶贫工作情况，要求加强对扶贫资金的规范化管理，实施项目要有经济可行性，促农脱贫。

10月26日，县政府副县长龙志波在县水务局、县扶贫办等部门有关负责人陪同下，到郎德镇就扶贫产业发展、扶贫资金使用等工作开展调研。调研中，龙志波听取郎德镇扶贫项目推进情况汇报，到老猫村察看了解产业发展情况。龙志波要求利用好当前扶贫产业项目，让老百姓获利。

10月29日，县委常委、副县长汤敏在县司法局、县法院等有关负责人陪同下，到永乐镇和达地水族乡验收“六五”普法工作成果，永乐镇、达地水族乡党政负责人分别陪同。汤敏一行分别听取两乡镇“六五”普法工作汇报，对“六五”普法取得的成绩予以肯定，要求认真总结“六五”普法工作经验，做好“七五”普法规划，进一步深化依法治县、依法治乡（镇）工作。

11月10日，县委常委、县政府副县长王松在大塘镇主要负责人陪同下，到掌雷村开展遍访贫困村贫困户工作。王松要求，乡镇、村“两委”要多关心困难群众的生活，及时帮助他们解决生活中遇到的困难。

11月30日，县政府副县长龙志波到达地水族乡就扶贫生态移民、水利设施建设、精准扶贫等相关工作进行督导，县农业局、县水务局、县扶贫办、县移民局等部门及达地水族乡主要负责人陪同。龙志波分别到达地乡扶贫生态移民安置点、小乌村等地进行实地查看，与村“两委”班子和贫困户亲切交谈。在听取达地乡对当前扶贫生态移民搬迁、水利基础设施建设和精准扶贫等相关工作汇报后，龙志波强调做好移民统计调查上报工作，加强山洪灾害治理，抓好精准扶贫建档立卡工作。

12月21日，县委副书记、常务副县长侯美彪到达地水族乡督查指导扶贫生态移民搬迁工作。县政府办、发改局、住建局、移民局、水务局、国土局等部门及达地水族乡党政主要负责人陪同。在达地水族乡扶贫生态移民安置点，侯美彪通过实地查看、听取汇报等，详细了解扶贫生态移民搬迁项目进展情况以及项目建设过程中遇到的困难和问题。侯美彪强调在保证工程质量和安全生产的前提下，加快扶贫生态移民搬迁项目施工进度。

12月21日，县委副书记、常务副县长侯美彪到方祥乡调研，县委办、县政府办、县住建局、县水务局、县交通局、生态移民局等部门相关负责人陪同调研。在毛坪村，侯美彪实地查看停车场、防洪堤、安置点公路以及安置点场平等施工进度，并现场办公解决项目实施过程中的困难和问题，要求强化项目督查，确保项目建设有序推进。

12月23日，县委常委、副县长汤敏到望丰乡公统村、排肖村、乌响村等就村规民约等进行调研。汤敏跟村干部了解村规民约制定和落实情况，要求按照相关法律法规完善村规民约，发挥村规民约效力。

（吴昌周）

重要活动与重点工程

【重要活动】 “苗族版全国芦笙大赛”雷山县丹江镇南猛村举行。1月3日至4日，“苗族版全国芦笙大赛”在雷山县丹江镇南猛村南猛村举行，来自全国各地65个代表队，628名选手参加比赛。本次大赛分传统芦笙、改良芦笙、集体芦笙3个组别进行比赛，其中集体芦笙组有28个代表队参加，传统芦笙组有16个代表队参加，改良芦笙组有21个代表队参加。南猛芦笙舞在1957年参加文化部组团代表中国到莫斯科出席世界青年和平联欢节，以其古朴高昂的芦笙舞曲让外国人感受到东方苗族文化魅力，第一次把芦笙艺术带到国际舞台，是年，南猛村被文化部命名为“芦笙舞艺术之乡”。该村还于2002年被世界旅游组织专家列入《贵州省旅游发展总体规划》巴拉河乡村旅游示范村寨。被联合国专家列为“中国文化与发展伙伴关系项目村”。

《致永不消逝的青春》冬季戏在雷山县取景拍摄。1月12日至23日，高考励志电影《致永不消逝的青春》冬季戏在雷山县人民医院、西江千户苗寨景区、郎德镇上郎德景区、雷山县民族中学取景拍摄。该电影讲述“感动中国网事人物”肖丽的故事。肖丽，贵州省遵义市湄潭县高台镇一农民家庭女孩，身患癌症，但她仍坚持参加高考，在只有一人的考场参加考试，最终以文科544分的优异成绩通过贵州省高考一类重点本科分数线，被网友称为“最坚强高考女孩”。2012年7月19日肖丽刚被贵州大学录取。然而，她却于8月27日去世。

雷山县代表队在2015年全州青少年锦标赛创佳绩。1月27日至2月10日，在凯里等地举行的2015年黔东南州青少年锦标赛暨省九运会选拔赛上，雷山县青少年代表队在田径项目获得13金10银13铜，跆拳道项目获10金2银6铜，摔跤项目获2金4银，拳击项目获2金2银，乒乓球项目获4铜，奖牌共66块。同时在田径项目中获团体丙组第一名、团体乙组第二名、团体甲组第三名，乒乓球项目获团体第三名的好成绩。为做好2015年黔东南州青少年锦标赛暨省九运会选拔赛，雷山县高度重视下，及时成立筹备组，从各校精选运动员，加强训练，共派出107名运动员参赛。

“雷山县2015年红十字博爱送万家”启动仪式举行。2月3日上午，“雷山县2015年红十字博爱送万家”仪式在该县大塘镇咱刀村启动，现场向20户受助困难群众共发放大米20袋、食用油20桶、毛毯20床、棉衣20件，价值7000多元。雷山县红十字会2015年“红十字博爱送万家”活动得到省、州红十字会的大力支持，加上自筹资金，共购买大米334袋、食用油120桶、家庭包65个、毛毯100床、棉衣100件等物资，价值7万多元，活动惠及全县共8个乡镇45个村、300多户困难群众。

全县2015年春运工作启动。2月4日，雷山县在县汽车站举行2015年春运工作启动仪式。县委常委、县委宣传部部长、县人民政府副县长韦通贤出席启动仪式并讲话。县公安交警大队、县交通运输局、县发改局、县安监局、县汽车站、各客运企业等单位参加启动仪式。全县驾乘人员代表分别在启动仪式上作表态发言。启动仪式结束后，韦通贤一行深入县汽车站检查指导春运安全工作，并听取汽车站主要负责人关于春运及安全工作情况汇报，实地查看县汽车站候车厅、售票厅、车辆例检室、发车区等各个岗位的安全执行情况。

县城举办系列文化活动迎新年。2月22日至25日在雷山县木鼓广场举行大型民族民间歌舞展示，2月23日在木鼓广场举办猜灯谜活动，3月5日在县城举办龙灯盛会，2月26日至3月4日举行篮球比赛，3月6日至11日举行迎新春足球比赛。

县长袁刚带队到福建省厦门市招商引资。3月13日，县委副书记、县人民政府县长袁刚带队，县政府分管领导，县招商和商务局、县工信商务局、西江千户苗寨旅游公司等部门主要负责组成的招商引资工作小组，到福建省厦门市考察并洽谈签约项目。在考察中，在厦门市七匹狼控股集团股份有限公司总部会议室与七匹狼集团公司董事周永伟先生、执行总裁陈欣慰先生等人密切洽谈，成功签订《雷山县红屯堡民族特色产品加工贸易区项目框架协议书》。七匹狼集团公司拟投资3亿元在雷山县城南部红屯堡生态工业园区建设标准化生产厂区。

首届正版精品图书普及惠民和助学活动。3月27日，由中共雷山县委宣传部主办，县教育局、县文体广电局、县市政局协办，县邮政局承办的“全民阅读．书香雷山”首届正版精品图书普及惠民和助学活动在县城木鼓广场举行捐赠仪式，向偏远小学捐赠价值2万余元的图书。3月27日至4月10日，在该广场展销千余种正版畅销图书，内容包括社科、国学、文史、文学、少儿、生活等。

苗族舞蹈《银匠哥》荣获“舞蹈全民星”冠军和特别荣誉奖。4月28日，由雷山县西江艺术团表演，鄢洪编导编排的苗族舞蹈《银匠哥》在参加CCTV-3《舞蹈世界》栏目“舞蹈全民星”节目展播中荣获第三期冠军和特别荣誉奖。苗族舞蹈《银匠哥》创作于2009年，在2009年举办的“多彩贵州舞蹈大赛”黔东南赛区选拔赛中获得民族民间舞类第一名。2012年《银匠哥》随大型民族歌舞集萃“我在雷山等你来”在中国都国家大剧院参加“中国舞蹈周”演出。

全县1%人口抽样调查工作。5月12日，雷山县2015年全国1%人口抽样调查动员会在县政府五楼会议室召开，会议传达全州1%人口抽样调查工作会议精神，安排部署全县近期1%人口抽样调查工作。会议要求，各乡镇要成立1%人口抽样调查领导机构，落实经费，认真做好调查指导员、调查员业务培训等，为确保1%人口抽样调查完成奠定基础。11月1日至15日，是全国1%人口抽样调查入户登记工作时间。截至11月12日，雷山县13个调查小区入户登记和上报工作已经全面完成，提前3天时间完成调查工作。开展1%人口抽样调查工作，雷山县共入户登记1001户，100%完成摸底户数1001户；PDA登记人数3384人，完成摸底数3355人的101%。

启动社会保险费划转地税机关征收。5月15日，雷山县社会保险费划转地税机关征收启动仪式在县政务中心举行。启动仪式上，雷山县委副书记、县长袁刚宣布雷山县社会保险费划转地税机关征收工作正式启动。雷山县作为黔东南州第一批社会保险费划转到地税局征收工作试点县。划转的内容包括基本养老保险、基本医疗险（含生育保险费）、失业保险、工伤保险等。地税机关代征社保基金可以充分发挥和利用现有的税务机构和人力资源优势，在不补充人员或少量补充情况下实现税费同征，事倍功半，降低征收成本，对推动社保基金科学管理具有积极的意义。

袁刚率团赴铜仁遵义考察城镇建设。5月16日至18日，为学习借鉴和解决在城镇建设过程中存在城镇规划、项目供地、房屋征收与安置补偿等问题，雷山县委副书记、县长袁刚率团赴铜仁市碧江区、松桃县和遵义市习水县、仁怀县考察学习，副县长张晓玲及丹江镇、郎德镇、县住建局、县国土局等主要负责人参加考察。考察团先后考察铜仁市粮食直库片区棚改、碧江区征地拆迁、松桃和习水两县县城镇规划和房屋土地征拆及两违清控、习水县土城镇和仁怀县茅台镇省级示范小城镇建设。

“雷山银球茶”在贵州斗茶大赛中获绿茶类金奖茶王。5月18日，贵州首届春茶斗茶大赛在贵阳落下帷幕，雷山县毛克翕茶叶发展研究所的“雷山银球茶”获绿茶类金奖茶王，为贵州五大新“茶王”之一。此次大赛评出的贵州另外四个新“茶王”分别是：贵州琦福苑茶业有限公司的“遵义红红茶”获红茶类金奖茶王；贵州岚宇茶业有限公司的“开阳富硒白茶”获其他茶类金奖茶王；贵州经典云雾茶业有限公司的“贵定云雾贡茶”获手工茶类金奖茶王；沿河塘坝千年古茶茶业有限公司的“梵净山茶”获古树茶类金奖茶王。

雷山县组团参展2015中国（贵州·遵义）国际茶文化节暨茶产业博览会。5月28日至30日，2015中国（贵州·遵义）国际茶文化节暨茶产业博览会在遵义市湄潭县会展中心举办，雷山县组织8家茶叶企业参展。在展会期间，省政协副主席李汉宇，州政协主席梁承祥，州政协副主席邓锦光及县政协主席陈正锋等分别到雷山县银球茶特展馆、黔东南特展馆和黔东南标准展巡馆，对在2015年全省春茶斗茶赛上刚刚评选获得“茶王”的“雷山银球茶”给予高度评价，要求以茶博会为平台，进一步提升“雷山银球茶”和“雷公山清明茶”知名度、美誉度和影响力，努力把雷公山品牌推向全国各地。本届茶博会雷山茶企业完成现场交易额6万元，达成意向订单达45余万元，共发放茶旅游宣传折页资料3000多份，旅游宣传光碟500张，招商引资宣传画册500多份。

开展“5·27”洪灾灾区献爱心募捐活动。6月2日下午，雷山县“5·27”洪灾区献爱心募捐活动在木鼓广场举行，共收爱心募捐款228577.5元。截至6月2日，全县受灾人口71380人，紧急转移安置人口7273人，农作物受灾面积3217.23公顷，倒塌房屋688户2182间，严重损坏房屋2452户6321间，一般损坏房屋4770户11690间，全县供水、水利、交通、房屋、农业、供电、通信等设施因灾损失严重，综合损失达9.89亿元。

县长袁刚主讲县政府“三严三实”专题教育党课。6月12日，县人民政府举行“三严三实”专题教育党课，县长袁刚作专题党课报告。县领导侯美彪、汤敏、毛珏梅、王松、叶建文、张晓玲、龙志波、罗爵出席专题党课，韦通贤主持专题党课。袁刚要求，县政府党组要带头组织开展好专题教育，不断提高班子自身建设制度化、规范化和科学化水平；要突出理论武装，抓好学习研讨；要突出问题导向，严格自查自纠；要突出党性分析，开好民主生活会；要突出专项整治，切实解决问题；要突出组织保障，强化责任落实。

第一届国际民族民间工艺品能工巧匠黔东南选拔赛雷山县获佳绩。6月17日，在凯里市民族风情园举行的中国（贵州）第一届国际民族民间工艺品文化产品博览会黔东南赛区落幕。雷山县在17项民族民间工艺品设计大赛、能工巧匠选拔大赛中获得一等奖1个、二等奖6个、三等奖7个，其中，中老年组穆修和的《锦鸡舞》荣获银器类一等奖；李正文的《铜鼓芦笙场》获银器类二等奖；宋通获的《花韵》和顾先刚的《银铜鼓》获银器类三等奖。

雷山县赈灾义演晚会。6月27日晚上，“爱心献灾区—重建美好家园”的“苗岭笙歌”音乐季专场赈灾义演晚会木鼓广场举行，当场收到爱心捐款264万余元，其中中国电建集团贵阳勘测设计研究院有限公司捐款100万元，杭州市上城区委人民政府捐款50万元。

雷山县城开通2路城市公交。6月30日，在继去年12月开通城市1路公交后，雷山县城开通2路城市公交。开通的2路公交线共投入6辆公交车，首末班时间为早上6：30至晚间21：30，途经15个站点，里程4.5千米，双向对开行驶；发车间隔为平峰时段7~15分钟，高峰时段5~10分钟；票价成人1元/人次，70岁以上老年人及中小学生凭有效证件享受五折优惠即0.5元/人次。

县政府领导班子“三严三实”专题学习研讨会召开。7月16日，县政府领导班子“三严三实”第一次专题学习研讨会召开。县领导袁刚、侯美彪、韦通贤、毛珏梅、王松、叶建文等出席会议。专题研讨会上，与会班子成员坚持问题导向，紧密联系实际，认真查摆问题，深刻剖析原因，就“严以修身，加强党性修养，坚定理想信念，把牢思想和行动的‘总开关’”进行发言。县委副书记、县长袁刚在总结讲话中要求党员领导干部，必须在守纪律、讲规矩上做表率，彰显人民公仆形象。

杨柳生态农业观光体验园建设项目签约。7月22日，黔东南贵商发展大会在凯里嘉瑞禾维景酒店三楼宴会厅举行，雷山县在会上成功签约杨柳生态农业观光体验园建设项目。县投资促进局王智局长代表县人民政府与昆明中平商贸有限公司签订雷山县杨柳生态农业观光体验园建设项目，签约资金1亿元。

雷山县组团赴杭州上城区开展茶旅推介活动。7月30日至8月4日，县政府副县长龙志波率团赴对口帮扶杭州上城区开展茶旅交流推介活动。活动期间，参加活动的县直部门和企业考察参观上城解放路茶叶市场一条街，在重点企业青藤茶楼开展茶商座谈，探讨茶文化传播交流。雷山县在上城南宋御街119号水云间风物馆开展茶旅推介活动。此次活动由雷山县委、县政府和上城区委、区政府共同组织，引起浙江省、杭州市等新闻媒体的高度关注，杭州电视台、杭州广播电视台、《明珠快报》和杭州网等新闻媒体参加新闻发布暨推介会。

西江千户苗寨特产旗舰店暨诚信商店揭牌经营。7月31日，西江千户苗寨特产旗舰店暨黔东南州电子商务诚信体验店正式揭牌营业。旗舰店落户西江景区，通过搭建电商平台，有效推动雷山县乃至全州电子商务综合示范项目的建设步伐，有效推进区内农特产品、旅游商品转型发展，促进农民增收。截至6月底，特色旗舰店完成销售金额16万元。

雷山县青钱柳茶获贵州省QS证。8月3日，雷山县贵州百佳尚品农业综合开发有限公司获食品生产许可认证（QS证），该企业是贵州省唯一获得生产青钱柳茶的企业，也是国内仅有4家之一。近年来，雷山县大力扶持发展青钱柳茶产业，至2015年，全县种植青钱柳面积达1.2万亩，实现年产值100万元，带动就业1000余人。百佳尚品公司青钱柳种植面积达5000余亩，是黔东南州最大的青钱柳种植、加工、销售企业，产品主要销往浙江、上海、广州等地区。

全县创建出口茶叶质量安全示范区通过省级初审。8月24日至26日，省出入境检验检疫局动植物与食品检验检疫处长张毅等专家考核组一行赴雷山县考核验收“国家级出口茶叶质量安全示范区”创建工作。县政府副县长叶建文陪同并出席汇报会。汇报会上，叶建文就近年来雷山县委、县政府全力打造“贵州茶叶大县”，创建“国家级出口茶叶质量安全示范区”的相关情况向专家组进行汇报。与会人员观看县创建办拍摄的“创国级出口茶示范区”专题片。专家考核组通过听取汇报、查阅资料，实地走访农资经营店、合兴红茶、敬旺等企业和大塘“九十九”高效农业等3个核心茶叶示范区基地，对该县“创国级出口茶示范区”工作给予肯定，宣布顺利通过省级初审。同时要求，要通过区域管理全覆盖、保证无公害，运用现代科学技术发展高端茶叶，造福一方人民。至2015年8月下旬，全县茶园面积14.8万亩，涉及茶农1.5万户6.3万余人，茶叶加工企业共94家，其中QS企业17家，省级龙头企业3家，州级龙龙头企业7家，2014年实现茶业综合产值完成8.7亿元，农民人均纯收入6069元，茶叶产业逐步成为农村经济中最重要的支柱产业。

雷山民族中学晋升“省级示范”高中。8月28日，贵州省教育厅公布2015年省级示范性普通高中学校升类及创建评估结果，黔东南州雷山民族中学晋升省级示范性普通高中学校。2015年，全省有2所学校批准升类为“一类省级示范性普通高中学校”，4所学校升为“二类省级示范性普通高中学校”，平坝第一高级中学、织金县第二中学、独山高级中学、雷山县民族中学、江口中学、息烽一中等6所学校授予“三类省级示范性普通高中学校”。至此，全省省级示范性普通高中共有105所，其中一类学校5所、二类学校64所、三类学校36所。雷山民族中学是雷山县唯一一所普通高级中学，创建于1952年9月。规划用地400余亩，建筑占地220亩，师生3500余人，66个教学班。2014年1月启动申创省级示范性高中，学校办学水平得到提档升位。2015年1月和7月，省教育厅组织教育评估专家组两次实地对该校进行评估。

康利优质山泉水系列产品生产建设项目签订意向性协议。9月7日，总投资8155万元的雷山县康利优质山泉水系列产品生产建设项目，经县投资部门与贵州雷公山味泉食品有限责任公司洽谈后，达成意向性协议。该项目位于丹江镇黄（里）乌（东）公路旁，投产后，可年产10万吨优质山泉水产品。

袁刚率队到深圳广州招商引资。9月20日至23日，由县委副书记、县长袁刚率队，县投资促进局、县国土资源局、县水务局、县工信局等部门负责人一行奔赴珠江入海口的深圳、广州两大城市开展企业考察求投资合作和招商引资项目推介及意向合作项目洽谈。招商引资小组一行先后拜访深圳市景田食品饮料有限公司、广州佛山市中国中药集团等大中型企业。每到一处，招商引资小组都与当地企业负责人座谈沟通，详细介绍投资雷山县的潜力与优势，积极推介招商引资相关项目。通过实地考察和对接洽谈，成功与深圳市景田食品饮料有限公司达成投资雷公山优质山泉水项目合作意向协议，与广州佛山市中国中药集团就雷山中药饮片项目达成合作意向协议。

袁刚率队到北京对接主体生态功能区转移支付工作。10月15日至17日，县长袁刚率县发改局、县财政局等部门主要负责和分管业务前往国家发改委、财政部对接主体生态功能区转移支付等相关工作，积极争取中央转移支付资金支持。财政部预算司体制处处长认真听取汇报，并仔细翻阅所呈报的相关材料后，对雷山县在生态环境保护方面所做的工作表示肯定，并希望雷山县委、县政府克服困难，坚持以绿色发展理念继续保护好生态环境，保护现有的好绿水青山。财政部决定，将于近期深入到雷山了解实际工作情况，待相关条件成熟后，将雷山纳入国家主体生态功能财政转移支付区。

雷山县精准扶贫建档立卡工作顺利通过省级验收。10月15日至16日，省建档立卡检查验收小组赴雷山县检查验收精准扶贫建档立卡工作。检查验收小组按照考评验收指标要求，对被抽查的永乐和丹江两个乡镇建档立卡工作流程、档案资料、系统平台信息等相关内容全面进行检查，同时电话向4名县直机关干部核实结对帮扶工作信息真伪，了解工作开展痕迹。通过对各项指标现场进行量化打分考评，永乐和丹江两个乡镇均达优秀等次，顺利通过验收。

雷山县举行大健康项目集中开工仪式。10月20日，雷山县大健康项目集中开工仪式在郎德镇举行。县委常委、副县长汤敏出席开工仪式，县发改局、县民政局、县卫计局、县文体局、县工信和商务局、县农业局、县旅发委以及企业代表、职工代表40余人参加。雷山县有15个项目被纳入省大健康产业发展规划，雷山县郎德镇养生文化体验度假区（传统村落健康养生基地）和雷山县养老基地（健康养老）列入全州大健康示范基地。已争取到2015年第二批专项建设债券基金支持2个大健康医药产业项目建设。此次集中开工，标志着该县27个项目已进入实质性动工阶段。

雷山举办民族民间工艺品大赛。11月12日，由雷山县委、县政府主办的“2015第三届‘和美雷山·银绣智慧’民族民间工艺品大赛活动”在雷山县城举行。来自全县的100名绣娘、50名银匠师入场展示刺绣、打制银饰技艺。最后，淳学娟等10名绣娘获得“十佳绣娘”，各获得奖金2000元，90名绣娘获得优秀奖；李发正等8名银匠获得“八强银匠”，各得奖金2000元，有42名银匠能手获得“优秀奖”。同时，大赛还评出创意产品设计类作品52件。

2015年贵州环雷公山超100千米跑国际挑战赛雷山赛段举行。11月14日，2015贵州环雷公山超100千米跑国际挑战赛雷山赛段举行，507名男女运动员参与角逐。该赛段线路为从雷山县城到季刀排乐岔路口返回终点雷山铜鼓广场，全程42.195千米。经角逐，男子组：来自埃塞俄比亚的选手达迪·泰斯法耶以2小时24分27秒的成绩夺得冠军，来自肯尼亚的费里蒙以2小时26分33秒的成绩获得亚军，来自中国的杨绍辉，以2小时29分03秒的成绩获得季军。女子组：来自中国的王敏以3小时00分04秒的好成绩夺得冠军，来自瑞典的弗瑞达以3小时10分39秒的成绩获得亚军，来自埃塞俄比亚的韦加耶胡吉尔玛以3小时12分37秒的成绩获得季军。2015贵州环雷公山超100千米跑国际挑战赛是国内唯一的多日超长距离路跑赛。

雷山县举行2015年苗年系列活动。11月22日，雷山县各族同胞欢聚县城，隆重举行主题为“走进蚩尤魂系家园·体验中国雷山苗年”的2015中国·雷山苗年活动非物质文化遗产大巡游活动，来自省内外22支代表队、3000余名演员载歌载舞参加大展演。2015年雷山苗年活动为期2个月，在11月1日至12月30日期间举办第一届雷山苗年“惠通杯”足球锦标赛、第一届雷山苗年“信合杯”篮球锦标赛、第三届“和美雷山·银绣智慧”民族民间工艺品大赛、第四届“苗疆圣地·和美雷山”全国摄影艺术大展、2015年贵州环雷公山超100千米跑国际挑战赛、传统村落保护论坛、第二届毅行登雷公山挑战赛暨首届雷公山露营大会、贵州省民族节庆推动经济发展座谈会、非物质文化遗产展示巡游活动、非物质文化遗产展演活动（开幕式）、苗年专场晚会、旅游客商座谈会、万人品雷公山名茶活动及茶艺比赛、“苗岭斗牛”大赛暨高峰论坛、斗鸟大赛、千名姑妈回娘家过苗年、芦笙舞大赛、桥牌锦标赛、旅游形象大使选拔赛等十九项民族民间文体活动。2015年的雷山苗年活动内容之多、持续时间之长为历年之最。雷山县从2000年开始连续举办苗年文化活动至今，雷山苗年已成为国内外闻名遐迩的文化品牌。

雷山县五千姑妈回娘家过苗年。11月23日至25日，雷山县大塘镇掌坳村，丹江镇乌开、掌排、乌东、乌秀4个村，西江镇开觉村等3个镇6个苗寨5218名外嫁他乡的“姑妈”和“姑爹”浩浩荡荡回娘家过苗年。各村寨的娘家人和郎舅们在村头寨口树起青竹篷门，摆下迎客酒桌，吹芦笙敲铜鼓，排列长队鸣放鞭炮，夹道欢迎“姑妈姑爹”进寨过年。儿女情长，悠悠乡愁，动人心弦，热闹的场面吸引着各方来宾、游客记者的围观，成为雷山县2015年苗年节一道亮丽的风景线。

雷山苗年文化周万人品茗暨首届茶艺大赛。11月24日，主题为“游苗疆圣地·品雷公山茶”的“2015年中国·雷山苗年节非物质文化遗产展示茶事活动”在木鼓广场成功举办，全县14家茶企参展。通过全面展示展销雷山名优茶、万人品茗和举办茶艺大赛，实现现场销售额3万余元，光顾品茗的游客约1.6万人次，发放雷山茶叶宣传折页0.5万份，免费发放茶礼品0.2万份，价值30万元；茶艺大赛评选产生一等奖1名、二等奖2名、三等奖4名、优秀奖若干名。

雷山县第二届芦笙舞传承大赛。11月27日，雷山县“第二届苗族芦笙大赛”在郎德镇南猛村举行，来自黔东南各地的26个代表队，580名选手参加比赛。大赛活动主题为“相约芦笙舞乐之乡·传承民族优秀文化”，分民族民间芦笙舞比赛和创编芦笙舞比赛2个组别。芦笙大赛吸引全国各地的游客前来观看，游客达2.2万余人。

雷山苗年节苗岭斗牛大赛。11月30日23时，2015雷山苗年节苗岭斗牛大赛落下帷幕。在A组比赛中，来自云南泸西的6号牛过五关斩六将“斗”走18万大奖。本次大赛，分为A、B、C、D、E五个组别，来自全国各地的313头斗牛参战，历时5天，奖金累计68.5万元。

雷山县创建国家有机产品认证示范区获国家认监委批准。12月15日，国家认监委发布公告公示，正式批准雷山县为国家有机产品认证示范创建区。12月11日，国家认监委在国家质检总局召开评审会，对雷山县创建国家有机产品认证示范区进行评审，经过实地考察评估、材料体系申报、陈述和答辩等环节，认定雷山县具备创建国家有机产品认证示范区的条件。示范区的创建，将对该县助推大健康产业发展、培育区域核心竞争力具有重要的意义。

【重点工程】 设立财政基金保护“中国传统村落”。1月，雷山县设立县级财政基金200万元用于对中国传统村落的保护和建设，主要用于修缮和完善传统村落古老房屋，整治村容寨貌，挖掘和传承民族文化遗产等方面。2015年，雷山有郎德苗寨、西江千户苗寨、桥港村等57个村寨入选“中国传统村落”名录。为避免在新农村建设推进过程中，部分传统村落及其文化遭遇商业利益干扰的情况，雷山建立“一村一档”的保护规划和制度，将传统村落保护纳入村规民约管理，实现村民自治。鼓励和扶持村民依托传统村落的资源优势，发展乡村旅游、民族手工艺等产业，切实解决保护与发展的问题。对居住相对集中的传统村落，启动实施“保老村、建新村”试点工作。西江千户苗寨群众自发成立村传统居民保护委员会，加强对传统建筑和民族文化的保护。

“三农”基础建设。2015年，雷山县纳入重点建设农林水利项目共17个，总投资达12.8亿元，年度计划投资4.6亿元，较上年同期增长

206.67%，年度计划投资额及投资增长速度均创造历史新纪录。2014年，该重点建设农林水利项目累计完成投资1.5亿元，有效增强“三农”发展后劲。

“五一”小长假旅游综合收入突破2亿元。5月1日至3日，全县接待游客23.87万人次，旅游综合收入2.23亿元。其中，西江景区123285人次，旅游综合收入11342.22万元；郎德景区14128人次，旅游综合收入1299.78万元；雷公山景区21346人次，旅游综合收入1963.83万元。

全县洪灾食品药品应急安全。5月27日，雷山县遭受特大暴雨侵袭，最大降雨量达367毫米，造成各条河流河水暴涨。灾情发生后，雷山县市场监督管理局组成6个安全检查小组，分赴被洪水淹浸的食品、药品店，查看被雨水污染的食品、药品贮存及质量情况，发现被雨水污染的一律停止销售使用，登记后监督销毁，确保质量安全，组织协调民政、红十字会等部门，开展救灾食品、药品质量监督，确保群众饮食用药安全。

鸡鸠水库工程防洪作用巨大。作为雷山县重点工程项目之一的鸡鸠水库工程，在“5·27”特大洪水来临时发挥巨大作用，不仅迟滞洪水下泄的时间，还降低县城及下游洪峰流量，大大降低县城洪水位，确保下游人民群众的生命财产安全。发生特大洪水前，大坝填筑至933米高程，比度汛高程高出16.5米，26日20时至27日9时，鸡鸠水库库区发生特大暴雨，雨量368毫米，最大洪峰流量620立方米/秒，入库洪量1814万立方米，达到200年一遇洪水标准。27日10时水库坝前达到最高水位931.4米，鸡鸠水库利用导流洞泄洪，库区拦蓄洪水近600万立方米，削减洪峰流量300立方米/秒，迟滞洪水下泄时间，从而降低县城及下游洪峰流量，将县城洪水削减到25年一遇，为县城及其下游的防洪发挥巨大作用，确保人民的生命财产安全。洪水退去后，20多名资深水利专家前往现场全面检查大坝情况，均认为大坝不存在安全隐患，工程质量良好，水库工程在建设期间发挥防洪作用，经受住这200年一遇洪水的考验，给雷山人民提前交一份满意的答卷。

鸡鸠水库工程灾后全面复工。6月10日下午，总投资5.79亿元的鸡鸠水库工程灾后开始复工建设。州水务局局长唐晓敢，县委副书记、县长袁刚在实地查看施工现场，要求鸡鸠水库参建各方要始终把安全生产和工程质量摆在首位，倒排工期，攻坚克难，确保工程节点在规定时间内完工，尽早让鸡鸠水库发挥综合效益。5月27日，雷山县发生特大洪涝灾害，给鸡鸠水库整体工程建设施工造成严重影响，工程建设被迫停工。

雷山特色优势服务产业集聚区被认定为省级现代服务业集聚区。6月30日，雷山特色优势服务产业集聚区被贵州省发改委认定为全省第二批10个省级现代服务业集聚区之一。雷山特色优势服务产业集聚区，以西江景区为中心，面积为280公顷。西江景区围绕民族文化旅游和康体养生的发展定位，完善配套服务支撑，吸引企业和游客，成为人流、物流、资金流、信息流的集聚区。

贵州国际手工艺品博览会招商引资结硕果。7月22日，第八届中国·凯里原生态民族文化旅游节暨2015年中国贵州国际手工艺品博览会开幕。雷山县委、县政府高度重视，成立以县长袁刚为组长，副县长张晓玲为副组长的招商引资领导小组，带着优势项目和优惠政策，到现场寻求与投资商合作发展的机会。会上，袁刚县长代表雷山县人民政府与昆明中平商贸有限公司签订雷山县杨柳生态农业观光体验园建设项目，签约资金1亿元。项目规划建设种植用地1000亩。建设蔬菜分拣生产线5条，新建冷藏库、仓库、休闲娱乐、露营区、办公、宿舍、食堂、停车场、供水、供电、排污等设施。

全县完成城乡低保提标减量工作。4月下旬启动全县城乡低保提标减量核查工作，严格按照入户核查、村级评议、乡镇审核和县级审批程序，至8月初，全面完成2015年城乡低保提标减量核查工作。提标后全县低保户14490户，38699人。其中城低保为1154户2485人，农低保为13336户36214人；月低保金为533.16万元，其中城低保为70.36万元，农低保为462.8万元。城低保月人均补助水平为283元，农低保月人均补助水平为128元，同比提高10.5%和24%。

凯雷高速公路主线贯通。9月6日，经550多天奋战，凯雷高速公路项目重点控制性工程乌轰郎隧道顺利贯通，标志着凯里至雷山高速公路主线实现全线贯通，为2015年年底通车目标顺利实现奠定坚实基础。凯雷高速公路起于沪昆高速，经过凯里乌利、雷山黄里及陶尧等13个苗寨，到达雷山县城，是《贵州省高速公路网规划》“678”网规划中第六横余庆至安龙高速公路的组成部分。全线按照双向四车道高速公路标准建设，设计速度80千米/小时，全长21.9千米，总投资概算24.8亿元，设西江服务区和下长坡、西江和黄里三处互通。至9月上旬，凯雷高速公路累计完成投资19余亿元，路基工程完成总工程量的99.34%，桥梁工程完成总工程量的99.32%，涵洞工程完成94.21%，隧道工程完成总工程量的98.27%。

雷山县荣获中央财政现代农业生产发展资金（茶产业）项目重点县。9月24日上午，贵州省2015年中央财政现代农业生产发展资金（茶产业）项目重点县公开竞争立项陈述会在省财政厅举行，会议采取现场公开陈述、专家提问、当场答辩、专家评分等形式进行。雷山县人民政府县长袁刚代表县委、县政府作竞争立项陈述报告，从基本县情、资源优势、技术力量、建设成效、组织保障等不同层面分别做出深刻的分析和陈述，得到与会专家评委的一致好评和认可。经过专家组评审认定，雷山县名列第六入围2015年中央财政现代农业生产发展项目资金（茶产业）项目重点县。此次成功立项后，中央财政对雷山县茶产业的财政补助资金将达1000万元，其中70%资金用于标准化茶园建设，30%用于加工企业贷款贴息。中央财政现代农业生产发展资金是财政部2008年新设立的大宗支农资金，主要用于支持各地优势特色农业产业发展、提高主要农产品有效供给和农民增收的专项资金。2008年以来，雷山县连续7年列为中央和省级财政现代农业生产发展资金（茶产业）项目重点县，共获得资金5896万元，项目实施7年来，全县茶叶产业基本实现“基地建设规模化、生产管理规范化、加工企业集群化、产品构成品牌化、市场体系网络化、茶旅结合一体化、产品质量安全化”。

鸡鸠水库库底清理工作正式启动。10月13日，由县政府办牵头，县移民局、县水务局、县住建局、县生态文明建设管理局、县卫计局、大塘镇以及鸡鸠水库业主、设计、监理等单位和部门负责人到鸡鸠水库进行库底清理前的现场勘查工作。标志着鸡鸠水库库底清理工作正式启动。

省建设工程招标投标协会捐资建桥助民生。10月21日，省建设工程招标投标协会一行到郎德镇捐赠50万元，用于郎德镇下郎德村岩寨吊桥工程建设，方便群众出行。郎德镇先后遭受“5·27”“6·8”两次特大洪涝灾害，造成郎德镇基础设施严重损毁，郎德镇下郎德村岩寨与外界联系的唯一一条铁索桥被水冲毁，导致岩寨35户152位群众生产生活受到严重影响。

雷山被列为国家级出口茶叶质量安全示范区。10月22日，国家质检总局发布公告，雷山县被列为茶叶类“国家级出口食品农产品质量安全示范区”。此前，8月24日至26日，省出入境检验检疫局动植物与食品检验检疫处长张毅等专家考核组一行赴雷山县考核验收“国家级出口茶叶质量安全示范区”创建工作，专家考核组通过听取汇报、查阅资料，实地走访茶叶企业、茶叶销售经营店和大塘九十九高效农业等3个核心茶叶示范区基地，宣布通过省级初审。9月15日，由国家质量监督检验检疫总局委派的考核专家组到雷山县对“国家级出口茶叶质量安全示范区”创建工作进行复审，专家组通过听取汇报和实地检查验收，对雷山县创建“国家级出口茶叶质量安全示范区”工作给予肯定。截至2015年10月，雷山县茶园面积14.8亩，共有5家茶叶企业获得“出口备案”，雷山红茶、银球茶可直接或间接出口东南亚、欧盟等地。2014年雷山县出口创汇2245万元，占全省茶叶出口量的43%。雷山县被列为创建国家级茶叶出口质量安全示范区，得益于雷山县得天独厚的自然环境，空气质量优良率100%，森林覆盖率72.3%。雷山被列为国家级茶叶出口质量安全示范区前，雷山县银球茶1986年获轻工部优质产品称号，1988年获中国首届食品博览会金奖，1991年被外交部选作馈赠礼品，2011年荣膺中国（上海）茶博会中国名茶特别金奖，2013年获日本绿茶赛金奖，2014年“中绿杯”全国名优绿茶金奖。2015年5月18日，贵州省举办的“2015年贵州省春茶斗茶赛”中，雷山县毛克翕茶叶发展研究所选送的“雷山银球茶”荣获贵州绿茶类茶王。

雷山投入2.6亿元建设体育森林公园。11月9日，雷山县丹江体育森林公园开工奠基仪式在丹江镇羊排村羊排坳隆重举行，该县四大班子领导出席开工奠基仪式，为雷山县丹江体育森林公园奠基培土。该项目地处雷山县城规划区内，东沿308省道、南临羊排村、西临雷山县老城区、北靠城北新区，规划面积4.33平方千米，总投资约2.6亿元。丹江体育森林公园按“一心一带一廊五片区”布局建设，一心为综合服务中心，一带为文化风情带，一廊为人文观光休闲廊，五片区为综合服务区、科普休闲娱乐区、生态保育区、康体疗养区、文化休闲娱乐区。该公园设计建有登山步道、骑行绿道、康体休闲步道等户外运动场所和垂钓、采摘、踩鼓场、斗牛场等设施，是一个集游览观光、康体养生、休闲度假的主题性体育森林公园。项目分两期建设，第一期为步道、斗牛场、踩鼓场及康体疗养等项目建设，总投资1.8亿元；第二期为综合服务区建设，总投资为0.8亿元。

雷山县成功签约传统村落项目。11月16日，2015年首届中国传统村落黔东南峰会乡域经济发展论坛暨招商推介会在凯里市民族文化宫隆重举行，雷山县人民政府副县长张晓玲代表县政府分别与贵旅集团雷山文化旅游产业发展有限责任公司、贵州雷山苗家大院民族文化产业有限公司签订雷山县乌东旅游服务景区建设项目、雷山县苗家大院民族文化产业园项目，签约资金2.88亿元。

全县新一轮易地扶贫搬迁项目集中开工。12月2日，雷山县举行新一轮易地扶贫搬迁项目开工仪式。县委书记黄清发出席并宣布项目开工，开工仪式由县委副书记、县长袁刚主持。县人大常委会主任刘光信，县政协主席陈正锋，县委常委、副县长、县委宣传部部长韦通贤，县人大常委会副主任刘平方，县人大常委会副主任、丹江镇党委书记金光翔，县政协副主席邱兆娟出席开工仪式。雷山新一轮易地扶贫搬迁工程项目整合保障性住房项目建设，安置点总占地面积53333.6平方米，总建筑面积54000平方米共450套住房，项目总投资9815万元，项目建设工期为2年。

（吴昌周）

工作综述

【经济概况】 2015年，是雷山县“十二五”收官之年，在广大干部群众的共同努力下，全县经济社会发展稳中有进，稳中有新、稳中向好，年初确定的主要目标基本完成。

2015年，是推动跨越、富有成效的一年。与上年相比，全县地区生产总值增长11.3%；50万元以上固定资产投资增长20.5%；社会消费品零售总额增长12.2%；财政总收入增长8.5%；一般公共预算收入增长7.1%；一般公共预算支出增长35.9%；金融机构存、贷余额分别增长27.7%和19.7%；农村居民人均可支配收入增长12.8%，城镇居民人均可支配收入增长10.8%；小康社会实现程度达89.6%；增比进位综合测评在全省10个国家扶贫开发工作重点县排第4位，比2014年上升2位。

2015年，是极不平凡、刻骨铭心的一年。全县遭受百年难遇的四次特大暴雨袭击，雨量之大、覆盖面之广、群众受灾之深，为历史罕见，面对突如其来的灾害，县委、县政府始终把人民利益放在首位，带领全县干部群众与灾害开展不屈不挠的斗争，出动运输车辆3600余台（次）、作业机械1100余台（次），参与抢险救灾的机关单位干部职工、武警消防、公安干警、民兵村干、社会各界达36000余人次，经过全县上下的团结奋战，把灾害损失降到最低，在短期内交通、水利、供电、通信等设施得到恢复，广大人民群众生产生活恢复正常，灾后重建工作成效明显，得到上级党委政府、广大受灾群众的一致“点赞”。

2015年，是硕果累累、信心满满的一年。全县实施重点项目建设33个，凯雷高速建成通车，蚩尤大道基本拉通，鸡鸠水库成功截流。品牌创建工作成效明显，文化旅游产业、现代山地特色农业、特色生态工业发展持续向好，全县景区化、全域旅游化进展顺利。成功创建国家级出口茶叶质量安全示范区、国家有机产品认证示范区，是贵州省2015年唯一申报成功的县。雷山银球茶包揽贵州省首届春茶斗茶赛金、银、铜奖，并荣获贵州绿茶“茶王”称号、百年世博中国名茶金奖。

2015年，是和谐稳定、民生普惠的一年。10件民生实事全面完成，全县“减贫摘帽”通过省级评估验收，3000多户城乡居民挂牌认定为“小康家庭户”，脚尧村获“贵州省同步小康创建示范村”殊荣。雷山民族中学成功创建“省级示范性高中”，县医院成功创建“二甲”医院。人民群众安全感满意度测评获全省第一名。“全国文明县城”得到巩固提升，“多彩贵州文明行动”考核再次排名全省二类县市第一位。

2015年，全县地区生产总值完成23.76亿元，增长11.3%。其中：第一产业增加值6.24亿元，增长6.4%；第二产业增加值4.04亿元，下降9.3%；第三产业增加值13.48亿元，增长22.7%；三次产业结构为26.3：17.0：56.7。全县财政总收入完成3.17亿元，同比增长8.5%，其中：公共财政预算收入完成2.18亿元，同比增长7.1%。全部税收收入2.66亿元，同比增长16.4%。公共财政预算支出17.32亿元，同比增长35.9%，其中，一般公共服务支出1.87亿元，同比增长6.3%。全县实现社会消费品零售总额6.19亿元，同比增长12.2%。农村居民人均可支配收入达6810元，同比增长12.3%；城镇居民人均可支配收入达22564元，同比增长10.7%。

【农村经济】 2015年，全县实现农林牧渔业总产值10.01亿元，同比增长6.6%，增加值6.24亿元，同比增长6.4%；全年粮食作物播种面积1.296万公顷，实现粮食产量4.57万吨。全年畜牧业实现总产值28909万元，比2014年增长2.6%；牛存栏22597头，出栏6402头；猪存栏54228头，出栏61846头；羊存栏11190头，出栏4758头；家兔存栏1985头，出栏2031头；家禽出笼181626明；肉类总产量6213吨，比2014年增长0.6%；禽蛋产量884吨，比2014年减少11.4%；水产品产量865吨，比2014年增长1.3%。茶青产量1.32万吨，茶产品产量3131吨，实现茶产品产值3.4亿元，完成红茶出口产量41吨，创汇200万美元；雷山银球茶荣获“贵州绿茶茶王”金奖和百年世博中国名茶金奖殊荣，雷山县成功创建国家级出口茶叶质量安全示范区；省级现代高效农业示范区总产值完成30亿元。省、州级农业产业化龙头企业达到24家；新增农民专业合作社42个，规模养殖场265个。精准扶贫再上台阶，2015年省级以上财政专项扶贫资金到位6696.4万元，共计立项安排实施项目50个，启动实施31个，占62%；重点瞄准贫困户3194户13186人，实行重点帮扶，实现8220人脱贫，贫困人口下降到2.576万人，贫困人口发生率下降到18.62%；全县“减贫摘帽”通过省级评估验收，3000多户城乡居民挂牌认定为“小康家庭户”，脚尧村获“贵州省同步小康创建示范村”殊荣。

【工业经济】 围绕旅游业、生态资源和特色农业抓工业，茶叶、中药材等农产品加工和民族服饰、银饰等手工艺品加工业集群发展，果蔬加工项目破土动工。2015年，全县工业增加值完成2.02亿元，同比下降19%；2000万元规模以上工业增加值完成3243万元，其中，国有企业完成1125万元，其他类型企业完成2118万元。主要工业品，发电量2305万千瓦时，供电量9956万千瓦/时；胶合版产量2400立方米；商品混凝土6.92万立方米；精制茶90.4吨。全年建筑业实现增加值20147万元，同比增长4.4%。

【固定资产投资】 全县实施重点项目建设33个，突出抓好凯雷高速公路、鸡鸠水库、通村油路（水泥路）、西江营上园区、苗疆盛世城市综合体、蚩尤大道等项目建设，凯雷高速建成通车，蚩尤大道基本拉通，鸡鸠水库成功截流。招商引资新签约项目22个，签约资金31.7亿元，到位资金28亿元，招商引资新增开工项目25个，新增投产项目11个。2015年50万元以上施工项目91个（当年新开工项目59个），完成固定资产投资28.04亿元，同比增长20.7%。

【交通通信】 凯雷高速公路实现全线通车。雷山至榕江四格高速公路完成可编制报告，并纳入全州高速公路网规划。通村油路（水泥路）建设取得历史性突破，基本实现油路（水泥路）村村通。全年交通运输、仓储和邮政业实现增加值9456万元，比2014年增长27.1%。全社会货物周转总量20143万吨千米，同比增长8.2%；旅客周转量19271万人千米，同比增长9.9%。凯里至雷山高速公路开通营运。年末全县境内公路里程1345.84千米，通水泥（沥青）路行政村150个，通客运车辆行政村130个。全县营运载货汽车751辆；营运载客汽车208辆。全年完成邮政业务总量1117万元，比2014年增长2.0%；电信业务（含电信、移动、联通）总量6410万元，比2014年增长7.4%。全县年末电信业用户到达数（持卡）为128558户。手机普及率90.2部/百人，固定电话及率34部/百户，互联网普及率20.2户/百户。

【城乡建设】 全县实施重点项目建设33个，凯雷高速建成通车，鸡鸠水库成功截流。苗疆盛世城市综合体建设成效初显，苗疆文化博物馆、室内剧场项目加快推进，累计完成投资2500万元。丹江体育森林公园动工建设。完成农田水利建设项目86处，总投资4600万元，有效解决灌溉面积达1.95万亩。建成农村饮水安全工程16处，总投资918万元，有效解决农村饮水安全1.72万余人。深入实施信息基础设施建设三年会战，完成投资5690万元，全县所有行政村实现通宽带，农村广播电视综合信息网络行政村双向覆盖率达100%。

【文化旅游】 西江景区营上综合服务区文化创意平台街区、文化艺术创作基地、生态停车场等项目建设取得重大突破，西江景区创建国家AAAAA级景区工作加快推进。全球顶尖度假村、酒店及休闲养生跨国运营开发商悦榕庄集团确定落户西江，并完成概念性规划设计。扎实推进雷公山精品景区开发，24公里处服务区和乌东服务区等项目建设步伐不断加快。郎德景区二次开发成效初显，南统服务区、“非遗”一条街、停车场、郎德上下寨连接线观光车道及郎德上寨田园景观打造有序推进。格头、新桥、掌坳等一批苗族村寨旅游开发稳步推进。成功举办雷山苗年、环雷公山超100千米跑国际挑战赛等系列活动，雷山影响力和知名度进一步提升，全县文化旅游产业实现提速发展。2015年，全县接待游客548.5万人次，同比增长24.9%，实现旅游综合收入45.16亿元，同比增长24.2%。

【金融保险】 2015年，全县金融机构各项存款余额33.86亿元，同比增长27.7%。其中：住户储蓄存款余额20.11亿元，同比增长11.7%。各项贷款余额21.68亿元，同比增长19.7%，其中，中长期贷款15.73亿元，同比增长8.7%。全年保费收入3073万元，同比增长18.3%。全年各类保险赔款支出1197万元，比2014年增长71.0%。

【教育事业】 实施教育“9+3”计划，统筹城乡义务教育均衡发展，雷山民族中学成功创建“省级示范性高中”，加快思源中学建设，启动在县城新建2所公立幼儿园和1所中学工作，教育基础设施更加完善，教育教学水平稳步提升。2015年，全县共有幼儿园16所，小学附设幼儿班47个，村民自办幼儿班3个，在园幼儿共4235人；小学68所（其中完全小学28所、教学点40所），在校生11051人；初中5所，在校生6587人；普通高中1所，中等职业技术学校1所，普通高中在校生3493人，中职在校生299人。各级学校专任教师1633人，其中公办幼儿园专任教师87名，小学教师专任教师808名，专科以上学历占84.5%；初中专任教师418名，本科以上学历占71.8%；普高专任教师204名，本科学历占99.0%，研究生学历占2.0%；中职专任教师54人，本科学历占72.2%。学前一年毛入园班率140.4%，三年毛入园班率77.9%，小学入学率99.3%，初中入学率97.1%，九年义务教育巩固率98.3%，高中毛入学率90.8%。学生人均校舍建筑面积，小学9.82平方米，初中10.69平方米，普通高中18.19平方米，中职27.99平方米。生均图书册数，小学30.2册，初中33.8册，普通高中34.4册，中职16.7册。2015年雷山参加中考1877人，参加高考1204人，二本以上上线223人。

【卫生事业】 卫生事业健康发展。县中医院建设稳步推进，完成上郎德、乔兑等10个卫生计生室标准化建设，推进乡镇卫生院标准化建设，县医院顺利通过二级甲等医院评审，县妇幼保健计生服务中心、望丰、大塘等卫生院通过州级爱婴医院评审，城乡居民基本医疗保障水平得到显著提高。2015年，全县共有医疗卫生机构177个，其中医院4个，卫生院8个，民办非企业（诊所）9个，村卫生室148个。医疗卫生机构共有床位650张，其中医院423张，卫生院184张，妇幼保健站43张。全县卫生机构在岗职工759人（卫生技术人员553人），其中，执业（助理）医师295人（执业医师113人），注册护士170人，药师（士）20人，技师（士）53人，其中检验师31人，其他128人，其中见习医师67人，其他技术人员19人，管理人员25人，工勤人员12人。全年医疗卫生支出累计完成16627万元，同比增长27.9%。全县医疗机构共诊疗30.6万人次，入院人数19490人，出院人数19219人。

【人口与计生】 2015年，根据统计口径，全县年末常住人口数为11.7万人，比2014年增加0.02万人，年平均常住人口数为11.69万人。按公安部门户籍管理统计，全县有户籍总人口161004人；按民族构成，汉族人口为12613人，占7.8%，少数民族人口148391人，占92.72%，其中，苗族人口为135866人，占84.4%，其他各少数民族人口为12525人，占7.8%。年内出生人口1496人（常住人口年内出生1305人，政策内1275人，常住人口符合政策生育率94.6%），其中，出生男婴771人，女婴725人，出生人口性别比106.34。年内死亡人数1012人，人口出生率为12.40‰，人口死亡率为7.63‰，人口自然增长率为4.77‰；全年累计完成各种计划生育手术2124例，其中落实绝育手术1070例，同比减少233例。

【民生保障】 2015年，全县城镇居民人均可支配收入达22564元，增长10.7%；农民人均可支配收入达到6810元，增长12.3%；2015年，全县累计实现城镇新增就业1419人。落实就业创业政策，发放小额担保贷款金额715万元，转移农村劳动力3500人。累计发放养老金1344万元，1.98万老年人受益；累计发放低保资金6380万元，1.45万户3.87万困难群众受惠；新农合参合率达99.8%；发放医疗救助金656.57万元，2378人重、特大病患者受助。发放粮种补贴资金137万元；完成生态移民搬迁1179户4560人。灾后重建推进有力，2015年自“5·27”后，全县连续遭受4次特大暴雨袭击，造成全县经济损失13.97亿元。共争取上级灾后重建资金2.54亿元；完成受灾户紧急避险临时安置300户1057人；1755户房屋受灾户全部纳入危房改造任务，并全部启动建设；下拨民政抗洪救灾资金1224.47万元；恢复水毁公路76条；恢复农田水利设施15处，恢复农村供水工程90处。

【环境安全】 全县森林覆盖率达68.49%，集中式饮用水源地水质达标率100%，县城环境空气质量达标率100%，城乡生活垃圾无害化处理率81.8%。深入开展矛盾纠纷和信访维稳“百日攻坚”，坚持领导干部接访下访和包案督访，2015年各级领导干部接访群众132批次，排查矛盾纠纷246件，化解243件，化解率98.8%。全县社会治安持续保持稳定，人民群众安全感名列全省前茅。全县发生各类安全生产事故1起，死亡1人，与2014年同比事故起数减少4起。其中：道路交通事故1起，死亡1人。

（吴昌周）

县政府办公室工作

【概况】 2015年，县政府办内设机构共9个，分别是县人民政府法制办公室、县人民政府应急管理办公室、县国防教育办公室、县外事办公室、县人民防空办公室、县财税金融协调领导小组办公室、县经济发展研究中心、县农村产权管理和交易中心、县人工影响天气作业中心，县政府办领导设1正4副，总编制数61人，其中行政编23人、事业编30人，年末有职工54人，其中研究生2人、本科40人、大专12人。2015年，围绕办公室“精致、细致、极致”工作目标，健全完善各项工作制度，认真办文、办会、办事，切实履行服务、协调、督查、法制建设等各项工作职责，较好地完成各项工作任务。12月30日，全县政府系统办公室主任会议在县政府五楼会议室召开。县委常委、副县长汤敏出席会议并讲话，强调加强政策理论和办公室业务学习，高效优质服务推进各项工作。县政府党组成员、办公室主任杨胜星要求高标准严要求，在协调服务、综合参谋上推进办公室工作迈上新台阶。会议就公文错情进行点评，签订考核目标责任状。

【学习培训】 从狠抓学习入手，认真制定、完善学习计划，坚持常抓不懈，形成良好的学习风气。组织办公室人员每周集中学习政治理论和党的路线、方针、政策，尤其是国家、省、州出台的贴近雷山县实际的新文件、新政策等，并结合雷山县发展实际，开展专题讲座、讨论，相互学习，相互借鉴，积极修炼内功，切实提高对政策的理解深度和把握力度，提高政治敏锐性和辨别力。同时，有针对性地搞好业务学习，特别是公文处理、业务知识的学习，做到学有所长、学有所精。全年办公室共撰写调研文章20余篇，心得体会40余篇；学习培训20余批次，50余人。

【公文处理】 在公文处理上，坚持从严、从精、及时、实效的原则，严格按照《国家行政机关公文处理办法》的规定，从文书处理的收发、印制、传阅、清退、归档、销毁等各个环节入手，严把政策关、时效关、公文体例格式关、文字关和校核关，力求政策清楚、主题突出、观点准确、格式规范、逻辑严谨、准确及时。全年共编发县政府各类文件770份，处理各级来文4215份，处理部门、乡（镇）各类请示3013份，确保政令畅通，政策的贯彻落实。全面实施党政机关电子政务办公协同系统及移动办公系统运用，2015年共开展4次全县性集中培训，系统已覆盖全县各乡镇、党政机关、企事业单位、社会团体及省、州驻县单位，极大提高全县党政机关办公效率，降低办公成本，确保公文正常流转和政令畅通。

【督查督办】 在督查形式上狠抓“四个转变”。即从事务性督查向决策性督查转变，从消极被动督查向积极主动督查转变，从以部门督查为主的小范围督查向协调各方联动的大督查转变，从突击性、阶段性督查向经常化、制度化督查转变，使督查工作较好地落到实处。在督查内容上突出“三点”。即督重点，对年初“两会”、县长办公会、县政府常务会等会议做出的重大决策和重要工作部署，进行分解立项，跟踪督查，深入基层，了解情况，找准问题，分析对策，提出建议，有力推动重点项目建设的顺利开展；督难点，紧紧围绕政府一个时期的工作难点进行督查。围绕城建、交通、土地、项目建设等方面进行专项督查，有力地促进难点工作的落实；督热点，突出解决人大代表和政协委员关注的热点问题。按照归口分级办理，“一把手”负责的原则，加大对人大代表建议、政协委员提案及领导批件的办理力度，办理人大代表建议115条、办结答复率100%、满意率98%；政协委员提案140件，办结答复率100%、满意率98%。督查政府各类建设项目、专项工作170余项，为县政府领导把握全局、了解项目进展，安排、指导工作有序开展起到积极作用，有效促进全县工作的顺利开展。在督查实效上加大“三个力度”。即加大发现问题的力度，提高善于找出问题、分析问题的能力，准确把握督查工作的角度和高度，力求督查工作应有的宏观性、政策性、决策性。

【政务信息】 2015年县政府网站共编发各类政务信息2219条；省政府网站采用245条，州政府网站采用222条；共编印县政府公报4期，应急值班快报249期，处理答复县长信箱116件。

【服务协调】 及时协调县政府重大工作，认真做好重要会议、重要活动和接待的安排和服务工作。进一步规范县政府常务会议、县长办公会议和专题会议的办理流程，严格上会材料的审核把关，专人督办到位，确保会议质量和水平。加强公文管理工作，进一步规范公文运转，做到及时、准确、安全、保密，做到急文急办、急件急送。做好上级领导检查指导和兄弟县、市参观学习等接待工作，据不完全统计，全年累计各类接待250余批（次）1700余人。参与并较好地完成"两会"、雷山苗年、雷公山山地自行车挑战赛、环雷公山超100千米跑国际挑战赛、"中国传统村落·黔东南峰会"雷山论坛、苗岭斗牛、旅游推介、招商引资等系列重要活动的服务及接待工作。

【应急处置】 按照省、州要求，全面加强乡镇和部门应急预案编的修订编制；积极组织开展各类应急演练，先后组织乡镇和部门开展火灾事故、地质灾害逃生、重点行业部门应急演练活动20余次；在2015年的"5·27""6·08""6·13""6·21"特大洪涝灾害期间，按照县委、县政府的工作部署积极组织应急救援力量开展抢险救灾工作，同时加强值班值守，准确及时上报各类信息简报，紧急转移安置5万余人，紧急避险转移安置3.7万余人、集中转移安置1080人，分散转移安置12111人，紧急生活救助13191人，过渡性生活救助7301人；先后妥善处置西江景区清违、蚩尤大道建设、凯雷高速公路建设等重点工作及项目建设引起的突发性事件；做好常规值班和节假日、重大节日活动期间各乡镇、重点要害部门24小时值班守护和信息报送工作；开通8个乡镇政府驻地和县城防洪主要区域应急视频监控系统。

【法制服务】 2015年，审查规范性文件、合同、公告40余件次；参与各种会议讨论相关协议70件次；梳理行政审批事项3327项。切实做好行政复议工作，在审理案件的过程中，坚持以事实为根据，以法律为准绳，深入案发地了解调查，复核案情，核对证据，认真分析，全面审理，推进雷山县行政复议工作逐步走向规范化、制度化，共受理公民、法人和其他组织等各类行政复议申请7起，依法受理6件，办结6件，结案率100%。

【人民防空】 开展纪念《中华人民共和国国防教育法》颁布实施活动及以国防法规、军事常识、兵役知识为内容的大型国防教育活动。认真贯彻执行《中华人民共和国人民防空法》《国务院中央军委关于进一步加强人民防空事业发展的若干意见》要求，坚持"长期准备、重点建设、平战结合"方针，组建460人的人防专业救援队伍，发放国防教育宣传资料5000余份，印发《雷山县防空地下室建设和易地建设费征收管理暂行办法》，正在编制送审《雷山县防空袭预案》，争取到州人防办5万元资金安装防空警报器2台，全县共安装有防空警报4台。多次组织相关人员参加省、州级业务培训并到周边县（市）考察学习先进经验。

【外事侨务】 坚持"以人为本、为侨服务和为国家整体外交服务"的宗旨，严把审核关，2015年，共接待外宾22批次1407人，办理因公出国出境9批共11人次。

【金融服务】 全县金融运行呈现平稳健康发展态势，银行业金融机构各项存款有所提升，保险业市场竞争明显，服务范围逐步拓展，地方信用建设体系和担保服务体系建设工作持续深入发展，金融结构进一步优化，服务水平进一步提升。2015年共申报项目贷款43个，融资14.35亿元，到位9.17亿元；截至2015年年底，全县各项存款余额达31.72亿元，增长23.04%，各项贷款余额21.28亿元，增加19.75%；成功创建贵州省农村金融信用县，截至年末全县已有39681户家庭建立信用档案，累计创建信用村140个、信用乡镇8个。

【扶贫驻村】 2015年，县政府办进一步夯实扶贫工作力度，派专人驻村开展帮扶工作，听取村民及村两委工作意见建议，并明确提出在精准扶贫方面要求全体干部职工每月至少下村两次以上，要与帮扶对象面对面交心谈心，共谋生产发展，帮助他们解决生产发展难题。引导格头村种植辣椒103亩、稻田养鱼100亩，建成本地鱼繁殖场1个，修建进户步道2200米，协调县财政资金20余万元完成旅游服务中心、停车场等建设项目的征地工作，整治70余栋房屋风貌，建成4道生态清水步道拦水坝、4个焚烧式垃圾池、2个休闲亭，修建150米生态护栏，完成80盏太阳能路灯建设，乡村旅游餐饮技能和种养业技能培训150人次，启动3户乡村农家旅馆建设、拓宽进寨公路2.5千米；积极向上争取项目，并组织协调好项目的实施，共协调争取到基础设施建设及产业项目33个，资金1200余万元，已完工16个。

【作风建设】 严格考勤制度。执行上下班打卡签到制度和外出报告制度及请销假制度，全年迟到或早退累计达到60小时以上，调离县政府办工作岗位；全年累计迟到或早退累计达到50~60小时，年终考核评定为不称职或不合格等次；全年累计迟到或早退累计达到40~50小时，年终考核评定为称职或合格等次；全年累计迟到或早退累计达到20~40小时，年终考核评定为称职或合格等次，不作为后备干部向组织人事部门推荐，不作为表彰对象推荐或进行表彰。强化工作绩效管理。制定出台《雷山县人民政府办公室绩效考评暂行办法》，实行绩效目标管理。推行“AB岗位”工作制度。进一步完善“AB岗位”管理制度，努力提升全体干部职工的“补位”意识。严格问责管理。建立问责管理制度，凡属各有关职能部门检查、并被通报或由社会监督经查实、被上级督办，以及媒体曝光造成不良影响的，分层次对个人、领导和单位进行责任追究。严格执行各级有关规定。严格执行中央“八项规定”、省委“十项规定”和州委、县委“十二项规定”，在公务接待、车辆管理、办公设备购置、报销核算等方面层层审核把关，切实控制公费支出，打造节约型机关，以铁的纪律和严要求转变工作作风，增强办公室凝聚力，努力塑造模范机关新形象。

（吴昌周）

政务服务

【概况】 雷山县人民政务服务中心成立于2011年5月25日，2012年6月正式对外受理业务，负责组织、协调、指导、监督本级人民政府所属各部门、单位的政务服务工作。2011年5月25日至2015年3月25日属于县人民政府办公室下属正乡级事业单位，核定事业参公编制8名。其中主任1名、副主任2名，归口县人民政府办公室管理。2015年新一轮机构改革后，雷山县人民政务服务中心划转为县人民政府正乡级直属事业单位。设有办公室、业务股、网络股和督查股4个内设机构。核定事业编制8名。其中主任1名，副主任2名，纪检组长1名，股级干部4名。在职人员党员7人，本科学历6人，大专学历2人。2015年，县政务服务中心坚持以深入推进行政审批制度改革、全面提升行政效能为指导，以标准化建设、提升能力、改进作风、提高效能为目标，围绕“规范、廉洁、高效、便民”服务宗旨，着力于“提效率、促规范、强服务、倡廉洁”方面下功夫，为全县人民搭建优质高效的政务服务平台。全年累计受理审批事项179.99万件，办结179.97万件，办结率达到99%。全年县政务服务中心共收到群众感谢锦旗6面，书面留言感谢信2封。

县政务服务中心更名。2015年3月26日，雷山县人民政府办公室印发《雷山县人民政府政务服务中心主要职责内设机构和人员编制规定》，将县政务服务中心由县政府办公室下属乡科级事业单位变更为县人民政府正乡级直属事业单位。单位名称由县政务服务中心变更为县人民政府政务服务中心。社抚费划归地税征收。2015年5月

15 日，雷山县社抚费划归地税征收启动仪式在县政务服务大厅举行，雷山县委副书记、县人民政府县长袁刚到会并讲话。

【网上并联审批】 县政务服务中心依托党政机关电子政务系统（G6 协同）办公系统并结合中心各窗口与各单位分散的实际，开通网上行政审批平台，将中心各窗口与派驻单位通过网上行政审批平台实现无缝连接，实现中心窗口人员在最短时间内将需要主管部门集体研究的事项上报审批，在技术层面解决过去群众办事需要“两头跑”、部门授权不充分的问题，行政审批服务事务“一表通”已全面完成平台建设并投入运行，截至 12 月 15 日为止，通过行政审批平台累计办理独生子女证 146 件，办理二孩准生证 710 件，出具计生“双诚信、双承诺”3532 件；累计办理临时救助 652 件。

【网上办事平台建设】 完成贵州省网上办事大厅（雷山）的筹建工作。全面完成网上办事大厅行政许可事项及办事指南的网上录入工作，在县政务服务大厅设置网上办事大厅自助办理区，配备电脑、扫描仪等电子化设备，并邀请专家对窗口干部进行 2 次网上办事大厅系统的业务培训，为网上办事大厅的正式运行打下良好的基础。完成“雷山政务”微信公众平台建设工作。通过文字、图片、视频等多种形式将政务服务、政务信息等方面内容向社会公众公开。同时，还增加微服务、微咨询、微社区、微投票、微评价等栏目方便办事群众了解和参与政务服务工作，满足群众的知情权、参与权和监督权。

【便民服务站规范化建设】 完成乡（镇）便民中心和部分村（社区）便民服务站规范化建设，推行“暖心秘书”代办制度，做好村级便民服务工作。全面完成全县所有乡（镇）便民中心和 8 个村级和社区便民服务站规范化建设工作。同时，为真正让便民服务伸到群众一线，遵守“群众办事不出村”的服务宗旨，探索将“暖心秘书”下派到各村，并开发运用电子政务服务办公系统手机 APP，直接服务群众，变“坐机关办公”为“进驻村办事”，全程负责代办群众需办事项。促进基层工作干部下移、服务下移、群众不移，实现“代民办事、为民解忧、让民满意”的目的，进一步形成文明、有序、规范的审批服务氛围。2015 年，“暖心秘书”为群众代办农合报销，农机补贴等便民事项 1500 余件，受益群众 2000 余人。

【商事制度改革】 2015 年 1 月实现工商营业执照、税务登记证和组织机构代码证能在政务中心大厅一个窗口办理，2015 年 10 月实现工商营业执照、税务登记证和组织机构代码证“三证合一”。据统计，2015 年 1 月 1 日至 2015 年 12 月 15 日在政务中心窗口企业设立登记 239 户，比 2014 年增长 17%。2015 年 1 月 1 日至 2015 年 12 月 15 日个体工商户设立登记 834 户，比 2014 年增长 35%。

【优质服务】 在各服务窗口全面推行工作日延时服务、预约服务、上门服务的同时，要求与群众生活密切联系的水电费缴费、广电网络、农村合作医疗管理和公安等窗口实行周末不休的工作机制，极大地方便群众。2015 年各窗口以开展延时服务、预约服务、上门服务的方式为群众受理办件 600 余件。加大“政务服务直通车”服务范围，为群众和企业提供“保姆式”的服务及送服务下乡活动。服务对象主要是群众或企业急需办理的急事、特事，如：为残疾人上门办低保手续、老年人办理身份证、学生办理民族身份更改及投资企业客商办理相关手续等提供接送件服务、上门服务。截至 2015 年 11 月，县派出服务专用车 260 余次，为群众和企业办件 1000 余件，为办事群众节约车费 1 万余元。

【服务大厅管理】 加强干部队伍建设和业务培训。新一轮机构改革后，中心配备纪检组长，调整 2 名在县政府办上班的干部回归，一定程度缓解中心的管理力量不足的问题。同时 2015 年采用“专题培训会”“走出去”和“请进来”的培训模式，强化窗口人员的服务水平。已举办窗口工作人员专题培训会 6 次，内容为爱岗敬业、服务礼仪、系统操作、业务技能等，并且组织各窗口单位的分管领导、窗口工作人员到周边县（市）政务服务中心开展考察学习 10 余次。修改完善《雷山县政务服务中心窗口及工作人员绩效管理考核暂行办法》《雷山县政务服务中心首问责任制度》等20多项规章制度和工作职责，规范大厅的工作秩序。创建“红旗窗口”、“服务之星”、“金、银、铜”牌业务员、“年度优秀工作者”的评先选优活动载体。每季度评选“红旗窗口”2个，“服务之星”3名、“金、银、铜”牌业务员3名，每年评选4名年度优秀工作者。通过考核评比表彰活动，激励全体窗口工作人员努力创先争优的良好氛围。

【行政审批管理】 利用电子监察系统对全县所有行政审批系统事项进行电子监察并安装视频监控显示器，对所有窗口实时监控，杜绝行政审批实施过程的腐败行为。同时还在办事大厅设有县纪委监察局政务服务举报投诉中心窗口，由第四纪工委委员轮流值班，对工作人员进行严格管理，确保其认真履职，使中心各项工作正常开展，中心办事效率得到进一步提高。通过电话回访、现场回访、问卷调查、案卷评查，设置意见簿、投诉箱、投诉电话等方式进行督查，了解办事大厅工作人员在办件过程中是否存在“吃、拿、卡、要”，故意设置前置条件，多收或少收办件所需资料，搭车收费，无依据乱收费等问题，对群众提出的建议意见认真梳理并及时整改。2015年中心责令2个部门对不适应窗口工作的干部进行更换，书面通报批评上班期间违反大厅工作纪律6名，大厅的工作纪律和效率有较大提升。

【重要活动】 黔东南州政务服务中心工作经验交流。2015年1月22日至23日，黔东南州政务服务中心工作经验交流在雷山县政务服务中心召开，州政务服务中心科级以上领导及全州16个县市主任参加参加会议，会上，各县市中心对政务服务工作作经验交流发言，会后到雷山县郎德镇便民中心实地进行参观。“铸廉行动”动员大。2015年3月9日，雷山县政务服务中心召开“铸廉行动”动员大会，中心列为“Ⅰ类铸廉单位”启动创建工作。

【党建与帮扶】 设中共雷山县人民政府政务服务中心党总支部，党总支部下辖一支部和二支部，一支部为中心党员同志，二支部为驻政务大厅窗口党员同志组成。党总支部有党员20人（其中女党员9人），均为在职、少数民族党员。设党支部书记1人、副书记2人、组织委员（兼纪检委员）1人、宣传委员1人、统战委员1人。大学文化9人、大专文化11人。2015年，成立党建工作领导小组，分别由党校老师、政务中心党组书记为全体党员和入党积极分子上党课。年内公布党建信息18期、公开党务4期。扎实抓好党员队伍建设，组织学习习近平总书记系列重要讲话精神和党章党规，深入开展交心谈心活动，以整风精神开展批评和自我批评。“七一”期间开展慰问老党员、生活困难党员活动。注重新党员培养，壮大党员队伍。抓好“查四风转作风”工作，提高工作质量和效率明。认真开展精准扶工作。多次深入方祥乡、达地水族乡开展精准扶贫工作，通过国家危房改造项目、贫困基本生活补助以及养殖、种植等技术上的指导，使广大贫困户的居住条件、生活水平得到改善，收入提高。

（陈臻）

中国人民政治协商会议雷山县委员会

LEI SHAN YEARBOOK

重要会议与工作动态

【全体委员会议】 2月7日，中国人民政治协商会议第八届雷山县委员会第四次会议在县城举行。县委书记黄清发在开幕会上作重要讲话，会议审议并同意杨光泽副主席代表政协第八届雷山县委员会常务委员会所做的工作报告、杨慧萍副主席代表常务委员会所做的提案工作报告。会议期间，全体委员列席雷山县第十六届人民代表大会第四次会议，听取并讨论袁刚县长所做的政府工作报告和其他报告。

【常务委员会议】 县政协常委会第十七次会议。八届四次会议期间，听取各界别关于政协八届四次常委会工作报告、提案工作报告以及县政府工作报告、计划工作报告和财政工作报告讨论情况汇报，审议政协八届四次会议提案审查情况报告（草案）和政协八届四次会议决议（草案）。县委副书记杨少辉、县人民政府常务副县长茹捷到会。

县政协常委会第十八次会议。3月31日，政协第八届雷山县委员会常务委员会第十八次会议在县政协五楼会议室召开。会议听取县人民政府关于全县普法工作的情况通报，并协商讨论；学习2015年全国“两会”精神；审议通过政协第八届雷山县委员会常务委员会2015年工作要点（草案）；反映社情民意；陈正锋主席作会议总结讲话。

县政协常委会第十九次会议。7月30日，政协第八届雷山县委员会常务委员会第十九次会议在县政协五楼会议室召开。陈正锋主席主持会议。会议听取县人民政府关于全县2015年上半年经济运行和社会发展情况的通报，并协商讨论；学习习近平总书记在贵州省考察的重要讲话精神、《中共中央办公厅关于加强人民政协协商民主建设的实施意见》《中国共产党统一战线工作条例（试行）》；审议通过人事事项（草案）；反映社情民意；陈正锋主席作会议总结讲话。

县政协常委会第二十次次会议。10月30日，政协第八届雷山县委员会常务委员会第二十次会议在县政协五楼会议室召开。陈正锋主席主持会议。会议听取县人民政府关于“四在农家·美丽乡村”建设工作情况的通报，并协商讨论；对县国土局、县供电局两单位开展民主评议工作；反映社情民意；陈正锋主席作会议总结讲话。

县政协常委会第二十一次次会议。12月25日，政协第八届雷山县委员会常务委员会第二十一次会议在县政协五楼会议室召开。陈正锋主席主持会议。会议听取县委办、县政府办关于政协提案办理情况的通报、县政协提案委关于提案民主评议情况通报；听取县国土局、县供电局关于民主评议意见建议整改落实情况通报；学习中共十八届五中全会、省委十一届六次全会、州委九届六次全会和中央经济工作会、中央、省扶贫工作会会议精神；审议通过人事事项；反映社情民意；陈正锋主席作会议总结讲话。

【主席会议】 2015年1月9日，政协雷山县第八届委员会第二十九次主席会议在县政协五楼会议室召开，会议讨论八届第十六次常委会会议方案；讨论八届四次会议有关事项；讨论常委工作报（草案）和三次会议以来提案工作报告（草案）。政协主席陈正锋出席会议并讲话。

2015年1月21日，政协主席陈正锋在县政协五楼会议室主持召开第八届雷山县委员会主席会议，研究县政协八届四次会议筹备领导小组汇报相关筹备工作开展情况。

2016年2月3日，政协主席陈正锋在县政协五楼会议室主持召开政协第八届雷山县委员会主席会议，副主席杨莉传达省政协十一届四次会议精神；讨论关于农行发行贷款资金报账计划的事项；讨论县政协机关有关工作事项。

2016年3月11日，政协主席陈正锋在县政协五楼会议室主持召开政协第八届雷山县委员会主席会议，研究人事分工事项，讨论2015年工作要点。

2016年3月19日，政协主席陈正锋在县政协五楼会议室主持召开政协第八届雷山县委员会主席会议，讨论政协第八届雷山县委员会常务委员会2015年工作要点、协商监督议题及责任分解情况；讨论政协第八届雷山县委员会常务委员会第十八次会议方案。

2015年4月29日，政协雷山县第八届委员会第三十次主席会议在县政协五楼会议室召开，会议听取县人民政府关于该县义务教育初步均衡发展情况的通报，并协商讨论；县人民政府副县长叶建文讲话。政协主席陈正锋出席会议并讲话。

2015年5月27日，政协主席陈正锋在县政协五楼会议室主持召开第八届雷山县委员会主席会议，讨论主席会议领衔督办提案和提案督办方案；讨论关于撤销朱山八届县政协委员资格的事项；安排部署雷山县“5·27”洪涝灾害灾后重建工作。

2015年6月5日，政协雷山县第八届委员会第三十一次主席会议在县政协五楼会议室召开，会议听取县人民政府关于该县新型农村合作医疗工作情况的通报，并协商讨论；县人民政府副县长龙志波讲话。政协主席陈正锋出席会议并讲话。

2015年6月26日，政协雷山县第八届委员会第三十二次主席会议在县政协五楼会议室召开，会议听取县人民政府关于永乐镇等四乡镇实现“减贫摘帽”工作情况的通报，并协商讨论；县人民政府副县长龙志波讲话。政协主席陈正锋出席会议并讲话。

2015年8月28日，政协雷山县第八届委员会第三十三次主席会议在县政协五楼会议室召开，会议听取县人民政府关于全县实施“6个10万”工程情况的通报，并协商讨论；县委常委、县人民政府副县长汤敏讲话。政协主席陈正锋出席会议并讲话。

2015年12月21日，政协主席陈正锋在县政协五楼会议室主持召开政协第八届雷山县委员会主席会议，会议传达省、州2015年政协工作经验交流会议精神；讨论《县政协八届第二十一次常委会方案（讨论稿）》《县政协八届五次会议筹备领导小组（讨论稿）》；《2015年度八届县政协委员异动及增补方案（讨论稿）》；《关于在八届五次会议表彰优秀县政协委员、提案办理先进单位和优秀提案的方案（讨论稿）》。

2015年12月23日，政协主席陈正锋在县政协五楼会议室主持召开政协第八届雷山县委员会主席会议，会议州政协党组、州政协机关党组班子及成员“三严三实”专题民主生活会征求意见；县委常委会“三严三实”专题民主生活会征求意见；讨论八届五次会议大会发言提纲；讨论县委“十三五”规划建议征求意见。

【专门会议】 10月29日，召开2015年县人民政府县长与县政协委员座谈会，县政协主席陈正锋主持会议，县委副书记、县长袁刚，县委常委、县人民政府副县长韦通贤，县人民政府副县长张晓玲，县政府相关部门负责人，县政协各副主席、秘书长、县政协各专委会主任以及部分委员代表参加会议。部分县政协委员分别就“十三五”总体规划编制以及城镇建设、交通水利、工业发展、农业产业、文化旅游、教育卫生等方面编制工作进行发言。会议认为县政协委员提出许多有价值、有深度、针对性强、操作性强的建议意见，为科学合理地编制好全县“十三五”规划提供重要参考。

4月21日至22日，省政协民宗委主任龙德方率部分省政协委员、省民宗委、省财政厅、省住建厅、省旅游局相关人员、黔西南州相关部门到雷山调研古村寨保护与发展。州政协副主席杨政宇、州文教卫与社联委、州民委等领导参加调研，县政协主席陈正锋、县人民政府有关领导陪同调研。

【工作动态】 2月13日至17日，正值春节来临之际，县政协主席、各副主席分别看望慰问离退休老干部、遗孀，并到帮扶村开展春节慰问活动。

2月26日，县政协主席、各副主席参加全县义务植树活动。

3月12日至13日，县政协主席陈正锋在县茶叶局、县供电局等部门领导的陪同下，深入到丹江镇乌东村、大塘镇交腊村、望丰乡公统村、方祥乡毛坪村等调研茶叶基地水、电、路等基础设施建设情况和茶苗的长势及管理情况，走访部分茶叶企业、茶叶初级加工厂，详细询问春茶生产前的筹备工作情况和生产经营过程中遇到的困难和问题。

3月21日，县政协主席陈正锋率县政协办公室、县扶贫开发办公室和永乐镇等多名干部到永乐镇开屯村，将30000余株红豆杉苗全部发放到该村100多名农户手中，相关技术人员就树苗栽植前注意事项及栽植后的管理技术进行现场培训和指导。

3月25日，县政协副主席杨莉、县智力支边办主任李显光一行走进雷山民族中学，送去“心成支边助学基金”38000元，此次助学金从1000元至3000元不等，共有17名贫困学生受益。

4月21日至22日，县政协主席陈正锋、县人民政府有关领导陪同省政协民宗委主任龙德方率部分省政协委员、省民宗委、省财政厅、省住建厅、省旅游局相关人员、黔西南州相关部门，对雷山调研古村寨保护与发展进行调研。州政协副主席杨政宇、州文教卫与社联委、州民委等领导参加调研。

5月18日，县政协副主席侯建群率专题调研组一行到县新农合中心就农村合作医疗工作发展、现状、形势和问题等实施情况进行专题调研。实施新农合以来，参合率逐年提高，2007年为10.07万人，2014年达到13.76万人，受益次数从2007年的1.49万人次增加到2014年的10.87万人次，农民参合积极性明显提高。全县共有定点医疗机构107家，其中县级定点医疗机构6家、乡镇医疗机构10家、村级定点医疗机构91家。

5月28日，县政协副主席杨莉到西江镇指导防汛救灾工作。受5月27日特大暴雨的影响，西江镇22个村居房屋、农作物、基础设施均遭到不同程度损坏，损失惨重。杨莉要求全力发动群众开展抗洪救灾和生产自救工作，切实做好地质灾害点的监测和巡查工作，确保人民群众生命财产安全。

5月29日，县政协副主席邱兆娟一行深入永乐镇指导抢险救灾工作。受5月27日强降雨影响，永乐镇多处受灾，乔洛村公路路基几乎被水全部冲毁。邱兆娟一行徒步前往乔洛村检查灾情，指导乔洛村救灾工作队组织帮助群众开展生产自救，重建家园。

5月31日至6月1日，县政协主席陈正锋在县人大常委会副主任刘平方陪同下，到永乐镇、永乐村、乔洛村指导灾后重建工作。陈正锋要求切实做好卫生防疫工作，强化工作力量，帮助受灾群众做好生产自救和灾后重建。县政协办、永乐镇有关负责人参加。

6月4日，县政协办、县智力支边办慰问组深入方祥乡方祥小学、毛坪小学开展献爱心慰问活动，共发放助学金5000元，发放学生生活学习温暖包284套约合8万余元。

6月10日，县政协副主席、县财政局党组书记杨慧萍深入到望丰乡帮扶村乌响村查看和指导“6·8”洪灾灾后重建工作，并送去大米、蜡烛等慰问物资。杨慧萍要求妥善安置好灾民，组织灾民开展自救，重建家园。

7月1日，正值中国共产党建党94周年之际，县政协陈正锋主席到帮扶联系村永乐镇开屯村走访慰问困难老党员、“5·27”受灾党员和金种子示范户3名党员，代表县委县政府为他们每人送去500元慰问金和节日的问候。

7月15日，县政协副主席邱兆娟率政协机关干部先后深入到部分县直机关单位、丹江镇、永乐镇、方祥乡、达地乡开展走访委员活动，加强与政协委员密切联系，增强政协组织凝聚力、亲和力，为雷山经济社会发展献智出力。

7月21日，县政协主席陈正锋一行深入西江镇，对2015年政协提案办理情况进行专项视察。视察组一行先后视察西江景区小北门、大北门视察“雷山制造”特色商品官方展示中心，召开县政协主席会议集中视察和协商提案办理情况汇报会。在观看电子商务平台PPT演示和听取西江旅游公司就重点提案办理情况汇报后，政协副主席、政协委员代表就重点提案办理情况发表意见和建议。陈正锋肯定雷山文化旅游产业园区对县政协重点提案的办理工作，要求把电子商务平台建设好、利用好。政协副主席邱兆娟、杨莉、杨光泽、杨慧萍、李彬等参加视察活动。县委副书记、常务副县长、雷山文化旅游产业园区党工委书记、管委会主任侯美彪应邀出席。

8月17日至18日，县政协民主评议组分别到县国土局、县供电局召开民主评议动员会，就民主评议工作进行部署安排。县人民政府副县长张晓玲应邀出席会议，县政协副主席邱兆娟、李彬、部分县政协常委、委员出席会议，被评议单位干部职工、群众代表等参加会议。

8月19日，县政协副主席杨慧萍到望丰乡乌江村黄金叶茶叶公司、黑毛猪养殖基地就“6个10万”工程进行视察调研，杨慧萍要求加大特色产业的发展，拓宽农民增收渠道。望丰乡党政主要负责人陪同。

9月10日，县政协主席陈正锋到永乐镇开屯村、乔洛村开展遍访贫困村贫困户活动，送去慰问金及县委、县政府对贫困户的关心和问候，鼓励他们要积极发展经济，早日摆脱贫困帽子，实现发家致富。永乐镇有关负责人陪同遍访。

9月10日至15日，县政协副主席侯建群分别对大塘镇交腊村、高岩村、鸡鸠村3个村进行走访，走访13户贫困户。对贫困户的生产生活情况，扶贫项目安排到村到户情况，计生优抚政策落实情况等进行深入细致的了解，鼓励贫困户增强信心，早日脱贫致富。

9月14日，县政协主席陈正锋在县政协办、县国资办、雷公山自然保护区科技科有关负责人陪同下，到方祥乡就自然保护区保护与开发进行专题调研，要求做好保护区的可持续保护与开发，使“绿水青山”与“金山银山”和谐发展。方祥乡相关负责人陪同。

10月5日，县政协主席陈正锋，县委副书记、常务副县长、雷山文化旅游产业园区管委会主任侯美彪，县委常委、副县长、县委宣传部部长韦通贤，县人大常委会副主任刘平方到西江景区票务岗点、西江千户苗寨旅游公司、西江苗族博物馆、西江消防中队、西江派出所、营上服务区等地看望慰问国庆期间坚守岗位一线工作人员。陈正锋要求继续发扬连续作战优良作风，认真搞好接待服务工作，树立好西江干部良好形象。县人大常委会副主任、雷山文化旅游产业园区党工委常务副书记、西江镇党委书记郭建强参加慰问。

10月29日，县政协召开2015年县人民政府县长与县政协委员座谈会，县政协主席陈正锋主持会议，县政协各副主席、秘书长、县政协各专委会主任以及部分委员代表参加会议。会议特邀请县委副书记、县长袁刚、县委常委、县人民政府副县长、县委宣传部部长韦通贤、县人民政府副县长张晓玲以及县政府相关部门负责人出席。会上，部分县政协委员分别就“十三五”总体规划编制以及城镇建设、交通水利、工业发展、农业产业、文化旅游、教育卫生等方面编制工作进行发言。

11月17日，县政协副主席杨莉率县政协调研组到丹江镇干皎村、虎阳村就传统村落规划及保护进行调研。杨莉要求把传统村落保护发展纳入《村规民约》，提高村民的保护意识。

11月20日，县政协主席陈正锋主持召开专题会议，贯彻学习中共十八届五中全会精神。会议认为，会议审议通过的“十三五”规划建议。会议要求，全体干部职工要深刻领会十八届五中全会会议精神实质，掀起学习的热潮，营造“敬畏人民群众”教育的浓烈氛围，打通服务群众“最后一千米”，进一步深化“三严三实”教育活动成果。

12月4日，县政协党组中心组召开“三严三实”第三次专题学习研讨会，县政协副主席杨慧萍主持会议，县政协主席陈正锋、副主席邱兆娟、李玉文、杨莉、杨光泽、杨慧萍、侯建群，秘书长余炳章及专委会主任、机关党员干部参加会议。

12月30日，中共雷山县政协机关党总支部组织召开第四季度学习会，专题学习中央新颁布的《中国共产党廉政准则》和《中国共产党纪律处分条例》精神，县政协主席陈正锋、副主席邱兆娟等以党员身份参加学习会。

工作综述

【概况】 2015年，雷山县政协设办公室、提案法制委员会、学习文史委员会、教卫联谊委员会、经济科技委员会、人口与资源环境委员会。办公室下设秘书股、行政股和财务股。县智力支边办挂在县政协办公室。2015年末，县政协共有编制13名，其中行政编9名、事业编4名，领导职数5名，实有干部27人，其中大学16人、大专10人、硕士1人。2015年，以全县经济社会运行、普法工作、美丽乡村建设等为议题，召开4次常委会协商议政。以减贫摘帽、"6个10万"工程、教育均衡发展、农村合作医疗等为议题，召开4次主席会议协商，提出43条意见建议，一些建议得到吸纳和落实。召开县长与委员座谈协商，委员提出的23条建议被吸纳到全县"十三五"规划纲要中，体现委员参大政、议大事的高度责任感。

【调研视察】 以灾后重建、生态文明建设、雷公山自然保护区开发、农业园区建设、传统村落规划、达地水族乡经济社会发展、农林水技术人才培养、村村通（硬化）公路建设、农业园区建设等为内容，开展专题调研视察，形成9篇调研视察报告，提出56条意见建议，得到县委、县政府的高度重视。

【提案工作】 县政协委员共提出提案162件，立案149件。通过县领导领衔督办、"三办"联合督办、民主评议督办等方式，促进提案的办理效率，提案办结率为100%，其中，已解决或采纳68件，占立案总数的45.64%。提案的有效办理，解决群众关心、社会关注的一些热点难点问题，深得群众赞誉，充分体现提案反映民意、集中民智、实现民愿的作用。

【参政议政】 县政协班子成员及部分政协委员按照县委统一安排，积极投身于凯雷高速公路、蚩尤大道、郎德景区开发等重点项目建设，以及农业农村、茶产业发展、财税征收、引资引智、信访维稳、教育卫生等工作中，抓协调、抓服务、抓矛盾化解，为雷山县经济发展、社会进步做出积极贡献。

【帮扶工作】 雷山县政协带领广大政协委员深入开展帮扶工作，在深入开展访贫问苦的基础上，结对帮扶、精准施策、精准推进，协调上级资金120多万元，为开屯、脚雄、乌达、中寨、乌响、交腊、陡寨等村寨修建通组公路、便民桥、公路安全防护栏、消防设施等50余件实事。在连续遭遇4次历史罕见特大洪灾面前，广大政协委员情系灾区、心系灾民，弘扬"一方有难，八方支援"的中华传统美德，全力投入到抗洪救灾和灾后重建工作，捐款捐物350余万元，帮助灾民解决困难、渡过难关。

【智力支边工作】 与社会各界和爱心人士牵线搭桥，引资引智取得良好效果。争取获得民盟中央"暖梦行动"之温馨黔行捐赠200万元，支持全县教育设施建设，引进各类社会资金及物资60余万元，为全县1000多名贫困学生解决上学困难问题。着眼"三农"发展，在脚猛等村开展农业适用技术培训6期800余人次。

【联谊交流】 组织委员到遵义、石阡等地学习"四在农家·美丽乡村"建设经验；采取"下基层、接地气"的方式，组织委员深入到乡镇、边远贫困村寨与群众交流学习450余人次。加强与省内外政协系统及社会友好人士学习交流40多批300余人次。

【文史编辑和外宣】 加强文史资料工作的收集、整理、出版，着力挖掘和保存雷山珍贵的民族文化，征集编辑出版50万字的《雷山苗族巫文化》，收集历史资料7篇。邀请贵州电视台、《贵州日报》、《贵州政协报》等7家媒体对县政协在助推经济社会发展的成果进行宣传，贵州电视台以《政协调研·政府给力·雷山大力发展茶产业》为题，对雷山政协履职成果作专题报道。全年有34篇文章被各大报刊媒体采用，香港文汇报发表题为《阖家融入雷公山》，报道陈至成委员在雷山发展茶产业的动人故事；《雷山县政协推动教育文化事业发展纪实》和《雷山县政协精心设计2015年民主协商工作》等还被《贵州省政协报》登上头版头条；雷山电视台开辟《政协委员风采》栏目，大力宣传政协委员先进事迹，彰显政协委员风采；出版《雷山政协》内部季刊4期，制作宣传专栏4期。

【党建工作】 中共雷山政协机关党总支部共有党员23人，其中：在职干部党员14人；退休干部党员9人。大学本科12人；大学专科6人；中专2人；高中1人；初中1人；小学1人。支部设书记1名，副书记1名，组织、宣传、妇女（兼纪检）委员各1名。按照县委的统一部署，县政协党组及班子成员扎实开展“三严三实”专题教育活动，深入学习中共十八大、十八届三中、四中、五中全会精神和习近平总书记系列重要讲话精神，以及《中国共产党廉洁自律准则》和《中国共产党纪律处分条例》等重点篇目，组织机关党员干部到息烽集中营接受党性教育。扎实开展上专题党课和三次专题学习研讨，对照“三严三实”和“忠诚干净担当”的要求查摆问题，深入反思，深刻剖析，严格整改，树立正确的世界观、人生观和价值观，提升政治素养、增强担当意识，自觉做政治上的明白人，工作上的实干人。严守政治纪律和政治规矩，守住底线，不越红线，进一步把反“四风”、改作风、树新风引向深入，推进廉政务实政协建设。加强党风廉政建设。县政协以建章立制为“抓手”，及时修订完善相关制度，在调研视察、会务会风、接待联谊、机关管理等方面提出明确要求，为委员履行职能提供制度保障。2015年县政协机关作为“铸廉行动”Ⅰ类重点单位，制定下发《关于严格贯彻执行中央八项规定和“十严禁”“十不准”等作风纪律规定的通知》，落实党风廉政建设责任制和领导干部廉洁自律的各项规定，进一步明确责任主体、责任内容、责任目标和责任追究，层层签订党风廉政责任书，以踏石有印、抓铁有痕的作风和要求，认真履行政协职能。

（李黠）

人民团体

LEI SHAN YEARBOOK

雷山县总工会

【概况】 雷山县总工会内设综合办公室、困难职工帮扶中心。在职干部6人，其中行政编制4人，事业编制2人。设领导职数4名，2015年配备主席1名（县人大常委会副主任兼任），党组书记1名，副主席2名（党组书记兼副主席1名），纪检组组长1名，大学本科及以上学历5人，中共党员5人，少数民族干部6人。2015年，雷山县工会组建基层工会188个，覆盖基层工会295个，工会会员9551人，工会组建率达99%，职工入会率达100%，开展“双亮”工作覆盖率为100%。2015年，实施“建会、建制、建家”和“双亮”工程，完成望丰乡、永乐镇、大塘镇3个乡镇规范化建设，通过省总工会交叉检查。总结“一县一特”经验，2015年6月完成组建东、西城两个社区工会联合会（区域性）工作，实现县城区内微型企业二次覆盖，工会组织延伸到每个角落。指导旅游、茶叶两行业工会联合会召开一届二次职工（会员）代表大会，完善两个行业工会职代会制度。开展企业工资集体协商工作，签订企业工资集体协商协议企业占已建会企业数的100%。

【推优评优】 做好全国和全省劳模推荐、评选、宣传工作，雷山县市政管理局环卫工人杨正芬荣获全国“先进工作者”，县文体广电新闻出版局文化馆龙世忠荣获贵州省“先进工作者”，县自来水公司安装队杨胜科荣获贵州省“劳动模范”，雷山县邮政局任永锋荣获贵州省“劳动模范”。推荐西江公司、雷山县益民食品有限公司参与省总工会获得省级“优秀职工之家”，雷山县自来水公司荣获省级“厂务公开民主管理先进单位”，雷山县公安局民警杨刚获得省总工会第二届“道德标兵”提名奖，雷山县总工会获得贵州省2015年度工会文体活动先进单位，第三中学体育教师刘湖平获得2015年工会文体活动先进个人，在县文体广电新闻出版局、县自来水公司分别创建“龙世忠劳模创新工作室”“杨胜科劳模创新工作室”，带动12名职工开展创新工作，发挥劳模骨干带头作用。

【维权帮扶】 在全县8个乡镇、2个社区和2个行业工会开展规范化建设，建成困难职工服务帮扶站。开展春风行动、就业援助月活动、阳光就业行动，推动下岗职工和农村剩余劳动力、新增劳动力再就业，促进500多名农民工、下岗失业人员得到就业岗位。组织方祥乡15名农民工到省总工会参加2个月电焊、美容美发培训就业学习。培育雷山县阿妮绣业有限公司为农民工创业示范企业，得到县信用联社120万元企业发展贷款，并获得省、州、县6万元利息补贴。“两节”送温暖慰问劳模、困难职工、农民工、一线职工520名，发放慰问金29.05万元；慰问大病女职工20名，发放慰问金6万元；“六一”慰问永乐小学、排告小学、达地小学和加勇村66名困难留守儿童，发放慰问金1.32万元；“金秋助学”活动，资助11名困难职工家庭学子，发放助学金2.5万元。全年帮扶、看望慰问困难职工548人，发放帮扶金、慰问金34.8万元。

【宣传教育】 开展劳模先进事迹报告会及道德讲堂10场（次）、收到职工读书征文21篇。“三八”节开展女职工维权知识宣传活动，举办“五一”职工篮球赛、周末职工足球联赛，开展“关爱女职工健康”公益讲座，举办“中国梦，守国土，保资源，劳动美—迎国庆”全县职工歌咏比赛活动。深入开展“创建学习型组织，争做知识型职工”活动，组织全县职工群众参与节能减排竞赛活动，发放节能减排知识资料3000多份。全县5132名职工参加植树造林，绿化环境，绿化家园，6028名职工、农民工参与全县创建全国卫生县城、全国文明县城和“美丽乡村”建设活动。利用县城赶场天集会日，组织职工开展法律法规宣传教育活动4次，发放《中华人民共和国劳动法》《中华人民共和国合同法》《贵州省企业工资集体协商条例》《贵州省女职工劳动保护特别规定实施办法》等地方法规、政策资料

10000余份，接受咨询1000余人次，组织150个基层工会5017名职工开展法律法规知识竞赛活动。

【党建工作】 中共雷山县总工会党支部1个，有党员9人（其中女党员3人），在职党员6人、退休党员3人。设党支部书记1人、组织委员1人、宣传委员1人。年龄结构为35岁以下2人、36岁至45岁之间2人、46岁至54岁之间2人、60岁以上3人。文化结构为大学文化4人、大专文化4人、中专及高中文化1人。党员均为少数民族。2015年，支部以“党建带工建，工建服务党建”开展工作。创建I类铸廉行动单位。开展党务、政务公开工作，及时将开展两节慰问、评优推模、困难职工帮扶、金秋助学等工作情况进行公示，接受群众监督。组织县总工会党支部全体党员到帮扶村党支部开展庆“七一”活动，上党课、重温入党誓词。安排一名干部下到帮扶村驻村，开展党建和精准扶贫。帮助永乐镇加勇村“两委”解决2000元办公经费。春节、“六一”、“七一”期间慰问困难群众、党员、村干、留守儿童学生82人次，共发放慰问金2.03万元。帮助解决永乐镇加勇村加勇组解决2000米Φ35水管价值1万元Φ35水管，解决70多户村民人饮困难问题；支持8吨水泥给加勇村加脑组修建人畜饮水工程，解决23户村民饮水困难问题。组织排告村、加勇村、和平村集中开展1期农业技术培训，参训120人。

（吴环）

共青团雷山县委

【概况】 团县委核定编制职数共4名，内设办公室1个职能股室。实有在职干部4人，其中女干部1人，少数民族干部3人；大学本科3人、大专1人。2015年，全县各级团组织认真学习中央关于加强和改进党的群团工作的意见，始终与党同心、与时俱进，不断探索共青团围绕中心、服务大局的新途径，团的各项工作取得新进展。全年，永乐镇排告小学姚胜先老师获得“中国名师联盟·希望工程园丁奖”；大塘镇乔王小学余文通老师获得第二届“TCL希望工程烛光奖”奉献奖；在团州委、州教育局、州少工委组织的2013—2014年度“黔东南州优秀少先队员”“黔东南州优秀少先队辅导员”“黔东南州优秀少先队志愿辅导员”“黔东南州先进少先队组织”活动中，杨秀娟、龙福玲2位老师获得“黔东南州优秀少先队辅导员”，李臣良、吴开丽、余宇鑫3位同学获得“黔东南州优秀少先队员”，丹江小学获得“黔东南州先进少先队组织”；在团州委组织的2014年度“全州优秀共青团员”“全州优秀共青团干部”“全州五四红旗团委”“全州五四红旗团支部（团总支）”评选活动中，王麒麟、陈端喜等老师获得“全州优秀共青团干部”，西江镇团委、大塘镇团委获得“全州五四红旗团委”，年度西江景区微笑小屋团支部、丹江镇脚雄村团支部获得“全州五四红旗团支部（团总支）”，雷山县第三中学杨晓妹同学获得“全州优秀共青团员”。

【主题活动】 开展“学理论·强党性·铸信仰”“我的中国梦—奋斗的青春最美丽”、纪念“五四运动”96周年、“红领巾相约中国梦”“我是共产主义接班人”“清明祭英烈共铸中华魂”等主题活动，促进青少年坚定理想信念和养成优良道德品质，培育和践行社会主义核心价值观。开展“轻松备考·‘12355’与你同行”大型高考心理辅导讲座、法制教育进校园、“因艾黔行—公益报告进校园”等宣讲10余场，为1万余名学子提供名师辅导。5月5日，由共青团黔东南州委主办，共青团雷山县委、雷山民族中学承办的“大型励志教育演讲”在雷山民中举行，全校师生1000余人参加。第四届春晖行动个人贡献奖获得者、黔东南州道德模范、优秀春晖使者、深圳市拜特科技股份有限公司董事长胡德芳和省优秀春晖使者、永乐小学教师任毅为雷山民族中学学生讲述人生经历、求学之路、创业之路。

【创业就业】 加强对青年创业带富工程的

指导和服务工作，新建“青年创业带富工程示范基地”5个、“青年创业就业示范基地”6个。开展返乡青年创业就业座谈3场、青年技能培训2期、送金融知识下乡8次、青年电子商务创业培训1期，培训青年600余人。为创业青年协调信用贷款升级5户、融资贷款12户，开展创业贷款政策解读和企业规划130余人次。

【希望工程】 实施“贵州山区希望工程”，共争取项目资金27.72万元；其中浙江省慈溪市龙山镇小学资助望丰乡乌江小学贫困学生助学金2万元、浙江省上城区团委助学金2万元、贵州省辅正律师事务所助学金1万元、香港主力教育基金助学金1万元、茅台集团等爱心企业和公益基金资助贫困大学生项目资金21万元。“5·27”洪灾后，争取到贵州省青少年发展基金会项目资金15万元，用于郎德片区学校受灾重建。牵线搭桥深圳壹基金公益组织为桃江小学、大塘小学争取到价值15万元的文娱设备。携手西部爱心公益社搭建一对一结对帮扶，为80余名贫苦留守儿童找到代理家长。配合省春晖行动发展中心做好“春晖行动—致公学生培养计划”的学生选拔工作，选送2名学生到北京大学附属实验中学免费完成中学学业。

【权益维护】 做好法治宣传教育、法制化维权和预防青少年犯罪工作，利用“3·15”“五四”“6·26”等重大节点，开展内容丰富，主题鲜明的宣传活动。加强“留守儿童自立自强中心”“微笑小屋”“七彩小屋”等关爱阵地建设，全县已建成“留守儿童自立自强中心”1所、“微笑小屋”1所，“七彩小屋”1所。依托贵州辅正律师事务所，建立雷山县青少年法律援助工作站。

【志愿行动】 2015年，联系研究生支教团、大学生西部及计划志愿者结对帮扶留守儿童600余名。在重阳节、中秋节来临之际，组织50余名志愿者到敬老院为老人理发、修剪指甲，开展文艺表演等活动。组织300余名志愿者服务雷山县苗年节系列活动、“中国传统村落·黔东南峰会”专家媒体考察雷山传统村落、2015环雷公山超100千米跑国际挑战赛等系列活动。

【党团共建】 团县委党支部有党员3名，其中女党员1名；均大学本科文化，35岁以下；少数民族党员2名，占66%。坚持党建带团建、党团共发展的原则，认真开展“三严三实”专题教育，围绕“团干部如何健康成长”大讨论活动。落实好中央“八项规定”、省委“十项规定”和州委、县委“十二项规定”。组织团县委机关全体干部职工专题学习《中国共产党廉洁自律准则》和《中国共产党纪律处分条例》，组织干部职工及家属到廉政基地参加廉政建设教育等形式，大力开展机关工作作风建设，加强对干部职工的思想政治教育和党风廉政建设。积极开展推优入党活动，全年全县共有5名模范团员加入中国共产党。因县委认真开展对帮扶村的精装扶贫工作。

（郭松培）

雷山县妇女联合会

【概况】 雷山县妇女联合会，事业参公编制4名（含县妇女儿童工作委员会办公室事业编制1名），在职干部4人，其中主席1人，副主席1人，科员2人。少数民族3人，大学文化4人。2015年，全县建有8个乡（镇）妇女联合会，新建东城社区和西城社区妇女联合会，村妇代会154个，社区（居委会）妇代会5个，机关妇委会48个，非公有利经济组织妇委会6个。2015年，县妇联深入开“巾帼建功、巾帼脱贫、巾帼维权、巾帼关爱、巾帼成才”五大行动，进一步夯实妇女工作阵地，做优妇女工作品牌，建强妇女工作队伍，推动妇联工作开展。

【妇联执委会议】 4月10日，雷山县妇联十届三次执委（扩大）会议在县老年大学会议室召开。来自全县8个乡镇、县直机关妇女主任和执委会成员共50余人参加会议。县人大常委会副主任李胜平，县政府副县长叶建文，县政协副主席邱兆娟出席会议。县妇联主席钟定超作《正确把握新机遇，积极应对新挑战引领广大妇女为推动雷山全面建成小康社会而努力奋斗》报告，总结十届三次执委会2014年的工作，部署2015年妇联工作。叶建文在讲话中要求，全县各级妇联组织要不断加强自身建设，切实当好党和政府联系妇女群众的桥梁和纽带。

【“锦绣计划”】 举办“锦绣计划”刺绣培训班2期，培训绣娘100人。联合雷山县民族文化交流中心举办2015年“雨露计划·锦绣女”培训班1期，培训绣娘100余人。组织绣娘30名参加全州第三届“百佳绣娘”评选表彰活动，其中13名获得州级“百佳绣娘”荣誉称号。推荐6名绣娘参加贵州省第一届文化博览会刺绣比赛，其中丹江镇猫猫河李敏获得一等奖，其他绣娘分别获得二等奖2名、三等奖3名，奖金共计18000元。

【妇女小额贷款】 全年发放担保贷款131笔，放贷资金717万元，主要扶持妇女发展特色种、养殖业、妇女手工产业、旅游业等服务行业，带动妇女就业创业200余人。

【创业培训】 6月10日，为期10天的雷山县2015年“雨露计划·锦绣女”培训第一期开班仪式在雷山三中多媒体教室举办。县委副书记吴厚道，县政协副主席、县手工产业办主任杨莉，州扶贫办调研员刘跃平出席开班仪式。县妇联、县扶贫办、县文化交流中心等部门有关负责人参加开班仪式。2015年，联合雷山县扶贫办举办雷山县2015年“雨露计划·家政女”和“雨露计划·持家女”培训班共3期，共计150余名妇女参加培训。推荐吴启芬等3名家政人员到贵阳参加贵州省家政服务技能大赛，通过以赛代训方式，有效提高家政服务人员水平。

【妇女权益保障】 联合雷山县综治办、县司法局、县公安局等部门开展“三八”维权周、“家庭学法律”、“反家庭暴力”、“创建平安家庭”等维权宣传咨询活动5次，提供咨询服务300余人次，发放有关维权宣传资料1万余份，主动将法律法规知识送进村、送进社区、送进校园。充分发挥妇联信访接待窗口、“妇女之家”等维权阵地的作用，共陪审涉及妇女儿童权益案件4起，接待来信来访10件（次），处理率达100%。

【关爱贫困妇女儿童】 县妇联争取到各类公益项目资金共计5万元，其中：“贫困母亲两癌救助”中央专项公益资金1万元，救助1名贫困患病妇女；“蒲公英行动”助学金1万元，资助2名贫困大学生；贵州省妇女儿童发展基金会捐赠款1万元，发放给丹江二小20名学生，每名500元；争取到爱心奶粉7件合计56罐，价值20048元，共21户家庭受益。自筹资金0.77万元，帮助计生贫困户、贫困留守儿童、贫困妇女、孤寡老人等29人；为受到意外伤害的西江小龙村妇女周兜往募捐到善款0.43万元。联合县教科局按照省级标准在望丰乡公统小学建设“留守儿童之家”。同时，向全县各单位发出倡议书招募爱心妈妈和爱心爸爸，发展壮大志愿者队伍，让爱心妈妈和爱心爸爸与留守儿童开展结对帮扶活动，使留守儿童感受到社会的关心和关爱。

【“明礼知耻崇德向善在家庭”活动】 2015年，县妇联在全县范围内评选出“最美家庭”8户、“慈母、贤妻、孝女”和“好父亲、好丈夫、好儿子”先进典型共计26人，并将8户“最美家庭”和26名先进人物推荐至省州参加评选。其中：方祥乡水寨村党支部书记覃仁敏家庭获得全国“最美家庭”提名奖、贵州省“最美家庭”荣誉称号；西江镇西江村村民石大凤获得黔东南州“慈母”荣誉称号；丹江镇西后街59号居民金慧获得黔东南州“贤妻”荣誉称号；大塘镇新塘村村民任而里获得黔东南州“孝女”荣誉称号；西江镇长乌村村民杨天瑞获得黔东南州“好父亲”荣誉称号。

【党建帮扶】 中共雷山县妇联党支部共有党员5名。其中：35岁以下1名、36至45岁1名、46岁至54岁1名、60岁以上2名；大学本科以上3名，中学2名；少数民族占党员总数的85%。2015年，县妇联通过开展佩戴一枚党员徽章、重温一遍入党誓词、开展一次问计于民、践诺一件为民实事活动和组织党员对党规党纪、先进事迹学习，从党性原则、纪律观念、道德修养、作风养成上加强全体党员党性修养。“四有四化”党建品牌创建活动成效明显，通过党建带妇建，2015 年年底全县共有“妇女之家”159 个，在宣传党的基本政策、促进男女平等和维护妇女儿童合法权益等方面发挥积极作用。开展精准扶贫工作，班子成员深入帮扶村西江镇小龙村 20 余次，看望慰问困难群众 70 余人次，“一对一”结对帮扶 24 户。资助小龙村党建活动和节日慰问、计生帮扶等资金共 2.3 万元。协调帮扶资金 2.15 万元用于改善村基础设施建设。

（龙汉锦）

雷山县科学技术协会

【概况】 2015 年，雷山县科协编制数 6 名，内设办公室 1 个股室。在职人数 4 人，其中女 2 人，大专以上 4 人；有下属事业单位 2 个：科普活动中心，编制数 2 名，在职 2 人；少数民族科普工作队编制数未核。县科协全面加强科普组织、科普队伍和科普阵地建设，全面完成全省公民科学素质先进县创建的各项指标任务，提高全民科学素质。县科协 2015 年上报的“望丰乡公统村果品协会”获得中国科协的“基层科普行动计划项目”奖励。

【科普阵地与队伍】 全县成立有 179 个农村专业合作社经济组织，乌江李世达茶叶专业合作社被评为“黔东南州优秀农村经济合作社”；发展种养殖业科技示范基地 105 个，其中大塘镇乌兑娃娃鱼养殖示范基地被评为“黔东南州优秀农村科普示范基地”；建有乡镇文化站 8 个，村级农家书屋 164 个，藏书量达 161500 多册，科普光碟 2670 张；发展农村科普专业技术协会 16 个，其中乌东农村经济发展协会被评为“黔东南州优秀农村专业技术协会”；全县机关各部门、各乡镇、村建有科普宣传栏 510 张，成立县级科技专家服务团队 1 个 20 人，建有科普服务站 158 个，选配信息员 158 人，组建 8 支科普志愿者队伍，共有乡镇科普志愿者 650 人；全县培育有种养殖业及农产品加工科技示范户 3100 多户，科技能人（科技带头人）262 人；全县有科普教育基地 5 处，青少年科技教育基地 3 处，农村科普示范基地 4 处，科普特色学校 1 所，县属中、小学都建有科技活动室。

【科普宣传】 协同县委宣传部组织在丹江镇、永乐镇、桃江乡、达地乡 4 个乡镇开展“三下乡”系列活动 6 场，发放种养殖技术宣传资料 800 余册，接受咨询 400 人次；发放各类科技书籍和宣传资料 4000 余份（册）、接受群众咨询 1000 人次、展出展板 80 块，参展观众 3560 人次；开展大篷车进校园共计 12 次，覆盖全县 90%的乡镇中小学。向各中小学学生展出科普仪器 24 件，涉及力学、电学、物理学等方面的科普知识，并展出食品安全、防邪教知识、学生心理健康等知识的展板 38 块，参观学生人数 3600 人次。县科协和教育科技局组织有关部门科技人员进校园开展科普宣传、科普讲座等活动 32 场次，全县 25400 多名学生中有 15769 名学生参与，参与率达到 62.1%；帮助丹江小学举办第三届校园“科技节”活动；与县教科局举办 1 期科技辅导员培训班，全县各中小学 65 名科技辅导员参加培训。

【科技申报】 报送参加黔东南州第十四届青少年科技创新大赛作品共 31 件。经评委评出全县青少年科技创新大赛辅导员项目二等奖 1 名、青少年科技创新大赛（青少年项目）二等奖 1 名、三等奖 8 名。组织雷山县丹江小学、雷山二小 2 名科技辅导员教师参加 2015 年贵州省科技辅导员研修班。成功申报雷山县丹江小学为黔东南州教育特色学校。组织雷山县民族中学高一年级、高二年级生物学知识的学生 60 名，参加全省二十四届贵州省中学生全国性生物竞赛，推选出 7 名学生参加复赛，获得全省二等奖 1 个。争取到中国科协“基层科普行动计划项目”雷山县望丰乡公统村果品协会 1 个、省科协科普项目“科技致富二传手培训工程”项目 2 个。

【党建帮扶】 中共雷山县科学技术协会党支部有党员 4 人，其中女党员 1 人；在职党员 3

人、退休党员1人；大学文化3人，大专文化1人；苗族2人，侗族2人，少数民族比例占100%。2015年，支部积极开展群众路线实践教育活动，结对帮扶郎德镇乌肖村24户贫困户，资助培训费用3000元，组织乌肖村贫困户到丹江镇脚猛村葡萄协会开展葡萄种植技术培训；走访慰问郎德镇计生贫困户8户，户均计生帮扶款200元。

（张桔）

雷山县工商业联合会

【概况】 雷山县工商联（商会）为行政正科级机构。行政编制2名，领导职数会长1名，副会长1名，非领导职数主任科员或副主任科员1名。设下属事业单位1个（雷山县商会协作中心），为正股级公益一类事业单位，核定事业编制3名，其中：主任1名。2015年底，县工商业联合会实有干部职工4人（会长在会不占编），大学学历3人，大专1人。2015年末，全县共有基层商会6个、异地商会2个、协会4个。个体会员423户，企业会员50户，团体会员12户。乡镇基层商会建设覆盖率为75%。2015年，县工商联拓宽工作思路，探索工作方法，创新服务方式，在抓好组织建设和自身建设的基础上，充分发挥桥梁纽带和参谋助手作用，促进工商联事业的持续稳定健康发展，在全县开展“铸廉行动”中被授予I类铸廉单位；在县直机关2015年度目标绩效管理考核中获二等奖。

【“五好”县级工商联创建】 为迎接2017年国家、省对雷山县“五好”县级工商联验收建设打下基础，严格按照创建“五好”工商联工作要求开展工作。结合实际提出创建工作的措施意见和建议并专题向县委领导汇报，得到领导的重视，并组建领导小组。为配齐工商联工作机构，利于工作衔接，积极向县编委争取，成立“雷山县工商联商会经济协作中心”增设事业编制3名。组织工商联全体干部职工到“五好”工商联创建工作已通过国家和省级验收的三穗县、天柱县考察学习。

【参政议政】 畅通渠道，组织非公有制经济人士认真履行参政议政职能，做好工商界人大代表、政协委员每年“两会”提案、议案的征集工作。2015年委员提案11件，采纳并解决8件。完成《万城公司雷公山红稻米开发调研报告》《雷山魔芋发展现状调研报告》调研文章2篇，报送县委、县政府及相关部门领导参阅，供决策参考。

【服务企业】 主动对外联络、纵横协调，为企业发展壮大排忧解难。先后为万城公司引资16万元开展红稻米种植培训；多方协调最终促成贵州绿野谷生物科技实业公司开工建设；帮助雷山县鸿源洗涤厂协调相关工作，使其顺利投产营运；帮助贵州远航科技公司协调流动资金，解决运转难问题。落实领导深入帮扶制度，为企业协调融资、贷款1000余万元。4月8日，县政协副主席、县工商联主席李玉文率县工商联调研组到永乐镇调研非公有制经济发展状况和商会运行等，永乐镇党政主要领导陪同调研。调研中，李玉文一行与非公有制企业、个体工商户代表及致富带头人座谈，听取有关情况汇报，了解商会运行过程中出现的问题和困难，对永乐商会带动非公有制企业和个体工商户发展非公有制经济、拓宽农民增收渠道，促进农民增收作用发挥表示肯定。李玉文要求，要积极引导企业开展以订单收购、定点回收等方式帮助群众解决农产品销售的后顾之忧，提升群众发展产业积极性。

【光彩事业】 2015年，雷山县连续四次遭遇特大洪灾，给人民群众的财产造成巨大的损失。县工商联号召全体非公有制经济人士、民营企业秉承一方有难、八方支援的中华传统美德，积极投身灾后重建工作，承担社会责任。雷山益民食品公司向毛坪、乔洛灾民捐赠食品油125桶、大米140袋，为灾民解决燃眉之急。西江、丹江、川渝、达地等商会向灾区为灾民开展献爱心、送温暖活动共计20余万元。开展对外联系，得到四川一家非公有制企业向灾区捐赠衣物2000

余套（价值2万余元），解决部分灾民穿衣困难问题；联系杭州市工商联及部分民营企业家，向达地也蒙小学捐赠11.5万元，其中1.5万元购买130套学生校服。

【教育培训】 全年共举办各类非公有制经济人士学习党的方针政策、法律法规4期，受训380余人次。组织5个商会、300余名会员参加“遵纪守法、诚信经营”签约活动。通过学习教育活动，涌现出一批优秀民营经济组织和非公有制经济人士典型。西江商会被州工商联表彰为“先进商会”，雷山县益民食品公司经理吴志勇被州工商联授予“优秀会员”称号。

【党建帮扶】 中共雷山县工商联党支部有党员8名，其中，大学本科以上4名，大专1名，中专及高中3名，少数民族党员占100%。2015年，党支部认真开展工作。加强理论学习，提高党员队伍素质。组织干部职工开展集中学习8次，上党课2次，专题学习研讨2次，撰写心得体会6篇。联系工作实际，强化党建目标管理，落实廉政建设责任制。加强对基层商会建设指导。新建基层商会1个（方祥商会）、异地商会1个（湖南商会）、协会1个（方祥乡养殖协会），新增个体会员122户、企业会员8户。开展帮扶工作。帮助达地乡乌达村养殖户陈万奎、陆金正解决资金1044元（购水泥），协调资金5000元；帮助永乐镇柳排村解决公路建设资金4500元（购水泥10吨），帮助固鲁村解决培训费500元，帮助益民食品公司解决赈灾水泥1700元（水泥5吨）；帮助乌尧村解决培训经费3500元，慰问计生户12户，贫困户3户；帮助脱贫14户58人，协调有关部门修建球场1个，协调县财政局解决“6·21”洪灾毁坏公路修复经费等。

（杨工燕、王玉红）

雷山县文学艺术界联合会

【概况】 雷山县文学艺术联合会行政编制2名，实有行政编人员3人，均大学以上文化。县文联领导职数为主席1名，副主席1名。2015年，县文联发挥“组织、引导、服务”作用，团结和带领全县文艺工作者，创新思路，创新方法，积极创作，初步形成全县文艺事业健康、蓬勃发展的良好局面。

【品牌宣传】 深入挖掘和拓展具有地方特点和民族特色的文艺题材，开展文艺创作，组织委员和会员向各类宣传媒体、网络和报纸杂志积极投稿，全年累计发表新闻、文艺、书画摄影作品1000余篇（幅）。成功举办第四届“苗疆圣地和美雷山”全国摄影艺术大展，成功组织中国摄影报“走进苗疆圣地雷山”影友擂台赛和联谊会。向省、州推荐各类优秀文学作品数10件（次）。推荐县教育部门2名优秀职工到州文联参加全州指挥乐理培训学习；与县文体广电局组队参加湘西凤凰县第五届银饰文化节，获得表演三等奖，张帮菊获得十佳“最美苗家姑娘”称号；组织中小学生参加省、州文艺比赛并获得好成绩。

【文艺阵地】 召开雷山县文联第二届三次全会，选举新的文联主席，增补9名新委员；召开雷山县作家协会第一届会员大会，成立作家协会，壮大文学艺术队伍。全县现有县作家协会、县摄影家协会、县美术家协会、县苗族刺绣协会、县书法家协会、县音乐舞蹈家协会，会员近1000人，其中国家级会员5人，省级会员25人。加强文联与各协会联系和指导工作。建立文联委员联系制度和例会制度，建立“雷山文联QQ群”；督促指导各协会主动开展文艺活动和举办文艺培训。加大文艺创作成果和优秀文艺作品的宣传和展示。在文联办公室门口设立“雷山文学艺术作品宣传橱窗”，实时刊登雷山艺术界创作的优秀文艺作品和雷山优美的风光和浓郁的民族风情，提高会员创作激情，增加知名度，扩大影响。加强协会指导，提高会员艺术素质和创作水平。组织各文艺协会定期不定期的举办文学、书法、美术、摄影、音乐、舞蹈表演创作培训班。积极推荐会员加入省、州各文艺协会，扩大文艺创作成果。

【创作基地】 搞好“文学艺术创作基地”建设。与国家和省、州文联联系，争取著名艺术家、艺术院校和艺术团体到雷山县设立“艺术家创作、采风、写生基地”“艺术院校学生实习基地”。县文联争取到县政府支持和批准使用空闲的白岩小学建设雷山县“艺术家采风创作基地”，争取到县财政安排“艺术家采风创作基地”建设经费5万元，用于基地设施维修、设备添置、宣传推介等开支。

【文艺创作】 办好《雷公山》文学艺术刊物，开辟苗乡轶事、诗词歌赋、苗疆散文、蚩尤家园等栏目，刊载雷山县文学创作、民间文学作品、摄影作品、书法美术作品等，为文艺人才提供创作平台。年底，《雷公山》文学刊物已出版三期，正在编辑第四期；累计出刊10期、刊登文学作品400余篇、优秀摄影作品和书画作品100余幅。办好“苗岭笙歌”音乐季。改善设备，丰富内容，创好作品，注重发现培养人才，提高节目质量，提升艺术水平，推出一批好节目，丰富群众精神生活，扩大影响。成功举办第四届“苗疆圣地和美雷山”全国摄影艺术大展活动，组织《中国摄影报》“走进苗疆圣地雷山”影友擂台赛和联谊会，倍受社会各界关注和摄影爱好者的好评。抓好学校文艺支教工作。争取省、州文联将雷山县纳入省、州第六届文联文艺支教志愿者服务县队伍，2015年下半年，在丹江小学、西江小学、大塘小学开展文艺支教工作，建立“雷山县青少年文艺培训基地”，选派11名文艺教师到学校开展艺术教育工作，推动全县青少年文艺人才培养工作。

加强外出学习和提高艺术交流。6月初，组织人员赴黔南州瓮安县学习“文企联动”等工作经验，探索雷山“文企联动”工作，在西江千户苗寨文化旅游公司、贵州旅游集团雷山公司、雷山茶叶公司、盛世锦绣公司等企业开展文企联动活动。

【文艺服务】 按照县委、县政府工作安排，县文联及各协会配合县委宣传部完成县委、县政府安排文艺“三下乡”活动；配合有关部门积极申报完善县社科联工作编制；协助有关部门做好接待国家摄影专家采风活动，提供雷山57个中国传统村落重要文字资料和摄影图片，制作成画册，为迎接中国传统村落黔东南峰会召开和专家媒体到雷山考察调研，在西江和县城举办“雷山县中国传统村落摄影照片展”。

【党建帮扶】 县文联帮扶西江镇堡子村。年底完成堡子村精准扶贫验收检查、完成“稻田养鱼合作社”成立及工程项目的审批；完成扶贫项目申报材料并上报县扶贫办、西江镇；完成县财政局下拨7万元水泥款用于该村步道及庭院硬化工作，村民积极投工投劳已全部落实；完成省委组织部第一书记和同步小康驻村工作检查、交叉督查3次；完成中央组织部对堡子村驻村工作暗访督查工作1次；完成州委同步小康驻村工作督查组检查工作1次共7天；完成县级县委和县委组织部门检查1次。2015年，堡子村16户贫困户有6户脱贫，其余10户将在2年内脱贫。争取部门资金，帮助村里建成垃圾回收池2个、操场2个、木质垃圾箱40余个；参与镇茶叶办动员村民种茶，给茶苗，栽茶叶；积极与县财政局对接，基本落实财政“一事一议”太阳能路灯30盏；配合县扶贫办，争取对口帮扶资金实施整村推进道路硬化工作，帮扶资金累计达10500元，物资价值5000多元。

（李轶）

雷山县残疾人联合会

【概况】 雷山县残疾人联合会属县人民政府管理的正科级行政单位，下设雷山县残疾人劳动就业服务中心，内设康复部、财务部、教就部3个股室，人员编制4名，其中行政编制3名、事业编制1名；年末在职人数7人。2015年，县残联以保障和改善残障民生为重点，突出工作创新，抓实全县残疾人事业基础工作，全县残疾人事业迈上新台阶。

【残疾人关爱行动】 春节期间，走访慰问

残疾人80人，每人发放慰问金500元，深受残疾人的好评。2015年，发放智力、精神和重度残疾人居家托养补助经费3.75万元，受益残疾人75人；发放残疾人机动轮椅车燃油补贴1.82万元，受益残疾人70人；发放残疾人及特困残疾人子女助学经费1.4万元，受益残疾人学生及特困残疾人子女85人；发放特困残疾人临时生活救助和大病医疗救助经费7.3万元，受益残疾人28人。全年共发放救助慰问金及各类残疾人补贴18.27万元，受益残疾人338人。落实辖区覆盖人口人均0.5元标准的残疾人康复经费。全年完成白内障复明手术23例，免费为520名残疾人检查身体、为4名残疾人安装假肢，组织25名残疾人开展盲人定向行走训练，为4名特困残疾人实施大病医疗救助，组织2名残疾儿童开展重点康复训练，免费为残疾人配送辅助器具130余件。

【残疾人扶助行动】 选送1名盲人参加全省盲人中专班按摩培训，选送4名盲人参加盲人电脑培训，选送2名残疾人参加“贵州省残疾人电子商务创业大会”，组织2名残疾人参加“互联网+”万人灵活就业公益助残培训，组织残疾人开展农村实用技术培训300人次，举办1期23人参加、历时7天的残疾人妇女织锦、刺绣技能培训班，通过培训，实现和带动近百名残疾人就业。

【残疾人事业】 创建省级残疾人创业就业示范基地1个，争取扶持资金15万元；创建州级残疾人创业就业示范基地1个，争取扶持资金3万元，创建县级残疾人创业就业示范基地5个，扶持资金13万元；创建残疾人“家庭创业户”9户，扶持资金3.3万元。争取到雷山县残疾人托养中心建设项目，项目资金已到位，项目已进入启动实施阶段。同时，实施11户农村贫困残疾人家庭无障碍设施改造，使部分残疾人的生产生活条件不断得到改善。落实全县252名一级重度残疾人护理补贴和托养补助，补助资金总计36.792万元。争取到全国残疾人特殊文化艺术挖掘与推介项目1个，获得中国残联项目扶持资金10万元，这是贵州省唯一一个获得中国残联评审通过的残疾人特殊文化艺术挖掘与推介项目。推荐残疾人穆你应参加全省残疾人自强模范评选活动，西江镇控拜村穆你应被省残联、省人社厅评为2015年全省残疾人自强模范，这是2015年被表彰的全省10个、黔东南州唯一一个省级残疾人自强模范。争取到中国残联配送残联流动服务车1辆，价值16万元，配送残疾人康复筛查设备1套，价值10万元。根据全国残联的统一安排，2015年1月1日至3月31日，保质保量完成全县残疾人基本服务状况和需求专项调查工作。

【党建帮扶】 中共雷山县残联党支部，有党员8人，在职党员2人、退休党员6人。设党支部书记1人、副书记1人、宣传委员1人。大专以上文化程度4人，中专党员1人，初中党员2人，党员均为少数民族。2015年，支部认真抓好党员的教育和管理，充分发挥党员的先锋模范作用。把支部工作与干部职工的思想政治工作结合起来，有效调动干部职工的政治热情和工作积极性，较好完成各项工作任务。派遣1名干部驻村开展扶贫帮扶工作。全年筹集资金10余万元，帮助帮扶村郎德镇杨柳村开展贫困残疾人家庭无障碍设施改造、农村实用技术培训、贫困残疾人子女助学、贫困残疾人困难救助、计生帮扶、村卫生室设施改造等工作。

（李璐）

法治与军事

LEI SHAN YEARBOOK

人民武装部

【概况】 2015 年，雷山县人武部以全面贯彻中共十八大、十八届四中全会、全军政治工作会议精神，深入贯彻学习习近平主席一系列重要讲话精神，扎实开展各项工作。组织学习党中央通报的违规违纪案件以及彻底肃清“郭徐”案件的恶劣影响，不断强化官兵的党性意识、政治意识、法纪意识。2015 年，县人武部累计向军地各级报纸杂志投稿 95 篇，网络新闻 100 余篇。其中在中央电视媒体用稿 4 篇，中央级用稿 6 篇、军区级用稿 10 篇、省级用稿 30 篇，位于分区前列。县人武部狠抓民兵整组工作，完成上级分配的县 645 名 5 个专业分队的民兵整组任务。积极参与抢险救灾和维稳执勤工作，参与驻地联合开展“清理河道环境整治活动”，为构建和美雷山的目标做出积极贡献。先后被省军区，军分区表彰为“践行强军目标先进团级单位”“安全稳定工作先进单位”“新闻报道先进单位”，6 人受到上级表彰。

【领导考察】 1 月 14 日下午，全国人大法律委员会委员、北京军区原副司令员黄汉标（中将）、全国人大外事委员会委员、北京军区原副政治委员杨建亭（中将）、北京军区政治部原副主任谢建华（少将）、山西省军区原司令员刘云海（少将）等到雷山县西江镇检查民兵连建设情况。6 月 9 日至 10 日，省委常委、省纪委书记宋璇涛深入雷山县郎德、方祥、大塘等乡（镇）村（寨）考察灾情，看望慰问受洪灾群众和抢险救灾官兵。

【重要会议】 1 月 4 日，召开 2015 年度军事训练开训动员会，县人武部部长李红对新年度军事训练时间、任务和内容进行明确，并对如何抓好军事训练工作提出要求。2 月 6 日下午，召开 2015 年全县武装工作会议，会上，李红传达省军区、凯里军分区党委（扩大）会议主要精神。政委李正海总结 2014 年度全县国防后备力量建设情况，安排部署 2015 年度工作任务。会议给先进单位和个人颁发奖状。县人民政府副县长叶建文对县人武部组织官兵参建参治工作给予充分肯定，并对 2015 年全县武装工作提出要求。11 月 7 日下午，中共雷山县委召开 2015 年度议军议警会议。会上，传达学习 2015 年黔东南州委议军会议精神；县委书记黄清发讲话；县人武部、县消防大队和县武警中队负责人分别作汇报；西江、郎德、方祥 3 个乡（镇）党委书记进行党管武装工作现场述职，其余 5 个乡（镇）党委书记进行书面述职；县人武部政委李正海对述职情况进行讲评。

【缅怀革命先烈】 1 月 11 日至 12 日，县人武部组织干部、职工及民兵应急骨干 30 人，参加凯里军分区组织的“重走长征路、铸魂履使命”为主题的第三梯队冬季野营拉练。人武部官兵在 11 日上午到黄平县谷陇镇烈士陵园为烈士敬献花圈，沿红六军团长征战斗途径之地徒步行军到黄平县城。12 日早晨徒步到黄平县旧州镇，在烈士陵园为烈士敬献花圈，聆听烈士战斗的英雄事迹，并参观黄平县旧州镇红六军团指挥部。4 月 4 日，县人武部组织干部、职工及民兵应急骨干分队 40 余人，到雷山县革命烈士陵园开展“深切缅怀革命先烈，绘就放飞中国梦”为主题的清明祭奠活动，9 月 30 日，组织干部、职工、民兵应急分队 20 人到雷山县烈士陵园开展“继承革命先烈遗志、同铸民族魂、弘扬烈士精神、共筑中国梦”为主题的纪念烈士公祭活动，强化爱国意识。

【参建参治】 元旦、春节和清明节期间走访慰问复员退伍军人、军烈属、贫困群众，赠送慰问品、发放慰问金共 2.5 万余元。2 月 25 日，雷山县人武部组织干部、职工、民兵应急骨干及丹江镇等 120 名民兵应急分队到大塘镇九十九工业园区参与驻地的“雷山县银色贵州建设三年行动计划启动仪式”义务植树活动。3 月 12 日，组织干部、职工、应急骨干分队民兵到环城公路羊排村路段两旁进行义务植树活动，为美化绿化雷山环境起到积极作用。截至 3 月 31 日，广大官兵共义务植树及成建制义务植树造林 1879 亩。4 月 22 日至 28 日，县人武部积极组织干部、职工及民兵应急分队骨干分队参加庆“五一”国际劳动节职工篮球运动会。4月24日，组织官兵参加义务献血活动。6月30日，县人武部组织全体中共党员到帮扶村丹江镇白岩村与该村党员共庆党的生日并重温入党誓词及慰问贫困党员。8月29日至30日，县人武部组织全县退伍军人、民兵应急分队骨干、国动委成员等17个单位（组）开展“唱响抗战歌、祖国在我心中”大型歌咏活动。积极参与地方中心工作，出动官兵400余人次，在全县官兵、民兵预备役的共同努力下，种植杉木、松木、果木5400亩，种植茶叶5200亩。组织参与驻地联合开展“清理河道环境整治活动”，为构建和美雷山的目标做出积极贡献。

【战备演练】 4月21日，为增强乡镇人武部的维稳处突，县人武部组织乡镇专武部长、干事、民兵常备分队进行防暴维稳演练；4月13日为增强乡镇的消防安全工作，组织乡镇专武部长、干事、民兵常备分队进行灭火演练，4月19日，部长李红、政委李正海亲自带队，率领干部、职工及全县专武干部和民兵应急骨干分队进行徒步行军拉练，从雷山徒步行军到大塘九十九工业园区又返回到营区，行程38千米。11月10日，人武部组织干部、职工、民兵常备分队人员40余人参加战备拉动演练，此次拉动以山林火灾、应急维稳处突、突发性社会事件、后勤保障为背景，拉动演练队伍从县人武部营区出发，以县城、望丰炮台、杨柳村、猫猫河村，全程25千米。

【抢险救灾】 4月13日，雷山县大塘乡莲花村发生山林火灾，雷山县人武部组织干部、职工及民兵应急骨干及民兵预备役人员和当地群众450余人第一时间赶到火灾现场扑灭山火。5月27日，雷山县境内突降暴雨，河水暴涨，县城部分街道被洪水淹没，低洼处房屋、农田被淹，3座大桥被冲毁。凌晨5点，县人武部接到县委、县政府救灾通知，迅速组织干部、职工及民兵预备役人员共计380人奔赴抗洪一线，共处置洪水险情20多处，安全转移群众1000余人，抢救被淹车辆50多辆和群众其他财产。5月28日至30日，组织全体干部职工及民兵共计460余人次，开展灾后城区淤泥积水清理，抢修供水供电设施，并给灾民搭建帐篷50余顶，给受灾群众输送食品500余公斤。6月9日，雷山县人武部组织官兵深入到方祥乡毛坪村为在5月27日受洪涝灾害群众家中和毛坪村小学清运垃圾、淤泥。6月21日，县境内再次遭受大暴雨，西江镇辖区受灾严重，全镇通信中断，雷山至西江公路多处被洪水冲毁，人武部接到县应急办的救援电话后，立即启动抢险救灾应急预案，迅速组织干部、职工及民兵骨干60人赶赴西江进行救援。人武部先后5次组织应急分队人员1200余人次，解救转移受困群众600余人，挽回经济损失达300余万元，受到地方党委、政府及广大人民群众的高度评价。先后3次组织民兵应急骨干分队和丹江镇民兵分队共300余人次扑灭山火。

【军事训练】 按照军事训练《中华人民共和国大纲》要求，县人武部组织全县16名专武干部进行为期15天的共同科目训练和业务知识培训，参训率100%。按照年度军事训练计划，组织乡镇完成210名民兵的军事训练任务，重点对3个乡镇进行56式冲锋枪实弹射击考核，消耗弹药1800余发，合格率85%以上。民兵应急队伍确保30人的在位率和参训率，训练时间达到120天以上。7月31日，雷山县人武部组织县四大班子领导和国动委成员单位过军事日并进行56式冲锋枪实弹射击考核。8月17日至23日，组织民兵应急骨干对雷山民族中学2015级高一20个班1079余名新生进行为期7天的封闭式军事训练。

【联考联评】 县人武部采取分散训练、集中训练和强化训练相结合的方式组建120人的应急连，围绕8个考核科目抓好20项基础内容训练。此项工作涉及县直机关单位20余家单位，直接参与人员200余人，投入经费98万余元，消耗1956式普通弹10900发、油料1500余升，动用车辆80余台（次），安全行程1700余千米。最终在省军地联考联评考核中取得5个单科科目优秀（静态科目展示、动员筹划、3000米越野、单兵战技组合、挡土墙堆砌）、3个科目良好（轻武器射击、森林灭火、水上救援），总评优秀的成绩。

【征兵工作】 7月9日，召开2015年征兵工作会议；印制1000余份《大学生参军入伍优待优惠政策摘要》的征兵工作宣传手册，悬挂征兵宣传标语、横幅300条（幅）。县人武部积极与县教育局、人事局沟通联系，获取在外就读的大学生和高中以上学历的学生信息，下发征兵资料给各乡镇武装部，进行点对点，面对面的征兵宣传教育，2015年，圆满完成新兵征集任务。新兵均具有高中（中职）以上文化程度，其中大学生24名。

【党建帮扶】 县人武部党委下辖党支部1个，有党员12人，在职党员12人、退休党员2人。党支部书记1人、副书记1人、纪委书记1人、宣传委员1人。研究生1人、本科文化6人、大专文化2人、高中文化2人、中专文化1人、初中文化2人。民族结构：汉族8人、侗族1人、苗族4人、布依族1人。2015年，采取领读串讲、个人自学、重点辅导、撰写对照检查和心得体会等相结合方式开展主题教育活动，增强全体官兵的政治意识、大局意识和纪律意识。开展“三严三实”专项教育活动，部党委对照“三严三实”查找问题，结合实际制定改进措施。坚持利用党日、重大节日、每周一交班等时机，适时开展战备形势教育和法纪教育，强化全体人员的法纪意识。组织全体干部、职工及民兵应急骨干分队40余人，到县革命烈士陵园开展“深切缅怀革命先烈，绘就放飞中国梦”为主题的清明祭奠活动。1月9日，县人武部组织县直相关单位向困难退伍军人杨春开展捐款活动。向达地背略村小学捐款3000元；“三八”“七一”节慰问困难党员10人，每人发放慰问金500元；向丹江镇白岩村捐款2000元，向达地乡背略村捐款1000余元；6月4日，为受洪涝灾害群众捐款。“八一”期间按照上级有关要求，对人武部1名贫困干部慰问2000元、2名困难职工分别慰问1000元。结合年度精准扶贫计划，组织捐款4650元，给帮扶对象白岩村送去价值5000余元的办公物资。县人武部选派两人到丹江镇白岩村开展精准扶贫项目，开展帮助建设黑毛猪养殖试验基地和援建大棚蔬菜种植基地，共投入资金10余万元。

（杨贵华）

雷山县武警中队

【领导考察】 4月20日上午，省武警总队政委韩云鹏率工作组到雷山县中队检查调研，州武警支队政委李先江、支队长郭承国全程陪同。6月15日，省武警总队副司令员郭游文率纪检处周鸿春处长莅临雷山中队检查指导工作，州武警支队政委李先江全程陪同。7月28日，州武警支队支队长郭承国到雷山中队检查指导工作，考察部队训练场地建设情况。10月15日上午，州武警支队政委李先江到雷山县中队检查指导工作，主要了解老兵退役后部队工作开展情况。

【军事竞赛】 7月26日至28日，县武警中队参加武警黔东南支队“苗岭卫士”第十七届军事比武竞赛，中队11名官兵参加比赛，分别获得团体第三名和3个个人单项第一名，1个个人全能前十的佳绩。2015年，县武警中队参与驻地各类抢险救灾任务，荣立贵州省总队集体三等功1次，被评为抢险救灾先进集体，全省民族团结进步创建活动示范军（警）营，中队长何耀帅被评为抢险救灾先进个人。

【抢险救灾】 5月26日晚，雷山县境内突降特大暴雨，中队抽调救援官兵赶赴一线，全力以赴开展灾后重建工作，经过6个小时连续奋战，帮助灾民拆除危房6间，搬运物资70多件，清扫街道6条，清运垃圾3.8吨。

6月8日，雷山县境内再遭受特大暴雨，中队出动16名官兵参与救援工作，搬运救助物资大米4.5吨、棉被200床、油120桶、帐篷10顶、餐具60套等。6月1日至2日，中队出动20名官兵，紧急赶赴距县城30千米的大塘镇水溪村疏散群众，转移财产物资。经过两天的持续奋战，疏散群众30余户，转移粮食3000余公斤、各类物资2000余件（套），装载救灾物资32车次。6月21日，中队出动15名官兵参与雷山县丹江镇山体滑坡抢险救援任务，经过近5个小时的紧急救援，被困的群众被成功解救。

【年度训练】 2015年，县武警中队完成95个训练日，参训率均达90%，主要进行课题演练、“四会”教学法、5千米轻装越野、400米障碍、军事体育训练（器械、木马）、射击等12个科目训练；在此期间，共参加上级组织的各类集训42期。

（陈骁）

法　院

【概况】 2015年，雷山县人民法院内设机构13个：办公室、政工科、立案庭、刑事审判庭、民事审判一庭、民事审判二庭、行政审判庭、审判监督庭、执行工作局（执行庭）、研究室、书记官室、法警大队、监察室，下设2个人民法庭：第一人民法庭（永乐）、第二人民法庭（西江）。雷山县人民法院围绕“努力让人民群众在每一个司法案件中都感受到公平正义”这一目标，牢牢把握司法为民、公正司法工作主线，忠实履行宪法和法律赋予的职责，不断加强自身建设。全年受理各类案件1222件，审执结1072件，结案率87.73%，法定审限内结案率100%。

【刑事审判】 坚持罪行法定、疑罪从无等原则，认真贯彻“宽严相济”刑事政策，全力推进量刑规范化，坚持打击与保护并重，惩治与防范并举，确保每一个案件都做到准确定性，量刑适当。依法严惩“两抢一盗”、寻衅滋事、故意伤害、毒品犯罪等严重危害人民群众生命财产安全和影响社会治安及社会稳定的犯罪活动，提升群众安全感，全年受理此类案件60件89人。对盗伐、滥伐林木和非法采伐、毁坏国家重点保护植物等破坏生态环境资源的犯罪，依法加大打击力度，全力保护雷山县良好生态环境，为雷山县生态文明示范县建设提供坚强法治保障，全年共受理此类案件24件41人。对于社会危害性不大且确有悔罪表现并具有从轻、减轻法定情节的过失犯罪和未成年人犯罪，依法从轻、减轻处罚，减少社会对抗，对未成年人犯罪依法实行档案封存。全年共受理刑事案件153件，审结137件，结案率89.54%，法定审限内结案率100%。在判处的186名罪犯中，判处十年以上有期徒刑1人，判处三年至十年有期徒刑33人，判处三年以下有期徒刑93人，判处缓刑、单处罚金等非监禁刑57人，免予刑事处罚2人。

【禁毒知识宣讲】 “6·26国际禁毒日”，县法院党组成员、副院长杨承楷深入雷山县民族中学，为学生上一堂生动的禁毒知识法治专题讲座。杨承楷立足审判工作实际，站在青少年维权的角度，深入浅出的阐释毒品的社会危害，并通过列举雷山县青少年涉毒的真实案例，让学生们深刻认识到毒品的危害，增强禁毒意识和法律知识，掀起该校禁毒宣传的新高潮，促进雷山县法治校园的建设。

【民商事审判】 县法院共调解、撤诉案件465件，调撤率为65.31%，有效化解矛盾纠纷。积极化解经济下行压力下民间借贷纠纷、工程合同纠纷、劳动合同纠纷等各类案件316件。妥善审理相邻纠纷、婚姻家庭、赡养抚养、农业承包经营权等事关社会和谐的各类案件396件，以促进家庭稳定，社会和谐。2015年共受理各类民商事案件785件，审结712件，诉讼标的4575.94万元，结案率为90.70%，法定审限内结案率100%。

【行政审判】 县法院共协助凯里市法院审理行政诉讼案件13件，努力做好协调工作，切实化解行政争议，审查非诉行政案件30件，裁定准予执行28件，裁定不准予执行2件，法定审限内结案率为100%，有效维护行政机关依法行政的严肃性和执行力。

【案件执行】 县法院有效执结46件涉民生案件。加大对失信被执行人的惩戒力度，通过采取限高令、信用惩戒、曝光失信被执行人“黑名单”等强有力的措施，切实维护当事人合法权益。全年依法对1名规避、抗拒执行的被执行人进行司法拘留，对64名拒不履行生效判决的被执行人进行“黑名单”曝光，有力地打击拒不履行义务、规避、抗拒执行的行为，促进社会诚信，维护法律尊严。全年共受理各类执行案件254件，执结192件，执结总标的为1486.33

万元。

【审判监督和立案信访】 立案受理各类案件1222件，其中：刑事案件153件，民商事案件785件，执行案件254件，审查非诉行政案件30件。全年共处理和接待当事人714人次；办理涉法涉诉信访案4件。积极开展审判监督工作，主要认真抓好两评查活动。共办理发回重审案件5件，审结4件。2015年共评查各类案件643件，其中刑事案件76件、民商事案件497件、执行案件70件；组织庭审评查6人次；进行案件质量评查通报4期。

【"双语"法官培训】 3月30日，雷山县人民法院2015年"双语"法官培训班开班典礼在院四楼大会议室举行，全院法官新一轮普通话、苗语日常用语培训正式拉开帷幕，雷山县人大常委会主任刘光信、雷山法院院长王忠书出席开班典礼并作指导发言。

【法律知识宣讲】 为狠抓落实"平安雷山""法治雷山"的创建工作，雷山县委政法委组织县法院、检察院、公安局、司法局等政法机关，利用市集赶场或民族节庆，选择在西江、永乐、郎德、公统、乔桑等9个乡镇及重点村寨集中开展法律宣传活动。活动中，县法院的法律宣讲队通过发放法律宣传资料、展示宣传展板、送法进商铺和农家等形式深入开展普法。该院还出动集案件开庭和法律宣传功能为一体的巡回审判车，通过多媒体播放普法视频和诉讼指南等让人民群众了解法律。同时，该院还精心挑选资深法官随行，并深入9个乡镇中心学校开展"法制进校园"活动，为预防未成年人犯罪敲响警钟，为维护师生合法权益提供指南。该次活动发放《中华人民共和国宪法》、新《中华人民共和国行政诉讼法》《诉讼指南》等法律宣传资料9000余份，现场解答法律咨询100余次，大力营造苗乡民众知法、懂法、用法的良好社会氛围。县法院还将进一步加大宣传力度，通过制作专题宣传片在电视台，雷山法院网等媒体播放，通过微信、微博、网站等宣传法院工作，使广大人民群众了解和支持法院工作，切实提升法院的社会公信力以及全县人民群众的安全感和满意度。

【创建Ⅰ类铸廉单位】 5月7日，雷山县人民法院举行创建Ⅰ类铸廉单位揭牌仪式。揭牌仪式由县人民法院党组书记、院长王忠书主持，中共雷山县委书记黄清发，县委常委、县纪委书记雷林多出席现场揭牌仪式，县委常委、县纪委书记雷林多作讲话，中共雷山县委书记黄清发为雷山县人民法院创建Ⅰ类铸廉单位揭牌，县人民法院全体干警参加揭牌仪式。

【信息化建设】 围绕"科技强院"工作思路，按照上级法院大力推进信息化建设的要求，至2015年县法院以全面建成上联最高院、省法院下至基层法庭的专线通信和数据交换的法院专网，全面实行网上办公、网上办案，建成案件信息查询系统、高清科技法庭系统、远程提讯系统、远程接访系统、"点对点、总对总"查控系统，率先在全州法院采购"便携式科技法庭"和"车载法庭"，同时加强系统的应用与培训，全面提高信息化在审判、执行工作中的应用水平。

【审判调研】 开展调查研究，根据中院、县人大等的部署要求，共完成2015年度司法公开研讨会征文、国家赔偿理论专业委员会第三届年会暨"国家赔偿与司法改革"主题论坛论文、侵犯妇女儿童权益专项调研等调查研究任务。组织县法院各庭室队及干警撰写调研文章40篇并进行投稿。报送"公开促公正建设核心价值"典型案例2篇，侵犯妇女儿童权益典型案例1篇，较好地为审判工作提供指导作用。

【重要会议】 2月16日，雷山县人民法院召开党风廉政工作会议，纪检组组长余富生传达中纪委十八届五次全会会议等上级党委和上级法院党风廉政工作会议精神，回顾总结2014年党风廉政工作成果，对2015廉政重点进行安排部署，全院干警参加会议。院党组书记、院长王忠书作讲话。院党组书记与各党组成员，分管领导与各庭室队负责人，庭室队负责人与普通干警逐级签订党风廉政责任状。3月2日，雷山县人民法院召开"铸廉行动"工作动员会议。会议由纪检组组长余富生主持，介绍开展"铸廉行动"的重要意义、各阶段的工作目标同时对县法院开展"铸廉行动"做出安排部署。院党组书记、院长王忠书向全体干警作动员讲话。全院干警参加会议。

【重要活动】 5月8日上午，雷山县人民法院秉持“新法速递、宣法亲民”的宗旨，开展新行政诉讼法及司法解释宣传活动。县法院组织行政审判骨干法官成立宣讲队，在县城大十字设置宣传点，悬挂宣传标语，为广大群众答疑解惑。本次活动发放宣传资料500份，向广大群众提供法律咨询和诉讼引导，确保新修订的《中华人民共和国行诉法》和相关制度的有效落实。

6月15日，雷山县人民法院党组书记、院长王忠书以《恪守“三严三实”，维护社会公平正义》为题，结合法院工作实际，为法院干警上一堂生动精彩的党课。会议由院党组成员、副院长、执行局长赵健忠主持，全院干警和部分退休干警参加会议。

6月15日，雷山县法院开展为期15天的司法警察暨应急分队夏季警务技能训练，参训的23名青年干警努力克服天气、身体等多方面困难，在晨跑拉练和队列、齐步、正步等训练中做到严于律己，令行禁止，充分展现法院青年队伍积极向上的“精气神”。

7月22日，雷山法院组织全体干警，前往县城周边的固鲁水库路段，有组织、有计划地完成该区域的垃圾清理任务。本次活动共清理河床、公路沿线的垃圾两吨并及时焚烧处理，为雷山“国家卫生县城”创建发挥积极作用。

8月24日，在纪念抗战胜利70周年，雷山县人民法院为进一步引导干警缅怀党的光荣历史，弘扬党的优良传统、切实贯彻“我是党员”“三严三实”专题教育活动精神，为全面建设法治雷山创造公正高效优质的司法环境，该院举办“践行‘三严三实’，争做人民好法官”主题演讲活动。本次比赛来自该院的12名青年干警参加演讲，全院干警观看比赛。

11月9日，县法院召开党组中心组学习会议，学习宣传贯彻中共十八届五中全会精神，会议由党组书记、院长王忠书主持。本次学习会议集中学习《中国共产党第十八届中央委员会第五次会议公报》《中国共产党廉洁自律准则》《中国共产党纪律处分条例》等内容。

【党建帮扶】 县人民法院设党支部1个，大学本科以上24人，大专3人，中专及高中6人；民族结构：少数民族党员占84.8%。党支部开展“四讲四有”党建品牌创建、开展“我是党员”主题教育活动、开展敬畏人民群众活动、开展党员进社区服务活动，严格党员教育管理，创新服务型党组织建设等工作。8月24日，举办“践行‘三严三实’，争做人民好法官”主题演讲活动。选派1名干警驻村开展帮扶工作，开展精准结对帮扶工作，结对帮扶209户。对“5·27”洪灾受灾群众进行帮扶慰问，并送去大米和食用油等物资。5月28日上午，为保障“5·27”洪灾后的道路畅通，使人民群众尽快恢复正常生产生活秩序。根据县委、县政府的统一安排部署，雷山法院全体干警40余人与县各机关单位一起开展清淤工作，累计清理淤泥10余吨。

（李乐）

检　察

【概况】 2015年，雷山县人民检察院围绕“服务经济社会、推进平安建设”两大核心任务，履行宪法和法律赋予的职责，为全面建成小康社会提供司法保障。雷山县人民检察院有内设机构16个，派出机构2个。其中，副科级内设机构11个，股级内设机构5个，股级派出机构2个。总编制42名，核定政法编制38名，实有干警39人（男性25人，占64.1%，女性14人，占35.90%），政法编制35人，工勤编制4人，硕士研究生（法学专业）2人，大学28人（非法律专业6人），法律专科9人。

【服务经济发展】 服务经济建设。深入鸡鸠水库等重点项目开展专项预防12次，为项目建设提供行贿犯罪档案查询152次，通过对项目招投标、施工等环节的监督，保障项目建设安全顺利进行；打击经济发展领域犯罪活动，查办虚开抵扣税款发票等经济犯罪案件10人；查办项目审批、工程建设、审计、涉农惠农等领域职务犯罪案件5件7人。召开检察长、董事长“两长座谈会”，与26家企业签订检企共建协议。服务生态文明建设。依法批准逮捕滥伐盗伐林木、非法占用农用地等破坏生态环境犯罪案件18件27人，提起公诉34件57人，监督公安机关立案1件1人；查办生态环境保护领域职务犯罪案件4件4人；开展督促履职工作，向有关部门发出督促履职检察建议53份，促进依法行政；牵头开展“补植复绿”“河道清理”“古树名木挂牌保护”专项行动，建立补植复绿基地，使“补种树木”行政、刑事处罚得到落实；与生态文明建设管理部门协作开展古树名木挂牌保护工作，对1200余株银杏、秃杉、楠木等古树名木建档登记，明确保护责任单位、明示应当追究何种刑事责任的情形对600余株古树名木进行挂牌保护。

【打击刑事犯罪】 2015年，县检察院依法受理提请批准逮捕各类刑事案件78件110人，同比分别下降1.27%和12.7%，审查后，批准逮捕74人，不批准逮捕36人。依法受理移送审查起诉各类刑事案件144件204人，同比分别上升54.8%和49%，经审查，向同级法院提起公诉126件174人，移送州检察院审查2件4人，不起诉10件16人，退回补充侦查6件10人。依法批准逮捕抢劫、抢夺、盗窃案件犯罪嫌疑人36人，占批捕案件总人数48.6%，提起公诉44人，占起诉案件总人数25.3%；依法批准逮捕聚众斗殴、“黄赌毒”等案件犯罪嫌疑人13人，占批捕案件总人数17.6%，提起公诉16人，占起诉总人数9.2%；起诉危险驾驶等危害公共安全犯罪案件39人，占起诉案件总人数22.4%。依法打击犯罪和化解社会矛盾并重，对未成年人犯罪、初犯、偶犯以及因民间纠纷引起的刑事犯罪从宽处理，对可捕可不捕的不批准逮捕5人，对可诉可不诉的不起诉7人，按照刑诉法规定的适用特别程序办理10件13人未成年人案件，对5件6人未成年人犯罪记录依法进行封存。落实涉检信访改革措施，开展带案下访、联合接访、检察长接访工作，接待群众来信来访16件21人，均作出妥善处理，未出现涉检上访情况。

【查办和预防职务犯罪】 立案查办贪污贿赂案件4件6人。其中，受贿案件2件2人，挪用公款案件1件1人，贪污案件1件3人，立案查办国家机关工作人员玩忽职守案件1件1人，为国家挽回直接经济损失226万余元。开展查办和预防惠农扶贫领域职务犯罪专项行动，严肃查办3名原村干部共同贪污危房改造资金的职务犯罪案件；开展预防职务犯罪警示教育巡展宣传月活动和预防职务犯罪进机关、进企业、进社区、进乡村、进学校活动，在全县各乡镇各部门开展警示教育活动30余次；召开预防职务犯罪联席会议5次，开展预防职务犯罪专项调查6次。

【诉讼监督】 诉讼活动法律监督。对公安机关应当立案而不立案的监督立案2件3人，对不应当立案而立案的监督撤案1件2人，对应当逮捕而未提请批准逮捕的追捕2人，提出抗诉1件1人，对违法办案行为发出纠正违法通知书5份；参加看守所安全检查12次，与在押人员开展教育谈话68人次，以防止监管场所各类安全事故发生。依法保障人权。对31名犯罪嫌疑人因证据不足或不构成犯罪不予批准逮捕，对9名不构成犯罪或证据存疑的犯罪嫌疑人依法做出不起诉决定；开展羁押必要性审查工作，对没有继续羁押必要的犯罪嫌疑人审查后建议公安机关变更强制措施；设立律师阅卷室，推行电子卷宗制度，开通律师会见和查阅卷宗网上预约系统，安排律师会见犯罪嫌疑人和听取辩护人意见17人次。规范司法行为。落实内部执法监督机制，执行职务犯罪案件逮捕权上提一级、撤案和不起诉报上一级院批准制度；推行统一业务应用系统，办理的每一起案件从受案到结案全部在网上流转，法律文书制作、审批均在网络系统内进行；依托检察院案件信息公开系统，将应该公开的案件信息全部在互联网上公开，公开重要案件信息192份，公开法律文书100份。

【检察队伍建设】 2015年，县检察院组织干警参加各类学习培训50余人次，投入教育培训经费5.8万元；开展规范司法行为专项整治工作，以召开征求意见座谈会，交心谈心、案件评查等形式查找司法理念、司法作风、司法行为等方面存在的问题，对2013年来所办的400余件案件进行全面评查，对发现的问题进行整改和建立完善长效机制36个；建成分级保护工程并通过国家保密科技测评（贵州）分中心验收；开展“执法规范化标准化、管理科学化信息化、队伍专业化职业化、保障现代化实用化和检察文化建设”（简称“4+1”工程）创建工作，创作出《雷山检察之歌》、《雷山检察赋》、雷山县人民检察院院徽，开通官方微信和官方微博；办案用房和专业技术用房项目建设主体工程施工完毕；邀请人大代表、政协委员、人民监督员、检纪检风义务监督员视察指导检察工作4次，走访人大代表和政协委员120余人次。

【党建帮扶】 中共雷山县人民检察院党支部1个，有党员34人（其中女党员11人），在职党员28人、退休党员6人。设党支部书记1人、副书记1人、组织委员1人、纪检委员1人、宣传委员1人。有大学文化21人、大专文化11人、中专及高中文化2人。苗族20人、侗族7人、土家族1人，少数民族比例占82%。党支部以创先争优为目标，加强队伍专业化建设。组织党员干警参加各类政治理论和专业培训40余人次，投入经费4余万元，2015年40周岁以下党员干警95%通过司法考试。完善党员联系群众、党员民主评议、党员重大事项报告、党员外出汇报等制度，组织学习《中国共产党党员领导干部廉洁从政若干准则》，全年未出现干警违纪违法行为。雷山县人民检察院派出1名干警驻郎德镇南猛村开展定点帮扶工作，全院干警与郎德镇南猛村、老猫村及永乐镇排告村、加勇村贫困户形成结对帮扶对象，人均帮扶户达7户。全年派出干警遍访贫困村贫困户160余人次，走访基层群众600余户，为困难群众送去慰问金及帮扶资金1.6万元，开展法律宣传25次，发放宣传资料2万余份，接受群众法律咨询800余人次，2015年6月，郎德镇境内遭遇暴雨灾害，驻南猛村帮扶干警李云在抗洪抢险中疏散群众表现突出，被中共雷山县委员会评为“抗洪抢险先进个人”。

（潘家雄）

公　安

【概况】 2015年，雷山县公安局设13个内设机构、8个直属机构和2个监管场所。内设机构为指挥中心（办公室、情报信息大队）、警务保障室、法制大队、监督室（审计室、督察大队）、国内安全保卫大队（防范和处理邪教犯罪工作大队）、治安管理大队（生态环境安全保卫大队）、刑事侦查大队、经济犯罪侦查大队、禁毒大队、出入境管理大队、网络安全保卫大队、特（巡）警大队、政工室；直属机构为丹江派出所、永乐派出所、西江派出所、大塘派出所、郎德派出所、望丰派出所、达地派出所、方祥派出所；监管场所为看守所、行政拘留所。2015年，县公安局行政编制132名，年末在职人数126人（其中公务员123人、工勤人员3人），有少数民族115人，大专以上学历110人。全县公安机关认真贯彻落实全国、全省政法、公安会议精神，以“平安建设”为主线，继续深入推进严打犯罪“雷霆行动”、整肃毒害“扫毒行动”、网络整治“净网行动”、打击赌博“禁赌行动”、清除黄害“扫黄行动”等系列专项行动，深化各项防控措施，牢牢掌握社会治安主动权，深入推进“四项建设”，扎实开展派出所建设三年攻坚战，加强和创新社会管理，严厉打击各类违法犯罪活动，努力提高人民群众安全感和对公安机关满意度，加强公安队伍建设，提高公安工作能力和水平。

【刑事侦查】 全县公安机关深入开展严打“两抢一盗一骗一诈”多发性侵财案件“雷霆行动”等系列专项行动，依法严厉打击一批犯罪分子，促进社会治安进一步好转，经省政法委、省综治办和省统计局组织的群众安全感满意度测评，人民群众安全感上升到99%，排名全省第1名。全年立刑事案件323起，破154起，撤销6起，破案率为47.68%，刑事转行政3起，与2014年同期立377起、破199起相比，立案下降14.32%，破案率下降5.11%。撤销年前案件8起。其中：八类案件立11起，破11起，破案率为100%，与2014年同期立32起、破33起相比，立案下降65.63%，破案率下降3.13%。其中，命案立1起，破1起；共抓获刑事作案犯罪嫌疑人186人。

【禁毒工作】 以“三年禁毒人民战争攻坚战”为抓手，扎实开展好“利剑行动”“斩毒行动”“清剿行动”“回归行动”“净土行动”，有效遏制毒品问题蔓延势头，实现毒情形势明显好转，进一步深化巩固“无毒县”工作。全年开展禁毒巡回宣传教育3次，进校园开展禁毒知识讲座18场（次），发放宣传资料1.5万份；共出动车辆158台（次），警力394人次，深入8个乡镇、157个村进行排查，未发现非法种植毒品原植物罂粟案件，实现9年“零种植”。全年破获毒品案件9起，打击处理9人；办理毒品行政案件86起，查获涉毒违法犯罪嫌疑人86人次，其中：行政处罚86人次，行政拘留转强制隔离戒毒14人，社区戒毒12人，社区康复12人。全县有吸毒人员223人，比2014年163人新增60人。

【打击经济犯罪】 严厉打击各类经济犯罪活动。全年共受理各类经济犯罪案线索11起，破获信用卡诈骗4起，售卖假药2起，非法经营1起，虚开增值税发票4起，维护正常的经济秩序和社会治安的稳定。

【治安管理】 全县公安机关深入开展“行业整治”“户口整顿”“派出所建设三年攻坚战”“校园安保”“缉枪治爆”“扫黄打非”“保安服务市场整顿”等中心工作，为建设“平安雷山”创造良好的治安环境。加强民爆物品管理，全年共检查涉爆单位5家，涉剧毒化学品单位6家，娱乐场所、特种行业178家，重点单位、要害部门7家，烟花爆竹销售点153家，烟花爆竹仓库2个，签订安全管理责任状12份，发整改通知书15份，消除各种安全隐患28处。深入开展打击“黄赌毒”专项行动，对涉“黄赌毒”出动警力883人次，警车656辆（次），清理检查村寨162个（次），出租房屋2045户（次），农家乐1045户（次），电子游戏动漫城230次，麻将馆418次（均已关闭），茶楼319次，网吧219次，歌舞厅酒吧138次，发廊198次，足疗洗浴中心201次，发现涉赌违法行为37起，查处37起，查扣麻将机12台、麻将24副，收缴赌博游戏机4台，抓获涉赌违法人员49人，处罚49人。查处“卖淫嫖娼”案件19起，抓获违法人员23名；发现涉毒案件75起，查处75起，处罚75人；有效净化全县社会治安环境。全年受理行政案件7020起，查处6933起，查处率98%，与上年同期（受理5879起，查处5842起，查处率98%）相比，案件受理数上升20%，查处率持平。共查处违法人员7107人，其中：警告405人，罚款6364人，拘留271人，其他处理58人，罚款总金额16.6万元。其中受理治安案件670起，查处583起，查处率87%。查处违法人员700人，其中：警告25人，罚款446人，行政拘留178人，其他处罚58人。调解案件33起。全县进一步加强校园周边治安整治，共检查校园周边安全77次，上法制课159次，收缴非法刀具4把。发现安全隐患25处，下整改通知书20份，确保学生上学、放学的人身安全，杜绝侵害师生案件的发生。

【安全警卫】 完成重要警卫目标、重大节日活动和重大文体活动的安保工作，精心组织，全警动员，确保全县“两会”、“五一”黄金周、“十一”黄金周、“苗年节”、环雷公山超100千米跑国际挑战赛等重大会议和节庆活动的顺利进行，保卫中央领导到雷山考察工作等重要警卫目标的安全，避免各类事故的发生，安全率达100%。全年共参加警卫任务6次，其中一级1次、二级2次、三级3次。

【出入境管理】 全县受理申请出国（境）518人，其中：港澳双程210人次，护照285人次，台湾通行证23人次，前往国家和地区有美国、泰国、越南、日本、马来西亚、新加坡、澳大利亚、韩国及中国港、澳、台地区等，比2014年同期上升16.4%；境外人员临时来华人员涉及有20多个国家和地区925人，比2014年上升4.88%；新清理登记备案信息740人，新增录入备案信息104人，法定不准出境人员报备7人；全年全县未发生涉外案（事）件。

【道路交通管理】 全县公安交警部门紧紧围绕“压事故、保安全、保畅通”的工作目标，认真落实好农村道路交警中队建设，全力做好各类道路交通安全排查整顿行动，有效打击违反道路交通安全的违法犯罪案件，确保全县道路交通安全。全年共查处交通违法1.34万起，查处公路行政案件115起，行政拘留115人，查处酒后驾驶78起，醉驾38起（移送检察机关追究刑事责任26起、未移送12起），无证驾驶422起，扣留机动车1365辆；全年发生一般以上交通事故37起，死亡19人，受伤51人，与2014年同期相比，分别是起数下降7.5%、死亡上升18.75%、伤人上升2.0%。

【监所管理】 按照严格、公正、文明执法和人性化管理的要求，强化责任，狠抓制度，确保安全。全年开展检查19次，深挖犯罪提供案件线索39条，律师会见和家属会见380人次，提讯、提押651次，临时出回所1人次，催办各项工作194次，全年共收押各类在押人员142人，办理各种人员出所154人，实现看守所安全无事故。

【公安法制】 坚持以事实为依据、以法律为准绳，严把案件事实关、证据关、时限关、程序关、法律适用关和裁量关，严格各项法律审核。全年共审核刑事案件218件（其中破案94起，撤案4起），审核处理犯罪嫌疑人员140人，审核呈捕42件59人，批准逮捕30件40人，审核移送起诉66件83人，审核各类行政治安案件266起，审核处理违法人员288人，审核率达100%。全年共接待信访群众31人次，接受信访事项19件，受理信访事项16件，办结信访事项14件，其余2件正在办理中。局主要领导接访4起，停访息诉3件，并签订停访息诉承诺书。全年共答复州政府行政复议委员会行政复议案件4件，维持原决定4件；共出庭应诉行政诉讼案件3件，胜诉2件，待裁1件。维持率和胜诉率达100%。

【网络安全】 加强网络安全监察、大情报工作，全县共接涉网报警8起，处警8起，受理行政案件10起，查处10起；办理配侦案件13起；编报工作简报53期、网侦情报44期、网络犯罪情报34期。发现恶意攻击党和国家、政府领导人负面、有害、敏感信息104条，煽动非法集会游行示威9条，散布谣言、虚假恐怖信息7条、异地专项有害信息2016条，共落地查人33人，发现电话黑卡线索366条；发现涉及本地互联网负面、敏感信息17条，处置17条；开展专项舆情引导工作16次，发布引导贴文2000余条；开展网上公开执法活动11次，发布法律法规宣传、引导贴15条。开展网吧专项整治行动3次、日常监督检查12次，当场处罚9家；开展网络安全检查指导工作2次，检查单位20家，网站备案登记2家，互联网单位用户备案登记3家。全年签收DQB指令1.35万条［其中：红色指令15条（涉及7人），橙色指令235条，黄色指令5909条，蓝色指令7353条，白色指令10条］；指令研判抓获网上在逃人员6人，查获违法犯罪嫌疑人328人；编写分析研判105期、简报62期、案件线索研判5期，采集录入情报信息622条。

【参谋服务】 指挥中心（办公室）认真当好参谋助手，全年为省厅、州局召开各类视频会议212次，大讲堂31次，县委、县政府召开各类会议320余次；撰写综合材料25篇，修改审核材料形成文件277份，上报《工作简报》246期，上报《公安信息》137期，调研12期；收文件3159份，发文1821份，复印材料约4万余张，收明传电报1份，密码电报529份，发密码电报12份，录入电子档案条目2.6万余条；110共接处1280起（其中刑事警情240起、交通警情170起、治安警情205起、纠纷警情280起、火灾警情17起、其他警情368起），无群众投诉现象；开展公安网、互联网计算机涉密及敏感信息检查清除工作，全年未发生泄密安全事故；“天网工程”二期建设，已完成预建651个监控点选点任务（其中卡点13个），已完成新建监控点34个，全县已建有监控探头502个。

7月15日，雷山县公安局、教科局等部门趁市民赶集时机在县城大十字开展户籍制度改革宣传活动。活动采取现场解答、发放宣传资料等方式进行，接受群众咨询200余人次，发放宣传资料2000余份，装贴宣传专版12幅。

【后勤装备】 2015年省厅拨入办案经费312万元；装备经费295万元；国保补助经费10万元；禁毒补助经费6万元；二代临时居民身份证制作补助经费0.96万元；出入境证照制作补助经费4万元。省厅拨救灾款50万元；用于安保经费19万元；财政拨款收入279.8万元。购买装备：车辆2辆，金额43.88万元、电脑45台，金额18.23万元、打印机6台，金额1.08万元、相机1台，金额3200元、执法记录仪30台、金额6.3万元、交通指示1套，金额1.03万元、网络监控设备14套，金额27.13万元。

【公安队伍建设】 认真贯彻落实党风廉政建设，坚持“政治建警、依法治警”的方针，健全和落实“一岗双责”制度，确保队伍的规范化、正规化建设。全县公安机关在建设“平安雷山、和谐雷山”进程中，广大民警忠实履行宪法和法律赋予的神圣职责，克服警力不足、经费紧张、装备落后、任务繁重等困难，攻坚克难，破大案，为经济建设及重点项目建设保驾护航。县公安局积极创造条件，从优待警，开展“暖警心”工程建设，全年，落实69位民警请休假149人次；慰问看望生病住院民警（含退休民警）协警6人次，送慰问金3738元；慰问看望因嫡系亲属、岳父母、公婆去世民警9人次，送慰问金7520元。为已故民警遗嘱办理抚恤金、困难补助3人次；借助节日之际，局党委员分片挂钩，深入基层一线开展送温暖活动，共走访基层所队15个，慰问困难老党员、单位离、退休民警、已故民警遗嘱、因公牺牲、伤残和患病民警及家属64户，协勤人员100人次。2015年，县公安局共开展明察暗访34次，出动车辆34台次，督察枪库5次，电话督察73次，视频督察137次215个次执法办案单位，开展专项督察9次，查找问题15起，当场整改15起，办理民警违反纪案件1起（已办结）。

【立功创模】 全县公安民警在维护社会稳定、预防和打击犯罪、服务群众等工作中涌现出一大批先进集体和先进个人。县公安局荣获雷山县抗洪抢险灾后重建工作先进集体；被评为2014年度综治维稳目标绩效考核先进单位；被评为“全国文明县城”巩固提升工作先进单位；被县人民政府表彰为2014年度征兵工作先进单位；荣获2015年“三八”国际妇女节“信合杯”民族健身操大赛三等奖；荣获“中国梦，守国土，保资源，劳动美，迎国庆”全县职工歌咏比赛“优秀组织奖”；被州公安局记集体“三等功”单位1个，记个人“三等功”12人，记“集体嘉奖”单位2个，记“个人嘉奖”2人，表彰为先进单位2个；被雷山县表彰为2014年度征兵工作先进个人3人；表彰为第八届中国—东盟教育交流周先进个人3人；表彰为雷山县抗洪抢险灾后重建工作先进个人3人。

【党建帮扶】 雷山县公安局党委下设党支部9个（其中离退休支部1个）。共有党员99名，其中女党员15名，占党员总数的15%；少数民族党员90名，占党员总数的91%；35岁及以下的党员15名，占党员总数的15%；大专以上学历的党员73名，占党员总数的74%；退休党员25名，占党员总数的25%。2015年，县公安局党委对1个先进党支部、5名优秀党员进行表彰。讨论审批预备党员转正1名，死亡党员1名；办理党员组织关系接转5人次，其中迁入党员5人，迁出党员5人，局内转12人。订阅《习近平谈治国理政》《中国共产党党史知识学习读本》《党建文汇》等学习资料100余份；举办入党积极分子、骨干党员和党务干部培训班各2期；围绕中共十八大、十八届三中、四中全会及习近平总书记系列重要讲话精神，党史党章知识，社会主义核心价值观，党风廉政建设等内容进行专题培训，累计培训15余人次。2015年，全局党员99人（退休人员25人）到丹江镇有46名在职党员在社区报到登记（乡镇派出所党员在乡镇社区报到），分别认领环境卫生保洁岗、科普知识宣传岗、法律援助服务岗等12岗位，开展服务110人次，办理实事好事32件。2015年，共走访慰问老党员、困难党员3人，发放慰问金和物资折合人民币1500元。全年为帮扶村解决困难4件，落实帮扶资金2万元。

【派出所“三年攻坚战”】 县公安局8个派出所于2009年前全部完成改建工作，均进行功能区划分，基本满足执法办案场所设置要求。其中，望丰派出所重建工作已经启动，总投资110余万元，其中：中央投资56万元，自筹资金54万元，总建筑面积676平方米。全县公安机关派出所警力截至12月共63人（全局警力总数128人，派出所警力占全局警力总数的49.22%，超出41%的标准要求）。积极落实专职社区民警，丹江派出所（县城驻地）现有警力20人，城关分为东城和西城两个警务区，共划分5个社区（羊场坝、大十字、响楼、南门、教厂坝社区），配备专职社区民警7人、专职社区辅警14人。全县配齐153名村级警务助理，超额达到“一村一警务”。

（吴超荣）

雷山县公安消防大队

【概况】 雷山县公安消防大队建队于1997年，承担着全县境内的防火监督和灭火救援任务。2015年，大队共接警出动45次，出动消防车61辆次，出动人员349人次，抢救被困人员141人，疏散人员3469人，抢救财产价值93.4万元。2015年，大队荣获支队颁发的先进党委班子、一对好主官、部队目标绩效管理、思想政治教育先进单位等奖项，2015年连续两次被省公安厅记集体三等功，6名官兵立功受奖。4月13日，全县农村消防安全文明卫生铸廉专项行动动员视频会在县公安局视频会议室召开。会议对全县农村消防安全文明卫生铸廉专项行动督查工作进行安排部署。县委常委、县纪委书记雷林多出席会议并讲话，要求抓好农村消防安全文明卫生铸廉行动。

【火灾防控】 深入开展今冬明春火灾防控、消防安全大排查大整治、夏季消防检查、清剿火患战役、百日攻坚战、百乡千村火灾防控等系列专项整治行动，共检查单位1772家次，发现火灾隐患2358处，督促整改火灾隐患2256处，临时查封8家，责令“三停”14家，罚款56.58万元，拘留2人。县级挂牌4家重大火灾隐患单位全部整改销案。开展“百乡千村”清剿火患行动，全县共检查50户以上村寨183个，农户2650余户，发现火灾隐患4230余处，整改火灾隐患3860处。

【消防安全管理】 全县36家重点单位“户籍化”管理系统运行良好，建立重点单位微型消防站18个，完成率50%。全县8个乡镇网格化管理全部达标，共划分大网格8个、中网格153个、小网格1085个。建立落实市政消防栓建设及维护保养机制，全县共建有市政消防栓152个，完好74个，完好率48.6%。全县8个乡镇中，6个乡镇编制消防规划并同步建设消防设施。

【农村消防】 雷山县辖5镇3乡，共计154个行政村，323个自然寨，183个50户以上木质连片自然寨，57个中国传统村落，传统村落全部完成消防规划编制；先后提请政府投入电改经费2640万元，完成50户以上连片木质村寨电改；投入68万元完成323个村寨农房保险，保险覆盖率达100%；配备消防协管员240人、鸣锣喊寨人员380人、183个村寨设立村级安监员；修建消防水池337个，容积3.12万立方米，配备机动泵139台、消防栓1538个、水带72千米、水枪1816支、破拆工具371套；5个一类重点村寨修建高位水池7个，容积3800立方米。为西江千户苗寨和郎德上寨安装简易火灾报警系统和消防卷盘、高分子水系灭火瓶、悬挂式干粉灭火球、灭弧短路保护器、防火限流式保护器等高新智能防火设施。

【消防宣传教育】 县消防大队在县主流媒体开设消防宣传专栏，并联合县电视台拍摄宣传短片10期；刊播消防公益广告300条、宣传字幕800条，广播安全提示4600次。利用微博、微信、手机短信等现代媒体，广泛宣传今冬明春火灾防控重点、整治动态、消防安全提示等内容，大队微信注册登记人数达到1.6万余人，通过微博刊发消防新闻和安全提示300条，发送手机短信5万余条，播放户外视频16次、楼宇电视28次。印制通告、宣传挂图、防火令等5000余份（套），制作大型广告牌4块，悬挂标语广告6500条，发放《黔东南州农村火灾警示教育片》光碟6000张。

【岗位练兵】 县消防大队部署开展实战化执勤岗位练兵活动，制定修订灭火应急预案48份，检查消防水源120个，开展辖区情况“六熟悉”96次，实战演练84次，提请政府开展应急救援大型综合联动演练4次，组织开展战术研讨会8次，组织月练兵考核24次。

【抗洪救灾】 5月27日、6月8日、6月21日，雷山境内三次爆发特大洪灾。抗洪期间，大队共接处警19次，出动车辆26辆次，出动官兵163人次，先后营救被困群众136人，疏散转移遇险群众3000余人。灾后，大队积极参与重建工作，清理淤泥1000余吨，冲洗街道3.6千米，为民送水810余吨，惠及群众2万余人。

【党建帮扶】 中共雷山县公安消防大队党总支委员会下辖2个党支部，有党员17人。设党支部书记2人、副书记2人。有大学文化8人、大专文化5人、中专及高中文化4人。有苗族2人、侗族1人，少数民族比例占29.41%。开展“学习践行强军目标，作新一代革命军人”和“秉公执法人民公安为人民”主题教育活动。通过创建“示范基层党组织”，结合警营文化设置党务公开栏、党建文化长廊等固定宣传阵地，开展争先创优活动。层层签订党风廉政工作责任书，开展警示教育活动。消防大队帮扶掌坳村，与6户贫困户结对精准扶贫。为驻地群众做好事65件，解决难事54件，向福利院、孤寡老人赠送慰问品及慰问金2.35万元。

（姜良）

司法行政

【概况】 2015年，雷山县司法局内设机构4个：办公室（计财装备股）、基层工作指导管理股（社区矫正安置帮教管理股、社区矫正执法大队）、公证律师工作指导管理股（法律援助工作管理股、雷山县法律援助中心）、政工科（警务科）。下辖8个乡镇司法所。雷山县司法局政法专项编制26名，2015年，雷山县司法局在职人员25人，其中：局机关14人、司法所11人，少数民族干部24人，中共党员16人，研究生1人、本科13人、专科11人。雷山县司法局设领导职数6名，其中：局长1人、副局长2人、政工科1人、县依法治县办公室主任1人、纪检组长1人。雷山县设8个乡镇司法所，明确基层司法所所长为副乡长级干部，政法专项编制13人，司法所共有干部11人，其中，2015年招录3名。2015年，西江村人民调解委员会荣获全省优秀调解委员会；达地乡乌达村杨秀标荣获全省优秀调解员；雷山县司法局基层股股长张文荣获全省司法行政工作先进个人；雷山县司法局荣获2015年度黔东南州司法局颁发的“创新工作奖”“达标奖”。

【人民调解】 全县有185个调解组织，890名调解员。人民调解工作按照“抓源头、重防范，抓基层、强基础，抓化解，促和谐”的工作思路，以强化人民调解规范化建设为依托，着力抓好人民调解工作，筑牢第一道防线。选派有调解工作经验的律师和法律服务工作者为培训老师，分批对全县8个乡镇村（居）人民调解员讲授人民调解工作适用的法律法规、调解技能和调解文书制作等知识，全县共举办人民调解员培训8期培训人民调解员610人次，开展矛盾纠纷排查和化解，建立矛盾纠纷排查化解分析制度和人民调解案件补贴机制，以抓早、抓小、抓苗头，及时调解纠纷，把纠纷消灭在萌芽状态，使当事人双方握手言和，全年全县排查纠纷336件，调解336件，调解成功328件，调解成功率97.6%，其中：婚姻家庭纠纷32件、邻里纠纷60件、房屋宅基地纠纷28件、合同纠纷10件、生产经营纠纷18件、损害赔偿纠纷32件、山林土地纠纷71件、征地拆迁纠纷8件、劳动争议纠纷34件、道路交通事故纠纷6件、环境污染纠纷1件、其他纠纷36件；防止群体上访1件，防止矛盾激化10件，在全县推广构建人民调解“三道防线”建设，全县80个行政村创建人民调解委员会规范化建设，做到人民调解委员会有牌子、印章、调解室、台账、有调解队伍、有统一规范的人民调解工作制度上墙。同时完善和调整县医疗纠纷组织建设和建立乡镇医疗纠纷调解组织建设，已建立县医疗纠纷调解组织1个，乡镇医疗纠纷调解组织4个，全年兑现基层调解员案件补贴经费4.5万元，对每月矛盾纠纷排查调处情况进行分析研判工作。

【社区矫正】 全县建有社区矫正工作委员会及办公室9个，其中县级1个、乡镇8个。全县从事社区矫正工作的有9人，其中：司法行政机关专业人员8人。建立完善各项规章制度，加强社区矫正工作规范化建设。结合雷山县实际，建立社区服刑人员社会调查评估、接收、管理、教育、考核、奖惩、解除矫正等各个环节的工作制度和工作流程，建立社区服刑人员档案管理，确保国家刑罚依法规范执行到位。根据矫正对象的不同类别不同情况，制定矫正对象个人矫正方案，对重点对象进行结对帮助矫正，重点从思想上、心态上、认罪伏法情况开展面对面结对帮助矫正。建立矫正对象周汇报、月面谈、季走访制度；加强与法院、检察院、公安、监所等部门的协调配合，认真做好衔接移交工作，防止脱管、漏管。全年，全县累计接收社区矫正人员268人，累计解除209人，在册59人，治安处罚1人，撤销假释1人；2015年，全县有45名社区服刑人员纳入手机定位监管，全年共开展集中学习教育300人次，参与公益性劳动246人次；全县无重新违法犯罪。

【安置帮教】 全县衔接刑满释放人员和解除社区服刑人员纳入安置帮教90人。雷山县司法局与贵州雷山大龙德毅生态茶业有限公司协商创办安置帮教基地，8月13日，雷山县首个安置帮教基地正式挂牌成立。2015年，全县共有在册刑满释放人员248人，其中：2015年刑满释放回归26人，安置26人，落实帮教26人，帮教率100%，解除社区矫正人员64人，落实帮教64人，帮教率100%，全年刑释人员无重新违法犯罪。

【法律援助】 雷山县有法律援助中心1个，乡镇法律援助工作站13个，村（居）法律援助联络点165个，法律援助中心工作人员1人，有法律援助工作者7名，雷山县律师、基层法律服务工作者和法律援助工作者为困难群众和社会弱势群体提供优质高效的法律服务。全县共办理各类法律援助案件180件，其中：民事案件143件，刑事案件15件，非诉讼调解22件（妇女91件、未成年人16件、老人16件、残疾人10件）为群众节省81万元，法律援助接待来访群众127人次，法律援助宣传18场次，解答咨询98人次，发放宣传资料5.2万册，法律援助热线接听来电160个。开展法律援助案件回访工作，电话回访99件，受援人均表示对律师、法律援助工作者、法律服务工作者办案服务态度较满意，无乱收费现象。

【公证工作】 3月27日，雷山县公证处重新开展公证业务，利用乡镇“赶集”机会，面向广大农村群众开展公证法律咨询宣传活动。全年办理各类公证案件172件，其中民事145件，经济类21件；民事公证法律援助6件，公证处向社会发放各种公证宣传资料5000份，为群众提供免费公证法律咨询500人次，上门办理公证服务19件。全年未出现错证、假证，无违法、违规被投诉现象发生。

【律师工作】 雷山县智元律师事务所有专职律师2人。其中公职律师2人，法律学士1人，法律专科1人。全年共办理各类案件37件，其中民事28件（法律援助17件），刑事案件8件（法律援助3件），行政案件1件，担任县政府法律专家顾问团成员1人，政府部门法律顾问1家，为政府审查修改合同5件，参与信访接待5人次，参与政府重大投资项目论证1次，为民营企业服务2人次。参与法律赶场工程宣传12人次，参与“三下乡”法律宣传3人次，到机关开展法治培训3次，到学校开展法治讲座3场次，义务解答群众法律咨询440人次。充分发挥律师服务社会经济发展和社会稳定工作，在无任何报酬的情况下，参与项目实施风险评估、工业园区建设、旅游开发建设等经济社会发展领域提供法律服务。

【基层法律服务】 2015年，全县有法律服务所6个，其中，雷山县中心法律服务所1个、乡镇法律服务所5个，法律服务工作者10人，全年代理诉讼案件65件，代理非诉讼案件42件，办理农民工案件13件，担任法律顾问48家（村委会）。6月12日至13日举办全县基层法律服务工作者注册前培训，10名基层法律服务工作者参加培训和考试。同时，认真严格审查基层法律服务工作者年检注册材料，初审全部合格，全县基层法律服务工作者无违规违纪现象发生。

【普法工作】 2015年全县开展“法律赶场”宣传30次，制作宪法宣传专栏100余幅，设置宣传栏15块，发放法律资料5.31万份，宣传板14幅，宣传画及标语326幅，展出宣传展板32幅，受教育人数2万余人次；举办普法骨干培训8期，参加培训230人次；举办全县职工法律知识竞赛1次，参赛职工1200人；开展民歌普法宣传比赛2场（次），送法进校园40场（次），开展禁毒及防邪教宣传，干部、群众、学生等1000余人在禁赌责任书上签名；开展“六五”普法验收，组织由县四大班子分管领导带队，验收组分别对8个乡镇和70余个工作部门进行“六五”普法检查验收，建成西江景区法治宣传长廊。

【基础设施建设】 2015年，雷山县司法局业务用房建设项目启动，建筑面积1413平方米，总投资288万元，当年业务用房主体工程基本完工。2015年，采购本田牌摩托车9台、尼康单反相机1个、明基投影仪1台、联想台式电脑2台、联想笔记本电脑2台。全年，撰写司法行政信息66期，调研文章12篇，信息被媒体网络采用42篇，其中，国家级媒体网络采用8篇，省级媒体网络采用24篇，州级媒体网络采用10篇。

【党建帮扶】 中共雷山县司法局党组所辖司法局党支部1个，党员20名，年龄结构：35岁以下2名、36岁至45岁3名、46岁至54岁7名、55岁至59岁1名、60岁以上7名。文化结构：大学本科以上7名、大专6名、中专及高中7名。民族结构：汉族2名、苗族17名、侗族1名。开展铸廉行动，认真查摆司法行政干部队伍在纪律作风和廉政建设等方面存在的问题，及时抓好整改；组织局机关全体干部和8个乡镇司法所负责人参加廉政课，观看《底线》《滑向深渊》《贪官心里》等警示教育片。领导干部及干部职工签订法律服务承诺书22份，开展廉政谈话17人次，实行挂牌上岗工作制度，自觉接受社会各界和群众的监督。2015年，结对帮扶丹江镇郎当村。走访贫困户76户，慰问困难党员5人，发放慰问金1000元，补助村支两委办公经费1000元，联系相关部门慰问贫困户7户5500元；完成村内步道硬化工程5000米，寨内太阳能路灯182盏，郎当山景观步道1000米、庭院硬化工程10户、“三改”工程25户、垃圾池3个、产业公路硬化4.3千米、完成草莓种植23亩、稻田养鱼81亩。

（张文）

经济监管

发展和改革

【概况】 2015年1月，雷山县发展改革局更名为“雷山县发展和改革局”，2015年4月机构改革，雷山县发展和改革局行政编制9名，其中：局长1名，副局长3名、纪检组组长1名、股级干部4名；内设综合办公室（行政审批服务股）、经济和改革股、项目管理股、价格管理办公室，管理单位县重点项目领导小组办公室（副科级单位）、县节能减排监察大队（副科级单位）、雷山县重大项目稽查特派员办公室（副科级单位）、雷山县价格认证中心。2015年末，发展和改革局干部职工41人，其中硕士研究生1人、大学本科学历37人、大学专科学历3人。完成2015年全县国民经济和社会发展计划执行情况及2016年国民经济和社会发展计划（草案）报告。完成《雷山县生态文明旅游规划研究》编制。完成《雷山县2015年深化经济体制改革重点工作实施方案》报政府行文件实施。牵头编写《雷山县产业发展准入负面清单》，通过县委常委会审定，并报送省发改委。完成“十三五”前期重大课题调研报告收集及撰写，编制成册。完成《雷山县国民经济和社会发展第十三个五年规划纲要》编制。完成公务用车制度改革工作。

【经济指标】 全县地区生产总值完成23.76亿元，比2014年增长11.3%，“十二五”期间，全县地区生产总值累计完成88.15亿元，是“十一五”的2.7倍，年均增长15.7%，比“十一五”加快2.5个百分点；50万元以上固定资产投资完成28.04亿元，比2014年增长20.7%；社会消费品零售总额完成6.19亿元，比2014年增长12.2%；财政总收入完成3.18亿元，比2014年增长8.5%；农村居民人均可支配收入达6810元，比2014年增长12.3%；城镇居民人均可支配收入达22564元，比2014年增长10.7%。三次产业结构为26.3：17.0：56.7。增比进位综合测评在全省10个国家扶贫开发工作重点县排第4位，比2014年上升2位。全年编制项目238个、总投资达450亿元以上。

【项目投资】 2015年，全县50万元以上固定资产投资完成28.04亿元，比2014年增长20.7%，增速排全州7位，其中：500万元以上固定资产投资完成20.87亿元，比2014年增长19.6%。资金争取方面：共有丹江镇西出口片区公租房配套基础设施建设项目、丹江镇观音阁片区公租房配套基础设施建设项目、县司法局业务技术用房、危房改造等4个项目获得中央、省、州4263.2万元的资金支持。雷山县城供水改扩建工程（二期）、雷山县城2015年永乐南路城市棚户区改造建设项目和雷山县西江千户苗寨供水扩建工程，争取到国家专项建设基金支持5100万元。

【项目申报】 按照2015年度中央预算内的投资项目投资方向及申报要求，牵头编制出2015年拟向上级争取项目菜单，拟向上级争取项目119个，总投资25.9亿元，其中：中央预算内项目57个，总投资18.2亿元，争取中央、省级资金2.5亿元，并按照时序进度开展项目前期工作。下达前期经费累计700万元，为做好项目前期工作提供保障。同时，积极做好“十三五”政法项目的编报工作，共申报政法项目18个，涉及项目总投资1.3亿元。并根据《国家发改委关于加强政府投资项目储备三年滚动投资计划的通知》等相关文件精神，全县各部门单位按照相关要求积极申报三年滚动计划项目，上报三年滚动计划项目727个，涉及项目资金总投资398.7亿元。

【在建项目】 2015年，全县在建重点项目60个，在建率74.1%，完成投资26.9亿元，比2014年增长19.1%。其中收尾项目完成投资0.8亿元；续建项目完成投资20.7亿元；新开工项目32个，完成投资5.4亿元。完工项目18个，分别为雷山县2014年中央财政现代农业生产发展资金（茶产业）项目、2014年农村饮水安全工程、雷山县西江镇第二幼儿园、雷山县桃江幼儿园、雷山县第四中学3号和6号学生宿舍、

2014年通村油（水泥）路建设项目、2015年通村油（水泥）路建设项目、凯里至雷山高速公路建设项目、蚩尤大道、望丰至郎德通乡油路、干荣至白刁坡油路改造项目、雷山县2014年度美丽乡村“一事一议”财政奖补小康寨示范村寨项目、雷山县中药材繁育基地、雷山县玫瑰花生产加工有限公司年产800吨玫瑰花苞，加工500公斤玫瑰精油建设项目、雷山县中央财政小农水重点县2013—2014年度项目、雷山县2013年土地整理项目、雷山县西江镇保护设施建设项目和雷山县2014年房地产项目。2015年列入省重点项目13个，完成投资8.23亿元，较2014年增加0.28亿元，增长3.52%。列入州重点项目23个，完成投资21.7亿元，较2014年增加1.9亿元，增长9.6%。

【产业发展】 2015年争取到服务业发展省级预算内资金及省级服务业发展引导项目7个，省预算内投资5个，省级服务业发展资金2个。总投资为2791.5万元，其中：省预算内投资550万元，省级服务业发展引导资金150万元，地方配套资金1061.5万元，企业自筹1015万元。

【农业和扶贫开发】 2015年全县农村户用沼气项目新建设任务100户，项目总投资47.5万元。其中，中央投资20万元、省级配套4.5万元、市级投资3万元、其他投资20万元。完工100口，完成占任务的100%。督促完成雷山县九十九生态农业产业园建设、督促和争取雷山县易地扶贫搬迁等项目。

【体制改革】 2015年，编制完成《雷山县推进供给侧结构性改革实施方案》和《雷山县2016年供给侧结构性改革重点任务》，基本完成行政机关、参公单位公务用车制度改革工作，启动事业单位公务用车制度改革工作。

【生态文明建设】 2015年完成编制雷山县“天保”工程封山育林3万亩作业设计书，检查验收“天保”工程补造林合格面积2753.5亩，县级封山育林2855亩。完成州林字〔2015〕236号文件下达给雷山县2015年州级森林植被恢复费投资资金95.22万元、封山育林13603亩封育区规划，并把封育区规划数据交州林勘院进行作业设计。推进全县生态文明示范工程建设。城镇污水处理、垃圾处理、节能环保项目，争取中央和省投资项目3个，落实中央和省资金3010万元。牵头组织全县35个单位于2015年6月19日在大十字举行节能宣传周活动启动仪式。

【交通能源建设】 全县公路里程1262千米，其中国道1条52.7千米，省道2条188.4千米，县道共10条229.4千米，乡道15条291.8千米，村道499.7千米。完成凯里至雷山高速公路建设项目，推进启动凯里至雷山高速公路延伸段项目，推进雷山县大塘风力发电和雷山县苗岭风力发电项目。

【社会民生】 扶贫生态移民工程，已完成2012年和2013年586户2200人搬迁入住，2014年974户3800人、2015年1962户8352人搬迁任务正在有序推进。全年协调争取社会发展类中央预算内投资项目56个，其中教育类项目4个、卫生类项目51个、文化旅游类1个、项目总投资6365万元，其中中央预算内投资3972万元，其余资金由地方配套。

【党建帮扶】 2015年中共雷山县发展和改革局党组辖党支部1个，党员31人（在职机关党员25人、退休党员4人、学生党员2人）。有大学本科以上23名，大专5名，中专及高中2名，初中1名。少数民族党员27名，占87%。新一届支委成立选举工作于2015年5月8日完成，5名新一届支委成员平均年龄为42.8岁，都是大专以上学历。全年召开14次党建工作会议，研究解决党建工作中的重大问题。制订《雷山县发展和改革局2015年中心组学习计划》，组织集中学习和培训8次，召开党组理论学习中心组会议2次，共计11天，全体党员干部撰写学习心得及学习笔记20余篇。开展“我是党员”主题教育上党课7次，参加人员200余人次，组织观看《焦裕禄》《土书记》《反对特权》等5部专题教育电影，推荐干部参加省、州、县各种培训50余人次。2015年，从局机关内部成功推荐1人为副科级领导干部，1名正科级干部，选派6名干部到省发改委挂职学习，选派4名干部到县政府办等部门学习。全年新培养入党积极分子3

人，发展预备党员1人，预备党员转正1人，转接组织关系8人。

2015年，选派2名干部分别到平祥、麻料驻村，选派1名领导干部担任“第一书记”，开展“暖心书记”工作，实施精准帮扶，遍访困难户222户，结对帮扶222户，为帮扶村争取资金4万余元，利用“两节”“七一”走访慰问困难党员、计生户、孤寡老人共42户，送去棉被共计30床，食用油30桶，大米30袋，慰问资金3400元，组织党员干部多次深入平祥村、麻料村开展结对联系活动，服务内容涉及支农惠农政策宣传、新农村建设、项目建设等；2015年5月27日，县物价部门响应抗洪救灾号召，及时组织干部职工参加群众疏散、救援工作，设置群众转移点，发放救灾方便面700余盒、矿泉水800余瓶，并为受灾群众捐款1650元。2015年，利用慰问看望全局4名退休党员，并送去慰问物资；组织退休干部参加局活动4次，听取关于全县经济建设的意见和建议，组织参加县老年养生知识讲座10人次。

（杨王晶）

物价管理

【概况】 2015年，全办干部职工9人，其中：主任1名，副主任2名，行政编制人员8人，工勤人员1人，大学文化6人，大专文化3人。2015年5月物价局合并到县发展和改革局。2015年，县物价办围绕中心、服务大局，推动经济社会又好又快发展为出发点，以关注民生、服务群众，解决群众最关心、最直接、最现实的利益问题为着力点，加强价格监管力度，坚持以人为本，依法行政，全力维护市场价格的基本稳定，服务于全县社会经济发展。

【价格基础】 大力开展价格公共服务活动。物价办坚持“始于民众需要，终于民众满意”的服务理念，积极主动为企业排忧解难、为企业发展服务，优化企业发展环境。加强涉农价费监管，维护人民群众切身利益。实施涉农收费“阳光工程”，广泛推行涉农价费公示制度，把推行和完善涉农价费公示作为服务社会主义新农村建设，维护农民利益的一件大事来抓。共开展涉农价费公示单位8个，公示收费项目25项。认真做好粮、面、油、肉、蔬菜、液化气、汽油、柴油等28种生活必需品和钢材、水泥、化肥等物资市场价格的日常监测，编发《雷山价格信息》11期，并及时上报县委、县政府及上级价格主管部门，当好县委、县政府价格信息员。每次柴、汽油价格调整，及时组织人员到油站进行检查。截至2015年12月20日，油价下调10次，上调7次。加强宣传国家的价格法律法规。为方便有关部门、企事业单位学习和了解国家的价格法律法规，县物价办收集《中华人民共和国价格法》等21种价格法律法规后，编成《价格法规汇编》50本，并已免费发放给有关部门和企事业单位学习。

【价格管理】 根据《贵州省发改委、贵州省财政厅转发〈国家发改委、财政部关于取消收费许可证制度加强事中事后监管有关事项的通知〉的通知》精神，自2015年1月1日起暂停收费许可证年度审验工作；自2015年7月1日起，全县暂停收费许可证核发工作。暂停收费许可证年度审验和核发工作后，物价办和县财政局分别建立收费单位情况和其收支状况年度报告制度。相关部门和单位按要求对本系统行政事业性收费项目和具体实施收费单位进行清理，并按要求填写的表格向物价办和县财政局报送审核。全县共有27个实施收费单位填报，共填报89项收费项目。经过认真对照《贵州省行政事业性收费目录清单》和审核，全县共有27个实施收费单位，共保留84项行政事业性收费项目，取消填报5项。经县物价办和财政局审核后，把全县实施收费单位及相应收取的收费项目等，编成《雷山县行政事业性收费目录清单》，并于10月13日在雷山县政府网站进行网上公示，实行常态化管理，并动态调整，接受社会监督。此外，各收费单位还在收费醒目位置处对收费项目、收费标准、收费文件依据、价格举报电话“12358”等进行公示，自觉接受社会监督。同时还要求各收费单位要进一步建立健全收费台账制度，于每年5月10日前向物价办和财政局报送年度收费情况报告表。《雷山县行政事业性收费目录清单》公示后，根据《财政部国家发展改革委关于取消和暂停征收一批行政事业性收费有关问题的通知》文件精神，雷山县取消质监部门收费项目2项；暂停征收的农业部门收费项目（县动物卫生监督所）1项和林业部门1项，共计2项。加强协调，做好价格调节基金的收缴入库。截至2015年10月，价格调节基金累计收入174.12万元。

【价格监督检查】 2015年开展各种价格监督检查21次，出动价格监督检查人员63次，检查学校、汽车站、旅游公司、景区景点、农家乐、宾馆、酒店、招待所、农贸市场、超市、门面摊点等共计440余个。开展元旦、春节、“五一”等节日市场价格监督检查和巡查，共检查单位410余个，其中：检查门面摊点110余户；菜市场2个；超市5个；景区景点4个12次；农家乐200余户；宾馆、酒店、招待所90余户。发放商品明码标价签5000余张；张贴12358价格举报电话150余份。景区景点、宾馆、酒店、招待所、农家乐价格公示率达100%。开展提醒告诫。在全县吃新节、苗年节及春节、“五一”节、国庆节和事业单位人员招考期间，县物价局检查人员到县城农贸市场、超市、宾馆、酒店、招待所，到西江景区的宾馆、酒店、农家乐、早餐店等进行提醒告诫，发放提醒告诫书150余份。同时与县交通部门组织召开出租车驾驶员会议，进行集中提醒告诫，规范市场价格行为。开展春季教育收费专项检查和涉企收费专项清理规范工作。2015年春季开学后，检查人员下到19所中小学校和12所幼儿园进行检查，所有被检查的学校和幼儿园执行收费情况是好的。根据《贵州省人民政府办公厅关于开展涉企收费专项清理规范工作的通知》文件精神，开展对全县范围内涉企收费单位和行业协会进行涉企收费检查。通过认真检查，未发现乱收费行为。加强“12358”价格举报电话日常和节日值守，认真受理价格投诉举报。2015年共受理价格举报8件，办结6件，退还消费者款73元，其中：交通运输1件，旅游业2件，食盐价格3件，停车场收费1件。对群众的投诉举报切实做到件件有着落、事事有回音，回复率、办结率均为100%。

【认证中心评估】 全年认证中心受理各种鉴定、认证、认定、评估业务及管理性事务和价格咨询服务共计161宗（件），完成161宗（件），完成率为100%，鉴定评估总价值23446.25万元。刑事案件价格鉴定业务49宗，完成49宗，完成率100%；鉴证总价值为108.29万元。接受人民法院委托5宗，对民事案件中的标的进行价格认证，鉴定评估价值40.09万元。房地产抵押物价格认证评估31宗，评估价值22850.40万元；房地产涉税转让价格认定21宗，认定金额447.47万元。接受政府部门提出的委托评估20件，评估金额8725.95万元。为政府服务等临时管理性事务和价格咨询服务共计35件。

加强国有资产拍卖评估，2015年，评估拍卖物5件，评估价值10.18万元。其中房屋2栋，评估价值8.6万元；评估车辆3辆，评估价值1.58万元。

（杨胜旗）

市场监督管理

【概况】 2015年3月26日，雷山县人民政府部门实施机构改革，原雷山县食品药品监督管理局、雷山县工商行政管理局、雷山县质量技术监督局合并，组建雷山县市场监督管理局（挂雷山县食品药品监督管理局、雷山县工商行政管理局、雷山县质量技术监督局牌子），为雷山县人民政府工作部门。内设机构12个，即办公室、政策法规和宣教股、行政审批服务股、市场规范管理股、公平交易监督管理股、诚信体系建设管理股、食品生产流通监督管理股、餐饮服务监督管理股、药品医疗器械监督管理股、质量监督管理股、标准计量监督管理股、特种设备安全监察股。原"雷山县工商行政管理局经济检查大队"更名为"雷山县市场监督管理局经济检查大队"，为雷山县市场监督管理局管理的副乡级行政机构。不再保留雷山县工商行政管理局丹江分局、雷山县工商行政管理局永乐分局，设立雷山县市场监督管理局丹江分局、雷山县市场监督管理局永乐分局、雷山县市场监督管理局西江分局，为副乡级派出机构。核定行政编制局机关21名，其中局长1名，副局长3名，专职食安办主任1名，纪检组组长1名，股级干部12名；经济检查大队行政编制3名，设大队长1名、副大队长1名；3个分局行政编制15名，设局长3名、副局长4名、股长3名。至2015年末，全局干部职工38人，其中大学本科学历24人，大学专科学历12人，中专及高中学历2人。

【注册登记制度改革】 根据《注册资本登记制度改革方案》和《省人民政府关于工商登记实行先照后证改革的意见》文件精神，继续开展公司注册资本登记制度和工商登记"先证后照"改为"先照后证"改革，进一步放宽对市场主体准入的管制，降低准入门槛，优化营商环境，进一步简政放权，构建公平竞争的市场环境，进一步调动社会资本力量，激活市场活力，促进小微企业特别是创新型企业成长，带动就业，推动新兴生产力发展。至2015年7月1日，全县各类市场主体应报告2014年度报告5414户，实报告5316户，报告率98.19%。2015年底，全县有各类市场主体7382户，注册资金28.18亿元，从业人员1.69万人。

【"三证合一"】 10月1日起，在企业实行"三证合一"和"一证一码"制度，即营业执照号、机构代码证号及税务登记证号合并为一证一码，简化企业办理证照繁杂手续，大大提高行政审批效率。截至2015年12月8日，办理"三证合一"营业执照62户；农民专业合作社10户。登记人员做到政策咨询"一口清"、承办材料"一手清"和有关材料"一次性告知"，为业户提供热情周到的服务，认真执行"一审一核"制，凡资料齐全的，当场快捷高效办结，行政审批事项办结时限从法定10日内完成，承诺时限5个工作日内完成，基本是即时办结不超过3个工作日，特殊情况可急事急办、特事特办。

【扶持微型企业】 2015年，全县扶持微型企业发展指标为50户。10月23日，全县评定扶持发展微型企业50户，并确定2015年度茶叶种植和旅游服务业为县级重点扶持发展行业。截至2015年12月17日，全县微型企业累计获得银行贷款支持171户，贷款金额3110.90万元。截至2015年11月30日，符合财政奖补助资金拨付条件的微型企业有168户，兑现财政补助资金781.2万元。截至5月23日，兑现62户微型企业税收奖励25.84万元。

【商标发展】 截至2015年12月9日，全县共有各类注册商标（已获商标注册证书）238件，其中农产品商标90件，"贵州省著名商标"6件，"2013年至2016年贵州省著名商标"的有4件，获得"2014年至2017年贵州省著名商标"的有2件，即"高康杯杯香"茶叶商标和"绿烨香"茶叶商标。2015年，全县共申请注册各类商标66件，较2014年申请注册的41件增长25件。

【消费维权】 开展《中华人民共和国消费者权益保护法》和《侵害消费者权益行为处罚办法》等法律法规以及规章的贯彻落实工作，从加强消费维权，督促经营者落实法定责任和义务，依法受理、妥善处理每件消费者咨询、投诉、举报案件，严格依法查办消费侵权案件，确保消费者合法权益得到保护。2015年度共受理消费投诉61件，成功调解60件，结案率98.4%，挽回经济损失2.06万元，查处侵害消费者权益案件4件，涉案金额0.56万元，罚款1.22万元。

【流通领域商品质量抽检】 2015年，抽样检测商品6组，立案查处经营不合格商品案件4件，案值0.557万元，罚款1.2205万元，没收不合格燃气灶4台，有效净化市场环境。完成食品快速检测120批次，完成省级监督抽查茶叶样18个批次、大米样1个批次、饮用水样3个批次、炒货食品1个批次，共23个批次；经检验合格19个，合格率82.6%；完成省级风险监抽酒类样9个批次，经检验合格9个，合格率100%；完成委托检验月饼样 2 个批次，经检验合格 2 个，合格率 100%。

【动产抵押】 宣传《中华人民共和国物权法》《中华人民共和国担保法》《动产抵押登记办法》，让企业经营者了解动产抵押相关知识及如何办理动产抵押登记手续，提高企业对动产抵押的认知程度，引导企业特别是中小型企业更加便捷的利用动产抵押登记盘活资金、促进发展、走出困境。2015 年，共办理动产抵押物登记 4 起，抵押物价值为 3123.65 万元，主债权 1491.8 万元；办理动产抵押变更登记 1 件，主债权 60 万元；办理动产抵押注销登记 1 件，主债权 200 万元。开展国有资产监督拍卖和备案 1 件。

【市场整治】 查处涉嫌仿冒侵权行为，开展以假冒茅台酒、青酒、名优白酒、葡萄酒为重点，严厉查处假冒侵权酒类、假冒酒类注册商标和仿冒知名酒类特有的名称、包装、装潢等违法行为。主要对贵州十大名酒、其他名优酒知识产权为重点的专项检查，对“特约经销”“指定经销”“总代理”“专卖”“专经”“直销”的门头广告的经销店进行检查。创建“无传销社区”工作，出台雷山县“打传销反欺诈保平安”集中整治行动工作方案、雷山县创建“无传销镇（乡）无传销社区（村）”工作方案等。在县城区创建无传销社区“示范社区”3 个。开展流通领域商品质量专项整治，开展为期 8 个月的流通领域人造板商品质量专项检查。开展汽车配件市场秩序专项治理，以汽车销售企业及代理商为重点，加大区域市场检查力度。开展车用汽油、车用柴油专项整治，2015 年 8 月份配合省工商局开展流通领域车用汽油和车用柴油质量抽检工作，对全县 3 个加油站 6 个批次车用汽油和车用柴油进行抽样。经贵州省产品质量监督检验院检验，所抽样的 6 个批次车用汽油和车用柴油全部合格。开展农村商品质量专项整治，检查 8 个乡镇以及部分村寨电器经营者 153 户，重点检查从事开关、插头、插座、电线、电暖炉、电热器、电热毯、电烤箱等涉及安全生产的电器附件经营主体。在专项整治过程中，通过查看产品标识、查问进货渠道、现场检查等方式，检查经营者是否具有主体资格、是否执行 3C 认定规定、是否存在经销假冒伪劣产品、是否了解电器安全经营知识等系列内容。儿童用品质量专项整治，以商场、超市为重点区域，主要以童装、童鞋、玩具、童车、儿童安全座椅等品种为检查重点，重点检查标签、警示标识是否齐全，是否注明生产厂厂名和厂址，是否在商品包装上配有中文说明等，加大对以次充好、以不合格产品冒充合格产品、无 3C 认证标识等违法查处力度。

【查处违法行为】 全年立案查处各类违法违章案件 39 件，案值 25.4265 万元，罚款 11.8411 万元，有力维护市场竞争秩序。其中，无证照经营卷烟制品案件 6 件，案值 9.993 万元，罚款 2.31 万元；旅游景区银饰品案件 4 件，案值 4.5 万元，罚款 2.2276 万元；使用未经检定计量器具案件 1 起，案值 0.5 万元，罚款 0.5 万元。侵害消费者权益案件 4 件，涉案金额 0.56 万元，罚款 1.22 万元。

【合同监管】 组织开展合同格式条款专项检查行动 4 次，涉及银行、电信、旅游、邮政储蓄等重点行业，规范整治商场、会所、宾馆、酒店等场所内的商业广告、通知、声明、店堂告示等。共出动执法车 4 辆次，执法人员 8 人次，检查经营户 79 户，检查格式条款合同 28 份，下发格式合同条款责令改正通知书 5 份。开展格式合同备案工作。截至 2015 年 12 月 9 日，共受理各类合同备案 49 件，其中建设工程承包合同备案 43 件、商品房买卖合同备案 6 件，共审查 80 余份合同文本，审查合同格式条款 1000 余条，纠正和修改不合格合同格式条款 10 余条。开展企业“守合同重信用”活动，检查合同履约率情况，2015 年获州级“守合同重信用”企业 1 户，省级 7 户。

【产品质量管理】 对进场安装的电改产品开展监督抽样，抽样 47 批次，合格 30 批次，不合格 17 批次。对建材产品、银饰等产品进行监督抽样，共抽 35 批次，合格 27 批次，不合格 8 批次；严格把好招投标产品质量关。多次参加县政府组织的招投标，在会上严格审查生产企业相关资质、产品质量相关证明；对县民政局发放的棉絮棉大衣进行抽样，抽样2批次，合格2批次；严把救济粮质量关，4月、8月和9月分别对县民政局发放的救济粮进行抽样送检，共抽样4批次，合格4批次。

【品牌建设】 创建“国家级出口茶叶质量安全示范区”，截至年末，已获得5家出口备案企业，还有1家出口备案正在审理中；9月初先后通过省级、国家级专家组现场考核验收，10月获得国家质检总局2015年第127号令批准雷山县为国家级出口茶叶质量安全示范区；创建“国家有机产品认证安全示范区”，通过开展无公害、绿色、有机认证等措施推动全县农业产业的转型升级，对全县茶叶、红米、魔芋等生产企业进行有机产品认证知识培训。截至年末，全县已获有机认证的企业9家，有机认证基地面积353.2公顷，有机产量18.5吨，有机产值4440万元。经过材料体系申报、实地考察评估、陈述和答辩等环节后，国家质检总局正式批准雷山县创建国家有机产品认证示范区；创建“雷山黑毛猪生态原产地产品保护”，开展黑毛猪养殖企业的宣传培训，收集整理全县黑毛猪产业的养殖、加工等资料，正在汇编雷山黑毛猪生态原产地产品保护的申报材料、落实整改现场。

【标准化工作】 做好《地理标志产品雷山乌杆天麻》贵州省地方标准的立项工作，并通过省质监局标准化处的立项审批，完成《地理标志产品雷山乌杆天麻》标准文本初稿；完成《地理标志产品雷山银球茶》《地理标志产品雷山银球茶加工技术规程》地方标准的评审及宣传贯彻。拟订《雷公山茶》等9项标准文本及编制说明；做好国家地理标志产品保护的宣传贯彻及申报使用，收集整理全县银球茶生产企业提交的《国家地理标志产品保护使用申请书》及相关材料。做好第八批全国农业标准化—雷山茶叶综合标准化示范区建设工作，完成综合标准体系的发布，建立健全农业投入品控制体系、建立健全环境监测和疫情疫病防控体系等“八大体系”，完成对农资经营店、标准化示范区种植大户的相关培训，在九十九生态园区建立“第八批全国农业标准化示范区”等标识牌。

【计量管理】 开展以食品、化肥、饮用水等产（商）品为重点的定量包装商品专项抽查；开展对贸易结算使用的计量器具进行监督检查，督促使用单位建立计量器具台账，并按规定进行检定；开展“5·20”世界计量日宣传活动，在县城所在地较大商场、超市、宾馆张贴宣传画册及开展现场免费检测及咨询服务。

【特种设备安全监察】 开展特种设备巡查与节假日重点检查相结合，共检查使用单位70家次，检查特种设备200台次，发现隐患8项，已整改8项，签订安全生产承诺书20份。探索电梯安全监管新机制，严厉整治电梯维修保养市场，全县电梯维修保养率达100%。加快推进电梯应急救援平台建设，全县18台电梯已经纳入电梯应急管理平台建设。开展打非治违专项行动，对锅炉、旅游观光车、电梯、起重机械、瓶装液化石油气瓶进行重点整治。重点推进“贵州特种设备监督管理平台”应用工作，全县有特种设备使用单位20家，注册特种设备98台，在用特种设备76台，停用15台，安装告知7台。“一单位一账户，一设备一账号”推广率达100%。2015年全县特种设备运行平稳，未发生特种设备安全事故。

【执法打假】 重点对农资、玻璃、电线电缆、插板、闸刀、玻璃等产品开展专项执法打假行动。对建材产品、银饰等产品进行监督抽样，共抽35个样批次，合格6个样批次，不合格8个样批次，21个样未出结果。全年查处违法案件3件，立案3件，结案1件；查获涉案货值金额4999元，到位罚没款902元。

为保证量值传递准确，县级技术机构均获省质监局颁发《计量授权证书》。有2人获得计量检定员证，计量检定项目2个（衡器和血压计），计量器具检定（检测）共54台件。

【食品安全排查】 2015年3月，由于机构改革，县食安办由卫生和食品药品监督管理局划转至县市场监督管理局。并部署肉及肉制品专项整治、农贸市场专项整治、农村食品市场“四打击、四规范”专项整治行动，以及涉及台湾地沟油食品排查等工作，确保生产和流通环节食品安全；开展农药及农药使用、“瘦肉精”、兽用投菌药经营使用、生猪屠宰、水产品禁用药物和有毒有害物质、农资打假6个专项行动。专项整治期间累计检查生产经营企业882家次，出动执法人员929人次，查处问题15起，涉案金额0.491万元。开展米酒、糕点、米粉等生产小作坊专项整治，出动执法人员36人次检查生产小作坊46家，依法下达限期责令整改通知书13份，现场督促整改7家。部署“两节”“两会”期间食品药品安全监管工作，重点安排部署注水猪牛肉专项整治，开展屠宰场、经营户行政约谈。

【餐饮分级评定】 全面总结餐饮量化分级工作经验，完善评定标准，充分发挥食品安全监督检查员的作用，倡导和推广“明厨亮灶”工程，将各监管对象的量化等级在店内上墙公示，提高量化分级知晓率。全县有餐饮服务单位2689户，其中大型餐馆1户、中型餐馆107户、小型餐馆2337户、快餐店2户、小吃店166户、饮品店13户、学校食堂63户。2015年，完成年度等级评定164户，占应评定单位数的95.5%。

【餐饮企业整治】 年内对167家小型餐馆、1家快餐店、159家小吃店、11家饮品店、61家学校（含幼儿园）食堂、132家旅游景区餐饮服务单位全部进行拉网式的检查。全县共出动执法人员206人次，出动车80辆（次），共检查学校和幼儿园112户（次），对不符合食品安全要求的食堂提出整改意见240条，限期整改50户（次）。

【药器监管】 2015年末，受理药品零售企业GSP认证申请34家，其中县以上22家、县以下12家；组织开展医用分子筛制氧设备、定制式义齿、软性角膜接触镜及其护理液、体外诊断试剂使用环节等监督检查。对无菌和植人类医疗器械、血液浓缩透析物、一次性吸氧管、防护服等产品进行检查，开展电子监管和药品广告监测工作，明确专人负责电子监管系统的维护；处理电子监管预警信息4条、及时按规定对违法药品广告进行监测，未发现违法药品广告，开展好互联网药品信息交易服务监督检查；配合州食药局加强与县卫生部门的沟通，对医疗机构进行培训，将监测工作纳入县级卫生目标考核，签订责任书。全县共上报药品不良反应（事件）50例，医疗器械不良事件病例上报13例，按时限评价13例。

【药品稽查与管理】 2015年末，全县药品立案5件，结案5件，其中药品3件，结案3件，罚没0.524万元；医疗器械立案1件，结案1件，罚没0.03万元；化妆品立案1起，结案1起，罚没0.016万元。全县完成药品监督抽样20批次。

【药品市场管理】 2015年末，全县8个乡镇有30个药品协管员，已覆盖8个乡镇，占乡镇总数的100%；154个行政村有154个药品信息员。8个乡镇设有药店34个，已全部覆盖所有乡镇，占乡镇总数的100%；154个行政村中，有医有药的占149个，占总数的96.75%。农村药品“两网”建设任务比例均超过省食品药品监督管理局规定的任务指标。年内完成药学从业人员上岗培训2期60人次。

【商标保护】 保护驰名商标知识产权专项整治活动。雷山县市场监督管理局以酒类商品生产、流通、物流和商标印刷等领域为监管环节，以农贸市场、超市、酒类商品零售点、宾馆、饭店、物流公司以及公共娱乐场所为监管区域，对习酒注册商标的“习”“习酒”“习酒窖藏”（立体商标），维权产品“习酒·喜万家”“金质习酒”“银质习酒”“五星习酒”“习酒·窖藏1988”“窖藏1988酒”知识产权进行专项整治行动。至3月上旬，出动执法人员60人次，检查市场主体270户，整治重点区域10处，印刷企业4户，未发现销售假冒伪劣习酒及非法印制习酒注册商标和产品包装等违法行为。启动“两区两品”创建工作。6月24日，雷山县创建“国家有机产品认证示范区”“国家级出口茶叶质量安全示范区”和“国家地理标志产品保护”“原生态产品保护”工作启动会暨知识培训会在县市场监督管理局会议室召开，县人民政府副县长叶建文在讲话中要求加强领导，狠抓督查，确保创建工作取得实效。贵州出入境检验检疫局凯里办事处主任曾内耀、州质督局局长袁贵波等出席会议，各乡镇有关负责人及企业、农民专业合作社代表100余人参加会议。开展QS申报等服务。7月5日，雷山县市场监督管理局组织QS申报、商标注册等专业技术人员深入达地水族乡背略村大坪山守峰茶叶加工厂、兴鑫茶叶加工厂等企业申报QS认证进行现场服务、指导商标注册等。全县食品企业50家，获QS证24家，占48%。

【党建帮扶】 中共雷山县市场监督管理局设总支部委员会1个，总支部下设3个党支部，即局机关在职干部党支部、离退休干部党支部、丹江分局党支部。有党员53人（其中女党员2人），在职党员26人、退休党员24人，企业个体党员3人。设总支部书记1人、副书记、纪检委员1人、组织委员1人、宣传委员1人；大学本科文化19人、大学专科文化17人、中专及高中文化17人。汉族9人、苗族36人、侗族7人、水族1人，少数民族比例占83.18%。认真落实党风廉政建设责任制，与各股室签订2015年党风廉政建设目标责任书，做到任务明确，责任到人。集中学习《中国共产党党员领导干部廉洁从政若干准则的八严禁》《贵州省党员干部政治纪律“十严禁”》《贵州省党员干部作风“十不准”》等规定。定期开展廉政约谈。全年未出现违法违纪现象。2015年，对帮扶村及困难党员进行走访慰问。给乔歪村送去基层党组织建设经费3000元，慰问贫困老党员5人；给三角田村送去基层组织建设经费2000元、办公电脑1台，打印机1台、慰问贫困老党员5人；给乌开村送去基层党组织建设经费2000元，慰问贫困老党员5人，解决办公设备电脑3台、打印机1台、办公桌椅5套。帮助乔歪村争取养蜂项目资金38.5万元、蜂箱700箱，到年末落实养殖260余箱。帮助望丰乡三角田村争取“一事一议”奖金建设公路路面硬化350米、太阳能路灯180盏，“三改”户30户，危房改造40户。帮助丹江镇乌开村实施危房改造11户，精准扶贫26户，争取解决路面硬化水泥26吨，办公室经费2500元。

（王朝安）

国有资产管理

【概况】 雷山县国有资产管理办公室属雷山县财政局下设单位。2015年末，全县县属国有企业共有38家，总注册资金34044.34万元（含子公司5家，注册资金7630万元），其中注册资本1000万元（含）以上的10家。2015年，为促进国有资产的合理流动和优化配置，提高资产的使用效益，防止国有资产流失，实现国有资产保值增值，国资办充分利用全县行政事业单位国有资产管理信息系统升级上线运行的契机，借助资产信息数据上报、资产报表编报及年终结算平台，积极督促指导全县行政事业单位规范资产管理，努力做到账账相符、账实相符。经认真核实后初步建立的国有资产监督信息化管理系统卡片台账，进一步强化对全县经营性国有资产和闲置资产的日常跟踪管理。跟踪组织监管企业及对接工作部门取得经营性资产租赁收入、旅游门票收入等非税收入共计2641.44万元。其中，国资办完成141.44万元；西江旅游公司完成2500万元。因雷公山旅游公司并入贵旅集团雷山分公司，县自来水公司污水处理费不再列入非税任务以及财政总收入非税比重过大等因素，全年县国资办完成总任务数3479万元的75.93%。

【资产管理】 县国资办继续完善全县行政事业单位经营性国有资产收回集中统一管理工作，将县人社局、县工信局、县计生局、县农机中心、县疾控中心等县直单位临街共48个门面按公开、公平、公正原则面向社会进行公开招租，通过公开招租，将上述门面租金由原来的33.48万元/年提升至76.32万元/年，年增加财政收入42.84万元，涨幅达128%，有效提高部分经营性国有资产收益。同时，协助永乐中学、大塘民校、丹江小学校园超市按规范、公开程序进行公开招租；配合西江旅游公司完成西江水利站到期门面公开招租各项工作。另外，认真清查并将国有土地使用权证和房屋所有权证全部过户至县国资公司名下。2015 年累计完成 281 宗面积为 759718.86 平方米的土地和 366 处面积为 297488.71 平方米的房屋办证过户集中统一管理工作。

【资产处置】 雷山县国有资产的处置均严格依照财政部第 35 号、36 号令《行政、事业单位国有资产管理暂行办法》的有关规定，采取公开处置的方式进行；处置及残值收入严格按“收支两条线”全额纳入专户进行管理。2015 年，公开拍卖车辆 17 辆；报废车辆 5 辆；无偿划拨车辆 8 辆。组织处置并取得拍卖、报废收入金额 20.36 万元（其中车辆拍卖收入 20.06 万元，车辆报废残值收入 3000 元）。为进一步规范全县教育系统老旧木质教学及宿舍楼的处置工作，积极组织县教育局、县第五纪工委及县发改物价办相关人员深入各乡镇中心校和村校对现存木质老教学楼、宿舍楼及危楼等进行详细的核实登记，清理清查 12 所中心校及村校共 19 栋老旧木质教学楼、宿舍楼及危楼，涉及房屋及建筑物账面面积 2970.39 平方米，账面金额 22.85 万元；实有面积 3632.69 平方米，实有金额经县发改物价办初步评估约为 67.17 万元。

【资产上报】 根据财政部《关于编报 2014 年行政事业单位资产报表的通知》文件要求，全县于 3 月初就编报的依据和范围、编报要求以及相关工作要求等做出精心的安排部署。资产报表编报上报工作涉及全县 103 家单位，报表编报上报工作于 2015 年 3 月 30 日全部上报完毕，提前完成上级部署的全部工作任务。经汇总，截至 2014 年 12 月 31 日，全县资产总额 67158.38 万元；流动资产总计 36102.87 万元；固定资产总计 28982.21 万元（其中全县行政单位固定资产总计 10727.24 万元；全县事业单位固定资产总计 18254.97 万元）；在建工程 147.49 万元；无形资产 1640.82 万元；其他资产 285 万元。

【西江旅游公司管理】 为推进政企分开，建立现代企业经营管理制度，提升公司依法自主经营能力，充分调动公司管理人员经营管理的积极性、主动性和创造性，提高公司的经营业绩水平和经营效益，壮大公司实力，促进公司健康、稳定、协调发展，根据相关法律法规和有关文件规定，自 2013 年起，对西江旅游公司经营管理者试行年薪绩效考核。2014 年度公司年薪绩效考核财务类指标、非财务类指标专项审计、经营业绩考证等各项考核审定工作已全部结束并拟定相应的兑现方案于 8 月底呈报县人民政府予以研究审定。

（县国资办）

安全生产监管

【概况】 县安全生产监督管理局内设副科级执法大队和 3 个办公室（综合办公室、行业监督管理办公室、安全监督管理办公室）。编制 16 名，在编人员 13 名。其中行政编制 6 名，工勤编 2 名，执法大队事业编制 5 人，设正局长 1 名，副局长 2 名。大学本科学历 11 人，大学专科学历 1 人。退休干部 3 人，大学专科学历 2 人，中专学历 1 人。2015 年，全县发生各类安全统计事故起数 1 起，死亡 1 人，与 2014 年同期相比事故起数减少 1 起，下降 50%，事故死亡人数与 2014 年同期相比减少 2 人，下降 66.7%，占州政府下达从严控制指标的 33.3%。辖区安全生产状况保持稳定。

【落实安全责任】 县安监局组织起草《雷山县安全生产党政同责一岗双责齐抓共管暂行规定》《雷山县安全生产和安全监管一票否决办法（试行）》《雷山县公共安全工作责任追究办法（试行）》《雷山县重点行业领域安全生产监管联席会议制度》等，由县“两办”行文印发。组织起草《2015 年度安全生产目标管理责任书》，由县人民政府与 8 个乡镇和 33 家负有安全生产管理责任的部门单位签订责任书，做好跟踪督促检查工作。配合县委、县政府领导先后参加各级安全生产会议并召开全县安全生产专题会议 18 次，组织县安委办召开安全生产月例会和重点时段专题会议16次。印发《雷山县2015年安全生产综合监督检查计划》及四个季度安全生产督促检查工作文件，逐步完善安全生产督促检查长效机制。严格执行事故隐患报告和落实事故隐患跟踪治理制度。全县实行事故隐患“一周一调度”，重大隐患及时报告制度，明确由县安委办对全县各乡镇、各部门和企事业单位上报的隐患进行梳理、分类、评定、录入，进行事故隐患排查治理台账动态管理，对重大事故隐患实行个案建档管理。对排查出的每一项事故隐患，按照“属地管理”和“谁主管，谁负责”的原则，由所在乡镇和所属行业领域安全监管主管部门分别落实监控、治理责任和督办责任。县安委办各阶段对未整改治理的事故隐患进行责任分解，明确治理时限、治理措施、治理责任人等，跟踪隐患整改治理，确保按期整改治理到位。

【安全专项整治】 县安监局认真履行安委办职责，按照国家、省、州的安排部署，先后开展安全隐患大排查大整治专项行动、安全生产大检查“回头看”专项行动，突出抓好重大节假日、敏感时期及重点时段道路交通、消防、建筑施工、旅游、非煤矿山、危险化学品和烟花爆竹等重点行业（领域）安全隐患排查治理工作，并行文印发相关文件和成立督查组。截至12月31日，全县组成检查组410个、检查人员5750人次，排查企事业单位3263家，排查覆盖率100%。打击非法违法、治理纠正违规违章行为14145起，责令改正、限期整改、停止违法行为14145起，处罚罚款156.75万元，行政拘留120人。累计排查一般安全隐患1551项，督促整改治理1550项，整改率99.94%。同时，针对年初县人民政府与州人民政府签订的《2015年度党政安全生产工作目标和任务责任书》中明确的147项安全隐患进行责任分解。截至2015年12月31日，除客观原因延长治理2项隐患外，已治理完成145项。

【安全检查】 县安委办行文印发雷山县2015年安全生产综合监督检查计划及四个季度安全生产综合督查的通知文件，对督查对象、内容等作明确的要求。组成3个督查组对8个乡镇、县安委会重点成员单位及学校、在建工程、企业进行督促检查和重点抽查，发现安全隐患和突出问题69条，专项督查通报3期，下达安全生产督查意见31份，针对存在隐患和问题提出整改意见和建议，并责令限期完成整改。县安监局组成2个督查工作小组，分别在各个重大节假日及重点时段开展直管行业领域安全执法检查和乡镇、重点行业领域安全生产督促指导。截至12月31日，使用安全生产行政执法文书302份，其中现场检查记录230份（非煤矿山23份、危险化学品73份、烟花爆竹115份、民爆3份、轻工业等15份），责任令改正指令书30份（非煤矿山5份、危险化学品11份、烟花爆竹4份、民爆3份、轻工业等7份），复查意见书31份（非煤矿山6份、危险化学品11份、烟花爆竹4份、民爆3份、轻工业等7份），现场处理措施决定书2份，强制措施决定书1份，先行登记保存证据清单2份，先行登记保存证据审批表1份，先行登记保存证据通知书1份，立案审批表1份，行政处罚集体讨论记录1份，行政处罚告知书1份，案件处理呈批表1份。

【安全宣传教育】 贯彻落实新修订《中华人民共和国安全生产法》。分发2400余本新修订《中华人民共和国安全生产法》单行本和释义案例到各乡镇、安委会成员单位及生产经营企业组织学习，并组织全县395名领导干部、生产经营单位负责人和安全管理人员进行新修订《中华人民共和国安全生产法》知识考试，使企业安全发展意识和安全监管水平得到进一步提高。以开展职业病防治法宣传周、“三下乡”活动、科技活动周、防灾减灾宣传周和安全生产月等活动为载体，进一步普及安全知识。共发放宣传资料6.5万余份，悬挂宣传横幅300余幅，张贴宣传标语500余张，发放宣传衬衫300余件、宣传雨伞200余把、宣传扑克牌150副、宣传围腰200余张。开展村级安监员培训，提高村级安监员的素质。县安委办牵头组织安监、交警、消防等部门组成宣讲团深入8个乡镇开展村级安监员培训活动，全县161名村级安监员及120余名乡、村干部参加培训活动，并由县安监局组织编写《村级安监员手册》以及日常检查的表册9.7万份（册）发放到乡镇。组织辖区内130户烟花爆竹经营（零售）从业人员开展安全教育培训班1期；开展企业安全生产责任体系“五落实五到位”，增强企业责任意识。共发放《企业安全生产责任体系五落实五到位规定》挂图500份，投入资金0.5万元。邀请州安监局专家对全县安监系统干部职工进行业务培训2期。

【党建帮扶】 中共雷山县安监局设党下设党支部1个，设立支部书记1人、委员3人。支部共有党员12人。其中在职党员干部10人，退休党员干部2人；中专文化1人，大学专科文化3人，大学本科文化8人；苗族10人，汉族1人，仫佬族1人，少数民族比例占92%。2015年，以党的群众路线教育实践活动为契机，扎实开展党建各项工作。共开展集中学习14次，集中讨论2次。开展清明节缅怀先烈活动、“七一”重温入党誓词和上党课、义务植树和清理河道垃圾、爱心捐赠等有益活动，进一步增强党员干部党性认识。集体决策，建立“三重一大”制度，共召开会议研究“三重一大”有关事项14次16项。在局办公室走廊悬挂6幅反腐倡廉警示教育宣传挂图及1幅永久性宣传标语。开展党务政务公开共16期。全年对帮扶村贫困党员、孤寡老人及计生对象进行慰问，发放慰问金6000元；协调资金18万余元修建农产品交易市场、人饮消防工程维修；添置1套广播宣传设备和97台太阳能热水器；开展2期猕猴桃栽培技术和安全生产知识培训，受训群众近100人次，全年全村建成猕猴桃栽培基地300亩、改造低产茶园127亩，养殖户3户；完成97户贫困户397人的建档立卡工作，2015年度帮扶脱贫17户80人。

（陈守茜）

审　计

【概况】 雷山县审计局属县人民政府管理的正科级行政单位，下设有领导干部经济责任审计办公室（副科级事业单位）、政府投资前置审计中心（副科级事业单位）；内设有综合股、行政事业企业审计股、固定资产投资审计股。局长1人，纪检组长1人，副局长2人，主任1人（领导干部经济责任审计办公室）。人员编制18名，其中行政编制6名、事业编制12名；年末在职人数18人，行政编在职人数9人（其中男7人、女2人），大学本科文化8人、大学专科文化1人，中级职称3人、初级职称1人，少数民族9人，占100%；事业编在职人数9人（其中男7人、女2人），大学本科文化8人、高中文化1人，中级职称1人、初级职称1人，少数民族9人，占100%。

2015年，雷山县审计局完成审计项目21个，占年度目标任务的105%，审计资金总额385663.05万元，查出各类违规资金1069.09万元，管理不规范资金21377.69万元，应归还原渠道资金706.02万元，调账处理资金239.19万元，查补税款1174.60万元。应上缴财政资金1859.03万元，已上缴财政资金1793.38万元。审计入库率96.47%。向纪检监察机关移送案件线索1起。向上级审计机关报送审计信息42篇，被省政府、省、州审计机关和中国审计等网站采用53篇/次，采用率126%。2015年，固定资产投资审计项目完成106个，送审金额23088.85万元，核减工程投资3213.25万元，核减率13.92%，其中，项目概（预）算审计29个，核减工程投资1630.3万元，项目结算审计77项，核减金额1582.95万元。2015年，县审计局综合目标考核被县委、县政府评定“二等奖”。被黔东南州审计局评为年度绩效目标考核“二等奖”。2015年8月参加县纪委、县组织部等六部门组织的“纪念抗日战争胜利70周年党史暨抗战知识竞赛”中获得第二名。

【财政预算执行审计】 本级预算执行审计。重点对雷山县2014年度本级财政预算执行和其他财政收支、雷山县2014年度税收计划完成和征收管理情况和国家金库雷山县支库2014年度金库管理情况进行审计。根据年度计划和雷山县人民代表大会常务委员会办公室《关于对雷山县民族局等单位进行预算执行及财务收支审计的通知》的委托，对雷山县公安局、雷山县民族宗教事务局、雷山县人力资源和社会保障局、雷山县扶贫工作办公室等4个单位2013年1月至2014年12月部门预算执行情况及其他财务收支情况进行审计。审计资金总额157621.87万元，查出违规金额623.68万元，管理不规范金额12776.61万元，应归还原渠道资金98.54万元，调账处理资金203.33万元，查补税款1174.60万元，应收缴违纪资金1788.30万元，已收缴违纪资金1788.30万元。乡镇财政决算情况审计。对雷山县永乐镇人民政府2013年至2014年度财政决算及其他财政财务收支情况进行审计。审计资金总额343.93万元，查出违规资金3.18万元，管理不规范资金33.08万元，调账处理资金14.73万元，应收缴违纪资金3.88万元，已收缴违纪资金3.88万元。行政事业单位财务收支审计。对永乐镇中心卫生院2014年1月至2015年6月的财务收支情况审计。审计资金总额715.13万元，查出违规资金90.29万元，管理不规范资金229.80万元，应收缴违纪资金2.00万元，已收缴违纪资金2.00万元。

【领导干部经济责任审计】 对雷山县郎德镇党委政府、雷山县自来水公司、雷山县司法局、雷山县国土资源局等单位的主要负责人进行任期经济责任审计。审计资金总额51414.23万元，审计查出违纪违规资金338.97万元，管理不规范资金4870.15万元，应归还原渠道资金603.67万元，调账处理资金15.58万元，应收缴违纪资金61.25万元，已收缴违纪资金37.63万元。

【专项资金审计】 对雷山县2014年城镇保障性安居工程跟踪审计、雷山县2014年农村危房改造资金工程审计、雷山县2012年山洪灾害防治县级非工程措施建设项目审计、雷山县2014年新型农村合作医疗基金使用与管理情况审计、稳增长促改革调结构惠民生政策措施落实情况跟踪审计。审计资金总额20306.89万元，审计查出违纪违规资金3.87万元，管理不规范资金3352.55万元，应归还原渠道资金2.06万元。

【政府重大投资项目审计】 2015年，固定资产投资审计项目完成106个，送审金额23088.85万元，核减工程投资3213.25万元，核减率13.92%。其中项目概（预）算审计29个，核减工程投资1630.3万元；项目结算审计77项，核减金额1582.95万元。

【专项审计】 雷山县审计局组织人员参与对全县扶贫专项资金、危房改造、“三公”经费、教育经费、微型企业等进行检查，及时纠正扶贫资金、“三公”经费、工会经费、教育经费管理使用过程中存在的问题和危房改造、微型企业中存在的问题，对如何正确管理使用好扶贫专项资金、危房改造、“三公”经费、教育经费、微型企业等提出建议和意见。同时，抽调业务人员积极地参与由省审计厅和州审计局组织的扶贫资金专项资金、工程债务资金、教育资金和保障性安居工程审计项目。

【党建帮扶】 中共雷山县审计局党支部，有党员12人，在职党员10人、退休党员2人。设党支部书记1人、副书记1人、组织委员（兼纪检委员）1人、宣传委员1人、统战委员1人。有大学本科文化8人、大学专科文化1人、中专及高中文化2人。苗族9人、侗族2人，少数民族比例占100%。通过聘请行风监督员、走访被审单位、征求意见等进一步增强审计干部廉洁从审遵守审计纪律的意识。党员干部参加县纪委组织的“铸廉行动”警示教育巡回展览和到凯里监狱黔东南反腐倡廉警示教育基地接受教育，加强党务、政务公开，推行审计工作年度计划公示制度。年内支部发展1名新党员，继续加大对2名入党积极分子的培养。全年职工到帮扶村18次，帮扶资金2万元。积极推进乔桑村、坝子村、高枧村的人畜安全饮水工程建设、交通建设。其中，路灯建设100盏、步道硬化工程15千米、农户“三改”工程100户，垃圾池、街上组到大坝组公路建设2.06千米；积极向上级申报争取新项目，建设乔桑村街上至也迁公路硬化工程建设项目6.2千米，建设资金280万元；开展2015年农村危房改造和补助核查工作，对522户危房户进行走访核实，初步评议出172户危房困难户；开展防洪抗旱工作，5月和8月乔桑村分别受两次较大的洪涝灾害，协调组织做好恢复生产和灾后重建工作。

（李文艺）

统　计

【概况】 雷山县统计局为县人民政府管理的正科级行政单位，内设综合股，农村服务股、工业投资股，下设正科级事业单位1个，即雷山县乡镇统计管理办公室；副科级事业单位1个，即雷山县经济和社情民意调查中心。县统计局行政编制6名，领导职数1正2副；县乡镇统计管理办公室事业编制12名，领导职数1正2副；县经济和社情民意调查中心事业编制14名，领导职数1正1副。2015年，县统计局（县乡镇统计管理办、县经济和民意调查中心）在岗22名，大学本科学历19人，大学专利学历3人，中共党员10人，少数民族9人，中级统计师1人、初级统计师3人。2015年，县统计局坚持以提高统计数据质量为中心，以GDP核算为龙头，以四上企业为抓手，狠抓常规统计，强化审核评估，及时、准确完成核算、农业、工业、固投、批零、住宿餐饮、能源、建筑、名录库和劳资等专业年报和定报任务，数据质量得到明显提高。全县地区生产总值23.53亿元，比2014年增长11.3%；规模以上工业增加值3243万元，比2014年下降47.8%；50万元以上固定资产投资完成28.04亿元，比2014年增长20.7%；社会消费品零售总额完成6.2亿元，比2014年增长12.2%；财政总收入完成3.17亿元，比2014年增长8.5%；公共财政预算收入完成2.18亿元，比2014年增长7.1%；金融机构存款余额比2014年增长27.7%，贷款余额比2014年增长19.7%；农村居民人均可支配收入6840元，比2014年增长12.8%；城镇居民人均可支配收入22584元，比2014年增长10.8%；经济发展综合测评排10个国家扶贫开发工作重点县第4位。

【统计调查】 开展1%人口抽样调查、城乡一体化住户调查、贫困乡镇住户调查、重点服务业、规模以下工业、限额以下贸易业、畜禽监测、工业企业技术创新、科技监测、非公经济人才、文化产业、劳动力抽样调查等11项专项调查，其中，1%人口抽样调查完成全县6个乡镇13个调查小区，共调查登记1001户，调查登记人口为3384人。2014年10月31日至2015年10月31日出生人口数29人，其中男15人、女14人。死亡人数18人。2015年雷山县被贵州省统计局评为“劳动力抽样调查优秀县”。

【统计培训】 完成1%人口抽样调查、统计从业资格、从业继续教育、住户调查培训、专业年报培训等16期（次），参加培训人员1200多人次，其中参加统计从业资格考试51人，41人取得统计从业资格证书，统计继续教育培训49人，考试合格率100%。全县统计队伍知识和能力得到明显提高。

【统计服务】 县统计局坚持按月对经济运行情况进行事前、事中、事后深入分析，及时做出预警、预测，按月、向县委、县政府做出经济运行预测预警36次，组织全局先后完成50期经济运行分析报告，为县委政府及时、准确、全面掌握经济运行情况，做好有针对性的经济运行调度提供重要参考。强化增比进位各项指标监测调度。首倡促成10个省扶贫开发工作重点县联席会议在雷山县召开，并形成常态机制，通过平台收集各县基础数据，科学分析2015年各项增比进位指标趋势，提出预警意见和建议，找准增比进位工作着力点；把存在的困难和问题及时向县委、县政府领导汇报，积极与省、州统计部门进行数据对接，确保增比进位工作有序推进。全县增比进位取得较好的成绩，排10个国家扶贫开发工作重点县第4位，实现年初既定的“争4”目标，县统计局负责的农村居民人均可支配收入及增速均位于第3位，城镇居民人均可支配收入及增速分别位于第3位、第5位。另外，对增比进位新方案进行深入解读，梳理找出影响全县进位的突出矛盾，及时提出针对性的措施建议。为培育市场主体提供信息支撑和发展思路。建立市场主体培育对象数据库，随时掌握企业发展变化情况，制定培育时间表和路线图，确定分期分类培育计划，对能达到条件的企业予以积极申报入库，年内共培育限上零售业企业1家、限上服务业1家、规模以上养殖户和经营单位37户，新增亿元项目11个。为“十三五”建言献策。完成《“十三五”主要经济指标安排研究》《雷山县“十三五”促进城乡居民收入增长对策研究》等课题，对“十二五”经济社会发展成果进行总结分析，提出的“五个最”建议被纳入县“十三五”规划当中，先后为“十三五”目标设定和发展措施提出建议20余条次。

【统计产品】 2015年，先后完成11期统计月报、2014年国民经济和社会发展统计公报、2014年领导干部手册、2014年统计年鉴等常规统计产品，充分发挥统计产品作为领导干部、行业部门、乡镇社会资料库的重要作用。收集编辑雷山与全省10个扶贫开发工作重点县、雷山与全省13个发展困难县、雷山与全省21个重点生态功能县等经济主体指标对比表63份，为县委、县政府纵向了解全县与同类型县主要经济指标情况提供较好参考。强化做好统计新产品。共组织完成5期《统计调研》、15期《统计快讯》、23期《统计参阅》等3份统计新产品，先后得到县委、县政府及上级业务部门的高度认可。将每月增比进位情况及经济发展情况以《统计快讯》《统计参阅》的形式，及时分送至县领导和各部门，为全县实现进位提供有效的依据。《雷山县城乡一体化住户调查基础工作实践与思考》一文在省统计局《贵州统计》上发表。编发的《2014年雷山经济社会发展情况》为县两会参阅材料，得到与会人大代表、政协委员的充分肯定。

【统计法治】 县统计局采用以会代宣、以训代普等方式，借助“六五”普法和1%人口抽样调查契机，积极开展法治宣传，制作宣传广告牌4张、悬挂横幅标语28幅，电视滚动播放宣传8条共512次，新闻播放3则共8次，雷山手机报编辑信息32条，刊发宣传标语20条。赶集日设点宣传4次、参与人数4560人次，召开宣传动员会1次、参加人数220人，执法检查宣传学习2次、参加人数210人次，自编普法宣传资料8900份。以会代训7次，参加人数379人次，张贴宣传图片58张。把统计法治宣传覆盖到所有调查单位，营造良好的依法统计、依法普查的社会氛围。“六五”普法顺利通过省统计局检查验收。对全县187个基层统计单位、8个乡镇开展《中华人民共和国统计法》执行情况自查，集中力量对24个行政企事业单位进行执法检查，责令整改6家。

【统计队伍建设】 2015年，安排1名员工到县委办，2名乡镇统计员到县局跟班学习，1人赴国家统计局成都培训中心、3人到县委党校参加有关业务知识培训，组织部分干部职工与三穗县、黎平县、白云区和10县统计局进行业务交流学习，并推行季度专业知识讲座授课机制。注重提升局班子成员能力培养，先后安排1名班子成员赴香港金融管理学院参加统计管理与经济发展专题培训、1人赴杭州参加领导干部能力提升班、1人参加县科级干部自主选学培训班，全面提升局班子的示范力、领导力和战斗力。向凯里统计局培养输送1名优秀人才；为党组织培养2名预备党员、4名入党积极分子。

【党建帮扶】 中共雷山县统计局党支部有党员14人，其中在职党员10人、退休干部4人。设党支部书记1人、副书记1人、组织委员1人、宣传委员1人、统战委员1人。有大学本科学历10人，大学专科学历2人，中专及高中学历2人。苗族8人，汉族3人，水族1人，侗族1人，布依族1人，少数民族比例占93%。全年，召开党风廉政警示教育会3次，组织人员到帮扶村开展警示教育1次。组织党员干部学习《中国共产党廉洁自律准则》和《中国共产党纪律处分条例》共120人次。获批Ⅰ类铸廉单位挂牌，县统计局未发生过违规违纪违法现象。2015年，成立结对帮扶工作领导小组，增派1名驻村干部、1名帮扶村暖心书记。为帮扶村送去各类救灾物资、计生专项资金、慰问金、食用油、棉被、广播宣传器材、办公室桌椅等资金和物资，折合金额共计 3.5 万元。为帮扶村订购《贵州日报》《黔东南日报》；制订全局精准扶贫 2015—2018 年结对帮扶工作规划，形成精准扶贫工作责任制度。2015 年有 34 户贫困户实现脱贫，人均收入达 3655 元以上。

（章平）

农村经济

LEISHAN YEARBOOK

农业

【概况】 雷山县农业局为正科级单位，内设机构有办公室、资金监督管理股、人事教育股、综合股。下设事业县农业综合执法大队、农业技术推广站、植保植检站、农产品质量安全检验检测站、土肥站、农经农情站、种子管理站、果蔬站、农业区划办、农村能源环保办公室、良种繁育场、山野菜发展服务中心。2015 年，不含管理下属事业单位，全局干部职工有 52 人，其中行政编制 8 人，事业编制 43 人，工人 1 人；大学文化 30 人，大专文化 18 人，中专及高中文化 4 人；高级职称 1 人，中级职称 15 人，初级职称 16 人。管理的下属事业单位为 6 个：茶叶局、畜牧渔业管理办公室、农业机械管理办公室、农业园区管理办公室、动物疫控中心、动物卫生监督所。

2015 年，全县农业部门围绕全面建成小康社会的目标任务，抓住新农村和现代农业建设的重大战略机遇，开展服务“三农”工作，主要目标任务全面完成，农业经济保持快速增长。全县实现农业增加值 25837 万元，增长 55.62%。粮食种植面积 12989 公顷，比 2014 年增长 2%；蔬菜种植面积 4678 公顷，增长 10%；药材种植面积 634 公顷，增长 20.1%；油料作物种植面积 500 公顷，增长 2.7%；烟草种植面积 31 公顷，增长 3.3%；绿肥播种面积 2870 公顷，增长 0.4%；茶叶种植面积 10467 公顷，增长 6.22%。粮食总产量 45684 吨，比 2014 年增长 0.37%；蔬菜产量 73885 吨，增长 11%；药材产量 1865 吨，增长 20.3%；油料作物产量 723 吨，增长 3.9%；烟草产量 93 吨，增长 3.3%；茶青产量 13152 吨，增长 31.78%。水果产量 6700 吨，增长 1.5%。完成高标准无性系茶叶基地建设整地面积 15334.7 亩，完成低产茶园改造与提升面积 10091 亩，完成苗圃园建设 170 亩。全县肉类总产量 7180 吨，水产品总产量 1210 吨，禽蛋产量为 956 吨。大牲畜、生猪、羊、禽类存栏分别为 21375 头、68741 头、12358 只、180987 羽；出栏分别达到 7830 头、73593 头、4773 只和 197702 羽。

【农企培育】 2015 年末，州级以上龙头企业有 24 家，其中均为茶叶的省级农业产业化龙头企业 4 家；州级农业产业化龙头企业 20 家，其中茶叶业 15 家、养殖业 2 家、中药材业 2 家、花生加工企业 1 家。新增农民专业合作社 42 家，年底全县共有农民专业合作社 179 家，社员 3718 人；共有基地面积 13176 亩，注册资金 21541.04 万元，带动农民 17318 家。在农民专业合作社中，从事种植业 92 家、林业 1 家、畜牧业 51 家、渔业 1 家、服务业 7 家，其他 27 家。年末新增家庭农场 31 家，全县共有家庭农场 64 家，其中种植业 28 家、畜牧业 29 家、渔业 2 家/种养结合 5 家。

【粮油工程】 2015 年，完成粮食增产工程项目 6.8 万亩；其中水稻工程完成 5.67 万亩，平均亩产 421.5 公斤，项目比对照平均亩产 372.5 公斤增产 13.2%；玉米增产工程完成 1.13 万亩，平均亩产 332.6 公斤，比对照平均亩产 291.5 公斤，增产 14.1%。粮食增产工程科技示范户 360 户，示范面积 1277.20 万亩；其中水稻工程示范户 277 户，示范面积 993.5 亩，示范区比非项目区多收 117.3 公斤，增产 29.51%；玉米工程示范户 83 户，示范面积 283.7 亩，示范区比非项目区多收 91.1 公斤，增产 27.74%。粮油高产水稻创建项目实施地点在丹江、大塘两镇，涉及 21 个村 5695 户。项目实施面积 1.04 万亩。经省、州农委专家组现场验收，平均亩产 660.02 公斤，较当年同生态类型非项目区增产增收效果明显。

【粮油作物】 全县杂交水稻旱育稀植技术示范 16 个点，实施面积 1073.48 亩，验收平均亩产 645.9 公斤；其中县级示范点 1 个，面积 226.6 亩，验收亩产 693.2 公斤，亩比计划目标多收 23.2 公斤，增长 3.5%。杂交玉米育苗移栽示范点 15 个，示范面积 939.5 亩，玉米县级示范点平均亩产 638.72 公斤，超目标任务（600 公斤/亩 38.72 公斤，超 6.45%；乡级示范点平均亩产 550.05 公斤，超目标任务（550 公斤/亩 0.05 公斤，超 0.01%；完成紧凑型杂交玉米示范点 9 个，面积 450 亩，验收亩产 553.5 公斤。完成地膜栽培 0.98 万亩；其中玉米地膜栽培完成 0.5 万亩，占地膜栽培面积的 50%，验收亩产 517.5 公斤，达到总产 258.75 万公斤。旱地分带轮作多熟制完成面积 1.5 万亩，综合粮食平均亩产 384.5 公斤，平均亩产值 1576.45 元；其中玉米分带 0.8 万亩，洋芋分带 0.7 万亩，套种绿肥 0.2 万亩。全县脱毒马铃薯实收面积 5.1 万亩，验收平均亩产 980 公斤。

【良种补贴】 年内完成核发水稻补贴面积 7.76 亩，补贴资金 1163981.34 元，补贴范围涉及 8 个乡镇，29171 户农户。核发玉米补贴面积 2.06 亩，补贴资金 20.62 万元，补贴范围涉及 8 个乡镇，2.34 万户农户。

【种子管理】 杂稻推广面积 7.5003 万亩，占水稻种植面积的 93.99%，平均亩产 398.5 公斤；杂交玉米推广面积 1.13 万亩，平均亩产 327.9 公斤。

【土肥推广】 年内完成测土配方施肥推广面积 24.4 万亩，其中水稻 7.22 万亩、玉米 2.14 万亩、薯类 5.48 万亩、茶叶 4.21 万亩、蔬菜 5.37 万亩；完成配方肥施用面积 12.8 万亩，其中水稻 3.62 万亩、玉米 1.61 万亩、薯类 2.26 万亩、茶叶 2.18 万亩、蔬菜 3.16 万亩。

【统防统治】 2015 年，重大病虫害统防统治项目与粮增工程项目和高产创建项目配合实施，农作物没有大面积病虫害灾，病虫危害总体损失率控制在 5% 以下，稻瘟病的防治效果为 86.12%、稻曲病的防治效果为 87.90%、水稻纹枯病的防治效果为 91.33%、稻纵卷叶螟防治效果 86.98%、稻飞虱的防治效果为 91.32%。

【植物检疫】 完成两杂种子调运检疫 82 批次计 65424 万公斤、水稻种 45 批次计 36079 万公斤、玉米 37 批次计 29345 万公斤。经复查，所有批次种子证件齐全，未发现检疫性有害生物。多次对县苗家春茶叶有限公司和蚩荣茶叶有限公司等茶苗培育基地进行产地检疫，均未发现检疫对象；对县果苗繁殖基地的葡萄、杨梅、蓝莓等 5 万株苗木进行产地检疫，均未来发现检疫对象。

【灾后重建】 争取救灾资金 270 万元开展灾后重建工作。筹集 50 亩水稻秧苗分发到大塘镇、永乐镇、望丰乡进行补种。发放救灾资金 12 万元和采购 40 吨肥料、农药 28250 包给 8 个乡镇。改种、补种辣椒 459 亩、甘蓝 140 亩、豇豆 160.5 亩。完成 90 亩受灾田淤泥、砂石清理工作。发放鱼苗 2250 公斤。派出农业技术员 145 人次，深入田间地头指导病虫害防治 78 余次。

【执法监督】 全年出动执法人员 1175 人次，检查农资市场 297 场（次），检查农资经营户 931 户（次），检查农产品生产企业使用农药情况 40 个（次），发放宣传资料 5.23 万余份；立案 9 起（种子案 3 起、农药案 6 起），结案 9 起，罚没收入 6356 元，获省级优秀案卷 1 份。

【产品检测】 完成农药快速检测分析 1787 个，合格率达到 99.7%。对植株、水、畜产品定量检测 163 个，合格率 100%；完成省州监督例行抽样共 62 份，其中茶叶 52 份、马铃薯 10 份，合格率为 100%；开展产地环境监测抽样 10 个，全部完成重金属土化分析；组织企业开展茶叶农残自检 339 批次；完成各类委托定量检测 249 个，其中完成州农检中心委托水产品定量检测 111 个、产地环境监测重金属土化分析 40 个、从江县农业局委托定量检测植株和畜产品样品 98 个。

【无公害认证】 组织 10 家果、蔬、茶生产企业及合作社进行无公害农产品认证，涉及 12 个产品、面积共 6458 公顷，其中 8 家茶叶企业、产地面积 4474.6 公顷已经贵州省农业委员会审核通过，取得无公害产地认定；组织 5 家茶叶企业（种植面积共 1996.5 公顷）进行复查换证工作。

【能源环保】 全县农村户用沼气项目总投资 47.5 万元。其中中央投资 20 万元、省级配套 4.5 万元、市级投资 3 万元、其他投资 20 万元。完成户用沼气 100 口、池容为 300 立方米的西江镇猫鼻岭大坪子养殖场常温沼气项目建设 1 个。

【新农村建设】 新农村环境综合治理项目

地点在西江镇白岩、也薅，“四在农家·美丽乡村”新农村建设小康寨示范点项目在郎德镇也改村实施，项目建设内容为农村生活污水收集与生态处理工艺。项目总投资110万元，其中西江镇白岩、也薅农村清洁工程60万元，郎德镇也改村生活污水处理项目50万元。培训农民200人次，其中专业技能型的粮食作物栽培工培训50人，社会服务型的农村经纪人员培训100人和村级动物防疫员培训50人。

【农牧保险】 全县水稻投保总户数30676户，投保总面积80628.07亩。玉米投保户数1124户，投保面积1573.37亩。生猪投保共4688头，其中母猪2999头、育肥猪1689头。

【农产品质量安全检查】 1月下旬，县农业局组织农产品质量安全工作小组深入西江、丹江农贸市场和生产基地开展农产品质量安全专项检查和抽检工作。截至1月底，开展检查4次，出动执法人员11人次，检查蔬菜经营摊点56个，蔬菜生产基地1个，抽检蔬菜样品45个。经快速检测分析抽检样品全部合格。

【青钱柳茶种植】 扶持发展青钱柳茶产业，切实助农增收增效。全县种植青钱柳面积达1.2万亩，实现年产值100万元，带动就业1000余人。为帮扶青钱柳茶获得准入市场销售“准生证”，雷山县市场监管局以构建食品安全体系，打造源生态茶品牌为目标，对企业的生产环境、生产机器设备、生产原材料车间和质量管理职责、场所要求、生产资源提供、产品质量检验等方面严格按照国家标准规范程序进行现场指导，要求企业坚持以优质的原料，一流的工艺，精心的制作，为消费者生产卓越的品质。青钱柳茶已获得QS认证，标志着开始进入食品流通领域。

【党建帮扶】 县农业局设中共雷山县农业局党支部1个，有党员35人，其中在职党员26人、退休党员9人。设党支部书记1人、副书记1人、组织委员1人、纪律委员1人、宣传委员1人。大学文化21人、大专文化7人、中专及高中以下文化7人。苗族26人、汉族6人，其他少数民族3人，少数民族比例占82.86%。加强组织建设，提高支部的战斗力和凝聚力，抓好党员的教育和管理，发挥党员的先锋模范作用，严格党员标准，做好新党员发展工作。选派到大塘镇桃江村驻村干部1人，结合村情，开展农业产业发展调研，年内走访调查桃江村和新塘村贫困户，完成精准扶贫对象250户；发放红米种子307公斤、红米种植和补助肥料共415包、红米病虫害防治农药640包；帮扶贫困户春耕红米种植启动资金1000元、菌棚大沟因“5·27”特大洪灾损毁修复补助资金3000元。开展计生“双诚信、双承诺”活动，发放补助资金2000元。7月20日，县农业局农技干部在大塘镇掌坳村向受灾村民免费发放辣椒苗66000株，助农作物生产补救，涉及15户、种植示范基地15余亩。

（彭芳）

农业园区

【概况】 雷山县农业园区管理办公室属于县农业局管理工作正科级事业单位，事业编制13名。内设综合股、财务股、项目规划股、基建股、农产品加工股5个职能股室。2015年末，园区办在职人数11人，有少数民族11人；大学学历7人，大专学历4人。2015年，通过各种渠道、多元化争取中央、省、州项目资金和政策扶持，用于园区的基础设施配套和开发建设，按照“因地制宜、产业强园”的原则，突出产业发展重点，进一步做优优势产业，做特特色产业，培育支柱产业，大力发展独具地方特色的农业园区经济。

【省级高效农业示范园区建设】 加快雷山县生态茶园示范园区建设。完成园区大门工程建设项目，其中假山2座、水上粮仓3个、景观水车2个；新桥村村寨美化、亮化项目已完成工程总量的90%；完成大塘镇游客服务中心及九十九园区展厅、农产品检测中心三合一项目；完成九十九园区大门至园区路网沿线的重要节点绿化、美化；完成高标准青钱柳育苗示范大棚建设主体工程；完成九十九核心区茶园提灌工程并交付使用。休闲农业和乡村旅游示范园区。年内完成营上综合服务区供水及排污管网工程建设；营上综合服务区路网工程基本完成；全部完成苗乡新村、西江景区观景台至干更栈道建设，大小北门、白水河沿河木栈道建设项目；西江干荣村一号、二号风雨桥建设项目，干荣村河口至干南稍长廊建设工程的完成，实现人车分流；营上生态停车场1200个多层次的停车位的投入使用，提高景区的服务功能。陶尧园区主干道、人行道的基本完成，极大地改善园区公共基础设施建设。生态农业循环经济示范园区。年内完成郎德至杨柳15千米主干道、产业路5千米，郎德游客服务中心、停车场、“非遗”一条街及旅游步道的投入使用，提升郎德景区的品位和形象。

【示范园区产业发展】　结合省“5个100”和县委提出的“6个10”工程，生态茶园示范园区新建成3700亩茶叶基地和1000亩青钱柳基地，完成低产茶园改造3500亩，发展稻田养鱼300亩，新建鱼种场1个。休闲农业与乡村旅游示范园区在乡村旅游产业的带动下，建成稻田养鱼基地600亩，山羊养殖基地2个、黑毛猪养殖基地6个，完成红阳猕猴桃种植100亩，菊花种植102亩。生态农业循环经济示范园区建成中药材基地500亩。新建茶叶基地1147.7亩。

【示范园区经营管理】　各园区采取土地流转机制，扩大农业用地规模，充分利用园区设施、地理位置等优势，围绕主导产业搞好园区招商引资，引进一批个体规模大、产业联系紧、科技含量高、效益前景好的企业入驻园区。至10月底，各园区已达成入驻协议的企业有5个，累计引进资金2.6亿元。其中已落实入驻生态茶示范园区的有合兴生态产品开发有限公司，瞄准雷山优质茶叶产业，开发茶叶高端市场，专做高端茶叶出口产品；贵州绿野谷生物科技实业有限公司，实施雷山县野生果蔬及果汁加工项目，总投资1.2亿元；雷山县铁牛农业开发有限公司年产100吨食用菌深加工项目，总投资2000万元。入驻休闲农业与乡村旅游示范园区的有西江老苗汤养生研究开发有限公司，投资2000万元实施西江老苗汤加工项目、方祥乡世章天麻开发有限公司投资2000万元，实施天麻加工项目；入驻生态农业循环经济示范园区的有万城公司，投资8000万元的杨柳生态产业园项目。园区经营主体进一步发展壮大，有效带动园区各类产业的发展。

【县级农业示范园区建设】　加强指导全县各乡镇农业园区建设，全县8个乡镇都申报县级现代高效农业示范园区，县级农业园区的初步规划已编制完成，整合各渠道资金正在投入建设。达地水族乡大坪山农业园区，已建成产业路6千米；园区茶叶合作社已完成440亩老茶园的垦复及施肥和2200亩幼龄茶园的除草、施肥等管理工作；完成兴鑫茶叶加工厂建设并投产，在建茶叶加工厂1家；启动产业园区茶青交易市场建设，园区内通路、通水、通电设施逐步完善；完成守峰、兴鑫茶叶加工厂周围场地环境整治；已建成茶园基地5500余亩、存栏20头能繁殖母牛基地2个、100头能繁殖母猪的生态养殖场1个；正规划建设养牛场2家；新建茶叶加工厂2家、乡村旅馆1家；有126户452人在产业园内参与创业，生产总值达600多万元。大塘镇桃源县级现代高效农业示范园区，已完成产业路建设1千米；小水池项目正在选址；完成茶叶种植2100亩、中药材种植500亩、鸡花椒种植15亩、黑毛猪1600头、娃娃鱼养殖1000尾、魔芋基地300亩、红米种植500亩；建成观光荷花池6亩并投放鱼苗500公斤；建成石制花瓶30个、花台825米；建成旅游休闲长椅1座、水车3座；完成新桥村乡村旅游房屋外包装49栋；完成风雨长廊1座、特色绿化垃圾箱70个、特色烟冲108米及水上粮仓清淤工程。丹江镇现代高效农业示范园区，完成进寨公路3千米、机耕道6千米，建立合作社4个、家庭农场4个；茶叶种植520亩、葡萄种植155亩；新建马铃薯示范基地10亩，大棚蔬菜基地10个。

望丰乡观光体验农业与乡村旅游示范园区，完成通村公路硬化10千米、产业路15千米；新建山塘3座；种植茶叶1100亩，茶叶提升改造项目全面启动；完成稻田养鱼前期工程共计774

亩；乌响、排肖、掌窝等村的猕猴桃搭架项目全部启动；在羊卡村搭建蔬菜钢架大棚2个，种植魔芋600亩、辣椒775亩；种植中药材800多亩；建成养殖厂房150平方米的，完成500平方米的玫瑰花加工厂建设。永乐镇凉水井现代高效农业示范园区，完成通村千米硬化5千米、产业路10公；新建茶园876.07亩、红米基地1081.2亩，完成低产茶园改造300亩；建成中药材基地790亩、家庭农场8户；总投资100万元，建成1300平方米的梅花鹿养殖厂房1座，拟放养梅花鹿140只。郎德镇杨柳生态农业观光园示范园区，新建茶叶面积1026.4亩、菊花基地500亩、优质红米基地300亩。西江镇龙塘农业产业园区，完成新建茶园1200亩，核桃种植500亩，猕猴桃种植500亩；完成药用菊花种植215亩，桔梗种植10亩，葡萄种植80亩，魔芋60亩，蔬菜350亩；新建完成养猪场4个、存栏1000余头，养鸡场3个、存栏12000余羽，稻田养鱼1000余亩。方祥乡雀鸟综合农业产业园区，已建成园区公路2千米、园区供排水管道8.6千米、供电线路3.8千米；已建成生态有机茶叶基地1340亩、雀鸟辣椒种植基地200亩、天麻种植基地14800平方米（296亩）、冰球子规范化种植基地141亩、雷公藤种植基地156亩；已建成黑毛猪规模养殖场5个、存栏480头，野猪规模养殖场1个、存栏162头，规模林下虫草鸡养殖场8个、存笼0.7万羽；并建成茶叶加工厂3个；组建苗森中药材等合作社5个，奇新特种养殖场等微小企业5个。

【党建帮扶】 2015年雷山县农业园区管理办公室有党支部1个，党员11名，大学本科以上6名、大专2名、中专及高中3名；少数民族党员11名，占100%。开展“铸勤行动”和践行“三严三实”，在县第二纪工委和农业局党组的指导下开展各项活动，努力实现各个环节的目标任务，荣膺“Ⅰ类铸廉单位”称号。结对帮扶大塘镇乔仿村，多次到该村进行走访考察了解实际情况，到施秉县引进一批优质葡萄苗，免费发给村民们试种；对接园区养殖企业，谋划在乔仿村发展黑毛香猪养殖产业，为村民创收；认真落实县委政府帮扶相关政策，深入乔仿村指导开展“双诚信、双承诺”工作，及时兑现3000元的活动基金。

（何立秀）

扶贫开发

【概况】 2015年，根据雷山县人民政府办公室文件，设立雷山县扶贫开发办公室，为县人民政府工作部门，内设机构有综合股、项目管理股、社会扶贫和统计股。行政编制5名，其中主任1名、副主任2名、纪检组组长1名、股级干部1名。实有在职在编干部职工10名，女性干部3人，占在职干部职工的30%；少数民族干部职工9人，占在职干部的90%；在职干部职工大学本科学历6名、大学专科学历4名。坚持以脱贫攻坚统揽经济社会发展全局，把减少贫困人口、增加农民收入作为脱贫攻坚工作的重中之重，按照习近平总书记提出的“四个切实”“六个精准”“五个一批”的要求，全面贯彻落实中央、省、州扶贫开发工作会议精神，以“六个到村到户”为抓手，以创建“全省扶贫攻坚示范县”为契机，举全县之力、聚全县之智，通过加大基础设施建设、大力发展特色产业、强化社会事业建设、完善民生保障等措施，有力推进全县扶贫开发工作。

【项目实施】 年内争取获得财政专项扶贫资金6857.4万元，安排实施扶贫项目70个（含省戴帽下达项目）。项目资金安排：乡村旅游等基础设施项目4个910万元，占13.27%；中药材项目7个600万元，占8.75%；茶叶4个500万元，占7.29%；蔬菜、红米等特色种养殖业项目17个563万元，占8.21%；集团帮扶项目4个1000万元，占14.58%；壮大村集体经济项目4个250万元，占3.66%；生产救灾项目9个550万元，占8.02%；扶贫生态移民项目2个1478.4万元，占21.56%；扶贫小额信贷贴息及配套项目7个713万元，占10.40%；培训及雨露计划项目9个174万元，占2.54%；项目管理及建档立卡项目3个119万元，占1.74%。年底资金已下达到项目申报实施单位5882.4万元，占87.04%；启动实施项目43个，其中进渡过半的项目38个，完成项目建设9个，项目完成率15.5%。在9个建成项目中，已完成自查验收项目9个，合格项目数9个。累计完成拨付资金3388.8万元，资金拨付率50.14%；累计报账391.252万元，报账率6%，综合进度50%。

【减贫摘帽】 2015年，全县减少贫困人口0.83万人，贫困人口发生率由2014年的26%下降到21.7%。永乐镇、大塘镇、郎德镇、望丰乡将实现“减贫摘帽”。全县农村居民人均可支配收入达6840元，比2014年的6064元增加776元，比2014年增长12.8%，占省考核指标6600元的103.64%，达到“摘帽”条件。至2015年，全县贫困乡镇发生率为0，贫困人口减少到2.77万人，实现全县整体“摘帽”。

【社会帮扶和雨露计划】 全县获得社会帮扶和雨露计划培训资金318.5万元，其中杭州市对口帮扶资金140万元、雨露计划培训资金164万元、贫困地区干部培训项目资金10万元、“扶贫济困、崇德向善”社会扶贫公募资金4.5万元。年计划培训人数3730人，其中春季学期雨露计划实施方式改革试点350人、圆梦行动80人、基层组织负责人和致富带头人培训100人、“三位一体”培训300人、扶贫产业实用技术普训2000人、“三女”培训450人、干部培训100人。完成培训2824人，完成培训任务的83.6%。1月14日，雷山县扶贫办在圣诚佳源六楼会议室举行“雨露计划·特色手工刺绣”培训班结业证书发放仪式，为全县280名绣娘发放结业证书。

【郎当村示范项目】 2月4日，县扶贫办党组书记、主任唐继林一行，在丹江镇人民政府副镇长何兴文的陪同下，深入到丹江镇郎当村考察指导同步小康示范村建设项目。2014年争取扶贫攻坚示范县建设项目郎当村同步小康示范村寨建设经费150万元，并结合村情建成寨内步道硬化5千米，太阳能路灯182盏，“三改”工程25户，庭院硬化10户。项目直接受益农户215户1012人，其中贫困户28户59人。

【减贫奖励】 2015年3月27日，在雷山县委农村工作暨全县扶贫开发工作会议上，县委、县政府拿出60万元，对2014年度如期实现“减贫摘帽”的西江镇、达地水族乡、方祥乡分别给予20万元的奖励，为雷山县2015年全面实现“减贫摘帽”工作目标打下坚实的基础。2014年，全县农民人均纯收入达到6000元以上，贫困乡镇发生率下降10个百分点以上，贫困人口从14845人减少到7999人，减少贫困人口6846人。

【党建扶贫】 2015年，县扶贫办党支部在册党员8名，其中男党员7名、女党员1名；入党积极分子1名。支部党员中有党员领导干部3人；具有硕士学历的1人，本科学历的4人，专科学历的3人。支部委员会由党支部书记、组织委员、宣传委员3人组成。党支部始终坚持以脱贫攻坚统揽经济社会发展全局，牢固树立科学治贫、精准扶贫、有效脱贫、防止返贫的理念，继续抓好挂钩联系点和结对扶贫工作。为进一步做好县扶贫办包村、落实领导干部直接联系群众制度，成立领导小组、制定实施方案，积极开展党支部与桥港村党支部结对共建活动，以“动真情，扶真贫”为原则开展扶贫工作。全体党员干部深入基层开展调查研究，领导干部全年下农村基层在60天以上，一般党员干部下农村基层在30天以上。确定支部党员具体直接联系贫困群众名单，党员干部共挂钩帮扶73户，295人，协调争取项目1个、解决资金20万元。

（李永刚）

农业机械化

【概况】 雷山县农业机械管理办公室是县农业局管理的正科级事业单位，内设综合股、装备股、监管股和农机安全监理站4个股（站）。

2015年，根据《关于雷山县农业局所属事业单位类别划分意见的通知》文件，县农机办为公益一类事业单位，事业编制13名，实在编12人，领导职数3人，男性10人，女性2人，大学本科10人，大专2人。少数民族11人。2015年，围绕年初制定的工作目标，认真抓好农机技术推广、项目建设、农机安全等各项工作，农业机械有进一步的推广，农机管理有序推进，安全生产工作得到不断强化。全县农业机械拥有量达53520台，农机总动力达162567千瓦，单位耕地面积拥有农业机械动力指数0.68千瓦/亩。争取上级资金到位211万元。其中农机购置补贴资金150万元，农机项目资金45万元，农机管理事务经费13万元，全国平安农机创建前期经费3万元。完成茶叶修剪面积14万亩，机耕面积17万亩，机脱粒2.7万吨。完成推广农机具2062台，完成总任务数2000台的103.1%。争取到中央农机购置补贴资金150万元，办理补贴资金兑现136万元，其中补贴机具1159台。完成农机技术培训13期。其中农机操作维修技术培训3期，农机操作演示培训10期，培训人数达2200人。

【农机项目】 2015年4月，向省农委申报雷山农机抗旱应急服务队项目，2015年6月，经省农委审批同意实施。具体实施项目是由雷山县苗丰农机专业合作社，项目总投资17.61万元，其中项目资金补助15万元。结合雷山地理条件实际，根据实施方案要求，共购买机具30台，其中向阳红拖拉机1台、沼渣沼液抽排运输机1台、抽水机28台（含进水管6米、出水管60米）。所有机具于当年底全部到位，并通过农机技术人员验收合格。项目资金分配：拖拉机中央补贴资金1.97万元，项目补助资金5.91万元；项目补助资金55344万元；抽水机中央补贴资金5600元，项目补助资金35556万元。所以农机具都由合作社统一保管和使用，合作社建立健全各项监管制度，并负责对项目机具的维护和保养。

【红米种植项目】 雷山味道红米种植农民专业合作社建设项目于2015年5月申报，2016年1月经省农委审批同意实施。由雷山味道红米种植农民专业合作社具体实施。该项目补助资金是30万元，购买机具8台。其中松志达5HPX-15型烘干机3台，MLGT25砻谷机1台，MNMF18C低温砂辊碾米机2台，MPG16.5C白米抛光机1台，安科RA8L双色LED色选机1台。项目资金补助：3台烘干机中央补贴资金9.78万元，项目补助资金14.67万元；砻谷机、碾米机、抛光机按照农机购置补贴目录外机具80%的补助系数进行补助，项目补助资金5.184万元；色选机按照补贴目录外机具的72.5%进行补助，项目补助资金10.146万元。项目所有机具都已经安装结束，已投入使用。2个项目均通过省州农委验收。

【农机安全】 签订农机安全责任书362份，安全生产宣传培训16场（次），参加学习人员330人；开展拖拉机检查237次，出动监理人员84人次，检查拖拉机61台，限期整改17人（台）次；发送年检及灾后路况短信5次/5760人，年内农机无重特大农机安全生产事故发生。2015年办理拖拉机注册登记2台，变更申请54台，年度检验223台，拖拉机省内转入16台，省内转出2台，注销2台，换领申请6证；办理拖拉机驾驶证有效期满换证业务59证，驾驶证审验111证，补换申请驾驶证6证，省内转入19证，受理初次申请领49证，变更身份信息8证。

【党建帮扶】 2015年6月，县农机办党总支部换届选举产生，并成立县农机办第一党支部（在职党员），县农机办第二党支部（退休党员）。党员总数20人，其中第一党支部10人，第二党支部10人。农机公司2人，农机办18人；在职党员10人，离退休党员10人。组织关系转出1人，转入1人。中专（高中）及以下文化程度的6名，大专及本科以上的14名。党总支部从加强组织建设、创先争优、学习型党组织、党内激励关怀，深入帮扶点、党建带工青妇建和党员管理等七个方面内容抓好落实党建工作。成立由县农机办主任为组长，分管副主任为副组长，支部委员为成员的领导小组，明确专职工作员具体办公，并安排2000元为党建工作经费，做到有机构、有人员和经费抓党建工作。在成立的退休支部中，通过各种节日开展座谈会、慰问老干部、为老干部征订《贵州老年报》《晚睛》学习资料和积极推荐老干部参加县委离退局组织的各项活动。在职支部中通过“五个带头”（即带头学习、带头争创佳绩、带头服务群众、带头遵纪守法）的形式开展评选出4名优秀党员，对评选出来的优秀党员给予奖励，并在年终考核时加分。建立健全党员党性分期分析制度和党内民主生活会制度。全年组织学习12次，上党课4次，撰写调研文章9篇，党建专题调研1篇，撰写心得体会2篇，学习各类书籍108本，每次集中学习2小时以上。年初，县农机办党支部被县委命名为学习型党组织。为加强对党员管理，党总支部建有党员转入转出登记簿，党员花名册，党员党费收缴登记簿。全年有党员转出1人，转入1人，死亡1人，无流动党员。全年收缴党费22人6378元。2015年度，所有20名党员均被评定为合格党员，按党员人数5%比例评选出优秀党员1名。开展结对帮扶，党总支部书记率领支部委员深入联系点，对帮扶村在组织建设、经济发展、民生改善等方面进行指导帮助，先后开展精准扶贫调研、党员结对帮扶、学习培训等项工作。至年底，共开展农机技术培训6期，培训人数300人次。力所能及地为他们解决生产生活上的困难，全年组织党员干部深入帮扶村12次，帮助群众办实事12件，帮扶生活困难群众19人，落实帮扶资金11880元。组织青年参加业务培训，培训青年12人，培养青年农机技术员12人。开展关爱帮扶生活困难群众行动，先后为岩寨村在“5·27”特大洪水中受灾的6户农户送去大米、食用油等物资；同时参加县委组织的“5·27”洪灾救灾工作，为农户运送各类生产生活物资3次。2015年，支助帮扶村11800元。因岩寨村和干角村办公条件差，先后解决岩寨村和干角村办公经费各1000元；因“5·27”洪灾县农机办为受灾户送去12袋大米、6桶菜油，共计1752元；县农机办与帮扶村岩寨村开展“七一”共庆活动，支助活动资金1000元；因岩寨村贫困大学生余芳芳家庭经济困难，资助学费1000元，干部资助500元；在开展遍访工作时了解李光金家因病返贫、家庭拮据，资助1000元，并向民政局申请得到救助金2000元，兴雷合作社减免李光金因购买农机欠下的购机款1700元；资助岩寨村开展安全生产宣传和购机补贴政策宣传所缺工作经费3000元。

（张德英）

畜牧渔业

【概况】 雷山县畜牧渔业管理办公室为县农业局管理的正科级事业单位，内设综合股、畜牧股、兽医股、渔业渔政股、畜牧执法大队、畜牧技术推广站、饲草饲料工作站。归口管理的机构有县动物卫生监督所、县动物疫病预防控制中心。编制人数23名（含畜牧执法大队3名），实有人数23名（含畜牧执法大队3名），其中参照公务员法管理事业编制16名，事业编制5名。县畜牧渔业管理办公室设科级领导职数5名，其中主任1名、副主任4名。在编人员中，县畜牧渔业管理办公室大学文化10名，大专文化6名，中专及高中文化1名；中级职称6名，初级职称6名。县畜牧渔业管理办公室坚持以服务经济社会发展为核心，以实现农业增效、农民增收为目标，围绕“6个10万”绿色生态现代农业工程建设，以黑毛香猪产业为重点，培育稻田综合种养产业，狠抓生猪标准化规模养殖，全面推进山地畜牧业和生态渔业持续、快速、健康发展。2015年末，全县生猪存栏6.87万头，能繁母猪存栏0.57万头、牛存栏2.13万头、羊存栏1.23万只、禽类存笼18.09万羽。全县规模养殖场有265个，其中生猪养殖场155个，存栏200头以上的10个；牛养殖场25个，存栏20~40头的11个；羊养殖场28个，存栏100只以上的3个；肉（蛋）鸡养殖场23个，肉鸡5000羽以上的2个，蛋鸡5000羽以上的2个；特种养殖场34个，其中大鲵养殖8个、竹鼠养殖9个、野猪养殖3个、特种畜禽养殖5个、养蜂5个、石娃养殖4个。规模养殖场与2014年相比增加52个。全县肉类产量完成7180吨，比2014年6598吨增加582吨，增长8%；水产品产量为1218吨，水产品产值为6050万元；禽蛋产量956吨，全县畜牧渔业总产值为29919万元。

【畜禽灾害】 2015年5月27日，雷山县遭遇历史罕见的洪灾，造成受灾场户394个，圈舍倒塌损毁14390平方米，死亡大牲畜35头、猪1463头、羊128只、禽类117666只，损失饲料53吨，养殖场水电路等基础设施多处损毁，直接经济损失1812.51万元。

【黑毛猪产业】 2015年，全县有黑毛猪家庭农场138户，扩繁场15个，生猪标准化养殖场6个，黑毛猪养殖小区4个50户。郎德镇也改村黑毛猪养殖小区正在规划建设中，原种场2个，散养户4000余户。年末，黑毛猪存栏50241头，其中能繁母猪3698头，累计出栏56248头。

【特色养殖】 全县有大鲵养殖基地10个，其中养殖企业2家，养殖面积共12234平方米，现存池2241尾，出池610尾；石蛙存池40150只，出池1350斤；竹鼠存栏2460只，出栏1337只；野猪存栏208头，出栏313头；土鸡存笼58452羽，累计出笼79283羽；大塘镇梅花鹿存栏40余头；丹江镇水电村李三户特种养殖斗鸡存笼212羽、孔雀存笼32只，水禽养殖规模户余光平当前存笼鹅578羽，其中种鹅206羽；方祥奇兴特种养殖合作社存笼乌骨鸡350羽；望丰余正睿户存笼土鸭2000羽；至年底望丰、方祥、永乐镇4户蜜蜂养殖户有蜜蜂共460箱。

【品种改良】 全县肉牛品种改良2218头，占州下达任务数2100头的105.61%，其中冻配672头、鲜配1546头。产犊326头，本品种选育110头。开展牛品种改良宣传资料6期，发放宣传明白书6000份、图片450张、宣传资料2200多份；开展畜禽品种改良及繁殖技术培训9期：培训人数820多人次。建生猪改良点16个，其中人工授精点4个，本交改良点12个，改良点共完成输配9500头次、人工授精改良4900头次。共推广杂交猪12万头（三元杂交猪1.65万头，二元杂交猪10.35万头），完成任务数10万头的120%：完成羊改6500只（次），占州下达任务数5500只的118.18%，产羔数1350只，引进良种羊200只；推广良种禽29.14万羽，占州下达任务数30万羽约97.13%。完成2015年冬季闲田种草养鹅推广示范点2个，种草面积300亩，养鹅2000只，辐射带动全县面上各点种草面积约3200亩，养鹅30000余只。

【养猪保险】 全县完成能繁母猪投保2999头，育肥猪投保1689头。对于生猪发生死亡理赔，县畜牧渔业管理办公室督促、指导乡镇完善理赔材料，让保险理赔快速及时到位。全年接案220起（头），理赔220头，理赔率达100%。

【饲料推广】 全年完成草地建设2.3万亩，其中人工种草0.32万亩，完成全年任务的106%；冬闲田土种草2.2万亩，完成全年任务的110%，秋冬种牧草推广0.14万亩。牧草种子推广2.4吨，优质饲料推广1.12万吨，完成全年任务的102%；秸秆综合利用2.97万吨，完成全年任务的99%，其中青贮饲料1.87万吨、氨化饲料1.1万吨。

【稻鱼工程】 全县完成稻田养鱼6.82万亩、示范面积0.1万亩，推广面积1.34万亩，完成稻田养鱼任务数的101.65%；稻田养鱼产量完成1218吨，完成县任务数1200吨的101.5%。配合8个乡镇完成“6个10万”稻鱼工程的鱼苗采购和技术培训工作。草拟“加快雷山县稻田生态种养产业发展项目产业发展意见”，编报《雷山县2016—2020年养殖水域规划》。

【畜牧执法】 水产品质量安全专项整治。年内检查生产经营企业13家（次），出动执法人员26人次，监测企业3家，抽样3家，合格率达100%。没有发现使用硝基呋喃类、氯霉素和孔雀石绿等禁用渔药、假劣渔药等违规情况。从苗种培育到成品饲养，从饲料投喂、药物使用到水质调节等关键环节严格按照标准化操作规程进行，从源头上把关全县水产品的质量安全，确保渔业零事故的工作目标。兽药饲料经营专项整治。年内出动执法人员30人次，对全县4家兽药经营门店、27家饲料专卖店，60家规模养殖户进行检查，查处经营假劣兽药案件1起，处罚1500余元，对发现的问题及时进行整治。养殖环节“瘦肉精”专项整治。2015年出动执法人员203人次，出动车辆60余车（次），监测饲料销售门市部32个，饲料质量安全抽样5个，其中全国统检抽检1个，黔东南州饲料质量安全抽检4个，检测均为合格产品；监测养殖场（户）85个，送检尿样93份，尿液抽样监测盐酸克伦特罗93份，莱克多巴胺93份、沙丁胺醇93份、饲料抽样监测盐酸克伦特罗54份、莱克多巴胺54份、沙丁胺醇54份，未出现一例阳性反应。

【渔政执法】 2015年，县政府组织会议1次，下发禁渔通知1个，制作永久性宣传广告8个，制作专项禁渔法律法规通告牌2个，张贴《禁渔村规》10张，悬挂宣传横幅15幅，发放宣传资料9000余份。出动渔政执法97次，参加执法人员370人次，出动执法车70车（次），接受电话举报9起，查处违法案件12起，没收网具4铺；对其他违法捕捞人员均以教育为主，达63人次。

【养殖场灾后重建】 畜禽养殖场重建。2015年，通过灾后灾情核实和农户申请等，受灾资金主要用于受灾严重的丹江镇桃子寨蛋鸡场、望丰乡乌响村斗牛场、达地乡养牛场、郎德镇乌瓦村余志勇养殖场、丹江镇陶尧村杨寿里果子狸养殖场、丹江固鲁村余光平养鹅场、大塘镇也耶村杨胜武、余正福黑毛猪养殖户、望丰乌局李春娥养殖场、丹江镇陶尧村杨鹏养殖场、掌批村4户受灾养殖户恢复重建以及秋冬种种草养鹅的种苗补助。渔业重建。主要用于丹江镇水电鱼种场重建、丹江镇乌秀村稻田养鱼基地、郎德镇棘胸蛙养殖基地、丹江镇大塘湾娃娃鱼养殖基地恢复建设以及恢复“6个10万”稻（荷）鱼工程种苗补助。先后重建宏盛生态养殖场、鱼种场、余光平养禽场、李玉生石蛙养殖场等灾后重建项目点14个，拨付农业生产救灾资金50万元，完成总工作量的93.33%，资金拨付达83.33%，其他灾后重建工作验收结束，年底全额完成资金拨付。

【畜牧招商引资】 通过招商引资的形式引进一大批集养殖、加工、销售为一体的公司企业入驻雷山，这些公司和企业是黔东南黔森绿色生态产业开发实业有限公司、贵州雷山银枫生态农林开发有限公司、贵州雷山苗姨妈农产品开发有限公司、雷山黔绿春生态食品有限公司、雷山黔牧香公司。雷山县黑毛香猪繁育产销一体化项目已基本建成，项目总投资为3000万元。

【党建帮扶】 县畜牧办党支部有党员26名，其中在职党员21名，离退休党员5名；设支部书记1名、副书记1名、宣传委员1名、组织委员1名、纪检委员1名。大学本科以上10名，大专12名，中专及高中4名；高级职称1名，中级职称9名，初级职称6名。2015年，畜牧办党支部组织10人以上集中到省学习培训1期、州学习培训2期、农业部学习培训1人1期，到省参加单位学习培训3期4人；安排到省、州以上学习培训共35人次，党员技术骨干下乡入村开展技术指导1253人次，开展技术培训11期，培训人员1100人次。2015年，支部有入党积极分子5名，已经发展办理入党手续1名。2015年，调整帮扶大塘镇掌批驻村干部，全年共投入资金近30万元，帮扶新扩建合作社40户共投入资金20万元；建成基层农技推广体系改革与建设项目示范基地2个，共投入资金4万元；投入帮扶资金2.1万元，恢复受灾农户圈舍建设5户；投入村基础设施建设2万元；投入秋冬种、帮扶村工作宣传栏建设以及计生困难户、困难党员、贫困户慰问等资金近0.5万元。在掌批、排里、乔港开展养殖技术培训共3期，累计受训达180人。同时，帮助掌批村成立“掌批村绿源土猪专业合作社”，拓宽科学养殖脱贫致富渠道，发展黑毛猪养殖家庭农场8户，家庭散养60户，黑毛香猪存栏450头，其中能繁殖母猪230头，种公猪2头；开展培训5期，培训养殖户304人次；无偿发放黑毛母猪340头，计34万元；帮助农户销售仔猪多1000多头，销售肥猪300头，总收入114万元，纯收入70万元，户均1.03万元。全年帮扶贫困户48户，其中已脱贫11户。

（梁庭敏）

林　业

【概况】　雷山县林业局为县政府工作部门，正科级行政单位。有内设机构、下设机构和归口管理部门。其中内设机构有6个：办公室、造林绿化管理股、森林资源管理股、计划与资金管理股、政策法规股、种苗与科技推广股；下设机构有6个：森林防火指挥部办公室、县森林植物检疫站、县农村林业改革发展办公室、县营林管理中心（含天然林保护及退耕还林办公室）、县城镇园林绿化和森林公园管理办公室、县木材检查站；归口管理单位有4个：县森林公安局（正科级）、县林木林地权属争议调处办公室（副科级）、县果品发展服务中心（副科级）、雷公山国家森林公园管理局（正科级）。2015年，县林业局编制数63名（不含归口管理单位），其中行政编制7名，设局长1名、副局长2名、股级领导职数6名；事业编制56名。2015年，在编人员共45人，其中大学文化33人，大专文化11人，高中及中专文化1人；具有高级职称4人，中级14人，初级职称18人。以服务雷山经济社会发展为核心，坚守“发展和生态”两条底线，抓好林业生态建设。全县林地面积达到137.96万亩，其中公益林面积为101万亩、保护区外国家重点公益林49.07万亩、区内国家重点公益林42.93万亩、地方公益林面积9万亩；活立木蓄积量达561.6万立方米，森林覆盖率69.35%。

【林业项目】　以营造林为基础，以实施县乡村绿化造林、退耕还林工程、“天保”工程封山育林等林业重点工程为重点，加快后备森林的培育，生态环境进一步改善。完成县乡村绿化造林2943.3亩，超额完成省州下达的233亩的县乡村绿化造林任务；完成2015年新一轮退耕还林还草4800亩设计书的编制，该项目属于2015年下达任务，2016年实施的项目；完成雷山县“天保”工程封山育林3万亩作业设计书；投放马尾松70公斤在望丰乡各村寨公路沿线、格头村公路沿线、报德村到杨柳村公路沿线、黄里坳至乌东村公路沿线实施飞播造林，造林面积累计达1500亩。

【国土绿化】　完成干荣至麻料公路沿线绿化、郎德至杨柳公路沿线绿化、羊排至九十九农业产业园区公路沿线绿化、格头村荷花池建设、县城小广场绿化以及在贵州大学建设“雷山林”。共种植红豆杉、桂花、杜英、樱花等绿化大苗5460株，红花檵木、小叶女贞绿化小苗6万余株，总投资110.15万元。为建成生态文明示范县，建设多彩贵州文明行动提供有力支撑。

【苗木培育】　大力培育苗木，抓好种苗基地建设，确保林业重点工程造林、林业产业基地建设及国土绿化美化的种苗需求，完成裸根二级苗及以上杉木苗164.46万株；鼓励社会资金和社会力量进行各种苗木花卉培育。年内累计建成特色珍稀绿化苗木基地面积126亩，主要树种有红豆杉、台湾杉、桂花、银杏、楠木、杜英、紫薇、香樟、含笑、罗汉松、木莲等绿化苗木，共计200万株，为全县实施城乡增绿添彩工程提供各种木苗。同时在望丰乡规划建设玫瑰园基地面积300亩，地块已得到落实。

【森林保护】　严格执行全州森林采伐限额减半调控计划，加强对伐前拨交、伐中监督、伐后验收全过程的指导、监督、检查。年初，州林业局下达雷山县的采伐限额蓄积量为31920立方米。年内共办理林木采伐许可证710份，采伐林木蓄积7082立方米，采伐面积646公顷。年度实际采伐蓄积是采伐限额指标的22%。其中自用材林木采伐许可证702份，采伐林木蓄积5740立方米，采伐面积637公顷，比2014年少办理36份，少采伐林木蓄积1096立方米，多采伐面积186公顷。商品材林木采伐许可证8份，比2014年办证11份少3份；采伐林木蓄积1342立方米，比2014年采伐蓄积3213立方米少采伐1871立方米；采伐面积9.32公顷，比2014年采伐面积23.42公顷少14.1公顷。

【林业行政执法】　加大林业行政执法力度，年内共受理林业行政案件108起，查结97起，结案率为89.8%。比2014年度121起下降13起，下降11%；比2014年度查处率98%下降8个百分点；损失林地6.61公顷，比2014年林地损失5.12公顷增加1.49公顷，上升率29%；损失林木170.1立方米，比2014年度损失林木57.1立方米增加损失113立方米，上升率198%；没收违法所得0.39万元，比2014年所得1.32万元减少0.93万元，减少71%；共计罚款19.08万元，比2014年罚款4.775万元增加14.31万元，增加300%；没收非法收购及运输木材229.64立方米，比2014年没收木材84.69立方米增加144.97立方米，增加171%；行政处罚108人，比2014年度119人减少11人，降低9%。2015年，县森林公安办理行政案件47起，查结43起，结案率为91.5%。其中立盗伐林木3起，未破；立森林火灾案9起，破8起（转刑事案件1起），罚款19500元，罚款6人，警告1人；立非法捕杀国家重点保护野生动物案3起，查结3起，处罚5人，罚款3600元；立无证加工木材案7起，查结7起，处罚7人；立滥伐林木案16起，查结16起，滥伐135.57立方米，处罚17人，共罚款30240元；立非法收购木材1起，查结1起，查处1人；立违规野生用火2起，查结2起，警告1人，罚款1人。立治安案件6件，查结6起，拘留6人罚款6人。县木材检查站立非法收购木材1起，查结1起，查处1人，罚没木材23.45立方米，拍卖木材所得17800元；立无证运输木材案件45起，查结38起，罚没木材357.06立方米，已拍卖木材276.92立方米，拍卖所得261931元，有6起案件木材66.47立方米（含逃逸木材主韦某某4.14立方米木材）未拍卖，有1起案件木材13.67立方米松锯材属疫区调入，计划烧毁处理。有1起嫌疑人杨世远逃逸，未处理。县森林资源管理股立滥伐林木案2起，查结2起，滥伐林木16.17立方米，处罚2人，共罚款13720元；立非法使用林地案13起，查结13起，共非法使用林地11440平方米，共计罚款114400元，至年底已收到罚款8起91330元。

【病虫害防治】 通过购置精密仪器高倍显微镜、高端平板电脑等办公设备，围绕林业有害生物“四率指标”开展工作，具体抓森林病虫害防治、松褐天牛（含松材线虫病预防）治理、成虫诱杀、样地监测等，2015年度“四率指标”全面完成，有害生物成灾率均低于省控制指标，无公害防治率均高出省下达的指标要求，测报准确率均高于省下达的指标，种苗产地检疫率均达100%，保证森林健康。其中成灾率为0，无公害防治率为100%，测报准确率98%，产地检疫率100%。

【森林保护】 加强公益林管护工作。对雷山县区划的国家级公益林面积42.93万亩和地方公益林9万亩的管护，落实管护责任人。2015年没有发现盗伐、滥伐林木和发生山林火灾等情况。完成全县2014年度公益林补助资金兑现工作，兑现面积51.93万亩，兑现资金678.2175万元，其中国家级公益林42.93万亩，兑现资金633.2175万元；地方公益林9万亩，兑现资金45万元；兑现率100%。组织各乡镇各部门采用挂横幅、贴标语、发资料、放广播、鸣锣喊寨等多种形式开展宣传教育工作，利用全县科技、文化、卫生“三下乡”活动。开展防火巡回宣传8次等行动，印发《雷山县森林防火工作明白书》《中小学生森林防火宣传手册》《雷山县森林防火手册》《森林防火宣传画》及黔东南州林业局印发《“六个严禁”宣传日历画》等5万余份。设防火卡点159个，2000人次。

【林权改革】 对林权初始登记、变更登记、修正错误登记、林权证损毁遗失申请补办、林权争议处理后申请登记等接待来信来访320人次。办理初始登记、变更登记等涉及286户，修改、发证林权证286本。整理林权流转材料、林权变更登记材料、林改综合材料等2760盒档案材料。排查林权纠纷32起（其中跨州7起，跨县8起，县内17起），县内纠纷已调解结案3起，化解11起。热情接待群众来信来访。接待群众来信来访40批76人次。

【林业扶贫】 依托退耕还林工程完成投资627.8万元。其中退耕还林资金完善周期补助326.8万元、退耕还林省级粮食调运费27.7万元。涉及全县8个乡镇142个村12347户29083

宗退耕地；巩固退耕还林农村能源建设建设项目，建设太阳能热水器900台，总投资135万元，项目涉及4个乡（镇）10个行政村900收益户。能源省柴节煤炉2316套，总投资139万元，涉及西江镇、大塘镇共2316户。实施新一轮退耕还林工程，助推扶贫工作。完成2014年度公益林建设工程补助兑现工作，面积为51.93万亩，兑现资金678.22万元，其中国家级公益林42.93万亩，兑现资金633.22万元；地方公益林9万亩，兑现资金45万元；兑现率100%。涉及全县8个乡镇20284户。开展乌东村、西江村、控拜村、下郎德村、上郎德村、南猛村、格头村、毛坪村环境综合整治项目8个，总投资670万元。完成2011年以来营造林工程兑现资金167.3万元，涉及8个乡镇、800余户受益户。

【党建帮扶】 2015年，县生态文明建设管理局设总支部1个，下设3个支部，分别为一支部（在职干部支部）、二支部（离退休干部支部）、三支部（木材公司支部）。2015年，党员总人数为49人；汉族9人，少数民族40人；文化程度为大学27人，大专9人，高中、中专9人，初中1人，小学3人；在职党员34人，离退休党员15人。一支部（在职干部支部）：年底党员总人数为26人。其中男20人，女6人；汉族2人，少数民族24人；文化程度为大学20人，大专4人，高中、中专2人；均为在职党员。二支部（离退休干部支部）：年底党员总人数为16人。汉族6人，少数民族10人；文化程度为大学6人，大专3人，高中、中专4人，小学3人；在职党员1人，离退休党员15人。三支部（木材公司支部）：年底党员总人数为7人。汉族1人，少数民族6人，文化程度为大学1人，大专2人，高中、中专3人，初中1人；在职党员6人，离退休党员1人。加强组织领导，明确工作责任，严格实行"一岗双责"，定期或不定期研究党建工作，及时解决存在的困难和问题；扎实推进"三严三实"专题教育活动、及时落实"四风"整治"回头看"、积极开展"敬畏人民群众"教育、"创先争优"等活动；加强党员发展、教育和管理工作，积极发展和培养入党积极分子，抓好党员经常教育工作，认真贯彻落实"三会一课"制度，严格执行党员党费收缴上交工作，认真开好党员组织生活会，做好民主评议党员工作；全面实施党务公开，全年公开22期，内容主要为"三重一大"事项；加大党建工作支持力度，确保党建工作顺利开展，全年投入党建工作经费47919元，主要资助帮扶村救灾救济、支助困难老党员和贫困学生、支助帮扶村党支部办公及活动经费、驻村干部补助经费等；加强领导班子和干部队伍的建设，严格落实党风廉政建设和反腐败工作。

（石宏进）

水　务

【概况】 2015年1月，县水利局更名为县水务局，为县政府工作部门。12月增设县供水排水站。年底，县水务局内设机构有办公室（政策法规股）、规划计划资金管理股、水资源和水土保持办公室（节约用水办公室、行政审批服务股）、农村水利水电建设股；局下属副科级事业机构有县水利工程管理办公室［加挂雷山县河道管理所、雷山小（二）型水库管理所牌子］；局下属股级事业机构有县水政监察大队、县防汛抗旱指挥部办公室、县供水排水站、县水利水电工程质量与安全监督站、县水利水电勘测设计队、县抗旱排涝服务队、4个片区水务工作站（丹江片区水务工作站、西江片区水务工作站、大塘片区水务工作站、永乐片区水务工作站）。人员编制65名（包括各片区水务工作站），其中行政编制7名、事业编制58名。在编人数54人，其中行政编制8人、事业编制46人；大学文化21人，大专文化28人，中专及高中文化5人；事业在编人数中，中级职称4人，初级职称21人，技术职称10人，未评职称11人。

【水源工程】 完成鸡鸠水库工程导流洞贯通、截流验收、基坑验收、址板基础验收、大坝填筑等工作。项目总投资57927万元，完成投资13055万元；完成望丰水库项目前期工作；完成西江、翁养2座水库项目建议书、可行性研究报告及初步设计。

【供水工程】 落实资金918.83万元实施2015年农村饮水安全工程16处，全面解决1.72万人农村饮水安全问题；设立雷山县农村饮水安全工程水质检测中心，争取资金72万元购置水质采样车1辆、仪器设备49台（套）。

【农田险库】 实施2013—2015中央财政农田水利重点县建设项目，总投资6415万元，完成渠道防渗改造108千米，新增灌溉面积9900亩，恢复改善灌溉面积22770亩；完成投资5360.53万元。建设完成党高水库除险加固工程，完成总投资220万元。

【河流治理】 推进县城郎当及陶尧河段河道整治及护岸工程，项目总投资2470.5万元（不含工程征地费），到位资金2271万元，治理河道总长度为5千米。截至2015年5月25日完成总工程量的70%，完成总投资1500余万元。5月27日遭到特大暴雨袭击，堤防损毁5.38千米，直接经济损失1050万元。启动实施郎德防洪堤工程，概算总投资为847万元，到位资金775万元；2015年11月动工，完成堤防建设300米，完成投资90万元。

【防汛抗旱】 汛前检查小（一）型水库1座、小（二）水库6座、重点山塘1口、14.8千米防洪堤6处、县城橡胶坝5座、在建水利水电工程2处、发布重要汛情旱情灾情共14360人次；配合疏散县城2万余人，转移库区下游沿河两岸村寨群众1万余人，落实抗洪抢险救灾资金200万元，发放饮水管材62923米、抽水机具100余套，修复损毁供水工程90处、橡胶坝3座、沟渠18条、山塘1处、山洪沟1处、清淤河道长1.5千米。落实应急防汛抢险队伍18支共431人，储备抽水机具237套、编织袋21000条、救生衣128件，木材50立方米、救灾棚6顶、铁丝0.5吨、尼龙绳1800米、油料260吨。

【水政管理】 设立宣传点6场次，悬挂宣传横幅6条、出动宣传车辆10车次，发放宣传资料3000余份、宣传画97张、解答群众咨询200多人次；采取定期和不定期方式对水事违法行为开展巡查，出动车辆40余次，出动人员120人次，查处水事违法案件13件，立案13件，其中历史遗留案件7件，新增6件，结案6件，结案率46%，依法征收水利规费44.65万元。

【党建扶贫】 2015年县水务局有党员27名，其中男党员20名、女党员7名。在职党员18名，退休党员9名，发展对象1名，支部党员中有党员领导干部1人。本科学历12人、专科学历10人、中专学历5人。民族结构：苗族25人、侗族1人、汉族1人，少数民族比例占96%。收缴党费8796元；召开全体干部职工会议25次，集中学习15次，安排党课3次；支委会和党小组会7次；每季度召开支部党员会议1次，申请入党干部2名，发展为预备党员1名；与帮扶村大塘镇掌坳村、小河村、平寨村、鸡鸠村、水溪村153个贫困家庭和个人结为对子帮扶，并安排帮扶资金2000元，慰问生活困难群众10户，帮扶困难党员和退休党员干部；召开支部专题组织生活会，对25名党员开展民主评议，均为合格，其中优秀党员3名。2015年，深入帮扶掌坳村慰问计生困难户8户，现金帮扶1600元；“七一”党建慰问困难老党员6名，现金帮扶1800元；“三八”妇女节活动经费帮扶1000元，帮扶宣传经费9000元；新建生态防护栏70米，总投资3万元；组织鸡鸠村村民开展宣传安全知识和计划生育知识，帮扶小河村新建蓄水消防池1座100立方米，给予消防管材2000米，总投资94457元。

（张永阳）

茶叶发展

【概况】 县茶叶发展局是县政府主管全县茶叶工作的直属事业工作部门，担负着全县茶产业的管理、茶叶生产技术服务、茶叶生产物资供应、茶叶生产技术培训、市场信息服务、茶叶新品种开发和为农服务等工作职责。局内设机构为4个：综合股、科技生产股、加工销售股和茶叶产品质量安全检验检测中心。编制18名，领导职数设局长1名，副局长3名，管理岗位12名，专业技术岗位6名。2015年末，在职15人；大学本科9人、大学专科5人、中师及高中1人；中级职称4人、初级职称3人；苗族10人、侗族3人、汉族1人、彝族1人，少数民族占93.33%。2015年，县茶叶发展局围绕雷山县委、县政府提出的“一业带三产”（旅游业带动第一、第二、第三产业发展）发展模式，大力实施“环境立县、旅游强县”战略，努力打造“全国旅游名县、贵州茶叶大县”两张名片，坚持“扩基地、抓管理、树品牌、拓市场”的工作思路，走出一条基地标准化、服务社会化、效应品牌化、运营产业化的新型茶产业发展之路，茶产业经济保持快速增长，主要茶叶经济目标任务全面完成，茶产业已成为实现县域经济后发赶超、富民强县的主导产业，全县茶叶产业已基本步入“基地建设规模化、生产管理规范化、加工企业集群化、产品构成品牌化、市场体系网络化、茶旅结合一体化、产品质量安全化”的良好态势。全县现有茶园面积15.7万亩，其中可采摘面积8.5万亩，已通过茶园无公害认证面积13.5万亩，通过有机茶认证面积0.31万亩。全县8个乡镇全覆盖涉及茶农1.8万户7.3万人。全县注册茶叶企业156家，其中私营企业32家，农民专业合作社51家、集体企业1家、国有企业3家、小微企业69家。获得QS认证生产茶企21家，省级龙头企业5家，州级龙头企业7家，州级示范社1家；获得对外贸易经营资格2家，初级加工厂54家，有茶叶检测机构2家，有清洁化生产线15条，全县茶叶生产与加工技术获有职称人员135人，年加工能力已达3000吨以上。涉茶的招商引资企业6家，即贵州贵茶雷公山有限公司、贵州省茶叶公司、贵州敬旺绿野食品有限公司（台湾）、黔东南州鑫山实业有限责任公司、贵州雷山鑫球农业发展有限公司、贵州雷山县合兴生态产品开发有限公司（福建）。2015年，完成茶青产量13152吨，比2014年增长31.78%；产品产量3131.43吨，产品产值33981.62万元；实现综合产值90019.19万元，比2014年增长3.05%；实现红茶出口41吨创汇200万美元。2015年全县农民人均纯收入6810元，其中茶叶收入2043元，占30%，产量实现10年连增。同时，茶叶品牌知名度不断提高。2015年“雷山银球茶”获国家地理标志保护产品、获贵州省首届春茶斗茶大赛绿茶类金奖“茶王”、获百年世博中国名茶金奖；在“第六届年会暨2015全球商报经济论坛”中，“雷山银球茶”被指定为大会的唯一用茶和馈赠品，并获得“全球商报联盟推介示范企业”；贵州主推的“三绿一红”“绿宝石”落地在方祥乡；10月，雷山县茶叶成功创建国家级出口食品农产品质量安全示范区，增加茶企业的出口备案4家，雷山县成功创建国家有机产品认证示范区。

【茶叶管理】 完成2014年冬至2015年春茶叶基地建设整地面积15334.7亩，占县下达的指令性目标任务1.5万亩的102.23%，经县、乡两级验收全县植苗面积8642亩，通过省级验收2014年中财项目面积8382.4亩。截至12月21日，完成2015年冬至2016年春茶叶基地落实面积2195.8亩，整地面积412亩。5月，雷山县委、县政府出台《关于加快推进茶叶产业提质转型升级发展的实施意见》（以下简称《意见》）和《县人民政府办公室关于开展2008年至2013年度茶叶基地核查补助工作的通知》文件精神，按照有一块补一块的原则，按实有茶园面积予以补助，正在核查验收，2016年1月底将全部兑现完毕。全县完成低产茶园改造与提升面积10091亩，占目标任务1万亩的100.91%。其中丹江镇1914.6亩，西江镇2260亩，望丰乡1250亩，大塘镇2084.4亩，达地乡600亩，永乐镇1272亩，方祥乡590亩，郎德镇120亩。完成苗圃园建设170亩，出苗3500万株，分布在大塘镇莲花村和永乐镇乔桑村。完成全县茶叶无公害产地认定为5161.97公顷（77429.55亩），占目标任务3万亩的258.09%；完成60吨茶叶专用复合肥发放到大塘镇九十九茶产业园区、达地水族乡的背略村、西江镇的大龙村等，完成11.38万张茶叶专用杀虫黄板发放到全县8个乡镇20个村的各大茶园基地，用以防治当前发生较为严重的茶小绿叶蝉、茶毛虫成虫、黑刺粉虱和茶蚜等；完成《雷山银球茶标准》修订并得到省质监局颁布实施，雷山银球茶获国家地理标志认证产品，《雷公山清明茶标准》的制订已完成编写工作。10月，雷山成功创建国家级出口食品茶叶产品质量安全示范区。

【茶叶产销】 根据雷山县人民政府《2014年茶园基地建设实施方案》要求，年内完成茶叶初级加工厂建设10个，占任务的100%。其中丹江镇党高村1个、丹江镇陶尧村1个、望丰乡乌响村1个、望丰乡公统村1个、望丰乡干河沟1个、达地乡达勒村1个、达地乡背略村1个、达地乡高车村1个、西江镇大龙村1个、大塘也耶村1个。完成茶青交易市场建设5个：西江镇大龙村茶青交易市场、达地乡大坪山茶青交易市场、方祥乡雀鸟茶青交易市场、望丰乡干河沟茶青交易市场、望丰乡乌的茶青交易市场；完成雷山县西江镇脚尧茶叶加工厂QS标准建设；引导茶叶企业和初加工厂点与雷山县信用合作社、农行、邮政、贵阳银行等多家金融部门合作，协调贷款资金3000多万元。年初完成制订茶青收购指导价、增设全县茶青临时收购点12个，协调发放茶青收购流动资金500万元给茶叶企业及茶叶初加工厂点87家，占全县加工厂点的90.6%。2015年，完成茶青产量13152.00吨，占年初目标任务的101.17%，比2014年增长31.78%；产品产量3131.43吨，产品产值33981.62万元；实现综合产值90019.19万元，占年初目标任务的100.02%，比2014年增长3.05%。年底，雷山实现红茶出口41吨，创汇200万美元。

【茶叶品牌培育】 加强茶展推介。组织茶企参加湄潭茶叶博览会，完成雷山县委、雷山县政府主办的“游天下西江·品雷公山茶”文化周、雷山县苗年节茶叶列队首次参加非遗巡展、茶艺比赛和品茗各项活动等5次，参与茶企30家（次），完成现场交易额74万元，较2014年增长23%，还向游客免费发放茶礼品46公斤，发放茶旅宣传折资料2万份、茶旅宣传光碟1200多张、招商引资宣传画册1500多份。春节其间，在雷山县城汽车站成功举办“贵州茶伴你回家—关注农民工”为主题的雷公山茶宣传推介活动。完成2015年8月21日至23日在贵阳市国际会议展览中心开展的“2015中国·贵州国际特色农产品交易会”活动，光顾雷山各展馆有7家企业2.2万人次，直接销售3.1万元，达成合作意向42万元。

【茶旅互动】 以“以旅促茶、茶旅互动”的特色旅游观光，在景区雷公山茶展示厅设立固定展示展销平台，每周末让茶企业开展茶叶品牌推介和茶产品展销。完成县委、县政府主办的2015年中国·雷山“游天下西江品雷公山茶”文化周活动2次；评选出游客最喜爱的茶产品10个，手工和机制茶技能大赛一等奖1名、二等奖2名、三等奖3名，采茶大赛一等奖1名、二等奖2名、三等奖3名，涉及奖项资金4.195万元，期间共销售茶产品额达近40万元，无偿为游客品茗7万人次。7月30日至8月4日，雷山县组织企业赴杭州上城区开展茶旅推介活动，活动由雷山县委雷山县人民政府和浙江省杭州市上城区委区人民政府共同搭台，以茶旅结合推介为主题，突出宣传“雷山银球茶”品牌，达到以茶会友、以推介合作、以文化促交流的目的，提高雷公山茶和雷山民族文化旅游的知名度，扩大雷山的影响力，实现特色文化和优势产业的发展与合作。

【品牌建设】 投资62万元，完成与贵州省广播电视信息网络等合作，开展为期40天的“游天下西江千户苗寨·品雷山银球（清明）茶”的广告宣传活动；积极配合县委组织部共同完成2015年5月18日《黔东南日报》第6版《苗疆雷山》茶叶宣传报道；继续与舌尖上的黔茶、浙江省杭州市上城区政府机关、贵阳龙洞堡国际机场、贵州日报集团西部茶周刊、西江千户苗寨旅游景区等联合宣传雷公山茶品牌；根据贵州省财政厅《关于下达2014年省级现代农业特色优势产业（茶产业）发展资金的通知》文件精神，投资100万元用于贵州省广播电视信息网络高清电视开机画面、制作县内永久性大型广告牌2块、雷公山茶城店联合贵州日报报业集团主办《西部开发报·茶周刊》宣传报道、雷山茶叶企业在贵阳市内开设雷山银球茶形象店面，制作以一本书、一张光碟、一台戏、一首歌、一幅画为主要内容的雷公山银球茶宣传资料、雷山银球茶网店的制作与宣传和雷山银球茶茶文化的宣传，不断提升雷山银球茶品牌。2015年5月，组织参加贵州省春季斗茶大赛，雷山县选送的雷山县毛克翕茶叶发展研究所的“雷山银球茶”荣获绿茶类茶王、贵州雷山敬旺绿野食品有限公司的两支“雷山银球茶”分别荣获绿茶类银奖和铜奖。5月，在百年世博中国名茶金奖评选活动中，通过名茶国际评鉴委员会的严格审查和网上投票，雷山银球茶荣获百年世博中国名茶金奖。9月9日，“全球商报联盟第六届年会暨2015全球商报经济论坛”在贵阳举行，雷山银球茶被指定为年会的专用茶，在包装上允许标注“2015全球商报经济论坛唯一指定用茶”标识。

【茶业政策】 完成编写上报《关于加快推进茶叶产业提质转型升级发展的实施意见（以下简称《意见》）》到县委、县政府研究，于2015年5月5日得到县委、县人民政府颁布实施。贯彻宣传学习《意见》5次，印发给茶叶企业、种茶大户、乡镇共200份。在贯彻落实《关于印发〈雷山县加快推进茶叶产业提质转型升级发展工作任务责任分解表〉的通知》过程中，《意见》的出台对全县今后一段时期茶产业持续健康发展具有重大意义。

【茶标认证】 县茶叶发展局完成《雷山银球茶标准》修订并得到省质监局颁布实施和雷山银球茶获国家地理标志认证产品，2015年3月18日《县人民政府办公室关于印发雷山银球茶地理标志产品保护管理办法的通知》，完成《雷公山清明茶标准》制订编写。

【项目管理】 编写项目与申报。县茶叶发展局完成编制《雷山银球茶标准修订项目》《西江千户苗寨景区茶叶营销窗口项目》《2014年省级茶叶发展资金茶叶电子商务项目》3个、《2014年省级茶叶发展资金茶叶渠道建设项目》2个、《茶叶加工企业初加工生产线建设项目》3个，所涉项目资金138万元；完成《雷山县茶产业“6个10万”实施方案》《雷山县扶贫优势特色茶产业发展规划（2016—2018年）》《贵州省财政专项扶贫发展资金项目实施方案（1500万元）》《雷山县2015年茶产业扶贫项目实施方案（500万元）》和《雷山县2015年中央财政现代农业生产发展资金（茶产业）项目（1000万元）》的编写申报工作。

【茶叶基地建设】 因基地建设是跨年度实施，县茶叶发展局继续完成2014年中央财政现代农业生产发展（茶产业）资金项目茶叶基地建设整地面积15334.7亩，占县下达的指令性目标任务1.5万亩的102.23%。经县、乡两级验收全县植苗面积8642亩，通过省级验收2014年中财项目面积8382.4亩、省级茶产业扶贫项目259.6亩。

【技术培训】 年内下乡进村到点开展培训，完成茶叶技术、茶叶采摘技术标准和茶产品质量安全培训16期1560人次，分别占目标任务的187.5%和125.3%，发放《良好农业规范茶叶控制点与符合性规范》和《雷公山茶叶栽培与管理培训教材》1600余本。

【资金争取】 全年向上级争取茶产业扶贫项目资金1630.5万元，其中中央财政资金1000万元、获得省级茶产业扶贫资金500万元、省级茶叶发展资金130.5万元，占县下达目标任务1500万元的108.7%。

【茶叶企业扶持】 给予大坪山守锋茶叶加工厂和王兴坤茶叶加工厂各5万元扶持资金，并提供技术指导，确保年内大坪山守锋茶叶加工厂取得QS认证。明确责任领导和负责人，对老茶园更新和病虫害防治进行现场培训指导，完成王守锋茶叶加工厂QS软硬件认证。王兴坤茶叶加工厂厂房已建成和完善，只待加工设备购置安装并投产，待验收报政府后即可兑现。“结合达地乡茶园基地建设布局情况，年内总投入扶持资金10万元，扶持新建高车村匡远近茶叶初级加工厂和大坪山杨昌章茶叶加工厂。其中，高车村匡远近茶叶初级加工厂300平方米的厂房已经竣工，

80 型、40 型杀青机和 50 型、40 型揉捻机均已安装完毕；大坪山杨昌章茶叶初级加工厂 400 平米的厂房主体工程已经封顶完工。同县小康办配合，年内建成脚尧茶叶交易中心和脚尧精神展示长廊。加强对脚尧茶叶合作社的指导服务；至 5 月底，脚尧茶叶合作社建成投入运营；9 月，脚尧茶叶合作社茶叶加工厂竣工。

【帮扶工作】 按照“四帮四促”“精准扶贫”等要求，召开动员大会 2 次，解决群众困难 11 次，解决资金达 84.18 万元。根据帮扶大龙村实际，完成慰问帮扶五保户、特困户、困难党员、独生子女和计生困难户等共 18 户，慰问物资（菜籽油）18 桶，现金 3900 元；“5·27”洪水受灾帮扶慰问 28 户，大米 700 公斤、菜籽油 26 桶、衣服 280 件；村两委计生办公经费 3500 元；发放茶苗 55.487 万株（5.3 万元），惠及 55 户，新建面积 160 亩；为 38 户种茶大户解决杀虫黄板 1.32 万张，折合人民币 1.06 万元；为 5 家大龙茶叶加工厂解决无息借款 30 万元；指导张天雄绿茶厂扩建成红茶厂和改造提升杨胜海茶叶初级加工厂；投资 30 万元，完成大龙茶青交易市场建设 1 个和村两委办公楼建设 1 个。向有关部门争取到基础设施建设项目资金 727.08 万元，拓宽中寨脚至大龙至脚尧公路 11.8 千米、进入山塘库区施工便道 2.3 千米、大龙大沟渠项目 7.8 千米、大龙村北大门寨门工程项目 1 个、村两委办公桌椅 4 套、灯光篮球场器材全套（灯 6 盏、乒乓球 2 套、篮球架 2 个、篮球场外围网 20 米）、太阳能路灯 84 盏、铁炉子 158 个、修建步行路 0.5 千米、村卫生焚烧垃圾池 2 个、农村安全电网改造 224 户、为大龙村征订 2016 年度《贵州日报》和《黔东南日报》各 1 份。

选派局驻原行政村的“第一书记”“暖心书记”到软弱涣散村、贫困村西江镇小龙村开展工作，到县交通局争取获得进村路面硬化工程 500 米，投资 30 万元，工程于 11 月竣工；到县财政局争取太阳能路灯工程 70 盏（投资 22 万元，已完成安装 38 盏），球场损毁修复工程（投资 3 万元，于 10 月竣工）；帮助小龙村两委维修办公经费 2200 元和征订 2016 年度《贵州日报》和《黔东南日报》各 1 份；组织县毛克翕公司、脚尧公司、绿叶香公司、蚩荣公司的茶企业总经理入村开展茶产业调研，深入茶农家面对面交谈，资助困难学生，慰问贫困老党员 8 名，送去慰问金 1100 元、食用油 13 桶、大米 8 袋；引荐个体老板支助 21500 元用于村寨寨门建设。

【双联双助】 分别联系雷山县清心茶业有限责任公司、雷山县馨香茶叶专业合作社和雷山县脚尧茶业有限公司，服务当地企业 24 次，代办审批事项 1 件，解决企业实际困难 2 个，为职工群众办实事 3 件，协调代办企业贷款贴息资金 13.1 万元，开展技能培训 37 人。截至 2015 年 12 月，已完成 41 户精准扶贫户脱贫，占县下达目标任务的 68%；完成 2014 年冬至 2015 年春茶叶基地建设整地面积 15334.7 亩，占县下达的指令性目标任务 1.5 万亩的 102.23%；于 12 月 14 日通过省级验收，全县完成新建茶叶基地建设面积为 8382.4 亩，省级茶产业扶贫项目 259.6 亩，发放茶苗采购 3659.145 万株，涉及 8 个乡镇、120 个村、726 个村民组、4218 个实施主体（2 个公司、6 个合作社、4210 个散户），项目实施覆盖面广，带动示范力强。全县茶园面积 15.7 万亩，可采面积 7.8 万亩。茶叶加工大小企业共 156 家，其中 QS 企业 21 家。完成茶青产量 13152 吨，比 2014 年增长 31.78%，实现综合产值 90019.19 万元，比 2014 年增长 3.05%。年底，全县农民人均纯收入 6810 元，其中茶叶收入 2043 元，占 30%；完成小康达标户创建 2 户。帮扶联系的大龙村共有 265 户 946 人，劳动力 538 人。全村 2015 年总收入 643.66 万元（人均总收入 6804 元），纯收入 293.26 万元（人均纯收入 3100 元），年底有机动车辆 124 部。根据县计划生育相关要求，县茶叶发展局年初制定《年度人口与计划生育工作综合治理实施方案》，与干部职工签订《职工流动人口计划生育合同书》和《人口与计划生育“双诚信、双承诺”双向承诺书》，特别是对帮扶大龙村的计生贫困户、独生子女户、双女结扎户实行帮扶计划，送去慰问物资（菜籽油）10 桶、现金 3000 元。

【党建工作】 2015 年，中共雷山县茶叶发展局党组下设有1个党支部，支部党员在册人数为8名，其中女党员3名、正式党员7名、预备党员1名；大学本科以上5名、大专2名、中专及高中1名；苗族5名、侗族1名、汉族1名、彝族1名，少数民族占87.5%。2015年，积极发展党员。支部把1名干部列为入党积极分子(2014年12月递交入党申请书)。党支部组织学习《党章》，《党风廉政建设》，中央“八项规定”、省委“十项规定”、州县委“十二项规定”，反对“四风”厉行“六个严禁”“四要十不准”、中央、省、州、县委有关会议与文件精神和中央十八届三、四、五中全会精神等11次，完成茶叶工作简报70期，领导班子到基层调研27次，完善设立宣传栏1块、意见箱1个、基层满意度征求意见表35份、开展讨论3次等查找局班子成员工作中存在的问题与整改等。按时开展党的组织生活和专题民主生活会2次，按时按标准收缴党费。加强党员干部队伍建设。建立党风廉政建设责任制（一岗双责）、“三重一大”决策议事制度规则、财务管理制度等8个。开展作风集中学习4次，编写工作简报70期，较2014年减少15期，实现全年无违规违纪行为。开展“铸廉行动”建设。认真贯彻落实好《中共贵州省委办公厅贵州省人民政府办公厅印发〈关于在全省民生领域开展整治铸廉三年行动的意见〉的通知》《中共黔东南州委关于在全州开展“铸廉行动”的决定》和《中共雷山县委关于在全县开展“铸廉行动”的决定》及《雷山县农业局“铸廉行动”实施方案》文件精神，县茶叶发展局全面开展“铸廉行动”工作，并被列为一类铸廉单位。

（龙永胜）

水库和扶贫生态移民

【概况】 雷山县水库和扶贫生态移民局是2015年4月22日经雷山县人民政府批准成立的雷山县人民政府正乡级直属事业单位，内设机构有办公室、水利水电移民股、生态移民股和后期扶持股，编制数8名，其中领导职数4名、股级干部职数4名。全年在职干部8人，大学文化程度8人，苗族7人，侗族1人。2015年，县水库和扶贫生态移民局完成205户760人移民群众搬迁入住到丹江镇楼梯坝，发放扶贫生态移民补助资金608万元；扶贫生态移民项目安置点8个，搬迁1865户8352人，争取项目资金1.3亿元，争取农业发展银行易地扶贫搬迁项目贷款6亿元；完成鸡鸠水库征地1213.12亩，制定《雷山县鸡鸠水库移民宅基地分配方案》《雷山县鸡鸠水库库底清理方案》，发放2015年度长期补偿资金59.6万元；临时安置“6·8”“5·27”特大洪涝灾害受灾群众220户772人，获得雷山县抗洪抢险重建工作先进集体奖。

【移民搬迁项目】 全县扶贫生态移民搬迁项目原指标为445户2000人。受2015年“5·27”“6·8”“6·13”“6·21”连续洪涝灾害影响，部分受灾群众房屋损毁、地质灾害隐患严重，县移民局多次向省发改委、省移民局请示，得到省发改委、省移民局同意增加6352人的扶贫生态移民指标，用于房屋受损户、地质灾害户的移民搬迁工作。结合县情，县移民局制定《雷山县特大洪灾水库移民和扶贫生态移民灾后重建方案》《雷山县2015年度扶贫生态移民搬迁入住实施方案》。2015年，扶贫生态移民搬迁安置点有丹江镇楼梯坝、西江千户苗寨新村、方祥乡毛坪村、达地乡达勒村、永乐镇乔桑、大塘镇排里村、郎德镇报德村、望丰乡公统村，项目总投资6.37亿元，搬迁1865户8352人，搬迁对象为建档立卡的贫困户、2015年特大洪涝灾害受灾户、地质灾害和地质灾害隐患户。10月21日，雷山县水库和扶贫生态移民局组织移民对象在楼梯坝安置点院坝举行2013年度扶贫生态移民抽签分房工作。本次抽签分房205户760人，主要安置在12、13、15、16、17、18、19、20、21栋，共9栋楼。为确保抽签公平、公正、公开，县纪委、审计、司法公正等相关部门的现场监督抽签。

【水库移民】 抢抓全省水利“三大会战”

历史机遇，完成西江、翁养、望丰三个水库的征地移民安置前期报批工作；完成鸡鸠水库征地1213.12亩，移民人口核定366人以及移民安置点红屯堡的场地平整；发放长期补偿资金59.6万元；制定《雷山县鸡鸠水库移民宅基地分配方案》《雷山县鸡鸠水库库底清理方案》。

【受灾安置】 2015年5月27日，雷山县境内遭受特大洪涝灾害，6月8日、6月13日、6月21日又连续遭到不同程度的洪涝灾害。县移民局立即协调县房产局用保障性住房临时安置丹江镇、大塘镇、永乐镇、郎德镇、望丰乡、西江镇受灾群众220户772人到丹江镇楼梯坝和西出口安置点避险，并安排专人24小时值班守护，解决临时灾民水电费5万余元、用餐费4万余元。

【党建扶贫】 5月，局党支部成立，共有党员6名；大学本科以上文化6人；苗族5人，侗族1人，少数民族占100%。2015年，局党支部以建设“学习型党支部”为目标，深入开展党的群众路线教育思想活动，认真组织学习中共十八大会议精神、习近平总书记系列重要讲话精神和“三严三实”重要论述；加强问题查摆，建立问题台账，对照问题认真进行批评和自我批评，集中整治“四风”、基层干部不作为、乱作为等问题；积极开展党建帮扶工作，多次下村入户到帮扶村方祥乡陡寨村开展精准扶贫、贫困户遍访、回访工作，帮扶陡寨村停车场地平整水泥费800元，发放贫困户慰问资金1200元；帮扶水库移民安置村大塘镇水溪村协调解决10间安置房给予因学、因外出务工返回的人员入住，慰问贫困家庭、贫困老党员共计2400元。

（唐忠泽）

雷公山国家级自然保护区

【概况】 雷公山自然保护区管理局是黔东南州人民政府直接领导下的正县级事业单位，业务上归口省、州林业主管部门管理。内设办公室、资源林政、科技、发展规划和资金管理、纪检监察、人事劳资、规划建设、质量安全、法规、野生动物救护中心、植物检疫站、森林公安局共12个科（室、局），下设雷公山、方祥、西江、桃江、小丹江、交密6个管理站，1个实验经营场，雷山、交密、小丹江、昂英4个森林公安派出所，白岩、交密、小丹江3个资源检查站。人员定编110名，其中事业编制90名、行政编制20名。2015年有在岗人员99人，退休人员62人。在岗人员中，行政20人（森林公安），事业49人，其中林业工程应用研究员1人，高级工程师6人，工程师31人，助理工程师18人，专业技术人员比例占职工总数的56.6%。2006年。经州委批准，成立雷公山保护区管理局党组，局党组下设机关党委，有10个基层党支部82名党员。

【天然林保护】 2015年，雷公山保护区管理局按照州委、州政府的工作部署和要求，完成天然林资源保护工程和公益林管护面积68.84万亩，全年森林火灾实现零发生，兑现2014年度生态公益林补偿金711.83万元；共立刑事案件12起，另办理2014年未结案件4起，共侦破10起（其中积案4起），查处林业行政案件5起；雷公山保护区总规修编及生态旅游总体规划获国家林业局批复；完成投资139万元的保护区能力建设项目信息系统工程建设，组织开展“5·27”等抗洪抢险和灾后重建工作；申报获批项目3个资金共计422万元，雷公山森林生态系统定位观测研究站建设项目通过国家林业局组织专家论证同意建设；发现植物新记录2种，其中发现并命名植物新种1种，再次发现国家保护动物多种，完成发表科研论文11篇。2015年11月被省科技厅授予“贵州省科普示范基地”。2016年2月，雷公山保护区管理局党组被中共黔东南州委命名为“学习型党组织”。管理局获2015年度州直单位目标绩效考核达标奖，同时在全省自然保护区2015年度业务工作目标管理考核中排名第五，获省林业厅通报表扬。雷公山保护区森林公安局获得全州森林公安二类目标绩效考核第一；另有一名民警获省森林公安局荣记个人三等功，二名民警分别获州森林公安局嘉奖各一次。

【资源护理】 加强森林资源管护工作，层层落实管护责任。落实公益林管护面积68.84万亩，管理局与站（场）、站（场）与林政员共签订管护责任书37份，站（场）与村组、林农签订管护合同4443份，聘请护林员65人，签订管护协议65份。同时，进一步加强野外巡护信息系统管理和培训，为基层站配发38台巡护仪，明确专人做好后台管理服务工作，使资源管护工作逐渐规范化、信息化。

【森林防火】 与区内乡镇联合召开森林防火会议10次，深入区内34个行政村和中小学校召开护林防火会议80次，悬挂横幅57幅，张贴通告171份、标语748条，发放宣传资料100份，受教育群众、学生达15000余人次。与7个站、场和34个行政村、20所中小学校及区内施工业主、养殖户、客车司机以及智障人员监护人等签订森林防火责任书100余份，设卡点33个，收缴火源171个，查处违规野外用火3起，罚款1400元，其中利用村规民约处理1起。全年区内森林火灾零发生。

【森林执法】 开展“雷霆行动”、森林保护“六个严禁”等保护森林和野生动物资源的执法专项行动，共立刑事案件12起，另办理2014年未结案件4起，共侦破10起（其中积案4起），抓获犯罪嫌疑人15人，刑拘网上在逃人员2人，逮捕4人，移送起诉8起13人，没收木材27.47立方米，没收国家保护珍稀植物闽楠2.698立方米，解救猕猴幼崽1只；查处林业行政案件5起，没收木材2.5立方米，罚款15600元。完成2014年度生态公益林补偿金兑现工作，兑现资金711.83万元。

【资源复查与虫害普查】 根据省环保厅、省林业厅要求就保护区内开发建设项目及设施、资源环境保护工作和社区居民点、农田等人类活动情况组织开展专项检查；并完成2014年度天然林资源保护工程实施情况自查工作。完成雷公山保护区第九次国家森林资源连续清查贵州省第七次复查工作，共调查样地15个，并先后通过省级质量检查验收和国家林业局中南院的检查验收。完成区内林业有害生物越冬代调查和松材线虫病春季普查7.57万亩（占保护区松林面积的100%），详查样地20个。认真组织开展林业有害生物普查工作，已完成线路调查56条，调查代表面积63.5万亩，调查点276个，调查样地4个；采集虫害标本227种800个，病害标本4种18个，有害植物标本1种5个；拍摄照片442张。

【宣传活动】 利用2015年“爱鸟周”暨“世界野生动植物日”和赶集日在雷山县一中、二中、三中及大十字开展科普宣传活动4次，展览野生动植物科普图片50幅，发放宣传资料1500份，举办视频讲座2场，组织学校师生到管理局生物多样性展示厅参观学习1次，受教育学生和群众达5000余人次。对辖区林下人工饲养野生动物和家禽家畜情况进行调查及疫源疫病监测防控70户。

【科研课题】 完成“秃杉救护与生境维护项目”研究工作，并通过省林业厅组织验收。“雷公山模式产地特有两栖类雷山髭蟾、尾斑瘰螈、棘指角蟾初步研究”项目已完成6个观测点的测设工作，“台湾杉生境对比及人工促进天然更新研究”课题已完成5个观测样地的测设。开展“青钱柳苗木培育技术研究”课题，完成种子育苗试验1.5亩，并进行扦插繁殖试验。极小种群拯救项目异形玉叶金花保护繁育工作进行苗木生长繁育观察研究。组织开展基础科研工作。2014年度立项的9个局长科研基金项目，各课题均按研究计划顺利实施；组织科技人员申报2015年度局长科研基金项目，共收到申报项目12个，有2个项目通过评审立项实施。组织科技人员参加贵州省珍稀植物调查工作，已完成雷公山、榕江、剑河、镇远、台江、丹寨6县、区3/4的调查工作。启动雷公山保护区第四次森林资源规划设计调查（“二类调查”）工作。根据省、州方案要求成立领导小组，制定《工作方案》和《技术方案》，已组织技术人员参加省级、州级技术培训。与贵州师范学院签署协议，启动科研教学基地共建工作。开展野生动植物监测，发现植物新记录2种，其中发现并命名植物新种1种，再次发现国家保护动物多种。完成发表科研论文11篇，其中核心期刊1篇。

【项目申报】 抓好雷公山森林生态系统定位观测研究站建设项目申报工作，建设申请已通过国家林业局组织专家论证，国家林业局科技司同意建设，项目科研于12月15日通过省级评审，现已呈报国家林业局。完成省林业厅林业科研项目“濒危珍贵植物异形玉叶金花繁殖及花卉培育技术研究与示范”“水青树生态学特性及繁殖技术研究”的申报工作。完成《雷公山自然保护区雷公坪泥炭藓沼泽湿地保护可行性研究报告》和《贵州雷公山国家级自然保护区视频监控系统建设工程可行性研究报告》的申报，共申请资金2669.39万元。获省林业厅批复2014年中央财政林业国家级自然保护区补贴项目资金209万元；获省财政厅、省林业厅下达2015年中央财政湿地和林业国家级自然保护区补助资金200万元；获省林业厅批复“濒危珍贵植物异形玉叶金花繁殖及花卉培育技术研究与示范”项目资金13万元。

【抗洪救灾】 实施保护区能力建设项目的信息系统工程建设。已按程序完成野外数据采集人员装备建设29万元，完成信息管理系统建设110万元。认真组织开展抗洪抢险工作。“5·27”“6·8”和“6·21”雷山县境内多次遭受特大暴雨侵袭，最大降雨量达367毫米，造成雷公山区多条河流河水猛涨。造成管理局一楼办公设备、防火设备、物资、食堂电器等全部浸没，两台公车淹没。局机关有近40户160余人受灾。雷公山管理站饮水工程、乌东检查分站活动板房被大水冲毁，水电、办公设备、监控设备、职工物资全部被冲走；实验林场乌东管理用房一楼淹没，院坝被洪水冲毁；西江管理站站房围墙被洪水冲垮，水毁严重等。洪水造成管理局直接经济损失达50多万元，间接损失近30万元。灾情发生后，管理局第一时间组织疏散被困人员，组织干部职工到现场开展抗洪自救工作。开展灾后重建工作。争取到省林业厅水毁补助资金50万元，完成雷公山管理站饮水工程、西江管理站站房围墙修复投入资金5.56万元。

【保护区规划】 2015年4月13日，国家林业局对《贵州雷公山国家级自然保护区总体规划（2015—2025年）》（修编）正式批复。规划总投资为6.64亿元，规划期限为11年即2015—2025年。投资建设内容包括生物多样性保护与恢复工程、科研设施与监测工程、宣传教育与培训工程、生态旅游工程、多种经营工程、社区可持续发展工程、基础设施及配套工程等。《贵州雷公山国家级自然保护区生态旅游总体规划（2015—2025年）》也同时获批复。

【新物种保护】 “粗叶悬钩子”。1月28日，管理局专业技术人员在野外科研调查中，发现一种攀援灌木植物，经对该植物形态特征进行观察记录及标本采集鉴定为粗叶悬钩子（Rubus-alceaefolius），为雷公山保护区植物新记录。26种鸟类保护。管理局科研人员通过监测不断发现保护区鸟类新记录，截至2015年5月底，共发现鸟类新记录26种，使雷公山保护区鸟类物种达到180种。雷公山国家级自然保护区是以保护台湾杉等珍稀生物为主的中亚热带山地森林生态系统类型自然保护区，区内生物资源丰富，植被主要为常绿阔叶林和常绿落叶阔叶混交林，植被类型多样，为各种鸟类生存繁衍提供良好的栖息生境。自1982年成立以来，先后在1985年、2004年开展2次综合科学考察，对保护区内的鸟类资源进行较为详细的调查。在上述科学考察基础上，通过2007—2014年7年多的野外持续调查、监测、记录，并通过现有文献资料进行分析整理，从而得出雷公山保护区鸟类新分布记录26种，隶属9目16科，新增1目5科，即戴胜目，戴胜科、鸥科、八色鸫科、鸦鹃科。在发现的鸟类中，海南虎斑鳽、小天鹅、黄嘴白鹭、紫背苇鳽还是贵州省鸟类的新分布记录种。金龟再现。9月22日，小丹江管理站科技人员发现一只巨型甲虫，经查阅相关资料，为国家二级保护动物—阳彩长臂金龟。这是雷公山保护区第二次发现阳彩长臂金龟。雷公山杜鹃。雷公山保护区专业技术人员在开展野生珍稀植物调查中，发现一与众不同的杜鹃花科植物，经采集花、果、嫩枝、嫩叶等标本对比《中国植物志》（方瑞征，1999；胡琳贞，方明渊，1994）和《中国植物志》英文版（FloraofChina）（Fang，M. Y.，R. C. Fang，etal；2005）以及相关的资料（ChenX.，Laurie，etal，2010；ChenX.，HuangJ. Y. etal，2010；杨成华，杨传东等，2012），确认是一个杜鹃花科、杜鹃花属未被发现的新种，经贵州省林科院研究员杨成华、雷公山保护区研究员谢镇国、高级工程师余永富共同研究，定名为雷公山杜鹃 RhododendronlegongshanenseC. H. YangetZ. G. XieetY. F. Yu，并于2015年发表于BangladeshJ. PlantTaxon. 22（2）：119-123，2015（December）（《孟加拉国植物分类学报》）（2015. 12月），SCI。雷公山杜鹃的发现及命名，使雷公山保护区杜鹃花属植物由24种增加到25种。

【信息工作】 全年上报信息200余篇，在县级以上媒体上稿达245篇（次），其中，国家级32篇（次）、省级58篇（次）、州级126篇（次）、县级29篇（次）；被国家林业局网站采用6篇，被省林业厅网站采用55篇，被州政府网站采用27篇，被州林业网站采用80篇。刊发《雷公山自然保护区简讯》12期。按时在州政府网站公开政府信息120条。4月2日，雷山县电视台记者对西江管理站护林员李胜清进行采访，4月8日晚以题为《全国优秀护林员用大爱呵护雷公山坚守25年》报道李胜清守护森林的事迹。5月上旬，贵阳晚报新闻部记者走进雷公山保护区采访，6月8日，贵阳晚报用两个专版以“寻找它世界—雷公山篇”对雷公山保护区管理局在资源保护、野生动物、雷公山特有种髭蟾、秃杉及秃杉林、保护区科研与发展及民族生态文化进行集中采访报道。

【党建帮扶】 中共雷公山保护区机关党委，下设党支部10个，共有党员81人，其中女党员11人，在职党员62人、退休党员19人。设机关党委书记1人、副书记1人、组织委员1人、宣传委员（兼青年委员）1人、纪检委员（统战委员）1人。大学文化42人、大专文化20人、中专及高中文化2人、高中以下文化17人；苗族61人、侗族11人、布依族1人、土家族1人、壮族1人、汉族6人，少数民族比例占92.5%。

2015年，局机关党委派遣7名干部到雷山县大塘镇桃江村、新联村，达地乡达地村、乌达村、高勇村，永乐镇排告村，方祥乡格头村开展同步小康驻村工作。深入各帮扶村调研4次，为7个村送去计生专项工作经费各3000元，慰问7个村14户计生贫困户各500元，支出经费28000元。同时，管理局资助达地乡政府驻地街道维修缺口资金35000元，资助7个帮扶村解决修路、办公益事业等缺口资金28000元，资助永乐镇乔洛村解决荒山造林杉木苗10000株，折合人民币3000元，资助永乐镇乔歪村12000元建设垃圾池2个。全局参加精准扶贫干部78人，其中县级干部4人，科级干部32人，一般干部42人，落实帮扶118户（涉及4个县、8个乡镇、25个村）。全局干部职工对帮扶户开展摸底调查，送去慰问物资折价2070元、食物折价6746元、现金8400元，共计17216元；送去衣服53件、裤子20条。方祥管理站职工为方祥乡毛坪村受灾群众捐款献爱心，共捐衣物36件、现金900元。

（金应洪）

气象服务

【概况】 雷山县气象局为黔东南州气象局直属管理正科级事业单位，内设综合办公室，下设副科级事业单位1个，即雷山县气象台。县气象局为国家一般气象观测站，国家气象系统人员编制核定为7名，其中参照公务员法管理事业编制3名，业务系统财政补助事业编制4名（气象台编制4名），地方人影岗位编制2名。县气象局设科级领导职数2名，其中局长1名、副局长1名，副局长或台长兼任纪检监察员。2015年，县气象局退休1名，调入1名；中央编制在岗7名；大专学历2人，本科学历5人。地方编制人员为大专学历1人，本科学历1人；少数民族5人；中级职称4人、初级职称3人。2015年，平均气温为16.5℃，与历年同期比较偏高1.1度。年极端最高气温为34.2℃，出现在7月13日；年极端最低气温为-2.0℃，出现在1月26日。年降雨量2290.8毫米，较历年偏多1022.2毫米；城区年一日最大降水量为176.7毫米，出现在6月21日。年日照时数为1031.7小时，与历年比较偏少178小时。

【气象监测】 在全县8个乡镇150个行政村共建自动温度雨量气象站29套，其中国家无人值守站1套、六要素区域自动站1套、五要素区域自动站4套、两要素自动气象站20套，暴雨山洪监测站3套，有效减少气象监测盲点，提高监测效力。

【气象观测】 1961年，地面气象观测建站之初观测项目有气压、气温、湿度、风向、蒸发、降水、云、能见度、天气现象、雪深、积雪、地温等。2004年1月，人工观测与自动气象站平行观测。2006年1月，自动气象站开始单轨运行。

【气候灾害】 2015年降雨日数为210天、结冰5天、大雾10天、霜冻3天；1月30日至2月6日全县普降小雨，地势高处出现冻雨，部分路段出现道路结冰，对交通和越冬作物有一定影响。

5月15日15时，高空低槽、中低层切变和西南低空急流共同影响。15日凌晨到16日上半夜，全县出现阵雨或雷阵雨，其中大塘镇、达地水族乡等乡镇境内出现暴雨，以达地水族乡94.9毫米为最大、高枧84.2毫米次之。九十九水库、大塘、高岩、桃江等3个乡镇7站暴雨；县城丹江镇38.8毫米。此次强降水天气过程主要特点：降水时段和雨区相对集中，强降水主要集中在15日6时到10时之间，暴雨以上降水主要分布在县的中部以南地区；局地降水强度较大，最大小时雨强达地乡为36.2毫米。此次降水过程虽部分乡镇站点达到暴雨量级，造成部分河流、山塘、水库、溪河等水位上涨，但无明显的灾害发生，仅发生部分村级公路小面积中断、塌方等灾害。

5月26日至27日，受高空低槽、中低层切变和西南低空急流共同影响，大塘镇高岩降雨量达最大368毫米，桃江274毫米，大塘255毫米，党开275毫米，九十九水库285毫米；丹江、白岩、永乐等3站点达到大暴雨；雷公山、望丰、三角田、公统、达地等5个站点达到暴雨，郎德、乌瓦、报德等站为大雨。此次强降水天气过程主要特点：降水时段和雨区强降雨中心分布点多，短时降雨强度大，强降水主要集中在26日23时到27日7时之间，特大暴雨以上降水主要分布在县的中部、南部地区；局地降水强度极大，最大小时雨强桃江为92毫米。此次降水过程出现5个站点达到特大暴雨量级，造成河流、山塘、水库、溪河等水位大幅上涨，引发308省道多处中断、冲毁房屋、淹没农作物等较大灾害。此次过程造成农作物成灾面积557.3公顷，绝收面积141.45公顷；毁坏经济作物面积14.45公顷。房屋受损27户36间，一般损坏29户46间，直接经济损失437.45万元。工矿企业损失50余万元，基础设施损失380.35万元，公益设施损失45余万元，家庭财产损失65万元，转移人口18718人。

6月13日2时至15时，受高空低槽、中低层切变和西南低空急流共同影响，全县范围内普降暴雨。雷山县排里坳、鸡勇塘、乌东、康利等9站出现大暴雨，以排里坳133.8毫米为最大；郎德、桃江、达地、西江、永乐等13站暴雨，其余站点大雨。此次大暴雨天气过程造成部分道路中断，经初步调查情况如下：省道308线K212+300处发生山体滑坡，雷山至大塘方向交通暂时中断；县道雷舟线K9+800山体滑坡，交通中断；雷西线有多处路段塌方；乡道郎西线凯里境内有塌方，交通中断。

6月21日，受高空槽、中低层切变和地面热低压共同影响，全县除达地乡外普遍出现暴雨或大暴雨。其中丹江（170毫米）、西江（153毫米）、白岩（139毫米）、鸡勇塘（115毫米）、大塘（102毫米）5个点大暴雨；方祥（97毫米）、高岩（89毫米）、公统（77毫米）、乌东（76毫米）等15个点暴雨，其余中到大雨。此次强降水天气过程主要特点：降水时间段长，但强降雨时间短，雨强强，主要集中在6月21日4时到7时之间，最大小时雨强为丹江57毫米。据统计有28户70余间房屋由于垮塌或泥石流冲压不同程度受损，涉及人员已全部疏散撤离。交通方面。全县水毁公路300余米，雷山至凯里，雷山至舟溪正常通车；朗利至西江、雷山至方祥（雀鸟至方祥段）因多次塌方无法通车，县交通部门进行抢修。供电除西江镇抢修外，其他乡镇供电运行正常。方祥乡电信信号中断，西江镇通信已恢复，其他乡镇通信运行正常。县城供电、供水、通信运行正常。西江景区风雨桥被洪水冲毁2座，朗利至西江公路多处塌方无法通车，有序疏散滞留在西江景区的游客，疏散车辆350余辆，疏散游客3000余人。

7月2日至3日，受高空槽、中低层切变和地面热低压共同影响，全县普遍出现暴雨或大暴雨天气。具体降雨量：大塘（105.6）、报德（129.7）、乌江（110.4）、排里坳（106.8）、望丰（127.9）、乌瓦（179.4）、鸡勇塘（119.1）共7站大暴雨；永乐（78.2）、高岩（92.3）、公统（78.4）、西江（59.6）、丹江（94.7）、党开（55.7）、方祥（86.1）、开屯（59.3）、达地（79.1）、三角田（93.3）、排告（66.7）、郎德（85.8）、高枧（73.2）、桃江（71.1）共14站暴雨；其余大雨。

8月12日至13日，受高空槽及中低层切变影响，普遍出现雷雨天气。其中2站点特大暴雨；7站点大暴雨；10站点暴雨。此次强降水天气过程主要特点是降雨持续时间较长，雨强较大时间段集中在13日1时30分至4时，且强降雨时间段分布点不一。

9月6日至7日，全县各乡镇普降大到暴雨，以排告115毫米最大。

【党建工作】 中共雷山县气象局党支部1个，中共党员4人，其中退休党员1人；设党支部书记1人。在中共党员中，35岁以下2人，36至45岁之间0人，46岁至54岁之间0人，55岁至59岁1人，60岁以上1人；苗族1人，土家族2人，少数民族占75%；大专学历2人，大学本科学历2人。支部中共的十八大精神为指导，全面贯彻“三个代表”重要思想，树立和落实科学发展观，充分发挥党支部战斗堡垒作用和党员的先锋模范作用。

（薛文锋）

工业与商务

LEI SHAN YEARBOOK

工信与商务

【概况】 2015年，根据《中共黔东南州委办公室黔东南州人民政府办公室关于印发〈雷山县人民政府职能转变和机构改革方案〉的通知》和《中共雷山县委雷山县人民政府关于县人民政府职能转变和机构改革的实施意见》文件精神，设立雷山县工业信息化和商务局，为雷山县人民政府工作部门。职责调整为原雷山县工业信息化局、雷山县招商和商务局的商务管理职责、雷山县粮食管理办公室职责划入雷山县工业信息化和商务局；将原雷山县招商和商务局的生猪定点屠宰监督管理、执法监督职责划入雷山县农业局；将原雷山县招商和商务局的指导国有流通企业改革改制的职责划入雷山县国有资产管理办公室；将促进、规划、统筹、指导、协调服务业发展等职责划入雷山县发展和改革局。雷山县工业信息化和商务局内设综合股、工业和信息化股、商务流通和粮食股；下设副科级事业单位2个，即县工业区办、县中小企业办（非公有制经济管理办公室、县电商办公室）；另设商务综合执法大队，属局管理的三级事业单位，事业编制6名，均为财政全额拨款管理。局机关人员行政编制核定为7名，共在册在岗12名，设科级领导职数3名，其中局长1名、副局长3名，纪检组组长1名。工业区办事业编制3名，设主任1名（副科级），股级干部2名，实有干部4名。县中小企业办（非公有制经济管理办公室）事业编制5名，其中，主任1名（副科级）、股级领导职数2名，均为管理人员。2015年，县工信和商务局总在册在岗干部职工24人，其中研究生1人，大学本科13人，大专8人，高中和中专2人。

2015年，县工信和商务局围绕“环境立县、旅游强县”发展战略，立足县情，按照“围绕旅游抓工业、围绕特色抓工业”发展思路，坚持加快发展为中心任务，更加注重在“赶”中“转”，更加注重发挥投资关键作用，更加注重深化改革开放，更加注重保护生态环境，更加注重社会治理创新，扬长避短，狠抓结构调整，强化协调服务，努力促进雷山县工业和商务经济健康发展。2015年9月8日，雷山县工业信息化和商务局兑现限上批零住餐企业在2014年度上缴税金超前，贡献突出奖励金。全县有雷山县圣城佳源酒店有限公司、雷山县西江鸿庆旅游有限责任公司、贵州润远物资有限公司、雷山西江黔森饮食文化有限公司、贵州省雷山县农资公司、贵州雷山宏刚汽车贸易有限公司、雷山县玉鑫旅游发展有限公司、雷山县苗疆酒店有限公司、雷山西江阿米农家餐饮服务有限公司9家限上企业获奖，奖金11.2万元。

【工业经济】 年内着力发展以茶叶为主的特色农产品加工、以银饰（刺绣）加工为主的旅游工艺品加工，积极引进中药材（种植）加工、山泉水等项目，引导和支持茶叶企业进行技改扩建，扩大生产能力，工业结构单一局面逐步改善，结构调整初具成效。具备一定规模的农产品（工艺品）企业有36户，其中：茶叶企业22户（已获QS认证14户）、食品企业10户、民族工艺企业1户、山泉水企业3户。全县规模以上工业企业8户。规模以上工业增加值累计完成3118.6万元，比2014年下降77.8%；全县工业用电量完成1374万千瓦时，比2014年下降80.7%；50万元以上工业投资完成5.73亿元，比2014年增长48.2%，其中：500万元以上工业投资完成2.66亿元，比2014年增长45.5%。万元工业增加值能耗综合能耗为1556吨标准煤、增加值价为2733万元、增加值能耗为0.43吨标准煤；万元增加值能耗降低率为-81.43%。四季度完成59626.7万元（2014年51638.3万元），比2014年增长15.47%。

【商务经济】 2015年，限上批发业销售额（农资公司1家）完成4449万元，比2014年增长26.03%；限上零售业销售额（润远物资、宏刚汽车和粮油公司3家）完成12779.2万元，比2014年增长21.15%；限上住宿业营业额（黔森酒店、玉鑫宾馆和西江鸿庆3家完成1751万元，比2014年增长25.14%；限上餐饮业营业额（圣城佳源、阿米苗家和苗疆酒店3家）完成1195.7万元，比2014年增长25.35%。2015年完成进出口额为59.8875万美元，比2014年下降93.55%。

【信息网络】 2015年，信息化基础设施建设投资完成5690万元，其中：移动雷山分公司完成500万元、电信雷山分公司完成340万元、联通雷山分公司完成800万元、广电网络雷山分公司完成3050万元、中国铁塔股份有限公司雷山分公司完成1000万元。154个行政村中，129个行政村实现宽带覆盖；广播电视综合信息网络实现全覆盖。电子商务建设，有10家网上销售农产品的企业；7月31日中午11点，西江千户苗寨特产旗舰店暨电子商务诚信体验店在西江千户苗寨景区小北门举行揭牌运营；10个村级服务点正式运营。

【工业园区】 2015年7月22日，州工信委在黔东南州人民政府三楼会议室组织召开《贵州省雷山工业园区发展规划（2015—2025）》评审会。2015年9月16日，《关于对〈贵州省雷山工业园区发展规划（2015—2025）〉的批复》出台下发，标志着《贵州省雷山工业园区发展规划（2015—2025）》得以正式落地实施，雷山工业园区在规划期内总用地规模控制在5.713平方千米范围以内，规划方案“一园四区”。其中，螺丝山核心区5.15平方千米，乌开0.28平方千米，红屯堡0.083平方千米，“九十九”0.2平方千米。园区产业发展要坚持因地制宜，选择产业关联度高、低污染、低能耗、高附加值的新型工业，走新型工业化发展道路。经济、社会、人口、环境和资源相协调的可持续发展战略。切实做好自然资源和生态环境的保护，按照节约用地、紧凑发展，整体规划、分步实施，基础设施先行的原则，不断完善公共服务设施和市政公用设施建设；发展园区经济，改善人居环境，把雷山工业园区建设成为经济繁荣、社会和谐、设施完善、生态良好、富有地方特色的现代化产业新区。加强规划的实施管理。

【乌开工业小区】 2015年，乌开工业小区入驻企业达10家，分别是雷山县毛克翕茶叶研究所，法人毛华；贵州省雷山县脚尧茶业有限公司，法人吴先海；雷山县大龙德毅生态茶业有限公司，法人杨昌义；雷山县福尧茶叶有限公司，法人吴先斌；贵州省雷山县功家春茶业有限公司，法人杨继英；雷山县绿叶香茶业有限公司，法人穆天俊；贵州省雷山绿之宝山野菜食品有限公司，法人陈冠军；贵州雷山鑫球农业发展有限公司，法人陈立社；雷山县万城经济发展有限公司，法人唐俊军；雷山县百佳尚品农业综合开发有限公司，法人杨仕。区内整体主要从事茶叶加工业。2015年，丰塘工业园区3家企业因2014年度强制淘汰落后产能和凯里市嘎醉河水库建设完全停产。

【服务民营企业】 6月15日至19日组织企业及民间艺人在凯里民族风情园参加“多彩贵州”旅游商品“两赛一会”、中国（贵州）国际民族民间工艺品文化产品博览会，加大对雷山旅游工艺品的宣传，提高品牌的知名度。雷山共有56名选手、29件作品参赛，有力地宣传全县民间工艺品，为雷山争得荣誉。6月16日，黔东南州妇女特色手工技能大赛暨第三届“百佳绣娘”评选活动，雷山县30名选手中有李敏、甘小芝等13位选手获得“百佳绣娘”称号。2015年，组织企业开展贵州省工业和信息化发展专项资金中小企业发展项目申报工作，申报2015年度贵州省工业和信息化发展专项资金中小企业（民营经济）发展项目3个，申报资金230万元；“万户小老板”46名，申报资金60万元。合计申报项目总投资4848万元，申请扶持资金290万元，已获得项目资金115.4万元，其中贴息资金30万元，无偿补助资金80.5万元。

【安全整治】 县工信和商务局联合县安监局分别从系统各重点领域多方位齐抓企业安全生产工作，全面落实安全生产工作责任制。认真落实安全生产责任制，与60家工业企业签订安全生产责任书，签订率为100%；加大安全生产检查力度，深入开展安全生产“百日行动”、打非治违“六打六治”活动等，开展民爆行业、加油站，劳动密集型企业安全生产专项整治，全面落实各项行动方案，按月上报整治单位落实情况。

开展“安全生产月”活动，实现齐抓共管。加强与县安委办开展各类安全大检查工作，与安监、公安、消防等部门每月、重大节庆日开展安全隐患专项检查，对检查不合格的下发整改通知书，要求立即整改。2015年度实现零售、事故，并荣获安全生产目标管理三等奖。2015年，抓信访维稳，重点做好丰塘电冶企业关闭引发职工上访化解工作，维护社会稳定。

【抗洪救灾】 2015年5月27日，暴雨骤至，县内最大雨量达367.6毫米，是全县有气象记录以来最大的一次强降雨。洪灾给全县工信和商务系统造成直接经济损失达4953万元。灾后重建投入资金4447万元，工业企业、商务、粮食、通信、广电、供电逐步恢复经营。

【党建帮扶】 2015年1月31日，中共雷山县委下文《关于在县政府机构改革中重新组建部分县直单位党组的通知》成立中共雷山县工业信息化和商务局党组，有党员42名，其中女党员7名，离退休党员26名，预备党员1名；大学本科以上14名，大专2名，中专及高中26名；少数民族党员占81%。2015年，认真学习贯彻落实习近平总书记系列重要讲话精神及中央“八项规定”、省委“十项规定”、州委“十二项规定”、县委“十二项规定”、贵州省党员干部政治纪律“十严禁”、贵州党员干部作风“十不准”，坚持厉行节约，狠抓“四风”问题，使干部队伍作风得到明显改善，服务发展和创新意识不断增强。局党组与民营企业雷山县益明食品有限公司党支部一起，配合相关部门开展抗洪救灾工作。6月4日奔赴受灾严重的方祥乡毛坪村开展爱心赈灾活动，给该村受灾重点村民95户送去益明公司生产的优质花生油250公斤、大米1000公斤；公司员工杨飞还给该村送去抚慰金500元。对望丰乡公统村（公统村、丰塘村、甘益村三村合一）进行长期帮扶工作。给公统、甘益、丰塘3个村党支部送去活动经费各500元。走访贫困户100余户，收到群众诉求20余条，意见和建议5条；多渠道争取项目资金1.5万余元支持公统村村级公路、垃圾池等公益事业的建设等，其中“七一”慰问困难党员6名，慰问金额1200元，帮扶村级活动经费1500元，慰问贫困计生5户4000余元；解决村公益事业资金8000元。同时送丰塘村1台打印机。携贵州润远物资有限公司赴望丰乡公统小学、丰塘小学和石板小学三所小学开展爱心捐赠活动，受助学生298名，捐赠金额2万余元；捐赠学习用品水彩笔300盒，铅笔3600支，字帖265本，图画本、汉语拼音本、拼音写字本、英语本、语文本、数学本共计22680本；并看望慰问3名留守儿童特困学生，为他们送去鞋子、衣服和书包等生活和学习用品。给乌开工业小区所在地的丹江镇乌开村解决路面硬化工程所需水泥10吨。

（杨杰龙）

电力供应

【概况】 2015年，雷山供电局共设置18个部门，其中，职能管理部门10个：办公室、人力资源部、财务部、计划建设部、市场营销部、生产设备管理部、安全监管部、监察审计部、党群工作部、工会；生产管理部门9个：客户服务中心、电力调度控制中心、物资仓储配送站、输电管理所、变电管理所、丹江供电所、西江供电所、永乐供电所、大塘供电所。年底，全局在岗职工225人。大学本科62人，大学专科117人，中专10人；中技以下37人高级职称1人中级职称2人，初级职称56人；少数民族占83.11%，党员人数占职工人数0.18%。电网覆盖全县8个乡镇154个行政村，供电面积1218.5平方千米，用电户数48488户，户通电率为100%。2015年，局领导班子职数共6名，其中正科级2人，副科级4人；设局长1人、书记1人、安全生产副局长1人、营销副局长1人、基建副局长1人、总会计师1人。2015年，全局上下深入贯彻中共十八大、十八届三中、四中、五中全会和中央经济工作会议精神，认真落实贵州电网公司、凯里供电局和雷山县委、县政府的工作部署，狠抓落实，扎实做好安全生产、经营管理、整体创先、投资建设、队伍建设以及党的建设等各项工作，历史性地获得南网职工创新成果一等奖，南网科技技改贡献奖二等奖，贵州电网技改贡献奖一、二、三等奖的好成绩。连续荣获贵州电网公司两个跨年度先进集体和先进单位，连续两年保持凯里供电局 A 类先进企业，潘旭辉荣获“南方电网劳动模范”称号。

【安全供电】 在保供电工作方面，出色完成保供电 28 次，其中特级保供电 1 次、二级保供电 12 次、三级保供电 15 次，实现社会和经济效益双赢，赢得地方党委、政府及社会各界的好评。全年未发生受上级考核的事故事件，实现年初制定的安全目标。

【电网“三化”】 “十二五”期间完成总投资 14630 万元，其中高压网架投资 5183 万元，中低压电网投资 9447 万元。新建 110 千伏变电站 1 座，主变容量 40 兆伏安，110 千伏线路 21 千米；35 千伏线路 37.8 千米；10 千伏配变 222 台，配变容量 29475 千伏安，10 千伏线路 154 千米，低压线路 245 千米。安装配网自动化开关 65 台，故障定位器 200 组，配电自动化覆盖率 80.49%，低压集抄覆盖率 92.81%，台区绝缘化改造率 80%，户均容量 1.6 千伏安。完成“十三五”农网、配电网、固定资产投资规划保障负荷开拓和重点工程建设，重点解决设备重过载及末端电压低，不通动力电、新农村建设引起的电力线路安全隐患等问题。2015 年在建工程计划总投资 2888 万元，其中高压网架投资 675.65 万元，中低压电网投资 2212.35 万元。新建及改造 35 千伏线路 17 千米；10 千伏配变 28 台，配变容量 5265 千伏安，10 千伏线路 38.81 千米，低压线路 30.35 千米。

【供电队伍建设】 干部管理更加严格规范，年内举办 2 期中层管理干部专题教育培训班，全面开展中层干部综合考核评价工作，公开选拔 28 名股级后备干部，充实干部队伍梯队建设。人力资源管理有效提升。创先成效使人力资源得到进一步优化配置，23 名员工岗位配置得到有效合理流动，冗缺员问题得到有效解决。进一步深化用工分配改革，实现全局员工“同岗位层级同绩效分配标准”和绩效工资分配继续向生产一线倾斜的“雷山模式”。深入实施人才发展工程，加强人才培养。全年共举办各类培训班 87 期，培训 1462 人次，系统内送培 96 人次，培训覆盖率为 97.2%；员工人均素质当量 0.73（高于全南网 260 家县级供电企业的平均水平）。人力资源部荣获南方电网 2015 年人力资源先进集体。

【电力保障】 以建设“五化”供电所为突破口，打造便民电费服务点“雷山模式”，建设完成 92 个便民电费代收点，覆盖农村用电客户 75%，解决 22150 户农村用户交费难问题，打造“1 千米半小时交费圈”。利用“485”通信、低压载波、GPRS 移动通信实现远程集中自动抄表，实现电能计量自动化系统、营销管理信息系统和电力客户短信息平台的无缝对接，抄、核、发全过程自动化，并实现员工独立安装、调试维护。通过优化流程，缩短业扩和报修时限，并制定城镇、较远、偏远地区三类差异化到位标准。企业的综合管理水平和社会满意度得到显著提升，员工行为得到进一步规范，全年实现客户及工商物价零投诉，信访监察无举报。认真落实“三会一课”及中心组学习制度，组织召开支部委员会议 20 次，召开党员大会 5 次、中心组理论学习 13 次，每周组织党小组成员进行政治理论及廉洁自律等方面的学习，录入和完善党建管理系统。开展“三带三争当”活动，支部党员“融入中心做工作，进入管理起中用”，充分发挥党员在“创先试点”工作中的模范带头作用。创新“两型两控”党小组模式，得到上级党组织的肯定，被贵州电网公司授予“红旗党支部”荣誉称号。打造“党员突击队”“青年志愿者服务队”“工人突击队”在急、难、险、重的各项工作任务中主动出击。2015 年的“5·27”洪灾中，局党支部组织多支“党员突击队”“青年志愿者服务队”“工人突击队”在第一时间内进入受灾严重的雷公山腹地的方祥、毛坪、交腊、高岩、水溪等村寨进行抢修，完成各项抗洪救灾保供电工作任务，被雷山县委、县政府评为抗洪抢险灾后重建“先进集体”，李晓平、何龙获得“先进个人”。局团支部荣获南方电网“五四红旗团支部”称号。

【党建帮扶】 中共雷山供电局党支部现有党员46名，其中正式党员44名、预备党员2名，退休党员5名。在职党员分布情况，生产部门党员22名，机关部门党员19名。其中大学7人、大专18人、中专及高中21人。2015年，党支部以“为民务实清廉”为主题，扎实开展党的群众路线教育实践活动，按照网省公司以及凯里供电局2015年党建工作安排，以“四着力两确保”的工作目标，有力保障“创先”工作的开展，坚持“党建工作”和“创先是更高标准的日常工作”的理念，启动创建国内先进水平县级供电企业工作。以供电所“五化”（抄表无人化、交费就地化、业扩小时化、报修分秒化、管理半军事化）建设为载体，重点开展示范供电所和示范台区的创建工作，深入推进“两个创建”工作。

（王晓智）

投资促进

【概况】 雷山县招商引资局，1999年9月成立，为县政府下设正科级事业单位，内设人秘股、综合股、项目股；编制9名，其中行政编制4名，事业编制5名。2001年12月，县级机构改革，县招商引资局并入县计划与经济贸易局，组建县发展计划局。2004年6月，县招商引资局从县发展计划局单列出来，为县政府下设正科级事业单位，内设综合办公室，编制4名，参照公务员管理。2010年11月，改称雷山县招商引资工作办公室。2011年3月，县政府机构改革，撤销“雷山县招商引资办公室”“雷山县贸易办公室”，组建“贵州省雷山县招商和商务局”，为正科级事业单位，核定事业编制25名，列入参照公务员管理。2011年8月，设立雷山县商务综合执法大队，核定事业编制6名，2013年3月，设立雷山县利用外资和招商引资项目代办服务中心。雷山县商务综合执法大队、雷山县利用外资和招商引资项目代办服务中心均为县招商和商务局管理的股级事业单位。2015年3月，县政府机构改革，将商务行政管理和商务执法职责划入现工业信息和商务局，牲畜定点屠宰监督管理职能划入县农业局，归口管理的粮食办公室职责划入现工业信息化和商务局，设立雷山县投资促进局。雷山县投资促局设有办公室、综合业务股、项目信息股、投资合作股、督查和投诉股、代办服务中心6个内设机构和县纪委设的监察室1个，核定事业编制13名。年末，在职人员14人，其中大本10人、大专4人。领导职数：局长1名，副局长2名，纪检组组长1名，股级干部6名。

【招商成果】 2015年，完成新签约项目22个，签约资金31.7亿元。新增开工项目25个，新增投产项目11个（省内项目1个）。到位资金28亿元，完成州级下达到县全年目标任务数25亿元的112%。党政主要领导带头招商引资共签约项目6个，签约资金14亿元。均已履约且开工建设项目6个，履约率100%、开工率100%；已到位资金7.7亿元，资金到位率55%；已投产项目2个，投产率33.33%。2015年全县参与省级系列活动，大健康医药招商签约项目2个，即“雷山县青钱柳、绞股蓝基地化种植及相关产品加工项目”“雷山县中药饮片加工项目”。代办项目25个，申请代办工商注册、项目立项的等事项数71个，办结事项数71个，分别占所代办项目的总数的24%、24%、52%，办结率达100%，省级系列招商项目签约数2个，代办项目中签约投资1亿元以上的项目10个。

【党建帮扶】 设中共雷山县投资促进局党支部1个，有党员11人，在职党员11人。设党支部书记1人，组织委员兼纪检委员1人，宣传委员兼统战委员1人。大学本科以上7名，大专4名。民族结构：苗族11人，少数民族党员占100%。支部以中共十八大精神为指导，全面贯彻“三个代表”重要思想，树立和落实科学发展观，充分发挥党支部战斗堡垒作用和党员的先锋模范作用，调动干部职工的积极性，完成各项工作任务。2015年，给帮扶村排肖村贫困户和计生贫困户共80户送去农作物化肥80包，价值6000余元；与雷山万城黑毛猪养殖公司协调，帮扶排肖村39户农户提供108头黑毛猪进行饲养；解决排肖村因建设产业路而损坏的农田灌溉引水沟渠水泥硬化800米；扶助寨道路硬化资金1000元；全体领导干部职工捐款1500元赞助给患有疾病村民余大敏；送去慰问金2000元，慰问贫困党员、贫困户10户；走访结对帮扶对象30次，帮助贫困户脱贫6户。

（石小凤）

供销合作

【概况】 雷山县供销合作社联合社内设机构办公室、合作指导与经济发展股、财会审计股、资产管理股4个股室；事业人员编制9名，全部纳入参公管理；领导职数：主任1名，副主任2名，纪检组组长1名，股级干部4名。2015年末，雷山县供销合作社联合社有在编人员9名，少数民族9名，大专以上学历9名，经济师1名。2015年，县供销合作社联合社有直属企业3个，基层社8个。直属企业：县农资公司、县土产公司、县茶叶公司；基层社：县丹江供销合作社、县西江供销合作社、县大塘供销合作社、县永乐供销合作社、县郎德供销合作社、县望丰供销合作社、县方祥供销合作社、县达地供销合作社。年末职工89人，在岗职工21人，下岗职工68人。供销系统建有农资配送中心5个，建有县日用消费品配送中心1个，在较大的村寨建有农村综合服务社4个、农村综合服务站2个、庄稼医院25个。2015年有直营店9个，经营销售服务网点154个，农家店71个，服务网络覆盖全县8个乡镇，组织领办农民专业合作社17个。

【经营业绩】 2015年，供销系统累计实现利润105.6万元，完成州考核任务99万元的106.67%；总营业额完成8902万元，完成州考核任务8500万元的104%；所有者权益完成658万元，完成州考核任务584万元的112.67%。农资供应量6656吨，完成州考核任务6500吨的102%。全系统完成税收58.98万元。荣获全州供销社系统2015年目标考核二等奖。西江供销合作社、西江聚民魔芋合作社、乐鱼酱合作社为示范合作社。

【基础设施】 2015年，雷山县农资公司组织领办望丰茶叶专业合作社申报的《2015年农业开发新型合作示范项目》获得总社审批补助资金70万元，省级财政配套25.2万元，州级财政配套2.8万元；雷山县丹江供销合作社组织实施的《大塘社区综合服务中心建设项目》获得国家总社2015年供销合作社基层组织发展贴息周转资金50万元；雷山县丹江供销合作社组织实施《雷山县丹江新型基层供销合作社建设项目》获得省社事业发展专项资金10万元。建设庄稼医院各3个。

【技术培训】 为推动全县魔芋产业发展，提高农户魔芋种植技术和管理水平，实现农民增收。4月10日，县供销社领导、雷山县云峰魔芋专业合作社在望丰乡政府举办魔芋栽培技术培训班1期，到训人员100人；实地指导培训丹江镇白岩村、大塘镇交腊村、新联村牛栏自然寨和帮扶达地水族乡乌空等村寨农民种植魔芋，受训人员100人。

【党建帮扶】 中共雷山县供销合作社联合社党支部有中共党员8名。2015年，社党组安排驻乌空村帮扶党员干部1名，帮助村支“两委”做好基层党建工作，增强帮扶村支部党员的凝聚力、战斗力，抓好该村安全生产、综治等各项工作；为促进该村农业经济结构调整，供销社党组成员多次深入乌空村进开展实地调研，谋划该村经济发展路子，规划特色产业发展等帮扶措施，推动帮扶村集体经济和特色产业发展，促进新农村建设。供销社党组决定出资助6200元帮助该村建设6亩魔芋种植基地，并该村培育致富带头人，把精准扶贫工作落到实处。

（县供销社）

石油销售

【概况】 中国石油化工销售有限公司雷山县分公司成立于1988年7月。1988年至1990年，其内设机构有人事秘书股、财会股和加油站，公司职工共8人；1991年1月至1993年5月，县石油公司归口县经济委员会代管。1992年5月4日，在雷山县永乐镇修建加油站1座。1993年5月至1995年5月，归县计划与经济局代管。1995年5月至1999年7月，归县经济贸易局代管。2002年10月，公司取消独立核算，直隶州石油公司。2010年由贸易办代管，2011年由招商和商务局代管，2015年由县工信局代管。至2015年，公司有职工18人，其中大学本科2人、大专3人、中专及高中13人；雷山县石油公司人员机构设置：县公司经理1人、财务代表1人，办公室主任1人，加油站站长3人，加油员12人。2015年，公司经营指标创历史新高。

【成品油销售】 公司成品油销售达到11125吨，完成上级公司下达10252吨的108.52%，超全年进度873吨；与同期销售的9660吨相比增长15.17%，继续呈逐年增长的趋势。各站年内成品油销售：城关站6094.57吨，比2014年增长1189.09吨，增长24.24%；丹江站3129.77吨，比2014年增长98.78吨，增长3.2%；永乐站1828.18吨，比2014年增长182.65吨，增长11.09%。

【非成品油销售】 公司非油品累计销售121.15万元，完成年计划155.43万元的77.95%，超全年进度34万元；与2014年同期销售的113.796万元比较增长6.46%。各站年内非油品销售：城关加油站85.46万元，比2014年增长9.46万元，增长12.43%；丹江加油站25.54万元，比2014年增长5.15万元，增长20.16%；永乐加油站11.15万元，比2014年增长0.87万元，增长8.46%。

【轻油销售】 公司轻油销售继续保持逐年递增，实现历史性突破1万吨；小额配送、直销油通过积极走访已打开市场，其中小额配送2015年达到383.72吨，比2014年增长323.72吨，增长539.53%。

【油站安全】 年内围绕安全工作计划，以安全生产工作目标管理为抓手，提高加油站经营效率为中心，贯彻落实和严格执行《安全生产禁令》和《安全生产纪律》。每月常态化组织加油站员工积极参加“我为安全做诊断”主题活动，员工的安全防范意识得到提高，安全知识和操作技能得到提升；逐级签订“安全责任状”和“安全承诺书”，要求员工背诵“九大禁令”及朗读“安全宣誓词”；组织员工开展各类预案演练，加强加油站员工的安全意识及应变能力；与消防大队联合演练，接受消防专业指导，不断提高事故防范和处理突发事件和自我保护的能力；开展风险隐患排查，上报《我要安全活动简报》，加强安全舆论宣传；禁止摩托车驶进加油岛加油，提供便利铝制油壶加油，在摩托车定点罩棚加油处张贴安全知识图文宣传资料。

【技能培训】 年内参与全省的“五项技能”考核，截至12月，公司18名员工中已有14人全部通过所有科目考核，1人通过4科，3人通过3科（含1位新进员工）。按照上级公司对远程学习考核要求，公司严格执行有关规定，登入远程学习系统人数和次数均排在全州前列。

【党建工作】 中共中国石化股份有限公司贵州雷山石油分公司党支部党员人数7名，其中男党员5名，女党员2名；在岗党员4名；离岗党员3名；少数民族党员7名，占党员总数的100%。2015年，支部坚持以“融入经营抓党建，抓好党建促发展”为党建工作总体思路，着力发挥党支部战斗堡垒作用和党员先锋模范作用，团结带领广大党员和员工，攻坚克难，促进各项经营目标任务完成。

（中石油雷山分公司）

食盐购销

【概况】 2015年末，贵盐（集团）雷山有限责任公司内设经理室、财会室、办公室3个股室，领导职数设经理1人、副经理1人。是年末，公司共有在岗干部职工5人，其中大专5人；门面分流人员4人，其中中专2人、中技2人。年初，公司在集团确定的“渠道建设年”和围绕“五个着力”的工作重点、“六个紧紧盯住”抓落实，实现“七个转变”提升执行力，紧跟发展的步伐等方面问题进行讨论，围绕集团两个会议的精神及工作部署要求，使每位干部职工对盐行业面临的挑战与机遇和集团工作主题，目标任务，以及具体工作措施有全面认识，为各项目标的完成奠定基础。2015年年底，商品流通费用109.5万元，比2014年105.6万元上升3.9万元，上升3.69%。利润总额为0.56万元，比2014年的7.36万元，下降6.8万元，下降92.39%。实现税利18.3万元，比2014年的32.2万元下降13.9万元，下降43.16%。缴纳税利19.4万元，比2014年26.2万元少缴6.8万元，下降25.95%。

【盐类购进】 年底购进583.95吨．完成年计划700吨的83.42%，累计购进实绩与2014年同期的698.74吨相比，少购进114.79吨，下降16.43%。其中：250克低钠盐123.8吨、海藻盐109.96吨、350克绿色食品盐101.67吨，螺旋藻盐销售6.42吨、天一井钙盐102.6吨、食品加工用盐106吨，工业用盐销售15吨，畜牧用盐18.5吨。

【盐类销售】 年底累计销售551.96吨，完成年计划690吨的79.99%，累计销售实绩与2014年同期的779.74吨相比，少销227.78吨，下降29.21%。其中：累计销售250克低钠盐销售136.36吨、螺旋藻盐销售3.82吨、非碘盐0.06吨、350克绿色食品盐101.67吨、海藻盐99.64吨、天一井钙盐73.74吨、食品加工用盐106.72吨、工业用盐销售9.65吨，畜牧用盐20.3吨。食盐零售门市部销售30.12吨。食用盐销售按全县人口每月食用70吨计算，市场占有率43.03%。年销售收入298.7万元，与2014年的473.2万元相比减少174.5万元，下降36.87%。

【盐类库存】 2015年盐类库存49.39吨，与2014年的17.42吨相比，多存31.97吨，上升183.52%，其中：海藻盐10.32吨、螺旋藻盐2.59吨、天一井钙盐28.86吨、食品加工用盐0.42吨、工业用盐6.25吨，畜牧用盐0.95吨。食用盐可供全县食用0.61个月。

【党建帮扶】 4月17日，雷山公司在岗党员李红、杨晓明参加雷山县政府组织召开的主题为党员实践活动动员会议。会议列举2名驻村干部扎实基层工作的先进事迹。全体党员干部进一步加强党性修养、改进工作作风、提振精神状态、激发干事热情，真正把先进人物的精神内化于心、外化于行，不断开创雷山发展的新局面。与会人员集体观看中央组织部建部90周年专题片《使命》及电影《第一书记》。

（贵盐雷山公司）

烟草专卖

【概况】 雷山县烟草专卖局（分公司）为州烟草局直属管理正科级企业单位，内设综合办公室、财务股、专卖办、内管组、营销部，岗位编制核定为26名。设科级领导职数2名，其中局长1名、副局长1名。2015年，县烟草局退休人员11名，在岗人数22名（男17人、女5人），少数民族20人，大专学历以上22人，其中：中共党员10人，中级职称2人、初级职称9人。2015年，以中共十八大及十八届中央三、四、五中全会为引领，围绕“卷烟上水平”的基本方针和战略任务，以满足“532”和“461”品牌需求为导向，严格按照“打牢基础、规范管理、突出特色、提升水平”的工作要求，以品牌发展、技术创新、市场营销、基础管理上水平为支撑点，坚持以改革的办法、创新的思路、统筹的方法，加快转变发展方式，提高资源配置效率，扎实推进各项工作。2014年，雷山县烟草专卖局（分公司）被省委、省政府评为“文明单位”称号。

【卷烟销售】 雷山县局（分公司）从2011年的全县有效零售户695户，增长到2015年的755户，其中：城网310户，农网445户；一级客户488、二级客户267户；现金支付1户，电子结算户754户，电子结算成功率98.28%；网上结算户126户，网上结算率16.69%；网上订货户482户，网上订货率63.84%，网上订货成功率100%，其中：一户一机网上订货户472户，一户一机网上订货率62.51%；电话订货户273户，电话订货成功率100%。

【营销管理】 根据州局（公司）“夯实基础、锐意改革、稳中求进、主动作为”的工作思路，结合品牌管理要求。在提税顺价后，为及时掌握当前市场的运行状况，县局（分公司）采取分小组划片区的方式，走访调查指导市场、零售客户、消费者，掌握营销需求动态。加强品牌培育，提升销售结构。坚持“转方式、调结构、强基础、上水平”的工作思路，以“强责任、提能力、育品牌”为主线，营造培育营销环境。按照文件要求，逐项开展“知名品牌事件营销”“我为品牌献一策”“知名品牌培育示范店建设”等活动，调动全体营销人员培育知名品牌的积极性、主动性和创造性，发挥全国知名品牌在县内市场的引领作用。紧抓营销队伍培训，提升团队素质。组织营销人员参与各类培训学习和QC课题的研究。按照年度培训计划安排，每季度组织营销人员开展内部培训，内容包括《卷烟营销管理服务手册》维护指导、“苗侗情”服务品牌宣贯、“新商盟”农行网上结算、邮政网上结算培训等。参与卷烟营销“十百千”活动，通过努力，局（分公司）客户经理获得“十佳优秀客户经理”称号，并在“苗侗情”杯市场营销能力大比拼中荣获第四名的好成绩。

【专卖管理】 强化市场巡查。根据州局文件精神，结合县情，制定雷山县烟草专卖局节日卷烟市场专项治理的活动方案，并利用节假日对市场开展检查。在2015年元旦打假活动中，联合公安、工商出动车辆12台（次），人员90人次，对全县辖区开展节前市场清理整治专项行动，查获仿冒真品卷烟0.28万支。通过开展卷烟市场专项整顿活动，在节日期间无一起假冒卷烟销售投诉举报，维护正常的卷烟零售市场秩序，净化卷烟市场，提高市场占有率，真正实现保驾护航的作用。加强部门联动。联合公安、工商、法院召开打假联席会议。经过共同协商，建立烟草制品打假长效协作机制。强化部门与部门之间的协作关系，开展清理整顿卷烟市场、清理取缔无证经营烟草制品行为的专项活动。在实践中检测，在实践中认证，确保卷烟打假联合执法长效协作机制得到有力的执行，形成新常态。强化行业规范。根据国家局、省局下发文件精神，开展烟草专卖许可证管理“回头看”自查工作。通过查阅卷宗、实地复查等方式，认真自查许可证审批发放、后续监管、零售许可证信息系统运行、文书卷宗管理等方面情况，重点加强烟草零售管理力度，对零售户人证不符进行清理，完善2014年延续的卷烟零售户许可证，接待申请办理卷烟停歇业和卷烟新办零售许可证人员，办理卷烟新许可证及卷烟客户停歇业手续，完成卷宗归档。夯实管理基础。强化体系建设，提升工作标准。针对综合管理体系实际工作中所存在的“两张皮”现场，结合州局新的“五标一体”建设，切实做到“做我所写”和“以实际运用为主”的要求，在实际工作中不断探索总结，同时注重开展日常工作与工作手册的对照检查，使质量改进和管理提升成为一种经常性、长期性的工作。同时邀请州局专家、行业单位能手为本局职工答疑解惑，分析新的体系管理文件，达到人人都能推进体系运行管理的目的。

【党建帮扶】 设中共雷山县烟草局党支部1个，有党员10人；其中女党员3人，男党员7人；在职党员7人，退休党员3人。设支部书记

1人，组织委员1人（兼纪检委员），宣传委员1人（兼统战委员）。大专文化7人，初中1人，高小1人，初小1人。苗族8人，汉族2人。少数民族比例占80%。2015年，认真履行“第一责任人”职责，牢固树立带头抓意识，用科学辩证的方法和观点，正确认识和处理好党建和业务两者的关系，以加强党的建设来推动和保证主营业务工作的开展，用完成主营工作的效果检验党建工作的成效，不断强化“抓党建是本职，不抓党建是失职，抓不好党建是不称职”的观念，形成党组书记带头抓，党组成员分工抓，党的支部协助抓，全体党员共同抓的党建工作格局，将党建工作和企业主营业务工作同部署、同检验、并纳入支部季度工作考核，促使党建工作与企业主营业务工作相互促进、协调发展。不断完善党内议事决策机制。贯彻执行民主集中制原则，组织修订完善县局（分公司）党组重大事项民主议事和决策制度。在党组会议讨论研究工作时，始终坚持民主集中制，不搞“一言堂”，坚持做到不先发言定调子，不强势拍板做决定。在民主集中的基础上，对大的问题做到有主见不主观，与班子成员形成一种“合心、合拍、合力”的干事氛围，从而充分调动党组成员的积极性和能动性，突出党组一班人的集体领导。严守“三严三实”，强化党员干部管理。认真学习习总书记关于“三严三实”的主要讲话精神，把“严以修身、严以用权、严以律己，谋事要实、创业要实、做人要实”作为推进作风建设的具体要求和全体党员干部的工作之道，为人立本，做事准则。要求党组成员转变工作作风的同时，要树立表率形象，党员领导敢于向全体党员干部叫响“向我看齐”的口号，对党组会议研究形成的决定和通过的工作，都能做到率先垂范，身体力行。按照县委组织部安排，深入实施同步小康驻村，党建扶贫等各项工作，建立健全县局党员、干部结对帮扶方案，领导干部、党员、中层干部对烟叶生专业村岔路进行结对帮扶，建立帮扶台账，通过上级政策资金上的支持，经过项目扶贫、政策扶贫、有效资金注入扶贫，真正体现“支部结对、干部结亲”的良好氛围。2015年，单位党建帮助帮扶村解决困难资金1.18万元，党员干部个人捐款帮扶困难户3800元。县局支部在2013年、2014年连续两年获得全县“五好基层党组织”“扶贫开发工作先进单位”等表彰的基础上，进一步加强党员干部服务社会和服务群众工作，充分发挥烟草党员先锋模范作用。

（吴兴权）

城建与国土

LEISHAN YEARBOOK

住房和城乡建设

【概况】 雷山县住房和城乡建设局设办公室、建筑业管理股、城市与村镇建设股3个股室。局属全额事业单位6个，分别为：城乡规划办公室（正科级）、城建监察大队（副科级）、工程质量监督站（股级）、规划设计室（股级）、建设工程安全监督管理站（股级）、新型墙体材料与建筑节能站（股级）；纳入归口管理的事业单位有4个，分别为：县新农村建设办公室（正科级）、县市政管理局（正科级）、县房地产管理局（副科级）、县土地和房屋征收管理局（副科级）。人员编制（不含归口管理事业单位）数37名，行政编制7名（局长1名、副局长2名、纪检组组长1名、股级干部3名）；事业编制30名（城乡规划办公室5名、城建监察大队9名、工程质量监督4名、规划设计室4名、建设工程安全监督管理站6名、新型墙体材料与建筑节能站2名），在编35人，其中女5人，大学文化19人、大专文化6人。2015年，完成建筑业产值4.033亿元，比2014年增长49.5%；完成污水处理率86.8%，比2014年增长11.6个百分点；城镇化率提高到35.18%，比2014年增长3.1个百分点。

【县城规划】 年内完成《雷山县城北区控制性详细规划》编制。规划区域分为两个部分，均属于雷山县城市规划区，位于老城区北面，包括固鲁组团和陶尧组团，规划面积为252.82公顷；其中固鲁组团40.91公顷、陶尧组团211.91公顷。功能定位：集旅游、文化、生态、休闲、居住为一体的具有浓厚民族特色的山水新城，同时作为雷山县的主要旅游集散中心。以城镇发展和旅游发展为主导，寻求城市建设、产业发展与自然环境的互利共生。形象定位：“小而美、小而精、小而雅、小而富”，打造特色鲜明、功能完善、宜居宜业、精致玲珑的国家绿色低碳重点小城镇。规划提出“一带四心四片区”的总体格局，也可以描述为“碧水两侧蚩尤道，四区一带串金珠”。“一带”指沿着陶尧河两岸而建的新区发展主干道，同时也是重点打造的苗族文化蚩尤景观大道，是城市道路主轴景观和滨河休闲景观的结合。“四心”即北部固鲁居住及旅游服务中心、两河交汇处城市综合体中心、中部商业中心和陶尧文化展览中心。“四片区”：与四个结构中心分别对应的四大片区，各片区围绕中心节点功能展开，既是节点中心的区块背景，也是其带动辐射的区域。修改完善《雷山县城南部片区控制性详细规划》。其规划范围：北至羊场、东至雄水和羊排坳、南至新建四中、西至长丰堡，规划总面积3平方千米。该规划早在2011年10月启动，并在2013年10月县城乡规划委员会审查原则通过，因对路网进行反复论证和调整等原因，导致规划停滞不前，直至2015年12月中旬基本确定。

【乡镇规划】 2015年，委托贵州深港中天建筑设计有限公司编制《雷山县永乐镇总体规划》，将永乐镇分为镇域和镇区两个层次。镇域：永乐镇行政辖区范围，总土地面积257平方千米；镇区：镇区范围辐射永乐村、居委会、党开、天马山村和野牛村。本次规划范围仅包括永乐村和居委会，未涵盖党开村、天马山村和野牛村区域，规划区面积为110.55公顷。永乐镇域以城镇和农村居民点为核心，以干线交通系统为纽带，形成“一心、四轴”的空间布局结构。“一心”即中心城镇。中心城镇以永乐镇区为主，以“拓展更新镇区”为指导思想，形成紧凑集约的城乡生产、生活服务功能组团。“四轴”包括一条依托炉榕公路形成纵向发展主轴及三条依托产业形成的三条横向发展次轴。编制《雷山县达地水族乡总体规划（2015—2030）》。规划期分为：近期2015年至2017年，中期2018年至2020年，远期2021年至2030年。本次规划分为乡域和乡驻地建设规划两个层次：乡域为达地水族乡行政区划范围，内辖10个行政村、1个居委会、97个村民小组、135个自然寨，国土面积约72.9平方千米。乡驻地包含达勒村、小乌村、里头河等区域，规划范围内约 201.95 公顷。乡域体系将逐步形成乡驻地—中心村—基层村三级结构体系：乡驻地达勒村，是乡域政治、经济、文化中心；二级中心村为背略村、野蒙村—城镇的片区中心，为周围基层村和分散的农村居民点生产生活服务；三级基层村有小乌村、高车村、乌达村、乌空村、排老村、达地村、里勇村—本村的主要居民点和生活服务场所，以居住和农业生产为主。对产业达地乡的发展定位，以农产品加工业为主导，以服务业为支撑，形成相对完整的产业链条，将达地水族乡建设成为雷山县东南部重要的商贸型城镇。通过农业生态示范园区、农业旅游观光区等集农业生产与农业旅游、农业示范为一体的片区建设，促进传统的第一产业与第三产业结合，充分发挥农业的生态功能、休闲功能和观光功能，创造农业经济新的增长点。打造特色农业、生态农业、高效农业，充分发挥产业优势，大力提升农业发展水平，延伸产业链条，打造以科技、品牌、效益和市场为支撑的产业集群，进一步扩大和提升达地的品牌影响力和市场竞争力。结合乡驻地发展，积极拓展第三产业，强化完善周边商贸服务设施建设，推动传统商贸向现代商贸转型。同时发展风电产业，开发利用新能源，培育新型产业。西江镇区控制性详细规划由西江镇人民政府委托湘潭市规划建筑设计院贵阳分院编制，现规划设计方案已编制完成，正组织规划的评审报批工作；郎德镇总体规划已经委托设计单位并完成方案编制；

【传统村落保护】 列入第一批传统村落的 4 个村，2015 年，已完成“一村一档”和保护发展规划的编制并通过省部级专家技术性审查。按照上级相关文件要求组织各有关部门，整合“一事一议”财政奖补、农村环境综合整治以及“美丽乡村”六项行动计划和文物保护等项目，编制传统村落建设项目资金申报方案上报贵州省住建厅、财政厅、环保厅。上郎德村和控拜村的传统村落建设项目已获得中央传统村落补助资金 580 万元。其中，上郎德村获得农村综合改革转移支付资金 150 万元，农村环保专项资金 155 万元，共 305 万元；控拜村获得农村综合改革转移支付资金 150 万元，农村环保专项资金 125 万元，共 275 万元。下郎德村和南猛村建设项目资金申报方案已上报至省里有关部门争取中央传统村落补助资金；列入第二批传统村落的 46 个村，“一村一档”建档工作已全部完成，并报住建部等 7 部委专家审查，并初步通过 42 个；列入第三批传统村落名录的 7 个村的“一村一档”建档和保护发展规划编制工作正在进行中。

【项目选址】 完成雷山县垃圾收运系统工程项目、县疾病预防控制中心综合业务用房项目、丹江镇卫生院建设项目、乌秀、羊排两村地质灾害隐患及住房困难户安置用地选址、苗龙魔芋食品有限责任公司加工项目、雷山县苗岭斗牛场建设用地、康利优质山泉水系列产品生产建设项目、黔森肉制品加工厂建设项目等各企事业单位的办公、业务用房做选址用地工作。

【规划许可证办理】 根据《雷山县城总体规划（2011—2030）》，认真围绕城乡基础设施建设和以人为本的安居建设理念，做好城乡公建项目、廉租住房项目、招商项目及村民建房规划管理工作。2015 年，共办理建设项目选址意见书 9 本（次）、建设用地规划许可证 24 本（次）、建设工程规划许可证 40 本（次）、建设工程竣工规划认可证 8 本（次）。

【建房审批】 按照《雷山县城总体规划（2011—2030）》要求，对规划区内个人建房严格把关审批。2015 年，共接待来访人数次 300 余人次，均耐心细致的做好解答工作；收到个人建房申请总计 204 份，对于收到的建房申请地块是非建设用地的，将相关材料发函至国土局，征求国土部门对居民申请地块的审查意见。

【土地利用】 做好雷山县拟出让各地块规划指标的编制核定、报审报批等工作，积极配合县国土资源局实施各地块的招标挂牌拍卖出让工作。主要地块有：乌秀韶源农家乐对面地块，丹江镇红屯堡移民安置小区地块一和地块二，中大街西侧、二小东侧宗地，县城北出口原锑厂坡地块，望丰路口老酒厂坡脚地块，气象局北侧地块郎当河口特色一条街第二期地块、凯雷二级公路零星土地等的规划设计条件编制及报批。2015

年，对私人建房、单位建设项目及房开等24个建设工程项目的规划施工进行放线；对和谐家园，气象局办公楼，丹江镇第二小学食堂等项目进行规划验收。

【规划执法】 重点加大对县城规划区的蚩尤大道、陶尧园区等重要节点、城中村、城郊接合部和二级公路沿线红线范围等区域的巡查力度，实行每天至少2次不间断巡查，做到发现一起，制止一起，把“两违”苗头控制在萌芽状态。2015年，开展巡查工作654余次，出动执法人员5412人次，排查出各类违法用地违法建设行为共117起，立案查处107件，无行政复议和涉诉案件。违法用地面积12649.41平方米，违法建设面积27640.43平方米，下发《责令停止违法行为通知书》82户（份），做出处罚决定67份（户）。组织联合执法强拆行动10次，出动人员1300余人次，雇请民工35人次，租用大型挖掘机4台（次）和中型挖掘机2台（次），强制拆除“两违”建筑物13栋，拆除违法面积2324.71平方米。未有违法对象户申请举行行政处罚听证会，无行政复议和诉讼案件。

【重点工程建设】 全县城镇基础设施建设项目27个，项目总投资7亿元，完成投资6.34亿元，完成目标任务的90.63%。2015年，实施蚩尤大道项目建设，道路总长约4100米，概算总投资2.1亿元，已全面开工建设，完成投资4000多万元。由于“5·27”特大洪灾受损，正在重新建设中。完成丹江镇垃圾填埋场项目建设，项目总投资2438万元，正在运营。实施2014年保障安居工程项目建设1243套，建设面积73200平方米，总投资8782.2万元。完成红屯堡移民安置小区建设，已完成投资12346万元；建成县城西出口楼梯坝安置小区路网工程，宽7米，长430米，沥青路面铺装，投资350多万元。启动雷山县城乡生活垃圾收运系统建设项目，总投资1818万元，前期工作已全部完成。启动郎当河口城市综合体项目，已完成该项目规划及概念性设计；同时，还完成招商引资项目建议书上报州城乡规划局。实施雷山县苗疆盛世城市综合体建设项目投资约4亿元，已完成投资约1.7亿元。改扩建项目已建成，酒店处于运营阶段。7#地块及其西南面商业和剧院区规划面积约为40708平方米（约61.06亩），分为两期建设，其中一期主要有剧院、博物馆、苗家驿站、部分民族风情坊，基本完成5号、6号楼主体工程，完成投资4000万元；二期为苗家乐体验馆、部分民族风情坊、半山叠水瀑布环境景观等几大功能区间，已完成地勘。完成县城污水收集管网二期工程C标段管网铺设，管网总长5500米，完成投资400多万元（含增加工程量）；启动水厂片区及大十字片区棚户区改造项目，完成摸底调查及概念性规划设计；实施雷山县永乐镇第二生活垃圾卫生填埋处理工程，总投资3426万元，已完成水保、压覆矿和地灾、地勘、可研等项工作；实施永乐污水处理厂项目建设，总投资855万元，已完成镇区管网、厂区净水工艺、进厂道路、厂区堡坎、供电线路安装，厂区工艺设备安装，综合楼施工及DN300污水主管施工已进入扫尾阶段，由于“5·27”特大洪灾受损，现正在抢修恢复中。

【小城镇建设】 完成丹江示范小城镇“8+X”项目建设6个，新增在建项目5个，续建项目4个，完成投资33580万元；其他项目在建4个，续建8个，完成投资17300万元；累计招商引资签约项目8个，签约资金达122000万元，到位资金48700万元；雷山县累计融资1560万元；结合区位经济发展实际，主要打造以“东茶”“西菜”“南畜”“北果”四大产业作为示范小城镇产业发展及拉动就业的载体。

【村寨建设】 2015年，雷山县“四在农家·美丽乡村”建设，完成投资2081.66万元。分别在格头、也改、新桥三个示范村和脚尧、公统、报德、望丰等推进村整治村寨风貌210余户，建成河堤生态拦水坝4个、景观凉亭2个、生态护栏500米、焚烧式垃圾池3个；实施公路拓宽硬化6千米、步道硬化820米；建成生态芦笙场1个、芦笙场的长廊建设1座；改造农家乐14户、整治拆除乱搭乱建和废弃粪棚、猪牛圈50余栋；完成寨门、排污沟、公厕、步道硬化、“三改”工程、太阳能路灯、“水上粮仓”污水处理、旅游休闲长廊建设、庭院硬化、绿化、垃圾箱等项目建设；完成青石板步道改造300平方米和生态观光步道510米；建成农产品交易市场1座。

【危房改造】 8月24日，雷山县“民生铸廉”地网行动农危改资金专项行动启动会在县纪委会议室召开。县委常委、县纪委书记雷林多出席会议，州纪委第三纪工委委员、州总工会党组成员、专项纪检员奚松到会指导。雷林多要求认真核查好农危改中存在的问题，出重拳严肃查处民生领域的腐败行为。此次专项行动共核查对象13251户，核查资金10794万元。2015年，州级下达给雷山县农村危房改造任务数3500户；其中一级危房1231户，二级危房588户，三级危房1681户。政府补助资金3266.63万元，其中中央补助资金1516.63万元，省级补助资金875万元，州级补助资金350万元，县级配套资金525万元。截至年底，雷山县农村危房改造已开工3500户，开工率100%；竣工3359户，竣工率96%；网上录入3405户，录入率98%。中央、省、州和县已经到位补助资金4119.07万元（含中央超计划下达977.27万元），已将2389.19万元（含2014年中央补助资金98.16万元）补助划拨到各乡镇，余下补助资金将在竣工验收后陆续拨付给农户。

【建筑市场管理】 核发建筑工程施工许可证27项，合同价16711.19万元；办理施工合同备案43项，合同价36512.46万元；办理监理合同备案37项，合同价835.66万元；办理勘察合同备案31项，合同价203.88万元，办理设计合同备案27项，合同价277.45万元，直接发包94项，价款2077.05万元；办理项目招投标项目登记37项，投资总金额35539.15万元；工程公开招投标18项，中标价26558.51万元。工程竞争性谈判28项，中标价3248.73万元。

【建筑节能】 2015年，建筑节能设计备案57639.05平方米，缴纳墙改基金11个工程项目，建筑面积：57639.05平方米，预征金额：576390.5元；新建建筑设计阶段节能强制性标准实施率达到100%，施工阶段建筑节能强制性标准实施率达到25%。

【工程质量管理】 年内受理建设单位申报办理监督手续的各类工程16个，总建筑面积91802.56平方米，总工程造价9519.9万元。其中，房屋建筑工程项目28个，场平工程项目1个，市政工程项目2个；下发各类工程质量监督抽查记录141份，其中，整改回复41份，整改回复率为30%；竣工验收项目19个，竣工备案7个，备案率为36.8%；督办通知书1份，停工整改通知书11份，局部停工整改通知书1份；未接投诉各项工程质量。

【建筑安全监管】 年内监督在建工程26个，建筑面积81223.79平方米，总投资11163.36万元。开展4次专项安全大检查，50余次日常安全检查，存在安全隐患400余条，共下发126份书面整改通知书，口头整改80余次。全县工程质量处于受控状态，工程建设过程中的各类质量通病得到有效控制，未发生一起重大质量事故。

【抢险救灾】 年内发生特大洪灾，全县8个乡镇不同程度受灾。雷山县房屋和县城的供水、污水（雨水）、道路、灯光等基础设施遭到严重的破损，房屋和县城供水、污水（排水）灯光等基础设施损失12366万元。县住建局出动400余人次迅速投身到抗洪救灾中，积极向贵州省住建厅争取灾后重建资金和危房改造户数指标。得到贵州省住建厅高度重视，补助灾后重建资金100万元。

【党建帮扶】 设中共雷山县住房和城乡建设局党支部1个，有党员25人；其中女党员5人，在职党员23人、退休党员2人。设党支部书记1人、副书记1人、组织委员1人、宣传委员1人、纪检委员1人；35岁以下14人、36岁至45岁之间6人、46岁至54岁之间3人、55岁至59岁1人、60岁以上1人；大学文化16人、大专文化8人、中专及高中文化1人；苗族21人、侗族3人、汉族1人，少数民族比例占96%。2015年，党支部针对局属部分基层党组织班子能力素质不高、组织生活制度落实不好、党组织缺乏活力等现实情况，对有关党支部内部进行整改，采取学习交流、组织培训等方式，加强对党支部书记的培训、交流，有效提高党务工作者开展党建工作的能力水平。2015年，县住建局帮扶丹江镇陶尧村和干皎村，共377户、1590人，精准扶贫67户。资助陶尧村、干皎村资金、物质折合人民币15000多元，同时协调其他部门、公司、企业给予资助16400元。在"七一"建党节，与陶尧片区3个党支部开展庆祝党的生日。对帮扶村计生户开展计生"三结合"帮扶工作，年内共签订计划生育协议书33份，累计投入资金8000元对帮扶村计生户开展慰问帮扶。

（余秀洪）

新农村建设

【概况】 雷山县新农村建设办公室（雷山县村寨建设保护中心）为县人民政府管理的正乡科级事业单位。下设4个股级机构：综合股、规划建设股、传统村落保护发展股、消防和环境整治股。核定事业编制10名，其中主任1名，副主任2名，股级干部4名。2015年，在岗7人(男6人、女1人)，大专学历以上7人，中共党员4人，少数民族7人。

【新村示范建设】 年内累计投入2263.79万元，建设格头、也改、新桥州级示范村3个及脚尧、报德、公统、望丰、掌坳、九十九园区等推进村。实施完成茶叶种植面积300亩，实施青钱柳种植、稻田养鱼等项目；实施完成步道硬化2100米，村寨风貌整治完成350余栋，维修河堤生态拦水坝4个、碾米房1座。建成景观凉亭2个；实施完成生态护栏500米、公路拓宽硬化6千米、焚烧式垃圾池3个；完成生态芦笙场主体工程建设、芦笙场的长廊建设1座；实施完成农家乐改造13户、石板步道改造300平方米；完成农产品交易市场1座，人行道排污沟150米；实施九十九大门建设及附属假山工程。

【"六康"行动】 2015年，全县美丽乡村建设"六项行动计划"完成投资30553.17万元。"小康路"，累计完成投资12620万元，路基工程累计完成252.4千米，路面工程累计完成189千米。"小康水"，累计完成投资1349万元，解决农村饮水安全问题1.22万人，发展农村耕地面积0.09万亩，建设"五小"完成86处，修建渠道工程完成101千米。"小康房"，累计完成投资4000万元开工建设400户，竣工309户。"小康电"，累计投资完成2415万元。累计完成新建35千伏和110千伏线路14.9千米；新增配变容量1.48万千伏安，新增及改造一户一表1842户，新增无功补偿设备2.37兆瓦，建设及改造10千伏及以下线路161千米，新增配变77台。"小康讯"，累计完成投资5690万元，577个自然寨实现通讯全覆盖；154个行政村中，129个行政村实现宽带覆盖；广播电视综合信息网络实现全覆盖。"小康寨"，完成投资4479.17万元，其中完成通组（寨）公路64.26千米，人行步道49千米；实施完成"三改三治"及庭院硬化工程2755户，集中式饮用水源地保护1处，文体活动设施17处，污水处理设施21个，便民设施完成21个，照明设施542套。

【环境整治】 年内深入开展"百村万户"农村环境综合整治工作，在全县143个行政村安装垃圾桶725个，垃圾箱453个，建成清运垃圾池101个、焚烧式垃圾池223个，配备保洁员312名；并制定卫生管理制度和村规民约，并组织开展一周一次义务大清扫活动。

【党建工作】 2015年中共雷山县新农村建设办公室党支部有党员4人，其中在职党员4人。有苗族2人、侗族1人、水族1人，少数民族比例占100%。县新农村建设办公室党支部认真贯彻中共十八届三中、四中全会精神和省委、州委和县委的一系列重要决策部署，深入开展党建工作，牢牢把握建设团结、坚强的领导班子和高素质党员干部队伍这个关键，大力加强党的思想、组织、作风制度建设，使党支部的凝聚力、执政能力、战斗力不断增强，新农村建设办公室各项工作有序推进。党支部足额完成2015年的党费收缴工作，共计1332元。

（王智宏）

房产管理

【概况】 雷山县房产局为县住建局直属管理副科级事业单位，内设机构及人员编制：综合办公室，参照公务员法管理编制2名；房改办公室，参照公务员法管理编制2名；保障性安居工程管理站，事业编制6名；县房产局设领导职数2名，其中局长1名、副局长1名、非领导职务1名。2015年末在编人数5人，其中男2人，女3人；大学文化5人。2015年，县房产局坚持以服务经济社会发展为核心，以推进深化房产改革为重点，努力践行住有所居的服务理念，做好住房保障服务和房产社会管理。

【安居工程】 年内开展雷山县城市棚户区改造项目任务为300户，项目主要对城关镇永乐南路片区进行棚户区改造。改造采取货币安置方式进行，2015年共与303户居民签订安置协议。2015年省、州下达雷山县保障性安居工程基本建成任务为209套，主要是对2014年度保障性安居工程项目进行续建工作。2014年实施保障性安居工程目标（新建公共租赁住房）共1243套，项目分为5类来实施：丹江镇公共租赁房816套，产业园区公共租赁房200套，教师公共租赁房125套，乡镇卫生院公共租赁房72套，乡镇计生站公共租赁房30套。项目已全部完成主体施工，部分项目正在进行屋面施工，其余各项目已进入室内外墙漆及门窗水电施工。方祥卫生院公租房有9套于2013年与雷山县人民医院职工公租房整合提前实施。

【保障房分配】 雷山县保障性住房项目2015年竣工验收项目3495套，分配入住项目2391套（出售廉租房528套、出售生态移民房1054套、出租809套），分配入住率为68.4%。年内新增分配出售、出租保障性住房472套，其中新增分配出售448套，新增分配出租24套。

【住房保障】 年内发放廉租住房保障对象租赁补贴23.949万元，保障户数987户，保障人口1774人；办理抵押登记业务296宗，抵押贷款金额3.8亿元；核发房屋所有证245本，登记面积215300平方米。

【信息管理】 按照省、州的要求，设立雷山县保障性安居工程专栏，按月将保障安居工程实施细则、工程建设进度、房屋分配入住情况等相关信息公示在专栏，并将信息录入贵州省城镇保障性安居工程信息管理系统。

【党建帮扶】 局党支部有党员5名。大学本科以上2名，大专1名，中专及高中2名；民族结构少数民族党员占100%。2015年，支部组织全体党员学习新《党章》和《中国共产党党和国家机关基层组织工作条例》，不断加强党的基层组织建设。同时，对丹江镇治安村进行长期的帮扶工作，走访贫困户50户，收到群众诉求20条、意见和建议10条；多渠道争取帮扶资金1万余元，用于资助帮扶对象。

（赵子龙）

市政管理

【概况】 雷山县市政管理局为县住建局管理正科级事业单位，内设办公室、园林绿化管理股、环境卫生管理股、市政公共设施管理股、城建监察二中队、工程业务股、县城区生活垃圾填埋场管理站7个股级单位，共有编制37名（领导职数3名），其中参公编制24名、事业编制13名。至2015年末，全局共有干部职工24人。其中领导班子成员3人、副主任科员1人，股级干部4人，参公管理工作员10人，事业工作员6人；大专以上文凭19人，高中文凭1人，初中文凭2人，小学文凭2人。2015年，县市政局围绕“做细环卫、做强城管、做美绿化、做实设施、做精项目，锻造一支‘强责任、讲奉献、严执法、会管理’的雷山市政管理队伍，全力推进‘大市政’发展”这个目标，经过全局干部职工一年的共同努力，县城市政建设和市政管理工作成绩显著。2015年，市政局获得县直机关绩效目标考核一等奖、“2015年人大建议政协提案办理工作先进单位”“2015年度安全生产目标管理三等奖”，3月，被县委、县人民政府评为“全国文明县城”巩固提升工作先进单位称号；12月，被评为雷山县抗洪抢险灾后重建先进集体。

【县城绿化】 更换种植县城区木鼓广场芦笙场周围绿化大树12棵，其中红豆杉6棵、桂花树6棵；绿化带增加树木13棵；挖树坑43个，补植树木21棵，填泥3650平方米；县城区河滨道补植桂花树69棵；维修河滨道绿化带竹篱9000余米，补植各种树苗25300株，剪枝面积99200平方米；城区人行道树脚施肥350公斤，绿化带施肥245公斤，新栽树苗施肥75公斤。县城行道树及绿化带杀虫面积为13900平方米。苗年节投入5万元，在木鼓广场、铜鼓广场摆放杜鹃花4000余盆。

【环境整治】 年内共清除城乡接合部、背街小巷死角生活垃圾10000余吨；集中整治清理洪灾后垃圾淤泥、水冲河床各路段泥沙1640立方米；清捡马家屯白色垃圾、陶尧片区垃圾、楼梯坝移民搬迁小区等死角生活和建筑垃圾20余吨；出动环卫300余人次，全面冲洗主次街道28万平方米；投入8万余元，改造维修市政所辖公厕7个，制作和规范公厕标牌12块。苗年节出动120余人次，全面冲洗街道4次；临聘清扫保洁员12人，加大环境垃圾清运，增设临时垃圾大木桶24个，共清运垃圾10余吨；印发环卫人员“治安”红袖章200个，协助公安做好安保工作。

【市政设施管理】 年内维修路灯1488盏、镇流器511只、节能灯598盏、交流接触器88只、时控钟78只、触发器465只，换地埋电缆257米，处理损坏线路接头850处；城区共更换维修井盖138块、下水道盖板70块、地漏230个、维修城区路面破损3040平方米，清理下水道510余米，维修鹅卵石道牙420余米；投入资金5万余元，更新木鼓广场河滨道两边的老化线路和全县背街小巷节能路灯27盏、玉宇小区路灯4盏、龙头加油站至雷中路段损坏路灯10盏；投入2.2万余元，安装乌开工业小区路段路灯12盏；争取整合资金3万余元，完成修葺风雨桥。2月，派技术员帮永乐镇换路灯18盏，维修处理损坏线路接头20余处。“5·27”特大洪涝灾害后，投入5.31万元维修木鼓广场水车。苗年节，争取69.6万元，亮化提升县城景观灯，清洗喷漆亮化人行道鹅卵石12000余平方米；更换主次街道果皮箱200个；投入资金38800元，修建国土局至财政局河滨道六角亭2个，并添置景观灯。

【城管执法】 年内出动执法人员7200余人参与整治，共清退流动摊贩5120起次、超门面经营3736起、暂扣违章物品118起（教育77起，处罚41起）、清除野广告36430余张、审批广告牌24家、审批商家产品促销活动55起；设置春节临时水果摊位38个，干货摊位120个，制作临时市场标志牌12块，保障春节期间整体市容环境的整洁；对全县8家瓶装燃气销售点进行大检查6次，共出动执法人员200余人次，下发整改通知书共16份，已整改13份；暂扣经营许可证1户，查封1户，整改后已解封；发放建筑工地整改通知书5份，处罚车辆带泥上路建筑工地1户，查处不文明施工14起、建筑建材垃圾抛洒13起。按照2014年10月21日县委常委会议纪要要求，在县文明办、县“三创一满意”办的牵头组织下，已于6月11日组建“雷山县城市管理综合执法大队”，大队人员从县市政局、县市场监管局、县交警大队等部门抽调组成执法组，对县城区管理开展具体的日常执法工作。为规范城市管理，制定临时停车位、摊点等标识标牌14张，划流动摆摊临时点3处。苗年节期间，对全城主要路段进行12小时不间断巡查，对苗年节期间设置的110个摊位进行全面整治、维护和收费。分组对112个流动摊点和78个固定摊点进行教育和规劝，共制作23块标志牌。

【市政工程】 2015年末已实施完成的项目39个，正在实施的项目3个：蚩尤大道灯光系统工程；雷山县生活垃圾收运系统工程，土建工程施工完成，设备全部采购到位并安装完成50%；

雷山县生活垃圾收运系统二期工程，完成可研和可研评估及初设评审工作并获得批复，项目环评和地勘文本已编制完成，并已审查通过，完善相关资料向省、州住建部门争取项目缺口资金。

【抢险救援】 雷山县继"5·27""6·8"特大洪灾之后，6月21日再次遭到暴雨袭击并引发洪涝灾害，境内遭遇最大降雨量达到193毫米，城区内低洼路段最深积水达2.8米左右，县城区内80%以上的排水排污管道再次全部遭淤泥堵塞，淤泥堵塞长8500米，市政设施不同程度受损。面对灾情，雷山县市政局高度重视，第一时间及时组织220多名干部职工人员赶到地势低洼积水地段转移被困群众，深入灾区指导帮助开展抢险救灾工作。县委常委、县政府副县长、县委宣传部部长韦通贤现场指导。灾后及时恢复通水通电，出动80余人次、铲车20辆（次）、洒水车20辆（次）和垃圾清运车30辆（次）不分白天黑夜对主次街道路面和马家屯片区、万城家电旁等砂石淤泥进行铲除和冲洗，截至6月23日，清理全城灾后垃圾共200余吨，冲洗街道28万平方米，疏通排水管道260余米。

【党建帮扶】 市政局有1个党组和1个党支部，党组成员3人。党支部有党员18名，其中在职党员13名含公益性岗位人员1名，退休党员5名含公益性岗位人员1名；大学本科以上10名，大专5名，中专及高中文凭3名；少数民族党员占党员人数100%。2015年，局党组扎实推进惩治和预防腐败体系建设，切实加强党风廉政建设与反腐败工作，有效落实《中华人民共和国廉政准则》。2015年，增派帮扶长丰村驻村干部1名；投资5000余元、水泥8吨、沙子30余方，村民投工投劳600余个工，为长丰村年久失修的消防池进行全面维修；帮扶长丰村，与村民开展灾后重建工作、共庆"七一"活动，清理和深埋人畜饮水水管1000余米；向水利部门申请协调900米新水管，用于抢修雷山民族中学路段塌方损坏水管，并慰问灾后困难党员3名。11月5日，改造旧排水沟120米，硬化路面60米、维修堡坎14米，共投资8万元。

（杨黎明、王玉婷）

自来水供应

【概况】 县自来水公司有经理1人，副经理2人；内设办公室、财务室、稽查队、物资供应科、水厂、抄表收费营业室、安装维修队；在职职工36人，其中男18人、女18人，本科文化3人、大专文化9人、中专及以下24人，党员9人。下属的县排水有限公司有兼职经理1人、兼职副经理2人；内设县城污水处理厂。在职职工11人，兼职4人、临聘职工5人，本科文化2人、大专文化3人、中专及以下6人，党员3人。2015年年底，完成供水总量190万吨、售水总量164万吨，分别比2014年增长5.56%和5.81%；完成工业总产值611万元，比2014年下降6.38%。其中，主营业务收入406.5万元，比2014年增长10.28%；非主营业务收入204.5万元，比2014年下降37.8%。上缴税金44.5万元，比2014年增长42.38%。

【抗洪抢险】 5月27日，雷山县遭遇百年一遇特大洪灾，此后至6月21日又连续遭受3次洪灾，造成县城供水管网损失2500万元，县城污（排）水管网系统损失1500万元，永乐镇污水收集管网损失400万元，县城污水处理厂损失120万元。鸡鸠水源取水拦坝被冲毁，县城供水主管道莲花三岔桥至鸡鸠水源取水口DN400球墨铸铁管、雷山民族中学河段DN500毫米球墨铸铁管被洪水冲毁共4300米，鸡鸠水源供水系统全面瘫痪；因马廊桥被冲毁以及洪涝冲击，造成城区沿河DN200配水管网被冲毁1600米，供水管网DN100~500阀门损毁68座；龙头应急水源取水口及值班房内淤泥沉积深厚，取水口严重堵塞，导致城区供水设施处于瘫痪。灾情发生后，公司先后多次召开救灾工作调度会，并成立5个抢险救灾组分赴各损毁点抢修供水设施；公司班子成员多次现场办公，就地研究抢修供水设施方案。面对多次自然灾害造成供水设施的损毁，公司通过紧张有序调度和组织有力、抢修措施得当，确保在较短时间内县城区基本恢复供水，保障机关单位、居民正常的工作和生活秩序。

灾后重建工作任务艰巨而又繁重，公司深入实地核实及时统计上报的同时，公司班子多次进行现场勘察和研究重建方案，多次到省住建厅等部门汇报灾情和争取抢险救灾资金，争取得到省级救灾资金共 180 万元；编制灾后重建实施方案，委托省建筑设计研究院免费完成《雷山县城供水设施灾后重建实施方案》《雷山县永乐污水处理工程灾后重建实施方案》。按照灾后重建方案概算，灾后恢复重建需要投入 700 多万元。面对上级救灾资金有限、县级财政困难、公司经费紧缺的情况下，公司班子多次现场办公，研究重建最佳方案，科学调度，在省级救灾资金未到位的情况下，争取县政府的支持，借款提前组织实施，于 2015 年 10 月 18 日正式恢复鸡鸠水源供水，维护社会秩序稳定。被县委、县政府评为“抗洪抢险灾后重建先进单位”。

【设施建设】　完成县城西出口廉租住房供水设施安装工程有 195 套，让住户过上愉快的新春佳节。同时完成一户一表安装 483 户。完成县城楼梯坝廉租住房区二次加压供水设施建设工程、二桥 DN200PE 供水管道搭接，使县城南门坝与教场坝、羊常坝实现循环供水，增大水量，确保县城区高区域高层楼住户正常供水。完成原马廊桥南 DN200PE 供水管道搭接施工，通过二泵房 3000 立方米泵机向小学坡水厂输送水源，通过小学坡水厂先进的设备制水，确保县城高区高层楼正常供上优质安全自来水。为配合县政府实施马廊桥灾后重建，该工程涉及县城供水中枢设施，在工作面窄、技术性强、工期紧、资金不到位等情况下，努力克服各种困难，于 10 月 20 日动工、10 月 28 日竣工投运。县城污水处理厂由于遭受“5・27”洪灾造成县城至自来水厂的污水主管道被冲毁而停运。通过县住建局的努力，城区污水收集管道完善工程基本结束，县城污水处理厂于 11 月 10 日正式投入运行。

启动实施县城供水改扩建二期工程。主要建设规模为近期取、输水 2.0 万立方米/天；远期取、输水 3.0 万立方米/天；供水管网按 3.5 万立方米/天进行设计和建设。工程内容包括取水工程、输水工程、净水工程、配水管网等四部分。取水工程：新建取水泵站（陶尧水库）1 座；新建 2 根 DN600 离心球墨铸铁管 1950 米、DN500 的长度 2750 米。输水工程：新建莲花水厂，水处理规模 1.0 万立方米/天，输水管网按照远期 2.0 万立方米/天设计建设；水厂占地面积 8910 平方米，水处理设施包括絮凝沉淀池 1 座、滤池 1 座、2000 立方米清水池 1 座；水厂场平按 2.0 万立方米/日设计。新建陶尧水厂，水处理规模 1.0 万立方米/日，输水管网按照 1.0 万立方米/天设计建设；水厂占地面积 5860 平方米，水处理设施包括絮凝沉淀池 1 座、滤池 1 座、2000 立方米清水池 1 座；水厂场平按规 1.0 万立方米/日设计。配水管网：DN200～DN600 配水管总长 32.28 千米，以及相关附属构筑物。其他工程。项目工程建设总投资 12112.68 万元；建设工期两年，于 2018 年 12 月建成投运。该项目县发展和改革局已批准立项，项目建成投产，供水不但覆盖县城老城区，而且还覆盖规划新城区的陶尧组团、固鲁组团、羊排水电组团以及莲花组团。

【供水保障】　加强鸡鸠、龙头两个水源管理，确保出厂水符合国家饮用水卫生标准。同时，对水源、水厂、高位水池等重要岗位安装摄像头，确保重要岗位得到实时监控，保障供水和水质安全。强化洪灾水质监测管理，特别是对 4 次洪灾和次生灾害造成水源水质污浊问题，通过强化水厂制水严格管理和药剂消毒，未发生饮用水中毒事故。高位水池运行管理正常有序，水池水位调节合理，水池安全运行。城区管网和用户室内外管道的维护抢修工作得到加强，保证城区和用户管网的安全运行。

【供水质量】　公司把提高供水服务质量作为首要任务来抓。通过加强职工业务技能培训，创新服务理念，拓宽服务领域，使公司职工整体服务水平有新的提高。供水水质达标率为 100%，在全省排位前列。供水维修抢修服务得到加强，抢修维修及时率达 95%以上。在公司驻县政务中心服务窗口增加 1 名工作人员，提高公司的服务效能，受到用户一致好评。

【污水处理】 公司围绕州环保、州减排办的要求，在县城污水处理厂设备老化、设施不齐的情况下，加强设备抢修，强化运行管理，使污水处理厂运行期间基本达标排放；建立健全并严格执行各项管理制度，加强企业规范化管理和厂区环境建设，厂区绿化建设和管理取得实效，得到州、县领导的充分肯定，并被选定为“全州农村生活垃圾、污水治理暨创建‘美丽家园，清洁乡村’工作现场会”观摩点之一。受灾停运期间，毫不放松企业管理和厂区环境建设，受到省环保部门暗访组的好评。

【党建工作】 县自来水公司党支部有党员 11 名，正式党员 11 名，其中在职党员 10 名，退休党员 1 名；大学本科党员 3 名，大学专科党员 4 名，中专及以下文化党员 4 名。2015 年，党支部按照中央、省委、州委、县委的统一部署，围绕“为民、务实、清廉”主题，按“照镜子、正衣冠、洗洗澡、治治病”的总要求，以“三实三同”为总载体，以“六强六创”为总抓手，认真践行“三严三实”，始终坚持以学习教育、听取意见为基础，以查摆问题、开展批评为关键，以整改落实、建章立制为根本，注重三个环节衔接贯通，一个节点一个节点扎实推进，一个问题一个问题跟踪解决，达到预期的效果。

（余国伟）

土地和城乡建设综合执法

【概况】 雷山县土地和城乡建设综合执法大队（以下简称综合执法大队），为县财政全额拨款的正科级事业单位，内设综合办公室、执法中队和政策法规股；编制 20 名，设大队长 1 人，副大队长 3 人；正股级 3 人、副股级 1 人。2015 年末，在编执法人员 16 人，其中男 13 人、女 3 人；本科学历 12、大专学历 4 人；少数民族 15 人，占干部职工数 93.75%。列入参照公务员法管理 12 人。事业编制 4 人，均本科学历。县综合执法大队受县住房和城乡建设局（县城乡规划办公室）委托，协助建设规划行政主管部门查处违法、违规和违章建设；依照县人民政府指示，拆除违法建筑物。

【综合执法】 年内开展巡查工作 659 余次，出动执法人员 5412 余人次，排查“两违”案件 117 起，立案 107 件，较 2014 年上升 0.056%。查处违法用地面积 12649.41 平方米，违法建设面积 27640.43 平方米，较 2014 年增长 46.9%。依法拆除“两违”建筑物 15 栋，拆除面积 4424.71 平方米，较 2014 年增加 0.07%。房屋“两违”前置审查 200 件，较 2014 年下降 17.4%。审查办理 60 户，不予办理 87 户。制止违法用地停工 13 处，停工面积 2398.79 平方米。劝导违建户自行拆除 1 栋，拆除面积 46.11 平方米。

【救灾抢险】 5 月 27 日，雷山县遭到特大洪水袭击，综合执法大队受指派前往雷山民族中学帮助群众和学生转移到安全地带，同时最大限度抢救物资、清理公路上断木、石块、泥沙。据统计，该片区群众和学生均成功转移，无一人伤亡；抢救物资，挽回资产近 20 万元。6 月 13 日，雷山县丹江镇小郎当区域发生山体滑坡，响楼村杨某某的母亲及小孩被沙石掩埋在其居住木房内，综合执法大队接到处理突发事件电话即赶赴现场利用油锯机将树木、房屋木板锯断，小孩成功救出，其母罹难。

【党建帮扶】 中共雷山县土地和城乡建设综合执法大队党支部有党员 10 人，占队总人数 62.5%。通过公推直选选举产生党支部书记 1 人，组织委员 1 人，宣传委员 1 人，纪检委员 1 人。大学本科以上 1 名、在职本科 6 名，在职大专 3 名；少数民族党员占 90%。践行“三严三实”，学习中共十八大等重要会议及习总书记系列重要讲话等精神，开展《弘扬焦裕禄精神、践行“三严三实”》等主题活动，观看《焦裕禄》《杨善洲》等教育电影及文朝荣先进事迹，收看《瓮安事件》《四风之害》，学习《党章》《中国共产党党员领导干部廉洁从政若干准则》等党纪党规，专题交流学习达5次，撰写个人心得体会60余篇、调研文章6篇，参学率100%。到帮扶点虎阳村开展“五老”人员、独生子女和“双女户”“三留人员”、特困户等多方面的调查登记；协调丹江镇政府拨付帮扶资金1万余元，扶持农户20户，改造地产茶叶基地20亩和发展生姜种植10亩，完成虎阳村2015年生姜种植和低产茶园改造验收。帮扶贫困户30户117人，开展帮扶活动40人次，为群众办实事15件，实现13户54人贫困人口脱贫。帮助解决虎阳村实施农村危房改19户，精准扶贫率达63%。协调蚩尤大道指挥部提供资金5000元对水毁灌溉主渠道（虎哥生段）修复补渗，确保近300亩农田灌溉。解决虎阳村办公楼维护瓷砖经费5650元，改善办公环境。协调雷山县交通运输局对干皎村村委楼至虎阳村寨脚公路硬化2千米和寨内“一事一议”步道硬化3千米。支持虎阳村举办“三八”妇女节、吃新节等活动，解决经费和慰问金1900元。春节向困难群众和双女户发放慰问金2000元。慰问火灾灾民，发放慰问金2000元，解决水泥款840元，送去猪肉15公斤，菜油10公斤，辣椒6公斤。

（唐寅）

土地和房屋征收管理

【概况】 雷山县土地和房屋征收管理局组建于2014年2月，为县人民政府管理的财政全额预算管理副科级事业单位，核定事业编制30人。设局长1名、副局长3名，内设办公室、财务室、政策法规股、安置办、征收管理股、档案室。局负责组织指导实施全县房屋征收拆迁工作。2015年年底，局在编人员10人，少数民族10人，其中大专以上文化人数10人。

【征收房摸底调查】 对县农机中心、国税局、雷公山自然保护区管理局、农村公路管理局、运管所、卫生局、乡镇企业局、自来水公司、茶叶公司、贵州盐业集团雷山分公司等10家行政企事业单位、集资房、房改房、商品房及自建房户进行入户摸底调查，调查297户，统计涉及土地面积21081.77平方米，国有资产房屋建筑面积14605.86平方米，各类住户房屋建筑面积43720.03平方米。对县城大十字解放西路北侧至新兴北路西侧片区棚户区改造项目涉及行政企事业单位资产24个，摸底调查占地面积81540.06平方米，房屋建筑面积90061.29平方米。其中：行政事业国有资产14户，房屋建筑面积13816.11平方米；国有（集体）企业11户，房屋建筑面积16888.54平方米；房改房、集资房、自建房房屋建筑面积59356.64平方米。

【房屋征收】 凯雷高速公路陶尧出口至蚩尤大道连接线建设项目：签订房屋征收补偿协议13户，支付征收安置补偿资金542.21万元，奖励资金18万元。征收土地2496.98平方米、建筑面积3782.65平方米，安置13户19宗地2076平方米。苗疆盛世综合体建设项目：签订房屋征收补偿协议2户，支付征收安置补偿资金106.15万元，奖励资金6万元。征收土地282.51平方米、建筑面积842.43平方米，安置2户3宗地328平方米。丹江镇教厂村砂石场建设项目：签订房屋征收补偿协议2户，支付房屋征收补偿资金42.56万元。征收土地163.77平方米、建筑面积697.14平方米，安置1户1宗地163.77平方米。完成郎德假日酒店房屋征收补偿协议签订1份，一次性货币补偿支付征收补偿资金545万元。县城犀牛塘片区道路基础设施一期工程建设项目：签订房屋征收补偿协议1份，支付征收安置补偿资金22.70万元。征收土地55.11平方米、建筑面积74.03平方米，安置1户1宗地96平方米。

【党建工作】 中共雷山县土地和房屋征收管理局党支部有党员人数7人。本科学历5人、大专学历2人。2015年，党支部坚持以邓小平理论和“三个代表”重要思想为指导，深入落实科学发展观，认真组织全体党员学习《中国共产党党员领导干部廉洁从政若干准则》等规定；认真学习中共十八大、十八届三中、四中、五中全会以及省委十一届五次全会精神。结合房屋征收工作实际，紧紧抓住“城乡建设大发展、城镇化建设”两大任务，以加强党执政能力、先进性和纯洁性建设为主线，以建设学习型、服务型、创新型、发展型机关党组织为目标，以“争创五好支部，争当优秀党员”作为活动主题，进一步加强和改进党的建设，扎实推进党的思想、组织、作风和制度建设，发挥党组织的战斗堡垒作用和党员的先锋模范作用。

（金华）

住房公积金管理

【概况】 黔东南州住房公积金管理中心雷山管理部事业（参公）编制9名；其中参公事业8人、工勤人员1人。2015年末，在职人员5人，其中大学文化4人、大专文化1人。黔东南州住房公积金管理中心雷山县管理部在黔东南州住房公积金管理中心的委托授权，负责雷山县住房公积金归集、提取和贷款业务。

【缴存与贷款】 全县参加住房公积金缴存单位152个，缴存人数5479人。完成公积金归集额519.59万元。2015年，职工退休、购房等累计提取住房公积金3842.04万元，归集余额为23855.89万元。当年累计发放住房贷款95户，贷款额2993.10万元；当年收回贷款本金1631.17万元，委托贷款余额为14468.41万元。

【党建帮扶】 设中共雷山县公积金党支部1个，有党员12人；其中在职党员10人、退休党员2人。女党员2人；设党支部书记1人、副书记1人、组织委员（兼纪检委员）1人、宣传委员1人、统战委员1人。大学文化8人、大专文化1人、中专及高中文化2人。苗族9人、侗族2人，少数民族比例占100%。2015年，对永乐镇坝子村进行长期帮扶工作；走访贫困户60余户，收到群众诉求20余条，意见和建议5条；多渠道筹集2万余元投入坝子村公路修复、水碾便民桥工程建设，为计生诚信户和贫困户注入养殖扶贫资金7500元。

（姜启龙）

国土资源管理

【概况】 雷山县国土资源局为雷山县人民政府直属管理正科级事业单位，机构内设综合股、规划与耕地保护股、土地利用与地籍管理股、矿产资源与地质环境管理股。隶属县国土资源局管理的直属副科级事业单位有雷山县土地收购储备中心（副科级）、雷山县国土资源执法监察大队（副科级）、雷山县不动产登记中心（副科级）；股级单位有雷山县土地资源勘查规划站（股级）、雷山县国土资源信息中心（股级）、雷山县地质灾害防治应急处置指导中心（股级）；同时还有属于事业单位管理的自收自支的雷山县土地矿权交易中心（股级，设主任1名）等11个机构和8个乡镇国土资源所；县纪委派驻纪检组长1名。2015年编制64名，其中局机关42名、乡镇所22名；在职人员52人，其中局机关34人，乡镇所18人；局长1人，副局长3人，纪检组长1人，总工程师1人，股级以下46人；行政编制7个，事业编制45个（参公管理）。2015年末，县国土资源局在岗52人，大专学历以上51人，中共党员23人，少数民族45人。2015年9月，雷山县国土资源局李莲秀被国土资源部评为“国土资源管理系统‘六五’普法先进个人”称号；2015年12月，雷山县国土资源局党组书记、局长潘社莲被国土资源部评为“全国国土资源管理系统先进工作者”称号。

【耕地保护】 2015年末，全县耕地保有量23.92万亩，州下达到雷山县耕地保有量为22.98万亩，完成州下达任务数的104%；全县基本农田保护面积20.33万亩，州下达到雷山县基本农田保护面积为20.33万亩，完成州下达任务数的 100%；全县获批立项高标准基本农田建设项目 1 个，为省级项目，建设规模 3608.03 公顷，建设总投资为 4119.84 万元。

【土地审批】 2015 年对西江营上文化产业园和白水河区域生态文化体验园、蚩尤大道建设、雷公山景区旅游用地以及丹江镇、西江镇、郎德镇、大塘镇等乡镇的土地利用总体规划进行局部调整，并得到批准实施。2015 年，所获得的用地审批 4 个批次，批准面积 102.5 公顷，其中城镇建设用地 102.5 公顷。

【土地储备供应】 2015 年，开展清理涉及 6 个乡镇 35 个村的土地总面积 3088.30 亩；其中位于允许建设区的土地 232.10 亩，位于有条件建设区的土地 851.59 亩，位于限制建设区的土地 2004.61 亩。收储地块为丹江镇乌开冲、西出口、陶尧园区、西江营上产业园区、西江干荣、郎德南统等地块，为全县的重点建设项目和经济社会发展做出贡献。全县获批土地 75.82 公顷，已供应 75.82 公顷，供地率为 100%。

【地籍管理】 2015 年 7 月成立雷山县不动产登记中心。年末，正在进行人员换转及前期登记发证的相关准备工作。年内全县土地使用权登记发证 1357 宗，其中国有土地使用权 995 宗、集体土地使用权 362 宗；土地抵押登记 224 件；土地登记公开查询 63 件次。

【矿业清理】 2015 年年底，完成全县矿业权的调查清理工作，全县调查清理探矿权 1 个、采矿权 4 个。已全面完成矿业权的分类处置工作，整改探矿权 1 个，自动放弃探矿权 18 个。

【地质灾害预测】 2015 年，县、乡、村、组四级地质灾害群测群防网络基本形成；与气象局联合发布地质灾害信息，全年预报地质灾害 23 起、避让转移 1000 余人，避免直接经济损失 500 万元；完成《雷山县地质灾害防治预案》《雷山县地质灾害应急预案》《雷山县突发性地质灾害应急处置措施》的编制；认真完成地质灾害群测群防“十有县”建设的要求，落实群防群测体系的建设，认真对地质灾害隐患点和学校组织开展突发性地质灾害应急演练 100 余次，积极向上级争取地质灾害应急及防治经费 3209 万元。

【国土监察】 认真做好执法监察和卫片执法监督检查日常工作。全年国土资源动态巡查 667 次，发现土地违法行为 75 件（含卫片执法 4 件），涉及总面积 173.67 亩；其中制止 65 件，立案查处 10 件，收缴罚款 16.69 万元，拆除 1395 平方米，提出处分建议 2 人（件），结案 7 件，3 件等申请法院执行后结案，结案率为 70%，有效地遏制违法用地和违法建设行为。

【党建帮扶】 设中共雷山县国土资源局党支部 1 个，有党员 23 人；其中女党员 4 人；在职党员 15 人、退休党员 8 人。设党支部书记 1 人、副书记 1 人、组织委员（兼纪检委员）1 人、宣传委员 1 人、统战委员 1 人。有大学文化 15 人、大专文化 2 人、中专及高中文化 6 人。苗族 19 人、侗族 4 人，少数民族比例占 100%。2015 年，局党支部切实贯彻落实党风廉政建设责任制。根据县委关于《建立健全惩治和预防腐败体系工作规划的实施意见》，成立党风廉政建设和反腐败工作领导小组，及时将责任分解，并明确分管领导和股室负责人为第一责任人，一把手切实负起“一岗双责”的责任，层层落实责任状，把党风廉政建设和反腐败责任制落实情况与对干部的考核、选拔、管理、使用结合起来，对责任不到位、不落实、发现问题不抓、抓得不力的责任人逐级追究责任，确保党风廉政反腐败工作真正落到实处。派出“第一书记”驻永乐镇大寨村开展扶贫工作，局干部职工到贫困村走访、遍访、回访贫困户 10 余次，利用“六一”“七一”等节假日到帮扶村开展慰问活动。

（杨金洲）

雷山县城镇投资开发有限责任公司

【概况】 雷山县城镇投资开发有限责任公司经县委批准，由雷山县政府出资，于 2012 年

11 月组建，系国有独资公司，注册资本 1000 万元。公司主要负责政府指令性项目建设及城市综合开发，对政府授权的资产实施经营和管理，对政府授权的土地收储中心收储的土地及政府划拨的闲置土地进行经营和管理，并围绕雷山县城镇建设进行投融资。县城投公司内设“三部一室”：办公室，财务部、投融资部、项目部。根据县委、县政府安排，2013 年 10 月，县城投公司与县国资公司、县文产公司进行合并重组，国资公司为总公司，城投公司、文产公司为子公司，并合署办公。2015 年，公司有董事长 1 人、员工 8 人，其中办公室工作人员 2 人、财务部 2 人、项目部 2 人、驾驶员 2 人（临聘）。

【项目建设】 由县城投公司作为业主实施的蚩尤大道建设项目，路线全长 4.37 千米，工程概算总投资 2.1 亿元，截至 4 月底，基本路基工程已经完成形象进度 90%。2015 年 5 月 27 日，雷山县遇受百年一遇的特大洪灾，给蚩尤大道造成严重损毁，导致所有河堤、70%路基路面全部冲毁，造成资金损失达 6000 万元。对此，县城投公司有效开展蚩尤大道灾后重建工作，采取超常规办法，截至 12 月底，蚩尤大道主道基本建成通车，连接线完成 80%，辅道正在施工中。

【融资工作】 根据县人民政府工作安排，由县城投公司作为贷款主体就雷山县易地扶贫搬迁等项目成功向台江农发行申请贷款 6 亿元，贷款到位资金创历史新高。

（邰建强）

交通邮电

LEI SHAN YEARBOOK

交　通

【概况】　雷山县交通运输局属雷山县政府管理的正科级行政单位，内设办公室（财务与审计股）、基本建设管理股、政策法规与安全监督股。归口管理机构有：县交通工程勘察设计队、县交通工程质量监督站、乡镇交通运输管理站、县农村公路管理局、县道路运输管理局、西江公路运输管理站、雷山县农村公路养护中心。有副科级以上实职领导6人，在编人数48人，其中行政在编8人，事业在编40人；大学文化34人，大专文化14人。2015年，完成公路固定资产投资20.7亿元。其中，高速公路完成12.2亿元；城市主干道完成2.6亿元；农村公路（含产业道路、水毁修复）完成3.96亿元；农村道路安全防护工程完成近亿元；城市公交、站台、农村客运车站、招呼站以及桥梁修建和损毁修复等完成1亿元。在全省率先实现村村通油（水泥）路目标和公路生命防护工程全覆盖。被雷山县委、县政府评为“雷山县抗洪抢险灾后重建工作先进集体”、被县总工会评为“2015年度工会工作先进单位”、获县2015年度经济类年终目标考核一等奖。

【高速公路建设】　凯雷高速公路于2012年12月开工建设，起点衔接沪昆高速公路，2015年12月24日建成通车，全长22千米，途经凯里市长青、脚勇、同鸟、摆底和雷山县羊吾、中寨、黄里、虎羊等村寨，有西江、黄里、陶尧三处收费站，设计时速80千米，总投资23.4亿元。蚩尤大道城市主干道，起于城区东面小郎当河口与省道308K221+500处相接，经乌秀村南秀自然寨、治安村、虎阳村、干皎村，止于陶尧村，路线全长4.76千米。其中主线长4.265千米，路基宽53.4米（包括主道、辅道、河床及河滨绿化带）；支线长0.495千米，路基宽25米，总投资2.6亿元，该道路是陶尧旅游文化产业园区内的重要基础设施，也是连接“凯雷”高速公路与雷山县城的重要骨架路网。

【农村公路建设】　累计建成通村油（水泥）路666.8千米，全县实现村村通油（水泥）路目标。同时，投入9500多万元完成农村道路安全防护工程建设，率先实现通村以上公路安保设施全覆盖。

【道路运输】　全县154个行政村已有130个村通客运班线，行政村通客车率84.4%，完成公路运输周转量29993万吨千米，比2014年增长47%。县城区开通1路、2路城市公交车。

【公路养护】　成立农村公路养护中心，在每个乡镇设立交通运输管理站，出台《雷山县农村公路管养实施方案》《雷山县农村公路管养办法》，明确养护责任主体、管理职责、养护资金来源、路政管理和监督检查等具体事项，投入1461.9万元，完成经常性公路养护里程232.7千米，全县县乡道路的好路率明显提升。

【党建帮扶】　2015年，中共雷山县交通运输局支部共有党员27人，其中在职党员21人，退休党员6人；大学本科以上14名，大专8名，中专及高中5名；少数民族党员占93%。年内培养入党积极分子2名，召开支部全体党员大会4次，支部委员会议6次。局党组带头召开专题党课教育3次，邀请县人大领导授课1次，局支部书记带头召开专题党课教育3次。全年结合全县“党员进社区”活动，发动在职党员21人，参与社区服务工作。5月至6月，在四次特大洪涝灾害中，全体党员干部职工充分发挥党员先锋带头作用，深入第一线开展公路抢修工作，年底雷山县交通运输系统被中共雷山县委。雷山县人民政府评为“雷山县抗洪抢险灾后重建工作先进集体”。选派3位干部开展驻村帮扶工作，全县交通运输系统48位干部共与永乐镇丛木、肖家、岩寨、小开屯、开屯5个行政村建立结对帮扶200户，年底已脱贫112户。2015年春节前夕，共为小开屯村送去节能灯219个，为4个帮扶村送去棉被16床，赠送慰问金4200元，慰问困难老党员5名；“七一”建党94周年之际，局支部组织21名在职党员深入4个帮扶村进行慰问，赠送慰问金 4000 元，慰问物资折合人民币 470 元；积极组织全体党员向丛木村火灾户捐款 900 元；帮助小开屯村 7 户“五保户”和特困户解决农村电改奖金 1512 元；协调解决帮扶项目 2 个，争取项目资金 289.1 万元，其中：肖家村通村水泥路项目 285 万元，岩寨村步道硬化、通组公路硬化奖金 4 万元，资助丛木村公路维修 2.1 万元。11 月下旬开展领导遍访贫困户、受灾户活动中，共为贫困户、受灾户送去慰问金 0.6 万元。

（岑夏丽）

公路管理

【概况】 雷山公路管理段编制人数 33 人（管理干部 8 人、专业技术人员 8 人、工人 17 人），其中段机关人员 19 人、机化站 3 人、养护站职工 9 人。2015 年末在职职工 31 人。内设有路政股，生产股，安全股，机料股，人事股，财务股。下设乌坝桥机化站、城关养护站和桃子寨养护站 3 个管理站，管养省道 308 线 79 千米。2015 年完成省道 308 线公路养护里程 79 千米，投入保养资金 281.7254 万元，投入迎国检养护资金 216.1239 万元，全年完成路况综合优良率 90.19%，较凯局计划的 82.91%提高 7.28%，差路率为 0%。

【公路安保工程】 累计完成省道 308 线公路油路大中修里程 19.851 千米，其中大修 1.85 千米，中修 18 千米。同时，实施安保工程省道 308 黎重线 K156 ~K235。投入资金 41.21 万元，完成钢筋砼防撞墙、波形护栏、缆索护栏、路面振荡标线等。投入 3552.16 万元，完成防护工程 103 处 8.06 万立方米，路缘石 63 处 148.3 立方米，公路塌方 124 处 10.43 万立方米等水毁安保恢复工程。

【交通应急设备】 雷山公路管理段配有应急抢险机械设备，其中轮式 50 吨装载机 2 台，轮式 30 吨装载机 1 台，轻型双排座自卸车 3 台，融雪剂洒布机 1 台，轮式 20 吨压路机 1 台，小型轮式挖掘机 1 台，共计 9 台应急设备。

【路政管理】 印发宣传资料 1500 余份、挂宣传横幅 52 幅、张贴车身贴 50 张、发放路政管理宣传手册 700 余份，接受群众咨询 1500 多人次。清理非法广告 16 处/26 平方米、整治违法增设的平交道口 4 处/16 平方米、清理拆除非公路标志 25 处/60 平方米、清理公路用地非法种植物 71 处/1000 平方米、清理公路及公路用地范围内堆积物 96 处/1157 平方米、清理占道修车、加水 4 处、清理利用公路附属设施悬挂标志 9 处，拆除非公路标志（广告横幅）62 幅，查处路政赔（补）偿案件 11 件，办理行政许可案件 1 件，收取公路赔（补）偿费 7.2 万余元。

【党建扶贫】 中共贵州省雷山公路管理段党支部有党员 11 人（其中女党员 1 人），在职党员 9 人、退休党员 2 人。有大学文化 5 人、大专文化 3 人、初中文化 3 人。设党支部书记 1 人、组织委员 1 人、宣传委员 1 人。少数民族党员占 82%。年内，支部组织党员干部参加集中学习 11 次，将“三严三实”专题教育和习近平总书记系列重要讲话精神、省州重要会议材料列为学习内容；党支部发展 2 名入党积极分子，发展 1 名预备党员，6 月完成支部换届。党支部书记田英被中共贵州省公路局委员会评选为贵州省公路系统“十二五”（2011—2015 年）优秀共产党员。7 月 1 日召开党员大会、座谈会，并组织与会党员重温入党誓词。关心职工健康，投入 2.45 万元组织在职职工 35 人体检；投入 2.1 万元购买便携折叠式警示锥 100 个，雨衣 30 套、标志服 100 套，以及手套、雨鞋等劳动保护用品。2015 年，帮扶黄平县纸房乡金河村，上报西堰桥桥梁恢复项目 1 个，批复资金 28 万元，追加资金 12 万元，共计申请 40 万元。驻村走访 447 户、1500 多人，写民情日记（台账）51 篇（条），“三特三留”人员 165 人次，协调凯里公路局资助贫困户 5 户、贫困学生 5 人。

（杨小兵）

邮　政

【概况】　雷山县邮政分公司为黔东南州邮政分公司直属管理的正科级国有企业单位，设总经理1名、副总经理1名，有综合办公室、市场经营部、邮务部、代理金融业务部、财务室、投递分局、护卫队、速递业务部8个股室．县城区分设丹江、南门坝、大广场3个邮政支局；乡镇分别设有西江邮政支局、永乐邮政支局、大塘邮政支局、达地邮政所、桃江邮政所、方祥邮政所、望丰邮政所。雷山县邮政分公司在编人员49人，其中大学文化10人，大专文化20人，中专以下文化19人；中共党员10人；其中高级职鉴3人，中级职鉴13人，初级职鉴13人。

【邮政业务】　主要办理函件、邮政包裹快递、汇兑、报刊发行、投递、机要、集邮、邮政储蓄存取贷款，邮政电子商务等业务。同时，代理保险，代收通信费、水电费、电视收视费，代售飞机票、火车票、交警非现场违法处理等业务。

【邮政服务】　雷山县邮政分公司投入170多万元，对西江邮政支局进行全面的升级改造，打造成具有民族特色的苗族文化主题邮局；同时，为做好邮政包裹快递服务，在县城新增设立5个社会代收点、购置包裹快递投递车5辆、创办县城电子商务旗舰店1个、各乡镇电子商务普及店25个，在淘宝网、邮乐网各设雷山特产馆1个，发展非现场交通非法处理业务社会代办点3个。

【党建帮扶】　中共雷山县邮政分公司党支部有党员10人，其中女党员1人，在职党员10人。设党支部书记1人、组织委员（兼宣传委员、统战委员）1人。支部党员文化结构为大学文化4人、大专文化1人、中专及高中文化5人。党员均为苗族。通过推荐，任永锋被省委、省政府表彰为“劳动模范”。积极创建省级文明单位，获得省委、省政府授牌为省级“文明单位”。先后为社会、个人捐款2万元。组织全体员工进行道德讲堂学习2次，共30人参加，增强职工的道德意识和社会责任感。雷山县邮政分公司与帮扶小组对郎德镇“三乌”即乌流、乌吉明、乌肖村开展帮扶工作。向乌吉明村捐助寨门建设资金3000元。4月4日，雷山县邮政分公司与省纪委吕主任及北京一行捐助人员到“三乌”村开展入户捐助活动，共捐助2万余元。6月8日，组织“三乌”村开展抗洪救灾工作。

（李玉成）

电　信

【概况】　雷山县电信分公司内设办公室、销售服务部、网络服务部3个管理部门，下设西江电信支局、永乐电信支局、郎德电信支局3个支局，18个代办点，在职人员17人，大专以上学历人员13人、高中以上学历人员3人、初中以下人员1人；正科级职1名、副科级1名。2015年，雷山县电信用户共30401户，比2014年减少0.7%。其中固定电话用户8480户，比2014年减少1.2%；电信移动电话14622户、比2014年减少0.64%；互联网用户6387户，比2014年减少0.9%；无线宽带114户。全年电信业务收入1320.79万元，比2014年减少0.9%。

【网络建设】　雷山县城区及各乡镇政府驻地实现4G网络信号全覆盖，主要乡镇及公路沿线实现3G信号全覆盖，通达手机信号覆盖行政村达80%，全年完成光纤小区建设20个、无线网络LTE-4G基站建设30个；完成雷山县光纤传输网络扩容改造，全县互联网出口带宽达到40G以上，全县FTTH光纤宽带端口达到2万余户；县城区域具备百兆光纤宽带接入能力，乡镇区域具备20M光纤宽带接入能力。完成光纤到户的互联网端口建设改造2300余线。完成小康讯村通宽带建设20余个村，电信宽带覆盖60个行政村，覆盖率约40%；电信手机信号网络覆盖100个村，覆盖率约65%。

【应急服务】 2015年，雷山县遭受特大暴雨袭击引发洪涝灾害，雷山电信分公司第一时间启动应急预案，及时修复县城和3个乡镇基站31个、接入网点7个。同时，重点修复县城中心机房到雷山县民族中学高考考点沿线光缆传输线路、雷山经郎德到凯里和雷山经榕江到凯里的两条主干传输线路。

【党建工作】 中共雷山电信分公司党支部共有党员9名，其中少数民族党员9名。大学本科以上2名，大专5名，中专及高中2名。结合生产经营实际，支部开展“三严三实”教育活动和“庆‘七一’、学党章、讲党性”活动，组织党员参加知识竞赛和集团组织的网上手机答题活动。每季度开好支部党员大会，支部书记带头上党课，将生产经营与党的理论相结合，将党课前置到生产一线中去。同时，雷山电信分公司党支部与西城社区开展“齐抓共管、创建和谐社区”主题活动，并组成社区服务小组3个，为居民推介最新的业务产品，听取居民需求，搞好上门工作服务。

（电信公司）

移动通信

【概况】 中国移动通信集团贵州有限公司雷山分公司下设综合部、建维部、销售部、政企部4个管理部门，41名员工，设经理1名、4个管理部门主任各1名。其中本科18人，占比43.90%；大专17人。2015年运营收入4522.2万元，比2014年增幅5.2%。被省通信管理局授予“2013—2015年度重要通信保障工作先进集体”荣誉称号，被雷山县委、县政府授予“雷山县2015年度同步小康驻村工作先进集体”荣誉称号。

【网络建设】 新建光缆传输线路200千米，光缆总里程达到1646千米，数据类传输光缆达到498千米，覆盖县城区及乡镇。宽带端口数新增1546个，全县宽带端口数达8578个。新建4G基站78个，4G基站数到达数为109个，2G、3G、4G基站累计到达数为362个。4G信号覆盖县城区和各乡镇及部分村寨，4G用户达到23713户，4G流量分流比为72%。

【通信保障】 全年出动抢修人员1800人次、应急通信车400辆（次）、应急发电20站（次），修复传输受损点300个，恢复传输线路360余千米，临时布放光缆35千米，抢通基站142个，完成通信隐患排查和网络测试2G基站27个、TD基站12个、LTE基站15个及2G/TD/LTE113个，实现2G+3G+WLAN+4G综合网络覆盖，处理网络故障687次，节日通信保障89站（次），完成5段70.6千米光缆线路搬迁工作。

【信息化建设】 天网工程监控点有223个，已覆盖8乡镇。电子政务内网点65个。新农合信息网络点58个，设居民医疗及药品刷卡消费“金保”专线43条，农医通用户12592户，校讯通用户6628户，开通行业应用卡520张，开通金融专线20余条，税务专线1条。同时，配合雷山县委组织部组建“暖心秘书”信息平台。

【党建帮扶】 设中共雷山移动公司党支部1个，有党员7人（女党员4人），均为在职和少数民族党员。设党支部书记1人、组织委员（兼纪检委员）1人、宣传委员1人。年龄结构为35岁以下4人、36岁至45岁之间3人。文化结构为本科5人，专科2人。开展“三严三实”专题教育活动，通过召开员工座谈会、支部民主生活会，加强党员政治理论学习教育和群众路线教育。在OA系统数字党建平台，将公司日常事务公开公布在党建平台上，接受监督。深入大塘镇掌雷村搞好精准扶贫工作，为留守儿童送温暖，解决帮扶村自然寨移动信号弱覆盖，开展灾后系列慰问帮扶活动。党员与社区签订党员服务社区承诺书，为群众解决困难10多件。

（谢丽娜）

联通通信

【概况】 中国联合网络通信有限公司雷山县分公司下设综合部、市场部、集团客户服务部3个管理部门和1个建维中心，公司现有11人，设总经理1名、市场部经理2名、综合部经理1名、集团部经理1名、建维中心经理1名，其中本科学历5人、专科学历5人、中专及以下1人。全年运营收入450万元。

【网络建设】 全县共有基站187个，宽带用户1137户，手机用户4413户，移动网络覆盖率95%，乡镇实现4G全覆盖，县城区、校园、乡镇、景区等区域网络下载峰值速率达到150Mbps，为响应2016年政府精准扶贫，雷山联通专项投资480万元，实现对大塘镇、郎德镇移动网、100M光纤宽带网全覆盖。2015年，中国联合网络通信有限公司雷山县分公司在黔东南州首个完成LTE—FDD室分系统开通工作。依托中国联通大数据基础，完成全县70所中小学“微家校”数据采集、分析。完成“五一”、G20峰会、国庆等节假日到雷山旅游大数据分析并形成报告供县委、县政府决策。

【党建帮扶】 中共雷山联通公司党支部共有党员4人（其中女党员1人），在职党员4人，设党支部书记1人、组织委员（兼纪检委员）1人、宣传委员1人。本科文化4人，均为少数民族党员。深入大塘镇两洋村开展帮扶工作12次，帮扶“村两委”工作经费500元，在春节、“三八”、“七一”等期间，开展向贫困户送话费、送手机活动，力所能及帮助困难群众解决生产生活中的困难。

（张小英）

财税金融

LEI SHAN YEARBOOK

财　政

【概况】　雷山县财政局是正科级单位，内设办公室、预算绩效评价和债务管理股预算股、国库和采购股、行政社保农业股、综合和非税票据管理股、经济建设和企业财务会计事务股共6个股室，下设有雷山县国有资产管理办公室、雷山县财政国库集中支付中心、雷山县基层财政管理局、雷山县财政监督执法大队共4个副科级事业单位，共有编制71名，其中行政编制11名、事业编制60名。2015年在编53人，其中行政编制7人，大学本科学历4人，大专学历3人；事业编制46人，大学本科学历42人，大专学历4人。2015年，全县财政总收入累计完成31735万元，比2014年增长8.50%，增收2486万元。公共财政预算财政收入累计完成21772万元，比2014年增长7.08%，增收1439万元。全县公共财政预算支出累计完成173196万元，比2014年增长35.94%，增加支出45794万元。八项支出完成104536万元，比2014年增长33.58%，增加支出26279万元。

【农财投资】　拨付农林水资金47731万元，累计通过“一卡通”发放粮食直补186.05万元，综合直补6181.2万元，油菜、小麦、玉米、水稻良种补贴690.85万元。兑付石油价格改革补贴290万元。同时，投入财政资金450万元，完成达地乡排老村、也蒙村农业综合开发和产业化经济项目各1个，投入财政资金392万元启动实施望丰乡公统村、甘益村、排肖村、丰塘村农业综合开发土地治理项目。

【民生保障】　刚性支出完成51859万元，运转支出完成6417万元。教育支出完成32430万元，基本实现教育“两免一补”“营养餐”政策落实到位。医疗卫生支出完成16627万元，投入新型农村合作医疗资金5338万元。拨付农村危房改造资金3594万元、保障性安居工程支出2779万元、廉租房租赁补贴资金209万元。“一事一议”财政奖补项目投入资金1000万元，新建项目70个，涵盖全县8个乡镇43个行政村，2.56万人受益。建成便民桥5座，步道护栏480米，步道硬化74.6千米，风雨桥1座，公路护栏762米，公路硬化41.09千米，太阳能路灯440盏，排污沟772米，庭院硬化76户。“一事一议”财政奖补水毁项目投入财政奖补资金500万元，维修和新建项目64个，涵盖全县8个乡镇49个行政村5.58万人受益。维修和建设通组公路8.98千米，便民桥2座，步道3.76千米，长廊2座，公路护栏280米，篮球场7个，太阳能路灯70盏，排污沟550米。

【小康寨行动】　2015年度“四在农家·美丽乡村”小康寨行动计划望丰乡州级重点示范乡项目投入财政奖补资金800万元，新建项目43个，涵盖望丰乡望丰村、公统村、三角田村、乌的村、乌肖村、乌响村6个行政村0.7万人受益。建成便民桥1座，步道3500米，公厕3座，活动场1个，垃圾集装箱11个，垃圾桶780个，凉亭7座，芦笙场1个，太阳能路灯920盏，寨门4座，公路硬化1.663千米。“四在农家·美丽乡村”小康寨行动计划县级重点示范乡项目投入财政奖补资金1470万元，新建项目83个，涵盖猫猫河、乌高、乔桑、老猫、平寨、毛坪、野蒙7个行政村0.59万人受益。建成便民桥3座，长廊7座，仿藤护栏2326米，风雨桥1座，公厕7座，公路护栏532米，活动场5个，垃圾池10个，垃圾集装箱4个，垃圾桶275个，休闲凉亭16座，芦笙场1个，太阳能路灯790盏，排污沟3122米，人饮工程1个，停车场3个，消防工程1个，寨门7座，步道硬化5000米，通组公路硬化2192米。

【政府采购】　累计完成政府采购92次，预算资金11752.37万元，成交金额10993.76万元，节约资金758.61万元，资金节约率为6.45%。政府采购规模进一步扩大，取得良好的经济效益和社会效益。

【财政执法】　完成对县广播电影电视办公室等4个单位的会计监督检查和会计信息检查，对全县申请微型企业补助的167个企业进行核查。同时，安排绩效评价项目35个，评价总金额2.95亿元，项目涉及财政、计生、卫生、农业、教育、扶贫、民政等领域。

【国库支付】 4月1日，8个乡镇国库集中支付在财政大平台上线运行，标志着雷山县已全面实现国库集中统一支付，104个预算单位100%纳入国库集中支付管理。2012年开始，雷山县在县直预算管理部门推行国库集中支付制度改革。

【党建帮扶】 2015年末，财政局党支部共有党员26名，其中，在职党员23名、退休党员3名。支部委员会有5名成员，其中支部设书记1名，组织、宣传、青年（兼统战）、妇女（兼纪检）委员各1名。大学本科文化党员19名，大学专科文化4名，中专文化（中师）2名，初中文化1名。党员均为苗族。支部认真做好入党积极分子的考察和党员发展工作，新吸收入党积极分子2名。规范党费管理，全年上缴党费10344元。开展好“帮县、联乡、驻村”工作，全年干部职工深入帮扶村协同开展工作达800人次，为帮扶村争取资金192万元，帮助实施项目“一事一议”路灯、道路硬化等8个项目，发放慰问孤寡老人、困难党员资金1万元，发放“5·27”洪灾慰问金7500元，全年帮扶村脱贫76户345人。

（杨美）

国家税务

【概况】 雷山县国家税务局是驻雷山县的中央直属正科级行政单位，内设办公室、人事教育科、监察室、征收管理科、税源管理科、办税服务厅共6个股室，1个派出机构即丹江税务分局。单位编制32名，其中行政编29名，事业编制3名；设局长1名，副局长2名，纪检组组长1名。在编人员27人，其中少数民族22人、汉族5人；研究生1人，本科学历13人，大专12人，中专及高中1人。2015年，各项收入5664.36万元，比2014年略有下降，减收0.06万元。其中：增值税完成2536.47万元，比2014年下降25.61%，减收873.20万元；消费税完成12.80万元，比2014年增长190.90%，增收8.40万元；企业所得税完成2289.72万元，比2014年增长70.40%，增收945.96万元；个人利息所得税完成0.11万元，比2014年下降26.29%，减收0.04万元；车辆购置税完成665.40万元，比2014年增长6.77%，增收42.20万元；教育费附加等其他收入完成159.87万元，比2014年增长43.56%，增收123.38万元。积极推进营业税该征增值税工作，先后将邮政业、铁路运输业、移动通讯三大行业进行营业税改征增值税，营改增纳税人累计60户，入库税款71.97万元。

【纳税服务】 2015年，办理新开业税务登记496户，受理纳税人变更税务登记事项45户次，办理注销税务登记482户，受理纳税人纳税申报事项33551户；发售发票62550份，代开普通发票6393份，代开金额9104.85万元，征收税款219.49万元；代开专票487份，代开金额1289.63万元，征收税款38.43万元。2014年至2015年，雷山县国税局依法减免税收计2838.33万元，具有代表性的是雷山县农村信用合作联社，减免企业所得税计1800余万元。同时，对雷山供电局、雷山县农村信用合作联社、雷山县英利房地产开发有限公司3户企业进行纳税评估，评估入库税款计400余万元。

【党建帮扶】 雷山县国税局设有党总支部一个，党支部3个，共有党员20人（女党员1人），其中：在职党员15人、退休党员5人；大学以上文化7人、大专文化9人、中专及高中文化4人。加强干部队伍建设，年内全局有2人进入省局人才库，4人进入州局人才库。充分发挥党组织的战斗堡垒和党员的先锋模范作用，积极采取“以电控税”“以票管税”、纳税评估等强化征管措施，全力以赴完成征收任务。2015年李德业获得全州国税系统首届“最美国税人”荣誉称号。单位获得全县政务中心文明窗口、单位荣获2012—2014年度全省文明单位和2015年全州国税系统岗位练兵大比武三等奖。

（李忠一）

地方税务

【概况】 雷山县地方税务局内设综合股、监察室、征管和科技发展股、政策法规股、计划财务股共5个股室，设有一分局、二分局、三分局、四分局4个副科级片区税务分局。总编制31名，其中行政编28名、事业编3名。2015年在编22人，其中大本11人、大专11人。2015年，雷山县地方税务局完成两项收入21296万元，占州局计划108.65%，比2014年增长20.51%，增收3625万元。其中税收收入完成21110万元，比2014年增长20.69%，增收3619万元；教育费附加完成186万元，比2014年增长3.1%，增收6万元；中央级税收收入完成2891万元，比2014年增长63.71%，增收1125万元；省级税收收入2905万元，比2014年下降1.61%，减收47万元，地市级税收收入完成1776万元，比2014年下降15.37%，减收323万元；县区级税收收入完成13537万元，比2014年增长26.83%，增收2864万元。此外，完成文化事业建设费3.5万元，完成地方教育费附加124万元，完成残疾人就业保障金10万元、工会经费54.6万元、价格调节基金187万元。

【代征社保费】 4月1日，州地税局局长陈辉俊一行到雷山县调研地税部门代征社会保险工作，县委副书记、县长袁刚在县政府四楼会议室主持召开座谈会，县委常委、常务副县长茹捷及县财政局、县人社局等部门负责人参加会议。州地税局局长陈辉俊重点分析地税部门代征的优势及法律依据。座谈会上，双方就在雷山县试点实施代征社保费工作形成共识。

【税收服务】 雷山县地方税务局管理的个体工商户有188户享受优惠，免征营业税税额为119.23万元，78户享受企业优惠，免征营业税税额545.62万元。全县共有小型微利企业53户，其中盈利24户，自由申报享受优惠13户，实际缴纳所得税额788万元、减免税额7.4万元，受惠达100%。

【税收征管】 雷山县重点项目工程税收入库1667.2万元，其中凯雷高速项目税收入库1465.51万元，鸡鸠水库项目税收入库201.61万元。全县年所得12万元以上个人所得税自行纳税申报133人，应纳税额484.55万元，已缴（扣）税款108.84万元，应补税375.71万元，与2014年相比申报人数增加26人。通过平台处理涉税事务共35项，评估出税472.63万元，已经入库税款472.63万元，入库率为100%。受“营改增”政策的影响，2015年，全县营业税等各项税费减收约400万元。

【党建帮扶】 2015年末，中共雷山县地方税务局总支部委员会辖3个支部，其中，第一支部为局机关，第二支部为一、二、四分局，第三支部为三分局。实有党员21人，其中退休党员有6人。年龄结构为35岁以下2名、36岁至45岁3名、46岁至54岁10名、55岁至59岁4名、60岁以上2名。文化结构为大学本科以上8名、大专11名、中专及高中2名。2015年，雷山县地方税务局以“铸廉行动”为抓手，开展廉政警示教育6次，廉政文化活动3次，巡查督查6次，德能巡查12人次，德能测评2次，为税收工作的顺利开展提供强有力的作风纪律保证。同时，县地税局领导班子深入机关基层组织调研2次，组织党员文体活动1次，积极组织党员干部15人借望丰乡“青山·爬坡节”开展税收宣传1次，组织党员参加义务植树1次，政务服务大厅党员流动值班导税台每周2人次，参加雷山“5·27”特大洪涝灾害抢险救灾50余人次。局领导和驻村干部深入永乐镇排告村开展稳收政策宣传6次，开展防火安全检查5次，帮助谋思路出点子6条，解决困难问题5个；走访慰问群众33人次；共投入帮扶资金5.67万元。

（唐毅）

人民银行雷山县支行

【概况】 中国人民银行雷山县支行是正科级金融机构，内设综合业务股、基础业务股2个管理部门，在职职工16人。

2015年，雷山县人民币各项存款余额31.72亿元，较年初增加5.21亿元，增长19.66%；比2014年增加5.94亿元，增长23.04%。人民币各项贷款余额21.28亿元，较年初增加3.16亿元，增长17.47%；比2014年增加3.51亿元，增长19.75%。存量存贷比为67.09%，较2014年同期下降1.83%；增量存贷比为60.65%，较2014年下降16.81%。

【货币信贷】 2015年，雷山县农信社合意贷款规模33042万元，向农信社累计发放杠杆化支农再贷款3.04亿元，按1：0.5比例至少撬动农信社1.52亿元自有资金支持地方经济社会发展，累计收回支农再贷款3.5亿元。

【外汇管理与反洗钱】 完成外汇业务系统的运行上线、升级维护及信息更新录入工作。同时，加强对金融机构洗钱知识的培训，督促指导辖金融机构做好金融机构反洗钱监督管理的上线工作。

【经理国库】 办理预算收入21994笔，金额48721万元；预算支出15716笔，金额152912万元；预算收入退付42笔，金额107.9万元；更正调库62笔，金额3174.5万元；其他15156笔，金额4987.4万元。完成重要物品登记40笔次，业务交接登记39人次，凭证报表移交登记257本（份），重要事项登记11次，国库柜面监督登记23次。

【普惠金融】 完成辖区内支付环境建设风险排查及农村支付环境安全大检查工作，有效推动助农取款服务点业务的发展，布放ATM机43台，建立特约商户443户，布放POS机具478台；设立助农取款服务点233个，布放支付终端233台；手机支付签约客户5418户，共发生取款笔数18笔，金额13595.3万元。

【党建工作】 2015年末，中共人行雷山县支行党支部有党员11人，在职党员7人，退休党员4人。大学本科7名，大专4名。组织召开职工大会12次，对中心工作存在的困难和问题进行研判。组织党组中心组集中学习理论12次，重点学习习近平总书记系列重要讲话精神；开展党员、入党积极分子专题培训2期，推动党支部转化升级；组织党员干部到县法院、县检察院、县信用联社先进基层党支部学习6次，受训人员达15人次；开展干部纪律作风督查12次。

（杨应明）

雷山银行业监督管理办公室

【概况】 雷山银行业监督管理办公室是一家金融监督管理机构，内设综合业务股、办公室共2个股室，编制4名。2015年在职干部2人，其中主任1人，办公人员1人。

2015年，雷山县农业银行、信用社、邮政银行三类金融机构，营业网点共22个，2015年年底存款余额306797万元（农行42670万元、信用社226051万元、邮行38076万元），比年初增加46006万元（农行增4153万元、信用社增39776万元、邮行增2077万元），贷款余额216754万元（农行7590万元、信用社204725万元、邮行4439万元），比年初增加39651万元（农行增2008万元、信用社增35102万元、邮行增2541万元）。

【现场检查】 认真学习各项政策规定和监管实务技能，监管人员必须做到对政策规定熟、实际现场检查技能高、非现场分析到位，以适应形势发展的需要。完成雷山邮储银行“两违”现场检查，发现贷款支付管理不规范，贷后管理不到位，柜员交接不规范等问题，通过检查有效促进县邮政储蓄银行加强内部管理，提高防范风险意识。完成信用社“小微企业和涉农贷款”现场检查工作。完成辖内银行业规范收费的检查和金融消费者权益的调查工作。配合当地公安机关做好金融机构营业网点节假日期间的安全工作检查达15人次以上。

【金融监督】 履行银行业高级管理人员任职资格审查工作职责，严格执行任职前考试、谈话制度，分别对3名高级管理人员（信用社2名、县农行1名）进行任职前的考试、谈话，完成高级管理人员任职资格的初审。参与县政府组织的非法集资检查，通过检查，没有发现非法集资情况。同时还参与县政府组织的对小微企业的评审工作2次。积极推动辖内普惠金融工作的开展。通过召开银行业金融机构负责人座谈会、走访部分乡村了解情况等方式，督促银行业金融机构通过多种渠道、媒介向社会大众宣传普惠理念和普惠内容。督查辖内银行业机构开展案防工作，并按季召开案防例会。

（杨平）

农业银行雷山县分行

【概况】 中国农业银行股份有限公司雷山县支行，内设中国农业银行雷山县支行营业部1个管理机构，2015年有在职员工28人，其中本科学历12人，大专学历4人，中专学历6人，高中学历5人，初中以下学历1人。设行长1人、副行长1人。2015年，各项存款余额42670万元，较2014年增加4153万元；各项贷款余额7590万元，较2014年下降2008万元；实现中间业务收入210万元，实现拨备前利润701万元。

【“三农”服务】 2015年，涉农贷款余额1921万元；发放贵州省贵民投资有限公司贷款2467万元，用于实施雷山县“四在农家美丽乡村”基础设施建设；发放“三农”贷款80万元；金穗“惠农通”工程逐步推进，累计设立助农取款点136个，覆盖全县8个乡镇、154个行政村。继续做好“新农保”金融服务工作，全年共代收保费474.2万元，发放养老金1016.5万元。

【信贷服务】 发放贵州省贵民投资有限公司法人贷款2467万元，用于实施雷山县“四在农家美丽乡村”基础设施建设项目；对公贷款余额3467万元，法人客户贷款收回4521万元。个人存款余额21928万元，较2014年增加1209万元；个人贷款余额4123万元，较2014年增加45万元，实现中间业务收入210万元。做好信用卡汽车分期业务，2015年共办理90户信用卡汽车分期业务，支持家庭购90台车辆，投入资金1034万元，发行贷记卡270张、IC借记卡2846张。发放社保卡13860张，激活社保卡3786张，增设2台超级柜台网点服务。

【党建帮扶】 中共雷山县支行党支部共有党员18人，其中在职党员14人、退休党员4人，设党支部书记1人、组织委员1人、宣传委员1人。文化程度在中专（高中）及以下的1人，大专以上的17人。苗族13人，侗族3人，汉族2人，少数民族比例占89%。开展“三严三实”专题教育活动，按照省、州分行的要求，结合本行实际，精心组织，落实“规定动作”，认真开展自学、党委中心组集中学习、党委书记上党课、纪委书记上廉政课和自查等各环节，做到“不走过场”，有序进行。春节期间开展走访慰问困难党员和退休老党员活动。支行党委领导先后带队下到雷山县永乐镇乔洛村开展帮扶工作5次。根据“5·27”该村受灾严重的实际，向上级行申请3万元帮扶资金的同时，动员全行员工捐款5000元，赠送衣服、棉被25袋，支持该村搞好生产自救工作。

（李瑞珑）

雷山县农村信用合作联社

【概况】 雷山县农村信用合作联社共有15个营业网点，其中信用社8个、分社7个。内设党委办公室、理事会办公室、工会办公室、基建办公室、综合办公室、业务发展部、农村业务部、财务信息部、合规风险部、档案管理室、纪检监察室、稽核审计部、事后监督部、扶贫事业部、电子银行部、监察保卫部、授权中心共计17个部室，共有员工178人，设联社理事长1名、联社主任1名、联社监事长1名、联社副主任2名、联社风险总监1名、联社工会主席1名，其中研究生2人、本科学历128人、大专学历29人、中专学历11人、高中及以下8人；中级会计师1人、助理会计师2人、中级经济师2人、助理经济师2人、平均年龄31周岁。

【存款业务】 2015年，雷山县农村信用社各项存款余额226050万元，较2014年增加39775万元，增速21.35%，完成省联社下达2015年确保增长计划的128.30%；各项贷款余额204726万元，累计发放各项贷款143315万元，比2014年多发放28994万元。全年各项收入20667.35万元，其中贷款利息收入18327.37万元，中间业务收入390.7万元，金融机构往来收入1543.21万元，其他营业收入406.07万元；各项支出14167.97万元，利息支出2248.25万元，金融机构往来支出921.82万元，手续费支出283.05万元，营业费用支出8739.26万元。实现账面利润总额4392万元，较2014年增加1279万元；净利润3544万元，较2014年增加1050万元。股本金达6691万元，资本充足率达11.74%，较2014年提高1.05个百分点。拨备覆盖率达201.3%，较2014年提高34.75个百分点；贷款拨备率5.56%，比2014年提高0.13个百分点；流动性比例38%，比2014年提高0.8个百分点。

【贷款业务】 涉农贷款余额204726万元，较年初增加34902万元，比2014年多增加446万元，累加发放涉农贷款143315万元，占各项贷款的100%；小微企业贷款余额68397万元，较年初增加17707万元，增速为34.93%，重点支持农户发展特色茶叶、旅游业、蔬菜、水果和原生态畜牧业等山地特色现代农业4750户，贷款余额22306.9万元；大力支持省“5个100”和州“6个20”工程建设，贷款余额171741万元支持城市综合体、示范小城镇、产业园区、高效农业示范园、旅游景区建设，累计发放114145万元；支持“四在农家·美丽乡村”建设农户发展6016万元，助力新农村建设；围绕“十大民生”工程建设，发放就业小额担保贷款累计发放685万元，贷款余额1089万元；妇女创业贷款累计发放509万元，贷款余额863万元。

【网点建设】 2015年，雷山县联社城西分社和朝阳分社同时正式对外营业，县城网点增加至7个，营业网点总数增加至15个；全县累计安装VTM/ATM和CRS机28台，较年初增加8台；累计安装POS机具277台，较年初增加19台，其中村村通覆盖率达208.19%，活跃率达100%，全县POS终端交易数14.29万笔，交易金额849716万元；网上银行和手机银行用户分别达到2341户和1940户，分别增加1036户、1020户；电子渠道业务代替率达53.73%。

【农村信用社改革】 7月7日，雷山县召开农村信用社改革工作启动会，制定出台《关于进一步深化农村信用社改革实施方案》，提出农信社改革的工作目标，2015年9月底完成贵州雷山农村商业银行股份有限责任公司筹建工作、2015年年底获得银监会筹建批复。

【党建帮扶】 中共雷山县农村信用合作联社委员会设党委书记1人、纪委书记1人，纪检监察室1个，下辖党支部8个，共有党员93人，其中在职党员86人、退休党员7人。有研究生1人，大学文化62人、大专文化7人、中专及高中文化7人。初中以下文化16人，少数民族党员占党员总数的90.32%。2015年，党委中心组共召开12次会议集中组织学习，并要求各基层社将会议的学习内容和会议精神及时传达到每位员工，切实落实好会议精神。2015年7月，雷山联社被省联社表彰为“四好”领导班子，杨声汶、唐仕和分别被省联社表彰为“六先”共产党员和优秀党务工作者。县联社党委表彰先进党支部3个，优秀共产党员10名。接收3名入党积极分子为预备党员，2名预备党员按期转正。开展“三严三实”专题教育活动，切实加强和改进作风，领导班子制定整改措施27条。与各部室、网点签订目标责任书，将党风廉政责任目标纳入年度目标管理，并实行责任追究。加强干部队伍建设，招聘新员工31人；开展各类业务培训1296人次。“六一”期间，到毛坪小学、丹江小学及县幼儿园开展慰问活动，送去慰问金近1万元；“八一”建军节慰问县武装部、县武警中队官兵，慰问金共计15000元；深入全县23所中小学校开展教师节慰问活动，送去慰问金44000元。投入6万元帮扶永乐镇党开村建设人畜安全饮水工程；全体员工“5·27”洪灾捐款27700元，雷山联社慈善捐款10万元赈灾；为毛坪村受灾群众向送去价值1.5万元的24套厨具；捐赠3万元帮助大塘镇掌坳村进行寨内绿化和旅游步道建设等。

（王文华）

中国人民财产保险公司雷山支公司

【概况】 中国人民财产保险公司雷山支公司，内设经理室、综合部、营销服务部、业务部、理赔部5个管理部门，设经理1名、助理1名，编制7名，有营销员15人，其中大学生3人、大专6人、中专及高中13人。

【保险业务】 2015年，车辆保险累计保费收入998.86万元，占保险业务总收入的59.13%，累计赔款476.95万元，赔付率为47.75%。为进一步增强农村群众抵御灾害风险能力，创新政府减灾救灾机制，健全和完善自然灾害救助体系，家庭财产保险累计保费收入82.06万元，占保险业务总收入的4.85%，累计赔付204.15万元，赔付率为248.78%。企业财产保险累计保费收入0.71万元，累计赔付0万元，赔付率为0%。货物运输保险累计保费收入0.02万元，无累计赔付。

【理赔制度】 理赔服务随着社会发展不断改进，形成“八条理赔禁令”，即严禁编造虚假赔案或在赔案中虚列费用；严禁在系统外理赔或篡改理赔数据；严禁违规通融赔付或扩大赔付；严禁越权处理赔案；严禁违规处理损余物资或使用查勘车辆；严禁违规外授理赔查勘定损权限；严禁收受或索取不当利益；严禁从事与理赔有关的社会经营活动。对理赔人员提出“三个要求”：要认真细致地审核单证；要认真做好调查研究，弄清事实，分清责任；要合理确定损失程度、金额和赔付办法。对理赔工作的基本流程报案、查勘定损、签收审核索赔单证、理算复核、审批、赔付结案等步骤作出明确规定。

（时静）

中国人寿保险公司雷山支公司

【概况】 中国人寿保险公司雷山支公司内设经理室、团体业务部、个险销售部、银行保险部、综合办5个管理部门，共有干部职工及营销人员23人，其中本科1人、大专5人、中专及高中17人。

【承保险种】 中国人寿保险雷山支公司主要经营人寿保险、人身意外伤害保险、健康保险三大类保险业务。2015年，雷山支公司新增承保长期寿险鑫如意、鑫福年年两全保险。2015年，各项保费收入达1457万元，同比增长18.4%。

【个险业务】 开办的人身保险业务分为简易人身险、老年平安险、福寿安康险、99鸿福终身险、88鸿利终身险、康宁终身险以及各类分红保险等。承办业务以直销、个人营销、代理人代理等三种形式进行。业务又分个人保险业务和团体保险业务。2015年，中国人寿保险公司新增鑫福年年、鑫如意两全保险，承保人数387余人，保费收入269万元。

【团险业务】 国寿学生、幼儿平安保险。此保险是在多年开办的学生平安保险条款的基础上，对保险费率、保险责任、保险金额适时作调整，开办的有半年缴费 30 元和 50 元的两种产品。2014 年至 2015 年学生承保人数 4 万余人，保费收入近 200 万元，共计赔付 160 万元，赔付率为 80%。

【理赔服务】 中国人寿公司遵循“忠诚服务、笃守信誉”的职业道德和“主动、迅速、合理、准确”的赔付原则，对发生的保险赔案及时查勘定损，在索赔手续齐备后，10 天内给予赔付。对重大赔案，逐级上报审批。对保险合同期满的被保险人按照合同的保险金额及时办理给付手续兑现保险金。2015 年各种赔案计 812 件，总赔付金额为 958. 7 万元，赔付率为 67. 6%。

（杨昌海）

教育科技

LEI SHAN YEARBOOK

教　育

【概况】 2015年，雷山县教育和科技局内设办公室（政策法规股）、安全监督办公室、教育股、计划财务股、科技管理中心、教育督导室、纪检监察室、农村教育学生营养改善计划办公室、学前教育办、资助管理中心、教师管理办、少年校外活动中心、县教育招生考试中心、远程教育站、工程项目建设办公室、校财局管办公室和教研室等科股室，实有工作人员74人，其中行政人员8人，事业人员66人；大学文化48人，大专文化21人，中专及高中5人。2015年末，雷山县有幼儿园16所，其中民办幼儿园8所。小学附设学前幼儿班57个，总幼儿教学班147个，在园（班）幼儿4235人，比2014年增加462人，增长率为12.24%。全县有小学68所，其中完全小学28所，教学点40所，比2014年减少1所，共设366个班，在校生11051人，比2014年减少20个班增加学生32人，小学生入学率为99.32%，比2014年提高0.21个百分点。全县有初级中学5所，在校生6587人，比2014年减少391人，初中净入学率97.08%，毕业率为100%，全县九年义务教育巩固率为98.27%，比2014年增长1.02个百分点。普通高中1所，在校生3493人，比2014年少6人；中职学校1所，在校生299人，比2014年增加101人，比2014年增长51个百分点，高中阶段毛入学率92.52%，比2014年增长17.12个百分点。

【教师队伍】 2015年，幼儿园教职工总数为277人（民办幼儿园教职工107人），其中：园长20人（民办9人），专任教师170人（民办53人），保健医生1人，保育员40人（民办28人）。全县中小教职工有1878人（小学专任教师808人），其中初级职称235人，中级职称507人，初中专任教师418人，中级职称192人，高级职称56人。高中在职工有234人，其中专任教师204人。在任教师中，获得硕士以上学历4人，本科学历198人，专科学历2人；在专任教师中，获初级职称89人，高级职称32人。中职教职工67人，其中专任教师54人，硕士1人，本科学历38人，专科学历15人；在专任教师中，初级职称28人，中级职称20人，副高级职称5人。

【教育投入】 全年投入教育资金10141.28万元，其中基本建设资金6378万元，中小学公用经费1527.81万元，学生营养改善计划资金1382.94万元，农村义务教育阶段家庭经济困难寄宿生生活补助资金687.08万元，普通高中国家助学金中央和省级资金131.59万元，中等职业学校国家免学费资金11.4万元和助学金7.46万元，“三区”人才支持计划教师专项计划中央补助资金15万元。

【学前教育】 投入420万元改造村级幼儿园27所，改造建设面积7460平方米，改造后新增幼儿园4所；完成西江幼儿园新园改造及环境创建，添置玩教具、床桌柜、厨具餐具。投入13.68万元用于27个幼儿园（班）的代课教师补助。运用中央和省贫困幼儿资助计划资金15万元，支助幼儿296名。核定幼儿园事业编制52人，新增学前在编教师27人，聘请幼儿班代课教师43人，选送41名教师参加州级以上提高培训。在教师“教学设计”评选活动，获得州级一等奖2人，省级二等奖4人。在州级以上媒体刊登学前教育动态工作报道6篇。

【义务教育】 全县小学、初中辍学率分别为0.07%、1.13%，均在“小学1%、初中2.45%”的省定目标之下；全县九年义务教育巩固率为98.27%，较省定指标的85%高出13.27个百分点；小学、初中净入学率分别为99.38%和97.08%、均高于省定指标；全县小学和初中寄宿生分别为3335人、5207人，寄宿率分别达30.18%、79.05%，均达到“寄宿率小学30%、初中70%以上”的省定目标。完成望丰乡五星小学三至四年级并入望丰小学，永乐镇柳排小学四至六年级并入永乐小学，郎德镇杨柳小学三至六年级并入望丰小学的“三并”工作任务。新建8

所标准化“留守儿童之家”，评选出5所“四在学校·幸福校园”示范校。

【普高教育】 投入803万元完成雷山民族中学学生宿舍建设和塑胶运动场建设，总建设面积19466平方米。普通高中完成招生1006人，全县高中阶段毛入学率为92.52%。全县普高、中职学生流失率分别为2.83%、8.08%，均在“普高5%、中职10%”的省定目标以下。雷山民族中学申报创建省级示范性普通高中工作顺利通过验收，评定为省级三类示范性普通高中，有1167位考生参加高考，一本上线62人，二本上线186人，三本上线136人，高考录取1064人，录取率为91%。

【职业教育】 投入1000万元加强雷山县中等职业学校的基础设施建设，修建教学楼和住宿楼7000平方米，配置教学设备350件套。全县完成中职招生1212人，占任务数1200人的101%；高中阶段学生普职比为50.4∶49.6，均高于“高中阶段毛入学率达85%以上”和“普职比达60∶40”的省定目标。按照“普职互通”互转程序，完成5名学生普职学籍互转工作，完成“普职互通中职班”招生43人，“普职互通普高班”招生94人。

【教研教改】 组织中小学和幼儿园1236名教师进行业务能力测试，90分以上的占5%，70分以上的占75%。组织中小学16个学科的教师专业技能（优质课）评选活动，共150多名教师参加，选送参加州级比赛教师获一等奖3人、二等奖4人、三等奖10人。完成中小学学科教学渗透法制教育优质课、优秀课件、教学设计评比活动，评出优质课（录像课）一等奖6节，二等奖15节，三等奖8节；论文一等奖12篇，二等奖33篇，三等奖55篇；教学设计一等奖17篇，二等奖43篇，三等奖37篇。组织教师参加省州级教育教学科研论文、教学设计评选，获一等奖19篇、二等奖36篇、三等奖87篇；省级参赛稿件154篇，获一等奖7篇、二等奖60篇、三等奖73篇。组织6个课题参加贵州省中小学教育科学研究成果奖暨黔东南州首届教学成果评比活动，雷山县第三中学潘国荣老师主持的课题获省级二等奖和州级一等奖。

【招生考试】 雷山县高考报名人数1204人，其中普通高考考生1188人（理工类638人、文史类550人），中职单报高职16人。在普通高考中，全县上一本分数线：文史类8人，占上线率1.45%；理工类54人，占上线率8.46%。上二本及以上分数线人数：文史类53人，占上线率9.64%；理工类170人，占上线率26.65%。上专科及以上分数，文史类542人，占上线率98.55%；理工类619人，占上线率97.02%。全县一本录取54人，二本录取207人，一、二本共录取261人，录取率为21.97%。三本录取102人。高职专科录取701人。自主招生录取4人。全县高职专科以上录取总人数1064人，录取率为91%。雷山县共有2050人报名参加全州普通高中招生统一考试，实际参加中考有1877人，中考考试最高分725分，700分以上有14人，600~699分有196人，500~599分有390人，400~499分有558人，300~399分有507人，300分以下共有212人，雷山民中录取1092人，雷山职校录取225人。

【学生安全】 雷山县各中小学共建警务室35个，配备保安人员202人，安保设备300件，总投入资金70万余元。中心校以上配备法制副校长47人，法制辅导员14人，涵盖47所学校。与69所学校签订食品安全责任书，参加责任险学校93所，投保学生24057人，保费达120285元，覆盖率达100%。

【教育“十一件实事”】 县教育局围绕群众关心关注的问题，确定2015年着力做好教育“11件实事”。全面实施县域内教育均衡发展工程，扎实做好迎接省人民政府对全县义务教育均衡发展工作进行督导评估工作；全面实施提升教学质量三年行动计划，全力做好中、高考和中小学普通班统考备考工作，努力确保高考二本上线人数突破400人（含体艺）；中考和中小学普通班统考各科人均分、人均总分较去年稳步提高；努力确保雷山民族中学申报省级示范性高中通过省级评估和县示范幼儿园申报州级示范性幼儿园成功；全面加强师资队伍建设，建立并落实校长和教师轮岗交流制度，建立健全校长和教师考核和激励机制制度；全面规范学校管理，进一步完善学校管理制度，全面提升校园文化建设水平，继续强化民族文化进校园工作，努力创建平安、和谐校园；启动并实施第二个学前教育三年行动计划，深化学前教育集团化办园工作；落实教育民生资金，实施好本年度各项教育工程、学生资助工作和学生营养改善计划；组织开展好第四届“蚩尤魂·苗乡梦”暨雷山县中小学生体育艺术节展演活动；完成好教育“9+3”计划各项指标及招生任务；全面加强党的建设，进一步巩固和扩展党的群众路线教育实践活动成果。

【教育部署会】 1月30日下午，雷山县义务教育均衡发展工作部署会在县教育局三楼会议室召开。县教育局党政领导和县政府教育督导室全体成员，全县各中小学党组书记、校长，县教育局机关全体干部共100余人参加会议。会议对全面做好迎接省、州人民政府对雷山县义务教育均衡发展工作进行验收的相关工作进行安排部署，逐项查漏补缺，确保全县义务教育均衡发展工作顺利通过验收。

【“4+1”餐标】 2月下旬，雷山县教育局出台2015年春季学期营养餐“4+1”餐标资金使用预算指导意见，有效指导各校做好营养餐标资金的使用预算，进一步规范学校食堂管理和食品营养科学搭配。《中华人民共和国意见》规定：50人以下的学校，菜单用足餐标资金，适当考虑水果供应；50~100人的学校，每餐两菜一汤，间周水果配餐；150~400人的学校，每餐三菜一汤，间周水果配餐；500人以上的学校，每餐三菜以上一汤，并水果配餐。

【苗学会赠书】 3月4日，雷山县苗学会会长杨耀奎向雷山民族中学捐赠自己新出版的画册《苗疆圣地美丽村落》10册。《苗疆圣地美丽村落》画册2014年12月由中国大百科全书出版社正式出版发行，书中精选作者2009年3月以来拍摄的雷山县9个乡镇154个行政村和50户以上300多个苗寨共351张图片。画册以乡镇为序逐村排列，每个行政村附一幅或多幅图片，并按方位、人口、姓氏、特产和文化五方面内容简要介绍各村情况，图文并茂，是一部进行爱国爱乡教育的优秀乡土教材。同时还把《苗疆圣地美丽村落》画册捐赠给雷山县各中小学、幼儿园，每校5~10册，作为图书供师生阅览。

【灾后自救】 5月27日凌晨2时至7时，雷山县境内突降百年一遇特大暴雨，最大雨量达367.6毫米，县内丹江河、永乐河等河流水位暴涨，造成县城关和八乡镇30余所学校不同程度受灾，多所学校出现教学楼堡坎开裂、围墙垮塌、山体滑坡以及水电、道路、通信中断等，全县教育系统因洪灾造成损失达1170.7万元。28日，雷山县教科局积极组织各受灾中小学教职员工全面开展灾后自救，重点做好灾后清淤、道路疏通、重要设施修复和安全隐患排查整治以及卫生防疫等工作，倾力恢复教学秩序。

【党建扶贫】 雷山县教育科技局党委下辖雷山一中、二中、三中、丹江小学、永乐小学、郎德小学、大塘小学、西江小学、雷山民中（党委）和望丰小学10个党总支、51个党支部，有党员815人，其中女党员270人，少数民族党员259人。35岁以下234人，36岁至45岁281人，46岁至54岁有185人，55岁至59岁34人，60岁以上81人。大学本科以上445人，大专207人，中专和高中163人。2015年，组织召开局党委会12次，研究部署党建工作；建立完善集体决策等9项制度；投入资金117万元先后组织局机关干部300多人次，深入学校排忧解难。整治“四风”突出问题，完成整改17项。局机关76名干部到帮扶村，开展精准扶贫工作。筹措党建帮扶资金5万元，支持帮扶村建立合作社，发展种养殖；开展慰问困难党员和家庭困难群众6人，发放慰问金3600元；投入办实事经费2.6万元；联系爱心人士为乌迭村2名考上二本的家庭经济困难学生捐款1万元，解决上学难问题。7月6日，雷山县教育和科技局党委在纪念中国共产党成立94周年大会上对全县教科系统的10个“先进基层党组织”、26位“优秀共产党员”和24位“优秀党务工作者”进行表彰。会上，先进基层党组织代表、优秀共产党员代表、优秀党务工作者代表分别作经验发言。同时，还开展

“三严三实”专题党课讲座。

（罗安德）

雷山县中等职业学校

【概况】 雷山县中等职业学校坐落在西江镇营上村，校舍建筑面积17100平方米，2015年有教职工62人，其中高级教师5人、一级教师19人、二级24人。其中州管专家、省级特级教师1人、州级学科带头人1人；在读硕士研究生1人、本科36人，大专15人；在校生342人。配备有旅游酒店实训室、旅游酒店实训大厅、计算机实训室、钢琴室、电工实训室、多功能报告厅、茶艺实训室等功能室。

【教学教研】 雷山县中等职业学校按“0+3”“1+2”“3+2”的模式与重庆机械高级技工学校、重庆巴南职教中心、重庆商务高级技工学校、贵州省畜牧兽医学校、贵州省旅游学校、贵州省电子信息技术学院、贵州省林业学校联合办学，与西江千户苗寨文化旅游发展有限公司冠名办班；在西江黔森酒店挂牌“雷山县中等职业学校酒店餐饮实训基地”、雷山苗家春茶叶有限公司挂牌“雷山县中等职业学校茶叶生产加工实训基地”。2015年，完成中职招生251人，旅游班26名学生在西江千户苗寨文化旅游发展有限公司实习，输送109名学生到深圳塞意法电子有限公司和广东省惠州市华通电脑有限公司参加勤工俭学；15名学生参加艺术类考试，其中14名上本科线，1名上专科线，14名学生进入高职院校就读。

【成人教育】 2015年，职校招生148人，其中本科63人、大专85人；开设法学、汉语言文学、水利水电工程、园艺、护理学、会计学、行政管理、小学教育、学前教育、工商管理、药学、土木工程学业。参加全州技能大赛获一、二、三等奖共有24人次；外出展演15场（次），获省级一等奖1次、二、三等奖励6次；参加贵州省第八届“贵青杯”舞蹈大赛获第一名。

【活动开展】 2015年，外出展演15场（次），获得省级一等奖1次，二、三等奖励6次；举办“苗乡情·职教梦”专场职业教育歌舞展演1场。2015年3月31日，职校旅游、民族歌舞表演、普职互通、茶叶等专业36名学生赴凯里一职校参加全州2015年技能大赛，文化艺术、旅游、民族歌舞三个大类7个小项50人次获奖。2015年，举办新型职业农民村级动物防疫员、新型职业农民粮食作物栽培工、新型职业农民农村经纪人培训200人次。

【党建帮扶】 中共雷山县中等职业学校支部共有正式党员27名、预备党员1名。大学本科以上学历党员有22名，大专4名，中专及高中2名；少数民族党员占85.7%。学校规定每学期单周一下午进行政治学习，加强教师师德修养，激发教师爱岗敬业精神；加强学生思想教育。开展“三严三实”专题教育和“铸廉行动”等活动，集中整改突出问题，组织学习相关文件精神11次、刘芳先进事迹1次。逢年过节慰问退休及困难党员。选派1人驻西江镇连城村开展帮扶工作，深入精准扶贫入户调查和录入数据工作。资助该村2名贫困大学生每人500元。

（刘长红）

雷山民族中学

【概况】 雷山民族中学是雷山县唯一一所普通高级中学，占地面积14.67万平方米，总建筑面积7万平方米，有教学楼2栋、普通教室108间和实验教室21间，综合办公楼1栋，学生公寓楼6栋，学生食堂1栋，教师周转房1栋，篮球场6个，羽毛球场4个，乒乓球场6个，8条400米环形跑道田径运动场1个和塑胶足球场1个，风雨桥3座，农耕文化陈列馆1个。学校图书12.5万册，电子阅览室2个，电子书籍10万册，学生微机室3间。设校长1名，副校长4

名，共有教职工293人，其中博士研究生1人，硕士研究生3人，本科生169人，专科生3人；高级教师36人，中级教师43人，初级教师97人；省级优秀教师3人，省级骨干教师2人，州级骨干教师4人，州级教学能手1人。内设学校办公室、教务处、教研处、总务处、政教处、安保处、体卫艺处、党建办、信息办、资助办、信息网络中心、膳食中心共12个股室。有校党委、校工会、校团委、校妇委会共4个党团群组织。全校66个教学班，共3489名学生。2015年，贵州省教育厅授予“贵州省省级示范性普通高级中学”，被中共贵州省委宣传部、省委统战部、省民族宗教事务委员会授予“全省民族团结进步创建活动示范学校”；被黔东南州广播电视新闻出版局授予“黔东南州首批非物质文化遗产保护传承教育示范基地（苗族芦笙制作技艺、苗绣、苗族银饰锻造技艺、苗族飞歌、苗族芦笙舞、苗族铜鼓舞）”；被黔东南州教育局、州民族宗教事务委员会授予“黔东南州第二批民族民间文化教育项目学校”。

【教学教研】 实施“继教工程”，全体教师通过年度专业能力测试。邀请贵州省教科院院长张庆肃、黔东南州教科所所长谢岑、原副所长陈子玉到校讲学。名校推选余福宝副校长赴中央民族大学附属中学参加贵州省高中校长研修班培训，选派王秋盛、金元上、余志毅3名教师赴贵阳参加全国班主任“卓越班级锻造”学习培训，选送李志军、余国德、梁锦成、杨玉金、熊沁怡、喻红、李艳群、苏星奕8位教师赴浙江慈溪育才中学跟班培训；选送李胜恩、唐元斌、王麒麟、张桓、李成富、穆天珍、余春芹、李小燕8位教师赴中央民族大学附属中学跟班学习。同年，雷山智华中学在雷山民族中学正式挂牌成立，当年，雷山智华中学获得香港智华基金捐助资金500万元。7月18日，首届“智华班”开班，班额2个，每个班各招45名学生。

【教学管理】 雷山民族中学始终以教学管理为中心，开展“课堂大练兵”教学竞赛和“一日一优课”学生评课活动，鼓励教师岗位创优，向课堂教学要质量，设立“高考加油站”，集中骨干教师，聘请考试专家对学生考前备战进行会诊指导，提高高考上线率。在2015年高考中，600分以上考生4人，居黔东南州39所普通高中学校第五位，居全州县级普通高中学校第四名；一本上线62人，二本以上上线248人，三本以上上线384人，全校录取本专科1064人，录取率89%，高出省录取率86%的3个百分点。开展高一新生招生工作，录取新生1150人，完成州县下达招生任务的100%。

【捐资助学】 全年争取到助学资金451.97万元。其中国家助学金212.80万元，资助学生1064人（每人2000元）；教育精准扶贫资金224.77万元，资助845人（每人2660元）；深圳—贵州助学金3.90万元，资助39人（每人1000元）；骏马基金会助学金4.50万元，资助45人（每人1000元）；贵州省水木光华企业联盟助学金6万元，资助20人（每人3000元）。此外，帮助55名贫困生免交2015年高考报名费7150元（每人130元）。

【“非遗”传承】 开展民族文化进校园和苗族“非遗”校园传承活动，建有苗族文字陈列室、苗族“非遗”实物陈列室、灌溉水车、水碾坊、农耕文化陈列馆，将雷山县13项国家级非物质文化遗产名录编印成《“非遗”教学教材》（上、下册），作为民族文化传承课程教材。同时，建有苗族银饰锻造室、苗族芦笙制作室、苗族刺绣培训室3个“非遗”技艺传习室，聘请苗族银饰锻制技艺省级“非遗”传承人顾永冲、苗族芦笙制作技艺国家级“非遗”传承人莫厌学、苗族芦笙制作高级工艺美术师莫建华到学校进行“非遗”技艺传承，高考术科和文化成绩上二本线以上有学生25名。

【党建帮扶】 中共雷山民族中学委员会下辖语文、数学、英语、文综、理综、体艺后勤和老年党支部7个党支部，共有党员88人；大学本科以上83人，大专1人，中专及高中4人；汉族党员10人，少数民族党员78人，少数民族党员占比88.64%。开展“三严三实”教育实践活动，学习习近平总书记系列重要讲话精神。7月1日与丹江镇水电村两委干部群众开展建党94周年联庆活动，共筑校村睦邻关系；8月23日启动9月3日组织全校师生观看纪念中国人民抗日战争暨世界反法西斯战争胜利70周年天安门广场大阅兵电视实况，进行爱国主义教育。开展“党员献课活动”，涌现出石萍、王麒麟等一批年轻的优秀教师和十多节高质量的公开示范课。全年发展新党员7人，其中学生6人、教师1人。深入望丰乡羊卡村开展帮扶活动，帮扶羊卡村两委建设物资和资金共计2.58万元，其中捐助羊卡村小学6800元、羊卡村两委1.08万元、贫困村民杨占里1500元，捐资助学6740元，帮助丹江镇党高村孤儿金梦春大学学费5000元，帮助羊卡村民收购白菜、洋芋、瓜果共5534公斤。

（余国德）

雷山第一中学

【概况】 雷山县第一中学是雷山县委、县政府优化教育资源撤并望丰、大塘和达地3所乡镇初级中学，于2013年12月26日正式成立。学校位于县城东南郊，占地103亩。初建时，校舍面积18920平方米，两幢教学楼共有40个教室，综合楼和行政办公楼各一幢，2100平方米的学生食堂和8600平方米的学生公寓楼群可容纳2000多学生吃住。有标准的足球田径多功能运动场1个，包括室内篮球馆共4个篮球场，图书室藏书3万余册，学生1952人，三校教职工汇集共188人。至2015年，校舍面积23968.74平方米，藏书增至3.9万册，生均校舍面积11.95平方米，生均图书19.45册，学生2005人，师生比1：15.43，教职工经优化整合转岗分流成为158人的精干队伍。除勤杂公益人员外，92名一线专任教师中，30岁以下22人，31~39岁45人，40~49岁21人，50岁以上4人；初级职称38人，中级职称48人，高级职称3人；大专学历12人。获教育部授予“全国青少年校园足球特色学校”、获全州“四在学校·幸福校园”荣誉称号。

【教研教改】 加强校本培训，促进教师专业发展。主要加强教师教育教学理论、教学技能的学习培训。开展丰富的教研活动，提高教师教学能力和教学水平。加强对公开课教学、研究课教学、听评课活动的指导和管理。改善集体备课方法，提高集体备课实效性。加强对课堂教学指导。积极组织各种竞赛和研讨活动。加强对教研活动的组织和管理，严格把关和检查教师的教学常规任务。2015年，教师的业务学习和课程研究意识进一步增强，教师的工作态度和工作方法得到进一步改善，教师的课堂教学手段不断提升。2015年7月，雷山县第一中学综合成绩排名全县第一名。

【德育工作】 加强师德教育，增强教书育人意识。加强常规教育，做好育人工作，确保人身安全。重视学校校园文化环境建设，优化育人环境。大力开展管制刀具和校园及周边安全隐患的排查，确保师生生命和财产安全。上好班级主题会，学生纪律教育和宣传大会。做好学生的养成教育。搞好各种安全等材料上报和资料归档。做好学生暑假前的安全工作部署。安排好本学期的假期值班和守护工作。通过全校的努力，本学期无重大事故发生。加强门卫室窗口形象建设，确保全校师生生命安全。加强家校联系，做好学生思想政治工作。对全体师生各种疾病等及时排查、预防和治疗。注重学科教学渗透法制教育。

【后勤保障】 提高认识，重抓和谐，服务学校中心工作。确保为师生营造一个良好的教学、学习和生活环境，切实为教育教学服务，稳定学校的工作、学习和生活秩序。坚持常规工作不放松，及时做好日常维修，隐患排查工作，确保教育教学的正常进行。做好物品的采购和保管工作，规范校产管理制度。严格执行财务制度，规范经费行为。积极配合和引导财务室做好学校的财务工作。加强对食堂、超市的食品卫生管理，服务质量有一定的提升。

【党建帮扶】 中共雷山县第一中学党总支共有党员72人；其中大专学历2人，本科学历68人，学士学位2人。始终以中共十八大精神为指导，全面贯彻“三个代表”重要思想，树立和落实科学发展观，充分发挥党支部战斗堡垒作用和党员的先锋模范作用，调动干部职工的积极性，较好地完成各项工作任务。2015年，多次到望丰乡掌窝村开展帮扶工作，资助该村“两委”和6户困难户、10户受灾户共5200元。与县委离退干部管理局联合邀请州农业专家周定生、雷山魔芋厂厂长杨志伟到该村举办魔芋、茶叶种植技术培训，参训50多人。

（潘喜龙）

雷山第二中学

【概况】 雷山县第二中学创建于1980年9月，学校占地面积22939平方米，建筑面积11415平方米，核定事业编制134名，设校长1名、副校长2名，内设办公室、政教处、总务处、教务处、教科室、党建办、考核办、信息办等8个股室。全校有教职工117人，其中大学本科82人、大专31人、中专及高中4人、高级职称20人、中级职称58人、初级职称31人。在校学生1929人，共有37个教学班，其中初一12个班、初二12个班、初二13个班。2015年，被评为“黔东南州校园文化建设示范学校”“黔东南州文明交通先进单位”。

【德育工作】 雷山县第二中学高度重视学生的安全教育和养成教育，认真贯彻执行《中华人民共和国教师法》《中华人民共和国未成年人保护法》《中华人民共和国义务教育法》《中学生守则》和《中学生日常行为规范》，积极开展文明礼仪教育、法制教育、安全教育、关爱“留守儿童”教育等。同时，不定期组织学生观看教育片，召开家长会，努力营造学校、家庭、社会“三位一体”齐抓共管的教育良好氛围。

【教学教研】 狠抓常规教学，制定教学评估细则，对教学工作进行量化考核。同时，加强教研教改工作，组织全体教师学习新课标，在备课、听课、说课、评课等教学环节中做到取长补短。在第十八届全国青少年五好小公民“少年向上真善美伴我行”主题教育活动中，李春艳、石丽、李正娟三位老师获征文指导教师二等奖，雷山县第二中学被评为“示范校”；在全州第五届中小学暨中职学生艺术展演比赛活动中，蔡金彩、杨光成、吴呈金、潘冬梅四位老师辅导的节目《铜鼓魂》荣获一等奖；在雷山县中小学学科教学渗透法制教育活动教学设计中，荣获三等奖有7位老师、荣获二等奖有6位老师、荣获一等奖有2位老师；在雷山县中小学教师业务能力测试中，荣获优秀等级的教师有15位。在2015年中考中，有558名考生参加，其中有363名录取高中、177名录取职业技术学校。

【教学管理】 加强常规管理，认真做好校园美化、学生寝室等工作，做好教师教学用品及学生学习用品的准备工作。开学前夕，总务处对年级教室的教学设施、教师办公室教学设施及生活用品进行全面的整修、更新，保证教育教学工作顺利开展。严格执行“两免一补”政策和“营养餐改善计划”。加强贯彻执行《中华人民共和国食品卫生法》和有关的管理规定，严把食品原材料进货渠道，购买一切物品要索证索票。做好基建设施维修。学校扩建停车场200平方米1个，共投入3万元；男生宿舍外墙粉刷及教学楼一楼粉刷共2500平方米，共投入资金5万元；地面硬化，校舍维修共投入2万元。投入4万元建成走廊书架，并将上千册图书上架，供学生翻阅。寻求资助，投入6万元建成2个阅览室。

【党建帮扶】 2015年末，中共雷山县第二中学党总支部委员会有4个党支部，即第一党支部、第二党支部、第三党支部和第四党支部（老年党支部）。共有党员50名，其中预备党员3名，占党员总数的6%；少数民族党员49名，占党员总数的98%；离退休党员5名，占党员总数的10%。50名党员中，有大学本科以上29名，大专13名，中专及高中6名，初中2名。学校党总支深入开展师德师风建设、“铸廉行动”、“一校一品”、“我是党员”、“创先争优”等教育活动，课外活动时间积极组织全体教职工学习中共十八届四中全会以及省委、州委、县委相关文件精神，学习教育法律法规。以“树文明校园，铸师德新风”为宗旨，强化校园廉政文化，加强“三重一大”的监管力度。党员教师争做教学能手、学科带头人，党员和入党积极分子积极承担高质量的公开课（示范课），带头进行学术讲座。学校领导班子多次到望丰乡乌局村开展帮扶工作，给乌局村30户贫困户送去40包复合肥发展生产。发动全体教职工向该村26户受灾农户捐款1万元。2015年共收到爱心捐款15587元，全部用于资助学校85位特困学生。

（吴杰）

雷山第三中学

【概况】 雷山县第三中学占地21344平方米，建筑用地3521平方米，教学楼3栋，综合楼1栋，男生宿舍楼2栋，女生宿舍楼1栋，学生食堂1栋。学校建有理化生实验室，多媒体教室，图书室、体育器材室、心理咨询室、团委活动室、校园广播室、党务办公室、陈列室、“梦想空间”室。2015年有校教职工121人，其中专任教师91人，公益性岗位25人，中学高级职称20人，中级职称52人，初级职称19人；有30个教学班，在校学生1509人，住宿学生1180名。

【教研教改】 开展师徒帮带工作，发挥骨干教师的示范辐射作用，大部分教师大力推行洋思教学模式，基本上形成一整套符合校情学情的教学方法。倡导集体备课，各学科教师每周定时定点集中研讨，把集体智慧运用到教学工作中。大力推行摇号推门听课制度。学校听课不指定教师，而是通过摇号抽取，随堂听课，避免教师上课不备课和上课作秀等现象的发生。派遣教师参加上级教育主管部门组织的各级各类教育教学培训。学期初派语文、英语、生物三学科3名教师到杭州上城区建兰中学跟班学习1个月。期中有3名教师到省里参加省教育厅组织的国培计划短期集中培训。巡课查课工作常态化。每周由行政值周老师不定时组织学校教研、教务人员深入年级组，巡查师生的课堂纪律，师生的到位等情况。加强对公开课教学、研究课教学、听评课活动的指导和管理。本学期在语文、数学、英语、物理、化学、生物、历史、政治、地理、体育学科骨干教师的校级公开示范课共26人次、各科组内公开课要求每人1次以上，做到人人参与。加强中继教学习，要求每个教师必须完成20学时的学习笔记。重视教学科研指导。教师优秀论文4篇获县级奖。优质课获得县级一等奖1人、二等奖3人、三等奖3人。潘国荣组织申报州教育教改科研中获得州级一等奖。开展丰富多彩的第二课堂活动，全面提高学生素质。

【德育工作】 注重抓好师德师风教育，学校经常组织教师学习新时期师德行为规范，特别是组织教职员工学习中共十八大以及十八届二中、三中、四中、五中全会精神，在政治纪律上始终与党中央保持一致，时刻牢记使命，全身心投入到党的教育事业。按照上级部门的要求和社会各界对新时期教师的期待，学校要求教职员工树立终身学习理念，端正师德师风，积极参与上级主管部门组织的各级各类教育教学培训活动，不断提高教职员工的自身素质。利用升旗仪式，班会课宣讲《中学生守则》《中学生日常行为规范》，教育学生热爱祖国，热爱家乡，热爱学校，铭记社会主义核心价值观，争做社会主义合格小公民。深入开展学科法治教育工作，师生学法、知法、守法意识得到很大提高。12月25日，雷山县第三中学成功举办2015年“非遗”文艺会演活动。县委常委、副县长汤敏及县文体广电新闻出版局有关负责人现场观看会演，并作指导。

【政教工作】 确立安全责任重于泰山的意识。继续落实政治处—年级组—班主任和政教处三级安全工作管理责任，在安全管理的工作中，按照安全工作谁主管、谁负责的基本原则，采取层层签订责任状，做到责任到人、工作到位。丰富安全教育内容，积极开展防火安全教育、交通安全教育、活动安全教育、饮食安全教育、人身安全教育、假日安全教育、财产安全教育、公共安全教育等运动。通过各种形式，把日常安全教育与阶段性安全教育结合起来。“期初安全教育”周末回家安全教育、期中安全教育、学校安全教育专栏、班级黑板报安全专刊、广播和升旗仪式的安全教育讲话、发放致家长一封信等。通过开展全体师生应急疏散演练，对学生进行组织纪律和安全意识的强化教育。本学期安全疏散演练进行3次。完成省级安全文明校园材料的上报。

【党建帮扶】 中共雷山县第三中学党总支部1个，下辖2个支部，有党员52人（其中女党员9人），在职党员43人、退休党员9人。设党支部书记2人、副书记2人、组织委员（兼纪检委员）2人、宣传委员2人。有大学文化30人、大专文化15人、中专及高中文化7人。少数民族党员51人。广泛深入有序地开展“铸廉行动”工作。按时完成本学期上级党组织交给的各项工作任务。学校党总支多次深入帮扶村望丰乡乌响村开展党建扶贫工作12次，完成2015年“精准扶贫”任务，资助资金1万元。协助争取到乌响村南鱼组公路硬化工程建设项目建设资金51.8万元，硬化公路500米。

（李建光）

科学技术

【概况】 雷山县科学技术服务中心隶属县教育和科技局的正乡级事业单位，核定事业编制10名，设主任1名、副主任2名、股级干部3名。内设发展计划股、科技成果管理股、产业科技股3个股室。雷山县科技服务中心以提高全县综合科技进步水平指数为中心，以科技项目申报、成果转化、科技培训为抓手，以加强知识产权培育和科技创新为着力点，扎实推进各项工作。2015年，全县综合科技进步水平指数为16.41。

【科技项目】 向省科技厅申报《雷山银球茶病虫害绿色防控技术集成与示范推广》等14个科技项目，其中获得省科技厅立项有9个项目，立项资金260万元。全年培育并成功备案科技型企业16家，有3家企业参加科技型企业遴选，其中雷山县创杰农业开发专业合作社、雷山县三元科技发展有限责任公司被省科技厅认定为大学生创业企业，雷山县苗家春茶业公司被省科技厅认定为种子型企业。申请专利51件，专利授权6件，其中实用新型专利4件、外观设计专利2件。

【知识产权】 雷山县完成专利申请量55件，在全州排名第7位，其中发明专利25件，完成任务数的500%，在全州排名第1位。实用新型8件，外观设计22件。总授权6件，兑现专利申请补助金额52000元。

【产业培育】 向省科技厅申报《雷山银球茶病虫害绿色防控技术集成与示范推广》等14个科技项目，其中有9个项目获得省科技厅立项，立项资金260万元。培育并成功备案科技型企业16家，其中雷山县创杰农业开发专业合作社、雷山县三元科技发展有限责任公司被省科技厅认定为大学生创业企业，雷山县苗家春茶业公司被省科技厅认定为种子型企业。

【示范培训】 投入资金10余万元，分别在丹江镇排翁村及方祥乡雀鸟村实施20亩的野生绞股蓝人工驯化技术示范及冰球子栽培种植技术示范。投入资金3.8万元，开展中药材、茶业、蔬菜、企业创新、知识产权培育、电子商务等科技培训。

【党建帮扶】 中共雷山县科技服务中心党支部有党员5人，少数民族5人。2015年，党建工作以落实重点工作责任制为重点，提高执行力；以服务发展、服务企业、服务群众为主要内容，提高服务对象满意度；推进机关作风建设，提高工作效率。多次深入方祥乡提香村开展帮扶工作，帮助村民理清发展思路，破解制约村级经济社会发展的重点和难点，引导10户农户种植钩藤166亩，帮扶1万元资金用于人畜饮水、消防设备设施、办公设施修缮及技术培训等工作。

（余杰）

文体旅游

LEI SHAN YEARBOOK

文化体育

【概况】 雷山县文体广电新闻出版局，内设机构：综合办公室、文化股、体育股、广电股。直接管理的事业单位有：县文物管理局、县文化综合执法大队、郎德上寨民族村寨博物馆、县非物质文化遗产保护中心，有县体育管理中心、县图书馆、县文化馆3个正股级事业单位。归口管理单位：县广播电视台、县苗族银饰刺绣博物馆、县西江苗族博物馆、县民族文化交流发展中心。行政编制8名，其中局长1名、副局长3名、纪检组组长1名。共有干部职工75人，其中大学45人，大专22人，中专及高中8人。

【文化活动】 认真组织开展好节庆期间丰富多彩的文体活动。完成文艺“三下乡”演出6场，“铸廉行动”专项巡演9场，苗岭笙歌“非遗”巡演14场，完成大型民族歌舞展演、猜灯谜、美术摄影展、民间龙灯、斗鸟比赛、现场书写春联免费赠送等活动。搞好全省首届纪念“五四”—“青春的旗帜”主题直播活动，同时还与西江旅游公司组团参加“重庆巫山小山峡·对歌节”演出，充分展示雷山县多姿多彩的民族文化。雷山县文化馆于2015年6月22日完成全国第四次文化馆评估工作，并积极利用西江镇、望丰乡等村寨的爬坡节、吃新节举办4次苗歌传承比赛活动。开展对永乐镇党开村、格益等5个村的帮扶工作，共帮扶资金5万余元。“5·27”洪灾，向州、省积极争取灾后重建资金近300万元。成功举办2015年中国雷山苗年节大型巡游和开幕式活动及全国芦笙大赛系列苗年专场晚会等重大活动。

【体育竞技】 成功举办迎新春“农行杯”篮球足球赛及全县“五一”“水务杯”职工篮球运动会；完成雷山县第四次全国国民体质监测复查工作。完成第三届雷公山之巅·巴拉河之下全国山地自行车骑行节比赛。完成农体工程建设乡镇级2个、村级12个，路径工程1个。组织雷山县各中小学参加全州青少年锦标赛荣获15枚金牌、6枚银牌、7枚铜牌，奖牌数28枚。成功举办2015年苗年节第一届“惠通杯”足球锦标赛及“信合杯”篮球锦标赛和2015年第五届超100千米国际挑战赛、第二届千人毅行登雷公山暨首届露营大会等重大活动。2月26日至3月11日，由中共雷山县委、雷山县政府主办，县文体广电局、农行雷山县支行承办的篮球、足球赛，篮球、足球男女组各取前六名，其中男女第一名奖金各1万元。

【“非遗”工作】 完成苗医药数字化建设工作。召开苗医药数字化建设研讨会暨“四个一百”工程乡土人才培训会，将著录数据由原来190条的基础上增加至960多条，通过国家中心审核。并完成《苗族芦笙制作技艺》数字化建设图片、视频资料采集工作。完成项目资金申报，完成《苗寨吊脚楼营造技艺》《苗族银饰锻制技艺》《苗族民歌·苗族飞歌》3个国家级项目和《苗族古瓢舞》《苗族古瓢琴制作技艺》2个省级项目的资金申报。共申请到资金411万元。做好传承人申报工作，通过努力，有杨昌义、陈正平、陈鸿等162名民间艺人被命名为第二批县级传承人。杨光学、甘小芝、杨昌伟等15名县级传承人被列为第三批州级传承人，成为全州申报得最多的县。雷山县有国家级传承人2人、省级传承人5人、州级传承人28人、县级传承人211人，建立国家、省、州、县四级传承人体系，为“非遗”能更好地得到保护传承提供保障。在第十个文化遗产日，“非遗”中心围绕“保护成果全民共享”的主题，开展“非遗”专场展演14余场、发放宣传资料，召开座谈会，对“非遗”先进单位和个人进行表彰等系列活动。

【文物保护】 把文物安全作为首要任务来抓。从中央免费开放资金中划拨2万元采购50根消防水带，更新郎德上寨消防水带漏损问题，成立专职消防队，配发消防迷彩服，并对“弱势”人员陈正伟父子住处进行搬迁，消除特殊人群带来的安全隐患。指导西江博物馆完成馆内监控系统升级，对新进员工进行防火、防盗安全知识培训和不定期开展消防演练，并对博物馆附近雨滑路段以及容易掉落瓦片的房檐进行修整。对各级文物保护单位开展安全检查 26 次，在郎德上寨发现火灾隐患 1 处，已作现场整改。对郎德上寨开展执法巡查 12 次，全年没有文物安全事故发生。认真做好博物馆免费开放。西江博物馆坚持双休日、节假日不休，每天按时开闭馆。郎德馆、银饰馆除每周一闭馆外坚持免费开放。三馆全年累计接待社会公众 67 万人次，讲解 738 余场（次）。

完成项目申报和经费争取。2015 年西江苗族博物馆、郎德上寨博物馆获得中央免费开放专项补助经费 70 万元，郎德上寨古建筑群文物征集获维修经费 20 万元，获得扩容建设经费 300 万元，控拜银匠村获得古建筑群维修经费 150 万元。成功申报郎德上寨集中成片传统村落整体保护利用项目于 4 月 27 日获得国家文物局立项批复列为第二批项目名单。开展国有单位可移动文物普查第二阶段工作，全面完成文物信息采集和在线平台登录工作。西江苗族博物馆完成文物在线登录 539 件、建立照片档案 1845 余张，完成总藏品登录进度 100%。郎德上寨博物馆完成文物在线登录 129 件、建立照片档案 144 余张，完成总藏品登录进度 100%。银饰刺绣博物馆完成文物在线登录 863 件、建立照片档案 2000 余张，完成总藏品登录进度 100%。并对雷山县范围内“三普”遗漏的老厂房、老办公楼开展补查，共发现 17 处，其中老厂房 9 处，老办公楼 5 处，其他（武庙、小学、村委楼）3 处。

【广播电视】 丰富农村人民群众的精神文化生活，做好农村电影放映工作。完成公益电影放映任务为 1860 场，超额完成 12 场。完成中央专项资金 80 万元的雷山首个数字影院建设工作任务。完成项目总投资 210 万元广播电视高山无线发射台基础设施建设工程，并交付使用。截至 2015 年年底，贵州省广电信息网络股份有限公司雷山县分公司实现权责发生制收入 740 万元，完成全年任务的 111%。完成现金流收入 730 万元，完成全年任务的 104%。新增高清电视用户 3693 户，新增宽带用户 838 户，全县实有用户达 18000 余户。

【电视节目播出】 雷山县电视台在做好全县的政治性以及重大会议宣传报道的基础上，开辟《民生实事暖民心》《多彩贵州文明行动》《铸廉在行动——曝光台》《走遍苗寨》《高速到苗乡》《聚力抓重建》《最美雷山人》《我们的节日——苗年》《中国梦之我的梦想》《谋划“十三五”推动新跨越》等 27 个专栏的采访报道。2015 年，新闻综合频道共播出新闻 1592 条，黔东南台播出雷山新闻 174 条，省台播出 32 条。其中，《苗寨看小康》这一档走基层栏目的开办，更是推动新闻工作者切实将群众观点、群众路线体现在新闻宣传实践中，为全县发展营造良好的氛围，电视台深入基层、深入群众进一步制度化、常态化，自 2013 年 4 月 1 日栏目开播以来，栏目组先后深入 64 个村，完成报道 82 期，其中望丰乡 23 期、方祥乡 13 期、大塘镇 31 期、永乐镇 15 期。

【电视专题制作】 制作《两百年一遇特大暴雨美丽雷山损失惨重》《举全县之力集全县之智坚决打赢脱贫这场输不起的攻坚战—雷山县扶贫攻坚暨“减贫摘帽”工作纪实》《突主题亮特色宣传思想文化工作谱新篇—雷山县 2015 年上半年宣传思想工作汇报》等各类专题共 25 个。在民族文化类专栏，循环播出 23 部宣传雷山的专题，每天播放《大苗山》《登雷山》《逛苗乡》《相聚芦笙场》《我在雷山等你来》等 25 首动听又极富民族特色的歌曲；安排精彩的影视剧供群众观赏，播放电影 454 部，电视剧 42 部；播出《科普大篷车》50 期、《乡村法制》26 期、《致富故事汇》38 期、《健康面对面》46 期，安全生产类 15 期 120 次、交通安全短片 32 期 340 次、社会综治电视讲话 1 期 10 次、小学生安全自救常识 5 期 15 次、政府各职能部门公告 12 期 80 次。

【文化执法】 深入开展打击网吧接纳未成年人上网行动。在日常工作中，把防范未成年人进入网吧作为重中之重，开展定期的网吧专项整治行动，切实加强对网吧市场的日常巡查力度，落实对重点地域、重点时段、重点场所的监督检查制度，有效打击网吧市场中的违规违法行为，市场经营秩序得到明显改善。2015年，出动执法人员4024余人次，对全县网吧、游戏厅、歌厅、图书、印刷等经营单位检查共2146家次，责令整改34家次。与市场业主签订责任书100余份；与环保、安监等部门联合检查总达25次；召集全县文化娱乐场所业主召开安全生产会议培训5次。通过扎实有效的工作，全年文化市场无安全事故发生。

【党建工作】 中共雷山县文体广电新闻出版局党总支部下辖中共雷山文体广电新闻出版局第一党支部、中共雷山县电视台第二党支部，有党员39人，在职党员32人、退休党员7人。设党支部书记2人、组织委员2人、纪检委员2人、宣传委员2人、统战委员2人。有大学及以上文化23人、大专文化11人、中专及高中以下文化5人。党员均为少数民族。2015年，认真开展“三严三实”专题教育活动，全体党员的党性观念和服务意识不断增强。坚持一周一例会制度，学习、研讨、交流工作中遇到的问题，推进各项工作有序地进行。全力推进机构改革工作，完成广电局与文化局的合并。完成提案办理5件。完善年度考核等各项规章制度，出台行政领导班子议事等规则，促进民主集中制建设。

（穆迎秋）

博物馆管理

【概况】 雷山县共有3个博物馆，其中雷山县苗族银饰刺绣博物馆为副科级事业单位，共有事业编5名，在职人数5人，其中馆长1人、工作人员4人，苗族4人，汉族1人，党校研究生1人，大学本科学历3人，大学专科1人。西江苗族博物馆有编制5名，内设6个股室：办公室、财务室、保安保洁部、文物征集保管与陈列部、讲解与宣传部、苗族文化研究部，在职人数5人，其中行政编1人、事业编4人，大学本科学历5人，均为少数民族干部。郎德上寨民族村寨博物馆隶属于雷山县文体广电新闻出版局的副科级事业单位，核定事业编制2名。设馆长1名，2015年实有13人，其中馆长（兼）1名，事业编制人员2名，临聘郎德上寨村民参与管理员4名，专职消防员5人、保洁员2名。

【数字化建设】 数字化建设是2015年博物馆的重点工作，于2015年2月召开启动会议，把前期的设备、资料准备工作、中期的摄录采集登记工作、后期的上传著录工作统筹安排，雷山县苗族银饰刺绣博物馆明确馆长侯天江负总责，杨证超、杨光才负责摄录，张小莉、潘光绪负责登记，黄世珍负责著录，杨玉霞负责后勤。7月，完成著录数据达863条。西江苗族博物馆按照全国第一次可移动文物普查要求，发动全馆干部职工，对馆内539件可移动文物信息进行全面采集及电子信息录入工作。郎德上寨民族村寨博物馆对可移动文物进行全面的普查，对文物进行拍摄、数量清点、基本信息记载等，总共完成129件文物在线录入，并成功上传国家文物信息管理平台。

【“非遗”教育基地】 根据《州人民政府办公室关于开展首批州级非物质文化遗产保护传承教育示范基地命名工作的实施方案》文件精神，雷山县苗族银饰刺绣博物馆积极做好相关申报工作，配合县“非遗”中心做好基础材料，创造条件，完善各种设施，通过努力，雷山县苗族银饰刺绣博物馆已经通过专家评审，成功申报列入州级非遗示范性教育基地。

【免费开放】 截至2015年年底，雷山县银饰刺绣博物馆接待中央、省、州、县各级领导参观指导和全国各地游客共计2.4万余人。集中地宣传雷山县苗族优秀传统文化，提高苗族文化的影响力和苗族的知名度，推动雷山县民族文化产业发展壮大。西江苗族博物馆注重打造专题博物馆的同时也兼顾打造生动有趣吸引游客的休闲博物馆，坚持双休日、节假日不休，按时开闭馆，共接待游客671846人次，讲解713场（次），为弘扬苗族文化，满足公众精神文化生活需求发挥职能作用，对提高该馆知名度和促进雷山旅游发展宣传面，由于成绩突出，被省州评为优秀免费开放博物馆，获奖金 5.5 万元。郎德上寨民族村寨博物馆共接待国内外游客 20357 人，讲解 100 余场（次）。

【动态展示】 雷山县苗族银饰刺绣博物馆特聘国家级传承人杨光宾为银饰修复专家，并把楼下一个展厅免费给杨光宾用于银饰工作室，作为馆内动态展示内容。还与贵州晟世锦绣公司和苏州工艺美院雷山“非遗”研发中心联合，展示苗绣的动态演示内容，打造成为一个动静结合的独具特色的博物馆。

【文物保护】 加强安全保卫工作。2015 年，县银饰刺绣博物馆安保人员认真履行岗位职责，随时随地检查消除潜在安全隐患，不断地加大日常巡逻力度，对进出人员进行盘查询问。做好文物检查工作。定期或不定期对库存文物、展厅等进行检查，文物定期检查一般在每月月初或月末进行；文物不定期检查除单位自身随时检查外，还按照中央、省、州、县相关部门的文件精神，临时性对博物馆进行全面、彻底地排查安全隐患。进行文物储藏室整改。因博物馆文物有大量衣物，但没有专门的储藏设备，雷山县银饰刺绣博物馆从实际出发，根据文物检查情况，改善衣物文物的储藏条件进行改善，打制衣物储藏专柜，对馆内展示的银饰氧化再进行部分清洗，对馆内展厅电路、电灯等设施进行大维修。

西江苗族博物馆：修建文物库房，确保文物安全；积极开展夏季文物安全自查工作。根据省、州文物局相关文件要求，陆续对文物损坏、文物安全、文物存放、文物登记等系列工作，进行逐一保护和归类存放，并完善和建立相关文物管理制度；及时修缮博物馆基础设施，不断加强博物馆软硬件建设。

为确保文物安全和人民群众生命财产安全，郎德上寨民族村寨博物馆制定《博物馆防火规范》，成立由 5 人组成的专职消防队伍，负责郎德上寨民族村寨博物馆的消防安全和村里的消防设施、入户检查电火的使用情况。同时，利用村广播室每天上午和下午宣传防火、防盗安全各 1 次，提高村民的防火安全意识。并从郎德上寨民族村寨博物馆免费开放经费中划拨 2 万元购买 50 根消防水带，以确保寨博物馆的消防安全。

（张小莉、张丽萍、杨秋华）

民族文化交流发展

【概况】 雷山县民族文化交流发展中心内设 5 个股室：办公室、财务室、文化研究室、创意产业部和外联部。编制 8 名，在职 7 人；领导实数 3 名，设主任 1 名、副主任 2 名；大学学历 7 人；少数民族干部 7 人。

【手工产业】 贯彻落实《雷山县进一步加强民族手工产业发展实施意见》，4 月初召开 2016 年雷山县民族民间手工产业动员会暨表彰大会，对 2015 年度，在推进手工产业发展、产品创意设计等做出突出贡献的企业和个人给予表彰和资金奖励。建立“非遗”手工产业宣传展销窗口。整合资金启动实施“西江千户苗寨‘非遗’手工技艺和产品展销体验店”暨“雷山县‘非遗’手工艺品商务旗舰店”，宣传展示雷山县苗族银饰、刺绣、织锦、蜡染、木雕等“非遗”手工技艺产品，免费为雷山部分银匠刺绣工艺大师提供销售平台，帮助解决产品销路问题，为游客提供一个了解、学习苗族“非遗”手工技艺的体验平台。启动产品品牌打造工作。为使产品更加具有市场竞争力，创建“苗岭匠心”“非遗”产品品牌。

【民族文化保护】 引进省内外文化机构企业到雷山投资兴业，雷山县与多彩贵州集团有限公司、深圳“非遗”生活文化产业有限公司、广州吾瑞文化产业有限公司等省内外文化企业机构建立战略合作伙伴关系。这些合作项目将为雷山“非遗”文化保护，挖掘“非遗”文化资源，促进雷山文化事业创新发展具有重要意义。

【民族文化交流】 组织雷山特色美食、歌舞、苗医苗药及手工技艺等“非遗”文化赴贵阳多彩贵州文化创意园参加多彩贵州“非遗”活动周的宣传展演活动，活动期间开展“非遗”产品展销、“非遗”技艺现场制作、“非遗”歌舞展演、“非遗”课堂讲座、“非遗”文化视频和宣传展板展出等。在北京举办时尚北京—千户苗寨苗族生活特展活动，活动期间开展“非遗”产品展销、“非遗”技艺现场制作、体验苗家长桌宴、苗族高定专场秀、西江千户苗寨发展论坛等活动，把雷山原生态自然环境、丰富苗族歌舞、苗族银饰刺绣、饮食文化及古朴苗族人民生活等在首都展现。此次活动是雷山县一次跨省界、规模最大、最全方位的宣传展示苗族文化活动，社会反响很大，效果很好。深化与苏州工艺美院的合作关系，通过多次对接，按照实际情况调整修改双方《五年合作规划》，并签订框架协议；全年接待苏州工艺美院领导老师、多彩贵州集团公司领导等省内外企业院校到雷山开展民族文化考察交流工作。

【“非遗”文化保护传承】 成功举办第四届“和美雷山·银绣智慧”民族手工创意产品大赛。民族手工创意产品大赛在前几届的基础上，还增加民族民间手工技艺展演和手工艺品的展销活动。此次活动还吸引周边县（市）从事手工艺品加工生产的企业艺人参与，有效地鼓励和引导全县手工企业做大做强的信心和决心，激发民间艺人参与传统手工技艺传承和保护的积极性和创造性，对促进雷山县民族手工产业健康发展具有重要意义。2015 年，举办开展民族民间手工技艺培训，参训 100 多名。

【党建帮扶】 雷山县民族文化交流发展中心党支部共有党员 5 人；其中男党员 5 人，在职党员 5 人，设党支部书记 1 人、副书记 1 人，本科以上的 5 人；均为少数民族党员。年内，党支部开展“铸廉行动”，与各部室党员干部签订党风廉政建设责任书。多次组织学习中央“八项规定”、省委“十项规定”等文件精神，成功创建“I 类铸廉行动单位”。2015 年，为帮扶村丹江镇排翁村送去道路硬化帮扶资金 1500 元及节日慰问金 3000 元，争取上级资金 5 万元用于道路硬化。分别于 9 月、11 月进行两轮“锦绣女”订单式培训，共参训 46 人，逐步实现居家就业目标。

（潘存彬）

广电网络雷山分公司

【概况】 2008 年 6 月，成立贵州省广电信息网络股份有限公司雷山县分公司，是年 10 月，公司整合上划省公司管理。公司设综合管理部、建设运维部两个部门。2015 年末公司干部职工共 10 人，其中大学以上文化 5 人，大专文化 2 人，中专及高中 3 人。公司有党员 2 名，未成立党支部。2015 年，实现权责发生制收入 740 万元，完成全年任务的 111%。完成现金流收入 730 万元，完成全年任务的 104%。2015 年新增高清电视用户 3693 户，新增宽带用户 838 户。至年末，全县实有用户达 1.8 万余户。

【网络建设】 雷山县广播电视综合信息全覆盖项目于 3 月启动，分期组织实施：第一期西江、望丰两镇工程建设全面完成，完成县乡光缆干线建设 48 千米（其中杆路 33 千米、直埋 15 千米）；村级光缆传输干线 146 千米；分配网光缆和-7、-5 线敷设 400 多千米；安装光机箱 375 只、双向传输设备 375 套。实现双向网覆盖两个乡镇所在地和 99 个自然寨（占 124 个自然寨的 79.8%），住户 8715 户（占总住户 10250 户的 85%）。第二期丹江镇、大塘镇、郎德镇、永乐镇完成县乡光缆干线建设 69.9 千米（其中杆路 67.8 千米、直埋 2.1 千米）；村级光缆传输干线 70.7 千米；分配网光缆和-7、-5 线敷设 76.3 千米；安装光机箱 264 只、安装分支分配箱 900 个。

【发展用户】 第一期项目建设网络覆盖范围内总用户 6629 户（不含西江农家乐集团用户 1250 多户）。标清转高清用户 1038 户（其中宽带用户 214 户），新增入网用户 2872 户（其中高清用户 968 户，宽带用户 453 户），一期入户率达 76.1%。入网用户中，高清互动电视使用率为

30.3%；宽带用户占总入网用户的10.1%，占总高清用户的33.3%。第二期整转安装用户200余户。

（广电网络雷山公司）

七六四台电视转播

【概况】 贵州省新闻出版广电局七六四台为贵州省新闻出版广电局直属正处级事业单位，内设4个科室：办公室、技术科、机房办公室、保卫科。核定编制45名，其中领导班子3名，台长1名、副台长2名。全台共有职工63人，正处级1人、副处级1人、正科长级3人、副科长级2人，高级工程师4人、工程师9人、助理工程师10人、技术员2人，高级工1人、中级工3人、初级工1人，未评聘5人；本科学历15人，大专学历21人，中专（高中）文化程度1人，小学文化程度1人；少数民族34人，占89.5%。退休人员25人。中共正式党员29人，预备党员2人。2015年，以做好广播电视节目传播，促进社会经济文化发展为宗旨，负责中央和本省调频广播电视发射、传输、实验、广播电视技术服务。发射信号覆盖黔、湘、桂三省区的64个县（市），覆盖面积约13万平方千米，覆盖人口2000多万人。2015年5月，被贵州省新闻出版广电局评为“无邪教创建”先进单位；7月，被贵州省新闻出版广电局机关党委评为“五好”基层党组织。2015年，先后有8人设计和撰写的科技项目分别获贵州省新闻出版广电局“科技论文奖”3项（其中二等奖1项、三等奖1项、四等奖1项）和“科技创新奖”2项（其中二等奖1项、三等奖1项）。

【节目播出】 2015年，广播电视节目总播出时间25953小时16分钟，总停播时间31分钟52秒，停播率7.4″/百小时。其中：台内停播时间3分29秒，停播率0.8″/百小时；台外停播时间28分钟23秒，停播率6.6″/百小时。中央台节目。中央台广播电视节目全年总播出12976小时38分钟，总停播时间15分钟3秒，停播率6.9″/百小时。其中：台内停播时间30秒，停播率0.2″/百小时；台外停播时间14分钟33秒，停播率6.7″/百小时。中央电视台一套（18CH）。播出时间6275小时24分钟，停播时间8分钟8秒，停播率7.7″/百小时。其中：台外停播8分钟8秒，停播率7.7″/百小时。中央人民广播电台一套（99.8MHZ）。播出时间6701小时14分钟；停播时间6分钟55秒，停播率6.1″/百小时。其中：台内停播30秒，停播率0.4″/百小时（掉高压）；台外停播6分钟25秒，停播率5.7″/百小时。贵州台节目。贵州台广播电视节目全年总播出12976小时38分钟，总停播时间16分钟49秒，停播率7.8″/百小时。其中：台内停播时间2分钟59秒，停播率1.4″/百小时；台外停播时间13分钟50秒，停播率6.4″/百小时。贵州电视台一套（11CH）。播出时间6275小时24分钟；停播时间10分钟24秒，停播率10″/百小时。其中：台内停播时间2分钟29秒，停播率3″/百小时（设备故障）；台外停播7分钟25秒，停播率7″/百小时。贵州人民广播电台一套（101.6MHZ）。播出时间为6701小时14分钟；停播时间为6分钟25秒，停播率为6″/百小时。其中：台外停播6分钟25秒，停播率为6″/百小时。

【基础设施建设】 2015年6月，投入39.55万元购买意大利进口的TB02-103型10千瓦调频发射机一部，用于转播贵州人民广播电台一套节目，提高节目播出质量。2015年11月，投入9.8万元更新2副10千瓦双偶极板调频发射天线。2015年12月，投入项目资金19.6万元对山顶至山腰段10千伏高压架空线路（全长1450米）实施电缆暗埋改造，保障机房用电安全。投入40.6万元项目资金完成自管公路灾后恢复建设和道路硬化。

【技术培训】 2015年5月至6月，先后派遣53人次到贵阳参加电工、高空等特种作业培训，17人取得“高处作业操作证书”，11人取得“高压电工作业操作证书”，20人取得“低压电工作业操作证书”。11月至12月期间，举办2期针对性强、内容丰富的业务技术培训，培训人次达64人。分别派遣3人到德国和意大利参加学习培训，派1人到海南省参加无线数字化覆盖培训，拓宽视野，增长知识。

【党建帮扶】 贵州省新闻出版广电局七六四台党支部共有党员29人。大学本科以上8名，大专10名，中专（高中）及以下11名。高级工程师3名，工程师9名，助理工程师5名，高级工3名，中级工3名。根据《贵州省新闻出版广电局2015年党的建设工作要点》，制订《七六四台党支部2015年政治理论学习计划》，先后召开10次支委会议、9次党支部大会、4次专题学习教育活动会；以开展道德讲堂和“三严三实”专题教育活动为契机，分别邀请雷山县委党校资深老师及由党支部书记主讲，进一步增强党员的党性修养。认真落实“五必访”工作，先后投入5500元慰问困难党员和困难职工；积极开展党建扶贫工作，先后深入扶贫点——雷山县达地乡达地村调研5次，投入2.1万元经费，购买水泥、消防栓、供水管和灭火喷枪等，解决帮扶村消防设施缺乏的实际问题。组织干部职工参加洪涝灾区捐款4800元，向省扶贫基金会捐款4300元。

（杨科）

史志工作

【概况】 中共雷山县委党史研究室与雷山县志编纂委员会办公室实行两块牌子、一套人马，是县委管理的正科级单位，编制5个，设主任1名、副主任1名，工作员3名。认真学习和贯彻执行中央“八项规定”、省委“十项规定”和州委、县委“十二项规定”，学习中共十八大和十八届四中、五中全会精神，学习习近平总书记系列重要讲话精神，不断提高理论素质；认真学习《地方志工作条例》《贵州省地方志工作规定》等修志法规和史志编纂专业理论知识，努力提高业务工作能力。

【党史研究】 编写党史著作。把《中共雷山县历史》时间下限由2010年下延至2015年，正在补充征集录入2011—2015年材料，全书为6编17章120节40余万字，《中国共产党贵州省雷山历史大事记》全书为35.6万字。编写县委执政纪要。按照“一突出两跟进”的要求，2015年启动《2014年中共雷山县委执政纪要》的编纂工作，共收录全县111个部门单位的材料，全面反映雷山县2014年各方面建设成就，截至年底，已出样书，完成第一次修改校对，全书120多万字，图片300多张。开展党史“六进”宣传。与县纪委、县委组织部、县委宣传部等部门联合举办纪念抗日战争胜利70周年党史暨抗日战争知识竞赛活动，全县共有27个队参赛，2015年8月29日进行比赛，县教育和科技局获第一，县法院和县审计局获第二名，县农业局、县纪委、县生态文明管理局获第三名。通过竞赛活动和活动宣传，让党员干部重温抗日战争那段血与火的历史，凝聚发展正能量。启动励志丛书编写。史志办副主任李永东完成青少年励志丛书第一册——《苗族红军团长胡仲毓》编写工作，文字2万多字，图片近10张，在2016年印刷出版。

【地方志工作】 做好《雷山县志（1988—2013）》后期修改工作，补充征集少部分缺失资料，并在原来基础上增加“天下西江”篇和“东方斗牛”章，更加突出县志的地方特色。聘请2名州志办领导指导并参加县志的后期修改工作，解决长期困扰县委党研室（县志办）缺编严重，仅在岗2人工作力量严重不足问题，加快县志修改进度，截至年底，《雷山县志（1988—2013）》后期修改已完成85%工作量，全书近140万字。完成2015年度《黔东南年鉴》《贵州年鉴》和《2014年黔东南州委执政纪要》文字稿、图片稿的组稿工作，文字稿共5.7万字。

【党建帮扶】 中共雷山县委党史研究室，雷山县县志编纂委员会办公室党支部共有党员7名，其中在职党员2名，退休5名，大专以上5人，初中2人，侗族3人，苗族4人。2015年，以“满意在单位、满意在岗位”为载体认真开展“争先创优”教育活动，修订完善党员承诺制、首问责任制、限时办结制和责任追究制等制度，推进执行力、公信力和创造力“三力”建设。深入基层调研，开展党建帮扶工作。年内本支部党员到帮扶村—郎德镇排夫村10人次，与“两委”班子成员、党员和群众座谈，分析村情，对该村经济发展提供帮助和支持，帮助该村解决办公经费2000元，结对帮扶排夫村、乌流村贫困户20多户，部分贫困户实现脱贫摘帽。认真组织学习《党员领导干部廉洁从政若干准则》和中央、省委、州委、县委相关廉政规定，抓好党风廉政各项制度的落实，做到勤政廉政。认真贯彻执行民主集中制，重要工作由班子集体讨论决定，努力营造“班子和、干劲足、风气正”的修志编史环境。

（县志办）

档案工作

【概况】 雷山县档案局（档案馆）为县人民政府正科级直属事业单位，内设5个股室：办公室、政策法规股、业务指导股、管理利用股、档案编研和信息技术股。核定事业编制11名，设局（馆）长1名、副局（馆）长2名、纪检组组长1名、股级干部5名。在职人员11人，其中大学本科学历10人，专科学历1人，少数民族8人，占72.73%。

【档案执法】 严格档案执法管理，规范档案执法程序，加大档案执法检查力度。2015年9月1日至20日，雷山县档案局联合雷山县人大教科文卫委、雷山县人民政府法制办开展对34个县机关、团体、企事业单位及乡镇的档案工作进行执法检查。检查组对照检查内容进行评分，填写《档案执法检查登记表》，并向被检查单位反馈检查结果及提出改进意见和建议。

【档案督导】 加强对县直机关单位档案工作的监督指导。2015年重点对县委办、县政府办、县纪委、县旅游局、县科技局、县审计局、县广电办、县茶叶局、县粮食办、县文广局等10个机关单位的档案收集整理进行监督和指导，指导整理档案479盒，确保上述单位档案应归尽归、应收尽收。加强对县政府职能转变和机构改革中档案处置工作的监督指导，妥善处置机构变动部门单位档案的合理归属与流向，确保机构改革中档案的完整与安全。加强新农村建设档案工作的指导。2015年对丹江镇的大固鲁村、小固鲁村、猫猫河村、南屏村、陶尧村5个行政村开展新农村建设的档案工作进行指导，帮助建立档案183卷。

加强重点建设项目档案工作的监督指导。主动与重点建设项目业主及项目责任单位的联系，完成《雷山县鸡鸠水库》《雷山县苗疆盛世城市综合体》《雷山县蚩尤大道》等11个省级重点建设项目档案的管理登记工作。加强民生档案工作的监督指导。积极与涉及民生档案的部门单位沟通，监督指导有关部门开展民生档案工作，推进民生档案的应归尽归、科学管理、安全保管和有效利用。

【档案馆藏】 2015年，依法接收雷山县委办、县科技局、县人社局、县旅游局、县人大办、县经贸局、县政协办、县粮食局、县乡企局等单位到期档案进馆，其中以卷为单位565卷，以件为单位507盒14349件。截至2015年年底，雷山县档案馆馆藏档案共48537卷57240件，其中，民国时期档案8365卷，中华人民共和国成立后档案40172卷57240件；馆藏图书资料8835册。

【重点档案保护】 加强国家重点档案抢救和保护工作。争取到中央和省级国家重点档案抢救保护专项补助费15万元，切实做好国家重点档案抢救和保护项目的实施。2015年，完成1000卷国家重点档案（民国档案）的抢救工作任务。

【档案服务】 依法做好档案查阅利用服务，改进查阅方式，简化利用手续，努力提供一站式服务，最大限度地满足利用者需求。2015年，共接待查阅利用档案346人次，调阅档案471卷，无偿复印档案材料1523份。组织开展内容丰富、形式多样的档案宣传活动，选派1名领导参加全省档案行政执法培训、3名工作员参加全州档案业务培训；10月14日至15日，组织开展1期全县档案业务知识培训，参加培训人员53人，进一步提高档案人员的业务技能和履职能力。

【党建帮扶】 2015年，中共雷山县档案局党支部共有党员13人，其中女党员5人，在职党员9人、退休党员4人。设党支部书记1人、组织委员1人、纪检委员1人、宣传委员1人、统战委员1人。有大学文化7人、大专文化4人、中专及高中文化2人。少数民族党员10人，占77%。坚持学习制度，通过中心组学习、党员集中学习等形式，加强政治理论学习。开展“三严三实”学习教育，持续开展“四风”突出问题集中专项整治，提高工作效能和服务水平。严格执行党风廉政建设的规定和制度。加强档案工作人员素质能力建设，派遣7人次参加上级组织的各类档案业务培训，组织开展1期全县档案业务知识培训，参训53人。2015年，县档案局同步小康驻村工作定点帮扶为达地水族乡小乌村。选派胡朝华驻小乌村开展帮扶工作，并担任小乌村党支部第一书记。认真制定2015年帮扶工作计划，明确帮扶工作任务，落实帮扶措施。2015年12月11日至13日，组织局（馆）全体干部职工深入到小乌村，开展脱贫人口入户调查，逐户填写《脱贫人口入户调查表》，经贫困农户签字盖章认可，按时完成23户减贫人口调查工作，并将《脱贫人口入户调查表》上报达地乡政府复核合格。协助达地乡抓好帮扶村扶贫项目的实施，协助指导小乌村实施步道硬化建设，完成村组步道硬化7848米；协肋小乌村实施完成农村危房改造45户，新修垃圾池3个。积极帮助帮扶村协调解决帮扶资金和物资，驻村干部协调解决小乌村排敌组水管（Φ40）3000米；协调解决小乌村相关项目资金14000元。组织开展党建帮扶活动，6月26日，县档案局党支部与小乌村党支部在小乌村开展建党94周年庆祝活动，对小乌村党员进行慰问，发放慰问金1100元。

（郑慧娟）

旅游管理

【概况】 雷山县旅游发展委员会内设机构为办公室、市场开发及质量规范股、产业发展股。下属机构为县旅游执法大队、县旅游发展服务中心。雷山县旅游发展委员会编制7名，其中主任1名、副主任2名、纪检组组长1名、股级干部3名。在编干部10人，大学本科8人，大专1人，高中1人。雷山县旅游执法大队为雷山县旅游发展委员会下属副科级事业单位，事业编制15名，其中大队长1名、副大队长1名、实有人数12人，其中大学本科11人、大专1人。雷山县旅游发展服务中心为雷山县旅游发展委员会下属正科级事业单位，事业编制数12名，其中主任1名、副主任2名，股级干部5名，实有人员5人，研究生1人，大学本科4人。2015年，接待游客578.65万人，比2014年增长20.13%，实现旅游综合收入45.16亿元，比2014年增长24.2%；西江景区接待游客345.64万人次，比2014年增长26.81%，实现旅游综合收入26.62亿元，比2014年增长24.63%。

【旅游综合改革】 坚持保护、开发与利用并举，遵循“生态立县、文化兴县、旅游强县”发展思路为引擎，打造“世界苗族文化休闲度假体验中心”知名品牌，树立“大旅游、大市场、大发展”旅游新理念，构建苗族文化与生态建设吸引物，明晰旅游综合改革目标责任制，打破体制机制障碍束缚，提升旅游文化内涵，加快景区外延扩张，增强产业链的发展能力，实现“悠然雷山”目标。强化旅游领导体制改革。成立“旅游综合改革试点工作小组”，县委书记担任旅游改革领导小组组长，县长任副组长，成员为其他涉旅单位主要负责人，深化改革成果由县旅发委和目标考核办联合督办，以目标管理检验工作完成绩效。建立旅游协调发展机制，研判和决策县域旅游发展重大事项工作组，成员由县四大班子主要领导、县委副书记、常务副县长、分管旅游副县长组成，每半年召开一次会议研究县旅游发展重大事项。相关问题的研究采取部门联席旅游会议制度，负责做好旅游市场的联合执法检查常态机制，规范旅游行业管理质量和服务水平。创新旅游发展体制改革。成立雷山县旅游发展委员会和旅游发展服务中心，列入县政府组成部门，实行委员会制，由县发改局、县财政局、县住房局等14家单位负责人兼任县旅游发展委员会副主任，整合部门资源，形成工作合力。改革旅游行政管理职能，旅游发展委员会内设办公室、产业发展及风景管理股、市场开发及质量规范股；旅游发展服务中心内设办公室、综合协调服务股、教育培训股、信息管理股、旅游产品开发股。将县旅游产业发展和风景名胜区管理局的相关职能职责纳入县旅发委，负责统筹全县旅游资源的开发、保护、挖掘和利用以及旅游产业的规划、建设、管理、经营、执法等，建设雷山文化旅游发展创新区。建立“镇区合一”管理模式。按照构建大西江景区发展思路，将中共雷山文化旅游产业园区管理委员会工委、雷山文化旅游产业园区管理委员会和西江镇党委、政府进行整合重组，实行两块牌子、一套人马，赋予副县级经济社会管理职权，负责统筹和管理西江镇和西江景区的开发、建设与管理。整合重组后的人员身份按整合前的身份不变。中共雷山文化旅游产业园区工委书记兼任园区管委会主任，雷山文化旅游产业园区工委常务副书记兼任西江镇党委书记（副县级），雷山文化旅游产业园区工委副书记、管委会常务副主任兼任西江镇镇长（副县级）。雷山文化旅游产业园区管委会（西江镇）的干部人事权，正科级干部由中共雷山县委研究决定，副科级干部由中共雷山文化旅游产业园区工委研究决定并报中共雷山县委备案。充分发挥村级组织和协会在景区管理中的重要作用，代表村民参与旅游事务的管理与监督，负责组织村民保护和开发景区并从事旅游活动，协调公司与村民的利益关系，群策群力管理好景区。实行西江旅游公司市场主体股份制改革。增资扩股，逐步通过合作等方式，设立二级和三级版块公司，向集团公司方向发展。将西江旅游公司人员全部纳入企业化管理，原享受国家公务员身份的部分管理人员与公务员身份完全脱离。建立雷公山管理协调机制。成立由雷山县人民政府、雷公山自然保护区管理局、七六四台组成的雷公山开发协调小组，对管理相互交合区内的建设项目联合审查，促进雷公山旅游开发推进迈向新台阶。成立旅游行业工会。加强旅游行业市场、信息、人才、管理等互通互惠，带动新常态下全域旅游产业转型升级发展，雷山县成立旅游行业工会，有力促进旅游行业的交流发展平台。

【旅游规划编制】 完成《雷山县旅游目的地建设行动计划及重点区域系列规划》《雷公山自驾游线路规划（初稿）》《雷公山景区24千米游客服务区建设项目规划设计方案》《7千米游客服务区建设项目规划设计方案》《雷公山景区千年神树建设项目工程规划设计方案》的编制工作。以规划为先导，加强景区开发项目的建设、包装和宣传工作，提高旅游档次和旅游服务接待能力。

【古民居修缮保护】 利用世界银行贷款项目完成水电排卡苗寨47户古民居修缮保护工作；开工建设雷山县城游客信息服务中心项目和郎德苗寨自然文化遗产项目。并在丹江镇、西江镇、郎德镇组织举办世行项目村寨旅游从业人员培训班4期。聘请雷山县职校专业教师及州烹饪协会厨师就《乡村旅游发展与开发》《非遗保护与传承》《农家乐接待礼仪》《农家乐食品安全与卫生》及《农家乐家常菜实操》等方面知识进行培训。

【旅游招商】 苗年客商座谈会。2015苗年节期间，贵州海外旅游公司、港中旅、中青旅等多家旅行社推出“看西江千户苗寨·送苗年展演”专线游，另外有太平洋国际旅行社、贵阳中国旅行社、贵州凤凰假期和贵州汇通等旅行社组织来自香港、上海、广东、重庆、湖南等地的游客2000余人参加雷山苗年非物质文化巡游展演活动。在2015年雷山苗年旅游暨招商引资客商座谈会上，签订《旅游战略合作框架协议》。杭州旅游推介会。2015年12月14日，由县政协主席陈正锋，县委常委、副县长汤敏带队在杭州市上城区梅地亚新闻交流中心隆重举办“苗疆圣地·和美雷山”旅游推介会，签订《旅游战略合作框架协议》，进一步开拓杭州旅游市场。

【旅游安全】 在各种重大节假日期间联合公安、工商、物价、交通、卫生、质监、安监等涉旅职能部门，对全县辖区内的景区景点、宾馆酒店、农家乐、旅游车队等开展安全生产检查，共出动执法人员40人次、执法车5台（次），3次检查旅游企业85户，督促有隐患的旅游企业进行安全整改。配合省、州旅游局在重大节假日前进行“旅游市场检查周”检查活动，开展旅游市场秩序专项整治活动，维持良好的旅游市场秩序，确保各景区景点无旅游安全生产事故发生。

【党建帮扶】 雷山县旅游发展委员会党支部共有党员14人，其中女党员5人。在职党员13人，离退休党员1人。设党支部书记1人、组织委员1人、纪检委员1人、宣传委员1人。文化结构中专（高中）及以下的1人，大专以上的13人。党员均为少数民族。县旅发委采取集中学习、个人自学、专题辅导等多种形式学习中共十八大和十八届六中全会精神。组织全体党员干部开展以“讲政治、讲纪律、讲大局、讲团结、讲法治”为重点的“我是党员”主题教育活动。认真开展“四风”整治“回头看”等工作。抓好党员发展工作。2015年给帮扶村郎德镇报德村送慰问金2000元及价值4000元的慰问物资，争取上级资金20万元修建报德村寨门，组协调传统村落改造资金300万元。

（毛辰浩）

旅游景区建设

【概况】 贵州省西江千户苗寨文化旅游发展有限公司于2009年7月2日完成注册，为国有独资公司，公司注册资金3348.8万元，公司经营范围：景区开发、建设、经营活动管理；经营性国有资源开发、经营和管理，旅游产品、农副产品开发销售；景区旅游产业招商引资项目合作经营管理，房地产开发、物业管理、交通运输及酒店管理等相关服务。公司设董事长1名、总经理1名、副董事长1名、监事长1名、副总经理4名、财务总监1名，共有员工460人，本科以上学历占10.43%。公司下设3个管理部门：行政部、财务部、人力资源部，10个分（子）公司：景区管理公司、景区服务公司、智慧网络公司、营销公司、文化演艺公司、资产运营公司、建设开发公司、旅游商品公司、黔旅通服务公司、房地产投资开发公司、郎德文旅公司。公司以“管理不是目的，服务才是根本”为经营服务理念，以“让游客感动”为服务目标，以“同心、诚心、爱心、信心”为核心的“四心”精神为企业的核心精神。雷山县雷公山旅游发展有限责任公司，内设机构：办公室、财务部、景区服务部、产品销售部、项目部、种养殖部、市场发展部、景区餐厅。有行政在编人数23人，其中在编干部1人，女职工6人，男职工17人，均为少数民族。

【荣誉称号】 2015年，贵州省西江千户苗寨文化旅游发展有限公司获得较多荣誉，2月，荣获广东省旅游局、贵州省旅游局颁发“广东国民旅游休闲示范单位”荣誉称号；7月，荣获新华社半月谈杂志社、中国国情调研中心全国生态文明城市与景区推选办公室颁发“全国十佳生态文明景区”荣誉称号，获得贵州首批省级旅游度假区创建试点单位；9月，荣获国际旅游大会组委会、亚太旅游协会颁发“世界十大乡村度假胜地”荣誉称号；10月，荣获贵州省委宣传部、贵州省委统战部、贵州省民宗局颁发“全省民族团结进步创建活动示范企业”荣誉称号；10月，荣获贵州省服务业发展领导小组颁发“贵州省重点现代服务业集聚区”荣誉称号；12月，荣获中共雷山县委、雷山县人民政府颁发“雷山县抗洪抢险灾后重建工作先进集体”荣誉称号。

【旅游企业发展】 深化公司体制机制改革，优化内部管理体系，加快推进公司集团化进程，对公司管理架构进行优化改革，公司形成董事会、经理会、监事会的企业管理体系。公司业务收入有景区门票收入、观光车辆营运收入、停车场收入、旅行社收入、餐饮住宿收入、旅游商品销售收入、夜间商演收入等。2015 年，综合收入 17210. 59 万元，其中门票收入 12558. 48 万元。2015 年雷山县雷公山旅游景区接待游客 27 万人，收入 2120 万元。

【景区景点建设】 2015 年公司对景区文化展示实现规范化、常态化管理；对表演场舞台舞美进行优化和提升，对《美丽西江》晚会节目质量进行改造升级；对“鼓藏文化博物馆”“活路头陈列室”“农民画家陈列室”等文化景点实施改造提升，确保景区文化展示活动每天不间断、全方位、多形式、高质量地向游客展示。推进全省 100 个旅游景区续建和新建项目进程和景区基础设施维护及“6 · 21”灾后重建等景区维护建设项目。2015 年雷山县雷公山旅游发展有限责任公司完成雷公山景区投资 9067 万元，占项目五年计划总投资 48900 万元的 18%。在建项目 7 个：景区外部交通蚩尤大道建设项目（雷山县城小郎当河口至陶尧公路）。已完成项目征地拆迁工作；路基场平开挖工程完成 80%；道路河堤工程也已完工，已完成投资额 4481. 8 万元。乌东游客服务区及乌东景区提升打造建设项目工程。乌东园区内基础设施建设项目有乌东景区大门、游客服务中心及停车场、景观湖及乌东新村等。完成乌东村征地约 900 余亩。完成西大门、游客服务区场平、挡土墙建设。雷公山乌东苗寨规划及建筑方案单体设计已评审通过，正在进行招投标工作，完成投资额 139. 2 万元。雷公山景区规划设计项目。雷公山景区修建性详细规划已完成；正在进行雷公山山顶、千年神树片区、乌东服务区、响水岩规划方案已经审批通过，进入施工图设计，已完成投资额 202 万元。雷公山苗疆盛世旅游综合体七号地建设项目。该项目正在进行土建施工，完成形象进度 50%；已完成投资额 3976 万元。雷公山自然保护区自然遗产保护设施建设项目。雷公山自然保护区自然遗产保护设施建设项目总投资 1400 万元，项目位于雷公山国家森林公园苗岭之巅景区、乌东景区及响水岩景区，主要涉及步道设施、科普展示设施、景观环境整治及供电、消防等建设内容，该项目正在进行初步设计。24 公里服务区游客服务中心建设项目。该项目已完成项目基础工程及主体构造工程，完成工程量 70%，正在进行屋面防水工程及内部粉刷工程。已完成投资额 68 万元。苗岭国家地质公园地质遗迹保护项目。该项目于 2014 年已争取到省级地质遗迹保护项目资金 200 万元，已完成招标工作，完成地质勘查，并于 2015 年 11 月动工，完成副碑建设基础 30%。贵旅雷山大酒店工程竣工，总投资约 1. 1 亿元。

【党建帮扶】 设中共雷山县西江千户苗寨文化旅游发展有限公司党总支部，下辖 3 个党支部，共有党员 53 人，均为在职党员。设党总支部设书记 1 人、副书记 1 人、组织委员 1 人，纪检委员 1 人、宣传委员 1 人、女工青委员 1 人。大学文化 16 人、大专文化 15 人、中专及高中文化 6 人。少数民族 39 人，占 79%。年内，党总支部组织党员参加园区纪委监察局开展的预防职务犯罪系列讲座。认真落实党风廉政责任制，年内党总支与公司员工签订 452 份《党风廉政建设目标责任书》。开展“争创优秀党员”等活动，在党员队伍中树立典型，发挥党员的先锋模范作用。2015 年，深入帮扶村西江镇长乌村 12 次，帮扶 2. 2 万元，帮助群众解决生产生活中存在的困难和问题。

（刘光华）

医疗卫生

LEI SHAN YEARBOOK

卫 生

【概况】 2015年2月，雷山县卫生和食品药品监督管理局与雷山县人口和计划生育局职责整合，设立雷山县卫生和计划生育局，不再保留雷山县卫生和食品药品监督管理局、雷山县人口和计划生育局。县卫生和计划生育局内设办公室、财务股、规划信息与基层家庭发展股（出生人口性别比综合治理办公室）、医政和中医管理股（行政审批服务股）、医改和基妇股（医药卫生体制改革管理办公室）、卫生计生应急办、计划生育目标管理与流动人口管理股、疾病预防控制股8个机构。机关编制13名，其中从原卫生和食品药品监督管理局连人带编划转6名，从原人口和计划生育局连人带编划转7名。年底实有在编干部职工34人，县计生协会、县爱卫办、县计生执法大队、县流动人口管理办公室实行机构单列，与县卫生和计划生育局合署办公。县计生协会编制4名，2015年有工作人员4人；县爱卫办编制10名，2015年有工作人员2人；县计生执法大队编制9名，2015年有工作人员9人；县流动人口管理办公室编制2名，2015年有工作人员2人。

【医疗卫生机构】 年底，全县有医疗卫生计生机构182个，其中有县直医疗卫生计生机构5个，乡镇卫生院（妇幼保健计划生育服务站）8个，村卫生计生室149个，民营医院3家，私营诊所17家。全县实际开放床位总数650张，每千人口床位数4.2张。执业（助理）医生174人，全县每千人口拥有执业（助理）医师数1.13人。全县医疗机构门诊接诊14.97万人次，出院1.92万例。年内总投资40万元完成大塘镇卫生院辅助设施建设项目；完成上郎德、羊卡村卫生计生服务室项目，总投资20万元；完成方祥、达地计生站建设，于2016年投入使用；县医院综合楼建设基本完工。

【医药体制改革】 2015年10月28日，雷山县县级公立医院综合改革启动会召开。同时印发《雷山县全面推开县级公立医院综合改革实施方案》，明确改革任务和工作职责。是月底，除中成药以外，县人民医院开始实施药品零差率销售，包含总药品品种518个，其中基药物品种357个、抗生素品种35个。11月至12月，药品销售154.3万元，取消药品加成，减轻群众用药负担23.14万元。

【新农合医疗】 执行全州统筹补偿方案，全县新农合参合人数13.97万人，实际参合率99.83%，继续位于全州前列；享受新农合补偿127426人次，农民参合受益率91.18%；发生医药费用8749.54万元，累计补偿5736.10万元，实际补偿比为65.56%。启动大病保险二次补偿工作，累计补偿460人150万元。

【药品采购】 全县100%公立医院、100%基层医疗机构实施基本药物制度、100%实现零差价销售。2015年，全县医疗机构共网上采购基药701.86万元，其中县人民医院采购316.17万元，网上集中采购率达90%以上；百信医院采购0.19万元；县妇计中心采购4.13万元；乡镇卫生院（含村卫生室）采购381.37万元。网上集中采购率达100%。

【医卫技术培训】 年内举办县级妇幼保健基本公共卫生工作、急性传染病防控暨突发传染病知识、慢性病防治工作等培训共45期，参训1400余人次；组织人员参加省、州业务培训班86期，参训500余人；参加省、州、县脱产一个月以上的进修学习22人次；完成农村订单定向免费医学生招录4人。年内注册医师5人，注册护士29人。通过卫生专业技术考试42人。

【居民健康档案】 2015年，全县居民健康档案累计建档11.32万人，建档率96.75%，居民电子健康建档11.02万人，电子建档率94.14%；高血压建档13522人，规范管理9002人，规范管理率51.16%；糖尿病患者建档4014人，规范管理2809人，规范管理率34.21%；精神病管理417人，管理率100%；65岁以上老年人健康档案建档12849人，建档率84.45%；体检10123人，体检率66.53%。

【卫生执法监督】 卫生许可。年内共受理卫生许可申请225件；发放卫生许可证225户，其中公共场所卫生许可125户、医疗机构执业许可审核发证2户，校验98户。卫生监督。年内查办卫生违法案件共立案646件，结案646件，结案率达100%，其中：医疗机构立案256件、结案256件；医疗废物立案96件、结案96件；传染病防治立案7件、结案7件；放射卫生立案4件、结案4件；公共场所立案281件、结案281件；生活饮用水立案2件、结案2件，罚款金额共计121.81万元。打击非法行医。年内共检查医疗卫生机构85所、286户（次），其中包括县医院、疾病预防控制中心、8乡镇卫生院、村卫生室、个体诊所、私人医院等。全年共出动执法人员96人次，出动车辆38台（次）。取缔个体游医3户（次），收缴牙科器械1套。卫生协管。年内设立8个卫生监督协管工作站，聘请19名卫生监督协管员、118名卫生监督协管信息站员。累计发放食品安全宣传资料12883份，开展食品安全宣传活动58次、农村集中式供水巡查1647次、学校供水巡查529次、农村集体聚餐巡查468次。完成卫生监督协管员及信息员知识培训2次。

【卫生应急】 年内及时有效处置突发事件2起，即交通事故的医疗救援1起，山体灾害的医疗救援1起。突发公共事件的报告率、报告及时率和应急处置及时率均达到100%。5月27日洪灾后，及时组织相关单位到移民安置点和县城区开展灾后防疫宣传，并及时组织人员到受灾区域开展洪涝灾后消毒杀菌、防疫保健和卫生监督等工作。

【疾病防治】 传染病控制。年内全县无甲类传染病报告，报告乙、丙类病例505例，死亡2例，发病率432.36/10万，死亡率1.71/10万。其中乙类传染病发病370例，发病率为316.78/10万；丙类传染病发病135例，发病率115.58/10万。无甲类传染病病例发生。儿童免疫规划疫苗接种率稳定在97%以上；传染病及时报告率达到100%。接种免疫。其疫苗报告接种率保持在95%以上。年内无狂犬病、麻疹、伤寒副伤寒、乙脑、疟疾等病例发生。全年完成冷链运转12次。结核病防治。2015年，完成初治涂阳病人67例，超额完成率为0.02%；复治涂阳病人数完成14例，完成任务数的100%；初治涂阴（含重症）病人数207例，超额完成率为0.23%；初治涂阴肺结核病人，完成治疗率97%；报告患者应追踪188人，实际追踪193人，完成任务数的102%；结核病人追踪总体到位率为（632/647）97%，新涂阳治愈率为100%，在结核病病人中筛查艾滋病的筛查率为98.61%。开展“3·24”结核病防治日宣传活动：发放宣传小册子500张、“政府帮助你，治疗肺结核”科普读物130本、现场咨询群众100余人，受益人口达1万余人。

【艾滋病控制】 年内县境新发HIV/AIDS11例，累计完成看守所HIV抗体检测95人，开展自愿咨询检测982人次，月均暗娼干预覆盖率为130.2%，累计完成抗病毒治疗20例。2015年度新增12例，新报告或既往报告的HIV/AIDS接受结核病检查率100%；艾滋病病毒感染者/病人随访干预比例达到100%，艾滋病病毒感染者/病人的随访完成任务比例达100%；艾滋病病毒感染者及病人CD4检测32人（累计应检41人），检测率为78.0%。单阳配偶检测11人，检测率为100%；完成常住人口HIV检测11971人次。

【麻风病防治】 2015年无新增麻风病人，完成家属体检6人。开展麻风节的宣传和慰问活动，共挂出横幅9张，张贴宣传图画9张，发放宣传单3700余份，接受咨询人数50人。联合红十字会、卫计局、民政局等部门对麻风病人家进行走访慰问，发放慰问物资和慰问金2800元。年内对7个存活治愈病人发放护理包2次，并指导病人了解预防畸残的锻炼手法和意义。

【健康教育】 年内发放健康教育资料60780份，播放音像资料101种，时长8196小时；开辟健康教育宣传栏695期，开展健康主题日活动86次，参加咨询人数25312人；举办健康教育讲座406次，参加讨论人数25312人。肿瘤随访。完成肿瘤随访登记报告179例，肿瘤发病率151/10万。全县报告死亡754人，死因报告率6.35‰，高于国家要求的死亡率大于6‰的指标。

【妇幼保健】 2015年，全县孕产妇系统管理人数1378人，系统管理率93.23%；3岁以下儿童系统管理5551人，系统管理率93.14%；5岁以下儿童死亡11人（其中男7、女4），死亡率7.44‰，比前年降低15.6%；婴儿死亡8人（其中男5、女3），死亡率5.41‰，比前年降低12.32%；新生儿死亡4人（其中男3、女1），死亡率2.71‰，比前年降低1.1%。年内全县农村产妇1463人，其中住院分娩1444人，住院分娩率97.7%；住院分娩补助1422人，补助资金约56.88万元，叶酸补服1630人。

【爱国卫生运动】 在巩固省级卫生县城基础上，成功创建省级卫生乡镇1个、州级卫生乡镇1个、省级卫生村寨9个和州级卫生村寨18个，推动“和美雷山”建设进程，成功申报列入2016年雷山创建国家级卫生县城项目县。在全县范围内（重点是县城区和各乡镇政府驻地）开展以灭鼠为重点的除“四害”活动，发放鼠药2.43吨。灭鼠后鼠密度由灭前的26.49%下降到4.59%，平均效果达82.65%；秋季灭鼠后鼠密度由灭前的26.73%下降到3.88%，平均效果达85.5%。第27个爱国卫生月活动期间，全县投入资金6.24万元，制作宣传栏49期，接受咨询4556人次，发放宣传资料18760份。

【党建帮扶】 2015年全局有正式党员29人，其中在职22人，退休7人；党组成员4人；大学文化18人，大专文化5人，中专及高中文化6人。苗族20人，侗族2人，回族1人，水族1人，少数民族比例占82.8%。雷山县卫计局及时对局党支部进行重组，经县直机关工委批准，成立党总支1个，有书记1人、副书记1人、支部委员3人；在职党支部一个，书记1人，支部委员3人；退休党支部1个，书记1人，支部委员3人。2015年，以“创铸廉单位，树行业新风”为主题，在全县卫生计生系统举行评选“优秀护理工作者”活动，对31名“优秀护理工作者”进行表彰。5月27日起，雷山县持续发生强降雨，在一个月内连续4次遭受特大洪涝灾害。县卫计局积极组织在职党员干部志愿服务队做好应急救护及日常医疗卫生保健、传染病疫情防治等工作。支部的赵军因劳累过度殉职，被追认为“全县优秀共产党员”。开展建党94周年纪念座谈会，围绕回顾党的光辉历程，弘扬党的丰功伟绩，继承和发扬党的优良传统，教育和引导广大党员进一步坚定理想信念，立足卫计工作实际，发挥支部战斗堡垒作用和党员先锋模范作用。结合乌江村产业种植特点，在帮扶部门的协调下争取到资金1.35万元，用于村级基础建设和慰问贫困党员、贫困学生；投资8.11万元，实施完成“集团帮扶、整乡推进”稻田养鱼100亩；投资13.84万元，浆田坎85.5亩；投资15万元，种植魔芋50亩；组织农业、茶业部门对全村进行种植管理技术培训。协调水利部门项目款30万元，对乌江村人饮工程进行改造；协调资金300万元，完成荣防进村至乌的公路硬化；完成乌江、荣防、五星3个村电改733户，协调网络公司新安装有路闭路电视300余户。赠送也宜、乌独两村办公电脑、打印机各1台，并组织技术人员对村干进行计算机基本操作技能培训。

（赵芬芬）

计划生育

【概况】 年底，全县户籍人口数有161218人、常住人口135569人（均为PIS系统2015年9月人口数据），人口出生率为12.40‰，人口自然增长率为4.77‰。

【计生扶助】 2015年，全县奖励扶助对象163人；特别扶助对象22人；农村计划生育节育奖647人；农村自愿放弃政策内二孩一次性奖励27户；新型农村养老保险代缴444人，新农合代缴1088人，州级社会养老保险78人，兑现奖扶资金共38.23万元。开展人口福利基金重大自然灾害救助，为遭受洪涝灾害的16户计生“两户”

兑现4.2万元。按照县利益导向补充办法，为9个“二女户”家庭兑现一次性节育奖4.5万元，兑现5个家庭晚婚晚育奖励0.25万元。启动圆梦女孩志愿行动，结对帮扶26名计生“两户”女孩并发放励志金0.78万元，为永乐镇大寨村计生“两户”女孩杨利敏兑现录取高校一次性助学金5000元。实施10户计生“两户”危房改造，落实资金7.8万元。开展“新春送温暖”活动，慰问计生“两户”300户，发放资金15万元。各部门、乡镇在落实农低保、危房改造、产业扶贫项目时，优先安排计生“两户”，其中，获得农低保共计256户931人，危房改造累计实施237户，产业扶贫项目安排600户。2015年，累计发放利导资金共108.08万元，受益2775人。计划生育特惠政策和公共民生普惠政策的“叠加”扶持，进一步增强农村计生“两户”的家庭发展能力。

【流动人口管理】 2015年，全县已婚育龄妇女1929人，对新增流入已婚育龄妇女签订诚信协议，提供验证、妇检、生殖保健等均等化服务。全县流出已婚育龄妇女11451人，以村居为单位开展遍访服务，动态更新信息，采集电话号码，办理“婚育证”，动态掌握重点管理服务对象环情孕情，定期监测流出婚龄前目标人群的流向、就业、婚育等变动信息，落实家长监管责任。

【“两非”专项行动】 年内开展“关爱女孩”宣传服务16场（次），发放资料1.6万余份。开展“两非”（非医学需要的胎儿性别鉴定、非医学需要的人工终止妊娠）专项行动4次，检查医疗机构33家次、个体私人诊所26家次、药店61家次。培训B超从业人员，签订抵制“两非”承诺书，严格执行B超使用、实名登记、信息共享和终止妊娠药品进、销、存及终止妊娠审批制度。调查婴儿死亡9件、非法抱养2件、非医学需要的胎儿性别鉴定1件，立案3件，结案1例。

【人口数据信息】 年内建成县级公共人口健康公共服务局域网，涵盖县直医疗服务机构、8个乡镇卫生院（妇幼保健计划生育服务站），负责公共卫生服务、医院管理、检查诊断、病历管理、妇幼保健、计划免疫、卫生应急、医保和新农合报销、中医药等各种业务的整合，为建设“大数据”医疗卫生奠定坚实基础。将卫生局、人口计生局官方网站合二为一，部分业务实现无纸化办公，特别是配备专门的网站运行管理、信息发布人员，及时发布卫生计生信息，做好信息公开和信息报送工作。与此同时，信息管理人员还自行开发软件，开通《流动人口婚育证明》网上办理平台、诚信计生管理信息查询平台，多项统计报表由手工统计转变为软件自动生成，信息化建设不断跃升。

【计生协会工作】 2015年8月15日，雷山县驻广东省流动人口计划生育协会成立，是黔东南州首个省外流动人口计划生育协会机构。创建县级“计生协产业合作社”示范村1个，创建乡级示范村8个，创建“计生协家庭服务中心”示范村1个和“留守儿童之家”1个。开展“幸福微笑”“幸福守望”等活动，落实唇腭裂修复3人。在“两节”期间，走访慰问50户“留守儿童”和“空巢老人”。“三八节”期间，投入12.98万元支持村级协会开展诚信评议、基层群众自治、人口福利募捐等宣传，完善提升诚信计生。为16个受洪灾农村“两户”家庭发放人口福利紧急救助金5万余元。开展“圆梦女孩志愿行动”，为26名“独女户”和“计划生育二女户”圆梦女孩赠送书包（含文具）和励志金。同时，为9个计划生育二女户家庭颁发绝育奖励金，为5个晚婚晚育家庭颁发晚婚晚育奖。

食品与卫生监督

【概况】 雷山县卫生监督局为县正科级事业参公单位，内设机构为办公室（含法规稽查科）、公共卫生监督科、医政监督科、食品安全综合协调科、审核办证科、职业与学校卫生监督科6个科室，领导职数1正2副，人员编制16

名，实有人员12人，其中大学9人，大专3人，中共党员4人，少数民族12人，退休7人，人员全部列为参公管理。2015年，县卫生监督局围绕全县卫生监督中心工作，以人民群众关注的民生问题为突破口，按照上级业务部门卫生监督工作重点，以落实科学监管为目标，提升执法效能、创新监管模式、规范行政执法，努力实现卫生监督监管方式、监管方法和监管手段三个转变，不断加大卫生监督执法力度、深度和广度，依法严厉打击各种危害人民群众身体健康和生命安全的违法行为，切实维护和保障人民群众健康权益。

【卫生许可】 对现场审查严格把关，结合创卫标准要求，对公共场所经营单位和医疗卫生单位经整改后仍不达标的坚决不予发证。年内共受理卫生许可申请225件，发放卫生许可证225户；其中公共场所卫生许可125户、医疗机构执业许可审核发证2户、校验98户。

【案件查处】 2015年，卫生违法案件共立案646件，结案646件，结案率达100%；其中医疗机构立案256件、结案256件，医疗废物立案96件、结案96件，传染病防治立案7件、结案7件，放射卫生立案4件、结案4件，公共场所立案281件、结案281件，生活饮用水立案2件、结案2件，总罚款金额达121.8105万元。

【饮食监督】 对辖区所有的公共场所行业进行全面的监督检查，对公共场所旅店业、美容美发店“卫生许可证”、从业人员健康证明，卫生培训上岗持证情况进行调查摸底2次；公共场所经常性卫生监督户均2次以上，有卫生监督意见书，现场检查笔录，现场检测报告单，经常性卫生监督量化评分各1份，完善管理档案。每月20日前对水池水、末梢水的微生物指标进行抽检，检验结果：微生物指标、感官性状和一般指标均合格，对市政供水日常监测12次，微生物检验合格率为100%。

【医疗监督】 2015年，检查医疗卫生机构85所、286户（次），其中包括县医院、疾病预防控制中心、8个乡镇卫生院、村卫生室、个体诊所、私人医院等。全年共出动执法人员96人次，出动车辆38台（次）；开展对医疗机构传染病防控卫生监督，共检查公立医疗机构14户、民营医院3户、个体诊所15户，未发现重大公共卫生事件和传染病暴发流行情况。制定《雷山县卫生监督局关于开展医疗废物管理监督检查实施方案》，对乡镇卫生院、村卫生室人员进行专项培训1次，定期检查医疗废物的分类、收集、运送、贮存、处置情况和消毒隔离制度以及消毒设施。通过检查，85家医疗机构和15家个体诊所都建立有相关的医疗废物责任制及规章制度，但有些无标识或标识不准确。县医院、民营医院、县妇计中心、乡镇卫生院已经使用专用的医疗废物垃圾桶。雷山县城区医疗卫生机构医疗废物规范处置率达95 %，其他区域的医疗卫生机构医疗废物规范处置率达90 %以上。

【专项整治】 专项整治非法行医，制订《雷山县卫生监督局关于进一步打击非法行医实施计划》，定期进行专项监督检查，检查医疗卫生机构85所、286户（次），其中包括县医院、疾病预防控制中心、8个乡镇卫生院、村卫生室、个体诊所、私人医院等。全年共出动执法人员96人次，出动车辆38台（次）；取缔个体游医3户（次），收缴牙科器械1套，进一步规范和净化医疗服务市场。卫生监督协管。设立卫生监督协管工作站8个，聘请卫生监督协管员19名、卫生监督协管信息站员118名。开展打击“两非”和代孕专项行动，对个体医疗机构使用非卫生技术人员、非法从事性病诊疗活动、非法鉴定胎儿性别和选择性别的终止妊娠手术的违法行为进行监督检查，检查医疗机构19户（个体诊所11户）、药店12户，未发现鉴定胎儿性别和选择性别终止妊娠的非法行为，未发现代孕的违法行为。开展打击编造虚假医学文书套骗新农合资金专项工作，出动卫生监督员36人次、车辆14台（次），检查县直医疗机构、民营医院、乡镇卫生院、村卫生室等医疗机构68户（次）。9月至10月上旬，雷山县卫生监督局、县市场监管局对全县8个乡镇145家村卫生室开展监督检查等工作。对存在“问题”的25家进行行政指导，共处罚2.7万元。

【学校卫生监督执法】 2015年，对36所学校开展卫生监督执法工作，其中职业中学1所、高中1所、中学5所、完全小学28所、县级示范幼儿园1所。要求每个学校都必须成立以校长为第一责任人的学校卫生管理领导小组，建立和完善学校突发公共卫生事件应急预案，确保每个学校组织机构健全、公共卫生事件应急预案、学校师生安全得到应有的保障。当年全县有放射诊疗机构4家，其中县医院1家、疾病预防控制中心1家、永乐镇卫生院1家、私立医疗机构1家、共有放射诊断设备5台，其中X射线诊断机4台、CT机1台，持有“放射诊疗许可证”4家、有“放射工作人员证”12人。年内出动卫生监督员26人次，车辆6车（次），对放射工作人员培训情况、放射工作人员及患者防护用品配备情况等进行监督检查。利用赶集天在大十字开展职业病防治现场宣传活动2次，向广大农民工宣传职业病防治知识和接受农民工职业健康相关知识的咨询，为群众答疑解惑，发放职业病防治宣传材料和宣传画2000余份，并在明显位置悬挂横幅标语5条。

【党建帮扶】 2015年局党支部有党员7人，其中退休党员3人，在职党员4人；大学本科以上5名，大专2名；少数民族党员占100%。当年，支部为望丰村争取开展吃新节、建党联谊活动、爬坡节宣传、老年节等活动经费共计3500元；慰问走访独生子女户11户、双女结扎户2户和村先进计生专干4名，累计发放慰问资金1700元。当年，望丰村遭遇特大洪水，全村的饮用水管多处冲毁，田土、道路设施损毁严重，群众房屋也遭受不同程度的损坏，造成重大损失。县卫监局与村“两委”及时了解村民受灾情况、做好村民受灾统计、排查各种险情标识和危险路段警示牌或标志。组织村党员干部帮扶受灾户清理受灾房屋、塌方道路。与村民一起抢修饮用水，协助做好灾后救灾物资发放和受灾田土保险赔偿工作。

（金孟）

疾病预防控制

【概况】 雷山县疾病预防控制中心为正科级事业单位，内设流行病防治科、慢性病防治科、监测检验科、办公室、健康教育所、免疫规划科、艾滋病防治科、麻风病防治科和后勤保障科共9个科室，人员编制30名。2015年，中心有在职职工25人；大学10人，大专13人，中专及高中2人；均为少数民族，主要以苗族为主，占92%。现有正科级主任1人，副科级主任2人，专业技术人员22人，主管（治）5人，医师10人，护师2人，医（技）士2人，检验士2人，会计员1人。公益性岗位1人（驾驶员），离退休职工16人。党支部有支部书记1名，委员2名；党员16名；在职党员12名，退休党员4名；本科文凭7名，大专文凭7名，中专、高中文凭1名，初中以下文凭1名；均为少数民族，其中苗族14名，侗族2名。

【疾病预防】 2015年，全县未发生大规模疫情，报告乙丙类传染病11种，发病数为503例，死亡2例，发病率430.65/10万，死亡率1.71/10万，病死率0.4%；与2014年相比，发病率上升2.67%。年内无甲类传染病报告，乙类传染病6种，发病数368例，死亡2例，发病率315.07/10万，死亡率1.71/10万；与2014年相比，发病率上升23.87%。年内丙类传染病5种，发病数135例，无死亡，发病率115.58/10万；发病率较2014年下降29.98%。2015年，发现甲肝病例1例，无狂犬病、麻疹、伤寒副伤寒、乙脑、疟疾等重点传染病发生，无疟疾病例报告；全县上报的涂制血片数为596张，占年任务数的119.43%；当地居民血检数311张，流动人口血检数285张。各乡镇卫生院疫情实报率均达100%。查阅全县门诊日志登记病例48586人次，住院病例3595例，发现传染病415例，其中报告380例，漏报35例，漏报率8.43%；抽查处方810张，与门诊日志核对符合782张，符合率96.54%。每天对辖区内网络直报的传染病卡片进行审核4次重查2次，对传染病监测资料进行月分析，对辖区内聚集性病例进行分析和报告。年内收到传染病预警信息系统发出预警23条，在两小时内回复预警23条，是疑似事件4条，均在规定时限内填报现场调查表，并上传个案及调查报告；收到省级预警邮件2次，均已分别在24小时内回复州、省两级，并在48小时内上传调查报告。4月28日，雷山县疾病预防控制中心利用赶集天，在县城大十字以“预防接种——孩子的权利社会的责任”为主题开展预防接种知识现场宣传和咨询活动。宣传活动现场设立咨询服务台2个，接受群众100余人，向群众发放《儿童预防接种小常识》《致儿童家长的一封信》等预防接种基本常识及相关法律法规宣传资料1000余份（张）。

【免疫接种】 2015年，各苗接种率为：乙肝疫苗（第一针接种率100%，及时接种率99.89%；第二针接种率99.92%；第三针接种率99.93%）；卡介苗接种率99.91%；脊灰疫苗（第一丸服苗率100%，第二丸服苗率99.93%，第三丸服苗率99.85%，第四丸服苗率99.94%）；百白破疫苗（第一针接种率99.92%，第二针接种率100%，第三针接种率99.92%，第四针接种率99.88%）；白破疫苗接种率99.84%；含麻类疫苗（第一针接种率99.93%，第二针接种率99.94%）；A群流脑疫苗（第一针接种率99.92%；第二针接种率99.84%）；A+C疫苗（第一针接种率99.9%，第二针应种接种率99.94%）；乙脑疫苗（第一针接种率99.81%，第二针接种率99.94%）；甲肝疫苗接种率99.91%。乙肝疫苗首针、及时接种率达到95%以上，其他各苗接种率也达到95%以上。按要求开展AFP、麻疹、两脑监测：每月3次对县级医疗机构门诊和住院病人的14岁以下儿童AFP病例主动监测33次共29296人，对9个乡（镇）卫生院主动监测33次共52023人；11月永乐报告AFP病例1例，已按要求上报、送样并完成60天随访。年内发现麻疹、风疹疑似病例4例，经州疾控实验室诊断后均已排除，全年无麻疹病例发生。未发现流脑及乙脑疑似病例。

【结核病防治】 各指标完成情况：初治涂阳病人数完成67例（任务数66例）；复治涂阳病人数完成14例（任务数14例）；初治涂阴（含重症）病人数207例（任务数168例）；初治涂阴肺结核病人完成治疗率97%；报告患者应追踪188人，实际追踪193人，完成任务数102%；结核病人追踪总体到位率为（632/647）97%，新涂阳治愈率为100%，在结核病病人中筛查艾滋病的筛查率为98.61%。

【艾滋病防治】 看守所HIV抗体检测累计完成95人，完成全年任务数的106%；咨询检测982人，完成全年任务数的107.3%；月均暗娼干预覆盖率为130.2%，按上级要求暗娼HIV检测率不低于50%（指当年暗娼干预总人数的50%）；本地新发HIV/AIDS 11例，完成全年任务数275%；抗病毒治疗累计完成20例，本年度新增12例；新报告或既往报告的HIV/AIDS接受结核病检查率100%；艾滋病病毒感染者/病人随访干预比例达到100%；艾滋病病毒感染者/病人的随访完成任务比例达100%；艾滋病病毒感染者及病人CD4检测32人（累计应检41人），检测率为78.0%；正在接受抗病毒治疗半年以上的病人病毒载量应送省CDC检测10人，已送检10人，送检率为100%。单阳配偶应检11人，已检11人．检测率为100%；10%常住人口HIV检测完成11971人次（总任务数为11843人），完成率为101.08%。

【碘盐缺乏病防治】 年内完成全县各方位碘盐300份的采样与检测工作，碘含量合格率为100%。按东、南、西、北、中划分5个方位，抽样乡（镇）分别为：方祥乡、永乐镇、望丰乡、郎德镇、大塘镇，在所抽取的每个乡（镇）各随机抽取1所村小学（无村小学或8~10周岁儿童不足40名时，抽取乡中心小学），对40名8~10岁儿童进行尿样采集和甲状腺肿触诊（计算儿童甲状腺肿大率）。每乡（镇）各抽取20名现孕妇女，在对所辖区20名现孕妇女进行尿样采集的同时完成对该孕妇的一份调查问卷填写及家中食用盐样的采集工作，并做现场半剂量测定。

【麻风病防治】 年内麻风病人发现任务数是1例，没有新（复发）病人发现。家属调查应完成体检6人，实际完成6人，未发现可疑病例。线索发现任务数40例，完成40例。开展麻风节的宣传和慰问活动，共挂出横幅9张，张贴宣传图画9张，发放宣传单3700余份，接受咨询人数50人。联合红十字会、卫计局、民政局等部门对麻风病人家进行走访慰问，发放慰问物资和慰问金2800元。年内对7个存活治愈病人发放护理包2次，并指导病人了解预防畸残的锻炼手法和意义。

【肿瘤病患随访】 2015年，收集严重精神障碍线索92例（任务数84例），完成率为109.5%；开展诊断复核工作两次，共确诊61例，患者检出率3.5‰，确诊患者均录入国家重性精神疾病数据收集分析系统；完成与公安部门进行一年4次的信息交换；完成肿瘤随访登记报告179例，肿瘤发病率151/10万。

【死因与水质监测】 死因监测。全县报告死亡754人，死因报告率6.35‰，高于国家要求的死亡率大于6‰的指标。水质监测。完成集中式供水（自来水公司）常规项目水质检测；每月检测一次，共计样本数为24份均为合格。在洪灾期间，完成西江平寨村水样本数2份，雷山民中、雷山二中、雷山三中的净水器处理前后的水样本数各1份，共8份。按照2015年农村饮用水监测方案，完成对丰水期和枯水期的农村饮用水卫生监测点28个、56个样的监测和上报工作；其中市政和自建供水6个，学校自备供水4个，乡镇8个。

（石昌美）

新型农村合作医疗

【概况】 雷山县新型农村合作医疗管理中心成立于2007年2月，为副科级事业单位，归口县卫生和计划生育局管理。2015年，有编制数11名，实有在编人数11人。其中领导职数2名（正主任1名、副主任1名），中层领导5名（办公室主任1名、财务科科长1名、审核科科长1名、稽核科科长1名、信息管理科科长1名），其他工作人员4名；本科5人，大专5人，中专1名。有办公室、财务科、稽核科、审核科、信息管理科5个正股级内设机构，各设科室长1名。主要工作职责是贯彻落实新型农村合作医疗实施方案和实施细则，制定新型农村合作医疗管理制度、发展规划、工作计划并组织实施。同时负责新型农村合作医疗资金的管理使用；负责“新型农村合作医疗证”的制作、发放和管理；负责对县级定点医疗机构产生的医疗费进行审核，及时向各级定点机构拨付相关费用；负责对各定点医疗机构的医疗服务项目、价格及药物目录、药品价格开展定期或不定期检查；负责收集和整理合作医疗信息，填报相关统计报表；负责编制年度基金预算草案及办理年终决算事务，定期公布合作医疗资金运行情况；负责县新型农村合作医疗管理委员会的日常工作，办理县卫生局交办的其他事项。

【基金筹集】 2015年，全县有农业人口139992人，其中参加新农合139754人，实际参合率为99.83%，达到省、州参合目标要求，继续保持在全州前列。全年应筹集6288.93万元（按450元/人筹资标准计算），结转2014年结余基金423.39万元，年末，全县筹集新农合基金总额为6712.32万元。各级财政补助资金5310.65万元，其中：按268元/人筹资标准计算，中央财政应补助资金3745.41万元，实际到位3745.41万元，占应到位资金的100%；按95.20元/人筹资标准计算，省级财政应补助资金1330.46万元，实际到位资金1330.46万元，占应到位资金的100%；按6.72元/人筹资标准计算，州级财政应补助资金93.91万元，实际到位资金93.91万元，占应到位资金的100%；按10.08元/人筹资标准计算，县级财政应补助资金140.87万元，实际到位资金140.87万元，占应到位资金的100%；按70元/人筹资标准计算，个人应筹资金额978.28万元，到位资金978.28万元，占应筹集资金100%。

2015年末，为解决困难群众参加2016年新型农村合作医疗保险，雷山县民政部门筹措138.23万元，解决38294人参合的困难问题。其中："五保户"、城市"三无"对象孤儿、60年代精减退职老职工实行全额资助90元/人，计763人；低保对象资助35元/人，计37531人。

9月22日，雷山县召开2015年新农合工作暨2016年新农合参合筹资工作培训会，启动2016年新农合参合筹资工作。

【医疗补偿】 全县享受新农合补偿127426人次，参合农民受益率91.18%，比2014年108568人次增加18858人，受益率较2014年的78.93%增加12.25%；共发生医药费用8749.54万元，比2014年8533.87万元上升2.52%；共计补偿5736.10万元，比2014年5573.25万元上升2.92%，实际补偿比为65.56%，比2014年65.31%增加0.25%。

补偿金额中，住院补偿22093人（含二次补偿人次，不含住院分娩991人次），比2014年20964人增加1129人，共发生医药费用7745.65万元，比2014年7670.62万元上升0.98%；农合基金补偿5172.61万元，比2014年5054.73万元上升2.33%，占基金支出的90.18%（比2014年90.70%）下降0.52%，实际补偿比66.78%，比2014年65.90%上升0.88%。门诊补偿（不包括大特病等门诊）103524人次，比2014年82255人次增加21269人次，共发生医药费用670.29万元，比2014年516.16万元上升29.86%；农合基金补偿395.68万元，比2014年308.40万元上升28.30%，占基金支出的6.89%，比2014年5.53%增加1.36%，实际补偿比59.03%，比2014年59.75%下降0.72%；住院分娩、特定病门诊和其他1809人次，比2014年5349人减少3540人，共发生医药费用333.60万元，比2014年347.09万元下降3.88%，农合基金补偿167.81万元，比2014年210.12万元下降20.14%，占基金支出的2.92%，比2014年3.77%下降22.55%。其中，住院分娩补偿共991人125.07万元。在重大疾病保障工作方面，全县补偿儿童白血病、乳腺癌、重性精神病、终末期肾病、肺癌等重大和特殊疾病934人次，发生医药费用775.34万元，共计补偿602.72万元，实际补偿比为77.74%。在2015年的住院补偿中，累计补偿金额在0.3万~0.49万元共1602人次，0.5万~0.99万元共1472人次，1万~1.99万元共628人次，2万~2.99元共130人次，3万~3.99万元共64人次，4万~4.99万元共43人次，5万元以上共91人次，最高补偿病例金额为21.83万元，系一终末期肾病患者。

【基金结余】 2015年，全县新农合基金应结余976.22万元。按相关文件要求，2016年度大病保险第一批应上划基金数额按照2015年筹资总额的6%支付为188.67万元，实际应结余资金为798.74万元（含利息收入11.19万元）。

（杨胜勇）

雷山县人民医院

【概况】 雷山县人民医院始建于1956年，2002年从老城区整体迁到教厂坝新址。新建医院占地面积25亩，业务用房面积8000平方米。2009年，中央新增投资建设住院综合楼10050平方米，项目建成后医院业务用房面积达18050平方米，开放床位达600张。县人民医院是全县唯一的综合性公立医院，也是全县唯一达标的产科指导中心。1996年，经评审达"爱婴医院"标准，1998年达"二级乙等医院"标准。2015年通过"二级甲等综合医院"评审。医院床位编制200张，实际开放333张。2015年设院办公室、医务科、护理部、人事教育科、财务科、院感科、预防保健科、总务科、设备科、病案信息室、医保办、农合办、外一科、外二科、内一科、内二科、儿科、妇产科、急诊科、中医科、麻醉科、五官科、口腔科、皮肤科、传染科、重症医学科、门诊部、检验科、输血科、病理科、放射科（含CT室）、康复科、药剂科、营养科、消毒供应科、B超室、心电图室、胃镜室共38个科室。主要设备有CT机1台，DR机1台，500mAX光机1台，C臂1台，阿洛卡彩色B超2台，电子胃镜1台，全自动生化分析仪1台，急救车5辆。人员编制270名，2015年有职工298人，其中临时聘用98人［医（技）人员70人，其他28人］。在职职工200人，其中副主任医师7人，副主任护师7人，主治医师19人，主管护师20人，主管技师（主管检验师）6人，卫生技术初级90人，管理和后勤人员51人。退休职工46人。2015年，县医院总收入5600万元，其中业务总收入3826万元，其中医疗收入3814万元，占总收入的68.11%；药品收入1245万元，占医疗收入的32.64%。

【疾病治疗】 2015年，县医院完成门诊就诊患者52439人次［急诊患者2298人次，“120”出诊903车次］；入院患者11092人次，出院患者10829人次；手术1126台（次），健康体检3339人次；农合门诊报补22555人次，金额15.75万元；住院报补8022人次，金额1738.72万元；医保报补4028人次，金额424.1万元；病床使用率81.28%，平均住院日8天，入出院诊断符合率99.90%；抢救危重患者249人次，成功率93.98%；CT拍片11692人次，DR拍片16722人次，新生儿753人次，彩超16359人次，检验26359人次，胃镜415人次，B超16287人次，心电图10054人次；上报传染病病种5种共759例，其中肺结核603例、乙肝11例、流腮4例、菌痢5例、梅毒4例、手足口病57例、急性出血性结膜炎11例、过敏性皮炎2例、荨麻疹2例、扁桃体炎1例、口腔炎1例、伤害1例、甲肝1例、AFP1例、HIV感染者1例、乙肝病毒携带者1例、住院服药治疗艾滋病病人18人；住院分娩753人，其中平产548人、剖宫产205人；新筛630人次；办理出生医学证明688人次；预防接种642人次；住院病人治愈率59.79%，好转率46.72%，入出院诊断符合率99.90%；接受输血114人次；基础护理合格率达97.89%，特、一级护理合格率达99.3%，护理文书书写合格率达99.23%，急救药品、物品完好率100%，健康教育覆盖率达100%，健康教育知晓率99.01%，专科护理合格率95%，常规器械消毒灭菌合格率达100%，一人一针一管一用一灭菌执行率达100%，一次性注射器、输液（血）器焚烧100%，病人对护理工作的满意度93.45%，“三基”理论考试合格率98%，护理技术合格率达98%，优质护理覆盖率100%。

【护理培训】 有计划、有组织地落实护理人员“三基”培训及专科技能培训。全年完成全院护士“三基”理论考试4次，合格率98.5%；完成7项常用护理操作技术的培训和考核，培训率达90%，合格率100%。组织院前急救、心肺复苏、创伤包扎等专科技术培训各1次，组织参与应急演练2次。2015年，全院护理人员共撰写论文4篇。

【“三个监测”】 医院感染病例监测：全年监测病例9012例，发生医院内感染病例83例，医院感染率为0.92%。抗菌药物使用，全年调查出院病人9012例，其中使用抗菌药物5260例，抗菌药物使用率为58.37%，治疗性用药4301例、占81.77%，预防性用药959例、占18.23%；治疗性用药标本送检1135例，送检率为26.39%。目标性监测：全年监测手术患者623例，发生医院内感染27例，感染率为4.33%。环境卫生学及消毒灭菌效果监测：环境卫生学监测，全年采集标本数250件进行监测，合格237件，合格率为94.8%。消毒灭菌效果监测，全年共采集标本数54件进行监测，合格53件，合格率为98.15%。

【医德医风建设】 年内明确信访投诉专办人2名，每周开启意见箱1次，收集群众意见及建议，办理、回复群众关心的问题；召开党风廉政建设工作会，开办廉政课堂3期，组织全体党员集中学习《中国共产党廉洁自律准则》《中国共产党纪律处分条例》《事业单位工作人员处分暂行规定》3次；开展重点科室、重要岗位的党风廉政（医德医风）警示教育会1次，分析典型案件，从中汲取教训，筑牢思想防线；出台奖励举报措施，设立有奖举报箱，制定有奖举报标准，并在全院范围内进行公布；“以病人为中心”，加强导医咨询服务，公示各项收费标准和药品销售价格；设立文明服务监督岗、行风建设意见箱、意见簿、监督电话、公开服务承诺，还利用电子显示屏、宣传橱窗等形式，让院诊疗群众受到健康教育。

【医药体制改革】 取消药品加成，改革以药补医。2015年10月25日起实行药品零差率销售（中药饮片除外），总药品品种518个，其中基药物品种357个，抗生素品种35个；严格执行《中华人民共和国药品管理法》，加强麻醉、剧毒、放射药品管理，建立严格的管理制度，防止滥用和流失，保证临床用药安全有效；规范诊疗行为，进一步健全完善费用控制制度，加大对违规行为处理力度；定期下乡开展义诊宣传活动，为群众送医送药5000余元；实施临床路径病种数为40种，其中入径135例，成功112例，成功率83%；变异23例，变异率17%。增加收费窗口，采购身份识别系统，简化医疗服务流程，减少患者排队等候时间，缓解群众“看病难”的问题；急诊检查出具结果时间不超过30分钟；开展预约诊疗服务，提高群众就医时效；缩短住院天数，降低住院费用；进一步规范医院新农合定点医院服务行为，严格执行国家新型农村合作医疗政策，实行即出院即报账，用电子显示屏公示新农合报销补偿情况及药品医疗收费项目、价格，及时公布信息，接受社会的监督。年内收治住院病人累计达8022人次，住院总医药费用2321.43万元，总补偿金额为1738.72万元。

【医院设施建设】 年内改造装修急诊科、CT室、胃镜室，建成医疗生活垃圾站、氧气房，住院综合楼各项工程已基本完工；投入400多万元购置心电监护仪、除颤仪、幽门螺杆菌测试仪、腹部探头、振动排痰机、婴儿培养箱、新生儿黄疸治疗箱、小儿CPAPG正压系统、可视喉镜、LEEP刀、电动吸引器等医疗仪器设备，为患者诊断、检查提供质量保证；临聘护士15名、医生3名，选送多名医生、护士到省内外知名三甲医院内外科、ICU、血透、检验等专业进修；全面启用医院信息化管理系统，提高医院管理水平和工作效率。2015年11月，经审评，县人民医院荣膺“二级甲等综合医院”称号。

【党建帮扶】 设中共雷山县人民医院总支委员会1个，下属党支部2个。总支委员会书记1个，副书记1个，支委3个。下属党支部书记2个，组织委员2个，宣传委员2个。支部共有党员60名（女党员32人），其中在职党员48名，退休党员12名；35岁以下23人，36岁至45岁之间18人，46岁至54岁之间7人，55岁至59岁1人，60岁以上11人；本科文凭17名，大专以上文凭30名，中专文凭12名，高中文凭1名；苗族47人，侗族5人，水族2人，布依族1人，少数民族比例占91.6%。按照党建工作要求，年内认真贯彻中共十八大精神，坚持以邓小平理论和“三个代表”重要思想为指导，深入学习实践科学发展观，开展“党的群众路线教育实践”活动，着力“创建二级甲等医院”；春节拿出2.6万元现金，慰问退休职工和大年三十值班医护人员；5月，雷山遇到百年一遇的洪灾，院党总支多次向广大干部职工发出倡议书，先后向县红十字会募捐2万余元；到大塘镇也宜村帮助解决水泥、沙子各4吨，水管200余米，办公经费2000元；帮助解决望丰乡乌局村孤寡老人灾后重建资金0.4万元和0.3万元；协调企业4家，得到意向性帮扶资金7万元，其中到位资金4万元、医用拐杖4副、食用油20桶、大米200公斤、卫生纸50提帮扶灾区。带领帮扶村养猪专业10余户，到大塘镇新联村养猪示范基地考察学习1次，精准结对帮扶项目已联系爱心企业意向性赞助养猪专业户10户，户均2万元，养鸡专业1户意向性赞助鸡苗1000只；到九乡（镇）开展“学医为民、服务乡亲”大型免费义诊活动2次，健康咨询3000余人，体检500余人，发放宣传资料5000余份；向大塘镇水溪村村民金华坤的儿女—金俊龙和金成凤地中海贫血病患者捐款1.4万元；解决帮扶村考入贵州财经大学和福建武夷学院的贫困学生杨小秋和任俊学费10060元；向尼泊尔、西藏地震灾区募捐3000余元。

（潘茂江）

雷山县红十字会

【概况】 雷山县红十字会参照公务员管理编制3人，内设机构1个。2015年末在职人数4人，少数民族3人；大专以上学历4人；中共党员2人。年末，全县建立地方红十字会1个、基层红十字会组织28个、团体会员单位19个；发展会员9519人，其中青少年会员7539人；发展红十字志愿者532人。按照“树好形象、建好队伍、提高能力、夯实基础、加快发展”的工作思路，以服务群众和提高人道救助能力为出发点，以“三救三献一行动”为核心，坚持稳中求进，不断提升红十字会依法履行职责的能力，不断推进全县红十字事业向前发展。在全州红十字会系统年度工作考核中，县红十字会荣获2015年度目标绩效管理“优秀奖”。

【应急预案】 加强红十字应急救援队伍建设，完善《雷山县红十字会自然灾害等突发公共事件应急预案》，建立和执行灾情报告制度，首期灾情报告不超过24小时。2015年上报灾情报告5期，争取到省红十字会援助的救灾物资折合人民币50万元。

【救护培训】 开展红十字应急救护知识救护员持证培训和普及培训。组织公安、交通运输、旅游、教育、建筑等从业人员及社区群众参加救护员持证培训，参训100多人；其中经过技能考核和考试获得救护员资格证书43人。利用“5·8博爱周”“世界急救日”等纪念日，在社区、学校、农村、机关组织开展应急救护技能比赛、应急知识宣传和救护知识应急、普及培训等活动，传播红十字精神理念，提高群众自救互救能力。全年共开展公益培训1000多人。派员参加中国红十字供水和大众卫生救援培训。

【医疗救助】 为大塘镇桥港村先天性心脏病患儿余大森审核上报“天使阳光基金”相关材料到上级红十字会，争取支持帮助。联合县疾病预防控制中心、县卫计局、丹江卫生院及志愿者，利用“世界艾滋病日”，开展艾滋病预防宣传慰问活动，接受群众咨询50余次，发放艾滋病防治知识等宣传资料500余份，发放避孕套100余盒。开展“红十字博爱送万家”慰问以及日常救助活动，1—2月分别到大塘镇桃江片区、望丰乡三角田和丰塘村开展春节“红十字博爱送万家”慰问活动，发放大米、食用油、家庭包、棉衣、毛毯等慰问物资99000元、现金6000元，救助全县困难家庭276户；8月13日，联合县妇联、团县委等群众团体单位及望丰乡政府到望丰乡排肖村看望慰问脓包性肢端皮炎银屑病女孩余大敏，送去慰问金4500元；审核申报“贵州省绿色家园行动发展基金会华夏医疗救助专项基金”救助项目，得到救助患者2名；开展红十字救助行动，为丹江镇大固鲁杨春、西江镇小龙村周兒往、望丰乡排肖村2组的余大敏、丹江镇教厂村3组李守强、永乐镇岩寨村2组陆林和共5人开展助医关爱行动，共发放救助款5500元；开展“康恩贝健康之旅—老年病防治博爱行动”项目活动，发放前列康药品1950瓶，惠及65人。做好“幸福天使基金”价值80万元贝恩美奶粉的发放工作，全县8个乡镇、30多个村、1000多名儿童、500多名婴幼儿受益。

【无偿捐献】 通过宣传发动，招募造血干细胞捐献志愿者20余人，参加无偿献血673人，采集血液199905毫升，占任务数603个单位的165.75%；开展“感谢您挽救我的生命”为主题的“6·14世界献血者日”宣传慰问活动，发放宣传资料2000多份，慰问品300多份；在全州红十字工作推进会上，县红十字会作无偿献血宣传发动先进经验交流发言，并荣获中华人民共和国卫生和计划生育委员会、中国红十字总会、中国人民解放军总后勤部联合授予“全国无偿献血促进奖特别奖”；6月24日至26日，参加省人体器官与细胞组织捐献工作培训，开展以“器官捐献生命永续捐献无偿报名登记”为主题的宣传活动，发放宣传资料200多份，捐献志愿者报名登记1名。

【宣传培训】 加强红十字组织建设，参加

中国红十字供水和大众卫生救援、人体器官与细胞组织捐献、绿色家园行动发展基金会华夏医疗救助专项基金培训会；利用“5·8”世界红十字日暨博爱周、“世界防治麻风病日”，到学校、进社区、进农村开展红十字运动，传播防灾减灾知识，发放宣传资料2500余份；在黔东南信息港、贵州民族法制网各级各类媒体发布相关新闻报道7条；在县有线电台报道雷山“5·27”洪灾募捐、红十字会送健康到敬老院以及红十字关爱行动活动新闻共15条，其中雷山“5·27”洪灾赈灾义演募捐活动还在州电视台新闻时间报道。联合教育局组织全县6000多名学生参加全国红十字青少年自救互救知识竞赛，并荣获2015年全国红十字青少年自救互救知识竞赛活动最佳组织三等奖。

【志愿服务】 在县城东城社区挂牌成立红十字志愿服务基地，招募红十字志愿者60人，开展志愿服务5次，服务对象达500人次；通过劝募，得到甘肃省敦煌有限责任公司、湖北省及县黔森公司的爱心捐款64.46万元，分别为掌雷、高岩小学建设以及2名高考贫困生和1名困难大学生解决高考前和开学前的经济困难。倡议全县人民为尼泊尔、西藏地震灾区捐款活动，收到爱心捐款37997.5元。

【对口帮扶】 加强与对口城市加强沟通和联系。2015年6月由杭州市红十字会援建的大塘镇咱刀村“人饮消防设施”工程竣工验收并交付使用，解决全村190户1200人的人饮消防问题。春节期间，到帮扶村开展慰问活动，慰问贫困家庭20户，累计发放物资7000多元；开展幸福基金关爱行动，发放奶粉20箱，惠及全村50多名婴幼儿；做好2015年精准扶贫帮扶工作，走访入户完成贵州省领导干部遍访贫困户访谈问卷24份，脱贫人口家庭入户调查表4份。

（欧品玲）

社会保障

LEI SHAN YEARBOOK

民　政

【概况】　2015年3月机构改革后，雷山县民政局内设办公室（行政审批服务股）、优抚安置股（雷山县退伍军人安置领导小组办公室、雷山县双拥工作领导小组办公室）、社会事务股，行政编制6名，其中局长1名、副局长2名、纪检组组长1名、股级干部2名。局直属事业单位：雷山县老龄工作委员会办公室，设在县民政局的正科级参公事业单位，事业编制2名，其中主任1名，副主任1名（副科级），由财政全额预算管理；雷山县社会救助管理局为县民政局管理的副科级事业单位，核定事业编5人（由局机关根据工作需要调剂使用），其中局长1人（副科级）、副局长1人（正股级），由财政全额预算管理；雷山县殡葬管理所为雷山县民政局管理的副科级事业单位，核定人员编制4名，其中所长1名（副科级）、股级职数3名，由财政全额预算管理；雷山县慈善总会办公室为县民政局管理正股级事业单位，核定事业编制2名，其中主任1名、工作人员1名，由财政全额预算管理；雷山县婚姻登记处为雷山县民政局管理的正股级事业单位，核定事业编制2名，其中主任1名、工作人员1名，由财政全额预算管理；雷山县中心敬老院（县社会福利中心、县光荣院）为雷山县民政局管理的正股级事业单位，核定事业编制4名，其中院长1名、副院长1名，由财政全额预算管理。2015年末，县民政局机关和局直属事业单位在职人数共计23人（其中公务员10人、事业人员7人、工勤人员6人），少数民族23人，大学学历14人，大专学历8人，中专学历1人。民政工作本着“以民为本、为民解困、为民服务”的宗旨，着力保障和改善民生，全年向上级争取到各项资金12937.72万元，比2014年增长29.37%。

【社会救助】　县民政局认真贯彻落实城乡居民最低生活保障条例，在城乡低保工作中，着重规范城乡居民最低生活保障申请、调查、评审、审批及低保金发放程序。坚持公开、公正、公平的原则，实现动态管理下的应保尽保。2015年，雷山县民政部门累计发放各类社会救助资金7247.37万元。城市低保对象1148户2459人，月保障标准从2014年的400元提高到442元，月人均补差达到283元，累计发放城低保资金844.43万元；农村低保对象13349户36277人，年保障标准从2014年的2100元提高到2580元，月人均补助达到480.28元，累计发放农低保资金5536.41万元。“五保”供养对象，其中：集中供养人月保障标准1500元，分散供养人年保障标准1050元，全年发放“五保”供养资金52.96万元。全年发放城乡医疗救助资金689.8万元，惠及2516人；发放城乡临时救助58.89万元，惠及738人；发放六十年代精减退职老职工定期定量救济资金38.84万元，惠及165人；发放季节性缺粮共456.62吨，惠及9986人。帮助农低保对象、“五保户”、重点优抚、60年代精简退职老职工和孤儿等对象41373人参加新型农村合作医疗，按照每人70元的补助标准进行全额资助，发放资助参合资金289.61万元。解决精神病人患者购药费和住院费报销费达46.92万元，惠及220人次。

【流浪乞讨人员救助】　开展好“寒冬送温暖”和“夏季送清凉”活动，确保每一位生活无着流浪乞讨人员安全过冬和平安度夏。成立流浪乞讨人员救助管理联席会议制度，定期组织相关单位搞好流浪乞讨人员排查工作，公示流浪乞讨人员救助电话，全年救助流浪乞讨人员208人，投入流浪乞讨人员救助资金43.88万元。

【救灾救济】　2014年至2015年度冬春期间，上级下拨雷山县冬春救助资金427万元，经县人民政府同意，用100万元采购大米，30万元采购棉被，18万元采购棉衣，279万元通过一折通实行社会化发放。全县累计发放棉被2248床，惠及2248人；发放棉衣2143件，惠及2143人；发放现金279万元，惠及14508人；发放大米229365公斤，惠及8323人。2015年5月26日18时至27日14时，雷山县境内出现特大强降雨袭击，据气象部门监测，全县共有7处站点出现特大暴雨，其中，最大降雨量达367.6毫米，最大雨强为92毫米/小时，是贵州省气象记录以来最大降雨量。自5月27日雷山县遭遇超200年一遇的特大暴雨袭击以来，全县又相继遭遇8次洪涝灾害，造成全县8个乡镇不同程度受灾。据统计，全县受灾人口10万余人，因灾死亡10人，失踪1人；紧急转移安置5万余人，其中：集中转移安置2071人，分散转移安置52907人（5月27日当天紧急避险转移安置3.7万余人），紧急生活救助3.4万余人，过渡性生活救助1.2万余人；房屋倒塌764户2475间，严重损坏2888户7366间，一般损坏5323户13273间。灾情发生后，局领导高度重视，制定抗洪救灾抢险工作实施方案，成立抗洪救灾抢险工作领导小组，严格按照县抗洪救灾抢险指挥部的工作部署，认真开展抗洪救灾抢险工作。全县累计下拨各乡镇救灾资金1224.47万元、帐篷334顶、棉被3446床、衣服6700件、大米5.14公斤、菜籽油1479桶、炊具298套、床铺433张，盐巴1840包、彩条布120卷，购买发放紧急转移安置人员生活保障物资98.81万元。2015年，县民政局获得抗洪抢险先进单位。动员农户参加农房灾害保险，2015年农房灾害保险总投保23680户，保费32元/户（其中政府补助14元，群众自缴18元），总投保资金75.78万元，每户保额2万元，木质结构房屋参保率94.75%；县级统保31679户，每户保额5000元，县级统保总投保资金15.84万元。省级统保31679户，每户保额5000元，省级统保总投保资金13.31万元。全年保险公司共理赔受灾556户，理赔金额145.56万元。

【福利彩票发行管理】 坚持以“慈善、健康、快乐、创新”的福彩文化，扎实开展福彩发行管理工作。2015年，完成销售量339.24万元，完成全年总任务的77.5%，与2014年相比下降58.94万元，降幅为14.80%。

【孤儿保障】 全县共有孤儿142人，其中分散供养127人，月保障标准为600元/人；集中供养15人，月保障标准为1000元/人。全年发放孤儿生活保障金113.24万元。

【婚姻登记】 婚姻登记工作不断规范，坚持依法登记，规范管理，健全完善登记程序和收费公开制度，实现网络在线登记，全年办理婚姻登记2197对，登记合格率达到100%，其中，办理结婚登记2000对，办理离婚登记197对。

【慈善工作】 组织全县2015年大学新生10名贫困生参加2015年黔东南州“慈德圆梦”助学项目，每位学生获得一次性补助金5000元；争取上级慈善总会“阳光驿站”慈善助学项目，资助雷山县望丰、公统等10所“留守儿童之家”，资助资金20万元。5月27日后，雷山县先后遭遇几次特大暴雨袭击，各条河流暴涨，洪水泛滥，给人民群众生命财产造成重大损失。根据县委、县人民政府的安排部署，县总工会、共青团县委、县妇联、县民政局联合举办雷山“5·27”洪灾灾区献爱心募捐活动，筹得捐赠款共55.72万元，并把捐赠款全额下拨到8个乡镇。

【区划地名】 2015年末，全县总面积1218.5平方千米，边界线总长为259.97千米。县涉及州级边界线1条、县级界线5条。2015年，县民政局加强普查工作人员培训，组织各成员单位的联落员收看第二次全国地名普查工作推进视频会议和交流促进视频会议，组织召开2次地名普查工作培训会，学习第二次全国地名普查的有关文件精神。组织各成员单位在县城街道和各乡（镇）开展2次全国地名普查工作宣传活动，共发放地名普查资料2500余份。完成城镇街（路）、巷命名20条，小区地名命名22个，已经县人民政府审批通过。认真调查核实统计，雷山与黔南州三都水族自治县，跨州界自然地理实体地名共有23处。雷山与凯里、台江、剑河、丹寨、榕江县等，跨县界自然地理实体地名共有123处。完成地名调查以乡镇为单位的核实统计，完成地名目录录入1600条。

【优抚工作】 全县共有重点优抚对象796人，其中，伤残军人62人、“三属”9人、在乡复员军人74人、带病回乡退伍军人32人、参战退役人员162人，烈士子女1人、60周岁以上（包括60周岁）农村籍退役士兵456人。2015年发放重点优抚对象各项抚恤生活补助资金315.68万元，惠及801人；发放部分在乡困难重点优抚对象各级危改补助资金64.20万元，惠及52户；发放残疾军人龙金城2015年护理费、住房补助金共计23.82万元。在春节、“八一”、建军节期间走访驻县三支军警部队、重点优抚对象、参战军人、农村籍60岁退役士兵，慰问优抚对象共801人，发放慰问金共计42.14万元、大米675公斤、菜籽油90桶、棉被50床，发放全县退役人员光荣牌2025张。在“清明节”和“烈士公祭日”期间，积极配合县委、县政府开展“深切缅怀革命英烈，巩固全国文明县城”为主题的教育活动。扎实落实相关政策，对在部队服现役期间立功受奖的24名军人发放奖励金2.4万元；发放2015年大学生入伍家庭奖励金4.8万元，惠及24户；发放2014年度自主就业退役士兵一次性经济补助金34.92万元，惠及32人；发放困难优抚对象临时救助金8.63万元，惠及32人；组织2014年度退役士兵先后分批分别到省、州参加免费职业教育和技能培训共24人。

【老龄工作】 全县老龄工作有序推进，借助“敬老月”活动，认真开展各项文艺活动，深入乡镇村慰问困难老人24人，发放慰问金0.72万元。投入36万元资金，及时完成农村幸福院、居家养老服务站等项目建设，提高养老服务水平。完成办理“贵州省老年人优待证”105人。

【民政项目建设】 2015年末，县民政局在建项目4个。雷山县养老服务中心老年养护楼建设项目，建筑面积9300平方米，总投资1400万元（其中中央资金950万元、地方配套450万元），床位200张，项目完成主体工程修建，正开展室内装修；雷山县大塘镇敬老院建设项目，占地面积4亩，建筑面积2000平方米，总投资300万元（其中中央资金211万元、地方配套89万元），床位80张，项目正动工修建；雷山县儿童福利项目，占地面积3100平方米，建设面积4200平方米，总投资650万元（其中中央资金500万元、地方配套150万元），床位100张，至年底项目正开展一楼修建；雷山县丹江镇南门社区老年人日间照料中心项目，占地面积1798平方米，建设面积1574平方米，床位26张，总投资421.1万元（其中中央资金251.8万元，地方配套169.3万元），项目完成主体工程修建，至年底正开展室内装修。

【党建帮扶】 县民政局党总支下设老年、在职2个党支部，有党员25人，其中在职党员15人（含2人预备党员），离退休党员10人；有大学本科以上11名，大专8名，中专及高中4名。党总支部注重创建学习型组织，采取集中学习、个人自学等多种形式，组织党员、干部学习《习近平关于党的群众路线教育实践活动论述摘编》、中央和省、州、县有关党的群众路线教育实践活动和“三严三实”的一系列重要文件精神；观看《文朝荣先进事迹》《焦裕禄》等电视教育片；组织全体干部参加“预防职务犯罪、共建美丽黔东南”为主题的警示教育巡展活动。“七一”期间，慰问贫困老党员15人、困难群众10户，发放慰问金1.25万元；帮扶猫鼻岭、龙塘、北建3个村；帮助10户困难党员和群众，每户发放15公斤大米、5公斤菜籽油，同时给予3个行政村每村1000元活动经费。2015年，开展资助部分贫困大学生，走访慰问离退休老干部、因病治贫城乡妇女等活动。全年救助贫困大学生24人，发放救助资金2.6万元；走访慰问离退休老干部14人，发放慰问金4200元；救助因病致贫城乡妇女1012人次，发放医疗救助资金252.5万元。

（石红庆）

人力资源和劳动保障

【概况】 雷山县人力资源和社会保障局内设办公室、事业单位人事管理股（人才服务股）、工资福利股、社会保险与劳动人事维权股，编制9名，其中行政编制9名，在岗9人，设局长1名、副局长3名、纪检组组长1名。下设财政全额拨款事业单位有：雷山县社会保险事业局、雷山县就业局、雷山县公务员管理办公室、雷山县劳动人事争议仲裁院、雷山县劳动保障监察大队、雷山县人才交流服务中心，编制41名。实际在岗35人，其中研究生及以上1人、本科27人、大专6人、高中1人。

【就业服务】 2015年，完成城镇新增就业2012人，完成州目标任务的135.12%，完成县任务的105.89%，比2014年增长44.64%。其中，失业人员再就业257人，完成州任务数的105.76%，完成县任务数的100.78%，就业困难对象再就业159人，完成州任务数的108.9%，完成县任务数人的106%；转移农村富余劳动力3709人，完成州任务数的108.67%，完成县任务数的105.97%；城镇登记失业率为3.56%，控制在4%以内。

2015年，县人社局继续加强区域合作交流，于3月2日与广东潮州人力资源和社会保障局联合举办“春风送岗位”“企业招聘周”活动，达成意向协议392人。通过开展“就业援助月”“春风行动”“民营企业招聘周”“高校毕业生就业服务月”等公共就业和人才服务活动，全年共转移农村劳动力3709人。投入经费12万余元开展农村劳动力调查工作，全县有农村劳动力75494人，其中：省内就业39317人，省外就业30365人。

【小额担保贷款】 2015年，共发放小额担保贷款131笔717万元，带动就业近千余人，推动以创业带动就业工作的顺利开展。

【技能培训】 雷山县通过“阳光工程”“雨露计划”等平台开展动物防疫员、农村信息员、农村经纪人、苗族手工刺绣、农业养殖等培训，培训人数共650人，完成州目标任务数的108.3%，完成县任务数人的104.8%。

【就业创业】 2015年，雷山县先后建成“雷山县城归人员创业园”和“雷山县微型企业孵化园”。园区有创业户805户，其中返乡农民工725户，带动就业2000余人。大力实施“双百工程”，在和谐家园小区精心建设“返乡创业一条街”，共有创业户67户，带动就业300余人。通过打造各种创业平台和落实各项创业优惠政策。2015年全县现有返乡农民工创业4482人、下岗职工和城镇登记失业人员创业104人、失地农民和生态移民户创业661人、高校毕业生创业40人。

【社会保险】 养老保险工作。城镇职工基本养老保险方面，2015年县参加城镇职工基本养老保险4066人，占州级任务数的134.59%，征缴基本养老保险费3413万元，占州级任务数的172.37%；发放离退休人员基本养老金1830万元。2015年办理职工过世后领取丧葬补助和一次性抚恤费29人次，发放47.56万元，办理退休职工70周岁、80周岁增加基本养老金26人。完成雷山县退休人员646人基本养老金调整工作，调整前养老金平均水平1886元，调整后养老金平均水平2126元，月人均增加240元。全县城乡居民社会养老保险实际参保人数7.15万人，其中16~59周岁参保人员为5.16万人，60周岁及以上参保人员为1.99万人，续保率为89.19%。征缴个人养老保险费537.95万元，占州级任务数的103%。累计支出1793.08万元，其中基础养老金支出1741.56万元，个人账户养老金支出14.46万元，退个人账户养老金支出9.51万元，安葬费支出27.55万元。截至年底，全县城镇居民养老保险的社会保险卡已制成18868张，激活发放社会保障卡18868张，已经使用7230张。划转地税代征情况。雷山县于2015年5月将社会保险费划转由地税征收，至年底已有77个企业单位1214人划转地税代征。充分利用乡镇赶集日和民俗活动日入村集中开会等形式展开宣传学习。按照贵州7号文件参保补缴的共有87人，征缴养老金486.5万元，享受退休待遇的61人，月均领取基本养老金1037元。全县参加工伤保险6305人，占州级任务数的101.16%；征缴工伤保险费140.43万元，占州级任务数的106.39%。工伤保险支出67万元。

【失业保险】 全县参加失业保险人数3878人（包括机关事业人员），占州级任务数的214.73%；征缴失业保险费301万元，占州级任务数的172%。失业保险金累计支出7.71万元。2015年享受失业保险待遇17人，其中2015年新增14人。从2015年10月起，失业金标准由875元/月提高到1120元/月。

【医疗保险】 全县参加职工基本医疗保险

8175 人，占州级任务数的 101.19%；征缴城镇职工基本医疗保险费 2345.1 万元，占州级任务数的 111.09%。基本医疗保险支出 1363.4 万元。城镇居民医疗保险方面，全县参加居民基本医疗保险 7400 人，占州级任务数的 100%；征缴城镇职工基本医疗保险费 4.23 万元，占州级任务数的 137.79%。基本医疗保险支出 10.1 万元。

【生育保险】 2015 年，全县参加职工生育保险保 6214 人，占州级任务数的 101.39%，职工参加生育保险人数逐年递增。征缴生育保险费 132.6 万元，占州级任务数的 131.29%。支付生育保险待遇 48 万元，享受待遇人数为 128 人。企业单位女职工享受生育津贴为 21 人，保障女职工的合法权益。

【社会保险稽核】 2015 年实地稽核企业单位 59 个，其中国有企业参保单位 36 个，集体企业 5 个，私营企业 18 个，占参保总户数的 24.89%；参保人数 3869 人，占参保总人数的 48.1%，已完成省社保局下达的目标任务不少于参保总数的 20%和参保总人数的 30%的稽核工作。

【档案整理与培训】 2015 年 1 月，州社保局、州档案局对县人社局社会保险业务档案进行测评检查，2015 年 5 月，州社保局和州档案局再次对县人社局业务档案进进行复查，确认验收达标省二级标准。“两定”机构培训工作。县人社局对“两定”机构社会保险管理信息系统操作员进行 1 期培训，参加人员 40 人，培训内容为医疗保险政策，药品目录和诊疗项目相关内容及法规，以及社会保险管理信息系统操作流程。

【社保金融一体平台】 2015 年 10 月丹江镇启动社保金融终端发放待遇。启用 5 个待遇金融发放点供参保人领取待遇。截至年末，全县采集指静脉信息人数 3444 人，其中丹江镇采集 2834 人。发放待遇 1973 人次，共发放待遇 26.74 万元。

【机关事业养老保险】 2015 年为全县 133 个单位，4201 人，其中行政 1368 人、事业 2833 人代扣机关事业养老金和职业年金 11597 万余元，其中养老金 8112 万元（单位部分 5786 万余元，个人部分 2326 万余元），职业年金 3485 万元（单位部分 2324 万余元，个人部分 1161 万余元）。

【人事人才】 县人社局严格按照政策规定，认真做好干部的调动、任免、职称管理等工作。办理干部调动 317 人，工人流动 4 人，办理转正定级 270 人。完成公务员（参公人员）招考工作，共招录 7 人；完成公开招聘事业单位工作人员工作，共招考聘用到岗 101 人。完成特岗教师转接聘用 83 人。完成办理 2013 年全县专业技术人员高、中、初级资格证书共 367 本，完成 2014 年全县专业技术人员高、中级职称申报评审（认定）工作，经州相应评委会评审通过共 87 人。

【工资福利】 办理公务员（含参照公务员法管理事业单位工作人员）两年考核正常晋升级别工资档次 161 人，月增资 8683 元，五年考核合格晋升级别工资 79 人，月增资 5978 元；事业单位考核晋升薪级工资 2643 人，月增资 157987 元；办理公务员（含参照公务员法管理事业单位工作人员）、机关技术工人职务（岗位）变动和事业单位工作人员职务（岗位）变动 575 人，月增工资 4.94 万元；办理新参加工作人员工资确定 132 人月增工资 61.84 万元。完成机关事业单位新参加工作人员转正定级 115 人，月增工资 5175 元；办理调入本县 47 人的工资转移手续和工资确定工作，月增资 21.17 万元。办理浮动转固定工资调整 53 人次，月增资 2863 元。办理受处分降级降职 10 人工资调整，月减资 5766 元。办理高龄补贴 8 人，月增资 160 元；完成年终一次性奖金审批工作，实发金额总计 293.35 万元。完成事业单位上、下半年绩效工资总量核定计算，实发上半年奖励性绩效工资 1272.42 万元，下半年奖励性绩效工资 1311.26 万元；制定雷山县工资和津补贴调整实施方案，按时完成基本工资标准调整和津补贴规范调整，并固化增量补贴，机关在职人员人均月增资 257 元，事业在职人员人均月资 285 元、机关退休人员人均月增资 348 元，事业退休人员人均月增资 332 元，离休人员人均月增资 473 元。并按文件规定在工资统发中代扣养老保险和职业年金；办理在职、离退休人员死亡后一次性抚恤金 26 人，发放抚恤金

109.74万元。民政局办理在职、离退休人员死亡后一次性抚恤金15人，发放抚恤金182.91万元。办理在职、离退休人员死亡后遗属生活困难补助费35人次，月增资1.44万元。办理工作人员提前退休37人，办理达到法定退休年龄正常退休14人。对临时聘用、四项目人员、服兵役等人员进行工龄认定13人次；每月按时完成123个单位各月份工资审批发放工作，及时统计好各月份的工资发放数据。完成2015年全县工资年报统计编报工作。

【协调劳动关系】 组织开展农民工工资等各类专项检查9次，共检查用工单位149户（次），涉及劳动者2483人；受理违反劳动保障法律法规案件54件（其中36件为工资支付类），已办结34件，为448名劳动者追讨工资431.49万元，移交公安机关处理2件；督促用人单位缴纳社会保险费48.83万元，督促用人单位签订劳动合同170份；完成用人单位工资集体协商协议审查75户，涉及劳动者1886人，其中女职821人；办理存储建设工程务工人员工资支付保障金项目32个，存储金额193万余元。认真开展劳动争议仲裁工作。

【劳动调解仲裁】 受理各类劳动争议案件128件，立案处理的劳动争议67件，涉及劳动者241人，涉案金额636.53万元。其中仲裁裁决4件，涉及金额26.81万元；仲裁调解63件；涉及金额609.72万元，时限内案件结案率为100%不予受理案件61件，涉及劳动者69人；撤销1件，涉及劳动者1人；案外调解劳动争议案件8件，涉及8人，涉案金额38.93万元。接待来访单位与群300余人次，解答劳动和社会保障待遇问题150个。对全县事业单位聘用合同进行审查鉴证共计178人。

【基层设施建设】 雷山县就业和社会保障服务设施与县政务服务中心合建项目审计预算总投资1401万元，总建设面积8534.16平方米。其中，县级服务中心（含丹江镇服务中心）7546.32平方米，大塘镇、望丰乡、郎德镇服务中心各329.28平方米。2015年县级服务设施已完成基础开挖，望丰人社中心已完成第二层浇筑，大塘人社中心已开挖地基。至年底国家补助资金285万元已经到位，县级配套资金正在筹集。

【被征地农民就业和社保】 雷山县共认定被征地农民1078人，2015年领取待遇的有150人，共增发基础养老金18.15万元，发放缴费补贴600元。完成对雷山县2015年度第一批次城镇建设用地的被征地农民社会保障资金审查工作，共提被征地农民社会保障费373.21万元。

【药店管理】 4月29日，雷山县人社局召开城镇职工基本医疗保险定点零售药店管理工作会，对药店零售商进行培训，现场签订服务协议，全县30余家零售药店负责人参加会议。

【城乡低保提标】 4月29日，雷山县组织召开全县2015年城乡低保减量提标工作会，安排部署2015年城乡低保提标核查工作。8个乡（镇）分管乡（镇）长和社会事务办负责人参加会议。从2015年起，城镇低保保障标准由2014年的400元/月·人提高到442元/月·人；农村低保保障标准由2014年的2100元/年/人提高到2580元/年·人。

【星光开班】 11月5日，为期3天的“贵州省星光培训工程”培训在雷山县开班，来自该县微型企业法人、乌开工业园区企业管理人员230人参加培训。培训内容为创业技能、电子商务平台及运用、商标注册及管理等10项课。

【职称培训】 11月30日，雷山县举办事业单位人事制度改革及职称业务工作培训，全县各事业单位及主管部门200余名业务骨干参加。培训内容为事业单位岗位设置工作流程、依据文件，岗位任职条件、政策解析以及聘用合同签订等。

【劳动维权】 2015年，雷山县从源头防止拖欠农民工工资违法犯罪行为，有效维护劳动者合法权益，促进社会和谐稳定。截至11月上旬，发放劳动保障法律法规宣传资料3000余册，检查用人单位149户（次），涉及劳动者2483人次，农民工2295人次，责令用人单位补签劳动合同90份，为262名劳动者追回劳动工资451.61万元。

【党建帮扶】　中共雷山县人力资源和社会保障局机关党组，下设支部1个，有党员33人。其中：在职职工党员26人、退休老干部党员7人，初中及以下6人、高中2人、大专7人、大学本科及以上18人。年内党组强化党员干部管理，加强党员、入党积极分子的教育培训工作，培养入党积极分子2人。围绕“以民为本，执政为民”理念，加强党员理想信念教育。全局干部职工签订党风廉政建设和工作作风履职责任状，形成一层抓一层、层层抓落实、人人有责的勤政廉政工作格局。资助帮扶村丹江镇教厂村1.31万元，协助该村组建雷山县吉利种植养殖专业合作社，组织专业合作社的农户到剑河等地学习种植技术，自筹资金20多万元建成30多亩白芨、独角莲等中药材基地。

（韦永华）

环境保护

【概况】　雷山县环境保护局内设办公室、环境影响评价股、政策法规和科技标准股、自然生态和污染防治股；下属单位有环境监察大队、污染物减排办公室、环境监测站。编制数14名，其中行政3名、事业编制数11名。2015年末，局在职人数12人，其中行政在编在职4人，其中大学2人，大专2人；苗族3人，回族1人。事业编在职人员8人；其中大学6人，大专2人；汉族1人，侗族2人，苗族5人。

【污染减排】　2015年，全县COD排放总量为663.41吨，削减181.03吨，其中新增削减量31.53吨。NH3－N排放总量79.07吨，削减23.55吨，其中新增削减量3.98吨；SO_2排放总量为1081.31吨；NOx排放总79.05吨。四项污染物减排指标均控制在州下达的目标内，有效地加快减排进程。

【环保审批】　年内共审批建设项目46个，其中报告书项目1个、报告表项目8个、登记表项目37个。通过把好环保准入关，有效避免重污染项目，引进节能型、环保型项目。经过对行政审批流程的不断优化，县环保局行政审批事项办理环节由7个减少为5个，行政审批事项的平均办理时限在法定办理时限基础上压缩75%。县政务服务中心环保窗口行政度许可、非行政许可和行政服务事项办结率一直保持100%，群众满意率100%。

【生态整治】　申报省级生态乡镇5个、省级生态村13个；其中永乐镇获得省级生态乡镇称号，丹江镇小固鲁村、郎德镇下郎德村获得省级生态村称号。投资670万元在乌东村、西江村、控拜村、下郎德村、上郎德村、南猛村、格头村、毛坪村开展农村环境综合整治。

【环境监察】　根据《关于认定毕节市环境监察支队、紫云县环境监察大队等14个单位为2015年全国环境监察标准化建设三级达标单位的函》精神，雷山县环境监察大队达到全国环境监察标准化建设三级达标单位。

【环境执法】　以开展环境保护大检查为契机，强化对重点减排企业、污水处理厂、畜禽养殖场、建材行业、娱乐场所、医疗机构、建筑施工的环境监督管理，出动执法人数480人次，检查城镇污水处理厂3家，畜禽养殖场10家，建材生产企业21家，娱乐场所14家，建筑施工企业4家，下发执法文书25家，立案查处违法企业13家，处罚金额为12.5万元，共征收排污费21.18万元。

【环境监测】　2015年，全县环境质量总体稳定：区域河流出境断面水质达到地表水功能区规定标准；集中式饮用水源水质达标率100%；县城空气质量优良率100%，区域环境噪声达到Ⅰ类标准，交通噪声达到标准限值。

【环保宣传】　利用“六五”世界环境宣传日、科普日、安全生产宣传月等重大宣传日活动，解答前来咨询环境保护方面知识的人员1.8万余人次，发放《环保知识宣传手册》等宣传资料6万余份。通过大力宣传环保法规，普及环保知识，倡导环保理念，不断增强公众的环保意识。

（潘勇）

民族宗教

【概况】 2015年，雷山县民族宗教事务局完成机构改革后，“雷山县民族事务局”“雷山县宗教事务局”两块牌子合并为“雷山县民族宗教事务局”一块牌子。行政编制5名，内设办公室和宗教事务股（行政审批服务股）；事业编制7名，下设股级事业雷山县宗教事务执法大队和雷山县少数民族古籍整理办公室。年内退休1人，年末在职人数13人，其中，行政编制5人，大学学历6人，少数民族5人，占83.3%；事业编制7人，大学学历6人，中专学历1人，管理岗7人，少数民族7人，占100%。

2015年，雷山县民族宗教事务局获全州民宗委系统目标考核“二等奖”、获雷山县人大常委会评为人大代表建议办理工作“先进单位”、获雷山县目标考核“一等奖”。

【项目申报】 2015年底，向中央、省、州民宗委申报项目，获批项目52个，获得的中央、省级和州级民族资金共计358万元。其中，中央、省级发展资金282万元；省级专项补助资金52.5万元；州级民族专项补助资金23.5万元。争取省、州有关宗教组织捐款16万元，用于农村基础设施建设、特色村寨建设、灾后重建等。

【民族团结】 将创建活动与文明乡镇、文明村（寨）、文明单位相结合，与民族特色村寨、旅游村寨建设相结合，与民族文化进校园、“五好”社区建设相结合，不断丰富和拓展示范创建的内容和形式。认真抓好民族团结进步示范点创建工作。2015年，向省民宗委推荐，获批雷山民族中学、也改村、武警中队、西江旅游公司分别作为雷山县创建民族团结示范学校、示范村寨、示范军营、示范企业。

【民族事务管理】 开展全面建成小康社会“民族团结和睦指数”统计监测工作，2015年，雷山县全面建成小康社会民族团结和睦指数达到99.65%。加强民族成分管理规范化、信息化工作。截至2015年底，县民宗局共为116名群众办理民族成分更改。根据2015年国家民委、公安部第2号令，做好《中国公民民族成分登记管理办法》的施行工作。

【“两民企业”扶持】 开展民族贸易企业和少数民族特需商品生产定点企业认定申报工作。2015年，雷山县有39家企业被认定为少数民族贸易商品定点企业，有1家企业被认定为特需商品生产定点企业。开展定点企业流动资金贷款优惠利率服务工作。抓好贷款贴息协调落实，向上级争取贴息资金。黔绿春生态食品有限公司、雷山县万城商贸有限公司和雷山县益明食品有限公司获得贷款贴息项目资金，项目资金共计12万元；雷山县益民食品有限公司、雷山县顶立科技发展有限公司享受国家贷款贴息优惠政策，获得享受贷款贴息优惠政策的贷款资金达250万元。

【苗岭斗牛城建设项目】 7月8日，县长办公会通过县民宗局《县民族宗教事务局关于帮助明确苗岭斗牛城建设项目选址的请示》，明确“雷山县斗牛城综合体”项目建设地址在丹江镇大冲响水岩湾；9月30日，县民宗局、丹江镇人民政府完成“雷山县斗牛城综合体”项目建设用地征收工作，征收土地131.5亩，“雷山县斗牛城综合体”项目建设已经进入规划设计阶段。

【民族文化资源抢救】 调查上报全县万人以上苗族节庆6个即二月二、招龙节、爬坡节、吃新节、苗年节、鼓藏节。争取州级民族专项资金开展抢救性资料的整理，完成《雷公山苗族古经》收集整理，出版《苗族古歌》等书籍。做好民族特色村寨的保护工作，推荐把雷山县丹江镇猫猫河村，大塘镇新桥村、掌坳村，西江镇控拜村，郎德镇下郎德村，方祥乡格头村共6个少数民族村寨列入省民宗委“十三五”规划的少数民族特色村寨名单。

【民族民间文化进校园】 在全县中小学校开展民族文化进校园活动。开展民族民间文化教育项目学校创建，挂牌省州级民族民间文化教育项目学校7所。苗族歌舞操等民族传统体育项目已常态化列为学校课间操，成为全省、全州民族文化进校园的一大亮点。继续做好凯里学院五年制民族大专班、州职院三年制临床医学专科民族班、州民族高中寄宿制民族班3个民族班的招生工作，完成16人的材料报送工作。把双语教育纳入学校教育的内容之一，采取特殊措施保障少数民族公民使用本民族语言、文字进行诉讼的权利，不断丰富民族团结进步繁荣发展示范创建的文化基础。

【民族传统体育】 向上级民族部门和体育部门推荐雷山一中为少数民族传统体育基地并通过验收，填补雷山县县没有少数民族传统体育基地的空白。8月，雷山县大塘镇掌坳村的《雷山苗族铜鼓舞》代表贵州省到内蒙古鄂尔多斯市参加全国第十届少数民族传统体育运动会，获得竞技类比赛三等奖。

【民族文化传承保护】 指导西江苗族博物馆、雷山苗族银饰刺绣博物馆、郎德民俗陈列室完善和提升工作。寻求民族文化传承保护平台。6月，县民宗局与县教育和科技局共同组队参加全州第一届民族文化进校园展示展演活动；8月，在县城举办1期民族文化进校园暨“双语”师资培训，培训内容涉及苗文、苗族歌谣等；协助省民宗委、省文联完成“贵州省民族银饰艺术传承人高级研修班暨评定贵州民族银饰工艺大师及银饰艺术精品评选命名活动”在雷山县成功举办，雷山县获得刺绣大师资格1人，获得民间工艺大师称号6人；协助省民宗委办好全省民族节庆助推发展座谈会；完成2015年雷山苗年苗岭斗牛大赛暨第二届苗岭斗牛高峰论坛工作。

【飞来福寺规划】 7月30日，县长办公会通过县民宗局《关于落实雷公山飞来福寺项目建设有关事项的请示》，明确雷公山飞来福寺项目选址在乌东村背后大梁坡，并成立由韦通贤副县长任组长的项目领导小组；9月，县民宗局请黔东南州一0一地质队，对飞来福寺地形图开展完成测绘工作。

【党建帮扶】 设中共雷山县民族宗教事务局党支部1个，有党员15人、在职党员9人(男党员5人，女党员4人)，退休党员4人，离岗待退党员2人。大学文化10人、大专文化1人、中专及高中文化3人、初中文化1人。民族结构：苗族14人、汉族1人，少数民族比例占93%。设党支部书记1人、组织委员1人、宣传委员1人。

支部抓好党员队伍建设，发挥党员先锋模范作用，大力开展“争先创优”活动，继续做好党的群众路线教育实践活动后续工作。下大力抓好帮扶工作。2015年，协助郎德镇乌瓦村村两委组织实施好2014年少数民族发展资金25万元的养殖发展项目，开展农业适用技术和民族文化“六进”培训3期。为乌瓦村协调争取资金和物资，完成200多米寨上大田泄洪排水沟建设，完成干条哪达堡坎的砌方与排水泄流管道的埋设工作，完成980米寨内进组公路硬化建设。组建成立雷山县郎德镇乌瓦村裕泰农业专业合作社。

(吴芳)

乡镇概述

LEI SHAN YEARBOOK

丹江镇

【概况】　丹江镇位于雷山县的西北部，东靠方祥乡，南连大塘镇，西接望丰乡，北依郎德镇，东西长15千米，南北宽10千米，总面积138.8平方千米，其中陆地138.3平方千米、占99.6%，水域0.5平方千米、占0.4%。有5个基本农田保护区，耕地面积1761公顷、其中田1206公顷，土555公顷。丹江镇是雷山县政治、经济、文化的中心，镇人民政府驻丹江镇雷西路，距黔东南自治州府凯里市43千米。1953年建城关镇，1970年更名丹江镇。全镇辖排翁、水电、长丰、西门、羊排、党高、掌排、猫猫河、治安、干皎、东门、乌开、脚雄、响楼、郎当、乌秀、阳苟、南屏、教厂、排卡、白岩、乌东、脚猛、虎阳、陶尧、小固鲁、大固鲁共27个行政村，58个自然寨，242个村民小组，2个社区（东城、西城），5个居委会（南门、教厂坝、大十字、羊常、响楼）。镇政府驻东门村，海拔812米。2015年末，全镇有12219户，36817人，占全县总人口的22.48%。其中：农业人口13497人，非农业人口23320人，男性19695人、占53.50%，女性17122人、占46.50%；少数民族24个，苗族31352人、占总人口的85.16%，汉族3770人、占10.24%，其他少数民族1695人、占0.46%。2015年，人口出生率10.05‰，人口死亡率5.4‰，人口自然增长率4.65‰。境内资源丰富，有铅、锌、铜、锑、钼等矿藏；河流多发源于主峰雷公山，分属珠江水系和长江水系，向南北分流，北面注入清水江，南面注入都柳江；森林覆盖率55.74%，其中2015年累计造林0.14万亩，森林覆盖率76%。2015年，全镇财政收入3004.52万元，比2014年增加770.9万元；财政支出2774.27万元，比2014年增加585.84万元。丹江信用社存款余额81139.36万元，比2014年增长9.53%；贷款余额48669.13万元，比2014年增长9.20%。一般公共预算收入从694万元增加到1369万元，比"十一五"增长50%；全社会固定资产投资累计突破2亿元大关，比"十一五"增长50%。

【机构设置】　2015年6月1日，丹江镇机构改革完成，设置9个党政机构和7个财政全额预算管理事业单位，承接县级经济社会管理权限40项，并依据权限开展相关的执法监督工作。党政机构9个：党政办公室、经济发展办公室、社会事务管理办公室、社会治安综合管理办公室、安全生产监督管理办公室、卫生和计划生育办公室、综合执法办公室、国土资源和规划建设环保办公室、财政管理办公室，核定行政编制31名，工勤编制4名；管理事业机构7个：农业综合服务中心、科技宣教文化旅游社会保障服务中心、安全生产监督管理站、卫生院、村镇建设服务中心、财政所、政务服务中心，核定事业编制9人。2015年末，丹江镇在职行政编制人员26名，其中大学及以上文化5人，大专文化9人，中专及高中12人；在职事业单位编制人员81人，其中大学及以上文化20人，大专文化26人，中专及高中35人，中级职称2人，初级职称53人。

【工业企业】　全镇工业总产值5923.37万元，比2014年增长0.08%，拥有茶叶加工厂17家、微型企业105家。

【农村经济】　全镇农业生产总值16836万元，播种面积2180.3公顷，粮食总产量7686吨，其中水稻4593吨，玉米673.8吨。经济作物播种面积1557.8公顷，产量13007.2吨。蔬菜播种面积787公顷，产量12461.4吨。年末大牲畜存栏3875头，猪存栏11765头，肉类总产量1208吨。新建茶园基地368.17亩，涉及20个行政村304户。全镇茶青产量19.2万公斤，产值867.6万元。全镇累计注册登记微型企业105家，建立农村合作社41个。

【交通建设】　全长83千米的黎（平）炉（山）线穿境而过，并通往全县乡镇村的交会点。2015年完成村级公路建设10.6千米，全镇基本实现村村通油（水泥）路目标。凯雷高速公路建成通车，全长21.92千米。蚩尤大道基本建成。

【城镇征地】 全镇有在建项目有24个，续建项目11个，建成项目9个，完成总投资9.37亿元。开展红屯堡生态移民安置区、锑厂坡城市综合体、蚩尤大道、乌开工业小区、雷公山景区、高速公路、保障房建设、思源中学等项目征地拆迁工作，拆迁房屋57栋，迁坟363所，共完成征地3934亩，发放征地资金1.38亿元。获批阳苟、脚雄等18个村机耕道、生产步道、灌溉沟渠等项目的开工建设，项目总投入资金3017.67万元。推进“省级示范小城镇”项目的实施，共计投入资金18.39亿元完成示范小城镇建设项目44个，配合实施苗疆盛世城市综合体、红屯堡安置区、县城生活垃圾填埋场等一批城镇基础设施项目建设用地的征收，完成土地收储4728亩，发放补偿资金2.07亿元；建成教厂大桥；创建“四在农家、美丽乡村”村寨1个即猫猫河村，打造省级生态村寨2个即大固鲁村、小固鲁村；安装太阳能路灯（共402盏）建设；对部分村寨的垃圾池、排污沟、人饮管道、休闲凉亭、村停车场、仿藤护栏等基础设施进行全面改造；实施危房改造466户；建成大固鲁、陶尧和乌东“老年幸福院”；完成蚩尤大道项目建设征地161.44亩，发放征地补偿款879.15万元；完成红屯堡生态移民项目建设征地3.11亩，发放征地补偿款10.11万元；完成保障性住房项目建设征地45.55亩，发放征地补偿款62.85万元；完成殡仪馆项目建设征地3.6亩，发放补偿款39.4万元；完成县交通局砂石场征地5.2亩，发放补偿款114.4万元；完成雷公山景区项目征地亩，发放补偿款74.34万元；完成苗岭斗牛场项目建设征地131.5亩，发放补偿款272.4万元；完成乌开工业园区建设征地80亩，发放补偿款25万元；完成思源中学项目建设征地145亩，发放补偿款379.5万元。

【民族风情旅游】 丹江镇民族风情浓郁，旅游资源丰富。有被联合国教科文组织等评为“中国经典村落景观”之一的乌东水系景观、“苗族歌舞之乡”陶尧苗寨、“民族卫生模范村寨”猫猫河苗寨、“老丹江”古城等，组成比较完整的苗族文化体系，包括农耕文化、建筑文化、服饰银饰文化、饮食文化、节日文化、歌舞文化、婚俗文化、礼仪习俗等。按照国家AAAAA级标准加快打造雷公山、县城景区，积极配合雷公山景区配套设施建设，协助完成24千米服务区和乌东服务区建设，启动飞来佛寺等项目建设。通过举办苗年、百千米跑、环雷公山自行车赛等活动，做好旅游接待服务工作。2015年全镇拥有农家乐38家，新增标准化乡村旅馆2家，接待游客35万人次，实现旅游综合收入2.5亿元。

【教育发展】 全镇有中心完小5所，村小1所，教学点3所，共有教学班90个，有教职工285人，其中专任教师232人；在校生4061人，其中寄宿生68人，农村留守儿童500人。初中2所，教学班67个，有教职工276人，其中专任教师208人；在校生3438人，其中寄宿生2265人，农村留守儿童728人。高中1所，教学班64个，有教职工233人，其中专任教师204人；学生3493人，其中女学生1617人。全镇9所小学中有7所附设学前班，共8个班335人。幼儿园8所，其中县示范性幼儿园1所，民办幼儿园7所，共开设49个幼儿班1557人，专任教师72人。全镇适龄儿童（7~12周岁）2492人，就读2485人，入学率为99.72%；适龄少年（13~15周岁）1570人，就读1503人，入学率为95.73%；16~18周岁1664人，就读1145人，入学率为68.8%。在校小学生无辍学现象，毕业率达100%。全镇小学占地面积43855平方米，教学及辅助用房9832平方米，行政办公用房1655平方米，生活用房1972平方米。全镇小学共有图书50252册，电脑设备53台，固定资产总值为1100.18万元。教学仪器设备资产值为75.27万元。

【文化艺术】 丹江镇文化综合管理部门有综合文化站，建筑面积330平方米，场外活动场所面积520平方米，设有多功能厅、辅导培训室、图书阅览室、电子阅览室和音乐室等，集演出、阅览、培训、展览、体育、健身等于一休功能。文化站图书阅览室有法律类、种养殖类、文学类、儿童读物类等图书共3000余册；音乐室有扬琴、电子琴、二胡、笛子等乐器，多媒体室及辅导培训室有电脑6台，54寸电视1台。全镇已经实现农家书屋全覆盖。全镇有线电视用户1.05万户，入户率99.4%。广播电视覆盖27个行政村，户户通在原有的基础上完成安装481户，村村通591户。播出内容有：转播贵州人民广播电视和中央人民广播电台新闻联播、消防宣传、重大事件宣传、惠农政策宣传、苗族文化欣赏等。

【卫生计生与体育】 全镇有卫生人员92人，其中镇卫生院58人（中级专业技术人员8人、初级专业技术人员34人）；村卫生员34人，其中有人有房的村卫生室20个，有人无房的村卫生室6个，合并共建卫生室6个。医疗设备有彩色多普勒B超诊断仪1台，心电图机1台，心电监护仪1台，尿液分析仪1台，半自动生化仪1台，全自动生化仪1台，救护车1辆。卫生院设有院办公室、医疗综合科、公共卫生科、妇幼计生科，能开展外科、内科、儿科、中医科、放射、检验、B超、心电图等多个临床业务工作。全年门急诊24946人次（卫生院7956人次、社区卫计服务站8894人次、村卫计室8096人次），住院826人次，出院病人治愈率98.22%，危急重症抢救成功率达98.85%，急救、药品齐全，完好率达95.36%。全镇常住人口出生363人，占总出生人口的96.92%，比2014年增加12人，增幅为3.29%。出生率、自然增长率分别为10.05‰和4.65‰。落实节育措施上环293例，妇检6070人，缴纳社会抚养费85.3万元，办理独生子女父母光荣证35人，计生协会会员发展到4495人。全年总投入用于少生快富奖扶、新型农村合作医疗代缴、新型农村社会养老保险参保金代缴、独生子女保健费等资金达18.38万元。全镇有学校体育场29个，看台设座椅20000张。50%的村安装健身器材，经常参加体育活动的人员占常住人口的90%。

【社会保障】 全镇发放低保、冬春季救助、自然灾害等资金共计2006.92万元。发放农低保资金335.9万元，城低保金330万元，各项救助对象参合资金61.6万元，救灾款、冬春救助款48万元，救灾粮、冬春救助粮5万公斤，各类优抚金、优待金36.2万元，慰问困难重点优抚人员171人，慰问金3.5万元。农村房屋保险投保3410户共6.1万元。全镇参合28648人，比2014年增长1.15%，审核就诊3652人次，总费用63.54万元，补偿金额50.30万元。全镇续保9427人，收取养老保险金额110万多元，续保率为90.45%，60周岁以上老人发放基础养老金205万元，发放率为100%。城镇新增就业602人，再就业140人，农村劳动力转移就业544人。社会参保率达99.61%，新增就业638人，失业人员实现再就业登记135人，失业登记率为0.16%。新增城镇就业423人，失业人员实现再就业登记116人，就业困难人员实现就业66人，转移农村劳动力361人，失业登记率为0.18%。全镇居民人均纯收入为8007元，比2014年增加451元，增长率为6%。城乡人民户均电视拥有量1.2台，电冰箱拥有量0.3台，空调拥有量0.02台，移动电话2台。

【洪涝灾害】 5月27日全镇普降暴雨，32个村（居）受到不同程度的洪涝灾害。据统计，受灾人口38351人次，其中：因灾伤亡人数1人，受伤4人；农作物受灾10185亩，成灾面积1571.2亩，绝收面积332.5亩；房屋严重损坏329户395间；大小公路损毁共35929.3米；大小养殖场损坏85个；冲毁大小桥梁15座；损坏水池7座，水管42965米，冲毁水沟1957米；冲损车辆14辆。直接经济损失达34096.4万元，其中，农业损失1961.4万元，基础设施损失24805万元，公益设施损失4890万元，家庭财产损失2440万元。

【安全生产】 全年签订安全文明驾驶承诺书3500份，制作道路交通安全劝导员反光背心30件。开展烟花爆竹安全检查468次；督促辖区内3家加油站隐患排查治理36次；对乌坝桥砂石场养护段打砂场进行安全检查21次，配合国土所开展地质灾害隐患安全检查13次；开展汛期安全检查120次。开展安全宣传及“安全生产月”活动，发放资料8000份，村安监员手册等27套。5月27日、6月8日洪灾后，对全镇27个村进行农村道路交通安全隐患进行排查417

次；在18个村寨进村路口安装安全提示牌；制定农村红白喜事提示牌27块，开展红白喜事打招呼199次。在脚猛、脚散路口开展路查26次，查处违法违规行为5起。全镇共发生火灾事故1起（脚雄村），烧毁房屋1栋，无人员伤亡，其他重点领域未发生安全生产事故。

【社会治安】 全镇配有专职治安联防队员50人，义务治安联户联防队员192人，建立治保会和调解委员会32个（271人）、村级义务联防队32支、安监员32人、村级警务助理32名，形成“社会治安人人参与”的群防群治格局。排查矛盾纠纷、信访案件62起（件），化解57起，化解成功率95%；排查重大突出矛盾纠纷11起，突出问题5个；铲除毒品原植物罂粟种植2000余株；开展行业场所检查150余次，共查处黄赌毒案件74起，查处涉案人员99人；办理涉毒案件45起，查处45人，依法强制隔离戒毒7人。立刑事案件191起，破84起，破案率43.98%；受理治安案件501起，查处474起，查处率94.61%。加大对“两违”的教育宣传和巡查工作，下发《责令停止土地违法通知书》33宗，面积为10.19亩。

【党建帮扶】 中共丹江镇党委下辖党支部40个，其中农村党支部27个、机关党支部6个、退休党支部2个、社区党支部5个，共有党员823名，其中农村党员713名，男党员631名、女党员192名，汉族71名、少数民族752名；大学文化35名，大专文化44名，高中中专及以下720名，文盲24人。年内，开展党组织书记教育培训4期130人次，新党员培训3期60人次，远程教育培训180人次。专题培训5期650余人次。培养入党积极分子52人，发展预备党员21人，转正19人。组织党员干部外出黄平县寨碧村、丹寨县卡拉村等先进村寨学习6次200余人次。实施“三向培养”工程，把致富能手培养成党员13人，把党员培养成致富能手21人，把党员致富能手培养成村干部9人，培育“金种子”致富带头人132人，组建“金种子”合作组织20个，带动脱贫致富2000余人。5月5日，丹江镇举行“铸廉宣誓”活动，县人大常委会副主任、丹江镇党委书记金光翔及党政领导班子成员，全体干部职工，32个村（居）支书、主任150余人参加。活动中，全体人员还参观廉政文化长廊并签名。8月4日，丹江镇召开“三严三实”专题教育暨党风廉政建设集中专项整治推进会，强调各党支部书记、各驻村干部要把“三严三实”专题教育和党风廉政建设集中专项整治活动抓在手上，落实到行动上，做一名忠诚、干净、担当的干部。镇党政领导班子、驻村干部、各村（居）党支部书记及村（居）委会主任等120人参加会议。

【召开会议与活动开展】 召开七届人大六次会议。4月3日，丹江镇召开第七届人民代表大会第六次会议，依法补选李晓生为丹江镇人民政府镇长。会议听取、审议《政府工作报告》。会议提出，2015年城镇居民可支配收入确保增长12.5%以上，力争增长13%；农村居民人均可支配收入确保增长15.5%，力争增长16%；城镇化率提高3个百分点以上；人口自然增长率控制在5.6‰以内；实现农业生产总值达8000万元以上。5月22日，丹江镇第七届人民代表大会第七次会议召开，会议听取和审议《2015年第一季度政府工作报告》，依法选举副镇长1名。应到会人大代表55名，实到会46名。

【救灾物资】 7月28日，丹江镇发放红十字会救灾物资，累计发放救灾大米70袋、食用油50桶、家庭包50个、蚊帐500顶、毛巾被80床，发放的救灾物资惠及受灾户638户。

【羊排路灯】 7月1日，县城开通北出口至羊排村岩寨的2路公交车，为方便群众夜晚出行安全，雷山县市政部门投入30万元组织实施羊排路灯建设项目。该项目于7月11日动工，9月8日竣工，安装路灯总长度1700米，共安装57盏LED节能路灯。

【残疾人协会】 9月1日，雷山县首个农村残疾人协会在丹江镇固鲁中心村举行揭牌仪式。县人大常委副主任、丹江镇党委书记金光翔，县残联负责人以及固鲁村20多名残疾人代表参加。固鲁中心村由5个行政村组成，全村登记在册残疾人89名，已入会69名。

【慰问教师】　9月10日，丹江镇组织党政领导班子成员到丹江小学、丹江二小、陶尧小学、固鲁小学等学校开展教师节慰问活动，为各个学校送去慰问金。全镇有完全小学5所、教学点3个，在职教师221人，在校学生3950人。

（周贤敏）

西江镇

【概况】　西江地名系苗语音译，清雍正建置后称鸡讲，乾隆三年（1738年）置鸡讲司，为丹江厅通判所辖三土司之一。西江镇位于雷山县东北部，东临台江县排羊乡，西连丹江镇，南连方祥乡，北接凯里市三棵树镇，是雷山县的北大门。国土面积178.98平方千米，其中：林地184716亩，耕地17866亩，人均耕地面积0.71亩，森林覆盖率达85.15%。镇人民政府驻“西江千户苗寨”西江村，海拔833米距雷山县城36千米，距州府凯里39千米。西江镇是一个苗族文化的聚集地，苗族人口占总人口数的99.5%，有中国最大的苗寨西江千户苗寨，已被联合国列入世界文化遗产预选地，2007年被建设部授予“中国历史文化名镇”，被中国国土经济学会评为“中国景观村落”。全镇辖西江、营上、连城、白碧、龙塘、猫鼻岭、白建、羊吾、中寨、黄里、大龙、小龙、乌尧、脚尧、干荣、长乌、开觉、堡子、控拜、麻料、乌高21个行政村，1个社区（西江社区），共62个自然寨，222个村民小组，7238户，总人口27390人。镇境属亚热带季风气候，雨量充沛，冬无严寒，夏无酷暑，雨热同步，冬春多雨。年均气温14℃~16℃，最冷月平均气温3.5℃，绝对最低气温-9℃，最热月平均气温20℃，绝对最高温35.1℃。年降雨量1200—1500毫米，相对湿度80%以上，无霜期250天—270天。气候温暖，适宜农、林、牧业生产。镇建小水电站8座，装机1695千瓦。千户苗寨境内河流长度为16.8千米，流域面积为65.39平方千米，平均比降45.7%，最大洪水108°5′，流量455立方米/秒，最枯流量0.25立方米/秒，年平均流量为1.84立方米/秒。探明的矿点有：开觉和白水河硅矿各1个，主要含砷、铅、锌等。开觉矿点可供开采50年以上。境内森林资源丰富，森林覆盖率85.15%，以杉树、松树、枫香树、板栗树、青杠树、樟树、茶子树、映山红居多，以及桂皮、木姜、杞木、杜仲、五倍子等树种和药材。2015年，全镇国内生产总值完成6.68亿元，比2014年增长25%；完成固定资产投资488.42万元。农业生产总值达2.28亿元，比2014年增长6.5%；农民收入持续较快增长，年均增长13%以上。全镇固定资产为488.42万元，比2014年增长10.46%；50万元以上固定资产投资增长21.57%。西江镇“区镇合一”体制机制试点改革人选省委改革办首批改革工作联系点；西江千户苗寨旅游发展有限公司管理、经营体制改革正在进行中。

【机构设置】　全镇共有12个机构，经费为财政全额拨款，其中西江镇村镇建设服务中心编制5名，实有4人；西江镇扶贫工作站编制3名，实有3人；西江镇公共卫生和农村合作医疗服务中心编制3名，实有2人；西江镇计划生育协会编制2名，实有2人；西江镇科技教育文化信息服务中心编制3名，实有2人；西江镇林业站编制4名，实有3人；西江镇农业服务中心编制13名，实有12人；西江镇群众工作站编制2名，实有2人；西江镇人口和计划生育服务站编制12名，实有9人；西江镇人力资源和社会保障服务中心编制6名，实有5人；西江镇残疾人联合会编制1名，实有1人；西江镇财政所编制7名，实有4人。

【农村经济】　全镇农业总产值15457万元。全镇粮食作物播种面积2001.7公顷，粮食总产量7056.6吨，其中水稻4216.9吨，玉米618.6吨。经济作物播种面积1430.2公顷，产量11942.1吨。蔬菜种植722.6公顷，产量11441吨。年末大牲畜存栏3557头，猪存栏10802头，肉类总产量达1109.1吨。在原有茶园面积基础上新建茶园550亩，茶青产量达14.02万公斤，产值达560.8万元。全镇茶叶加工企业有26家，实现茶叶产品产量达1200吨以上，综合产值1.88亿元，比2014年增长20.55%。整合龙塘、北建、猫鼻岭等边远村寨资源，建立农业产业园区1个。发展茶叶、药用玫瑰、香菊花、青钱柳、荷花、稻田养鱼等项目700余亩。推进“6个10万”工程实施，扶持培育农民专业合作社29个；建立标准茶园8个；家庭农场14户建立特色种养殖基地9个；发展刺绣合作社3个；建立手工刺绣展示基地4家，发展家庭博物馆14家。开展“雨露计划”等各类技能培训6次，累计培训550余人；落实扶贫资金120.67万元，启动实施民族民间手工艺文化产业、中药材种植、稻田养鱼、家庭农场、中药材种植等扶贫项目，年底实现脱贫人口0.2万人。

【工业经济】 全镇工业主要以茶叶产业和种养殖产业、民族银饰加工为主，以旅游业带动为特点的第一、三产业互动模式初步形成。茶叶总面积达8900亩，位居全县第二位，覆盖农户3810户。干茶产量70吨，实现产值650万元，茶产量和产值分别比2014年增长27%和20%。脚尧、乌尧、大龙、小龙等村加快茶叶产业发展步伐，形成连片种植，利用优势的自然气候资源，各村均有85%以上的田和95%以上的土用来种植茶叶，并实现在村办厂，通过茶叶摘采到工厂加工包装出产，成为名副其实的茶叶产业加工基地，群众已逐步实现从传统粮食生产转变为以茶叶产业为重点的多种经营。大量游客的进入直接刺激银饰加工业、刺绣产业等绿色产业的发展。民族工艺品加工店从2008年的28家发展到2015年的442家，年销售量达500万元。省级高级工艺师、“黔东南名匠”顾永冲开办的雷山县民族银饰制作有限公司，进行银饰加工和销售业务，实现年均纯收入达30万元以上。

【特色旅游】 办好民族特色节日，以节日搭台宣传西江，借助贵州旅游“大篷车”“锦绣中华海峡两岸风景名胜区展”等活动，以及依托中央电视台、腾讯网等主流媒体对“原生态·黔东南西江号”品牌列车的宣传造势，全年接待游客250万人次，旅游综合收入突破6亿元，比2014年增长1.6倍。农民人均纯收入，有三分之二以上直接或间接参与旅游所得，旅游业已成为西江镇的支柱产业。

【基础设施】 全镇累计投入“一事一议”项目资金1778.16万元，完成20个村公路硬化29.69千米、步道硬化57.33千米，活动场所7154平方米；投入资金289.93万元，完成12个村太阳能路灯安装工程。依托“四在农家·美丽乡村”建设和大力实施“小康路、小康房、小康水、小康电、小康寨”“小康讯”等民生项目工程，累计投入1700万元完成5个村基础建设项目25个；累计投入资金550余万元，实施完成控拜、开觉、堡子等11个村2350户农村电改工程。农村信息网络不断完善。电信、移动、联通均实现村村覆盖通信网络信号，移动电话用户达2.5万人以上，村村互联网络、移动4G网络等实现全覆盖，广播电视“村村通”基本实现全覆盖。

【农业扶贫】 利用“互联网+”平台，建成农村电商服务网点5个，建成西江电商特色旗舰店1家。投入扶贫资金1000万元，建立现代农业产业园区1个，规划面积4800余亩，覆盖龙塘、猫鼻岭、北建等村，已实施面积700余亩，实施项目23个。累计投入财政扶贫资金6530余万元，实施一批基础设施、产业扶贫等项目，受益3200余户。

【林业生态工程】 全年实施林业产业种植和中低产林改造等林业生态工程4800余亩，森林覆盖率达68.14%。推进生态镇村创建，西江镇获得国家级生态乡镇、西江村荣获国家级生态村荣誉称号。推进“多彩贵州文明行动”和“百村万户”环境整治工作，完善垃圾处理系统工程28个，并配备农村环保员，乡村整脏治乱成效明显。创造条件完成全国卫生乡镇申报。开展森林保护“六个严禁”和环境保护“六个一律”等行动，配合查处开觉乌香河非法开发、黄里“千日红”斗牛城违法占地建设、乱砍滥伐等一批生态环境保护违法违规案件。

【城建征地】 全镇累计投资3.73亿元，完成营上游客服务中心、景区北大门及游客集散广场主体工程；投资建成西江镇垃圾中转站；启动营上综合服务区艺术创作基地、文化创意平台街区、生态停车场、营上综合服务区路网工程、营上新村建设、西江环寨公路等项目；完成西江景区表演场扩建、排污管网、路灯、关键路段标牌标识等建设。建有西江镇垃圾处理站1所。加强对各村（居）卫生整治工作，在西江景区、干荣、营上等村设垃圾托运箱；各村（居）配备有3名以上保洁员。推进“美丽西江·和谐景区”创建工作，景区群众合理诉求问题得到解决，西江景区业态整治和管理取得明显成效。

【交通邮电】 2015年年底，凯里至雷山高速公路主线实现通车，快速便捷“大交通”格局初步形成。完成13个村油（水泥）路改造工程，累计完成油路改造61.7千米，21个行政村实现村村通油路（水泥路）目标，逐步破解交通发展“瓶颈”。有邮政1家，电信公司网点1家，移动公司网点2家，移动电话2.5万台，户均2台，电话普及率达100%，网络覆盖率达100%。有邮政、圆通、申通、韵达物流网点4家。

【饮水工程】 完成开觉、中寨、羊吾、长乌等村人饮工程，解决1700余户饮水问题；实施完成营上提水、西江景区供水提升等工程，景区供水问题得到有效解决。实施8个村寨的饮水安全工程，解决1.68万人的饮水问题；投资1600万元，启动实施西江景区用水管网提升工程和营上服务区供水工程。

【人民生活】 落实《西江千户苗寨民族文化保护评级奖励办法》，从西江景区门票总收入中提取18%的比例资金对房屋管理保护完好的农户进行“分红”奖励，全年累计发放奖励资金4703.24万元，户均7530元。农民人均纯收入达4010元。城乡人民户均电视拥有量1.3台，电冰箱拥有量0.4台，移动电话2台。

【教育发展与技术培训】 全镇有初级中学1所，完全小学4所，幼儿园5所，在校学生1678人，其中初中在校生为177人，小学在校生为1501人；共有教师177人，其中初中教师35人、小学教师142人。教育资源进一步得到整合，完成撤销、撤并教学点2个；全面实施农村义务教育学生“营养改善计划”；配强配齐西江中学师资力量，西江中学被评为州级育人环境先进学校，入学率、巩固率均保持在98%和97%以上。实施教育“9+3”计划，推进雷山县中等职业学校搬迁到西江办学，建立“职校+苗寨”的旅游文化实习就业基地，推进旅游与职业教育同步发展。完成西江民族小学、黄里小学教师周转宿舍建设，全镇各中小学校教育教学条件得到明显改善。西江小学和西江中学开展法律进校园、消防安全进校园活动3次。各村开展种植、养殖培训、农用技术等培训、银饰锻造技术培训，其中猫鼻岭、北建等村开展黑毛猪、竹鼠、稻田养鱼等养殖技术培训，麻料、控拜、西江等村开展银饰锻造技术培训。

【福利保障】 全镇新农保参保人数11800人，新农保参保率99.15%；城居保参保人数221人，城居保参保率99.2%。城镇低保每月每人从220元提高到442元，农村低保每年每人从2100元提高到2580元。农村合作医疗参合率96.5%，累计兑现农合资金167.7万元。全镇贫困人口2955户6629人纳入最低生活保障，累计兑现农低保资金1097.1万元。

【卫生与计生】 全镇有卫生人员68人，其中镇卫生院37人；村卫生员21人。全镇有人有房的村卫生室21个，有人无房的村卫生室6个，合并共建卫生室2个。医疗设备有彩色多普勒B超诊断仪2台，心电图机3台，心电监护仪2台，尿液分析仪1台，半自动生化仪1台，全自动生化仪1台，救护车3辆。卫生院设有院办公室、医疗综合科、公共卫生科、妇幼计生科，能开展外科、内科、儿科、中医科、放射、检验、B超、心电图等多个临床业务工作。门急诊26187人次（其中卫生院17265人次、村卫计室8925人次），住院865人次，出院病人治愈率97.56%，危急重症抢救成功率达98.83%，急救物品、药品齐全，完好率96.47%。全镇落实节育措施543例；开展免费孕前优生健康检查287例，并对孕前健康检查的对象进行风险评估指导、妊娠结局随访。流入人口办证率由年初22%提高到86%。完成基础免疫、强化免疫、补充免疫、定点接种等预防工作，接种率达95%以上。兑现群众报销医疗费15.28万元。全镇新增出生人口199人，人口出生率7.01‰，人口自然增长率1.54‰，常住人口符合政策生育率97.18%，各项指标均控制在目标值内。

【文化建设】 全镇建立村级农家书屋21个，覆盖率达100%；加强文化活动示范基地和非物质文化遗产传承基地建设，西江博物馆实现免费开放，西江村被列为“国家级产业示范基地”，控拜村被列入世界文化遗产预备名录，申报各级民族民间文化传承人10名。全镇有文化广播电视站1个，建筑面积100平方米，有电脑30台，文化设备1套，藏书5000册。有村级文化活动室21个，藏书7万余册。

【安全生产】 坚持领导干部大接访、大下访、信访包案等制度，年内化解各类矛盾纠纷80余起。积极稳妥处理凯雷高速公路因炮损、施工不慎等原因引发的群体性阻工事件，维护社会和谐稳定。组织开展消防、道路交通、食品安全专项检查活动，有力地保障全镇安全生产，全年未发生重特大安全事故，安全生产形势总体平稳。全镇发生刑事案件16起，破获9起，其余正在进一步侦破中，群众安全感和社会满意度进一步提升。积极探索农村社会治安“网格化管理、组团式服务”模式，全面推进西江、干荣、开觉等村治保、调解、普法、巡逻、消防等群防群治工作，确保全镇社会治安和谐稳定。

【财政收支】 西江镇财政结算体制由县统一调配，全年财政收支均为2709.53万元，较2014年增长12.35%。年末存款余额达576.55万元，比2014年减少44.65%。

【抢险救灾】 全年遭受百年难遇的特大暴雨袭击4次，全镇干部群众抢险出动运输车辆320余台（次）、机械作业80余台（次），参与抢险救灾干部群众达850余人次，交通、水利、供电、通信等设施在短期内得到恢复，广大人民群众生产生活恢复正常。

【同步小康】 不断推进全镇同步小康创建工作，挂牌认定“小康家庭户”364户，脚尧村获“贵州省同步小康创建示范村”称号。全镇扎实推进脱贫攻坚，选派8名优秀干部到村任“第一书记”，各级驻村干部192名，累计走访群众达2.2万余人次，帮助各村谋思路出点子4160余条，解决群众实际困难1170余件，协调办村级实事70余件，落实帮扶项目226个，完成整顿提升软弱涣散党组织4个。

【党建帮扶】 全镇设1个党总支（西江村党总支部），34个党支部，其中：有3个产业党支部，分别是苗家乐党支部、驻凯里务工党支部和银饰加工党支部；6个行政事业单位党支部，分别是党群支部、政府支部、供销支部、卫生院支部、农林水支部和政法支部；25个农村党支部，其中包括21个行政村（居）党支部和西江村党总支的4个支部。共有党员807人，其中女党员150人，占党员总数18.58%；机关单位党员174人，占21.56%，农村党员733人，占90.83%；高中（中专）文化程度127人，占15.73%，大专及以上文化程度82人，占10.16%。通过开展“七大工程”“金种子”带富计划及“党员创业带富”等活动，培养党员创业带富能人152人，带动群众致富4360余人。镇党委班子成员根据职责和工作分工，明确每人定点联系帮扶1个以上贫困村、4户以上困难党员或群众、1个以上党建扶贫联系点；联系领导不定期参加和指导所联系点的有关工作，帮助协调解决发展中面临的主要问题和困难。领导班子成员深入走访群众共300余次，解决实际问题20余个。开展评议党员工作，择优推荐优秀党员55名，帮助纠正履职能力不强党员16人，处置不合格党员8人（农村党员7人、机关党员干部1人）。5月18日，西江镇举办第二期基层党支部书记培训。县人大常委会副主任、雷山文化旅游产业园区党工委常务副书记、西江镇党委书记郭建强出席会议，为基层党支部书记上党课，县委党建办负责人就发展党员工作进行培训。6月15日下午，雷山文化旅游产业园区（西江镇）开展“三严三实”专题党课，县委副书记、常务副县长、雷山文化旅游产业园区党工委书记、管委会主任侯美彪作题为《以“三严三实”为契机，全力推进“区镇合一”》专题党课报告，提出领导干部讲“忠”、讲“实”、讲“严”、讲“廉”，把党建工作和经济社会发展等中心工作一起谋划、一起部署、一起检查、一起落实。县人大常委会副主任、雷山文化旅游产业园区党工委常务副书记、西江镇党委书记郭建强主持专题党课。园区（西江镇）各单位部门负责人、西江旅游公司、驻西相关单位部门负责人共60余人参加专题党课。

【廉政警示】 召开领导干部廉政警示教育会议。1月27日晚，雷山文化旅游产业园区（西江镇）召开领导干部廉政警示教育会议。会议由县委副书记、雷山文化旅游产业园区党工委书记、雷山文化旅游产业园区管理委员会主任侯美彪主持。县领导郭建强、罗爵出席会议。侯美彪在会上要求，各部门领导干部要进一步加强“一岗双责”意识，带头廉洁自律。

【农村“两防”】 2月上旬，雷山文化旅游产业园区（西江镇）领导班子成员率队深入各包片村，与各村签订农村道路交通和消防工作责任书，累计发放明白书6500余份。在各村显眼地带悬挂“两防”宣传横幅，书写永久性标语、小标语20条以上。对孤寡老人、留守儿童、弱智群体等重点防火对象户进行走访，告知森防注意事项，并与每家每户签订森防承诺书，严禁柴草进寨、进户，确保农村消防安全。

【规范景区户外广告】 1月至2月上旬，县工商局、县文化旅游产业园区综合执法局对不符合规定要求的门牌、招牌以及乱张贴、乱悬挂的广告进行全面规范整治，共出动执法车辆55辆次，执法人员130余人次，自行拆除广告牌15张，强制拆除广告牌157张。

【打击偷逃票及非法营运】 1月28日，县委副书记、雷山文化旅游产业园区党工委书记、雷山文化旅游产业园区管委会主任侯美彪主持召开打击西江景区偷逃票及非法营运工作会，采取措施管控景区非法违法行为，加大景区执法工作力度，进一步改善景区综合秩序管理环境。县人大常委会副主任、雷山文化旅游产业园区党工委副书记、西江镇党委书记郭建强，雷山文化旅游产业园区党工委副书记、雷山文化旅游产业园区管委会副主任、西江镇镇长罗爵出席会议，园区（镇）相关部门责任人及西江村民保会成员参加会议。

【“6·8”灾后自救】 6月7日晚20时至8日上午，雷山县遭遇连续强降雨，面对严重灾情，雷山文化旅游产业园区（西江镇）立即启动应急预案，县人大常委会副主任、雷山文化旅游产业园区党工委常务副书记、西江镇党委书记郭建强在第一时间组织全体干部职工及村“两委”负责人到现场指导开展抗洪救灾工作，尽快恢复正常的生产生活秩序。同时，组织群众及受灾农户清理路面、房屋周围垃圾，恢复卫生环境。

【全县农业产业园区到西江镇现场观摩】 8月6日，县委书记黄清发率全县农业产业园区观摩团到西江镇现场观摩农业园区建设情况，县人大常委会副主任、雷山文化旅游产业园区党工委常务副书记、西江镇党委书记郭建强等参加陪同。在观摩会现场，雷山文化旅游产业园区（西江镇）负责人介绍农业产业园区的建设及规划情况。西江镇农业产业园区是一个集休闲、体验、观光等具有综合性、多元化的现代农业产业园区，面积4800亩，覆盖5个行政村，主要产业有茶叶种植、药用菊花种植、蔬菜基地、中草药种植、养蜂等。新建茶园120亩，新建成茶叶初级加工厂1个、鼓藏酒厂1个、养猪场4个、养鸡场3个；种植药用菊花215亩，桔梗种植30亩，核桃种植500亩，猕猴桃种植500亩，杨梅34亩，柿子100亩，稻田养鱼1000余亩，发放鹅苗500只，完成园区步道硬化1千米。县委书记黄清发肯定西江镇农业产业园区发展特色种养殖业的发展思路，要求加大项目建设力度，加快园区规模化、标准化建设步伐。

【发放2015年农村低保季节性缺粮户救助粮】 9月下旬，西江镇向全镇除小康村脚尧村外的20个村集中发放2015年农村低保季节性缺粮户救助粮，共计发放大米共3254包、48.77吨，受益群众2630户9530人。

【生态移民推进会】 10月25日，县委副书记、常务副县长、雷山文化旅游产业园区管委会主任侯美彪主持召开扶贫生态移民工程（易地搬迁）推进工作专题会议。会议要求，加强领导，加快推进扶贫生态移民工作进度。副县长张晓玲、龙志波，雷山文化旅游产业园区管委会常务副主任、西江镇长罗爵参加会议。

【创建“美丽西江·和谐景区”“乐心”工程】 11月11日，西江景区以“访民情、听民意、解民忧、惠民生”为主题，全面启动创建“美丽西江·和谐景区”“乐心”工程专题活动。县人大常委会副主任、雷山文化旅游产业园区党工委常务副书记、西江镇党委书记郭建强出席动员大会，县委政法委、县法院、县公安局、县司法局、雷山文化旅游产业园区（西江镇）等相关单位部门120余名干部参加。“乐心”工程专题活动为期1个月，共组成62个干部入户工作小组，分别由公安民警、政法干部和园区（西江镇）干部组成，按照分门别类走访的要求，每个小组联系景区4~5户农户，每周开展访民情1次以上，确保户户见面，走访率达到90%以上。

（吴剑）

大塘镇

【概况】 大塘镇位于雷山县城南部，东与永乐镇、方祥乡接壤，北连丹江镇，西靠望丰乡，南抵丹寨县加配、羊乌村。镇境地处雷公山西南部的崇山峻岭之中，地势较高，谷深壑幽，境内最高的行政村为交腊村，海拔1353米以上，最低的行政村为也耶村，海拔800米以下。全镇区域面积230.45平方千米，耕地面积21899.59亩，其中田17699.1亩、土4200.49亩；森林覆盖率达52.60%。镇辖乌独、也宜、交腊、高岩、水溪、鸡鸠、掌坳、平寨、小河、新桥、咱刀、新联、新塘、桥港、掌批、排里、也耶、独南、桃江、岩寨、平角、桥仿、三湾、干脑、桥兑、桥王、掌雷、两洋、南脑、乌勇、龙河、年显共32个行政村和大塘居委会，计212个村民小组82个自然寨，6796户25679人。镇政府驻新桥村，海拔910米。有汉族、苗族、侗族、水族、布依族、彝族、壮族、瑶族、土家族、仡佬族、仫佬族、畲族、白族、革家人、佤族、哈尼族、东乡族等17个民族，其中苗族24095人，占93.83%，汉族1343人，占5.23%，侗族109人，占0.43%，水族54人，占0.21%。镇境属北亚热带季风湿润气候区，为中亚热带气候，年日照时数为1225~1530小时，日照率为28%左右，平均气温在14℃~15℃之间，无霜期在250~260天之间，年均降雨量在1250~1340毫米之间。境内资源丰富，矿产有铅锌锑矿，主要分布在咱刀、新桥、独南、交腊等村，其品位高，储藏量大，属混合型矿区。植被完好，谷壑深峻，气候适宜、有独特的自然风光和天然森林。旅游资源分为山水风光，天然森林和民族风情三大类型。特别是民族风情和自然景观的原生态品质，开发潜力较大。大塘镇地域大多为苗族居住居多，其中掌坳、新桥两村的民族歌舞、风土人情、民居建筑令中外游客叹为观止，赞不绝口。新桥享有“明清建筑、唐朝服饰”的美称，“水上粮仓”独一无二，民族服饰及歌舞被赞为“超短裙”第一村。掌坳被誉为“铜鼓舞发源地之镇”，多次参加省内外演出，屡获殊荣引起轰动。排里芒筒芦笙浑圆厚重，具有较高的知名度。掌批的扁担舞被称为“田坎上的芭蕾”。掌坳、新桥两村已被省、州列为黔东南民族风情旅游景点村。各村寨较为盛大的苗族节日有“端午节”“吃新节”“苗年节”“春节”以及13年一次的“鼓藏节”等。近年来，干角、岩寨、桃江、山湾还在每年春天开展“踏青祭祀节”丰富群众文化生活。2015年，全镇实现国民生产总值3.5亿元，增长16.7%；完成固定资产投资2.83亿元，增长43%；银行存贷款2.75亿元和1.55亿元，分别增长26.72%和24.4%；向上争取项目资金2890万元；农民人均可支配收入6760元。乡村旅游发展迅速，全年新增农家接待户4户，建立民族民间刺绣、芦笙、织锦等手工文化产业基地16家，配套建设美丽乡村旅馆1户，新增床位30多个，接待旅客6万余人次，实现旅游收入260余万元。发动农村电商，加强全镇商业信息沟通以及行业相互促进，个体工商户发展到60余户，小微企业发展到15个。全镇农民人均纯收入达6760元。城乡人民户均电视拥有量1台，移动电话2台。

【机构设置】 镇设党政机构18个，其中行政机构数6个，分别是：党政办公室、安全生产监督管理办公室、社会事务办公室、人口和计划生育办公室、经济发展办公室、社会管理综合治理办公室；事业机构数12个，分别是：群众工作站、科技教育文化信息服务中心、农业服务中心、人力资源和社会保障服务中心、公共卫生和农医疗合作服务中心、扶贫工作站、林业站、计生协会、人口和计划生育服务站、财政所、卫生院（人口和计划生育技术服务站）、残联。编制总数131名，其中行政编制数34名、事业编制97名。在职119人，其中行政29人，均为大专以上学历；事业90人，大专以上学历75人，中专及高中以下学历15人。职称结构为高级5人，中级9人，初级74人。

【农村经济】 全镇农业总产值15253万元。全镇粮食作物播种面积1975.3公顷，粮食总产量6963.4吨，其中水稻4161.2吨，玉米610.5吨。经济作物播种面积1411.3公顷，产量11784.4吨。蔬菜种植713.1公顷，产量11289.9吨。年末大牲畜存栏3510头，猪存栏10659头，稻田养鱼16422.79亩，饲养大鲵1000尾，竹鼠1500只，肉类总产量达1094.4吨。中药材种植1800亩。

【工业经济】 全镇有茶叶加工厂点7家，综合加工能力15吨，注册茶叶专业合作社3家。组织茶叶产品参展及比赛交流活动4次，获4个奖项。茶叶技术培训5次，参加1550人次。

【交通邮电】 全镇投入2600万元实施完成通村油（水泥）路52千米，农村公路硬化里程达192千米，基本实现村村通油（水泥）路目标。投入200万元建成车站和候车亭并投入使用；投入489.4万元在20个村实施“一事一议”项目，其中，步道硬化4.18万米，步道修缮6780米，道路硬化4.38千米，安装太阳能路灯116盏。镇有邮政1家，电信公司1家，移动公司1家，服务网点28个。网络覆盖率达100%。有移动电话1万台，户均2台。有物流公司网点1家。

【财政金融】 全镇财政收入为1998万元，支出为1998万元。大塘镇信用社存款余额为9103.45万元，贷款余额为7613.41万元。存款余额比2014年上升1199.64万元，贷款余额比2014年上升1432.09万元。

【教育发展】 全镇有中心小学2所，村完小2所，教学点8所，学校附设幼儿园3所，民办幼儿园1所。学校占地面积14921平方米，生均面积19.51平方米，其中建筑面积7083平方米。有专任教师131人，在校生1794人（含附设学前班幼儿366人），小学入学率达100%。共有图书30125余册。

【文化艺术】 全镇有文化服务中心1个，村级图书室32个，民族民间文艺队6个（掌坳铜鼓舞、掌批扁担舞、排里芒铜芦笙、新桥锦鸡舞、咱刀芦笙舞、岩寨芒铜芦笙）。“村村通广播电视工程”覆盖率达100%。举办大塘镇首届爬坡节文化活动1次，“大塘镇千名姑妈回娘家”1次，苗年节、吃新节、妇女节1次。全镇30余名绣娘参加2015年“百佳绣娘”比赛，21名荣获“百佳绣娘”称号，2名荣获“十佳绣娘”称号。

【卫生计生】 有镇卫生院1所，医院占地面积1192平方米，建筑面积1940平方米；医院（计生站）病床28张，医疗设备总价值48万元；卫生计生技术人员35名，其中执业医师3名，执业助理医师3名，注册护士9名；药店1所，从业人员2名；村卫生（计生）室23个，卫生（计生）员25名。门急诊10827人次（其中卫生院6323人次、村卫计室4504人次），住院854人次，出院病人治愈率95.25%，急救物品、药品齐全，完好率为90.36%。全镇落实节育措施上环127例，妇检5085人。常住人口出生190人，与2014年减少16人，减幅-0.19个千分点。人口出生率10.3‰，人口自然增长率0.43‰，分别低于州目标值1.7个千分点、4.57个千分点，早婚率7.37%。征收社会抚养费187.4万元，发放计划生育奖励各项扶助资金22.6万元。

【福利保障】 全镇有敬老院2所（其中1所在建中），入住12人；农村居家养老服务站3个，入住老人6人。发放2014年至2015年冬春期间救助资金21万元，保障544户1895人。开展城乡低保年度核查工作，发放农村低保资金7.29万元、城镇低保资金1.42万元、农村“五保”生活保障金62552元，保障236户次236人次。发放季节性缺粮64590公斤，救助大米57925公斤、食用油2560升、棉被1433床、棉衣380床。发放优抚对象生活困难补助、春节慰问、“八一”慰问、参合补助和义务兵家属慰问金共计7.04万元。发放医疗救助资金623684.59元，救助292人次。申请得到临时救助资金3500元。发放自然灾害生活补助资金305.5元。发放各项救济资金1026687元、残疾人项目资金1.36万元。农村房屋保险投保4740栋。全镇参合23121人，参合率为98.49%，比2014年增长1.42%，审核住院、就诊19633人次，总费用1183.4万元，补偿金额788.74万元

【特大洪涝灾害】 5月26日18时至27日10时，雷山县出现特大暴雨，大塘镇高岩降雨量达367.6毫米，排里坳285.2毫米、桃江273.9毫米、大塘255.2毫米、九十九水库205.2毫米。初步统计，“5·27”特大洪灾涉及大塘镇32个村5799户2万余人，造成直接经济损失5.56亿元。房屋受损431栋，受灾耕地稻田17699亩，地质灾害隐患点357户1302余人需转移搬迁安置。洪灾发生后，大塘镇迅速启动应急预案，成立抢险救灾领导小组，组建32个救灾组到32个受灾村开展抗洪救灾。紧急疏散群众1万余人，抢救受困群众近2000人。

【安全生产】 全年出动宣传车20次，悬挂横幅66条，发放宣传资料13000份。检查农村消防安全23次，检查非煤矿山安全5次，检查道路交通76次，检查过往车765辆，查处酒驾2次，无证驾驶1次，农机车违法载人2次，移交县交警执法大队5人，口头教育353次，检查烟花爆竹经营户13次，排查副食摊点27家，排查50户以上自然寨42个。年内无重特大事故的发生。

【法治与普法】 全年受理各类矛盾纠纷37起，调解成功37起，调处成功率100%。安置帮教35人，社区矫正15人。为群众提供法律咨询45人次，代理诉讼法律援助案件15件。排查出矛盾纠纷隐患11起，化解11起。受理行政案件2起，办结2起。现场调解20起，行政拘留5人。刑事案件立案5起，破获2起。开展普法教育，到校学生上法制课7场（次），受教育师生2000人次。

【凝冻道路安全】 1月29日后，由于气温骤降，致使308省道雷山县城往榕江方向部分路段路面结冰，交通中断，造成车流、人流滞留于大塘镇政府门前及九十七路段。大塘镇组织派出所、安监、综治等部门在镇政府及桃江政务服务中心门前路段设卡，成立临时指挥小组进行24小时轮流值班，对过往车辆加以引导或管制，确保道路交通安全和群众生命财产安全。至2月下旬，共疏通车80余辆（次），劝阻各种车150余辆（次）、人员300余人。

【人大二次会议】 3月21日，大塘镇召开第一届人民代表大会第二次会议，镇人大代表参加会议，列席会议33人，会议按照程序依法免去副镇长2名。

【黑毛香猪定购签约】 4月15日，万城经济开发公司到大塘镇也耶村、新联村2个养殖小区进行黑毛香猪定购签约，让群众吃下“定心丸”，安心发展黑毛猪养殖产业。签约会上，也耶村的村“两委”负责人就黑毛香猪养殖等“庭园经济”发展情况进行汇报。县畜牧渔业管理办、万城经济开发公司主要负责人要求养殖户要严格依照合同科学饲养黑毛香猪。

【Ⅰ类铸廉单位揭牌】 5月4日，大塘镇举行Ⅰ类铸廉单位揭牌仪式，县委常委、县纪委书记雷林多出席现场揭牌仪式并作讲话。大塘镇全体干部职工参加揭牌仪式。

【救灾物资】 5月29日下午，雷山县第一批抗洪救灾物资运抵大塘镇，共为受灾群众发放大米6625公斤、帐篷50顶、棉被800床、食用油180桶、彩条布20卷、食盐400包，使受灾群

众的生活、生产都有保障。

【各种培训】 7月3日，大塘镇举办魔芋种植技术培训会，来自32个村致富能手和魔芋种植户等100余人参加培训。培训会上，州政府资深农业专家周定生等授课。2014年大塘镇魔芋种植实现亩产3620公斤，每亩纯收入7000余元；2015年魔芋种植达1000余亩。8月11日，大塘镇举办民族民间手工艺培训，县政协副主席、县手工艺办主任杨莉及大塘镇主要负责人参加培训班开班典礼。培训对象主要是大塘镇民间手工艺项目户和项目涉及带动发展的贫困户等，培训为期8天，邀请朱佳丽等知名刺绣传承人授课。9月9日，大塘镇召开村级警务助理业务培训会，对全镇32个行政村的32名村级警务助理进行集中培训，提高村级警务助理的工作能力和业务素质。11月11日，大塘镇举办2015年“雨露计划·持家女”培训，来自各村村（支）两委委员、妇代会主任、妇女致富带头人和建档立卡精准扶贫户等50余名妇女参加培训。县妇联、县扶贫办负责人到会指导。培训主要采取现场授课的方式进行，培训为期7天，培训内容为妇女权益保障法、女性健康知识等10个方面的知识。

【安全检查】 9月下旬，大塘镇组织安监办、派出所、文广站、综治办等部门对全镇范围的临时砂石厂、道路交通、烟花爆竹、旅游景区安全和食品等领域和行业、有关单位、村组开展为期3天的节前安全大检查行动。排查检查农家乐3家，过往车102辆，现场整改12处，发放安全防范宣传资料2000余份。

【党建帮扶】 镇党委下设党支部35个，有党员792名，其中农村党支部33个，党员726名。党员年龄结构为35岁以下187名、36至45岁178名、46岁至54岁178名、55岁至59岁47名、60岁以上202名；文化结构为大学本科以上31名，大专62名，中专及高中133名。全镇列入党员发展对象21名，发展新党员16名。开展党组织书记培训2次，组织党组织书记外出学习3次共10人，培训入党积极分子2次。

全镇驻村工作组12个，通过同步小康驻村工作，累计走访群众4652人次，召开座谈会25次，帮助协调项目28个，涉及资金146.56万元，帮助解决困难和问题178个。成立大塘镇暖心秘书服务工作组，统一制作“暖心秘书”服务标识、工作包、工作证、工作台账、纪实本、联系卡等，开展同步小康“暖心秘书”便民惠民服务行动，召开座谈会10次，走访群众察民情听民意200人次，帮助化解矛盾纠纷5起，代办各项事务10件。

（邹纯斌）

永乐镇

【概况】 永乐镇位于雷山县东南部，海拔630米，东接榕江县，南与达地乡相邻，西与丹寨县排调镇和本县桃江乡接壤，北与方祥乡、大塘乡毗邻，东西窄，南北宽。镇人民政府驻永乐村，距县城55千米，炉榕公路由北至经过，永乐河沿城镇蜿蜒而流，西岸山地高耸，树木葱茏，景色风光优美。独特的地理区位优势，造就饮食业和个体私营经济繁荣，商贸发达，农贸及商品吞吐量、成交额及第三产业产值均仅亚于城关镇，是省政府确定的“双百小城镇”之一。

永乐镇清代属都匀八寨厅（今丹寨县）。民国时期隶属独山专区八寨县。民国9年（1920年）隶属八寨县第五区。1921年置永乐镇，以后均为乡。1961年8月划属雷山县。1984年置乡级镇。1992年撤区并乡建镇，将开屯、排告、柳乌、乔桑、永乐5个镇乡合建永乐镇。辖永乐、肖家、乔歪、格益、加支、加鸟、党开、天马山、也牛、岩寨、丛木、小开屯、乔洛、柳乌、柳排、长坡、乔配、排告、加勇、和平、乔桑、坝子、高枧、高庄、草坪、大寨26个村，248个村民小组，127个自然寨，1个居民委员会。全镇7871户，27084人，其中：男性14865人，占54.9%；女性12219人，占45.1%；农业人口24785人，占91.5%；非农业人口2295人，占8.5%。有苗族、汉族、侗族、水族、瑶族等民族20个，其中：苗族19887人，占73.43%；汉族3223人，占11.9%；侗族1571人，占5.8%；水族1827人，占6.75%；瑶族462人，占1.48%；其他少数民族174人，占0.64%。境内地形切割破碎，属中山及低中山峡谷地貌，山坡陡峻，谷深溪峡。最高处为西北部的冷竹山，海拔1913米，最低处为东南部乔桑河口，海拔518米，相对高差为1395米。全镇总面积257平方千米，其中耕地面积18515.85亩，林地面积259826.7亩。主要矿藏有锑矿，分布在苦里冲、永乐、开屯、乔洛、乔歪、野牛、高庄等地。苦里冲、开屯锑矿地处雷公山自然保护区内属限制开采区。镇属中亚热湿润季风气候，气候温和湿润，年均气温15℃~17℃，无霜期250~270天，年降水量1350~1500毫米。气候比较温和，立体气候明显，降雨量充沛，冬无严寒，夏无酷暑，气候温和，土壤深厚，适宜多种植物生长。镇境自然环境优越，生物资源十分丰富，是雷山县主要的木材产区。全镇共有林地259826.7亩，森林覆盖率达73%。木材总蓄积量约为842700立方米，其中杉木材约108000立方米，马尾松约107000立方米。镇域北部天然林所占面积较大，且有成片的原始森林。境内有大小河流近10条，河流总长度85千米，流域面积200平方千米，主要河流有永乐河、也卡河、乔桑河、开屯河、格益河，均属都柳江水系，其中永乐河、格益河流经镇区。建有中小型水电站并网发电2座，装机容量300千瓦。建有10千伏变电站1所，国家电网覆盖全镇28个村（居）127个自然寨，村村用上自来水。2015年，全镇地区生产总值完成1.78亿元，比2014年增长（以下简称增长）17%。其中：第一产业生产总值完成9150.05万元，增长20%；第二产业生产总值完成6035.2万元，增长10%；第三产业生产总值5391.07万元，增长14%；三大产业的结构比为44：30：26，固定资产投资增长40%。农村居民人均可支配收入达到6780元。

【机构设置】 镇设党政机构15个，其中行政机构6个，分别是：党政办公室（加挂“党建办”牌子），社会事务办公室，经济发展办公室（加挂“统计办公室“牌子），人口和计划生育办公室，社会管理综合治理办公室，安全生产监督管理办公室”加挂“安全生产监督管理站”牌子）；事业机构9个，分别是：农业服务中心，人力资源和社会保障服务中心，科技教育文化信息服务中心，村镇建设服务中心，公共卫生和农村合作医疗服务中心，水利站，林业站，人口和计划生育技术服务站，扶贫工作站。总编制107名，其中行政编制27名、事业编制80名；年末在职人数94人，其中行政在职28人（大学学历9人、大专学历14人、中专学历4人）；事业在职66人（大学学历6人、大专学历45人、中专及高中15人，高级职称4人、中级职称9人、初级职称32人）。

【农村经济】 全镇农业总产值16806万元。全镇粮食作物播种面积2176.4公顷，粮食总产量7672.6吨、其中水稻4585.0吨，玉米672.6吨。经济作物播种面积1555.0公顷，产量12984.4吨。蔬菜种植785.7公顷，产量12439.6吨。年末大牲畜存栏3868头，猪存栏11744头，禽类存栏11460羽，肉类总产量达1205.9吨。完成种茶2037亩，茶园已达1.57万亩，造林面积1400亩。有619户2601人实现脱贫，贫困发生率由32.7%下降至22.8%，较2014年下降9.9%，大于规定指标4.3%。“减贫摘帽”工作于是年12月3日通过州级验收。新增就业348人，完成任务数的116.78%；培训农民工120余人次，输转农村剩余劳动力7923余人次，创劳务收入8000余万元

【工业经济】 以鱼酱酸、芭蕉芋等特色加工产业稳步发展，全镇鱼酱酸产量达70余吨，实现产值280余万元，带动镇政府驻地周边农户种植生姜、辣椒100余亩；芭蕉芋和中药材加工进入试加工期，以“公司+农户”产业模式，推进“订单农业”快速发展，打造农特产品新品牌。

【交通邮电】 镇内有雷山至榕江跨县公路121千米、永乐至排告公路12.2千米、永乐至柳乌公路8.7千米、永乐至达地公路29千米；通村寨公路里程117千米，27个行政村实现村村通

公路。形成以省道、乡道为主的交通网络，过往永乐的车辆日交通量达300余辆，高峰期小时交通量90辆，拉动地方经济发展。全镇个体拥有大小客运车15余辆（中巴、面的），农用车85余辆（含货车、工程车、拖拉机、小三轮），小轿车396余辆。全镇有邮政1家，电信公司1家，移动公司6家，村级移动代办点22家，电话座机220户，移动电话用户13971户，宽带用户295户，电话普及率和网络覆盖率均达100%。有物流公司2家。

【财政金融】 全年财政收入、支出均为1950.72万元，较2014年增长1.06倍。金融机构各项存、贷款余额分别达16176.01万元和17374.09万元，分别较2014年增长0.27倍和0.2倍。

【教育发展】 全镇有中小学、幼儿园14所，其中：初级中学1所，中心小学1所，村级完全小学6所，教学点4个，公办幼儿园1所，民办幼儿园1所。中小学共有专任教师191人，其中中学73人，小学及幼儿园118人。中学在校生859人，小学在校生1611名人，幼儿园在园儿童327人。全镇7~12周岁学龄儿童2192人，入学学龄儿童2179人，入学率达99.41%；13~15周岁适龄少年1281人，在初中就读1198人，初中入学率为93.52%；全镇学校占地面积总计66767平方米，其中中学占地面积26680平方米，小学和幼儿园占地面积40087平方米。建筑面积总计29772平方米，其中中学建筑面积12603平方米，生均建筑面积14.7平方米；小学建筑面积17805平方米，生均建筑面积11.05平方米；幼儿园建筑面积1363平方米，生均建筑面积4.17平方米。全镇学校图书总册数69383册，其中中学42098册，生均49册；小学24197册，生均15.02册。

【文化艺术】 全镇有文化服务中心1个，村级图书室17个，花灯队1个，民间文艺队5个，电视覆盖率达100%，“村村通广播电视工程”覆盖率达100%。

【卫生计生】 镇有中心卫生院1所，卫计服务站1所。医院占地面积1200平方米，建筑使用面积3240平方米，病床50张，医疗设备总价值290.18万元。卫生计生技术人员31名，其中执业医师3名，执业助理医师8名，注册护士6名；村级卫生室23个，卫生员19名；药店4所，从业人员10名；社会诊所1所，从业医生1名。

全年出生人口212人，其中常住人口出生183人，出生率9.16‰。常住人口符合政策生育率为96.27%，流动人口符合政策生育率为86.2%。出生婴儿性别比为105.8。全年完成计生节育手术333例。

【社会福利及保障】 全年发放冬春救助资金24万元和粮食41175公斤，低保季节性缺粮62745公斤，“5·27”洪灾各项救灾资金219.16万元。发放棉被800床，粮食8700斤，衣服212套，救灾帐篷13顶，生活用具20套，油100桶。全镇新增城低保51户82人，发放低保金909.45万元；农低保1952户5880人，停止3户11人，发放农低保资金307312.4元；“五保户”143人，其中在敬老院集中供养的10人，分散供养的133人。有4名“五保”对象死亡。“五保”对象全部纳入低保，实现应包尽保。落实优抚、生活救助381230元，发放优抚对象春节、“八一”慰问金等5300元，优抚对象参合资金9100元。有286人次申报大病医疗救助，救助金额83.87元；临时救助46人次，救助金额78500元。全年参加农村房屋保险4494户，收取投保资金80892元。

基本医疗保险共参合24432人，其中，农业人口23916人、居民人口516人，参合率98.79%，比2014年增加812人，提高3.13%。补换发“医疗证”300余本，兑现农合补助资金152.49万余元，受益12270余人。养老保险参保10518人，参保率100.8%，兑现养老保险金311.7万元。

【人民生活】 农民人均年纯收入6780元，消费支出9173.21元。城乡人民户均电视拥有量1.5台，电冰箱拥有量0.5台，移动电话2台。

【特大洪灾】 5月27日，永乐镇遭遇历史罕见的暴雨袭击，人民群众财产遭受重大损失。

全镇有28个村（居）9825人受灾（乔洛、乔歪、永乐、开屯、岩寨等村受灾尤为严重），房屋受灾174户405间，粮食损失12.75万公斤，农田毁坏1078亩，农作物受灾面积5000亩。桥梁垮塌4座（公路桥2座、步行桥2座），公路边坡塌方81处1151米，路基垮塌49处5256米；河沙填平堵塞1300米；防洪堤垮塌3处3000米；沟渠垮塌3892处55722米，人饮水池毁坏3座，水管受损209处58058米；通信光缆、线路及供电设施设备被损毁等，造成直接经济损失1.08亿元。

【安全生产】 全年召开各级宣传会议37次，悬挂宣传横幅32条，发放宣传资料8000余份。组织上路查车80余次，参加检查600余人次，排查车辆2560余辆次，现场制止交通违章行为134人次，处罚134人次，现场警告136余人次；对全镇23家烟花爆竹零售户、2家液化气销售点及永乐加油站开展检查16次60余人；落实红白喜事打招呼78次；开展消防检查16次；实地检查建筑工地18次；开展校园安全专项检查组3次，到各中小学校、校点开展校园安全法制及安全讲座11次，受益师生5000余人。

【治安与法治】 全年排查出各类矛盾纠纷39起，调处率达100%，调解成功达成协议38起，调解成功率为97%。接受信访案件4起。发生刑事案件15起，立案告破7起。立治安案件22起，查处22起。开展普法教育，给学生上法制课10场（次），受教育师生达5000人次。

【永乐镇卫生院】 贵阳市第一医院专家组到永乐镇调研帮扶。4月13日，贵阳市第一医院专家组一行到永乐镇卫生院（妇幼计生保健站）就提升永乐镇医疗卫生水平进行调研，制定帮扶计划，签订帮扶协议。作为对口支援单位，贵阳市第一医院将提高医务人员能力及提升医疗条件作为对口支援主内容，实现城乡卫生事业良性互动。

【“一事一议”】 4月14日，永乐镇2015年村级公益事业建设“一事一议”财政奖补项目在格益村启动。会议通报2014年“一事一议”财政奖补项目建设情况，对2015年“一事一议”财政奖补项目进行安排部署。永乐镇2015年实施“一事一议”财政奖补项目10个，项目受益7个村，总投资228.28万元，其中，财政奖补资金163.06万元、群众投工投劳折资65.22万元；美丽乡村“一事一议”财政奖补小康示范村寨项目1个，项目受益1个村，项目总投资280.05万元，其中，财政奖补资金210万元、群众投工投劳折资70.05万元。

【七届人代会六次会议】 5月25日，永乐镇第七届人民代表大会第六次会议召开，依法选举产生副镇长2名。大会应到人大代表52人，因事因病请假6人，实到46人。

【灾后抢险】 5月27日，雷山县遭受特大洪灾，永乐镇多处公路路基坍塌，山体滑坡将公路掩埋，集镇集中供水中断。为第一时间恢复交通和集镇集中供水，上级部门纷纷伸出援助之手，帮助永乐镇开展灾后重建。灾后第3天308省道永乐段山体滑坡清理完毕，全镇电力设施抢修完成，全镇28个村居恢复供电；5月30日，移动网络信号、电信固定电话信号恢复正常；5月31日，集镇完成二楼以下集中供水应急抢修，6月6日，集镇完成应急供水抢修，全镇实现正常供水；6月7日，因“5·27”特大洪灾中断12天之久的308省道开屯桥段实现通车。

【稻田养鱼】 7月中旬，永乐镇将采购的价值49.98万元的16660公斤鱼苗发放至全镇23村428户贫困户手中，可投放稻田2380亩，增收640余万元，户均增收3000元以上。

【蜂蜜养殖】 7月28日，永乐镇将180箱中华蜜蜂发放到乔歪村贫困户手中，为该村贫困户实现脱贫致富提供新路子。

【教师表彰】 9月10日，永乐镇召开庆祝第31个教师节暨表彰大会，表彰优秀教师、优秀教育工作者、优秀班主任共21人。2014年后，永乐镇教育教学成绩明显提高。全镇4~6周岁学前儿童入园率为43.84%，7~12周岁儿童入学率达99.66%，13~15周岁儿童入学率为92.62%。

【消防培训】 10月21日，永乐镇将价值10余万元的一批消防机动泵、消防水枪、水带、破拆斧、防火钩、安全绳等消防器材配发到全镇

27个行政村。永乐镇还组织专业技术人员对乡村干部、志愿消防队员和村民代表开展培训，提升操作技能。

【七届人代会七次会议】 11月9日，永乐镇召开第七届人民代表大会第七次会议。大会应到代表51人，实到43人，38名列席代表参加会议，大会补选1名副镇长。

【党建帮扶】 镇党委下设党支部31个，其中农村党支部27个。共有党员757名，其中农村党员664名，大学本科以上39名，大专70名，中专及高中131名，初中及以下517名。2015年，全年开展党员学习培训372期，举办新党员培训班1期26人，举办入党积极分子培训班2期60人次。开展基层党组织书记专题培训3期126人次，举办专题党务培训2期66人次。围绕新形势下党建工作的热点难点问题开展20余次专题讨论研究，形成16条经验和措施。发展新党员26名，共转正27名；被州、县命名“五好”基层党组织1个，在服务群众、服务发展上做好事、实事500余件。借助建党94周年暨“5·27”抗洪抢险表彰会，表彰先进集体2个，抗洪救灾先进个人21名，先进基层党组织5个，优秀共产党员8名。组建“金种子”农业专业合作社18个，培育“金种子”致富带头人182名；打造天马山、乔桑等“和谐乡村”15个，完成“邻里和谐户”评议授牌1050户。不断提升县级精品示范村建设，多渠道争取整合资金20多万元新建柳乌村办公楼。驻村干部走访群众1495户5879人次，落实帮扶项目10个，协调帮扶资金29.6万元，帮助解决困难22件，调处矛盾纠纷5件，走访“四特三留”人员90余人次，结成帮扶对子40户。推动“暖心秘书”服务计划，建立健全“暖心秘书”工作台账和一人一档实绩档案。弘扬社会主义核心价值观，在集镇刷写固定标语10条，张贴图说价值观135幅，举办镇村道德讲堂15期。全面推行村干部“4+1”管理与村干积分相结合模式，对村干季度工作进行绩效测评兑现奖惩。推行“3+2”办公制度，把解决联系服务群众“最后一公里”问题放在首位，让干部直接联系群众，增进干部与群众的感情。开展干部作风督查26起，发出通报各类通报24期，干部警告谈话10人，排查发现案件5件，受到党纪处分7人。

（龙琴）

郎德镇

【概况】 郎德镇位于雷山县西北部，距县城15千米，距州府凯里29千米。镇境北接凯里市三棵树镇，东接“千户苗寨”西江镇，南与丹江镇连接，西与望丰乡接壤。总面积73.35平方千米，耕地面积1028公顷，其中田702公顷、土325公顷。森林覆盖率达64%，林地面积占总面积的19.07%，草地面积占总面积的28%。

镇境属北亚热带季风性湿润气候，冬无严寒、夏无酷暑，无霜期长，雨热同季，热量和水资源丰富。山地气候差异明显，年最高气温35℃，最低气温-8.7℃，一般年均气温15℃左右，年均日照1237.5小时以上，年降水量1336毫米左右，春夏偏多，秋冬偏少。土壤以PH值为6.5的黄壤为主，质地良好，土质疏松、腐层深厚，水质无任何污染，特有的光温湿度及土壤肥力条件极适宜于林木及猕猴桃、中药材的生长。

全镇辖13个行政村［下郎德村、上郎德村（全国重点文物保护单位郎德上寨）、报德村、也利村、乌流村、也改村、排夫村、乌瓦村、乌肖村、乌吉民村、南猛村、老猫村、杨柳村］，123个村民小组，41个自然寨共2790户，总人口10529人，少数民族人口10458人，占99.33%。镇政府驻下郎德村，海拔750米。

全镇41个自然寨中有40个自然寨通公路，总长60.9千米，交通便利。有镇级卫生院1个，村卫生室5个。实现村村通电话和广播电视，8个村开通宽带网络。境内苗族文化资源丰富，长期的迁徙和几百年的定居，创造独特的苗族风情，蕴藏丰富的民族文化资源，较有名的苗族风情景区，有“中国民间艺术之乡”“国家重点文物保护单位”郎德上寨、“芦笙舞之乡”南猛和“中国木鼓舞之乡”乌流。

2015年，全镇社会生产总值5466.74万元，比2014年增长12.64%，其中第一产业实现增加值2197.63万元，第二产业实现增加值858.28万元，第三产业实现增加值2410.83万元。农业总产值完成1672.43万元，比2014年增长4.66%。固定资产投资完成1410万元，比2014年增长30%。列入县级重点考核和督查的重点项目2个，投资总额1200万元。农民人均可支配收入达6738元。

【机构设置】 镇设党政内机构19个，其中行政机构有7个，分别是党政办公室、社会事务办公室、经济发展办公室、人口和计划生育办公室、社会管理综合治理办公室、全生产监督管理办公室、党政领导；事业机构有12个，分别是农业服务中心、人力资源和社会保障服务中心、科技教育文化信息服务中心、村镇建设服务中心、公共卫生和农村合作医疗服务中心、卫生院、扶贫工作站、林业站、计划生育协会、群众工作站、财政所、残疾人联合会。编制总人数为72名，其中行政编制18名、事业编制54名。在职人数70人，其中行政17人，大学学历10人，大专学历3人，中专学历1人，高中2人；事业在职53人，大学学历17人，大专学历32人，中专学历4人。

【农村经济】 全镇农业总产值9450万元。全镇粮食作物播种面积1223.8公顷，粮食总产量4314.2吨，其中水稻2578.1吨，玉米378.2吨。经济作物播种面积874.4公顷，产量7301.0吨。蔬菜种植441.8公顷，产量6994.7吨。年末大牲畜存栏2175头，猪存栏6604头，肉类总产量达678.1吨。2014年冬至2015年春，全镇茶园基地新建面积目标任务1000亩，截至2015年6月24日，全镇验收完成杨柳、南猛、乌肖、乌瓦、也利5个村，新建茶园基地总面积929.83亩，其中杨柳360.29亩、南猛343.9亩、乌肖村128.34亩、乌瓦77.9亩、也利19.4亩，占任务1000亩的92.98%；涉及农户271户。

【交通邮电】 炉榕公路穿镇而过，凯里至雷山段长约38千米，通村公路61千米。全镇拥有机动车1384辆，其中客车17辆，货车8辆，客运周转27000余人次，货运周转9000余吨。电话用户7300余人，其中移动电话6500余人，电话普及率70%，计算机国际互联网用户190余户。全镇有邮政所1个，办理报刊发行、包裹邮件、特快专递等邮政业务。

【旅游接待】 郎德景区建设指挥部加大对郎德景区基础设施建设投入，第一期项目建设投入资金4635万元，景区基础设施得到改善，功能逐步得到完善，景区逐步成型。争取到杭州对口帮扶资金70万元，实施完成扶持郎德景区16农家乐改造项目。主要旅游景点3个，共接待游客22.37万人次，旅游综合收入达1.98亿元。

【财政金融】 全镇财政总收入733.01万元，工资支出613.75万元。镇信用社存款总额达到7850万元。银行存款余额8327万元，比2014年增长18.9%；贷款余额7317万元，比2014年增长28.18%。

【卫生计生与体育】 全镇有卫生人员30人，其中镇卫生院25人（中级职称1人、初级职称13人）；村卫生员8人，其中有人有房的村卫生室5个，有人无房的村卫生室3个。主要医疗设备普通X光机1台，半自动生化仪1台，黑白B超诊断仪2台，心电图诊断仪1台，全自动血球仪1台，尿液分析仪1台。卫生院设院办公室、医疗综合科、公共卫生科、妇幼计生科，能开展外科、内科、儿科、检验、平产接生、B超、心电图等多个临床业务工作。全年卫生院门急诊6303人次，住院467人次；村卫计室门诊3641人次。

新农合筹资参合率达99.44%，筹资总金额为67.72万元；就诊获得医疗补偿11486人次，农合补偿资金376.25万元。郎德镇申报省级卫生乡镇、上郎德村申报省级卫生村寨，报德村、也改村和南猛村申报创建为州级卫生村寨已通过验收。全镇常住人口出生88人，比2014年增加1人，增幅为2.47%。出生率、自然增长率分别为10.9‰和2.47‰，分别低于州目标责任值1.1

个千分点和2.53个千分点。落实节育措施上环66例，妇检654人，缴纳社会抚养费28.69万元。计生协会会员发展到1573人。全镇有学校体育场7个，30%的村安装健身器材，有11个村有篮球场，上、下郎德村正在选址修建篮球场。

【教育与农技】 全镇有小学校5所，专任教师65人，学生469人，学龄儿童入学率达100%。建有幼儿园1所，入园幼儿63人。小学占地总面积10800平方米，建筑总面积5863.5平方米，生均12.5平方米。小学图书总量16722册，生均35.7册。全镇有品学兼优贫困大学生13名获资助6.5万元。全年各村开展猕猴桃种植培训10次、刺绣培训6次、黑毛猪养殖培训2次，并利用赶集日发放农技宣传资料1500余份。

【文化艺术】 全镇建成博物馆3座，分别位于郎德下寨非遗街、郎德上寨、南猛村中寨。图书室13个，分别位于各村村委楼。民族表演队2支，分别是上郎德苗族舞蹈表演队、南猛芦笙舞表演队。电视覆盖率100%，广播覆盖率70%。

【福利保障】 全年发放农低保补助金380.21万元，城低保补助金6.82万元；发放各种补贴资金559.34万元，各种救济救灾粮84695公斤。完成城乡居民社会养老保险应参保人数5325人，综合参保率达91.98%，征缴保险费44.26万元。60周岁以上享受待遇1553人，发放基础养老金140.29万元。完成新增就业130人。

【民生改善】 全镇农民人均收入2980元，人均消费支出3758元。每百户城乡居民家庭耐用品拥有量：电视机92台、电冰箱66台、洗衣机56台、影碟机63台、组合音响11套、移动电话160台。2015年，郎德镇争取“一事一议”财政奖补项目，投入近137万元安装太阳能路灯，惠及561户2163人。太阳能路灯，灯杆高6米、电池板瓦数20瓦，蓄电池容量为80AH，由智能化充放电控制器控制的新型路灯，能较好地替代传统电力照明的路灯，节约能源，减轻群众负担。

【抗洪救灾】 “5·27”洪灾发生后，郎德镇全力开展抢险救灾工作。启动应急预案，临时组建30余人抗洪救灾救援突击队，到灾区，核查灾情，帮助群众开展抗灾自救，做好疏散群众工作。成立6个抢险小分队，深入灾区帮助群众转移、抢运财物；在危险路段设立警示标志，安排人员巡逻。加大对全镇学校、公路、泥石流易发区域等重点部位的监控和应急处置，消除安全隐患。做好24小时值班制和备勤工作，确保通信畅通。对学校、所有受灾农户组织人员进行防疫并和卫生知识宣传，确保灾后无大疫情发生。

【安全生产】 全年组织开展安全生产集中宣传活动8次，共发放宣传单12000余份。开展烟花爆竹专项安全检查10次，排查一般隐患事故6起，全部整改。开展驾驶员培训4次，排查车1000余辆（次），其中查出违规驾驶102起，当场整改教育55起，处罚47起。加强对辖区公路隐患路段的排查治理力度，通过排查发现隐患12起，整改完成12起。开展消防应急演练10次，排查发现消防隐患33起，整改完成27起，向上级部门反映帮助解决6起。

【民主法治】 各级调解委员会共排查调处各类矛盾纠纷26件，调解成功19件，帮助5名矫正在册人员。组织集中宣传活动11场次，悬挂宣传标语20余条，张贴法制宣传10余张，办法制宣传专栏8期，发放各类政策、法律法规宣传资料3000余份，接受法律咨询50余人次。到学校上法制课6场次，受教育达2900人次。完成下郎德村和也改村两个村的民主法治村创建工作。报送信息29篇，被刊载3篇次。通过各种形式提供法律咨询50余人次。办理法律援助案件2件，维护当事人的合法权益。

【党建帮扶】 全镇共有基层党支部14个，党员412人，其中镇机关党员41人、农村党员371人。党员中，大学本科学历以上37人，占9%，大学专科学历41人，占10%，中专（高中）学历84人，占20%，初中以下学历250人，占61%。在13个农村党支部书记中，具有中专（高中）以上学历8人，初中以下学历5人。

镇党委深入开展党的群众路线教育实践活

动，继续实施“七大工程”，扎实开展“和谐乡村”创建和“金种子”创业带富工程。通过远程教育、党员大会、集中学习、党员自学、邀请领导到村讲党课等形式，使党员思想政治建设抓在日常、严在经常，提升党员政治素质。成立以支部书记和致富带头人为法人的专业合作社5家，“党员创业带富示范基地”4个，党员短期实训基地5个，党员示范户15户，“金种子”培养对象25人。发展新党员12人，开展党组织书记培训3次，入党积极分子培训2次。开展评议党员工作，择优推荐优秀共产党员55名，及时帮助纠正履职能力不强党员16人，处置不合格党员8人（农村党员7人述职，机关党员干部1人）。建立镇、村领导干部述职评议考评机制，每半年组织镇、村领导干部开展述职评议。通过“一述三评”（领导干部党委评、干部评、群众评）的方式，客观公正考评镇、村两级领导干部成绩。

【重要会议与活动】 杨柳生态农业观光园升为省级现代农业产业园区。郎德镇通过招商引资，由昆明中平公司规划建设杨柳生态农业观光体验园。2015年年初，成功将该园区申报为2015年全省现代高效农业示范园区。该园区以杨柳村马鞍山为建设核心区，规划建设用地面积1000亩，建设蔬菜分拣生产线5条，冷藏库、仓库、休闲娱乐设施、办公、住宿、食堂、交通等其他设备，总投资3600万元，实施年限为3至5年，从2014年开始建设，到2016年前相继投入使用。

【四届人大五次会议】 4月15日，郎德镇召开第四届人民代表大会第五次会议。会议听取和审议政府工作报告和人大工作报告，补选李显光为郎德镇人民政府镇长。37名人大代表出席会议，各站办所负责人、村主任、会计及省纪委驻村工作组共26人列席会议。

【启动郎德景区文化旅游开发】 5月14日，县委副书记、常务副县长、雷山文化旅游产业园区管委会主任、郎德景区建设指挥部指挥长侯美彪在郎德镇政府会议室主持召开会议，揭牌启动郎德景区开发建设工作。县政协主席陈正锋，县委常委、副县长、县委宣传部部长韦通贤，县政协副主席杨莉出席会议，县直相关部门责任人参加了会议。

【菊花种植管理技术培训】 6月4日，郎德镇采取理论与实践相结合的模式组织开展为期1天的菊花种植技术集中培训。菊花种植是郎德镇实施的一个重要扶贫项目，采取“政府引导、群众参与、公司保种保收”的模式，在全镇推广种植，帮助村民致富。至6月初，已推广种植菊花500余亩，惠及农民483户1500人，其中贫困户320户950人。

【抗洪救灾】 6月8日，雷山县再次遭受特大洪涝灾害，降雨量达200毫米以上，造成郎德镇基础设施严重损毁，群众房屋倒塌严重，交通、通讯中断，13个行政村房屋垮塌2户，房屋损坏92户；田受灾面积986.45亩；农作物受损面积400亩；道路塌方42处，猪死亡29头。灾情发生后，镇党委、政府借鉴“5·27”抗洪救灾经验。及时成立6个抢险分队步行入村做好排查安全隐患、确保水电路讯畅通、治理内涝和清除淤泥、安置灾民、医疗救助及疫情防控、普查灾情、安抚受灾群众等工作，全力以赴保障群众的生命财产安全。上级部门累计向受灾村组紧急下拨救灾粮750公斤、彩条带5卷、救灾衣50套、食盐2袋、食油30桶、有序发放到受灾群众手中。6月15日，郎德镇党委、政府召开灾后重建工作动员大会，对灾后重建工作进行安排部署。郎德镇先后遭受“5·27”和“6·8”特大暴雨洪涝灾害，全镇各村不同程度受灾，水利、电力、公路、通讯等设施受损，损失巨大。经全镇干部群众的共同努力，防汛抗灾工作取得阶段性成效。会议要求立足全局、周密部署，突出重点、明确职责，大力支持、强化监督，深度宣传、营造氛围，全力抓好灾后重建各项工作的落实。

【“铸廉行动”德廉巡查测评会】 6月24日，郎德镇组织召开“铸廉行动”德廉巡查测评会，县第四纪工委工作组到会指导并进行测评。郎德镇党政领导班子成员、各办站所负责人等60余人参加测评会。

【“八一”建军节慰问】 7月30日，郎德镇采取主要领导牵头，包片领导带队，开展走访慰问退伍军人、现役军人家属、复原退伍军人及烈属活动。分为13个慰问小组，深入13个村，向141个慰问对象致以节日问候。慰问活动中，共发放慰问座谈会经费4300元，向64个优抚对象送去慰问金12800元。

【精准扶贫建档立卡工作现场观摩会】 9月10日，全县精准扶贫建档立卡工作现场观摩会在郎德镇召开，县委副书记杨少辉带队，县直各部门相关负责人、各乡镇主要负责人、分管领导及其业务负责人参加现场观摩。观摩会采取现场听取解说、翻阅材料、问答交流等形式进行，全面直观对郎德镇精准扶贫建档立卡工作经验进行推介。

【“平安雷山”“法治雷山”宣传活动】 9月15日，郎德镇在报德村开展“平安雷山”“法治雷山”集中宣传活动，共发放宣传资料2000余份，悬挂横幅6条，展出宣传展板9张，播放教育影片3场次，提供法律咨询100余人次，受教600余人。县法院、县检察院、县公安局、县司法局、县综治办等政法部门参与宣传。

【省纪委宣讲新版“条例”和“准则”】 12月28日，郎德镇邀请省纪委案件审理室主任科员张仕凯作《中国共产党纪律处分条例》和《中国共产党廉洁自律准则》专题宣讲报告。郎德镇党政领导班子全体成员、党群支部全体党员、村干部中的党员等参加宣讲报告会。

（杨帆）

望丰乡

【概况】 望丰乡位于雷山县西部，北依郎德镇，西接凯里市和丹寨县，南抵大塘镇，东与丹江镇相连。乡政府驻地望丰村，有雷（山）舟（溪）公路穿境至雷山县城，北至凯里舟溪镇。境内地势较低，南部最高山峰党欧神海拔1456米，其余均在1200米以下。东部有宽阔的河谷地带，西部为一谷地，南部略高。全乡总面积98.7平方千米。耕地面积1472公顷、其中田983公顷，土489公顷；林地面积728.13公顷，森林覆盖率70%。有铅、锌、铜等矿藏，多金属矿点主要分布在丰塘、排肖、青山、荣防乌江等地。

乡境属于亚热带季风气候，年均气温14.6℃~15.0℃，年降水量1200~1500毫米，无霜期253~265天。主要河流有望丰河流，属清水江系和都柳江水系。西南部和南部4条支流在排卡览、乌迭汇入望丰河，经望丰堡向北流入郎德镇境内；公统、甘益两支流汇入丰塘向北出境流入凯里市鸭塘河；乌的河向南出境流入丹寨排调镇岔河河。境内植物种类繁多，生长期长，有热带植物系，亚热带植物系，暖湿带植物系，是多种植物区原成分交叉荟萃的场所。主要树种为杉松。全乡有望丰、乌迭、羊卡、乌局、三角田、青山、乌江、五星、乌的、荣防、掌窝、乌响、乌这、排肖、公统、丰塘、甘益17个行政村，139个村民小组。乡政府驻望丰村，海拔923米。全乡4427户，总人口16109人。其中，苗族14210人，占88.21%；汉族834人，占5.18%；其他少数民族1065人，占6.61%。

【机构设置】 乡设党委、人民代表大会、政府、纪委、政法委、人民武装部、工会、团委、妇联9个机构。党政内设机构6个，即党政办公室、社会事务办公室、经济发展办公室、人口和计划生育办公室、社会管理综合治理办公室、安全生产监督管理办公室（安全生产监督管理站）。党政下属事业单位12个，即农业服务中心、人力资源和社会保障服务中心、科技教育文化信息服务中心、村乡建设服务中心、公共卫生和农村合作医疗服务中心、林业站、卫生院（妇幼保健和计划生育服务站）、扶贫工作站、群众工作站、残疾人联合会、财政所、计划生育协会。党政机构核定行政编制22名，事业编制59名，行政在岗20人，事业在岗38人。人员列入财政全额拨款。设党委书记1名、党委副书记2名（1名兼政府乡长、1名兼纪委书记）、人大主席1名、政法委书记1名、人武部部长1名（兼副乡长）、副乡长3名（1名兼乡党委组织委员）、宣传委员 1 名。在职人员中，本科以上学历 19 人，大专学历 36 人，中专（高中）3 人。

【生产总值】 全乡生产总值实现 13110.07 万元，其中农业总产值达 12777.52 万元，比 2014 年增长 33.74%。社会固定资产完成投资 11379 万元，比 2014 年增长 24.57%。农民人均可支配收入达 7004 元，比 2014 年增长 14.85%。

【农村经济】 全镇农业总产值 10351 万元。全镇粮食作物播种面积 1340.5 公顷，粮食总产量 4725.6 吨，其中水稻 2824 吨、玉米 414.3 吨。经济作物播种面积 957.8 公顷，产量 7997.3 吨。蔬菜种植 483.9 公顷，产量 7661.7 吨。年末大牲畜存栏 2382 头，猪存栏 7233 头，肉类总产量达 742.7 吨。茶园总面积 21355.35 亩，可采摘面积 13472 亩，人均茶园达 1.4 亩；茶青总产量 320 吨，能生产干茶 64.39 吨，茶叶综合产值达 4003.5 万元。果园总面积 9085 亩，各类果品总产量 2645 吨。培育 21 个家庭农场，建成乌江、南响、乌的等 3 个养殖小区和 2 户斗牛养殖场。以“公司+农户”模式加大中药材种植，重点抓好以掌窝、丰塘、满天星为示范区的中药材种植基地，望丰、掌窝、丰塘、五星等村种植玫瑰、太子参、白芨、皂刺、钩藤等中药材 1700 余亩。稻田养鱼产业取得新突破，实施稻田养鱼 1698.2 亩，鱼类总产量 112 吨。蔬菜产业效益显现，以羊卡为中心建成大棚蔬菜基地 2 个，辐射蔬菜基地 120 亩；各村种植辣椒、生姜等蔬菜 800 余亩，魔芋近 200 亩。2013 年，通过招商引资引进山东客商入驻望丰村种植加工玫瑰花，采取“公司+基地+农户”模式引导群众种植玫瑰花。至 2015 年末，全乡参与种植达 700 户，种植面积达 1200 亩，生产玫瑰 300 吨，经济收入达 300 万元。

【皂刺基地建设】 2014 年，望丰乡以招商引资形式，会同县工信局引进雷山县鸿通药业开发有限责任公司在丰塘村开辟中药材基地。采取“公司+基地+贫困户”的发展模式，租赁农户荒草坡种植皂刺、钩藤等中药材。至 2015 年 1 月，该公司投入 700 余万元建成连片皂刺基地 600 余亩，套种钩藤、冰球子等药材。

【农村环保设施】 2015 年，望丰乡再投入 13288 元为各村添置一批垃圾桶、手推斗车等环境整治设备和垃圾清运工具，巩固美丽乡村“百村万户”环境整治成果。自 2014 年开展美丽乡村“百村万户”环境整治工作以来，望丰乡相继投入资金 24 万余元，在 17 个行政村 32 个自然寨建成垃圾池 41 口，聘请 21 名专兼职保洁员，对各村环境卫生进行常态化管理。

【危房改造】 2015 年，望丰乡农村危房民生工程改造总任务 416 户。8 月后，该乡认真开展危房的摸底、审核、统计工作，并按照动工情况发放资金。首批危改资金陆续发放，截至 11 月初，364 户危改户共领危房补助资金 89.99 万元。

【交通邮电】 境内交通便利，公路网络四通八达。全乡 17 个行政村基本实现组组通公路，公路通车总里程达 159.22 千米，其中：县道雷（山）舟（溪）国家四级公路贯穿乡境内南北 26 千米，通村（组）公路 133.22 千米；通村公路硬化 32.2 千米；4 个行政村通水泥公路，11 个行政村通客运车辆。各村寨全部实现寨内步道硬化，各类基础设施完备。建有邮政代办所 1 家、电信代办所 1 家、移动代办所 1 家，移动通讯机站 5 个、有线电话程控交换机房 2 个，网络覆盖率达 100%。

【财政金融】 全乡财政收入 772.94 万元，财政支出 1106.24 万元。年末望丰信用社资产总额 921.75 元，增加 517.83 万元，增长 128.21%；各项存款增长 1673 万元，完成县联社确定确保数的 102%，占全乡存款市场份额 100%；各项贷款增长 543 万元，完成县联社确定确保数的 67%，占全乡贷款市场份额 100%。各项收入 874 万元，全年缴纳各种税款 43.7 万元。

【教育科技】 全乡有小学 10 所，校舍面积达 17874 平方米，生均校舍面积 21.2 平方米。小学开设 38 个班级，在校生 843 人，其中女生 349 人，7 ~12 周岁适龄儿童入学率达 99.9%。有小学教职工 101 人，其中专任教师 82 人、特岗教师 19 人，小学教职工本科 39 人、大专 36 人、中专 26 人。学校共有图书 21900 册，生均图书

26册；

成立特级科普工作领导小组17个，每村落实科普宣传员3名，均科普活动室和科普专栏。举办乡、村干部技术讲座20次，培训200人次；农业技术讲座80次、茶叶技术培训25（场）次，参与群众3000人次，发放科普资料8000份。

【文化艺术】 乡有文化服务中心1个，村级图书室17个。实施完成农村广播电视综合信息网3650户；完成乌局、青山等村文化体育活动场所建设；利用节假日和"爬坡节"等民族传统节日，开展群众喜闻乐见的传统文化活动。

【卫生计生】 乡有卫生院1所，占地面积1315平方米，有卫生专业技术人员15人，其中执业（助理）医师4人、执业护士（助产士）1人、技师（士）1人；有病床16张，以及化验室、手术室，先后添置X光机、B超、心电图、半自动生化分析仪、尿液分析仪等医疗设备。有村级卫生室16个，卫生员16名。全乡新型农村合作医疗参合达3968户14375人，参合率达98.22%；门诊看病报销补偿45.41万元、住院报销补偿498.89万元。收治门诊患者7578人次（其中合医门诊5843人次、自费门诊576人次、健康教育及咨询1159人次）、住院患者828人次（其中单病种63人次、合医住院765人次）。落实综合节育措施共117人，完成手术246例。出生人口166人，常住人口出生99人，出生率10.14‰，常住人口符合政策生育率为98.25%，流动人口符合政策生育率为88.24%，出生婴儿性别比为104∶69。人口自然增长率为0.18‰。

【福利保障】 全年新增城镇就业137人，转移农村富余劳动力205人，实现失业人员再就业10人、就业困难人员就业6人。城乡居民新型养老保险参保8644人，续保率达93.07%。有1326户3869人享受农低保政策，累计发放低保金588.31万元；发放救灾救济及优抚对象补助金136元，救助粮28.1吨、棉被352床。

【安全生产】 利用"乌江爬坡节""满天星爬坡节""五岔路爬坡节"等节日加大宣传，悬挂横幅标语70余条，发放宣传资料1万余份，解答群众法律咨询130多人次。共查各类车辆300多辆人次，口头教育30余人次，移交县交警队3人次。对烟花爆竹经营户、饮食摊点及副食摊点、农村消防等开展经常性检查，年内均无重特大事故的发生。

【治安与法治】 乡政府驻地成立治安联防队1支共30人，各村成立护村护寨队17支共259人。全乡发生刑事案件5起，侦破4起；治安案件11起，查处11起；矛盾纠纷31起，化解28起；社区矫正人员在册2人，刑释解教人员在册25人，均无脱管、漏管和无重新犯罪现象发生；签订禁毒责任书83份，反邪教责任书32份及禁赌责任书200余份；利用爬坡节、杨梅节开展禁毒宣传，悬挂禁毒、禁赌、反邪教宣传横幅标语8幅，刷写固定标语7条，办墙报22期，发放宣传资料6000余份，举办法律知识讲座进校园活动2次。

【特大洪灾】 6月8日，望丰乡遭受特大暴雨袭击，降雨量达303.5毫米，造成境内不同程度受灾。全乡受灾2423户8480人，直接经济损失达8525万元，其中道路交通设施受损2194万元，房屋受损2215万元，农田受损1803.4万元，人饮安全、山塘及防洪设施受损871.6万元。灾情发生后，全乡投入养殖业、地质灾害点等的恢复重建资金1441万元。

【七届人代会五次会议】 3月9日，望丰乡召开第七届人民代表大会第五次会议。会议根据包昌能提出辞去雷山县望丰乡第七届人民政府副乡长职务的申请，决定免去其副乡长职务。

【"七一"表彰会】 7月2日，望丰乡召开庆祝"七一"建党94周年暨表彰大会，对基层组织建设中涌现出来的5个先进基层党组织、11名优秀共产党员、11名优秀党务工作者、10户"最美绿叶家庭"、6户"金种子"模范户进行表彰，组织新党员入党宣誓，老党员重温入党誓词。会议要求全体党员牢记宗旨、凝聚力量，践行"三严三实"推动全乡经济社会和谐发展。

【灾后重建再动员大会】 7月3日，望丰乡召开灾后重建再动员大会，对全乡灾后重建工作进行再动员、再部署。截至6月底，全乡主干道、乡村公路均已抢通，全乡供电、供水、电信、移动、联通的通讯均已恢复，灾后农业补种改种正逐步展开。发放棉被167床、大米5700多斤、油450多升、帐篷27顶、转移到县城临时安置14户，群众的生产生活基本恢复正常，灾后重建顺利开展。

【教育表彰会】 9月10日，望丰乡召开庆祝第31个教师节暨表彰大会，表彰3名优秀教育工作者、5名优秀班主任和7名优秀教师。

【魔芋种植技术培训】 4月10日，望丰乡举办魔芋种植技术现场培训会，各村干部和部分种植大户共100余人参加培训。魔芋技术专家周定生培训会议上授课。2014年，望丰乡魔芋种植实现亩产2112公斤，每亩纯收入4000余元。2015年实施魔芋种植项目1000亩，投入财政扶贫资金300万元。

【警务助理培训】 4月29日，望丰乡召开"村级警务助理"岗前业务培训会，对全乡17个行政村17名村级警务助理员进行集中培训。培训会上，派出所、司法所、综治办及安监办等单位负责人分别就业务工作讲课。通过培训，提高村级警务助理的工作能力和业务素质，为推进辖区农村社会治安和谐稳定提供保障。

【开展"爬坡节"集中宣传活动】 5月6日，望丰乡利用一年一度的"爬坡节"活动，组织人员到"爬坡节"现场开展"铸廉行动"、安全生产、禁毒、反邪教、青少年维权、人口计生、防洪防汛、新型农村养老保险、财政奖补"一事一议"、强农惠农政策等进行宣传，共发放宣传资料6000余张、宣传挂图300余张，开展现场咨询600余人次。

【鱼苗助减贫】 7月中旬，望丰乡利用实施"集团帮扶·整乡推进"项目契机，投入资金47.6万元购买鱼苗24389斤发放给全乡17个村1381户贫困户，实施稻田养鱼1985.5亩。按照2014年亩产45公斤、市场价60元/公斤测算，秋后收入可达530余万元，户均达到3000元左右，为全乡2015年实现"减贫摘帽"打基础。

【党建帮扶】 乡党委下设党支部21个，其中农村党支部17个，行政事业单位党支部4个。有党员492人；机关单位党员34人、占6.91%，农村党员458人，占93.09%。高中（中专）文化程度党员69人，占14.02%，大专以上文化程度74人，占15.04%。

乡党委召开党建专题会议4次，传达学习上级党委相关会议精神、研究党建工作20余次，上专题党课2期。全乡"三公"经费比2014年下降5.92%。针对干部"四风"方面存在的问题，共书面批评8人，免职处理1人。加强村干部队伍管理，配齐配强村级班子，2015年对青山、荣防、公统、甘益、掌窝等村两委班子进行调整充实。完成乌迭、掌窝等5个村活动室的维修维护。平均每村每年达到3万元以上，保障村级组织运转经费。建立村干部报酬增长机制，完成村干兼职调整，村"三大员"报酬达到每月2400元并按时发放。严把发展党员"五个关口"，年内共发展16名党员。开展村支部书记和党员培训6批130余人次，"七一"期间，开展走访慰问老党员、困难党员活动，表彰一批优秀党员、优秀党务工作者、"金种子"示范户和"最美绿叶家庭"，进一步激发党员干事创业的激情；在"6·8"特大洪灾中组织党员突击队18支近300余名党员参加救灾50余次。全乡明确85名村级后备干部，为村级换届工作奠定人才基础。深入实施"金种子"带富计划，选定实施27户"金种子"带动示范户。全面启动"暖心秘书"服务计划，全乡17个村共配备暖心秘书28人。从严筑牢防线惩治腐败，全乡立案4起、查处4起，党纪处分3人、降级处分1人；扎实开展民生特派监督工作，抓好源头治理，办结信访件17件。

（望丰乡党政办）

达地乡

【概况】 达地水族乡位于雷山县城东南部，地处黔东南、黔南两州四县六乡镇（社区）交界，即东临榕江县塔石乡、三江乡，南靠黔南州三都水族自治县都江镇乌不社区、羊福社区，西连丹寨县雅灰乡，北邻雷山县永乐镇。距县城86千米。总面积71.83平方千米，耕地面积1601公顷、其中田1053公顷，土549公顷。森林覆盖率为65.4%，平均海拔825米。达地水族乡清代属都匀府都江厅。民国2年（1913年）置达地乡。民国24年（1935年）置达地联保，隶属都江县乔桑区。民国30年（1941年）隶属三都县都江区。1949年12月隶属三都县上江区。1953年划属丹寨县排调区。1957年3月建达地水族乡人民政府。1958年改称达地人民公社。1959年为凯里县永乐公社达地管理区。1961年8月，划属雷山县。1963年复称达地人民公社。1984年改称达地乡，同年9月改乡为镇升格为区级镇。1992年3月撤区并乡建镇，改称达地水族乡。辖达勒、高车、小乌、也蒙、乌空、乌达、背略、排老、达地、里勇10个村民委员会，97个村民小组，135个自然寨。乡人民政府驻达勒村，海拔740米。全乡3179户，总人口11311人。有水族、苗族、汉族、瑶族、侗族等民族。其中苗族4618人，占总人口40.83%；水族4502人，占39.8%；汉族1501人，占13.27%；其他少数民族690人，占6.1%。乡境自然生态资源丰富，有茶叶、海芋等天然的绿色产品和五倍子等名贵药材。茶园面积17000余亩，人均1.5亩。自然草地资源丰富，具有发展畜牧业得天独厚的条件。达地的牛、羊肉味道鲜美，特色小吃火烧皮牛肉在全县乃至全州享有一定知名度；林地生态养鸡初具规模，土鸡蛋开始形成商品走俏市场。乡内节日丰富多彩。有瓜年、春节、公米阿招龙节、四月八、端午、七月半、中秋节、重阳节等，每年农历九月的瓜年是当地最隆重的节日。热情好客的水族同胞备好烧鱼、蒸南瓜、重阳酒、糯米饭恭迎远方客人的到来。达地民族文化底蕴深厚。有传说中的余王爷、唐王爷、历史战壕大坪山遗址、三王庙和反清革除夫役碑等。水族同胞热烈奔放的芦笙舞、铜鼓舞，苗族典雅的古瓢舞以及被列为非物质文化遗产保护名录的“百鸟衣”，独具特色。水族的水书，被专业、学者誉为世界象形人字的“活化石”，在这里世代传承。2015年，全乡财政收入901.86万元，财政支出901.86万元，比2014年均增长75.56%。信用社年末存款6173万元；贷款9609万元。全乡有文化站1个，文化活动室3个，村级文化室11个，民族文艺队15个，电视覆盖率100%。

【机构设置】 乡党政内设行政机构6个和事业机构12个，行政机构分别是党政办、计生办、社会事务办、安监办、综治办、经济发展办；事业机构分别是农业服务中心、人力资源与社会保障服务中心、村镇建设服务中心、科教信息文化服务中心、公共卫生与农村合作医疗服务中心、扶贫工作站、林业站、卫生院（妇幼保健计划生育服务站）、计划生育协会、群众工作站、财政所和残疾人联合会。总编制80名，其中行政19名、事业编58名、工勤3名。在编行政17人，其中本科以上10人、大专以上7人；在编事业52人，其中本科以上16人、大专文凭32人、中专及高中4人；获中级职称1人，初级职称21人。

【农村经济】 全镇农业总产值8863万元。全镇粮食作物播种面积1147.7公顷，粮食总产量4046.1吨，其中水稻2417.9吨，玉米354.7吨。经济作物播种面积820.0公顷，产量6847.3吨。蔬菜种植414.3公顷，产量6560吨。年末大牲畜存栏2039头，猪存栏6193头，肉类总产量达635.9吨。造林面积3000余亩，新建茶叶基地814亩，茶叶产量260余吨，

【珍稀树挂牌保护】 2015年，达地乡按照“一树一照、一树一牌、一树一责任人”的要求，建立古树名木专项档案，进行挂牌建档保护。调查工作涉及全乡10个村（居），踏查面积7000多公顷，通过乡、村两级联动，共计排查12种树种89棵古大珍稀树木，其中国家一级保护植物红豆杉46棵、国家二级保护植物楠木12棵、其他树种31棵，至11月中旬，全部完成挂牌工作。

【交通邮电】 全乡过境公路里程218千米，县乡公路18千米，通村公路45千米。年内完成通村、通组公路改造65.8千米。汽车拥有225辆，其中面包车123辆、轿车41辆、货车34辆、

农用车19辆、客运车8辆；全年货物周转量6万多吨，旅客周转量65000余人。全年邮电业务总量8830件，其中邮政业务7645件，电信业务1185件，办理邮政函件3500多件。城乡电话交换机容量2000台，电话用户7600多台，其中移动电话用户7500多台，电话普及率92.5%，互联网用户300多户。

【城建环保】 全年完成建筑施工面积31800平方米，房屋建筑竣工面积27500平方米，市政道路施工面积3500平方米。新建垃圾焚烧池62个、排污沟9条，配备垃圾车2辆、农村保洁员10名，实施“三改”（厕改、厨改、圈改）60户。

【贸易旅游】 全年消费品零售总额860万元，其中批发零售额300万元，餐饮业210万元，农副产品600多万元。有城乡商品交易市场1个，成交总额1500万元。主要旅游景点有10个，主要接待国内游客2500多人。

【教育与农技】 全乡有中心小学1所、村级完小2所和教学点2个，共824名学生，57名教师（包括特岗教师）。校舍面积4500余平方米，图书收藏4万余册。学前幼儿入园率达70%，义务教育阶段小学部入学率和巩固率均达100%，初中部入学率和巩固率均达92.51%以上，高中毛入学率达38.09%。全年开展农业科技推广23批1000余人次，举办农业技术培训学习8次。

【卫生计生】 乡有公办卫生院1所，村级卫生室10个。医院占地面积900平方米，建筑使用面积3100平方米，医疗设备总价值400多万元。卫生计生技术人员30人，其中执业医师2人，职业助理医师1人，村医10人。全年门急诊8667人次（其中卫生院5841人次、村卫计室2826人次），住院345人次，出院病人治愈率98.16%。农村住院分娩率达97.7%。全年出生人口117人，出生率为11.05‰，自然增长率为3.37‰。落实上环手术81人，绝育手术102人，参加妇检563人；缴纳社会抚养费13.25万元。投入资金16.14万元用于少生快富奖扶、新型农村合作医疗代缴、新型农村社会养老保险参保金代缴、独生子女保健费等民生事业。计生协会会员发展到1323人。全镇新农合参合率99.8%，累计补助合作医疗补偿金313.53万元。完成11.3万人的居民健康档案，建档率达96.7%。

【社会保障】 累计发放农村低保资金1237户395.92万元；城镇低保金43户33.38万元，优扶抚恤金10人7.3万元；60周岁农村籍退役生活补助金35人4.09万元，“五保”金和孤儿基本生活保障金7.56万元，临时救济粮44.35吨、救灾棉被60床、衣物159件；全乡新型农村合作医疗参保率100.37%，参加农村新型合作医疗9806人，参合补助资金21.9万元，患重大疾病医疗救助108人，救助资金30.23万元；城乡居民养老保险参续保3000人，参续保率93.79%；累计实施危房改造项目370户，发放资金310.9万元。农村居民人均可支配收入为6680元，较2014年增长8%。年末每百户城乡居民家庭耐用品拥有电视机99台，电冰箱10台，洗衣机7台，影碟机65台，组合音响20台，移动电话235台。

【安全生产】 全年出动安全宣传车26次，悬挂横幅36条，发放宣传资料1600份。检查打砂场安全14次；检查低速汽车170余台，农用车23余台，客货三轮车86余台，两轮摩托车540余台；检查危险化学品经营户4次，烟花爆竹经营户4次；排查副食摊点及饮食摊点38家，30户以上自然寨42个，50户以上自然寨5个。年内无重特大事故的发生。

【治安与法治】 全乡受理各类矛盾纠纷46起，调解成功46起。安置帮教15人，社区矫正4人。为群众提供法律咨询1500人次，代理诉讼法律援助案件4件。接受信访案件4起。排查出矛盾纠纷隐患32起，化解28起。刑事案件立案1起，破获1起，抓获犯罪嫌疑人2人。到学校上法制课2场次，受教育师生900人次。

【党建帮扶】 乡党委下设13个党支部，其中农村党支部10个、机关事业单位党支部2个、居委会党支部1个。有党员247名，其中，机关党员35人，居委会党员10人，农村党员202人，女党员37人，少数民族党员196人，35岁及以下的党员76人，36岁~45岁的党员47人，46岁~54岁的党员54人，55岁~59岁的党员15人，60以上岁的党员45人，大专以上学历党员52人，中专及高中学历34人，初中以下学历161人，外出流动党员32名。年内，党委以项目投入作为村集体股份投入的方式解决3个集体经济收入“空壳村”问题；通过公开栏建设，解决2个村务财务公开和民主管理混乱的问题。调整村（居）党支部书记3人，全乡11个村（居）均设立村（居）务监督委员会并配齐相关人员。全乡结成帮扶对子50个，慰问贫困户和困难党员50余人（户），协调帮扶资金10余万元，为群众出谋划策、理清发展思路30余条，协调帮助实施项目8个，先后举办种茶、养鸡、养牛等农村实用技术培训50余期，培训群众1万余人次。投入15万元搞好各村（居）委会活动室建设，投入5万元建立完善各村（居）制度、门牌建设；投入10万元开展帮扶、慰问活动。创新工作载体，有效推进茶叶发展模式“四个一”工程，“金种子”带富计划作用得到发挥，“产业强村”工程成效明显。同时，实施社会治安“四联”（联排、联防、联调、联打）机制，稳步推进“和谐乡村”建设。

【七届人代会四次会议】 3月10日，达地水族乡第七届人民代表大会第四次会议召开，乡人大代表29名出席会议。会议审议2014年乡人民政府工作报告。

【爱心捐赠活动】 5月26日，贵州福花纺织品公司董事长饶克锋、总经理石忠友一行到达地民族小学开展爱心捐赠活动，为该校学生捐赠100床优质盖被、100床优质垫被和100套四件套，价值3.5万元。县委常委、县人武部部长李红，县政协副主席李玉文等出席捐赠仪式。

【种养殖大户座谈会】 7月9日，达地水族乡组织召开种养殖大户座谈会，来自各村种养殖大户、“金种子”致富带头人以及企业负责人与乡党政领导集聚一堂，交流发展经验，共谋达地发展。建有茶叶基地17000多亩，遍及10个村，新增和改造茶叶加工厂6家；现存栏10头牛以上养殖大户35户，20头猪以上养殖大户有25户，建有100只羊以上养殖基地3个和500羽鸡以上养殖基地3个；新增农业专业合作社4家，新增微型企业20家；建成农业生态示范产业园1个。

【茶园管理技术集中培训】 7月21日，达地水族乡集中开展茶农夏季茶园管理技术培训，指导茶农适时进行茶园管理。邀请县茶叶局、脚尧茶叶公司技术员跟班授课。各村茶叶种植大户、茶叶企业负责人等70余人参加培训。为做好发展茶业产业技术保障工作，截至7月下旬，完成集中培训3场，分散实地培训50余次，共培训1200余人次，发放茶园管理技术宣传资料2000余份。

【杭州工商献爱心】 9月15日，杭州市工商联携手部分民营企业代表团，深入达地水族乡也蒙小学进行捐赠活动，共为也蒙小学捐赠学生校服150套、现金9万元等总价值11.5万元。杭州市工商联副主席粟芳县工商联主席李玉文，县金融办、县工商联、县教科局等部门负责人及达地水族乡党政主要领导参加捐赠仪式。

【“瓜年节”活动】 10月20日至25日，达地水族乡在达勒、也蒙、排老、乌达、小乌等村举办“瓜年节”活动，以迎接水族新年的到来。主办单位为县民族宗教事务局、达地水族乡党委、达地水族乡人民政府，承办单位为县水家协会、也蒙村、排老村、小乌村、乌达村。活动期间，围绕“走进水乡达地、体验水族文化”主题，开展非物质文化巡游、展演、原生态民歌比赛、斗黄牛、斗画眉、进村入户体验水族瓜年等民族民间民俗文化。瓜年，是水族辞旧迎新、庆贺丰收、走亲访友、祭祀祖先、款待亲友的盛大节日。水语称为“借端”，译为端节或过端。达地水族乡瓜年节从农历九月十二日至九月二十日，分三批次进行，寓意着旧的一年终结和新年的开始，有辞旧迎新、继往开来之意。

【平安接边联席会】 10月23日，达地水族乡政府主持召开平安接边联席会议，永乐、都江、羊福、雅灰、三江、塔石等周边乡镇党政主要领导、分管领导、综治办主任、司法所所长、派出所所长和县政法委、县司法局领导参加。

【水家协会】 10月23日，雷山县水家协会在达地水族乡成立。会议选举王兴武任会长，刘春江、王庭志任副会长。

【集中建房】 11月12日，达地水族乡2015年集中建房项目正式开工。项目计划安置100户431人。项目建成后，可解决贫困群众特别是地质灾害隐患和受灾群众的住房问题，改善群众居住环境，提升生活质量。

【消防比赛】 11月18日，达地水族乡组织开展农村消防技能比赛活动。组织各村（居）“三大员”及各村义务消防员观看火灾视频警示教育片，对农村消防安全知识进行培训，开展干粉灭火器、农村消火栓、消防机动泵等消防设施使用技能比赛，里勇村夺得第一名，达勒村、高车村分别夺得第二名、第三名。

（姜彰焱）

方祥乡

【概况】 方祥乡位于雷山县东部，雷公山东南坡下，地处雷公山国家级自然保护区崇山峻岭之中，东抵台江、剑河、榕江三县，西邻丹江镇、大塘乡，南与永乐镇相连，北同西江镇接壤，政府驻地距县城47千米。乡人民政府驻地平祥，总面积144.4平方千米，其中耕地面积13.39万亩，林地面积20.5万亩，森林覆盖率达84.6%。

境内雷公山主脉两面环绕，群山簇拥，峰峦绵亘。雷公山国家级自然保护区主体大部分在其境内。格头一带，为古亚热带植物区系孑遗物种的秃杉成片群落区，是国内仅存的三个地区中面积最大、数量最多的一处。河流主要有乌迷河和南哨河（毛坪河），两河分别发源于雷公山东坡和南坡，均属清水江水系。乌迷河自西南向东北流入台江，南哨河自西向东南流经榕江县境，汇入剑河。两河水流湍急，具有较大的水力开发利用价值。全乡河流可发电装机储量9000千瓦以上，已实现开发装机1930千瓦。河谷地区年平均气温14.3~15.8℃，无霜期230~241天。西、北、东部地区气候温凉，日照偏少，多阴云雨雾罩，春季升温迟，秋季降温早，秋风及倒春寒等自然灾害频繁，对粮食生产制约较大，适宜于林木、茶叶、中药材生长。主产水稻、小米。矿藏主要有硅、锑等。多金属矿点分布在雷公山自然保护区内，被列为禁止开采区。民国33年（1944年）雷山设治局在方祥始设乡治。1950年解放后建方祥乡人民政府。1958年12月，雷山县合建凯里县后为西江公社方祥管理区。1961年雷山县治恢复为方祥公社。1984年7月改社为乡称方祥乡。1992年3月撤区并乡建镇，以原区域仍设方祥乡（升格为科级乡）。乡人民政府驻平祥村，海拔895米，辖平祥、毛坪、雀鸟、格头、陡寨、水寨、提香7个村民委员会，44个村民小组，10个自然寨，1774户。总人口6085人，其中苗族6019人，占98.91%。雷（山）毛（坪）公路穿越境内南部进入榕江小丹江。1998年年底修通乡级公路，2010年平祥、毛平、雀鸟、陡寨、水寨、格头、提香7个村修通村公路。方祥乡供水工程始建于1998年5月，同年7月竣工。工程总投资13.14万元，完成铺设Φ40输水主管3200米，配水管网4215米。建成蓄水池3座，总蓄水量132立方米。受益250户，1200人。2006年投资4.53万元用于管网改造。有移动、联通基站各1座，10千伏变电站1所。国家电网覆盖全乡7个村10个自然寨。有乡医院1所、中心完小1所、村小1所、中心幼儿园1所、村幼儿园2所、在校生353人、教职工46人。全乡旅游资源景区景点主要有：省级文物保护单位的雷公坪（张秀眉、杨大六反清抗暴的扎营地）、格头原始秃杉群自然景区及格头苗寨景点、毛坪猴子岩、姊妹岩及毛坪河自然景区、迪气七里冲瀑布群自然景区、水寨乌迷河自然景区、乌芒瀑布群自然景区、雀鸟深山古练兵场、千角场及夫妻岩景点，以及平祥、水寨、陡寨梯田景区。境内民族风情古朴浓厚，蜚声海外，被誉为“苗族雄风”的高排芦笙，曾多次参加过县、州级芦笙比赛获过大奖。该芦笙队曾随县、州、省芦笙队多次出国演出，享誉世界。2015年，全乡实现国民生产总值达3552.08万元（增幅22.44%）。其中第一、二、三产业分别完成2743.08万元（增幅18%）、78万元（增幅30%）、731万元（增幅25%），结构比为77.2∶2.2∶20.6，农民人均纯收入达6601元（增幅18.32%）。人口自然增长率控制在5‰以内，常住人口符合政策生育率达97.4%以上。固定资产投资增长35%。2015年，财政收支均为976.36万元，较2014年432.04万元增长225.99%。年末金融存款余额达576.33万元，与2014年300万元相比增长192.11%。

【机构设置】 方祥乡有事业单位机构12个，均为财政全额拨款。其中：方祥乡村镇建设服务中心编制2名，实有3人；方祥乡扶贫工作站编制2名，实有2人；方祥乡公共卫生和农村合作医疗服务中心编制3名，实有3人；方祥乡计划生育协会编制2名，实有2人；方祥乡科技教育文化信息服务中心编制2名，实有1人；方祥乡林业站编制2名，实有2人；方祥乡农业服务中心编制4名，实有6人；方祥乡群众工作站编制2名，实有2人；方祥乡人口和计划生育服务站编制20个，实有19人；方祥乡人力资源和社会保障服务中心编制4名，实有4人；方祥乡残疾人联合会编制1名，实有1人；方祥乡财政所编制3名，实有3人。

【交通邮电】 2015年年底，提香村7千米通村公路硬化已全部实施完工，格头村5千米通村公路扩建已完成工程量85%；平祥、水寨、陡寨村共计3条2千米的水毁步道修复、硬化，以及1.2千米雀鸟旱道算园区公路硬化正加紧施工；投入225万元继续实施5千米的七里冲产业路硬化工程；完成2.2千米陡寨、水寨公路安全防护栏建设。全乡共有邮政1家，电信公司1家，移动公司1家，联通公司1家，移动电话1.6万台，户均2台，电话普及率和网络覆盖率均达100%。有物流公司2家。

【农村经济】 全镇农业总产值7052万元。全镇粮食作物播种面积913.2公顷，粮食总产量3219.4吨，其中水稻1923.9吨，玉米282.2吨。经济作物播种面积652.5公顷，产量5448.3吨。蔬菜种植329.7公顷，产量5219.7吨。年末大牲畜存栏1622头，猪存栏4928头，家禽存笼1242羽，肉类总产量达506.0吨。农业产业结构形成茶药结合（以茶叶和天麻、冰球子等中药材）的种植业、鸡猪互补（林下鸡、黑毛猪）的养殖业双轮驱动发展格局。全年落实茶叶面积264.65亩，完成茶苗种植116.4万株，发放2013年冬至2014年春补助资金16.57万元；种植天麻、青钱柳、冰球子、雷公藤等中药材971.8亩；完成朝天辣、折耳根等蔬菜种植468亩，红米种植320亩；落实黑毛猪养殖家庭农场20户，建成8户；建成本地鱼繁殖场3个3.8亩，在建21个，常规稻田养鱼达3332亩。园区内已建成有机茶园1806亩，核桃种植200亩，辣椒种植120亩，天麻、冰球子、雷公藤等中药材705亩，黑毛猪规模养殖场3个，存栏350头，野猪规模养殖场1个，存栏162头；规模林下鸡养殖场8个，存笼0.7万羽。

【扶贫攻坚】 累计投入产业项目资金344.9万元，实施黑毛猪养殖、稻田养鱼、天麻产业化种植、乡镇特色、绩效考评、茶产业、优质稻米、下司犬、产业技术培训等项目9个耗损110.4万元。完成大小黑毛猪养殖场建设3个，在建16个，存栏商品黑毛猪3000余头；发放鱼苗2500公斤，养殖220亩，完成鱼苗繁殖场建设3个，在建21个；完成红米种植320亩，朝天辣、胡萝卜等蔬菜400亩；改造低产茶园1000亩，发放脱温鸡苗45000羽、旱鸭苗5000只、黑毛猪50头，完成产业技能培训1200人次，受益农户达714户2646人。实施格头村乡村旅游、平祥村小康寨、七里冲小康路、绩效考评项目共计565万元的扶贫基础设施建设项目。认真做好建档立卡和“减贫摘帽”巩固工作。通过实施“六个到村到户”“五个一批”精准扶贫，共实现贫困户脱贫80户348人。全乡还有贫困人口952人，贫困发生率为16.47%。

【村寨建设】 围绕县委、县政府大力实施“旅游强县”的战略，依托特有的方祥民俗文化、高排芦笙、格头秃杉群落、雷公坪等旅游资源，以格头为中心，毛坪村、雀鸟村“一事一议”示范村建设为重点，雀鸟综合农业产业园区、七里冲生态田园为亮点，不断扩大景区范围、丰富旅游内容。累计投入资金970万元；实施格头村步道、休闲凉亭、芦笙场、太阳能路灯等建设项目；毛坪村已完成进村公路工程量50%，河道整治200余米，停车场填方，移民安置点征地32.8亩，总投资400余万元；雀鸟村“一事一议”示范村建设已完成仿藤护栏、风雨长廊、太阳能路灯、球场等项目。

【水利建设】 投入资金200余万元，实施平祥白衣书、早批，水寨欧干便，毛坪干也南4条共11010半渠道建设，已完成3条8210米水渠建设。

【电子商务】 以拓宽农特产品网络销售渠道为主要目标，围绕全乡茶叶、黑毛猪、中药材、乡村旅游产品等特色产业，培育和壮大电子商务经营主体，促进全乡电子商务普及应用，培育新的经济增长点，促进农民增收致富。培养电商人才5人，培训电商人才20人次，落实电子商务建设面积50平方米。

【文化活动】 先后组织各村芦笙表演队、刺绣艺人等赴雷山、西江等地参演参赛15次，参与队员达350余人次，并在雷山县第二届芦笙舞传承大赛获得二等奖；成功举办格头文艺会演、陡寨村铜鼓舞晚会、平祥村高排芦笙舞晚会等系列活动，参与演员及群众达2500人次。

【文化传承】 深入村寨开展普查，挖掘传统民俗文化。全乡苗疆鼓楼、稻作博物馆内存有苗族文物100余件；有县级非物质文化传承人4人，民间芦笙演奏、刺绣、建筑艺人50余人。

【村落保护】 采取有效措施，保护村落优美自然环境，延续原始风貌古韵，留住古朴文化乡愁。修护、新建房屋385户；完成3条共计5250米水渠建设；安装雀鸟、格头村居民周边公路太阳能路灯150余盏；建设观光休闲亭5座。

【法律宣传】 组织各站所到村寨开展农村消防、道路交通、医疗合作、计生政策法规、土地管理法等系列政策和法律知识宣传共20余次，发放有关安全生产知识图册5500余份、计生知识宣传图册3600余份。

【教育事业】 全乡有小学1所，教学班6个，学生203人（女生78人），入学率达100%；专任教师20人，其中本科6人、专科12人、中师2人，学历达标率为100%。先后投入10万余元，用于采购图书、设备等，改善教育“硬”环境。

【卫生计生】 全乡农业人口5727人，有5709人参加新农合，参合率达101.73%，参合金额399630元，位居全县第二名；门诊、住院报销补偿共5104人次，金额182464元。全年出生46人，常住人口符合政策生育率为97.4%，流动人口符合政策生育率为87.5%，人口自然增长率控制在5‰以内。落实节育手术65例，综合节育率达92.63%。完成平祥、格头等4个村的人口文化大院、宣传长廊、读报栏和公开栏建设。签订双向承诺书1500份，签约率达100%，收缴会员会费42125元。制作永久性标语50条，发放宣传资料8000余份，宣传画2600余份，宣传品入户率95%以上。

【社会保障】 全乡参保缴费人1930人，新参保人数为126人，征缴保险费23.39万元；续保人数为1817人，续保率为91.20%。享受待遇785人，累积发放金额21.93万元。全年发放最低生活保障金270.70万元，惠及819户2067人；发放救助大米43900公斤，惠及1708人。

【安全生产】 全年累计排查安全隐患49处整改47处，设立安全警示牌100余块；上路排查车465辆（次），排查驾驶员465人次，登记机动车327辆，驾驶员538人，驾驶证564份，共查处违法违章车16辆，处罚教育驾驶员37人。开展劝导执勤人员专题培训4次60余人次，共登记劝导车25000余辆（次）。开展农村消防检查80余次，整改100余户；投入资金7万元，配备破拆工具7套、机动泵7台、消防水带30套；组建村寨防火队伍8支85人；开展消防演练14次，参与演练人员380余人次，安全防范能力和群众的消防安全意识得到提高。

【维护稳定】 不断创新社会管理，加强社会治安综合治理。开展普法和依法治理宣传教育活动24场（次），集中宣传活动12场（次），举办校园法律宣传讲座22场（次）；悬挂宣传横幅24幅，展出宣传展板56幅，张贴宣传标语350幅，发放宣传资料5600余份。全年立治安案件1起，查处1起；刑事案件1起，破获1起，较好地维护社会和谐稳定。全年排查出各类矛盾纠纷14起，调解成功14起，调处成功率达100%，做到乡域内的突出矛盾和纠纷零发生。发挥人民调解在维护基层社会稳定中的“第一道防线”作用，接待群众来信来访28件，办理回复27件，1件交相关部门处理；开展非访、涉法涉诉信访及不稳定因素排查11次，走访、回访6次，无非访、涉法涉诉信访件发生。

【抢险救灾】 全乡遭受百年难遇的4次特大暴雨袭击，全乡出动抢险运输车210余辆（次）、作业机械60余台（次），参与抢险救灾干部群众630余人次，在短期内交通、水利、供电、通信等设施得到恢复，广大人民群众生产生活恢复正常。

【党建帮扶】 乡党委下设党支部8个，共有党员284名，其中预备党员7名，女党员56名，少数民族党员280名，35岁及以下党员91名，大专以上学历党员52名，离退休党员4名。年度发展党员7名，审批预备党员转正7名，表彰先进党支部3个。列支留存党费3.3万余元为所属基层党组织和离退休党员订阅《习近平谈治国理政》《理想信念和道德品行教育党员干部读本》《中国共产党党和国家机关基层组织工作条例》《中国共产党党史知识学习读本》《党建文汇》等学习资料1000余份。举办入党积极分子、骨干党员和党务干部培训班各4期，围绕中共十八大、十八届三中、四中全会及习近平总书记系列重要讲话精神，党史党章知识，社会主义核心价值观，党风廉政建设等内容进行专题培训，累计培训1200余人次。在纪念中国共产党建党94周年之际，组织乡党所属基层党组织和党员干部参加“七个一”（即一次集中学习活动、一次党员讨论座谈会、一次爱国主义教育实践活动、一次重温入党誓词、读一本好书、一次走访慰问、一次党组织书记上党课）等系列主题活动。完善党委书记抓党建工作述职制度，组织3个支部进行会议述职，其余支部进行书面述职。根据机构改革和工作需要，及时做好机关党组织的撤、并、建、换等工作。严格审核党费收缴标准，共收缴党费1.63万元。落实党内关怀机制，春节和“七一”期间，走访慰问老党员、困难党员7人，发放慰问金和物折款共计人民币2100元。为各村解决困难30件，落实资金4.9万元。强化示范引领作用，明确格头村、毛坪村2个党支部为“党建工作示范点”。在全乡机关、事业单位开展“四有四化”党建品牌创建活动，有3个党支部申报创建活动。完善《方祥乡机关企事业单位党员到村居报到服务实施方案》，组织并督促机关在职党员到村居报到，参与村居服务工作。全年有40个党员到村居报到，分别认领环境卫生保洁岗、科普知识宣传岗、法律援助服务岗等，开展服务1400余人次，办理实事好事340件，协调解决资金34余万元。

【七届人代会四次会议】 4月3日，方祥乡召开第七届人民代表大会第四次会议。会议听取、审议并通过政府、人大工作报告，来自全乡各行各业的33名人大代表以及村干7站所负责人共34人参加会议。2014年，方祥乡立足自身资源优势，农业基础不断加强，全乡农业总产值3171.5万元，同比增长17.9%；农民人均纯收入达到6260元，同比增长12.12%。会议提出，2015年全乡农业总产值增长16%，力争达到20%；农民人均纯收入增长12%，力争达到15%的发展目标。

【村干部考评】 采取四级评价方式，每个季度分别由村民代表、包村干部、联系村领导评价该村干部或乡直干部职工履职情况，最后由党委政府集体班子研讨评价，按照《方祥乡村干部实绩量化积分管理实施方案》《方祥乡干部职工实绩量化积分管理考核办法》和《关于进一步加强村干管理工作的通知》考核标准，将测评结果进行量化排序并公示，接受群众监督，听取群众意见建议，并将意见建议进行分类梳理，明确整改时限和责任人，最后将整改结果公开公示。

【“六送”服务】 春节期间，方祥乡开展送安全、送岗位、送技能、送健康、送温暖、送演出“六送”服务活动，全力关爱帮扶老百姓。送安全，印发《方祥乡村寨防火、道路交通明白书》《村民道路交通安全须知》等宣传资料4000余份，开展村寨防火知识以及道路交通安全知识宣传。送岗位，乡人力资源中心免费为群众提供企业、职业、岗位等就业服务，发布就业信息25条，提供就业岗位100余个。送技能，开展茶叶专项技术培训会，全乡60余名茶农参训。送健康，乡计生办（站）利用春节前后农民工返乡过年的有利时机，深入村寨开展健康、计生宣传教育。送温暖，组织党政班子成员走访慰问退役军人、离退休干部、困难群众、和老党员，送上新春的祝福，累计走访慰问22人，发放慰问金额7000元。送演出，乡党委、政府与县政府办、“苗岭笙歌”歌舞团联系沟通，在格头村开展文艺演出。

【发放鱼苗　助农脱贫】　7月7日，方祥乡组织乡扶贫工作站、农业服务中心等部门向7个行政村养殖户免费发放鱼苗。涉及平祥、陡寨、水寨、雀鸟、格头、毛坪、提香等村300余户村民，实施稻田养鱼面积300亩，可帮助群众增收220余万元。

【茶技培训】　7月8日，方祥乡邀请县茶叶局有关人员为200余人进行授课，授课内容为茶园管理、茶叶科学采摘、病虫害防治等，力争把村干部、“金种子”示范户、种茶大户等培养成为茶叶“专家”。

【县农业产业园区观摩团到方祥观摩】　8月6日，县委书记黄清发率全县农业产业园区观摩团到方祥现场观摩农业园区建设情况，方祥乡党政主要负责人陪同。观摩团先后来到早道散农业产业园园区冰球子基地、茶叶基地、野百合加工厂、雷公藤种植基地、兴华特种养殖场地。听取情况汇报，实地了解园区规划和建设情况。黄清发要求加快农业产业化建设步伐，做到有规划、有配套、有规模，打造具有方祥特色的现代农业园区。方祥早道散农业产业园区规划面积3000余亩，主要为种养殖，种植有冰球子141亩、茶叶1340亩、雷公藤156亩、核桃200亩，养殖有黑毛猪350头、野猪162头，存栏林下鸡7000只。

【信息写作培训】　10月23日，方祥乡举办新闻通讯信息写作培训会，邀请黔东南日报社总编辑吴会武到场授课，全乡干部职工参加培训。

【苗绣工艺培训】　12月29日，方祥乡举办妇女苗族刺绣手工艺培训会。培训通过采取集中授课辅导、现场演艺技能、作品点评等方式对手工刺绣基本技能、刺绣艺术设计、刺绣工艺操作技能以及鞋垫刺绣制作工艺，进行现场讲解、操作。全乡7个村非物质文化遗产传承人以及热爱刺绣的农村妇女共30余人参加培训。

（杨华锋）

领导名录

LEISHAN YEARBOOK

中国共产党雷山县委员会

书　记　黄清发（白）
副书记　袁　刚
　　　　杨少辉（苗）
　　　　侯美彪（苗）
　　　　奚　松*（壮）
　　　　晏贵福
　　　　吴厚道（苗）
常　委　茹　捷*
　　　　韦通贤（苗）
　　　　杨　艳（女，苗）
　　　　雷林多（苗）
　　　　李　红
　　　　陈　健*（男，苗）
　　　　黄超群（侗）
　　　　段　玲*（女）
　　　　汤　敏（女）
　　　　毛珏梅*（女，回）
　　　　王　松（黎）

县委办公室

主　任　杨通权（苗）
副主任　王先贵（苗）
　　　　赵春芝（女，苗，兼）
　　　　李晓生*（苗，兼）
　　　　吴学农（侗，兼）
　　　　龙　星（苗）
　　　　李福恩（苗）
　　　　关　雪（女，满）
　　　　王安福（兼）
　　　　余书韬（苗，兼）

县委政策研究室
主　任　王先贵（苗）
副主任　王安福
　　　　余书韬（苗）

县委县政府督查室
主　任　李全权（苗）
副主任　姜　涛（苗）
　　　　王　若（水）

县委机要局
局　长　陈登培（苗）

县保密局
局　长　邓智文（苗）

县接待办
主　任　赵春芝（女，苗）
副主任　杨瑞玉*（女，苗）
　　　　关　雪（女，满）

县纪律检查委员会

书　　记　侯美彪*（苗）
　　　　　雷林多（苗）
常务副书记　杨彰郡（侗）
副 书 记　杨华平（苗）
常　　委　杨玉红（女，苗）
　　　　　李相锋
　　　　　莫玉成（苗）
　　　　　李玉洪（苗）

正科级纪律检查员
监察专员　吴茂彪（苗）
　　　　　龙月元（女，侗）

综合室
主　任　张鹏程（苗）

党风政风监督室

主　任　余　福（苗）

宣教室

主　任　吴绍和（苗）

案件审理室

主　任　李　燕（女，苗）

纪检监察一室

主　任　杨胜金（苗）

纪检监察二室

主　任　姜山巍（苗）

纪检监察举报中心（非公有制经济发展侵权投诉中心）

主　任　李显翠*（女，苗）

预防腐败协调中心

主　任　吴清杰（侗）

干部和派驻机构工作管理办公室

副主任　龙胜海（苗）

县纪委第一纪工委（第一监察分局）

书　记（局长）　唐家英（女，苗）

副书记（局长）　文薪润（苗）

副书记　杨启立（苗）

县纪委第二纪工委（第二监察分局）

书　记（局长）　杨玉红（女，苗）

副书记（局长）　罗泽飞（苗）

副书记　潘永正（苗）

县纪委第三纪工委（第三监察分局）

书　记（局长）　姚茂清

副书记（局长）　包忠碧（女）

副书记　何永荣（苗）

县纪委第四纪工委（第四监察分局）

书　记（局长）　李相锋

副书记（局长）　周海燕（苗）

副书记　杨　箭（苗）

县纪委第五纪工委（第五监察分局）

书　记（局长）　李胜林（苗）

副书记（局长）　梁跃英（女，苗）

副书记　潘承光（水）

县纪委第六纪工委（第六监察分局）

书　记（局长）　余富生（苗）

副书记（局长）　蒋竹英（女，侗）

县监察局

局　长　杨彰郡（侗）

副局长　李玉洪（苗）

　　　　宋　武（苗）

县委组织部

部　长　杨　艳（女，苗）

常务副部长　杨胜荣（苗）

副部长　曹定举

　　　　任吉祥（苗）

部务委员　杨　珂（侗）

　　　　　杨　兴（畲）

县农村党员干部现代远程教育工程领导小组办公室

主　任　刘入圣（侗）

县委党的建设工作领导小组办公室

主　任　杨俊彪（苗）

县干部综合考核办公室

主　任　张　鹏（苗）

县委非公有制企业和社会组织工作委员会

书　记　曹定举

副书记　李小华（苗）

　　　　杨显祝（女，侗，兼）

　　　　杨　燕（女，苗，兼）

　　　　文新润（苗，兼）

县委离退休管理局

局　长　任吉祥（苗）

副局长　顾永恒（苗）

县关工委办公室
主　任　文春艳（女，苗）
县老年大学（老年教育办公室）
副校长（副主任）　李丽华（女，苗）

县委宣传部

部　　长　韦通贤（苗）
常务副部长　黄连忠（苗）
副 部 长　潘国雄（苗）
　　　　李　灵*（苗）
　　　　任永富（苗）
　　　　丁光桥（苗）
县文产办
主　任　龙云雄（苗）
县对外宣传办公室
主　任　李　雪（苗）
文明办
主　任　任永富（苗）

县委统战部

部　　长　杨　艳（女，苗）
常务副部长　龙立新（苗）
县委台湾工作办公室（县人民政府台湾事务办公室）
主　任　谭建国（苗）
副主任　王德培*（男）

县委政法委

书　　记　陈　健*（苗）
　　　　黄超群（侗）
常务副书记　潘仁定（苗）
副书记　潘　璠（苗）
　　　　文　晔（女，苗）
　　　　杨　雷（苗）

县维稳办
主　任　潘　璠（苗）
县国家安全工作领导小组办公室
主　任　文　晔（女，苗）
副主任　李胜福（苗）
县综治办
主　任　杨　雷（苗）
副主任　龙怀召（苗）
县见义勇为工作协会办公室
主　任　杨　铁（苗）

县编委办

主　任　吴文学（水）
副主任　余　凯（苗）
县事业单位登记管理局
局　长　余　凯（苗）

县直机关工委

书　　记　李卫华（苗）
副 书 记　吴展雄（苗）
纪工委书记　吴展雄（苗）

县委党校

校　　长　杨　艳（女，苗）
常务副校长　蒙昌元（女，苗）
副 校 长　杨继武（苗）
校务委员　杨光力（苗）
县行政学校
校　　长　茹　捷*
　　　　侯美彪（苗）
副 校 长　蒙昌元（女，苗）

县信访局（群众工作中心）

局　长（主任）　李晓生*（苗）

董明德（苗）
副局长（主任） 谭必荣*（苗）
谢忠碧（女）
王明晖（女）
纪检组组长 杨光美（女，苗）
正科级信访督查专员 余卫东（苗）

县委党研室（县志编纂委员会办公室）

主　任 吴学农（侗）
副主任 李永东（苗）

雷山县人民代表大会常务委员会

主　任 刘光信（侗）
副主任 刘志涛（女，侗）
向泽忠（苗）
刘平方（苗）
金光翔（苗）
郭建强（苗）
李胜平（苗）

县人大办公室

主　任 杨　和*（苗）
陈文俊（苗）
副主任 杨再兰*（女，苗）
县人大机关纪检组
组　长 欧品慧（女，苗）

农村经济与环境保护工作委员会

主　任 冉茂坤（侗）

教科文卫工作委员会

主　任 文　婷（女，苗）

选举任免联络工作委员会

主　任 毛正能（苗）

财经工作委员会

主　任 余国基（苗）

雷山县人民政府

县　　长 袁　刚
常务副县长 茹　捷*
侯美彪（苗）
副 县 长 韦通贤（苗）
叶建文
张晓玲（女，苗）
龙志波（苗）
段　玲*（女）
汤　敏（女）
毛珏梅*（女，回）
王　松（黎）

县政府办公室

主　　任 杨胜星（苗）
副 主 任 杨胜泽（苗）
张海学（苗）
陈　明（苗）
杨再友（水）
杨　锋（苗）
李　剑*（苗）

杨万银（苗）

纪检组组长　盘应香（女，瑶）

县财税金融协调领导小组办公室（县人民政府金融协调工作领导小组办公室）

主　任　刘朝军*（土家）

欧阳广龙（侗）

副主任　杨秀峰（苗）

县经济发展研究中心

主　任　张海学（苗）

副主任　李化荣（苗）

县同步小康创建活动领导小组办公室

主　任　茹　捷*（兼）

侯美彪（苗，兼）

副主任　杨万银（苗）

张海学（苗，兼）

李成奎（苗，兼）

王先贵（苗，兼）

余　浩（苗）

县人民政府应急管理办公室

主　任　罗永超（侗）

副主任　雷成旭（苗）

万　继（兼）

县人民防空办公室

主　任　杨　锋（苗）

县人民政府法制办公室

主　任　李　剑*（苗）

县国防教育办公室

主　任　况治国（苗）

副主任　张德伟（苗）

县外事侨务管理办公室

副主任　张元忠（苗）

县农村产权管理和交易中心

主　任　王明晖*（女）

县人民政府政务服务中心

主　任　刘春江（水）

副主任　吴翠凤（女，侗）

石　燕（女，侗）

纪检组组长　吴小敏（女，侗）

中国人民政治协商会议雷山县委员会

主　席　陈正锋（苗）

副主席　邱兆娟（壮）

李玉文（苗）

杨　莉（女，苗）

杨光泽（苗）

杨慧萍（女，苗）

侯建群（女，苗）

李　彬（苗）

县政协办公室

秘书长　余炳章（苗）

副秘书长　文永清（苗）

政协机关纪检组

组　长　李显光*（苗）

李迎春（女，苗）

经济科技委员会

主　任　文志伟（苗）

提案法制委员会

主　任　向琪玲（女，侗）

学习文史教卫联谊委员会

主　任　杨应光（苗）

人口与资源环境委员会

主　任　王世标（苗）

智力支边扶贫联系小组办公室

主　任　李显光*（苗）
　　　　张　华（苗）

群众团体

县总工会

主　　席　李胜平（苗）
党组书记　张仁森（侗）
副 主 席　张仁森（侗）
　　　　　李凯莉（女，苗）
纪检组组长　石华忠（苗）

团县委

书　记　杨　毅（女，侗）
副书记　余世能（苗）

县妇联

主　席　钟定超（女）
副主席　向晓艳（女，苗）

县工商联

主　　席　李玉文（苗）
党组书记　高明珍（女，水）
副 主 席　高明珍（女，水）
　　　　　金　北（族）
秘 书 长　杨　燕（女，苗）

县科协

主　席　罗朝春（侗）
副主席　余国春（女，苗）

县文联

主　席　王　瑛*
　　　　吴玉贵（苗）
副主席　李　轶（苗）

县残联

理事长　韦福俊（苗）

武装与法治

县人武部

部　　长　李　红
政　　委　李正海
纪检组组长　龙景光（侗）
政工科科长　马　勋
后勤科科长　吉兆洪
军事参谋　邵　瑞
　　　　　曹　云

武警中队

中队长　刘正荣
教导员　吕　飚

县消防大队

大队长　万　继

教导员　罗建勋

雷山县人民法院

院　长　王忠书（女，苗）

副院长　杨承楷（苗）

　　　　宋志慧（女，苗）

　　　　余志宏（苗）

　　　　赵建忠（苗）

纪检组组长　余富生（苗）

办公室

主　任　李章平（苗）

政工科

科　长　杨昌标（苗）

执行局

副局长　潘晓明（侗）

立案庭

庭　长　王启珍（女，苗）

审判监督庭

庭　长　李　杰（苗）

刑事审判庭

庭　长　张小飞（女，苗）

法警大队

大队长　王建平（苗）

研究室

主　任　董慧芳（女）

监察室

主　任　陈超梅（女，苗）

书记官室

主　任　王　俊（苗）

民事审判一庭

庭　长　杨　芹（女，侗）

永乐法庭

庭　长　黄启富（苗）

西江法庭

庭　长　李忠华（苗）

雷山县人民检察院

检察长　郭苏斌（侗）

副检察长　梁爱国（苗）

　　　　　吴　平（女，苗）

　　　　　文　魁（苗）

纪检组（监察室）

组长（主任）　蒋竹英（女，侗）

正科级检察员　潘世武（苗）

　　　　　　　乐贵平

政工科

科　长　高　凯

副科长　文安炫（女，苗）

反渎职侵权局

局　长　唐　琪（苗）

副局长　刘　毅

控告申诉检查科

科　长　梁　保（苗）

侦查监督科

科　长　文　平（苗）

监所检查科

科　长　李绍华（苗）

法警队

队　长　吴卫江（苗）

民事行政检察科

科　长　李　云（女）

反贪污贿赂局职务犯罪预防科

科　长　何明媛（女，苗）

反贪污贿赂局

副局长　杨秀夫*（苗）

局检察技术科

科　长　杨通平（苗）
计划财务装备科
科　长　蒋竹英（女，侗）

县公安局

党委书记　陈　健*（苗）
　　　　　罗　斌（苗）
党委副书记　杨秀珠（侗）
　　　　　　杨家勇（苗）
纪委书记　张丽琴（女、苗族）
党委委员　徐飞东（苗）
　　　　　龙再敏（侗）
　　　　　姚　楠
　　　　　石韩清（苗）
　　　　　金玉林（苗）
　　　　　罗建勋
　　　　　唐　海*
　　　　　梁定彪（苗）
　　　　　李胜福（苗）
局长（督察长）　陈　健*（苗）
　　　　　　　　罗　斌（苗）
政　委　杨秀珠（侗）
副政委　姚　楠
副局长　杨家勇（苗）
　　　　徐飞东（苗）
　　　　龙再敏（侗）
　　　　金玉林（苗）
　　　　石韩清（侗，挂职）
　　　　罗建勋（兼任）
督察大队
大队长　张丽琴（女，苗）
治安管理大队
大队长　梁定彪（苗）
教导员　何可香（女，苗）
国内安全保卫大队
大队长　李胜福（苗）
刑事侦查大队
大队长　李　佐（苗）
教导员　尹思继（苗）
禁毒大队
大队长　朱建成（苗）
网络安全监察大队
大队长　唐家宇（苗）
特（巡）警大队
大队长　杨　刚（苗）
教导员　张友林（苗）
经济犯罪侦查大队
大队长　邹维维（水）
教导员　侯兴文（苗）
网络安全保卫大队
教导员　杨　军（苗）
政工室
主　任　刘志荣（侗）
监督室
主　任　何　花（女，苗）
法制大队
大队长　冉　俊（苗）
教导员　唐千富（苗）
警务保障室
主　任　李志林（苗）
　　　　看守所
所　长　冷学锋*（苗）
　　　　李　宇（苗）
行政拘留所
所　长　刘　飞*
交通管理大队
大队长　徐飞东
副大队长　韦喜民（布依）

教导员　邓德明（苗）
事故处理中队中队长　赵中榜（侗）
西江交警中队中队长　王华勇
西江交警中队指导员　刘平广（水）
丹江派出所
所　长　唐　海*（苗）
教导员　覃义威（苗）
永乐镇派出所
教导员　齐　敏
西江镇派出所
所　长　金玉林（苗）
教导员　杨启明（苗）
望丰乡派出所
所　长　杨　森*（苗）
　　　　杨　军（苗）
方祥乡派出所
所　长　杨劲松（苗）

县司法局

局　长　唐济平*（苗）
　　　　李　剑（苗）
副局长　潘永正*（苗）
　　　　李炳黔（苗）
纪检组组长　侯君霖（苗）
政工科科长　杨通伟（苗）
县依法治县办
主　任　况　文（苗）

经济监管

县发展和改革局

局　长　陈继山
副局长　杨胜慧（苗）
　　　　余国基*（苗）
　　　　欧阳广龙*（侗）
　　　　刘光灿*（侗）
　　　　吴展连*（苗）
　　　　杨瑞玉（女，苗）
　　　　杨绍杨（苗）
纪检组组长　石鹏开（侗）
县重点项目领导小组办公室
主　任　杨士荣（苗）
县重大项目稽查特派员办公室
主　任　吴先伟（彝）
县物价办
主　任　吴展连*（苗）
副主任　杨莫大*（苗）
　　　　王恩祥*（苗）
县价格监督检查局
局　长　欧品慧*（女，苗）

县审计局

局　长　董承华（苗）
副局长　穆天贵（苗）
　　　　王　莉（女，苗）
纪检组组长　文庆龙（苗）
县经济责任审计办
主　任　杨晓芳（侗）

县统计局

局　长　李成奎（苗）

副局长　杨胜荣（苗）

　　　　郎金泽（苗）

纪检组组长　石明华（女，侗）

县乡镇统计办公室

主　任　郎金泽（苗）

副主任　谢林材（布依）

县社情民意调查中心

主　任　李天伟（苗）

县安全生产监督管理局

局　长　唐仁书（苗）

副局长　杨正伟（苗）

　　　　金　伟（苗）

纪检组组长　任峪申（苗）

县安全生产执法监察大队

大队长　鲍江毅（苗）

县市场监督管理局

局　长　王宾洲（水）

副局长　隆晓明

　　　　金志雄（苗）

　　　　杨显祝（女，侗）

纪检组组长　文　旭（苗）

县食品安全委员会办公室

副主任　向仕芬（女，侗）

县工商行政管理局

局　长　隆晓明*

副局长　文庆龙*（苗）

纪检组组长　刘再生*（苗）

经检大队

大队长　陈登明*（苗）

机关党委

书　记　杨通春*（苗）

丹江分局

局　长　李青连*（苗）

县质量技术监督局

党组书记　袁　军*

局　　长　金志雄*（苗）

局长助理　向仕芬*（女，侗）

县投资促进局

局　　长　王　智（苗）

副 局 长　吴光益（苗）

　　　　　周海英（女，苗）

纪检组组长　张玉良（苗）

农　业

县农业局

局　长　张通臣*（苗）

　　　　李绍雄（苗）

副局长　李志强（苗）

　　　　龙世伟（苗）

　　　　李玉继（苗）

　　　　李雪飞（苗）

　　　　潘昌植（苗）

　　　　董明德*（苗）

　　　　龙孝安（苗）

　　　　冯秀兰（女，苗，兼）

纪检组（监察室）

组　长（主任）　罗泽飞（苗）

县农业综合执法大队

大队长　文尔坦（苗）

县畜牧渔业管理办公室

主　任　潘昌植（苗）

副主任　龙孝安*（苗）

　　　　杨　昀（苗）

　　　　吴光胜（苗）

县草地生态畜牧业发展中心

主　任　龙孝安*（苗）

副主任　金　恒*（苗）

　　　　韦忠泉*

县动物卫生监督所

所　长　余秀宏（苗）

副所长　胡腾科*

　　　　韦忠泉

　　　　杨　洁*（女，苗）

县动物疫病预防控制中心

主　任　周尚增（侗）

副主任　金　恒（苗）

县农业机械化管理办公室

主　任　董明德*（苗）

　　　　龙孝安（苗）

副主任　杨通文（苗）

　　　　李跃文（苗）

县水务局

党组书记　李世周（苗）

副局长　李世周（苗）

　　　　易　武（苗）

　　　　全远康*（苗）

　　　　张传建（苗）

纪检组组长　李世杰（苗）

县水利工程管理办公室

主　任　任　伸（苗）

县生态文明建设管理局

局　长　李炳时（苗）

副局长　罗永礼（侗）

　　　　李天佑（苗）

　　　　黄小菊（女，苗）

　　　　李建宁（苗）

纪检组组长　吴德海（苗）

县林木林地权属争议调处办公室

主　任　侯建勋*（苗）

　　　　王兴权（苗）

雷公山国家森林公园管理局（黔东南苗岭国家地质公园雷山县管理局）

局　长　毛家宇*（苗）

　　　　张通臣（苗）

副局长　龚全英*（女）

　　　　幸永祥

县人民政府污染物减排办公室

主　任　金子发（苗）

县森林公安局（县公安局森林公安分局）

局　长　杨正学（苗）

政　委　唐济平（苗）

县农业园区管理办公室

主　任　李雪飞（苗）

副主任　石昌艳*（女）

　　　　石永春（苗）

县茶叶发展局

党组书记　李忠恩（苗）

局　长　冯秀兰（女，苗）

副局长　蒋明秋（女，苗）

　　　　吴光仕（苗）

　　　　文　毅（苗）

县中药材产业发展中心

主　任　马仁华

县气象局

局　长　熊永花（女）

副局长　薛文锋（侗）

县扶贫开发办公室

主　任　唐继林（苗）

副主任　刘　为（挂职）

　　　　兰吉琴（女）

　　　　文　生（苗）

纪检组组长　杨植军（苗）

县水库和扶贫生态移民局

局　长　刘光灿（侗）

副局长　杨　洁（女，苗）

　　　　毛家慧（女，苗）

纪检组组长　杨正连（苗）

工业与商务

县工信商务局

局　长　杨昌海（苗）

副局长　周海舟（苗）

　　　　邰光华（苗）

　　　　吴光益*（苗）

　　　　杨　箭（苗）

纪检组组长　周海燕（女，苗）

县中小企业办公室（县非公有制办公室）

主　任　胡植诚（侗）

县工业园区管理办公室

主　任　姜启楠（苗）

县供销社

主　任　朱华军（苗）

副主任　田文艳（女，苗）

　　　　陆德炳（苗）

纪检监察员　田文艳（女，苗）

县烟草局

局　长　秦忠义

副局长　潘忠成（苗）

贵盐（集团）雷山分公司

经　理　李　红（女，苗）

中石化雷山石油分公司

经　理　陶　卫

县供电局

局　长　潘旭辉（苗）

副局长　徐建波（侗）

　　　　易　红

　　　　杨京平（女）

总会计师　周求贤（侗）

城建与国土

县住房和城乡建设局

局　长　李恒林（苗）

副局长　文声泽（苗）

　　　　全远康（苗）

　　唐禄鹏（苗）
　　杨福斌*（苗）
纪检组（监察室）
组长（主任）　包忠碧（女）
县城乡规划办公室
主　任　文声泽（苗）
副主任　唐禄鹏（苗）
　　金振福（苗）
　　杨　辉（苗）
县房产局
局　长　杨福斌*（苗）
县土地和城乡建设综合执法大队
队　长　李金明（苗）
副大队长　李芳品（苗）
　　文声泽（苗，兼）
　　滕东锋（苗）
县市政管理局
局　长　杨昌杰（苗）
副局长　金春梅（女，苗）
　　杨文贵*（苗）
　　李显翠（女，苗）
县社会主义新农村建设领导小组办公室
副主任　李恒林（苗）
　　彭祖德（侗）
　　全先海（水）
　　吴如锦（苗，兼）
县土地和房屋征收管理局
局　长　杨再辉（苗）
副局长　朱　辉（苗）
　　杨发胜（苗）

州住房公积金管理中心雷山县管理部

主　任　李正贤（苗）
副主任　侯灵丽（女，苗）

县国土资源局

局　长　潘社莲（女，侗）
副局长　杨维新（侗）
　　毛正祥（苗）
　　王通洲（苗）
总工程师　陆胜武（苗）
纪检组组长　白　鑫（苗）
县国土资源执法监察大队
大队长　张元彪（苗）
县土地收购储备中心
主　任　龙振江（苗）

交通　邮电

县交通运输局

局　长　蒋云生（苗）
副局长　李忠元（苗）
　　余大成（苗）
　　岑应霞（女）
纪检组组长　何永荣（苗）
县农村公路管理局
局　长　杨胜刚（苗）
县道路运输管理局
局　长　岑应霞（女）

雷山公路管理段

段　长　杨政武（苗）
党支部书记　田　英（土家族）
工会主席　张　荣（苗）
纪检监察员　王　丹（女）

邮政雷山分公司

总经理　杨真贵（苗）

副总经理　李福金（苗）

电信雷山分公司

总经理　张　胤（侗）

副总经理　余兴泉（苗）

联通雷山分公司

总经理　王国军

移动雷山分公司

经　理　杨仙英（女，侗）

财税　金融

县财政局

党组书记　杨慧萍（女，苗，兼）

局　长　李光祖（苗）

副局长　梁定华（苗）

　　　　徐海波（苗）

纪检组（监察室）

组长（主任）　唐家英（女，苗）

县国有资产监督管理办公室

主　任　梁定华（苗）

副主任　陈昌智*（苗）

　　　　阮皓东（仡佬）

县基层财政管理局

局　长　吴如锦（苗）

县国库集中支付中心

主　任　杨光富（苗）

县财政监督检查执法大队

大队长　吴春秀（女，苗）

县国家税务局

局　长　姜学炳（侗）

副局长　李继文（苗）

　　　　潘文琼（女，侗）

纪检组组长　罗安宝（侗）

县地方税务局

局　长　李福盛*（苗）

　　　　杨先胜（苗）

副局长　文艺静（女，苗）

纪检组组长　吴　敬（苗）

一分局局长　吴未未*（苗）

　　　　　　李　政（苗）

二分局局长　李雪枝（女，苗）

三分局局长　李兴剑（苗）

四分局局长　李黎生（苗）

人行雷山支行

行　长　冯朝敏

副行长　李正平（苗）

　　　　黄先林

雷山银监办

主　任　杨　平（苗）

农行雷山支行

支行委员会

书　记　冉旭东

副书记　冉旭东*

纪委书记　甘绍成

行政班子

行　长　冉旭东

副行长　冉旭东*
　　　　甘绍成

人保财险雷山支公司

总经理　杨　刚

人保寿险雷山支公司

总经理　张崇琦（苗）

县农村信用合作联社

党委班子
书　　记　尹志军（苗）
党委成员　杨昌禄（苗）
　　　　　李锦平*（苗）
　　　　　谢兴友（布依族）
　　　　　余书国（苗）
　　　　　吴祖刚（苗）
纪委书记　李锦平*（苗）
　　　　　谢兴友（布依族）
行政班子
理 事 长　尹志军（苗）
主　　任　杨昌禄（苗）
副 主 任　余书国（苗）
　　　　　吴祖刚（苗）
监 事 长　李锦平*（苗）
　　　　　谢兴友（布依族）

教育　科技

县教育和科技局

党委书记　杨校平（苗）
党委副书记　朱波（苗）
　　　　　　余恩权（苗）
纪委书记　潘承光（水）
党委委员　李文顺（苗）
　　　　　陈　炜（苗）
　　　　　白志恩（苗）
　　　　　杨箭标（苗）
局　长　刘　俊（彝）
副局长　李文顺（苗）
　　　　陈　炜（苗）
县教育招生考试管理中心（雷山县招生委员会办公室）
主　任　张家君
县科技服务中心
主　任　高成彪（苗）
副主任　石昌艳（女，苗）

县政府教育督导室

主　任　陆志权（苗）
副主任　余恩权（苗）
正科级督学　李延忠（苗）
　　　　　　吴绍权（苗）
　　　　　　蒙昌元（女，苗）
副科级督学　吴道忠（苗）
县科学技术局（知识产权局）
局　长　马仁华*
副局长　阚启明*（苗）
纪检组组长　杨正连*（苗）

县中等职业学校（西江民族文化旅游学校）

校　长　李广林（苗）
副校长　李世伦（苗）
　　　　冯昌明

雷山民族中学

党委书记　白志恩（苗）

党委副书记　吴念萍

校　长　白志恩（苗）

副校长　罗永赛*（侗）

　　　　龙　军（侗）

　　　　刘志山（侗）

　　　　余福宝（苗）

县第二中学

校　长　杨箭标（苗）

副校长　文正东（苗）

　　　　姚茂东（苗）

县第三中学

校　长　黄　诚（侗）

副校长　杨光勋（苗）

　　　　任明昆（苗）

县第四中学

校　长　刘志安（侗）

副校长　余　杰（苗）

永乐中学

校　长　高　凯（苗）

西江中学

校　长　李胜前（苗）

大塘中学

校　长　李德良（苗）

文体　旅游

县文体广电新闻出版局

局　长　张　德（苗）

副局长　高成彩（女，苗）

　　　　李荣勋（苗）

　　　　吴胜超*（苗）

　　　　杨　晨（苗）

纪检组组长　王安忠（苗）

县遗产文物管理局

局　长　王　康（苗）

县苗族银饰刺绣博物馆（县非物质文化遗产保护中心）

馆长（主任）　侯天江（苗）

县文化综合执法大队

大队长　张连军

县广播电影电视办公室

主　任　李　灵*

副主任　杨桂群*（女，苗）

县广电台

台　长　吴宜松（苗）

广电网络雷山分公司

总经理　梁　华（苗）

副经理　杨　辉（侗）

县民族文化交流发展中心

主　任　冯秀兰*（女，苗）

　　　　杨　森（苗）

副主任　石　芳（女，侗）

纪检组组长　肖将军（苗）

县旅游产业发展和风景名胜区管理局

局　长　张　华*（苗）

副局长　杨　芳*（女，侗）

　　　　王玫玫*（女，苗）

纪检组组长　杨正梅*（女，苗）

县旅游发展委员会

主　任　杨天伟（苗）

副主任　杨　芳（女，侗）

　　　　王玫玫（女，苗）

纪检组组长　刘再生（苗）

县旅游发展服务中心

主　任　杨　芳（女，侗）

副主任　杨　勇（苗）

县档案局（馆）

局　长（馆长）　宋子平（苗）

副局长（馆长）　王玉祥*（苗）

　　　　　　　　范生武（苗）

　　　　　　　　李湘云（女，苗）

纪检监察员　徐龙慧（女，布依）

医疗卫生

县卫生和计划生育局

局　长　侯建群（女，苗，兼）

党组书记　唐秋玉（苗）

副局长　唐秋玉（苗）

　　　　刘兴权

　　　　李　杰（苗）

　　　　余秀贞（苗）

　　　　陆　沉（苗）

纪检组组长　梁跃英（女，苗）

县计划生育协会

副会长　杨文贵（苗）

　　　　胡志杰（女，水）

县人口和计划生育协调督查大队

大队长　侯玉成（苗）

县流动人口管理办公室

主　任　文　芳（女，苗）

县爱卫办

主　任　赵兴建（苗）

县人口和计划生育局

局　长　刘平贤*（苗）

副局长　蒙昌云*（女，苗）

　　　　余秀贞*（苗）

纪检组（监察局）

组长（主任）　吴小敏*（女，侗）

县计划生育协会

常务副会长　张绍珂*

专职副会长　胡志杰*（女，水）

县人口和计划生育协调督查大队

大队长　侯玉成*（苗）

县流动人口管理办公室

主　任　文　芳*（女，苗）

县卫生和食品药品监督管理局

局　长　唐秋玉*（苗）

副局长　李玉伟*（苗）

　　　　李通毅*（苗）

　　　　刘兴权*

　　　　陆　沉*（苗）

纪检组组长　梁跃英*（女，苗）

县妇幼保健计划生育服务中心

主　任　陆　沉（苗）

县新型农村合作医疗管理中心

主　任　李通毅*（苗）

　　　　杨　平（回）

县疾病预防控制中心

主　任　杨　平*（回）

　　　　李通毅（苗）

副主任　余　雷（苗）

　　　　唐千祥（苗）

县红十字会

会　长　叶建文（兼）

常务副会长　欧品玲（女，苗）

副会长　黄　勇（侗）

县卫生监督局

局　长　李光宇（苗）

副局长　陈良燕（女，侗）

县食品药品监督管理办公室

主　任　李玉伟*（苗）

副主任　杨光力*（苗）

　　　　杨显祝*（女，侗）

县食品药品稽查大队

大队长　罗　毅*（苗）

县人民医院

党组书记　邓文兴（苗）

院　长　陆秀泽（苗）

副院长　林运兰（女，苗）

　　　　刘志能（侗）

县中医院

院　长　邓文兴（苗）

社会保障

县民政局

局　长　杨显丽（女，侗）

副局长　陆　宁（苗）

　　　　高成彩*（女，苗）

　　　　李　灵（苗）

　　　　王晋红*（女，回）

纪检组组长　文薪润（苗）

县老龄工作委员会办公室

主　任　谭必荣（苗）

副主任　侯昌杰（苗）

县民族宗教事务局

局　长　吴玉贵*（苗）

　　　　杨　海（苗）

副局长　李正杰（苗）

　　　　覃　香（女，苗）

　　　　吴德芳（女，苗）

纪检组组长　唐忠文*（苗）

　　　　杨正梅（女，苗）

县西江苗族博物馆（中国民族博物馆西江千户苗寨馆、中国民族博物馆雷山苗族文化研究中心）

馆　长（主　任）　吴德芳

副馆长（主　任）　兰永芳

县人力资源和社会保障局

局　长　杨胜荣（苗）
副局长　谭建国*（苗）
　　　　陆德义（苗）
　　　　李迎春*（女，苗）
纪检组组长　杨启立（苗）
县就业局
局　长　李迎春*（女，苗）
　　　　朱　波（苗）
县社会保险事业局
局　长　冷玉洁（女，苗）
县公务员管理办公室
主　任　杨武荣（苗）
县劳动保障监察大队
大队长　白家明（苗）
县劳动人事争议仲裁院
院　长　陈新玥*（女）

县属国有公司

县国有资产经营有限责任公司

副总经理　梁定华（苗）
　　　　　冯秀兰*（女，苗）
　　　　　张启通（苗）

县苗族银饰刺绣文化产业发展公司

董事长（总经理）　冯秀兰*（女，苗）
副总经　理石芳（女，侗）

县城镇投资开发有限责任公司

董事长（总经理）　张启通（苗）

西江千户苗寨文化旅游发展有限公司

董事长　毛家宇（苗）
副董事长　石　芳（女，侗）
　　　　　沈承礼
监事长　宋　武（苗）
总经理　石　芳（女，侗）
副总经理　沈承礼
　　　　　韦德智*
　　　　　朱　山*
　　　　　祖丕波
　　　　　曾　敏*（女）
财务总监　阮皓东（苗）

县自来水公司

经　理　白志忠（苗）

贵州雷公山国家级自然保护区管理局

局　长　朱新明（侗）
副局长　张　旋（苗）
副局长　岑应辉
纪检组组长　龙圣勇（苗）

贵州雷公山国家级自然保护区管理局工作机构

监察室
主　任　王志成（苗）
办公室
主　任　杨胜国（苗）
副主任　龙飞鸣（侗）
资源林政科
副科长　张前江（苗）
科技科（实验经营场）
科　长（场长）　余永富（苗）
　　　　　　　　谢镇国*

副科长（场长） 李 扬（女，苗）
张有文（苗）
发展规划和资金管理科
科 长 李 宁（苗） 陈继军*
人事劳资科
副科长 潘红英（女，苗）
野生动物救护中心
主 任 唐邦权（侗）
植物检疫站
站 长 王子明（苗）
规划建设科
科 长 袁 明（侗）
法规科
科 长 潘成坤（侗）
副科长 蒋峤洋
雷公山管理站
站 长 顾先元（苗）
副站长 李 莉（女，苗）
方祥管理站
站 长 唐秀俊（苗）
桃江管理站
副站长 陆代辉（苗）
西江管理站
副站长 李小海（苗）
小丹江管理站
站 长 杨胜军（苗）
副站长 张世玲（女，苗）
交密管理站
站 长 邰正光（苗）
森林公安局
政 委 王兴祥
副局长 朱跃宏
刑侦治安大队
大队长 毛家福（苗）
法制督查科
科 长 吴秀能
交密派出所
所 长 李家鑫（苗）
教导员 邰昌德（苗）
雷山派出所
所 长 陈继红
教导员 石聪颖（侗）
昂英派出所
教导员 张 林（苗）

贵州省新闻出版广电局七六四台

台 长 熊大德（苗）
副台长 侯建强（苗）

贵州省新闻出版广电局七六四台工作机构

技术科
科 长 杨秀华（侗）
机房办公室
主 任 周正和（苗）
副主任 李启宏（苗）
石昌新（苗）
保卫科
科 长 杨秀友（侗）

乡 镇

丹江镇

镇党委
书 记 金光翔（苗）

副书记　余德利*（苗）
李晓生（苗）
杨再能（侗）
李绍俊（苗）
文贵华（苗）
刘　柳
党委委员　杨再能（侗）
李　玖（苗）
杨风华（苗）
杨秀英（女，苗）
何兴文（穿青人）
陈明府（苗）
宋正智（苗）
纪委书记　李绍俊（苗）
政法委书记　李　玖（苗）
人武部长　徐雷章（苗）
组织委员　宋正智（苗）
宣传委员　陈明府（苗）
镇人大主席团
主　席　杨再能（侗）
镇人民政府
镇　长　余德利*（苗）
李晓生（苗）
副镇长　徐雷章（苗）
杨风华（苗）
杨秀英（女，苗）
侯玉成*（苗，挂职）
李　成（苗）
何兴文（穿青人）
陈明府（苗）
东城社区
社区党委
书　记　文贵华（苗）
副书记　龙怀山（侗）
委　员　杨秋华（女，苗）
纪委书记　龙怀山（侗）
社区服务中心
主　任　文贵华（苗）
副主任　杨秋华（女，苗）
郎金海（苗）
西城社区
社区党委
书　记　刘　柳
副书记　李正华（苗）
委　员　冉　琳（女，苗）
罗　义（革家人）
纪委书记　李正华（苗）
社区服务中心
主　任　刘　柳
副主任　冉　琳（女，苗）
罗　义（革家人）

雷山文化旅游产业园区（西江镇）

园区党工委
书　记　侯美彪（苗）
常务副书记　郭建强（苗）
副书记　罗　爵（苗）
园区管委会
主　任　侯美彪（苗）
常务副主任　罗　爵（苗）
副主任　张建明（苗）
孙　云（苗）
罗安建（苗）
毛正和（苗）
镇党委
书　记　郭建强（苗）
副书记　罗　爵（苗）
张建明（苗）

党委委员　孙　云（苗）
罗安建（苗）
毛正和（苗）
李　军（苗）
文欧义（苗）
周柱榕（苗）
组织委员　李　军（苗）
宣传委员　周柱榕（苗）
镇人大主席团
主　席　侯美彪（苗）
副主席　李胜杰（苗）
镇人民政府
镇　长　罗　爵（苗）
副镇长　张建明（苗）
孙　云（苗）
罗安建（苗）
毛正和（苗）
文欧义（苗）

园区（西江镇）工作机构

园区（西江镇）党政办公室
主　任　李　军（苗）
副主任　杨华锋（苗）
毛志华（苗）
园区（西江镇）纪委（监察局）
书　记（局长）　莫玉成（苗）
副局长　王江宏
园区（西江镇）政法委
书　记　金玉林（侗）
副书记　时功玺（仡佬）
园区（西江镇）人武部
副部长　文欧义（苗）
园区（西江镇）农村工作局
局　长　张建明（苗）
副局长　毛家伟（苗）
李宏利（女，苗）
园区（西江镇）社会事务局
局　长　孙　云（苗）
副局长　杨昌杰（苗）
吴秀杰（苗）
园区（西江镇）卫生计生局
局　长　罗安建（苗）
副局长　时功玺（仡佬）
园区（西江镇）综合执法局
局　长　毛正和（苗）
副局长　李胜铭（苗）
李　峰（苗）
园区（西江镇）文化旅游局（招商引资局）
局　长　兰如阳（革家）
副局长　周柱榕（苗）
园区（西江镇）财税局
副局长　沈承礼
卢　辉
园区（西江镇）国土规划建设局
局　长　罗　爵（苗）
副局长　毛正祥（苗）
杨正军（苗）
任永专（苗）
园区（西江镇）公安分局
局　长　金玉林（苗）
副局长　张友林（苗）
王华勇
指导员　杨启明（苗）
西江社区
党委书记　孙　云（苗）
服务中心主任　孙　云（苗）

永乐镇

镇党委

书　记　唐劲松（白）

副书记　金秀龙（苗）

　　　　龚　阳（女，侗，挂职）

　　　　周琪军

党委委员　文　军（苗）

　　　　余书韬*（苗）

　　　　彭茂申（苗）

　　　　李志祥（苗）

　　　　谢忠碧*（女）

　　　　邰帮生（侗）

　　　　潘先用（苗）

纪委书记　周琪军

政法委书记　文　军（苗）

人武部长　余书韬*（苗）

　　　　彭茂申（苗）

镇人大主席团

主　席　白跃银（苗）

镇人民政府

镇　长　金秀龙（苗）

副镇长　余书韬*（苗）

　　　　彭茂申（苗）

　　　　李志祥（苗）

　　　　谢忠碧*（女）

　　　　邰帮生（侗）

　　　　潘先用（苗）

　　　　文　芳*（女，苗，挂职）

　　　　李开剑（苗）

郎德镇

镇党委

书　记　石　虎（苗）

副书记　杨天伟*（苗）

　　　　李显光（苗）

　　　　张　雷（苗）

党委委员　余志彪（苗）

　　　　石小妹（女，侗）

　　　　文　豪（苗）

　　　　陈　荣（苗）

　　　　杨永芳（苗）

　　　　余海荣（苗）

　　　　刘瑶瑶（女，苗）

纪委书记　张　雷（苗）

政法委书记　石小妹（女，侗）

人武部长　文　豪（苗）

组织委员　余海荣（苗）

宣传委员　刘瑶瑶（女，苗）

镇人大主席团

主　席　余志彪（苗）

镇人民政府

镇　长　杨天伟*（苗）

　　　　李显光（苗）

副镇长　文　豪（苗）

　　　　陈　荣（苗）

　　　　杨永芳（苗）

财政所所长　杨天奎（瑶）

大塘镇

镇党委

书　记　张洪智（苗）

副书记　王勋建（苗）

　　　　李　恒（苗）

党委委员　易　武*（苗）

　　　　杨胜伦（苗）

　　　　龙建山

　　　　杨　诚（苗）

　　　　王淑福（苗）

段世勋（苗）
钟芳海（侗）
陈　程（女）
纪委书记　李　恒（苗）
政法委书记　龙建山
人武部长　钟芳海（侗）
组织委员　钟芳海（侗）
宣传委员　陈　程（女）
镇人大主席团
主　席　易　武*（苗）
镇人民政府
镇　长　王勋建（苗）
副镇长　杨春艳（女，苗）
杨　诚（苗）
王淑福（苗）
段世勋（苗）

望丰乡

乡党委
书　记　杨　和（苗）
副书记　李　丹（女，苗）
吴述姣（苗）
党委委员　吴海龙（苗）
包昌能（侗）
陆胜彪（苗）
张武科（苗）
朱华勇（苗）
纪委书记　吴述姣（苗）
政法委书记　包昌能（侗）
人武部长　李　德（苗）
组织委员　张武科（苗）
宣传委员　朱华勇（苗）
乡人大主席团
主　席　吴海龙（苗）
乡人民政府
乡　长　李　丹（女，苗）
副乡长　李　德（苗）
郭昌标（苗）
陆胜彪（苗）
张武科（苗）

达地水族乡

乡党委
书　记　王宾洲*（水）
余德利（苗）
副书记　黄玉川（水）
张　琳（苗，挂职）
唐玉林（苗）
党委委员　王光智（苗）
王庭志（水）
吴庭清（苗）
金凤情（苗）
蒙吉茂
纪委书记　唐玉林（苗）
政法委书记　王庭志（水）
人武部长　刘安顺（水）
组织委员　蒙吉茂
乡人大主席团
主　席　王光智（苗）
乡人民政府
乡　长　黄玉川（水）
副乡长　刘安顺（水）
吴庭清（苗）
金凤情（苗）
陈　臻（苗）

方祥乡

乡党委

书　记　龙登雄（侗）
副书记　郑　杰（侗）
　　　　罗国泮（侗，挂职）
　　　　吴天钧（侗）
党委委员　李正才（苗）
　　　　　杨胜才（苗）
　　　　　杨华周（苗）
　　　　　吴玉花（女，侗）
　　　　　李军菊（女，苗）
　　　　　李超克（苗）
纪委书记　吴天钧（侗）
政法委书记　杨胜才（苗）
人武部长　赵世飞（苗）
组织委员　李军菊（女，苗）
宣传委员　李超克（苗）

乡人大主席团

主　席　李正才（苗）

乡人民政府

乡　长　郑　杰（侗）
副乡长　赵世飞（苗）
　　　　杨华周（苗）
　　　　吴玉花（女，侗）

说明：姓名后面有“*”号的，是在2015年内已提职、调职、免职、换届、机构调整、离岗待退和离退休及其他原因而离职；没有“*”号的，为2015年年底仍在职。部门党组书记不是由行政主要领导担任的单独录入。此名录仅供参阅，不做确定级别、待遇等用。

雷山人物

LEI SHAN YEARBOOK

龙世忠

龙世忠 男，苗族，1957年10月生，雷山县望丰乡人，初中文化，正高职称，州管专家。1976年5月起，在雷山县文体广电局（文化局）民族文工队、文化馆、文化股工作。

他8岁起，就向祖父学习芦笙吹奏技艺和芦笙舞蹈。1973年，村里组织“农业学大寨”文艺宣传队，他凭跟祖父学会的技艺，成为村文艺宣传队的一名主要演员。

1976年5月，县里组建民族文艺小分队，他以优异的成绩被录取。入队后，积极向队里老师求学请教，不到半个月，就掌握15管芦笙的吹奏技能。在舞蹈上，每个动作他每天坚持练五六次，每个芦笙音节、每个舞蹈动作，直至练熟为止。至20世纪80年代初就成为队里的一名拔尖演员。1991年后，任县文工队队长。1976年起，他和其他文工队队员一起不分严寒酷署，沐雨栉风，爬山涉水为群众义务演出，宣传党的路线、方针、政策，教育群众，为促进社会主义精神文化建设，作出积极贡献。

20世纪90年代初，他先后参加州、省举办的音乐、舞蹈、芦笙、创作编导培训班10余期，学习创作理论、编导方法、演奏手法和表演技巧，艺术造诣进一步提高。30多年来，共创作《斗鸡》《欢乐的苗家姑娘》《锦鸡舞》等50多个苗族舞蹈音乐节目，在参加州、省、国家级文艺调演、会演比赛中，多次获奖。其中，2010年9月创编的《搓敢嬉对》参加全省第七届少数民族传统体育表演项目比赛中获编导金黔奖和编导金奖；2014创编的《骑马嬉迭》参加全省第八届少数民族传统体育表演项目比赛中获一等奖。改编创作的《春之歌》《喜迎客人进苗寨》歌曲被黔东南州人民政府录入《天歌神韵》歌曲集光碟向全国发行。1983年后，先后参加全国“乌兰牧骑式”文艺会演、北京“第十一届亚运会艺术节”、香港“中国少数民族民间艺术节”、荷兰布伦瑟姆“第十届国际民间艺术节”等20多次国内外重大艺术活动的演出，给国内外观众留下深刻印象和美好记忆。同时，他把培养人才作为一项重要使命，先后培养和输送各种文艺人才有180余人。

2008年后，随着雷山旅游业的发展，他带领文艺骨干深入景区景点指导培训，先后组建上郎德村文艺表演队、西江镇旅游歌舞表演队、掌坳村铜鼓队、新桥村短裙锦鸡舞队、方祥乡高排芦笙队、南猛村技巧芦笙舞队，多次完成重大接待任务。共撰写30余篇非物质文化遗产文稿，为雷山县申报国家级非物质遗产代表名录作出一定贡献。搜集整理民族民间文学，1991年先后发表《山寨花香歌飘飞》《苗族歌舞笙曲震西欧》等十余篇文章，担任主编或副主编编写的《雷山苗族民间芦笙词曲选集》《苗族芦笙文化》《雷山苗族情歌》先后出版。2000年至2015年，先后担任“中国·雷山苗年”开幕式大型民族歌舞表演活动的策划、编导、总编导、艺术总监。多年多次被雷山职中、雷山二中和湖南省麻阳县委、县人民政府聘为苗族音乐、舞蹈、芦笙授课专家。

由于工作突出，他多次受到上级表彰。其中，2010年6月被文化部评为全国“群文之星”先进个人，2015年4月被中共贵州省委、贵州省人民政府表彰为“贵州省先进工作者”。

任永锋

任永锋 男，苗，1970年5月生，雷山县大塘镇人，高中文化，中共党员，1990年4月参加工作，雷山县邮政局投递员。

任永锋参加工作后，视投递为自己生命的一部分。任永锋投递生涯的第一天，是到桃江乡邮政所辖区的村寨送报纸和书信。那天，他穿上新买的解放鞋，待领导指导相关业务后，就背起40多斤的邮包，一路哼着苗歌前行。他喜欢与客户一起分享及时收到信件的那份喜悦。

在雷山这样一个开门见山、山高路陡的贫困小县，20世纪90年代初的桃江乡除炉榕公路沿线几个村外其他村都没有通公路。邮路全程都是靠步行，来回就是90多公里，两天一班，一双解放鞋穿不到一个月就烂了，有时来不及买新鞋，半路只能用野藤条捆绑鞋底才能回到家。任永锋买鞋多了，成街上商铺老板的常客，他穿多少码老板都知道。因投递工作的特殊性，从来没有周末，天天都有邮件，天天都有投递。穿梭在苗乡的村村寨寨，爬山涉水，日晒雨淋，一月下来，鞋不是脱帮，就是断底。26年中，足足穿破170多双鞋。解放鞋陪他走遍桃江、大塘、西江等乡镇的57个村寨，行程远超30万里，送走邮件200余吨。任永锋工作认真负责，在26年的投递生涯中，没有出现一次用户投诉。

由于任永锋工作积极肯干，2009年由支局调到雷山县城负责城东投递。这个片区范围大，单位多，投递任务繁重。曾经有一个月连续招7个人，没干几天就跑，年年都在换投递员。任永锋负责这个片区投递工作后，暗下决心一定想办法拿下来。工作期间，他边投递边记录用户的地址、联系电话、画上用户家庭的住址草图，晚上还要“复习”当天的工作笔记，不到一个星期的时间，就全部熟悉那个片区域客户2800多户、投递点150多个。细心的任永锋根据多年的投递经验，摸索出一套快速分发报纸的简便方法。就是在分发格口上标明ABCD等英文字母，分别代表着不同的报纸，并在字母的旁边注明份数，在分发时，就不用一边看分发表，一边分报纸，而是直接看格口上的字母和数字数份数，简便快速。现雷山投递员分发报纸都使用他的这种方法。

任永锋用自己的热忱温暖着身边的每一个人，深得客户的喜爱和社会的认可。2012年6月20日，新华社以《贵州“苗疆信使”任永锋22年投递“零投诉”》报道任永锋先进事迹。此后，《中国邮政报》《贵州日报》等报纸先后报道，新华网、人民网、腾讯网、凤凰网等100余家媒体转载。任永锋多次被上级表彰，其中2013年5月被省文明办、省总工会评为贵州“最美劳动者”；2013年8月被贵州省邮政公司评为“最美投递员”；2015年4月，被中共贵州省委、贵州省人民政府表彰为“贵州省劳动模范”。

杨正芬

杨正芬　女，苗族，1965年9月生，雷山县丹江镇人，小学文化，1983年1月参加工作，雷山县市政管理局环卫工人。

因家里姊妹多，家庭负担重，1983年，杨正芬小学未毕业，通过招考当环卫工人。两年后，因工作突出，转为正式职工，担任丹江镇环卫站负责人。当时只有9名环卫工人，负责整个县城的卫生，硬是一把一把地扫、一铲一铲地铲，负责清运垃圾到1.5公里远的填埋场。有一次，杨正芬和一名同事乘坐清运垃圾车去填埋场，由于劳累过度，车辆在半坡发生侧翻，司机左手折断，杨正芬受伤。但她第一时间想的是救人，当把受伤司机送到医院救治。

有人说："天天干这样又脏又累的重复工作，不嫌烦吗?""能有一份工作干就很幸福的啦!"杨正芬乐观地回应。就在杨正芬40来岁，干得正起劲的时候，家中的顶梁柱、她的爱人因病去世，家里一双儿女的负担全部落在她的一个人肩上。面对残酷的现实，杨正芬擦干眼泪，更加起早贪黑地工作。

一次，杨正芬在清理一处杂草和垃圾时，不小心被一块玻璃划破右脚踝处，血流不止，同事劝她到医院看看，她却说不要紧。她用随身带的止血贴贴一下，一瘸一拐扫地清运垃圾。

从泥巴路扫到水泥路又扫到柏油路，看到雷山县城由"丑小鸭"变成"白天鹅"，杨正芬心里暖暖的。

杨正芬不仅是工作狂，更是一个热心肠。同事赵老三因病去世，杨正芬自始至终帮赵老三爱人处理好后事。公益岗位的环卫工人李春梅家境不好，每逢过年过节，杨正芬都给李春梅和李春梅的两个孩子添新衣，送零花钱。有时加班累，作为组长，她自己掏腰包，在自己家请同事吃饭。请家庭困难的环卫工人吃早餐，已成习惯。

杨正芬在用心清扫街道时，也处处播撒一份份浓浓的爱，温暖着许多人。一个寒冬晚上十点左右，杨正芬还在加班扫街，远处有个青年人背着三岁的小娃"东倒西歪"地朝她走来，小娃哭得慌。杨正芬快步上去，原来，青年人走亲戚，酒喝高了，但执意要回家，出门遇上冷风，越走就越醉。杨正芬从男子背上解下小孩，背在自己背上，扶着醉酒男子走到乌秀村男子的家，回到家时已深夜。一个深秋的晚上，杨正芬拖着疲惫的身体往家赶，看见有个衣衫褴褛，蓬头垢面的七旬老太太在大十字徘徊，杨正芬上前一问，得知老太太被家人赶出来，又冷又饿，虚弱的身体直打战。杨正芬把老太接进家，烧水给老太太洗头、洗澡、修指甲、摆龙门阵，换上自家干净的衣服。第二天，杨正芬把老太太送回家，并耐心教育老太太的家人。

县城哪儿最脏最臭，就负责清扫哪儿，早出晚归，日晒雨淋，风雨无阻，一干就是33年。杨正芬多次获得上级表彰，其中2013年被住建部表彰为"全国优秀环卫工人"，2014年1月被住建部和人事部联合表彰为"全国先进个人"，2015年4月被中共中央、国务院表彰为"全国先进工作者"。

杨胜科

杨胜科　男，苗，1970年5月生，雷山县丹江镇人，中共党员，中技文化，雷山县自来水公司安装维修队队长。

杨胜科2002年调进雷山县自来水公司工作以来，始终把县城供水管网安全保障放在第一位，忘我工作，是公司党员供水应急突击队队员。在工作中，刻苦钻研技术技能，热情为城区居民服务。在县城供水突发性应急抢修抢险活动中，冲锋在前，艰苦奋战，全面完成公司抢修抢险任务。在日常供水安装维修工作中，主动接受最艰巨的工作任务，带头追求工程进度最快、质量最好目标。他在工作中急用户之所急，想用户之所想，无论是节假日、双休日或是下班时间，只要接到公司的抢修任务，总是第一个到现场，第一个先动手实施抢修。他重的活、脏的活总是抢着干，多次在抢修过程中全身被水打湿，多次因抢修管道而生病、受伤。在2008年雪凝灾害抢险中，他冒险开着抢修三轮车，在冰天雪地里抢修爆管主管，挨家入户为用户维修管道，更换水表。在抢修过程中，他的手多次被冻得发紫，头发多次被水淋湿结冰，双脚多次踩踏在冰冷的水里。雪凝期间，抢修任务繁重，杨胜科有几次中午没有吃饭，多天接近凌晨才回家。在2009年管网工程建设中，公司派他到建设工地代表公司监督工程质量和搞好协调工作。在4个月的时间里，每天工作时间多数在10个小时以上。为保证工程建设进度，他放弃所有的双休日和15天的年度带薪休假。

杨胜科立足本职，默默奉献，在平凡的岗位上践行一个共产党员的人生追求，多次受到表彰。其中，2011年被州人民政府表彰为“劳动模范”，2015年4月，被中共贵州省委、省人民政府表彰为“贵州省劳动模范”。

潘社莲

潘社莲 女，侗族，1965年11月生，贵州省从江县人，中共党员，大学文化，1986年12月参加工作。2008年9月起任雷山县国土资源局党组书记、局长。8年来，她率领全县国土资源系统干部职工迎难而上，坚守耕地“红线”信心，连年实现全县耕地保有量不减少，基本农田保护率不下降，为全县经济社会发展做出贡献。

雷山县位于贵州省黔东南苗族侗族自治州东南部，是一个“九山半水半分田”和全州唯一没有坝子支撑的山区农业县，人均耕地不足0.6亩，土地供需矛盾十分突出。到雷山县担任国土资源局党组书记、局长8年来，她始终以保“红线”为主要任务，向县委、县政府领导建议各种建设项目落地尽量不占良田好土。在2010年10月的一次县委常委会议上，为使1个招商引资项目选址避开基本农田，潘社莲抵住压力，大胆直言，耐心解释，最终打动领导，改变方案。类似事例很多。

随着经济社会的快速发展，县内一些景区和城郊接合部的违法占地行为日益突出。2009年9月，西江镇西江千户苗寨景区周边出现违法占地建房43户。面对此情况，她带领同事们进村入户开展法律法规宣传教育工作，不厌其烦地与违建户拉家常，讲道理。当时，西江村平寨有一个违法占地建房的钉子户侯某某，态度横蛮不与任何工作人员见面，调查取证工作无法开展。潘社莲主动向工作组要求“让我去做这户工作吧!”。她带领同事不分昼夜连续6天到侯家，拉家常，摆道理，白天一起上山劳动，晚上一起吃饭喝酒、唱苗族飞歌。真诚所至，金石为开。经说服教育工作，侯某某终于主动配合工作人员调查取证工作，主动将违建房拆除。其他违建户见此也纷纷自行拆除违建房。

2015年5月27日，雷山县遭遇有水文记载以来的特大暴雨，最大降雨量达到367毫米，之后又接连遭遇“6·8”、“6·21”等四次暴雨袭击。“5·27”洪灾发生后，潘社莲冒着生命危险带领国土干部先后到灾情最重的大塘镇水溪村、山湾村和高岩村，实地指导开展地质灾害应急抢险工作。通过宣传动员与组织避险，受威胁的108户348人全部成功转移，成功避让地质灾害事故发生。在接下来的地质灾害隐患排查中，她为省、州技术专家带路，深入乡村开展工作。经排查，全县共有地质灾害隐患点124个，其中特大型3个、大型2个、中型19个、小型100个，直接威胁1185户16910人。

在潘社莲的带领下，全县国土资源系统干部职工团结一心，迎难而上，负重拼搏，国土资源管理工作从全州排名靠后县跻身先进县行列。2008-2009年，目标考核均获全州三等奖；2010年、2013年获全州二等奖。2012年，潘社莲被国土资源部表彰为“全国地质灾害防治优秀群测群防监测员”；2015年12月，被国土资源部表彰为“全国国土资源系统先进工作者”。

附录

LEI SHAN YEARBOOK

公报、报告

雷山县2015年国民经济和社会发展统计公报

(雷山县统计局)

2015年，是“十二五”规划实施收官之年，也是雷山发展征程中极不平凡的一年。面对持续下行的国际国内经济形势，以及四次百年难遇的特大洪涝灾害等众多超乎预料的困难和问题，全县上下同心同德、攻坚克难、奋发有为，经济提质增效稳中有进，社会和谐安定全面进步，城乡统筹发展日新月异，破解瓶颈制约凸显成效，较好地完成了“十二五”规划预期目标，开创了全县经济社会发展新局面。2015年全县地区生产总值完成23.76亿元，比2014年增长11.3%；50万元以上固定资产投资完成28.04亿元，同比增长20.7%；社会消费品零售总额完成6.19亿元，同比增长12.2%；财政总收入完成3.18亿元，同比增长8.5%；农村居民人均可支配收入达6810元，同比增长12.3%；城镇居民人均可支配收入达22564元，同比增长10.7%。增比进位综合测评在全省10个国家扶贫开发工作重点县排第4位，比2014年上升2位。

一、综合核算

国民经济稳步增长。初步核算，2015年全县地区生产总值完成23.76亿元，增长11.3%。其中：第一产业增加值6.24亿元，增长6.4%；第二产业增加值4.04亿元，下降9.3%；第三产业增加值13.48亿元，增长22.7%；三次产业结构为26.3∶17.0∶56.7。“十二五”期间，全县地区生产总值累计完成88.15亿元，是“十一五”的2.7倍，年均增长15.7%，比“十一五”加快2.5个百分点。

表附-1： **2015年雷山县地区生产总值构成统计表**

单位：万元

指标名称	2015年	2014年	同比增长（±%）
生产总值	237588	209758	11.3
第一产业	62437	46772	6.4
农、林、牧、渔业	62437	46772	6.4
第二产业	40350	47147	-9.3
工业	20203	27115	-19.0

续表附-1

指标名称	2015 年	2014 年	同比增长（±%）
建筑业	20147	20032	4. 4
第三产业	134800	115839	22. 7
交通运输、仓储和邮政业	9456	5881	27. 1
批发和零售业	16530	15191	9. 8
住宿和餐饮业	11310	10847	9. 9
金融业	11694	9298	26. 5
房地产业	4544	5965	-22. 2
营利性服务业	32681	25918	41. 8
非营利性服务业	48586	42739	25. 7

说明：绝对值按现价，增长速度按可比价核算

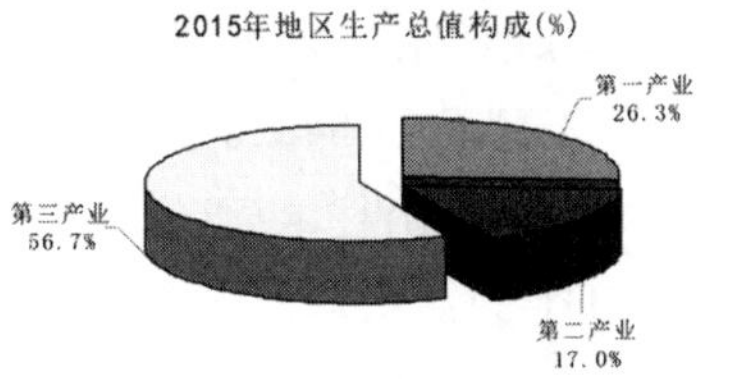

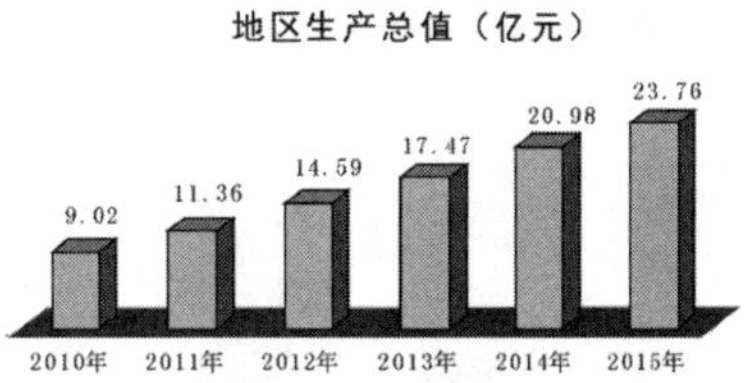

二、农业

农业生产稳定发展。2015 年全县实现农林牧渔业总产值 10.01 亿元，同比增长 6.6%，增加值 6.24 亿元，同比增长 6.4%；全年粮食作物播种面积 12.96 千公顷，实现粮食产量 4.57 万吨；茶青产量 1.32 万吨，茶产品产量 3131 吨，实现茶产品产值 3.4 亿元，完成红茶出口产量 41 吨，创汇 200 万美元；省级现代高效农业示范区总产值完成 30 亿元。省、州级农业产业化龙头企业达到 24 家；新增农民专业合作社 42 个，规模养殖场 265 个。

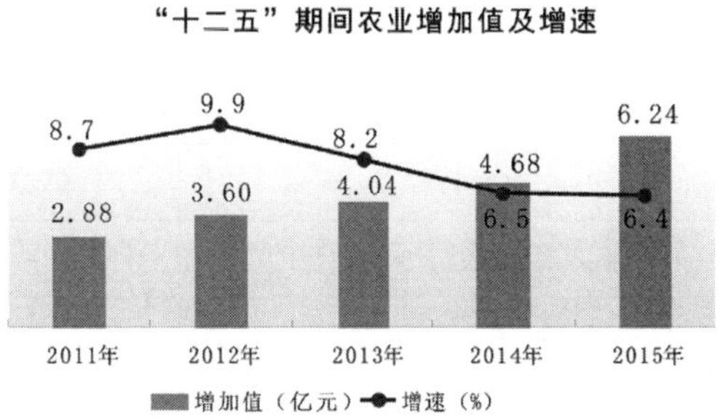

表附-2：2015 年雷山县农林牧渔业总产值统计表

指标名称	2015 年	2014 年	同比增长（±%）
一、农林牧渔业总产值	100068	79691	6. 6
（一）农业产值	58419	46453	8. 7
其中：粮食	10007	11119	
蔬菜	17289	13507	
（二）林业产值	7527	5297	7. 0
（三）牧业产值	28909	23795	2. 6

续表附-2

指标名称	2015 年	2014 年	同比增长（±%）
其中：猪	16045	13152	
家禽	3314	2785	
（四）渔业产值	2258	1796	8. 1
（五）农林牧渔服务业产值	2956	2350	3. 4
二、农林牧渔业增加值	62437	49807	6. 4
（一）农业增加值	37258	29721	8. 3
（二）林业增加值	5104	3602	6. 6
（三）牧业增加值	16712	13801	2. 3
（四）渔业增加值	1485	1185	7. 8
（五）农林牧渔服务业增加值	1878	1498	2. 7

“十二五”期间粮食总产量（万吨）

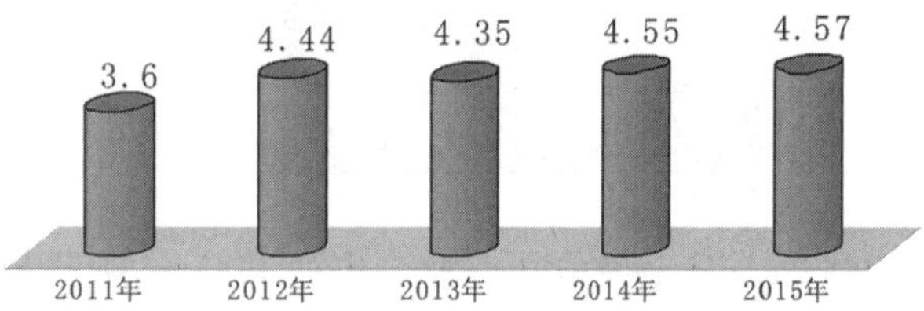

畜牧渔业稳步增长。全年畜牧业实现总产值28909万元，比2014年增长2.6%。牛存栏22597头，出栏6402头；猪存栏54228头，出栏61846头；羊存栏11190头，出栏4758头；家兔存栏1985头，出栏2031头；家禽出笼181626朋；肉类总产量6213吨，比2014年增长0.6%；禽蛋产量884吨，比2014年减少11.4%。

表附-3： 2015年雷山县畜牧渔业生产情况统计表

指标名称	单位	2015 年	2014 年	同比增长（±%）
一、年末存栏数	—			
（一）牛	头	22597	19508	15. 8
1. 肉牛	头	17042	13591	25. 4
2. 役用牛	头	5555	5917	-6. 1
（二）猪	头	54228	51885	4. 5
其中：能繁殖的母畜	头	4886	4600	6. 2
（三）羊	只	11190	10513	6. 4
其中：能繁殖的母畜	只	3452	3400	1. 5
（五）活家禽	羽	183316	176806	3. 7
（六）兔	只	1985	2424	-18. 1
二、当年出栏头数	—			

续表附-3

指标名称	单位	2015 年	2014 年	同比增长（±%）
（一）牛	头	6402	6424	-0.3
（二）猪	头	61846	62417	-0.9
（三）羊	只	4758	4753	0.1
（四）活家禽	羽	181626	180143	0.8
其中：活鸡	只	164810	163279	0.9
（五）家兔	只	2031	1864	9.0
三、肉类总产量	吨	6213	6178	0.6
（一）猪肉	吨	4960	5008	-1.0
（二）牛肉	吨	735	729	0.8
（三）羊肉	吨	84	83	1.2
（四）禽肉	吨	309	300	3.0
附：水产品产量	吨	865	854	1.3

三、工业和建筑业

工业加快转型升级。2015 年，全部工业增加值完成 2.02 亿元，同比下降 19.0%；2000 万元规模以上工业增加值完成 3243 万元，其中，国有企业完成 1125 万元，其他类型企业完成 2118 万元。“十二五”时期，我县规模工业增加值累计完成 5.91 亿元，是“十一五”期间的 1.5 倍。

在特色工业方面，深入开展“百千万”工程、“双服务”活动，着力发展以茶叶为主的特色农产品加工、以银饰刺绣加工为主的民族工艺品加工产业，积极引进中药材加工、山泉水等项目，引导和支持茶叶企业进行技改扩建，扩大生产能力，工业结构单一局面逐步改善。申报专项资金中小企业发展项目 3 个，完成“万户小老板”申报 46 名和“3 个 15 万”小微企业 50 户。培育具备一定规模的农产品和工艺品企业 36 户。

表附-4：　2015 年雷山县主要工业产品产量统计表

产品名称	单位	生产量合计
发电量	万千瓦时	2305
供电量	万千瓦时	9956
#企业用电量	万千瓦时	1374
胶合板	万立方米	0.24
商品混凝土	万立方米	6.92
精制茶	吨	90.4

建筑业稳定增长。全年建筑业实现增加值 20147 万元，同比增长 4.4%；建筑业营业税完成 3753 万元，同比增长 0.4%。

四、固定资产投资

固定资产投资快速增长。2015 年 50 万元以上施工项目 91 个（本年新开工项目 59 个），完成固定资产投资28.04亿元，同比增长20.7%。其中房地产开发投资完成1.26亿元，同比下降19.7%；工业投资完成6.47亿元，同比增长9.8%，为全县经济发展提供了有力的支撑。“十二五”期间，50万元以上固定资产投资累计完成90.3亿元，是“十一五”期间的6.6倍，年均增长46.5%，比国家高出29个百分点，比全省高出8.4个百分点，比全州高出2.2个百分点，比“十一五”期间加快增长18.5个百分点。

表附-5： 2015年雷山县固定资产投资统计表

单位：万元

指　　标	绝对数	同比增长%
50万元以上固定资产投资	280441	20.7
#500万元以上	208712	19.6
房地产	12600	-19.7
工业投资	64680	9.8
施工项目个数	91	-15.7
#本年新开工个数	59	59.5

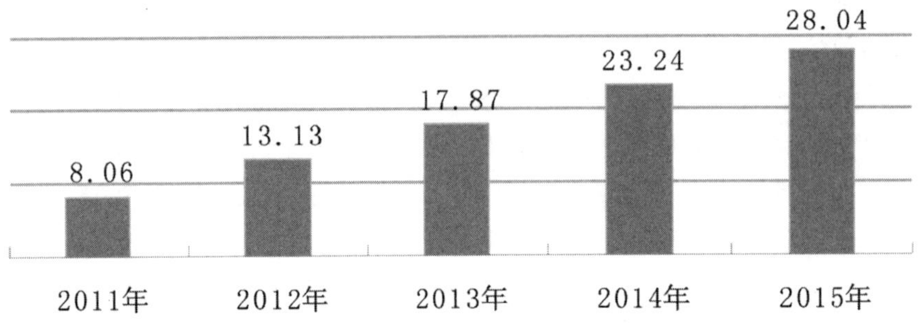

五、贸易

随着市场经济的不断发展，以及旅游产业的强力带动，我县消费环境不断改善，消费支出不断增加，消费市场日趋活跃，消费总量逐年攀升。2015年市场物价稳定，消费品市场购销两旺，全县实现社会消费品零售总额6.19亿元，同比增长12.2%，增速位于全州第1位。“十二五”时期，社会消费品零售总额完成23.38亿元，是“十一五”时期9.96亿元的2.3倍，年均增长15.8%。

表附-6： 2015年雷山县社会消费品零售、销售总额统计表

单位：万元

指标名称	2015年	同比增长（±%）
社会消费品零售总额	61934	12.2
社会消费品销售总额	219158	19.8

续表附-6

指标名称	2015 年	同比增长（±%）
批发业销售额	98968	15.1
零售业销售额	97998	18.2
住宿业营业额	4891	20.6
餐饮业营业额	17301	20.0

社会消费品零售总额（亿元）

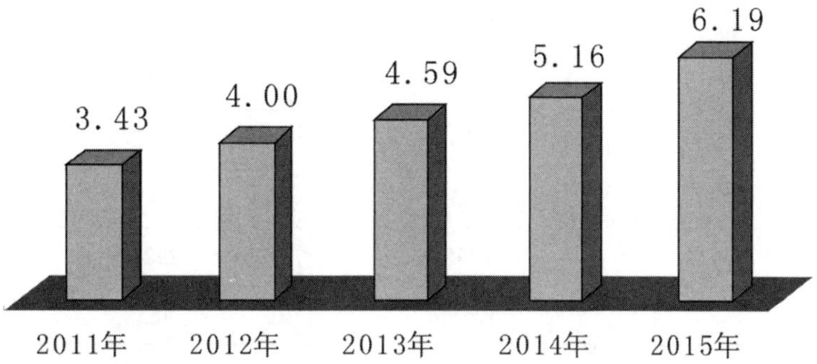

六、交通、邮政和电信业

交通运输、邮政和电信业快速发展。全年交通运输、仓储和邮政业实现增加值 9456 万元，比 2014 年增长 27.1%。

全社会货物周转总量 20143 万吨千米，同比增长 8.2%；旅客周转量 19271 万人千米，同比增长 9.9%。

表附-7：　　2015 年雷山县各种运输方式完成货物、旅客运输量统计表

指　标	单位	绝对数	同比增长（%）
民用车辆拥有量	辆	26838	62.3
其中：营运客车	辆	208	16.9
营运货车	辆	751	0.0
货运量	万吨	297	15.6
货物周转量	万吨千米	20143	8.2
客运量	万人次	324	11.0
旅客周转量	万人千米	19271	9.9

年末全县境内公路里程 1345.84 千米，通水泥（沥青）路行政村 150 个，通客运车辆行政村 130 个。全县营运载货汽车 751 辆；营运载客汽车 208 辆。

全年完成邮政业务总量 1117 万元，比 2014 年增长 2.0%；电信业务（含电信、移动、联通）总量 6410 万元，比 2014 年增长 7.4%。全县年末电信业用户到达数（持卡）为 128558 户。手机普及率 90.2 部/百人，固定电话及率 34 部/百户，互联网普及率 20.2 户/百户。

七、旅游业和招商引资

随着我县文化旅游业的发展，到我县西江、郎德、雷公山等景区景点的旅游人数不断增加，2015 年，共有 548.5 万人次到我县各景区景点旅

游观光，比 2014 年增长 24.9%，实现旅游综合收入 45.16 亿元，比 2014 年增长 24.2%。

招商引资新签约项目 22 个，签约资金 31.7 亿元，到位资金 28 亿元，完成州级全年目标任务数 25 亿元的 112%；招商引资新增开工项目 25 个，新增投产项目 11 个。

八、财政、金融和保险

财政收支实现较快增长。全县财政总收入完成 3.17 亿元，同比增长 8.5%，其中：公共财政预算收入完成 2.18 亿元，同比增长 7.1%。全部税收收入 2.66 亿元，同比增长 16.4%。公共财政预算支出 17.32 亿元，同比增长 35.9%，其中，一般公共服务支出 1.87 亿元，同比增长 6.3%。

表附-8：　　2015 年雷山县财政预算收入完成情况　　单位：万元

指标名称	2015 年	2014 年	同比增长（%）
一、公共财政预算收入	21772	20333	7.1
1、税收收入	14616	11590	26.1
2、非税收入	7156	8743	-18.2
二、上划收入	9963	8917	11.7
三、财政总收入	31735	29249	8.5
其中：国税	4961	4858	2.1
地税	19886	15838	25.6
财政	6888	8553	-19.5

注：公共财政预算收入在 2012 年之前为一般预算收入口径计算。

“十二五”期间财政收入情况(亿元)

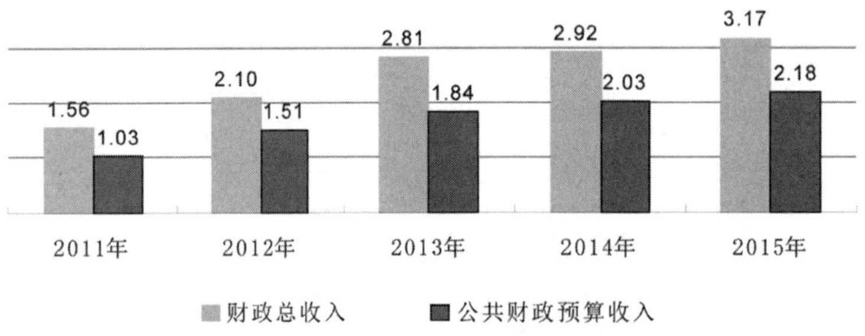

金融实力快速提升。全县金融机构各项存款余额 33.86 亿元，同比增长 27.7%。其中：住户储蓄存款余额 20.11 亿元，同比增长 11.7%。各项贷款余额 21.68 亿元，同比增长 19.7%，其中，中长期贷款 15.73 亿元，同比增长 8.7%。

“十二五”期间公共财政预算支出

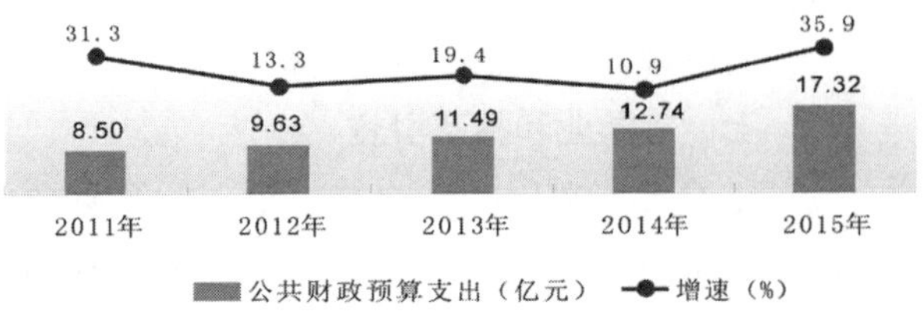

地方税收占公共财政预算收入比重（%）

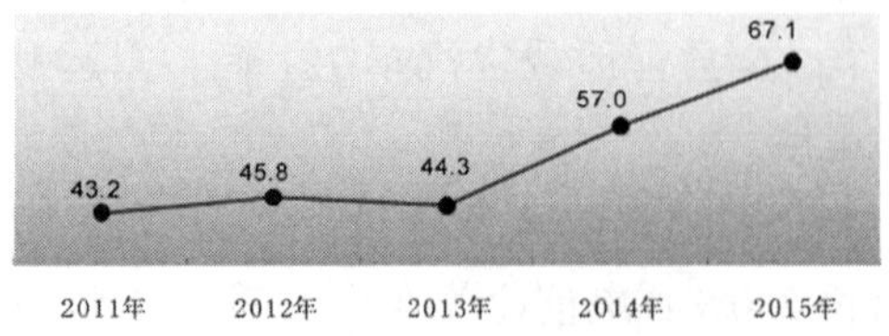

表附-9：　　雷山县金融机构存贷款统计表

单位：万元

指标名称	2015年12月	比上月增长（±%）	比年初增长（±%）	同比增长（±%）
一、全部存款期末余额	338609	6.7	27.7	27.7
#住户存款余额	201089	1.3	10.1	11.7
非金融企业存款	33445	67.7	47.3	
广义政府存款	104062	5.4	66.9	
财政性存款	31843	39.6	639.8	640.0
二、全部贷款期末余额	216755	1.9	19.7	19.7
#短期贷款	59453	3.7	63.4	63.4
中长期贷款	157302	1.2	8.7	8.7

保险业快速发展。全年保费收入3073万元，同比增长18.3%。全年各类保险赔款支出1197万元，比2014年增长71.0%。

表附-10：　　2015年雷山县保险业务收支情况统计表

单位：万元

指标名称	2015年	2014年	同比增长（±%）
一、保费收入	3073	2598	18.3
二、赔款支出	1197	700	71.0

九、人口与计划生育

根据统计口径，2015年，我县年末常住人口数为11.7万人，比2014年增加0.02万人，年平均常住人口数为11.69万人。

按公安部门户籍管理统计，2015年末，我县有户籍总人口161004人。按民族构成，汉族人口为12613人，占7.8%，少数民族人口148391人，占92.72%，其中，苗族人口为135866人，占84.4%，其他各少数民族人口为12525人，占7.8%。

2015年，年内出生人口1496人（常住人口年内出生1305人，政策内1275人，常住人口符合政策生育率94.6%），其中，出生男婴771人，女婴725人，出生人口性别比106.34。年内死亡人数1012人，人口出生率为12.40‰，人口死亡率为7.63‰，人口自然增长率为4.77‰；全年累计完成各种计划生育手术2124例，其中落实绝育手术1070例，同比减少233例。

十、教育和卫生

教育事业均衡发展。2015年，全县共有幼儿园16所，小学附设幼儿班47个，村民自办幼儿班3个，在园幼儿共4235人；小学68所（其中完全小学28所，教学点40所），在校生11051人；初中5所，在校生6587人；普通高中1所，中等职业技术学校1所，普通高中在校生3493人，中职在校生299人。各级学校专任教师1633人，其中公办幼儿园专任教师87名，小学教师专任教师808名，专科以上学历占84.5%；初中专任教师418名，本科以上学历占71.8%；普高专任教师204名，本科学历占99.0%，研究生学历占2.0%；中职专任教师54人，本科学历占72.2%。

学前一年毛入园班率140.4%，三年毛入园班率77.9%，小学入学率99.3%，初中入学率97.1%，九年义务教育巩固率98.3%，高中毛入学率90.8%。学生人均校舍建筑面积，小学9.82

平方米，初中10.69平方米，普通高中18.19平方米，中职27.99平方米。生均图书册数，小学30.2册，初中33.8册，普通高中34.4册，中职16.7册。2015年雷山参加中考1877人，参加高考1204人，二本以上上线223人。

卫生事业健康发展。2015年，我县共有医疗卫生机构177个，其中医院4个，卫生院8个，民办非企业（诊所）9个，村卫生室148个。医疗卫生机构共有床位650张，其中医院423张，卫生院184张，妇幼保健站43张。全县卫生机构在岗职工759人（卫生技术人员553人），其中，执业（助理）医师295人（执业医师113人），注册护士170人，药师（士）20人，技师（士）53人，其中检验师31人，其他128人，其中见习医师67人，其他技术人员19人，管理人员25人，工勤人员12人。全年医疗卫生支出累计完成16627万元，同比增长27.9%。全县医疗机构共诊疗30.6万人次，入院人数19490人，出院人数19219人。完成上郎德、乔兑等10个卫生计生室标准化建设，推进乡镇卫生院标准化建设，县医院顺利通过了二级甲等医院评审，县妇幼保健计生服务中心、望丰、大塘等卫生院通过州级爱婴医院评审。

十一、人民生活和社会保障

人民生活水平进一步提高。2015年全县城镇居民人均可支配收入达22564元，增长10.7%；农民人均可支配收入达到6810元，增长12.3%；2015年，全县累计实现城镇新增就业1419人。

表附-11： **2015年雷山县居民人均可支配收入构成统计表**

单位：元

指标名称	城镇		农村	
	1-12月	同比±%	1-12月	同比±%
居民人均可支配收入	22564	10.7	6810	12.3
（一）工资性收入	17387	24.5	1465	13.1
（二）经营净收入	1505	-36.6	3653	14.1
（三）财产净收入	1897	4.9	55	17.6
（四）转移净收入	1775	-20.7	1637	7.8

城镇居民人均可支配收入（元）

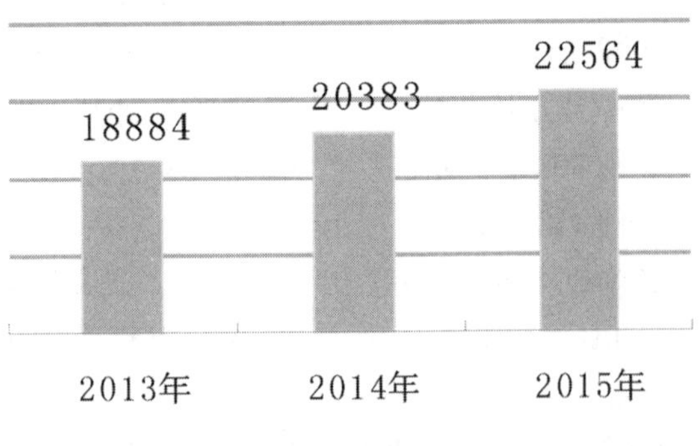

农村居民人均可支配收入（元）

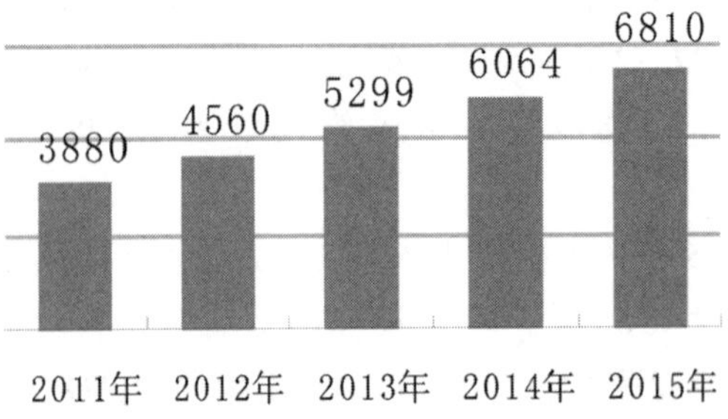

社会民生保障进一步改善。一是社会保障力度加大。积极落实就业创业政策，发放小额担保贷款金额715万元，转移农村劳动力3500人。累计发放养老金1344万元，1.98万老年人受益；累计发放低保资金6380万元，1.45万户3.87万困难群众受惠；新农合参合率达99.8%；发放医疗救助金656.57万元，2378名重特大病患者受助。发放粮种补贴资金137万元；完成生态移民搬迁1179户4560人。二是精准扶贫再上台阶。2015年省级以上财政专项扶贫资金到位6696.4万元，共计立项安排实施项目50个，启动实施31个，占62%。重点瞄准贫困户3194户13186人，实行重点帮扶，实现8220人脱贫，贫困人口下降到2.576万人，贫困人口发生率下降到18.62%。三是灾后重建推进有力。2015年自“5·27”以来，我县连续遭受了四次特大暴雨袭击，造成全县经济损失13.97亿元。争取上级灾后重建资金2.54亿元。完成受灾户紧急避险临时安置300户1057人；1755户房屋受灾户全部纳入危房改造任务，并全部启动建设；下拨民政抗洪救灾资金1224.47万元；恢复水毁公路76条；恢复农田水利设施15处，恢复农村供水工程90处。

十二、资源、环境和生产安全

全县总面积1204.35平方千米，年末耕地面积23.93万亩，森林覆盖率达68.49%。集中式饮用水源地水质达标率100%，县城环境空气质量达标率100%，城乡生活垃圾无害化处理率81.8%。

全县发生各类安全生产事故1起，死亡1人，与去年同比事故起数减少4起。其中：道路交通事故1起，死亡1人。

雷山县2015年国民经济和社会发展计划执行情况及2016年国民经济和社会发展计划草案的报告

（在2016年1月19日雷山县第十六届人民代表大会第五次会议上）

各位代表：

受县人民政府的委托，现报告我县2015年国民经济和社会发展计划执行情况及2016年国民经济和社会发展计划草案，请予审议，并请政协委员和列席会议的同志提出意见。

一、2015年国民经济和社会发展计划执行情况

今年以来，面对复杂多变的国内外环境特别是经济下行带来的巨大压力，在县委、县政府的坚强领导下，全县上下全面贯彻落实党的十八大和十八届三中、四中、五中全会精神及习近平总书记系列重要讲话精神和中央、省、州各项决策部署，坚持稳中求进工作总基调，坚持主战略不动摇，坚定不移地走现特显优、特色发展之路，围绕“四个全面”战略布局，把“守底线、走新路、奔小康”作为总要求，全面实施“环境立县、旅游强县”战略，主动适应新常态，统筹做好稳增长、促改革、调结构、惠民生、防风险各项工作，努力克服复杂的经济形势和严重洪涝灾害带来的严峻挑战，全县经济社会发展实现了经济较快增长、生态环境优良、民生持续改善，较好地完成了全年目标任务，为“十三五”时期的发展打下了坚实的基础，我县站在了实现后发赶超、全面小康的新起点。

（一）国民经济保持平稳较快增长。今年以来，坚持把保速度、提总量、保位次作为首要任务，狠抓经济运行调度和项目、企业贴身服务，强化对国家、省州的政策研究，狠抓要素保障，解放思想、攻坚克难、负重拼搏，国民经济呈现平稳较快增长态势。初步测算，全县地区生产总值同比增长11.3%；50万元以上固定资产投资同比增长20.5%；社会消费品零售总额同比增长12.2%；财政总收入同比增长8.5%；一般公共预算收入同比增长7.1 %；一般公共预算支出同比增长35.9%；金融机构存、贷余额同比分别增长27.7%和19.7%；农村居民人均可支配收入同比增长12.8%，城镇居民人均可支配收入同比增长10.8%；小康社会实现程度达89.6%；增比进位综合测评在全省10个国家扶贫开发工作重点县排第4位，上升2位。

（二）*产业发展不断优化提速*。坚持产业特色发展，高效发展，产业结构调整不断优化。一是繁荣发展以文化旅游为龙头的第三产业。三产拉动经济增长12.3%，服务业增加值占生产总值比重达58.5%，比2014年提升3.3个百分点。基础设施建设不断完善，扎实推进西江千户苗寨国家AAAAA级景区创建，营上综合服务区文化创意平台街区、文化艺术创作基地、生态停车场等项目建设加快；启动郎德景区二次开发，启动实施南统服务区、“非遗”一条街、停车场、郎德上下寨连接线观光车道及郎德上寨田园景观打造项目建设；有序推进县城景区化建设，启动县城游客信息服务中心建设。旅游推介活动广泛开展，旅游以举办雷山苗年、苗岭笙歌、“雷公山之巅·巴拉河之夏”自行车赛、超100千米跑国际挑战赛、苗岭斗牛大赛等活动为平台，抓住沪昆、贵广高铁高速开通机遇，走出去宣传、请进来推介雷山美丽风光、弘扬民族文化，不断拓展旅游客源市场；全县旅游服务标准化建设不断推进，完成乡村旅游从业人员培训1023人，接待能力不断增强，基本建成西江智慧景区平台，互联网+旅游优势凸显，预计全县全年接待游客完成578.65万人，同比增长25%，旅游综合收入完成47.2亿元，同比增长25.37%。商贸服务业稳步发展。全年限上批发业完成3124万元，同比增长10.4%，限上零售业完成13403万元，同比增长9.6%，限上住宿业和餐饮业完成12151万元，同比增长9.9%。金融市场运行稳健。金融机构存款余额增长27.7%，贷款余额增长19.7%。二是农业发展成效喜人。粮食生产稳定，实施农业适用技术推广、粮食增产和高产创建、植保植检等促进粮食增产工程，贯彻落实中央支农惠农政策，全县粮食作物种植面积19.45万亩，粮食总产量4.6万吨，其中，夏粮1.24万吨，秋粮3.36万吨，完成全年目标任务。扎实推进现代高效农业发展。生态茶园示范园区、休闲农业与乡村旅游示范园区和生态农业循环经济示范园区3个农业园区纳入省级现代高效农业园区，8个乡镇农业示范园区建设稳步推进，积极整合部门资金和社会资金8.2亿元投入到园区基础建设，入驻园区经营企业达30家，其中，省级龙头企业4家；专业合作社12家。园区产业体系初步形成。全县农业产业园区完成产值30亿元，同比增长185.29%。农业产业化发展加快，全县州级以上农业产业化龙头企业达24家，其中：省级4家，州级20家。全县农业机械保有量达5.39万台，单位耕地面积拥有农业机械动力指数0.68千瓦/亩。特色农业发展成效显著。“6个10万”工程扎实推进，茶产业发展加快，雷山成功创建国家级出口食品茶叶产品质量安全示范区，全县完成茶园面积15.7万亩，其中可采摘面积8.7万亩，完成无公害认证面积11.5万亩，完成全县有机茶认证和产品认定0.33万亩，茶青产量1.32万吨，实现茶叶产品产量3131.43吨，预计实现茶业综合产值9亿元。年末黑毛猪存栏5.08万头；完成稻田养鱼6.82万亩，产量完成1210吨；土鸡累计出笼7.93万羽；完成蔬菜、水果种植面积8.82万亩；完成特色稻米种植5139亩；完成中药材种植1.19万亩。三是狠抓特色工业发展。狠抓工业投资工作，我县50万元以上工业固定资产投资预计完成5.73亿元，万城生态畜禽加工项目、百佳尚品青钱柳百合粉加工项目等项目建设积极推进。积极推进园区建设，启动了螺丝山工业园区规划；乌开小区基础设施建设进一步完善，承载能力不断增强。风电项目取得突破，雷山县苗岭风电场、大塘风电场获得省能源局核准。“雷山鱼酱酸”产业化发展，鱼酱酸生产企业达9家，规模以上达3家，年产量达80吨。新增微型企业50户。培育具备一定规模的农产品和工艺品企业36户。规模以上企业7户，全年规模以上工业增加值完成3118.6万元。

（三）*人民生活进一步改善*。坚持把保障和改善民生放在突出的位置。一是教育事业稳步推进。积极推进教育基础设施建设，建成的教学建筑面积达53200平方米，教学条件得到全面提升；九年义务教育巩固率达98.27%，高中阶段毛入学率达75%，学前三年入园率达66%。加强中职教育建设，完成中职招生1212人。义务教育初步均衡发展工作顺利通过州人民政府评估验收。二是医疗卫生事业扎实推进。新农合参合人员13.98万人，实际参合率达99.8%，共有10.39万人次享受合作医疗补偿，新农合基金共计补偿4596万余元，有效地减轻了农民重病、大病巨额医疗费用的负担；开展居民健康档案建档立卡工作，全县居民健康档案累计建档11.3万人，建档率96.7%。儿童免疫规划疫苗接种率稳定在95%以上，孕产妇系统管理率、儿童系统管理率稳定在80%以上。居民平均期望寿命由“十一五”末的69岁提高到73岁；加快乡镇卫生院公租房周转房及辅助设施建设，永乐、大塘、桃江片区、达地4个卫生院公租房与卫生周转宿舍建设项目有序推进。大力推进村级卫生计生室改扩建项目，完成上郎德、羊卡乌迭卫生计生室标准化建设，丹江镇卫生院等项目有序推进。三是社会保障事业持续推进。2015年我县参加城镇职工基本养老保险人数3868人，累计发放基本养老金1518万元，社会化发放率均达到100%；居民社会养老保险全县参保人数达到7.14万人，参保率为100%；城市低保对象达到1148户2459人，累计发放城低保资金844.43万元；农村低保对象达到1.33万户3.63万人，累计发放农低保资金5536.41万元；发放城乡医疗救助资金656.57万元，惠及2378人；全面做好征地农民就业和社会保障工作，已认定被征地农户254户1068人，符合增发基础养老金160人，共发放基础养老金21.48万元。积极推进雷山县老年养护楼、大塘镇敬老院、雷山县儿童福利院等项目建设；启动雷山养老基地、郎德镇养老公寓等项目前期工作。四是强化计生宣传督查和“国优”巩固工作，人口自然增长率控制在4.55‰。五是不断完善人才工作机制体制，着力优化人才发展环境，专业技术人才达2372人，其中研究生以上学历6人，大学本科学历993人。六是扎实推进扶贫攻坚工作。认真贯彻落实省委、省政府“1+10”政策部署，制定雷山县整县“减贫摘帽”实施方案及郎德、永乐、大塘、望丰等四个乡镇的“减贫摘帽”实施方案，认真贯彻落实“五个一批”工程，实施精准扶贫工程，选派61名干部到村任“第一书记”，选派306名驻村干部组建61个驻村工作组重点帮扶，实现8220人脱贫；完成移民搬迁入住205户760人；争取上级财政专项扶贫资金到位6696.4万元，共计立项安排实施项目50个，启动实施31个，占62%，其中已实施完成的项目11个，占已启动实施项目的35.48%。贫困人口从4.92万减少到2.35万人，贫困人口发生率下降到18.62%，较2010年的35.6%下降了18.78个百分点。全县基本实现了“减贫摘帽”目标，扶贫开发工作跃上新台阶。以户为单位的同步小康创建活动扎实推进，全县3000多户城乡居民挂牌认定为“小康家庭户”，脚尧村获“贵州省同步小康创建示范村”殊荣。七是灾后重建工作有力推进。快速推进灾后重建工作，积极争取上级灾后重建资金2.54亿元。完成受灾户紧急避险临时安置300户1057人；1755户房屋受灾户全部纳入今年危房改造任务，并全部启动建设；争取到民政抗洪救灾资金1224.47万元；恢复水毁公路76条；恢复农田水利设施15处，恢复农村供水工程90处。其他灾后重建项目扎实推进，供电、供水、通讯、市政设施等全面恢复，社会公共服务设施灾后重建、农业生产恢复、企业复工复产、地质灾害防治等工作成效明显，全县灾后重建工作取得了阶段性胜利。《雷山县灾后重建总体规划》已得到省人民政府批复，规划投资19.9亿元，新一轮灾后重建有序推进。七是高度重视安全生产工作。全面推进普法教育工作，切实加强社会治安综合治理，严厉打击各类违法犯罪，有效巩固了“平安雷山”和“无毒害县”创建成果；精神文明和民主法治取得较好成效。

（四）城乡建设全面提速。以规划完善为先导，以项目建设为抓手，着力培育经济发展核心增长极，城镇化率提高到35.2%。一是完善城乡建设规划。完成县城北区控制性详细规划，启动县城南部片区控制性详细规划编制；完成西江镇区控制性详细规划；启动永乐镇、郎德镇、达地乡总体规划编制工作；第一批4个传统村落，已完成“一村一档”和保护发展规划的编制并通过省部级专家技术性审查。第二批传统村落的46个村，“一村一档”建档工作已基本完成，启动保护和发展规划在编制。二是狠抓项目建设。完成雷山县垃圾填埋场、县城污水收集管网二期工程等项目建设；实施苗疆盛世城市综合体建设、红屯堡移民安置小区、县城西出口（楼梯坝）安置小区路网、蚩尤大道、城乡生活垃圾收运系统、2014年保障安居工程1243套等项目建设，城镇基础设施日益完善。三是深入推进丹江示范小城镇建设，完成投资6.34亿元，实施“8+X”等项目建设，打造以“东茶”“西菜”“南畜”“北果”四大产业作为示范小城镇产业发展及拉动就业的载体，累计建成2.24万亩有机农产品茶叶生产基地，新增小微企业12家，新增城镇人口880人，解决城镇就业人口350人。四是美丽乡村建设扎实推进。实施新桥村、也改村、格头村美丽乡村示范村建设；实施脚尧村、报德村、公统村等美丽乡村项目，实施风貌整治、绿化、美化工程；投入1.8亿元实施饮水安全、抗旱水源、水库加固、渠道改造、河流治理等工程，解决1.72万人农村饮水问题，完成渠道防渗改造108千米，恢复改善灌溉面积9600亩。农村电网改造工程、“小康电”工程完成投资4463万元，架设线路194.7千米、户表改造2.04万户等，消防“电改”投入资金1192万元，完成房屋电改15136栋；“一事一议”财政奖补资金投入1000万元，建设完成项目52个。

（五）生态文明建设扎实推进。牢牢坚守发展和生态底线，全力推进生态文明先行示范区建设。一是生态建设能力增强。启动“绿色贵州”三年行动计划，启动新一轮退耕还林，实施县城、旅游公路、产业园区等造林绿化，完成人工造林2943.3亩，完成县级封山育林2855亩，完成绿化苗木6.6万株，启动营造林和封山育林2000亩；森林覆盖率达68.49%，比2014年提升1.14个百分点；城市（县城）环境空气质量达标率100%；集中式饮用水源地水质达标率100%；城乡生活垃圾无害化处理率达81.8%，比2014年提升49.6个百分点；主要污染物排放控制在州下达的任务范围内。二是大力加强森林资源管理。抓好国家级公益林42.93万亩和地方公益林9万亩管护，严控森林采伐限额，采伐林木蓄积7082立方米。三是启动生态文明先行示范区和生态保护与建设示范区建设工作。完成《雷山县生态保护红线（生态功能保障基线）划定工作方案》编制，划定生态红线落地面积101.85万亩。启动学校、机关、社区、村寨等一批绿色文化生态示范样板创建工作。完成格头村绿化，郎德—杨柳、开觉—麻料、羊排—大塘的旅游公路绿色文化生态示范建设。推进农村环境综合治理，实施乌东村、西江村、上郎德村、下郎德村、南猛村、格头村、毛坪村开展农村环境综合整治工程。四是积极推动生态经济发展。完成高标准无性系茶叶基地建设整地面积1.53万亩，积极发展林下种植、林下养殖。

（六）基础设施日趋完善。一是全力推进交通设施建设。凯雷高速公路顺利建成通车，结束我县没有高速公路的历史。蚩尤大道工程基本建成。完成干荣至白习坡、塔石至达地、雄水至小丹江等县乡道改造项目。全县基本实现村村通油（水泥）路，产业道路完成64千米，全县“一横二纵十连线”骨架公路网格局逐渐显现。二是全力推进水利设施建设。鸡鸠水库完成导流洞贯通、截流验收、基坑验收、趾板基础验收等工作；完成西江水库工程、望丰水库工程、翁养水库工程前期工作，启动排苟水库工程等项目前期工作；建成永乐镇、达地乡、西江镇抗旱应急水源配套工程3处；实施郎德防洪堤、县城郎当及陶尧河段河道整治及护岸工程等项目建设；实施小型农田水利重点县建设项目，新增灌溉面积9900亩，恢复改善灌溉面积2.28万亩。三是启动信息基础设施建设三年会战。信息化基础设施完成投资5690万元，全县577个自然寨实现通讯全覆盖，154个行政村基本实现宽带全覆盖，广播电视综合信息网络全覆盖。

（七）改革开放全面深化。一是高起点谋划设计改革方案，及时落实工作责任。重点围绕经济、民主法治、文化旅游、社会、生态文明、纪律检查、党的建设制度改革7个方面，重点推进的32个具体改革任务事项，逐条细化具体详细改革任务，落实责任主体，确保每一项改革真正落到实处。二是狠抓重点领域和关键环节改革推进。完成政府机构改革，进一步健全完善机构编制集中统一管理，强化机制编制管理与组织管理、财政预算等综合约束机制；同时，以丹江镇为试点，按照“职权法定、权责一致、能放则放、精简统一、因地制宜”的原则，完成丹江镇乡镇行政管理体制改革试点工作；全面推进公车改革工作。扎实推进经济体制改革。印发《2015年雷山县深化经济体制改革重点工作实施方案》，农村产权制度改革、创建全国小型水利工程产权制度改革试点示范县、农村金融信用体制机制改革、扶贫攻坚示范改革成果显著。突出抓好文化旅游体制改革。扎实推进旅游综合改革，成立县文化旅游发展管理委员会，完成西江景区“区镇合一”旅游体制机制改革，建立网上雷山旅游旗舰店，完善智慧旅游系统体系建设；加强传统村落保护和创新非物质文化遗产保护与开发方式，率先在乌东村、西江村等村寨开展“保老寨、建新村”试点工作，先后投入6000余万元在格头村、乌东村、西江村、掌坳村等村寨完善基础设施建设。我县国家级非物质文化遗产代表性名录项目《苗医药·骨伤蛇伤疗法》作为贵州省首批数字化建设三个试点之一，完成1016个著录数据，967个著录数据通过国家非遗中心专家评审，顺利完成苗医药数字化建设工作。突出抓好生态文明体制改革。在全省范围内率先组建雷山县生态文明建设管理局，将环保、林业以及发改部分职能进行有效整合，并成立县生态保护法庭、县生态保护检察科、县生态保护公安分局。完成《雷山县主体功能区建设试点实施方案》编制工作，划定生态保护红线，并作为贵州省自然资源资产责任试点县接受审计。同时，积极推进政治协商民主改革、人民法院立案登记制度改革、“阳光司法”机制改革等民主法制改革，推进教育领域综合改革、社会治安综合治理改革等社会体制改革。

各位代表，2015年各项目标任务较好完成，标志着我县“十二五”各项目标任务基本完成，“十二五”时期取得的巨大成就，是在县委的正确领导下，在县人大、县政协的支持和监督下，在全县人民的共同努力下取得的。

过去的五年，是我县经济发展最快的五年，全县经济总量翻了一番多，年均增长15.7%，主要经济指标基本实现“三高于”目标。过去五年，是我县文化旅游产业发展最好的五年，旅游基础设施日益完善，接待能力不断提升，旅游总收入从“十一五”末的6.48亿元增加到47.2亿元，旅游人次从173万人次增加到578万人次。过去的五年，是我县基础设施建设力度最大的五年，实现凯雷高速公路建成通车，实现100%行政村通油（水泥）路；鸡鸠水库动工建设，西江水库等水库基本完成前期工作，集中式饮用水源地水质达标率达100%；全县577个自然寨实现通讯全覆盖，154个行政村基本实现宽带全覆盖，广播电视综合信息网络全覆盖。过去的五年，是我县人民群众实惠最多的五年，贫困人口发生率下降到18.62%，较2010年的35.6%下降了16.98个百分点，全县实现“减贫摘帽”；城乡医保、城乡低保基本实现全覆盖；城乡居民收入实现翻一番。过去的五年，是我县释放发展活力最强的五年，完成政府机构改革、乡镇行政管理体制改革试点、镇区合一改革、农村综合改革、商事制度改革等重大改革工作，发展活力进一步增强。实践证明，只要我们认真贯彻落实中央、省、州和县委、县政府的各项决策部署，坚持主基调、主战略，聚精会神，扎实苦干，就一定能实现建成小康社会目标。

各位代表，在我县经济社会发展取得巨大成就的同时，虽然“十二五”时期我们成功破解了一些阻碍发展的问题和困难，但必须清醒地认识到当前我县经济社会发展过程中存在的一些突出问题和困难。主要表现在：经济综合实力依然不强，后发展、欠发达的基本县情没有改变，人均经济总量偏低；生态工业发展、城镇化水平低，产业结构不尽合理，发展不平衡，统筹发展还有大量工作要做；投资结构不尽合理，带动经济增长的大项目、财源性项目偏少，特别是生态工业大项目不多，投资保持高速增长压力较大；旅游产业发展有待转型升级；改革创新力度还有待加强，制约经济发展的资金、土地、人才等要素还需进一步破解；城乡公共服务均等化工作有待进一步完善，农村基本公共服务和基础设施建设滞后，群众在教育、医疗、收入增长、住房等方面还有不满意的地方。这些困难和问题，需要采取有效措施，积极应对，妥善解决，未来一段时期，经济社会发展面临降速、消费结构转型等新问题，我们将团结一心、全力以赴推进经济社会健康持续发展。

各位代表，“十三五”时期是全面建成小康社会的决胜时期，是我县加速发展、缩小差距的黄金发展期，是弯道取直、后发赶超的加速冲刺期，是厚植后发优势、走出发展新路的战略机遇期。

“十三五”时期，我们将牢牢守住全面建成小康社会这个目标毫不动摇，确保2020年与全国、全省、全州同步建成小康社会，当前和今后一个时期全县工作的指导思想是：高举中国特色社会主义伟大旗帜，全面贯彻党的十八大和十八届三中、四中、五中全会精神，以马克思列宁主义、毛泽东思想、邓小平理论、“三个代表”重要思想、科学发展观为指导，深入贯彻习近平总书记系列重要讲话精神，以全面建成小康社会为总目标，以守底线、走新路、奔小康为总要求，深入贯彻全面建成小康社会、全面深化改革、全面依法治国、全面从严治党的战略布局，深入落实创新、协调、绿色、开放、共享五大发展理念，以脱贫攻坚统领经济社会发展全局，坚持加速发展、加快转型、推动新跨越主基调，深入推进新型工业化和城镇化带动战略，切实抓好大扶贫、大数据、大健康三大战略行动，全力做好山地农业和山地旅游两大姊妹篇，坚定不移地坚持“生态立县、文化兴县、旅游强县”战略，围绕文化旅游抓特色工业、抓特色农业、抓特色服务业、抓特色城镇化，统筹推进经济建设、政治建设、文化建设、社会建设、生态文明建设和政府自身建设，走出一条现特显优、特色发展新路，确保到2020年同步全面建成小康社会。

“十三五”时期我县经济社会发展的主要预期目标是：始终坚持“三个高于”不动摇，确保地区生产总值年均增长13%以上，确保总量达47亿元以上，人均生产总值达3.9万元以上。固定资产投资力争年均增长25%以上，规模工业增加值确保增长28%以上，旅游综合收入确保年均增长25%，社会消费品零售总额年均增长14%，民营经济比重达到62%以上，财政总收入年均增长10%以上。城镇、农村居民人均可支配收入年均增长分别为10%和11.5%以上，城镇登记失业率控制在4.5%以内，常住人口、户籍人口城镇化率分别提高到50%和25%以上，人口自然增长率控制在5.7‰以内，平均预期寿命达到76岁以上。三次产业结构调整到15∶30∶55，森林覆盖率达70%以上，节能减排控制在州下达指标以内；按国家标准贫困村全部退出，按现行标准农村贫困人口全部脱贫；全面建设小康社会实现程度年均提高2.6个百分点以上，如期通过“贵州省同步小康创建达标县”验收。

今后五年我们将狠抓大扶贫、大健康、大数据三大行动，大力实施生态立县、文化兴县、旅游强县三大战略，全力构筑新兴产业、基础设施、城乡统筹、民生保障、改革开放五大体系，实现经济社会历史性跨越发展。

二、2016年经济社会发展的总体要求和主要目标

2016年是“十三五”规划开局之年，也是我县实施“生态立县、文化兴县、旅游强县”战略的关键之年。尽管国内外经济形式复杂，下行压力大，但国家、省州好的政策不断增多，全县干部队伍精气神进一步提振，上下干事创业的激情不断增强，加快发展的环境不断优化，全县经济社会发展将保持平稳较快发展态势。

2016年经济社会发展的主要预期目标是：地区生产总值确保增长13%以上；农业增加值增长6.5%以上；规模工业增加值确保增长13%以上；服务业增加值增长15%以上；固定资产投资确保增长25%以上；社会消费品零售总额确保增长13%；财政总收入确保增长12%，一般公共预算收入确保增长10%以上；城镇、农村居民人均可支配收入分别确保增长11%和13%；城镇登记失业率控制在4%以内；城镇化率提高到39%左右；森林覆盖率达到69%左右；人口自然增长率控制在5.5‰以内；小康实现程度达93%左右；节能减排降碳指标控制在省下达计划范围内。力争在全省10个国家扶贫开发工作重点县综合排位要保4争3。

三、2016年经济社会发展的主要任务和措施

围绕实现全年目标任务，全面推进经济社会发展，要重点抓好以下工作：

（一）抓落实，打赢“十三五”扶贫攻坚首战。要始终把扶贫攻坚作为头等大事和第一民生工程来抓，把扶贫工作项目化、精准化，力争脱贫7000人。一是大力推进“五个一批”工程实施。打好易地扶贫攻坚战，坚持把易地扶贫搬迁当做脱贫攻坚战中的攻坚战，集中搬迁安置5000人左右；加强资金、土地要素保障力度，确保易地扶贫搬迁项目按时启动完工；做好易地扶贫搬迁与进城农民的户口问题、社会保障问题，实现搬迁与城镇化双促进。打好产业脱贫攻坚战。积极引导贫困村通过发展种植业、加工业、旅游业、转移就业等方式促进脱贫；实施乡村旅游、电商扶贫等产业推进工程，加大支持乡镇、中心村网店建设力度。打好教育医疗脱贫攻坚战，发展教育脱贫一批，全面落实普通高中和中职学校“两助三免”政策，切实解决因学致贫问题，对贫困人口提供基本医疗保险、大病保险、医疗救助“三重医疗保障”，解决因病致贫问题。打好保障兜底攻坚战。切实提高保障对象人均年保障标准、重度残疾人、五保户人均年保障标准。提高农村低保标准，推进农村扶贫标准和农村低保标准“两线合一”，完善新型社会救助体系，确保无业可扶、无力脱贫人口全部实现社会保障兜底。打好绿色建设脱贫攻坚战，用足国家和省生态补偿脱贫政策，确保自然保护区、公益林区等为重点贫困人口通过就地转成护林员等生态保护人员实现脱贫，拓宽贫困人口增收渠道。二是建立健全脱贫攻坚工作机制。围绕“党委主责、政府主抓、干部主帮、基层主推、社会主扶”五个环节，选好主导产业、配强村支两委、配好第一书记，着力解决现阶段存在的各种突出问题和困难，加快项目实施进度，切实抓好精准扶贫，认真落实“五个一批”，做到“六个精准”和“四个切实”。全面落实“五个责任”和“五包”责任制，层层签订目标责任状、责任书。实行选派单位向县委负责、派驻干部向单位负责的“双向负责”管理机制，加大问责和召回教育力度。三是扎实做好精准扶贫工作。全面落实省“1+10”和州“1+10+9”精准扶贫精准脱贫配套文件精神，精准落实扶贫对象，深入推进领导干部遍访贫困村工作，对扶贫人口和贫困村进行贫困程度分级分类管理，实施重点扶持，整体推进。及时关注中央、省州扶贫政策，抓住机遇申报项目、试点等，从扶贫政策中找发展空间、项目和资金。

（二）抓特色，创新推动经济结构调整。一是大力发展文化旅游业等现代服务业。加快旅游开发建设和改造升级，优化雷山旅游路线，启动“全县景区化、全域旅游化”规划，促进南部大塘、永乐等乡镇旅游产业发展。加快推进项目建设，继续推进西江景区完善提升工程建设，力争2016年西江成功创建5A景区，完成西江文化创意平台街区、长荣服务区建设和朗西万米步道、风雨长廊、旅游步道、观景栈道、民族工艺品商贸长廊及西江新村、西江环寨公路等项目建设；启动凯雷高速营上服务区、文艺创作基地（剧场）等项目建设。尽快启动雷公山景区开发建设，启动陶尧服务区建设，督促和支持协调开发商尽快启动24千米服务区、乌东景区和响水岩景区等区域项目建设，谋划启动雷公山旅游观光火车项目，积极创建雷公山国家生态旅游示范区，争取建成国家公园县。加快推进郎德景区整体开发，完成南统服务区、郎德新村、非遗一条街、停车场、游客服务中心、郎德上下寨连接步道建设，完成郎德上寨风貌整治和田园景观打造，启动郎德镇养老公寓项目，配套建成乡村旅游驿站、旅游公厕、自驾游营地等服务设施。加快县城景区化打造，完成县城游客服务中心建设，启动丹江体育森林公园、“中国传统村落·黔东南峰会”永久会址、陶尧温泉小镇、雷山生态自行车专用车道、雷山苗岭斗牛城等一批重大项目建设。同时，积极开发建设方祥、望丰、大塘等乡村旅游线，完成14个民族村有旅游公厕、有游客中心、有文化广场、有宽带网络“四有”建设，加快全县景区化进程。丰富旅游产品体系，加快推进文化、生态、旅游融合发展，继续推进与苏州美院等高校、企业合作，启动实施“中国雷山非物质文化遗产传承示范基地”项目建设，加大力度开发民族文化体验产品、生态观光旅游产品、休闲度假旅游产品、户外运动旅游产品、休闲农业、民族体育竞技产品、康体养生产品等旅游产品，加快发展避暑、科普探险、修学旅行等旅游新业态，促进旅游发展业态多元化、服务规范化，提升旅游服务水平。继续做好旅游推介活动，进一步巩固周边客源地市场，开发高铁沿线重要城市客源市场，举办好贵州环雷公山超100千米跑国际挑战赛、雷山苗年等我县重要文化旅游活动。力争旅游业综合收入56亿元以上，接待游客达660万人次以上。二是开创民族文化发展新局面。加强民族民间文化保护与传承。规划和建设好一批民族文化基地，突出“一寨一特色”，加快发展乡村文化旅游业，促进民族文化保护与开发；组织开展民间艺人培育工程和民族文化传承工程；抓好苗族村寨申报世界文化遗产和苗族服饰申报人类非物质文化遗产代表作名录工作。大力推进民族文化商品化工程。加强与企业和高校合作，实施好锦绣计划，强化培训提升，促进民族工艺品在保持传统风格的基础上向多样化、多层次方向发展，打造一批有地域文化特色的商品；支持培育民族工艺品研发、生产、批发、销售龙头企业；引导旅游商品加工和创意设计企业到园区聚集发展，积极探索民族手工艺品与电子商务商家合作，拓展销售渠道，全力打造“苗族工艺品生产和交易基地”。探索雷山斗牛产业化、市场化的运营体制机制，推动斗牛活动向产业化、市场化发展；加强雷山“苗岭斗牛”品牌的推介，坚持举办雷公山苗岭斗牛大赛，着力打造成为全国有影响力的特色文化品牌；积极引进投资，启动大型苗族歌舞剧演出项目建设。强化传统村落的保护与开发。整修和保护57个传统村落、民族特色建筑等地域特色文化，对民间民族表演艺术、苗族手工技艺、苗族医药、民族服饰、民俗活动、农业文化、口头语言等非物质文化进行全面普查、确认、登记、立档，并妥善保存。集中力量将雷山57个全国传统村寨建成风情表演、优美景致、美食养生、民俗体验等群落，开创雷山乡村旅游新局面，整体推动雷山全域兴旅游、全民兴旅游。三是大力发展现代农业。优化调整产业结构，按照优化布局、生产规模、经营集约的要求，在稳定粮食生产的基础上，确保粮食生产在3.9万吨左右。实施农业发展“6个10万”工程。茶叶生产工作，全力促进茶产业大幅提升，推动茶叶生产、加工、销售一体化。年内新建高标准无性系茶园面积0.5万亩，低产茶园改造提升与幼龄茶园管护2万亩；完成茶青产量1.5万吨，产品产值3.9亿元，综合产值10亿元以上；扩大红茶生产规模，注重产品质量，促进红茶产品外销，提高出口创汇率；完成茶叶初级加工厂建设5个以上，茶青交易市场建设2个；完成茶叶技能培训1600人。中药材种植，新增天麻、青钱柳、白芨等中药材种植5000亩，累计达3.5万亩。特色稻米种植，实施红米、半芒谷等特色稻培植工程4000亩，力争产值达1000万元以上。特色果蔬种植，不断扩大水果、蔬菜种植面积。黑毛猪等特色养殖，扩大黑毛猪养殖规模，力争年出栏7万头，存栏5万头。加大野猪、竹鼠、土鸡等特种养殖业发展，完成肉类总产量7200吨以上。稻鱼工程等水产养殖，实施稻田养鱼、冷水养鱼工程及娃娃鱼、石蚌等特色水产养殖，水产品产量达1000吨以上。加快发展山地特色高效农业，做到农业“接二连三”，做好3个省级现代农业园区、8个乡镇现代农业园区建设。发展农产品加工流通业，加快建设冷链物流设施建设。在农业示范园区建设一批产加销一体化基地和农民工创业园区。创新金融支农服务机制，加强农业现代担保体系建设，扩大农业保险覆盖面，开展农业保险保单质押贷款、农产品目标价格保险和信用保险。四是大力发展特色生态工业。大力实施工业提升战略，启动螺丝山工业园区建设，完善乌开小区配套设施建设，努力拓展园区承载功能，推动县域经济协调发展。实施雷山县生态禽畜产品深加工项目、雷山县2015年茶产业项目等项目建设。大力实施工业“百千万”工程，促进工业企业做大做强，培育规上企业2家。完成微型企业申报30户，围绕特色、生态发展工业，依托茶叶、水资源、工艺品、精品水果、中药材等特色产业发展，推进特色产业深加工，走绿色工业之路，培育新的经济增长点。

（三）抓民生，促进发展成果共享。一是大力发展教育事业，确保通过义务教育基本均衡发展评估验收。狠抓《雷山县提升中小学教学质量三年行动计划》的落实，全面提升全县教学质量。不断创新办学方式，有序推进村级幼儿园建设，确保学前教育普及率达85%以上。加大控辍保学力度，确保2016年我县小学、初中、普高、中职辍学率控制在1%、2%、5%、10%以内，九年义务教育巩固率达95%以上。推进“薄改”等各项教育工程的实施，确保全县各学校办学条件达标；加快推进思源实验学校、郎德小学搬迁重建、雷山公共体育场和中等职业技术学校实训设施等重大项目的建设。二是建设健康雷山。改善医疗卫生条件，大力推进基本公共卫生服务逐步均等化；完善公共卫生服务体系基础设施建设，完善乡镇卫生院和村卫生室标准化建设；积极推进新农合、大病保险工作；加强和规范餐饮、饮用水、职业、学校、传染病防治、食品药品安全等卫生监督工作。三是积极推进就业工作。实施更加积极的就业政策措施，鼓励自主创业，到基层就业；加快推进职业教育发展，组建集学历教育、职业培训、技能鉴定、推荐就业、技术推广为一体的职业教育基地。实施“3个15万”工程，促进小微企业发展。实现新增城镇就业人口1900人以上，失业率控制在4%以内。四是完善社会保障体系。积极开展被征地农民社会保障工作，扩大社会保险覆盖范围，继续做好失业保险、养老保险、生育保险、医疗保险等社会保障工作，扩大非公有经济组织工伤、失业保险参保率；完成老年养护楼建设。五是积极有序推进灾后重建工作，全面做好重大基础设施、产业发展的重建恢复工作，确保人民生产生活恢复并超过灾前水平。恢复重建县、乡道15条243千米，全面完成308省道水毁部分恢复。恢复灌溉面积13032亩，解决16894人饮水问题，重建堤防护岸及河道疏浚6.8千米。完成3座水电站、28.1千米受损电网及相关配套设施恢复重建。加快推进8乡镇分散、集中安置2833户及配套设施建设和4851户危房改造。完成49个行政村卫生室和2个乡镇卫生院恢复重建。完成8乡镇村级农村环境综合整治工程建设。加快推进44个地质灾害搬迁、治理防治项目建设。完成恢复重建特色种养植1000亩以上、改良8乡镇酸性土壤面积4000亩、灾损耕地复垦8686亩。此外，加强市政、供水、通讯等基础设施恢复重建，全面提高防范和抵御自然灾害的能力。六是加强和创新社会治理工作。严厉打击各类违法犯罪活动，全面加强公共安全监管。坚持依法治理，运用法治思维和法治方式化解社会矛盾。坚持综合治理，强化道德约束，规范社会行为，调节利益关系，协调社会关系，解决社会问题。

（四）抓生态，千方百计推动绿色发展。全面落实生态文明先行示范区和重点生态功能区建设各项工作，加强环境污染治理，加强水生态保护，实施流域环境保护河长制，扎实推进乡镇污水处理工程、县城污水处理二期工程、农村环境综合治理工程。积极争取纳入国家级重点生态功能区补偿范围和国家生态补偿机制试点县。推进天然林保护工程，完成天保工程封山育林3万亩划定落地，做好管护工作。加强公益林建设工程。对全县42.93万亩国家级公益林和9万亩地方公益林进行管护；实施退耕还林工程，实施4800亩退耕还林工程。严格执行森林采伐限额，加强对森林资源的源头管理，实现由路上管理向山上管理的转变。实施农业综合开发林业生态示范项目，建成红豆杉1000亩，杉木500亩，封山育林500亩。进一步加强林权管理建设工作。有效地对林权登记、林权流转、林权抵押贷款、政策性森林保险等工作进行管理，促进林业改革工作。深入实施森林保护“六个严禁”和环境保护“六个一律”利剑专项行动，强化生态红线保护和环境污染防治“两个问责”，推进环保执法联动和公益诉讼。编制自然资源资产负债表，扩大领导干部自然资源资产离任审计。探索建立自然资源资产产权制度，对水流、森林、山岭、荒地等自然生态空间进行统一确权登记，形成归属清晰、权责明确、监管有效的自然资源资产产权制度。积极建设绿色产业。坚持用生态文明的理念来引领产业发展，大力发展生态种养殖业；依托特色优势资源，发展茶叶深加工、食品加工等新型绿色轻工业；大力发展生态旅游业、绿色餐饮服务业等生态型现代服务业。抓好天然气项目、风力发电项目等能源开发项目前期工作，力争尽快落地实施。

（五）抓基础，进一步完善优化发展环境。一是加快交通网络建设。全力推进农村公路建设三年会战项目，启动实施营上至白水河公路改造等项目；启动实施窄路面公路拓宽改造 140 千米，启动实施改造农村公路危桥 1195 平方米及公路安全生命防护工程 500 千米。争取雷山至四格高速公路纳入省级高速公路规划，并引进社会资本投资建设。推进城乡客运一体化建设，加快客运站基础设施建设，积极做好雷公山旅游客运站、郎德旅游客运站、西江营上旅游客运站前期工作，加快农村客运发展步伐，确保 2016 年底全县实现村村通客运。二是大力推进水利基础设施建设。以骨干水源工程建设为重点，积极推进水利建设“三大会战”的实施，抓好水利工程建设工作，力争鸡鸠水库工程基本完工，启动实施西江、望丰、翁养 3 座水库建设，启动排苟水库项目前期工作。实施农村饮水巩固提升工程建设，推进城镇供水管网向农村延伸和规模化集中供水，完成县级水质检测中心建设，确保集中式饮用水源地水质达标率达到 100%。完成大塘、郎德抗旱应急水源配套工程，逐步改善乡镇集镇供水能力；着重抓好小型农田水利重点县项目，全面完成小型农田水利重点县项目建设任务。继续完善病险水库除险加固项目，加快实施中小河流重点河段治理，完成郎德防洪堤工程建设。三是加快推进信息基础设施建设。大力实施“宽带雷山”“数字雷山”行动计划，实施城镇光纤到户和行政村宽带普遍服务工程，并向自然村寨延伸覆盖，提高宽带接入能力、光纤覆盖家庭能力、家庭宽带普及率。大力实施“无线网络·满格雷山”行动计划，实现 4G 网络全覆盖，启动县城、乡镇 5G 网络建设。推进企业、景区网络应用工程建设，提高重要景区实现公共免费 wifi 覆盖率。强化面向农村的广播电视电信等信息服务，推进广播电视网络数字化、双向化和互联互通改造，实现广播电视村村响、户户通。

（六）抓协调，大力推进山地特色城镇化。一是推进以人为核心的城镇化。深入推动实施“多规融合”试点工作，制定实施山地特色城镇化工作方案，落实户籍人口城镇化政策，确保进城人口的基本社会保障和福利待遇；推进产城结合，大力发展特色产业，解决进城人口的就业问题；建立健全城乡一体化体制机制，推进城乡基本公共服务均等化，有序推进农业人口市民化和就地城镇化，提高城镇化率 3 个百分点。二是加大城镇基础设施建设力度。完成县城北区、南区控制性详细规划审查报批工作，启动县城第四中学到莲花片区控规编制工作；完成永乐、达地、郎德在编的总体规划审查报批以及西江镇镇区控制性详细规划的报批；启动大塘镇、望丰乡、方祥乡总体规划编制工作。完成县就业和社会保障服务中心、县城游客服务中心、响楼 1 号宗地房地产开发、“天然居”房地产开发等项目建设；加快苗疆盛世综合体建设、蚩尤大道、南部新区路网及移民工程、垃圾填埋场及收运系统、供排水设施等市政基础设施项目建设进度；抓好西江、郎德、大塘、达地等特色小城镇建设，重点推进陶尧新区、营上服务区功能设施建设，促进人流、物流、信息流等向城镇聚集发展。启动老国税局至雷劈岩片区棚户区改造、县城大十字片区棚户区改造等项目前期及征拆工作。三是完善农村基础设施建设。实施村级公益事业建设“一事一议”财政奖补、农业综合开发土地治理、通村油路建设、农村饮水安全、“四在农家·美丽乡村”六项行动计划等一批农村基础设施建设项目，促进农业农村发展。

（七）抓新引擎，强力推进大健康与大数据

战略行动。一是全力推进大健康产业发展。充分发挥资源优势，加快培育健康养生、民族医药充分发挥资源优势，加快培育健康养生、民族医药、健康运动、文化旅游、有机绿色食品、健康管理等产业，构建大健康全产业链。实施苗药发展工程。大力发展药食两用产品。以天麻、青钱柳为重点，推动中药材种植产业向深加工产业延伸。启动建设雷山县青钱柳和绞股蓝种植加工基地、雷山县现代中药材产业建设项目等一批医药项目。实施医药集约发展工程，启动建设具有鲜明苗药特色的雷山县民族中医院。实施健康运动工程，重点建设雷山城市体育综合服务体、雷山苗岭斗牛综合体等项目，启动环雷公山户外体育营地等项目前期工作，搭建一批康体产业发展载体。积极谋划并着力打造品牌赛事活动，办好“雷公山之巅·巴拉河之夏”全国山地自行车赛等体育文化项目活动。实施健康管理工程，依托大数据，打造集智慧旅游、医疗、中药材交易、养老服务等功能为一体的电子商务综合性公共服务平台。加快建成独具特色的健康养生产业聚集区，启动陶尧温泉度假养生基地建设，加快建设区域性温泉健康养生与文化旅游融合发展区。二是加快推进大数据广泛深度应用。大力实施“宽带雷山”“数字雷山”行动计划，推动大数据产业应用与发展，加快推进“互联网+”旅游、现代农业、普惠金融、益民服务、高效物流、便捷交通、绿色生态、精准扶贫等“互联网+”专项行动计划实施，积极促进大数据在各领域的应用。切实培育个人网点100家以上，保障本地特色产品上线运行30个以上，积极创建农村电子商务发展示范县，高标准、高规格、高水平建成县级电子商务产业园，构建“一乡一站、一村一点”市场网络体系，完成全县八乡镇电子商务服务站规范建设。完成西江智慧景区建设，启动全县智慧景区前期工作；启动建设雷山特色生态农产品展销平台；启动建设“互联网+”绿色生态信息系统；打造高效化、专业化、信息化的扶贫产业发展智能平台，推进贫困村电商扶贫试点。

（八）抓关键，强力推进投资消费增长。一是围绕项目抓投资。超前全面谋划项目，深入解读国家投资重点，根据救灾、扶贫、专项基金、生态文明先行区等政策文件精神，积极展开项目前期准备工作，确保争取上级资金突破10亿元；坚持创新政府投资与社会融资方式，继续推广探索PPP等合作模式，鼓励社会资本进入文化旅游、生态环保、农业水利、市政设施、道路交通、社会事业等领域，力争取得突破；加强项目规范化管理，对已开工建设的项目，督促施工方合理安排施工、科学管理，确保工程保质保量完工；对正在开展前期工作的项目，积极推进，确保早日开工建设；重点推进重大项目建设，重点推进“5个100”“6个20”工程项目，加快推进苗疆盛世、生态茶园示范园区等项目建设；做好建设用地报批工作，争取用地指标，满足项目建设用地需要，加强土地、固定资产清查，盘活存量，用好增量，创新国有资产管理，切实做好规划区内土地收储、规范土地征收工作，破解项目建设土地瓶颈。二是积极扩大有效消费。进一步提高居民可支配收入，提高居民消费能力，加大对农业和农村投入力度，加速农业产业化进程，扩大公共财政覆盖农村的范围，促进农民增收；大力发展第二产业，第三产业，增加城镇居民就业渠道，提升城镇居民收入；健全社会保障制度，解决居民后顾之忧。提升旅游业、服务业服务能力。扩大旅游产品的丰富度，完善旅游服务功能，转变旅游产业发展方式，加大生态特色农业旅游商品的开发力度，提高游客的消费量。进一步规范和整顿市场秩序，加强市场监管能力，稳定物价水平，营造良好的消费环境。积极推动生活性服务业提升发展，出台实施加快发展生活性服务业促进消费结构升级的实施方案和促进社会化养老产业发展的政策措施，大力推进“便利消费进农村，便民服务进家庭”工程，完成农村电子商务工程建设。

（九）抓改革开放，培育发展新动力。一是全面深化改革工作。深化简政放权、放管结合、优化服务改革，着力提升政府治理能力，全面推行权力清单和责任清单动态管理机制，深入实施产业准入负面清单，建立统一审批业务网络监管平台。深化国有企业改革，推动国有资本投资运营公司授权经营，加快推进国有企业分类改革，调整优化国有资本战略布局。加快西江文化旅游发展有限公司等企业股份制改革步伐。通过行业整合、资本整合改组、集体资本、社会资本入股等方式，把具备条件的国有企业建成国有资本投资和运营公司，形成混合所有制企业。全面深化财税金融体制改革，建立健全债务管理及风险预警机制，争取开展区域金融改革创新试点。推进投融资体制改革创新，充分发挥投资项目在线审批监管平台作用，加大股权、债券融资等直接融资力度，全力推广政府和社会资本合作（PPP）模式。积极稳妥推进农村土地制度改革，全面推进农村土地承包地经营权确权登记颁证推进试点工作。积极推进农村资源和集体资产股份量化改革试点，大力发展农村集体经济。创新金融支农服务机制，加强农业现代担保体系建设，扩大农业保险覆盖面，开展农业保险保单质十甲贷款、农产品目标价格保险和信用保险。加快推进科技教育、文化体育、养老等领域改革。二是确保扩大开放有新进展。利用高铁、高速公路带来的发展便利，发展区域特色产业，建设工业园区、旅游文化产业园区、生态高效农业园区等特色产业发展平台，参与到区域建设分工之中，积极融入“一带一路”和长江经济带、珠江一西江经济带建设，加强招商引资工作，全面做好项目推荐、招商选商工作，完成招商引资到位资金25亿元以上。

各位代表，2016年经济社会发展任务十分艰巨，我们将紧密团结在以习近平同志为总书记的党中央周围，在县委的坚强领导下，在县人大、县政协的监督和关心支持下，抢抓机遇、锐意进取、攻坚克难，努力开创雷山经济社会发展、全面建成小康社会的新局面！

雷山县2015年财政预算执行情况及2016年财政预算草案报告

（在2016年1月19日雷山县十六届人民代表大会第五次会议上）

各位代表：

受县人民政府的委托，向大会报告雷山县2015年财政预算执行情况及2016年财政预算（草案），请予审议，并请各位代表和列席会议的同志提出意见和建议。

“十二五”及2015年工作回顾

一、“十二五”工作回顾

“十二五”是雷山财政实现跨越发展、赶超发展、创新发展的关键时期。回顾过去的五年，财政各项工作取得了积极有效成绩，财政改革发展呈现出全新面貌。

（一）过去五年财政收入规模不断壮大。财政总收入从“十一五”期末的1亿元增加到2015年的3.2亿元，增长了3倍，年均增长27.18%；一般公共预算收入从“十一五”期末的0.55亿元，增加到2015年的2.18亿元，增长了4倍。“十二五”时期，财政总收入累计完成12.56亿元，相当于“十一五”时期的4倍，其中一般公共预算收入累计完成8.6亿元，相当于“十一五”时期的5倍；上级补助收入由“十一五”期末的5.9亿元，增加到2015年的14.6亿元，增长了2.5倍，其中一般性转移支付净增1.6亿元。收入的不断扩大为全县经济社会发展提供了强劲动力。

（二）过去五年财政支出保障能力大幅提升。支出规模不断扩大，财政总支出由“十一五”期末的6.47亿元，增加到2015年的17.3亿元，增长了2.67倍。工资津补贴政策落实保障到位，2015年工资性支出达到5.2亿元，是“十一五”期末0.37亿元的14倍。民生支出保障到位，2015年民生支出达到13.98亿元，是“十一五”期末4.79亿元的3倍，民生支出占总支出比重均达到75%以上。县委、县政府重大决策和重点项目支出保障到位，推进了雷山四中、县第二幼儿园、蚩尤大道、凯雷高速、红屯堡生态移民工程、乌开工业园区、西江文化旅游产业园区、鸡鸠水库等重点项目建设。投入资金超过2.8亿元用于统筹城乡发展和新农村建设等项目，城区道路白改黑、村村通油（水泥）路、308省道大塘至永乐段改造、郎德至望丰公路建设等项目资金以及苗年节、环雷公山超100千米跑、雷公山山地自行车挑战赛等旅游节会系列工程和活动等资金均按要求保障到位。厉行节约政策全面落实，中央“八项规定”出台后，全县三公经费逐年大幅下降，2015年全县“三公”支出为1261.49万元，比2014年下降11%。

（三）过去五年财政改革创新亮点纷呈。扎实做好财政“省直管县”改革工作，实现了新老财政体制的平稳过渡。完善了部门预算，实施了乡镇和县直单位最低财力保障机制。5年来共补助乡镇政权建设经费957万元，2015年乡镇部门基本运转人均经费达6000元。2015年推行单位部门预（决）算全部公开。全面推进国库集中支付改革，实现了全县预算单位“全覆盖”，并与公务卡制度改革同步推行。大力推进农村综合改革工作，其中5年来在财政奖补“一事一议”“四在农家·美丽乡村”六项行动、小康示范村、农业综合开发等项目上投入资金4.18亿元。综合直补、良种补贴、家电下乡、农业保险等惠农政策不折不扣得到落实，5年来共发放各项涉农惠农补贴7931.38万元。规范债务管理，全县一般债务率和专项债务率均控制在预警线以内，积极化解债务9亿元。政府采购、投资评审、乡村两级财政财务管理等财政机制不断规范完善。营改增、全口径预算管理、预算绩效评价等改革取得显著成绩。农村金融改革、PPP（政府与社会资本合作）投融资模式探索、财政监督和内控管理、政府购买服务等改革顺利推进，全面深化财税体制改革取得良好开局。

二、2015年财政预算执行情况

2015年，中心有在县委、县政府的正确领导下，在县人大、县政协的监督和支持下，充分发挥财政职能作用，积极挖掘增收潜力，着力优化支出结构，确保了财政收支的平稳运行，圆满完成了县十六届人大四次会议批准的预算任务，为雷山县与全国同步实现小康提供了财力保障。

（一）财政收入完成情况。2015年财政总收入完成31735万元，比2014年增加2486万元，增长8.5%。其中：国税完成4961万元，比2014年增加103万元，增长2.12%；地税完成19886万元，比2014年增加4048万元，增长25.56%；财政完成6888万元，比2014年减少1665万元，下降19.47%（为了提高财政收入质量，降低非税收入所致）。

公共财政预算收入完成21772万元，占财政总收入的68.6%，比2014年增加1439万元，增长7.08%；上划收入完成9963万元，占财政总收入的31.39%，比2014年增加1047万元。税收收入占公共财政预算收入比重为67.13%，比2014年提高10个百分点，税收质量进一步提高。

2015年公共财政预算收入21772万元情况：

1. 增值税530万元，比2014年减少（以下简称“增收”或“减少”）65万元，下降10.92%（以下简称“增长”或“下降”）；

2. 营业税2676万元，增收224万元，增长9.14%；

3. 个人所得税345万元，增收62万元，增长21.91%；

4. 资源税199万元，增收48万元，增长31.79%；

5. 企业所得税1360万元，增收614万元，增长82.3%；

6. 房产税393万元，增收126万元，增长47.19%；

7. 印花税62万元，减少30万元，下降32.61%；

8. 土地使用税 53 万元，减少 8 万元，下降 13.11%；

9. 土地增值税 7244 万元，增收 4281 万元，增长 144.48%；

10. 车船税 95 万元，增收 15 万元，增长 18.75%；

11. 耕地占用税 966 万元，减少 2463 万元，下降 71.83%；

12. 契税 397 万元，增收 266 万元，增长 203.05%；

13. 城建税 296 万元，减收 44 万元，下降 12.94%；

14. 罚没收入 1364 万元，增收 663 万元，增长 94.58%；

15. 行政事业性收费收入 1596 万元，增收 406 万元，增长 34.12%；

16. 国有资源（资产）有偿使用收入 644 万元，增收 97 万元，增长 17.73%；

17. 专项收入 376 万元，增收 172 万元，增长 84.31%；

18. 其他收入 3176 万元，减少 2925 万元，下降 47.94%。

（二）全县公共财政预算支出完成情况。2015 年，公共财政预算支出 173196 万元，比 2014 年增加 45794 万元，增长 35.94%。其中：本级支出 103018 万元，比 2014 年增加 13776 万元；上解支出 316 万元，比 2014 年增加 289 万元，增长 10 倍；上级专款支出 70178 万元，比 2014 年增加 15853 万元，增长 29.18%；政府债券还本 7727 万元；调入资金 5979 万元，其中政府性基金上年结余调入 267 万元，其他调入资金 5712 万元。

2015 年本级财政支出 103018 万元情况：

1. 一般公共服务支出 18147 万元，比 2014 年增加（以下简称“增加”或“减少”）1207 万元，增长 7.13%；

2. 公共安全支出 5450 万元，增加 982 万元，增长 21.98%；

3. 教育支出 25034 万元，增加 4908 万元，增长 24.39%；

4. 科学技术支出 1038 万元，增加 809 万元，增长 353.28%；

5. 文化体育与传媒支出 1524 万元，增加 608 万元，增长 66.38%；

6. 社会保障和就业支出 7320 万元，减少 1021 万元，下降 12.24%（本级减少，上级专款增加，总体支出增长）；

7. 医疗卫生支出 12194 万元，增加 2525 万元，增长 26.11%；

8. 环境保护支出 233 万元，增加 67 万元，增长 40.36%；

9. 城乡社区事务支出 2590 万元，增加 983 万元，增长 61.17%；

10. 农林水事务支出 22172 万元，增加 14055 万元，增长 173.16%；

11. 交通运输支出 2307 万元，增加 1676 万元，增长 265.61%；

12. 采掘电力信息等事务支出 698 万元，增加 196 万元，增长 39.04%；

13. 商业服务业等事务支出 902 万元，增加 231 万元，增长 34.43%；

14. 国土资源气象等事务支出 891 万元，增长 121.09%；

15. 粮油物资储备等管理事务支出 287 万元，增加 83 万元，增长 40.69%；

16. 政府债券付息支出 2201 万元，增加 2114 万元，增长 2429.89%。

2015 年上级专项补助支出 70178 万元情况：

1. 一般公共服务支出 546 万元，减少 106 万元，下降 16.26%；

2. 公共安全支出 318 万元，减少 159 万元，下降 33.33%；

3. 教育支出 7364 万元，增加 1487 万元，增长 25.3%；

4. 科学技术支出 20 万元，增加 13 万元，增长 185.71%；

5. 文化体育与传媒支出 1092 万元，减少 393 万元，下降 26.46%；

6. 社会保障和就业支出 9552 万元，增加 6891 万元，增长 258.96%；

7. 医疗卫生支出4433万元，增加1100万元，增长33%；

8. 节能环保支出9316万元，增加6653万元，增长249.83%；

9. 城乡社区事务支出1761万元，增加721万元，增长69.33%；

10. 农林水事务支出25559万元，增加2608万元，增长11.36%；

11. 交通运输支出499万元，增加257万元，增长106.2%；

12. 资源勘探电力信息等事务支出720万元，增加29万元，增长4.2%；

13. 商业服务业等事务支出1193万元，增加124万元，增长11.6%；

14. 金融支出10万元，减少10万元，下降50%；

15. 住房保障支出7226万元，减少3452万元，下降32.33%；

16. 粮油物资储备事务支出239万元，增加156万元，增长187.95%；

17. 其他支出330万元，减少65万元，下降16.46%。

（三）收支平衡情况。2015年全年总财力173521万元，其中：本级财政收入21772万元；上级转移支付补助收入75328万元；批复上年决算结余264万元；上级专项补助收入（专款）70178万元，政府性基金调入资金267万元，预算稳定调节基金5712万元，比预算调整数150087万元（含专款），增加23434万元；全年支出173512万元，其中用预算稳定调节基金安排的支出5712万元，2015年财政收支执行年终结余9万元，实现收支平衡，略有结余。

2015年地方政府债券转贷收入20535万元，地方政府债务还本支出7727万元，地方政府债券转贷资金年终结余12808万元。

尽管2015年我们面临着前所未有的困难和压力，但通过全县各级各部门共同努力，2015年财政总收入任务顺利完成，财政总收入实现持续稳定增长。重点支出得到保障，财政预算执行良好，财政支出的公共性得到进一步增强，财政监管力度得到进一步加强，为我县经济社会平稳快速发展奠定了坚实基础。

（四）2015年财政工作情况。

1. 强化收入征管，努力培植财源。受国内经济增速放缓和结构性减税政策等影响，税源增长速度放缓，财政收入下行压力加大。财税部门多措并举强化收入征管，保持了地方财政收入的稳定增长。一是强化财税征管责任，及时将财政收入目标任务落实到各单位和征管部门，并认真落实完善各项工作机制，为收入任务的完成提供了有力保障。二是强化精细化征管，切实加强财税征收分析监测，跟踪掌握各单位和征收部门收入进度情况，把握组织收入工作的主动权，确保收入按计划序时均衡入库。三是认真调查摸清税收结构，及时掌握税源变化情况，进一步加强对工业、固定资产投资的调度，促进主体税种增收。四是强化税收稽查和清理欠税工作，通过税收稽查和清欠工作的开展，既打击了偷税漏税行为，又改善了税收环境。五是加强非税收入的管理。对具有非税收入的单位进行全面清理清收，做到应收尽收。

2. 加大财政投入，着力改善民生。坚持把保障和改善民生作为财政工作的出发点和落脚点，不断加大民生投入力度，财政安排用于民生方面支出达13.98亿元，比2014年增加3.76亿元，地方公共财政支出中民生支出比重达到80.74%，比2014年提高0.55个百分点，全面保障了各项民生工程顺利实施。

—促进城乡教育均衡发展。财政安排用于教育的支出32399万元，增长24.59%。支持幼儿园发展，对入园幼儿给予补助，补助资金15万元，受惠学校66所（含乡镇小学幼儿班），其中：公立学校15所，私立学校8所，惠及296名家庭困难的学前儿童。完善义务教育经费保障机制，按初中生每人每年800元、小学生每人每年600元的标准给予公用经费补助。按初中生每人每年1250元、小学生每人每年1000元对1250名家庭困难寄宿学生提供生活补助。积极实施农村义务教育学生营养改善计划，补助资金1382.94万元，惠及学生1.7万人。加强职业教育基础能力建设，全面实行中等职业教育免学费政策，2015年免除208名中等职业学校在校学生学费20.3万元，继续落实普通高中、中等职业学校国家助学金政策。

—医疗卫生改革不断深化。完成医疗卫生支出16627万元，基本医疗保障制度得到进一步完善。2015年拨付新农合资金5778万元，13万人次享受新农合补偿资金5589万元。继续巩固基本药物制度，卫生院及卫生室基本药物实现100%零差率销售，基本公共卫生服务逐步均等化，基层医疗卫生基础设施进一步完善，群众就医条件明显改善。

—社会保障体系逐步健全。安排用于社会保障和就业支出16872万元，增长53.35%。实现新型农村和城镇居民养老保险制度的全覆盖，拨付城乡低保资金6607万元，城低保对象月保障标准从400元提高到442元，农低保对象年保障标准从2100元提高到2580元。完善城乡医疗救助和孤儿、残疾人、流浪乞讨人员等社会救助体系，拨付城乡医疗救助和社会临时救助资金1040万元。加大对因灾困难群众的生活救助，拨付自然灾害救助资金2252万元。

—文化体育事业繁荣发展。安排用于文化体育与传媒支出2617万元，增长8.95%。完善公共文化服务体系建设，保障博物馆、乡镇文化站等公益性文化设施的免费开放。继续推进文化信息资源共享、农家书屋、广播“村村响”、电视“户户通”、公益性电影免费放映等文化惠民工程。

—城乡基础设施不断改善。安排用于支持公路、水利等基础设施建设支出8584万元。其中：投入2806万元支持县、乡、村道路、桥梁等基础设施建设。投入5778万元，支持农田水利基础设施、中小河流治理、病险水库除险加固等基础设施建设。投入4350万元，支持市政基础设施等建设。投入2100万元实施“一事一议”财政奖补和示范村建设，完成项目56个。积极争取“美丽乡村·四在农家”和传统村落项目资金9195万元。

—认真落实各项惠民政策。累计通过“一卡通”发放粮食直补186.05万元，综合直补6181.2万元，油菜、小麦、玉米、水稻良种补贴690.85万元。兑付石油价格改革补贴290万元，有效调动了农民群众发展农业生产的积极性，有力促进了农民直接增收。

—继续实施保障性安居工程建设。拨付农村危房改造资金3594万元、棚户区改造资金644万元、保障性住房租金补贴209万元，其他保障性住房安居工程2697万元，投入700万元支持红屯堡异地移民安置小区建设，群众居住条件进一步改善。

3. 发挥财政职能，支持产业发展。充分发挥财政职能作用，认真研究国家宏观经济政策和财政扶持政策，进一步加大向上争取资金和项目力度，争取中央、省、州各项资金10.5亿元，为全面推进“生态立县、文化兴县、旅游强县”发展战略提供了财力保障。

—培育发展旅游和现代服务业。通过财政投入和社会融资等途径不断加大对旅游开发的投入力度，全年财政投入2095万元，主要用于西江千户苗寨、雷公山景区、郎德景区等旅游项目建设，全县旅游基础设施得到进一步完善。通过对雷山苗年节、环雷公山超100千米跑、雷公山山地自行车赛等重大活动和斗牛大赛、刺绣大赛、芦笙赛等民间活动的支持，我县民族文化得到了宣传，旅游市场得到了拓展，旅游收入进一步得到了提高。通过支持金融、交通运输、餐饮、商贸流通等产业的发展促进现代服务业发展。

—加快现代农业发展。积极整合各部门资金2092.93万元投入农业产业园区建设，园区基础设施不断完善，初步形成了产、加、销一条龙的产业链，投入1000万元实施现代农业茶产业建设，建成生态茶园2.1万亩，投入资金420万元在达地也蒙片区实施农业综合开发土地治理项目，农业基础设施进一步完善。积极做好农业产业化龙头企业和农民专业合作经济组织的扶持培育工作。2015年我县共有7个专业合作社获得上级补助资金105万元。同时，充分发挥丰元农业担保公司融资担保作用，为全县农业龙头企业发展做好融资担保。2015年共为我县35家茶叶种植、绿色有机食品种植和黑毛猪养殖企业和农户提供了2381万元融资担保服务，帮助带动将近1500名待业人员解决就业问题。

—服务工业企业发展。加大对乌开工业园区基础设施建设和红屯堡标准厂房建设以及螺丝山工业园区规划编制工作经费保障。深入推进“3个15万元”“万户小老板”等工程，促进中小企业发展。2015年兑现小微型企业补助资金781.2万元，兑现中小企业发展资金115.4万元。同时积极申报“万户小老板工程”资金60万元，获得工业发展专项资金230万元。

4. 坚持做到“四保”，确保高效运转。合理保障各项支出，促进全县各机构稳步、高效运转，全年刚性支出完成51859万元。在全县财力十分困难的情况下，有序安排资金，做到了“保工资、保运转、保民生、保偿债”。为增加干部职工收入，按上级要求增补了全县干部职工2014年1至9月规范后津补贴2600万元。同时确保了各级组织正常工作运转。统筹协调各类政府性资金，集中财力办大事，优先保障全县重点工作和重点项目资金需求。牢固树立“过紧日子”思想，严格控制和压缩会议、接待等一般性支出，坚决反对铺张浪费。

5. 加强国资监管，提升经营效益。建立完善全县国有资产监督管理台账并按照资产类别及资产价值正确录入资产卡片系统，及时更新资产卡基础信息，实现国有资产管理微机化、动态化监管。完成全县行政事业单位房屋、建筑物、土地、公务车辆等国有资产全面清查、登记工作。依法公开规范了部分单位门面等经营性资产招租行为。依法拍卖国有资产，全年国有资产收益累计达2212万元。依法处置了一批废旧公务用车、部分老旧木质办公用房和木质教学用房，变价和残值收入严格按照政府非税收入管理的规定实行“收支两条线”管理。积极推动国有资产的合理配置和有效使用，做好行政和参公单位公务用车改革工作，努力提高国有资产使用效益，确保国有资产保值增值。

6. 深化财政改革，完善机制体制。一是推进预算管理改革，进一步健全专项预算体系，完善全口径预算制度，编细编全专项预算。加强部门结余结转资金管理，盘活存量，减少沉淀。县本级清理收回和安排使用财政结余结转资金8348万元。二是积极推进预（决）算信息公开，加大预决算信息公开力度，继续扩大信息公开范围，财政预决算、部门预决算以及各部门“三公”经费预决算全面公开。三是深化和完善国库集中支付改革，规范国库集中支付程序，实行扶贫资金乡镇报账制，继续推进公务卡结算制度，逐步形成集中、统一、高效的财政资金支付体系，全年下达指标27.38亿元，共拒付60笔，金额78.5万元，提示88笔，金额498.2万元。四是加强政府采购管理，全年累计完成政府采购92次，采购金额1.1亿元，节约资金758.61万元，资金节约率为6.45%。

7. 加强财政监管，推进绩效管理。一是认真落实厉行节约反对奢侈浪费各项规定，进一步规范“三公”经费支出管理，全年“三公”经费同比下降11%。二是强化财政监督检查，积极开展会计信息质量检查、强农惠农资金专项检查、加强乡镇财政资金监管，完善“小金库”专项治理长效机制。三是积极推进绩效评价工作，完成项目绩效评价35个，评价总金额2.95亿元，项目涉及财政、计生、卫生、农业、教育、扶贫、民政等领域，财政资金使用效益明显提升。四是加大会计人员培训和财经法规宣传力度，分两期组织全县400余名会计人员脱产到黔东南州职业技术学院进行会计从业资格培训，并对新《中华人民共和国预算法》《行政单位会计制度》等进行了重点学习。

在总结取得成绩的同时，我们也清醒地认识到，当前财政运行还面临一些突出的困难和问题：一是财政收入持续大幅增长难度大，收入质量难以提高。二是财政支出刚性增长，收支矛盾日趋尖锐。三是政府性债务风险总体可控，但化解风险的任务仍然艰巨。四是各部门执行财经纪律意识还比较淡薄，预算约束还不够到位，资金使用的规范性、安全性、绩效性有待进一步提高。这些困难和问题都要引起我们高度重视，在“十三五”及2016年工作中采取有力措施加以解决。

“十三五”展望和2016年财政预算草案

一、“十三五”发展目标及工作思路

“十三五”时期是我县实现加速发展、全面建设小康社会的决胜时期，财政工作要把促进经济发展作为首要任务，更加注重推动结构调整和发展方式转变，更加兼顾做大经济财政总量和提高财政运行质量，增强财政支持经济发展能力、财政保障能力、财政改革创新能力、财政抵御风险能力，为雷山经济社会发展提供强有力的政策支持和财力保障。“十三五”时期全县财政主要发展目标是：财政总收入以年均10%的速度增长，到2020年达5.7亿元；公共财政预算收入以年均10%的速度增长，到2020年达3.5亿元；财政总支出以年均12%的速度增长，到2020年达30亿元。

（一）主动适应经济发展新常态，建设“发展型财政”。要积极把握好财税政策导向，综合运用各种政策工具，引导经济结构优化升级。着力激发财政增收活力，推动传统农业向现代农业转变，大力支持西江文化旅游产业园区、九十九农业产业园区和乌开工业小区的发展，统筹城乡加快发展。着力激发财源建设活力，完善财源建设考核机制，做优做强融资平台，加快金融服务创新，大力促进争资立项。着力挖掘财税征管潜力，加强收入质量和均衡入库考核，完善源头控收、税费统征、一体化征收等征管措施。全面实施非税“收支两条线”管理，有效规范乡镇和县直单位非税收入征管。

（二）推进基本公共服务均等化，建设“民生型财政”。要坚持以人为本和公共财政理念，完善公共财政体系，切实提升老百姓的“获得感”。坚持加大财政投入，全面推进扶贫攻坚，兜住民生底线，提高民生支出比重，更加注重扶持的精准度和指向性。完善优先发展教育投入机制和医疗卫生事业保障机制，大力推进保障性安居工程建设，统筹城乡社会保障和实现更高质量的就业。

（三）促进财政管理科学精细化，建设“绩效型财政”。要全面深化预算管理制度改革，完善全口径预算管理，加快建立全面规范、公开透明的现代预算制度体系。全面开展政府购买服务，加快推动事业单位改革，实现由“养人”向“养事”转变。全面深化财政体制机制改革，合理划分政府间事权和支出责任；制定新一轮乡镇财政管理体制，激发乡镇发展活力。深化农村综合改革，强化村级资金管理，着力完善村级组织运转保障、乡镇国库集中支付和村账乡代理等财政机制。

（四）监控财政资金运行全过程，建设“法治型财政”。要切实强化预算约束，全面实施预算绩效评价和成果运用，积极开展预算公开。切实加强财政监督管理，完善权力运行内控体系，实现财政监督覆盖所有财政性资金和财政运行全过程。切实规范政府举债融资机制，积极探索推广使用PPP模式，防范和化解政府债务风险。切实降低行政成本，完善公务用车改革各项工作，规范津补贴发放。切实加强廉洁自律能力建设，形成勤政廉洁、务实高效的财政干部队伍。

二、2016年财政预算草案

2016年是全面深化改革关键一年，也是“十三五”规划的开局之年，做好2016年财政工作，对于保障我县经济社会持续健康发展十分关键。我们将按照县委的部署，以科学发展观统领财政改革与发展，开拓创新，扎实工作，确保我县经济平稳较快发展。

2016年财政预算草案编制工作指导思想是：全面贯彻落实党的十八大和十八届四中、五中全会精神，以邓小平理论、“三个代表”重要思想、科学发展观为指导，紧紧围绕县委、县政府对我县到2020年与全国同步建成小康社会的决策部署，坚持稳中求进的工作总基调，继续实施积极的财政政策，充分发挥财政职能作用，支持经济发展；进一步优化财政支出结构，优先保障改善民生，推动城乡统筹发展；依法加强收入征管，改善收入结构，增强财政实力；深化财政改革，

强化财政监管，着力推进财政科学化、精细化管理，加速发展，后发赶超，为我县全面实现小康社会提供财力保障。

2016年财政预算编制原则：一是“积极稳妥，量力而行”，财政收入增幅要与经济发展速度相适应。二是坚持“一要保刚性、二要保运转、三要保民生和发展”，把确保工资发放和政权运转放在首位。三是注重解决困难群众生活问题，确保社会保障资金按时足额到位，做到老有所养。四是全面落实科学发展观，进一步加大对幼儿教育、义务教育、高中教育、保障性住房、公共卫生、市政管理等公益事业的投入，做到学有所教、病有所医、住有所居。五是积极支持县域经济发展，充分发挥财政政策的促进作用。六是着力加大对农村、农业基础设施和生产生活条件的投入，改善农村生产生活条件。

基于上述指导思想及全县经济和社会发展预期目标，综合考虑各方面因素，2016年财政收支预算安排如下：

（一）全县财政收入预算安排情况。

2016年全县财政总收入预算安排35417万元，比2014年增加3753万元，增长12%。其中：公共财政预算收入23949万元，比2014年增加2178万元，增长10%；上划收入11468万元，比2014年增加1575万元，增长16%。

2016年公共财政预算收入23949万元安排情况：

1. 增值税550万元，比2014年增加（以下简称“增加”或“减少”）20万元，增长（以下简称“增长”或“下降”）4%；

2. 营业税3000万元，增加324万元，增长12%；

3. 个人所得税360万元，增加15万元，增长4%；

4. 资源税200万元，增加1万元，增长1%；

5. 企业所得税1400万元，增加39万元，增长3%；

6. 房产税400万元，增加7万元，增长2%；

7. 印花税70万元，增加8万元，增长14%；

8. 城镇土地使用税59万元，增加5万元，增长9%；

9. 土地增值税7800万元，增加557万元，增长8%；

10. 车船税110万元，增加15万元，增长16%；

11. 耕地占用税1380万元，增加414万元，增长43%；

12. 契税320万元，减少77万元，下降19%；

13. 城建税320万元，增加24万元，增长8%；

14. 罚没收入1000万元，减少363万元，下降27%；

15. 行政事业性收费收入1000万元，减少596万元，下降37%；

16. 国有资源（资产）有偿使用收入600万元，减少45万元，下降7%；

17. 专项收入3150万元，增加2774万元，增长738%（从2016年起将政府住房基金收入列入一般公共预算，调入口径为专项收入）；

18. 其他收入2230万元，减少946万元，下降30%。

（二）全县财力总收入安排情况。

2016年全县财力总收入135821万元，比2014年增加8699万元，增长7%，其中：上级补助收入111863万元，增加5454万元，增长5%；公共财政预算收入23949万元，上年批复前净结余9万元。

（三）公共财政预算支出安排情况。

2016年公共财政预算支出135821万元，比2014年增加8699万元，增长7%，其中：本级支出81111万元，比2014年增加8628万元，增长12%，上级专项补助支出（专款）54400万元，比2014年增加77万元，增长0.14%；上解支出310万元。

2016年本级财政支出81111万元完成情况：

1. 一般公共服务支出17695万元，比2014年增加（以下简称“增加”或“减少”）1005万元，增长6%（以下简称“增长”或“下降”）；

2. 公共安全支出5163万元，增加859万元，增长20%；

3. 教育支出22900万元，增加2328万元，增长11%；

4. 科学技术支出500万元，增加320万元，增长178%；

5. 文化体育与传媒支出1268万元，增加284万元，增长29%；

6. 医疗卫生支出9656万元，增加979万元，增长11%；

7. 城乡社区事务支出1500万元，增加580万元，增长63%；

8. 农林水事务支出11455万元，增加2182万元，增长24%；

9. 交通运输支出500万元，增加50万元，增长11%；

10. 资源勘探电力信息等事务支出300万元，增加70万元，增长30%；

11. 国土资源气象等事务370万元，增加40万元，增长12%；

12. 住房保障支出100万元，增加23万元，增长30%；

13. 粮油物资储备食物支出200万元，增加50万元，增长33%；

14. 预备费50万元，与上年数持平；

15. 国债还利息支出1500万元，增加1413万元，增长1624%，主要是政府负有偿还责任债务增加；

16. 社会保障和就业支出7029万元；

17. 节能环保支出330万元；

18. 商业服务业等事务支出595万元；

（四）财政收支平衡情况。

2016年总财力135821万元，其中：本级财政收入23949万元；上级转移支付补助收入57463万元，上年批复结算前净结余9万元；上级专项补助收入（专款）54400万元。财政支出总计135821万元，其中：公共财政预算支出81111万元，上解支出310万元，上级专项补助支出54400万元。收支相抵，当年财政收支平衡。

三、2016年工作重点

（一）强化财政收支管理，确保预算执行均衡稳定。一是重点加强收入管理，努力构建财政收入稳定增长机制。密切关注国内外经济形势和财税政策变化，密切关注行业、税种及重点税源企业的税收趋势，切实增强组织财政收入的主动性和预见性。认真落实综合税收管理措施，加强分析，强化征管，堵塞漏洞，做到应收尽收，努力提高财政收入质量。二是坚持厉行节约，牢固树立过紧日子的思想，严格控制一般性支出，不断降低行政运行成本，为发展和民生建设提供财力空间。三是加强政府性债务管理，防范债务风险。继续开展财务清理整顿提升，严格财经纪律。四是支持依法理财，提高财政工作规范性和透明性。加强财政法制建设，将依法理财、廉洁理财的要求落到实处。五是切实提高财税干部队伍履职能力，深入贯彻学习党的十八大和十八届四中、五中全会精神，进一步强化干部作风建设、党风廉政建设，增强财税干部服务意识，提高服务能力。加强基层和基础管理，加强财政管理信息化建设。坚持依法理财，依法做好预结算信息公开，主动接受人大、政协、审计监督，自觉接受社会各界监督。

（二）落实积极财政政策，全力支持经济发展。一是继续推进重大项目建设，坚持财政杠杆工具与市场机制相结合，积极开辟多元化筹资渠道，并加强资金统筹协调，加快项目建设进度，力争尽早发挥经济效益。二是支持企业发展，创新财政支持经济发展方式，综合运用贴息、补助等手段，帮助企业解决融资难的问题，缓解部分企业资金周转的困难，推动企业实施技术改造和节能减排，增强企业的竞争力。继续加大对微型企业的扶持力度，夯实基础，增强经济发展后劲。三是把握国家和省有关政策，积极向上申报项目，争取上级各项资金以弥补我县建设资金的不足。四是着力优化发展环境，千方百计筹措资金加大对产业园区基础设施建设的投入，在省级财政的支持下，积极争取资金完善基础设施，优化投资环境。贯彻国家结构性减税政策，着力营造良好的税费环境，促进实体经济发展。

（三）调整产业结构，积极推进财源建设。紧紧围绕县委“生态立县、文化兴县、旅游强县”的战略，积极支持经济结构调整，加大茶叶、旅游和特色产业投入，充分发挥县属几大公司的融资平台作用，认真落实中小企业融资担保政策，鼓励社会投资，努力构建信贷服务体系；加大产业园区建设力度，优先扶持重点企业和新兴产业，不断壮大地方经济实力，夯实财源基础；大力支持自主创新和节能减排，增加财政收入；加快推进效能建设，为招商引资做好后续服务。

（四）突出公共资源向民生倾斜，加快推进全面建设小康社会。一是坚持把保障和改善民生摆在更加突出的位置，进一步加大向公共领域和民生领域的倾斜力度，大力推进基本公共服务均等化，着力解决人民群众最关心最现实的突出问题。二是健全城乡居民最低生活保障制度、医疗救助制度，不断改善困难群体生活条件。全面推进城乡居民社会养老保险工作。积极促进就业，健全救助困难群体帮扶机制，加大对农民转移就业和大学生就业支持力度，加强就业培训和指导。三是加快保障性住房建设，启动棚户区改造工程，扎实推进农村危房改造工程，解决中低收入家庭和农村住房困难的问题，促进群众居住条件持续改善。四是加大教育发展力度，促进教育事业健康发展。全面落实各项教育优惠政策和家庭困难学生资助制度，进一步改善学校办学条件，促进教育公平和义务教育均衡发展。五是完善新型农村合作医疗制度，逐步提高保障水平。积极推进医药卫生体制改革，提高公共服务保障水平。加快文化体育事业发展，促进文化惠民，推动全面健身。

（五）持续增加“三农”投入，统筹城乡协调发展。一是巩固和完善各项强农惠农政策，按照基本公共服务均等化的方向，推动公共财政向农村倾斜，公共服务向农村覆盖，基础设施建设重点向农村转移。二是多渠道增加农民收入，落实好对种粮农民的各项补贴，支持实施农业产业化龙头企业培育、农村服务业推进、农村劳动力转移培训计划。三是加大扶贫开发力度，继续深入推进全县扶贫生态移民和精准扶贫工作，在用足用好国家扶贫开发政策，在积极争取中央和省加大对我县财力补助的基础上筹措和统筹各项资金用于扶贫开发工作。四是加强农村基础设施建设，全面落实加快水利改革发展的各项财政政策，支持实施农业灌溉、小型农田水利设施工程保障，加大农业综合开发力度，加快改造中低产田，抓好“一事一议”项目，促进农业增效、农村发展、农民增收。五是加快社会主义新农村建设，全力支持丹江镇、西江镇省级示范小城镇建设，统筹资金大力推进“四在农家，美丽乡村”六项行动计划。

（六）创新财政资金管理，提升财政资金的使用效益和绩效。一是深化预算管理制度改革，提高部门预算编制水平，继续推进绩效评价，并加强绩效评价结果的应用，将评价结果作为项目预算安排的依据，继续做好财政预决算公开工作。二是进一步深化国库集中支付改革，完善支出预算执行进度考核制度，加快支出预算执行进度，继续推行“公务卡”制度改革，提高财政直接支付比例，增强预算执行的时效性和均衡性。实行国库集中支付动态监控，加强分析预测，保障资金支付安全。三是改进财政资金使用方式，采取资本金注入、投资补助、贷款贴息、风险投资等方式大力扶持乌开工业小区、西江文化旅游产业园区、九十九农业产业园区、城镇化建设的发展。重点支持以交通、水利为重点的基础设施建设，大力提高财政资金资本化运作水平。四是深化政府采购改革，加强政府采购预算管理，进一步规范政府采购行为，不断提高采购的质量和效率。五是强化财政监督工作，深入开展事关促进发展、改善民生等重大财政政策执行情况和专项资金的监督检查，注重检查成果的转化和有效利用。落实好财政内控制度，切实保障财政资金安全、规范和高效运行。

各位代表，2016年财政工作任务艰巨、责任重大。我们将在县委的坚强领导下，在县人大及其常委会的监督和支持下，认真执行本次大会做出的决议，紧紧围绕“加速发展、加快转型、现特显优、奋力赶超、推动跨越”发展主基调，继续发扬艰苦奋斗、求真务实的作风，确保圆满完成全年财政工作任务，为与全国同步建成小康社会做出新的更大的贡献！

中共雷山县委　雷山县人民政府
关于加快扶贫攻坚步伐加大改革创新力度加快
农业现代化建设的实施意见

雷党发〔2015〕1号

2015年4月14日

为深入贯彻落实中央、省、州农村工作会议精神和《中共中央国务院关于加大改革创新力度加快农业现代化建设的若干意见》（中发〔2015〕1号）、《中共贵州省委贵州省人民政府关于加大改革创新力度加快农业现代化建设的实施意见》（黔党发〔2015〕1号），全面深化农村改革，加快农业现代化建设，全力促进农业发展、农民增收、农村繁荣。结合我县实际，提出如下意见。

一、主要目标

2015年全县农业农村工作的主要目标是：农业增加值确保增长7.7%以上，力争增长8%；粮食总产稳定在4.5万吨以上；肉类总产量700吨以上；农村居民人均可支配收入增长15.5%，力争达到16%；减少农村贫困人口0.822万人以上，确保永乐镇、郎德镇、大塘镇和望丰乡4个乡（镇）实现“减贫摘帽”；全面建设小康社会实现程度提高3.5个百分点以上；森林覆盖率达到68%以上。实施“6个10万工程”，即：10万亩中药材种植工程、10万头特色养殖工程、10万公斤（8个乡镇各10万公斤）稻鱼工程、10万亩高标准茶叶种植工程、10万亩特色果蔬种植工程、10万公斤（8个镇各10万公斤）地方特色稻米种植工程。深入推进“四在农家·美丽乡村”建设，农村面貌发生较大变化。

二、重点任务

（一）加快转变农业发展方式，大力发展现代山地生态高效农业。

1. 稳定粮食生产。组织实施粮食增产工程6万亩，全县粮食生产面积稳定在19万亩以上，其中夏粮6.5万亩以上、秋粮12.5万亩以上。加强主要粮经作物重大病虫害统防统治。切实加强耕地保护，划定耕地保护红线，认真落实基本农田保护工作制度，确保辖区耕地保有量动态平衡。推进测土配方施肥，提高粮食产出能力。全面启动“万亩造田工程”，年内确保完成生态文明造田700亩以上。

2. 加大农业结构调整。进一步提高畜牧业增加值占农业增加值的比重，提高经济作物占种植业的比重，提高二、三产业占农村经济的比重，做强主导产业，做精特色产业。重点抓好“6个10万”工程：一是狠抓茶叶产业发展。年内新建茶园1.5万亩，低产茶园改造提升1万亩，建成茶叶初级加工厂10个、茶青交易市场4个，茶叶无公害、有机产地认证和产品认定3万亩以上，确保茶青产量达到1.3万吨以上，实现产品产值3.6亿元以上，综合产值10亿元以上。扩大红茶生产规模，注重产品质量，促进红茶产品外销，提高出口创汇率，年内实现出口创汇3000万元以上。抓好茶叶审评师和茶艺师资格培训，完成茶技培训1000人以上。二是狠抓中药材种植。新增天麻、青钱柳、淫羊藿等种植5000亩，累计达3万亩；三是狠抓特色稻米种植。实施红米、半芒谷等特色稻培植工程，每乡镇年产量10

万公斤以上；四是狠抓特色果蔬种植。完成水果、蔬菜种植10万亩；五是狠抓特色养殖。扩大黑毛猪养殖规模，力争年出栏7万头，存栏5万头，能繁母猪存栏4000头。加大野猪、竹鼠、土鸡、娃娃鱼、石蚌等养殖业发展，年产值实现3亿元以上；六是狠抓稻鱼养殖。实施稻田养鱼、冷水养鱼工程6万亩，扶持2~3家龙头企业做大“雷山鱼酱酸”产业，确保水产品产值实现1.2亿元。

3. 加快农业园区建设。加大农业园区配套设施建设力度，集中人力、财力、物力加快推进雷山县生态茶园示范园区、雷山县休闲农业与乡村旅游示范园区和雷山县循环农业示范园区建设，除三个省级园区外，每个乡镇至少建一个县级农业产业园区，要做到有规划、有产业、有企业、有亮点。突出抓好九十九省级农业示范园区和各乡镇农业示范园区水、电、路、讯和旅游观光等设施建设，不断增强园区承载能力，引导绿色、生态、观光农业向园区集聚，促进优势特色农业园区化、规模化、高效化发展，确保农业园区总产值达到10亿元以上。

4. 提升农产品质量和食品安全水平。继续巩固“国家餐饮服务食品安全示范县”创建成果，加强县、乡、村农产品质量和食品安全监管能力建设。严格农业投入品管理，大力推进农业标准化生产，加快无公害农产品、绿色食品、有机食品认证步伐，突出质量安全和品牌建设，打造无公害绿色有机农产品大县。开展乡、村食品安全示范创建活动，建立健全可追溯的农产品质量安全和农业投入品信息平台。逐步建立农产品准出管理与市场管理相衔接机制。强化畜禽屠宰管理，严格落实病死畜禽无害化处理制度。推进食品安全社会共治，强化食品安全信用体系建设，加快食品市场准入、农产品质量安全、食品物流和餐饮业等地方标准制度修订，引导黑毛猪、青钱柳和“雷山鱼酱”等特色优势产业、产品率先制定食品安全标准，健全县、乡、村三级食品安全考核评价体系，严厉打击各类食品安全违规违法行为，提高群众安全感和满意度。

5. 强化农业科技创新驱动作用。一是加强农技推广体系建设。要创新机制、改善条件、稳定队伍，不断加强乡镇农业服务中心建设，发挥县、乡农技推广队伍的人员、专业、运作的整体功能；开展职称评聘和培训工作，为现代农业发展需要提供科技支持。创新气象为农服务机制，加强气象灾害监测和评估。二是加强技术指导。建立“一个重点产业有一名县级领导、一个工作班子、一套工作方案、一批科技特派员”的“五个一”工作制度，积极开展农技培训、技术开发和推广。支持、鼓励、引导科技人员与企业、农户建立多种形式的利益共同体，提供技术服务。三是加强农业产品和农业科技研发。鼓励和帮助有关单位和企业引进省内外现代农业科技成果进行开发。强化地方品种保种。加大特色产业如茶叶等农机具的引进和推广。

6. 加强农产品流通体系和品牌建设。一是加快推进雷山县万吨粮仓建设，为增强地区粮食储备能力提供强有力的基础保障。二是抓好农产品电子商务工作，依托淘宝网“贵州馆”“黔东南州优势特色农产品展销中心”等平台，建立完善“优势特色农产品电子商务服务平台”，发展农产品网上交易和农民网店，培育扶持雷山农产品直销配送公司，建立雷山生态农产品供应与城市顾客群供销市场，提升农产品外销能力。三是进一步提高农产品流通效率，鼓励农产品批发市场和农贸市场与农产品生产企业、生产基地实施场厂挂钩、场地挂钩等制度，统筹产区与销区的协调发展。四是强化品牌宣传策划，加快推进“国家有机产品示范区”和“国家级出口食品农产品质量安全示范区”创建；启动“雷山黑毛猪”“雷山鱼酱酸”“雷公山青钱柳”国家地理标志产品申报和生态原产地认证；全面推进“国家茶叶综合标准化示范区”建设，切实加大雷山银球茶和雷公山茶品牌管理、宣传与打造，完成《雷公山茶综合标准体系》编制评审和发布；抓好“雷山银球茶”“雷山乌杆天麻”国家地理标志产品的使用和管理，完成雷山银球茶国家地理标志产品、生产技术规程省级地方标准发布，争取雷山乌杆天麻及生产技术规程通过省级地方标准立项；抓好雷公山红米、鱼酱酸、青钱柳等特色农产品品牌创建工作；建立“雷山鱼酱酸”地方产品生产标准，改进生产技艺，不断延长产业链。

7. 加强生态建设和环境保护力度。一是推进生态工程建设。按照全国生态文明示范工程4大类25项主要指标考核要求，切实抓好示范工程试点工作，大力调整无公害农产品种植面积、生态环保产品消费和市场包装限塑比重，提升城镇污水处理率、生活垃圾无害化处理率、农业灌溉水利用率，缩小指标差距，补齐短板，确保全国生态文明示范工程主要指标通过国家评估验收。全面启动生态文明先行示范区和生态保护与建设示范区建设工作，切实抓好生态产业、绿化美化亮化、清洁家园整治、节能减排监测、生态文化培养和生态机制创新“六大生态工程”建设。抓好县城、西江、永乐污水处理厂的运行监管，完成城乡生活垃圾收运系统、农村环境综合治理项目建设。大力实施绿色贵州建设三年行动计划，推进新一轮退耕还林工程，扩大天然林保护实施范围，完成封山育林2万亩，人工造林200亩。二是加大环境整治力度。重点做好饮用水源、主要河流、县城空气质量的监测，确保城镇生活污水处理率、生活垃圾无害化处理率分别达85%和70%以上。着力抓好生产企业、畜禽养殖场等减排治污，确保主要污染物减排指标控制在州下达指标内。三是严格环境保护执法。全面排查整治环境隐患，严厉查处各类污染环境和破坏生态的环境违法行为，严格建设项目环境准入，拒绝“污染项目”入驻，严格执行环评“三同时”制度。深入开展森林保护“六个严禁”和环保“六个一律”专项行动。大力开展护渔行动，严厉查处电鱼、毒鱼、炸鱼等违法行为。

（二）加大支农惠农政策落实力度，促进农民持续增收。

1. 优先保证农业农村投入。坚持把农业农村作为财政支出的优先保障领域，持续增加财政向农业农村的投入。优化财政支农支出结构，重点支持农民增收、农村重大改革、农村基础设施建设、农业结构调整、农业可持续发展、农村民生改善。提高农业补贴政策效能。充分用好国家逐步扩大“绿箱”支持政策实施规模和范围的机遇，发挥好政策惠农增收效应。继续实施种粮农民直接补贴、农作物良种补贴、农机具购置补贴、农资综合补贴等政策。发展壮大农村集体经济，建立财政扶持资金。扩大现代高效农业示范园区建设奖补范围，整合部门涉农资金和引导社会资金投入农业园区。

2. 推进农村一、二、三产业融合发展。延长农业产业链、提高农业附加值。立足资源优势，以市场需求为导向，大力扶持发展一村一品、一乡一业，因地制宜发展适度规模经营，壮大县域经济，带动农民就业致富。积极发展以农产品保鲜、精深加工等为主体的第二产业，优化加工业与种养业的衔接配套，提升加工规模和水平，拓展农业多种功能，挖掘乡村生态休闲、旅游观光、文化教育价值。扶持建设一批具有历史、地域、民族特点的特色景观旅游村镇，打造形式多样、特色鲜明的休闲农业与乡村旅游产品。加大对休闲农业与乡村旅游基础设施建设的投入，增强营销能力，提高管理水平和服务质量。研究制定促进农业园区发展用地、财政、金融等扶持政策，落实好国家各项税收优惠政策。

3. 规范和加强涉农资金监管。建立健全覆盖资金分配、拨付、使用、监管和绩效评价全过程的涉农资金管理制度体系，加强各项制度之间的衔接，杜绝任何形式的挤占挪用与截留，确保资金使用见到实效。以特色优势产业、小型农田水利、扶贫开发等项目为平台，推进涉农资金整合统筹，发挥财政资金的引导和杠杆作用，引导金融资本和社会资本向农业农村投入，做大做强农业产业。

（三）深入推进美丽乡村建设，加快城乡一体化发展。

1. 加大农业农村基础设施建设力度。深入实施“四在农家·美丽乡村”基础设施建设六项行动计划，打通农村基础设施“最后一千米”。大力推进农田水利工程建设，实施好第五批小型农田水利建设项目，加快农村饮水安全工程建设；加快鸡鸠水库工程建设；启动西江水库、陶尧水库和脚尧水库建设，扎实抓好排苟水库（中型）项目前期工作；建成县城郎当、陶尧河段河道整治及护岸工程和永乐、达地抗旱应急水源工程；启动郎德、达地防洪堤工程建设；完成渠道防渗改造100千米，恢复改善灌溉面积9000亩以上，解决1.7万农村人口饮水安全问题。继续实施农村电网改造升级工程。加快推进农村公路建设，完成通村油（水泥）路建设240千米，确保年内实现村村通油（水泥）路。强化公路养护管理的资金投入和机制创新，建立严格的农村客运安全管理制度。推进农村广播电视、通信等村村通工程，提高农村信息化水平，实现农村广播电视综合信息网络全覆盖。

2. 提升农村公共服务水平。把教育作为最大的扶贫工程来抓，实施好“9+3”计划和“4+2”工程。投入3000万元，全面实施义务教育阶段学校标准化建设。加快农村寄宿制学校标准化建设，深入推进农村义务教育阶段学生营养改善计划。提高农村医疗卫生保障水平。加快卫生系统公租房、乡镇卫生院、村级卫生室等项目建设和升级改造进度。启动疾控中心、丹江卫生院等业务办公用房建设，不断提升医疗卫生服务能力和水平。继续做好新农合筹资，确保全县参合率继续保持在95%以上，加大定点医疗机构“四合理”监管力度，严格控制医疗费用不合理增长。严格执行国家基本药物制度，推进县、乡、村三级“一体化”管理。加强苗医、苗药等民间传统医药传承和开发利用，推进我县民族医药大健康发展。加大计划生育工作力度，确保实现“双降”和“升位摘帽”目标。认真做好城乡低保审批工作，及时发放城乡低保对象、五保对象和孤儿的保障金，做好大病、重病医疗救助。健全农村留守儿童、妇女和老人关爱体系，切实抓好救灾救济、优抚安置、孤儿供养、残疾人等特困人群的救助与帮扶工作。进一步扩大农房保险、养老保险等保险的覆盖面。落实好各项惠农政策，扩大失业保障范围，加大失地农民保障，稳定和扩大就业，推进创业就业扶持，加强劳动力综合培训，提高农村劳动力转移能力，确保城镇就业再就业3000人以上。拓展重大文化惠民项目服务“三农”内容，加强乡村文化设施建设，深入农家书屋、文化资源共享、农村数字电影放映等文化惠民工程，全面推进基层公共文化设施向社会免费开放。完善村级公益事业建设一事一议财政奖补机制，扩大农村公共服务运行维护机制试点范围，创新村内公益事业建设与管护机制。

3. 全面推进农村人居环境整治。深化“四在农家·美丽乡村”创建内涵，确保六项小康行动计划投入资金达2亿元以上。着力打造农村“百村万户”环境综合整治行动升级版，重点抓好新桥村、也改村等12个“美丽乡村”基础设施建设。完成农村建房指导图集编制。充分整合财政“一事一议”、危房改造、扶贫等项目资金，引导各类项目向农村倾斜，推进农村基础设施建设，建成一批“美丽乡村”示范村寨。2015年改造农村危房3500户以上。

4. 传承弘扬民族文化。一是高度重视民族文化保护传承，全力推进民族文化“六进”工程，继续开展“100名歌师、100名银匠师、100名木匠师、100名刺绣能手”培育工程，积极培养民族歌舞、传统工艺等传承人才，鼓励扶持开展民间传统节庆活动，举办民族歌舞、银饰刺绣和芦笙大赛。二是大力发展民族民间手工产业，支持培育民族工艺品研发龙头企业，加强与苏州工艺美院、贵州大学等企业和高校合作，鼓励企业和民间手工艺人对苗族银饰、刺绣、苗锦、芦笙和木制、竹制工艺品进行产业化开发，引导旅游商品加工和创意设计企业到园区聚集发展，力争民族手工产业总产值达5亿元。三是启动苗岭斗牛城项目建设，推动斗牛活动向产业化、市场化发展，打造“苗岭斗牛”品牌，力争斗牛产业综合收入突破2000万元。加大对斗牛养殖户扶持，培养一批专业斗牛养殖户。四是依托雷公山生态资源和陶尧温泉资源，积极开发“森林疗养、森林氧吧、康体运动”等康体养生产品和徒步、探险等户外活动，启动中国苗药植物园和健康养生基地规划建设，力争1个以上新医药大健康产业项目落地。

5. 严抓传统村落保护。研究制定科学、系统、有效的传统村落区域性保护规划，建立最严格的传统村落保护制度和最具有激励约束力的保护机制，积极参与组建中国传统村落保护联盟和参与筹备保护峰会。引导和鼓励各村加强村规民约建设，将民族民间优秀文化保护纳入村民自治内容；县级财政安排200万元资金用于中国传统村落保护，鼓励单位和个人赞助、捐赠、投资传统村落保护、建设和利用，鼓励金融管理机构制定融资优惠政策，对传统村落保护项目以及开发提供信贷支持；全面启动传统村落消防设施建设和改造，对传统村落规划确定的各类保护对象实行挂牌保护；突出“一寨一特色”，启动“保老村、建新村”试点工作，强化民族村寨保护提升，规划和建设好一批民族文化基地；抓好村庄建设规划，从严控制村庄建房用地，切实加强农村宅基地管理，坚决查处传统村落规划范围违法占地、违法建设行为。

6. 推进农业转移人口市民化。推进户籍制度改革，完善城乡统一的户口登记制度。切实推行流动人口居住证制度，提供农村流动人口与市民服务管理同城待遇。建立农业转移人口市民化成本分担机制，分类引导农业转移人口落户城镇，保障进城农业转移人口及随迁家属平等享有与当地居民同等的基本公共服务权利。破除农村转移人口就业障碍，促进农业转移人口在城镇创业就业。加大农业转移人口职业培训力度。探索农民工享受城镇保障性住房的具体办法。继续保留进城落户农民在农村原有的宅基地、承包地、林地和农村集体收益分配权等各项权利，享受原有惠农和农村计生政策。

（四）全面深化农村改革，增添农村发展活力。

1. 加快培育新型农业经营主体。坚持和完善农村基本经营制度，推进家庭经营、集体经营、合作经营、企业经营等农业经营发展方式创新。引导农民以承包地经营权入股合作社、龙头企业或村集体经济组织，形成利益联结紧密的整体，创新土地流转和规模经营方式。支持发展规模适度的家庭农场和专业大户，鼓励支持农民合作社，推进农民合作示范社创建，采取“公司+合作社+农户”经营模式，进一步完善农业社会化服务体系。新增省级农业产业化龙头企业1家以上、州级3家以上，新增加家庭农场8户以上，新增农民专业经济组织15个以上，其中新增“5+1”农民专业合作社1家以上。积极开展农业产业化示范基地建设，支持农业龙头企业转型升级，以茶叶、中药材、畜牧等优势产业为重点，实施州级龙头企业壮大工程。鼓励工商资本通过投资兴办、整体收购、兼并重组等方式，开展现代种养业基地建设、农产品加工流通、农业品牌打造和技术服务等经营活动。

2. 稳步推进农村土地制度改革试点。积极稳妥推进农村土地制度改革，切实做到封闭运行、风险可控。加快建立兼顾国家、集体、个人的利益分配机制，完善对被征地农民合理、规范、多元保障机制。加快农村集体土地的确权登记工作，从严掌握确权确股不确地范围。开展集体经营性建设用地入市试点，赋予符合规划和用途管制的农村集体经营性建设用地出让、租赁、入股权能，建立健全市场交易规则和服务监管机制。认真抓好农村土地承包经营权确权登记颁证试点工作，推进郎德和大塘农村产权制度改革试点工作。

3. 推进农村集体产权和林权制度改革。推进村级集体资产股份量化改革试点，对集体的非经营性资产，探索有利于提高公共服务能力的集体统一运营管理有效机制，对经营性资产，积极开展产权明晰工作，将资产量化折股到本集体经济组织成员。开展赋予农民对集体资产股份权能改革试点，确保农户利益。健全农村集体“三资”管理监督和收益分配制度，建立多种形式的农村产权流转交易市场和服务平台，引导农户承包土地经营权、林权等规范流转。进一步扩大林权抵押贷款和政策性森林保险范围；改革林木采伐管理制度，完善经营加工许可制度。

4. 深化水利体制机制改革。完成全县水务一体化管理体制改革，进一步落实和完善最严格的水资源管理制度。建立反映水资源稀缺程度和供水成本的水利工程供水价格机制，合理制定水利工程供非农业用水价格；深入开展农业水价综合改革，建立合理反映农业供水成本、有利于节约用水的农业水价形成机制。巩固小型水利工程产权制度改革成果，进一步明晰农村小型水利工程产权、落实管护主体和责任。进一步完善基层水务服务站建设，强化农村涉水事务统一管理。鼓励发展农民用水合作组织，扶持其成为小型农田水利工程建设和管护主体。鼓励社会资本以特许经营、参股控股等多种形式参与具有一定收益的节水供水、污水处理和农村小水电等水利工程建设运营，通过参与节水供水重大水利工程投资建设优先获得新增水资源使用权。

5. 推进农村金融体制改革。加快推进创建扶贫小额信贷工作示范县步伐，坚持面向建档立卡信用贫困农户、面向龙头企业和农民专业合作组织，在建立扶贫产业融资项目库和建档立卡的基础上，融入推进农村金融服务和精准扶贫，促进信用贫困户稳定增收、脱贫致富。综合运用财政税收、货币信贷、金融监管等支持政策，推动金融资源继续向“三农”倾斜，确保涉农信贷总量持续增加、涉农贷款比例不降低，不断优化涉农贷款结构。落实支持农村金融发展的有关税收政策，开展信贷资产质押再贷款试点，鼓励各类商业银行创新“三农金融服务”。加快农村信用工程建设，加强农村普惠金融建设，强化“村村通”便民服务功能。

6. 加快乡村治理机制改革。深化基层民主，探索以村民小组为基本单位的村民自治，进一步丰富村民自治的实现形式。规范村“两委”职责和村务决策管理程序，建立和完善村务监督委员会制度，健全村民对村务监督机制，加强对村干部行使权力的监督制约，确保监督务实有效。大力实施“双培双带”工程，注重从致富能手、返乡人员、高校毕业生中选拔人才进入基层党组织，利用现代远程教育网络、职业教育等方式加强教育培训，引导农村基层干部带领群众增收致富。构建农村立体化社会治安防控体系，开展突出治安问题专项整治，依法严打乡村黑恶势力和各类侵害农民权益的违法犯罪行为。推进城镇社区及农村网格化管理，推进平安乡镇、平安村庄、平安新型农村社区建设。

（五）推进扶贫开发机制创新，加快农村全面小康进程。

1. 深入实施精准扶贫。进一步完善贫困人口建档立卡工作，加强发改、民政、扶贫等部门的衔接，按照开发式、救助式、搬迁式三类扶贫人口，摸清底数，分类登记，找准对象。加快建设完善精准扶贫信息管理系统，推进相关部门信息共享、资源整合。全面深入落实结对帮扶、产业扶持、教育培训、农村危房改造、扶贫生态移民、基础设施“六个到村到户”帮扶措施。坚持整乡推进与扶贫到户有效衔接，推进扶贫攻坚与同步小康相结合，按照“县负总责、乡抓落实、部门齐抓，群众参与、工作到村、扶贫到户”的要求，精心谋划、强力推进、全面落实，进一步完善“一户一干部、一户一对策”的帮扶机制，因村施策，因户施法，精准扶贫，切实改善贫困村水、电、路等基础条件，确保“不脱贫、不脱钩”。专项财政扶贫发展资金重点开展产业化扶贫，积极采取“公司+合作社+基地+贫困农户”的有效模式，建立健全产业化扶贫利益联结机制。加强精准扶贫成果和年度减贫任务的督查、评估，健全建档立卡贫困人口进入退出的动态管理机制。

2. 深化扶贫工作机制改革。不断深化贫困乡镇“减贫摘帽”机制，逐步完善乡镇、部门扶贫导向考核机制，促进扶贫开发工作有序推进。调整优化扶贫项目库，建立健全扶贫项目“乡镇申报、县级审批、乡村实施、县级验收、乡镇报账”的运行机制。大力推动扶贫资金项目监管、干部驻村帮扶、贫困户结对帮扶、贫困户利益联结等工作机制改革创新。

3. 创新扶贫攻坚方式。一是坚持统筹扶贫。充分发挥各乡镇和发改、财政、农业、扶贫等部门的职能作用，向上积极争取资金，向内抓好项目整合，力争全年整合投入资金1000万元以上。扶贫、财政、发改、卫计、文广等部门要有重点地倾斜支持贫困村公共服务设施建设。农业、生态文明建设等部门要积极扶持引导贫困群众大力发展茶叶、中药材、果蔬、特色养殖等特色富民产业。二是坚持开放扶贫。引导鼓励致富能人和各类社会资本通过流转土地、发展产业、兴办企业等方式参与扶贫开发，促进项目、资金、人才、技术等各类资源要素向贫困村合理流动。发挥好扶贫专项资金的作用。认真实施小额信贷、贫困村互助资金试点、妇女小额担保贷款、小微企业“三个15万”信贷等项目，加大财政贴息和涉农金融机构支持力度。三是坚持造血扶贫。在强化基础建设、培育优势产业、增强发展后劲的基础上，更加注重提振贫困群众的脱贫信心，提升贫困群众的致富能力，有计划、有重点、有针对性地组织开展农村实用技术培训和职业技能培训，大力开展“智力扶贫”，提高群众转移就业和自主创业的能力。

4. 拓宽社会扶贫领域。不断完善政府、市场、社会协同推进的大扶贫格局，充分发挥对口帮扶、定点扶贫、集团帮扶等优势资源在社会扶贫中的示范引领作用。鼓励和引导更多的企业、社会组织、个人以多种形式参与扶贫开发。继续组织开展好“扶贫日”等扶贫主题活动，加强社会扶贫宣传引导，拓展社会扶贫的广度和深度，广泛动员社会各方力量参与扶贫开发。

（六）加强农村法治道德建设，营造“三农”发展良好环境。

1. 提高农村基层法治水平。加强农村法制建设，深入开展农村普法教育。统筹城乡法律服务资源，完善农村法律援助服务网络，帮助农民就近方便快捷获得法律援助。加强农业综合执法队伍建设，强化农业行政执法人员教育培训。建立健全村民自治章程、村规民约、任期目标规划、民主决策制度、党务村务公开和财务公开制度等各项制度，进一步抓好村级组织规范化建设。做好矛盾纠纷排查化解，确保农村稳定。

2. 加强农村思想道德建设。开展社会主义核心价值观宣传教育“进农村促发展”示范活动，实施农村“道德讲堂”工程，将农村思想道德建设作为文化下乡的重要内容，引导农民移风易俗、培育文明新风。广泛开展“明礼知耻·崇德向善在乡村”主题活动。积极开展文明村镇、星级文明户、最美雷山人等评选表彰活动，弘扬传统美德，营造文明乡风。深入实施“春晖行动”，感召在外成功人士回乡支持家乡建设。

3. 加强农村基层党建工作。以“七大工程”为抓手，强力推动基层党建各项工作任务的落实。在积极打造干荣村州级农村基层组织精品示范点建设的同时，深入推进县、乡基层组织示范点建设，集中精力加大投入，建设一批值得学、推得出、叫得响的基层组织示范点，特别是要把西江村建成全县首个集体经济超过百万元的村。扎实抓好软弱涣散基层党组织整顿工作，配优配强农村党组织班子。大力推进“金种子”带富计划，把村干、党员、入党积极分子、乡村能人等培养成为“金种子”，确保到2020年“金种子”会员（社员）覆盖90%以上的农户。深入实施“和谐乡村”建设计划，在每个乡镇选择1个以上的村开展试点，到2018年前全面实现“和谐乡村”全覆盖。统筹抓好乡镇党委书记、村党组织书记和农村致富带头人“三支队伍”建设，统筹推进农村、机关、社区、国有企业、“两新”组织等各领域党组织建设，建立健全各领域党建工作领导体制和保障机制，全面做到有章理事、有人管事、有钱办事。

4. 强化社会管理创新。启动以乡镇所在地为重点的网格化管理。持续抓好加强社会管理提升治安综合治理能力三年行动计划，深入推行“双诚信、双承诺”社会管理机制，持续开展信访维稳“百日攻坚战”和山林土地权属纠纷排查化解专项行动，落实信访问题包化解包稳控“双包保”责任制，全力化解一批矛盾纠纷和信访积案，维护社会和谐稳定。按照“党政同责、一岗双责、齐抓共管”的要求，严格执行安全生产一票否决制。认真落实农村消防安全三年行动计划，以集中连片民族村寨为重点推进农村消防设施建设，完成50户以上村寨1.48万栋农村消防“电改”工程建设。狠抓农村道路交通安全和食品药品安全监管，坚决遏制重特大事故发生。坚决打击各类违法犯罪，坚决打击“黄、赌、毒”，继续扩大“天网工程”覆盖面，夯实治安防控体系建设，不断巩固提升广大人民群众的安全感和满意度，全面营造和谐安定的社会环境。加强对农村留守儿童、老人和妇女的关爱和服务。开展“四在学校·幸福校园”活动、建设留守儿童之家。进一步加强农村敬老院建设管理。落实以“两全三制一卡”为主要内容的工资支付监控制度和支付保障制度，努力实现农民工工资无拖欠，畅通农民工维权渠道。

三、保障措施

（一）加强组织领导。各乡镇、各部门要把农业农村和扶贫攻坚工作作为全部工作的重中之重，加强组织领导，细化目标任务，强化工作措施，真正把“三农”工作放在心上、抓在手上、落实在行动上，用心研究，用心谋划，用心推动，着力解决工作中的突出矛盾和问题，不断探索加快发展的新思路、新途径和新经验。各乡镇党政一把手要靠前指挥，一线督战，确保事事有人抓、件件有成效。县直部门要帮助所联系的乡、镇、村出主意、找项目、促发展。各涉农部门要在调整农业结构、指导农民生产、帮助农民增收上多理思路，多想办法。

（二）凝聚工作合力。涉农部门要充分履行职责，发挥综合协调、调查研究、督促检查等职能作用，加大项目资金协调争取力度，扎实有效地推进“三农”工作。各级各部门要增强大局观念和责任意识，明确各自在“三农”工作中的角色定位，加大支持、服务力度。结合群众路线教育实践活动，认真开展好机关干部和乡镇干部驻村工作，解决群众困难，方便群众办事。各级领导和干部要熟悉农业、了解农情，真正了解农民诉求和期盼，帮助解决生产生活中的实际困难和问题。

（三）加大督查考核。按照州下达我县农业农村经济工作责任指标任务，将工作任务进一步分解。认真落实涉农工作联席会议制度，研究提出重大决策、重点工作、重大项目的意见建议，整合资源，形成合力，统筹推动各项决策部署的落实。县委、县政府督查室要开展经常性督查，对县委、县政府农业农村工作的重大决策部署和阶段性工作开展情况要进行专项督查，确保各项工作落到实处；县纪检监察部门对惠农政策落实、涉农项目和资金落实等热点问题要进行全程监督检查，确保党和国家各项强农惠农政策和涉农领域问题在公开、公正、透明的工作环境中落实；县目标考核办要细化考核细则，加大考核力度，确保全年农业农村工作各项目标任务全面完成。

中共雷山县委　雷山县人民政府
关于雷山县人民政府职能转变和机构改革的实施意见

雷党发〔2015〕3号

2015年1月22日

根据《中共贵州省委贵州省人民政府关于市（自治州）、县（市、区、特区）政府职能转变和机构改革的指导意见》（黔党发〔2014〕5号）、《中共黔东南州委办公室黔东南州人民政府办公室关于印发〈雷山县人民政府职能转变和机构改革方案〉的通知》（黔东南党办通〔2014〕48号）精神，结合我县实际，现就县人民政府职能转变和机构改革提出如下实施意见。

一、总体要求

（一）指导思想。高举中国特色社会主义伟大旗帜，以邓小平理论、“三个代表”重要思想、科学发展观为指导，适应社会主义市场经济发展需要，围绕建立中国特色社会主义行政体制目标，与州人民政府机构改革和职能转变相衔接，以职能转变为核心，继续简政放权，优化机构设置，严控人员编制，提高行政效能，建设人民满意的服务型政府，为全面建成小康社会提供体制机制保障。

（二）基本原则。坚持深化行政体制改革，把政府职能转变放在突出位置；坚持精简统一效能，优化机构设置和职能配置；坚持创新制度机制和管理方式，提高政府管理服务能力；坚持强化对行政权力的制约监督，确保政府依法履行职责；坚持从实际出发，与雷山县经济社会发展进程相适应。

二、主要任务

（一）加快政府职能转变。把职能转变放在更加突出的位置，处理好政府与市场、政府与社会、政府层级间的关系，全面正确履行政府职能。加强公共服务、市场监管、社会管理和环境保护等职责。继续简政放权，把该放的权力放到位，把该管的事情管住管好。强化对行政权力的制约监督，推动政府职能向创造良好发展环境、提供优质公共服务、维护社会公平正义转变，进一步激发市场、社会的创造活力，切实提高政府管理科学化水平。具体从五个方面推进政府职能转变：一是推进简政放权，加强行政审批规范化建设；二是转变管理理念，加强市场和环境监管职能；三是强化公共服务职能，提高公共服务能力；四是建设政府服务平台，完善政务服务体系；五是规范权力运行，提高行政效能。

县政府职能转变的具体时间安排、目标任务分解、措施要求由县政府另行规定。

（二）深化政府机构改革。按照精简统一效能的原则，与州人民政府机构改革相衔接，结合实际，优化组织结构，稳步推进大部门制改革，强化机构和职责整合，规范机构设置，理顺权责关系，统筹相关改革，完善体制机制。

1. 县人民政府机构设置。根据《中共黔东南州委办公室、黔东南州人民政府办公室关于印发〈雷山县人民政府职能转变和机构改革方案〉的通知》（黔东南党办通〔2014〕48号）精神，县政府设置工作部门24个，县政府直属事业单位4个，其他机构1个。

（1）县政府工作部门24个

①保留的机构13个

县政府办公室（县政府法制办、应急办、国教办、外事办、人防办）、县公安局、县监察局（不计入政府机构个数）、县民政局、县司法局、县财政局、县人力资源和社会保障局、县国土资源局、县住房和城乡建设局、县农业局、县交通运输局、县审计局、县统计局、县安全生产监督管理局。

②调整的机构11个

组建县卫生和计划生育局。将县卫生局的职责、县人口和计划生育局的计划生育管理和服务职责整合，组建县卫生和计划生育局，为县政府工作部门。将县人口和计划生育局研究拟订人口发展战略、规划及人口政策职责划入县发展和改革局。不再保留县卫生局、县人口和计划生育局。

组建县教育和科技局。将县教育局的职责和县科学技术局的科技管理行政职责整合，组建县教育和科技局，为县政府工作部门，挂县知识产权局牌子。不再保留县教育局、县科学技术局。

组建县市场监督管理局。将县食品安全委员会办公室的职责、县食品药品监督管理局的职责、县工商行政管理局的职责、县质量技术监督局的职责整合，组建县市场监督管理局，为县政府工作部门，挂县食品药品监督管理局、县工商行政管理局、县质量技术监督局的牌子；县食品安全委员会办公室设在县市场监督管理局；县卫生和计划生育局负责食品安全风险评估和食品安全标准的跟踪评价；县农业局负责农产品的质量安全监督管理、牲畜定点屠宰监督管理。

组建县生态文明建设管理局。将县林业局职责和县环境保护局职责进行整合，组建县生态文明建设管理局，为县政府工作部门。挂县林业局（县园林绿化局）、县环境保护局牌子。将县发展和改革局管理的县生态文明建设办公室职责划入县生态文明建设管理局，不再保留县生态文明建设办公室。

将县水利局更名为县水务局，为县政府工作部门。

将县民族事务局（宗教事务局）更名为县民族宗教事务局，为县政府工作部门。

组建县工业信息化和商务局。将县工业信息化局职责、县招商和商务局的商务管理职责、县粮食管理办公室职责进行整合，组建县工业信息化和商务局，为县政府工作部门。不再保留县工业信息化局、县粮食管理办公室。

将县发展改革局更名为县发展和改革局，为县政府工作部门。将县物价管理办公室职责划入县发展和改革局，不再保留县物价管理办公室。

将县旅游产业发展和风景名胜区管理局更名为县旅游发展委员会，为县政府工作部门。不再保留县旅游产业发展和风景名胜区管理局。

将县文体广电局（县新闻出版局、县版权局）更名为县文体广电新闻出版局，为县政府工作部门，挂县版权局牌子。将县广播电影电视办公室职责划入县文体广电新闻出版局，不再保留县广播电影电视办公室。

将县扶贫开发工作办公室更名为县扶贫开发办公室并由县政府管理的机构调整设置为县政府工作部门。

县政府机构改革后，设置工作部门24个。

（2）县政府直属事业单位4个

①保留的机构1个

县档案局（县档案馆）。

②调整和归并的机构3个

将县人民政府政务服务中心由县人民政府管理的事业单位调整为县政府直属事业单位。

将剥离商务管理职责的县招商和商务局更名为县投资促进局，统筹协调招商引资工作，仍为县政府直属事业单位。

将县水利局管理的县水利水电工程移民办公室职责和县发改局管理的县扶贫生态移民工程办公室职责整合，组建县水库和扶贫生态移民局，为县政府直属事业单位。不再保留县水利水电工程移民办公室和县扶贫生态移民工程办公室。

（3）其他机构1个

县供销合作社联合社。

（4）清理和规范议事协调机构的实体性办事机构和县政府管理的事业单位

将县政府管理的县新农村建设办公室调整为县住房和城乡建设局管理的正乡级事业单位。

将县政府管理的县土地和房屋征收管理局调整为县住房和城乡建设局管理的副乡级事业单位。

设立县科学技术服务中心，为县教育和科技局管理的正乡级事业单位。

设立县旅游发展服务中心，为县旅游发展委员会管理的正乡级事业单位。

2. “三定”规定制定。参照州政府制定部门“三定”规定的做法，对县政府部门的“三定”规定进行重新审定。

（1）部门主要职责的确定。部门职责以州政府正式印发的对应部门“三定”规定为依据，结合实际，依据法律、法规确定；原则上同一件事情由一个部门负责，确需多个部门管理的事项，由一个部门牵头，明确职责分工。

（2）部门领导职数的确定。部门领导职数原则上设正职1名，副职1名，少数职能范围较广、工作任务和编制相对较多的综合设置部门可增设1至2名副职。国家和省、州另有规定核增领导职数的，比照规定办理。县政府工作部门不设专业技术领导职数。本轮机构改革县政府部门领导职数按照上述原则确定。

（3）部门内设机构的设置。优化和综合设置县政府各部门内设机构和职责配置，可以一个内设机构对应州政府相关部门多个内设机构，不允许部门多个内设机构对应州政府相关部门一个内设机构。内设机构设置个数原则上按照不超过部门行政编制总数减去部门领导职数的方法进行总量控制。

（4）纪检监察机构及机关党组织设置。县纪委（监察局）派驻部门纪检监察机构由县编委办商县纪委（监察局）确定。机关党组织按有关规定设置。现有专任机关党委（党组）书记保留过渡，今后不再设置专任机关党委书记；新配备的机关党委书记由本部门党员行政负责人兼任。

（5）人员编制核定。县政府部门的行政编制在审定部门“三定”规定时重新核定，原有行政编制一律上收，实行集中统一调配。

（三）严格控制机构编制。按照财政供养人员只减不增的要求，加强机构编制管理创新，强化制度建设，严肃机构编制纪律，严格控制政府规模，努力降低行政成本。

1. 严格控制人员编制。按照中央要求，研究制订有效的控编减编举措和工作方案。确保中央核定的行政编制总数和各类专项编制总量不突破，在核定的行政编制数额内配备人员。确保到2017年事业编制总额不突破2012年底的统计数，并有所减少。严格控制参照公务员法管理事业单位和经费自理事业单位的机构编制，严格控制经费自理事业编制转为财政补助事业编制。严格领导职数管理，非领导职务严格按照规定配备。按照中央统一安排，对现有机构和人员编制情况进行彻底核查，采取切实有效措施清理编外人员。

2. 创新机构编制管理。加大机构编制管理创新力度，提高机构编制工作科学化、规范化、法制化水平，不断提高机构编制资源效用。按照“严控总量、盘活存量、优化结构、增减平衡”的要求，采取切实有效措施，核减职能减少、工作任务不饱和单位的人员编制，加强事关中心工作、全局工作和重大民生保障方面的人员力量。机构改革涉及调整重组部门所属的事业单位，对职责相同或相近、设置重复分散、规模过小的事业单位要撤并整合。探索在总量内跨乡镇、跨部门、跨层级调剂使用编制，结合简政放权，推动编制资源向基层和一线倾斜。进一步完善机构编制与组织、人力资源和社会保障、财政等部门协调配合机制，全面实现机构编制实名制管理。加大政府购买服务力度，对可由市场提供、社会承担的公共服务，逐步通过政府购买服务或政府设立公益岗位的方式完成。

（四）严肃机构编制纪律。严格遵守机构编制各项法律法规和政策，严格执行机构编制纪律。除机构编制专项法律法规和政策规定外，上级部门不得以任何理由和形式，干预下级的机构编制事项。将机构编制政策规定执行情况纳入党委和政府督查工作范围，健全机构编制监督检查协调机制，加大对机构编制违法违纪行为的查处力度，维护机构编制管理的严肃性和权威性。

三、工作要求

按照州委、州政府和县委、县政府的统一部署，各部门要把政府职能转变和机构改革作为当前和今后一项重要工作摆上议事日程，切实加强领导，强化组织实施，主要领导亲自抓。县编委要充分发挥职能作用，认真履行职责，牵头做好政府机构改革具体工作。县政府法制办要牵头做好政府职能转变有关工作，根据本级政府职能转变的目标要求、主要任务和工作重点，研究制定3年内职能转变总体安排和工作规划，确保职能转变工作规范有序、及时到位。

（一）认真做好“三定”规定报批和组织实施工作。县政府工作部门要抓紧拟定本部门“三定”规定，于2015年2月10日前征求分管县领导意见后报县编委办审核，由县政府法制办进行合法性审查，并提交县编委审议后，最后提交县政府审定批准，以县政府办公室文件印发。各相关部门要按照批准的“三定”规定认真组织实施，抓好落实。县编委办适时对县政府各部门机构改革工作情况进行检查指导和总结。

（二）妥善做好人员安置。严格按照干部人事管理的有关规定，由组织、人力资源和社会保障部门妥善安置人员。机构改革涉及调整重组部门和各部门内设机构调整的人员，按照“人随事走和调剂安置”的原则进行安置；对因职数、编制限制一时难以安置的人员，可逐步消化过渡，在3至5年内调整到部门核定编制和领导职数限额内；对因机构性质发生变化、人员身份不符的部门单位人员，由组织人事部门进行安置或全部划转逐步消化；组织、人力资源和社会保障部门要按照职责分工，加强对此项工作的督促指导。

（四）严肃机构改革纪律。改革中涉及的机构和职能调整，要做到无缝衔接，确保各项工作正常运转。相关人员、编制、经费、资产划转工作要及时调整到位。要严防国有资产流失，严禁突击提拔干部和突击进人。重视研究和解决改革中出现的新情况、新问题，加强思想政治工作，正确引导舆论，确保改革顺利进行。要加强公务员队伍建设和作风建设，适应职能转变的新要求，改进工作方式，转变工作作风，提高工作效率和服务水平。

四、其他有关问题

（一）机构变更部门党组织设立的问题。机构改革涉及调整重组部门的党组（党委）设立，按照有关规定由县委组织部统筹研究后报县委审批。

（二）机构改革中的资产处置和档案移交问题。机构改革涉及调整重组部门的经费、物资等资产划转和处置，由县政府办公室、县财政局会同有关部门负责。机构改革涉及调整重组部门要加强干部人事档案和其他文件档案资料的管理，认真做好清理、登记和移交工作。机构改革涉及调整重组部门所属事业单位的管理关系相应进行调整。

（三）部门管理事业单位划转问题。在改革中原各部门管理事业单位机构、人员、编制随原主管部门单位划转至新组建或调整的部门单位管理。因主管部门重组、调整，需对下属事业单位进行调整的，由主管部门及时报县机构编制部门按程序进行调整。

（四）新机构印章启用和挂牌问题。机构改革涉及调整重组部门的印章由县政府办公室统一按规定制发；新印章启用时，原印章立即作废并上交县政府办公室统一销毁。机构改革涉及调整重组部门启用新印章后，应及时按照有关规定自行制作机构牌子对外挂牌运行。

中共雷山县委
关于进一步加强以党组织为核心的基层组织建设的实施意见

雷党发〔2015〕7号

2015年2月13日

为认真贯彻落实中央、省委和州委关于加强基层发展型服务型党组织建设的意见和部署，进一步加强以党组织为核心的基层组织建设，充分发挥基层组织特别是基层党组织服务改革、服务发展、服务稳定、服务民生、服务群众、服务党员的作用，结合全县基层组织建设实际，提出如下实施意见。

一、加强基层组织建设的重大意义、总体要求和目标任务

（一）重大意义。切实加强以党组织为核心的基层组织建设，对于夯实党的执政基础、提高党的执政能力、巩固党的执政地位具有重要而深远的意义。近年来特别是党的十八大以来，在省委和州委的正确领导下，我县各级党组织认真贯彻落实党的十八大和十八届三中、四中全会精神，以开展党的群众路线教育实践活动为总抓手，大力实施基层党建“七大工程”，突出重点，强基固本，全面加强以党组织为核心的基层组织建设，有力地促进了全县经济社会又好又快发展。当前，我县正处在经济发展方式转型期、经济发展加速期、赶超跨越关键期，基层组织建设仍然存在跟不上、不适应的问题。主要是，个别乡镇、部门书记抓党建的责任制落实不到位，部分基层党组织软弱涣散，基层基础保障水平低，基层党组织服务能力和服务质量与中央、省委、州委和县委的要求还有较大差距，等等。面对新形势、新任务，群众需求复杂多样，新旧矛盾错综交织，这些都对基层组织建设提出了新的更高要求。为此，县委决定从巩固党在基层执政地位的高度，立足于服从服务全县科学发展、后发赶超、同步小康的大局，下大决心，花大力气，进一步加强以党组织为核心的基层组织建设。

加强党的建设，重心在基层。各级党组织必须更加主动适应我县发展的新形势新任务、更加主动顺应人民群众的新期盼新诉求，坚持从巩固党的执政地位的大局看问题，牢固树立“抓好党建是最大的政绩、抓不好党建是最大的失职”的思想意识，把思想和行动统一到中央、省委和州委的战略部署上来，统一到县委的重大决策上来，把加强基层组织建设摆在党委工作更加突出位置和重要议程，着力研究解决基层组织建设面临的新情况、新问题，以更大的工作力度、更好的工作成效，不断开创我县基层组织建设新局面。

（二）总体要求和目标任务。坚持以科学发展观为统领，以贯彻落实党的群众路线、保持党同人民群众的血肉联系为永恒主题，以服务群众、做群众工作为主要任务，健全组织体系，建强骨干队伍，完善制度机制，强化工作保障，扎实做好抓基层、打基础、利民生、护民利的工作，充分发挥各类基层组织特别是基层党组织在维护和谐稳定、服务人民群众、推动经济发展中的重要作用，为促进全面深化改革、实现同步小康、打造雷山发展升级版提供坚强的组织保障。

到2018年，实现以下目标任务：

—在农村，80%以上党组织达到“五好”标准，树立9个县级农村基层组织精品示范村，建成5个农民人均纯收入过1万元、村集体经济收入过100万元的小康示范村，全县无软弱涣散村级党组织。

—在社区（社区指社区居委会和居委会，下同），80%以上党组织达到“五好”标准；社区党建工作“共驻共建”机制全面落实，以党组织为核心的社区各类组织推动和谐社区建设的能力大大增强；努力培育创建2个县级以上社区党建工作示范点。

—在非公有制经济组织和社会组织，凡具备单独组建党组织的组建率达到100%；凡具备组建工青妇组织的组建率达到100%；80%单独组建的党组织工作达到规范化要求；党组织和党员的作用得到较好发挥；努力培育创建2个县级以上非公有制经济组织和社会组织党建工作示范点。

—在机关和企事业单位，党建工作各项任务得到全面落实，党组织的管理体制更加完善，党组织活动更加规范，党内监督力度进一步加大，广大党员干部的思想政治素质明显提高，工作作风进一步转变。

二、以党组织建设为核心，进一步加强村、社区基层组织建设

（三）加强村、社区党组织建设

健全村、社区党组织体系。按照100人及以上设立基层党委、50~99人设立党总支、50人以下设立党支部的原则，调整完善村党组织体系，在自然寨、村民小组、农民专业合作社、专业协会、产业链设立党支部或党小组，把党的组织和工作覆盖到农村各个层面。分别在东城社区和西城社区设立社区服务中心，每个社区按照200-400户的规模划分网格，设立小区党支部或党小组。

建强村、社区领导班子。抓好基层党组织领导班子特别是党组织书记队伍建设，创新选拔培养机制，加大在创业带富能人、农民经纪人、复员退伍军人、返乡农民工、大中专毕业生和大学生村干部中选拔村党组织书记力度，鼓励离退休党员干部、优秀民营企业经营管理人员中的党员回原籍担任村党组织书记。逐步改善年龄和知识结构，原则上年满60周岁及以上的，不再提名担任村党组织书记，特别优秀的可适当放宽条件，经乡（镇）党委研究后需报县委组织部批准；今后凡新任村党组织书记，一般应具有高中（职高）以上学历，年龄在55周岁以下。各行政村专职干部一般按“五大员”设置，即：村党组织书记、村委会主任、村文书（兼任村人口主任、村统计员）、村宣传员（兼任村规划建设监督员）、村安监员（兼任村纪检员或村监委会主任），各乡（镇）可根据工作需要单设村人口主任；列入中国传统村落名录的行政村须设置规划建设监督员。由于我县大部分行政村是一村一寨，为解决村级干部人浮于事的问题，提倡行政村专职干部兼职，采用3兼N+1模式，由村支书、村委会主任、村文书分别兼任人口主任、宣传员、安监员、规划建设监督员等，纪检员兼村监委会主任，整合人力，整合待遇，增强岗位吸引力。鼓励村“两委”成员交叉任职，有条件的可兼任村民小组长。加强社区干部队伍建设，社区干部按“三大员”设置，即：社区党组织书记、居委会主任、文书，每个社区原则上保证有3名以上专职工作人员。

加强村、社区干部队伍教育培训。县级按照每人每年不低于500元的标准，将村、社区党组织书记和主任的教育培训经费列入财政预算，村、社区党组织书记和主任每人每年至少参加1次以上集中培训，时间不少于7天；村、社区其他专职干部每年参加培训不少于5天。

从2015年起，加大从长期扎根基层的优秀村干部中考录乡（镇）公务员和招聘事业单位工作人员力度，注重从德才素质好、实绩突出、作风过硬的优秀村干部和大学生村干部中选拔乡镇领导干部。深入推进“三向培养”，把村干部、党员培养成致富带富能人，把乡村能人培养成党员，把党员能人培养成村干。乡镇党委要在各行政村建立村级后备干部台账，进行动态跟踪管理，不断为村级后备干部创造学习和锻炼平台。

建立健全村、社区目标管理机制。每年对村、社区考核目标任务由乡（镇）规定任务与村、社区自选任务相结合，报乡（镇）党委审定并向群众公布。年终采取村、社区自评占10%、群众测评占50%、上级考评占40%的“三结合”方式，对村、社区班子及其成员就目标任务完成情况进行绩效考核，考核结果与绩效报酬、业绩考核资金和评先选优等直接挂钩，作为村、社区干部选拔、任用、奖惩的重要依据。

加强党员队伍建设。注重在优秀青年知识分子、返乡创业致富能人、非公有制经济组织和社会组织从业人员中发展党员，确保高中以上文化和35岁以下党员比例逐年上升。严格执行《党员证》《流动党员活动证》制度，每年定期进行民主评议党员，重视党员民主评议结果的运用。建立健全党内关爱制度，“七一”、春节等节假日走访慰问基层老党员、生活困难党员。

（四）加强村（居）民委员会建设

完善村（居）民委员会组织体系。村（居）民委员会根据需要设置人民调解、治安保卫、公共卫生与计划生育等委员会，根据村（居）民居住状况、集体土地所有权关系等分设若干村（居）民小组。积极完善自治功能，切实履行好执行决议、议事决策、公共事务和公益事业、治安保卫、民事调解、沟通协调、监督评议、规划制定、宣传教育、残疾人基本生活保障等基本自治职能，引导村（居）民制定自治条约，提高自治水平。

创新村民自治运行机制。大力推广华寨“合约管理”经验，加大“和谐乡村”建设力度。推行“并村强寨联户”机制，在条件成熟的村寨设立寨（组）管委，在每个寨（组）管委中实行联卫生保环境、联治安保稳定、联安全保平安、联产业保富裕、联人心保活力的“联保”机制，将一定数量的农户组成一个联保小组，每个联保小组民主制定并签字认可《联保公约》，形成自治的契约和公约，保证各项政策在农村的执行。

健全以村民会议、村民代表会议为主要形式的民主决策机制。完善村“两委”联席会议制度，强化村党组织在村里各项工作中的领导核心地位，提高村党组织统领全局的能力。全面推行村级重大事项由村党组织提议、村“两委”商议、党员大会审议、村民会议或村民代表会议决议，决议内容公开、实施结果公开的“四议两公开”工作法，发展和完善党组织领导的村民自治机制。

（五）加强村务监督委员会建设

村务监督委员会在村党组织的领导下实施村务监督，对村民会议和村民代表会议负责。村务监督委员会由3~5名委员组成，其中主任1名。村务监督委员会为常设监督机构，经村民会议或者村民代表会议推选产生，村民委员会成员及其配偶和直系亲属不得担任村务监督机构成员。鼓励推选机关和企事业单位退休的老干部、老职工、老教师、老党员和各村的族长、寨老等作为村务监督委员会委员。

村务监督委员会独立行使监督权，不从事具体村务工作，向村民会议或村民代表会议负责并报告工作，监督决策决议执行情况、村级重大事项民主决策情况、村务公开和党务公开情况、村级财务管理情况、村级资产资源管理情况、村干部履职情况、村干部廉勤情况、村民会议或村民代表会议授权的其他事项。

创新民生监督工作机制，健全乡镇民生特派组指导下的村级民生监督责任区。指导村务监督委员会对涉及民生领域资金项目实行全面监督。搭建村级“纠风惠民三到户”平台，推行民生项目资金联动监管机制，实现惠民政策宣传到户、惠民资金算账到户、惠民钱物发放到户。

完善集体财务审计监督制度，实行村级干部任中和离任审计。乡镇人民政府要建立健全“村财乡管村用”制度，加强对村级各项资金的监督管理，成立村级财务监督领导小组，负责对村级财务管理进行指导和监督，对有集体经济收入的村每年进行不少于1次的审查，并予以公开。

（六）加强村集体经济组织和其他组织建设

健全村集体经济组织。结合全县农村经济发展实际，全面建立有经济合作组织及各类产业协会，或者股份经济合作社及联社等集体经济组织，履行提供生产服务、协调管理、兴办企业、资产保值增值、收益分配等职能。

多种形式发展村级集体经济。引导村集体经济组织盘活村集体土地、林地、山塘水库等资源以及流转农民土地，采取自营、租赁、引进开发等形式，拓宽村级经济来源渠道；允许财政项目资金直接投向符合条件的村集体经济组织，允许财政补助形式的资产转交村集体经济组织持有和管护，实行按股分红，增加村集体经济收入；探索将国家、社会和个人为村里修建的山塘、水窖、饮水工程等基础设施和村卫生室、文化站等公共设施，无偿划归村集体使用、管理和收费，增加村级集体经济实力，力争到2020年全面消除空壳村。

从2015年起，县级每年确定不低于100万元的村级集体经济发展扶持资金，专款专用、滚动管理，以发展“短平快”项目为重点，扶持村“两委”发展壮大集体经济。村集体经济收入，经全体党员大会、村民代表会议讨论同意，按照5：4：1的比例分配使用，其中50%用于集体经济滚动发展，40%用于改善民生，10%用于奖励村干部。

实施“千村整治、百村示范”工程。通过加强基层组织建设，在3年内，规划61个中心村，按照“田、林、路、河、住房、供水、排污”的要求，有计划地分期开展村庄全面集中整治，达到“路硬、水清、村美、户富、班子强”的目标要求。利用3年时间，在61个中心村中挑选8个村，以“四在农家·美丽乡村”建设“六大行动计划”为抓手，加快建设小康路、小康水、小康房、小康电、小康讯、小康寨，建成8个小康示范村。

大力实施“金种子”带富计划。把村干、党员、入党积极分子、乡村能人等培养成为“金种子”，通过“金种子”牵头领办专业协会或专业合作社，到2018年，每个行政村70%以上的农户成为“金种子”组织中的会员（社员）；到2020年，“金种子”组织中的会员（社员）要覆盖每个行政村90%以上的农户，确保全县100%农户同步进入小康。

大力培育和扶持村级社会组织。重点发展公益慈善类、社会事务类、公共服务类、文化体育类村级社会组织。村级社会组织要有规范的组织名称和活动章程，进行备案登记或法人登记，依法依规开展活动，自觉接受群众监督。

三、以党组织建设为重点，统筹推进其他领域基层组织建设

（七）加强机关、事业单位和学校基层组织建设

强化机关党员教育、管理和服务，不断推进“为发展服务，让人民满意”的机关建设，完善“绩效目标考核”和“作风问责追究”制度，坚决查处不作为、乱作为、失职渎职、损害群众利益和群众反映强烈的作风问题。加强机关与农村、企业党组织“支部联建”工作，推动机关在职党员到社区报到为群众服务。认真落实机关单位帮扶贫困户“321”工程，把党建扶贫、同步小康驻村、精准扶贫等工作深度融合，建立领导干部和机关单位联系基层的长效帮扶机制。

突出爱岗敬业，强化事业单位党建工作职能作用。紧紧围绕做好职工思想政治工作、促进事业发展、服务基层群众，加强职业道德建设，提升工作质量和服务水平。积极探索推行事业单位党员示范岗、党员责任区、党员承诺践诺，组织

本行业专家人才开展“便民服务”“科技下乡”等志愿活动，深入推进岗位业务培训、岗位练兵、便民利民和群众评议等工作，着力增强党建工作的生机与活力。

规范学校党组织建设和管理体制。县教育局党委要发挥牵头抓总的作用，配齐配强专（兼）职党务干部，负责抓好中小学校党的建设、思想政治工作和维稳工作。及时按照党内有关规定设立党组织，并积极探索在学科、教研组等建立党小组。对没有党员的学校，通过选派党建指导员，公开遴选、招聘党员教师等抓紧建立党组织。对兼职从事党务工作的教职工，将党务工作纳入工作量计算范围，其获得的优秀共产党员、党务工作者荣誉在职称评定、职级评审时可作为依据和条件之一。全县各级各类学校党建工作经费要纳入学校经费预算并单独列支。

（八）加强国有企业、园区基层组织建设

引导国有企业规范设置党组织并严格组织生活，坚持按时换届选举，坚持和完善“双向进入、交叉任职”的企业领导体制，坚持党建带团建、带妇建、带工建，逐步建立健全党组织和工会、妇联、共青团组织机构，形成党群共建、良性互动、资源共享的工作格局。

通过认真落实党组织参与企业重大问题决策制度，加强党组织书记和党员队伍建设，加强思想政治建设和民主管理，深入开展“四强四优”争创和“联村帮户”活动，充分发挥国有企业党组织在现代企业制度下的政治核心作用，积极推动国有企业科学发展。

建立健全园区党建工作领导体制和工作机制，广泛开展“双强六好”党组织创建活动，发挥园区工委作用，配备园区专职党务干部，努力实现园区内员工在50名以上的企业100%有党员、园区内规模以上企业100%建立党组织、园区党务工作者100%以上参加过党建工作培训的目标。

（九）加强非公经济和社会组织基层组织建设

强化组织建设，进一步健全完善党建工作台账，摸清全县非公有制企业底数，采取单独组建、联合组建、挂靠组建、选派党建指导员等多种灵活方式，不断创新小微企业党组织组建和分类推进社会组织党组织组建工作，着力扩大党的组织和工作覆盖面。

强化队伍建设，多渠道选优配强非公企业和社会组织党组织书记、非公和社会组织工委党务干部，并积极从各级机关和企事业单位中选派党员干部挂任党建指导员（联络员），通过内选、外聘、委派等方式，选优配强党组织书记队伍，不断强化非公企业和社会组织党员的发展、教育、管理和服务，着力发展壮大党建工作力量。

强化阵地建设，引导非公企业或社会组织按照“六有”标准要求，采取资源整合、场所共用、单位自筹、业务主管部门资助等方式，通过单独设立、整合共享，切实加强活动阵地建设，着力夯实基层组织工作保障。

强化机制建设，积极探索建立业主欢迎、职工群众拥护、社会认可的服务机制，着力抓好发展型服务型党组织建设，提倡在党组织班子成员和管理层实行“交叉任职”，实现组织构架上的良性互动。

四、加强组织保障

加强以党组织为核心的基层组织建设是县委全面贯彻落实中央、省委和州委要求，认真分析全县新时期党建工作的新形势、新任务，在深入研究的基础上作出的重大部署，全县各级党组织要切实加强组织领导，确保抓出特色，取得实效。

（十）强化领导责任。加强基层组织建设是各级党组织的重要责任，是各级党组织书记特别是各级党委（党组）书记的第一责任。坚持书记抓、抓书记，建立并落实各级党组织书记基层党建工作述职评议和考核制度，对各级各部门党组织负责人特别是党委（党组）书记的考核，首先要看抓党建的实效，考核其他党员领导干部工作也要加大党建工作方面的权重。继续深化各级党员领导干部基层联系点制度，督促各级党员领导干部经常深入联系点调研指导基层组织建设工作，着力解决基层组织存在的问题和困难，为基层组织开展工作、服务群众创造良好条件。各党（工）委特别是各乡（镇）党委将抓好基层组织建设的总体规划、资源统筹、宏观指导和督促检查，层层分解任务，落实工作责任，确定基层组织建设抓在手上，落到实处。

（十一）落实基础保障。把基础保障作为各级党委（党组）抓基层组织建设工作的头等大事，特别是需要落实的人、财、物三大问题，要逐步逐项、不折不扣抓好落实。从2015年起，在州级补助的基础上，从县财政每年新增划拨一定的资金，用于补助村（社区）干部报酬、村级组织运转经费，并建立逐年补助增长机制。提高村、社区干部工作报酬。从2015年起，村、社区党组织书记和主任、文书的月报酬提高到1600元以上，规划建设监督员报酬从州级传统村落保护基金中列支，村（居）民小组长每人每月不低于200元。村、社区干部每月从月报酬中提出40%的金额用作绩效考核报酬，年底按考核结果发放，评为优秀、称职等次的全额发放，评为基本称职的发放一半，评为不称职的不予发放。实行工龄补贴，按在任村、社区干部实际任职年限计算工龄，任职不足1年的按任职1年计算，每年工龄补助标准不低于10元；建立在任和离任村、社区干部生活补贴逐年增长机制。县级财政代缴在任村“五大员”和社区“三大员”每年100元最低标准的养老保险和每年70元的新型合作医疗保险，并建立健全村、社区干部意外伤害补助机制，解除他们的后顾之忧。保障工作运转经费。从2015年起，每个村（居）每年运转经费在2014年基础上增加5000元，达到1.5万元，并按照相关要求，落实城镇社区运转经费，每个社区每年不低于5万元。机关、事业单位和学校党组织活动经费，按本单位（部门）行政业务经费的2%~3%标准列支落实到位。非公经济和社会组织党组织工作运转经费按不同党员数以每个党组织2000~5000元的标准由县级财政预算予以保障；将非公企业党建工作经费纳入非公企业管理费用，实行税前列支。国有企业党组织的活动经费，要纳入国有企业预算，按职工年度工资总额的1%~3%从国有企业管理费中列支。加强阵地建设。按照中央提出“建设便捷服务、便利活动、便于议事的综合阵地”的要求，用3至5年时间，每个中心村逐步建成400平方米以上的综合办公楼。在新建城市小区、旧城区和棚户改造区，严格按照国家“十部委”文件要求，将社区场所纳入建设工程规划设计、同步建设，凡新建的社区服务中心，活动场所面积不得低于2000平方米；在老城区，按照地区差别采取以奖代补的形式，按不低于200平方米的标准搞好建设，完善服务功能。机关、事业单位和学校党组织要加强党员活动室的建设，党员人数在20人以下的党组织，至少有20平方米的党员活动室，党员人数较多的党组织，至少确保每位党员人均拥有1平方米的党员活动室。其他领域的基层组织，也要保证有固定的办公场所。

（十二）提升服务能力。搭建村、社区服务平台。进一步健全完善县乡村群众工作中心（站、室）运行机制，全面建成阳光惠民大厅，推行邮政、电信、广电、农资、金融机构服务部门进村、社区设点，强化乡（镇）与社区审批事项实行网络互联互通。推行民事代办、民事约办、民事巡办、民事集中办“四办制”，实施“暖心秘书”服务计划，把服务窗口搬到群众家门口。建立村、社区干部坐班值守制度，村每个工作日要保证有1名以上专职干部值班服务群众，社区办事大厅每个工作日每个服务窗口要保证有人员值守。增强村、社区服务功能。推进以公共服务站为主体、专项服务设施为配套、服务网点为补充的农村、社区公共服务网络建设，构建农村、社区综合服务体系，推动政府基本公共服务覆盖到村和社区，承接的公共服务按照“权随责走、费随事转”的原则开展工作。开展面向全体村民和居民的优抚安置、社会救助、扶贫济困、志愿助残、医疗卫生、环境卫生、社会保障、计划生育、文教体育、农技推广等公共服务，着力提高服务水平。

（十三）培树先进典型。在深入打造干荣村州级农村基层组织精品示范点的同时，深入推进36个县、乡基层组织示范点建设，集中精力加大投入，建设一批值得学、推得开、叫得响的基层组织示范点。要善于发现和培育先进典型，为基层组织树标杆、作样板，充分发挥先进典型在基层组织建设中的引领带动作用。要尊重基层首创精神，鼓励基层立足实际积极探索，及时总结经验，加大推广力度，用基层经验推动基层工作。要充分运用各类媒体，加大对基层组织和基层干部正面典型的宣传力度，形成良好舆论导向，凝聚基层组织建设的正能量。

中共雷山县委
关于在全县开展“铸廉行动”的实施意见

雷党发〔2015〕8号

2015年2月13日

为认真贯彻落实好《中共贵州省委办公厅贵州省人民政府办公厅印发〈关于在全省民生领域开展整治铸廉三年行动的意见〉的通知》和《中共黔东南州委关于在全州开展“铸廉行动”的决定》文件精神，县委决定，从2015年起，在全县各级党组织全面开展以责任铸廉、惩腐铸廉、正风铸廉、民生铸廉、制度铸廉为主要内容的“铸廉行动”，特制定本实施意见。

一、开展“铸廉行动”的重要性和必要性

反腐败是兴党兴国之举。党的十八大以来，县委坚决贯彻落实中央、省委、州委决策部署，旗帜鲜明地推进党风廉政建设和反腐败工作，一段时间以来全县党风廉政建设中积淀的突出问题得到了有效遏制，“不敢腐”的强大震慑氛围逐步形成，以良好党风促政风带民风的正能量正在加快聚集。但从这两年查处的案件和广大群众的关切的问题来看，我县的反腐败工作形势依然严峻，在实现不敢腐、不能腐、不想腐上还没有取得压倒性胜利，减少腐败存量、遏制腐败增量，营造良好政治生态环境任务艰巨繁重，扎实推进全县党风廉政建设和反腐败工作十分必要。开展“铸廉行动”，就是要全面加强从严治党，使各级党组织真正担起管党之责、抓好治党之事，就是要各级纪检监察机关全面聚焦主业主责、强化监督执纪问责，形成党风廉政建设一级抓一级、全党动手抓的良好格局；就是要全面遏制腐败蔓延势头，持续保持高压态势，做到零容忍的态度惩治腐败；就是要深入整治“四风”方面存在的突出问题，聚焦公款和公权，涤清公与私、主与仆、权与责、是与非界限中藏匿的污垢，彻底铲除腐败滋生的土壤；就是要以大力整治民生领域的腐败，切实维护群众利益；就是要推动党风廉政建设融入各级各单位工作、生产、经营的方方面面，在坚持中见常态，向制度要长效，让常抓抓出成效、抓出习惯，筑牢我县党风廉政建设和反腐败斗争的根基。

二、指导思想、目标要求和基本原则

（一）指导思想

坚持以邓小平理论、“三个代表”重要思想和科学发展观为指导，全面贯彻落实党的十八届三中、四中全会精神，按照十八届中纪委五次全会和十一届省纪委四次全会、九届州纪委五次全会的部署，进一步削减腐败存量、遏制腐败增量，以整治民生领域的违法违纪行为和发生在群众身边的不正之风和腐败案件为重点，在全县开展以“责任铸廉、惩腐铸廉、正风铸廉、民生铸廉、制度铸廉”为主要内容的民生整治三年行动，全面启动“铸廉单位（班子）创建”，努力在实现“不敢腐、不能腐、不想腐”上取得压倒性胜利，以党风廉政建设和反腐败斗争的显著成效，为全县科学发展、后发赶超、同步小康提供坚强的纪律保证。

（二）目标要求

1. 责任铸廉。通过开展“铸廉行动”，层层

传递压力，落实“两个责任”，重点解决行业行政主管领导、部门党组、乡镇党委责任弱化等问题，继续深化纪检监察机关“三转”。坚持以问题线索处置为导向，倒逼“两个责任”的具体化、有效化。各级党组织对本地本单位本行业系统存在的突出问题摸清底数、全面掌握情况，实行分类指导，增强工作的针对性。要把工作重点放在核查有反映的人，盯着有苗头的事，堵住有漏洞的制度，约束有权力的领导，守好问题多的区域和领域，及时掌握本辖区、本系统党风廉政建设的动态。要把责任追究作为重点来落实，对出现重大问题、集中对党风廉政建设落实不力的党组织和主要负责人，以及负责的纪检监察机关及其负责人实行问责。同时，广泛发动干部群众参与，发现培育宣传勤政廉政的先进典型，树立起全县风清气正、干事创业的崭新形象，为加快发展提供坚强有力的纪律保证。

2. 惩腐铸廉。通过开展“铸廉行动”，创新信访举报机制，鼓励和保护干部群众踊跃举报贪腐、提供线索和反映问题，以零容忍的态度坚决惩腐，形成强大震慑，遏制腐败增量，率先实现在“不敢腐”上取得压倒性胜利；同时落实宽严相济政策，敦促有问题的党员干部主动向组织交代问题、主动纠正错误，努力减少腐败存量。坚持既对群众负责，又对干部负责，及时澄清党员干部身上反映不实问题，让干部轻装上阵，更好地干事创业。对信访举报按程序实行“三核”了结，防止恶意举报。

3. 正风铸廉。通过开展“铸廉行动”，以盯紧公款和公权的使用为重点，紧盯“四风”新形式新动向，进一步加大监督检查和公开曝光处理力度，坚持巩固、深化正风肃纪专项行动，专项整治“庸懒散慢浮”和不作为，防止“四风”等突出问题反弹，让广大党员干部自觉形成遵守规定的习惯，彻底铲除滋生腐败的土壤，以优良的党风凝聚党心民心，培育清新健康的民风社风。

4. 民生铸廉。通过开展“铸廉行动”，进一步落实民生领域项目资金“谁主管谁负责”的监管主体责任，将问题管在系统、管在业务工作中；深入推进民生特派工作，发动群众通过维护自身权益来扩大监督，将问题管在乡村、管在终端；大力开展民生整治铸廉三年行动计划，查处民生领域违纪违法行为，着力把民生特派工作和民生项目资金监管打造成为我县一张亮丽的名片，争取获得上级和社会各界的更大支持，让群众得到更多实惠。

5. 制度铸廉。通过开展“铸廉行动”，重点堵塞“一把手”的监管漏洞、高风险权力运行漏洞、查办案件和信访反映中发现的漏洞，把权力关进制度的“笼子”；同时把廉政风险的防控落实到具体岗位，制定出针对岗位的廉洁指引和行为准则，引导党员干部加强自我管理、自我约束；全面深化体制机制改革，进一步健全完善党内监督、党内严管、选人用人管人、行政审批、国有企业监管等制度，增强制度实效性。

（三）基本原则

——落实“两个责任”，坚守职责担当。以“五项铸廉”任务为核心内容，推动“五管五问”具体化责任内容、责任岗位和责任人员，全面落实主体责任和监督责任。全面落实“一案三查三问责”责任追究，使各级党组织、纪检监察机关真正做到党要管党、从严治党，守土有责、守土尽责。

——充分发动群众，扩大监督基础。坚持开门铸廉，推进信息公开，畅通群众诉求渠道，广泛发动组织群众有序参与，充分保障群众的参与权、知情权、表达权、监督权，让内部监督和群众监督一起发力，使“铸廉行动”不断增加动力，赢得社会公认群众满意的成效。

——坚持问题导向，务求工作实效。坚持把发现问题、剖析问题、解决问题作为出发点和落脚点，有什么问题解决什么问题，什么问题突出就优先解决什么问题，反对轰轰烈烈走形式、一大二空表态度、脱离实际发规定、照抄照搬建制度，务求通过问题的解决建立健全一批管用的制度办法，监督和制约权力运行，提高“铸廉行动”的针对性、实效性。

——注重分类指导，加强正面引导。根据不同层级、不同领域、不同对象党风廉政建设的现状和问题，有针对性地加强分类指导，分级组织、分步实施、分批推进，做到规定动作不走样，自选动作有特色。大力选树一批实绩突出、群众公认的先进典型，做到榜样引路、典型示范。

三、工作载体

每一个单位都要以“铸廉单位（班子）创建”为载体，分“一亮、二清、三建、四管”四个内容开展。

（一）“亮”：1. 铸廉单位（班子）对照“六个零”的创建标准，分为“Ⅰ类、Ⅱ类、Ⅲ类”三个等级，亮明创建目标。其中，达到零举报、零违纪、零漏洞标准的，列为“Ⅰ类铸廉单位”；单位有举报，但通过核查反映不实，并达到零留存、零违纪、零漏洞的，列为“Ⅱ类铸廉单位”；核查反映单位职工确有违纪行为，经依纪依法处理并整改后，达到零容忍、零漏洞、零反复的，列为“Ⅲ类铸廉单位”；单位职工一年内连续有党员干部违纪违法，或发生大面积腐败行为，或被上级查处的，列为“铸廉警示单位”。在铸廉创建工作中，创建单位（班子）要在铸廉行动公示栏发布创建目标公告，欢迎干部群众和服务对象举报，同时纪检监察机关对创建单位（班子）启动德廉巡查。2. 对已明确的铸廉单位（班子）实行动态管理，不符合现有“三个零”标准的将被降级，由同级纪工委组织公开摘牌，单位党组书记要向职工公开道歉并组织整改；达到上一等级“三个零”标准的予以晋级。动态管理每年确定一次，发生违纪违法问题受到处理的，从处理的当月调整等级。

（二）“清”：各单位党组织和所负责的纪检监察机关要建立问题线索台账，实行本单位问题线索销号管理。1. 清查举报反映。重点清查十八大以后不收敛不收手的腐败分子，坚决按照纪律上限进行查处。2. 澄清问题事实。对举报反映不实的，按照《信访举报“三核清查”制度》的规定，及时予以了结。不实举报对干部正确履职造成不良影响的，要在一定范围予以澄清。

（三）“建”：建立务实管用的制度，同时也要避免制度的泛化和空化。1. 堵塞漏洞建制度。各单位党组织和行政负责人要针对举报集中反映的事项，或对已发案件，及时跟进制度建设，针对问题所暴露出薄弱环节加强监管。2. 民生资金建平台。主管民生项目资金的单位，要运用“科技+制度”的方式，建立公开的电子平台，公示项目实施情况和资金受益条件、受益情况等事项，主动接受群众的监督。3. 重点岗位建指引。针对财务会计、资金分配、项目安排、执法检查、行政审批、窗口服务等风险岗位，由各单位制定精细化、个性化的岗位廉洁指引，规范该岗位履职行为。

（四）“管”：1. 上级党组织全面管。全县各级党委（党组）、县文化旅游产业园区党工委，要全面掌握管辖范围内全部单位的创建情况，特别是要掌握“一把手”和班子的情况，动态评估本区域内党风廉政建设情况，指导各单位解决突出问题，支持纪检监察机关严肃查办案件。对管辖范围Ⅲ类铸廉单位和警示单位较多的区域和行业领域，要亲自督促整改。2. 分管主体督促管。县党委政府分管副职，要履行分管领域党风廉政建设责任，把所分管的系统行业党风廉政建设抓在手上，分管领域范围内出现Ⅲ类单位和警示单位较多的，要亲自组织整改。3. 纪检监察机关协助管。同级纪委要以Ⅲ类单位和警示单位为重点，协助党委抓班子，纪工委协助政府副职抓系统。各驻在部门要把问题线索权限及时反馈给创建单位党委（党组）主要负责人，共同推动创建工作上台阶。4. 干部群众合力管。采取多种形式扩大监督的群众基础，通过党务公开、政务公开、厂务公开、村务公开等一系列公开形式，把重大决策、重要资金项目、涉及群众利益的重大事项予以公示，确保权力运行公开公平公正，广泛发动群众和干部职工参与监督。

四、组织领导

（一）加强领导，精心组织。“铸廉行动”的领导关系，按照党组织隶属关系确定，按照“分级负责、合力推进”的原则组织实施。县委成立“铸廉行动”领导小组，在县纪委专设办公室，从相关部门抽调人员办公，统筹负责全县“铸廉行动”。财政部门要落实工作经费，保障工作正常开展。各级党组织要高度重视，党组织主要负责人要切实负起第一责任人的职责，精心组织好行动。党的组织关系在雷山的垂管机构、国有企业和事业单位的创建，由县委统一领导。

（二）稳步推进、压茬进行。2015年3月10日前，县直各部门、州驻县单位、企事业单位要全部召开“铸廉行动”动员会议，县直各单位可以由各纪工委以联席会议方式组织召开；3月20日前，各乡镇、社区和乡级企事业单位要动员完毕；3月31日前，村（居委会）、学校、卫生院等动员完毕。会上要宣读县铸廉行动领导小组《关于敦促有贪污贿赂行为的人员主动交代、自首的公告》《关于奖励和保护群众举报违纪违法行为的公告》。会后，各单位党组织要建立台账、明确目标，并向群众公示，纪检监察机关优先对I类铸廉单位开展核查，4月底完成I类单位挂牌，6月底前完成II类单位挂牌。

（三）严肃纪律、明确责任。根据县纪工委职能设计原则，为避免派驻干部陷于同体监督困境，纪检组长在本单位问题线索的核查中必须回避。根据问题线索管理规定，凡涉及被举报人本人的问题线索，一律不得由本人管理，不得任意告知本人。在创建过程或动态管理中，存在隐瞒问题线索、压案不查，或故意改变事实、弄虚作假的，或故意跑风漏气、致使被举报人对抗组织审查的，要严肃追究相关党组织和纪检监察机关负责人的责任。

（四）运用成果，考核问责。铸廉单位（班子）创建活动成果列入机关单位年度目标管理的党风廉政建设考核内容，以年末的类别进行评分。铸廉警示单位（班子），年度考核分值不得超过该年度党风廉政建设总分值的40%；Ⅲ类铸廉单位（班子），年度考核分值不得超过60%；Ⅱ类铸廉单位（班子）为80%；Ⅰ类铸廉单位（班子）为100%。县管辖范围内的单位或行业系统创建情况在全县范围内通报，I、II类单位比例明显低于全县平均水平的，对部门党委主要负责人或上级行业主管部门党委（党组）主要负责人予以约谈，连续两年排名靠后的，要予以问责。III类单位一年内重复发生同类违纪违法行为，要按照“五问”的要求问责单位主要负责人和分管负责人。

（五）加大宣传，营造氛围。全县各级各部门要坚持正确的舆论导向，充分运用报刊、广播、电视、网络等媒体，大力宣传开展“铸廉行动”的目的、意义和要求，大力宣传全县在开展“铸廉行动”中涌现出来的先进典型，大力宣传各铸廉单位（班子）的好做法好经验。县电视台要开设专栏，组织好有声势、有力度、有深度的宣传报道，既弘扬先进事迹，又曝光负面典型。要加强“铸廉行动”户外广告、公益广告的投放，各创建单位要在本单位显著位置设立铸廉行动公示栏、举报信箱等，在县人民政府网、中国雷山网、阳光雷山网等网站上开设专栏，及时刊登相关信息，为开展“铸廉行动”营造良好的舆论氛围，展示雷山干事创业、风清气正的崭新形象。

中共雷山县委
关于加强乡镇干部队伍建设的实施意见

雷党发〔2015〕17号

2015年4月28日

为贯彻落实中央办公厅《关于加强乡镇干部队伍建设的若干意见》（中办发〔2014〕14号）、

省委办公厅《关于加强乡镇干部队伍建设的实施意见》（黔党办发〔2014〕25号）和州委《关于加强乡镇干部队伍建设的实施意见》（黔东南党发〔2014〕26号）有关要求，努力建设一支数量充足、结构合理、素质优良、作风扎实、精干高效、适应农村改革发展需要的乡镇干部队伍，为推进全县科学发展、后发赶超、全面小康提供有力保证，现就加强全县乡镇干部队伍建设提出如下实施意见。

一、理顺乡镇管理体制，提高履职能力

（一）理顺乡镇机构设置和关系。县、乡编制实行分层级、分类别管理，专编专用，县级机关不得占用或变相占用乡镇编制。根据乡镇工作需要，由县编委办统筹，在全县乡镇编制总额内，对乡镇编制实行动态管理、调剂使用，每个乡镇的调剂幅度不超过原编制数的20%。进一步规范乡镇机构管理，除公安派出所、司法所、人民法庭、地方税务所、国土资源管理所、市场监督管理分局、中小学校等实行垂直管理外，其他乡镇机构一般不得实行垂直管理，确需实行垂直管理的，由县委统筹，报州委审批。强化乡镇对上级部门垂直管理机构或派驻机构的管理，实行垂直管理的乡镇机构，以上级部门管理为主，乡镇党委、政府对其履行日常工作指导、协调和考核职责，其工作人员的年度考核、评先评优、工作调动、人事调整等事项，事先必须书面征求乡镇党委意见，未征求乡镇党委意见的，组织人事部门一律不得办理相关手续。乡镇党委、政府管理的事业机构，以乡镇党委、政府管理为主，上级部门履行业务指导职责。

（二）创新乡镇管理体制。为使乡镇责权对等，进一步调动乡镇干部工作积极性，强化简政放权，除法律法规明确属于县直部门的权责外，其他的职责、权力一律下放到乡镇一级，已对乡镇下放的权力不再上收。理顺乡镇与县职能部门的关系，凡属执法主体明确、专业性、技术性的管理职能，依法由职能部门承担，乡镇予以配合。建立“职能准入机制”，明确乡镇与县职能部门的平等协作关系，未经县委、县政府同意，各职能部门不得直接向乡镇增加工作任务，不得要求乡镇设立各种临时机构；确须乡镇承担的工作职责，则通过委托授权的方式给予相应的管理权限，做到权随事走、费随事转。被列为全省100个示范小城镇的丹江镇，按照《中共黔东南州委办公室黔东南州人民政府办公室印发〈关于开展乡镇行政管理体制改革试点工作的实施意见〉的通知》（黔东南党办发〔2014〕29号）精神，设置乡镇党政机构和事业机构。

（三）完善乡镇工作运行机制。乡镇党委要坚持统揽全局、协调各方，充分发挥领导核心作用。建立健全乡镇领导班子议事制度、议事规则和决策程序，做到科学决策、依法决策、民主决策，推进乡镇工作运行制度化、规范化、科学化。严格执行民主集中制，坚持集体领导和个人分工相结合，按照“集体领导、民主集中、个别酝酿、会议决定”的原则，干部选拔任用、重大事项决策、重要项目安排与大额资金使用必须由领导班子集体研究决定。与群众利益密切相关的重大项目和重大事项，决策前应广泛听取群众意见，决策过程要向群众公开。健全民情沟通联络制度，充分发挥基层“两代表一委员”作用，全方位了解基层群众生产生活情况和各种利益诉求。加强服务“窗口”建设，充分发挥乡镇便民利民服务中心、综治维稳工作中心和群众工作站的作用，积极推进“两中心一站”合署办公，实行为民办事全程代理制，让群众办事不出乡镇，切实解决服务群众最后一千米问题。

二、改善乡镇干部结构，提高能力素质

（一）优化乡镇干部队伍结构。乡镇总体空编的，应在编制员额内及时补充人员，切实解决一人站所问题，确保乡镇有人办事。坚持每年公务员招录计划的80%用于乡镇机关和基层派出机构；县直机关每年需补充人员计划的80%面向具有一定乡镇、村工作经历的公务员进行遴选或选调。乡镇公务员和事业单位工作人员的招录数量、职位条件、专业需求等招考计划，由乡镇提出、组织人事部门统筹，按程序报批后组织实施。注意选拔适合乡镇工作需要的现代农业、村镇规划、社会管理、产业发展、教育卫生等方面的专业人才和实用人才。重视从乡镇事业编制人

员、优秀村干部中定向考录乡镇公务员，探索从优秀工人和农民中考录乡镇公务员和乡镇事业单位工作人员。民族乡、艰苦边远乡镇定向招录（聘）公务员和事业单位工作人员，可适当放宽学历、专业、年龄等条件，可采取限定报考人员户籍（可限定到县级）和民族等，优先招录（聘）熟悉少数民族语言的本地生源。具体按中组部、人社部、国家公务员局《关于做好艰苦边远地区基层公务员考试录用工作的意见》（人社部发〔2014〕61号）执行。要进一步做好乡镇女干部、懂当地少数民族语言的少数民族干部、党外干部的选拔培养工作。重视培养选拔优秀年轻干部，乡镇领导班子35岁以下的年轻干部，要始终保持一定数量，总体上按照乡镇领导班子成员六分之一到五分之一左右的比例统筹把握，其中要有适当数量的年轻干部任党政正职。要正确处理培养选拔年轻干部和用好其他各年龄段干部的关系，乡镇领导班子配备不简单以年龄划线，严禁任职年龄层层递减。

（二）拓宽乡镇干部选拔视野。注重从本地成长的优秀乡镇公务员和事业编制人员中选拔乡镇领导干部。在条件成熟时，每年拿出1~2个乡镇领导职位，面向优秀村干部和大学生村干部选拔，其中：拟任人选为村干部的，一般应当担任村党组织书记或村委会主任3年以上且年龄不超过45周岁；拟任人选为大学生村干部的，一般应当具有5年以上乡镇、村工作经历。从优秀乡镇事业编制人员、村干部、大学生村干部中选拔乡镇领导干部，在作出决定前，由县委报经州委组织部批准。经选拔担任乡镇领导干部的，在全县乡镇行政编制总额内，按照有关规定进行公务员登记。注重从企事业单位领导人员中择优调任乡镇领导干部，年龄一般不超过45周岁。在拓宽乡镇领导干部选拔渠道的同时，要严格把关，切实防止违规进机关行为。经州级组织人事部门批准备案，可拿出部分事业单位岗位，定向招录（聘）优秀村级党组织书记、副书记、村委会主任、副主任。在艰苦边远乡镇、村（社区）（不含县城所在地）服务的全日制普通高校专科以上“选聘高校毕业生到村任职”“一村一名大学生工程”“三支一扶”计划和大学生志愿服务西部计划服务期满，且连续三年考核优秀的，经组织人事部门考察合格并报州人社局审批同意，可在编制内考核聘用到乡镇事业单位工作。

（三）加大教育培训力度。坚持分级分类培训原则，积极创造条件，为乡镇干部提供更多培训机会。县委组织部统筹乡镇领导班子轮训并组织乡镇党政正职专题培训，县委组织部、县委党校、县人社局等有关部门统筹其他乡镇干部培训，确保5年内乡镇干部轮训全覆盖。乡镇干部培训由县委组织部牵头，县人社局协同，充分发挥县委党校、行政学校主阵地作用，会同有关业务部门，积极开展短期培训和专题业务培训，提高乡镇干部的综合业务能力。组织人事部门要认真做好新录用乡镇机关公务员和公开招聘事业编制工作人员的初任（聘）培训工作，重点抓好中国特色社会主义理论体系、经济发展、群众工作、法律法规等内容的培训。乡镇干部每年参加各类学习培训累计一般不少于12天。乡镇干部教育培训经费要全额纳入年度财政预算。

（四）注重实践锻炼。积极创造条件，选派乡镇干部到上级机关、对口帮扶城市、企事业单位学习锻炼，组织县直部门、乡镇之间互派乡镇干部挂职锻炼，同时注意选派有发展潜力的年轻干部，特别是规划、建设、环保、财政等方面的优秀干部到乡镇任职、挂职，充实乡镇基层专业力量。对综合素质好、有培养前途的优秀乡镇干部，采取任职、挂职、驻村、党建扶贫等形式，安排到农村、重点项目、产业园区、村镇建设、信访维稳和急难险重任务一线经受锤炼，提升组织动员、服务群众、处理实际问题和化解复杂矛盾的能力。新录用县级机关公务员和事业单位工作人员，没有乡镇、村工作经历的，要有计划地安排到乡镇、村（居）进行实践锻炼，一般应不少于2年。

三、完善激励保障机制，激发队伍活力

（一）优先选拔使用乡镇干部。除引进急需紧缺人才外，选拔乡镇副科级领导职务，应当累计有2年以上乡镇工作经历；选拔担任乡镇党政正职的，一般应累计有2年以上乡镇领导工作经历或3年以上乡镇工作经历。除上级文件明确规定应交流的岗位外，乡镇领导班子职位空缺时，从乡镇一线产生的要占一定比例。县直机关提拔副科级以上领导干部，应优先考虑具有乡镇工作经历的干部，县直机关正职岗位具有乡镇领导工作经历应不少于三分之二。积极推进乡镇之间、乡镇和县直单位之间的干部交流，对在艰苦边远乡镇工作10年以上且表现较好、扎实工作的干部，要有计划交流和提拔到县城附近乡镇（社区）或县直机关任职、工作，注重将县直机关或县城附近乡镇（社区）中的优秀年轻干部交流到艰苦边远乡镇任职。

（二）加强乡镇领导力量。乡镇领导职数按核定的总职数在全县范围内统筹使用，每个乡镇增核的领导职数最多不超过2名。乡镇行政区划调整后，对地域面积大、基础设施建设落后、改革发展任务繁重、人口较多的乡镇，可在本县乡镇领导总职数内，适当增加领导职数。根据工作需要，在已撤销的原乡镇政府所在地设置副科级政务服务中心的，可在“中心”增核1名领导职数。配好乡镇主任科员、副主任科员，每个乡镇主任科员、副主任科员职数不得超过乡科级领导职数的50%。县级机关不得占用或变相占用乡镇机关非领导职务职数。乡镇公务员晋升非领导职务，要按照干部选拔任用程序进行，严格把握人选的德才条件和工作实绩，人选应从连续在乡镇工作满5年以上在编在职在岗的优秀干部中产生。表现特别优秀的乡镇领导班子成员或中层干部，明确为主任科员、副主任科员后，也可继续担任现任职务。建立县直机关优秀年轻干部到乡镇工作绿色通道，经本人申请，由组织人事部门统筹安排到乡镇工作。

（三）落实乡镇干部待遇。认真落实好黔东南党发〔2012〕37号文件关于乡镇专业技术人才津贴等政策。建立乡镇激励补贴，连续在乡镇机关、站（所）工作满10年以上的人员，可按本人每月基本工资总额的5%发放激励补贴，调离乡镇或退休时取消，费用由县财政承担。适当提高乡镇一般干部和科级干部年度考核评为优秀等次的比例，可在规定比例的基础上提高5%，最高不超过20%。在年终目标绩效考核时，奖励标准和分配比例要注重向乡镇倾斜，可比县直部门提高5%至10%。

（四）改善乡镇干部工作和生活条件。县财政要保证乡镇工作运行经费，2015年提高至7000元，以后逐年提高乡镇人均公用经费，及时足额拨付到位，不得克扣、截留。着力改善乡镇办公条件，开展办公楼危房清理，对属于破旧仍可以使用的办公楼进行修缮。加大乡镇食堂、澡堂、寝室“两堂一室”建设力度，着力改善乡镇干部生活条件，积极争取项目资金，将乡镇干部周转性住房纳入公租房等保障性住房建设计划，确保有地方住宿；修建和完善公共食堂，确保有地方吃饭；在住宿楼配套洗浴设施或建集中浴室，确保有地方洗澡。支持乡镇完善文化和卫生等基础设施建设。建立乡镇干部每年定期体检制度。支持乡镇党政正职带头执行带薪休假制度，乡镇应有计划地安排乡镇干部带薪休假。

四、加强思想作风建设，严格监督管理

（一）加强思想政治建设和作风建设。认真落实中央“八项规定”、省委“十项规定”、州委“十二项规定”和县委“十二项规定”，按照“三严三实”和“讲政治、讲纪律、讲大局、讲团结、讲法治”的要求，加强政治理论学习和思想教育，引导乡镇干部弘扬焦裕禄精神，发扬实事求是、艰苦奋斗、勤俭节约的优良传统和作风，做到信念坚定、为民服务、勤政务实、敢于担当、清正廉洁。坚持依法办事，公道处事，廉洁自律，坚决反对“庸、懒、慢、浮、贪”，切实解决“四风”问题，集中整治乡镇“走读风、赌博风、衙门风、慵懒风、滥办酒席风、优亲厚友风”，推进改进作风常态化。乡镇干部要讲政治，服从上级领导，爱岗敬业，进一步增强宗旨意识、大局意识、奉献意识，切实抓好党和国家农村工作方针政策的贯彻落实。充分运用党的群众路线教育实践活动成果，完善乡镇干部密切联系群众的长效机制，牢固树立群众观念，扎实做好服务群众各项工作。积极推行乡镇干部联系群众“走村不漏户、户户见干部”制度，每年乡镇干部要将辖区内所有农户走访一遍，听取群众意见和呼声，密切干群关系；各乡镇要划分片区，落实责任人，明确走访对象、时间和频次，确保走访群众全覆盖，并建立健全监督和考核机制。县四大班子主要领导及班子成员每年至少与各乡镇党政正职谈心1次以上，与各乡镇班子成员集体谈话1次以上。

（二）坚持从严管理。认真落实中央、省委、州委和县委关于干部管理的有关规定，结合实际完善乡镇干部管理制度，制定乡镇干部管理措施，严格执行工作、考勤、考核等制度，切实解决乡镇干部“走读”问题。严格执行省委“四要十不准”规定，着力解决干部在编不在岗、在岗不在位、在位不作为等问题。对乡镇干部思想政治、道德品质、勤政廉政、生活作风等方面出现的苗头性问题，要及时谈话提醒、早打招呼、促其改正；对履行职责不到位、办事不公、群众意见较大和不胜任、不称职、失职渎职的乡镇干部，要按有关规定及时诫勉谈话、严肃处理、追究问责。

（三）加强考核评价。进一步清理对乡镇的“一票否决”事项和评比达标的项目，凡中央、省委省政府、州委州政府和县委县政府不开展的，要一律取消，对保留的评比达标项目严禁“层层加码”，防止随意扩大评比考核范围。县委县政府要对涉及“一票否决”的人口与计划生育、维护稳定、安全生产等专项工作考核进行统筹，凡是省、州已经考核过的，不再对乡镇进行考核，切实防止多头考核、频繁考核、重复考核。对乡镇工作的考核由县委、县政府统筹组织进行，考核内容紧紧围绕“服务群众、经济发展、生态建设、民生保障、社会稳定、党的建设”等核心指标，突出县委、县政府重要工作任务落实来进行，不属于乡镇职能的事项，不得列入考核范围。考核采取“平时督查、年终考核”，简化考核程序，注重考核效果，减少资料考核、形式考核，切实减轻乡镇负担。

（四）保持干部队伍稳定。乡镇领导班子成员任期内一般不得调动或调整，其中乡镇党政正职在同一岗位任期不到3年调整的，须征求州委组织部同意。从2014年起，除新录用乡镇公务员（含选调生）在乡镇机关最低服务年限为5年（含试用期，录用前在乡镇、村的工作经历可合并计算）外，被正式聘用的乡镇事业单位工作人员（含接转“特岗教师”），最低服务年限为3年（含见习期），3年内不得参加其他招录（聘）或调动工作。上级机关一般不得借调乡镇干部，因工作特殊需要借调的，必须征得乡镇党委同意并经组织人事部门审批下文；借调时间不得超过半年，借调期满后一年内不得再次借调；每个乡镇被借调人数最多不得超过实际在编人数的5%；在乡镇工作不满2年的人员，一律不得借调。

（五）加强督促检查。县委县政府督查室及县委组织部每年要对各乡镇及有关部门贯彻执行情况进行督促检查，确保中央、省委、州委和县委重视基层、关心基层、支持基层的各项政策措施落实到位。对未贯彻落实的，将在全县通报批评。

中共雷山县委　雷山县人民政府
关于加快推进茶叶产业提质转型升级发展的实施意见

雷党发〔2015〕18号

2015年5月5日

近年来，全县上下紧紧围绕打造“贵州茶叶大县”这一目标，认真贯彻落实《贵州省茶产业提升三年行动计划》和《黔东南州茶产业提升三年行动方案》，以扩大基地面积为基础，以提升加工水平为重点，以开拓营销市场为核心，全县茶叶产业呈现出基地初具规模、品牌效应显现、市场销售良好、茶农收入增加的良好局面，特别是“雷山银球茶”“雷公山茶”已在省内外有一定的知名度和市场占有率。2014 年，全县茶园总面积达 14.78 万亩，其中可采摘面积 7.8 万亩，全县茶青产量达 9980 吨，实现茶业综合产值 8.73 亿元，全县农民人均纯收入 6094 元中来自茶叶收入达 1733 元，占全县农民人均纯收入的 28.55%，茶产业已逐步成为我县促进农民增收致富的主导产业。

虽然我县茶叶产业在现阶段已取得了初步成效，但还存在许多困难和问题，主要表现在：资金投入不足；生产加工科技含量不高，附加值低；建园标准与后期管护水平不高；无公害、绿色和有机茶产品的认证工作缓慢，标准体系、检测体系和产品质量监管体系还不完善；茶叶加工企业规模小，加工工艺水平不高；龙头企业、农民专业合作社不强，带动作用不大；专业人才缺乏，技术力量薄弱；宣传与推介力度不够，市场开拓不力等方面。因此，要实现茶叶产业提质转型升级发展，必须坚持从注重新茶园的扩张向注重提升茶园管护水平、提高茶园经济效益转变；从注重绿茶向绿茶、红茶并重又重视茶资源综合利用转变；从注重支持茶叶种植环节向重点扶持市场销售拓展和标准化生产加工环节转变，形成以销售带加工，以加工带种管的良性循环，确保到 2020 年，全县茶园总面积达 20 万亩以上，其中投产茶园 15 万亩以上；茶叶加工企业 150 家以上，其中获得 QS 加工企业 35 家以上，国家级龙头企业 2 家以上，省级龙头企业 10 家以上，州级龙头企业 20 家以上；茶叶年产量达 6000 吨以上，实现综合产值 15 亿元以上，全县农民人均纯收入中来自茶叶收入 4500 元以上，把“雷山银球茶”和“雷公山茶”打造成为全省乃至全国知名品牌，把雷山打造成为全省茶产业强县。

一、工作重点

（一）提升管理水平。围绕茶园提质增效，强化茶园管理，积极创建国家茶叶出口原料基地，全力把雷山建成全省乃至全国茶旅结合的观光旅游、休闲度假目的地。

1. 集中连片建设茶园。按照区域化、集约化、规模化和以农户为主体的要求，重点打造丹江、西江、永乐、望丰、大塘、达地各 3 万亩以上的茶叶主产乡镇；郎德、方祥各 1 万亩以上核心乡镇；乌尧、脚尧等 50 个 1000 亩以上的茶叶专业村。

2. 提升茶园生产能力。加强茶园肥水和病虫害防控等关键环节技术应用，促进幼龄茶园尽快投产、投产茶园增产增效、老龄茶园逐年更新改造、产品品质和安全稳定提高。配套完善茶区水电路基础设施，推广茶园平衡施肥，病虫害绿色防控，逐步推行机械化管护与机械化采摘。建成有机茶、特色茶、茶资源综合开发利用等专用基地 3 万亩。建成集旅游景点、最美茶乡、茶产业园区、旅游观光休闲度假为一体的茶园 2 万亩。

3. 打造茶园管理示范区。鼓励茶叶加工企业与茶叶专业合作社、初级加工厂、茶农签订利益共享、风险共担，集“三品一标”、产加销为一体的茶园经营管理示范区。形成以茶叶加工企业为龙头、合作社（初级加工厂）为依托、茶园基地农户为主体的茶产业经营管理模式。引导支持“雷山银球茶”“雷公山茶”等品牌经营企业与茶场、合作社、茶农长期合作，创建品牌产品原料基地。支持茶叶企业成为茶园经营管理、品牌打造、标准化生产、科技推广、质量安全全程可控的重要主体，支持农户流转茶园，走适度规模化发展之路。

（二）提升加工水平。以清洁化、标准化、规模化为方向，加快推进茶叶初制、精制加工进程，形成“初制标准化、精制规模化、拼配数据化”格局。重点扶持 1~2 家产值在 5000 万元以上茶叶精加工企业和 10 家产值在 1000 万元以上茶叶加工企业。2015 年，完成雷山茶叶集团有限公司组建，并在 2020 年之前争取入选国家级龙头企业，到 2020 年实现产值 1 亿元以上。

1. 大力提升初加工水平。强化对现有茶叶初级加工厂（初级加工企业）清洁化、标准化生产的督促检查，对厂房建设、加工设备和技术运用等达不到清洁化、标准化要求的要限期整改，未按规定进行整改或整改后仍达不到要求的，坚决予以取缔。加大茶叶加工厂（企业）扶持力度，提升初级加工产能、技术和装备水平，县财政每年整合或争取上级茶叶技改专项资金不少于200万元，扶持初级加工厂（加工企业）技改、设备更新等。

2. 大力推进精制加工。着力培育一批具有规模化、大批量的QS茶叶精制加工企业，提高产品标准化、规模化和协作化水平。鼓励和支持茶叶精制加工企业加强质量检测、冷链物流等配套能力建设。

3. 大力促进红茶加工。鼓励支持茶叶生产企业开设红茶生产，大力发展红茶产业，促进茶青资源的综合利用和合理配置，推动茶产业的全面发展。

4. 大力延伸茶叶产业链。以绿茶产品为拳头，以“雷公山茶”为重点，走名优茶、红茶、大宗茶共同发展、春夏秋茶并举的路子。逐步开发茶饮料、茶食品、茶保健品、茶文化旅游商品等茶叶深加工以及茶叶衍生品开发，延伸茶产业链，促进茶叶资源的综合利用。

（三）提升市场拓展。健全茶产业市场运行机制，确定茶叶重点目标市场，搭建全国化、多元化的营销渠道网络，完善交易平台和物流设施，提升雷山茶叶市场占有率。

1. 确定重点目标市场。茶叶生产企业要在稳定和提高现有市场的基础上，面向全国市场，积极拓展茶叶营销空间，提升雷山茶叶在国内的市场占有率。大力拓展大宗绿茶出口市场。

2. 建立营销交易市场。加强旅游市场的茶叶营销建设，鼓励和支持茶叶生产企业在省内外超市开设雷山银球茶和雷公山茶店中店及专柜，把雷公山茶城建设成为集茶叶批发、销售、展示为一体的茶叶集散地，推进雷山茶叶营销。在茶叶专业村和1000亩以上相对集中连片茶园原则上建立一个茶青交易市场；在县城建立一个茶叶初级加工成品交易市场；在县城茶城、西江景区、郎德景区等开设茶叶专卖店，特别是西江景区建立集“展、销、品”为一体的茶产品交易市场，促进“旅游强县”与“茶叶大县”有机结合。

（四）提升品牌建设。通过“雷山银球茶”重点品牌引领，“雷公山茶”公共品牌跟进的发展方式，促进企业向产业园区和茶叶专业村集聚，构建雷山茶产品系列。

1. 全力打造品牌。大力实施“基地规模化、企业标准化、产品品牌化”三位一体品牌战略，全力打造“以绿茶为主、绿红茶结合”为核心的雷山茶叶品牌战略，以“雷山银球茶”为拳头、“雷公山茶”为重点，大力支持“雷公山红茶”的开发研制，鼓励、支持和引导骨干茶叶企业通过兼并重组、市场融资、连锁加盟等方式组建雷山茶叶集团有限公司或合作社，集茶叶生产、茶产品加工、茶叶销售为一体，做大做强雷山茶叶品牌企业；鼓励、支持骨干茶企业采取公司+农户+基地的方式签订茶青购销合作协议；鼓励支持茶叶龙头企业实施企业商标战略，增强商标市场竞争力。

2. 发挥品牌效应。充分发挥品牌在茶产业发展中的引领作用，将“雷山银球茶”品牌划归县人民政府管理，作为全县茶产业发展的拳头品牌进行打造，做大做强“雷山银球茶”品牌。制定完善“雷山银球茶”和“雷公山茶”公共品牌运行管理规则，支持雷山县茶叶协会承担品牌运行维护、行业自律、信息发布、文化创意、质量安全检测等工作。

3. 营造品牌环境。突出雷山茶叶品牌的地方特色、文化特色和产品特色，加快推进原产地域保护、知名品牌创建示范区建设，指导茶叶地理标志证明商标的申请注册，培育茶产业驰名商标和贵州省著名商标。加强自主知识品牌产权保护意识，构建企业自我保护、行业保护和司法保护相结合的机制。

（五）提升质量保障。以保障我县茶叶可持续发展、打造雷山茶叶品牌和提升市场占有率为核心，着力强化茶叶标准化建设、监督检验检测和产品质量可追溯等环节，实现茶叶国际、国内质量安全检测合格率100%。

1. 全面建设茶叶标准体系。推广和实施贵州省《地理标志产品雷山银球茶》和黔东南州《雷公山茶产地环境条件要求》《雷公山茶栽培管理技术规范》等地方标准，研究制订《雷公山红茶加工技术规程》等地方标准，引导茶叶生产农户、生产厂场、生产企业严格按照标准种植、施肥、用药、采摘、加工、储运等，全面提升雷山茶质量安全水平。到 2020 年，建成国家级茶叶标准化示范县，全县建成茶叶标准化生产示范基地 10 万亩，标准化实施达 100%，示范基地全部通过“三品一标”认证。所有茶叶生产企业基本实现全程安全化、清洁化生产，通过 GAP、ISO、HACCP 等质量管理体系认证达 5 家以上。

2. 开展病虫害绿色防控。注重茶园绿化，在茶园内辅以种植高冠树种，做到林中有茶、茶中有林，有效建立起绿色生态屏障。在全县 8 个乡镇全面实行茶叶农药专柜（专营店）。全县茶园全面禁止销售、施用高毒高残留农药、水溶性农药。严禁使用化学除草剂和植物生产调节剂。全面施用低毒低残留农药、脂溶性农药。严格执行农药销售登记备案制度。加大农药检查执法力度，加强生产记录管理，严格执行安全期规定。标准化生产示范基地全面实施绿色防控，广泛使用黄板蓝板、杀虫灯和植物性农药。开展无公害、绿色、有机茶园的认定和颁证工作，力争做到全覆盖。

3. 加强茶园地力培肥。通过种植绿肥，增施优质有机农家肥、茶叶专用复合肥，实施茶园种植绿肥计划割草覆盖，定期实施茶园土壤耕作，不断提高和改善土壤肥力，提高单位面积产量和产品质量，建成茶园猪（牛、羊）沼茶、茶园养鸡（禽）、茶园中药材、茶园经济（用材）林等产业互动融合生态茶园 10 万亩。

4. 全面实施茶叶质量安全监测。充分发挥县茶叶检测中心、县农产品检测站在雷山茶叶质量安全监测中的作用，定期抽检茶青和茶叶产品。各乡镇农业服务中心、茶叶工作站要配置土壤养分含量和农药残留速测设备，全面实施乡镇出具茶青合格地（农户）准出证明，茶叶加工企业凭产地准出证明收购茶青或干毛茶。获得 QS 认证的茶叶加工企业要配置茶叶农药残留检测设备，对茶青和茶产品随时进行检测。要与中茶所、省茶叶所和省内有资质的检测机构合作，每两年对雷山茶叶产品的品质营养成分、有益金属、重金属和土地农药残留量进行定点检测，为雷山茶叶对外宣传、拓展茶叶销售市场奠定基础。

（六）提升科技水平。以强化科技支撑和人才培养为重点，建设完善科技支撑服务平台，引进和培养茶叶科技服务与经营管理人才，加速科技成果转化，开展关键技术研究与攻关，整体提升雷山茶产业科技水平。

1. 优化品种结构。实践证明，我县引进的福鼎大白茶和龙井 43 品种，在我县种植后，在特定的自然环境条件下，抗逆性、适应性、丰产性和适制性都比较强，已演变成叶片变小、芽叶肥壮、品质变优等具有当地特征的中小叶种，应作为雷山县茶叶发展主推品种。

2. 推广培育本土品种。加强对县境内古茶树“雷山大树茶”品种资源的保护、开发与利用研究，力争再用三年左右的时间选育出具有我县自有知识产权的地方优良品种，并推广应用，为我县茶产业持续稳定健康发展服务。

3. 促进农技推广和科技成果转化。建立完善农科教、产学研一体化机制，加快推进科技成果转化。进一步与中茶所、省茶科所等茶院所在良种培育、技术成果转化应用和示范推广、共建科研基地、人才教育培训等方面的合作，建立紧密合作机制。组建雷山茶叶专家服务团，定期到茶区开展指导与服务。

（七）提升金融服务。深化与金融机构的合作，创新金融产品与融资模式，吸引各类资本进入茶产业。

1. 建立有效沟通机制。定期召开银企、银政及政企对接会，搭建金融机构、投资担保机构与茶产业主管部门、茶区、茶企、茶农之间交换信息的重要平台。

2. 扶持重点对象。金融机构优先扶持茶园在 30 亩以上的农户、茶园经营管理、茶叶加工企业、茶叶销售企业以及品牌打造。

3. 建立投融资平台。发挥县担保平台和财政专项资金杠杆效用，建立完善“担保—贷款—贴息”支持茶产业发展资金使用机制。依托农业担保公司和扶贫信贷风险补偿基金，到 2020 年，扶持以茶叶为主的融资平台注册担保资金达 5000 万元以上。

4. 创新融资模式。政府引导，各金融机构参与，以龙头企业为主体，发起成立县级茶产业并购基金，专用于茶叶行业并购、企业重组、技术升级等。以财政资金为导向，企业出资，金融机构贷款支持，重点在茶叶主产乡镇组建企业互助资金会或合作社，着力解决茶叶企业贷款难问题。推动茶园林权、土地承包经营使用权、存货、厂房与机器设备、股权等茶产业资源要素的市场化、金融化。

（八）提升文化内涵。我县雷公山区古茶树的广泛分布证明，我县种茶、制茶、喝茶的历史悠久，茶文化资源丰富多彩，开展不同层次的茶文化普及活动，丰富茶产业内涵。

1. 加强茶文化研究开发。支持文化机构、民间力量，挖掘整理雷山丰富多彩的茶文化，编撰出版一批雷山茶文化书籍。加强雷山古茶树群等茶文化遗产保护。支持行业组织发展壮大，成为茶产业宣传推介、行业自律和茶文化传播的主体力量。

2. 加大茶文化品牌宣传。围绕“雷山银球茶”与“雷公山茶”品牌，实施多元化、多层次、多角度的茶文化宣传推广。充分利用广播电视、网络信息、手机报、出版刊物等主流媒体开辟专栏，长期宣传推广雷山茶文化品牌；将凯雷高速、凯雷二级公路、西江、郎德、雷公山等旅游景区（景点）作为宣传推广雷山茶文化品牌的重要窗口；在举办苗年节、鼓藏节等民族节日的重要场所植入雷山茶文化品牌宣传内容和开展品茗活动；西江、县城的常态化演出中要有体现雷山茶文化的节目。鼓励和支持国家机关、企事业单位、各类技术人才、摄影爱好者等制作雷山茶文化品牌专题节目、商业广告、科技文章、品牌图片等；鼓励和支持茶叶生产企业参加国内外举办的农博会、茶博会、展销会以及中茶杯等评优活动，大力宣传雷山茶文化品牌。

3. 普及推广茶文化。全面推进茶文化、企业文化、产品文化进入茶叶的各类营销渠道。推进茶文化进机关、进学校、进企业、进社区、进农村、进家庭。将茶文化作为机关干部的学习培训内容，培养全县机关干部掌握识茶、说茶、评茶等基本知识，进一步营造茶文化氛围。坚持每年举办一次品茗大会，开展采茶、制茶、品茶等形式多样的茶事活动。

二、激励政策

（一）在基地建设和管理方面的扶持奖励

1. 对 2014 年底前已建好的茶园，还未兑现补助的，经复核验收合格后按原政策标准继续兑现，力争 2016 年底前兑现完毕；对 2015 年新建茶园，经验收合格的仍按原政策补助标准执行；对 2014 年底前已建成，并符合补助政策的茶叶加工厂（企业）、茶楼、茶馆、茶庄等，还未兑现补助的，经复查后仍继续正常开办的，力争 2017 年前按原政策标准兑现完毕。

2. 鼓励茶农在茶园基地套种青钱柳、桂花树、玉兰等树种，每亩套种控制在 15 株左右；也可套种玫瑰等药用植物。套种树苗由县生态文明建设管理局、县茶叶局无偿提供，切实做到所有茶园全覆盖。

3. 对 50 亩以上集中连片的茶园基地，从项目上扶持在基地周围配套建养牛、羊、林下鸡等养殖小区。按照先建后补的办法，由县农业局、县扶贫办、县茶叶局整合资金予以支持。

4. 根据茶农需要，对新建茶园基地的头三年无偿提供 2 公斤/亩绿肥（菜花）种给茶农肥化茶园，连续提供 3 年。

5. 2015 年前用非耕地、荒坡荒山种植茶叶的，2015 年底前全部颁发林权证；之后种植的，验收完毕即颁林权证。

（二）在公共商标、公共品牌宣传使用方面的扶持奖励

1. 支持鼓励企业以“雷山银球茶”“雷公山茶”商标作为公共商标，县财政每年整合或争取上级茶叶专项资金不少于 200 万元，用于集中宣传打造“雷山银球茶”“雷公山茶”公共品牌。对许可使用或授权使用公共商标或公共品牌的茶叶加工企业（合作社、加工厂），在省级以上电

视台黄金时段宣传“雷山银球茶”“雷公山茶”等公共商标品牌，效果明显的县财政原则上按广告费用30%比例进行补助；对企业利用县级平台或争取的上级补助资金，原则上按不低于10%比例用于公共商标或公共品牌宣传；对在高速公路、省内国道公路设立大型广告牌宣传“公共商标”或“公共品牌”且时间达三年以上的，县财政分别一次性补助8万元、2万元；企业利用县境内运行的所有出租车、公交车和景区景点旅游观光车其中之一的车身和座椅广告支持宣传“雷山银球茶”“雷公山茶”等公共品牌，一年以上的，县财政一次性补助2万元。

2. 支持鼓励企业选送“雷山银球茶”“雷公山茶”两款产品参加国内外名优茶评比活动。参与中国茶叶研究所、中国茶叶学会之一主办的全国名优茶评比活动中获得金奖的，县财政一次性奖励8万元；参与中国国际茶文化研究会、中国茶叶协会、中国茶叶流通协会三个机构之一主办的全国性茶业博览会、名优茶评比活动中获得金奖的，县财政一次性奖励8万元；参与各省会城市（含直辖市、港、澳、台）由政府组织或主办的名优茶评比活动中获金奖的，县财政一次性奖励5万元；参与评比并获得全国“十大名茶”殊荣的，县财政一次性奖励50万元。

3. 支持鼓励企业加大对“雷公山茶”系列产品的研发，对“雷公山茶”系列新产品开发获得国家专利的，县财政一次性奖励5万元；对新包装达到小、精、美的要求和礼品盒的标准，年制作量达1万个以上，县财政一次性奖励2万元。

4. 对参加经县政府组织和批准同意的茶叶展销会、博览会、品茗会、推介会、招商会和交易会等的企业，县财政对展位费进行适当补助。

5. 积极引导和鼓励县境内宾馆、酒店、农家乐使用雷公山茶，2015年确保实现县城、西江景区30个房间以上宾馆、酒店、农家乐全覆盖。凡企业生产“雷公山茶”供应宾馆、酒店、农家乐使用，并有明显标识的，根据使用量进行补助。

（三）在茶产品销售方面的扶持奖励

1. 县内企业通过在各地开设“雷公山茶”专营店或专柜，利用淘宝、天猫、京东等主流网络平台以及其他渠道推介销售“雷公山茶”系列产品的，年销售额达100万元（含100万元）以上，且上缴税金3万元以上的，县财政于次年一次性奖励3万元；年销售额达500万元（含500万元）以上，且上缴税金10万元以上的，县财政于次年一次性奖励10万元；年销售额达1000万元以上，且上缴税金20万元以上的，县财政于次年一次性奖励20万元。

2. 对在县内开设茶楼、茶馆、茶庄（100平方米以上），主营雷山茶叶，自开业起且正常营业满12个月以上的，县财政每年补助3万元，如考核合格，连续补助3年。

3. 对在省、州、县城的星级宾馆、酒店等服务行业设有4个平方米以上的“雷山银球茶”或“雷公山茶”专柜，并全年正常运营，无停业、无歇业、无投诉，5星级酒店的，县财政每年一次性奖励4万元；4星级酒店的，县财政每年一次性奖励3万元；3星级酒店的，县财政每年一次性奖励2万元；2星级酒店的，县财政每年一次性奖励0.5万元。

4. 对县境外县城及以上利用茶叶店面加挂雷山公共商标或公共品牌宣传并年销售“雷公山茶”100公斤以上，经营时间在1年以上的每个店面一次性补助0.5万元。

5. 支持鼓励企业入驻雷公山茶城，对在雷公山茶城内从事主营茶叶产品销售，茶具茶艺展示、其他涉茶销售的企业或业主，正常营业满12个月以上的，从2016年起对每个店面以每平方米每年60元的标准进行补助。

6. 鼓励和支持茶叶初级加工厂（企业）组建茶叶销售合作社（公司），加大QS申报扶持力度，成功获得QS认证的合作社（公司），县财政一次性奖励2万元。

（四）在企业（合作社、加工厂）建设管理方面的扶持奖励

1. 组建完成雷山银球茶叶（集团）有限公司，注资达500万元以上，并投入运行，县财政无息借给500万元流动资金，借款期限5年；同

时在项目申报上给予重点扶持，三年内实现年产值过亿元，上缴税金100万元以上的，政府奖励企业100万元。

2. 鼓励支持企业（合作社）申报龙头企业，对申报获得国家、省级产业龙头企业，并继续正常生产和经营3年以上的，县财政分别一次性奖励企业20万元、5万元；对申报获得国家、省级扶贫龙头企业的，并继续正常生产和经营3年以上的，县财政分别一次性奖励企业10万元、3万元。

3. 对在雷山县境内投资兴建茶叶加工厂，符合城镇规划和产业布局要求，经审核批准且正式投产，县财政一次性奖励厂房设备补助5万元。

4. 鼓励和支持企业（合作社）开展无公害、绿色、有机认证，通过认证的按每100亩分别给予0.1万元、0.2万元、0.5万元的奖励；鼓励和支持企业（合作社）开展GAP、ISO、HACCP等质量管理体系认证，通过认证的分别给予1万元、1.5万元、2万元的奖励。

5. 对茶叶加工企业（合作社）收购的茶青、茶半成品、茶产品进行定期和不定期抽检，对连续三年抽检合格的，县财政一次性奖励1万元；连续5年以上抽检合格的，县财政一次性奖励2万元，由县茶叶协会、质监等部门认证并颁发“产品质量安全信得过单位”证书。

（五）在茶产业文化发展方面的扶持奖励

1. 县财政每年安排10万元资金鼓励和支持单位、企业和个人从事本地古茶树品种资源的保护、开发和利用研究以及对茶新产品的开发研究。

2. 鼓励全县范围内机关事业单位干部职工带职带薪从事茶叶基地建设、茶叶加工和销售，具体审批和考核办法由组织人事部门制定。

3. 对在省级以上报纸杂志发表我县茶文化研究学术文章的，按稿费给予同等奖励；对编写具有雷山民族特色的茶歌、茶诗、茶赋等且被社会广泛传诵的，每首一次性奖励1000元，编辑成书发行的，一次性奖励5000元；对拍摄反映雷山茶文化的影视资料在省级以上媒体发表的，每组照片奖励100元或每分钟影像视频奖励2000元（同一内容重复刊播的不重复奖励）。

4. 每年从财政预算中安排20万元用于加强茶文化师资队伍建设，开设茶艺、茶道、茶叶加工、市场营销等专业学历班，培养一批具有苗族茶文化特色的茶艺、茶道表演人才队伍和茶叶加工、市场营销队伍。鼓励支持企业组建茶艺、茶道表演队。

5. 积极支持国家、省级科研院校、留学回国人员在我县设立流动工作站，对在我县设立茶叶科研工作站的，县政府提供办公场所，并给予50万元的工作启动经费。

三、保障措施

（一）加强领导，明确责任。建立县茶叶产业提升工作领导小组，加强对茶产业提质转型升级发展的工作部署、组织协调和考核检查，每季度召开一次领导小组会议，协调推进茶叶产业发展。领导小组办公室设在县茶叶局，负责提出年度计划、主要政策措施，落实领导小组会议议定的各项具体工作。加强对茶叶协会工作的领导，充分发挥茶叶协会依照章程规定，在茶产业发展中开展组织协调工作。县茶叶产业提升工作领导小组及相关部门要认真制定激励政策的相关实施办法，确保激励政策的科学性和可操作性。县委县政府督查室要将《实施意见》分解到相关部门单位，确保党委、政府的决策部署得到不折不扣的落实。

（二）多方筹资，强化保障。县财政从2015年起每年安排1000万元以上茶产业发展专项资金，主要用于品牌打造、宣传推介、市场拓展、茶事活动、教育培训、整地补助兑现等方面。每年整合资金不低于2000万元投入茶叶产业发展，主要投入到茶园基础配套建设（水、电、路、绿化等方面）及低产茶园的管护、加工销售等方面。同时，在不改变资金使用方向、项目运行方式的前提下，县扶贫开发、中小企业发展、农业产业化经营、乡镇企业发展、农业产业园区建设等专项资金，每年安排一定的比例由县茶叶产业提升工作领导小组集中统一安排，重点用于茶产业品牌打造、市场开拓和茶叶加工技改等。

（三）强化培训，建强队伍。围绕专业化生

产、规模化发展、产业化经营，大力实施茶农生产实用技术培训，加强对茶技人员和茶农的培训学习，每年普训人数不低于1000人次，不断提高茶技人员在茶叶生产中的知识技能服务和茶农的生产管理水平。把引进茶叶专业技术人才纳入每年人才引进重点范畴，积极引进中茶所、省茶科所等高等院校、研究机构的人才和智力支持，聘请中茶所等国家级茶叶知名专家1~2名作为我县茶产业建设顾问，选送有关科技人员到省内外大专院校和科研机构学习深造。加快县职业技术学校茶农职业化教育进程，扩大茶叶专业招生规模，重点对茶叶种植生产实用技术、茶叶加工、市场营销、电子商务、茶艺茶文化等专业开展全方位、多层次、宽领域教育培训，建设一支复合型人才队伍。县职业技术学校每年招生50名，每年选送3~5名人员赴省内外学习农药残留、茶叶品质成分、土壤养分等检测检验。

（四）落实政策，加强扶持。对茶叶生产、加工、物流用地，优先保障；经投资主管部门批准的茶叶项目用地，可优先使用年度用地指标，单列一定的用地指标用于茶园基地配套设施建设。鼓励茶园土地合理流向茶叶生产加工企业、茶叶生产大户聚集。用好用足国家的各项税收优惠政策。大力支持茶产业提质转型升级，研究出台有关茶叶初加工与精加工的优惠政策。新建立的茶叶加工企业，在土地审批、地方收费、工商注册等方面给予优惠。

四、本《意见》自发文之日起执行，雷党发〔2005〕16号文件、雷党发〔2007〕16号文件、雷党发〔2010〕3号文件自行废除；本《意见》由县茶叶产业提升工作领导小组办公室负责解释。

中共雷山县委
印发《关于在县处级领导干部中开展“三严三实”专题教育的实施方案》的通知

雷党发〔2015〕19号

2015年5月22日

各乡镇党委，县委各部办委，县级国家机关各部门单位党组（党委），县人武部党委，各人民团体党组：

《关于在县处级领导干部中开展“三严三实”专题教育的实施方案》已经县委同意，现印发给你们，请结合实际认真贯彻落实。

习近平总书记多次强调，党员干部特别是领导干部要严以修身、严以用权、严以律己，谋事要实、创业要实、做人要实，深刻阐明了共产党人最基本的政治品格和做人准则，是党员、干部的修身之本、为政之道、成事之要。在县处级以上领导干部中开展“三严三实”专题教育，是党的群众路线教育实践活动的延展深化，是持续深入推进党的思想政治建设和作风建设的重要举措，是严肃党内政治生活、严明党的政治纪律和政治规矩的重要抓手，是推进雷山县科学发展、后发赶超、加快全面小康建设的重要契机，对于进一步增强全县各级党组织的创造力、凝聚力、战斗力，推进“四个全面”战略布局的贯彻落实，确保如期实现与全国全省同步全面建设小康社会的奋斗目标具有十分重要的意义。

县级党委（党组）要把开展“三严三实”专题教育作为重大政治任务，融入领导干部经常性学习教育，认真谋划安排，精心组织实施。要突出抓好习近平总书记系列重要讲话精神的学习，注重读原著、学原文、悟原理，领会核心要义和精神实质。要把学习教育和解决问题结合起来，紧紧围绕牢牢守住发展和生态两条底线，深入落实主基调主战略，推进开放带动、创新驱动，认真查摆和解决“不严不实”的问题，增强践行“三严三实”要求的思想自觉和行动自觉。要充分发挥领导干部的示范带动作用，做到政治上明白、经济上清白、作风上过硬，在全县上下形成践行“三严三实”要求的浓厚氛围。要以从严从实作风开展专题教育，防止形式主义，确保取得实效。要把开展专题教育与做好当前改革发展稳定各项工作结合起来，与推进扶贫开发全面小康建设决战决胜结合起来，做到专题教育与日常工作有机融合、相互促进，两手抓、两不误。

县级党委（党组）开展“三严三实”专题教育的情况，请及时报告县委。

关于在县处级领导干部中开展“三严三实”专题教育的实施方案

为贯彻落实全面从严治党要求，巩固和拓展党的群众路线教育实践活动成果，持续深入推进党的思想政治建设和作风建设，根据《中共中央办公厅印发〈关于在县处级以上领导干部中开展“三严三实”专题教育方案〉的通知》（中办发〔2015〕29号）、《中共贵州省委办公厅印发〈关于在县处级以上领导干部中开展“三严三实”专题教育的实施方案〉的通知》（黔党办发〔2015〕15号）、《中共黔东南州委办公室印发〈关于在县处级以上领导干部中开展“三严三实”专题教育的实施方案〉的通知》（黔东南党办发〔2015〕8号）精神，县委决定从2015年5月开始，在全县县处级领导干部中开展“三严三实”专题教育。现提出如下实施方案。

一、总体要求

深入学习贯彻党的十八大和十八届三中、四中全会和习近平总书记系列重要讲话精神，紧紧围绕协调推进“四个全面”战略布局，牢牢守住生态和发展两条底线，深入实施主基调主战略，破解贫困和落后的主要矛盾，以“践行‘三严三实’、深化‘三实三同’、推进从严治党”为主题，对照“严以修身、严以用权、严以律己，谋事要实、创业要实、做人要实”的要求，聚焦对党忠诚、个人干净、敢于担当，把思想教育、党性分析、整改落实、立规执纪结合起来，坚持“五去五求”，着力解决在领导干部这个“关键少数”中存在的“不严不实”和“庸、懒、慢、浮、贪”问题，在学习教育上重视起来，在作风建设上认真起来，在抓发展上担当起来，在强班子上主动起来，在管队伍上严格起来，教育引导党员干部坚定理想信念、增强宗旨意识、守纪律讲规矩，大力倡导“风气要正、工作要实、干部要干”，切实增强践行“三严三实”要求的思想自觉和行动自觉，做到心中有党不忘恩、心中有民不忘本、心中有责不懈怠、心中有戒不妄为，努力当好忠诚、干净、担当的标杆，不断深化“四风”整治，巩固和拓展党的群众路线教育实践活动成果，为全县后发赶超、同步小康提供坚强的思想、政治和组织保证。

二、基本原则

（一）坚持以上率下。坚持从领导机关、领导班子、班子成员抓起，从主要领导做起，真正把自己摆进去，以身作则，当标杆、作示范，上级为下级作表率，班长为班子成员作表率，一级做给一级看，一级带着一级干。

（二）坚持问题导向。紧紧盯住“不严不实”的问题和具体表现，一条一条梳理、一项一项分析，弄清问题性质、找到症结所在，有什么问题就着力解决什么问题，什么问题突出就重点解决什么问题，从具体事情抓起、改起。既要解决共性问题，也要解决个性问题；既要解决表象问题，也要解决深层次问题；既要解决现实问题，也要解决遗留问题，以解决问题的成果来检验专题教育的成效。

（三）坚持从严要求。发扬认真精神，把严的标准、严的措施、严的纪律落到实处，以严促深入、以严求实效。在思想教育上进一步严起来，在选人用人上进一步严起来，在管理监督上进一步严起来，在制度规范和执行上进一步严起来，坚决防止搞形式、走过场，大力营造风清气正的政治生态和从政环境。

（四）坚持知行合一。坚持教育与实践并重，积极探索在全面从严治党中加强党的思想政治建设的有效办法和措施。一手抓学习教育，深化思想认识，正本清源，固本培元；一手抓立行立改，清除积弊顽症，解决问题，推动工作。

（五）坚持两手抓两不误。围绕中心，服务大局，把开展专题教育与做好当前改革发展稳定各项工作结合起来，与完成重点工作任务结合起来，做到专题教育与日常工作有机融合、相互促进。紧紧扭住加快发展这个根本任务和贫困落后这个主要矛盾，牢牢守住生态和发展两条底线，大力实施开放带动、创新驱动，突出“环境立县、旅游强县”战略重点，紧紧围绕旅游抓特色农业、特色工业、特色服务业、特色城镇化，用推动发展、服务群众、促进和谐的实际成果检验专题教育的成效。

三、主要任务

开展“三严三实”专题教育，重点是认真学习领会“三严三实”的深刻内涵和具体要求，抓住“关键少数”，严到底、严到位、严到要害处，认真查摆和解决“不严不实”的问题，切实把从严从实的意识强起来、从严从实的规矩立起来、从严从实的风气树起来，推动各级领导干部把“三严三实”作为修身做人用权律己的基本遵循、干事创业的行为准则，争做“三严三实”的好干部。

（一）着力解决修身不严的问题。教育引导党员、干部加强党性修养，坚定理想信念，提升道德境界，追求高尚情操，自觉远离低级趣味，自觉抵制歪风邪气。着力解决理想信念动摇、信仰迷茫、精神迷失，宗旨意识淡薄、忽视群众利益、漠视群众疾苦，党性修养缺失、不讲党的原则，贪图享受、互相攀比，浪费财力、铺张浪费，不思进取、得过且过，学风不正、学用脱节、知行不一，甚至有的热衷于吃喝玩乐、声色犬马，生活作风不检点等问题。

（二）着力解决用权不严的问题。教育引导党员、干部坚持用权为民，把权力关进制度的笼子里。着力解决落实管党治党责任不到位，不遵守党的民主集中制，“官本位”思想严重，脱离群众，脱离基层，“拍脑袋”决策，凭经验办事，不依法办事，滥用权力，以权谋私、以权压法，甚至有的设租寻租、官商勾结、权钱交易、利益输送等问题。

（三）着力解决律己不严的问题。教育引导党员、干部严守党的政治纪律、政治规矩和党纪国法，心存敬畏、手握戒尺，慎独慎微、勤于自省、为政清廉。着力解决无视党的政治纪律和政治规矩，尾大不掉、妄议中央，组织观念淡薄、纪律松弛，党内生活不经常、不严肃、不认真，该请示的不请示、该报告的不报告，毫无敬畏之心，存在侥幸心理，我行我素、随波逐流，时常打党规党纪的“擦边球”，甚至有的心中无党纪、眼里无国法，顶风违纪还在搞“四风”、不收敛不收手等问题。

（四）着力解决谋事不实的问题。教育引导党员、干部从实际出发谋划事业和工作，使点子、政策、方案符合实际情况、符合客观规律、符合科学精神，不好高骛远，不脱离实际。着力解决推进新阶段扶贫开发精神不振、信心不足，推进生态文明建设认识不深、落实不力，推进后发赶超、同步小康建设思路不宽、办法不多，不能一张蓝图绘到底，换一个领导变一种思路、调一次规划，政绩观偏差，摆花架子、喊空口号，热衷于造“典型”、搞“盆景”、出“经验”，重显绩轻潜绩，甚至有的只顾眼前、不顾长远，搞竭泽而渔的短期行为等问题。

（五）着力解决创业不实的问题。教育引导党员、干部真抓实干，敢于担当，敢比敢拼、敢争敢赛，勇于直面矛盾，善于解决问题，努力创造经得起实践、人民、历史检验的实绩。着力解决进取意识、机遇意识、责任意识不强，执行中央、省委、州委和县委决策部署打折扣、搞变通，求稳怕乱，不直面问题、不负责任、不敢担当，工作敷衍塞责、得过且过，消极应付，能躲就躲、能推就推，慢慢吞吞、拖拖拉拉，甚至有的为官不为，履职不尽责、艰苦不奋斗、苦熬不苦干，“只要不出事，宁愿不做事”，当“太平官”“逍遥官”等问题。

（六）着力解决做人不实的问题。教育引导党员、干部对党、对组织、对人民、对同志忠诚老实，襟怀坦白，公道正派。着力解决对党不忠诚、做人不老实，阳奉阴违、自行其是，团团伙伙、亲亲疏疏、搞小圈子，见风使舵、溜须拍马，欺上瞒下、粉饰太平，下基层走马观花，问民生蜻蜓点水，解决群众困难不紧不慢，干部管理监督失之于宽、失之于软，甚至有的心胸狭隘、挑拨离间，搬弄是非、捏造诬告，假公济私、违纪违法等问题。

四、方法措施

“三严三实”专题教育作为党的群众路线教育实践活动的延展深化，作为加强党的思想政治建设和作风建设的重要举措，融入领导干部经常性学习教育，不分批次、不划阶段、不设环节，不是一次活动，不能以抓集中活动的形式开展。专题教育在全县县处级领导干部中开展，与省、州同步进行。

县委常委会带头开展“三严三实”专题教育，结合县委书记讲党课的方式启动“三严三实”专题教育。县人大常委会党组、县政府党组、县政协党组要结合各自实际制定《实施方案》，认真开展“三严三实”专题教育。

县级领导干部要坚持高标准、严要求，对照“三严三实”要求，紧密联系实际深学细照笃行，带头学习提高，带头查摆解决“不严不实”问题，以坚定的信念、决心、行动作出示范。县委、县政府领导班子成员特别是主要负责同志，要立足承上启下、为政一方，同群众联系更直接、更紧密的实际开展专题教育，从思想深处清除与“三严三实”要求不适应、不符合的突出问题，努力当好忠诚、干净、担当的标杆。其他县处级领导干部，要立足本职岗位开展专题教育，真正在思想上、工作上、作风上严起来、实起来，把“三严三实”要求体现到履职尽责、做人做事的方方面面。

（一）领导干部带头讲专题党课。结合专题教育动员部署工作，县级党委（党组）书记要带头讲一次专题党课，党委（党组）其他成员也要在分管领域、联系单位或所在部门等适当范围讲党课。一要紧紧围绕主题，紧扣“三严三实”要求，深入思考、广泛调研，了解党员干部的思想作风状况，了解群众所思所盼，做到有的放矢。二要紧紧围绕实际，联系本地本部门本单位实际，联系党员、干部思想、工作和作风实际，防止照本宣科、泛泛而谈。三要紧紧围绕问题导向，讲清楚“三严三实”的重大意义和丰富内涵，讲清楚“不严不实”的具体表现和严重危害，讲清楚落实“三严三实”的实践要求，注意把领导干部思想上的模糊认识点出来，把教育实践活动中整改不到位的问题点出来，把普遍存在的“不严不实”问题点出来，把干部群众反映强烈的突出问题点出来，切实增强贴近性、现实感。四要紧紧围绕剖析根源，从领导干部自身讲，分清哪些问题根子出在理想信念动摇上，哪些出在党性观念不强上，哪些出在宗旨意识淡薄上，哪些出在道德品质不高上，哪些出在遵守法纪不严上；从领导班子讲，分清哪些问题根子出在思想教育不够上，哪些出在用人导向不正上，哪些出在日常管理失之于软、失之于宽上，哪些出在制度执行不力上。

讲党课要精心准备，想清楚讲什么、怎样讲，自己动手撰写讲稿，使讲党课的过程，成为统一思想、深化认识、激发自觉的过程，促进党员、干部守纪律、讲规矩、明底线，用心谋事、踏实干事。讲党课要注意统筹，党委（党组）书记及其他成员讲党课要制定专门方案，排出时间表，明确讲党课的范围、参加人员等，扎实有序推进，防止扎堆重复、走过场。县级党委（党组）书记讲党课要在5月底前完成，班子其他成员讲党课要在6月中旬前完成。县级党外干部不讲党课，但要参加听党委（党组）书记讲党课；可征求本人意见，邀请参加听党委（党组）其他有关成员讲党课。

（二）**开展经常性学习培训**。把“三严三实”要求融入领导干部经常性学习培训中。举办的各类领导干部学习培训，要把“三严三实”作为重要内容，加强理想信念、宗旨意识、党性党风、党规党纪教育，统筹抓好“讲政治、讲纪律、讲大局、讲团结、讲法治”为主要内容的“五讲”教育。“道德讲堂”和“雷公山讲堂”要结合继承和弘扬中华优秀传统文化，一季一讲，深入阐释“三严三实”的中华文化根基和文化内涵。

（三）抓好专题学习研讨。县委中心组及县级各党组要深入学习习近平总书记系列重要讲话精神，学习党章和党的纪律规定，重点研读《习近平谈治国理政》《习近平关于党风廉政建设和反腐败斗争论述摘编》《摆脱贫困》，读原著、学原文、悟原理。在个人自学基础上，重点分3个专题开展“三严三实”专题学习研讨，大体上每两个月1个专题，每次专题学习研讨时间原则上不少于2天，重点抓好“四看”“四照”“三思”，确保取得良好效果。县级党外干部参加所在单位党组的3次专题学习研讨，不作硬性发言要求。

专题一（原则上安排在5月至6月）：严以修身，加强党性修养，坚定理想信念，把牢思想和行动的“总开关”。重点做到“四看”。一看理想信念。主要看是否存在理想信念动摇、信仰迷茫、精神迷失等问题，围绕中国特色社会主义理论、习近平总书记系列重要讲话、《习近平谈治国理政》等开展深入学习研讨，进一步坚定理想信念，进一步坚定马克思主义信仰和中国特色社会主义信念，增强道路自信、理论自信、制度自信。二看观点立场。主要看是否存在宗旨意识淡薄、忽视群众利益、漠视群众疾苦等问题，围绕先烈先辈先进的典型事迹、崇高品质和公仆情怀开展深入研讨，进一步站稳党和人民立场，牢固树立正确的世界观、人生观、价值观和公私观、是非观、义利观，忠于党、忠于国家、忠于人民。三看精神状态。主要看是否存在党性修养缺失、不讲党的原则、不思进取、得过且过等问题，围绕深化“三实三同”、构筑“精神高地”、冲出“经济洼地”开展深入学习研讨，认真贯彻落实习近平总书记关于扶贫开发的重要思想，增强发展自信、跨越自信、小康自信，以“弱鸟先飞”意识、“滴水穿石”精神、四下基层和马上就办作风，牢牢守住生态和发展两条底线，推进雷山扶贫开发和全面小康决战决胜。四看道德情操。主要看是否存在热衷于吃喝玩乐、声色犬马，生活作风不检点等问题，围绕建设社会主义核心价值体系开展深入学习研讨，切实保持高尚道德情操和健康生活情趣，践行社会主义核心价值观，自觉远离低级趣味，树立良好家风，自觉抵制歪风邪气，坚守共产党人精神家园。

专题二（原则上安排在7月至8月）：严以律己，严守党的政治纪律和政治规矩，自觉做政治上的“明白人”。重点抓好“四照”。一照党章。围绕《中国共产党章程》开展深入研讨，对照查找自己在遵守《党章》规定、履行党员义务、正确行使党员权利等方面存在的差距和不足，强化党性意识，自觉维护党的团结，对党忠诚老实，遵循组织程序，服从组织决定，不跟组织讨价还价，不欺骗组织、对抗组织，言行一致，树立共产党人良好形象。二照党纪。围绕《中国共产党纪律处分条例》等党纪党规和《习近平关于党风廉政建设和反腐败斗争论述摘编》开展深入学习研讨，对照查找自己是否存在违反政治纪律、组织人事纪律、廉洁自律规定等行为，强化党纪严于国法意识，认真落实好习近平总书记在十八届中央纪委五次全会上提出的“五个必须”要求，落实省委“八个决不允许”和党员干部政治纪律“十严禁”、作风“十不准”要求，落实州委“五个一律不准”要求，坚决杜绝和防止“七个有之”，自觉维护党中央权威。三照国法。围绕《中华人民共和国宪法》等法律法规开展深入学习研讨，对照查找自己是否存在无视国法、法律意识淡薄、以言代法、以权压法等问题，强化国法高于党纪的意识，做遵守国家法律法规的模范，坚持依法依规开展工作，以实际行动加快推进依法治县。四照党的优良传统和工作惯例。围绕实事求是、理论联系实际、密切联系群众、批评与自我批评、坚持民主集中制、“两个务必”“八个坚持、八个反对”等开展深入学习研讨，对照查找自己是否存在降低要求、不讲实际、不求实效、虚报浮夸、浑浑噩噩混日子等问题，强化自我约束的意识，自觉做到在任何时候、任何情况下都心有所畏、言有所戒、行有所止。

专题三（原则上安排在9月至10月）：严以用权，真抓实干，实实在在谋事创业做人，树立忠诚、干净、担当的新形象。重点抓好“三思”。一思是否用权为民。对个人履职用权、依法行政等情况进行深刻反思，对存在不按法律法规和党纪党规办事、滥用权力、公权私用等问题，认真分析原因，研究整改措施，促进自觉遵守宪法法律和党的纪律，按规则、按制度、按法律行使权力，敬法畏纪，为政清廉，任何时候都不搞特权、不以权谋私，切实做到用权为民。二思是否用权民主。对个人贯彻执行民主集中制的情况进行深刻反思，对存在家长作风、“一言堂”或明哲保身、当老好人、随大流等问题深入剖析根源，及时主动整改，加强党性修养，增强民主意识，自觉接受监督，既防止大权独揽、独断专行，又防止有意见不提的消极倾向，营造良好的党内民主氛围。三思是否用权高效。对个人围绕中心、服务大局抓工作落实的成效进行深刻反思，对存在进取精神不足、思路不清、办法不多、敷衍塞责、为官不为、成效不明显等问题，注意从理想信念、精神状态、工作作风等方面查找原因，主动作为，围绕科学认识新常态、主动适应新常态开展深入学习研讨，进一步解放思想、开拓创新，克服经济下行压力，为保持经济持续健康又好又快发展献计出力；坚持从实际出发谋划事业、推进工作，敢于担责、“为官有为”，积极争取省“5个100工程”、州“六个百万工程”项目，扎实推进“6个10万工程”项目，全力打造“全国旅游名县、贵州茶叶大县”两张名片，根据省委提出的五大新兴产业和州委提出的八大战略性新兴产业培育壮大相关产业，大力实施扶贫攻坚和精准扶贫，建立民生台账，办好民生实事，落实环境保护“六个一律”和森林保护“六个严禁”，开展同步小康驻村，推进全面深化改革，扩大对外开放；抓住用好国家宏观经济政策、中央推进新一轮高水平开放、基础设施建设突破以及加强生态环境保护带来的新机遇，积极支持参与“一带一路”、长江经济带建设，加快推进我县全国生态文明示范工程试点、九十九省级现代高效农业示范园区、雷山文化旅游园区、西江景区等建设，做好改革发展稳定各项工作；切实提高谋划力、执行力，全面完成“十二五”规划目标任务，谋划制定好“十三五”规划，努力创造经得起实践、人民、历史检验的实绩。

县级党委（党组）可结合实际，对3个专题的内容进行细化。要制定专门的学习研讨方案，明确重点学习研讨内容，合理安排学习研讨时间，精心做好发言准备。学习研讨要注意在深化认识上下功夫，要把自己摆进去、把职责摆进去、把实际思想和工作摆进去，班子成员要踊跃发言、讨论起来，见人见事、触及问题，相互启发、共同提高，澄清模糊认识，明确努力方向，防止浅尝辄止、散光走偏。

（四）开展警示教育。认真开展敬畏宪法法律、敬畏党规党纪、敬畏人民群众“三敬畏”教育，注重运用正反两方面典型，认真学习中央编印的《优秀领导干部先进事迹》《领导干部违纪违法典型案例警示录》和省、州编印的正反两方面典型材料，时时自重、自省、自警、自励。召开警示教育大会，组织领导干部到县外各类警示教育基地开展警示教育，通过听服刑人员“现身说法”、剖析反面典型案例等，从周永康、薄熙来、徐才厚、令计划、苏荣及廖少华、杨正明、王家黔、洪金洲、吴克、滕昭义、张孝云、罗洪、肖克等违法违纪案件中汲取教训，特别注意用身边人身边事警醒领导干部。加强教育引导，促进党员、干部深刻认识违反党的政治纪律、组织纪律、破坏党的团结的巨大危害，深刻认识以权谋私、贪污腐化对党的形象的严重危害，切实做到警钟长鸣、警惕长存，自觉践行“三严三实”要求。自觉对照先辈先进，把“远学焦裕禄、近学文朝荣”作为一条红线贯穿专题教育始终，认真学习焦裕禄、杨善洲、沈浩、文朝荣等先进典型事迹，认真学习王清华、周海燕、吴秀忠等身边的先进典型事迹，到黎平会议纪念馆、红七军榕江历史陈列馆（红七军军部旧址）、杨至成将军纪念馆、周达文故居（中共镇远支部旧址）、龙大道故居、凯里李家祠堂等红色革命遗址瞻仰学习，教育引导党员、干部以先烈先辈先进为镜，争当践行“三严三实”的表率。

（五）开好专题民主生活会和组织生活会。今年底，县级领导班子年度民主生活会和组织生活会，要以践行“三严三实”为主题进行，充分借鉴教育实践活动的成功经验，注意在触动灵魂上下功夫，起点要高，规范要严。会前，要紧扣“三严三实”主题，采取自己找、群众提、上级点、互相帮、集体议等方式，找准找实自身存在的“不严不实”问题。要深入开展谈心交心，敞开心扉、坦诚相见，直截了当交换意见，既主动说出自己的问题，又诚恳指出对方的问题，把问题谈深谈透，增进理解、形成共识。要认真撰写党性分析材料，每名县处级党员领导干部都要对照党章等党内规章制度、党的纪律、国家法律、党的优良传统和工作惯例，对照正反两方面典型，联系个人思想、工作、生活和作风实际，联系个人成长进步经历，联系教育实践活动中个人整改措施落实情况，深入查摆“不严不实”问题，进行党性分析，做到见人见事见思想。县级党委（党组）书记对班子成员的材料要严格把关，防止和避免笼而统之、千人一面，促进自我净化、自我完善、自我革新、自我提高。会上，要弘扬整风精神，严肃认真开展批评和自我批评，开展积极健康的思想斗争，达到坚持真理、修正错误，统一意志、增进团结的目的。县级党外干部可列席专题民主生活会和组织生活会，不撰写党性分析材料，不开展自我批评，可开展批评。县委办、县纪委、县委组织部等部门要加强统筹，县委常委会要派员指导其他县级领导班子开好专题民主生活会。

（六）开展集中整改和“四风”整治“回头看”。强化整改落实，坚持边学边查边改，结合专题民主生活会和组织生活会查摆出的问题，开展“不严不实”问题集中整改，主要领导干部带头，列出问题清单，逐项进行整改，对群众反映强烈、影响面大的“不严不实”问题纳入专项整治内容，并注意与教育实践活动的整改落实相互衔接，综合施策、集中治理。强化跟踪问效，9月至10月，开展一次“四风”整治“回头看”，重点查看领导干部整改清单落实情况，查看省委提出的学习贯彻习近平总书记系列重要讲话精神、遵守党纪、“四风”专项整治、联系服务群众、干部“召回”管理、民生监督、上下联动、正风肃纪、发展型服务型党组织建设10个方面重点情况，查看整治“为官不为”的落实情况，对整改效果好的予以表扬，对整改不力的通报批评，对反弹回潮的严肃问责，促进整改措施得到更好落实。强化正风肃纪，把“三严三实”要求贯穿于干部队伍建设和管理中，作为考核评价干部的重要依据，监督管理干部的重要标准，对存在“不严不实”问题的领导干部，立足于教育提高、促其改进；对群众意见大、不能认真查摆问题、没有明显改进的，要进行组织调整。强化立规执纪，针对“不严不实”问题，按照党纪严于国法、领导干部严于一般干部的原则，扎实做好建制度、立规矩工作，强化制度执行，坚持制度面前人人平等、执行制度没有例外，有纪必执、有违必查，推动践行“三严三实”要求制度化、常态化、长效化。

（七）开展“两促进”专项行动。扎实开展以“促进干部勤政廉政、促进干部敢于担当”为主要内容的“两促进”专项行动，教育引导党员领导干部自觉履职尽责，示范带动全县广大党员、干部，做到权为民所用、情为民所系、利为民所谋。一要深入开展“勤政廉政先锋”宣传，发现和培养勤政廉政先进典型，营造比学赶超的浓厚氛围。二要广泛开展“践行‘三严三实’、弘扬‘三敢’精神”大调研大讨论，组织党员、干部紧紧围绕“新常态”和“四个全面”战略布局开展深入研究和广泛讨论，重点对我县发展战略、发展思路和工作举措进行再研究、再深化，大力弘扬“敢闯新路、敢于突破、敢于胜利”的“三敢”精神，营造干事创业的浓厚氛围，为全面完成“十二五”规划凝聚强大精神力量。三要深入开展“铸廉行动”，通过责任铸廉、惩腐铸廉、正风铸廉、民生铸廉和制度铸廉，铸造干部干事创业风清气正新形象。四要加强干部监督管理。不断强化对领导干部的动态管理和日常研判，促进履职尽责、主动作为。不断强化对领导干部的道德约束，促进自觉讲规矩守纪律，养成良好官德，营造风清气正的政治生态。进一步运用好效能建设监察电子平台，不断强化对领导干部的责任落实和跟踪问效，促进勤政廉政。结合效能建设和干部年度考核，制定推进干部能上能下暂行规定的贯彻落实办法，及时调整不称职和不胜任现职领导干部，对“为官不为”亮剑，对“廉而不勤”问责。

（八）开展“我是党员”主题教育。领导干部要以习近平总书记提出的“三个不要忘记”为主线，以“五讲”为重点内容，理清是与非的关系、局部与全局的关系、民主与集中的关系、讲原则与讲团结的关系、职权与责任的关系、自律与法律的关系、主人与公仆的关系、做人与做事的关系。通过开展佩戴一枚党员徽章、重温一遍入党誓词、主办一台主题演讲、书写一条亲情寄语、观看一部电教影片、开展一次问计于民、践诺一件为民实事为主要内容的“我是党员”主题教育，把重点放在思想、组织、作风上，放在素质、能力、水平提高上，放在统一思想、凝心聚力、加快发展上，进一步深化“三严三实”专题教育，使党员领导干部认清职责使命，自觉做到坚定立场方向，筑牢廉政防线，增强集体观念，增进内部融合，增强法律意识，努力形成团结一致谋发展、风清气正促和谐的良好局面。

五、组织领导

（一）落实领导责任。全县“三严三实”专题教育在县委常委会领导下，由县委组织部、县委党的建设工作领导小组办公室牵头组织实施。具体工作中，县纪委监察局、县委宣传部、县委政研室等单位分头抓好落实（附责任分解表）。县级各党委（党组）全面负责本单位的专题教育，结合实际作出安排部署，扎实有效推进。县级领导班子主要负责同志要承担第一责任人的责任，既要带头参加教育、接受教育，又要投入足够的时间和精力，对专题教育进行具体指导，用心抓好重点工作。

（二）加强督促指导。认真细化落实工作措施，提出解决“三严三实”突出问题的方案，做到每落实一项工作就对应解决一个具体问题。注意从专项整治、解决突出问题、立规执纪、改革发展、扶贫攻坚以及干部的精神状态等方面检验工作的实际效果，县委将根据党的群众路线教育实践活动整改落实工作和巩固拓展活动成果情况，结合平时专题调研、会议座谈、专项检查等方式，加强督促和指导。县级各党委（党组）要从严从实开展专题教育，坚决防止和杜绝形式主义，防止简单以做了多少笔记、写了多少文章、修改了多少次发言稿来评判专题教育的成效，真正使“三严三实”要求落地生根。县级各党委（党组）开展专题教育的情况要及时报告县委。

（三）注重宣传引导。要充分运用各种媒体，开设“三严三实”专题教育专栏，广泛宣传中央、省委、州委和县委关于践行“三严三实”要求的有关精神，加强对开展“三严三实”专题教育的进展、成效、经验的报道，注重发现、培育和宣传先进典型，积极营造良好的舆论氛围。

中共雷山县委 雷山县人民政府关于加快建设具有山地民族特色新型城镇化的实施意见

雷党发〔2015〕26号

2015年11月3日

为认真贯彻落实中央、为深入实施城镇化带动战略，加快推进具有山地民族特色的新型城镇化，根据《国家新型城镇化规划（2014—2020）》《中共贵州省委贵州省人民政府关于深入实施城镇化带动战略加快推进山地特色新型城镇化的意见》（黔党发〔2014〕7号）、《中共黔东南州委黔东南州人民政府关于加快建设具有山地民族特色的新型城镇化的决定》（黔东南党发〔2014〕21号）和省委书记陈敏尔在贵安新区规划建设暨全省重点开发平台工作推进会上的重要讲话精神，结合雷山县实际，提出如下实施意见。

一、总体思路、基本原则和主要目标

（一）总体思路。高举中国特色社会主义伟大旗帜，以邓小平理论、“三个代表”重要思想、科学发展观为指导，深入贯彻落实习近平总书记系列讲话精神，紧紧围绕“科学发展、后发赶超、同步小康”的总目标和守住发展与生态“两条底线”的总要求，以人的城镇化为核心，优化城镇“三生”空间布局，着力构建“以人为本、道法自然，产城景互动融合”的城镇发展模式，千方百计强功能、新产业、做环境、聚人气、促创新、抓形象，坚定不移走绿色化、集约化路子，着力构建“产业发达、生态环保、文化彰显、宜居宜游宜业”的城镇竞争体系，着力构建“山水城市、绿色小镇、美丽乡村、和谐社区”的城乡发展格局，走出一条以人为本、保护环境、生态优良、文化传承、宜居宜业宜游的具有山地民族特色的新型城镇化道路。

（二）基本原则。

1. 以人为本，宜居宜游。以人的城镇化为核心，把提高人民群众生活质量作为加快城镇化进程的出发点和落脚点，同步谋划基础设施、公共服务体系建设与社会治理共同推进，加强产城景融合，促进城镇化与产业化协调发展，建设宜居宜业宜游的城镇，实现城镇发展与产业支撑、就业转移和人口集聚相统一。

2. 统筹兼顾，协调发展。坚持县城和小城镇建设协调发展，加快推进城乡基础设施、公共服务、资源要素一体化，坚持区域统筹、城乡统筹、经济社会统筹、人与自然统筹，促进城镇资金、技术、人才带动农村土地、人口、产业综合利用转型升级，用农村生产、生活、生态弥补城镇功能，增强发展后劲，形成重点发展与整体推进的发展格局。

3. 因地制宜，循序渐进。科学编制具有山地民族特色的新型城镇化规划，把解决农业转移人口逐步在城镇就业和落户作为推进城镇化的突破口，按照因地制宜、路网引领、产业支撑、着眼长远、适度超前的思路，以县城路网建设带动小城镇规模扩大，以新城区建设带动旧城区发展。

4. 生态文明，集约发展。坚持生态文明建设理念，守住发展和生态“两条底线”，推动绿色发展、低碳发展，节约集约利用资源，坚持向山要地，坚持人口向城镇集聚，坚持产业向园区聚集，建设形成历史文化、民族风情、现代文明相融的人文生态，实现生产空间集约高效、生活空间宜居适度、生态空间山清水秀。

5. 传承文化，突出特色。科学定位城镇发展，依托原生的民族文化、原始的自然生态、原貌的历史遗存，把城镇的民族传统、地方特色和时代特征有机结合起来，坚持建设有历史记忆、文化脉络、地域风貌、民族特点的城镇，在城镇化中传承和弘扬民族特色、文化特色、建筑特色，塑造独具特色的城镇化风格。

（三）主要目标。进一步加快推进小城镇建设步伐，有序推进新型城镇化，到2020年，常住人口城镇化率达到50%，基本形成城乡优势互补、梯度承接、协调发展的新格局。

1. 城镇承载能力进一步提高。到2020年，全县城镇人口达到8万人以上，城镇建成区面积达到8平方千米左右，实现人均建设用地90～100平方米，城镇人均住房建筑面积达到32平方米以上，城镇公共供水普及率达到100%以上。

2. 城镇环境质量进一步提升。到2020年，全县城镇建成区绿地率达到45%以上，人均公共绿地面积达到12平方米以上，城镇生活污水处理率达到90%以上，城乡生活垃圾无害化处理率达到90%以上，环境空气质量指数达到95%以上、力争达到100%。

3. 城镇公共服务水平显著增强。到2020年，全县内部二元结构基本消除，教育、住房、就业、养老、医疗卫生等城镇基本公共服务覆盖全部常住人口。基本建成覆盖全县城乡的现代交通水利、仓储物流、金融服务、数据信息、电子商务、医疗卫生服务、学前教育和义务教育及职业教育、文化休闲服务以及生态环境保护等网络，打造成为全国知名的苗乡休闲度假健康养生旅游目的地。

4. 新型城镇化格局初步形成。到2020年，城乡一体的户籍管理、土地管理、社会保障、财税金融、行政管理、生态环境等体制机制改革创新取得重大突破，城乡政策有效衔接，全面形成县城、小城镇、乡村组团式集聚和串珠式连接，初步形成山水城市、特色小镇、美丽乡村浑然一体、良性互动，城乡一体、产城景互动、宜居宜业宜游的山地民族特色新型城镇化格局。

二、优化城镇布局，构建特色各异的城乡体系

（一）做大做强县城。按照国家AAAAA级景区要求，围绕丹江镇省级示范小城镇建设，坚持城镇化与生态环境的融合发展，合理布局和科学规划“三生”空间，让居民“望得见山、看得见水、记得住乡愁”，挖掘和提升民族文化品位，高标准、高品质打造宜居宜游宜业的山地民族特色城镇。

1. 提速县城新区建设。一是加快陶尧新区建设。到2017年，把陶尧新区打造成为集旅游、休闲、康体养生为一体的大健康产业小镇，完善蚩尤大道公用设施系统，加快陶尧温泉配套设施建设，推动理疗、康体养生等产业发展。联动雷公山景区、带动黄里片区发展，逐步形成县城至西江城镇走廊带。二是开发建设县城南部新区。到2017年，完善县城南部新区路网，开发建设乌秀凯雷高速公路连接线路口—羊排—水电—雷山民中和雷山一中至龙头山城市主干道。到2020年，规划建设雷山民中至大塘莲花城市主干道，逐步形成县城至大塘城镇走廊带，进一步拓展城市发展空间。三是加快县城北部新区建设。推进锑厂坡文化旅游综合体项目建设，拉动大固鲁、小固鲁片区建设发展，打造县城北大门新形象，推动城镇化南北纵横发展新格局。四是加大西出口和螺丝山大健康产业（工业）小区建设。按照高品位、高标准的要求，到2016年，建成县卫计局门口经楼梯坝安置小区至万城家电和小学坡的城镇道路，打通西出口屠宰场保障性住房至丹江镇掌排村公路，形成乌开工业小区到螺丝山工业小区的联动交通干道。加快规划、招商、建设步伐，到2020年，把该小区建设成为小而精、小而特的大健康产业（工业）小区。责任单位：县住建局、县发改局、县交通局、县房征局、县工信和商务局、县投资促进局、县财政局、丹江镇人民政府、西江园区管委会（西江镇）、大塘镇人民政府。

2. 着力推动老城提升。一是坚持规划先行。合理划定城市边界，注重城市骨干路网、供排水网、供电等基础设施和公厕、停车场、菜市场等公共服务设施规划。到2018年，完成老城区、城中村、城郊村的规划建设，重点围绕雷劈岩片区、老粮食局片区、菜园圃片区、老幼儿园片区

等进行规划建设，尽快完善城市功能，提高承载能力。二是强化老城提升。加大棚户区、危旧房改造力度，把改善棚户区、老城区居民居住条件和生活环境为出发点，将保障性住房建设和房地产开发相结合，统一规划、分类指导、分步实施，提升旧城改新貌水平。三是提升老城区建设品位。以彰显民族文化、提升城市品质为目标，按照雷山民居的建筑风格推动旧城改造，保持房屋建筑、步道铺设、道路绿化等建设的民族特色风貌，坚持具有山地民族特色的风格，彰显文化底蕴，着力提升城市品质，改善市民生活环境。责任单位：县住建局、县市政局、县发改局、县房征局、县投资促进局、县财政局、县工信和商务局、县城投公司、丹江镇人民政府。

3. 推进山水园林开发建设。一是推动丹江城市森林体育公园建设。将陶尧雄水、治安、小郎当、县城建成区、羊排区域规划作为丹江城市公园，利用马家屯等小型山体资源，把其融入城市景观，依托良好的生态植被，提升绿化品质，建设生物多样性基因库。2015 年完成公园规划，并启动建设。到 2018 年，建成公园观景台、休闲亭、游乐园等，完善公共服务设施，推进公园环形旅游线路建设，完善旅游步道、路灯、环卫、治安客服点等设施，形成生态观光、娱乐游乐、休闲散步为一体的城市森林体育公园。二是推进水体水景建设。充分利用丹江河水体资源，大力推动碧水工程，全面提升河岸绿化水平，形成植物多样化、景观多层次的绿化格局，构筑完备的生态系统。到 2018 年，完成水体、水景建设，推动河岸休闲长廊建设，规划建设水上垂钓区，打造形成城水相连、山水相依、山环水抱的山水景观城市。三是加大绿地建设力度。推动对城区街道休闲绿地建设力度，到 2017 年，实施县城、园区、景区和交通通道沿线的绿化美化工程，对城区所有主干道行道树绿化彩化进行种植或补植改造，对中心城区街道实施道路景观改造，形成城在林中、自然生态、特色鲜明的绿化格局。责任单位：县生态文明建设管理局、县市政局、县住建局、县水务局、县交通局、县国土局、县公安局、丹江镇人民政府。

4. 营造县城文化环境。保持以苗族特色为主的城市风貌，提炼突显地方特色、文化特色、民族特色的建筑元素和符号，创造性地运用于城镇建设的建筑物、公园、街道、文化广场、景观节点，实现现代建筑、传统民居与历史风貌相得益彰，现代城镇与历史文化、民族文化相统一。规划和建设好一批民族文化基地，加快非物质文化遗产申报工作，坚持办好雷山苗年文化季非物质文化遗产展示活动，坚持举办好苗岭斗牛大赛，坚持开展好芦笙舞大赛、苗歌大赛、银饰刺绣大师赛等民间技艺竞技活动，积极开展形式多样、健康向上的文化体育娱乐活动，营造县城浓厚的历史文化和民族文化环境。责任单位：县文体广电新闻出版局、县文化创意交流中心、县住建局、县市政局、丹江镇人民政府。

（二）做精做美西江。坚持“整体谋划，专项整治”“依法推进，积极稳妥”“疏堵结合，快疏严堵”“近期问题的解决与长远发展的谋划相结合”“国家 AAAAA 级景区的创建与整治提升相结合”的原则，按照“加强保护、强化管理、完善要素、拓展空间、提升功能、创建 5A”的要求，大力实施“美丽西江·和谐景区”十大工程，确保 2016 年把西江景区创建成国家 AAAAA 级景区。一是坚持规划先行。按照“城镇景区化、景区城镇化”双规合一的原则，将白碧、连城、营上、干荣、长乌、开觉、麻料、控拜、乌高等村寨纳入西江景区规划范围，2015 年年底前完成规划编制报批，为西江景区提质扩容升级和实现疏堵结合创造条件。二是加快项目建设。加快营上综合服务区、干荣村开发建设和西江中学一带及街道整治建设步伐，确保 2016 年全部建成并投入运营；加快西江景区环寨公路建设，扎实推进景区排污系统项目工程，完善提升景区寨内旅游步道，加快东引、羊排片区发展。2015 年内启动西江新村的三个规划点建设，按照统规自建和一户一施工图纸的要求，结合生态移民工作，积极引导群众到新村建房，严格控制西江景区核心区新建房屋，确保有效解决好群众的合理建房需求，实现建新村保老寨。三是强化环境整治。大力实施“乐居”“乐行”“乐业”“乐心”“乐民”工程，切实解决好西江景区在管理上、服务上存在的突出问题，全面提升西江景区整体形象，促进景区旅游产业持续快速健康发展，为群众提供一个持续稳定和发展的社会秩序，为游客提供一个安全舒适的旅游环境，真正让群众满意、让游客满意，全面打造西江景区文化旅游产业发展升级版，努力实现守底线、走新路、奔小康的目标。责任单位：西江园区管委会（西江镇）、县住建局、县旅发委、县市场监管局、县交通局、县国土局、县移民局。

（三）做特做优城镇。结合各自实际打造各具特色的城镇文化品牌，彰显雷山县的建筑风格、民族风情和村落文明，打造具有雷山民族风情标志性的绿色城镇。

1. 合理规划布局与定位。到 2016 年，完成城镇总体规划，2017 年以前完成城乡规划体系。要围绕“因地制宜、分类指导、合理布局、适度发展、镇有新街”“小而精、小而富、小而美、小而特”和“依山就势、顺水而居”要求，按照旅游小镇的标准，科学划定“三生”空间，合理利用山地布局，注重水体、水景和绿地建设，让山水、田园、村庄、社区各美其美、共生共荣，突出自然、历史、文化和民族特色，推动设施配套、功能优化、保障有力、特色各异的城镇化开发建设，推进城镇扩容、人口聚集和产业培育，不断完善城镇功能，增强城镇承载能力。责任单位：县住建局、县规划办、各乡镇人民政府。

2. 加快城镇化产业发展。到 2017 年，每个乡镇要建成一个以上的特色农业产业园区，加大水、电、路、讯和旅游观光等设施建设，不断增强园区承载能力，引导绿色、生态、观光农业向园区集聚，促进优势特色农业园区化、规模化、高效化发展。在保证农村人口粮食基本自给的基础上，加快发展生态畜牧业，加大茶叶、中药材等特色种植业，形成具有一定规模的农业产业示范带。责任单位：县农业局、农业园区办、县水务局、县交通局、县工信和商务局、县旅发委、县茶叶局、县中药办、县畜牧渔业办、县供电局、各乡镇人民政府。

3. 完善基础和公共服务设施。进一步完善小城镇规划体系，以“8 个 1”“8+3”“8+X”为抓手，到 2019 年，完成小城镇标准卫生院、社区服务中心、污水处理设施或垃圾处理设施、敬老院、农产品集贸市场、休闲文化体育广场、特色示范街道和城镇保障性安居工程等建设。加大对城镇管网人行道、消防管网设施、路灯亮化、街面绿化、环卫设施、广告和招牌招店规范化设置、道路黑色化、“天网”工程等改造和建设。责任单位：县住建局、县生态文明建设管理局、县市政局、县民政局、县工信和商务局、县农业局、县卫计局、县移民局、县消防队、县文体广电新闻出版局、各乡镇人民政府。

（四）做美做富农村。按照统筹城乡的要求，科学编制县城村镇体系规划和镇、乡、村庄规划以及传统村落保护规划，围绕“产村相融、成片推进、政府主导、农民主体（市场主体）”的原则，按照发展中心村、保护特色村、整治空心村的要求，建设各具特色的美丽乡村。到 2020 年，建成 50 个村寨以上先行示范的美丽乡村。

1. 加强农村基础设施建设。大力实施“美丽乡村・四在农家”基础设施建设“六项行动计划”，推动基础设施向农村延伸。2015 年实现村村通油路（水泥路）的目标；到 2020 年全面实现村村通客运，切实解决农村饮水、农田灌溉、消防用水等根本性缺水问题，小康路、小康水、小康房、小康电、小康讯、小康寨全部达到全面建成小康社会标准。责任单位：县交通局、县水务局、县住建局、县工信和商务局、县消防队、县供电局、县移动公司、县电信公司、县联通公司、县广电网络公司。

2. 加快美丽乡村建设。加快整乡整村推进，集中连片改造，实施山、水、林、田、路综合整治，保护好溪流、林木、山丘等生态细胞和民族村寨、传统村落等元素，传承好传统文化、耕读文明、田园生活。加快推进基础设施向下延伸，按照统一品牌、分类指导、循序渐进要求，加强要素整合、优化资源配置，强化美丽乡村与产业协同推进，基础设施与公共服务体系同步推进，精心设计和建设自驾游路线，大力发展特色种养殖业和乡村旅游业，让更多的特色农产品走出乡村、走向市场，让更多的游客在乡村坐下来、住下来，推动“产村融合”发展进程，到2019年，形成和谐家园、产业乐园、山水田园、世外桃源交融的美丽乡村。责任单位：县住建局、县旅发委、县农业局、县教科局、县卫计局、县交通局、县水务局、县生态文明建设管理局、县文体广电新闻出版局、各乡镇人民政府。

3. 推进新村集中建房。围绕“建新村、保老寨”的工作原则，按照乡村旅游村寨的标准，科学规划新村建设，在尊重农民意愿的基础上，引导村民集中居住，科学引导农村住宅和居民点建设。采取政府统筹划片征地，按照统规自建和统规统建的方式，着力推进失地农民、无地建房农民得到区域安置，解决农民建房困难问题。按照“地点集中化、样式多样化、功能配套化、风貌景观化、建筑节能化、特色鲜明化”的原则和“5个1”与“6通8有”标准深入推进新村集中建房，根据地形地貌合理保障农民宅基地，最高控制在200平方米以内。充分利用土地整治、农村危房改造、通村油路建设、实施民生项目等政策资金，优化农村人口布局，提高新村建房品位。责任单位：县住建局、县国土局、县交通局、县民政局、县扶贫办、各乡镇人民政府。

4. 突出传统村落保护。建立全国最严格的中国传统村落保护制度、最具有强制约束力的保护规划、最具有激励约束力的保护机制的要求，切实加强传统村落保护。到2017年，完成传统村落“一村一档”和规划编制，积极争取项目和资金切实加强传统村落保护，整治和完善村内道路、供水、垃圾和污水治理等基础设施，整治村落周边、公共场地、河塘沟渠等公共环境，完善消防、防灾避险等必要的安全设施。鼓励村民依托传统文化发展旅游、民族手工艺、特色观光农业等产业，促进农民增收，解决好保护与发展的问题。2016年开始，按照每个村10万元设立传统村落保护资金，采取技术维护、新旧置换、规划新区等办法，使传统村落和民族文化的保护发展成为推动农村发展的新潜力、新优势和新抓手。责任单位：县住建局、县生态文明建设管理局、县消防队、县农业局、县文体广电新闻出版局、各乡镇人民政府。

三、强化产城景人互动融合，夯实新型城镇化发展基础

（一）推进产城互动，促进产业化与城镇化有机统一。按照产城景一体化的发展思路，县城要进一步完善乌开工业小区配套设施建设，提升服务企业的能力；加快推进螺丝山大健康产业（工业）小区建设，拓宽企业发展空间，推动企业向城郊转移。突出绿色经济发展，做大做强茶叶、特色畜产品等为重点的特色农产品加工业、中药材及其制品加工业，加快发展以苗族银饰品、刺绣、根雕等为重点的民族旅游工艺品加工业，将绿色资源、民族文化资源优势转变为特色产业优势。围绕吃住行游购娱等旅游要素，延伸旅游产业链条，大力发展以宾馆酒店、仓储物流、餐饮服务、信息中介、电子商务、旅游商品、现代服务业等为主的第三产业。到2020年，建成一批集现代农业经营展示、农业劳作体验、旅游休闲于一体的观光农业示范基地，工业小区总产值实现20亿元以上，农业园区总产值达到15亿元以上。责任单位：县工信和商务局、县农业局、县茶叶县、县扶贫办、县文化创意交流中心、县文体广电新闻出版局、各乡镇人民政府。

（二）强化城景相融，推进城镇与景区一体化。坚持重点突破，深入推进西江千户苗寨、雷公山、郎德和县城为重点的旅游景区建设，依托现有交通、区位、资源、产品、人气优势，按照国家AAAAA级景区标准，规划建设游客容量大、功能齐全、富有民族特色的景区和景点，努力创造条件申办为国家级旅游休闲度假区，加快环雷公山文化旅游创新区发展步伐。精心打造由陶尧温泉、雷公山、方祥等景点组成的养生休闲度假旅游线，由西江千户苗寨、郎德上寨等景点组成的生态民俗风情旅游线，由报德、望丰、大塘等景点组成的田园休闲观光旅游线，由永乐、达地等景点组成的乡村美食体验旅游线，将县城建成游客集散中心。到2020年，景区和景点接待能力进一步提升，游客增量加大，旅游综合收入达到70亿元以上。责任单位：县旅发委、各乡镇人民政府。

（三）加强人城相依，推动转移人口城镇化。深化户籍制度改革，全面放宽城镇落户限制，简化手续，加快农业人口向城镇转移，提高城镇人口比重。进一步加大生态移民力度，积极引导有意愿、有能力的农业转移人口和其他人口落户城镇，完善配套措施，把其完全纳入城镇住房、教育、卫生和社会保障体系，其在农村参加的养老保险和医疗保险规范接入城镇社保体系。对于经商、创业和从业人员及其共同生活的直系亲属，实行统一的居住证制度，与当地城镇户籍人口享有同等待遇。加快制定全县农业转移人口城镇化总体安排和配套政策，建立健全政府主导、多方参与的农业转移人口城镇化协同推进机制和成本分担机制。对进城落户的农业转移人口，探索实施“2+5”农民进城模式［即保留农村产权（住房和土地）和计划生育 2 项农民待遇，增加就业、就医、就学、住房、社保 5 项市民待遇］，使其“前有希望、后有退路”。责任单位：县公安局、县移民局、县教科局、县卫计局、县人社局、县民政局、各乡镇人民政府。

四、统筹城乡发展，提高城镇综合承载能力

（一）加快城乡基础设施建设。加强交通、供水、排水、供气、电力、通信、防灾避险、垃圾污水处理、公厕、停车场、菜市场等设施建设，逐步改造老旧设施，提高设施运行水平和服务质量，满足居民生产生活需要。到 2019 年，全面完善“一横二纵十联线”交通网络，加强雷山与凯里快速通道路网衔接，打通断头高速公路；继续实施“小康路”工程，全面提升国、省、县、乡道公路等级，完善县域交通运输路网体系。2018 年，完成水利建设“三年大会战”，建设水源工程，完成鸡鸠水库、西江水库、陶尧水库、翁养水库和排苟水库等一批水库项目建设，提升供水能力，保障城乡用水需求，加大水资源勘察、保护与开发力度，统筹开发利用全县水资源。2015 年，建成遍布城乡的电子商务网络。到 2016 年，统筹数据信息基础设施规划、建设和管理，推进电信网、广电网、互联网三网融合并扩大覆盖面，推动城乡基础设施一体化进程。2018 年，着力打造主网坚强的供电体系，加快完善城镇道路网络系统，合理布局建设城镇停车场和立体车库。到 2019 年，完成优化社区生活设施布局，完善便民利民服务网络，打造物流配送、便民超市、平价商店、家庭服务中心等便捷生活服务圈。责任单位：县交通局、县水务局、县生态文明建设管理局、县工信和商务局、县市政局、县移动公司、县电信公司、县联通公司、县广电网络公司、县市政局、各乡镇人民政府。

（二）加快健全公共服务体系。合理布局教育、卫生、文化、体育、养老、公共交通等公共服务设施。到 2017 年，按照城镇发展需要，扩建、新建一批中小学和幼儿园，县城新建 3 所幼儿园，西江镇、永乐镇新建各 1 所幼儿园，全县村级幼儿园（班）基本覆盖；新建县第四中学和第三小学，基本完成中学集中到县城、寄宿制小学集中到乡镇的教育空间布局调整；进一步完善雷山民中基础设施建设，加大教育配套设施建设，县职校功能用房和配套设施得到提升完善。到 2016 年，完成县人民医院基础设施建设，建成“二甲”医院，加快民族医药发展，建成 1 个中医院，完善县妇幼保健计划生育服务中心配套功能，各社区建成 1 个卫生计生服务中心（站），加大乡镇卫生院（卫生计生服务站）基础设施建设，建立完善乡镇卫生院科室和配足基本医疗设施设备，村卫生计生室实现全覆盖，进一步健全基层卫生服务网络。大力发展老龄产业和家政服务，到 2016 年，县城建成养老服务中心老年养护楼和社会综合福利中心，乡镇要实现敬老院全覆盖，建立健全养老保障体系。到 2018 年，完成县城体育馆（场）和乡镇图书馆、文化馆建设，加大文化广场、城镇绿地等公用设施建设。加快城镇与旅游公交一体化建设进程，到 2018 年，西江到凯里公交车投入运营，开通县城到西江、望丰、郎德、大塘的公交车，方便游客和群众出行。责任单位：县教科局、县文体广电新闻出版局、县卫计局、县民政局、县交通局、县市政局、各乡镇人民政府。

（三）加大城镇生态文明建设。围绕绿色贵州三年行动计划，加快城镇生态环境建设，把生态文明理念贯穿于城镇规划、建设、管理的各个方面、各个环节，突出自然生态环境特色优势彰显。建立健全生态环保制度，严格保护自然生态环境资源，将农村废弃地、其他污染土地、工矿用地转化为生态用地，全面实施城镇环境综合整治工程，加大城镇环保执法力度，加大城镇污水处理设施建设，加快城乡生活垃圾处理设施建设，推进城乡垃圾无害化、资源化处理。加强集中式饮用水源地保护，提升城镇环境监测能力，完善水环境、大气环境自动监测监控系统。加强城镇水系统的保护和治理，确保城镇中现有河流、水塘和林地不被随意侵占。加强城镇园林绿化建设，大力开展城镇容貌整治工作，亮化、美化、净化城镇。责任单位：县生态文明建设管理局、县水务局、各乡镇人民政府。

五、创新管理体制，完善新型城镇化健康发展机制

（一）创新城镇规划管理方式。一是加快城乡规划编制。按照经济社会发展规划、城镇规划、土地利用总体规划“三规合一”的要求，科学编制城镇建设规划，增强规划的系统性、前瞻性、科学性和导向性，指导城镇建设有序开展。到2017年，完成编制实施雷山县域城镇体系规划、雷山县城总体规划、镇乡规划和村庄规划及其详细规划等城乡规划体系和雷山县重点民族文化村寨保护与发展规划等专业规划。二是加快“多规合一”规划进程，增强各类规划的协调与衔接。到2017年，按照下位规划服从上位规划、专项规划服从总体规划、同类规划相互衔接的原则，统筹协调好各类规划。加强城镇规划与土地利用规划的衔接，城镇基础设施规划和社会事业专项规划之间的相互衔接，做到协调、有序发展。三是强化规划管理。加强规划管理工作队伍建设，到2017年，完成县、乡、村三级在城镇空间管制上的职责和分工，建立部门定期协调机制，完善城乡规划管理监督和督察制度，加大对违法违规行为的查处力度，切实维护规划的严肃性和权威性。责任单位：县住建局、县规划办、各乡镇人民政府。

（二）提高城镇建设管理水平。一是理顺城镇管理体制。明确各级各部门城镇管理的职责与职权，建立“部门协同、县乡联动、运转高效、保障有力”的城管执法体系和解决“多头管理、职能交叉、权责不清、推诿扯皮”的问责管理办法，按照城镇管理重心下移、立足基层的思路，积极调动乡镇、村居（社区）在城镇管理中的积极性，形成统一领导、分级负责、条块结合、以块为主的城镇管理格局。二是提升城镇管理水平。坚持“先规划、后建设，先设计、后施工，先地下、后地上”的原则，运用法律手段强化对规划、设计和施工的监管，进一步完善工程质量安全管理体系。全面提高城镇土地、城镇容貌、供水排污、道路交通、流动人口、社会治安等方面的动态管理和服务，加快设施维护、园林绿化养护、清扫保洁、渣土清运等市场化步伐，提升城镇管理水平。三是提高城镇综合运行效率。树立建设与管理并重的观念，坚持依法行政、依法管理，加快设置综合执法机构，不断提高执法水平，深入推进“多彩贵州文明行动”，加大“两违”行为的打击力度，严格征地拆迁管理，不断巩固“全国文明县城”成果，到2016年，创建成为“全国卫生县城”。加强城镇治安防控体系建设，健全城镇应急预警管理机制，提高快速处理各种突发性公共事件的能力。四是推进智能化管理。创新城市管理手段，到2017年，完成数字化城市管理，加快“智慧城市”建设，通过信息技术的集成应用，加快构建城市信息管理系统，建立与之相适应的管理运行体制，努力达到精确、敏捷、高效、全时段监控和全方位覆盖的城镇管理效果。五是推行建筑企业负面清单制度，严格把关全县市场准入。在城镇化开发和项目建设中，对具有不讲诚信、不履行合同、拖欠农民工工资、套取政策圈地、施工推动缓慢、工程质量低劣等不良情况的企业，住建等部门要将其列入负面名单台账，严格准入把关，这些企业不能参与雷山建设项目的招投标，业主不得选择进入负面名单台账的不良企业，确保城镇化各项建设顺利推进。（责任单位：县住建局、县市政局、县文明办、县公安局、各乡镇人民政府。）

（三）推进城镇化体制机制改革。一是深化

城乡建设用地制度改革。到2018年，完成建设用地收储，坚持对土地实行统一管理，提高政府对土地市场的调控能力。坚持对土地实行多元主体开发，运用市场手段包装、经营城镇，积极探索城镇地下空间有偿使用办法，推进城镇“城中村”改造，促进城区企业用地合理化，实现集约使用土地。推动农村集体建设用地使用权通过征收程序转为国有土地进入市场，完善农村承包土地流转制度，建立城乡统一的建设用地市场，推进农村集体经营性建设用地与国有土地同等入市、同权同价。二是创新投融资体制机制。在严格控制债务风险的前提下，积极通过县城投公司、西江旅游公司等国有控股公司进行市场化运作，拓展政府的资金渠道。积极调动社会力量参与，采取股权融资、项目融资等政府与社会资本合作（PPP）模式，更多地吸引民间资本投入。强化财政资金引导性作用，建立财政转移支付同农业转移人口挂钩机制，完善特许经营政策、用地政策、价格政策、退出机制、优先审批政策的保障机制，提高市政设施运营水平，依靠经营城镇来筹集建设资金。完成市政公用事业改革，健全完善特许经营制度和市政公用事业服务标准，建立健全城镇基础设施服务价格收费机制，鼓励公共基金、保险资金等参与项目自身具有稳定收益的城镇基础设施项目建设和运营。建立有效的市政投入机制，每年按照土地出让总收入的10%用于城镇市政基础设施建设和管理。三是强化保障体制机制。加强对城镇化的组织领导，县直各有关职能部门按照各自的职能分工，加强协作、密切配合，加大对城镇化财政资金扶持力度，完善城镇化统计调查体系，大力培养和引进城镇规划、建设、管理、市场开发等方面的专业人才，积极适应加快城镇化进程的需要。建立考核机制，把加快推进城镇化纳入年度目标考核的重要内容，按年度、按职责、按行业层层分解目标任务，落实到责任部门和责任人。建立完善城镇化工作的督查考核制度，抓紧研究制定符合科学发展观要求、加快城镇化进程的指标评价体系，提高考核的针对性和可操作性。（责任单位：县委办、县政府办、县督查室、县人社局、县国土局、县住建局、县市政局、县金融办、县财政局、县农行、县信用联社、县邮政银行、城投公司、西江公司。）

中共雷山县委
关于制定雷山县国民经济和社会发展
第十三个五年规划的建议

（2015年12月27日中国共产党雷山县第十二届委员会第六次全体会议通过）

雷党发〔2015〕33号

到2020年全面建成小康社会，是我们党确定的“两个一百年”奋斗目标的第一个百年奋斗目标。“十三五”时期是全面建成小康社会决胜阶段，必须紧紧围绕实现这个奋斗目标来制定“十三五”规划。根据中央、省委和州委关于制定国民经济和社会发展第十三个五年规划的建议，结合我县实际，中共雷山县委就制定“十三五”规划提出如下建议。

一、“十二五”时期全县经济社会发展成就前所未有，为全面建成小康社会奠定了坚实基础

“十二五”特别是党的十八大以来，面对充满挑战的国际国内环境和艰巨繁重的改革发展稳定任务，在中央、省委、州委的正确领导下，全县各族干部群众高举“发展、团结、奋斗”的旗帜，坚持主基调主战略不动摇，积极适应经济发展新常态，围绕“四个全面”战略布局，坚持生态立县、旅游强县，全力打造“全国旅游名县、贵州茶叶大县”，顺利完成了“十二五”规划的主要目标任务，为“十三五”发展奠定了坚实基础。

—“十二五”时期是我县提速增效后发赶超、综合实力提升最快的五年。通过向上争取支持、全力外引内联获取加快发展的最大资源和强大动力，通过增比进位、现场观摩、集中开工仪式激发干部群众干事创业的最大热情和创新精神，通过投资拉动，打造“6个10万”绿色生态现代农业工程、西江景区完善提升工程等平台聚集发展要素，主要经济指标增长速度逐年提升、位次前移，全县经济发展呈现出前所未有的良好态势。地区生产总值实现翻番，从9.02亿元增加到23.95亿元，年均增长15.6%，比“十一五”加快2.4个百分点。一般公共预算收入从0.55亿元增加到2.1亿元，年均增长32.7%，比“十一五”加快6.4个百分点。全社会固定资产投资累计突破100亿元，年均增长41.1%，比“十一五”加快2.8个百分点。

—“十二五”时期是我县突破客观条件瓶颈、基础设施变化最大的五年。凯雷高速公路建成通车，蚩尤大道基本建成，建成通村油（水泥）路666.8千米，基本实现村村通油（水泥）路。苗疆盛世城市综合体、丹江镇省级示范小城镇、陶尧新区等一批重大城镇基础设施建设项目快速推进，县城建成区面积达3.5平方千米，城市人均拥有道路面积14.94平方米，城镇化率达到35%。积极推进鸡鸠水库、农村安全饮水等水利工程建设，供水能力从0.59亿立方米提高到0.64亿立方米，新增农田有效灌溉面积3.52万亩，农村饮水安全达标率达100%。土地整治成效显著，建成高标准基本农田5.2万亩。行政村、旅游景点移动信号实现全覆盖，启动西江智慧景区建设。

—“十二五”时期是我县全面深化改革创新、经济发展活力最足的五年。全面深化重点领域和关键环节各项改革。各类企业户数从245户增加到1197户，增长4.9倍；个体工商户数从2838个增加到6185个，增长2.2倍；企业及个体工商户注册资本分别达244.34亿元和3.74亿元。民营经济增加值占GDP比重从45.8%提高到55.4%。启动推行政府及其部门权力清单和责任清单，整理下放40项行政许可权力，制定产业准入负面清单。实施西江镇“镇区合一”体制改革，做大做强西江旅游公司。启动旅游综合管理体制改革，有序推进农村产权制度改革，农村小型水利产权制度改革试点通过验收。连年成功举办环雷公山超100千米跑国际挑战赛、“雷公山之巅·巴拉河之夏”全国山地自行车赛、“雷山苗年”等大型体育竞技和民族节庆活动，在全省、全州成为具有影响力的品牌活动。红茶实现出口创汇。“十二五”期间招商引资累计到位资金136.8亿元。

—“十二五”时期是我县争创生态文明示范、环境建设成效最好的五年。成功入选全国首批生态文明示范工程试点县、全国生态保护和建设示范区、全省生态文明先行示范区，积极争取列入国家重点生态功能区。启动“生产、生活、生态”空间布局试点改革。成立生态环境保护审判庭、生态环境保护检察科等生态执法司法机构。启动城乡垃圾收运系统建设，建成县城、西江、永乐污水处理厂。森林覆盖率达68.49%，高于全州5.52个百分点，环境空气质量优良率始终保持100%。启动垃圾填埋场建设，城乡生活垃圾无害化处理率达83%，城镇污水处理率达86.8%。集中式饮用水源地水质达标率达100%，出境断面水质达标率达到规定功能水质类别标准。地质环境保护成效显著，实施地质灾害治理12个。节能减排效果显著，单位地区生产总值能耗下降45.9%。

—“十二五”时期是我县加快产业结构调整、特色产业发展最优的五年。农业经济稳中有升，粮食生产稳定，黑毛香猪、精品水果、中药材等特色农业持续健康发展，成功入选国家有机产品认证示范创建区。现代高效农业示范园区建设步伐加快，特色优质农产品比重不断提升，粮经结构从4.9∶5.1调整到3.9∶6.1。工业结构不断优化升级，淘汰高耗能企业，茶叶加工、特色农产品加工、旅游工艺品加工等产业不断发展，启动了螺丝山工业园建设。以旅游为主的第三产业持续攀升，西江、雷公山、郎德、县城等景区得到长足发展，“十二五”期末接待游客人次比“十一五”增长2.34倍，旅游总收入增长6.3倍。文化产业增加值占GDP比重从3.14%提高到8.34%。

—“十二五”时期是我县社会事业协调发展、人民生活水平最高的五年。农村居民人均可支配收入达6895元，是“十一五”期末的2.3倍；城镇居民人均可支配收入达22727元，年均增长11.2%。教育均等化水平不断提升，“十二五”期间各级财政投入教育事业11.67亿元，比“十一五”期间增加6.89亿元，增长144.3%；实现幼儿园乡镇全覆盖，6个乡镇初中集中县城办学；学前三年入园率达66%，小学毛入学率达99%，九年义务教育巩固率达97%，高中阶段教育毛入学率达75%，人均受教育年限从7年提高到7.9年。建成覆盖城乡的疾病预防控制体系和医疗救治体系，新型农村合作医疗基本实现全覆盖。城镇居民基本医疗保险、农村低保制度全面落实，新型农村养老保险试点顺利推进。扶贫攻坚工作成效显著，累计减少贫困人口5万余人，全县实现“减贫摘帽”目标。“四在农家·美丽乡村”六项小康行动计划成效明显，社会主义新农村建设持续推进，建成乌东、脚尧、干荣、也改、格头等18个新农村建设示范点。城乡居民居住条件不断改善，建成保障性住房6005套，改善2万余人居住条件，城乡居民人均住房面积达到32.6平方米。《雷山县灾后重建综合治理总体规划》已获得省人民政府批复。社会和谐稳定，群众安全感连续五年达96%以上，排名位居省、州前列。就业规模持续扩大，全民创业成效明显，公共文化、体育等事业蓬勃发展。文明创建工作稳步推进，全社会文明程度明显提升，雷山县城获得“全国文明县城”殊荣，“多彩贵州文明行动”考核排名全省二类县市第一。以户为单位的同步小康创建活动扎实推进，全县全面建成小康社会实现程度达89.6%。

五年的成就来之不易，积累的经验弥足珍贵。五年的发展启示我们，在新的起点上推进同步全面小康社会建设，一是始终坚持把实施主基调主战略作为第一任务，保持战略定力，持续保持“三个高于”的发展速度，不断缩小与全国、全省、全州全面同步建成小康社会的差距。二是始终坚持把守住发展和生态两条底线作为总要求，坚持既要绿水青山又要金山银山，做到“两条”底线一起守、两个成果一起收，努力实现生态空间、生产空间与生活空间深度融合。三是始终坚持把现特显优、特色发展作为发展路径，立足于雷山良好的生态环境和多彩的民族文化，充分挖掘发展潜力，着力走出一条既符合中央、省委、州委精神，又符合雷山实际、发挥雷山优势、彰显雷山特色的发展新路。四是始终坚持把深化改革扩大开放作为根本动力，以改革促进开放、以开放倒逼改革，“引进来”与“走出去”有机结合，大力实施开发带动和创新驱动，在深化改革、扩大开放中按下“快进键”，跑出“加速度”。五是始终坚持把扩大投资作为支撑增长的主要抓手，抓住国家扩大内需的重大机遇，发挥投资可操作性强、见效快、带动作用大的优势，以基础设施建设为龙头，以产业投资为重点，千方百计扩大投资规模，促进经济社会持续快速健康发展。六是始终坚持把改善民生作为一切工作的出发点和落脚点，大力实施脱贫攻坚第一民生工程，千方百计解决好事关人民群众切身利益的就业、教育、医疗、住房、保障、养老等问题，真正让人民群众学有所教、劳有所得、病有所医、老有所养、住有所居。七是始终坚持把激发人民群众干事创业热情作为源动力，旗帜鲜明地保护改革者、鼓励创新者、支持干事者、宽容失误者、处理诬告者，让干事创业者无后顾之忧、放心放胆放手去工作、去奋斗，大力营造“发展要快、风气要正、作风要实、干部要干”的良好政治生态环境。八是始终坚持把加强和改进党的建设作为根本保障，坚持党要管党、从严治党，认真履行主体责任和监督责任，坚持把纪律和规矩挺在前面，深入持久地开展反腐败斗争，发挥党的领导核心作用，坚持以上率下，用干部的辛苦指数换取人民群众的幸福指数。

通过五年的发展，我县进入了后发赶超、同步小康的重要阶段。同时，我们还必须清醒地看到，我县经济社会发展还存在不少困难和问题。一是经济总量小、人均水平低。2014 年我县人均 GDP 为 17943 元，仅为全国的 38.4%、全省的 67.8%，与小康建设要求人均 31400 元相比，仅完成 62.9%。城镇化水平低于全国 21.57 个百分点、低于全省 6.81 个百分点、低于全州 1.8 个百分点。二是发展不平衡。从产业结构看，农业产业水平不高，工业发展条件差、水平低，服务业发展质量不高、支撑作用不强，产业带动能力弱。从城乡结构看，城乡居民收入差距大，城乡二元结构矛盾突出。从区域发展看，八乡镇发展不平衡、不协调，发展差异还比较大。从所有制结构看，非公有制经济发展水平低、比重小，抗风险能力弱，发展活力不强。三是交通、水利等基础设施建设欠账多，乡村公路等级不高，交通路网建设有待完善。工程性缺水问题还未根本解决，抗旱水源工程有待加速推进。四是保障和改善民生任务艰巨。社保、就业、医疗卫生、住房保障等公共服务能力弱，社会治理仍面临不少挑战。五是一些党员干部解放思想不够、开放意识不强，干部能力和素质不高，不同程度存在着不作为、慢作为、乱作为、为政不廉等问题，提升能力、转变作风、惩治和预防腐败任务依然繁重。面对这些问题，我们必须高度重视，切实加以解决。

二、全面精准把握“十三五”面临的机遇，科学确定雷山经济社会发展目标任务

科学谋划“十三五”发展，必须深刻分析我县发展面临的形势，正确把握重要战略机遇期，主动适应新常态，牢固树立新理念，科学引领新发展，奋力实现新跨越。

（一）“十三五”时期我县发展环境的形势。“十三五”时期，是我县加速发展、缩小差距的黄金发展期，是弯道取直、后发赶超的加速冲刺期，是全面脱贫、同步小康的决战决胜期，是厚植后发优势、走出发展新路的战略机遇期。

从国家层面看。“十三五”时期，我国进入全面建成小康社会决胜阶段，中央高度重视扶贫开发工作，把脱贫攻坚作为“十三五”期间的头等大事和第一民生工程来抓，以脱贫攻坚统揽经济社会发展全局，并出台了系列扶持政策措施，这为我县实现科学治贫、精准扶贫、有效脱贫、防止返贫，打赢脱贫攻坚战提供了政策支持。国家推进新一轮高水平对外开放和西部大开发战略，大力实施“一带一路”、长江经济带、珠江—西江经济带等区域发展战略，设立国家级生态文明试验区，这为我县实施开放带动，加快融入区域经济发展，拓展资源配置和要素引进空间，构建内陆开放型经济体系提供了契机，也为我县争取更多的项目和投资带来了新的机遇。

从省州层面看。“十三五”时期，省、州围绕与全国同步全面建成小康社会这个总目标，在培植后发优势、补齐短板上出实招、下功夫，这将有利于我县在产业发展、区域布局、社会民生、活力动力四个方面补齐短板，提高发展的协调性和均衡性。省、州大力实施以大数据为引领的电子信息产业，这将为我县加快信息化建设、分享大数据资源，实现弯道取直、后发赶超提供便捷通道。省、州大力实施脱贫攻坚工程，省、州分别出台的“1+10”和“1+10+9”配套文件，这将为我县实现科学治贫、精准扶贫、有效脱贫、防止返贫，打赢脱贫攻坚战提供坚强保障。省、州大力实施生态文明建设，大力发展以民族和山地为特色的文化旅游业，这将为我县发挥生态和文化优势，加快生态文明建设，提升旅游产业化水平，打造国家公园试点县和山地民族文化旅游大县提供坚实基础。省、州大力实施以大健康为目标的医药养生产业和以无公害绿色有机为标准的现代山地特色高效农业，这将为我县加快发展大健康医药养生产业，建设苗乡大健康示范县和有机农业大县提供重大机遇。

从雷山自身看。一是以旅游业为主导的服务业已成为国民经济发展的主体，第三产业增加值占地区生产总值 50%以上。我县围绕“旅游强县”战略，逐步形成了“一心三区”的旅游格局，初步建立了现代旅游产业体系。二是特色农业的发展对经济的支撑作用增强。茶叶、中药材、黑毛香猪等特色生态农业发展迅速，品牌创建成效显著，孕育了一批特色农产品生产加工企业，逐渐成为我县新的经济增长极。三是基础设施突破工程带来的新机遇。随着贵广高铁、沪昆高铁的开通和凯雷高速公路的建成通车，将进一步缩小我县在交通条件上与发达地区的差距，提升我县连接华南沿海和东部沿海地区的通达能力。四是新的投资需求将增强我县经济发展后劲。近年来，我县在申报项目、争取资金、加大投入等方面狠下功夫，发展环境持续改善，但由于我县财力弱、底子薄，加上投入不足，基础设施还有待进一步完善，特别是交通水利、城镇建设、产业发展、民生改善等方面有着很大的投资空间，投资仍然是雷山加速发展、后发赶超的关键，必将不断推动旅游产业、城镇建设提质升级，促进经济持续快速健康发展。PPP、专项建设基金等新的项目融资模式，将进一步降低我县融资成本。五是生态文明建设大有可为。我县作为全国生态文明示范工程试点县、全省生态文明先行示范区，国家和省对我县的扶持力度必将持续加大，我县的生态优势将持续转换为经济优势，成为新的经济版图。据中科院测算，我县每年能产生的生态系统服务价值可达 87.48 亿元。六是干部队伍精气神进一步提振。通过开展党的群众路线教育实践活动、“三严三实”专题教育和“我是党员”专题教育活动，各级干部恪尽职守，一线奋战，无私奉献，特别是在今年我县遭遇四次特大洪灾面前，干部队伍与军民协同作战、同心攻坚，夺取了抗洪抢险的全面胜利，干部队伍能力作风得到了提升，逐渐成为一支能打硬仗、能干大事，组织放心、群众信赖的队伍。

总体来看，“十三五”时期我县经济社会发展面临的环境错综复杂，我们要深刻认识发展面临的新形势、新挑战，找准定位、主动融入，坚定信念、振奋精神，抢抓机遇、应对挑战，努力开创科学发展、后发赶超、同步小康的新局面。

（二）“十三五”时期经济社会发展的总体要求。高举中国特色社会主义伟大旗帜，全面贯彻党的十八大和十八届三中、四中、五中全会精神，以马克思列宁主义、毛泽东思想、邓小平理论、“三个代表”重要思想、科学发展观为指导，深入贯彻习近平总书记系列重要讲话精神，以全面建成小康社会为总目标，以守底线、走新路、奔小康为总要求，深入贯彻全面建成小康社会、全面深化改革、全面依法治国、全面从严治党的战略布局，深入落实创新、协调、绿色、开放、共享五大发展理念，以脱贫攻坚统领经济社会发展，坚持加速发展、加快转型、推动新跨越主基调，深入推进新型工业化和城镇化带动战略，切实抓好大扶贫、大数据、大健康三大战略行动，全力做好山地农业和山地旅游两大姊妹篇，坚定不移地坚持“生态立县、文化兴县、旅游强县”，围绕文化旅游抓特色工业、抓特色农业、抓特色服务业、抓特色城镇化，统筹推进经济建设、政治建设、文化建设、社会建设、生态文明建设和党的建设，走出一条现特显优、特色发展新路，确保同步全面建成小康社会。

制定“十三五”规划，最根本的是要遵循中央确定的“坚持人民主体地位、坚持科学发展、坚持深化改革、坚持依法治国、坚持统筹国内国际两个大局、坚持党的领导”六条重要原则和“五大”发展理念，并贯彻落实到发展各领域全过程。我们要确保如期同步全面建成小康社会，必须遵循以下原则。

—深化改革，创新发展。深刻认识创新是引领发展的第一动力，将创新摆在发展全局的核心位置，积极搭建和充分利用各类创新平台和研发基地，不断强化企业创新主体地位和主导作用，广泛吸引创新型企业、科技领军人才到我县落户发展。发挥科技创新在全面创新中的引领作用，不断推进理论创新、制度创新、科技创新、管理创新、文化创新等各方面创新，大力培育发展新技术、新产业、新业态、新机制。

—统筹兼顾，协调发展。深刻认识协调是持续快速健康发展的内在要求，牢牢把握中国特色社会主义事业总体布局，正确处理速度与质量、经济与社会、城市与农村、绿水青山与金山银山、突出比较优势与补齐发展短板、重大突破与分类指导等重大关系，积极推进城乡协调发展、区域协调发展、县域经济发展与对外开放协调发展、经济社会协调发展、人与自然和谐发展，不断增强各个方面、各个领域发展的整体性。

—守住底线，绿色发展。深刻认识绿色是永续发展的必要条件，是人民对美好生活追求的重要体现。要牢牢守住增长速度、人民收入、贫困人口脱贫、社会安全四条发展底线和山青、天蓝、水清、地洁四条生态底线，全面落实节约资源和保护环境的基本国策，坚定走生产发展、生活富裕、生态良好的文明发展道路，把生态文明理念贯穿于经济社会发展全过程。

—解放思想，开放发展。深刻认识开放是繁荣发展的必经之路，对开放发展要具有宽广包容的胸襟，牢固树立敢于担当的思想意识，自觉增强以开放倒逼改革、以改革促进发展的行动自觉，拓展和提升各类开放平台，高标准、高质量办好各类开放活动，实行“引进来”和“走出去”并重、引资和引技引智并举，努力打造内陆开放型经济县。

—以人为本，共享发展。深刻认识共享是中国特色社会主义的本质要求，把增进人民福祉、促进人的全面发展作为根本出发点和落脚点，突出解决好民生短板，坚持科学治贫、精准扶贫、有效脱贫、防止返贫，全面推进以民生为重点的社会建设，解决好人民群众最关心、最直接、最现实的利益问题，促进社会事业和公共服务全面进步，维护社会公平正义，使人民群众在共建共享发展中有更多获得感、幸福感、安全感。

（三）“十三五”时期经济社会发展的主要目标。根据全面建成小康社会要求，制定和落实好经济建设、政治建设、社会建设、文化建设、生态文明建设各项指标目标。“十三五”规划要具有战略性、前瞻性、指导性，体现新理念、新思路、新举措，与经济社会发展新常态相结合，与实现全面小康目标紧密衔接。综合考虑未来发展趋势和条件，今后五年我县经济社会发展达到全州平均水平，接近全省平均水平，努力实现以下奋斗目标：

—经济发展水平实现新跨越。经济总量位次前移，城乡、区域发展更趋协调、更加平衡、更可持续。要始终坚持经济增速高于全国、高于全省、高于全州“三个高于”目标不动摇，地区生产总值实现翻一番，确保年均增速13%以上、力争达到15%左右，人均生产总值力争达到全州平均水平。农村居民人均可支配收入、城镇居民人均可支配收入实现翻一番。固定资产投资持续快速增长，对经济增长的贡献率持续提高。财政收入持续健康增长，与经济社会发展相适应。

—经济结构调整实现新跨越。新型工业化、新型城镇化、农业现代化、信息化、旅游产业化水平显著提高，产业迈向中高端水平，现代产业体系基本形成，二、三产业比重明显提升。加快新型城镇化建设步伐，常住人口城镇化率确保50%以上，户籍人口城镇化率大幅提升。

—人民生活水平实现新跨越。就业、教育、文化、社保、医疗等公共服务体系更加健全，基本公共服务均等化水平稳步提升，物价总体水平保持基本稳定，人民群众总体生活水平达到小康标准，获得感、幸福感、安全感不断增强。现行标准下农村贫困人口实现脱贫，社会保障体系更加健全，城乡居民收入差距明显缩小，中等收入人口比重上升。

—社会事业发展实现新跨越。各项社会事业加快发展，全面普及高中阶段教育，基本普及十五年教育，加快发展职业教育，国民素质得到普遍提升。医疗卫生水平大幅提升，公共文化服务体系基本建成。中国梦和社会主义核心价值观更加深入人心。公共安全得到有效保障，社会公平正义得到有效维护，民族关系更加团结和谐。人口平均预期寿命达到全州平均水平，人口自然增长率控制在指标以内。完成“国家卫生县城”创建工作。

—旅游品牌打造实现新跨越。全县景区化、全域旅游化取得突破，旅游新“六要素”业态培育成效明显，旅游服务水平显著提升，基本建成能展现民族文化、发挥生态优势的特色化旅游产品体系，完成西江国家AAAAA级景区、郎德4A级景区、雷公山4A级景区创建工作，县城景区化打造成效显著，力争实现旅游业综合收入年均增长25%，旅游人次年均增长20%以上。

—生态文明建设实现新跨越。生产方式和生

活方式绿色、低碳水平显著提升。能源资源开发利用效率大幅提高，能源和水资源消耗、碳排放总量得到有效控制，主要污染物排放总量大幅减少，生态文明先行示范区建设取得明显成效。全县森林覆盖率稳定在70%以上，集中式饮用水源地水质达标率100%，农村饮水安全达标率100%，城乡生活垃圾无害化处理率、城镇污水处理率达到小康标准。

—改革开放水平实现新跨越。重点领域和关键环节改革取得重大突破，开放平台和合作机制更加完善，“引进来”与“走出去”取得重大进展，对内对外开放水平明显提升，发展动力与活力进一步增强。私营企业数和个体工商户数增长50%以上，民营经济占比明显提高。

经过全县人民共同努力奋斗，使我县经济社会持续快速健康发展，经济总量、产业发展、发展条件得到明显提升，人民生活明显改善，社会法治公平正义，建成宜居、宜游、宜业的和美雷山。

三、坚持以脱贫攻坚统揽经济社会发展全局，建设脱贫攻坚示范县

坚持把脱贫攻坚作为实现小康的最大政治任务和加快发展的最大历史机遇，举全县之力坚决打赢科学治贫、精准扶贫、有效脱贫、防止返贫这场输不起的攻坚战，确保全县贫困发生率低于4%，乡镇贫困发生率年度下降4.3个百分点以上，农村居民人均可支配收入达到年度考核标准，村贫困发生率年度下降4.3个百分点，村集体经济积累不低于3万元，贫困户人均可支配收入稳定超过当年国家贫困标准，有安全住房，家庭无辍学学生，全县达到国家脱贫标准；确保全县所有贫困乡镇、贫困村、贫困人口一道迈入全面小康社会。

（一）切实承担脱贫攻坚历史责任。坚持把脱贫攻坚作为“十三五”期间的头等大事和第一民生工程来抓，以脱贫攻坚统揽经济社会发展全局。县委、县政府承担脱贫攻坚主体责任，县、乡镇两级分别成立“双组长”制扶贫开发领导小组，由党政主要领导同志担任组长。县委、县政府主要负责同志是第一责任人，县直部门主要负责同志是本部门第一负责人，扶贫政策实施部门主要负责同志是政策落实的第一责任人。乡镇党委、政府与县委、县政府签署责任状，县直部门与县委、县政府签署扶贫工作目标责任书。

（二）全力推进精准扶贫精准脱贫重大工程。大力实施“33668”脱贫攻坚行动计划，深入落实省委、省政府“1+10”和州委、州政府“1+10+9”配套文件，实施扶持对象、项目安排、资金使用、措施到户、因村派人（第一书记）、脱贫成效“六个精准”，因地制宜、因人落实“五个一批”：通过发展生产，确保1万人以上脱贫；通过易地搬迁，确保1.5万人以上脱贫；通过生态补偿、发展教育、社会保障兜底，确保剩余的贫困人口实现稳定脱贫。坚决打好易地扶贫搬迁、产业脱贫、绿色雷山建设、基础设施建设、教育医疗、社会保障兜底“六大攻坚战”，大力推进金融服务扶贫、特困区域特困群体扶贫、乡村旅游业扶贫、林业经济扶贫、文化产业扶贫、电子商务扶贫、农产品保险扶贫、农村消防和防灾减灾扶贫、社会力量包干扶贫、党建扶贫等精准扶贫工程。

（三）加强扶贫体制机制改革创新。健全完善贫困对象识别、扶贫考核评价、扶贫资源整合配置、扶贫项目实施、扶贫工作督查推进等制度机制，提升扶贫开发的质量和效益。大力推进农村集体产权制度改革，完善市场配置资源机制，维护农民合法财产权益。探索推广资源变股权、资金变股金、农民变股民“三变”改革。建立完善资产收益扶贫机制，对在贫困地区开发水电、矿产资源占用集体土地的，试行给原住居民集体股权方式进行补偿，探索对贫困人口实行资产收益扶持制度。依托农民专业合作社，加快培育农村各类经营主体、信贷主体，扶持壮大贫困人口参与度高的区域特色产业，实现贫困农户和经营主体“双赢”。大力推广小额“特惠贷”等金融产品，扶持鼓励贫困户、合作社。建立扶贫资金统筹使用机制，大幅提高专项扶贫资金的比重，建立扶贫风险准备金制度。加大涉农资金整合力度，提高资金使用效率。

（四）建立健全考核评价督查机制。把扶贫

开发成效作为各级党组织书记述职的重要内容，实行每半年述职一次、每年考核一次。健全扶贫开发考核办法，将脱贫攻坚任务指标纳入考核体系，落实“省考核县、州考核乡镇、县考核村”的分级考核和排名公示制度。强化日常监测、改进考核方式，实行季调度、半年检查、年终第三方考核，由县扶贫开发领导小组办公室牵头组织调度、检查、考核。建立干部扶贫开发工作考核激励约束机制，落实干部能上能下的工作机制，县委、县政府对县直部门和乡镇领导班子及成员年度考核实行扶贫工作实绩“一票否决”制。建立脱贫攻坚专项巡查制度，由县委派出巡查组就各部门、各乡镇贯彻落实情况进行巡查。加大督促检查力度，把脱贫攻坚决策部署贯彻落实作为督查工作的重中之重，纳入年度督查工作内容统筹安排。县人大、县政协要把脱贫攻坚工作作为监督重点，每年深入乡镇、村开展视察或调研，对县委、县政府提出工作意见和建议。

（五）加快形成大扶贫工作格局。坚持省负总责、县抓落实、重在乡村的工作机制，加快形成“党委主责、政府主抓、干部主帮、基层主推、社会主扶”的大扶贫工作格局。坚持以党建带扶贫、以扶贫促党建。强化各级干部与贫困人口的定点挂钩、对口帮扶，做到不脱贫不脱钩。抓好扶贫力量整合，配合做好省、州机关、部门、企业和对口帮扶城市对我县的定点帮扶、对口帮扶，建立帮扶情况报告制度。深入推进领导干部遍访贫困村贫困户。创新“扶贫日”活动开展模式，倡导扶贫志愿行动，引导社会各界关心、支持、参与扶贫事业。

四、坚持加快发展以文化旅游业为主导的现代服务业，建设民族文化山地旅游大县

按照“全县景区化、全域旅游化”的要求，充分发挥民族文化和生态优势，高标准、高质量打造山地民族文化旅游发展升级版，力争旅游人次突破1000万人次，建成国内知名、省内一流的山地民族文化旅游目的地。

（一）大力培育旅游新业态。围绕旅游新“六要素”，大力发展商务旅游，培育一批会议会展、苗族文化展示和演绎等新业态；大力发展养生旅游，依托大健康产业，培育一批养生、养老、养心、摄影、采风、夏令营、冬令营等新业态；大力发展休闲度假旅游，培育一批乡村休闲、乡村旅游、乡村体验等新业态；大力发展情感旅游，培育一批富有苗族特点、反映苗族文化的婚庆、婚恋、纪念日旅游等新业态；大力发展探奇旅游，依托雷公山国家森林公园，培育一批探索、探险、探秘、游乐、新奇体验等新业态。

（二）加快构建特色化的旅游产品体系。围绕建设“全国旅游名县”目标，科学规划民族文化体验旅游带、生态和康体养生旅游带、农业观光体验旅游带，打造点线面相结合的精品旅游线路。按照国家AAAAA级景区标准打造县城，建成县城游客集散中心，将县城建设成为“融自然山水风光和苗族特色风格为一体的宜居宜游宜业的特色小城镇”，申报国家全域旅游化示范区。突出以苗族文化为特色，创建西江千户苗寨国家AAAAA级景区，积极稳妥地开展“美丽西江·和谐景区”创建活动，将西江千户苗寨打造成为世界苗族文化体验旅游区。突出以自然生态和康体休闲养生为特色，创建雷公山国家4A级景区，规划建设环雷公山自驾游线路，加快建设蚩尤（陶尧）文化园，将雷公山景区打造成为国家级休闲养生和体育健身旅游区，申报国家生态旅游示范区。完成郎德景区二次开发，创建郎德国家4A级景区。突出乡村民风民俗特色，编制《乡村旅游扶贫规划》，规划建设巴拉河国际乡村旅游示范区，编制规划一日游、二日游、三日游等系列精品线路，培育一批生态游、乡村游、观光游、休闲游、农业体验游、保健养生游等业态产品，精心打造“一村一品”乡村旅游村寨。支持上下郎德—乌流—报德—南猛—杨柳—满天星以及巴拉河沿线民族村寨打造成为高品位的乡村旅游和休闲农业观光旅游区。打造南部新旅游线路，力促大塘、永乐、达地等乡镇发展乡村旅游业。

（三）高标准提升旅游服务水平。加快建设休闲度假酒店，力争在西江和县城各布局1家以上著名品牌度假酒店。加强旅游人才培养，引进旅游管理人才和导游人才100人以上，组建旅行社4家以上。开通高铁站、机场、火车站至景区直通车，扩大省内景区直通车范围，构建优质高效、功能完备的“快旅慢游”服务体系。大力培育旅游龙头企业，引进一批国际国内品牌企业投资旅游休闲度假区、主题文化园及大型演艺、娱乐项目，鼓励支持创办文化旅游产业创意和旅游文化娱乐企业，启动并完成西江旅游公司上市，发展壮大本地旅游企业。

（四）创新宣传营销手段。抓住国家推进“互联网+”发展机遇，打造智慧旅游。综合运用媒体宣传、举办主题活动、加强区域合作等方式，多形式、多角度、全方位地持续开展旅游宣传推介。以办好“雷山苗年”、苗岭斗牛、苗岭笙歌、山地自行车赛、环雷公山超100千米跑等为抓手，打造一批国内外知名的民族文化旅游宣传展示平台。

（五）加快培育现代服务业产业体系。加强城乡商贸流通网络和节点的规划建设，完善商贸流通业体系，提高商贸流通业层次。实施“乡村市场”“农超对接”等工程，建设乡镇物流配送中心。大力推进电子政务，全面提高信息化水平。加快融资平台和信用担保体系建设，优化金融网点布局，积极实施“引金入雷”工程，动员更多的金融机构到雷山设立分支机构，努力促进金融业较快发展。加快发展保险业，推动现有保险业企业做大做强。大力发展科技服务、信息服务、中介服务、养老养生等服务业，不断完善服务业产业体系。

五、坚持发展壮大民族文化产业，建设苗族文化展示体验大县

充分挖掘苗族文化、历史文化资源，发挥文化资源优势，将文化资源优势转化为经济发展优势，全面推动文化产业和文化事业大繁荣大发展，把文化产业培育成为雷山的后续支柱产业，把雷山建设成为苗族文化展示体验中心。

（一）加强民族民间文化保护与传承。坚持“保护优先、开发与保护并重”原则，通过健全完善民族文化传承保护机制、申报非物质遗产等方式，加强民族民间文化的保护与传承。以银饰、刺绣等民族手工艺、民族民间歌舞和传统节庆活动为重点，通过非遗生产性保护、特色文化产业示范点等形式，设立非遗保护基金、文化产业发展专项基金进行扶持与保护。规划建设一批民族文化基地，突出“一寨一特色”。实施民间艺人培育工程和民族文化传承工程，探索制定民族工艺师职称评定与破格录用办法。研究制定雷山县非物质文化遗产保护管理办法，以民间民族表演艺术、苗族手工技艺、苗族服饰为重点，申报一批州、省、国家级非物质文化遗产。

（二）做好民族村寨和传统村落的保护与开发。按照保护是基础、发展是关键、致富是核心的思路，统筹做好民族村寨和传统村落的保护与开发。加快传统村落“保老寨、建新村”步伐，按照“一村一册、一户一档”要求，保护和传承国家级传统村落、民族特色建筑等地域特色文化，抓好苗族村寨申报世界文化遗产。按照群落化、社区化、差异化原则，突出抓好“民族村寨或传统村落+”行动，因地制宜培育民族村寨或传统村落+农业观光、+森林康养、+手工艺品、+文化体验、+山水风光等各具特色的旅游业态，推动民族村寨和传统村落由单一型向复合型、单个向群落转变，集中力量把我县的国家级传统村落和民族村寨建成风情展示、景致优美、美食养生、民俗体验的乡村旅游景点。完成传统村落保护峰会永久会议会址及综合服务配套设施建设。争取启动苗族村落申报世界文化遗产工作。

（三）培育民族文化产业体系。实施锦绣计划，大力开发多样化、多层次的民族工艺品，打造一批有地域文化特色的商品。积极发展文化创意、影视服务、文化会展等产业，大力培育一批民族工艺品研发、生产、批发、销售龙头文化企业，鼓励企业和民间手工艺人对苗族银饰、刺绣、苗锦、芦笙、苗族医药和木制、竹制工艺品等进行产业化开发。探索民族手工艺品与电子商务商家合作，全力打造“苗族工艺品生产和交易基地”。建成雷山苗岭斗牛城，探索雷山斗牛产业化、常态化、市场化运营机制。大力实施精品文艺工程，推出县城、西江各一台全国知名、艺术水平高、游客喜爱的商业演出。

（四）均衡配置公共文化服务资源。鼓励和

引导社会力量参与公共文化服务，基本建成覆盖城乡、便捷高效、保基本、促公平的现代公共文化服务体系。整合基层宣传文化、党员教育、科学普及、体育健身等设施，加强城镇文化广场、乡村芦笙场等文化阵地建设，实现县有文化馆、图书馆、博物馆、演绎中心或文化中心，乡镇有文化活动中心，村有文化活动场所的目标，促进基本公共文化服务标准化、均等化。

六、坚持加快发展以茶产业和中药材为重点的现代山地特色高效农业，建设有机农业大县

以农民增收为目标，以结构调整为主线，着力发展现代山地特色高效农业，念好“山字经”，种好“摇钱树”，打好“特色牌”，实现农业“接二连三”要求，走产出高效、产品安全、资源节约、环境友好的发展之路。茶叶产业面积确保18万亩以上、力争达到20万亩，实现产值14亿元；中药材种植面积达6万亩以上，抚育面积4万亩以上，中药材产品达2万吨，产值达5亿元以上。

（一）全力打造全省茶叶名县。围绕建设“国家级出口茶叶质量安全示范区”“国家级农产品质量安全县”和“雷公山茶”“雷山银球茶”等著名品牌，实施“统一品牌、统一标准”工程。加大茶叶生产加工标准化体系、市场营销体系和质量安全体系建设力度，提升雷山茶叶的影响力。按照高标准茶园建设标准，推进标准化生态茶园建设，发展绿色生态有机茶。加大对茶业企业的扶持力度，积极引进大企业资本和社会资本投资雷山茶产业，着力培育茶业龙头企业，带动雷山茶产业发展。坚持科技兴茶，加强与高校、科研机构的交流与合作，加大专业人才引进和培养力度，鼓励企业进行茶产品研发和技术创新，努力构建茶业科技支撑体系。依托雷山旅游优势，在西江、县城各建设一条集茶叶、展示、销售、品鉴、茶艺展演于一体的商业街，推进茶旅深度融合。大力发展茶馆、茶文化体验游等延伸产业。组建完成雷山茶叶集团。

（二）大力推进中药材产业发展。依托我县中药材种植资源，运用现代科技，大力开发中药材产品。扩大以乌杆天麻、冰球子、白芨、青钱柳等中药材规范化种植规模，加大退耕还药，提高种植补助标准。在郎德、方祥、大塘等乡镇建设中药材种植园区及综合性中药材生态园区，建设郎德、方祥、大塘等产地交易市场，力争实现“一乡（镇）一（多）基地”的产业格局。推动以乌杆天麻、冰球子、白芨、青钱柳为重点的中药材种植产业向深加工产业延伸，加强以雷公山区为主体的道地中药材良种选育、规范化种植，大力推广“公司+农户+示范基地”和“公司+合作社+基地（农户）”等新型组织形式。积极开发药膳、药酒、药茶等产品，发展新型保健品和功能食品企业。积极发展中药材提取、中药制剂、保健品、中药饮片等产业。

（三）大力发展特色生态农业。稳定粮食生产，严格执行耕地保护政策，确保粮食生产稳定在4.5万吨左右。实施“6个10万”绿色生态现代农业工程，集中人力、财力、物力加快九十九省级现代高效农业示范园区、雷山县生态农业循环经济示范园区、雷山县休闲农业与乡村旅游示范园区建设。采取扶贫项目增量、家庭农场扩容、企业基地提质、品牌打造增效的方式，突出抓好黑毛香猪、林下鸡和本地小香牛、小香羊等重点养殖业和竹鼠、娃娃鱼、稻田养鱼等特色养殖业，突出抓好雷公山红米、杨梅、葡萄、魔芋、猕猴桃、蔬菜等特色种植业。大力培育雷山鱼酱酸特色品牌，逐渐形成规模产业。积极发展以农产品保鲜、精深加工为主体的第二产业，加快发展以农业观光旅游、农业物流等为主体的第三产业，做到“接二连三”。

（四）加快推进山地特色有机农业发展。以国家有机产品认证示范创建区为抓手，以农地生态化、耕作绿色化、产品特色化、生产标准化、监管信息化“五化”为支撑，推进农地生态化，大力实施沃土工程、水肥一体化工程、农田治理工程、节水灌溉工程，全面推进坡耕旱地退耕还林、还草、还果、造景，不断夯实有机农业发展的基础；推进耕作绿色化，大力推广保护性耕作和生态循环种养，推广测土配方施肥和现代病虫害防治技术，引导农民增施有机肥、广种绿肥、实施秸秆还田；推进产品特色化，做大做强国家地理标志产品和茶叶、黑毛香猪等优势品牌，全力构建具有雷山特色的有机农产品品牌体系；推进生产标准化，完善农业生产技术规程，着力提升无公害农产品、绿色食品、有机认证农产品和地理标志保护农产品比重；推进监管信息化，利用现代信息技术手段加强农产品质量安全全过程监管，加快建设覆盖全部主导产业、特色产业的质量可追溯体系，提高农产品安全质量水平。

（五）加快推进农业产业化经营。大力推进“产加销一条龙、贸工商一体化”模式，努力实现“全产业链”。积极培育专业大户、家庭农场、农业企业等农业产业化经营主体，扶持农民专业合作社组织，组建扶贫专业合作社实现全覆盖，探索培育生产合作、供销合作、信用合作“三位一体”的专业合作社。有序推进农村土地承包经营权确权登记颁证工作，完善土地流转制度，促进土地经营权依法自愿、有偿合理流转。扶持农业产业化龙头企业发展，加强引进大中型农业企业或产业集团，探索完善“农民+企业”利益共同体联合机制。

（六）健全农业社会化服务体系。加快建设以茶叶为主的省级农产品检测体系，引导鼓励社会资本参与农业科技推广服务、质量检测等服务。建设农产品集聚产业交易市场，形成各具特色和功能的农产品集散地。建设农产品电子商务及冷链物流基地，大力打造农产品流通体系。推进农民合作社与超市、学校、企业、社区对接。学习借鉴省内外成功电子商务模式，加快培育农产品市场主体，支持农产品交易电子商务平台建设。突出农业科技创新，加强和科研机构、高等院校的合作与交流。积极发展农村金融组织，加大农业信贷支持。积极推进政策性农业保险和主要农产品目标价格保险。加强农民技能培训，推动职业学校农业示范区、农业产业化联动，培育新型职业农民。加强农产品质量安全监管，大力发展资源节约、环境友好型农业。

七、坚持加快发展以食品、药品、旅游商品加工为主的特色工业，建设特色生态工业富县

坚持守住发展和生态两条底线，紧紧围绕旅游业、农业、城镇化发展工业的思路，着力发展绿色产业、低碳经济、循环经济，走出一条具有雷山特色的新型工业化道路。全县工业总产值达20亿元，年均增长12%左右，工业增加值达7亿元，工业对经济发展的支撑作用显著增强。

（一）着力培育茶叶精深加工。以红茶、绿茶、青钱柳加工为重点，加大茶叶加工厂和加工企业的扶持力度，高标准、规范化建设茶叶加工厂和加工企业，培育一批规范化、大批量的QS茶叶精制加工企业，提高产品标准化、规模化和协作化水平。鼓励、支持茶叶精制加工企业加强质量检测、冷链物流等配套能力建设。通过企业和品牌带动，促进茶叶加工向精深加工发展，提高茶青下树率，提升茶叶附加值，确保全县茶叶加工逐渐走上规模化、品牌化发展之路。

（二）大力发展中药饮片产业。优先支持具有标准化、规模化、产业化种植基地的中药材饮片品种，为中药材资源就地转化提供支持。积极引进品牌龙头企业落户雷山发展中药饮片产业，帮助企业落实用地、环保、规划等手续，协助企业做好资质认证、申报和技术提升。加强科技创新，支持企业进行精深加工、中药饮片炮制、质量控制等关键技术的研发和推广应用，力争建成一个道地中药饮片研究中心。大力推广GAP种植、GMP生产、GSP营销、QS认证管理等标准化理念，实行标准化生产和全程质量监控。加强与全国各大药市的友好合作，开拓我县中药饮片市场，争创名牌产品。

（三）加快旅游商品和传统工艺品发展。大力开发以银饰、刺绣为重点的具有地域民族特色、展示民族浓郁风采的旅游商品，形成拳头产品和著名品牌。在保护传统生产工艺的同时，融入现代科技，用现代工艺和加工技术赋予传统工艺品新的理念和表述方式，用新技术、新工艺、新材料体现地域特色、提升产品档次。改进和完善旅游商品和传统工艺品的包装，充分体现人性化、个性化和时尚化，力求精美，便于携带。在政策、资金、技术、人才、信息等多方面扶持旅游商品和传统工艺品的开发，给旅游商品和传统工艺品生产企业注入活力，拓展旅游商品和传统工艺品市场。

（四）做强山泉水加工业。充分利用雷公山丰富、优质的水资源，加强水资源开发利用和水产品加工，积极引进大企业，依托其技术、资金和市场优势，加快优质山泉水的开发利用，最大限度地发挥自然资源和水资源的作用，变粗放式为精深加工，延长产业链，建设循环、生态、有机生产经营模式。注重整合各方力量，探索抱团发展，组建水开发产业集团，提高产业竞争力。

（五）推进风力发电和装配式建房。把生态工业作为经济工作的着重点，主动适应经济发展新常态，突出循环经济发展方向，以深化改革为动力，以招商引资为抓手，向风力发电的新能源开发和新型装配式建房等新兴产业聚焦发力。充分发挥南部分水岭风能资源较为丰富的优势，服务和落实企业风力发电项目建设，推动风电开发取得新进展。抢抓发展机遇，大力发展节能减排水平高、资源消耗少、发展潜力大、综合效益好的装配式建房新兴产业，为我县工业经济发展注入新的活力。

（六）加强市场主体培育。深入实施工业“百千万”工程和“双服务”活动，切实为企业和项目做好服务，促进工业企业做大做强。大力培育规模以上工业企业，围绕重点产业每年培育2~3家工业企业，全县规模以上工业企业达18户。深入落实“3个15万元”政策和“万户小老板工程”，积极创造条件，鼓励吸引农民工返乡创业，促进民营经济和小微企业发展，不断壮大民营经济和市场主体规模。实行“非禁即入”，拓宽民营经济发展空间。鼓励大众创业、万众创新，进一步壮大个体工商户和民营企业队伍，不断繁荣市场、丰富群众生活。

（七）加快产业平台建设。将乌开工业园与螺丝山工业园整合建设雷山大健康食药园区。按照黔东南州重要的特色轻工基地、支撑雷山县加快发展的产城结合示范区和重要工业经济增长极、雷山县集聚发展生态型工业和承接产业转移的重要平台、贵州省民族手工技艺传承和产业化示范基地的发展定位，健全配套体系，加大扶持力度，提升园区发展、承接、服务能力，把园区建设成为促进对外开放的结合体、招商引资的大平台、推动发展的增长极。完成控制性详细规划、土地利用总体规划和环境影响评价报告的编制，加快园区基础设施建设。

八、坚持以大数据产业发展为抓手，建设农村电子商务示范县

认真贯彻落实省、州大数据战略行动，把握大数据发展方向，推动大数据开发应用，大力发展大数据服务产业。培育有潜力的个人网店100家以上，培育1~2家有较强影响力的电商企业和个人网店，打造电子商务示范乡镇2个、示范村5个，重点打造2~3个上线品牌，本地特色产品上线运行30个以上。

（一）加快发展电子商务。扶持培育一批电子商务骨干企业，积极支持特色农产品、民族工艺品等行业龙头企业发展电子商务，鼓励中小微企业融入电子商务市场网络体系。建立合伙人关系，引进一批电子商务知名企业，鼓励引导返乡大学生、返乡农民工、退伍军人、村干部、农村致富带头人和个体工商户等进行电子商务自主创业。围绕“卖得掉、卖得快、卖得好”核心任务，结合乡村旅游、民族文化、自然生态、特色农产品和民族手工艺品等特色产业，整合供销合作社基层网点和村级综合服务站、农村邮政基层代办点等网点，构建农村电子商务“一乡一站、一村一点”网络体系，有效解决农村产品“难卖贱卖”和工业品下乡最后一千米问题，实现“产品出山”“网货下乡”双向流通。

（二）加快建设大数据应用平台。科学谋划大数据产业布局，实施“互联网+”行动计划，积极打造大数据产业发展应用新高地。科学对接政府部门、公共服务机构信息系统，实现数据资源的互联互通。重点围绕生态、文化、旅游、扶贫等，建设智慧景区、智慧城镇，主动融入“7+N”贵州云和“云上黔东南”建设，推动大数据产业成为我县经济社会发展的新引擎。

（三）加快信息基础设施建设。加快骨干网络优化、城乡网络覆盖、农村宽带延伸等重大信息基础建设，构建“出县宽、县内联、覆盖广、资费低”的现代信息基础设施体系。加快推进“三网融合”，大力实施“宽带雷山”“数字雷山”行动计划，实施城镇光纤到户和行政村宽带普遍服务工程，并向自然村寨延伸覆盖，提高宽带接入能力、光纤覆盖家庭能力、家庭宽带普及率。大力实施“无线网络·满格雷山”行动计划，实现4G网络全覆盖，县城、乡镇初步建立5G网络。推进企业、景区网络应用工程建设，县城和主要景区实现全域公共免费wifi。完善地理、人口、税收、金融、统计、物联网等基础信息资源体系和公共信息服务综合平台建设，建设信息网络安全保障体系。强化面向农村的广播电视电信等信息服务，推进广播电视网络数字化、双向化和互联互通改造，实现广播电视村村响、户户通。加强基层邮政基础设施建设，努力实现邮政服务网点行政村全覆盖。

九、坚持加快发展以养生休闲、健身康体为重点的大健康产业，建设苗乡大健康示范县

以省州推进大健康产业示范区建设为抓手，发挥我县良好的生态环境、浓郁的民族文化和丰富的中药材等资源优势，加快发展大健康医药养生产业，将雷山建成健康养生与民族文化旅游融合发展示范区和国内一流国际知名的“养生乐园·养老圣地”。

（一）实施大健康战略行动计划。大力实施健康医疗医药、健康养生养老、健康旅游、健康康体、健康食品、健康管理六项产业行动计划，加快形成以“医、养、健、管、食、游”为重要内容的大健康医药产业体系，集中力量打造国内知名的健康养生养老旅游目的地、全省中药材和绿色食品供应基地、全省苗族医药医疗示范基地、全省特色康体运动产业基地。

（二）培育健全医药养生产业体系。大力推进健康医疗医药产业，做大做强中药、苗医药等民族药，加快建设苗药植物园，建设雷山非遗大健康产业一条街，制定优惠政策，鼓励引导苗医苗药传承人入街经营，盘活资产，做大产业。大力推进健康养生养老产业，发展休闲养生、健康养老、温泉养生等新业态，建成雷山大健康旅游文化产业园、雷山大健康养生园。大力推进健康旅游产业，突出抓好西江、雷公山、郎德、县城景区文化旅游，在雷公山建成雷山大健康康体产业园。大力推进健康康体产业，依托雷公山等山地资源优势，加快布局一批山地户外运动新兴业态，积极推进民族体育竞技产业发展。大力推进健康食品产业，依托“6个10万”绿色生态现代农业工程平台，积极发展特色种养殖业。大力推进健康管理产业，充分运用“互联网+”，依托大数据分析、咨询评估、保险等服务手段，积极发展健康体检、健康咨询、养老管理、健康保险等健康管理产业。

（三）加大政策支持保障力度。落实国家、省、州关于促进健康养生产业的税费、土地、价格等政策措施，对非公立医疗机构、养老服务机构、温泉行业以及其他养生服务行业给予用电、用水价格优惠，全面清理健康养生产业收费项目，取消不合法、不合理收费。加大资金金融支持力度，重点支持健康养生产业园区及企业基础设施、重大项目建设和产品开发。支持符合条件的健康养生企业到主板、中小板、创业板、新三板等资本市场开展融资，鼓励社会资本设立健康养生产业投资基金。推进商业保险通过股权投资计划、债券投资计划、资产支持等方式为健康养生产业提供资金支持，鼓励外资进入健康养生产业领域。强化人才用地保障，优先保障5亿元以上投资项目用地指标。

十、坚持加快发展以交通、水利为重点的基础设施建设，建设服务便捷先行县

加快推进以交通、水利、电力、农业为重点的基础设施建设，着力构建适度超前、功能完善、配套协调、内通外联的基础设施体系，为经济社会发展提供强力支撑。

（一）加快构建现代综合交通体系。积极争取涪陵—柳州铁路过境设站雷山。加快高速公路建设，尽快启动建设雷山—榕江四格高速公路，积极争取实施雷山大塘—榕江寨蒿—黎平坝寨—黎平高速公路。实施国省干线提等升级工程，按照不低于二级、有条件的按一级标准，争取完成雷山九十七—丹寨龙泉山二级公路改扩建、雷山大塘—榕江塔石二级公路改扩建、雷山—舟溪一级公路改扩建等重点交通工程建设。实施乡村公路提质达标工程，按照“四好农村路”和“通村公路原则上不低于四级，中心村、交通流量大的村按三级”的标准，全力推进农村公路建设三年会战。启动并力争建成凯里—雷山城市主干道，完成环雷公山生态公路项目建设。积极推进通组公路建设，确保全县80%以上的通组公路通水泥路。完善农村公路路网规划建设，积极争取农村公路危桥改造、新建桥梁及“断头路”建设计划，切实解决“最后一千米”问题。争取建设雷山旅游机场。实现建制村通客车率、公路列养率、重点路段安全隐患治理率达100%。

（二）加快建设现代水利综合保障体系。大力实施水利建设大会战，加快骨干水源工程、供水管网工程和民生水利保障工程建设。建成鸡鸠水库，启动排荀水库（中型）项目建设。实施乡镇供水工程建设，建成西江水库、陶尧水库、脚尧水库、柳乌水库、乌王水库，确保每个乡镇有稳定供水源，从根本上解决工程性缺水问题。全面规划和实施农村饮水安全巩固提升工程，加强水质监测和管理，进一步提高农村饮水集中供水率、供水保证率、水质达标率、自来水普及率，3A级以上景区实现水质智能化监测系统全覆盖。大力实施农田水利配套工程，提高农田灌溉保障程度，确保有效灌溉面积率达到50%以上。加强河流治理和山洪防治，建成全县各级防汛抗旱监测系统。

（三）加快电力基础设施建设。围绕旅游发展、产业规划、生态农业等用电需求，新建、扩建、升级一批电力基础设施。力争新建220kV雷山变电站1座，建成西江营上110kV变电站1座和35kV变电站3座，新建、扩建、升级14条35kV及以上输变电线路和31条10kV配电线路。围绕“四在农家·美丽乡村”小康电建设要求，结合国家能源局配电网建设改造行动计划，全面实现城乡居民生活用电同网同价，巩固提升村村通动力电水平，力争实现自然寨寨寨通动力电。完成农村低压配电网全面绝缘化升级改造，低压集抄设备安装覆盖100%，建设农村便民服务点90个，打造“1千米半小时交费圈”，解决农村缴费难问题。逐步推广费控表，实现抄、核、收、发的无缝衔接，为农村、农民用电提供更优质高效的服务。

（四）加强农业基础设施建设。加强以农田水利、产业路为重点的农业基础设施建设，推进农业沟渠、产业路、土地综合开发、高标准基本农田、土地整治等项目建设。推进现代农业园区建设，除省级园区所在地乡镇外，其余每个乡镇至少建成一个农业园区，全县力争打造两个年产值10亿元以上的现代山地特色高效农业园区，全面提升园区生产能力和产品档次。

十一、坚持加快发展山地民族特色新型城镇化，建设产城景一体化示范县

遵循山区城镇化发展规律，高度重视以人为核心的新型城镇化，以县城建设为重点，强化产业支撑，增强城镇综合承载能力，走出一条特色、集约、多样化的山地民族特色新型城镇化之路。

（一）精细编制城乡规划。注重规划的协调性和衔接性，按照国家AAAAA级景区标准和“宜居、宜游、宜业”的县城定位，精细编制八乡镇总规、乡镇所在地控规、传统村落保护发展规划、村庄规划、重点保护村寨消防规划、县城综合交通体系规划和重要旅游景区综合防灾规划，全面推进“多规合一”，实现县城建成区修建性详细规划100%覆盖、县城新区控制性详细规划100%覆盖、乡镇政府所在地控制性详细规划100%覆盖、传统村落保护规划编制100%覆盖、所有村的新村建设规划100%覆盖。

（二）优化城镇和产业布局。围绕主要交通廊道和产业发展基础，不断优化城镇形态、功能和结构布局，规划打造以“一城三区一园”［即：县城，西江景区、雷公山景区、郎德景区，蚩尤（陶尧）文化园］的文化旅游组团群及“一心三区”（即：以县城为中心，东北部山地民族文化旅游区、西部农业旅游产业经济区、南部农业商贸经济区）的城镇产业布局带，促进旅游和产业向精品小镇集聚，增强乡镇发展能力。以打造县城国家AAAAA级景区和丹江镇省级示范小城镇建设为依托，把县城建设成为以旅游服务、特色产品加工为主的旅游服务中心。支持西江镇、郎德镇、方祥乡集中打造成为以山地民族文化旅游为主的精品特色小城镇，形成东北部山地民族文化旅游区。支持大塘镇、望丰乡集中打造成为以现代山地特色高效农业为主、山地民族文化旅游为辅的精品特色小城镇，形成西部农业旅游产业经济区。支持永乐镇、达地乡集中打造成为现代山地特色高效农业、区域性商贸服务兼顾山地民族文化旅游的精品特色小城镇，形成南部农业商贸经济区。

（三）加强城镇基础设施建设。突出山地民族特色编制城镇风貌规划，注重融入民族元素丰富人文内涵。坚持以产兴城、以城促产、产城一体、以景靓城、以城带景、产城景一体，完善城镇功能分区，提高城镇要素集聚、产业发展和就业吸纳能力。启动智慧城市、森林城市建设，积极争取海绵城市建设试点，加快县城南部新区、苗疆盛世城市综合体、丹江镇省级示范小城镇、陶尧新区、锑厂坡及固鲁片区、丹江体育森林公园、棚户区改造等一批重大城镇基础设施项目建设，完成南部新区至大塘莲花路网延伸工程。完成县城供水改扩建（二期）工程、县城区排水（雨水）工程、保障性安居工程及配套基础设施、城乡垃圾收运系统工程等项目建设，积极探索地下综合管廊项目建设，科学推进房地产产业均衡发展，完善教育、文化、体育、卫生、行政、商业、休闲等公共服务设施，把县城培育成产业支撑强、地域文化特色鲜明、人居环境良好的精美小城。

（四）提升城市管理水平。继续巩固提高“全国文明县城”成果和水平。创新城镇管理方式，加强城镇精细化、网格化、市场化管理，促进城镇管理人本化、科学化、数字化。全面加强城镇土地、城镇容貌、划行规市、供水排污、道路交通、流动人口、社会治安等方面的动态管理和服务，加快设施维护、园林绿化养护、城中村整治、城乡清扫保洁、渣土清运等市场化步伐，提升城镇管理水平。加强对小区物业管理的培育指导，规范物业服务企业经营行为，提高服务质量。

（五）推进美丽乡村建设。全力推进“四在农家·美丽乡村”基础设施建设小康路、小康水、小康房、小康电、小康讯、小康寨六项行动计划，把乡村建设成为美丽宜居的家园、投资兴业的乐园、增收致富的田园、寄托乡愁的故园、观光休闲的公园。继续加大乡村公路、产业路管建力度，实现所有自然寨寨内道路硬化，根本解决农民群众出行难问题。加强中小型农田水利和农村饮水安全工程建设及农村消防安全设施设备配备，根本解决农村人口饮水安全问题和工程性缺水及消防安全隐患问题。加快农村危房改造和城镇保障性住房建设，统筹农村危房改造和扶贫生态移民搬迁，发展区域性中心村，改善人民居住条件。深入实施农村“百村万户”环境综合整治工程，完善村寨道路、供水、垃圾和污水处理等基础设施，推进垃圾就地分类和资源回收利用，不断改善农村生产、生活、生态环境，建设居旅一体化村寨。

（六）加快推进户籍人口城镇化。落实中央确定的“三个1亿人”城镇化行动计划和《贵州省深入推进户籍制度改革实施意见》，促进有能力在城镇稳定就业和生活的农业转移人口举家进城落户，并与城镇居民享有同等权利和义务。实施居住证制度，努力实现基本公共服务常住人口全覆盖。大力实施扶贫生态移民、城镇棚户区和危房改造工程，坚持农业产业化、农村城镇化，园区、城区和安置新区“三区”互动发展，促进农村人口向城镇有序转移。加强农业转移人口就业创业培训和服务，切实解决好住房、社保、医疗卫生、子女教育和权利维护等问题。加快推进农业转移人口市民化制度建设，维护进城落户农民土地承包权、宅基地使用权、集体收益分配权，支持引导其依法自愿有偿转让上述权益。

十二、坚持守住生态底线，建设生态文明先行示范区

坚持绿色发展、绿色富县、绿色惠民，以生态引领社会发展、推进经济发展，加快生态环境优势向经济发展优势转化，做到生态效益、社会效益、经济效益统一提升，经济增长与生态效益有机统一，推动形成绿色发展方式和生活方式，建成生态文明先行示范区。

（一）全面落实主体功能区规划。按照主体

功能区规划要求，重点开发地区提高产业和人口集聚度，农产品主产区建设农产品核心区，重点生态功能区实行产业准入负面清单。加强土地用途管制，以主体功能区规划为基础统筹各类空间性规划，编制《雷山县生产、生活、生态空间规划》《雷山县生态文明旅游示范区规划研究》等生态产业规划，推进"多规合一"，实现全县一本规划、一张蓝图。建立由空间规划、用途管理、领导干部自然资源资产离任审计、差异化绩效考核等构成的空间治理体系。积极争取列入国家重点生态功能区，争取中央财政转移支付。积极推进雷公山自然保护区、国家森林公园申报国家公园，大力打造国家公园试点县，争取国家加大生态补偿力度。

（二）全面加强环境治理和保护。实行最严格的环境保护制度，强化环境保护问责，引入第三方评估，推行环境污染第三方治理，形成政府、企业、公众等多元共治的环境治理体系。按照"建、管、改、治"要求，围绕城镇、园区、企业等重点领域，加强环境保护基础设施建设。加强饮用水源地污染综合整治，实施县境内丹江河、望丰河、白水河等为主的河道治理工程，禁止库区投饵水产养殖。加强城乡生活垃圾处理设施建设，实现城镇生活垃圾处理设施全覆盖和稳定运行。加强固体废物处理，提高生活垃圾无害化处理率，提高垃圾减量化和资源化水平。加强土壤污染、农业面源污染防治和耕地质量保护，开展农村环境连片综合整治，加大土地复垦力度，改善土地资源质量。统筹农村饮水安全、改水改厕、垃圾处理，推进种养业废弃物资源化利用、无害化处置。县城、重点集镇、特色城镇、旅游景区空气质量检测实现全覆盖。加强典型生态系统、森林资源和生物多样性保护，加快生态脆弱区移民搬迁，减少人为活动对生态的影响。强化雷公山自然保护区管护，提高生态承载能力。建立健全环境信息公布制度。健全生态环境保护执法司法专门机构，加大生态文明执法力度，严格落实森林保护"六个严禁"和环境保护"六个一律"，严厉打击污染环境、破坏生态等违法行为。

（三）大力实施生态建设工程。坚持保护优先、自然恢复为主，实施山水林田生态保护和修复工程，全面提升森林、河流等自然生态系统稳定性和生态服务功能。实施"绿色雷山建设"行动计划，大力开展封山育林、植树造林，实施天然林资源保护、退耕还林等重点生态工程建设，发挥国有林场在绿化国土中的带动作用，巩固退耕还林成果，稳定提高森林覆盖率。实施生态创建工程，建成一批生态文明示范乡镇、示范村、示范园区。

（四）健全生态文明制度体系。推进生态文明建设体制机制改革先行先试，形成"源头严防、过程严管、后果严惩"三大制度体系。严格生态文明责任追究，建立和落实领导干部任期生态文明建设责任制，实行生态环境损害责任终身追究制度。完善自然资源资产产权和用途管制制度，加快自然生态空间统一确权登记，编制自然资源资产负债表。落实省以下环保机构监测检查执法垂直管理制度。改革环境治理基础制度，完善污染物排放许可证制度，健全环境信息公开制度，加强实时在线环境监控系统建设。强化约束性指标管理，对能源、水资源消耗、建设用地总量和强度实行双控，建立完善环境保护综合督查制度。

（五）全面节约和高效利用资源。坚持节约优先，树立节约集约循环利用的资源观。实行最严格的水资源管理制度，以水定产、以水定城，建设节约型社会。坚持最严格的节约用地制度，调整建设用地结构，推进城镇低效用地再开发和工矿废弃地复垦，严格控制农村集体建设用地规模。积极推行"绿色公交"，着力建设低投入、低消耗、低排放、高效率的绿色公共交通系统。大力弘扬生态文化，提高全民生态文明意识，在生产、流通、仓储、消费各环节落实全面节约，推动生产生活方式绿色化。

十三、坚持保障和改善民生，建设幸福雷山

按照人人参与、人人尽力、人人享有的要求，坚守底线、突出重点、完善制度、引导预期，注重机会公平，保障基本民生，大力发展社会事业、改善公共服务，让改革发展成果更多更公平地惠及广大人民群众。

（一）深入推进教育优先发展。全面贯彻党的教育方针，落实立德树人根本任务，把增强学生社会责任感、创新精神、实践能力作为重点任务贯彻到国民教育全过程。牢牢抓住国家教育扶贫历史性机遇，把教育作为保障和改善民生的首要措施，加快教育资源布局调整，推动城乡教育均衡发展。大力发展公办学前教育，支持社会资本参与发展学前教育，县城新建2所标准化公办幼儿园，提升3~6岁适龄儿童入学率，实现城镇社区、中心村和人口较多的行政村幼儿园全覆盖。大力实施义务教育公办学校标准化建设工程，新建2所小学和2所中学，建成思源中学，提高九年义务教育阶段适龄人口入学率，提升普通高中办学水平和质量，提高高中适龄人口入学率及普通高中普及程度。加大职业高中教育投入，围绕文化旅游、茶叶、中药材等特色产业，大胆探索“西江旅游公司+贵旅雷山公司+职校”的办学模式，加快职校实训基地基础设施建设，开办结合我县主导产业和特色产业的专业，加强社会宣传，提高职业高中入学率，促进职业教育转型升级和健康发展。加强教育改革创新，重视留守儿童和进城务工人员子女的教育问题，积极发展民族教育，支持和规范民办教育发展。加快推进教育信息化建设，鼓励发展远程教育，积极争取与省内外名校联合办学，通过智慧教育提升教学质量。落实普通高中、中职学校“两助三免（补）”和普通高校“两助一免（补）”政策，逐步分类推进中等职业教育免除学杂费，率先从建档立卡的家庭经济困难学生实施普通高中免除学杂费。加强师资队伍建设，探索采取返聘退休人员、调整事业单位编制等灵活方式，进一步充实教师特别是乡村教师队伍和学前教师队伍。深入实施乡村教师支持计划，推进城乡教师交流，改善乡村教学环境，提高乡村教师待遇。探索建立优秀校长特殊激励政策机制。配足配齐寄宿制学校宿管员、校医、保安。

（二）全面提升卫生计生水平。实施健康雷山建设工程，优化城乡医疗卫生资源配置，健全县、乡镇、村三级农村医疗卫生服务体系，提升人民群众的健康水平。加强公共卫生服务体系建设，完成县疾病预防控制中心、县妇幼保健院以及丹江、西江、郎德卫生院项目建设，按二级医院标准建成县民族中医院，争取引进一家二级综合医院或有特色的二级专科医疗机构。加强农村医疗卫生基础设施建设，加快标准化乡镇卫生院、村卫生室建设，推进乡镇卫生院“一甲”创建。加强农村基层医疗卫生队伍建设，配足配强全科医生和乡村医生，实现村村有村医，保障乡村医生待遇。落实人口发展战略，全面实施一对夫妇可生育两个孩子政策。加快卫生和计划生育部门职能转变，提升生殖健康、妇幼保健等公共服务水平，降低出生缺陷发生率，实现优生优育。深化医药卫生体制改革工作，扎实推进县级公立医院综合改革。鼓励社会力量兴办健康服务业。推进分级诊疗和卫生信息化，实行新农合、大病医保、医疗救助一站式服务，积极推进“智慧医疗”建设。加强疾控机构标准化建设，健全突发公共卫生事件应急机制和重大疾病防控机制，防止重大传染病疫情的发生和蔓延。加强医疗质量监管，完善纠纷调解机制，构建和谐医患关系。落实食品安全战略，强化食品安全全程监管。

（三）千方百计促进创业就业。坚持“众创、众包、众扶、众筹”，推进全民创业行动计划，大力实施“大众创业、万众创新”工程。加强创业型城市、创业型园区建设，培育创业型企业、创业型员工。健全完善创业扶持政策，落实促进就业的政策措施和“3个15万元”政策，鼓励以创业带就业，建立面向人人的创业服务平台。积极促进充分就业，大力发展就业吸纳能力强的产业，支持和帮助高校毕业生、返乡农民工、城镇就业困难人员、退役军人、搬迁移民人员等重点人群就业创业。加强就业救援，推行终身职业技能培训制度。构建和谐劳动关系，维护劳动者平等就业权利和职工合法权益。城镇登记失业率控制在4.5%以内。

（四）全面推进体育事业发展。广泛开展全民康体运动，促进群众体育和竞技体育全面发展，提升人民群众身体素质。按照“两馆一场一中心”功能标准，大力发展公共体育事业，加大群众体育设施投入，重点打造雷山城市体育综合服务体、环雷公山户外体育营地、巴拉河自行车专用道，积极发展骑行、露营、徒步穿越、低空飞行等新兴康体运动业态。实施城乡体育健身设施覆盖工程，加快城市社区、农村体育基础设施建设，推动城乡公共体育设施均等化。把环雷公山超100千米跑国际挑战赛、“雷公山之巅·巴拉河之夏”全国山地自行车赛打造成国际知名品牌赛事。

（五）全力提高社会保障水平。推进全民参保计划，实施社会保障兜底工程，全面建成覆盖城乡居民的社会保障体系。推进居民基本医疗保险制度城乡统筹，加快完善医疗救助保障体系，完善新型农村合作医疗和大病医保政策，建立健全重特大疾病医疗保障机制，确保城乡居民公平享有基本医疗保障。推进城乡居民基本养老保险制度，完善职工养老保险个人账户制度，健全多缴多得机制，发展职业年金、企业年金、商业养老保险，建立养老金合理增长机制。全面放开养老服务市场，鼓励社会力量参与养老服务事业建设。健全失业保险制度，完善工伤、生育保险制度。完善社会救助体系，大力开展关爱农村留守儿童、妇女、老年人“三关爱”活动，健全留守老人关护制度，关注未成年人成长，保护妇女儿童合法权益，落实残疾人和低收入群体基本生活保障制度。大力实施住房保障工程，加快推进城镇保障房、扶贫生态移民房和农村危房改造建设，解决好城市低收入家庭和乡镇干部、农村教师、医疗卫生人员等基层干部职工的住房困难。

（六）加快推进防灾减灾能力体系建设。加强灾害指挥组织机构和减灾综合协调机构建设，建立完善县、乡镇、村三级灾害救助应急预案体系和监测预警服务体系。加强对河流、河道、水库、山体滑坡易发地区的综合治理，提升水利、交通、通讯、电力、农村消防等基础设施抗灾能力。规划建设应急避难场所，强化救灾物资应急保障能力建设，推进城区排洪抗涝能力建设。建立健全灾害保险制度，拓宽灾害风险转移渠道。完善防灾减灾资金筹集体系，落实财政预算配套资金，鼓励、支持企业和社会各界人士参与防灾减灾工作。加强基层减灾救灾队伍和专业救援队伍建设，构建县、乡镇、村三级联动应急队伍网络。健全防灾减灾宣传教育机制，普及防灾减灾科学知识，提高全民防灾意识。完善灾后恢复重建工作机制，认真贯彻落实《雷山县灾后重建综合治理总体规划》，提高灾后恢复重建的科学性。

十四、坚持全面深化改革创新，建设活力雷山

坚持把改革开放贯穿经济社会发展各领域，全面推进改革开放，以开放倒逼改革，以改革促进开放，构建全方位、多层次的对外开放格局，不断增强经济社会发展活力。

（一）深化重点领域和关键环节改革。全面落实中央、省委、州委全面深化改革各项决策部署，坚持战略导向、问题导向、目标导向、民生导向，不断提高改革举措的针对性和有效性。抓好国有企业股份制改革，有序实施国有企业混合所有制改革，加快完善现代企业制度和法人治理结构，加强国有资产的管理，组建文化旅游、特色农业产业、城镇化建设以及民生等3个以上股份有限公司。抓好政府改革，合理设置政府机构，深化行政审批制度改革，进一步削减行政审批事项，规范行政审批行为，提升政府决策能力、管理能力和服务能力，加快推进政府治理体系和治理能力现代化。抓好“三生”空间布局改革，积极探索创新生态环境保护管理新机制，严守生态保护底线，严格落实红线区域分级分类管理，积极争取纳入国家级主体功能区补偿范围和国家生态补偿机制试点县。抓好文化旅游综合改革试验工作，使政府办旅游向政府管理和服务旅游转变。抓好农村综合改革，积极开展“三地一房”确权抵押试点工作，加快推进农村产权制度、扶贫开发体制机制、农村传统村落保护与发展机制、土地流转机制、特色小城镇不动产产权登记、林权制度等改革，进一步解放和发展农村生产力。抓好财税金融改革，建立全面规范、公开透明的预算管理制度和规范合理的政府债务管理及风险预警机制，推进地方金融组织体系建设，鼓励金融产品创新和服务创新，推广政府和社会资本合作（PPP）等多种投融资模式。抓好社会事业改革，深化司法体制、社会治理体制、科教文卫体等环节和领域的改革，让社会更加和谐稳定、人民生活更加幸福。

（二）*构建多层次的开放合作格局*。依托凯雷高速、夏蓉高速、沪昆高铁、贵广高铁等交通大通道，主动融入“一带一路”“长江经济带”“珠江—西江经济带”、高铁经济带发展，深化与长三角、珠三角、成渝经济区和省内外重要城市在旅游、生态产业、商贸服务等方面的合作与交流，吸引更多的企业落户雷山投资兴业。积极培育发展外向型经济，壮大特色农产品、旅游工艺品、中药材等优势产业，努力培育出一批知名品牌、龙头企业，积极构建具有集聚性、开放性、特色性的合作交流平台。

（三）*加强软环境建设*。强化政府在公共服务、市场监管、社会管理、环境保护等方面的职责履行，通过网上审批、并联审批等方式，提高办事效率。加快县政务中心建设，确保所有的审批和便民服务事项进入政务中心。坚持实行限时办结制度，把雷山建成全州乃至全省审批事项最少、审批时限最短、服务质量最优的县，80%以上的便民服务事项实现网上办理，实现电子政务全覆盖。大力推进招商引资项目全程代办，完善并联服务机制，建立投资环境量化评价体系。加强机关作风建设，提升机关办事效能。

十五、坚持全面推进依法治县，建设法治雷山

坚持走中国特色社会主义法治道路，推进严格执法、公正司法、全民守法，大力提高社会治理法治化水平，着力推进治理体系和治理能力现代化，把经济社会发展纳入法治化轨道。

（一）*建设法治政府*。依法设定权力、行使权力、制约权力、监督权力，依法调控和治理经济，实现政府活动全面纳入法治轨道。依法履行政府职能，制定政府及其工作部门权力清单、责任清单，依法公开权力运行流程。全面推进依法决策，把公众参与、专家论证、风险评估、合法性审查、集体讨论决定作为重大行政决策的必经程序。积极推进政府法律顾问制度，建立重大决策终身责任追究制度及责任倒查机制。深化行政执法体制改革，推广城市管理执法权相对集中，加强行政执法干部队伍建设。坚持严格规范公正文明执法，积极推进综合执法，提高执法水平。强化行政权力的制约和监督，依法实行政务公开。落实省以下审计机关人财物统一管理。

（二）*推进公正司法*。完善对权力的司法保障、对权力的司法监督，构建开放、动态、透明、便民的阳光司法机构。健全确保依法独立公正行使审判权和检察权的制度，建立健全司法人员履行法定职责保护机制。优化司法职权运行机制，健全公安机关、检察机关、审判机关、司法行政机关各司其职，侦查权、检察权、审判权、执行权相互配合、相互制约的体制机制，实行办案质量终身负责制和错案责任倒查问责制。完善旁听庭审、诉讼档案查询等制度，保障公民的知情权。加强人权司法保障，依法保障胜诉当事人及时实现权益。建立和完善法律援助、司法救助体系。加强对司法活动的监督，建立司法工作人员廉政档案制度。

（三）*增强全民法治观念*。深入实施“七五”普法，大力弘扬社会主义法治精神，加强社会主义法治文化建设，增强全社会特别是公职人员尊法学法守法用法观念，在全社会形成良好的法治氛围和法治习惯。加强领导干部法治教育，完善国家工作人员学法用法制度。健全普法宣传教育机制，进一步完善党委领导、人大监督、政府实施、各成员单位参与的普法工作机制。坚持把法治教育与民族文化相结合，加大农村普法力度，大力开展普法苗歌法治宣传教育活动。完善社会信用体系、守法诚信褒奖机制和违法失信行为惩戒机制。建设完备有效的法律服务体系，发展律师、公证等法律服务业，加强民生领域法律援助，构建城乡均等的公共法律服务体系。

（四）*大力加强社会综合治理*。坚持系统治理、依法治理、综合治理、源头治理，全面提升社会治理法治化、精细化水平。深入推进“平安雷山”建设，加快构建立体化社会治安防控体系，实现“天网工程”全覆盖。完善社会矛盾排查预警和调处化解综合机制，推动重大矛盾和突出信访问题攻坚战常态化、制度化。加强禁毒工作，巩固提升“无毒害县”创建成果，坚决打赢禁毒人民战争。推进重大决策社会稳定风险评估工作制度化，落实稳控对象、稳控责任人“双实名”包保稳控措施，严格执行维稳信访工作责任追究制。加强和改进信访调解工作，把信访纳入法治化轨道，引导群众依法行使权力、表达诉求、解决纠纷。全面落实安全生产责任和管理制度，强化属地监管、行业监管和企业主体责任，实行党政同责、一岗双责、失职追责。创新消防、交通安全工作机制，提升消防、交通安全管理水平。深入开展安全专项整治、安全质量标准化和安全生产文化建设，加强安全生产基础能力和防灾减灾能力建设，预防和杜绝重特大公共安全事故的发生。狠抓社区网格化管理，建立高效运作、资源共享的社区网格化服务管理综合信息平台，抓好特殊人群服务管理工作，有效净化社会治安环境。贯彻总体国家安全观，扩大国家安全人民防线覆盖面。

十六、坚持加强和改善党的领导，为实现“十三五”时期发展目标提供坚强保障

充分发挥各级党委（党组）统揽全局、协调各方的作用，深化对经济社会发展规律的认识，提高领导发展的能力和水平，更加有效有力推动经济社会发展，确保与全国、全省、全州同步全面建成小康社会。

（一）完善党领导经济社会发展体制机制。坚持党委统揽全局、协调各方，发挥各级党委（党组）领导核心作用，改进和完善工作体制机制和方式方法，强化全委会决策和监督作用。完善党委研究经济工作机制，充分发挥党委财经工作领导小组统筹协调经济发展的功能，加强对重大经济问题的调查研究，善于运用辩证思维、底线思维、战略思维谋划发展，因地制宜、分类指导、精准服务。依法调控和治理经济，提升宏观定调、微观调整的能力，增强谋划发展、统筹发展、优化发展、推动发展的本领，使党对经济工作的领导更加精准有效。健全民主决策咨询机制，注重发挥智库和专业机构的作用，提高决策科学化水平。完善信息发布制度。

（二）广泛动员各族干部群众团结奋斗。充分发扬民主，贯彻党的群众路线，稳步提高宣传和组织群众能力，加强经济社会发展重大问题和涉及群众切身利益问题的协商，依法保障群众利益，激发各族群众守底线、走新路、奔小康的自觉自信。加强思想政治工作，正确处理人民内部矛盾，最大限度凝聚全社会推进改革发展、维护社会和谐稳定的共识和力量。加强社会主义精神文明建设，大力培育和践行社会主义核心价值观，深化思想道德建设和诚信建设工作，全面推进“多彩贵州文明行动”。高度重视做好意识形态领域工作，牢牢把握意识形态工作的领导权、管理权和话语权，及时分析研判网络舆情等意识形态领域的新情况、新动向，坚决维护意识形态安全。加强对外宣传工作，营造良好的发展环境，提升雷山的知名度和美誉度。支持人大及其常委会发挥国家权力机关作用，充分发挥代表在沟通群众、畅通民意渠道中的作用。推进协商民主广泛多层制度化发展，坚持政治协商“三在前、三在先”原则。充分发挥工商联、无党派人士作用，巩固和发展最广泛的爱国统一战线。依法管理宗教事务，积极引导宗教与社会主义社会相适应。充分发挥工会、共青团、妇联等人民团体的桥梁纽带作用，广泛凝聚群众力量。深入开展民族团结进步宣传教育，促进各民族共同团结奋斗、共同繁荣发展。加强全民国防教育、人防战备和国防后备力量建设，密切军政军民团结，提高国防动员和后备力量建设质量。支持驻雷军警正规化建设，加快建设军警综合训练场，密切军政军民团结。

（三）建设发展型服务型基层党组织。全面落实基层党建责任制，扎实推进各类基层组织建设，强化对基层组织的指导和管理，使基层组织成为基层基础的重要依托。扎实抓好软弱涣散基层党组织整顿工作，配优配强农村党组织班子，以创建村级集体经济发展示范县为抓手，大力发展集体经济，全面消除集体经济“空壳”村。统筹抓好乡镇党委书记、村党组织书记和农村致富带头人“三支队伍”建设，加大教育和实践锻炼力度，提升基层干部素质能力。全面加强驻村干部和“第一书记”管理，以乡镇管理为主，坚持精准选派、真蹲实驻，做到全覆盖、常年在、实在干。扎实做好发展党员工作，解决农村党组织“空心化”、党组织书记“老龄化”等问题。深入实施“七大工程”建设和“金种子”带富计划，创新党组织设置方式，扩大组织覆盖和工作覆盖，发挥基层党组织战斗堡垒作用和党员先锋模范作用，更加奋发有为地推动发展、服务群众、凝聚人心、促进和谐。学习借鉴锦屏华寨“合约管理”、三穗颇洞“党社联建”等经验，不断提升乡村治理能力。进一步加强和改进机关党建工作，不断提高机关党建工作科学化水平，提升基层干部发展经济、改革创新、依法办事、化解矛盾、带领群众的能力。

（四）建设高素质的干部和人才队伍。按照心中有党、心中有民、心中有责、心中有戒“四有”和做政治的明白人、做发展的开路人、做群众的贴心人、做班子的带头人“四种人”要求，坚持用“好干部”20字标准选人用人，大力培养一批政治强、懂专业、会治理、善改革、敢担当、作风正的领导干部。完善领导干部选拔配备机制和领导干部选拔任用机制，注重在基层一线和推动发展中培养干部，注重在服务群众和急难险重任务中识别考察干部。健全考核评价机制，注重干部的“德”和实绩考核，强化考核结果运用。调整领导班子年龄结构，充分调动各年龄段干部的工作积极性。优化领导班子知识专业结构，合理配备女干部、少数民族干部和非中共党员干部，改进优秀年轻干部培养选拔和后备干部队伍建设工作。加大干部教育培训力度，统筹抓好乡镇与县之间领导干部的轮岗交流，选派一批优秀年轻干部、后备干部到省级机关和省外、州外经济发达地区挂职锻炼。落实人才优先发展战略，强化人才智力支撑，突出“高精尖缺”导向，优化人力资源配置，清除制约人才流动障碍，健全人才服务保障和评价激励机制，营造有利于人人可成才和青年人才脱颖而出的良好环境。加大人才创新创业平台建设力度，建设“东西南北”“孔雀归巢”人才信息库。实施更加开放的人才引进政策，大力实施“十百千”人才引进计划，鼓励部门自主引才，建立人才发展创业基金等奖励政策，积极探索“校企合作”“工学结合”等人才培养模式，引进和培育一批生态、文化、旅游、教育、卫生、农业、交通、水利、建设等方面的人才，把我县打造成为全省乃至全国知名的文化旅游、特色农业、生态工业等领域人才创业首选地，每万人人才资源数超过全州平均水平，力争接近全省平均水平。

（五）全面推动领导干部能上能下。全面落实中央关于推进领导干部能上能下的规定，严格执行到龄免职（退休）、任期届满离任、问责处理、调整不适宜担任现职干部、健康原因调整、违纪违法免职等六种下的渠道。坚持凭实绩选任干部，坚持实行干部任职试用期制度，坚持领导班子定期研判制度，建立健全目标管理、岗位责任、激励关怀、约束问责“四位一体”有机结合、相互衔接的从严管理干部机制，借鉴探索干部召回制度，及时调整不称职、不胜任现职和不作为干部，树立能者上、庸者下、劣者汰的用人导向，把想干事、能干事、干成事、不出事的干部用起来，着力打造一支政治过硬、能力过硬、作风过硬的干部队伍。

（六）营造风清气正的政治生态环境。坚持党要管党、全面从严治党，严明党的纪律和规矩，遵守党员干部政治纪律“十严禁”“十不准”，坚持从严从实管理干部，进一步突出抓好干部监督管理工作，坚持不懈反对“四风”，持续不断改进作风，狠刹不作为、慢作为不正之风，提高机关的办事效能，始终保持昂扬向上的精神状态，进一步激发干事创业的热情、强化敢于担当的意识、增强攻坚克难的锐气，以良好的作风推动党委各项决策落到实处。认真贯彻落实好《中国共产党廉洁自律准则》和《中国共产党纪律处分条例》，落实党风廉政建设主体责任和监督责任，深入推进党风廉政建设和反腐败工作，健全改进作风长效机制，强化权力运行制约和监督，着力构建不敢腐、不能腐、不想腐的有效机制。扎实开展铸廉行动，坚决查处顶风违纪案件，坚决治理“为官不正、为官不为、为官乱为、为官慢为”，努力实现干部清正、政府清廉、政治清明，为经济社会发展营造良好的政治生态环境。

（七）确保“十三五”规划建议目标任务全面落实。坚决贯彻落实中央、省委、州委和县委建议确定的发展思路、主要目标、重点任务、重大举措，县人民政府要编制好“十三五”规划纲要和专项规划。各专项规划的编制要遵循中央确定的“六条重要原则”，要有明确反映创新、协调、绿色、开放、共享发展理念的指标，增加政府履行职责的约束性指标，充分体现新理念、新思路、新举措。各级各部门要切实做到谋划发展“扣扣子”、责任履行“担担子”、工作落实“钉钉子”，确保“十三五”规划建议目标任务落到实处。

实现“十三五”时期奋斗目标，前景光明美好，任务繁重艰巨。全县各级党组织和广大党员干部群众要紧密团结在以习近平同志为总书记的党中央周围，深入贯彻落实党的十八大和十八届三中、四中、五中全会精神及习近平总书记系列重要讲话精神，万众一心，锐意进取，顽强拼搏，奋发有为，为全面建成宜居、宜游、宜业的和美雷山，夺取全面建成小康社会决胜阶段的伟大胜利而努力奋斗！

雷山县人民政府
关于将杨光英等162位民间艺人命名为第二批县级非物质文化遗产传承人的通知

雷府发〔2015〕2号

2015年2月26日

各乡（镇）人民政府，县人民政府各工作部门：

为做好我县民族文化的保护和传承，促进民族事业的发展，推动我县经济建设，经研究，决定将杨光英等162位传统音乐、传统舞蹈、曲艺、传统美术、传统技艺传统医药、民俗、民间文学等民间艺人命名为第二批县级非物质文化遗产传承人。具体名单如下：

一、传统音乐（7人）

杨光英	丹江镇乌东村	苗族飞歌
文腰农	郎德镇乌肖村	苗族飞歌
杨兴丽	西江镇东引村	苗族飞歌
龙金花	丹江镇西门社区	苗族飞歌
石忠兰	丹江镇小固鲁村	苗族飞歌
李茂荣	丹江镇小固鲁村	苗族飞歌
杨胜忠	大塘乡新桥村	苗族酒礼歌

二、传统舞蹈（11人）

李午升	望丰乡乌迭村	苗族芦笙舞
文正席	郎德镇乌肖村	苗族芦笙舞
李登丰	望丰乡乌迭村	苗族芦笙舞
李正书	望丰乡乌响村	苗族芦笙舞
龙忠福	丹江镇教厂坝社区	苗族芦笙舞
陈绍华	郎德镇上郎德村	苗族芦笙舞
陈光文	郎德镇上郎德村	苗族芦笙舞
李玉松	丹江镇小固鲁村	苗族芦笙舞
王崇益	大塘乡新桥村	苗族芦笙舞
吴兴远	大塘乡掌坳村	苗族铜鼓舞
朱守彬	达地乡也蒙村	苗族古瓢舞

三、曲艺（4人）

张希才	西江镇黄里村	嘎百福
文安益	郎德镇排夫村	嘎百福
杨九杀	丹江镇乌秀村	嘎百福
宋国付	西江镇西江村	嘎百福

四、传统美术（73人）

文不农	望丰乡五星村	苗绣
李亚琼	望丰乡五星村	苗绣
陈俊花	郎德镇下郎德村	苗绣

杨榜江	郎德镇下郎德村	苗绣
张玉芳	丹江镇水电村	苗绣
潘树珍	望丰乡甘益村	苗绣
高成春	永乐镇野牛村	苗绣
李杰英	丹江镇猫猫河村	苗绣
杨海芬	丹江镇教厂坝社区	苗绣
朱家秀	丹江镇教厂坝社区	苗绣
龙绍琼	丹江镇羊场坝社区	苗绣
金丽莎	丹江镇郎当村	苗绣
李志珍	丹江镇猫猫河村	苗绣
李兴梅	丹江镇西门社区	苗绣
李志梅	丹江镇羊排村	苗绣
杨国英	丹江镇羊排村	苗绣
李桂云	丹江镇党高村	苗绣
杨树桢	丹江镇排卡村	苗绣
金志美	丹江镇掌排村	苗绣
杨表杀	方祥乡毛坪村	苗绣
李正敏	方祥乡陡寨村	苗绣
李春秀	方祥乡陡寨村	苗绣
梁跃芬	西江镇乌高村	苗绣
周广英	西江镇黄里村	苗绣
梁金妹	西江镇堡子村	苗绣
赵世英	西江镇小龙村	苗绣
李才英	西江镇黄里村	苗绣
吴　琴	西江镇黄里村	苗绣
金元珍	西江镇黄里村	苗绣
毛正芝	西江镇堡子村	苗绣
李普少	西江镇黄里村	苗绣
侯妹毛	西江镇小龙村	苗绣
杨普九	西江镇羊吾村	苗绣
侯胜芳	西江镇黄里村	苗绣
李望里	西江镇乌高村	苗绣
潘　慧	望丰乡丰塘村	苗绣
余怎里	望丰乡乌迭村	苗绣
李英碧	望丰乡丰塘村	苗绣
田应芝	望丰乡公统村	苗绣
任　芬	郎德镇南猛村	苗绣
藤树兰	郎德镇南猛村	苗绣
文兴春	郎德镇南猛村	苗绣
李碧美	郎德镇南猛村	苗绣
余小英	郎德镇南猛村	苗绣
吴啊勇	郎德镇上郎德村	苗绣
李芬里	郎德镇也利村	苗绣
朱明兰	郎德镇老猫村	苗绣
文安英	郎德镇上郎德村	苗绣
朱明珍	郎德镇报德村	苗绣
任秀芬	丹江镇大十字社区	苗绣
陆金花	永乐镇永乐村	苗绣
杨　倩	永乐镇开屯村	苗绣
高成秧	永乐镇开屯村	苗绣
杨昌芬	永乐镇丛木村	苗绣
杨旭英	永乐镇和平村	苗绣
任志芬	永乐镇肖家村	苗绣
张启珍	永乐镇肖家村	苗绣
杨胜花	永乐镇肖家村	苗绣
杨　英	永乐镇格益村	苗绣
杨秀春	永乐镇岩寨村	苗绣
杨小梅	永乐镇排告村	苗绣
杨光梅	永乐镇排告村	苗绣
任福春	永乐镇岩寨村	苗绣
李显梅	永乐镇岩寨村	苗绣
顾小英	郎德镇报德村	苗绣
杨正美	丹江镇大十字社区	苗绣
黄莲芬	丹江镇响楼社区	苗绣
朱佳莉	丹江镇教厂坝社区	苗绣
余华英	丹江镇羊排村	苗绣
文　芬	郎德镇上德郎村	苗绣
梁茂春	郎德镇上德郎村	苗绣
李　倩	方祥乡陡寨村	苗绣
李玉芳	西江镇西江村	苗绣

五、传统技艺（41 人）

杨昌义	郎德镇报德村	苗寨吊脚楼营造技艺
陈正平	郎德镇上郎德村	苗寨吊脚楼营造技艺
陈　鸿	郎德镇上郎德村	苗寨吊脚楼营造技艺
余正坚	望丰乡排肖村	苗寨吊脚楼营造技艺
余大峰	望丰乡乌江村	苗寨吊脚楼营造技艺
李兴阳	望丰乡荣防村	苗寨吊脚楼营造技艺
李通付	望丰乡三角田村	苗寨吊脚楼营造技艺
李新明	望丰乡三角田村	苗寨吊脚楼营造技艺
余胜武	丹江镇脚雄村	苗寨吊脚楼营造技艺

周治文　西江镇乌尧村六组　苗寨吊脚楼营造技艺
陆端发　西江镇西江村　苗寨吊脚楼营造技艺
侯昌伦　西江镇西江村　苗寨吊脚楼营造技艺
董洪成　西江镇西江村　苗寨吊脚楼营造技艺
金文章　丹江镇羊排村　苗寨吊脚楼营造技艺
陈玉生　郎德镇上郎德村　苗寨吊脚楼营造技艺
吴德厚　望丰乡乌局村　苗寨吊脚楼营造技艺
顾永庆　西江镇乌高村　苗族银饰锻制技艺
冯发秀　西江镇乌高村　苗族银饰锻制技艺
李子龙　西江镇羊吾村　苗族银饰锻制技艺
黄光德　丹江镇东门社区　苗族银饰锻制技艺
顾永雄　丹江镇大十字社区　苗族银饰锻制技艺
李光雄　西江镇麻料村　苗族银饰锻制技艺
顾先刚　西江镇乌高村　苗族银饰锻制技艺
穆仕高　西江镇控拜村　苗族银饰锻制技艺
莫健华　丹江镇水电村　苗族芦笙制作技艺
莫玉辉　丹江镇水电村　苗族芦笙制作技艺
余应发　桃江乡岩寨村　苗族芦笙制作技艺
吴　毅　方祥乡平祥村　苗族芦笙制作技艺
甘小芝　桃江乡桃江村　苗族织锦技艺
顾宜英　桃江乡岩寨村　苗族织锦技艺
杨娜金　望丰乡公统村　苗族织锦技艺
文志英　望丰乡公统村　苗族织锦技艺
杨光学　丹江镇羊排村　苗族木梳制作技艺
余忠武　达地乡也蒙村　苗族古瓢琴制作技艺
冷文才　永乐镇永乐村　苗族鱼酱酸制作技艺
冉茂森　永乐镇永乐村　苗族鱼酱酸制作技艺
莫应英　丹江镇南门社区　银球茶制作技艺
陆代书　丹江镇长丰村　雷山土陶瓷器制作技艺
杨世戎　丹江镇南门社区　雷山土陶瓷器制作技艺
罗光选　丹江镇南门社区　雷山土陶瓷器制作技艺
杨乃里　丹江镇乌秀村　苗族米酒酿制技艺

六、传统医药（15 人）

吴如智　望丰乡乌的村　苗医药・骨伤蛇伤疗法
李　彪　方祥乡平祥村　苗医药・骨伤蛇伤疗法
杨国庆　方祥乡陡寨村　苗医药・骨伤蛇伤疗法
江文武　西江镇白碧村　苗医药・骨伤蛇伤疗法
杨　奇　永乐镇柳排村　苗医药・骨伤蛇伤疗法
杨精武　西江镇西江村　苗医药・骨伤蛇伤疗法
唐元胜　西江镇西江村　苗医药・骨伤蛇伤疗法
李国文　郎德镇也利村　苗医药・骨伤蛇伤疗法
杨光银　方祥乡格头村　苗医药・骨伤蛇伤疗法
何明道　永乐镇柳乌村　苗医药・骨伤蛇伤疗法
杨光和　方祥乡雀鸟村　苗医药・骨伤蛇伤疗法
李胜明　大塘乡掌坳村　苗医药・骨伤蛇伤疗法
姚　辉　永乐镇加勇村　苗医药・骨伤蛇伤疗法
杨秀奎　丹江镇羊排村　苗医药・骨伤蛇伤疗法
蔡认明　丹江镇治安村　苗医药・骨伤蛇伤疗法

七、民俗（9 人）

陈俊彰　郎德镇上郎德村　苗族鼓藏节
唐守成　西江镇西江村　苗族鼓藏节
杨益和　丹江镇陶尧村　苗年
余正清　郎德镇也利村　苗族吃新节
李春林　望丰乡三角田　苗族三月坡（爬坡节）
吴成志　西江镇羊吾村　苗族招龙
杨炳昌　郎德镇也利村　苗族扫寨
杨光廷　丹江镇羊排村　雷山苗族婚俗
杨昌伟　大塘镇交腊村　苗族祭岩妈岩爹

八、民间文学（2 人）

唐千武　丹江镇西门社区　仰阿莎
唐千通　丹江镇陶尧村　贾理

雷山县人民政府
雷山县招商引资企业奖励扶持办法

雷府发〔2015〕6号

2015年8月14日

为进一步推动我县产业发展，形成具有说服力、爆发力、竞争力的产业新优势，充分调动产业投资的积极性，结合我县实际，制定本办法。

第一章　总则

第一条　县财政每年安排不低于1000万元的专项奖励扶持资金（产业发展基金），对符合条件的企业、项目进行奖励扶持。奖励扶持资金主要用于企业科技创新、技术改造和项目建设。

第二条　县招商领导小组办公室（县投资促进局）、县工信和商务局、县旅发委、县农业局、县中药材发展研究中心、农业园区办等部门牵头负责项目的组织申报、评审等工作；县财政、审计、纪检监察等部门负责奖励扶持专项资金的预算管理、项目评审监督及资金拨付与资金使用监管等工作。

第二章　奖励扶持的内容、条件和标准

第三条 对文化旅游、新医药大健康、特色种养殖、农副产品深加工、特色轻工业等产业项目或投产企业。

（一）对单个纳税主体的企业，投产后每年纳税在20万元以上，按当年实缴税费地方留存部分作为参数，对企业进行奖励扶持。

1. 招商企业投产后第一、第二年按实缴税费地方留存部分的80%作为奖励扶持参数，用产业发展基金对企业进行奖励。

2. 第三至第五年按实缴税费地方留存部分的60%作为奖励扶持参数，用产业发展基金对企业进行奖励。

3. 申报该项奖励扶持的企业需提供企业相关证件及实缴税费的相关凭证作为奖励扶持的评审依据。

（二）对固定资产投资在2000万元（含）以上的企业，由县政府按实际投资额的5%从产业发展基金中给予一次性的奖励；申报该项奖励扶持的企业须按合同约定完成当年的投资量，并提供企业相关证件及审计部门出具的固定资产投资证明，作为奖励扶持的评审依据。

（三）对文化旅游、新医药大健康、特色种养殖、农副产品深加工、特色轻工业等产业项目，在开发建设中，企业可以根据自身的发展实际，向县招商引资领导小组办公室（县投资促进局）提出申请，再由县招商引资领导小组办公室（县投资促进局）统计汇总报县人民政府研究，县人民政府根据县招商引资领导小组办公室的请示，审核企业投资的实际情况、发展前景和贡献率，适当提高对企业的奖励额度，但奖励额度加上按固定资产投资比例一次性奖励额度总和不能超过企业就该项目的固定资产投资的50%。

第三章　申请办理程序

第四条　项目申请程序。

本办法所规定的奖励扶持项目采取集中申报受理方式，申报受理时间为每年12月，具体申请程序是：

（一）企业于每年12月15日前，将申报表

及相关材料报送县招商领导小组办公室（县投资促进局）。

（二）县招商领导小组办公室（县投资促进局）组织县工信和商务局、县旅发委等部门进行初审汇总，于每年12月20日前统一报送县人民政府。

（三）县人民政府对招商领导小组办公室上报的奖励申请进行审查合格后予以兑现奖励。

第五条 项目的审核确定程序。

（一）县招商领导小组办公室（县投资促进局）组织县工信和商务局、旅发委、财政、税务、审计、监察等部门对需评审的项目进行评审，提出评审意见。参加项目评审的部门或个人不得与评审对象有直接利益关系，不得泄露评审项目的相关内容。

（二）县招商领导小组办公室（县投资促进局）根据项目评审的结果，提出拟奖励扶持项目计划及资金安排方案，报县人民政府审定。

（三）县人民政府将评审结果通过媒介予以公示，接受社会监督，公示期7天。

第六条 资金拨付。

县财政根据县人民政府评审的公示结果，直接向企业兑现奖励金。

第四章 资金的监督与管理

第七条 县招商领导小组办公室（县投资促进局）、县财政局定期对奖励扶持项目资金进行监管，确保资金足额兑现。对于奖励资金拨付过程中出现弄虚作假等行为，骗取奖励扶持的企业，一经查实，追回拨付的奖励资金，并取消其三年内申请奖励扶持的资格。对于工作人员收受申请企业贿赂等行为，或与申请企业串通骗取奖励扶持的，由纪检部门根据有关规定进行处理，情节严重的移交司法机关处理。

第八条 奖励扶持资金一律用于企业科技创新、技术改造和项目建设。企业对奖励扶持资金要专款专用。奖励扶持资金的纳税按《财政部、国家税务总局关于财政性资金、行政事业性收费、政府性基金有关企业所得税政策问题的通知》（财税〔2008〕151号）文件规定执行。县招商领导小组办公室（县投资促进局）会同县财政、纪检监察、审计等部门定期对专项资金的使用情况和项目实施情况进行监督管理。项目承担单位在专项资金使用过程中有违法行为的，一经查实将追回扶持资金。

第十条 本办法自下发之日起执行，对原签订的招商引资合同按之前的合同执行，本办法由县招商引资领导小组办公室负责解释。

中共雷山县委办公室 雷山县人民政府办公室
雷山县“6个10万”绿色生态现代农业
工程的实施方案

雷党办发〔2015〕3号

2015年1月30日

为了贯彻落实《黔东南州“6个100万”绿色生态现代农业工程实施意见》（黔东南府办发〔2015〕3号）精神，夯实我县农业发展基础，拓宽农民增收渠道。县委、县政府提出了要集中精力重点实施10万亩中药材种植工程、10万头特色养殖工程、10万公斤稻鱼工程（八乡镇各10万公斤）三大主打产业。同时，立足于我县的资源优势，因地制宜，配套实施10万亩高标准茶叶种植工程、10万亩特色果蔬种植工程、10万公斤（八乡镇各10万公斤）地方特色稻米种植工程三个特色产业。即实施三个主打产业加三个特色产业的“3+3”发展模式，简称“6个10万”工程。结合我县实际，特制定如下方案。

一、指导思想

以科学发展观为指导，以“高产、优质、高效、生态、安全、特色”为原则，以农民增收为核心，以农户经营为主体，以山地特色种养为突破，以科技支撑为基础，以强化措施为保障，以机制创新为关键，紧紧围绕实现“6个10万”工程目标，加快农业产业结构调整，提高农产品市场竞争力，促进产业增效、农民增收、农村发展。积极培育种养相结合、产供销一体化的新型经营模式，把雷山县建成特色浓郁的“三品一标”农产品重要生产基地。

二、目标任务

（一）总体目标。2015年启动实施“6个10万”工程，力争到2020年，“6个10万”的目标任务全部实现，特色优势、规模效益凸显，实现农业总产值35亿元，农村居民人均可支配收入达10500元以上，不断促进第一、二、三产业的良性互动发展。

（二）产业目标

1. 中药材产业。栽培、抚育以天麻、青钱柳、淫羊藿等为代表的中药材。2015年计划新增中药材种植面积5000亩，累计种植面积达到3万亩；到2020年，全县中药材种植面积达到4万亩，野生抚育管理等面积6万亩，累计达到10万亩；中药材总产值突破5亿元。初步建立起种植、研发、加工、流通于一体的现代中药材产业。

2. 特色养殖产业。2015年，全县黑毛香猪年出栏7万头，存栏达到5万头，能繁母猪存栏达到0.4万头；启动雷公山深山区方簰白土狗和小香羊的保种饲养工作。到2020年，年出栏10万头，全县黑毛香猪存栏达到15万头，能繁母猪存栏达到0.6万头。加大梅花鹿、野猪、竹鼠、雷公山小种牛、小香羊、小土鸡、方簰白土狗等养殖业发展力度，实现年产值3亿元发展目标。

3. 稻鱼工程。结合“雷山鱼酱”产业发展，充分利用我县河流、水库、山塘与稻田资源，大力发展稻田养鱼、冷水鱼、娃娃鱼、石蚌等养殖。2015年起，每乡镇实施稻田养鱼为主的水产产量达10万公斤以上，水产品产值达4000万元；每年按20%递增，到2020年，全县的水产产量达200万公斤。水产品产值和销售收入达到1亿元以上。

4. 高标准茶园产业。2015年新建茶园1.50万亩，抚育管理老茶园及幼龄茶园1万亩，确保茶园面积达到16万亩以上，其中高标准茶园面积达5万亩以上。到2020年，全县建成茶叶基地20万亩，高标准茶园面积达到10万亩以上，实现茶业综合产值15亿元以上。

5. 特色果蔬产业。按照“区域化、特色化、规范化”的发展原则，分区发展特色水果与蔬菜种植，产业化布局，实现全年蔬菜水果平稳供应。2015年完成蔬菜与水果种植面积10万亩。到2020年，蔬菜与水果种植面积每年递增10%以上。实现总产值5亿元以上的目标。

6. 特色稻米工程。2015年，培植以红米和半芒谷为代表的原产地特色稻米每乡镇年产量10万公斤以上，产值8000万元；以10%速度递增，到2020年，全县特色稻米总产量稳定达到120万公斤，产值1.5亿元。

三、产业布局与示范

（一）中药材

1. 产业布局。（1）在方祥、永乐、丹江、大塘等乡镇靠近雷公山主峰，海拔1100米至1600米的农林发展区域，重点发展乌杆天麻产业0.5万亩；（2）在西江、丹江、方祥、大塘等乡镇海拔900米至1300米区域实施淫羊藿、厚朴、黄檗等中药材种植1万亩、野生抚育管理4万亩；（3）在郎德、望丰、丹江、西江等乡镇实施白芨、皂刺等中药材种植2万亩；（4）在大塘、永乐、达地、望丰等乡镇发展青钱柳和红豆杉种植1万亩；（5）在永乐、达地、大塘等乡镇种植菖蒲0.5万亩、野生抚育2万亩。

2. 产业示范。（1）县级重点抓2家中药材龙头示范企业；（2）乡镇结合产业发展需要，实施1个500亩以上相对连片的示范点。

3. 产业统筹。中药材产业由县扶贫开发办公室牵头，县财政局、县发展和改革局、县生态文明建设管理局、县教育和科技局、县农业园区办、县国土资源局和各乡镇政府为主要协作单位，负责统筹项目的实施工作。

（二）特色养殖

1. 产业布局。（1）在方祥、丹江、大塘、望丰等乡镇重点发展黑毛香猪养殖，到2020年，年出栏达5万头以上；（2）在西江、方祥、大塘等乡镇发展野猪、竹鼠、梅花鹿特色养殖，力争每个特色养殖业均有一个规模以上示范基地；（3）在达地乡和永乐镇发展小香牛（羊）的养殖工作，到2020年全县年出栏小香牛（羊）1万只以上。

2. 产业示范。（1）县级重抓黑毛香猪繁育示范工作；（2）每个乡镇实施黑毛香猪养殖示范村2个，年出栏规模500头以上；（3）方祥乡实施黑毛香猪和方薅白土狗养殖示范点各一个，年出栏规模达500头以上，达地乡和永乐镇各实施黑毛香猪和小香牛（羊）养殖示范点各1个，年出栏规模达300头以上。

3. 产业统筹。特色养殖产业由县畜牧渔业办公室牵头，县发展和改革局、县财政局、县工业信息化和商务局、县扶贫开发办公室、县住房和城乡建设局（县新农村办）、县农业园区办和各乡镇政府为主要协作单位，负责统筹项目的实施工作。

（三）稻鱼工程

1. 产业布局。在我县海拔900米以下山谷地带实施鱼类养殖。每年按20%递增，到2020年，全县的水产产量达200万公斤，水产品产值和销售收入达到1亿元以上。

2. 产业示范。（1）县级主抓望丰乡的稻鱼示范工程建设；（2）每个乡镇实施稻鱼工程示范点2个以上，每个示范点面积200亩以上。

3. 产业统筹：稻鱼工程由县畜牧渔业办公室牵头，县发展和改革局、县财政局、县国土资源局、县水务局、县扶贫开发办公室、县住房和城乡建设局（县新农村办）、县旅游发展委员会和各乡镇政府为主要协作单位，负责统筹项目的实施工作。

（四）茶叶

1. 产业布局。坚持合理布局，集中连片的原则，在大塘、永乐、达地、方祥、丹江、望丰、西江、郎德等8乡镇加大新建基地的建设力度，2015年新建基地1.5万亩，全县茶园总面积达16万亩以上（其中高标准茶园面积达5万亩以上）；2016年、2017年、2018年分别新增1万亩以上（2018年高标准茶园面积达8万亩以上）；2019年、2020年每年新增0.5万亩以上，至2020年底，全县茶叶面积达20万亩以上，其中高标准茶园面积达10万亩以上。

2. 产业示范。（1）县级重抓2家以上龙头企业和九十九农业茶叶园区茶叶种植示范建设；（2）每个乡镇建设2个以上示范基地。

3. 产业统筹。茶叶产业由县茶叶局牵头，县发展和改革局、县财政局、县国土资源局、县生态文明建设管理局、县扶贫开发办公室、县农业园区办和各乡镇政府为主要协作单位，负责统筹项目的实施工作。

（五）果蔬

1. 产业布局。2015年全县八乡镇完成果蔬面积10万亩，到2020年每年以10%速度递增。加强对现有的4万亩杨梅、梨子、葡萄、猕猴桃、核桃等水果进行抚育、管理和更新。种植蔬菜面积6万亩以上，在丹江、郎德、西江、望丰等乡镇的中低海拔地带，种植鱼腥草、茄果类、叶菜类蔬菜4万亩以上；在达地、永乐、大塘等乡镇，发展芭蕉芋、魔芋、韭菜等种植1万亩以上；在方祥、西江、丹江、郎德、大塘等乡镇的高海拔区域，大力发展延季叶菜面积1万亩。

2. 产业示范。（1）每个乡镇实施水果、蔬菜示范点各1个以上、示范面积水果200亩以上、蔬菜100亩以上；（2）重点抓好1家果品加工企业建设。

3. 产业统筹。果蔬产业由县生态文明建设管理局、县农业局牵头，县发展和改革局、县财政局、县扶贫开发办公室、县供销社和各乡镇政府为主要协作单位，负责统筹项目的实施工作。

（六）特色稻米

1. 产业布局。在全县八乡镇培植发展以红米和半芒谷为代表的原产地特色稻米工程，2015 年每乡镇种植 500 亩以上，年产量 10 万公斤以上，到 2020 年每年以 10%速度递增。

2. 产业示范。（1）县级主抓大塘镇桃江村的特色稻米生产示范工程；（2）各乡镇实施特色稻米生产示范点 1 个，每个示范点面积 50 亩以上。

3. 产业统筹。特色稻米种植由县农业局牵头，县县发展和改革局、县财政局、县水务局、扶贫开发办公室和各乡镇为主要协作单位，负责统筹项目的实施工作。

四、保障措施

（一）加强组织领导。实施“6 个 10 万”工程是县委、县政府做出的一项重大决策，是推进我县农业农村经济快速发展的重要举措，县委、县政府成立了以县人民政府县长为组长，分管和联系农业工作的县级领导为副组长的县“6 个 10 万”工程领导小组，全面负责“6 个 10 万”工程相关工作的组织领导和协调工作；领导小组下设 8 个工作实施小组，各产业工作实施小组由各产业的统筹部门组成，办公室设在产业发展的主要牵头单位，明确 2~3 名工作人员具体办公。负责编制产业发展规划、产业建设资金筹措、项目实施、品牌创建及跟踪督查考核等工作，建立“一个产业明确一套工作班子，一个部门负责，制定一个工作方案，研究一套工作措施”的工作机制。各乡镇要参照县级的做法成立相应的工作机构，明确一名领导具体抓日常工作，并落实 3~5 名工作人员具体办公，形成县、乡镇分级管理，部门相互配合，上下联动的工作机制。

（二）分步推进实施。一是 2015 年 2 月底前，做好宣传动员工作，对“6 个 10 万”进行全面安排部署；各产业实施小组、各乡镇认真做好摸底调查，全面认真梳理和分析，制定《实施方案》、做好产业发展规划，制定具体的年度工作计划和考核细则。二是 2015 年 3 月起，全面实施“6 个 10 万”工程，各乡镇、各有关部门要认真对照各自目标任务，进一步明确职责，周密部署，组织实施好“6 个 10 万”工程，强化督查和考核，确保完成每年既定的目标任务，确保到 2019 年底，全县完成 90%以上的目标任务。三是 2020 年 7 月至 12 月，各乡镇、各有关部门按照各自职责分工，对照创建“6 个 10 万”工程的要求，做好迎检前的各项自查工作，对自查出的问题，及时进行整改，并提请县“6 个 10 万”工程领导小组进行检查、评估和验收。

（三）狠抓措施落实。各乡镇、各部门要根据本乡镇本单位的创建工作任务，结合各自实际研究制定具体的工作方案，明确措施，细化任务，责任到人，制定时间表，有计划、分步骤地扎实推进。要按月、按季对所承担的创建工作任务完成情况进行自查，及时查找差距，完善措施，强力推进，确保创建工作取得实效，普惠民生。

（四）严格目标考核。将“6 个 10 万”工程创建工作纳入各部门和各乡镇党委、政府领导班子实绩考核内容。各乡镇、各有关部门要建立工作例会及定期报告制度，定期汇报创建工作进展情况，梳理分析创建工作难点问题，交流创建工作成功经验，研究部署下一阶段创建工作任务。对工作不力，不能按期完成创建工作任务的单位要通报批评，对当年任务完成率达不到 80%的，取消年终评先评优资格。

（五）强化资金保障。县财政每年要在预算中安排专项资金，作为“6 个 10 万”工程创建工作经费；2015 年要整合涉农各项资金，解决每个乡镇不少于 10 万元的启动资金；县发改、扶贫、财政等部门和各产业统筹单位要积极争取国家政策性扶持和财政补贴项目资金，各项资金要捆绑集中使用，提高资金的利用率。

（六）营造良好氛围。创建“6 个 10 万”工程需要全社会的关心和支持，要充分利用县电视台、政府网站、新闻报刊、宣传专栏等多种形式全方位、多层次开展“6 个 10 万”工程的宣传活动，引导鼓励全社会力量参与工程建设，掀起全县实施“6 个 10 万”工程的热潮。

雷山县人民政府办公室关于进一步加强民族手工产业发展的实施意见

雷府办发〔2015〕63号

2015年4月20日

为贯彻落实《国务院关于进一步促进贵州经济社会又好又快发展的若干意见》（国发〔2012〕2号）和《省人民政府办公厅关于实施妇女特色手工产业锦绣计划的意见》（黔府办发〔2013〕42号）等文件有关要求，进一步推动我县民族手工产业和文化旅游产业的快速融合发展，促进经济社会持续健康又好又快发展。结合我县实际情况，制定本实施意见。

一、指导思想

以邓小平理论、“三个代表”重要思想和科学发展观为指导，深入贯彻落实党的十八大和十八届三中、四中全会精神，围绕全面同步小康的发展目标，深入实施城镇化建设和加快推动民族文化大发展大繁荣战略，坚守发展和生态两条底线，坚定不移地走“现特显优”特色发展之路。依托我县民族文化资源优势，加快推动我县民族手工产业又好又快发展。

二、发展目标

（一）2015年工作目标

整合部门项目资金完成5个以上手工坊的建设。重点培育2家以上龙头企业、2个以上专业合作社；手工技能培训达到500人次以上；挖掘手工艺品故事，撰写手工艺品宣传词，制作宣传资料一万册，建立宣传窗口5个；把苗族银饰刺绣一条街打造成集研发、生产、加工、销售、培训等手工产业市场和非物质文化遗产传承示范基地。

（二）2016年—2020年发展目标

1. 企业目标。2016年，全县手工产业合作社达到5家，手工作坊50家，重点培育龙头企业3家；到2020年，全县手工产业合作社达到20家，手工作坊200家；5家企业成为我县的支柱产业。

2. 产值目标。2016年，全县民族民间手工产业产值达到0.5亿元，2020达到2亿元。

3. 就业任务目标。2016年，从事手工产业的手工能手达到5000人，带动2000人脱贫；到2020年，从事手工产业的手工能手达到1.3万人，带动0.6万人脱贫。

4. 培训目标。全县手工技能培训每年完成600人次以上，手工艺品产业促进就业，再就业能力明显提高。

三、重点工作

（一）科学布局，整合资源促发展

1. 产业发展布局

结合我县以手工产业、旅游产业、文化产业三者相互结合的原则，按照“一城、三园、三区、五村、一街”的产业定位规划布局，精心谋划我县手工产业发展。

一城：指雷山县城区依托主城区为集散中心的特点，做好手工产业宣传展示销售规划。

三园：指雷山文化旅游产业园区（西江镇）、丹江镇陶尧文化产业园、红屯堡手工合金饰品产业园。依托园区标准店铺、标准厂房、标准工坊，推动手工产业规模化、产业化、标准化发展。

三区：指西江千户苗寨景区、郎德上寨景区、雷公山景区。依托三区旅游业布局民族手工产品销售窗口，提高民族手工产品市场占有率。

五村：指“中国苗族银饰村”“苗寨芦笙制

作村”“中国苗族服饰刺绣村”“土陶制作村”“木梳制作村”。依托园区标准店铺、标准厂房、标准工坊，推动手工产业规模化、产业化、标准化发展。其中，“中国苗族银饰村”主要以西江镇控拜村和麻料村为主；“苗寨芦笙制作村”主要以丹江镇排卡村和方祥乡平祥村为主；“中国苗族服饰刺绣村”主要以丹江镇猫猫河村、大塘镇新桥村、郎德镇报德村、方祥乡格头村、达地乡也蒙村、望丰乡公统村及其他一些有留守妇女较多的苗族村寨为主；“土陶制作村”主要以丹江镇长丰村为主；“木梳制作村”主要以丹江镇羊排村为主。

一街：指县城银饰刺绣一条街。把县苗族银饰刺绣一条街打造成集研发、生产、加工、销售、培训等为一体的手工产业市场和非物质文化遗产传承示范基地，提升手工业市场知名度和影响力。

2. 产业发展方向

充分利用西江镇控拜村、麻料村，丹江镇排卡村、猫猫河村、长丰村，方祥乡平祥乡、格头村，大塘镇新桥村，郎德镇报德村、达地乡也蒙村、望丰乡公统村、丹江镇东门村红屯堡等各地域文化和历史文化，以发展苗寨芦笙制作、苗族银饰、苗族服饰刺绣、土陶制作、香制作等民间手工产业为重点。以“五村”“一街”为产业基地，带动和辐射周边村寨。同时，为使产业市场化、品牌化、国际化，以西江千户苗寨文化旅游发展有限公司、郎德文旅发展有限责任公司 、雷公山旅游发展有限责任公司为龙头，通过公司在景区和其他核心城市建立销售实体店面，积极推动文化旅游资源跨区域整合，探索创建跨区文化旅游联合营销新模式，提高我县文化旅游的影响力和知名度。

（二）加强产品研发，提升品牌知名度

1. 充分利用好与我县合作的苏州工艺美术职业技术学院、广州例外服饰有限公司、贵州雷山苗疆锦绣民族文化产业发展有限公司以及其他高校企业的资源，发挥他们的优势，构筑好民族手工产品研发设计平台，设计出符合市场需求的手工艺品，带动我县民族手工产业的发展。

2. 加强对手工企业的指导，鼓励企业扩大生产规模，提高产品的研发设计水平和生产加工能力，提升产品档次和市场竞争力。生产的产品要具有实用性、观赏性、新颖性、文化性、艺术性等价值属性，打造民族手工产品品牌。加快推动企业向规模化、产业化、市场化发展。鼓励企业积极走出去参与市场竞争，寻找合作伙伴，使企业做强做大。

3. 建立民族文化传习基地。除了县人民政府与贵州晟世锦绣民族文化投资有限公司合作，在县城建立苗疆锦绣刺绣丹江手工坊，在西江景区注册成立贵州雷山苗疆锦绣文化产业发展有限公司，与广州例外服饰有限公司合作，在乌秀村建立广州例外雷山传统手工艺传习所之外，在全县八个乡（镇）要建立民族文化传习和文化艺术培训基地，明确一名分管文化旅游的副乡（镇）长具体负责。其中，县文化旅游产业园区（西江镇）民族文化传习培训基地，以苗绣、银饰技艺培训为主；丹江镇民族文化传习培训基地，以苗绣、芦笙制作、陶制技艺培训为主；郎德镇民族文化传习基地，以苗绣手工技艺培训为主；达地乡民族文化传习基地，以百鸟衣、水族服饰刺绣技艺培训为主；永乐镇民族文化传习基地，以八寨苗、百鸟衣刺绣手工艺培训为主；望丰乡民族文化传习基地，以苗族中、长裙刺绣手工技艺培训为主；方祥乡民族文化传习基地，以苗绣、芦笙制作技艺培训为主。各乡（镇）每年至少培育推出一个手工坊。同时，在雷山县银饰刺绣一条街建立非遗传承讲习培训基地，挖掘和培育我县手工技能人才队伍，提高从业者的研发创造能力，加快民族民间手工艺产品的革新，打造富有民族特色的手工艺产品品牌，加大我县民族手工艺产品的知名度和市场占有率；加强对非物质文化遗产的挖掘、保护、传承力度，建立手工产业非遗文化传承保护中心和国家级手工产业非物质文化遗产保护传承示范基地。

（三）建立文化展示平台，增进文化交流

继续用好“中国雷山苗年文化周活动”和中国（贵州）国际民间工艺品博览会暨中国（凯里）银饰刺绣博览会，搭建民间工艺品交流舞台，展示精湛的民族银饰刺绣艺术，架起连接民间工艺品与市场的桥梁。同时，有计划地组织企业、合作社负责人和技术精英到手工艺品发达地区参观学习和交流；积极参加各类展销会、推介会、赛事，开阔眼界，了解市场，扩大销路。

（四）整合部门资源，加强技能培训

1. 整合相关部门项目资金进行培训。有培训项目的部门与民族手工产业办公室一起研究培训计划，制定培训方案，组织培训人员，开展培训活动，避免各自为政。

2. 结合市场需要开展培训。每年年初，手工企业制定培训方案报民族手工产业办公室，由手工办商相关部门有针对性地进行培训，以适应企业的需要。

（五）注重“巧匠”培养，提升品牌形象

鼓励“能工巧匠”参加“民间艺人”“非物质文化遗产传承人”“中国工艺美术大师”等申报评选；采取项目、技术支持，打造一批“能工巧匠”群体。组织“能工巧匠”参与国内国际交流，搭建与企业合作平台。

四、保障措施

（一）加大资金投入，做强做大产业

从2015年起，县人民政府每年整合资金200万元，用于扶持民族手工行业协会、民族手工产业专业合作社建设、编撰宣传材料、举办各种赛事活动、学习培训、激励龙头企业做大做强等。各有关部门要围绕手工产业发展的需要，积极向上争取项目和资金，各类专项资金要向民族手工产业倾斜，优先扶持。切实保证重点产业项目的发展和建设资金需求，县人民政府对来自不同渠道的资金进行调配或捆绑，相对集中文化、扶贫等方面的资金投入手工产业项目建设。

（二）加强建立合作平台，提升创作技能

要进一步加强手工艺品产业人力资源开发，依托贵州晟世锦绣民族文化投资有限公司、贵州多彩林雪飞旅游商品研发有限公司、贵州省西江千户苗寨文化旅游发展有限公司等研发机构和龙头企业以及苏州工艺美术职业技术学院、贵州大学、贵州民族大学、凯里学院、州县职校教育平台，做好我县手工艺品产业人才储备和使用，推进手工艺品人才职称评定工作，有效地配置手工艺品产业人才资源，促进民族工艺品在保持传统风格的基础上向多样化、多层次方向发展，打造一批有地域文化特色的商品。以县民族银饰刺绣一条街、西江古街民族手工艺品旅游商品一条街、西江文化产业园区、红屯堡手工合金饰品产业园为载体，积极申报“手工艺产业生产培训基地”，建成集产品研发、加工生产、工艺展示、销售为一体的手工艺培训基地，整合培训资源，培养手工艺后备人才队伍，加强对我县广大从事手工艺人员进行技能培训，提升从业人员的技艺水平，充分调动手工艺发展主体的积极性和创造性，为发展手工产业奠定坚实的基础。把民族手工技能培训纳入“中小企业银河培训”“中小企业星光培训”“阳光工程”“雨露计划”“科技致富二传手”等培训项目统筹安排实施；将传统技艺与现代技术相结合，贴近市场，改造提升工艺水平，提高生产效率和产品质量，降低成本，提升效益，着力培养知识型、艺术型、技能型“名匠名创”骨干群体，加快培养一批州级、省级、国家级工艺美术大师。

（三）完善配套设施，强化服务意识

加大对县城民族银饰刺绣一条街及“中国苗族银饰村”“中国苗族服饰刺绣专业村”等基础设施建设，改善条件，提高吸引力；

进一步转变服务理念，做好我县手工产品商标注册，培育一批省级著名商标乃至中国驰名商标；打造贵州名匠、名创、知名品牌，推动形成一批具有影响的企业自主知识品牌；积极创造条件，争取上级支持，全力推进我县苗族银饰检测中心建设，就地就近为民族手工产业企业开展苗族银饰品质量检测，保障和提升银饰品质量整体水平，促进手工艺品产业健康发展。

（四）制定奖励政策，推动产业做强

为培养传承人才，建立激励机制。对在手工设计、研发、管理等领域做出突出贡献的企业和个人和获得州级以上的能工巧匠、设计名匠、技艺传承人每年进行表彰奖励（奖励办法参照《雷山县民族民间手工产业考核细则》）。

1. 手工产业企业与能工巧匠（主要指落地

雷山县域的企业和巧匠）按照国家劳动法与劳动者签订3年以上劳动合同，并能让其获得实实在在收入的企业给予奖励，每年进行一次考核奖励。具体奖励办法如下：

银饰类手工产业：

一是企业用工10人以上（不含10人），每年纳税额达6万元以上，奖励1万元；

二是企业用工15人以上（不含15人），每年纳税额达8万元以上，奖励2万元；

三是企业用工20人以上（不含20人），每年纳税额达10万元以上，奖励3万元；

四是企业用工25人以上（不含25人），每年纳税额达12万元以上，奖励4万元；

五是企业用工30人以上（不含30人），每年纳税额达14万元以上，奖励5万元。以此类推，达到以上条件的，政府积极协调各种培训资金用于企业的培训以及各种贴息贷款用于企业的发展。

刺绣手工产业（含其他手工产业）：

一是企业用工10人以上（不含10人），奖励1万元；

二是企业用工15人以上（不含15人），奖励1.5万元；

三是企业用工20人以上（不含20人），奖励2万元；

四是企业用工25人以上（不含25人），奖励2.5万元；

五是企业用工30人以上（不含30人），奖励3万元。以此类推，达到以上条件的，政府积极协调各种培训资金用于企业的培训以及各种贴息贷款用于企业的发展。

2. 参赛获奖的，给予奖励：

一是获州级一等奖的，奖励2000元，二等奖的，奖励1000元，三等奖的，奖励500元；

二是获省级一等奖的，奖励3000元，二等奖的，奖励2000元，三等奖的，奖励1000元；

三是获国家级一等奖的，奖励8000元，二等奖的，奖励6000元，三等奖的，奖励4000元。

3. 凡参赛获奖的，县人民政府优先推荐逐级申报为国家级非遗传承人。

（五）强化产业考核机制

建立手工产业发展目标责任管理考核体系，将手工产业目标完成情况纳入对手工产业主管部门领导班子考核的重要内容；把服务手工产业发展纳入对相关部门和乡（镇）领导班子的考核评价内容，与领导干部年度工作考核挂钩，层层落实责任制，严格兑现奖惩。

（六）加强领导，明确职责

按照中共雷山县委办公室雷山县人民政府办公室《关于成立县民族手工产业发展领导小组的通知》（雷党办通〔2014〕55号）文件要求，明确各有关部门的职责：

县政府办：协调各有关部门之间的资源整合，牵头制定和出台全县民族手工产业扶持和奖励办法，落实手工产业发展专项资金。

县委宣传部：积极创造条件在电视、报纸杂志上作我县民族手工产业专题报道，提高知名度。每年在州级以上各类媒体宣传报道30条以上。

县手工办：编制手工产业的发展规划、制定实施方案、考核细则等文件材料；组织协调各有关部门的资源进行宣传、培训，助推手工产业又好又快发展。

县发展和改革局：编制手工产业建设项目，每年至少争取一个手工产业项目落地。

县工业信息化和商务局：牵头组建民族手工产业协会，负责组织好“多彩贵州”旅游商品“两赛一会”县级选拔赛工作；加大符合条件的民族手工产业企业申报省级项目专项资金力度，推动民族手工产业企业发展壮大；继续利用“万户小老板工程”项目优先扶持民族手工艺品各类个体户、专业村、企业发展。继续办好每年一次的雷山“多彩贵州”旅游商品“两赛一会”选拔赛活动和“苗族手工银绣”“百佳绣娘”大赛，积极打造精品赛事，积极组织手工业者参加各种展销会。千方百计做好评审省级、国家级工艺美术大师申报工作；加大对民族手工产业协会、民族手工产业合作社、龙头企业市场开拓、参会参展资金补贴的申报力度，加大民族手工产业招商引资工作力度，把民族手工产业招商引资工作列为重点工作。

县民族宗教事务局：负责加强宣传和引导我县手工产业企业申请进入民族贸易企业，取得民族贸易企业认定资格；积极协调民族贸易企业享受流动资金贷款优惠利率政策。帮助民贸企业实施网点改造。抓好民贸民品企业的统计和报批工作，推动民贸民品企业和民族手工企业融资优惠政策的落实，争取上级资金扶持民族手工艺产业发展。每年向国家、省民委及其他部门争取项目培训资金，每年解决50人以上培训。

县妇联：为我县妇女特色手工企业争取“锦绣计划”等项目扶持提供信息和指导；发挥妇联组织优势，加大宣传，组织带动更多的妇女群众通过从事特色手工创业就业、增收致富；每年积极为妇女争取小额担保贷款30人次以上。充分利用我省实施的妇女创业“锦绣计划”，确保每年组织150人次以上的农村妇女积极参加手工产业的各类培训活动。

县国土资源局：依据我县土地利用总体规划和手工产业发展规划，积极协助乡（镇）、社区开展民族手工业基地建设和手工艺品企业项目建设，及时做好土地、规划的申报、供地等工作。

县住房和城乡建设局：做好民族手工产业项目建设选址、报监报建、规划、质量安全等相关工作。

县市场监督管理局：将民族手工产业列为扶持微型企业优先发展对象。用足用好支持微企发展的“3个15万”政策，积极协调金融、财税部门给予“3个15万”资金及政策扶持，每年扶持民族手工产业微型企业比例不低于微型企业发展总任务数的四分之一；引导企业通过商标注册，培育手工艺品品牌；制定好我县手工产品的质量达到标准，做好产品质量检验检测，抓好手工艺品标识标注。

县人社局：牵头组织县工信、妇联、文体等部门制定手工名创、名匠、高级人才的评定办法；加大民族手工产业从业人员技能培训，逐步引导、规范民族手工产业从业人员持证上岗，推动民族手工产业规范化、标准化建设；协同县扶贫办加大对民族手工产业技能培训经费的支持力度，利用好政策帮助手工企业者做好小额贷款担保和贷款贴息服务工作。每年落实100人培训资金。

县教育和科技局：为民族产业产品搭建科技平台，改进改良民族产品。积极组织民族手工企业申报专利、技术创新等知识产权，创建知名品牌，用知识产权保护和推动民族手工产业的发展，对获得中国驰名商标和贵州省著名商标的企业，按贵州省、黔东南州出台的相关奖励办法规定给予申报奖励。每年向上级相关部门争取创意项目至少1以上，培训项目1个以上。

县文体广电新闻出版局：加强对民族手工艺的保护传承，积极向上级争取资金，每年不少于3个培训基地的建设；组织开展民间艺人“四个一百”培育工程（即：100名歌师，100名银匠师，100名木匠师，100名刺绣能手）；支持民间手工艺人对刺绣、苗锦、竹制工艺品等进行产业化开发，全力做好非物质文化遗产传承人申报工作。

县扶贫办：实施好“雨露计划”等各种培训项目，加强做好民族手工产业从业人员至少300人的技能培训；利用好政策帮助手工企业做好小额贷款担保和贷款贴息服务工作。在精准扶贫建立的贫困户档案中，每年至少扶持500人次。

县民政局：指导民族手工业专业合作社规范经营和管理，依法指导社团组织的建设和审批登记，严格要求各社团组织按照章程开展活动；根据《社团管理条例》按时年检和定期或不定期督促检查各社团是否有违法违纪行为活动，宣传动员农村和城市困难群众积极参加从事民族手工产业生产经营活动，推动雷山民族手工产业发展。每年帮助手工协会申报中央项目资金至少1个以上。

县财政局：制定民族手工产业发展专项资金管理办法，负责产业所需资金的划拨、配合部门项目资金的申报、整合相关部门资金调度，做好奖励扶持政策资金的兑现，开展企业财务管理培训，提高财务管理水平。要切实提高贴息比例，加大妇女小额担保贷款贴息、中小企业贴息、少数民族特需商品贴息、扶贫贴息对民族手工产业企业的贴息支持力度。鼓励县内金融机构创新业务品种，要简化服务流程，降低各种服务费率，为民族手工产业企业提供贷款、担保支持和优质服务。

县旅游发展委员会：建立民族手工艺旅游商品展示窗口；搭建民族手工艺旅游商品交易渠道，拓展县外、省外市场；将民族手工艺旅游商品纳入雷山县旅游资源宣传营销体系，每年制作宣传材料1万册以上。

西江旅游公司：把民族手工艺品纳入旅游宣传促销内容，制作宣传手册。在西江景区至少有1个规模较大、产品齐全的属于公司自己的实体店，不断拓宽营销渠道；积极创造条件成立民族手工产品股份公司。

县文化交流中心：加强与苏州工艺美术职业技术学院、贵州晟世锦绣民族文化投资有限公司以及省内外各大专院校企业机构交流沟通，设计出贵州雷山苗疆锦绣文化旅游产业发展有限公司主打产品。加强市场营销，全力打造“苗疆锦绣”，引导其他产业快速发展，配合手工办，做好相关工作。

雷山文化旅游产业园区管委会（西江镇）：在园区要规划有民族手工产品一条街，并对进入园区的民族手工企业给予各方面的优惠扶持政策，发展一批民族手工企业入驻园区。每年完成园区100名民族手工艺者（银饰、刺绣）培训资金。

各乡（镇）：明确专人负责，并做好培训人员的组织和各种服务工作；每年培育推出1个作坊。

重要文件目录

县委重要文件目录

一、雷党发类文件：

文 号	题 名
（雷党发〔2015〕1号）	中共雷山县委雷山县人民政府关于加快扶贫攻坚步伐加大改革创新力度加快农业现代化建设的实施意见
（雷党发〔2015〕2号）	中共雷山县委常委会2015年工作要点
（雷党发〔2015〕3号）	中共雷山县委雷山县人民政府关于雷山县人民政府职能转变和机构改革的实施意见
（雷党发〔2015〕4号）	中共雷山县委关于认真学习贯彻习近平总书记在十八届中央纪委五次全会上的重要讲话和《习近平关于党风廉政建设和反腐败斗争论述摘编》的通知
（雷党发〔2015〕5号）	中共雷山县委雷山县人民政府关于雷山县2015年人口计生工作“升位摘帽”的实施意见
（雷党发〔2015〕6号）	中共雷山县委雷山县人民政府关于对2014年度全县目标考核结果评定等次并表彰奖励的决定
（雷党发〔2015〕7号）	中共雷山县委关于进一步加强以党组织为核心的基层组织建设的实施意见
（雷党发〔2015〕8号）	中共雷山县委关于在全县开展“铸廉行动”的实施意见
（雷党发〔2015〕9号）	中共雷山县委关于加强和改进新形势下工会工作的实施意见
（雷党发〔2015〕10号）	中共雷山县委关于命名中共雷山县西江镇委员会等95个党组织为“学习型党组织”的决定

续上表

文　号	题　名
（雷党发〔2015〕11号）	中共雷山县委雷山县人民政府关于表彰2014年度多彩贵州文明行动工作先进单位的决定
（雷党发〔2015〕12号）	中共雷山县委雷山县人民政府关于对“全国文明县城”巩固提升工作先进集体和先进个人进行表彰的决定
（雷党发〔2015〕13号）	中共雷山县委雷山县人民政府关于表彰2014年度综治维稳工作先进乡镇和先进单位的决定
（雷党发〔2015〕14号）	中共雷山县委雷山县人民政府关于对2014年度“减贫摘帽”乡镇进行表彰奖励的决定
（雷党发〔2015〕15号）	中共雷山县委雷山县人民政府关于印发《2015年雷山县重大工程和重点项目责任分解表》的通知
（雷党发〔2015〕17号）	中共雷山县委关于加强乡镇干部队伍建设的实施意见
（雷党发〔2015〕18号）	中共雷山县委雷山县人民政府关于加快推进茶叶产业提质转型升级发展的实施意见
（雷党发〔2015〕19号）	中共雷山县委印发《关于在县处级领导干部中开展“三严三实”专题教育的实施方案》的通知
（雷党发〔2015〕20号）	中共雷山县委关于命名县级“五好”基层党组织的决定
（雷党发〔2015〕21号）	中共雷山县委关于追授赵军“全县优秀共产党员”称号的决定
（雷党发〔2015〕22号）	中共雷山县委关于实施同步小康“暖心秘书”服务计划的实施意见
（雷党发〔2015〕23号）	中共雷山县委雷山县人民政府关于对永乐镇信访维稳工作予以“通报批评”的决定
（雷党发〔2015〕24号）	中共雷山县委雷山县人民政府关于对望丰乡人口计生工作予以“通报批评”的决定
（雷党发〔2015〕25号）	中共雷山县委雷山县人民政府关于进一步培育发展壮大村级集体经济的实施意见
（雷党发〔2015〕26号）	中共雷山县委雷山县人民政府关于加快建设具有山地民族特色新型城镇化的实施意见
（雷党发〔2015〕27号）	中共雷山县委关于认真学习宣传贯彻党的十八届五中全会精神的通知
（雷党发〔2015〕28号）	中共雷山县委雷山县人民政府关于加快大健康产业发展的实施意见

续上表

文 号	题 名
（雷党发〔2015〕29号）	中共雷山县委雷山县人民政府关于全面落实大扶贫战略行动坚决打赢脱贫攻坚战的实施意见
（雷党发〔2015〕30号）	中共雷山县委关于加强和改进党的群团工作的实施方案
（雷党发〔2015〕31号）	中共雷山县委雷山县人民政府关于表彰抗洪抢险灾后重建工作先进集体和先进个人的决定
（雷党发〔2015〕32号）	中共雷山县委雷山县人民政府关于大力推动医疗卫生事业改革发展的实施意见
（雷党发〔2015〕33号）	中共雷山县委关于制定雷山县国民经济和社会发展第十三个五年规划的建议
（雷党发〔2015〕34号）	中共雷山县委关于大力推广“党社联建”切实增强农村发展能力的实施意见
（雷党发〔2015〕35号）	中共雷山县委关于推行“寨管委”提升农村社会治理能力解决服务群众“最后一公里”问题的实施意见

二、雷党通类文件：

文 号	题 名
雷党通〔2015〕1号	关于在县政府机构改革中重新组建部分县直单位党组的通知
雷党通〔2015〕2号	中共雷山县委印发《关于深入推进党要管党从严治党的实施方案》的通知
雷党通〔2015〕3号	关于调整中共雷山县委第十二届常务委员会成员工作分工的通知
雷党通〔2015〕4号	中共雷山县委雷山县人民政府关于成立七项重点工作协调领导小组的通知
雷党通〔2015〕5号	中共雷山县委关于县社会管理综合治理委员会更名为县社会治安综合治理委员会及组成人员调整的通知
雷党通〔2015〕6号	中共雷山县委关于黄超群工作分工的通知

县委办公室重要文件目录

一、雷党办发类文件

文号	题名
雷党办发〔2015〕3号	中共雷山县委办公室雷山县人民政府办公室印发关于《雷山县“6个10万”绿色生态现代农业工程实施方案》的通知
雷党办发〔2015〕4号	中共雷山县委办公室雷山县人民政府办公室印发关于《雷山县生态文明建设造田工程实施方案》的通知
雷党办发〔2015〕5号	中共雷山县委办公室雷山县人民政府办公室关于印发雷山县机关事业单位在职人员公务移动电话费补贴实施方案的通知
雷党办发〔2015〕6号	中共雷山县委办公室关于认真学习习近平总书记在省部级主要领导干部学习贯彻党的十八届四中全会精神全面推进依法治国专题研讨班上讲话精神的通知
雷党办发〔2015〕8号	中共雷山县委办公室雷山县人民政府办公室关于印发《雷山县领导班子党风廉政建设和领导干部德廉情况日常巡查研判工作实施方案》的通知
雷党办发〔2015〕9号	中共雷山县委办公室雷山县人民政府办公室关于印发《雷山县安全生产党政同责一岗双责齐抓共管暂行规定》和《雷山县安全生产和安全监管一票否决办法（试行）》的通知
雷党办发〔2015〕10号	中共雷山县委办公室雷山县人民政府办公室关于印发《雷山县争取资金工作考核奖励暂行办法》的通知
雷党办发〔2015〕11号	中共雷山县委办公室雷山县人民政府办公室关于印发《雷山县2015年度乡镇目标管理考核工作方案》的通知
雷党办发〔2015〕12号	中共雷山县委办公室雷山县人民政府办公室关于印发《雷山县2015年度县直机关单位目标管理考核工作方案》的通知
雷党办发〔2015〕13号	中共雷山县委办公室雷山县人民政府办公室关于印发《县直有关部门贯彻实施县委十二届五次全会<实施意见>重要举措分工方案》的通知
雷党办发〔2015〕17号	中共雷山县委办公室雷山县人民政府办公室关于印发《雷山县加强流动人口计划生育服务管理专项行动方案》《雷山县加强出生人口性别比综合治理专项行动方案》《雷山县政策外生育暨早婚早育治理专项行动方案》的通知
雷党办发〔2015〕18号	中共雷山县委办公室雷山县人民政府办公室关于印发《雷山县县直机关公务接待管理办法（试行）》的通知
雷党办发〔2015〕19号	中共雷山县委办公室关于印发《雷山县2015年学习型党组织创建工作方案》的通知

续上表

文　号	题　名
雷党办发〔2015〕20号	中共雷山县委办公室雷山县人民政府办公室关于印发《雷山县深入推进县、乡、村三级为民服务平台体系建设实施方案》的通知
雷党办发〔2015〕21号	中共雷山县委办公室关于转发《中共雷山县委宣传部2015年宣传思想文化工作要点》的通知
雷党办发〔2015〕22号	中共雷山县委办公室雷山县人民政府办公室关于印发《雷山县创新基层社会治理机制推行网格化服务管理实施方案》的通知
雷党办发〔2015〕23号	中共雷山县委办公室雷山县人民政府办公室关于印发《雷山县机关事业单位工作人员调动管理若干规定（试行）》的通知
雷党办发〔2015〕24号	中共雷山县委办公室雷山县人民政府办公室关于印发《中共雷山县委全面深化改革领导小组2015年工作要点》的通知
雷党办发〔2015〕27号	中共雷山县委办公室雷山县人民政府办公室关于印发雷山县2015年重大项目建设融资工作实施方案的通知
雷党办发〔2015〕28号	中共雷山县委办公室雷山县人民政府办公室关于印发《雷山县精品路线和亮点工程实施方案》的通知
雷党办发〔2015〕30号	中共雷山县委办公室印发《关于深入贯彻全面从严治党要求进一步落实机关党建工作责任的实施意见》的通知
雷党办发〔2015〕31号	中共雷山县委办公室雷山县人民政府办公室关于印发《雷山县乡镇行政管理体制改革试点工作实施方案》的通知
雷党办发〔2015〕32号	中共雷山县委办公室雷山县人民政府办公室关于印发《中共雷山县委依法治县工作领导小组2015年工作要点》的通知
雷党办发〔2015〕33号	中共雷山县委办公室雷山县人民政府办公室关于印发《雷山县丹江镇党政及事业机构主要职责内设机构和人员编制规定》的通知
雷党办发〔2015〕34号	中共雷山县委办公室雷山县人民政府办公室关于印发《雷山县领导干部遍访贫困村贫困户工作方案》的通知
雷党办发〔2015〕35号	中共雷山县委办公室雷山县人民政府办公室关于印发《雷山县“5·27”特大洪涝灾害灾后重建总体工作方案》的通知
雷党办发〔2015〕39号	中共雷山县委办公室雷山县人民政府办公室关于印发《雷山县公共安全工作责任追究办法（试行）》的通知
雷党办发〔2015〕40号	中共雷山县委办公室关于调整充实部分县级领导联系乡镇、村和非公企业的通知
雷党办发〔2015〕41号	中共雷山县委办公室雷山县人民政府办公室关于印发《雷山县气象灾害（雨情）公共安全乡镇、村（社区）工作职责（试行）》和《雷山县气象灾害（雨情）公共安全部门工作职责（试行）》的通知

续上表

文　号	题　名
雷党办发〔2015〕43号	中共雷山县委办公室雷山县人民政府办公室关于印发《雷山县社会治安综合治理奖惩办法（试行）》的通知
雷党办发〔2015〕44号	中共雷山县委办公室雷山县人民政府办公室关于印发《雷山县电子商务发展工作实施方案》的通知
雷党办发〔2015〕45号	中共雷山县委办公室雷山县人民政府办公室关于印发《雷山县创建“美丽西江·和谐景区”的实施方案》的通知
雷党办发〔2015〕46号	中共雷山县委办公室雷山县人民政府办公室关于印发《雷山县机构编制管理协调配合机制运行办法》的通知
雷党办发〔2015〕49号	中共雷山县委办公室雷山县人民政府办公室关于印发《雷山县查处违法占地违法建设责任追究办法（试行）》的通知
雷党办发〔2015〕50号	中共雷山县委办公室雷山县人民政府办公室关于印发《雷山县推行权力清单建立责任清单制度实施方案》的通知
雷党办发〔2015〕52号	中共雷山县委办公室雷山县人民政府办公室印发《雷山县关于开展西江镇行政管理体制改革试点工作的实施意见》的通知
雷党办发〔2015〕53号	中共雷山县委办公室雷山县人民政府办公室关于印发《雷山县进一步加强留守儿童困境儿童关爱救助保护工作实施方案》的通知
雷党办发〔2015〕54号	中共雷山县委办公室雷山县人民政府办公室关于印发《雷山县社会治安综合治理2015年度目标管理“党政线、部门线、业务线”三线检查考评实施细则》的通知
雷党办发〔2015〕55号	中共雷山县委办公室雷山县人民政府办公室关于印发《雷山县公共安全工作联席会议制度》的通知

二、雷党办发电类文件

文　号	题　名
雷党办发电〔2015〕2号	中共雷山县委办公室雷山县人民政府办公室关于报送议事协调机构调整充实组成人员的通知
雷党办发电〔2015〕3号	中共雷山县委办公室雷山县人民政府办公室关于加强作风建设严格贯彻执行中央八项省委十项州委十二项和县委十二项规定的通知
雷党办发电〔2015〕4号	中共雷山县委办公室雷山县人民政府办公室关于进一步加大违法使用林地案件查处力度的紧急通知
雷党办发电〔2015〕8号	中共雷山县委办公室雷山县人民政府办公室关于集中开展安全生产督查检查的通知
雷党办发电〔2015〕12号	中共雷山县委办公室雷山县人民政府办公室关于印发《雷山县2015年矛盾纠纷和信访问题集中排查化解“百日攻坚战”工作实施方案》的通知

续上表

文　号	题　名
雷党办发电〔2015〕14号	中共雷山县委办公室关于选派人员到县委办公室跟班学习的通知
雷党办发电〔2015〕15号	中共雷山县委办公室雷山县人民政府办公室关于进一步做好今春茶叶基地建设工作的通知
雷党办发电〔2015〕20号	中共雷山县委办公室雷山县人民政府办公室关于印发《黔东南州农村公路建管养运一体化建设观摩会筹备工作方案》的通知
雷党办发电〔2015〕28号	中共雷山县委办公室雷山县人民政府办公室关于切实做好当前防汛救灾工作的通知
雷党办发电〔2015〕31号	中共雷山县委办公室雷山县人民政府办公室关于印发《雷山县加快推进茶叶产业提质转型升级发展工作任务责任分解表》的通知
雷党办发电〔2015〕33号	中共雷山县委办公室雷山县人民政府办公室关于集中力量全力以赴做好抗洪救灾抢险工作的紧急通知
雷党办发电〔2015〕40号	中共雷山县委办公室关于开展汛期地质灾害隐患再排查紧急行动的通知
雷党办发电〔2015〕41号	中共雷山县委办公室雷山县人民政府办公室关于加强城镇危险房屋排查工作的紧急通知
雷党办发电〔2015〕42号	中共雷山县委办公室雷山县人民政府办公室关于全面做好留守儿童关爱服务工作的紧急通知
雷党办发电〔2015〕44号	中共雷山县委办公室雷山县人民政府办公室关于进一步加强汛期灾害风险隐患排查和治理应对工作的紧急通知
雷党办发电〔2015〕45号	中共雷山县委办公室关于印发《雷山县庆祝中国共产党成立94周年活动方案》的通知
雷党办发电〔2015〕50号	中共雷山县委办公室雷山县人民政府办公室关于进一步做好安全稳定工作的紧急通知
雷党办发电〔2015〕51号	中共雷山县委办公室窗体顶端中共雷山县委办公室雷山县人民政府办公室关于印发《雷山县“民营企业服务年”活动工作方案》的通知
雷党办发电〔2015〕54号	中共雷山县委办公室雷山县人民政府办公室关于进一步做好精准扶贫建档立卡和领导干部遍访贫困村贫困户工作的紧急通知
雷党办发电〔2015〕56号	中共雷山县委办公室雷山县人民政府办公室印发《关于加强政法部门服务经济社会发展的意见》的通知
雷党办发电〔2015〕59号	中共雷山县委办公室雷山县人民政府办公室关于印发《雷山县乡镇、村（社区）及城乡居民户同步小康创建活动推进方案》的通知
雷党办发电〔2015〕60号	中共雷山县委办公室关于进一步从严管理监督干部的通知
雷党办发电〔2015〕63号	中共雷山县委办公室雷山县人民政府办公室关于印发《2015年中国·雷山苗年活动总体方案》的通知

续上表

文　号	题　名
雷党办发电〔2015〕66号	中共雷山县委办公室雷山县人民政府办公室关于印发《雷山县2015年生态文明示范县建设工作实施方案》的通知
雷党办发电〔2015〕68号	中共雷山县委办公室窗体顶端中共雷山县委办公室关于建立重大突发事件现场信息联络员制度的通知
雷党办发电〔2015〕70号	中共雷山县委办公室雷山县人民政府办公室关于印发《雷山县2015年文化和旅游建设工作实施方案》的通知
雷党办发电〔2015〕75号	中共雷山县委办公室雷山县人民政府办公室关于印发《雷山县大健康活动月工作总体方案》的通知
雷党办发电〔2015〕78号	中共雷山县委办公室雷山县人民政府办公室于印发《雷山县2016年开展信访维稳公共安全"百日攻坚战"总体方案》的通知
雷党办发电〔2015〕80号	中共雷山县委办公室雷山县人民政府办公室关于做好2016年元旦春节期间有关工作的通知

三、雷党办通类文件

文　号	题　名
雷党办通〔2015〕2号	中共雷山县委办公室雷山县人民政府办公室转发《中共黔东南州委办公室黔东南州人民政府办公室关于严肃农村消防安全工作责任追究的通知》的通知
雷党办通〔2015〕4号	中共雷山县委办公室雷山县人民政府办公室关于成立雷山县2015年扶贫生态移民省级示范点工作领导小组的通知
雷党办通〔2015〕8号	中共雷山县委办公室雷山县人民政府办公室关于成立雷山县军地成建制组织民兵植树造林工作领导小组的通知
雷党办通〔2015〕16号	中共雷山县委办公室雷山县人民政府办公室关于成立泰穆塞尔酒店有关问题协调处理联席会议的通知
雷党办通〔2015〕19号	中共雷山县委办公室关于转发《雷山县关心下一代工作委员会2015年工作要点》的通知
雷党办通〔2015〕23号	中共雷山县委办公室雷山县人民政府办公室关于转发《中共贵州省委办公厅贵州省人民政府办公厅关于印发<贵州省生态环境损害党政领导干部问责暂行办法>的通知》《中共贵州省委办公厅贵州省人民政府办公厅关于印发<贵州省林业生态红线保护党政领导干部问责暂行办法>的通知》的通知
雷党办通〔2015〕24号	中共雷山县委办公室雷山县人民政府办公室关于建立涉农资金整合联席会议制度的通知
雷党办通〔2015〕26号	中共雷山县委办公室雷山县人民政府办公室关于调整充实雷山县禁毒委员会成员的通知
雷党办通〔2015〕27号	中共雷山县委办公室雷山县人民政府办公室关于成立雷山县郎德景区文化旅游开发建设指挥部的通知

续上表

文 号	题 名
雷党办通〔2015〕29号	中共雷山县委办公室雷山县人民政府办公室关于成立雷山县茶叶产业提升工作领导小组的通知
雷党办通〔2015〕33号	中共雷山县委办公室雷山县人民政府办公室关于成立雷山至榕江四格高速公路建设项目前期工作领导小组的通知
雷党办通〔2015〕43号	中共雷山县委办公室雷山县人民政府办公室关于印发《雷山县“民生铸廉”三年行动计划（2015—2017）》的通知
雷党办通〔2015〕48号	中共雷山县委办公室关于印发《中共雷山县委常委十二项公开承诺》的通知
雷党办通〔2015〕51号	中共雷山县委办公室雷山县人民政府办公室关于印发《雷山县2015年招商引资工作方案》的通知
雷党办通〔2015〕52号	中共雷山县委办公室雷山县人民政府办公室关于建立雷山县省级示范小城镇建设工作联席会议制度的通知
雷党办通〔2015〕66号	中共雷山县委办公室雷山县人民政府办公室关于印发《雷山县棚户区改造实施方案（试行）》的通知
雷党办通〔2015〕69号	中共雷山县委办室雷山县人民政府办公室关于加快推进大健康产业发展有关工作的通知
雷党办通〔2015〕70号	中共雷山县委办公室雷山县人民政府办公室关于进一步认真核实建档立卡贫困人口和易地扶贫搬迁贫困人口的紧急通知
雷党办通〔2015〕73号	中共雷山县委办公室关于认真学习贯彻赵乐际视察黔东南重要讲话精神的通知
雷党办通〔2015〕76号	中共雷山县委办公室关于召开“一报告两评议”会议的通知
雷党办通〔2015〕77号	中共雷山县委办公室关于召开中共雷山县委十二届六次全体会议的通知
雷党办通〔2015〕81号	中共雷山县委办公室雷山县人民政府办公室关于成立泰穆塞尔酒店有关问题协调处理工作领导小组的通知

县人民政府重要文件目录

一、雷府呈〔2015〕类文件：

文　号	题　名
1号	关于2014年政府性债务有关情况的报告
3号	关于将土地收储项目纳入政府债务统计的请示
7号	关于雷山县方祥乡方祥河小流域省级高标准基本农田建设项目立项的请示
8号	关于“四在农家·美丽乡村”基础设施建设六项行动计划项目融资的议案
10号	关于恳请帮助对土地开发项目进行备案的请示
14号	关于西江水库及翁养水库进入《雷公山国家级自然保护区建设规划》的请示
17号	关于帮助解决5·27救灾资金和救灾物资的请示
17号	雷山县人民政府关于申报“国家卫生县城”的请示
19号	县人民政府关于将雷山县列为2015年“整县摘帽”计划的请示
20号	县人民政府关于将永乐等四个乡镇列入2015年减贫摘帽乡镇的请示
25号	关于将黄里互通至黄里坳油路改造项目纳入凯雷高速公路同步实施的请示
26号	关于批准凯里至雷山高速公路（陶尧收费站）连接蚩尤大道的请示
27号	关于帮助将雷山至榕江四格高速公路纳入贵州省高速公路网规划建设的请示
28号	关于淘汰落后产能有关情况的汇报
33号	雷山县人民政府关于恳请将雷山县西江镇西江小学滑坡地质灾害隐患增加纳入《贵州省地质灾害三年综合治理行动计划》的请示
34号	雷山县人民政府关于帮助解决永乐镇污水处理工程项目资金的请示
38号	关于将各项资金及物资向雷山倾斜的请示
39号	雷山县人民政府关于帮助解决“5·27”洪灾灾后重建城乡建设项目资金的请示
40号	关于帮助解决5·27”洪灾抢险救灾工作经费的请示
42号	雷山县人民政府关于帮助解决雷山县“5·27”特大暴雨引发地质灾害隐患防治的请示
43号	雷山县人民政府关于帮助解决“5·27”洪灾县乡公路水毁修复资金的请示
45号	雷山县人民政府关于帮助解决“5·27”特大暴雨引发地质灾害险情应急处置工作经费的请示

续上表

文 号	题 名
46 号	雷山县人民政府关于帮助解决“5·27”洪灾通村公路水毁修复资金的请示
50 号	关于雷山县特大洪灾渔业重建资金的请示
51 号	关于帮助解决雷山县“5·27”特大洪灾畜牧业救助资金的请示
57 号	关于帮助解决教育重建资金的请示
58 号	关于帮助解决人口计生工作经费的请示
64 号	关于帮助解决“5·27”特大洪涝灾害风景名胜区灾后重建经费的请示
72 号	关于恳请帮助解决灾后重建资金的请示
76 号	雷山县人民政府关于协调解决雷山“5·27”和“6·7”洪灾重建交通项目经费的请示
80 号	雷山县人民政府关于帮助恢复西江景区的请示
86 号	关于帮助呈报雷山县民族中学第二中学西江小学三个地质灾害防治项目的请示
87 号	关于恳请将雷山县列入国家重点生态功能区的请示
88 号	关于雷山县郎德镇拟占用基本农田修建郎德镇中心完小的请示
89 号	关于对雷山出口茶叶示范区验收的请示
92 号	关于报请审批雷山县主体功能区建设试点实施方案的请示
95 号	关于帮助解决雷山县丹江镇 2013 年度省级示范小城镇高标准基本农田建设项目灾毁相关费用的请示
97 号	关于对雷山县大塘镇桃江八一水库 2012 年度省级高标准基本农田建设土地整治项目变更设计报告进行审查的请示
99 号	关于湘黔民兵团困难申报报告
101 号	关于申报知识产权示范工程的请示
105 号	—关于雷山县“5·27”特大洪涝灾害水毁马郎桥桥梁建设项目的情况报告
108 号	关于申请变更部分耕地图斑地类的请示
114 号	关于雷山县 2015 年度第二批次城镇建设用地占用耕地耕作层不适宜剥离情况的说明
115 号	关于雷山县 2015 年度第二批次城镇建设用地的请示
118 号	关于协调保障性住房新建住宅小区供配电建设的请示
120 号	关于提前下达雷山县农村公路安全生命防护工程项目建设投资计划的请示
121 号	关于申报西江镇空拜村古建筑群为第二批州级文物保护单位的请示

续上表

文　号	题　名
133 号	雷山县人民政府关于对丹江镇省级示范小城镇高标准基本农田建设土地整治项目规划设计进行变更调整的请示
144 号	关于帮助协调办理鸡鸠水库工程输水管线建设占用黎炉公路施工许可相关手续的请示

二、雷府发〔2015〕类文件：

文　号	题　名
雷府发（2015）1 号	关于将“鱼酱酸制作技艺”等 3 项目增补为县级非物质文化的通知
雷府发（2015）2 号	关于将杨光英等 162 位民间艺人命名为第二批县级非物质文化遗产传承人的通知
雷府发（2015）3 号	关于对雷山县民族中学等 14 家单位重大安全隐患进行挂牌督办的通知
雷府发（2015）5 号	县人民政府关于加快发展农村客运的意见
雷府发（2015）6 号	县人民政府关于印发雷山县招商引资企业奖励扶持办法的通知
雷府发（2015）7 号	关于公布第一批县级非物质文化遗产生产性保护示范基地的通知

县人民政府办公室重要文件目录

文　号	题　名
雷府办发〔2015〕13号	关于印发雷山县雷公山国家森林公园景区内个人建房管理规定（暂行）的通知
雷府办发〔2015〕14号	县人民政府办公室关于建立雷山县“小康讯”建设联席会议制度的通知
雷府办发〔2015〕16号	关于转发县发展改革局等3部门关于雷山县乡村旅游富民工程推进旅游扶贫总体工作方案的通知
雷府办发〔2015〕17号	关于印发雷山县环境保护大检查工作方案的通知
雷府办发〔2015〕21号	关于印发雷山县国有土地上房屋征收与补偿实施方案（试行）通知
雷府办发〔2015〕22号	关于转发雷山县行政机关及事业单位经营性资产剥离工作方案的通知
雷府办发〔2015〕42号	县人民政府办公室关于调整县防汛抗旱指挥部成员的通知
雷府办发〔2015〕43号	关于印发雷山县城扬尘污染整治实施方案的通知
雷府办发（2015）44号	县人民政府办公室关于印发雷山县防空地下室建设和易地建设费征收管理暂行办法的通知
雷府办发〔2015〕45号	关于印发雷山县2015年农低保提标方案的通知
雷府办发〔2015〕46号	关于做好5·27洪灾道路抢修保畅工作的通知
雷府办发〔2015〕63号	关于印发雷山县进一步加强民族手工产业发展实施意见的通知
雷府办发〔2015〕64号	县人民政府办公室关于转发雷山县村道养护质量检查评定标准的通知
雷府办发〔2015〕67号	关于印发雷山县2013年扶贫生态移民工程搬迁入住实施方案的通知
雷府办发〔2015〕68号	关于印发雷山县“十三五”规划编制工作方案的通知
雷府办发〔2015〕71号	县人民政府办公室关于印发雷山县农村公路管养办法（试行）的通知
雷府办发〔2015〕75号	关于印发雷山县火化区和公益性公墓规划方案的通知
雷府办发〔2015〕77号	县人民政府办公室关于印发进一步深化农村信用社改革实施方案的通知
雷府办发（2015）78号	雷山县2015年现代林业建设实施方案

续上表

文　号	题　名
雷府办发〔2015〕80 号	关于印发雷山县郎德景区第一期项目建设实施方案的通知
雷府办发〔2015〕81 号	关于印发雷山县财政预决算三公经费信息公开实施方案的通知
雷府办发〔2015〕82 号	县人民政府办公室关于转发雷山县道路运输违法违规行为有奖举报制度的通知
雷府办发（2015）89 号	关于印发洪涝灾害疾病预防控制工作实施方案的紧急通知
雷府办发〔2015〕93 号	关于成立雷山县信访事项复查复核委员会的通知
雷府办发〔2015〕95 号	关于下达 2015 年财税收入任务责任分解表的通知
雷府办发〔2015〕97 号	关于转发县人力资源和社会保障局县财政局关于调整机关事业单位工作人员基本工资标准和增加机关事业单位离退休人员离退休费实施意见的通知
雷府办发〔2015〕103 号	关于印发雷山县两区一品方案的通知
雷府办发〔2015〕106 号	关于印发雷山县 2015 年度农村危房改造工程实施方案的通知
雷府办发（2015）107 号	雷山县绿色贵州山建设三年行动计划方案
雷府办发〔2015〕110 号	雷山县生态红线保护划定工作方案
雷府办发〔2015〕111 号	关于印发雷山县郎德景区旅游基础设施建设项目国有土地上建筑物征收安置补偿方案的通知
雷府办发（2015）112 号	公立医院改革实施方案
雷府办发（2015）115 号	雷山县关于 2015 年扶贫生态移民对象审核实施方案
雷府办发〔2015〕119 号	关于转发县人设局和财政局关于调整机关事业单位工作人员基本工资标准和增加机关事业单位离退休人员离退休费实施意见的通知
雷府办发〔2015〕121 号	关于印发雷山县重点行业领域安全生产监管联席会议制度的通知
雷府办发〔2015〕122 号	关于贯彻落实省人社厅将相关人员纳入城镇企业职工基本养老保险的通知